श्रीमद्भागवत पुराण

(संक्षिप्त - यथारूप हिन्दी अनुवाद)

खण्ड 1

श्रीमद्भागवत पुराण

(संक्षिप्त - यथारूप हिन्दी अनुवाद)

खण्ड 1

(स्कन्ध 1-8)

कृष्ण कुमार बाली

बी.आर. पब्लिशिंग कार्पोरेशन
दिल्ली-110 052

First published 2011

ISBN 13: 9788176467438 (Set of 2 vols.)

Printed & Published by:

B.R. Publishing Corporation
425, Nimri Colony
Ashok Vihar, Phase-IV
Delhi-110052

E-Mail : brpc@vsnl.com

प्रस्तावना

मुनिवर वेदव्यास (वेद-विस्तार) इसी नाम से विख्यात हुए, महर्षि पराशर-नन्दन, कृष्णद्वैपायन। ये भगवान् के कलावतार थे तथा इनका प्रादुर्भाव वर्तमान चतुर्युग के तीसरे युग-द्वापर युग के अन्तिम चरण में हुआ।

त्रिकालज्ञ वेदव्यास ने विचार किया कि समय के फेर से प्रत्येक युग में धर्म संकरता तथा उसके फलस्वरूप भौतिक वस्तुओं की शक्ति का ह्रास होता रहता है। संसार के लोग श्रद्धाहीन तथा उनकी शारीरिक और मानसिक शक्ति क्षीण पड़ती जाती है। उनकी बुद्धि कर्तव्य-अकर्तव्य में ठीक भेद नहीं कर पाती तथा आयु का भी अभाव होने लगता है। इस समस्या को समक्ष रखते हुए, मुनिवर व्यास ने समस्त वर्णों के हित के लिये, यज्ञों का विस्तार करने के लिये, वेद के चार विभाग कर उन्हें लिपिबद्ध कर दिया तथा वेद अब ऋक्, यजुः, साम तथा अथर्व के नाम से जाने गये। इस प्रकार वेदों का पृथक्करण हुआ। इतिहास और पुराणों को पाँचवा वेद कहा जाता है। जन कल्याण के लिये, वेदों के ही आधार पर महामुनी व्यास ने महाभारत की रचना की।

यद्यपि व्यासजी अपनी पूरी शक्ति से, सदा-सर्वदा जन कल्याण हित कर्मों में ही लगे रहे, तथापि उन्हें सन्तोष नहीं हुआ। उनका मन अभी भी कुछ खिन्न सा था। सरस्वती नदी के पवित्र तट पर एकान्त में बैठे वे मन में सोचने लगे - मैंने निष्कपट भाव से ब्रह्मचर्यादि व्रतों का पालन करते हुए वेद, गुरुजन तथा अग्नियों का सम्मान किया है। महाभारत शास्त्र में मैंने वेदों का खुलासा दिया है जिससे सभी वर्णाश्रम अपने-अपने धर्म-कर्म का ज्ञान प्राप्त कर सकें। यद्यपि मैं ब्रह्मतेज से सम्पन्न तथा समर्थ हूँ, फिर भी मेरा हृदय कुछ अपूर्णकाम सा जान पड़ता है। अवश्य ही मैंने अबतक भगवान् को प्राप्त करने वाले धर्मों का प्रायः निरूपण नहीं

किया। वास्तव में वे ही धर्म परमहंसों को प्रिय हैं तथा वे ही भगवान् को प्रिय हैं। जब वे इस प्रकार विचार निमग्न थे, उसी समय देवर्षि नारदजी का आगमन हुआ। उनके मान तथा सत्कार के लिये व्यासजी तुरंत अपने आसन से उठ खड़े हुए तथा उनकी विधिवत् पूजा की।

स्वाभाविक ही नारदजी ने पूछा - वेदों के पृथक्करण तथा महाभारत जैसे अद्‌भुत ग्रन्थ की रचना करने पर तो आप को अति प्रसन्न होना चाहिए, परन्तु ऐसा प्रतीत नहीं हो रहा। इस पर व्यासजी ने कहा - आप साक्षात् ब्रह्माजी के मानसपुत्र हो। अतः मैं आपसे ही इसका कारण पूछता हूँ।

इसका उत्तर देते हुए नारदजी ने कहा, व्यासजी! आप ने भगवान् के निर्मल यश का प्रायः गान नहीं किया। मेरी ऐसी मान्यता है कि जिससे भगवान् सन्तुष्ट नहीं होते, वह शास्त्र अथवा ज्ञान अधूरा है। आपने धर्म आदि पुरुषार्थों का जैसा निरूपण किया है, वैसा वाणी से - चाहे वह रसभाव से, अलंकारादि से युक्त ही क्यों न हो, जिससे जगत् को पवित्र करने वाले भगवान् श्रीकृष्ण का यशगान नहीं होता - वह व्यर्थ है। परन्तु जिसका प्रत्येक श्लोक भगवान् के सुयशयुक्त नामों से युक्त है, वह वाणी सारे पापों का नाश कर देती है। सत्पुरुष ऐसी ही वाणी का श्रवण, कीर्तिन तथा गान किया करते हैं।

महाभाग व्यासजी! आप सत्यपरायण तथा दृढ़व्रत हैं। आपकी दृष्टि अमोघ है तथा आपकी कीर्ति पवित्र है। अतः अब आप सम्पूर्ण जीवों को बन्धनमुक्त करने के लिये, समाधि के द्वारा अचिन्त्यशक्ति भगवान् की लीलाओं का स्मरण कीजिए। जो मनुष्य भगवान् की लीलाओं के अतिरिक्त कुछ और कहने की इच्छा करता है, वह उस इच्छा से ही निर्मित अनेक नाम तथा रूपों के चक्कर में पड़ जाता है। उसकी बुद्धि भेदभाव से भर जाती है। आप पुरुषोत्तम भगवान् के कलावतार हैं। आप का जन्म जन कल्याण के लिये ही हुआ है। अतः आप विशेष रूप से भगवान् की लीलाओं का निरूपण कीजिए। विद्वानों ने इसका निर्णय किया है कि मनुष्य की तपस्या, वेदाध्ययन, यज्ञानुष्ठान, स्वाध्याय, ज्ञान

तथा दान का एकमात्र प्रयोजन यही है कि पुण्यकीर्ति भगवान् श्रीकृष्ण की लीलाओं का वर्णन किया जाये। पुरुषोत्तम भगवान् श्रीकृष्ण के प्रति समस्त कर्मों को समर्पित कर देना ही संसार के तीनों तापों की एकमात्र औषधि है। इस लोक में जो शास्त्रविहित कर्म भगवान् की प्रसन्नता के लिये किये जाते हैं, उन्हीं से पराभक्तियुक्त ज्ञान की प्राप्ति होती है। इतना कहकर नारदजी चले गये।

ब्रह्मनदी सरस्वती के पश्चिम तट पर शम्याप्रास एक आश्रम है। वहाँ ऋषियों के यज्ञ सदा होते रहते हैं। वहीं पर व्यासजी का भी आश्रम है। यह स्थान फल-फूलों के वृक्षों से सदा रमणीय रहता है। नदी पर से होती हुई पवन सारे वातावरण को ठंडक पहुँचाती है तथा शान्त और सुखदाई बनाती है। व्यासजी ने नारदजी की प्रेरणा से, इसी आश्रम में विराजमान होते हुए आचमन किया तथा अपने मन को समाहित किया तथा भक्तियोग के द्वारा अपने मन को पूर्णतया एकाग्र तथा स्थिर कर, आदिपुरुष परमात्मा तथा उनके आश्रित माया को अनुभव किया। इसी माया से मोहित होकर यह जीव तीनों गुणों से अतीत होने पर भी तीनों गुणों से बंधा हुआ अपने को कर्ता मान बैठता है। इसी से प्रारम्भ होता है कर्मफल तथा जन्म-मृत्यु चक्कर। भव-बन्धन तथा भवसागर तरने का एकमात्र साधन है, भक्ति। इसी प्रभु भक्ति को आधार मान कर मुनिवर व्यासजी ने परमहंसो की संहिता श्रीमद्भागवत पुराण की रचना की। इसके श्रवणमात्र से पुरुषोत्तम भगवान् श्रीकृष्ण के प्रति परम प्रेममयी भक्ति हो जाती है जिससे जीवन के शोक, मोह तथा भय नष्ट हो जाते हैं। कलियुग में आयु कम होने से, समय के अभाव तथा मन की अस्थिरता होने के कारण, एकमात्र श्रीमद्भागवत पुराण की कथा श्रवणमात्र ही मुक्ति का एक सरल साधन है। इस ग्रन्थ का अध्ययन उन्होंने अपने पुत्र शुकदेवजी को कराया।

महाराज परीक्षित् को ऋषि शमीक-पुत्र ने शाप दिया था कि शाप के सातवें दिन तक्षक सर्प उन्हें डसे, क्योंकि राजा ने उनके पिता के गले में मरा हुआ साँप डाल दिया था। इस सर्प के डसने से महाराज परीक्षित् की

मृत्यु निश्चित थी। राजा ने ऋषि पुत्र का शाप स्वीकार कर लिया तथा अपने निन्दित कर्म का प्रयाश्चित्त भी किया। उन्हें मृत्यु से कोई भय नहीं था तथा न ही उनकी इससे आगे जीने की कोई इच्छा थी। अतः अपना राजसिंहासन त्याग कर, अनशन व्रत लेकर, वे गंगाजी के दक्षिण तट पर पूर्वाग्र कुशों के आसन पर, उत्तर-मुख होकर बैठ गये। उसी समय त्रिलोकी को पवित्र करने वाले महानुभाव ऋषि-मुनियों का आगमन हुआ। राजा ने उठ कर उनका सत्कार किया तथा अञ्जलि बाँधकर खड़े हो गये। राजा ने ऋषिगण से प्रश्न किया – आप सभी विद्वान् परस्पर विचार कर बताइये कि सबके लिये, सब अवस्थाओं में और विशेष कर थोड़े ही समय में मरने वाले मनुष्यों के अन्तःकरण तथा शरीर से करने योग्य विशुद्ध कर्म कौन सा है?

उसी समय पृथ्वी पर स्वेच्छा से विचरण करते हुए, किसी की कोई अपेक्षा न रखने वाले व्यासनन्दन शुकदेवजी भी वहाँ पधारे। वे वर्ण तथा आश्रम के बाहरी चिन्हों से रहित एवं आत्मानुभूति में सन्तुष्ट थे। उनका वेष अवधूत था तथा आयु सोलह वर्ष। राजा ने विधिवत् उनका स्वागत तथा पूजा की तथा विनम्रता से उनसे वही प्रश्न किया –

> ब्रह्मस्वरूप! आज हम बड़भागी हुए क्योंकि अपराधी क्षत्रिय होने पर भी हमें संत-समागम का अधिकारी समझा गया। आप जैसे महात्माओं के स्मरणमात्र से समस्त गृहस्थ पवित्र हो जाते हैं। आप योगियों के भी पूजनीय हैं। मैं आपसे परमसिद्धि और साधन के सम्बन्ध में प्रश्न कर रहा हूँ। जो पुरुष सर्वथा मरणासन्न है, उसको क्या करना चाहिए? आप कृपया यह भी बताइये कि मनुष्यमात्र को क्या करना चाहिए? वे किसका श्रवण, किसका जप, किसका स्मरण तथा किसका भजन करें तथा किसका त्याग करें?

जब महाराज परीक्षित् ने बड़ी मधुर वाणी से इस प्रकार प्रश्न किये तब समस्त धर्मों के मर्मज्ञ व्यासनन्दन श्री शुकदेवजी उनका इस प्रकार उत्तर देने लगे –

> श्रीमद्‌भागवत पुराण में अठारह हज़ार श्लोक हैं तथा बारह स्कन्ध। बहुत से शास्त्र तथा पुराण सुनने की अपेक्षा, मुक्ति प्राप्त करने के लिये तो एकमात्र भागवत पुराण ही पर्याप्त है। इससे सुनने के लिए दिनों का कोई नियम नहीं है। इसे तो सर्वदा ही सुनना अच्छा है। इसे सत्यव्रत तथा ब्रह्मचर्यपूर्वक सुनना श्रेष्ठ माना गया है, परन्तु कलियुग में ऐसा होना कठिन है। कलियुग में बहुत दिनों तक चित्त की वृत्तियों को संयम में रखना, नियमों में बंधे रहना तथा पुण्य-कार्य दीक्षित रहना कठिन है। अतः शुकदेवजी ने इसकी सप्ताह-श्रवण विधि निर्धारित की है। मन के असंयम, रोगों की बहुलता तथा आयु की अल्पता के कारण तथा कलियुग में अनेक दोषों की सम्भावना से ही सप्ताह-श्रवण विधान किया गया है।

श्रीमद्‌भागवत पुराण के माहात्म्य को ब्रह्माजी ने भी माना है तथा इसे ग्रन्थों में सर्वोपरि कहा है। इसमें सन्देह नहीं कि कलिकाल में चित्त की शुद्धि के लिये इस भागवत कथा के समान, मर्त्यलोक में पाप-पुँज का नाश करने वाला कोई दूसरा पवित्र साधन नहीं है।

सृष्टि-रचना समय, श्री ब्रह्माजी की प्रार्थना पर, कि अब जब मैं आपकी इस सेवा-सृष्टि रचना में लगूँ तथा सावधानी से पूर्व-सृष्टि के गुण-कर्मानुसार जीवों का विभाजन करने लगूँ, तब कहीं अपने आपको जन्म-कर्म से स्वतन्त्र मानकर प्रबल अभिमान न कर बैठूँ, तो श्री भगवान् ने कहा - अनुभव, प्रेमा-भक्ति तथा साधनों से युक्त, अत्यन्त गोपनीय, अपने स्वरूप का ज्ञान मैं तुम्हें कहता हूँ। तुम उसे ग्रहण करो -

> सृष्टि के पूर्व केवल मैं-ही-मैं था। मेरे अतिरिक्त न स्थूल था न सूक्ष्म तथा ना दोनों का कारण अज्ञान। जहाँ यह सृष्टि नहीं है, वहाँ मैं-ही-मैं हूँ तथा इस सृष्टि के रूप में जो कुछ प्रतीत हो रहा है, वह भी, मैं ही हूँ और जो कुछ बच रहेगा, वह भी मैं ही हूँ ॥1॥ वास्तव में, न होने पर भी जो कुछ अनिर्वचनीय वस्तु मेरे अतिरिक्त मुझ

परमात्मा में दो चन्द्रमाओं की भाँति मिथ्या ही प्रतीत हो रही है, अथवा विद्यमान होने पर भी आकाश-मण्डल के नक्षत्रों में राहु की भाँति जो मेरी प्रतीती नहीं होती, इसे मेरी माया समझना चाहिए ।।2।। जैसे प्राणियों के पँचभूत रचित छोटे-बड़े शरीरों में आकाशादि पँचभूत उन शरीरों के कार्यरूप से निर्मित होने के कारणरूप से विद्यमान रहने के कारण प्रवेश नहीं भी करते, वैसे ही उन प्राणियों के शरीर की दृष्टि से मैं उनमें आत्मा के रूप में प्रवेश किये हुए हूँ तथा आत्मदृष्टि से अपने अतिरिक्त और कोई वस्तु न होने के कारण उनमें प्रविष्ट नहीं भी हूँ ।।3।। यह ब्रह्म नहीं, - इस प्रकार निषेध की पद्धति से तथा यह ब्रह्म है, यह ब्रह्म है - इस अन्वय की पद्धति से यही सिद्ध होता है कि सर्वातीत एवं सर्वस्वरूप भगवान् ही सर्वदा और सर्वत्र स्थित हैं, वे ही वास्तविक तत्त्व हैं। जो आत्मा अथवा परमात्मा का तत्त्व जानना चाहते हैं, उन्हें केवल इतना ही जानने की आवश्यकता है ।।4।।

ऊपर कहे गये, भगवद् वचन, चतुः श्लोकी भागवत माने जाते हैं। ये चारों श्लोक, स्कन्ध-2 के अन्तर्गत आते हैं।

रामनवमी 2008

स्वामी सत्यमित्रानन्द
संस्थापक
भारतमाता मन्दिर
हरिद्वार

अनुक्रम

श्रीमद्भागवतमाहात्म्यम्

शब्दार्थ

अश्रोत्रिय – जो श्रोत्रिय (वेद जानने वाला ब्राह्मण) नहीं है।
अनुगत – पीछे चलने वाला, अन्तर्गत।
अधिष्ठान – पद, स्थान, निवास-स्थान, नगर, निकट होना।
अनुष्ठान – धार्मिक-कार्यों का प्रयोग, यज्ञादिकार्य।
अंशावतार – भगवान् के वे अवतार जो कुछ अंश से अवतरित हुए-जैसे परशुराम।
अचिन्त्य-शक्ति-भगवान् – वह भगवान् जिनकी शक्ति के विषय में मनुष्य न सोच सके।
अक्षौहिणी – 21870 रथ, 21870 हाथी, 65610 घोड़े तथा 109350 पैदल सिपाही।
अनाहत – जिस पर आघात न हुआ हो, कोर या नया, अनाहत-नाद।
अधिष्ठातृ – प्रधानता प्राप्त, किसी-वस्तु में वास करने वाला देव।
अधिदैव – प्रधानदेव, अभिरक्षक देव।
अनुसन्धान – खोज करना, पीछा करना, बाण आदि से लक्ष्य बींधना।
आध्यात्म – आत्मा से सम्बन्धित, आत्मा-परमात्मा का सम्बन्ध।
अधिभूत – परमात्मा, परमात्मा का व्यापक-प्रभाव।
अधिपुरुष – परमेश्वर।
अग्निहोत्र-कर्म – अग्नि में आहुति देने का कार्य।
अव्याकृत – अविकसित, अस्पष्ट, प्रारम्भिक तत्त्व जिससे संसार की सामस्त वस्तुएँ बनी। सांख्यदर्शन में प्रधान प्रकृति का प्राथमिक-अणु।

अण्डज	–	अण्डे से पैदा होने वाला, पक्षी।
अन्त्येष्टि	–	मृत्यु के बाद का दाहादि-संस्कार, दाहसंस्कार की आहुतियाँ।
अधिनायक	–	प्रधान नेता, परमेश्वर।
आशुतोष	–	शंकर भगवान्, शीघ्र सन्तुष्ट होने वाला।
अभिजित् मुहूर्त	–	अभिजित् नक्षत्र में किया जाने वाला धार्मिक-कार्य। प्रतिदिन दोपहर 11-45 से 12-15 बजे तक का समय।
अंगभूत यज्ञ	–	ऐसा यज्ञ (हवन) जो किसी अनुष्ठान का हिस्सा हो।
अवभृथ स्नान	–	मुख्य यज्ञ की समाप्ति पर किया जाने वाला स्नान।
अविछिन्न	–	निरन्तर, लगातार, बिना रुके हुए।
आसव	–	अर्क, काढ़ा, मदिरा का निचोड़।
अंगारभाव	–	आग-बबूला होना, अत्यन्त क्रोध से लाला होना।
अपरोक्ष	–	प्रत्यक्ष, जो पीछे नहीं है, सामने।
आयुध	–	हथियार, शस्त्र।
अवज्ञा	–	कहना न मानना, तिरस्कार करना।
अभिराम	–	सुन्दर, मनोहर।
अवान्तर	–	बीच में स्थित, अधीन, गौण, अतिरिक्त।
अमर्ष	–	असहनशील, ईर्ष्या, क्रोध।
आभास	–	चमक, प्रकाश, समानता, अवास्तविक।
अमोघ	–	सफल, सिद्ध।
अयोनिज	–	जो माता के गर्भ से उत्पन्न न हुआ हो। जैसे ब्रह्मा ने सनक आदि ऋषियों को मानसिक-संकल्प से उत्पन्न किया था।
अंगन्यास	–	मंत्र-उच्चारण कर शरीर के विभिन्न अंगों (सिर, आँख, कान, हाथ, पैर आदि) का स्पर्श करना।
अभिचार	–	मंत्र आदि द्वारा झाड़फूंक करना, बुरे कामों के लिए मंत्र पढ़कर जादू-टोना करना।

आत्माराम	–	जो आत्मा में ही रमता हो, ऐसा योगी।
अवधूत वेष	–	संन्यासी का वेष।
अक्षुण्ण	–	जो टूटा न हो, जो कूटा-पीसा न हो, साबुत, अखण्ड।
अर्घ्य	–	मूल्यवान्, किसी देवता अथवा सम्मानित व्यक्ति को आदर सहित आहुति अथवा उपहार-भेंट देना।
आचमन	–	पूजा-पाठ आदि से पहले हथेली पर जल लेकर घूंट-घूंट करके पीना, कुल्ला करना।
अभिव्यक्ति	–	प्रकट होना, प्रकट करना, प्रकाशन करना।
अभ्युदय	–	सूर्य-चन्द्र आदि का उदय होना, उन्नति, ऊंचा उठना, सौभाग्य।
अकिञ्चन	–	जिसके पास कुछ न हो, बहुत-गरीब।
अर्थ, धर्म, काम	–	अर्थ = धन, धर्म = पुण्य के कार्य, काम = इच्छाएँ, तीन पुरुषार्थ।
अद्वैत	–	जिसमें दो न हों, भारतीय-दर्शन का एक सिद्धान्त जिसमें आत्मा और परमात्मा को अलग-अलग दो न मानकर, एक ही माना जाता है।
अवशिष्ट	–	शेष, बचा हुआ।
अक्रान्त	–	जिस पर आक्रमण न हुआ हो। जिसे किसी वस्तु से घेरा/दबाया न गया हो।
अणिमा	–	आठ सिद्धियों में पहली सिद्धि का नाम जिसकी प्राप्ति होने पर मनुष्य सूक्ष्म रूप धारण कर सकता है।
अहैतुकी	–	बिना कारण के, ईश्वर की प्राणियों पर अहैतुकी-कृपा होती है।
अगाध	–	गहरा, समुद्र-आदि।
अध्वर्यु	–	यज्ञ में ऋत्विक्, पुरोहित।
इन्द्रियातीत	–	जो हाथ-पैर आदि कर्मेन्द्रियों तथा आँख-कान-नाक आदि ज्ञानेन्द्रियों से न जाना जा सके।

ईशान	-	शासक, स्वामी, शिव, उत्तर और पूर्व दिशा के बीच का कोण।
उल्लसित	-	आनन्दित, हर्षित।
उपर्युक्त	-	ऊपर कहा गया, पहले कहा गया।
उद्गाता	-	यज्ञ में सामवेद का गान करने वाला ऋत्विग्-पुरोहित।
उत्तरायण	-	पौष मास की सक्रान्ति से छः माह का समय जिसमें सूर्य उत्तर दिशा की ओर बढ़ता है।
उपरति	-	विरक्ति, निवृत्ति, उदासीनता।
उपार्जन	-	सञ्चय करना।
उद्भिज्ज	-	उगने वाला, अंकुर फूटने वाला, पौधा।
उपाध्याय	-	शिक्षक, गुरु, जो वेद के किसी एक भाग को पढ़ाता है।
उदवसान-कर्म	-	घर बनाने, बसाने का काम।
उपादान	-	लेना, प्राप्त करना, भौतिक-कारण।
ऊर्ध्वरेता	-	वह योगी जो अपने रेतस् (वीर्य) को ऊपर ब्रह्मरन्ध्र में खींच लेता है, और सांसारिकों के समान जिसका वीर्य अधःपतन नहीं होता।
उपदिष्ट	-	जिसको उपदेश दिया गया हो अथवा जो उपदेश दिया गया हो ।
उपलक्षित	-	जो देखा गया हो, जिस पर दृष्टि डाली गई हो, जो अंकित (चिह्नित) किया गया हो।
उपरत	-	निवृत, शान्त, विरक्त।
उपादेय	-	उपयोगी।
उपाख्यान	-	कथा, छोटी कहानी।
उपेक्षा	-	नजर-अंदाज करना, लापरवाही करना, नफरत करना।
उपनयन-संस्कार	-	यज्ञोपवीत संस्कार, जनेऊ डालने का संस्कार।
उद्यापन	-	व्रत आदि की समाप्ति पर अनुष्ठान (पूजा-पाठ) करना।

एकान्तिक	-	पूर्ण, पूरा, निश्चित।
ऋत्विज्	-	यज्ञ करने वाले पुरोहित (अध्वर्यु, होता, उद्‌गाता, ब्रह्मा)।
ऋक्षराज	-	रींछों का राजा-जाम्बवान् (राम-रावण युद्ध में भाग लिया।
कलावतार	-	भगवान् के वे अवतार जो ईश्वर की कुछ कलाओं से अवतरित हुए, यही अंशावतार कहलाते हैं।
कोस	-	दो मील की दूरी।
कर्णिका	-	कान की बाली, कमल के फूल का बीच का पराग वाला हिस्सा, कमलगटठा, छोटी कूची या कलम।
कैवल्यसंज्ञक	-	मुक्ति, मोक्ष, प्रकृति से आत्मा का अलग होना, परमात्मा के साथ आत्मा का एक हो जाना।
कृतकृत्य	-	जिसने अपना कर्तव्य पूरा कर लिया है। सन्तुष्ट, कृतार्थ।
क्रतुरूप	-	यज्ञ के रूप वाला।
करन्यास	-	मंत्र बोल कर हाथ, सभी अंगुलियों का स्पर्श करना।
कालकूट विष	-	समुद्र मन्थन से निकला विष जिसे भगवान् शंकर ने पी लिया था। हलाहल-विष।
कौतूहल	-	जिज्ञासा, उत्कण्ठा, उत्सुकता, आश्चर्यजनक।
क्षोभ	-	हिलना-डुलना, उत्तेजित होना, चिढ़ना, उकसाहट।
'गृभ्णामि ते'	-	ते-तेरा, तेरी, तेरे। गृभ्णामि- ग्रहण करता हूँ।
गुञ्जन	-	गुंजार, गूंजना, भंवरे आदि का शब्द।
घटाकाश	-	घड़े के अन्दर की खाली जगह (आसमान)।
चक्रपाणि	-	विष्णु (सुदर्शन चक्र है हाथ में जिसके)।
चातुर्होत्र	-	ऐसा धार्मिक अनुष्ठान जिसमें चार यज्ञ (हवन) होते हैं।
चरणारविन्द	-	कमल के समान कोमल एवं सुन्दर चरण (पैर)।
चिदाभासरूप	-	जीव (प्राणी) जो सांसारिक-वासनाओं में लिप्त है।

चरणोदक	–	पैर धोये का पानी, चरणामृत।
चतुर्व्यूह	–	चार प्रकार की सेनाओं (पैदल, हाथी, घोड़े, रथ) का विन्यास। सेनाओं द्वारा घेराबन्दी।
चन्द्रमौली	–	चन्द्रमा है शिर पर जिसके, शंकर।
छन्दोमय	–	छन्द से युक्त, गीत-पद्य आदि।
जरायुज	–	गर्भाशय से उत्पन्न प्राणी।
जागतिक	–	सांसारिक, जगत् में होने/रहने वाला।
जातकर्म-संस्कार	–	बच्चे के जन्म होने पर किया जानेवाला धार्मिक संस्कार।
तितिक्षा	–	सहनशक्ति, क्षमा, त्याग।
तिरोधान-शक्ति	–	ओझल होने की, करने की शक्ति, छिप जाने की शक्ति।
तर्जनी	–	अंगूठे के साथ वाली अंगुली।
त्रिविक्रम	–	वामन-अवतार (विष्णु)।
तुरीय	–	चौथी, चौथा (अवस्था)।
तिर्यग्योनि	–	पशु-पक्षी की योनि (जन्म)।
ताम्बूल	–	पान।
तर्पण	–	तृप्त करना, देवताओं, ऋषियों और पितरों को मंत्र बोलकर तिल-कुश-चावल मिश्रित पानी की अंजलि देना।
देवाधिदेव	–	देवताओं का भी देवता।
दक्षिणाग्नि	–	दक्षिण दिशा की ओर स्थापित अग्नि।
देहावच्छिन्न	–	देह (शरीर) से युक्त, देह से सम्बन्ध।
दुराग्रह	–	अनुचित हठ, गलत-जिद।
दिगम्बर	–	नग्न, नंगा, दिशाएँ ही हैं वस्त्र जिसके।
द्युलोक	–	स्वर्गलोक, आकाश।
दिग्विजयी	–	दिशाओं पर विजय प्राप्त करने वाला।
दक्षिणायण	–	आषाढ़ संक्रान्ति से छः मास का समय।

दिग्गज	–	दसों दिशाओं में स्थित हाथी।
दुर्निवार	–	जो रोका न जा सके, जिसका निवारण न हो सके।
द्वादशाक्षर-मन्त्र	–	बारह अक्षरों का मन्त्र–"ॐ नमो भगवते वासुदेवाय"।
निषेध	–	रोकना, दूर रखना, मना करना।
निर्विशेष	–	सामान्य, साधारण, जिसमें कोई विशेषता नहीं।
नारद-पाञ्चरात्र	–	नारद ऋषि द्वारा रचित वैष्णव धर्म का ग्रन्थ, जिसमें पाञ्चरात्र सम्प्रदाय के नियम-धर्म वर्णित हैं।
निर्ऋति	–	मूल नक्षत्र, आठ वसुओं में से एक का नाम, ग्यारह रुद्रों में से एक, दक्षिण-पश्चिम दिशाओं के बीच के कोण की अधिष्ठातृ देवी।
नैमित्तिक-कर्म	–	किसी निमित्त (कारण) से किया जाने वाला धार्मिक कार्य।
निर्माल्य	–	शुद्धता, किसी देवता पर चढ़ाए फूल आदि अवशेष।
निर्वचन	–	उक्ति, शब्दों की व्युत्पत्ति (व्याकरण द्वारा उत्पत्ति)।
निरपेक्ष	–	जो किसी दूसरे की अपेक्षा न रखता हो। स्वतन्त्रता, जो दूसरे पर निर्भर न हो।
निष्प्रभ	–	कांतिहीन।
प्रादुर्भाव	–	उत्पत्ति, उत्पन्न होना, प्रकट होना।
प्रसारित	–	फैला हुआ, फैलाया हुआ।
प्रत्युत	–	इसके विपरीत, बल्कि दूसरी ओर।
पाणिग्रहण	–	विवाह-संस्कार।
पुण्यकीर्ति	–	पवित्र-यश वाला।
पुनरावृत्ति	–	फिर से दोहराना, वापिस आना।
पुण्यश्लोक	–	पवित्र-यश वाला, पवित्र प्रशंसा वाला।
प्राजापत्य-यज्ञ	–	प्रजापति (ब्रह्मा)से सम्बन्धित यज्ञ।
पूर्णकाम	–	जिसकी सभी इच्छाएँ पूरी हो गई हों।
परार्ध	–	संख्याओं में अन्तिम संख्या, ब्रह्मा की आयु का आधा भाग।

प्रतिपाद्य	–	किया जाने योग्य, करणीय।
पद्मराग	–	एक मणि(रत्न) का नाम (लाल रंग का)।
परिक्रमा	–	चारों ओर घूमकर चक्कर लगाना, प्रदक्षिणा।
पदारविन्द	–	कमल जैसे सुन्दर कोमल चरण।
परमार्थ	–	अलौकिक सत्य, वास्तविक ब्रह्मज्ञान, आत्मज्ञान।
परिवेष्टित	–	घिरा हुआ, लिपटा हुआ।
परात्पर	–	परे से भी परे (ईश्वर)।
प्रमाद	–	लापरवाही।
प्रतिपदा	–	शुक्ल और कृष्ण पक्ष की पहली तिथि (पड़वा)।
पाद्य	–	पैर धोने के लिए जल।
पुरोडाश	–	चावालें को पीस कर बनाई गई तथा कपाल में रखी गई यज्ञ की आहुति
परिग्रह	–	पकड़ना, थामना, ग्रहण करना, स्वीकार करना।
पँचगव्य	–	गाय के पाँच पदार्थ-गोबर, गोमूत्र, दूध, दही तथा घी।
प्रवर्तक	–	प्रारम्भ करने वाला, किसी मत को चलाने वाला।
पँचामृत-स्नान	–	देवपूजा में दूध, शक्कर, घी, दही तथा शहद, इन पाँच पदार्थों से देवता को स्नान कराना।
परिसमूहन	–	इकठ्ठा करना, यज्ञवेदी के चारों ओर जल छिड़कना।
परिस्तरण	–	बिछाना, फैलाना।
प्रतिग्रह	–	लेना, दानग्रहण करना।
पद-विन्यास	–	पैर रखना, कदम रखना।
प्रक्षालन	–	धोना।
पुलकित	–	रोमांचित होना। सुख-दुःख-भय-ठण्ड आदि से शरीर के रोंगटे खड़े होना।
प्रेमाभक्ति	–	ऐसी भक्ति जिसमें भक्त ईश्वर के प्रेम में डूबा रहता है।
पँचाग्नियाँ	–	दक्षिण, गार्हपत्य, आहवनीय, सभ्य और आवसथ्य

		नाम की पाँच अग्नियाँ।
ब्रह्मरन्ध्र	–	मूर्धा में एक विवर (छेद) जिसमें से जीवात्मा इस शरीर को छोड़कर निकल जाता है
भर्त्सना	–	निन्दा, प्रताड़ना।
भूतान्तर्यामी	–	प्राणियों के अन्तःकरण में रहने वाला, सब कुछ जानने वाला-ईश्वर।
भ्रूविलास	–	भौहों की शोभा।
मरणासन्न	–	मृत्यु के समीप, शीघ्र मरने वाला।
मनस्वि	–	बुद्धिमान्, विवेकी, मनन करने वाला।
माहात्म्य	–	महत्त्व।
मानस	–	मन, मानसरोवर नामक झील, मन से सम्बन्धित।
महत्तत्त्व	–	सांख्यदर्शन में माने गए पच्चीस तत्त्वों में से दूसरा तत्त्व।
मंगल वाचन	–	मङ्गलकार्य में किया जाने वाला मङ्गलपाठ–स्वस्तिवाचन आदि।
महर्लोक	–	सात लोकों में एक का नाम–भूः, भुवः, स्वः, महः, जनः, तपः, सत्यम्।
मात्स्य	–	मत्स्यपुराण से सम्बन्धित (मात्स्यनाय–बड़ी मछली छोटी मछली को खा जाती है ऐसा–सिद्धान्त))।
मृत्तिका	–	मिट्टी।
मुकुन्द	–	विष्णु का एक नाम।
मुखरित	–	कोलाहलमय, शब्दायमान।
योजन	–	चार कोस की दूरी, बत्तीस हजार हाथ की दूरी।
यम–नियम	–	(1) नियम–शौच, यज्ञ, तप, दान स्वाध्याय, इन्द्रिय पर निग्रह, व्रत, मौन, उपवास, स्नान (10)। योग के आठ अंगों में से पहला और दूसरा अंग। (2) यम–ब्रह्मचर्य, दया, क्षमा, दान, सत्य, अकलह, अहिंसा, अस्तेय (चोरी न करना) माधुर्य, दम(10)।

योगक्षेम - अप्राप्त वस्तु की रक्षा-योग, प्राप्त वस्तु की रक्षा क्षेम।
यूथपति - झुंड का स्वामी।
याज्ञिक - यज्ञ करने वाला, यज्ञ से सम्बन्धित।
रज्जु - रस्सी।
लालायित - इच्छा रखना।
ललित - सुन्दर।
वषट्कार - किसी देवता को आहुति देते समय उच्चारण किया जाने वाला शब्द। जैसे-इन्द्राय वषट्। इस वषट् शब्द का उच्चारण करना-वषट्कार।
विषय लोलुप - इन्द्रियों के विषय-स्वाद, गन्ध, स्पर्श आदि का लोभी-कामी।
विश्लेषण - किसी वस्तु का विवेचन करना, विचार करना।
वदनारविन्द - कमल जैसा सुन्दर मुख।
विपर्य - विपरीत, उल्टा।
विनायक - गणेश का नाम, विशेष नायक-नेता।
वैजयन्तिमाला - विष्णु के गले की माला का नाम।
वामदेव - एक मुनि का नाम, शिव का नाम।
विकलाता - बेचैनी, व्याकुलता।
होता - जो ऋत्विग् यज्ञ में ऋग्वेद के मंत्रों का पाठ करता हे-यज्ञकर्ता। ब्रह्मा-जो यज्ञ में सारी व्यवस्था देखता है, जिसकी देखरेख में यज्ञ होता है, वह ब्राह्मण।
हेय - छोड़ने योग्य, वर्जित।
हालाहल विष - विष का नाम, जो समुद्र मन्थन से निकला, शिव ने पान किया।
हिरण्यगर्भ - ब्रह्मा, जो सोने के अण्डे से पैदा हुआ।
शब्दब्रह्म - ब्रह्म, जो शब्द के रूप में प्रकट हुआ।
श्लोकशिरोमणि - श्लोकों (पद्यों) में श्रेष्ठ। प्रशंसनीयों में श्रेष्ठ।

शावक	-	पशु का बच्चा, जंगली-पशु का बच्चा।
शौच	-	पवित्र होना, मलमूत्र त्याग करना, स्नानादि से शरीर स्वच्छ करना।
शम-दम	-	इन्द्रियों को शान्त रखना = शम। इन्द्रियों को दबाए रखना, वश में करना = दम।
धर्म संकरता	-	धर्म का संकट में पड़ना, कठिन समय आना, धर्म की रक्षा में कठिनाई आना।
सच्चिदानन्द	-	ईश्वर का नाम, सत् = सदा रहना, चित् = चैतन्य, आनन्द = सुख।
सद्रूप	-	अच्छे रूप में, अच्छे रूप वाला।
सात्वत तन्त्र	-	विष्णु अथवा कृष्ण से सम्बन्धित तन्त्र ग्रन्थ।
स्नातक	-	गुरु से विद्या पढ़कर, अध्ययन पूर्ण होने पर, घर लौटने वाला विद्यार्थी।
सन्निधि	-	समीपता, नजदीक।
सार्वभौम	-	समस्त धरती पर होने वाला, सदा होने वाला।
समष्टिरूप	-	सम्मिलितरूप, सब मिलकर जहाँ इकठ्ठा-एक हो गया हो।
स्वाहा	-	देवताओं को आहुति देते समय उच्चारण किया जाने वाला शब्द। अग्नि की पत्नी का नाम।
स्वधा	-	पितरों को आहुति-तर्पण करते समय उच्चारण किया जाने वाला शब्द। पितृभ्यः स्वधा।
सर्वातीत	-	जो सब कुछ से ऊपर उठ गया हो।
सर्ग	-	सृष्टि, संसार की रचना, काव्यों के अध्याय।
स्फुरित	-	कांपता हुआ, धड़कता हुआ, फड़फड़ाता हुआ, चमकता हुआ।
सुषुप्ति	-	गहरी नींद, भारी बेहोशी, मन की तीसरी अवस्था (जाग्रत्-स्वप्न-सुषुप्ति)
सुर-वन्दिता	-	देवताओं द्वारा जिसकी वन्दना की गई हो, वह देवी।

स्वेदज	-	पसीने से पैदा होने वाले प्राणी जैसे, जूँ।
सदसदात्मक	-	अच्छे-बुरे स्वरूप वाला।
संसर्ग	-	संगति, मिलन।
सुवासित	-	सुगन्धित।
समीक्षा	-	आलोचना, गुणदोष का विचार करना।
स्वस्तिवाचन	-	मङ्गलवाचक शुभ वाक्यों को बोलना, वेद के उन विशेष मंत्रों का उच्चारण करना जिसमें सबके कल्याण की कामना की गई है।
संघात	-	समूह, इकठ्ठा होना। समाज, समुदाय।
स्वत्व	-	अपनी विद्यमानता, स्वामित्व का अधिकार।
सद्योजात	-	अभी-अभी पैदा हुआ।
सन्धान	-	मिलना, जोड़ना, ठीक बैठाना–जैसे धनुष की डोरी पर बाण, जोड़।
सांगोपांग वेद	-	अंग और उपाङ्गसहित वेद। वेद के छः अंग-शिक्षा, कल्प, व्याकरण, छन्द, निरुक्त, ज्योतिष। वेद के चार उपांग-पुराण, न्यायदर्शन, मीमांसादर्शन, धर्मशास्त्र।
सौम्य विग्रह	-	सुन्दर शरीर वाला।

आनुवादक - राजेश्वर प्रसाद शास्त्री
प्राध्यापक - सनातन धर्म संस्कृत कॉलेज
अम्बाला छावनी (हरियाणा)

श्रीमद्भागवतमाहात्म्यम्

अध्याय 1

देवर्षि नारदजी की भक्ति-देवी से भेंट

सच्चिदानन्दस्वरूप भगवान् श्रीकृष्ण को हम नमस्कार करते हैं जो जगत् की उत्पत्ति, स्थिति तथा विनाश के हेतु, और तीनों प्रकार के तापों का नाश करने वाले हैं।

एक बार भगवत्कथामृत का रसास्वादन करने में कुशल मुनिवर शौनकजी ने, नैमिषारण्य क्षेत्र में विराजमान, महर्षि सूतजी को नमस्कार करके पूछा, सूतजी! आपका ज्ञान, अज्ञान रूपी अन्धकार को नष्ट करने में सर्वथा समर्थ है। आप हमें श्रीमद्भागवत की कथा कहिए। भक्ति, ज्ञान और वैराग्य से प्राप्त होने वाली विवेक की बुद्धि किस प्रकार होती है तथा महात्मा लोग किस प्रकार इस माया-मोह के बन्धन से मुक्त हो पाते हैं? कलियुग में तामस वृत्ति प्रायः प्रबल है। ऐसी स्थिति में जीव के उद्धार का सरल उपाय क्या है?

शौनकजी को सम्बोधित करते हुए सूतजी ने कहा–तुम्हारे हृदय में भगवान् का प्रेम है, अतः मैं तुम्हें सम्पूर्ण सिद्धान्तों का निष्कर्ष सुनाता हूँ जो जन्म-मृत्यु के भय का नाश करता है, जो भक्ति के प्रवाह को बढ़ाता है और भगवान् श्रीकृष्ण की प्रसन्नता का प्रधान साधन है। कलियुग में जीवों के कालरूपी सर्प के मुख का ग्रास होने के त्रास का आत्यन्तिक नाश करने हेतु श्रीमद्भागवत का प्रवचन किया है। मुक्ति के लिए इससे बढ़कर और कोई साधन नहीं। इसके श्रवणमात्र से राजा परीक्षित् की मुक्ति को देखकर ब्रह्माजी को भी बड़ा आश्चर्य हुआ। उन्होंने सब साधनों को परखा। अपने महत्त्व के कारण श्रीमद्भागवत का पलड़ा भारी रहा। यह देखकर सभी ऋषियों ने कलियुग में इस भगवद् रूप भागवत शास्त्र

को ही, पढ़ने-सुनने से, तत्काल मोक्ष देने वाला निश्चय किया।

कलियुग के प्रारम्भ में, जन कल्याण के लिए भ्रमण करते-करते श्री नारदजी पृथ्वी पर आये। यहां पुष्कर, प्रयाग, काशी, गोदावरी, हरिद्वार, कुरुक्षेत्र, श्रीरंग और सेतुबन्ध आदि तीर्थों में विचरने पर कहीं भी उन्हें मन को सन्तोष देने वाली शान्ति नहीं मिली। उन्होंने देखा कि इस समय अधर्म के सहायक कलियुग ने सारी पृथ्वी को पीड़ित कर रखा हैं। अब यहां सत्य, तप, शौच, दया, दान आदि कुछ भी नहीं रहा। लोग केवल अपने और अपने कुटुम्बियों का, जिस प्रकार भी हो, पालन-पोषण में लगे हुए हैं। कोई मर्यादा पालन नहीं करता। इस प्रकार कलियुग के दोष देखते हुए और विचरते हुए नारदजी यमुनाजी के तट पर पहुँचे जहां भगवान् श्रीकृष्ण की अनेकों लीलाएँ हो चुकी हैं। वहां उन्होंने एक बड़ा आश्चर्यजनक दृश्य देखा। एक युवा स्त्री खिन्न मन से बैठी थी। उसके पास दो वृद्ध पुरुष अचेत अवस्था में पड़े जोर-जोर से साँस ले रहे थे। वह युवती उनकी सेवा करती हुई कभी उन्हें चेत कराने का प्रयत्न करती तो कभी उनकी दशा देखकर रोने लगती। नारदजी को देखकर वह युवती खड़ी हो गई और बड़ी व्याकुल होकर कहने लगी, हे महात्मन्! क्षणभर ठहर जाइये तथा मेरी चिन्ता को नष्ट कीजिये। आपके दर्शन संसार के सभी पापों का नाश करने वाले हैं तथा सभी विपदाओं के निवारण हेतु हैं। आपके वचनों से ही मेरे दुःख निवारण हो जायेंगे और मेरी चिन्ता दूर हो जायेगी। आपके दर्शन अति दुर्लभ हैं।

नारदजी ने पूछा, देवि! तुम कौन हो? ये दोनों पुरुष तुम्हारे क्या लगते हैं? तुम्हारे साथ ये और देवियाँ कौन हैं जो आपकी सेवा में उपस्थित हैं?

युवती ने कहा—मेरा नाम भक्ति है। ज्ञान और वैराग्य नामक ये मेरे पुत्र हैं। युग परिवर्तन से ये ऐसे जर्जर हो गये हैं। ये देवियाँ, गंगाजी आदि नदियाँ हैं। इस प्रकार साक्षात् देवियों के द्वारा सेवित होने पर भी मुझे सुख-शान्ति नहीं है। मैं द्रविड़ देश में उत्पन्न हुई, कर्णाटक में बढ़ी, कहीं-कहीं महाराष्ट्र में सम्मानित हुई; किन्तु गुजरात में मुझ को बुढ़ापे ने आ घेरा। चिरकाल तक इस अवस्था में रहने के कारण मैं अपने पुत्रों के साथ दुर्बल और निस्तेज हो गई। अब जब मैं वृन्दावन आई, तब से पुनः

परम सुन्दरी, रूपवती, नवयुवती हो गई हूँ। किन्तु ये सामने पड़े मेरे दोनों पुत्र अभी भी वृद्ध और थके-मांदे दु:खी हैं। अब मैं यह स्थान छोड़कर अन्यत्र जाना चाहती हूँ। ये दोनों बूढ़े हैं। चल भी नहीं सकते। इसी दु:ख से मैं दु:खी हूँ। माता तरुणी और पुत्र बूढ़े। हम तीनों साथ-साथ रहने वाले हैं। फिर यह विपरीत क्यों? वास्तव में तो माता बूढ़ी और पुत्र तरुण होने चाहिए। इसी आश्चर्यचकित स्थिति से मैं चिन्तित और दु:खी हूँ। आप परम बुद्धिमान् एवं योगी हैं। इसका क्या कारण हो सकता है?

नारदजी ने कहा, देवि! यह कलियुग का प्रारम्भ है। धर्म यहां क्षीण पड़ गया है। लोग शठता और दुष्कर्म में लगकर अधासुर बन रहे हैं तथा पुण्यक्षीण होते जा रहे हैं। इस समय जिस बुद्धिमान् पुरुष का धैर्य बना रहे तथा सदाचार बना रहे, वही बड़ा बड़भागी और पण्डित है। भक्ति भी प्राय: लोप होती जा रही है। इसलिए तुम्हें भी बुढ़ापे ने घेर लिया था। तुम्हारे पुत्र ज्ञान और वैराग्य, पहले से ही बूढ़े हो चले थे। वृन्दावन-घाम धन्य है जहां भक्ति सर्वत्र विद्यमान है। परन्तु वैराग्य और ज्ञान इस पृथ्वी पर कलियुग के कारण क्षीण हो गये हैं-वस्तुत: लुप्त से ही हो गये हैं- अत: इनका बुढ़ापा नहीं छट रहा। वृन्दावन-धाम में फिर भी इन्हें कुछ शान्ति मिली है- सो सोते हुए जान पड़ते हैं। जिस दिन भगवान् श्रीकृष्ण इस भूलोक को छोड़कर अपने परमधाम को पधारे, उसी दिन यहां सम्पूर्ण सत्य कर्मों और साधनों में बाधा डालने वाला कलियुग आ गया । दिग्विजयी महाराज परीक्षित् को भी इसका अनुभव हुआ। परन्तु काल के चक्र को कौन रोक सकता है। फिर भी उन्हें सान्त्वना इस बात से मिली कि जो फल तपस्या, योग तथा समाधि से भी नहीं मिलता, कलियुग में वही फल श्रीहरि कीर्तन से भलीभंति मिल जाता है। इस प्रकार सारहीन होने पर भी,, इस दृष्टि से सारयुक्त जान कर, उन्होंने कलियुग को सहन कर लिया। लोगों के कुकर्म में प्रवृत्त होने के कारण सभी वस्तुओं का सार नष्ट हो गया था। ब्राह्मण केवल अन्न-धनादि के लोभवश श्रीहरी कथा तथा शास्त्रों का व्याख्यान करते थे। अत: इन शास्त्रों का पुण्यफल क्षीण पड़ गया। तीर्थों पर पाप-कर्म होने से तीर्थों का प्रभाव घट गया। मन का संयम खोने से तपस्वियों की तपस्या का सार जाता रहा। मन पर

अंकुश न होने पर ध्यानयोग क्षीण पड़ गया।

नारदजी की कलियुग व्याख्या सुन कर 'भक्ति' देवी का कष्ट कुछ कम हुआ तथा उसने कहा, हे नारद जी! आप धन्य हैं। मेरा बड़ा सौभाग्य है जो मुझे आपके दर्शन हुए। संसार में साधुओं का दर्शन ही समस्त सिद्धियों का परम कारण है। आपके केवल एक बार के उपदेश को धारण करके भक्त प्रह्लाद ने माया पर विजय प्राप्त कर ली थी तथा श्रीहरि का सामीप्य और ध्रुवपद भी, ध्रुव ने आपकी कृपा से प्राप्त किया था। आप सर्वमंगलमय और साक्षात् ब्रह्माजी के पुत्र हैं। मैं आपको नमस्कार करती हूँ।

अध्याय 2

ज्ञान और वैराग्य को सचेत करने का प्रयास

नारदजी ने भक्ति को सम्बोधित करते हुए कहा–तुम व्यर्थ ही अपने को चिन्तातुर कर रही हो। भगवान् श्रीकृष्ण के चरणकमलों का चिन्तन करो। उनकी कृपा से तुम्हारा सारा दुःख दूर हो जायेगा। उनकी कृपा अपने भक्तों पर सदा बनी रहती है। तुम तो स्वयं भक्ति का स्वरूप हो। वे तो तुम्हें प्राणों से भी प्रिय हैं। तुम्हारे बुलाने पर तो वे हर स्थान, हर जीव, हर प्राणी के संकट निवारण के लिए पहुँच जाते हैं। सत्य, त्रेता और द्वापर–इन तीन युगों में ज्ञान और वैराग्य मुक्ति के साधन थे, किन्तु कलियुग में तो केवल भक्ति ही मोक्ष को प्राप्त कराने वाली है। यही विचारकर श्रीहरि ने अपने सत्त्व रूप से तुम्हें रचा है। तुम साक्षात् श्रीकृष्ण की प्रिया और महा कल्याणी हो। श्री भगवान् ने तुम्हें यही आज्ञा दी थी कि तुम मेरे भक्तों का पोषण करो। तुम्हारी सेवा करने के लिए मुक्ति को, तुम्हें दासी के रूप में और इन ज्ञान-वैराग्य को, पुत्रों के रूप में दे दिया। तुम अपने साक्षात् रूप में, वैकुण्ठधाम में ही, भक्तों का पोषण करती हो। भूलोक में तो तुमने उनकी पुष्टि के लिये केवल छायारूप धारण कर

रखा है। जब तुम मुक्ति, ज्ञान और वैराग्य को साथ लेकर पृथ्वी पर आई, सत्युग से द्वापर युग तक बड़े आनन्द से रही। कलियुग में तुम्हारी दासी मुक्ति, पाखण्डरूप दोष से पीड़ित होकर क्षीण होने लगी। अतः वह तो तुरन्त तुम्हारी आज्ञा से वैकुण्ठधाम को चली गई। इस लोक में वह तुम्हारे स्मरण करने से ही आती है और फिर चली जाती है। परन्तु इन ज्ञान-वैराग्य को तुमने पुत्र मान कर अपने पास ही रखा। कलियुग में इनकी उपेक्षा होने के कारण तुम्हारे ये पुत्र उत्साहहीन और वृद्ध हो गये। फिर भी तुम चिन्ता न करो। मैं इनके नवजीवन का उपाय सोचता हूँ। सुमुखि! कलियुग के समान कोई युग नहीं है। इस युग में मैं तुम्हें घर-घर में प्रत्येक पुरुष-स्त्री के हृदय में स्थापित कर दूँगा। इस कलियुग में जो जीव तुम से युक्त होंगे, वे पापी होने पर भी भगवान् श्रीकृष्ण-धाम को प्राप्त करेंगे। जिनके हृदय में निरन्तर प्रेमरूपिणी भक्ति निवास करती है, वे स्वप्न में भी यमराज से भयभीत नहीं होते ।

तप, यज्ञ, दान और कर्मकाण्ड आदि किसी भी साधन से भगवान् वश में नहीं किये जा सकते। वे केवल भक्ति से ही वशीभूत होते हैं। इसमें श्री गोपीजन प्रमाण हैं। मनुष्यों का सहस्त्रों जन्म के पुण्यों से भक्ति में अनुराग होता है। यह भी श्री भगवान् की कृपा से ही प्राप्त होती है। कलियुग में केवल भक्ति, केवल भक्ति ही सार और साधन है। व्रत, तीर्थ, योग-साधना, यज्ञ, ज्ञान-चर्चा आदि सभी साधन भक्ति के समक्ष कठिनता से फल देने वाले हैं। एकमात्र भक्ति ही मुक्ति देने वाली है।

नारद जी! भक्ति ने कहा, मेरी शंका तो दूर हुई तथा मेरा दुःख भी कम हुआ। परन्तु इन मेरे बच्चों का संकट निवारण कैसे होगा? ये अभी अचेत हैं।

नारदजी ने ज्ञान और वैराग्य को सचेत करने का भरसक प्रयत्न किया– अपने ज्ञान और वैराग्य द्वारा। परन्तु उनकी चेतना नहीं लौटी। उसी समय यह आकाशवाणी हुई, मुने! खेद मत करो। तुम्हारा यह उद्योग निःसन्देह सफल होगा। देवर्षे! इसके लिए तुम एक सत्कर्म करो। वह कर्म तुम्हें संतशिरोमणि महानुभाव बतायेंगे। उस सत्कर्म का अनुष्ठान करते ही क्षणभर में इनकी निद्रा और वृद्धावस्था चली जायेगी तथा सर्वत्र

भक्ति का प्रसार होगा।

इस आकाशवाणी ने भी गुप्त रूप से ही बात की। यह नहीं बताया कि वह कौन सा साधन है जिससे भक्ति के पुत्रों का कल्याण हो। वे संत न जाने कहां मिलेंगे। तब नारदजी बहुत चिन्तातुर हुए और बदरीवन में आये। ज्ञान, वैराग्य को जगाने के लिये वहां उन्होंने यह निश्चय किया कि वे तप करेंगे। इसी समय उन्हें अपने सामने सूर्य के सामान तेजस्वी सनकादि मुनीश्वर दिखाई दिये। उन्हें देख कर नारदजी ने कहा, महात्माओ! इस समय बड़े भाग्य से मेरा आप लोगों के साथ समागम हुआ है। आप मुझ पर कृपा करके शीघ्र ही वह साधन बताइये जिससे भक्ति-पुत्र ज्ञान और वैराग्य का कल्याण हो सके और वे अपनी चेतना प्राप्त कर सकें। आप लोग सदा वैकुण्ठधाम में निवास करते हो। निरन्तर हरि कीर्तन में तत्पर रहते हो। एकमात्र भगवत्कथा ही आपके जीवन का धर्म है। **'हरिः शरणम्'**, यह वाक्य सर्वदा आपके मुख में रहता है। कृप्या बताइये कि भक्ति, ज्ञान और वैराग्य को किस प्रकार सुख मिल सकता है? और किस प्रकार इनकी प्रेमपूर्वक सब वर्गों में प्रतिष्ठा की जा सकती है?

सनकादि ने कहा, नारद जी! आप चिन्ता न करें। उनके उद्धार का एक सरल उपाय पहले से ही विद्यमान है। ऋषियों ने संसार में अनेक मार्ग प्रकट किये हैं। किन्तु लगभग सभी कष्ट-साधन हैं और परिणाम में प्रायः स्वर्ग की प्राप्ति कराने वाले हैं। अभी तक भगवान् की प्राप्ति का मार्ग गुप्त ही रहा है। द्रव्ययज्ञ, तपोयज्ञ, योगयज्ञ तथा स्वाध्यायरूप ज्ञानयज्ञ—ये सब स्वर्गादि की प्राप्ति की ओर संकेत करते हैं। श्रीमद्भागवत ज्ञान को ही पण्डितों ने मुक्ति का साधन बताया है। श्री शुकदेवजी द्वारा प्रसारित यह भक्तिज्ञान ही ज्ञान और वैराग्य को बल प्रदान करेगा। सिंह की ध्वनि सुन कर भेड़िये जैसे भाग जाते हैं, उसी प्रकार श्रीमद्भागवत के श्रवण से कलियुग के सारे दोष नष्ट हो जाते हैं। तब प्रेमरस प्रवाहित करने वाली 'भक्ति', ज्ञान और वैराग्य को साथ लेकर प्रत्येक घर और व्यक्ति के हृदय में वास करेगी। यह भागवत पुराण वेदों के समान है। श्री व्यासदेव ने इसे भक्ति, ज्ञान आरै वैराग्य की स्थापना के लिये रचित किया है। पूर्वकाल में जिस समय वेद-वेदान्त के पारगामी और गीता का

संकलन करने वाले व्यास देव खिन्न होकर विचलित थे, उस समय आपने ही उन्हें चार श्लोकों में इसका उपदेश किया था। उसे सुनते ही उनकी सारी चिन्ता दूर हो गई थी। फिर इस में आपको आश्चर्य क्यों हो रहा है जो आप हम से प्रश्न कर रहे हैं। आप को उन्हें शोक और दुःख का विनाश करने वाला श्रीमद्भागवत पुराण ही सुनाना चाहिए। श्रीमद्भागवत की कथा वेद और उपनिषदों के सार से बनी है। इसलिए उनसे अलग, उनकी फलरूप होने के कारण, वह बड़ी उत्तम जान पड़ती है।

अध्याय 3

भागवत शास्त्र की महिमा, ज्ञान-वैराग्य की पुष्टि

सनकादि के अमृत-वचन सुन कर नारदजी ने कहा—अब मैं भक्ति, ज्ञान और वैराग्य को स्थापित करने के लिये प्रयत्नपूर्वक श्री शुक्रदेवजी के कहे भगवत्शास्त्र की कथा द्वारा उज्ज्वल ज्ञानयज्ञ करूँगा। यह यज्ञ मुझे कहां करना चाहिए, आप इसके लिये कोई स्थान बता दीजिये।

नारदजी के प्रश्न करने पर सनकादि ने कहा- हरिद्वार के पास आनन्द नाम का एक घाट है। वहां अनेकों ऋषि रहते हैं। भाँति-भाँति के वृक्ष और लताओं के कारण वह बड़ा सघन है और वहां बड़ी कोमल बालू बिछी हुई है। वह घाट बड़ा ही सुरम्य और एकान्त प्रदेश में है। वहां आप बिना किसी विशेष प्रयत्न के ही ज्ञानयज्ञ आरम्भ कर दीजिए। उस स्थान पर कथा में अपूर्व रस का उदय होगा। भक्ति भी अपनी आँखों के समक्ष, निर्बल और जराजीर्ण अवस्था में पड़े हुए ज्ञान और वैराग्य को साथ लेकर वहां आ जायेगी। वहां कथा श्रवण से वे तरुण हो जायेंगे।

इस प्रकार कहकर नारदजी के साथ सनकादि भी श्रीमद्भगवत कथामृत का पान करने के लिए वहां से तुरन्त गंगा तट पर चले आये। जिस समय वे तट पर पहुँचे-भूलोक, देवलोक और ब्रह्मलोक—सभी

जगह इस कथा-वार्ता का सन्देश पहुँच गया। जो-जो भगवत्कथा के रसिक विष्णु भक्त थे, वे सभी इस कथामृत का श्रवण करने के लिए वहां पहुँचने लगे। भृगु, वसिष्ठ, च्यवन, गौतम, मेधातिथि, देवल, देवरात, परशुराम, विश्वामित्र, शाकल, मार्कण्डेय, दत्तात्रेय, पिप्पलाद, श्री व्यास, पराशर, छायाशुक, जाजलि और जह्नु आदि सभी प्रधान मुनिगण अपने-अपने पुत्र, शिष्य और स्त्रियों सहित-बड़े प्रेम से वहां पधारे। इनके अतिरिक्त वेद, वेदान्त (उपनिषद्) मन्त्र, तन्त्र, सत्रह पुराण और छः शास्त्र भी मूर्तिमान् होकर वहां उपस्थित हुए।

श्री सनकादि, नारदजी के दिये हुए श्रेष्ठ आसन पर विराजमान हुए। एक ओर ऋषिगण, एक ओर देवता, एक ओर वेद, उपनिषदादि तथा एक ओर तीर्थ बैठे और दूसरी ओर स्त्रियाँ बैठीं। विधिवत् पूजा समाप्त होने पर सनकादि बोले- अब हम आपको इस भागवत शास्त्र की महिमा सुनाते हैं। इसके श्रवणमात्र से ही मुक्ति हो जाती है। इसके श्रवण से श्रीहरि हृदय में आ विराजते हैं। इस ग्रन्थ में अठारह हजार श्लोक और बारह सकन्ध हैं तथा यह श्री शुकदेव और राजा परीक्षित् का संवाद है। यह जीव तभी तक अज्ञानवश इस संसार चक्र में भटकता है जब तक क्षण भर के लिये भी कानों में इस शुक-शास्त्र की कथा नहीं पड़ती। जिस घर में नित्य प्रति श्रीमद्भागवत की कथा होती है वह तीर्थरूप हो जाता है और जो लोग उसमें रहते हैं उनके सारे पाप नष्ट हो जाते हैं। संसार में श्रीमद्भागवत का कथामृत पूर्वकृत पुण्य फल से प्राप्त होता है। इसे सुनने के लिए दिनों का कोई नियम नहीं। इसे तो सर्वदा ही सुनना श्रेष्ठ है। कलियुग में बहुत दिनों तक चित्त की वृत्तियों को वश में रखना, नियमों में बन्धे रहना और किसी पुण्य कार्य के लिये दीक्षित रहना कठिन है। इसलिए इसकी सप्ताह-श्रवण की विधि है। श्रद्धापूर्वक कभी भी श्रवण करने से अथवा माघमास में श्रवण करने से जो फल होता है, वही फल श्री शुकदेवजी ने सप्ताह-श्रवण में निर्धारित किया है। मन के असंयम, रोगों की बहुलता और आयु की अल्पता के कारण तथा कलियुग में अनेक दोषों की सम्भावना से ही सप्ताह-श्रवण का विधान किया गया है। जो फल तप, योग और समाधि से भी प्राप्त नहीं हो सकता , वह

सर्वाङ्गरूप में सप्ताह-श्रवण से सहसा ही प्राप्त हो जता है। सप्ताह-श्रवण, यज्ञ से बढ़कर है, तप और व्रत से बढ़कर है, तीर्थ सेवन से बढ़करं है; ज्ञान, ध्यान से बढ़कर है।

जब भगवान् श्रीकृष्ण इस धराधाम को छोड़कर अपने नित्यधाम को जाने लगे, तब उनके मुखारविन्द से एकादश स्कन्ध का ज्ञानोपदेश सुनकर भी उद्धवजी ने पूछा, हे गोविन्द! अब आप तो अपने भक्तों का कार्य करके निजधाम को पधारना चाहते हैं, किन्तु मेरे मन में एक बड़ी चिन्ता है। इसे सुनकर आप मुझे शान्त कीजिए। अब घोर कलियुग आया ही समझिये। इसलिये संसार में पुनः अनेकों दुष्ट प्रकट हो जायेंगे। उनके संसर्ग से जब अनेकों सत्पुरुष भी उग्र प्रकृति के हो जायेंगे, तब उनके भार से दबकर यह गोरूपिणी पृथ्वी किसकी शरण में जायेगी? हे कमलनयन! मुझे तो आपके सिवा इसकी रक्षा करने वाला कोई दिखाई नहीं देता। इसलिये हे भक्तवत्सल! आप साधुओं पर कृपा करके यहां से मत जाइये। भक्तों के उद्धार के लिये ही तो आपने यह अवतार ग्रहण किया है। फिर आपका वियोग होने पर वे भक्तजन इस पृथ्वी पर कैसे रह सकेंगे?

उद्धवजी के वचन सुनकर भगवान् सोच में पड़ गये कि भक्तों के अवलम्बन के लिये मुझे क्या व्यवस्था करनी चाहिए। तब भगवान् ने अपनी ज्योति इस भगवत् पुराण में रख दी और अन्तर्धान हो गये। अतः यह श्री भगवान् की साक्षात् शब्दमयी मूर्ति है।

जिस समय सनकादि मुनीश्वर इस प्रकार सप्ताह-श्रवण की महिमा कह रहे थे, वहां तरुणावस्था को प्राप्त हुए अपने दोनों पुत्रों को साथ लिये विशुद्ध प्रेमरूपा भक्ति, बार-बार श्रीकृष्ण! हरे! मुरारे! हे नाथ! नारायण! वासुदेव! भगवद्नामों का उच्चारण करती हुई अकस्मात् प्रकट हो गई। सभी सज्जनों ने देखा कि परम सुन्दरी भक्ति भागवत के अर्थों का आभूषण पहने वहां पधारी है। इस विस्मय को मिटाने के लिए सनकादि ने कहा—यह भक्तिदेवी अभी-अभी कथा के अर्थ से निकली है। उनके ये वचन सुनकर भक्ति ने अपने पुत्रों सहित विनम्र होकर कहा—मैं कलियुग में नष्ट प्रायः हो गई थी। आपने कथामृत से सींचकर

मुझे फिर पुष्ट कर दिया है। अब आप यह बताइये कि मैं कहां रहूँ? इस पर सनकादि ने कहा–तुम भक्तों को भगवान् का स्वरूप प्रदान करने वाली, अनन्यप्रेम का सम्पादन करने वाली और संसार-रोग को निष्प्राण करने वाली हो। अतः तुम धैर्य धारण कर नित्य-निरन्तर विष्णु भक्तों के हृदय में ही निवास करो। ये कलियुग के दोष भले ही सारे संसार पर अपना प्रभाव डालें, किन्तु वहां तुम पर इनकी दृष्टि भी नहीं पड़ सकेगी। इस प्रकार भक्ति तुरन्त भगवद् भक्तों के हृदय में विराजमान हो गई।

जिनके हृदय में एकमात्र श्रीहरि की भक्ति निवास करती है, वे त्रिलोकी में अत्यन्त निर्धन होने पर भी परम धन्य हैं, क्योंकि इस भक्ति की डोरी से बन्धकर तो साक्षात् भगवान् भी अपना परम-धाम छोड़कर उनके हृदय मे आकर विराजमान हो जाते हैं। भूलोक में यह भागवत साक्षात् परब्रह्म का विग्रह है।

उस समय अपने भक्तों के चित्त में अलौकिक भक्ति का प्रादुर्भाव हुआ देख भक्तवत्सल श्री भगवान् अपना धाम छोड़ कर वहां पधारे। उनके गले में वनमाला शोभा पा रही थी, श्रीअंग सजल जलधर के समान श्यामवर्ण था। उस पर मनोहर पीताम्बर सुशोभित था तथा कटिप्रदेश करधनी की लड़ियों से सुसज्जित था। शीश पर मुकुट की शोभा और कानों में कुण्डलों की झलक देखते ही बनती थी। वे त्रिभंग ललितभाव से खड़े हुए चित्त को चुराये लेते थे। वक्षःस्थल पर कौस्तुभमणि दमक रही थी। सारा श्रीअंग हरिचन्दन से चर्चित था। उस रूप की शोभा का क्या कहें, उसने तो मानो करोड़ो कामदोवों की रूप माधुरी छीन ली थी। वे परमानन्द चिन्मूर्ति, मधुरातिमधुर मुरलीधर ऐसी अनुपम छवि से अपने भक्तों के निर्मल चित्तों में आविर्भूत हुए। प्रभु के प्रकट होते ही चारों ओर'जय हो! जय हो!!' की ध्वनि होने लगी। इस समय भक्तिरस का अद्भुत प्रवाह चला। बार-बार अबीर-गुलाल और पुष्पों की वर्षा और शंख ध्वनि होने लगी। उस सभा में जो लोग बैठे थे, उनहें अपने देहगेह और आत्मा की भी कोई सुध न रही। वहां के जड़-चेतन सब प्राणी निष्पाप हो गये।

कथा के अन्त में ज्ञान, वैराग्य और भक्ति को बड़ी पुष्टि मिली और

वे तीनों एकदम तरुण, सब जीवों का चित्त अपनी ओर आकर्शित करने लगे। कथा समाप्त होते ही व्यासनन्दन श्री शुकदेवजी वहां पधारे। सोलह वर्ष की सी आयु, आत्मलाभ से पूर्ण–ज्ञान रूपी महासागर का संवर्घन करने के लिए वे धीरे-धीरे श्रमद्भागवत का पाठ कर रहे थे। उस समय शुकदेव जी ने भक्ति को उसके पुत्रों सहित अपने शास्त्र में स्थापित कर दिया।

श्री कृष्ण के स्वधामगमन के पश्चात्, कलियुग के तीस वर्ष से कुछ अधिक बीत जाने पर, भाद्रपद मास की शुक्ला नवमी को, शुकदेवजी ने कथा आरम्भ की थी (राजा परीक्षित् के उद्धार के लिये)राजा परीक्षित् के कथा सुनने के पश्चात्, कलियुग के दो सौ वर्ष बीत जाने पर, आषाढ़ मास की शुक्ला नवमी को, गोकर्णजी ने यह कथा सुनाई थी। इसके पीछे तीस वर्ष और निकल जाने पर, कार्तिक शुक्ला नवमी से, यह कथा सनकादि ने आरम्भ की थी।

अपने दूत को हाथ में पाश लिये देखकर यमराज उसके कान में कहते हैं–देखो, जो भगवान् की कथावार्ता में अनुरक्त हो रहे हों, उनसे दूर रहना। मैं औरों को ही दण्ड देने की शक्ति रखता हूँ, वैष्णवों को नहीं।

अध्याय 4

गोकर्ण कथा-1

श्रीमद्भागवत का माहात्म्य बताते हुए, सनकादि, नारदजी को एक प्राचीन इतिहास सुनाते हैं। पूर्व काल में तुंगभद्रा नदी के तट पर एक सुन्दर नगर बसा था। इस नगर में सभी वर्णों के लोग रहते थे तथा सत्यनिष्ठ थे। इसी नगर में वेदों का विशेषज्ञ तथा पूर्ण कर्मकाण्डी ब्राह्मण आत्मदेव रहता था। वह धनी होने पर भी भिक्षा-जीवी था। उसकी पत्नी धुन्धुली कुलीन तथा सुन्दर थी, परन्तु स्वभाव की अड़ियल तथा क्रूर थी। सभी

परिसाधनों के होते हुए भी आत्मदेव सुखी न था, क्योंकि उसके कोई सन्तान नहीं थी।

एक दिन इसी दु:ख से व्याकुल वह एक वन में निकल गया। धूप तथा गर्मी से जब उसे प्यास लगी तो वह एक तालाब पर आया और जल पीकर वहीं बैठ गया। कुछ ही समय बीता था कि वहां एक संन्यासी महात्मा आये। जब उन्होंने उस तालाब से जल पान कर लिया तो आत्मदेव ने उनके चरणों में झुक कर नमस्कार किया। ब्राह्मण की करुणामयी स्थिति देखकर महात्मा ने पूछा, "ब्राह्मण देवता! आप चिंतातुर क्यों हो?"

ब्राह्मण ने कहा, महाराज! मैं अपने पूर्व जन्म के पापों का क्या वर्णन करूँ। मेरे तो पितर भी मेरे द्वारा अर्पित अन्न-जल को स्वीकार करने में संकोच करते हैं। देवता तथा ब्राह्मण मेरा दान प्रसन्न चित्त से स्वीकार नहीं करते, क्योंकि मैं सन्तानहीन हूँ। मैं तो यदि किसी गाय को पालता हूँ तो वह भी बाँझ हो जाती है। प्रभु! ऐसे सन्तानहीन पर धिक्कार है। इतना कहकर ब्राह्मण उस महात्मा के समक्ष रोने लगा।

संन्यासी महात्मा ने कहा, ब्राह्मण देवता! सन्तान प्राप्ति का मोह त्याग दो। कर्म की गति बड़ी प्रबल है। विवेक का आश्रय लेकर सन्तान की इच्छा त्याग दो। तुम्हारे प्रारब्ध में तो सात जन्म तक कोई सन्तान नहीं।

ब्राह्मण ने कहा, महात्मा जी! मैं अपना विवेक खो चुका हूँ। मुझे तो आप अपने बल से सन्तान दीजिए, अन्यथा मैं अपने प्राण यहीं त्याग दूँगा।

ब्राह्मण का ऐसा हठ देखकर महात्मा ने कहा– विधाता के लेख को मिटाने के हठ से राजा चित्रकेतु को बड़ा कष्ट उठाना पड़ा था। अत: दैव जिसके विरुद्ध हो, उस सन्तान को प्राप्त कर, तुम्हें कोई सुख नहीं मिलेगा।

जब महात्मा ने देखा कि ब्राह्मण तो अपने आग्रह पर अड़ा हुआ है, उन्होंने उसे एक फल देकर कहा कि वह उसे अपनी पत्नी को खिला दे। इससे उसके एक शुद्ध स्वभाव वाला पुत्र होगा। गर्भ के समय पत्नी को स्वयं भी तन-मन से शुद्ध रहने को कहा। इतना कहकर महात्मा चले गये।

घर जाकर आत्मदेव ने वह फल अपनी पत्नी को देकर महात्माजी

का वचन दोहरा दिया तथा स्वयं कहीं काम पर चला गया। पत्नी कुटिल स्वभाव की थी। वह गर्भ से अपने शरीर की सुन्दरता में अन्तर नहीं लाना चाहती थी तथा न ही महात्माजी के वचनों का पालन करना चाहती थी। इसी बीच उसकी बहिन उससे मिलने आई। वह गर्भवती थी। धुन्धुली ने अपनी बहिन को चिन्ता का कारण बतलाया। बहिन के आश्वासन पर कि वह अपना बच्चा उसे दे देगी, धुन्धुली ने महात्माजी का दिया हुआ फल एक गाय को खिला दिया।

समयानुसार धुन्धुली की बहिन ने अपना पुत्र लाकर धुन्धुली को दे दिया तथा आत्मदेव को भी सूचना दे दी कि धुन्धुली को सुखपूर्वक एक बालक जन्मा है। बालक के जन्म से आत्मदेव को बड़ी प्रसन्नता हुई। धुन्धुली ने अपने स्तनों में किसी कारणवश दूध न आने के कारण बालक का पालन-पोषण अपनी बहिन को दिया। बालक का नाम रखा गया धुन्धुकारी।

पूर्ण समय बीत जाने पर गाय के भी एक मनुष्याकार का बच्चा हुआ। वह स्वांग सुन्दर, निर्मल तथा कान्तियुक्त था। इस बालक को देखकर भी ब्राह्मण बहुत प्रसन्न हुआ तथा उसे विधि का चमत्कार मान कर स्वयं उसने उसके सारे संस्कार किये। गाँववासी भी इस आश्चर्यमय बालक को देखने के लिये दूर-दूर से आने लगे। आत्मदेव ने गो-बालक का नाम 'गोकर्ण' रखा।

समय बीतने पर दोनों बालक युवा हो गये। जहाँ गोकर्ण तो बड़ा पण्डित निकला, धुन्धुकारी बड़ा ही दुष्ट। ब्राह्मण संस्कार तो उसमें नाम मात्र के लिये भी नहीं थे। उसे प्रायः सभी बुरी आदतों ने घेर लिया। तामसिक भावनाओं से घिरा वह शारीरिक सुख के लिये वस्तुओं का संग्रह करता। धीरे-धीरे उसने पिता की सारी सम्पत्ति नष्ट कर दी।

अपने बेटे के इस पतन को देखकर आत्मदेव को बड़ा मानसिक कष्ट हुआ। वह सोचने लगा कि इस कुपुत्र से तो बाँझ होना ही अच्छा था। उसी समय परम ज्ञानी गोकर्ण आया तथा उसने अपने पिता को वैराग्य का उपदेश दिया और कहा कि यह 'संसार' असार है तथा अत्यन्त दुःखरूप मोह में डालने वाला है। पुत्र किसका? धन किसका? स्नेहवान् पुरुष तो रात-दिन एक दिये की भाँति जलता रहता है। इन्द्रियों का पूर्ण

सुख तो राजा तक को भी उपलब्ध नहीं होता। किन्तु विरक्त, एकान्तवासी मुनि सुखी है। 'यह मेरा है' इस अज्ञान से ऊपर उठो। अपने शरीर के नष्ट होते ही सारे नाते नष्ट हो जाते हैं।

पिता के मन में वैराग्य उत्पन्न करते हुए गोकर्ण ने कहा, पिता जी! यह शरीर तो पाँच महाभूतों का पुंज है। हमारे आस-पास जो सम्बन्धी हैं, पदार्थ हैं, भोग सामग्रियाँ है, वे भी एक दृश्यमात्र, क्षणभंगुर हैं। फिर मोह किस कारण?

इस प्रकार पुत्र की वाणी से प्रभावित आत्मदेव ने वनगमन किया। वन में रात-दिन भगवान् की सेवा-पूजा करने से तथा नियमपूर्वक भागवत के दशम स्कन्ध का पाठ करने से आत्मदेव ने भगवान् श्रीकृष्ण को प्राप्त किया।

अध्याय 5

गोकर्ण कथा-2

पिता के वन चले जाने पर, धुन्धुकारी, पिता के धन के लिये अपनी माता हो दुःख पहुँचाने लगा। एक दिन विवश होकर धुन्धुली ने कुएँ में कूद कर अपने प्राण त्याग दिये।

गोकर्ण, जो कि एक योगनिष्ठ महात्मा थे, इन घटनाओं से तनिक भी विचलित नहीं हुए तथा स्वयं भी तीर्थ-यात्रा को चले गये।

माता की मृत्यु के पश्चात् धुन्धुकारी वेश्याओं के संग में रहने लगा। भ्रष्ट बुद्धि धुन्धुकारी भोग सामग्री जुटाने के लिये क्रूर से क्रूर कर्म करने लगा। चोरी करने से भी वह संकोच न करता। एक दिन जब धुन्धुकारी बहुत सा चोरी का माल लेकर घर पहुँचा, तो दूषित स्त्रियों ने जो उसके घर पर उसके साथ ही रहने लगी थीं, उसका रात को वध कर दिया तथा उसका धन लेकर वहाँ से चली गईं।

अपने कुकर्मों के कारण धुन्धुकारी को प्रेत योनि मिली। वह बवण्डर के रूप में चारों दिशाओं में भटकने लगा तथा वह इस योनि में अति व्याकुल था। जब महात्मा गोकर्ण को अपने भ्राता धुन्धुकारी की मृत्यु का समाचार मिला तो उन्होंने उसका यथाविधि संस्कार तथा श्राद्ध करवाया। तीर्थ-यात्रा के पश्चात् गोकर्ण अपने घर लौटे। वहाँ जब वे रात को सोये हुए थे तो धुन्धुकारी ने उन्हें अपना पिशाच रूप दिखया। इस प्रेतावस्था में अपने भ्राता को देखकर गोकर्ण ने उससे उसका परिचय पूछा।

प्रेत ने कहा – मैं तुम्हारा भ्राता हूँ। मैंने अपने ही दोष से अपना ब्राह्मणत्व नष्ट कर दिया। मैंने कितने ही लोगों की हत्या की। इसी कारण कुल्टा स्त्रियों ने मुझे तड़पा-तड़पा कर मारा। अब मैं इस योनि में केवल वायु भक्षण कर जी रहा हूँ। तुम स्वभाव से ही बड़े दयालु हो। मेरा इस योनि से उद्धार करो।

गोकर्ण ने कहा, भ्राता! मुझे बड़ा आश्चर्य है कि मेरे द्वारा विधिवत् श्राद्ध कराने तथा पिण्डदान करने पर भी तुम प्रेत योनि से मुक्त क्यों नहीं हुए। यदि गया में श्राद्ध कराने से भी तुम्हारी मुक्ति नहीं हुई तो अब और क्या उपाय करूँ?

प्रेत ने कहा – मेरी मुक्ति तो एक शत गया श्राद्धों से भी नहीं होगी। अब तो तुम कोई और ही उपाय करो।

प्रेत की करुणावस्था को देखकर, गोकर्ण ने कहा – अब तुम निर्भय होकर अपने स्थान को जाओ। मैं किसी और उपाय का विचार करता हूँ। ऐसा आश्वासन पा कर प्रेत वहाँ से चला गया।

प्रातः होने पर गोकर्ण ने रात्रि का सारा वृतान्त बड़े वृद्धों को सुनाया तथा उनसे इस विषय में उनका परामर्श जानना चाहा। एकत्रित हुए विद्वान् तथा योगनिष्ठ भी निश्चय नहीं कर पा रहे थे कि इसका क्या उपाय किया जाये, क्योंकि वेद-शास्त्र भी इसका कोई उपाय नहीं बता रहे थे। अतः सब ने निश्चय किया कि इस विषय में भगवान् सूर्यदेव की उपासना कर उनसे इस समस्या का समाधान पूछा जाये।

गोकर्ण ने अपने तपोबल से भगवान् सूर्य का आवाहन किया तथा स्तुति की–भगवन्! आप सारे संसार के साक्षी हैं। मैं आपको नमस्कार

करता हूँ। कृपया आप मुझे धुन्धुकारी की मुक्ति का साधन बताइए।

गोकर्ण की प्रार्थना सुनकर भगवान सूर्य देव ने कहा–इसकी मुक्ति केवल श्रीमद्भगवत से ही हो सकती है। अतः तुम श्रीमद्भागवत का सप्ताह परायण करो।

भगवान् सूर्यदेव की आज्ञा सुन कर गोकर्ण ने श्रीमद्भागवत सप्ताह-परायण का अनुष्ठान किया। इस कथा श्रवण के लिये गाँव-गाँव से लोग एकत्रित होगये। जब कोकर्ण ने व्यास गद्दी पर बैठकर इस कथा का प्रवचन प्रारम्भ किया तो प्रेत योनि को प्राप्त उसका भ्राता भी वहाँ उपस्थित हो गया तथा वहाँ पड़े एक सात गाँठ के बाँस में बैठकर कथा श्रवण करने लगा, क्योंकि वायु रूप होने के कारण वह कहीं और जगह बैठ नहीं सकता था।

गोकर्ण ने एक वैष्णव को मुख्य श्रोता बनाया तथा कथा प्रारम्भ की। सांयकाल जब कथा को विश्राम दिया गया तो एक आश्चर्यजनक घटना घटी। उस बाँस की एक घाँठ तड़-तड़ शब्द करते हुए फट गई। इसी प्रकार दूसरे दिन दूसरी गाँठ फटी, और तीसरे दिन तीसरी।

इस प्रकार सात दिनों में सातों गाँठे फटी तथा धुन्धुकारी श्रीमद्भागवत के बारह सकन्धों को सुनने से पवित्र होकर प्रेत योनि से मुक्त हो गया तथा एक दिव्य रूप में प्रकट हुआ। उसने अपने भ्राता गोकर्ण को नमस्कार किया तथा धन्यवाद किया कि उसने उसे प्रेत योनि की यातनाओं से मुक्ति दिला दी। यह प्रेतपीड़ा नाश करने वाली श्रीमद्भागवत कथा धन्य है तथा भगवान् श्रीकृष्ण के धाम को प्राप्त कराने वाली है। जब इसका सप्ताह-श्रवण योग चलता है तो सब पाप भयभीत हो जाते हैं तथा काँपने लगते हैं।

यह शरीर नाशवान् है। जो अन्न प्रातः काल पकाया जाता है वह सांयकाल तक बिगड़ जाता है। अतः जिस अन्न से यह शरीर बना है, यदि वही अक्षय नहीं, तो यह शरीर किस प्रकार नित्य स्थित रह सकता है। इस प्रकार जान कर इस शरीर में मोह क्यों तथा इसकी विषय वासनाओं में पूर्ति की रुचि क्यों? जिस भागवत कथा के श्रवणमात्र से सूखे बाँस की गाँठें फट सकती हैं तो उस भागवत कथा श्रवण से यदि मन की सभी

गाँठे खुल जायें तो इसमें आश्चर्य कैसा।

इस प्रकार कहकर, धुन्धुकारी जो कि अब तन-मन से पवित्र हो चुका था, वैकुण्ठ से आये विमान पर आरूढ़ होकर भगवद्-धाम को चला गया।

गोकर्ण ने भगवान् के भेजे हुए प्रिय पार्षदों से पूछा, प्रिय पार्षदो! यहाँ तो सभी श्रोतागणों ने शुद्ध हृदय से श्रीमद्भागवत कथा का श्रवण किया है। अतः आप सब के लिये विमान क्यों नहीं लाये? यह अन्तर क्यों?

भगवान् के पार्षदों ने कहा, हे मानद! इस फल-भेद का कारण इनका श्रवण-भेद है। यह सत्य है कि कथा का श्रवण सभी ने एक जैसा किया है, परन्तु कथा का मनन सब ने धुन्धुकारी जैसा नहीं किया। जो ज्ञान दृढ़ नहीं होता, वह व्यर्थ हो जाता है। इस प्रकार ध्यान न देने से श्रवण का, सन्देह से मन्त्र का और इधर-उधर भटकते, अर्थात् अस्थिर चित्त से जप का भी कोई फल नहीं मिलता।

वैष्णवहीन देश, अपात्र को कराया हुआ श्राद्ध का भोजन, अश्रोत्रिय को दिया हुआ दान तथा आचारहीन कुल, ये सभी नष्ट हो जाते हैं। गुरु वचन में विश्वास, दीनभाव, मन की शुद्धि तथा कथा में चित्त की एकग्रता से कथा का यथार्थ फल प्राप्त होता है।

श्रावण मास में गोकर्ण ने पुनः उसी प्रकार सप्ताह क्रम से कथा का आयोजन किया। उन श्रोताओं ने पुनः उस कथा का श्रवण किया, पूर्ण एकग्रता तथा भक्तिभाव से। इस बार भक्तों पर अनुग्रह करने के लिये भगवान् श्रीकृष्ण स्वयं प्रकट हो गये। भक्तों को हर्षित करते हुए उन्होंने अपना पाञ्चजन्य शंख वादन किया। गोकर्ण को उन्होंने अपने गले से लगाया। सभी भक्तों को पीताम्बर तथा आभूषणों से आभूषित किया तथा विमान से उन्हें अपने धाम ले गये।

प्रथम स्कन्ध

अध्याय 1

मङ्गलाचरण

जिससे इस जगत् की सृष्टि (उत्पत्ति), स्थिति तथा प्रलय होते हैं, वह सभी सद्रूप पदार्थों में अनुगत और असत् पदार्थों से पृथक् है, जड़ नहीं चेतन है, परतन्त्र नहीं, स्वयंप्रकाश है; जो ब्रह्मा अथवा हिरण्यगर्भ नहीं, प्रत्युत उन्हें अपने संकल्प से ही जिसने उस वेदज्ञान का दान किया है, जिसके सम्बन्ध में बड़े-बड़े पण्डित भी मोहित हैं; जैसे सूर्य-रश्मियों में जल का, जल में स्थल का और स्थल में जल का भ्रम होता है, वैसे ही जिसमें यह त्रिगुणमयी, जाग्रत्-स्वप्न-सुषुप्तिरूपा सृष्टि, मिथ्या होने पर भी अधिष्ठान सत्ता से सत्यवत् प्रतीत होती है, उस अपनी स्वयंप्रकाश ज्योति से सर्वदा और सर्वथा माया और मायाकार्य से पूर्णतः मुक्त रहनेवाले परम सत्यरूप परमात्मा का हम ध्यान करते हैं।

अध्याय 2

भगवत्कथा तथा भगवद्भक्ति का माहात्म्य

महामुनि व्यास द्वारा निर्मित इस श्रीमद्भागवत महापुराण में मोक्ष-पर्यन्त, फल की कामना से रहित, परम धर्म का निरूपण है। श्री शुकदेव द्वारा प्रसारित हो जाने से यह परमानन्दमयी सुधा से परिपूर्ण हो गया है। मनुष्यों के लिये सर्वश्रेष्ठ धर्म वही है जिससे भगवान् श्रीकृष्ण में भक्ति हो- भक्ति भी ऐसी जिसमें कोई कामना न हो- जो नित्य निरन्तर बनी रहे। भगवान् श्रीकृष्ण में भक्ति होते ही, अनन्य-प्रेम से उनमें चित्त लगाते ही,

निष्काम ज्ञान और वैराग्य का आविर्भाव हो जाता है। धर्म का मूल है, मोक्ष। भोग-विलास उसका फल नहीं, भोग-इन्द्रियों को तृप्त करना उसका उद्देश्य नहीं। उसका प्रयोजन है जीवन निर्वाह, जो देह को रखने के लिये अनिवार्य है। तत्त्ववेता, ज्ञाता और ज्ञेय के भेद से रहित, अखण्ड अद्वितीय सच्चिदान्दस्वरूप ज्ञान को ही तत्त्व कहते हैं। उसी को कोई ब्रह्म, कोई परमात्मा और कोई श्री भगवान् कहते हैं। मुनिजन भागवत-श्रवण से प्राप्त 'ज्ञान-वैराग्य' युक्त भक्ति से अपने हृदय में उस परमतत्त्वरूप परमात्मा का अनुभव करते हैं। भगवान् श्रीकृष्ण के यश का श्रवण और कीर्तन-दोनों पवित्र करने वाले हैं। वे अपनी कथा सुनने वालों के हृदय में आकर स्थित हो जाते हैं और उनकी अशुभ वासनाओं को नष्ट कर देते हैं, क्योंकि वे संतों के नित्य सुहृद् हैं।

तमोगुण से रजोगुण श्रेष्ठ है और रजोगुण से सत्त्वगुण, क्योंकि वह भगवान् का दर्शन कराने वाला है। वेदों का तात्पर्य श्रीकृष्ण में ही है। यज्ञों के उद्देश्य श्रीकृष्ण ही हैं। योग श्रीकृष्ण के लिये किये जाते हैं और समस्त कर्मों की परिसमाप्ति (गंतव्य, कर्मों की सीमा अथवा पूर्ण समाप्ति) भी श्रीकृष्ण में ही है। ज्ञान से 'ब्रह्मस्वरूप श्रीकृष्ण' की ही प्राप्ति होती है। जप, तप, यज्ञ, श्रीकृष्ण के लिये ही हैं। श्रीकृष्ण के लिये ही धर्मों का अनुष्ठान होता है और सब गतियाँ श्रीकृष्ण में ही समा जाती हैं। वे ही सम्पूर्ण लोकों की रचना करते हैं और देवता, पशु-पक्षी, मनुष्य आदि योनियों में लीलावतार ग्रहण करके सत्त्वगुण के द्वारा जीवों का पालन-पोषण करते हैं।

अध्याय-3

भगवान् के अवतार

विष्णुरूप में श्री भगवान् चराचर जगत् का पालन करते हैं। प्रकृति तीन गुणों पर आधारित हैं। रजो और तमो गुण को दबाकर सत्त्व गुण

बढ़ता है, तो कभी तमो गुण और सत्त्वगुण को दबाकर रजो गुण बढ़ता है। इसी प्रकार सत्त्व और रज को दबाकर कर तमो गुण प्रधान होता है। जब-जब सत्त्व गुण का ह्रास होता है तथा साधुगण संकट में पड़ते हैं, तब-तब श्री विष्णु, विविध रूपों में, सृष्टि का संतुलन बनाये रखने के लिये, अवतार ग्रहण करते हैं।

सृष्टि के आदि में भगवान् ने लोकों के निर्माण की इच्छा की। उन्होंने महत्तत्त्व आदि से निष्पन्न (उदित, उत्पन्न हुआ) पुरुषरूप ग्रहण किया। उसमें दस इन्द्रियाँ, एक मन और पाँच भूत थे। उन्होंने कारण-जल में शयन करते हुए जब योगनिद्रा का विस्तार किया (योग-माया) तब उनके नाभि सरोवर में से एक कमल प्रकट हुआ। उस कमल से प्रजापति ब्रह्माजी उत्पन्न हुए। भगवान् के उस विराट् रूप के अंग-प्रत्यंग में ही समस्त लोकों की कल्पना की गई है। वह भगवान् का विशुद्ध सत्त्वमय श्रेष्ठ रूप है। योगी लोक दिव्य दृष्टि से भगवान् के उस रूप का दर्शन करते हैं। भगवान् का वह रूप हजारों पैर, जाँघ, भुजायें और मुखों के कारण अत्यन्त विलक्षण हैं। हजारों वस्त्र, मुकुट, कुण्डल आदि आभूषणें से वह उल्लसित है। भगवान् का यही रूप, पुरुषरूप, जिसे नारायण कहते हैं, अनेक अवतारों का अक्षय-कोश है। इससे सारे अवतार प्रकट होते हैं। इस रूप से छोटे से छोटे अंश से देवता, पशु-पक्षी और मनुष्यादि योनियों की सृष्टि होती है।

उन्हीं प्रभु ने पहले कौमारसर्ग में सनक, सनन्दन, सनातन और सनत्कुमार– इन चार ब्रह्माणों के रूप में अवतार ग्रहण करके अत्यन्त कठिन ब्रह्मचर्य का पालन किया। ये श्री भगवान् का ज्ञान प्रसारण करते हैं। ये श्री ब्रह्माजी के पुत्र तथा प्रजापति कहलाते हैं। दूसरी बार इस संसार के कल्याण के लिए, समस्त यज्ञों के स्वामी उन भगवान् ने, रसातल में गई हुई पृथ्वी को निकाल लाने के लिये वराह रूप धारण किया। ब्रह्माजी के पुत्र नारद भी श्री भगवान् का ही अंश-अवतार हैं। उन्होंने सात्वत-तंत्र (नारद-पाञ्चरात्र) का उपदेश दिया, अर्थात् कर्मों के द्वारा किस प्रकार कर्मबन्धन से मुक्ति हो सकती है। धर्म-पत्नी मूर्ति के गर्भ से उन्होंने नर-नारायण का अवतार लिया। इस ऋषि रूप में उन्होंने मन और इन्द्रियों

का सर्वथा संयम तथा योग-साधना की पद्धति बतलाई। पाँचवें अवतार में सिद्धों के स्वामी कपिल के रूप में प्रकट हुए तथा तत्त्व निर्यायक सांख्य शास्त्र की रचना की। छटे अवतार में अत्रि की सन्तान, दत्तात्रेय हुए। इस अवतार में उन्होंने ब्रह्मज्ञान का उपेदश दिया। सातवें अवतार में रुचि प्रजापति की पत्नी आकूति से 'यज्ञ' के रूप में आये और याम आदि देवताओं के साथ स्वायम्भुव मन्वन्तर की रक्षा की। राजा नाभि की पत्नी मेरु के गर्भ से ऋषभदेव के रूप में आठवाँ अवतार लिया था तथा परमहंसों का वह मार्ग, जो सभी आश्रमों के लिये वन्दनीय है, दिखया। ऋषियों की प्रार्थना पर वे नवीं बार राजा पृथु के रूप में आये। इस अवतार में उन्होंने पृथ्वी से समस्त ओषधियों का दोहन किया। चाक्षुष मन्वन्तर के अन्त में जब पृथ्वी समुद्र में डूब रही थी, तब उन्होंने मत्स्य के रूप में दसवाँ अवतार ग्रहण किया तथा अगले मन्वन्तर के अधिपति वैवस्वत मनु की रक्षा की। जिस समय देवता और दानव समुद्र मन्थन कर रहे थे, उस समय ग्यारहवाँ आवतार धारण कर कच्छ रूप से मन्दराचल पर्वत को अपनी पीठ पर धारण किया। बारहवीं बार धन्वन्तरि के रूप में अमृत लेकर समुद्र से प्रकट हुए और तरेहवीं बार मोहिनी का रूप धारण कर दैत्यों को मोहित कर देवताओं को अमृत पिलाया। चौदहवें अवतार में उन्होंने नरसिंह रूप धारण कर दैत्यराज हिरण्यकशिपु की छाती चीर कर उसका वध किया। पंद्रहवीं बार वामन रूप धारण करके दैत्यराज बलि से उसका राज्य तीन कदमों में नाप कर उसे रसातल में धकेल दिया। सोलहवें अवतार पशुराम के रूप में उन्होंने ब्राह्मण-द्रोही क्षत्रियों का पृथ्वी से इक्कीस बार नाश किया। सत्रहवें अवतार में सत्यवती के गर्भ से ऋषि पराशरजी के पुत्र व्यास के रूप में अवतार लिया। अठारहवीं बार देवताओं का कार्य सम्पन्न करने तथा रावण आदी राक्षसों का नाश करने के लिये रामावतार लिया तथा धर्म-मर्यादा स्थापित कर मर्यादा-पुरुषोत्तम कहलाये। उन्नीसवें और बीसवें अवतारोंमें उन्होंने, यदुवंश में, बलराम और श्रीकृष्ण का रूप लिया। (इस बार तो आदिदेव भगवान् श्रीकृष्ण स्वयं ही अवतीर्ण हुए, दुष्टों का नाश करने के लिये तथा साधुजनों की रक्षा के लिए। पृथ्वी की प्रार्थना

पर उन्होंने यह अवतार ग्रहण किया था, उसे दुष्टों के भार से मुक्त करने के लिये) कलियुग आ जाने पर, मगधदेश (बिहार) में, देवताओं के द्वेषी दैत्यों को मोहित करने के लिये अजन के पुत्ररूप में श्री भगवान् का बुद्धावतार होगा। कलियुग के अन्त में जब अधर्म सीमा से बढ़ जायेगा, तब जगत्-रक्षक भगवान्, विष्णुयश नामक ब्राह्मण के घर कल्किरूप में अवतीर्ण होंगे (राम-कृष्ण के अतिरिक्त बीस अवतार, अंशावतार अथवा कलावतार तो उपर्युक्त हैं ही, शेष चार अवतार श्रीकृष्ण के ही अंश हैं। स्वयं श्रीकृष्ण तो पूर्ण परमेश्वर हैं, वे अवतार नहीं, अवितारी हैं। उनके चार अंश हैं, पहला–केशका अवतार, दूसरा–सुतपा तथा पृश्नि (पृथ्वी) पर कृपा करने वाला अवतार, तीसरा संकर्षण-बलराम और चौथा परब्रह्म। इस प्रकार इन चार अवतारों में विशिष्ट पाँचवें साक्षात् भगवान् वासुदेव हैं)

भगवान् की लीला अमोघ है। वे लीला से ही इस संसार का सृजन, पालन और संहार करते हैं, किन्तु इसमें आसक्त नहीं होते। चक्रपाणि भगवान् की शक्ति और पराक्रम अनन्त हैं– उसकी कोई थाह नहीं पा सकता। वे सारे जगत् के निर्माता होने पर भी उससे सर्वथा परे हैं। उनके स्वरूप को अथवा लीला को ब्रह्माजी भी नहीं जान सके। ब्रह्माजी भी सदा उनकी भक्ति में संलग्न रहते हैं और उन्हीं की कृपा से ब्रह्माजी को सृष्टि रचने का ज्ञान प्राप्त हुआ।

अध्याय 4

महर्षि व्यास का असन्तोष

इस वर्तमान चतुर्युगी के तीसरे युग, द्वापर में, महर्षि पराशर के द्वारा वसु-कन्या सत्यवती के गर्भ से भगवान् के कलावतार व्यासजी का जन्म हुआ। एक दिन वे सूर्योदय के समय सरस्वती के पवित्र जल में स्नान

कर ऐकान्त पवित्र स्थान पर बैठे हुए थे। वे त्रिकालज्ञ थे। उन्होंने देखा कि समय के फेर से प्रत्येक युग में धर्म संकरता (मिलावट, मिश्रण) और उसके प्रभाव से भौतिक वस्तुओं की शक्ति का भी ह्रास होता रहता है। संसार के लोग श्रद्धाहीन और शक्तिरहित हो जाते हैं। उनकी बुद्धि कर्तव्य-अकर्तव्य का ठीक-ठीक निर्णय नहीं कर पाती और आयु भी कम हो जाती है। लोगों की इस समस्या को ध्यान में रखते हुए उन्होंने अपनी दिव्य दृष्टि से समस्त वर्णों और आश्रमों का हित कैसे हो–विचार किया। वेदोक्त चातुर्होत्र (होता, अध्वर्यु, उद्गाता और ब्रह्मा– ये चार होता हैं) कर्मकाण्ड हृदय को शुद्ध करने वाला है। इसलिये यज्ञों का विस्तार करने के लिये उन्होंने वेदों को चार भागों में विभाजित कर दिया। ऋक्, यजुः, साम और अथर्व, अर्थात् इन चार वेदों का उद्धार (पृथक्करण) हुआ। इतिहास और पुराणों को पाँचवा वेद कहा जाता है। उनमें से ऋग्वेद के पैल (ऋषि का नाम), साम-गान के विद्वान् जैमिनि तथा यजुर्वेद के एकमात्र स्नातक वैशम्पायन हुए। अथर्ववेद में प्रवीण हुए दरुणनन्दन सुमन्तु मुनि। इतिहास और पुराणों के स्नातक हुए रोमहर्षण (सूतजी के पिता)। कम बुद्धि वाले पुरुषों पर कृपा करके वेदव्यासजी ने ऐसा विभाग कर दिया कि जिन लोगों की स्मरण शक्ति कम है, वे भी वेदों को धारण कर सकें। जन-साधारण के कल्याण के लिये उन्होंने महाभारत इतिहास की रचना की। यद्यपि व्यासजी इस प्रकार अपनी पूरी शक्ति से सदा-सर्वदा प्राणियों के कल्याण में ही लगे रहे, तथापि उनके हृदय को सन्तोष नहीं हुआ। उनका मन कुछ खिन्न सा हो गया। वे सोचने लगे कि मैंने निष्कपट भाव से ब्रह्मचर्य आदि व्रतों का पालन करते हुए वेद, गुरुजन और अग्नियों का सम्मान किया है। उनकी आज्ञा का पालन किया है। महाभारत की रचना से मैंने वेदों की व्याख्या की है। यद्यपि मैं ब्रह्मतेज से सम्पन्न और समर्थ हूँ, तथापि मेरा हृदय अपूर्णकाम (अपूर्ण शरीर, शरीर जिसमें कोई त्रुटि हो) सा जान पड़ता है। अवश्य ही मैंने अब तक श्री भगवान् को प्राप्त कराने वाले धर्मों का प्रायः निरूपण नहीं किया है। वे ही धर्म परमहंसों को प्रिय हैं और वे ही श्री भगवान् को प्रिय हैं। वे ऐसा विचार कर ही रहे थे कि उसी समय

देवर्षि नारदजी वहाँ आ पहुँचे। उन्हें आया देखकर व्यासजी तुरन्त खड़े हो गये। उन्होंने देवताओं के द्वारा सम्मानित देवर्षि नारदजी की विधिपूर्वक पूजा की।

अध्याय 5

भगवत्संकीर्तन की महिमा तथा देवर्षि नारदजी का पूर्वजन्म

श्री नारदजी ने व्यासजी से पूछा– आपका शरीर तथा मन, दोनों ही अपने कर्म एवं चिन्तन में सन्तुष्ट तो हैं न? अवश्य ही आपकी जिज्ञासा तो भलीभाँति पूर्ण हो गई है, क्योंकि आपने महाभारत की जो रचना की है। वह बड़ी ही अद्‌भुत है। यह धर्म आदि सभी पुरुषार्थों से परिपूर्ण है।

इस प्रश्न पर व्यासजी ने कहा– आपने मेरे विषय में जो कुछ कहा वह सत्य है, पर फिर भी मेरा हृदय सन्तुष्ट नहीं। इसका क्या कारण है? आप साक्षात् ब्रह्माजी के मानसपुत्र हैं। मैं आप ही से इसका कारण पूछता हूँ। आप समस्त गोपनीय रहस्यों के ज्ञाता हैं, क्योंकि आपने उन पुराणपुरुष की उपासना की है जो प्रकृति-पुरुष दोनों के स्वामी हैं और असंग रहते हुए भी अपने संकल्पमात्र से गुणों के द्वारा संसार की सृष्टि, स्थिति और प्रलय करते रहते हैं। योगानुष्ठान और नियमों के द्वारा परब्रह्म और शब्दब्रह्म दोनों की पूर्ण प्राप्ति कर लेने पर भी मुझमें बड़ी कमी है। उसे आप कृपापूर्वक बतलाइये।

श्री नारदजी ने कहा– व्यासजी आपने भगवान् के निर्मल यश का गान प्रायः कहीं नहीं किया। मेरी ऐसी मान्यता है कि जिससे भगवान् सन्तुष्ट नहीं होते वह शास्त्र अथवा ज्ञान अधूरा है। आपने धर्म आदि पुरुषार्थों का जैसा निरूपण किया है, भगवान् श्रीकृष्ण की महिमा का

वैसा निरूपण नहीं किया। जो वाणी, चाहे वह रस-भाव अलंकारादि से युक्त ही क्यों न हो– जगत् को पवित्र करने वाले भगवान् श्रीकृष्ण के यश का गान नहीं करती, वह व्यर्थ है, अधूरी है। वह निर्मल ज्ञान भी जो मोक्ष की प्राप्ति का साक्षात् साधन है, यदि भगवान् की भक्ति से रहित है तो उसकी उतनी शोभा नहीं होती। फिर् जो साधन और सिद्धि, दोनों ही दशाओं में सदा अमंगल रूप है, वह काम्यकर्म और जो भगवान् को अर्पण नहीं किया गया, ऐसा अहैतुक (निष्काम) कर्म भी कैसे सुशोभित हो सकता है। महात्मा व्यास! आपकी दृष्टि अमोघ है। आपकी कीर्ति पवित्र है। आप सत्यपरायण तथा दृढ़व्रत हैं। इसलिये अब आप सम्पूर्ण जीवों को बन्धन से मुक्त करने के लिये, समाधि के द्वारा, अचिन्त्यशक्ति भगवान् की लीलाओं का स्मरण कीजिये। जो मनुष्य भगवान् की लीलाओं के अतिरिक्त और कुछ कहने की इच्छा करता है, वह इच्छा से ही निर्मित अनेक नाम और रूपों के चक्कर में पड़ जाता है। उसकी बुद्धि भेदभाव से भर जाती है। अत: जो लोग परमार्थिक बुद्धि से रहित तथा गुणों द्वारा भ्रमित हैं, उनके कल्याण के लिये ही आप भगवान् की लीलाओं का सर्वसाधारण के हित की दृष्टि से वर्णन कीजिये। जो भगवान् के चरणकमलों का भजन-सेवन करता है उसका कभी अमंगल नहीं होता। जो भगवान् श्रीकृष्ण के चरणारविन्द का सेवक है, वह जन्म-मृत्युमय संसार से मुक्त हो जाता है। आप श्री भगवान के कलावतार हैं। अत: आप विशेषरूप से भगवान् की लालाओं का कीर्तन कीजिये। विद्वानों ने इस बात की पुष्टि की है कि तपस्या, वेदाध्ययन, यज्ञानुष्ठान, ज्ञान और दान का एकमात्र प्रयोजन यही है कि पुण्यकीर्ति भगवान् श्रीकृष्ण के गुणों और लीलाओं का वर्णन किया जाये।

हे मुने! पिछले कल्प में, अपने पूर्वजन्म में, मैं वेदवादी ब्राह्मणों की एक दासी का पुत्र था। वेद-मुनिजन, वर्षा ऋतु में एक स्थान पर चातुर्मास्य कर रहे थे। बचपन से ही मैं उनकी सेवा में नियुक्त था। मैं बालक होते हुए भी चंचलता से रहित, जितेन्द्रिय तथा मुनि सेवा में अनुरक्त था। मेरे शील स्वभाव को देखते हुए मुनियों ने मुझ पर अनुग्रह किया। उनको परोसने के पश्चात् जो बचा हुआ भोजन होता था वह मैं

खा लेता था। इस प्रकार उनकी सेवा करते-करते मेरा तन-मन शुद्ध हो गया और वे लोग जैसा भजन-पूजन करते थे उसी में मेरी भी रुचि हो गई। इस सत्संग में लीलागान-परायण महात्माओं के अनुग्रह से मैं प्रतिदिन श्रीकृष्ण की मनोहर कथाएँ सुना करता था। श्रद्धापूर्वक एक-एक पद श्रवण करते-करते, प्रियकीर्ति श्री भगवान् में मेरी रुचि हो गई तथा असत्-रूप जगत् को अपने ब्रह्मस्वरूप आत्मा में माया से कल्पित देखने लगा। इस प्रकार शरद् और वर्षा, इन दो ऋतुओं में, तीनों समय, उन महात्माओं ने श्रीहरि के निर्मल यश का संकीर्तन किया और मैंने उसे प्रेम से श्रवण किया। अब चित्त के रजोगुण और तमोगुण को नाश करने वाली भक्ति का मेरे हृदय में प्रादुर्भाव (प्रकट रूप से- स्पष्टत:) हो गया। जाते समय उन महात्माओं ने कृपा करके मुझे इस गुह्यतम ज्ञान का उपदेश दिया जो स्वयं श्री भगवान् के मुख से प्रकट हुआ है। उस उपदेश से ही जगत् के निर्माता श्रीकृष्ण की माया को मैं जान सका जिस के जान लेने पर परमपद की प्राप्ति होती है।

भगवान् श्रीकृष्ण के प्रति समस्त कर्मों को समर्पित कर देना ही संसार के तीनों तापों की एकमात्र औषधि है। यद्यपि सभी कर्म मनुष्य को जन्म-मृत्यु रूप संसार चक्र में डालने वाले हैं, तथापि जब वे भगवान् को समर्पित कर दिये जाते हैं, तब उनका कर्मफल नष्ट हो जाता है, अर्थात्, बन्धन रहित हो जाता है। इस लोक में जो शास्त्रविहित कर्म भगवान् की प्रसन्नता के लिये किये जाते हैं, उन्हीं से पराभक्ति ज्ञान की प्राप्ति होती है। चतुर्व्यूह रूपी श्री वासुदेव, प्रद्युम्न, अनिरुद्ध और संकर्षण को नमस्कार है। जो प्राकृत–मूर्तिरहित, अप्राकृत–मन्त्रमूर्ति भगवान् यज्ञपुरुष का पूजन करता है (चतुर्व्यूह रूप में), उसी का ज्ञान पूर्ण है।

जब मैंने श्री भगवान् की आज्ञा का इस प्रकार पालन किया तब भगवान् श्रीकृष्ण ने मुझे आत्मज्ञान, ऐश्वर्य और अपनी भावरूपा प्रेमाभक्ति का दान किया। व्यासजी! आपका ज्ञान पूर्ण है। आप भगवान् की कीर्ति, उनकी प्रेममयी लीला का वर्णन कीजिये। उसी से बड़े-बड़े ज्ञानियों की भी जिज्ञासा पूर्ण होती है।

अध्याय 6

नारदजी का पूर्वजन्म-शेष भाग

जब मुनिजन, नारदजी को ज्ञानोपदेश करके चले गये, उस समय उनकी (नारदजी) आयु पाँच वर्ष की थी। इसके पश्चात् क्या हुआ तथा नारदजी को पूर्व कल्प की स्मृति कैसे रही, ऐसा व्यासजी के पूछने पर, नारदजी ने कहा– मेरी अवस्था बड़ी छोटी थी तथा मैं अपनी माँ का एकमात्र बेटा था। उसका मातृ-स्नेह मुझे बाँधे हुए था। इसी कारण मुझे उसी के साथ उस ब्राह्मण बस्ती में रहना पड़ा। एक दिन जब मेरी माँ गौ दुहने के लिये रात के समय घर से बाहर गई तो उसके पैर को साँप ने डस लिया और उसकी अकाल मृत्यु हो गई। कदाचित् विधि का यही विधान था। मैंने समझा कि भक्तों का मंगल चाहने वाले भगवान् का यह भी एक अनुग्रह ही है। इसके पश्चात् मैं उत्तर दिशा की ओर चल पड़ा।

चलते-चलते मेरा शरीर और इन्द्रियाँ शिथिल हो गईं। मुझे बड़ी प्यास तथा भूख लगी थी। वहाँ एक नदी थी। मैंने उसमें स्नान तथा जलपान किया जिससे मेरी थकावट मिट गई। उस विजन वन में मैं एक पीपल के वृक्ष के नीचे आसन लगाकर बैठ गया। जैसे महात्माओं ने कहा था, हृदय में विराजमान परमात्मा के उसी स्वरूप का मैंने मन ही मन ध्यान किया। भक्तिभाव से, वशीकृत चित्त द्वारा भगवान् के चरणकमलों का ध्यान करते ही भगवत् प्राप्ति की उत्कट लालसा से मेरे नेत्रों में अश्रु आ गये तथा मेरे हृदय में धीरे-धीरे श्री भगवान् प्रकट हो गये। उस समय प्रेमभाव के उद्वेग से मेरा रोम-रोम पुलकित हो उठा। हृदय अत्यन्त शांत और शीतल हो गया। मैं अपने आप को कदाचित् भूल गया। केवल प्रभुमय हो गया। श्री भगवान् का यह रोमांचकारी रूप समस्त शोकों का नाश करने वाला तथा अत्यन्त लुभावना था। उसे लुप्त हुआ देख मैं अनमना सा व्याकुल हो गया और आसन से उठ खड़ा हुआ। मन को हृदय में समाहित करके बार-बार प्रयत्न करने पर भी मैं दूसरी बार उसका दर्शन न कर सका। मैं अतृप्त के समान आतुर हो उठा! मुझ छोटे

से बालक को इस प्रकार प्रयत्न करते देख स्वयं श्री भगवान् ने (जो वाणी के विषय नहीं) बड़ी गंभीर और मधुर वाणी से मेरे शोक को शान्त करते हुए कहा– खेद है कि तुम इस जन्म में मेरा दर्शन नहीं कर सकोगे। निष्पाप बालक! तुम्हारे हृदय में मुझे प्राप्त करने की लालसा जाग्रत् करने के लिये ही मैंने एक बार तुम्हें अपने रूप की झलक दिखाई है। अल्पकालीन संतसेवा से ही तुम्हारी चित्तवृत्ति मुझ में स्थिर हो गई है। अब तुम इस शरीर को छोड़कर मेरे पार्षद हो जाओगे। मुझे प्राप्त करने का तुम्हारा यह दृढ़ निश्चय कभी नहीं टूटेगा। समस्त सृष्टि की प्रलय हो जाने पर भी मेरी कृपा से तुम्हें मेरी स्मृति बनी रहेगी। उनकी इस कृपा का अनुभव कर मैंने उन श्रेष्ठ से भी श्रेष्ठतर भगवान् को शीश झुकाकर प्रणाम किया। तभी से मैं संकोच, लज्जा छोड़कर भगवान् के अत्यन्त रहस्यमय और मंगलमय मधुर नामों और लीलाओं का कीर्तन और स्मरण करने लगा। स्पृहा, मद-मत्सर से मैं निवृत्त हो चुका था। अब मैं आनन्दविभोर, काल की प्रतीक्षा करता हुआ, श्री भगवन्-मग्न, पृथ्वी पर विचरने लगा। मैं श्रीकृष्ण परायण हो गया था। मुझे शुद्ध भगवत्पार्षद शरीर प्राप्त होने का अवसर आने पर, प्रारब्ध कर्म समाप्त हो जाने के कारण, मेरा पँचभौतिक शरीर नष्ट हो गया। कल्प के अन्त में जिस समय भगवान् नारायण एकार्णव (प्रलय कालीन समुद्र) के जल में शयन करते हैं, उस समय उनके हृदय में शयन करने की इच्छा से, इस सारी सृष्टि को समेट कर, ब्रह्माजी, जब उनमें प्रवेश करने लगे, तब उन के श्वास के साथ मैं भी उनके हृदय में प्रवेश कर गया। एक सहस्त्र चतुर्युगी ब्रह्माजी की रात्रि बीत जाने पर, जब ब्रह्माजी जगे और उन्होंने सृष्टि रचने की इच्छा की, तब उनकी इन्द्रियों से मरीचि आदि ऋष्यिों के साथ मैं भी प्रकट हो गया। तभी से मैं भगवान् की कृपा से, वैकुण्ठ सहित सब लोगों में, बाहर-भीतर, बिना किसी बाधा से, जगत् कल्याण हित विचरण करता हूँ। मेरे जीवन का व्रत भगवद्भजन, अखण्डरूप से चलता रहता है। भगवान् की दी हुई उस स्वरब्रह्म से (सात स्वर) विभूषित वीणापर तान छेड़कर मैं उनकी लीलाओं का गान करता हुआ सब लोकों में विचरण करता हूँ। श्रीकृष्ण

सेवा से जैसी प्रत्यक्ष शान्ति का अनुभव करता हूँ, वह यम-नियम आदि योग-मार्गों से नहीं मिल सकती। अतः व्यास जी! मैंने अपने जन्म का रहस्य तथा आपकी आत्मतुष्टि का उपाय बतला दिया।

अध्याय 7

अश्वत्थामा द्वारा द्रौपदी के पुत्रों का वध तथा अर्जुन का प्रतिशोध

ब्रह्मनदी सरस्वती के पश्चिम तट पर शम्याप्रास स्थान है। वहीं श्री व्यासजी का अपना आश्रम था। वहाँ बैठकर उन्होंने आचमन किया और अपने मन को समाहित किया। अपने भक्तियोग द्वारा मन को एकाग्र करके आदिपुरुष श्री भगवान् का ध्यान किया तथा उनके आश्रय में रहने वाली माया का अनुभव किया। यह माया ही जीव को तीनों गुणों से मोहित कर देहबद्ध करती है। इस माया से मुक्त होने का निश्चित साधन है केवल भगवान् का भक्तियोग। इसे ध्यान में रखते हुए व्यासजी ने जन-कल्याण और माया से मुक्ति के लिये इस परमहंसों की संहिता श्रीमद्भागवत की रचना की। इसके श्रवणमात्र से ही पुरुषोत्तम भगवान् श्रीकृष्ण के प्रति परम प्रेममयी भक्ति हो जाती है। उन्होंने इस भगवत्-संहिता का निर्माण और पुनरावृत्ति करके अपने निवृत्तिपरायण पुत्र श्री शुकदेवजी को पढ़ाया।

यह कथा परीक्षित् के जन्म, कर्म और मोक्ष की तथा पाण्डवों के स्वर्गारोहण की कथा से प्रारम्भ होती है। क्योंकि इसी से भगवान् श्रीकृष्ण की अनेक कथाओं का उदय होता है। महाभारत युद्ध, दुर्योधन की जाँघ टूट जाने पर (क्योंकि वह इस युद्ध का अन्तिम महारथी और सेनापति था) लगभग समाप्त हो गया। अपने स्वामी दुर्योधन का प्रिय कार्य समझ कर, द्रोणपुत्र अश्वत्थामा ने द्रौपदी के सोते हुए पाँच पुत्रों (पाँच पाण्डव

समझकर) के सिर काट दिये। द्रौपदी को सान्त्वना देते हुए अर्जुन ने प्रतिज्ञा की वह अपने पुत्रों की अन्तिम क्रिया तब तक नहीं करेगा जब तक वह अपने गाण्डीव धनुष से अश्वत्थामा का शीश काट कर द्रौपदी को नहीं ला देगा। यह प्रतिज्ञा कर वह गाण्डीव धनुष लेकर, रथ पर सवार हो, अश्वत्थामा का पीछा करने लगा। श्री कृष्ण उसके सारथि थे ही। जब अश्वत्थामा और उसके घोड़े दौड़कर थक गये और उसे अपने बचने का कोई उपाय नहीं बन पड़ा तो उसने बचने के एकमात्र साधन, 'ब्रह्मास्त्र' का सन्धान किया। उस अस्त्र से सब दिशाओं में एक प्रचण्ड तेज फैल गया। अब तो अर्जुन पर भी प्राण संकट बन आया। उसने भगवान् श्रीकृष्ण से कहा, हे कृष्ण! आप सच्चिदानन्दस्वरूप हैं। आपकी शक्ति अनन्त है। आप भक्तों को अभय देने वाले हो। आप ही आदिपुरुष, अपनी चित्-शक्ति से बहिरंग एवं त्रिगुणमयी प्रकृति (माया) को आधीन कर, अपने अद्वितीय रूप में स्थित हो। हे स्वयंप्रकाशरूप श्रीकृष्ण! यह भयंकर तेज सब ओर से मेरी ओर आ रहा है। इससे मेरी रक्षा कीजिये।

अर्जुन की प्रार्थना पर श्री भगवान् ने कहा, हे अर्जुन! यह अश्वत्थामा द्वारा चलाया हुआ ब्रह्मास्त्र है। प्राण संकट होने पर उसने इसका प्रयोग तो कर लिया, परन्तु वह इस अस्त्र को लौटाना नहीं जानता। तुम ब्रह्मास्त्र का आवाहन करो तथा ब्रह्मास्त्र से ही ब्रह्मास्त्र की प्रचण्ड ज्वाला को शान्त कर दो। ऐसा कहने पर अर्जुन ने भी ब्रह्मास्त्र के निवारण के लिये ब्रह्मास्त्र का ही सन्धान किया। उन दोनों ब्रह्मास्त्रों के टकराने से प्रलयकालीन सूर्य तथा अग्नि के समान ज्वालायें सारी दिशाओं में फैल गईं तथा प्रचण्ड तेज बढ़ने लगा। प्रचण्ड अग्नि से सब ओर जीव-जन्तु त्राही-त्राही करने लगे। प्रजा की ऐसी दशा देख, श्री भगवान् की अनुमति से अुर्जन ने उन दोनों अस्त्रों को लौटा दिया तथा आगे बढ़कर अश्वत्थामा को पकड़ लिया और बाँधकर द्रौपदी के सामने ले आये। निन्दित कर्म करने के कारण उसका मुख नीचे की ओर झुका हुआ था। अपना अनिष्ट करने वाले गुरुपुत्र अश्वत्थामा को इस प्रकार अपमानित देखकर द्रौपदी का हृदय दया से भर आया और उसने कहा कि इसे छोड़ दो। ये ब्राह्मण हैं और हमारे पूजनीय हैं। ये आपके आचार्य द्रोण के ही तो पुत्र हैं। जैसे अपने बच्चों

के मर जाने पर मैं दुःखी होकर रो रही हूँ वैसे ही इनकी माता, पतिव्रता गौतमी न रोये।

द्रौपदी का समर्थन करते हुए भगवान् श्रीकृष्ण ने कहा—पतित ब्राह्मण का भी वध नहीं करना चाहिए और आततायी को मार ही डालना चाहिए—शास्त्रों में, मैं ने ये दोनों बातें कही हैं। इसलिये मेरी दोनों आज्ञाओं का पालन करो। भगवान् श्रीकृष्ण की भावना को जानकर अर्जुन ने अश्वत्थामा के माथे से मणि निकाल ली। बालकों की हत्या करने से अश्वत्थामा, श्रीहीन तो पहले ही हो गया था, अब ब्रह्मतेज से भी रहित हो गया।

अध्याय 8

गर्भ में परीक्षित् की रक्षा

महाभारत युद्ध समाप्त होने पर पाण्डवों को अपना राज्य पुनः प्राप्त हो गया। यह सब भगवान् श्रीकृष्ण की ही कृपा से हुआ। स्वजनों की मृत्यु पर महाराज धृतराष्ट्र, माता गान्धारी, धर्मराज युधिष्ठिर, माता कुन्ती तथा द्रौपदी आदि सभी शोकमग्न थे। उन्हें श्रीकृष्ण ने समझाया कि यह सब विधि का विधान था। कालचक्र को कोई नहीं रोक सकता। यज्ञों आदि से निवृत्त होकर जब श्रीकृष्ण द्वारका जाने के लिये रथ पर सवार हुए, उसी समय उन्होंने देखा कि उत्तरा (अभिमन्यु-पत्नी) भय से निह्वल हुई, दौड़ी चली आ रही है।

उत्तरा ने कहा, हे देवाधिदेव! जगदीश्वर! मेरी रक्षा कीजिये। आपके अतिरिक्त इस समय मुझे अभय देने वाला कोई नहीं है। प्रभो आप सर्वशक्तिमान् हैं। यह दहकता हुआ बाण मेरी ओर दौड़ा आ रहा है। यह मुझे भले ही जला डाले, परन्तु मेरे गर्भ को नष्ट न करे।

श्री भगवान् जानते थे कि अश्वत्थामा ने पाण्डवों के वंश को निर्जीव

करने के लिये ब्रह्मास्त्र का प्रयोग किया था। पाण्डवों के प्राण भी इस समय संकट में थे। भक्तवत्सल श्रीकृष्ण ने अपने निज-अस्त्र सुदर्शन चक्र से पाण्डवों की परम्परा चलाने के लिये अपनी माया के कवच से उत्तरा का गर्भ ढक दिया। यद्यपि ब्रह्मास्त्र अमोघ है और उसके निवारण का कोई उपाय नहीं है, फिर भी भगवान् श्रीकृष्ण के तेज के समक्ष आकर वह शान्त हो गया। जब भगवान् श्रीकृष्ण जाने लगे, तब ब्रह्मास्त्र ज्वाला से मुक्त अपने पुत्रों और द्रौपदी के सहित सती कुन्ती ने भगवान् श्रीकृष्ण की स्तुति की– आप समस्त जीवों के बाहर और भीतर एकरस स्थित हैं, फिर भी इन्द्रियों और वृत्तियों से देखे नहीं जाते, क्योंकि आप प्रकृति से परे आदिपुरुष परमेश्वर हैं। मैं अबोध नारी आप अविनाशी पुरुषोत्तम को भला कैसे जान सकती हूँ? आप श्रीकृष्ण, वासुदेव, देवकीनन्दन, नन्दगोप के लाडले लाल गोविन्द को हमारा बार-बार नमस्कार है। जिनकी नाभि से ब्रह्मा का जन्म स्थान कमल प्रकट हुआ है, जो सुन्दर कमल की वनमाला धारण करते हैं, जिनके नेत्र कमल के समान विशाल हैं, जिनके चरणकमलों में कमल का चिन्ह है, श्रीकृष्ण! ऐसे आपको मेरा बार-बार नमस्कार है।

आपका न कोई प्रिय है, न अप्रिय, क्योंकि सभी प्राणी आपकी रचना, आपकी सन्तान हैं, फिर भी आप भगवत् भक्तवत्सल हैं। आप विश्व के आत्मा-परमात्मा हैं और विश्वरूप हैं। आपने अजन्मा होकर भी जन्म लिया– इसका कारण बतलाते हुए महापुरुष कहते हैं कि जैसे मलयाचल की कीर्ति का विस्तार क़रने के लिये उसमें चन्दन प्रकट होता है, वैसे ही अपने प्रिय भक्त राजा यदु की कीर्ति का विस्तार करने के लिये आपने उनके वंश में अवतार ग्रहण किया। दूसरे महात्मा कहते हैं कि वसुदेव और देवकीजी ने पूर्वजन्म में (सुतपा और पृश्नि के रूप में) आप से यही वरदान प्राप्त किया था कि आप उनके पुत्र हों। अतः आप अजन्मा होते हुए भी, जगत्-कल्याण और दैत्यों के नाश के लिये उनके पुत्र बने। ऐसे भी कहा है कि पृथ्वी की पीड़ा-हरण तथा ब्रह्माजी की प्रार्थना पर आप अवतीर्ण हुए– दुष्टों का नाश करने के लिये तथा साधुजनों की रक्षा के लिये।

हे भगवन्! अब आप अपने आश्रित और सम्बन्धी हम लोगों को छोड़कर जाना चाहते हैं। आपके चरणकमलों के अतिरिक्त हमें किसका आश्रय है? जैसे जीव के बिना इन्द्रियाँ शक्तिहीन हो जाती हैं वैसे ही यदुवंशियों और हमारे पुत्रों का आपके दर्शन बिना अस्तित्व ही क्या रह जाता है? अब मैं भी इस मोहजाल से निकलना चाहती हूँ। जैसे गंगा की अखण्ड धारा समुद्र में गिरती रहती है वैसे ही मेरी बुद्धि किसी दूसरी ओर न जाकर आपसे ही निरन्तर प्रेम करती रहे। हे योगेश्वर! चराचर के स्वामी! मैं आपको नमस्कार करती हूँ।

यह सुनकर भगवान् श्रीकृष्ण अपनी माया से उसे मोहित करते हुए मंद-मंद मुस्कराने लगे। वे रथ के स्थान से हस्तिनापुर लौट आये। वहाँ शोकग्रस्त युधिष्ठिर ने अपने स्वजन समुदाय के मारे जाने पर प्रायश्चित्त प्रकट किया। वे स्वयं को, इस अपराध से मुक्त कराने में तथा गृहस्थोचित यज्ञ-यज्ञादि के द्वारा मार्जन करने में, अपने को समर्थ नहीं पा रहे थे। अतः श्रीकृष्ण को पुनः न जाने के लिये उन्होंने प्रार्थना की।

अध्याय 9

भगवान् श्रीकृष्ण तथा पाण्डवों का भीष्मपितामह के पास जाना तथा भीष्मजी का प्राणत्याग

महाभारत युद्ध समाप्त हो गया था, परन्तु भीष्मपितामह ने, जिन्हें इच्छा-मृत्यु का वरदान प्राप्त था, अभी प्राण नहीं त्यजे थे। वे उचित समय की प्रतीक्षा में अभी भी कुरुक्षेत्र युद्धभूमि में बाणों की शय्या पर पड़े थे। श्रीकृष्ण और पाण्डवों ने उनके पास उपस्थित होकर उन्हें प्रणाम किया। उसी समय भरतवंशियों के गौरवस्वरूप भीष्मपितामह को देखने के लिये सभी ब्रह्मर्षि, देवर्षि और राजर्षि वहाँ आये। व्यास मुनि, शुकदेव

आदि शुद्ध-हृदय महात्मागण तथा शिष्यों सहित महर्षि कश्यप, अंगिरा पुत्र बृहस्पति आदि मुनिगण भी वहाँ आये। श्री भीष्म के अतिरिक्त भगवान् श्रीकृष्ण के दर्शनों का भी उनका अभिप्राय था। इस रूप में उनके दर्शन अतिदुर्लभ थे।

भीष्मपितामह ने ऋषि-मुनियों के प्रति आभार प्रकट किया। वे श्रीकृष्ण के प्रभाव को जानते थे। जगदीश्वर के रूप में अपने हृदय में विराजमान भगवान् श्रीकृष्ण की उन्होंने बाहर और भीतर, दोनों जगह पूजा की। पाण्डव बड़े विनय और प्रेम के साथ भीष्मपितामह के समीप बैठ गये। उन्हें देखकर भीष्मजी की आँखें भर आईं। उन्होंने कहा– कितने दुःख की बात है कि तुमलोगों को ब्राह्मण, धर्म और भगवान् के आश्रित रहने पर भी इतने कष्ट उठाने पड़े। तुम बचपन से ही मुझे प्रिय हो। जिस प्रकार बादल वायु के वश में रहता है, सारा संसार, काल भगवान् के अधीन है। तुम लोगों के जीवन में जो-जो अप्रिय घटनायें घटीं वह उन्हीं की लीला थी। ये कालरूप श्रीकृष्ण कब क्या करना चाहते हैं, इस बात को कभी कोई नहीं जानता। बड़े-बड़े ज्ञानी भी इसे जानने की इच्छा करते मोहित होते हैं। संसार की ये सब घटनायें ईश्वरेच्छा के आधीन हैं। उसी का अनुसरण करके तुम इस अनाथ प्रजा का पालन करो, क्योंकि अब तुम्हीं इसके स्वामी और पालन करने में समर्थ हो, हे प्रिय युधिष्ठिर!

श्रीकृष्ण साक्षात् श्री भगवान् हैं। वे सबके आदिकारण हैं। परमपुरुष नारायण हैं। अपनी माया से लोकों को मोहित करते हैं। इनका प्रभाव अत्यन्त गूढ़ और रहस्यमय है। उन्हें भगवान् शङ्कर, देवर्षि नारद और महामुनि कपिल ही जानते हैं। जिन्हे तुम ममेरा भाई, प्रिय मित्र और सबसे बड़ा हितु मानते हो, जिन्हें तुम ने प्रेमवश अपना मन्त्री, दूत और सारथि बनाने में भी संकोच नहीं किया है, वे स्वयं परमात्मा हैं। इन सर्वात्मा, समदर्शी, अद्वितीय, अहंकाररहित, निष्पाप परमात्मा में, उन ऊँच-नीच कार्यों के कारण कभी किसी प्रकार की विषमता नहीं होती। इस प्रकार सर्वत्र सम होने पर, देखो तो, वे अपने प्रेमी भक्तों पर कितनी कृपा करते हैं। यही कारण हैं कि जब मैं अपने प्राणों का त्याग करने जा रहा हूँ,

भगवान् श्रीकृष्ण ने मुझे दर्शन दिये। जो भगवत्परायण योगी भक्तिभाव से इनमें अपना मन लगाकर और वाणी से इन के नाम का कीर्तन करते हुए शरीर का त्याग करते हैं, वे कामनाओं तथा कर्मबन्धन से मुक्त हो जाते हैं। वे ही देवाधिदेव भगवान् अपने प्रसन्न-हास्य, रक्तकमल के समान अरुण नेत्रों से, उल्लसित मुख वाले, चतुर्भुज रूप से, जिसका सर्व मुनिजन केवल ध्यान-दर्शन करते हैं, तब तक यहाँ स्थित रहें, जब तक मैं इस शरीर का त्याग न कर दूँ।

युधिष्ठिर के पूछने पर भीष्मपितामह ने निवृत्ति और प्रवृत्तिरूप द्विविध-धर्म, दान-धर्म, राज-धर्म, मोक्ष-धर्म, स्त्री-धर्म और भगवद्धर्म का संक्षेप में वर्णन किया। इनके साथ ही धर्म, अर्थ, काम और मोक्ष– इन चारों पुरुषार्थों का भी वर्णन किया। इसी समय उत्तराणय का समय आ गया, जिसकी, मृत्यु को अपने आधीन रखने वाले भगवत्परायण योगीजन इच्छा करते हैं। इस समय महारथी भीष्म ने वाणी का संयम करके, मन को समेट कर अपने सम्मुख विराजमान आदिपुरुष भगवान् श्रीकृष्ण में लगा दिया। भगवान् श्रीकृष्ण के सुन्दर चतुर्भुज विग्रह पर उस समय पीताम्बर लहरा रहा था। भीष्मजी की आँखें उन्हीं पर एक टक हो गईं। शस्त्रों के घावों की पीड़ा तो पहले ही श्री भगवान् की कृपा से शान्त हो चुकी थी। अब शरीर छोड़ने के समय उन्होंने अपनी समस्त इन्द्रियों की वृत्तियों को समेट कर, बड़ी श्रद्धा तथा प्रेमसे भगवान श्री कृष्ण की स्तुति की– अब मृत्यु के समय मैं अपनी यह बुद्धि जो अनेक प्रकार के साधनों का अनुष्ठान करने से अत्यन्त शुद्ध तथा कामरहित हो गई है, यदुवंश शिरोमणि अनन्त भगवान् श्रीकृष्ण के चरणों में समर्पित करता हूँ। जिनका शरीर त्रिभुवन-सुन्दर तथा श्यामवर्ण है, जिस पर सूर्य-किरणों के समान पीताम्बर लहराता रहता है, जिनके कमल सदृश् मुख पर घुँघराली अलकें लटकती रहती हैं, इन अर्जुन सखा, श्रीकृष्ण में मेरी निष्कपट प्राप्ति हो। मैंने युद्ध भूमि में भगवान् श्रीकृष्ण की अनेक लीलायें देखी हैं। वे इस समय मुझे सभी स्मरण हो रही हैं।

इस प्रकार भीष्मपितामह ने मन वाणी और दृष्टि की वृत्तियों को

आत्मस्वरूप भगवान् श्रीकृष्ण में लीन कर दिया। उनके प्राण वहीं विलीन हो गये और वे शान्त हो गये। उसी समय आकाश से पुष्प वर्षा होने लगी।

अध्याय 10

श्रीकृष्ण-द्वारकागमन

सम्पूर्ण सृष्टि को उज्जीवित करने वाले भगवान् श्रीहरि, कौरव-पाण्डवों की कलह अग्नि को शान्त कर, कुरुवंश को पुनः अंकुरित कर तथा युधिष्ठिर को उनके राजसिंहान पर बिठा कर अति प्रसन्न हुए। अपने बन्धुओं का शोक मिटाने के लिये और अपनी बहिन सुभद्रा की प्रसन्नता के लिये भगवान् श्रीकृष्ण कुछ समय के लिये हस्तिनापुर और रुके। फिर उन्होंने राजा युधिष्ठिर तथा सगे–सम्बन्धियों से जाने की अनुमति माँगी। उस समय सुभद्रा, द्रौपदी, कुन्ती, उत्तरा, युधिष्ठिर तथा अन्य पाण्डव अनुज अपने भाई बन्धुओं सहित श्रीकृष्ण का वियोग सहन नहीं कर पा रहे थे। किस प्रकार उन्हें जाने को कहें? मानो उनके प्राण ही निकले जा रहे हों। वे बड़ी कठिनाई से अपने अश्रुओं को रोके हुए हुए थे कि कहीं यह श्रीहरि के जाने पर अपशकुन न हो। श्रीकृष्ण का द्वारका प्रास्थान अति रमणीय था। देवता भी पुष्प वर्षा कर रहे थे। अर्जुन अपने प्रिय सखा, प्रियतम श्रीकृष्ण का वह श्वेत छत्र जो मोतियों की लड़ियों और रत्नों से जड़ा हुआ था, अपने हाथ में लिये थे। सारे भ्राता उनके साथ थे। मृदंग, शंख, भेरी, वीणा, ढोल, नरसिंगे, धुन्धुरी, नगारे, घन्टे और दुन्दुभियाँ बजने लगी थीं। हस्तिनापुर की कुलीन रमणियाँ उनके दर्शन कर उनकी प्रशंसा कर रही थीं कि ये ही वे सनातन परमपुरुष हैं जो प्रलय के समय भी अपने अद्वितीय, निर्विशेष स्वरूप में स्थित रहते हैं। इस जगत् में जिसके स्वरूप का साक्षात्कार, जितेन्द्रिय योगी, अपने प्राणों को

वश में करके, भक्ति से प्रफुल्लित निर्मल हृदय में किया करते हैं, ये श्रीकृष्ण वही साक्षात् परब्रह्म हैं। यह यदुवंश परम प्रशंसनीय है, क्योंकि लक्ष्मीपति पुरुषोत्तम श्रीकृष्ण ने इसमें जन्म ग्रहण कर इस वंश को सम्मानित किया है। वह पवित्र मधुवन भी अत्यन्त धन्य है जिसे उन्होंने अपने शैशव तथा किशोरावस्था में विचरण कर सुशोभित किया।

अध्याय 11

द्वारका में भगवान् श्रीकृष्ण का भव्यस्वागत

श्रीकृष्ण के हस्तिनापुर जाने से तथा महाभारत के युद्ध में उनका इतने दिनों तक व्यस्त रहने से, द्वारकापुरी की प्रजा मानो अपने स्वामी की अनुपस्थिति में प्राणहीन हो गई थी। हस्तिनापुर से विदा लेकर तथा द्वारका पहुँच कर श्रीकृष्ण ने अपना श्रेष्ठ पाञ्चजन्य शंख बजाया। भगवान् के होठों की गरिमा से लाल हुआ वह श्वेत शंख बजते समय उनके करकमलों में ऐसा शोभायमान हुआ जैसे लाल रंग के कमलों पर बैठकर कोई राजहंस उच्चस्वर में मधुर गान कर रहा है। भगवान् के शंख की वह ध्वनि संसार के भय को भयभीत करने वाली है और महर्षियों के लिये वह, ॐ, की शब्दवाचक है तथा शान्ति प्रदान करने वाली है।

निर्जीव से हुए प्राणियों में इस ध्वनि ने प्राण फूँक दिये। सबके मुख-कमल प्रेम से खिल उठे। वे हर्षगद्गद वाणी से सबके सुहृद् संरक्षक भवगान् श्रीकृष्ण की स्तुति करने लगे तथा उनके आगमन पर हर्षोल्लास हो उठे। कमलनयन श्रीकृष्ण! जब आप अपने बन्धु-बान्धवों से मिलने हस्तिानपुर अथवा मथुरा चले जाते हो तब आपके बिना हमारा एक-एक पल कोटि-कोटि वर्षों के समान व्यतीत होता है तथा हम अनाथ हो जाते हैं।

उदारशिरोमणि वसुदेव, अक्रूर, उग्रसेन, बड़े भैया बलराम, प्रद्युम्न तथा अन्य स्वजन और मन्त्रीगण श्री भगवान् के सत्कार के लिये

उपस्थित थे। भगवान् श्रीकृष्ण ने बन्धु-बान्धवों का, नागरिकों तथा सेवकों से उनकी योग्यता के अनुसार, अलग-अलग मिलकर, सबका सम्मान किया। किसी को शीश झुकाकर प्रणाम किया तो किसी को गले लगाकर प्यार किया और किसी को मधुर वाणी से। भगवान् का वक्षःस्थल मूर्तिमान् सौन्दर्य लक्ष्मी का निवास स्थान है। उनका मुखारविन्द, नेत्रों के द्वारा पान करने के लिये, सौन्दर्य-सुधा से भरा हुआ पात्र है। उनकी भुजायें लोकपालों को भी शक्ति प्रदान करने वाली हैं। उनके चरणकमल भक्त परमहंसों के आश्रय हैं। भगवान् की इस छवि को द्वारकावासी नित्य निहारते रहते हैं, फिर भी उनकी आँखें एक क्षण के लिये भी तृप्त नहीं होतीं। इस समय भगवान् श्रीकृष्ण ऐसे शोभायमान हुए, मानो श्याममेघ एक ही साथ सूर्य, चन्द्रमा, इन्द्रधनुष और बिजली से शोभायमान हो।

भगवान् सबसे पहले अपने माता-पिता के महल में गये। वहाँ उन्होंने बड़े आदर तथा प्यार से देवकी आदि माताओं की चरणवन्दना की। माताओं (वसुदेवजी की सात पत्नियाँ थीं) ने उन्हें अपने हृदय से लगाया। माताओं से आज्ञा लेकर वे अपने समस्त भोग सामग्रियों से सम्पन्न सर्वश्रेष्ठ प्रासाद (महल) में गये तथा अपनी पटरानियों से मिले। उन्हें देखकर सभी रानियाँ आनन्द-विभोर हो उठीं।

अध्याय 12

परीक्षित्-जन्म

महाभारत युद्ध अनिवार्य हो गया था, क्योंकि यह श्री भगवान् की इच्छा थी और उनके अवतार का प्रयोजन भी– दुष्टों का नाश तथा साधुजनों की पीड़ाहरण। स्वजनों की मृत्यु के पश्चात् पाण्डवों को एकछत्र राज्य की प्राप्ति हो गई। परन्तु उनकी राज्य में प्रवृत्ति न रही थी। धर्मराज युधिष्ठिर पिता के समान प्रजा का पालन करते हुए, श्रीकृष्ण के

चरणकमलों में आसक्त हुए, सम्पूर्ण भोगों से निःस्पृह हो गये थे। भगवान् की आज्ञानुसार उन्होंने यथायोग्य यज्ञ कराये।

उत्तरा के गर्भ में स्थित शिशु की भगवान् श्रीकृष्ण ने अश्वत्थामा के चलाये हुए ब्रह्मास्त्र से रक्षा की। उत्तरा को भी लगा जैसे किसी दैवी शक्ति ने उसके गर्भ को चारों ओर से सुरक्षित कर दिया हो तथा श्रीकृष्ण अपने चतुर्भुज रूप में उसके हृदय में प्रकट हो रहे थे। तदनन्तर, अनुकूल ग्रहों के उदय से युक्त, समस्त सद्‌गुणों को विकसित करने वाले शुभ समय में, पाण्डु के वंशधर परीक्षित् का जन्म हुआ। ऐसा प्रतीत हो रहा था कि स्वयं पाण्डु ने ही पुनः जन्म लिया हो।

धौम्य तथा कृपाचार्य ने बालक के मंगलवाचन और जातकर्म संस्कार कराये। काल की दुर्निवार गति से पवित्र पुरुवंश मिटना ही चाहता था कि भगवान् श्रीकृष्ण ने विष्णु रूप से इस बालक की रक्षा की। ब्राह्मनों द्वारा इस बालक को बहुत ही यशस्वी बताया गया। उसे क्षत्रिय धर्म का पालक तथा श्रीकृष्ण का अद्वितीय भक्त बताया गया। यही बालक संसार में परीक्षित् के नाम से प्रसिद्ध हुआ।

इसी समय राजा युधिष्ठिर ने स्वजनों के वध का प्रायश्चित्त करने के लिये अश्वमेध यज्ञ का आयोजन किया। इस यज्ञ को सम्मन्न करने के लिए, भगवान् श्रीकृष्ण की प्रेरणा से, उनके अनुज उत्तर दिशा में राजा मरुत और ब्राह्मणों द्वारा छोड़ा हुआ बहुत सा धन ले आये (पूर्वकाल में महाराज मरुत ने एक ऐसा यज्ञ किया था कि जिस में सभी पात्र सुवर्ण के थे। यज्ञ की समाप्ति पर ये सभी पात्र यहीं रख दिये थे। उन्होंने ब्राह्मणों को भी इतना धन दिया कि वे ले जा न सके और उसे वहीं छोड़ आये। परित्यक्त धन पर राजा का अधिकार होता है।)

अध्याय 13

विदुरजी के उपदेश और धृतराष्ट्र-गान्धारी वनगमन

विदुरजी, तीर्थयात्रा में, महर्षि मैत्रेय से आत्मज्ञान प्राप्त कर हस्तिनापुर लौट आये। महाभारत के युद्ध के समय वह तीर्थयात्रा को चले गये थे। मैत्रेय ऋषि से ज्ञान उपदेश प्राप्त कर तथा भगवान् श्रीकृष्ण की अनन्य भक्ति से वे मोक्ष की स्थिति को प्राप्त हो गये। विदुरजी को आया देख युधिष्ठिर, उनके चारों अनुज, धृतराष्ट्र, कृपाचार्य, वंश की प्रधान स्त्रियाँ-गान्धारी, कुन्ती तथा बहुएँ अति प्रसन्न हुईं।

युधिष्ठिर के पूछने पर विदुरजी ने तीर्थों का अनुभव तथा यदुवंशियों के मिलन का सारा वृतान्त सुनाया, परन्तु यदुवंश पर ब्राह्मणों के शाप की बात नहीं बताई।

'पाण्डव' विदुरजी की देवता के समान सेवा करते थे। वे अपने बड़े भ्राता धृतराष्ट्र की कल्याण कामना तथा स्वजनों को प्रसन्न करने के लिये कुछ समय हस्तिनापुर में ही रहे। विदुरजी साक्षात् धर्मराज थे। माण्डव्य ऋषि के शाप से, सौ वर्ष के लिये, वे पृथ्वीलोक पर आये थे। इस समय धर्मराज के पद पर अर्यमा रहे (यह कथा इस प्रकार है– एक समय एक राजा के अनुचरों ने कुछ चोरों को पकड़ा। वे अपना लूटा हुआ धन माण्डव्य ऋषि के आश्रम पर छोड़ आये। अतः अनुचरों ने माण्डव्य ऋषि को चोरों का साथी समझ कर, चोरों के साथ-साथ, माण्डव्य ऋषि को भी राजा के समक्ष उपस्थित कर दिया। दण्ड मिला कि इन सब को सूली पर चढ़ा दो। ऋषि माण्डव्य को सूली पकड़ नहीं रही थी। यह उनका प्रताप था। जब राजा को यह रहस्य विदित हुआ, उसने ऋषि माण्डव्य से अपनी भूल के लिये क्षमा माँगी। ऋषि माण्डव्य क्रोधित होकर यमराज के पास गये तथा उससे इस दण्ड का कारण पूछा। यमराज ने बताया कि बचपन में ऋषि ने एक टिड्डी को कुश की नोक से छेद दिया था। इस पर ऋषि ने कहा कि यह उनके बचपन की भूल

थी तथा यह सब अज्ञानवश हुआ था। यमराज का न्याय अनुचित होने के कारण ऋषि माण्डव्य से उन्हें शापग्रस्त होना पड़ा। इस शाप से, यमराज, विदुर के रूप में पृथ्वी पर जन्में।)

विदुरजी ने काल की गति जानकर अपने बड़े भ्राता धृतराष्ट्र से कहा कि महाराज अब समय आ गया है कि हम संन्यास ले लें। अब इस शरीर से आपका कोई स्वार्थ पूरा नहीं होने वाला। इस भवसागर बन्धन को काटने का यत्न कीजिये। जो संसार के सम्बन्धियों से अलग रहकर उनके अनजाने में अपने शरीर का त्याग करता है, वही धीर कहा गया है। जो इस संसार को दुःखरूप समझकर इससे विरक्त हो जाता है और अपने अन्तःकरण को वश में करके, हृदय में भगवान को धारण कर, संन्यास के लिये घर त्याग कर देता है, वही उत्तम पुरुष है। अतः आप अपने कुटुम्बियों से छिप कर, उन्हें त्याग कर, उत्तराखण्ड में चले जाइये। विदुरजी के ऐसा कहने पर धृतराष्ट्र की प्रज्ञा भी जाग्रत् हो गई। वे गान्धारी सहित, गृहस्थ त्याग, हिमालय की ओर चले गये।

दोनों चाचाओं के चले जाने पर धर्मराज युधिष्ठिर को बड़ा शोक हुआ। वे पितृवात्सल्य के वियोग में बड़े व्याकुल हो रहे थे। उसी समय भाग्यवश नारदजी आ गये। उन्हें सान्त्वना देते हुए नारदजी ने कहा, धर्मराज! तुम किसी के लिये शोक मत करो, क्योंकि विधि का यही विधान है। सारे लोक और लोकपाल ईश्वर की आज्ञा का पालन कर रहे हैं। समस्त प्राणियों के स्वामी श्री भगवान् इस समय पृथ्वीतल पर देव-द्रोहियों का नाश करने के लिये कालरूप से अवतीर्ण हुए हैं। अब वे देवताओं का कार्य पूरा कर चुके हैं। थोड़ा सा कार्य और शेष है। वे उसी के लिये रुके हुए हैं। जबतक वे प्रभु यहाँ हैं, तब तक तुम उनकी प्रतीक्षा करते रहो। हिमालय के दक्षिण में, जहाँ सप्त ऋषियों की प्रसन्नता के लिये, गंगाजी ने अलग-अलग सात धाराओं में अपने को सात भागों में विभक्त किया है, जिसे सप्तस्रोत कहते हैं, वहीं ऋषियों के आश्रम में, धृतराष्ट्र अपनी पत्नी गान्धारी तथा विदुरजी के साथ गये हैं। उन्होंने अहंकार को बुद्धि के साथ जोड़कर और उसे क्षेत्रज्ञ-आत्मा में लीन करके, तथा उसे भी महाकाश में, घटाकाश के समान, सर्वाधिष्ठान ब्रह्म

में एक कर दिया है। उन्होंने अपनी समस्त इन्द्रियों और मन पर संयम कर गुणों से मुक्ति प्राप्त कर ली है। अतः तुम उनके वियोग तथा प्यार में विघ्नरूप मत बनना तथा न उन्हें लौटा लाने का प्रयत्न करना।

अध्याय 14

अर्जुन की द्वारका से वापसी

स्वजनों से मिलने तथा पुण्यश्लोक भगवान् श्रीकृष्ण अब क्या करना चाहते हैं, यह जानने के लिये अर्जुन द्वारका गये हुए थे। युधिष्ठिर का मन चचंल हो उठा था, एक तो अपने चाचा धृतराष्ट्र तथा विदुरजी के जाने पर दूसरे उन्हें श्रीकृष्ण का वियोग भी सता रहा था। भयंकर अपशकुर भी होने लगे थे।

जब अर्जुन द्वारका से लौटे तो वह बहुत आतुर दीख रहे थे। उनकी आँखों में आँसू, मुख शुष्क तथा कान्तिहीन था। युधिष्ठिर ने अर्जुन पर प्रश्नों की झड़ी लगा दी। स्वजन समुदाय कैसे हैं? वसुदेवजी कैसे हैं? देवकी मामी कैसी हैं? बलराम कैसे हैं? प्रद्युम्न तथा अनरुिद्ध कैसे हैं? सर्वोपरि हमारे हितैषी भगवान् श्रीकृष्ण कैसे हैं? किसी भी प्रश्न का उत्तर न मिलने पर निश्चित हो गया कि श्रीकृष्ण, बलरामजी सहित, अपने धाम को पधार गये हैं। यही ब्रह्माजी, शिवजी तथा अन्य देवताओं की इच्छा थी। इसी बात का संकेत श्री नारदजी भी कर गये थे।

श्रीकृष्ण के वियोग से पाण्डवों का सारा उत्साह समाप्त हो गया तथा उनकी एकछत्र राज्य में भी अरुचि हो गई।

अध्याय 15

श्रीकृष्ण-विरहपीड़ित पाण्डवों का स्वर्गारोहन

भगवान् श्रीकृष्ण के परम सखा अर्जुन का मुख और हृदयकमल सूख गया था। वे श्रीकृष्ण के वियोग में विह्वल थे। महाराज युधिष्ठिर के झिझकोड़ने पर अर्जुन बोले– हमारे कृष्ण ने हमें ठग लिया। मेरे जिस प्रबल पराक्रम से देवता भी आश्चर्यचकित हो जाते थे, उसे श्रीकृष्ण ने मुझ से छीन लिया। जैसे यह शरीर प्राण-रहित होने पर मृतक कहलाता है, वैसे ही उनके वियोग से यह संसार अप्रिय दीखने लगा है। उनकी सन्निधिमात्र से मैंने देवताओं को जीतकर, अग्निदेव की तृप्ति के लिये, खाण्डव वन का दान दिया था तथा मय दानव की रक्षा की थी। दस हजार हाथियों की शक्ति और बल से सम्पन्न अपने इस छोटे भ्राता भीमसेन ने उन्हीं की शक्ति से राजाओं के शीश पर पैर रखने वाले अभिमानी जरासन्ध का वध किया था। वनवास के समय हमारे शत्रु दुर्योधन के षड्यन्त्र से, दस हजार शिष्यों को साथ बिठाकर भोजन करने वाले महर्षि दुर्वासा ने हमें दुस्तर संकट में डाल दिया था। उस समय श्रीकृष्ण ने द्रौपदी के पात्र में बची हुई शाक की एक पत्ति का ही भोग लगाकर हमारी रक्षा की तथा महर्षि दुर्वासा और उसके शिष्यों को तृप्त कर दिया। भरी सभा में चीरहरण समय उन्होंने ही द्रौपदी की रक्षा की थी। उन्हीं की कृपा से मैंने भगवान् शङ्कर को प्रसन्न कर उनसे दिव्य शस्त्र प्राप्त किये तथा अन्य लोकपालों से भी। उन्हीं की कृपा से मैं इसी शरीर से स्वर्ग गया तथा देवराज इन्द्र से मान पाया। महाराज! कौरवों की सेना, भीष्म-द्रोण आदि अजेय महारथियों से पूर्ण, अपार समुद्र के समान दुस्तर थी। परन्तु उनका आश्रय ग्रहण कर, अकेले ही रथ पर सवार हो, मैंने उसे परास्त किया था। द्रोणाचार्य, भीष्म, कर्ण, भूरिश्रवा, सुशर्मा, शल्य, जयद्रथ आदि वीरों ने मुझ पर कभी न चूकने वाले अस्त्र चलाये थे, परन्तु उनकी कृपा से वे मुझे स्पर्श भी नहीं कर पाये। महाराज! जो मेरे प्रिय मित्र, मेरे हृदय ही थे, उन्हीं पुरुषोत्तम भगवान् से आज मैं रहित

हो गया हूँ। आज मार्ग में दुष्ट गोपों ने मुझे एक अबला की भाँति परास्त कर दिया और मैं श्रीकृष्ण के कुटुम्बियों की रक्षा न कर सका। राजन्! आपने द्वाराकावासी अपने जिन सुहृद् सम्बन्धियों के विषय में पूछा था– वे ब्राह्मणों के शापवश मोहग्रस्त हो, स्वयं ही एक दूसरे से लड़ कर नष्ट हो गये। भगवान् श्रीकृष्ण ने निजधाम पधारते समय, कदाचित् अपनी माया समेट ली।

भगवान् श्रीकृष्ण के स्वधाम–गमन और यदुवंश के संहार का वृत्तान्त सुनकर धर्मराज युधिष्ठिर ने स्वर्गारोहण का निश्चय किया। इसी प्रकार माता कुन्ती ने भी भक्ति से अपने मन को श्रीकृष्ण में परायण कर, इस जन्म–मृत्यु रूप संसार से मुँह मोड़ लिया। जिस दिन श्रीकृष्ण ने स्वधाम गमन किया, उसी दिन कलियुग का आरम्भ हो गया।

महाप्रस्थान का निश्चय कर, महाराज युधिष्ठिर ने अपने पौत्र परीक्षित् को, जो गुणों में उन्हीं के समान थे, पृथ्वी के सम्राट् पद पर हस्तिनापुर में अभिषिक्त किया। उन्होंने मथुरा में शूरसेनाधिपति के रूप में अनिरुद्ध के पुत्र वज्र का अभिषेक किया, क्योंकि द्वारका नगरी भी समुद्र के आंचल में चली गई थी। इसके पश्चात् युधिष्ठिर ने प्राजापत्य यज्ञ करके, आहवनीय आदि अग्नियों को अपने में लीन कर दिया, अर्थात् गृहस्थ आश्रम से मुक्त हो संन्यास ले लिया। सभी अनुजों ने भी द्रौपदी सहित संन्यास ले लिया तथा हिमालय की ओर प्रस्थान किया। इसी बीच विदुरजी ने भी अपने शरीर को प्रभासक्षेत्र में त्याग दिया। द्रौपदी भगवान् श्रीकृष्ण का ही चिन्तन करके उनमें लीन हो गई।

अध्याय 16

परीक्षित् दिग्विजय

पाण्डवों के महाप्रयाण के पश्चात् भगवान् के परम भक्त राजा परीक्षित्, श्रेष्ठ ब्राह्मणों की शिक्षा के अनुसार शासन करने लगे। उन्होंने उत्तर की पुत्री इरावती से विवाह किया। उनके जनमेजय आदि चार पुत्र हुए। आचार्य कृपाचार्य की अध्यक्षता में उन्होंने गंगा तट पर तीन अश्वमेध यज्ञ किये। एक बार दिग्विजय के समय, राजा के वेष में, उनका कलियुग से सामना हो गया। वे चाहते थे कि उनके समय में कलियुग का प्रवेश न हो। उसी समय उनके शिविर से थोड़ी ही दूरी पर एक आश्चर्यजनक घटना हुई। 'धर्म', बैल का रूप धारण करके एक पैर से घूम रहा था। एक स्थान पर गाय के रूप में उसे पृथ्वी मिली। पुत्र की मृत्यु से दुःखी माता के समान उसके नेत्रों से अश्रु बह रहे थे। उसका शरीर श्रीहीन हो गया था। धर्म ने पृथ्वी से पूछा, हे कल्याणि! कुशल तो है न? तुम्हारा मुख कुछ मलिन हो रहा है तथा तुम श्रीहीन प्रतीत हो रही हो। कहीं तुम मेरी चिन्ता तो नहीं कर रही कि अब मेरा एक ही पैर रह गया है? माँ पृथ्वी! क्या तुम्हें भी भगवान् श्रीकृष्ण के निजधाम चले जाने का शोक और वियोग है?

धर्म के प्रश्न करने पर पृथ्वी ने कहा, हे धर्म! तुम स्वयं सब कुछ जानते हो। जिन भगवान् के आश्रित तुम सारे संसार को सुख पहुँचाने वाले अपने चारों चरणों से युक्त थे– जिन में सत्य, पवित्रता, दया, क्षमा, त्याग, सन्तोष, सरलता, शम, दम, तप, समता, तितिक्षा, उपरति, शास्त्र-विचार, ज्ञान, वैराग्य, ऐश्वर्य, वीरता, तेज, बल (तेजो बलं-धृति), स्मृति, स्वतन्त्रता, कौशल, कान्ति, धैर्य, कोमलता, निर्भीकता, विनय, शील, साहस, उत्साह, बल (ओज बलं), सौभाग्य, गम्भीरता, स्थिरता, आस्तिकता, कीर्ति, गौरव और निरहंकारता- ये उनतालीस अप्राकृत गुण तथा महत्त्वकांक्षी पुरुषों के द्वारा वाञ्छनीय (शरणागत वत्सलता आदि) और भी बहुत से महान् गुण उनकी सेवा करने के लिये नित्य-निरन्तर निवास करते हैं,

एक क्षण के लिये भी उनसे पृथक् नहीं होते– उन्हीं समस्त गुणों के आश्रय, सैन्दर्यधाम भगवान् श्रीकृष्ण ने इस समय इस लोक से अपनी लीला संवरण कर ली है और यह संसार पापमय कलियुग की कुदृष्टि के परायण हो गया है। यही देखकर मुझे बड़ा शोक हो रहा है। जिनकी कृपा प्राप्त करने के लिये ब्रह्मा तक भगवान् के शरणागत हो कर तपस्या करते हैं, लक्ष्मीजी अपने निवास स्थान कमलवन का परित्याग कर जिनके चरणकमलों की सेवा करती हैं, उन्हीं भगवान् के कमल, वज्र, अंकुश, ध्वजा आदि चिन्हों से युक्त श्री चरणों से विभूषित होने के कारण मुझे महान् वैभव प्राप्त हुआ था। मेरी तीनों लोकों से बढ़कर शोभा हुई थी। परन्तु मेरे सौभाग्य का अब अन्त हो गया। भगवान् ने मुझ अभागिन को त्याग दिया।

तुम अपने तीन चरणों के कम हो जाने से दुःखी थे। तुम्हें अपने ही अन्दर पुनः सब अंगों से पूर्ण तथा स्वस्थ करने के लिये वे अत्यन्त रमणीय श्यामसुन्दर बिग्रह से यदुवंश में प्रकट हुए और मेरे अतिभारी भार को, जो असुरवंशी राजाओं की सैकड़ों अक्षौहिणि सेना के रूप में था, नष्ट कर डाला। जिनके चरणकमलों के स्पर्श से मैं निरन्तर आनन्द से पुलकित रहती थी, इन पुरुषोत्तम भगवान् श्रीकृष्ण का विरह अब कैसे सहन हो?

अध्याय 17

परीक्षित्-कलियुग भेंट

धर्म और पृथ्वी इस प्रकार वार्तालाप कर ही रहे थे कि वहाँ महाराज परीक्षित् पूर्ववाहिनी सरस्वती के तट पर आ पहुँचे। कलियुग का आगमन हो चुका था, इसीलिये धर्म अपने एक पैर पर ही खड़े थे। परीक्षित् ने बैल रूप धारण किये हुए धर्म से पूछा, हे प्रियवर! कमल-नाल के

समान आपका श्वेतवर्ण है। तीन पैर न होने पर भी आप केवल एक पैर से ही चलने में समर्थ हैं। यह देखकर मुझे बड़ा कष्ट हो रहा है। बताइए आप बैल के रूप में कौन देवता हैं? हे गोमाता (पृथ्वी)! आप चिन्तित न हों। मैं अभी भी कलियुग का सामना करने में समर्थ हूँ। श्रीकृष्ण के अनुयायी राजाओं के राज्य में आप दुःखी न हों। वृषभ! आपका कल्याण हो। कहिए, आप जैसे निरपराध साधु का अंग-भंग करने का किस दुष्ट ने साहस किया?

महाराज परीक्षित् के पूछने पर धर्म ने कहा– हे राजन्! आप महाराज पाण्डु के वंशज हैं। आपका इस प्रकार दुःखियों को आश्वासन देना आपके योग्य है। दुःख का कारण क्या है– यह बड़ा गूढ़ विषय है। कुछ तो स्वयं को ही अपने दुःख का कारण मानते हैं, तो कुछ प्रारब्ध को तथा कुछ अन्य, कर्म को। ऋषियों के अनुसार दुःख का कारण न तो तर्क के द्वारा जाना जा सकता है और न वाणी के के द्वारा बतलाया जा सकता है। आप ही विचारिये के इसमें से कौन सा मत ठीक है।

धर्म का प्रवचन सुनकर महराज परीक्षित् बोले, अवश्य ही आप वृषभ के रूप में स्वयं धर्म हैं। विधि के विधान अथवा परमेश्वर की माया के स्वरूप का निरूपण नहीं किया जा सकता। धर्म देव! सत्ययुग में आपके चार चरण थे– तप, पवित्रता, दया तथा सत्य। इस समय अधर्म के अंश गर्व, आसक्ति तथा मद से आपके तीन चरण नष्ट हो चुके हैं। अब आपका चौथा चरण केवल 'सत्य' ही बच रहा है। असत्य से पुष्ट कलियुग उसे भी ग्रास कर लेना चाहता है। ये गौ माता साक्षात् पृथ्वी हैं। भगवान् श्रीकृष्ण ने इनको असुर राजाओं तथा पापियों से मुक्त कर दिया था। ये उनके राशि-राशि सौन्द्रय प्रसारित करने वाले चरण चिन्हों से सर्वत्र उत्सवमयी हो गई थीं। उनका वियोग सर्वथा असह्य है। परन्तु यह तो उनकी लीला है जिसके सम्मुख हम सब विवश हैं।

धर्म और पृथ्वी की व्याकुलता देख, महाराज परीक्षित ने कलियुग से सामना करने के लिये अपनी तलवार उठाई। कलियुग ने उन्हें पूरा सम्मान देते हुए कहा, सार्वभौम! आपकी आज्ञा से जहाँ कहीं भी मैं रहने का विचार करता हूँ, वहीं देखता हूँ कि आप धनुष पर बाण चढ़ाये खड़े

हैं। धर्म शिरोमणे! आप मुझे वह स्थान बतायें जहाँ मैं आपकी आज्ञा का पालन करता हुआ स्थिर होकर रह सकूँ।

कलियुग की प्रार्थना स्वीकार कर राजा परीक्षित् ने उसे चार स्थान दिये– द्यूत, मद्यपान, स्त्री-संग तथा हिंसा। इन स्थानों में क्रमशः असत्य, मद, आसक्ति तथा निर्दयता– ये चार प्रकार के अधर्म निवास करते हैं। उसने और भी स्थान माँगे। तब समर्थ परीक्षित् ने उसे रहने के लिये एक और स्थान–सुर्वण बताया। अतः हे पृथ्वी माता, जो इन स्थानों को सेवन नहीं करेगा, वह धार्मिक बना रहेगा। उसी समय धर्म के भी तीनों चरण–तपस्या, शौच और दया फिर से पूर्ण हो गये।

अध्याय 18

श्रृंगी-ऋषि शाप

एक दिन महराज परीक्षित् वन में आखेट पर निकले। हरिण का पीछा करते-करते वे थक गये। उन्हें बड़ी प्यास लगी। जब उन्हें कोई जलाशय न मिला तब वे पास ही एक ऋषि आश्रम में चले गये। उन्होंने देखा कि आश्रम में एक मुनि आँखें बन्द किये भक्ति मुद्रा में आसन पर बैठे हुए हैं। इन्द्रिय, प्राण, मन और बुद्धि के निरुद्ध हो जाने से वे सांसारिक वृत्तियों से ऊपर उठ चुके थे तथा ब्रह्मरूप पद में स्थित थे। उस समय उन्हें संसार का कोई बोध न था। इस अवस्था में राजा परीक्षित् ने उनसे जल माँगा। जब राजा को कोई उत्तर (आतिथ्य) न मिला, तथा ऋषि ने आँखें तक न खोलीं तो राजा अपने को अपमानित सा मानकर क्रोधित हो गये। सौम्य स्वभाव राजा का मुनि पर कुपित होना उनके सुवर्ण मुकुट में बैठे कलियुग की प्रतिक्रिया थी। वहाँ से लौटते समय उन्होंने क्रोधवश एक मरे हुए साँप को धनुष से उठाकर ऋषि के गले में डाल दिया।

उन शमीक मुनि का पुत्र उस समय ऋषि कुमारों के साथ खेल रहा

था। जब वह आश्रम लौटा तो पिता के गले में पड़ा मरा हुआ साँप देखकर क्रोधित हो उठा। वह भी अपने पिता की भाँति तेजस्वी था। अपने साथी बालकों के समक्ष ही उसने जल से आचमन करके इस प्रकार कहा– कुलांगार (जो अपने कुल को नष्ट करता है) परीक्षित्! तूने मेरे पिता का अपमान करके मर्यादा का उल्लंघन किया है, अतः मेरे शाप से आज से सातवें दिन तुझे तक्षक सर्प डस लेगा।

शमीक मुनि जब अपनी समाधि से बाहर आये (सरल अवस्था में) तो उन्हें अपने पुत्र से सारा वृत्तान्त विदित हुआ। ऋषि-बालक के राजा को शाप देने पर उन्हें बड़ा दुःख हुआ। उन्होंने बेटे से कहा–रे मूर्ख बालक तूने बड़ा अनर्थ कर दिया। राजा के तनिक से अपराध पर तुमने उन्हें इतना बड़ा दण्ड दे दिया। तुम्हें भगवद्भक्त राजा को साधारण मनुष्य नहीं समझना चाहिए था। वे प्रजापालक हैं। इस पर मुनि-पुत्र को बड़ा पश्चाताप हुआ।

राजा इस शाप से भयभीत नहीं हुए, क्योंकि उन्होंने अपना चित्त भगवान् श्रीकृष्ण के चरणकमलों में समर्पित कर रखा था। पुण्य-कर्म तो संकल्पमात्र से ही फलीभूत हो जाते हैं, परन्तु पाप-कर्म-फल, शरीर से करने पर मिलता है और उसे भोगने से ही उसका निवारण होता है। जिस समय ब्राह्मण के शाप से तक्षक (सर्प) राजा परीक्षित् को डसने आया तो वे किञ्चित भी विचलित नहीं हुए। उन्होंने पूर्णतया आसक्ति छोड़ दी। गंगातट पर जाकर उन्होंने श्री शुकदेवजी से श्रीमद्भागवत (सप्ताही) का उपदेश ग्रहण किया तथा अपने ध्यान को भगवान् श्रीकृष्ण के चरणकमलों में केन्द्रित करके शरीर त्याग दिया।

महामुनि शमीक को अपने पुत्र के अपराध पर बड़ा पश्चाताप हुआ। राजा परीक्षित् ने जो उनका अपमान किया था, उस पर तो उन्होंने ध्यान ही नहीं दिया। महात्माओं का स्वभाव ही ऐसा होता है। कलियुग के सुवर्ण मुकुट में निवास करने से राजा की मति फिर गई थी। कदाचित् यही विधि का विधान था, कलियुग के आगमन के लिये।

अध्याय 19

परीक्षित् का अनशन व्रत तथा शुकदेवजी का आगमन

राजधानी में पहुँच कर राजा परीक्षित् को अपने निन्दनीय व्यवहार का बड़ा पश्चाताप हुआ। ऋषि तो समाधि में थे। मैंने–निरपराध, तेज छिपाये हुए– मुनि के साथ अनार्य पुरुषों के समान व्यवहार किया। अत: मैं दण्ड का भागी हूँ। ऋषि-पुत्र के शाप को जानकार न तो उन्हें कोई आश्चर्य ही हुआ न खेद। संसार के भोगों को वह पहले ही तुच्छ समझते थे। राज्य तो वे कर्मबद्ध तथा अपना कर्तव्य मान कर रहे थे। अन्त समय निकट देख उन्हें पूरी विरक्ति हो गई तथा इतने समय में वे भगवान् श्रीकृष्ण के परमधाम को प्राप्त करना चाहते थे। कौन सा ज्ञान तथा कौन सा प्रवचन सुनें जिससे वह कृतार्थ हो जायें।

गंगाजी (का जल) भगवान् श्रीकृष्ण के चरणकमलों का वह पराग लेकर प्रवाहित होती है जो तुलसी की गन्ध से मिश्रित है। यही कारण है कि वह लोकपालों के सहित ऊपर-नीचे समस्त लोकों को पवित्र करती है। उसी गंगा तट पर भगवान् श्रीकृष्ण के चरणकमलों की सेवा को ही सर्वोपरि मानकर, आमरण अनशन-व्रत लेकर, वे गंगा तट पर बैठ गये।

उस समय त्रिलोकी को पवित्र करने वाले श्रेष्ठ महानुभाव ऋषि मुनि अपने शिष्यों सहित वहाँ पधारे। वहीं पर अत्रि, वसिष्ठ, च्यवन, शरद्वान्, अरिष्टनेमि, भृगु, अंगिरा, पराशर, विश्वामित्र, परशुराम, उतथ्य, इद्रप्रमद, इध्मवाह, मेधातिथि, देवल, आर्ष्टिषेण, भारद्वाज, गौतम, पिप्पलाद, मैत्रेय, और्व, कवष, अगस्त्य, वेदव्यास, नारद तथा उनके शिष्यों का शुभागमन हुआ। कदाचित् यह कलियुग के प्रारम्भ में सब ऋषियों का इकट्ठा आगमन था।

महाराज परीक्षित् ने पूरे सम्मान से उन्हें यथायोग्य आसनों पर विराजमान किया तथा विनम्र भाव से बोले– आप लोग और माँ गंगाजी मुझे शरणागत जानकर, मुझ पर अनुग्रह करें। ब्राह्मण कुमार के शाप से

प्रेरित, अथवा कोई दूसरा कपट से, तक्षक का रूप धारण कर मुझे डस ले, इससे मुझे तनिक भी चिन्ता नहीं। आप लोग कृपा करके भगवान् की रसमयी लीलाओं का गायन करें। मैं आप ब्रह्मणों के चरणों में प्रणाम करके पुनः यही प्रार्थना करता हूँ कि मुझे कर्मवश चाहे जिस भी योनि में जन्म लेना पड़े, भगवान् श्रीकृष्ण के चरणों में मेरा अनुराग बना रहे। उनके चरणाश्रित महात्माओं से विशेष प्रीति हो और जगत् के समस्त प्राणियों के प्रति मेरी एक सी मैत्री रहे– ऐसा आप आशीर्वाद दीजिये।

राजा परीक्षित् ने अपना राज-पाट अपने पुत्र जनमेजय को सौंप दिया था। सभी उपस्थित महर्षियों ने परीक्षित् के निश्चय की प्रशंसा की और साधु-साधु कहकर उनका अनुमोदन किया। उन लोगों ने भगवान् श्रीकृष्ण के परम भक्त परीक्षित् के प्रति यह वचन कहा कि जब तक यह भगवान् के परम भक्त परीक्षित् अपने नश्वर शरीर को त्यागकर, माया दोष और शोक से रहित भगवद्धाम नही चले जाते, वे यहीं रहेंगे।

राजा परीक्षित् ने पूछा, हे विप्रवरो! आप लोगों पर पूर्ण विश्वास करके मैं अपने कर्तव्य के सम्बन्ध में यह पूछने योग्य प्रश्न कहता हूँ। आप सभी विद्वान् परस्पर विचार करके बताइये कि सबके लिये, सब अवस्थाओं में और विशेष कर थोड़े ही समय में मरने वाले मनुष्यों के लिये, अन्तःकरण और शरीर शुद्ध करने योग्य विशुद्ध कर्म कौन सा है?

कदाचित् इन्हीं प्रश्नों के उत्तर में, उसी समय पृथ्वी पर स्वेच्छा से विचरण करते हुए, किसी की कोई अपेक्षा न रखने वाले, व्यासनन्दन श्री शुकदेवजी पधारे। वे वर्ण तथा आश्रम के बाह्य चिन्हों से रहित तथा आत्मानुभूति में सन्तुष्ट थे। उनकी अवस्था सोलह वर्ष (द्वयष्टवर्ष) थी तथा वेश अवधूत।

यही दो प्रश्न उनके सम्मुख रखे गये, अर्थात् जो पुरुष सर्वथा मरणासन्न है, उसको क्या करना चाहिए तथा यह भी कि मनुष्यमात्र को क्या करना चाहिए? वे किसका श्रवण, किसका जप, किसका स्मरण और किसका भजन करें तथा किसका त्याग करें?

द्वितीय स्कन्ध

अध्याय 1

भगवद्-विराट्स्वरूप

राजा परीक्षित् के पास केवल सात दिन का समय था। इस थोड़े से समय में श्री भगवान् की प्राप्ति किस प्रकार हो, यही महत्वपूर्ण प्रश्न उनका ऋषि मुनियों तथा श्री वेदव्यास-नन्दन श्री शुकदेवजी से था।

श्री शुकदेवजी ने कहा, परीक्षित्! तुम्हारा लोकहित किया गया यह प्रश्न बड़ा उत्तम हैं। जो अभय-पद को प्राप्त करना चाहता है, उसे तो सर्वात्मा सर्वशक्तिमान् भगवान् श्रीकृष्ण की ही लीलाओं का श्रवण, कीर्तन और ममन करना चाहिए। मनुष्य जन्म का यही- इतना ही लाभ् है कि चाहे कैसे भी हो—ज्ञान से, भक्ति से अथवा अपने धर्म की निष्ठा से जीवन को ऐसा बना लिया जाये कि मृत्यु के समय भगवान् की ही स्मृति बनी रहे। जो निर्गुणस्वरूप में स्थित हैं, तथा विधि-निषेध की मर्यादा को लाँघ चुके हैं, वे बड़े-बड़े मुनि भी निःस्देह भगवान् के अनन्त कल्याणमय गुणों के वर्णन में ही रमे रहते हैं। द्वापर के अन्त में इस भगवद्रूप वेदतुल्य श्रीमद्भागवत महापुराण का अपने पिता श्रीकृष्णद्वैपायन से मैंने अध्ययन किया है। श्रीकृष्ण की मधुर लीलाओं ने बलात् मेरे हृदय को अपनी ओर आकर्षित कर लिया। तुम भगवान् के परम भक्त हो। अतः तुम्हें मैं इसे सुनाऊँगा। जो इसके प्रति श्रद्धा रखते हैं, उनकी चित्तवृत्ति भगवान् श्रीकृष्ण के श्री चरणों में अनन्य प्रेम के साथ बहुत शीघ्र स्थिर हो जाती है। जो लोक अथवा परलोक की किसी भी वस्तु की इच्छा रखते हैं, अथवा इसके विपरीत संसार में दुःख को अनुभव करके इससे विरक्त हो गये हैं और निर्भय मोक्ष को प्राप्त करना चाहते हैं, उन साधकों के लिये तथा योग सम्पन्न सिद्ध ज्ञानियों के लिये भी समस्त

शास्त्रों का यही निर्णय है कि वे भगवान् के नामों का प्रेम से संकीर्तन करें। सावधानी से ज्ञानपूर्वक बिताई हुई घड़ी, दो घड़ी भी श्रेष्ठ है, व्यर्थ की बिताई हुई आयु की अपेक्षा। राजर्षि खट्वांग अपनी आयु की समाप्ति का समय जान कर दो घड़ी में ही सब कुछ त्यागकर भगवान् के अभयपद को प्राप्त हो गये। परीक्षित्! अभी तो तुम्हारे जीवन की अवधि के सात दिन हैं। इस बीच तुम अपने परम कल्याण के लिये जो कुछ करना चाहते हो, सब कर लो।

मृत्यु का समय आने पर मनुष्य चिन्तित न हो (घबराये नहीं) तथा वैराग्य द्वारा शरीर और उससे सम्बन्ध रखने वालों के प्रति उदासीन हो जाये। पवित्र तीर्थ के जल में स्नान करे तथा एकान्त स्थान में विधिपूर्वक आसन लगाकर बैठ जाये। तत्पश्चात् परम पवित्र 'अ उ म्' इन तीन मात्राओं से बने प्रणव का मन ही मन जाप करे। प्राणवायु को वश में करके, मन का दमन करे और एक क्षण के लिये भी प्रणव को न भूले (लगातार जाप करे)। बुद्धि की सहायता से मन को इन्द्रियों के विषयों से समेट ले तथा मन को भगवान् के मंगलमय रूप में स्थिर कर दे। स्थिर चित्त से भगवान् के श्रीविग्रह में से किसी एक अंग का ध्यान करे। इस प्रकार एक-एक अंग का ध्यान करते-करते विषय वासनाओं से रहित, मन को पूर्णरूप से भगवान् में इस प्रकार तल्लीन कर दे कि फिर अन्य किसी विषय का चिन्तन न हो। वही भवगान् विष्णु का परमपद है जिसे प्राप्त कर के मन भगवत्प्रेमरूप आनन्द से भर जाता है।

आसन, श्वास, आसक्ति तथा इन्द्रियों पर विजय प्राप्त कर, बुद्धि द्वारा अंकुशित मन को भगवान् के स्थूल रूप में लगाना चाहिए। यह सम्पूर्ण विश्व जो कुछ कभी था, है या होगा, सब का सब जिसमें आश्रित है, वही भगवान का स्थूल विराट् रूप है। जल, अग्नि, वायु, आकाश, अहंकार, महत्तत्त्व तथा प्रकृति – इन सात आवरणों से घिरे हुए इस ब्रह्माण्ड शरीर में जो विराट् पुरुष भगवान् हैं– वे ही धारणा के आश्रय हैं। तत्त्वज्ञ उनका इस प्रकार वर्णन करते हैं– पाताल, विराट् पुरुष के तलवे हैं, उनकी एड़ियाँ और पंजे रसातल, दोनों गुल्फ (एड़ी के ऊपर

की गाँठें) अर्थात् टखने महातल, उनके पैर के पिंडे तलातल हैं। विश्वमूर्ति भगवान् के दोनों घुटने सुतल, जाँघें, वितल और अतल, पेडू भूतल है। उनके नाभिरूप सरोवर को आकाश कहते हैं। आदिपुरुष परमात्मा की छाती को स्वर्गलोक, गले को महर्लोक, मुख को जनलोक और ललाट को तपोलोक कहते हैं। उन सहस्र शिर वाले भगवान् का मस्तकसमूह ही सत्यलोक है। इन्द्रादि देवता उनकी भुजायें हैं, दिशाएँ कान हैं और शब्द श्रवणेन्द्रिय हैं। दोनों अश्विनीकुमार उनकी नासिका के छिद्र हैं, गन्ध घ्राणेन्द्रिय है और अग्नि उनका मुख है। विराट् पुरुष के नेत्र अन्तरिक्ष हैं, उनमें ज्योति सूर्य है, दोनों पलकें रात और दिन हैं, उनका भ्रूविलास ब्रह्मलोक है। तालु जल है तथा जिह्वा रस। वेदों को भगवान् का ब्रह्मरन्ध्र कहते हैं तथा यम को दाढ़ें। सब प्रकार के स्नेह उनके दाँत तथा जगन्मोहिनी माया ही उनकी मुस्कान है। लज्जा ऊपर का होंठ तथा लोभ नीचे का। धर्म स्तन तथा अधर्म पीठ। प्रजापति उनकी जननेद्रिय, मित्रावरुण अण्डकोश, सागर उनकी कोख और बड़े-बड़े पर्वत उनकी हड्डियाँ हैं। विराट् पुरुष की नाड़ियाँ नदियाँ हैं, वृक्ष रोम, वायु श्वास। काल उनकी चाल है तथा गुणों का चक्कर चलाते रहना उनका कर्म है। सन्ध्या उनका वस्त्र, अव्यक्त (मूल-प्रकृति) ही उनका हृदय है। उनका मन चन्द्रमा है, महत्तत्त्व उनका चित्त और रुद्र उनके अहंकार हैं। स्वायम्भुव मनु उनकी बुद्धि और मनु की संतान उनके निवास स्थान हैं। गन्धर्व, विद्याधर, चारण और अप्सरायें उनके षड्ज आदि स्वरों की स्मृति हैं। दैत्य उनके वीर्य हैं। विविध देवताओं के नामसे जो द्रव्ययज्ञ किये जाते हैं, वे उनक कर्म हैं (उनके निमित्त कर्म)। विराट् भगवान् के शरीर की व्याख्या महर्षियों द्वारा इसी प्रकार की गई है। इससे भिन्न कुछ नहीं। मुमुक्षु पुरुष बुद्धि द्वारा मन को इसी में स्थिर करते हैं। उन सत्यस्वरूप आनन्दनिधि भगवान् का ही भजन करना चाहिए। अन्य किसी भी वस्तु में आसक्ति नहीं रखनी चाहिए।

अध्याय-2

भगवद्-ध्यान एवं सद्योमुक्ति वर्णन

सृष्टि के आरम्भ में ब्रह्माजी ने इसी धारणा के द्वारा प्रसन्न हुए भगवान् से वह सृष्टि विषयक स्मृति प्राप्त की थी जो पहले प्रलयकाल में विलुप्त हो गई थी। इससे उनकी दृष्टि अमोघ और बुद्धि निश्चयात्मिका हो गई थी। तब उन्होंने इस जगत् को वैसे ही रचा जैसा कि यह प्रलय के पहले था। अतः बुद्धिमानों को चाहिए कि वे विविध पदार्थों में उतना ही व्यवहार करें जितना प्रयोजनीय हो।

कोई-कोई साधक अपने शरीर के भीतर हृदयाकाश में विराजमान भगवान् के प्रादेशमात्र स्वरूप की धारणा करते हैं। वे ऐसा ध्यान करते हैं कि भगवान् की चार भुजाओं में शंख, चक्र, गदा ओर पद्म हैं। उनके मुख पर प्रसन्नता प्रकट है। कमल के समान विशाल नेत्र हैं। कदम्ब के पुष्प की केसर के समान वे पीताम्बर धारण किये हुए हैं। भुजाओं में श्रेष्ठ रत्नजड़ित सुवर्ण बाजूबंद हैं। शीश पर सुन्दर मुकुट, कानों में कुण्डल हैं। उनके चरणकमल योगेश्वरों के खिले हुए हृदयकमल की कर्णिका पर विराजित हैं। गले में कौस्तुभमणि शोभा दे रही है। वक्षःस्थल कभी न कुम्हलाने वाली वनमाला से सुशोभित है। वे कमर में करधनी, अँगुलियों में अँगूठी, चरणों में नूपुर और हाथों में कंगन धारण किये हुए हैं। उनके केश-लटें चिकनी, निर्मल तथा घुँघराली हैं। उनका मुखमण्डल मन्द-मन्द मुस्कान से खिल रहा है। लीलापूर्ण उन्मुक्त हास्य और चितवन से शोभायमान भौंहों द्वारा वे भक्तजनों पर अनन्त अनुग्रह की वर्षा कर रहे हैं। वे विश्वेश्वर भगवान् दृश्य नहीं, द्रष्टा हैं। सगुण, निर्गुण—सब कुछ इन्हीं का स्वरूप है।

श्री शुकदेवजी ने कहा, परीक्षित्! जब योगी पुरुष इस मनुष्य-लोक को छोड़ना चाहे, तब देश और काल में मन को न लगाये। सुखपूर्वक स्थिर आसन कर बैठ कर प्राणों को वश में कर, मन से इन्द्रियों का संयम करे। तदनन्तर अपनी निर्मल बुद्धि से मन को नियमित करके, मन

के साथ बुद्धि को क्षेत्रज्ञ में और क्षेत्रज्ञ को अन्तरात्मा में लीन कर दे। अन्तरात्मा को परमात्मा में लीन कर, तत्पश्चात् धीर पुरुष उस परम शान्तिमय अवस्था में स्थिर हो जाये। फिर उसके लिये कोई कर्तव्य शेष नहीं रहता।

ज्ञान-दृष्टि से जिसके चित्त की वासना नष्ट हो गई है, उस ब्रह्मनिष्ठ योगी को इस प्रकार अपने शरीर का त्याग करना चाहिए-प्रथम, एड़ी से अपनी गुदा को दबाकर स्थिर हो जाय। तत्पश्चात् प्राणवायु को षट्चक्रभेदन की क्रिया से ऊपर ले जाय। मनस्वी को चाहिए कि नाभिचक्र मणिपूरक में स्थित वायु को हृदयचक्र अनाहत में, वहाँ से उदानवायु के द्वारा वक्षःस्थल के ऊपर विशुद्ध चक्र में, फिर उस वायु को धीरे-धीरे तालुमूलमें (विशुद्ध चक्र के अग्रभाग में) ले जाये। तदनन्तर दो आँखें, दो कान, दो नासाछिद्र तथा मुख-इन सातों छिद्रों को रोककर उस तालुमूल में स्थित वायु को भौंहों के बीच आज्ञाचक्र में ले जाए। यदि किसी लोक में जाने की इच्छा न हो तो आधी घड़ी तक उस वायु को वहीं रोक कर स्थिर लक्ष्य के साथ उसे सहस्त्रार में ले जाकर परमात्मा में स्थित हो जाए। इसके पश्चात् ब्रह्मरन्ध्र का भेदन कर शरीर को छोड़ दे।

परीक्षित्! योगी ज्योतिर्मय मार्ग सुषुम्णा के द्वारा जब ब्रह्मलोक के लिये प्रस्थान करता है, तब प्रथम वह आकाश मार्ग से अग्निलोक में जाता है। वहाँ उसके शेष बचे मल भी जल जाते हैं। तत्पश्चात् वह वहाँ से ऊपर भगवान् श्रीहरि के शिशुमार नामक ज्योतिर्मय चक्र पर पहुँचता है। भगवान् विष्णु का यह शिशुमार चक्र विश्वब्रह्माण्ड के भ्रमण का केन्द्र है। उसका अतिक्रमण करके अत्यन्त सूक्ष्म तथा निर्मल शरीर से वह महर्लोक में जाता है। यह लोक ब्रह्मवेत्ताओं द्वारा भी वन्दित है। उसमें कल्प पर्यन्त जीवित रहने वाले देवता रहते हैं। प्रलय के समय वह ब्रह्मलोक में चला जाता है। उस ब्रह्मलोक की आयु ब्रह्मा की आयु के समान ही दो परार्ध की है। सत्यलोक में पहुँचने के पश्चात् वह योगी अपने सूक्ष्म शरीर को पृथ्वी में लीन कर देता है तथा सात आवरणों का भेदन करता है। पृथ्वीरूप से जल को और जलरूप से अग्निमय आवरणों को प्राप्त होकर वह ज्योतिरूप से वायुरूप आवरण में आ जाता

है तथा वहाँ से समय पर ब्रह्म की अनन्तता का बोध कराने वाले आकाशरूप आवरण को प्राप्त करता है। इस प्रकार स्थूल आवरणों को पार करते समय उसकी इन्द्रियाँ भी अपने सूक्ष्म अधिष्ठान में लीन होती जाती हैं।

इस प्रकार योगी पञ्चभूतों के स्थूल-सूक्ष्म शरीर आवरणों को पार करके अंहकार में प्रवेश करता है। वहाँ सूक्ष्म भूतों को तामस अहंकार में, इन्द्रियों को राजस अहंकार में तथा मन और इन्द्रियों के अधिष्ठाता देवताओं को सात्त्विक अहंकार में लीन कर देता है। तत्पश्चात् अहंकार के सहित लयरूप गति के द्वारा महत्तत्त्व में प्रवेश करता है तथा अन्त में समस्त गुणों के लयस्थान प्रकृतिरूप आवरण में जा मिलता है।

परीक्षित्! महाप्रलय के समय प्रकृतिरूप आवरण भी लय हो जाने पर वह योगी स्वयं आनन्दरूप होकर अपने उस निरावरण रूप से आनन्दस्वरूप शान्त परमात्मा को प्रापत हो जाता है। जिसे इस भगवन्मयी गति की प्राप्ति हो जाती है, फिर उसे इस संसार में नहीं आना पड़ता। संसारचक्र में पड़े हुए मनुष्य (जीव) के लिये, जिस साधन के द्वारा उसे श्री भगवान् श्रीकृष्ण की अनन्य प्रेममयी भक्ति प्राप्त हो जाये, उसके अतिरिक्त और कोई भी कल्याणकारी योग (मार्ग) नहीं है। ब्रह्माजी ने एकाग्र चित्त से सारे वेदों का तीन बार अनुशीलन करके अपनी बुद्धि से यही निश्चय किया कि जिससे सर्वात्मा भगवान् श्रीकृष्ण के प्रति अनन्य प्रेम प्राप्त हो, वही सर्वश्रेष्ठ धर्म है। समस्त चर-अचर प्राणियों में उनके आत्मारूप से भगवान् श्रीकृष्ण ही लक्षित होते हैं। अतः सब समय तथा हर स्थिति में, पूर्ण एकग्रता से भगवान् श्रीहरि का ही श्रवण, कीर्तन और स्मरण करें।

अध्याय 3

देवोपासना एवं भगवद्भक्ति निरूपण

उपासना के निरूपण के विषय में, परीक्षित् द्वारा पूछने पर, श्री शुकदेवजी ने कहा– जो ब्रह्मतेज का इच्छुक हो, वह बृहस्पति की, जिसे इन्द्रियों की विशेष शक्ति की कामना हो, वह इन्द्र की और जिसे सन्तान की इच्छा हो वह प्रजापतिकों की उपासना करे। जिसे लक्ष्मी चाहिए वह मायादेवी की, जिसे तेज चाहिए वह अग्नि की, जिसे धन चाहिए वह वसुओं की तथा जिसे प्रभाव और वीरता चाहिए वह रुद्रों की उपासना करे। जिसे अन्न की आवश्यकता हो वह अदिति की, जिसे स्वर्ग की कामना हो वह अदिति के पुत्र देवताओं की, जिसे राज्य की अभिलाषा हो वह विश्वेदेवों की तथा जिसे प्रजा को अपने अनुकूल रखने की इच्छा हो वह साध्य देवताओं की अपासना करे। आयु की (अरोग्यता) इच्छा से अश्विनीकुमारों की, पुष्टि की इच्छा से पृथ्वी की तथा प्रतिष्ठा की इच्छा हो तो लोक माता पृथ्वी तथा द्यौ (आकाश) की उपासना करे। सौन्दय्र के लिय गन्धर्वों की, पत्नी प्राप्ति के लिये उर्वशी अप्सरा की तथा स्वामी बनने के लिये ब्रह्माजी की उपासना करे। जिसे यश की इच्छा हो वह यज्ञपुरुष की, जिसे खजाने की लालसा हो वह कुबेर की (प्रचेतसम्) की, विद्या प्राप्ति के लिये भगवान् शङ्कर की तथा पति-पत्नी में परस्पर प्रेम बनाये रखने के लिये पार्वतीजी की उपासना करनी चाहिए। धर्म उपार्जन करने के लिये भगवान् विष्णु की, वंश परम्परा बनाये रखने के लिये पितरों की, बाधाओं से बचने के लिये यक्षों की तथा बलवान् होने के लिये मरुद्गणों की आराधना करनी चाहिए। राज्य के लिये मन्वन्तरों के अधिपति देवों की, भोगों के लिये चन्द्रमा की और निष्कामता प्राप्त करने के लिये परमपुरुष नारायणजी को भजना चाहिए। (भगवान शङ्कर तथा ब्रह्माजी श्रीकृष्ण के ही सांश हैं तथा वे मोक्ष के अतिरिक्त हर वरदान देने के लिए समर्थ हैं) जो बुद्धिमान् पुरुष है (ऋषि स्वभाव) वह चाहे निष्काम हो अथवा समस्त वस्तुओं से युक्त हो अथवा मोक्ष चाहता

हो– उसे तो तीव्र भक्ति द्वारा केवल पुरुषोत्तम भगवान् श्रीकृष्ण की ही आराधना करनी चाहिए।

अध्याय 4

परीक्षित् का सृष्टि विषयक प्रश्न तथा शुकदेवजी द्वारा कथारम्भ

राजा परीक्षित् के प्राथमिक प्रश्नों का उत्तर देने के पश्चात् श्री शुकदेवजी ने इस प्रकार कथा प्रारम्भ की– उन पुरुषोत्तम भगवान् के चरणकमलों में मेरे कोटि-कोट प्रणाम हैं, जो संसार की उत्पत्ति, स्थिति तथा प्रलय की लीला करने हेतु रज, सत्त्व तथा तमोगुण रूप–तीन शक्तियों को स्वीकार कर ब्रह्मा, विष्णु तथा शङ्कर का रूप धारण करतेहैं, जो समस्त चर-अचर प्राणियों के हृदय में अन्तर्यामी रूप से विराजमान हैं, जिनका स्वरूप तथा जिनकी उपलब्धि का मार्ग बुद्धि के विषय नहीं हैं, जो स्वयं अनन्त हैं तथा जिनकी महिमा भी अनन्त है– हम पुनः, बार-बार उनके चरणों में नमस्कार करते हैं। जिनके समान भी किसी का ऐश्वर्य नहीं, फिर उससे अधिक तो हो ही कैसे सकता है तथा जो ऐसे ऐश्वर्यों से युक्त, ब्रह्मस्वरूप, अपने धाम में विहार करते हैं, उन भगवान् श्रीकृष्ण को मैं बार-बार-बार प्रणाम करता हूँ। जिनका कीर्तन, स्मरण, दर्शन, वन्दना, श्रवण तथा पूजन जीवों के पापों को तत्काल नष्ट कर देता है, उन पुण्यकीर्ति भगवान् श्रीकृष्ण को मैं बार-बार नमस्कार करता हूँ। ब्रह्मा, शङ्कर भी जिन के स्वरूप का चिन्तन करते हैं, वे श्री भगवान् मुझ पर अपने अनुग्रह की वर्षा करें। जो समस्त सम्पत्तियों की स्वामिनी लक्ष्मीजी के पति हैं, समस्त यज्ञों के भोक्ता तथा फलदाता हैं तथा समस्त प्राणियों के पालनहार हैं, समस्त लोकों के पालन कर्ता हैं, जिन्होंने

युदवंश में प्रकट होकर अन्धक, वृष्णि तथा यदुवंश के लोगों की रक्षा की है तथा उनके एकमात्र आश्रय रहे हैं– वे भक्तवत्सल, संतजनों के सर्वस्व श्रीकृष्ण मुझ पर प्रसन्न हों। भगवान् ही पञ्चमहाभूतों से इन शरीरों का निर्माण करके उनमें जीवरूप से विराजमान हैं और पाँच ज्ञान इन्द्रिय, पाँच कर्म इन्द्रिय, पाँच प्राण और एक मन– इन सोलह कलाओं से युक्त होकर उनके सोलह विषयों का भोग करते हैं, अर्थात् वही जीव रूप से भोक्ता हैं।

अध्याय 5

सृष्टि-वर्णन

नारदजी ने ब्रह्माजी को प्रणाम करके कहा, हे पिता जी! मुझे वह ज्ञान दीजिये जिससे आत्मतत्त्व का साक्षात्कार हो– अर्थात् इस संसार का क्या लक्षण हैं, इसका निर्माण किसने किया, इसका प्रलय किससे होता है, यह किसके अधीन है? आप यह भी बतलाइये कि आपको यह ज्ञान कहाँ से प्राप्त हुआ, आप किसके आधार पर स्थित हैं, आपका स्वामी कौन है, आपका स्वरूप क्या है तथा आप अकेले ही पञ्चभूतों के द्वारा प्राणियों की सृष्टि कर लेते है– कितना अद्भुत है? इतना समर्थ होते हुए भी आपने घोर तपस्या की?

ब्रह्माजी ने कहा, हे नारद! मेरे विषय में तुमने जो कुछ कहा वह भी असत्य नहीं, क्योंकि जब तक मुझ से परे का तत्त्व–जो स्वयं भगवान् ही है– जान नहीं लिया जाता, तब तक मेरा ऐसा ही प्रभाव प्रतीत होता है। जैसे सूर्य, अग्नि, चन्द्रमा, ग्रह, नक्षत्र तथा तारे उन्हीं के प्रकाश से प्रकाशित होते हैं, वैसे ही मैं भी उन्हीं स्वयंप्रकाश भगवान् के चिन्मय प्रकाश से प्रकाशित होकर संसार को प्रकाशित कर रहा हूँ। उन भगवान् वासुदेव की मैं वन्दना करता हूँ और ध्यान करता हूँ जिनकी दुर्जय माया

से मोहित होकर लोग मुझे जगद्गुरु कहते हैं। वास्तव में तो द्रव्य, कर्म, काल, स्वभाव तथा जीव–भगवान् से भिन्न कोई भी वस्तु नहीं है। 'वेद' नारायण के परायण हैं। देवता भी नारायण के ही अंगों में कल्पित हुए हैं तथा समस्त यज्ञ भी नारायण की प्रसन्नता के लिये ही हैं तथा उनसे जिन लोकों की प्राप्ति होती है, वे भी नारायण में ही कल्पित हैं। सब प्रकार के योग भी नारायण की प्राप्ति के हेतु हैं। वे द्रष्टा होने पर भी ईश्वर हैं, स्वामी हैं। निर्विकार होने पर भी सर्वस्वरूप हैं। उन्होंने ही मुझे बनाया है तथा उनकी दृष्टि से ही प्रेरित होकर मैं उनकी इच्छानुसार सृष्टि रचना करता हूँ। भगवान्, माया के गुणों से रहित हैं। सृष्टि, स्थिति तथा प्रलय के लिये रजोगुण, सत्त्वगुण और तमोगुण– ये तीन गुण माया के द्वारा उनमें स्वीकार किये गये हैं। ये ही तीनों गुण द्रव्य, ज्ञान तथा क्रिया का आश्रय लेकर मायातीत, नित्यमुक्त पुरुष (आत्मा) को माया में स्थित होने पर, कार्य, कारण तथा कर्तापन के अभिमान से बाँधते हैं। इन्द्रियातीत श्री भगवान् गुणों के इन तीन आवरणों से अपने स्वरूप को ढक लेते हैं, इसलिये लोग उन्हें जान नहीं पाते। सारे संसार तथा मेरे भी एकमात्र स्वामी वे ही हैं।

मायापति भगवान् ने एक से बहुत होने की इच्छा होने पर अपनी माया से अपने स्वरूप में स्वयं प्राप्त काल, कर्म तथा स्वभाव को स्वीकार कर लिया। भगवान् की शक्ति से ही काल ने तीनों गुणों में क्षोभ उत्पन्न कर दिया। स्वभाव ने उन्हें रूपान्तरित कर दिया तथा कर्म ने महत्तत्त्व को जन्म दिया। रजोगुण तथा सत्त्वगुण की वृद्धि होने पर, महत्त्वत्त्व का जो विकार हुआ, उससे ज्ञान, क्रिया तथा द्रव्यरूप तमः प्रधान विकार हुआ। वह अहंकार कहलाया तथा विकार को प्राप्त होकर वह तीन प्रकार का हो गया। वे हैं– वैकारिक, तैजस तथा तामस– ये क्रमशः ज्ञान, क्रिया तथा द्रव्य प्रधान हैं। जब पश्चभूतों के कारणरूप तामस अहंकार में विकार हुआ, तब उससे आकाश की उत्पत्ति हुई। आकाश की तन्मात्रा और गुण, शब्द है। जब आकाश में विकार हुआ तब उससे वायु की उत्पत्ति हुई, उसका गुण स्पर्श है। अपने कारण का गुण आ जाने से यह शब्दवाला भी है। इन्द्रियों में स्फूर्ति, शरीर में जीवन शक्ति, ओज तथा

बल इसी के रूप हैं। काल, कर्म और स्वभाव से वायु में भी विकार हुआ। इससे तेज की उत्पत्ति हुई; इसका प्रधान गुण रूप है। इसके कारण, आकाश तथा वायु के गुण–शब्द तथा स्पर्श भी उसमें हैं। तेज के विकार से जल की उत्पत्ति हुई। इसका गुण है रस; कारण -तत्वों के गुण शब्द, स्पर्श तथा रूप भी इसमें हैं। जल के विकार से पृथ्वी की उत्पत्ति हुई। इसका गुण है गन्ध; कारण गुण शब्द, स्पर्श, रूप तथा रस भी इसमें विद्यमान हैं। वैकारिक अहंकार से मन की और इन्द्रियों के दस अधिष्ठातृ देवताओं की भी उत्पत्ति हुई। उनके नाम हैं–दिशा, वायु सूर्य, वरुण, अश्विनीकुमार, अग्नि, इन्द्र, विष्णु, मित्र तथा प्रजापति। तैजस अहंकार के विकार से श्रोत्र, त्वचा, नेत्र, जिह्वा तथा घ्राण–ये पाँच ज्ञान इन्द्रियाँ तथा वाक्, हस्त, पाद, गुदा और जननेन्द्रिय–ये पाँच कर्मेन्द्रियाँ उत्पन्न हुईं। इसी के साथ ज्ञानशक्तिरूप बुद्धि तथा क्रियाशक्तिरूप प्राण भी तैजस अहंकार से उत्पन्न हुए।

जिस समय ये पञ्चभूत, इन्द्रिय, मन तथा सत्त्व आदि तीनों गुण, परस्पर संगठित नहीं थे, तब अपने रहने के लिये भोगों के साधनरूप शरीर की रचना नहीं कर सके। जब श्री भगवान् ने इन्हें शक्ति से प्रेरित किया, तब वे तत्त्व परस्पर एक दूसरे के साथ मिल गये तथा उन्होंने आपस में कार्य-कारण भाव स्वीकार कर व्यष्टि-समष्टिरूप पिण्ड और ब्रह्माण्ड दोनों की रचना की। वह ब्रह्माण्डरूप अण्डा एक सहस्र वर्ष तक निर्जीव रूप से जल में पड़ा रहा। फिर काल, कर्म तथा स्वभाव को स्वीकार करने वाले भगवान् ने उसे जीवित कर दिया। उस अण्डे को फोड़कर, उसमें से वही विराट् पुरुष निकला जिसकी जँघा, चरण, भुजाएँ, नेत्र, मुख तथा शिर सहस्रों की संख्या में हैं। विद्वान् पुरुष (उपासना के लिये) उसी के अंगों में समस्त लोकों तथा उनमें रहने वाली वस्तुओं की कल्पना करते हैं।

अध्याय 6

विराट्स्वरूप विभूति-वर्णन

श्री ब्रह्माजी नारदजी को सम्बोधित करते हुए कहते हैं–विराट् पुरुष के मुख से वाणी तथा उसके अधिष्ठातृ देवता अग्नि उत्पन्न हुए। सातों छन्द (गायत्री, त्रिष्टुप्, अनुष्टुप्, उष्णिक्, बृहती, पङ्क्ति तथा जगती) उनकी सात घातुओं से निकले हैं। भोजन करने योग्य अमृतमय अन्न, सब प्रकार के रस, रसनेन्द्रिय तथा उसके अधिष्ठातृदेवता वरुण, उनकी जिह्वा से उत्पन्न हुए हैं। उनके नासाछिद्रों से प्राण, अपान, व्यान, उदान तथा समान– ये पाँचों प्राण और वायु तथा घ्राणेन्द्रिय से अश्विनीकुमार, समस्त ओषधियाँ एवं साधारण तथा विशेष गन्ध उत्पन्न हुए। उनकी नेत्रेन्द्रिय, रूप तथा तेज की और नेत्र-गोलक स्वर्ग तथा सूर्य की जन्म भूमि हैं। समस्त दिशाएँ तथा पवित्र करने वाले तीर्थ, कानों से तथा आकाश और शब्द श्रोत्रेन्द्रिय से निकले हैं। उनका शरीर संसार की सभी वस्तुओं के सारभाग तथा सौन्दर्य का निधि है। सारे यज्ञ, स्पर्श तथा वायु उनकी तत्चा से निकले हैं। उनके रोम सभी उद्भिज्ज पदार्थों के जन्म स्थान हैं। उनके केश, दाढ़ी–मूँछ तथा नखों से मेघ, बिजली, शिला तथा लोहा आदि धातुएँ तथा भुजाओं से संसार की रक्षा करने वाले लोकपाल प्रकट हुए। उनका चलना-फिरना भूः, भुवः, स्वः–तीनों लोकों का आश्रय है। उनके चरणकमल प्राप्त की रक्षा करते हैं। उनकी पीठ से पराजय, अधर्म तथा अज्ञान; नाड़ियों से नद-नदी तथा हड्डियों से पर्वतों का निर्माण हुआ है। उनके उदर में मूल प्रकृति, रस नाम की धातु, समुद्र, समस्त प्राणी तथा उनकी मृत्यु समाई हुई हैं। उनका हृदय ही मन की जन्म-भूमि है। सम्पूर्ण लोक भगवान् के एक पादमात्र (अंशमात्र) हैं। भूलोक, भुवर्लोक तथा स्वर्लोक के ऊपर महर्लोक है। उसके ऊपर जन, तप तथा सत्यलोक हैं।

जन, तप तथा सत्य–इन तीनों लोकों में, ब्रह्मचारी, वानप्रथ्थ तथा

संन्यासी निवास करते हैं। गृहस्थ–भूलोक, भुवर्लोक तथा स्वर्लोक में निवास करते हैं।

मेरा जन्म उस विराट् पुरुष के नाभिकमल से हुआ। मुझे उन्हीं के अंगों से यज्ञ के लिये आवश्यक पदार्थों की प्राप्ति हुई। यहां तक कि यज्ञों के नाम, मन्त्र, दक्षिणा, व्रत, देवताओं के नाम, पद्धतिग्रन्थ, संकल्प, तंत्र (अनुष्ठान की रीति), गति, मति, श्रद्धा, प्रायश्चित्त तथा समर्पण भी उन्हीं से प्राप्त हुए। यह सम्पूर्ण विश्व उन्हीं भगवान नारायण में स्थित है। नारद! वे स्वयं प्राकृत गुणों से रहित हैं, परन्तु माया उनकी ही एक अनुभूति है। उन्हीं की प्रेरणा से मैं इस संसार की रचना करता हूँ। उन्हीं के अधीन होकर रुद्र इसका संहार करते हैं और वे स्वयं ही विष्णु के रूप में इसका पालन करते हैं, क्योंकि उन्होंने सत्त्व, रज तथा तम तीन शक्तियाँ स्वीकार कर रखी है। मैं प्रेमपूर्ण तथा उत्कण्ठित हृदय से भगवान के स्मरण में मग्न रहता हूँ। इसी से मेरी वाणी कभी असत्य नहीं होती। मेरा मन कभी असत्य संकल्प नहीं करता। मेरी इन्द्रियां भी कभी मर्यादा का उल्लंघन नहीं करतीं। मैं वेदमूर्ति हूँ। मेरा जीवन तपस्यामय है। प्रजापति मेरी वन्दना करते हैं और मैं उनका स्वामी हूँ। पहले मैंने बड़ी निष्ठा से योग का सर्वाङ्ग अनुष्ठान किया था, परन्तु मैं अपने मूलकारण परमात्मा के स्वरूप को नहीं जान सका, क्योंकि वे तो एकमात्र भक्ति से ही प्राप्त होते हैं। मैं, परम-मंगलमय, शरण में आये की रक्षा करने वाले, भक्तवस्त्ल, परम कल्याणस्वरूप श्री भगवान के चरणकमलों को नमस्कार करता हूँ। मैं, मेरे पुत्र तुम लोग तथा शंकरजी भी उनके सत्यस्वरूप को नहीं जानते, तब दूसरे देवता तो जान ही कैसे सकते हैं।

हमलोग केवल जिन के अवतार की लीलाओं का गान ही करते हैं, उनके तत्त्व को नहीं जानते, मैं उन श्री भगवान् के चरणकमलों में प्रणाम करता हूँ। वे अजन्मा हैं। वे पुरुषोत्तम हैं। प्रत्येक कल्प में वे स्वयं अपने आप में, अपने आपकी ही सृष्टि करते हैं, रक्षा करते हैं, संहार कर लेते हैं। वे तीनों काल में सत्य तथा परिणूर्ण हैं। न उनका आदि है न अन्त

है। वे तीनों गुणों से रहित हैं, सनातन हैं अद्वितीय हैं। महात्मालोग जिस समय अपने अन्तःकरण, इन्द्रिय तथा शरीर को शान्त कर लेते हैं, उस समय उनका साक्षात्कार करते हैं।

परमात्मा का पहला अवतार विराट् पुरुष है। काल, स्वभाव, कार्य कारण, मन, पञ्चभूत, अहंकार, तीनों गुण, इन्द्रियाँ, ब्रह्माण्ड-शरीर, उसका अभिमानी स्थावर और जंगम जीव–सब उस अनन्त भगवान के ही रूप हैं। मैं, शंकर, विष्णु, दक्ष आदि प्रजापति; तुम और तुम्हारे जैसे अन्य भक्तजन, स्वर्गलोक के रक्षक, पक्षियों के लोकपाल, मनुष्यों के लोकपाल, नीचे के लोकों के लोकपाल, सब के सब परम तत्त्वमय भगवद् रूप ही हैं। इसके अतिरिक्त परम-पुरुष परमात्मा के प्रधान-प्रधान लीलावतार भी शास्त्रों में वर्णित है।

अध्याय 7

भगवद् लीलावतार कथामृत

अवतारों का वर्णन करते हुए ब्रह्माजी कहते हैं– श्री भगवान् ने प्रलय के जल में डूबी हुई पृथ्वी का उद्धार करने के लिये समस्त यज्ञमय वराह-शरीर धारण किया था। आदिदैत्य हिरण्याक्ष जल के अन्दर ही लड़ने के लिये उनके सामने आया। श्री वराह भगवान् ने अपनी दाढ़ों से उसके टुकड़े-टुकड़े कर दिये। इसी प्रकार उन्होंने रुचि प्रजापति की पत्नी आकूति के गर्भ से सुयज्ञ रूप में अवतार लिया। उस अवतार में उन्होंने दक्षिणा नाम की पत्नी से सुयम नाम के देवताओं को उत्पन्न किया तथा तीनों लोकों के संकट निवारण किये। इसी कारण स्वायम्भुव मनु ने उन्हें 'हरि' नाम से पुकारा।

कर्दम प्रजापति की पत्नी देवहूति के गर्भ से कपिल मुनि का

अवतार लिया तथा आत्मज्ञान का उपदेश दिया। महर्षि अत्रि के घर दत्तात्रेय नाम से अवतार लिया। उनके चरणकमलों के पराग से पवित्र हो, राजा यदु तथा सहस्त्रार्जुन ने योग की, भोग की तथा मोक्ष की सिद्धियाँ पाप्त कीं। मेरे अखण्ड तप से प्रसन्न होकर, मेरे पुत्रों के रूप में, सनक, सनन्दन, सनातन तथा सनत्कुमार के रूप में अवतार लिया। इस अवतार में प्रलय के कारण लुप्त हुए आत्मज्ञान का उन्होंने ऋषियों को उपदेश दिया।

धर्म की पत्नी दक्षकन्या–मूर्ति के गर्भ से वे नर–नारायण के रूप में अवतीर्ण हुए। कुमार्गगामी वेन का ऐश्वर्य और पौरुष ब्राह्मणों के क्रोध से जलकर भस्म हो गया। वह नरक में गिरने लगा। ऋषियों की प्रार्थना पर भगवान् ने उसके शरीर मन्थन से राजा पृथु के रूप में जन्म लिया तथा राजा वेन को नरक से उबारा। राजा नाभि की पत्नी सुदेवी के गर्भ से भगवान ने ऋषभदेव के रूप में अवतार लिया। इस जन्म में पूर्ण रूप से आसक्ति रहित रहकर, पूर्ण इन्द्रिय संयम से अपने स्वरूप में स्थित होकर, वे समदर्शी योगाचार्य की भाँति आचरण कर परमहंस कहलाये।

इसके पश्चात् उन्होंने मेरे (ब्रह्मा जी) यज्ञ में कान्तिमान् हयग्रीव के रूप में अवतार लिया। उनके इसी रूप में वेदवाणी प्रकट हुई। चाक्षुष मन्वन्तर के अन्त में भावी मनु सत्यव्रत ने भगवान् को मत्स्यरूप में प्राप्त किया। प्रलय के समय, पृथ्वीरूप नौका के आश्रय होने के कारण वे समस्त जीवों के आश्रय बने।

जब मुख्य–मुख्य देवता तथा दानव अमृत–प्राप्ति के लिये सागर मन्थन कर रहे थे, तब भगवान् ने कच्छ रूप से अपनी पीठ पर मन्दराचल धारण किया। देवताओं का महान् भय मिटाने के लिये उन्होंने नृसिंह का रूप धारण किया तथा हिरण्यकशिपु का उद्धार किया (वध किया)। देवताओं का ही उद्धार करने के लिये उन्होंने वामन रूप (अदिति के पुत्रों में सबसे छोटे, परन्तु गुणों की दृष्टि से सबसे बड़े) में अवतार लेकर, दो पाँव से ही तीनों लोक नाप कर तीसरा पाँव दैत्यराज बलि के मस्तक पर रखकर उसे पाताल में धकेल दिया। धन्वन्तरि के रूप में अवतार लेकर उन्होंने देवताओं के लिये अमृत लाकर उन्हें अमर कर

दिया ओर दैत्यों द्वार। हरण किये हुए उनके यज्ञ भाग उन्हें पुनः दिला दिये। उन्होंने (धन्वन्तरि के रूप में) ही संसार में आयुर्वेद का प्रवर्तन किया। परशुराम के रूप में अवतार लेकर उन्होंने ब्राह्मणद्रोही क्षत्रियों का पृथ्वी से एक्कीस बार संहार किया। त्रेता युग में श्रीराम के रूप में अवतार लेकर, रावण सहित अन्य राक्षसों का वध किया तथा ऋषियों को भय मुक्त कर अपने मंगलमय यज्ञों को करने की सुविधा प्रदान की। द्वापर युग के अन्त में श्रीकृष्ण स्वयं, शेषजी सहित, अवतरित होंगे तथा पृथ्वी को दैत्यभार से मुक्त करेंगे। (कृष्णस्तु भगवान् स्वयम्)

कलियुग के अन्त में जब सत्पुरुषों के घर में भी भगवत् कथा होने में बाधा पड़ने लगेगी; ब्राह्मण, क्षत्रिय तथा वैश्य पाखण्डी और शूद्र राजा हो जायेंगे; जब कहीं भी 'स्वाहा', स्वधा तथा 'वषट्कार' की ध्वनि सुनाई नहीं देगी; देवता, पितरों के यज्ञ-श्राद्ध की लुप्ति हो जायेगी, तब कलियुग का उद्धार करने के लिये भगवान् कल्कि अवतार ग्रहण करेंगे।

जब संसार की रचना का समय होता है, तब तपस्या, नौ प्रजापति, मरीचि आदि ऋषि तथा मेरे रूप में; जब सृष्टि की रक्षा का समय होता है, तब विष्णु, धर्म, मनु, देवता और राजाओं के रूप में तथा जब सृष्टि के प्रलय का समय होता है, तब अधर्म, रुद्र और क्रोधवश नाम के सर्प तथा दैत्य आदि के रूप में सर्वशक्तिमान् भगवान् की माया-विभूतियाँ ही प्रकट होती हैं।

परमात्मा का वास्तविक स्वरूप एकरस, शान्त, अभय तथा ज्ञानरूप है। वह सत् और असत् दोनों से परे हैं। किसी भी लौकिक या वैदिक शब्द की वहां तक पहुँच नहीं, अर्थात् उसे शब्दों से बताया नहीं जा सकता। इस शरीर में रहने वाले पञ्चभूत जब अलग–अलग हो जाने पर शरीर नष्ट हो जाता है, तब भी उनका अंश आत्मा, आकाश के समान, नष्ट नहीं होता।

हे नारद! संकल्प से विश्व की रचना करने वाले षडैश्वर्यसम्पन्न श्रीहरि का मैंने तुम्हारे सम्मुख संक्षेप से वर्णन किया है। जो कुछ कार्य कारण अथवा भाव-अभाव है, वह सब भगवान् से भिन्न नहीं है, फिर भी 'भगवान' इससे पृथक् भी हैं। भगवान् ने मुझे जो उपदेश दिया था,

वह यही 'भागवत' है। इसमें भगवान् की विभूतियों का संक्षिप्त वर्णन है। तुम इसका विस्तार करो।

अध्याय 8

महाराज परीक्षित् द्वारा प्रश्न

श्री ब्रह्माजी और नारदजी का संवाद सुनकर राजा परीक्षित् को और भी जिज्ञासा हुई– यह जानने की कि किस प्रकार वह अपने मन को सर्वात्मा भगवान् श्रीकृष्ण में तन्मय करके शरीर छोड़ सके। उसने जानना चाहा–श्री भगवान् की माया के विषय में, सृष्टि की उत्पत्ति के विषय में, काल के विषय में, कल्प तथा महाकल्प के विषय में। उसने इच्छा प्रकट की–यह जानने की कि विविध कर्मों से जीव की कितनी और कैसी गतियाँ होती हैं, गुण आत्मा को किस प्रकार देह से बाँधते हैं। उसने जानना चाहा–श्री भगवान् के विभिन्न अवतारों के परम आश्चर्यमय चरित्र को, युगों के भेद को, उनके परिमाण और उनके अलग-अलग धर्म को। उसने जिज्ञासा की यह जानने की, कि जो जीव प्रलय के समय प्रकृति में लीन रहते हैं, उनकी उत्पत्ति कैसे होती है, तथा और भी नाना प्रश्न उन्होंने श्री शुकदेवजी से किये, अपनी ज्ञान पिपासा को शान्त करने के लिये तथा श्री भगवान् में लीन होकर मोक्ष प्राप्त करने के लिये; उनके धाम को पाने के लिये– कुपित ऋषि-पुत्र के शाप से अपने शरीर के अन्त से पहले।

अध्याय 9

ब्रह्माजी का भगवद्धाम-दर्शन

राजा परीक्षित की तीव्र इच्छा पर श्री शुकदेवजी ने श्रीमद्भागवत-महापुराण सुनाया जो ब्राह्मकल्प के आरम्भ में स्वयं श्री भगवान् ने ब्रह्माजी को सुनाया था।

तीनों लोकों के परमगुरु श्री ब्रह्माजी, अपने जन्म-स्थान कमल पर बैठे सृष्टि रचना की इच्छा से विचार करने लगे। परन्तु जिस ज्ञानदृष्टि से सृष्टि का निर्माण हो सकता था, जो सृष्टि व्यापार के लिये अनिवार्य थी, वह उन्हें न मिल सकी। इसी चिन्ता में थे कि प्रलय के सागर में उन्होंने अक्षर 'त' तथा 'प' को 'तप-तप' (तप करो), दो बार सुना। मुझे तप करने की प्रत्यक्ष आज्ञा मिली है, ऐसा विचार कर तथा उसी में अपना हित मानकर उन्होंने अपने मन को तपस्या में लगा दिया।

उनकी तपस्या से प्रसन्न होकर श्री भगवान् ने उन्हें अपना वह लोक दिखाया जो सबसे श्रेष्ठ है। उस लोक में क्लेश, मोह तथा भय नहीं। वह प्राकृतिक विकारों से रहित है। देवता भी उसे देखने के लिये बार-बार स्तुति करते हैं। श्री भगवान् का उज्ज्वल आभा से युक्त श्याम शरीर, शतदल कमल के समान कोमल नेत्र; शरीर पीतवर्ण वस्त्र से शोभायमान है। अंग-अंग से राशि-राशि सौन्द्रय बिखरता है। वे कोमलता की मूर्ति हैं। उनकी छवि—मूँगे, वैदूर्यमणि तथा कमल के उज्ज्वल तन्तु के समान है। उनके कानों में कुण्डल, मस्तक पर मुकुट तथा कण्ड में मालाएँ शोभायमान हैं। उस वैकुण्ठ-जगत् में लक्ष्मीजी अपनी विविध विभूतियों द्वारा श्री भगवान के चरणकमलों की सेवा करती हैं।

ब्रह्माजी ने देखा कि उस दिव्यलोक में भक्तों के रक्षक लक्ष्मीपति, यज्ञ पति तथा विश्वपति श्री भगवान् विराजमान हैं। सुनन्द, नन्द, प्रबल, तथा अर्हण आदि मुख्य पार्षदगण उनकी सेवा में संलग्न हैं। वे एक सर्वोत्तम आसन पर सुशोभित हैं। पुरुष, प्रकृति, महत्तत्व, अहंकार, मन,

दस इन्द्रियाँ, शब्दादि पाँच तन्मात्राएँ तथा पञ्च महाभूत– ये पचीस शक्तियाँ मूर्तिमान् उनके चारों ओर खड़ी हैं। समग्र ऐश्वर्य, धर्म, कीर्ति, श्री, ज्ञान तथा वेराग्य– इन छः नित्यसिद्ध स्वरूपभूत शक्तियों से वे सर्वादा युक्त रहते हैं। ब्रह्मा ने उन चतुर्भुज श्री भगवान् के चरणकमलों में, जो परमहंसों के निवृत्ति मार्ग से प्राप्त हो सकते हैं, शीश झुकाकर प्रणाम किया।

श्री ब्रह्माजी की चिन्ता का कारण जानते हुए श्री भगवान् ने कहा, हे ब्रह्माजी! तुम्हारे हृदय में तो समस्त वेदों का ज्ञान है, फिर भी तुमने सृष्टि रचना की इच्छा से जो चिरकाल तक तपस्या की, मैं उससे प्रसन्न हूँ। तुम्हारा कल्याण हो। तपस्या से ही मैं, ओर मेरी शक्तियाँ प्राप्त होती हैं। इसी तरह से तुम सृष्टि रचने में अब समर्थ हो।

ब्रह्माजी ने फिर प्रार्थना की, हे प्रभु! मुझ पर कृपा कीजिये कि मैं रूपरहित आपके सगुण तथा निर्गुण दोनों ही रूपों को जान सकूँ। आप माया के स्वामी हैं। आपके संकल्प से ही सब कुछ है। आपकी कृपा हो कि मैं सजग रहकर सावधानी से आपकी आज्ञा का पालन कर सकूँ तथा सृष्टि की रचना करते समय भी कर्तापन तथा अहंकार से बन्ध न पाऊँ। सावधानीपूर्वक पूर्वसृष्टि के गुण–कर्मानुसार जीवों का विभाजन करते समय, कहीं अपने को जन्म–कर्म से स्वतन्त्र मानकर अभिमान न कर बैठूँ।

श्री भगवान् ने ब्रह्माजी को अनुगृहीत करते हुए कहा–सृष्टि के पूर्व केवल मैं–ही–मैं था। मेरे अतिरिक्त न स्थल था न सूक्ष्म और न दोनों का कारण अज्ञान। जहां यह सृष्टि नहीं है, वहां मैं–ही–मैं हूँ तथा इस सृष्टि के रूप में जो कुछ प्रतीत होता है, वह भी मैं ही हूँ और जो कुछ बच रहेगा, वह भी मैं ही हूँ। वास्तव में, न होने पर भी जो कुछ अनिर्वचनीय वस्तु मेरे अतिरिक्त मुझ परमात्मा में दो चन्द्रमाओं की भाँति मिथ्या ही प्रतीत हो रही है, अथवा विद्यमान होने पर भी आकाश–मण्डल के नक्षत्रों में राहु की भाँति जो मेरी प्रतीती नहीं होती, इसे मेरी माया समझना चाहिये। जैसे प्राणियों के पँचभूत रचित छोटे–बड़े शरीरों में

आकाशदि पँचभूत उन शरीरों के कार्यरूप से निर्मित होने के कारणरूप में विद्यमान रहने के कारण प्रवेश नहीं भी करते, वैसे ही उन प्राणियों के शरीर की दृष्टि से मैं उनमें आत्मा के रूप में प्रवेश किये हुए हूँ तथा आत्मदृष्टि से अपने अतिरिक्त और कोई वस्तु न होने के कारण उनमें प्रविष्ट नहीं भी हूँ। यह ब्रह्म नहीं, यह ब्रह्म नहीं–इस प्रकार निषेध की पद्धति से तथा यह ब्रह्म है, यह ब्रह्म है–इस अन्वय की पद्धति से यही सिद्ध होता है कि सर्वातीत एवं सर्वस्वरूप भगवान् ही सर्वदा और सर्वत्र स्थित हैं, वे ही वास्तविक तत्त्व हैं। जो आत्मा अथवा परमात्मा का तत्त्व जानना चाहते हैं, उन्हें केवल इतना ही जानने की आवश्यकता है। तुम अविचल समाधि द्वारा मेरे इस सिद्धान्त में पूर्ण निष्ठ हो जाओ। इससे तुम्हें कल्प-कल्प में विविध प्रकार की सृष्टि रचना करते रहने पर भी कभी मोह नहीं होगा।

अध्याय 10

भागवत-लक्षण

श्री शुकदेवजी ने कहा, हे परीक्षित्! जिस भागवत पुराण की मैं व्याख्या कर रहा हूँ, उस में दस लक्षण हैं–सर्ग, विसर्ग, स्थान, पोषण, ऊति, मन्वन्तर, ईशानुकथा, निरोध, मुक्ति तथा आश्रय।

ईश्वर की प्रेरणा से गुणों में क्षोभ होकर, रूपान्तर होने से, जो आकाशादि पञ्चभूत, शब्दादि तन्मात्राएँ, इन्द्रियाँ, अहंकार तथा महत्तत्त्व की उत्पत्ति होती है, उसको 'सर्ग' कहते हैं। उस विराट् पुरुष से उत्पन्न ब्रह्माजी द्वारा जो विभिन्न चराचर सृष्टि का निर्माण होता है, उसका नाम 'विसर्ग' है। प्रतिपल नाश की ओर बढ़ने वाली सृष्टि को एक मर्यादा में स्थिर रखने से भगवान् विष्णु की जो श्रेष्ठता सिद्ध होती है, उसका

नाम 'स्थान' है। अपने द्वारा सुरक्षित सृष्टि में भक्तों के ऊपर उनकी जो कृपा होती है, उसका नाम है 'पोषण'। मन्वन्तरों के अधिपति जो भगवद्भक्ति और प्रजापालनरूप शुद्धधर्म का अनुष्ठान करते हैं, उसे 'मन्वन्तर' कहते हैं। जीवों की वे वासनायें जो कर्मों द्वारा उन्हें बन्धन में डाल देती हैं, 'ऊति' नाम से कही जाती हैं। भगवान् के विभिन्न अवतारों की और उनके प्रेमी भक्तों की विविध आख्यानों से युक्त गाथाएँ, 'ईशकथा' है। जब भगवान् योगनिद्रा स्वीकार कर शयन करते हैं, तब इस जीव का अपनी उपाधियों के साथ उनमें लीन हो जाना 'निरोध' है। अज्ञानकल्पित कर्तृत्व, भोक्तृत्व आदि अनात्मभाव का परित्याग करके अपने वास्तविक स्वरूप (परमात्मा) में स्थित होना ही 'मुक्ति' है। इस चराचर जगत् की उत्पत्ति तथा प्रलय जिस तत्त्व से प्रकाशित होते हैं, वह परमब्रह्म ही आश्रय है। शास्त्रों में उसी को परमात्मा कहा है।

विराट् पुरुष के संकल्प से पवित्र जल की सृष्टि हुई। विराट् पुरुषरूप 'नर' से उत्पन्न होने के कारण ही जल का नाम 'नार' पड़ा और उस अपने उत्पन्न किये हुए 'नार' में रहने के कारण उनका नाम 'नारायण' पड़ा। उन अद्वितीय भगवान् नारायण ने योगनिद्रा से जाग कर, अनेक होने की इच्छा की। तब अपनी माया से उन्होंने ब्रह्माण्ड के बीजरूप को तीन भागों में विभक्त किया- अधिदैव, अध्यात्म तथा अधिभूत। उनके शरीर में स्थित आकाश से इन्द्रियबल, मनोबल तथा शरीरबल की उत्पत्ति हुई।। श्री भगवान् का विराट् रूप–पृथ्वी, जल, तेज, वायु, आकाश, अहंकार, महत्तत्त्व तथा प्रकृति–इन आठ आवरणों से घिरा हुआ है। इससे परे भगवान् का अत्यन्त सूक्ष्म रूप है। वह अव्यक्त तथा निर्विशेष–आदि, मध्य और अन्त से रहित तथा नित्य है। वाणी और मन की सीमा से परे। श्री भगवान् धारण-पोषण के लिये धर्ममय विष्णुरूप स्वीकार करके, देवता, मनुष्य, पशु तथा पक्षी आदि रूपों में अवतार लेते हैं। प्रलय का समय आने पर वे ही भगवान् अपने बनाये हुए इस विश्व को कालाग्निस्वरूप रुद्र रूप धारण करके अपने में लीन कर लेते हैं।

तृतीय स्कन्ध

अध्याय 1

उद्धव तथा विदुरजी की भेंट

श्री शुकदेवजी ने कहा- जो जिज्ञासा राजा परीक्षित् ने प्रकट की थी तथा जो प्रश्न उन्होंने पूछे थे, वही श्री विदुरजी ने वानप्रस्थ समय महर्षि मैत्रेयजी से पूछे थे।

महाभारत युद्ध के पश्चात् राजा युधिष्ठिर ने हस्तिनापुर का सिंहासन सम्भाला। इस भयानक युद्ध में महाराज धृतराष्ट्र का सम्पूर्ण परिवार प्रायः नष्ट हो गया था। सारे पुत्रों के मारे जाने पर वे अति शोकातुर थे। पुत्रमोह तथा राज्यमोह दोनों नष्ट हो गये थे। मन की शान्ति के लिये तथा अपने कर्मों का प्रायश्चित्त करने के लिये वे अपनी पत्नी गान्धारी सहित वन को चले गये। युद्ध प्रारम्भ होने से पूर्व ही साधुस्वभाव विदुरजी तीर्थ-यात्रा को चले गये थे, क्योंकि वे महाराज धृतराष्ट्र का पाण्डव-पुत्रों के प्रति अन्याय सहन न कर सके। श्री विदुरजी महाराज धृतराष्ट्र के अनुज थे तथा उनके राजकार्य में उनका सहयोग देते थे, क्योंकि धृतराष्ट्र जन्मान्ध थे।

तीर्थ-यात्रा करते-करते जब विदुरजी प्रभासक्षेत्र पहुँचे तो उन्हें कौरव बन्धुओं के विनाश का समाचार मिला। शोकग्रस्त, वे सरस्वती तीर पर आये। वहां उन्होंने त्रित, उशना, मनु, पृथु, अग्नि, असित, वायु, सुदास, गौ, गुह तथा श्राद्धदेव के नामों से प्रसिद्ध ग्यारह तीर्थों का सेवन किया। उनके अतिरिक्त ब्राह्मण तथा देवताओं के स्थापित किये मन्दिर जिन पर श्री भगवान् के प्रधान आयुध चक्र के चिन्ह थे तथा जिनके दर्शनमात्र से श्रीकृष्ण का स्मरण हो आता था, इनका भी सेवन किया। तीर्थ करते-करते जब वे यमुना तट पर पहुँचे तब उन्होंने परमभागवत उद्धवजी का दर्शन किया। वे भगवान् श्रीकृष्ण के प्रख्यात सेवक तथा बृहस्पति के शिष्य थे। विदुरजी ने उद्धवजी से मथुरा तथा गोकुलवासी स्वजनों तथा सम्बन्धियों

के विश्य में पूछा। उन्हीं के मुख से विदुरजी ने पाण्डवों की कुशलता के विषय में सुना तथा भगवान् श्रीकृष्ण की बाल-लीलाओं के विषय में सुनने के लिये जिज्ञासा प्रकट की।

अध्याय 2

उद्धवजी द्वारा भगवान् श्रीकृष्ण की बाल-लीलाओं का वर्णन

जब विदुरजी ने परमभक्त उद्धवजी से उनके प्रियतम श्रीकृष्णजी की लीलाओं के विषय मे पूछा तब उन्हें अपने स्वामी का स्मरण हो आया तथा वे हृदय भर आने के कारण कुछ भी उत्तर देने में असमर्थ रहे, क्योंकि उनकी लीलाओं का वर्णन करने के लिये तो माता सरस्वती की कृपा चाहिए। जब उद्धवजी केवल पाँच वर्ष के थे तब बालकों की तरह खेल-खेल में ही श्रीकृष्ण की मूर्ति बनाकर वे उनकी सेवा-पूजा में ऐसे तन्मय हो जाते थे कि कलेवे के लिये माता के बुलाने पर भी उसे छोड़कर नहीं जाना चाहते थे। अब तो दीर्घकाल से उन्हीं की सेवा में रहते-रहते वे वृद्ध हो चले थे। विदुरजी के पूछने पर वे उनके (श्रीकृष्ण के) वियोग की विरह से व्याकुल हो उठे।

चराचर जगत् तथा प्रकृति के स्वामी भगवान् ने जब अपने शान्तरूप महात्माओं को अपने ही घोररूप असुरों से सताये जाते देखा, तो वे करुणाभाव से द्रवित हो गये तथा अजन्मा होने पर भी अपने अंश बलरामजी सहित, काष्ठ में अग्नि के समान प्रकट हुए।

अजन्मा होने पर भी श्री वसुदेवजी के यहां जन्म लेने की लीला करना, सबको अभय देने वाले होने पर भी श्री वसुदेवजी का उन्हें नन्दबाबा के यहां पहुँचाना—उनकी सुरक्षा के लिये। पूर्ण समर्थ होते हुए भी जरासन्ध का वध न करना तथा मथुरा छोड़ कर द्वारकापुरी की

स्थापना करना (वास्तव में जरासन्ध की मृत्यु का समय अभी आया नहीं था; उसके पापो का घड़ा और भरना था तथा उनके हाथों मुक्ति न पाकर उसे भीम से मरना था), उनका ग्वालबाल तथा गोपियों से बालकों की भाँति प्रेम, माता-पिता के प्रति अति अनुराग, बड़े-बड़े दैत्यों का खेल-खेल में उद्धार अथवा वध। बालहठ तथा मैया यशोदा को बात-बात पर तंग करना तथा उसे अपने शिशु प्यार से विभोर करना।

स्वयं भगवान् श्रीकृष्ण तीनों लोकों के अधीश्वर हैं। उनके समान भी कोई नहीं तो उनसे बढ़ कर कौन होगा। वे अपने स्वतः सिद्ध ऐश्वर्य से ही सर्वदा पूर्णकाम हैं। देवगण तथा असंख्य लोकपाल सदा उनकी सेवा में अनुरक्त रहते हैं। ऐसा होते हुए भी जब वे महाराज उग्रसेन के सामने निवेदन करते थे तो यह उनकी लीला ही थी। दैत्या पूतना ने अपने स्तनों में हलाहल विष लगाकर श्रीकृष्ण को मार डालने के लिये उन्हें दूध पिलाया, तो श्री भगवान् ने उसे भी वह परमगति दी जो धाय को मिलनी चाहिए। मैं असुरों को भी भगवान् भक्त मानता हूँ, क्योंकि वैरभावजनित क्रोध के कारण उनका चित्त सदा श्रीकृष्ण में लगा रहता है। कालियदह नाग का दमन कर यमुना नदी के जल को विषरहित किया। इन्द्र का धमण्ड तोड़ने के लिये गोवर्धन पूजा कराई तथा उसे (गोवर्धन को)अपनी अँगुली पर धारण कर व्रजवासियों की, इन्द्र द्वारा की गई घोर वर्षा से रक्षा की। इससे इन्द्र उनके स्वरूप को जान गये तथा उनसे क्षमा याचना की तथा उनकी स्तुति की।

अध्याय 3

भगवान् श्रीकृष्ण का अन्य 'लीला-चरित्र' वर्णन

समय आने पर, श्रीकृष्ण, बलरामजी सहित मथुरा पधारे। अभी भी वे सौम्य बालरूप में ही थे। वहां शत्रु समुदाय के स्वामी कंस को

मारकर, महाराज उग्रसेन (नाना) को राजसिंहासन पर बिठाया। सान्दीपनि मुनि के द्वारा एक बार उच्चारण किये हुए सांगोपांग वेद का अध्ययन करके, दक्षिणास्वरूप उनके मरे हुए पुत्र को यमपुरी से वापस लाकर उन्हें दे दिया। जब वे द्वारकाधीश बने तो भीष्मक-नन्दिनी रुक्मिणीजी (लक्ष्मीजी का अवतार) को अकेले ही सैंकड़ों राजाओं के बीच हरण कर लाये तथा उसके भाई रुक्मण का अभिमान भंग किया। अपनी पटरानी सत्यभामा को प्रसन्न करने के लिये उसके लिये स्वर्ग से कल्पवृक्ष ले आये। अनेक राजाओं तथा राजकन्याओं को वंदी बनाने वाले तथा अति क्रूर और बलशाली भौमासुर को मार कर उसके पुत्र भगदत्त को उसका राज्य सौंप दिया। उन्हीं राजकन्याओं का, अपना मायारूप धारण कर, पाणिग्रहण किया। दुष्ट राजा कालयवन को राजा मुचुकुन्द की क्रोधाग्नि से भस्म कराया। धर्मयुद्ध कुरुक्षेत्र में अपने भक्त तथा सखा अर्जुन के सारथि बन कर कौरवों का नाश तथा पाण्डवों को विजय दिलाई। पितामह भीष्म की, बाणों की शय्या पर पड़े, उनकी अन्तिम इच्छा के रूप में उन्हें मुक्ति प्रदान की।

जब ब्रह्माजी का कार्य पूरा हो गया तथा पृथ्वी दैत्य तथा असुरगण भार मुक्त हो गई, तब ब्रह्मा, शिव तथा अन्य सभी देवता उनके सम्मुख उपस्थित हुए और उन्हें अपने निजधाम जाने के लिए प्रार्थना करने लगे। यदुवंशियों पर मुनिवर के शाप की मर्यादा रखने के लिये भगवान् श्रीकृष्ण ने स्वयं ही यदुवंशियों के नाश की भी रचना कर दी, क्योंकि वे (यदुवंशी) अब बहुत बलवान् हो गये थे तथा भोग सामग्रियों में व्यस्त हो गये थे। तत्पश्चात् अपनी माया को समेट कर, सशरीर वे अपने निजधाम को चले गये। जाते समय देवता भी उनकी माया को समझ न पाये तथा आश्चर्यचकित रह गये।

अध्याय 4

उद्धवजी से विदा लेकर विदुरजी का ऋषि मैत्रेय से मिलना

उद्धवजी ने कहा- श्री भगवान् अपनी माया समेटते हुए, सरस्वती के जल से आचमन करके, एक वृक्ष के नीचे बैठ गये। प्रबल यादवकुलवंशी एक दूसरे से लड़कर स्वयं ही काल के ग्रास हो चुके थे। इससे पहले ही शरणागतों के दु:खहर्ता भगवान् श्रीकृष्ण ने अपने कुल का संहार करने की इच्छा होने पर मुझ से कह दिया था कि तुम बदरिकाश्रम चले जाओ। यद्यपि, हे विदुर जी! मैं उनका आशय समझ गया था, तो भी स्वामी के चरणों का वियोग सहन न करने के कारण मैं उनके पीछे-पीछे प्रभास क्षेत्र में पहुँच गया। श्री भगवान एक पीपल के वृक्ष के तने के साथ टेक लगाये, बाईं जाँघ पर दायां चरणकमल रख कर लेटे थे। इसी समय व्यासजी के प्रिय मित्र, परमभागवत सिद्ध मैत्रेयजी वहां आ पहुँचे। मैत्रैय मुनि श्री भगवान् के परमभक्त हैं। वे आदर तथा भक्तिभाव से भगवान् के सम्मुख झुक कर खड़े हो गये। श्री भगवान् ने प्रेम तथा मुस्कानयुक्त चितवन से मुझे विभोर करते हुए कहा-मैं तुम्हारी आन्तरिक अभिलाषा जानता हूँ, अत: मैं तुम्हें वह साधन बताता हूँ जो महात्माओं के लिये भी अति दुर्लभ है। तुम पूर्व जन्म में वसु थे। प्रजापतियों तथा वसुओं के यज्ञ करते समय तुमने मुझे पाने की इच्छा से मेरी आराधना की थी। संसार में तुम्हारा यह अन्तिम जन्म है, क्योंकि इस जन्म में तुम ने मेरा अनुराग प्राप्त कर लिया है। इस समय यहां एकान्त में तुमने अपनी अनन्यभक्ति के कारण ही मेरा दर्शन पाया है। कल्प के आरम्भ में मैंने अपने नाभिकमल पर बैठे ब्रह्माजी को जिस श्रेष्ठ ज्ञान का उपदेश दिया था तथा जिसे महात्मा लोग 'भागवत' कहते हैं, वही मैं तुम्हें देता हूँ।

श्री भगवान् का बचन सुन कर उद्धवजी गद्-गद् हो उठे। उनके नेत्रों से जल-धारा बहने लगी। वे हाथ जोड़ कर बोले, स्वामिन्! आपके चरणकमलों की सेवा करने वाले मनुष्यों को इस संसार में अर्थ, धर्म,

काम तथा मोक्ष—इन चारों में से कोई पदार्थ भी दुर्लभ नहीं, तथापि मुझे उनमें से किसी की भी इच्छा नहीं। मैं तो केवल आपके चरणकमलों की सेवा से ही लालायित रहता हूँ। जो श्रेष्ठ ज्ञान आपने ब्रह्माजी को दिया था और यदि मैं उसे समझने योग्य हूँ, तो मुझे कहिए। तब परमपुरुष कमलनयन भगवान् श्रीकृष्ण ने मुझे अपने स्वरूप की परम स्थिति का उपदेश दिया। इस प्रकार श्रीकृष्ण से आत्मतत्त्व की उपलब्धि का साधन सुनकर तथा प्रभु की चरण वन्दना कर और परिक्रमा कर मैं यहां चला आया। इस समय उनके विरह से मेरा चित्त अति व्याकुल है। अब मैं उनके प्रिय क्षेत्र बदरिका आश्रम जा रहा हूँ जहां पर भगवान् श्री नारायणदेव तथा नर—ये दोनों ऋषि लोगों पर अनुग्रह करने के लिये दीर्घकालीन कठिन तपस्या कर रहे हैं।

श्रीकृष्ण के स्वरूप—गूढ़ रहस्य को जानने की विदुरजी ने भी इच्छा प्रकट की। इस पर उद्धवजी ने कहा—इस तत्त्वज्ञान को श्री भगवान् ने स्वयं ही आपको उपदेश करने के लिये मुनिवर को आज्ञा दी थी। यह जानकर कि अन्तर्धान समय श्री भगवान् ने विदुरजी को भी स्मरण किया था, वे (विदुरजी) प्रेम विह्वल होकर रोने लगे। इसके पश्चात् विदुरजी यमुनातट से चल कर कुछ ही दिनों में गंगाजी के किनारे जा पहुँचे जहां श्री मैत्रेयजी रहते थे।

अध्याय 5

विदुरजी के प्रश्न तथा मैत्रेय ऋषि का सृष्टिक्रम वर्णन

परम ज्ञानी मैत्रेय मुनि हरिद्वार क्षेत्र में विराजमान थे। भगवद्-भक्ति से शुद्ध हुए विदुरजी उनके पास जा पहुँचे। उन साधुस्वभाव मुनि से उन्होंने पूछा, हे मुनिवर! संसार में सब लोग सुख के लिये कर्म करते

हैं, परन्तु उन से न तो उन्हें सुख मिलता है तथा न ही उनका दुःख दूर होता है। अपितु दुःख की ही वृद्धि होती है। हमें श्री भगवान् की सृष्टि रचना के विषय में भी बताइये। हमें बताइये उनकी लीलाओं के विषय मे तथा उनके स्वरूप-साक्षात्कार के विषय में।

श्री मैत्रेयजी बोले, साधुस्वभाव विदुर जी! आप श्री व्यासजी के औरस पुत्र हैं, अतः आप अनन्यभाव से सर्वेश्वर श्रीहरि के ही आश्रित हो गये हैं। आप प्रजा को दण्ड देने वाले यमदेव हैं। माण्डव्य ऋषि का शाप होने के कारण आपने दासी-पुत्र के रूप में जन्म लिया। आप सर्वदा श्री भगवान् और भक्तों को प्रिय हैं।

सृष्टि रचना के पूर्व, समस्त आत्माओं के आत्मा, एक पूर्ण परमात्मा ही थे, न द्रष्टा था न दृश्य। सृष्टिकाल में अनेक वृत्तयों के भेद से जो अनेकता दीख पड़ती है, वह भी नहीं थी। उस समय उनकी अकेले रहने की इच्छा थी। ये असत् अवस्था थी। वास्तव में वे असत् नहीं थे, क्योंकि उनकी शक्तियाँ सुप्त अवस्था में थीं, अर्थात् उन्होंने उन्हें समेट रखा था। जब वे द्रष्टा होकर देखने लगे तो दृश्य का निर्माण भी हो गया। यह द्रष्टा और दृश्य का अनुसन्धान करने वाली शक्ति ही उनकी कार्यकारणरूपा माया है। इस भावाभावरूप अनिर्वचनीय माया के द्वारा ही भगवान् ने इस विश्व का निर्माण किया है। काल शक्ति से जब यह त्रिगुणमयी माया क्षोभ को प्राप्त हुई तब उन इन्द्रियातीत चिन्मय परमात्मा ने अपने अंश पुरुष रूप से उसमें चिदाभासरूप बीज स्थापित किया। तब काल की प्रेरणा से उस अव्यक्त माया से महत्तत्त्व प्रकट हुआ। वह मिथ्या अज्ञान का नाशक होने के कारण विज्ञानस्वरूव तथा अपने में सूक्ष्मरूप से स्थित प्रपञ्च की अभिव्यक्ति करने वाला था। फिर चिदाभास, गुण तथा काल के अधीन उस महत्तत्व ने भगवान की इच्छा होने पर इस विश्व की रचना के लिए अपना रूपान्तर किया। महत्तत्त्व के विकृत होने पर अहंकार की उत्पत्ति हुई जो अधिभूत (कार्य), अध्यात्म (करण) तथा अधिदैव (कर्ता) होने के कारण भूत, इन्द्रिय तथा मन का कारण है। वह अहंकार सात्त्विक, राजस तथा तामस-भेद से तीन प्रकार का है। अहंतत्त्व में विकार होने पर वैकारिक अहंकार से मन तथा जिनसे विषयों का ज्ञान

होता है, वे इन्द्रियों के अधिष्ठाता देवता हुए। राजस अहंकार से ज्ञानेन्द्रियाँ तथा कर्मेन्द्रियाँ हुईं तथा तामस अहंकार से सूक्ष्म भूतों का कारण शब्दतन्मात्र हुआ और उससे दृष्टान्तरूप से आत्मा का बोध कराने वाला आकाश उत्पन्न हुआ। जब भगवान् की दृष्टि आकाश पर पड़ी तब उससे फिर काल, माया तथा चिदाभास के संयोग से स्पर्शतन्मात्र हुआ तथा उसके विकृत होने पर उससे वायु की उत्पत्ति हुई। अत्यन्त बलवान् वायु ने आकाश सहित विकृत होकर रूपतन्मात्र की रचना की तथा उससे संसार का प्रकाशक तेज उत्पन्न हुआ। फिर परमात्मा की दृष्टि पड़ने पर वायुयुक्त तेज ने काल, माया तथा चिदंश के योग से विकृत होकर रसतन्मात्र के कार्य जल को उत्पन्न किया। तदनन्तर तेज से युक्त जल ने काल, माया तथा चिदंश के येाग से गन्धगुणमयी पृथ्वी को उत्पन्न किया। महत्तत्त्वादि के अभिमानी विकार, विक्षेप तथा चेतनांशविशिष्ट देवगण श्री भगवान् के ही अंश हैं। पृथक्-पृथक् रहने के कारण जब वे विश्वरचनारूप अपने कार्य में सफल नहीं हुए, तब हाथ जोड़ कर श्री भगवान् से कहने लगे–

देव! हम आपके चरणकमलों की वन्दना करते हैं। हे आदिदेव! आपने सृष्टि रचना की इच्छा से हमें त्रिगुणमय रचा है। भिन्न-भिन्न स्वभाव होने के कारण हम परस्पर मिल नहीं पाते। अतः इस कारण हम आपकी क्रीड़ा के साधन रूप ब्रह्माण्ड की रचना करके उसे आपको समर्पण करने में असमर्थ हो रहे हैं। अतः जिससे हम ब्रह्माण्ड रचकर आपको सब प्रकार के भोग समर्पण कर सकें तथा जहां स्थित होकर हम अपनी योग्यता के अनुसार अन्न ग्रहण कर सकें और ये सब जीव भी सब प्रकार की विघ्नबाधाओं से दूर रहकर हम और आप दोनों को भोग समर्पण करते हुए अपना-अपना अन्न भक्षण कर सकें, ऐसा कोई उपाय कीजिये। परमात्मदेव! महत्तत्त्वादिरूप हम देवगण जिस कार्य के लिये उत्पन्न हुए हैं, उसके सम्बन्ध में हम क्या करें? अतः ब्रह्माण्ड रचना के लिये आप हमें क्रियाशक्ति सहित अपनी ज्ञानशक्ति भी प्रदान कीजिए।

अध्याय 6

विराट्-शरीर की उत्पत्ति

श्री भगवान् ने जब देखा कि आपस में संगठित न होने के कारण ये महत्तत्त्व आदि शक्तियाँ विश्व-रचना में असमर्थ हो रही हैं, तब कालशक्ति को स्वीकार कर, वे, महत्तत्त्व, अहंकार, पञ्चभूत, पञ्चतन्मात्रा तथा मन सहित ग्यारह इन्द्रियों (तेईस तत्त्वों का समुदाय) में अंशरूप से प्रविष्ट हो गये। उस तत्त्व समूह को उन्होंने अपनी क्रियाशक्ति द्वारा मिला दिया। इस प्रकार जब भगवान् ने अदृष्ट को कार्योन्मुख किया, तब उन तेईस तत्त्वों के समूह ने भगवान् की प्रेरणा से अपने अंशों द्वारा अधिपुरुष--विराट् को उत्पन्न किया। जल के भीतर जो अण्डरूप आश्रय स्थान था, उसमें वह हिरण्यमय विराट् पुरुष सम्पूर्ण जीवों को साथ लेकर एक हजार दिव्य वर्षों तक रहा। वह विश्व रचना करने वाले तत्त्वों का गर्भ था तथा ज्ञान, क्रिया ओर आत्मशक्ति से सम्पन्न था। इन शक्तियों से उसने स्वयं अपने, एक (हृदयरूप), दस (प्राणरूप) तथा तीन (आध्यात्मिक, आधिदैविक, आधिभौतिक) विभाग किये। यह विराट् पुरुष ही प्रथम जीव होने के कारण परमात्मा का अंश (विश्वरूप) तथा प्रथम अभिव्यक्त होने के कारण भगवान् का आदि-अवतार है। (दस इन्द्रियों सहित मन अध्यात्म है, इन्द्रियों के विषय अधिभूत हैं, इन्द्रियाधिष्ठाता देव अधिदैव तथा प्राण, अपान, उदान, समान, व्यान, नाग, कूर्म, कृकल, देवदत्त और धनञ्जय–ये दस प्राण है।)

फिर विश्व की रचना करने वाले महत्तत्त्वादि के अधिपति श्री भगवान् ने वृत्तियों को जाग्रत् करने के लिये अपने तेज से उस विराट् पुरुष को प्रकाशित किया। विराट् पुरुष के पहले मुख प्रकट हुआ। उसमें लोकपाल अग्नि, अपने अंश वागिन्द्रिय सहित प्रविष्ट हो गया जिससे यह जीव बोलता है। फिर विराट् पुरुष के तालु उत्पन्न हुआ। उसमें लोकपाल वरुण अपने अंश रसनेन्द्रिय सहित स्थित हुआ जिससे जीव रस ग्रहण करता है। उसके पश्चात् उस विराट् पुरुष के नथुने प्रकट हुए

जिसमें दोनों अश्विनीकुमार अपने अंश घ्राणेनिद्रय के साथ प्रविष्ट हुए जिससे जीव गन्ध ग्रहण करता है। जब उस विराट् देह में आँखें प्रकट हुईं तब उनमें अपने अंश नेत्रेन्द्रिय सहित लोकपाल सूर्य ने प्रवेश किया। फिर विराट् देह में त्वचा उत्पन्न हुई। उसमें अपने अंश त्वगिन्द्रिय सहित वायु स्थित हुआ। कर्णछिद्र प्रकट होने पर उनमें अपने अंश श्रवणेन्द्रिय सहित दिशाओं ने प्रवेश किया, जिस श्रवणेन्द्रिय से शब्द ज्ञान होता है। तत्पश्चात् विराट् शरीर में चर्म उत्पन्न हुआ। उसमें अपने अंश रोमों सहित ओषधियाँ स्थित हुईं।

जननेन्द्रिय में प्रजापति ने अपने अंश को स्थापित किया। फिर गुदा प्रकट हुई। इसमें लोकापाल मित्र ने अपने अंश पायु-इन्द्रिय सहित प्रवेश किया। तत्पश्चात् हाथ प्रकट हुए। उनमें अपनी ग्रहण-त्यागरूपा शक्ति सहित देवराज इन्द्र ने प्रवेश किया। जब विराट् पुरुष के चरण उत्पन्न हुए तब उनमें लोकेश्वर विष्णुजी ने अपनी शक्ति को स्थापित किया जिससे जीव में गतिशीलता आती है। फिर मस्तिष्क में बुद्धि को क्रियान्वित करने के लिये वाक्पति ब्रह्मा ने प्रवेश किया। फिर हृदय प्रकट हुआ। उसमें अपने अंश मन के सहित चन्द्रमा स्थित हुआ। तत्पश्चात् विराट् पुरुष में अहंकार उत्पन्न हुआ। उसमें अपनी क्रिया शक्ति सहित अभिमान (रुद्र) ने प्रवेश किया। फिर चित्त प्रकट हुआ। उसमें चित्तशक्ति सहित महत्तत्त्व (ब्रह्मा) स्थित हुए। इस शक्ति से जीव विज्ञान (चेतना) को उपलब्ध करता है। इस विराट् पुरुष के शीश से स्वर्गलोक, पैरों से पृथ्वी तथा नाभि से अन्तरिक्ष (आकाश) उत्पन्न हुए। इन में क्रमशः सत्त्व, रज तथा तम- इन तीनों गुणों के परिणाम स्वरूप देवता, मनुष्य तथा प्रेत आदि हैं। सत्त्वगुणी देवता स्वर्ग के अधिकारी हैं। वेद ओर ब्राह्मण भगवान् के मुख से प्रकट हुए। उनकी भुजाओं से क्षत्रिय वृत्ति। भगवान् की दोनों जाँघों से वैश्यवृत्ति उत्पन्न हुई। फिर सब धर्मों की सिद्धि के लिये भगवान् के चरणों से सेवावृत्ति प्रकट हुई तथा उन्हीं से सर्व प्रथम उस वृत्ति का अधिकारी शूद्रवर्ण भी प्रकट हुआ, जिसकी वृत्ति से ही श्रीहरि प्रसन्न हो जाते हैं। सर्ब धर्मों की सिद्धि का मूल सेवा है। सेवा के बिना कोई भी धर्म सिद्ध नहीं होता।

यह विराट् पुरुष, काल, कर्म तथा स्वभावशक्ति से युक्त श्री भगवान् की योगमाया के प्रभाव को प्रकट करने वाला है। महापुरुषों का मत है कि पुण्यश्लोकशिरोमणि श्रीहरि के गुणों का गान करना ही मनुष्यों की वाणी का तथा भगवत्कथामृत का पान करना ही उनके कानों का सबसे बड़ा लाभ है।

अध्याय 7

विदुरजी के प्रश्न

विदुरजी के मन में भिन्न-भिन्न प्रश्न उठे। श्री भगवान् स्वतः नित्यतृप्त पूर्णकाम तथा सर्वदा असंग हैं, फिर वे क्रीड़ा के लिये भी क्यों संकल्प करेंगे। जिनके ज्ञान का देश, काल अथवा अवस्था से, अपने आप या किसी दूसरे निमित्त से भी कभी लोप नहीं होता–उनका माया के साथ किस प्रकार संयोग हो सकता है। इस संशय का निवारण करते हुए मैत्रेयजी ने कहा–जो आत्मा सबका स्वामी और सर्वथा मुक्तस्वरूप है, वही दीनता और बँधन को प्राप्त हो, यह युक्ति विरुद्ध अवश्य है, किन्तु वस्तुतः यही तो भगवान् की माया है।

विदुरजी को जानने की इच्छा हुई कि आदिपुरुष विराट् से क्रमशः सृष्टि की कैसे उत्पत्ति हुई तथा इस सृष्टि का किस प्रकार विस्तार हुआ। श्रीहरि ने सृष्टि करते समय जगत् की उत्पत्ति, स्थिति तथा संहार के लिये अपने गुणावतार ब्रह्मा, विष्णु तथा महादेव शिवरूप से जो कल्याणकारी लीलाएँ की, उनको जानने की भी इच्छा हुई। इच्छा हुई जानने की–धर्म, अर्थ, काम और मोक्ष प्राप्ति के साधनों की–कर्मकाण्ड की–ज्ञानयोग की–यज्ञ अनुष्ठान की तथा कालचक्र में ग्रह, नक्षत्र तथा तारागणों की स्थिति की। विदुरजी ने जानना चाहा कि जब श्री भगवान् योगनिद्रा में शयन

करते हैं (प्रलय काल में), तब कौन-कौन तत्त्व उनकी सेवा करते हैं?

अध्याय 8

ब्रह्माजी की उत्पत्ति

श्री मैत्रेयजी ने विदुरजी के प्रश्नों का उत्तर देते हुए कहा—अखण्ड ज्ञानसम्पन्न आदिदेव भगवान् संकर्षण पाताल लोक में विराजमान थे। सनत्कुमार आदि ऋषियों ने परम पुरुषोत्तम ब्रह्म का तत्त्व जानने के लिये उनसे प्रश्न किया। उस समय शेषजी अपने आश्रयस्वरूप उन परमात्मा की मानसिक पूजा कर रहे थे जिनको वेद वासुदेव के नाम से निरूपण करते हैं। उस समय भगवान् शेष के उठे हुए सहस्रों फण, किरीटों की सहस्र-सहस्र श्रेष्ठ मणियों से शोभायमान हो जगमगा रहे थे। भगवान् संकर्षण ने निवृत्ति परायण सनत्कुमार को यह भागवत सुनाया। सनत्कुमारजी ने इसे सांख्यायन मुनि को सुनाया। तत्पश्चात् सांख्यायन मुनि ने इसे श्री पराशरजी तथा बृहस्पतिजी को सुनाया। यही पुराण पुलस्त्य मुनि के कहने पर पराशरजी ने मुझे सुनाया। उसी को मैं आपके लिए कह रहा हूँ।

सृष्टि के पूर्व यह सम्पूर्ण विश्व जल में डूबा हुआ था। उस समय केवल एकमात्र श्री नारायणदेव शेष-शय्या पर विराजमान थे। वे अपनी ज्ञानशक्ति को अक्षुण्ण रखते हुए योगनिद्रा में थे। सम्पूर्ण प्राणियों के सूक्ष्म शरीरों को वे अपने शरीर में लीन किये हुए थे। केवल उनकी कालशक्ति जाग्रत् थी। एक सहस्र चतुर्युग पर्यन्त, उन्हीं के द्वारा नियुक्त उनकी कालशक्ति ने उन्हें जीवों के कर्मों की प्रवृत्ति के लिये प्रेरित किया। कालाश्रित रजोगुण क्रियान्वित होकर उनकी नाभि से एक कमल के रूप में प्रकट हुआ। उसने सूर्य के समान अपने तेज से उस अपार जलराशि को देदीप्यमान कर दिया। सम्पूर्ण गुणों को प्रकाशित करने वाले इस सर्वलोकमय कमल में, वे विष्णु भगवान् ही, अन्तर्यामी रूप से

प्रविष्ट हो गये। तब उसमें से स्वयं, सम्पूर्ण वेदों के ज्ञाता, साक्षात् वेदमूर्ति श्री ब्रह्माजी प्रकट हुए, जिन्हें स्वयम्भू कहते हैं। ब्रह्माजी ने अपने आधारभूत कमल पर बैठकर चित्त को निःसंकल्प किया तथा समाधि में स्थित हो गये। तब उन्होंने अपने अधिष्ठान को, जिसे वे पहले खोजने पर भी नहीं देख पाये थे, अपने ही अन्तःकरण में प्रकाशित होता देखा। उन्होंने देखा कि उस प्रलयकालीन जल में शेषजी के कमलनाल सदृश् गौर और विशाल विग्रह की शय्या पर पुरुषोत्तम भगवान् लेटे हुए हैं। तब विश्व रचना की इच्छा वाले लोकविधाता श्री ब्रह्माजी ने, भगवान् के नाभिसरोवर से प्रकट हुआ वह कमल, जल, आकाश, वायु तथा अपना शरीर–ये पाँच पदार्थ ही देखे।

अध्याय 9

ब्रह्माजी द्वारा भगवद् स्तुति

ब्रह्माजी ने श्री भगवान् की स्तुति करते हुए कहा, हे नाथ! आपका तत्त्व केवल आपके गुणश्रवण से ही जाना जाता है। आप भक्तियोग द्वारा परिशुद्ध हुए हृदय-कमल में निवास करते हैं। आपके भक्तजन जिस–जिस भावना से आपका चिन्तन करते हैं, उन साधु पुरुषों पर अनुग्रह करने के लिये आप वही वही रूप धारण कर लेते हैं। आप एक हैं तथा सम्पूर्ण प्राणियों के अन्तःकरण में स्थित उनके अन्तरात्मा हैं। जो कर्म आपको अर्पण कर दिया जाता है, उसका कभी नाश नहीं होता। वह अक्षय हो जाता है। अतः नाना प्रकार के यज्ञ, दान कठिन तपस्या तथा व्रत आदि द्वारा आपकी प्रसन्नता प्राप्त करना ही परम धर्म हो। ऐसा कौन सा फल है जो आपकी प्रसन्नता होने पर सुलभ नहीं हो सकता। आप ज्ञान के अधिष्ठान हैं, मैं आपको नमस्कार करता हूँ। संसार की उत्पत्ति, स्थित तथा संहार आप से ही हैं। मैं आपको नमस्कार करता हूँ। अन्त समय

जो आपके नामों का विवश होकर भी उच्चारण करते हैं, वे अनेकों जन्मों के पापों से छूटकर आपकी कृपा के पात्र बन जाते हैं तथा ब्रह्मपद प्राप्त करते हैं। भगवन् इस विश्वरूप में आप ही विराजमान हैं। आप ही अपनी मूल प्रकृति को स्वीकार करके जगत् की उत्पत्ति, स्थिति तथा प्रलय के लिए, मेरे, अपने तथा महादेवजी के रूप में, तीन प्रधान रूपों में विभक्त हुए हैं। यद्यपि मैं सत्यलोक का अधिष्ठाता हूँ, जो दो परार्ध पर्यन्त रहने वाला है तथा समस्त लोको का वन्दनीय है, तो भी मैं आपके कालरूप के अधीन हूँ। इस समय आप जो समग्र संसार को अपने उदर में लीन कर भयंकर तरंग–मालाओं से विक्षुब्ध प्रलय–कालीन जल में अनन्त विग्रह की कोमल शय्या पर शयन कर रहे हैं, वह पूर्वकल्प की कर्म परम्परा से भ्रमित हुए जीवों को विश्राम देने के लिये ही है। आपके नाभिकमल से मेरा जन्म हुआ है। यह सम्पूर्ण विश्व आपके उदर में समाया हुआ है। आपकी कृपा से ही मैं त्रिलोकी की रचना में प्रवृत्त हुआ हूँ।

श्री भगवन् ने कहा, हे वेदगर्भ! तुम सृष्टि रचना के उद्यम में तत्पर हो जाओ। तुम एक बार फिर तप करो तथा भगवत्ज्ञान का अनुष्ठान करो। उसके द्वारा तुम सब लोकों को स्पष्ट तथा अपने अन्तःकरण में देखोगे। प्रजा उत्पन्न करते समय भी जो तुम्हारा मन मुझ में लगा रहता है, उससे रजोगुण आपको बाँध नहीं पाता। लोक रचना की इच्छा से तुमने सगुण प्रतीत होने पर भी जो निर्गुणरूप से मेरी स्तुति की है, उससे तुम्हारा कल्याण हो।

अध्याय 10

दस प्रकार की सृष्टि

श्री भगवान् द्वारा नियुक्त ब्रह्माजी ने सर्वप्रथम, भूः, भुवः, स्वः की

रचना की। यह जगत् जैसा अब है, वैसा ही पहले भी था तथा भविष्य में भी ऐसा ही रहेगा। सृष्टि नौ प्रकार की होती है तथा प्राकृत-वैकृत भेद से एक दसमीं सृष्टि भी है। इसका प्रलय काल, द्रव्य तथा गुणों के द्वारा, तीन प्रकार से होता है। पहली सृष्टि महत्त्वत्त्व की है। भगवान् की प्रेरणा से सत्त्व, रज, तम गुणों में विषमता होना ही इसका स्वरूप है। दूसरी सृष्टि अहंकार की है जिससे पृथ्वी, जल आदि पाँच भूत तथा ज्ञानेन्द्रिय और कर्मेन्द्रियों की उत्पत्ति होती है। तीसरी सृष्टि भूतसर्ग है, जिसमें पञ्चमहाभूतों को उत्पन्न करने वाला तन्मात्रवर्ग रहता है। चौथी सृष्टि इन्द्रियों की है। यह ज्ञान तथा क्रियाशक्ति से सम्पन्न होती है। पाँचवी सृष्टि सात्त्विक अहंकार से उत्पन्न हुए इन्द्रियाधिष्ठाता देवताओं की है। मन भी इसी सृष्टि के अन्तर्गत है। छटी सृष्टि अविद्या की है। इसमें तामिस्त्र, अन्धतामिस्त्र, तम, मोह तथा महामोह–ये पाँच हैं। यह जीवों की बुद्धि का आवरण तथा विक्षेप करनेवाली है। ये छः प्राकृत सृष्टियाँ हैं। सातवीं, प्रधान वैकृत सृष्टि, इन छः प्रकार के स्थावर वृक्षों की होती है (वनस्पति, ओषधि, लता, त्वक्सार, वीरुध् तथा द्रुम)। इनका संचार नीचे जड़ों से ऊपर की ओर होता है। इनमें ज्ञान शक्ति प्रकट नहीं रहती। ये भीतर ही भीतर केवल स्पर्श का अनुभव करते हैं। आठवीं सृष्टि तिर्यग्योनियों (पशु-पक्षियों) की है। यह अट्ठाईस प्रकार की मानी जाती है। इनमें काल का ज्ञान नहीं होता। तमोगुण की अधिकता के कारण ये खाना-पीना, सोना तथा प्रजनन करना जानते हैं। सूँघने से उन्हें वस्तुज्ञान होता है। नवीं सृष्टि मनुष्यों की है। यह एक ही प्रकार की है। मनुष्य रजोगुण प्रधान तथा कर्म परायण होते हैं। स्थावर, पशु-पक्षी तथा मनुष्य – ये तीन प्रकार की सृष्टियाँ तथा देवसर्ग–वैकृत सृष्टि हैं। देवता, पितर, असुर, गन्धर्व-अप्सरा, यक्ष-राक्षस, सिद्ध-चारण-विद्याधर, भूत-प्रेत-पिशाच तथा किन्नर-किम्पुरुष-अश्वमुख आदि भेद से देव सृष्टि (देवसर्ग) आठ प्रकार की है। इनके अतिरिक्त सनत्कुमार आदि ऋषियों का जो कौमारसर्ग है वह प्राकृत-वैकृत दोनों प्रकार का है।

अध्याय 11

मन्वन्तर काल-विभाग

मन्वन्तर तथा काल (समय) के विषय में बताते हुए श्री मैत्रेयजी कहते हैं, विदुर जी! जिसका और विभाग नहीं हो सकता तथा जिसका अन्य परमाणुओं के साथ संयोग भी नहीं हुआ है, उसे परमाणु कहते हैं। दो परमाणु मिलकर एक 'अणु' बनाते हैं तथा तीन अणुओं के मिलने से एक 'त्रसरेणु' बनता है। ऐसे तीन त्रसरेणुओं को पार करने में सूर्य की किरण को जितना समय लगता है, उसे 'त्रुटि' कहते हैं। इससे सौगुना काल, 'वेध' कहा जाता है। तीन वेध का एक 'लव' होता है। तीन लव का एक 'निमेष' तथा तीन निमेष का एक 'क्षण'। पाँच क्षण की एक 'काष्ठा' और पन्द्रह काष्ठा का एक 'लघु'। पन्द्रह लघु की एक 'नाडिका', तथा दो नाडिका का एक 'मुहूर्त' होता है। दिन के घटने-बढ़ने के अनुसार छः या सात नाडिका का एक 'प्रहर' होता है। यह 'याम' कहलाता है। यह दिन या रात का चौथा भाग होता हैं। पन्द्रह दिन-रात का एक 'पक्ष' होता है, जो शुक्ल तथा कृष्ण भेद से दो प्रकार का होता है। दो पक्षों से एक 'मास' बनता है। दो मास का एक 'ऋतु' तथा छः मास का एक 'अयन'। अयन 'दक्षिणायन' तथा उत्तरायण' भेद से दो प्रकार का है। ये दोनों अयन मिलकर मनुष्यों का एक वर्ष तथा देवताओं का एक दिन-रात के बराबर हैं।

सत्ययुग, त्रेता, द्वापर तथा कलि– ये चार युग अपनी सन्ध्या तथा सन्ध्यांशों सहित देवताओं के बारह सहस्र वर्ष तक रहते हैं। ये युग क्रमशः चार, तीन, दो तथा एक सहस्र दिव्य वर्ष के होते हैं तथा प्रत्येक में जितने सहस्र वर्ष होते हैं, उससे दोगुने सौ वर्ष उनकी सन्ध्या और सन्ध्यांशों में होते हैं। (जैसे सत्ययुग में 4000 दिव्य वर्ष तथा 800 सन्ध्या एवं सन्ध्यांश, अर्थात् कुल 4800 दिव्य वर्ष। इसी प्रकार त्रेता युग 3600 दिव्य वर्ष, द्वापर 2400 दिव्य वर्ष तथा कलि युग 1200 दिव्य वर्ष के हैं। एक दिव्य वर्ष मनुष्यों के 360 वर्ष के बराबर होता हैं। युग

के आदि में सन्ध्या होती है तथा अन्त में सन्ध्यांश)

सत्ययुग में धर्म अपने चारों चरणों में रहता है। अन्य युगों में अधर्म की वृद्धि होने से उसका एक-एक चरण क्षीण होता जाता है। एक सहस्र चतुर्युग का ब्रह्माजी का दिन होता है तथा इतनी ही बड़ी रात्रि, जिसमें जगत्कर्ता ब्रह्माजी शयन करते हैं। रात्रि का अन्त होने पर इस लोक का कल्प आरम्भ होता हैं। एक कल्प में चौदह मनु आते हैं। प्रत्येक मनु की आयु '71-6/14' चतुर्युग की होती हैं। प्रत्येक मन्वन्तर में भिन्न-भिन्न मनुवंशी राजा, सप्त-ऋषि, देवगण, इन्द्र तथा उनके अनुयायी गन्धर्वादि आपना-अपना अधिकार भोगते हैं। इस प्रकार काल की गति से एक-एक सहस्र चतुर्युग के रूप में दिन-रात प्रतीत होने वाले एक सौ वर्ष की, ब्रह्माजी की परमायु होती है। सूर्य और चन्द्रमा रहित प्रलय रात्रि में, भूः, भुवः, स्वः-तीनों लोक ब्रह्माजी के शरीर में चले जाते हैं। प्रलय-रात्रि में भृगु आदि मुनीश्वरगण महर्लोक से जनलोक को चले जाते हैं।

ब्रह्माजी की आयु के आधे भाग को परार्ध कहते हैं। अब तक पहला परार्ध बीत चुका है तथा दूसरा चल रहा है। पूर्व परार्ध के आरम्भ में ब्राह्म नामक महान् कल्प हुआ था। उसी में ब्रह्माजी की उत्पत्ति हुई थी। उसी परार्ध के अन्त में जो कल्प हुआ था, उसे पद्मकल्प कहते हैं। कहा जाता है कि इसमें भगवान के नाभिसरोवर से सर्वलोकमय कमल प्रकट हुआ था। इस समय जो कल्प चल रहा है, वह दूसरे परार्ध का आरम्भक कहा जाता है। यह वाराहकल्प भी कहा गया है। यह परमाणु से लेकर, द्विपरार्धपर्यन्त फैला हुआ काल, सर्वसमर्थ होने पर भी श्रीहरि के अधीन है।

प्रकृति, महत्तत्त्व, अहंकार, पञ्चतन्मात्रायें, दस इन्द्रियाँ, मन तथा पञ्चभूत—इन विकारों से मिलकर बना यह ब्रह्माण्डकोश भीतर से पचास करोड़ योजन विस्तार वाला है तथा इसके बाहर चारों ओर उत्तरोत्तर दस दस गुने सात आवारण हैं। उन सबके सहित यह जिसमें परमाणु के समान पड़ा हुआ है तथा जिसमें ऐसी करोड़ो ब्रह्माण्डराशियाँ हैं, वह इन

प्रधानादि समस्त कारणों का कारण, अक्षर ब्रह्म कहलाता है। तथा यही पुराणपुरुष परमात्मा श्री विष्णु भगवान् का श्रेष्ठ धाम (स्वरूप) है।

अध्याय 12

सृष्टि विस्तार

सृष्टि-विस्तार के विषय में मैत्रेयजी कहते हैं—सर्वप्रथम ब्रह्माजी ने अज्ञान की पाँच वृत्तियाँ रचीं—तम (भ्रम अथवा अविद्या), मोह, महामोह (राग), तामिस्त्र (द्वेष) तथा अन्धतामिस्त्र (अभिनिवेश)। तत्पश्चात् निवृत्तिपरायण मुनि सनक, सनन्दन, सनातन तथा सनत्कुमार उत्पन्न किये। तदनन्तर अपनी प्रजा उत्पन्न करने के लिये ब्रह्माजी के मस्तक से नीललोहित प्रकट हुए जो रुद्र नाम से कहलाये। इनके रहने के स्थान रचे गये—हृदय, इन्द्रिय, प्राण, आकाश, वायु, अग्नि, जल, पृथ्वी, सूर्य, चन्द्रमा तथा तप। इनके नाम हुए —क्रमशः मन्यु, मनु, महिनस, महान्, शिव, ऋतध्वज, उग्ररेता, भव, काल, वामदेव तथा धृतव्रत। इनके साथ ही प्रकट हुई रुद्र पत्नियाँ—धी, वृत्ति, उशना, उमा, नियुत्, सर्पि, इला, अम्बिका, इरावती, सुधा तथा दीक्षा। इसके पश्चात ब्रह्माजी के संकल्प से उनके दस पुत्र और उत्पन्न हुए जिनके नाम थे मरीचि, अत्रि, अंगिरा, पुलस्त्य, पुलह, क्रतु, भृगु, वसिष्ठ, दक्ष तथा नारद जी। इनमें नारदजी प्रजापति ब्रह्माजी की गोद से, दक्ष अँगूठे से, वसिष्ठ प्राण से, भृगु त्वचा से, क्रतु हाथ से, पुलह नाभि से, पुलस्त्य ऋषि कानों से, अंगिरा मुख से, अत्रि नेत्रों से तथा मरीचि मन से उत्पन्न हुए। फिर उनकी छाती से धर्म तथा पीठ से अधर्म उत्पन्न हुए।

कर्मकाण्ड को स्थापन करने के लिये श्री भगवान् की कृपा से ब्रह्माजी के मुख से ऋक्, यजुः, साम तथा अथर्व वेद प्रकट हुए। इसी क्रम से प्रकट हुए शस्त्र (होता का कर्म), इज्या (अध्वर्यु का कर्म),

स्तुतिस्तोम (उद्गाता का कर्म) तथा प्रायश्चित्त (ब्रह्मा का कर्म)। इनके साथ ही प्रकट हुए उपवेद, न्यायशास्त्र, होता, उद्गाता, अध्वर्यु तथा ब्रह्मा– इन चार ऋत्विजों के कर्म, यज्ञों का विस्तार, धर्म के चार चरण तथा चारों आश्रम तथा उनकी वृत्तियाँ भी प्रकट हुईं। आयुर्वेद, धनुर्वेद (शस्त्रविद्या), गान्धर्ववेद (संगीत विद्या) तथा स्थापत्यवेद (शिल्प विद्या)–उपवेद हैं। फिर रचा इतिहास–पुराणरूप (पाँचवा वेद)। (विद्या, दान, तप तथा सत्य– ये धर्म के चार चरण हैं।)

ब्रह्माजी के हृदयाकाश से ऊँकार प्रकट हुआ। उन्हीं से प्रकट हुई वर्णमाला तथा सात स्वर। उनसे ही प्रथम स्त्री-पुरुष का जोड़ा प्रकट हुआ। उनमें जो पुरुष था वह सार्वभौम सम्राट् स्वायम्भुव मनु हुए तथा जो स्त्री थी, वह उनकी महारानी शतरूपा हुई। उनकी पाँच सन्तानें हुईं। प्रियव्रत तथा उत्तानपाद– दो पुत्र हुए तथा आकूति, देवहूति तथा प्रसूति– तीन कन्याएँ। इस प्रकार सृष्टि आगे बढ़ी।

अध्याय 13

वराह अवतार कथा

स्वायम्भुव मनु ने अपनी भार्या शतरूपा सहित ब्रह्माजी से निवेदन किया, हे पूज्यपाद! हम आपको नमस्कार करते हैं। आप हमसे हो सकने योग्य किसी भी कार्य के लिए आज्ञा दीजिये जो सर्वत्र कल्याणकारी हो। इस पर ब्रह्माजी ने कहा, ''तुम अपनी भार्या से अपने ही समान गुणवती सन्तति उत्पन्न करके धर्मपूर्वक पृथ्वी का पालन करो तथा यज्ञों द्वारा श्रीहरि की आराधना करो। ब्रह्माजी का आदेश पाकर स्वायम्भुव ने कहा, हे पिताजी! मैं आपकी आज्ञा का पालन करूँगा, परन्तु मेरी भावी प्रजा के रहने के लिये स्थान बताइये।

पृथ्वी इस समय जल में डूबी हुई थी तथा रसातल में पहुँची हुई थी। ब्रह्माजी ने श्रीहरि का ध्यान किया, क्योंकि इस समस्या के समाधान के लिये केवल वे ही समर्थ थे। उसी समय श्रीहरि वराह के रूप में प्रकट हुए। देखते ही देखते वे एक शिशु से विराट् रूप में परिणत हो गये। उनको देखकर सर्वमुनिगण तथा स्वयं ब्रह्माजी भी चकित हो गये। अवश्य ही यज्ञमूर्ति भगवान् हमें भ्रमित तथा मोहित कर रहे हैं।

पर्वताकार भगवान् यज्ञपुरुष गरजने लगे। उनकी गर्जना से दिशायें प्रतिध्वनित हो उठीं तथा ब्रह्माजी हर्षोल्लास हो गये। जनलोक, तपलोक तथा सत्यलोक निवासी मुनिगण उनकी स्तुति करने लगे। देखते ही देखते यज्ञपुरुष अथाह जल में प्रवेश कर गये। रसातल में जीवों की आश्रयभूता पृथ्वी विराजमान थी जिसे कल्पान्त में शयन करते समय श्रीहरि ने स्वयं अपने यें ही लीन कर लिया था।

ब्रह्माजी की सृष्टि कों स्थापन करने के लिये पृथ्वी का अपने स्थान पर जल से बाहर होना आवश्यक था। यज्ञमूर्ति भगवान् जब पृथ्वी को लिये तथा उसे फिर से स्थापन करने के लिये जल से बाहर आ रहे थे तो महापराक्रमी हिरण्याक्ष ने, उनके स्वरूप को न जानते हुए, मार्ग में विघ्न डालने का प्रयत्न किया। श्री भगवान् ने उसका वध कर, उसे (आंशिक) शापमुक्त कर उसका उद्धार किया। हिरण्याक्ष श्रीहरि का ही पार्षद था जो सनक, सनन्दन के शाप से असुर योनि को प्राप्त हो गया था तथा जिसका उद्धार कवेल श्रीहरि के हाथों से ही होना था। श्री भगवान् का यह विग्रह अति आश्चर्यजनक तथा वन्दनीय है।

अध्याय 14

दिति का गर्भ धारण

विदुरजी के प्रशन करने पर कि वराह भगवान् तथा हिण्याक्ष का युद्ध

किस कारण से हुआ, मेत्रेयजी ने कहा, विदुर जी! दक्ष-पुत्री दिति ने पुत्र प्राप्ति की इच्छा से अपने पति मरीचि-नन्दन कश्यपजी से प्रार्थना की, कि वे उसकी इस कामना को पूरा करें। कश्यपजी उस समय भगवान् यज्ञपति की आराधना कर रहे थे। सूर्यास्त का समय था तथा वे अग्निशाला में ध्यानस्थ बैठे थे।

पत्नी की इच्छा की सराहना करते हुए, अपने सन्ध्या कार्य से निवृत्त होकर, कश्यपजी ने कहा–गृहस्थ आश्रम वास्तव में दूसरे आश्रमों को आश्रय देता हैं। इस आश्रम में इन्द्रिय तृप्ति का निषेद नहीं हैं। अपनी विवाहिता पत्नी के सहवास से काम रूपी वासना पर विजय प्राप्त की जा सकती है। पत्नी तो त्रिविध पुरुषार्थ कामना वाले पुरुष का आधा अंग कही जाती है, क्योंकि उस पर गृहस्थ का दायित्व डालकर पुरुष निश्चिन्त अपने मंगलमय कार्यों की पूर्ति कर सकता है। तुम्हारी इच्छा मैं अवश्य पूरी करूँगा, परन्तु तुम्हें योग्य मुहूर्त की प्रतीक्षा करनी पड़ेगी, अर्थात् सन्ध्या प्रहर से एक प्रहर आगे। यह समय राक्षसादि घोर जीवों का है जिनके अधिपति भगवान् शिव हैं। संसार में सभी प्राणी उनकी समदृष्टि में हैं। उनके लिये सभी समान हैं। हम तो अनेक प्रकार के व्रतों को धारण कर उनकी माया को ही ग्रहण करना चाहते हैं। सर्व सम्पदा-सम्पन्न होते हुए भी वे सदा समाधि में रहते हैं। ब्रह्मा सहित लोकपाल भी उनकी मर्यादा का पालन करते हैं। उनकी संन्यासियों जैसी लीला हमारी समझ के बाहर है।

परन्तु दिति के आग्रह करने पर कश्यपजी को उसी प्रहर में उसकी इच्छा पूरी करनी पड़ी तथा भगवान् रुद्र, भूतों के स्वामी से, उन्हें अपने इस अपराध के लिये क्षमा माँगनी पड़ी। दिति ने भगवान् रुद्र से प्रार्थना की कि, वे उसका यह गर्भ नष्ट न करें, क्योंकि नाते में तो सती-पति भगवान् रुद्र उसके बहनोई ही हुए।

दिति की व्याकुलता को देखकर कश्यपजी ने कहा–तुमने मेरी बात न मानकर देवताओं की अवहेलना की है। अतः तुम्हारी कोख से दो बड़े ही अमंगलकारी अधर्मी पुत्र होंगे। वे सम्पूर्ण लोक तथा लोकपालों को

कष्ट देंगे तथा महात्माओं को क्षुब्ध करेंगे। महात्माओं की रक्षा हेतु, सम्पूर्ण लोकों के रक्षक, जगदीश्वर, कुपित होकर अवतार ग्रहण करेंगे तथा उनका वध करेंगे।

इस चेतावनी को सुनकर दिति ने कहा, प्रभो! यह मैं भी चाहती हूँ कि यदि मेरे पुत्रों का वध हो तो वह साक्षात् भगवान् चक्रपाणि के हाथों से ही हो, ब्राह्मणों के शाप से नहीं।

कश्यपजी ने पुनः कहा, देवी! तुम्हारे पश्चात्ताप करने पर तुम्हें शीघ्र ही उचित तथा अनुचित का विचार हो गया। अतः तुम्हारे एक पुत्र के चार पुत्रों में से एक पुत्र ऐसा होगा जिसके यश का सत्पुरुष तथा देवता तक गान करेंगे। जिनकी कृपा से, उन्हीं का स्वरूपभूत यह जगत् आनन्दित होता है, वे स्वयंप्रकाश भगवान् भी उसकी अनन्यभक्ति से प्रसन्न होंगे। जिनका मुख मण्डल सुनहले कुण्डलों से शोभायमान होता है, उन परम पवित्र कमलनयन श्रीहरि का तुम्हारे पौत्र को दर्शन होगा।

अध्याय 15

जय-विजय को ब्रह्मर्षि सनकादि का शाप

ब्रह्माजी के मानस पुत्र सनक, सनन्दनादि ज्ञान प्रकाश करते हुए, जन-कल्याण के लिये समस्त लोकों में भ्रमण करते हैं। एक बार श्री हरि के दर्शन हेतु वे उनके धाम, वैकुण्ठधाम में जा पहुँचे। वहां वेदान्तप्रतिपाद्य धर्ममूर्ति श्री आदिनारायण, भक्तों को सुख देने के लिये, शुद्ध सत्त्वमय स्वरूप धारण कर विराजमान हैं। यह धाम उन भक्तों को प्राप्त होता है जो अन्य सब प्रकार की कामनायें त्यागकर केवल भगवच्चरण की प्राप्ति के लिये ही अपने धर्मद्वारा उनकी आराधना करते हैं। उस लोक में नैःश्रेयस नामक एक वन है। वह सब प्रकार की कामनाओं को पूर्ण

करने वाले कल्प-तरुओं से सुशोभित है। यहां परम सौन्दर्यशालिनी, सर्व समर्थ लक्ष्मीजी, जिनकी कृपा प्राप्त करने के लिये देवगण भी यत्नशील रहते हैं, श्रीहरि की सेवा में लीन हैं।

इस मनुष्य योनि की बड़ी महिमा है। देवता लोग भी इसकी कामना करते हैं। इसी में तत्त्वज्ञान तथा धर्म की प्राप्ति हो सकती हैं। इसे पाकर भी जो लोग श्री भगवान् की आराधना नहीं करते, वे वास्तव में उनकी सर्वत्र फैली हुई माया से ही मोहित हैं। देवाधिदेव श्रीहरि का निरन्तर चिन्तन करते रहने के कारण जिनसे यमराज भी दूर रहते हैं, प्रभु के सुयश की चर्चा होने पर अनुरागजन्य विह्वलतावश जिनके नेत्रों से अविरल अश्रुधारा बहने लगती है, तथा शरीर में रोमांच हो उठता है, वे परमभक्त उस वैकुण्ठधाम के अधिकारी हैं। जब सनकादि मुनि अपने योगबल से विश्वगुरु श्रीहरि के धाम पहुँचे, तो उन्हें बड़ा ही आनन्द हुआ।

भगवद्दर्शन की लालसा से जब चारों ब्रह्मकुमार श्रीहरि के भव्य-भवन के प्रधान द्वार पर पहुँचे तो उन्हें दो समान आयु देवश्रेष्ठ पार्षदों ने रोका। वे इन कुमारों की प्रतिभा के विषय में अनभिज्ञ थे। अपने प्रियतम प्रभु के दर्शन में विध्न पड़ने के कारण ब्रह्मकुमार सहसा कुछ कुपित से हो गये। पार्षदों को सम्बोधित करते हुए ब्रह्मकुमारों ने कहा – जो मुनिजन इस लोक को प्राप्त करते हैं, वे श्री भगवान् के ही अनुरूप समदर्शी होते हैं। तुम्हारे स्वभाव में इतनी विषमता कयों? कदाचित् तुम तपहीन हो चुके हो। तुम्हारे कल्याण हेतु हम तुम्हें दण्ड देते हैं। तुम इस वैकुण्ठधाम को छोड़कर उन पापमय योनियों में जाओ जहां काम, क्रोध तथा लोभ प्रबल हैं।

शाप से दण्डित होकर उन पार्षदों ने प्रार्थना की, कि उन पर ब्रह्मकुमारों की केवल इतनी कृपा तो हो कि उन अधमाधम योनियों में जाने पर भी उन्हें भगवत्स्मृति प्राप्त रहे।

सनकादि मुनीश्ववर निरन्तर ब्रह्मानन्द में निमग्न रहते हैं, परन्तु भगवान् कमलनयन के चरणारविन्दमकरन्द से वे कृतार्थ हो गये। भगवान् का मुख नीलकमल के समान था। अति सुन्दर अधर तथा कुन्दकली के समान मनोहर हास से उसकी शोभा और भी बढ़ रही थी। उनकी झाँकी

से वे कृतकृत्य हो गये। पद्मराग के समान लाल-लाल नखों से सुशोभित उनके चरणकमल निहार वे उन्हीं के ध्यान में मग्न हो गये। वे अष्ट सिद्धियों से सम्पन्न श्रीहरि की स्तुति करने लगे।

मुनियों ने प्रार्थना की– यद्यपि आप अन्तर्यामी रूप से सब प्राणियों के हृदय में स्थित हैं, तथापि उनकी दृष्टि से ओझल रहते हैं, अपनी माया के कारण। आज हमारे सामने आप साक्षात् विराजमान हैं। जिस समय ब्रह्माजी ने आपका रहस्य वर्णन किया था उसी समय हमारी बुद्धि आप में लग गई थी, किन्तु प्रत्यक्ष दर्शन का महान् सौभाग्य तो हमें आज प्राप्त हुआ है। आपकी इस सगुण साकार मूर्ति को, राग और अहंकार से मुक्त मुनिजन, आपकी कृपा दृष्टि से प्राप्त हुए सुदृढ़ भक्तियोग के द्वारा, अपने हृदय में उपलब्ध करते हैं। हे भगवन्! हमारी वाणी तुलसी के समान आपके चरण-सम्बन्ध से ही सुशोभित हो। हमारे कान आपकी सुयशसुधा से परिपूर्ण रहें। हम आपको प्रणाम करते हैं।

अध्याय 16

जय-विजय का वैकुण्ठ से निकास

जिन पार्षदों को कुमार मुनियों ने शाप दिया वे जय, विजय थे। उनके दण्डित होने पर श्री भगवान् को किञ्चित भी विस्मय नहीं हुआ। अतिथि तथा मुनिगणों का अनादर करना दण्डनीय है। यद्यपि श्री भगवान् सर्वसमर्थ हैं; योगमाया का अखण्ड तथा असीम ऐश्वर्य जिनके अधीन है तथा जिनकी चरणोदकरूपिणी गंगाजी, चन्द्रमा को मस्तक पर धारण करने वाले महादेव शंकर जी की जटाओं में से निकल कर समस्त लोकों को पवित्र करती है; उन्होंने सनक, सनन्दनादि मुनियों का मान रखते हुए कहा, हे मुनिगण! आप केवल इतनी कृपा कीजिए कि इनका यह निर्वासकाल शीघ्र ही समाप्त हो जाये तथा अपने-अपने अपराध के

अनुरूप अधम गति को भोगकर ये मेरे धाम को लौट आयें, क्योंकि हैं तो ये मेरे ही भक्त।

श्री भगवान् के वचन सुनकर मुनियों ने कहा, हे भगवन्! आप सर्वेश्वर होकर भी जो यह कह रहे हैं, इससे आपका क्या अभिप्राय है, हम जान नहीं सके। कदाचित् आप हमारे भी हितकारी हैं तथा लोक-शिक्षा के लिये ऐसा कर रहे हैं। आप हम ब्रह्माणों का मान रखने के लिये ऐसा कह रहे हैं। वस्तुतः तो ब्राह्मण तथा देवताओं के भी देवता, ब्रह्मादि के भी आप ही आत्मा हो, तथा आराध्यदेव हो। सनातन-धर्म आपसे ही उत्पन्न हुआ है तथा आपके अवतारों द्वारा ही समय-समय पर उसकी रक्षा होती है।

भगवन्! आप साक्षात् धर्मस्वरूप हैं। आप सत्यादि तीनों युगों में प्रत्यक्षरूप से विद्यमान रहते हैं। तप, शौच तथा दया, अपने इन तीन चरणों से इस चराचर जगत् की रक्षा करते हैं तथा ब्राह्मणकुल (ब्रह्मवादी) आपके द्वारा रक्षणीय हैं। आप सत्त्वगुणस्वरूप हैं तथा सर्वजीवों के कल्याणहारी हैं। सर्वेश्वर! इन द्वारपालों को आप जैसा उचित समझें वैसा दण्ड दें अथवा क्षमा कर दें। यदि ये निरपराध हैं तो हम दण्ड के भागी हैं।

श्री भगवान् ने कहा, हे मुनिगण! यह सब मेरी प्रेरणा से ही हुआ है। अब ये पार्षद शीघ्र ही दैत्ययोनि को प्राप्त होंगे तथा वहां क्रोधावेश से बढ़ी हुई एकाग्रता के कारण सुदृढ़ योगसम्पन्न होकर फिर मेरे ही धाम को लौटेंगे। तत्पश्चात् मुनीश्वर श्री भगवान् की परिक्रमा कर (वहां से), श्री भगवान् की महिमा गान करते वापस आ गये।

अध्याय 17

हिरण्यकशिपु-हिरण्याक्ष जन्म

महर्षि कश्यप की पत्नी दिति से दो जुड़वें पुत्र उत्पन्न हुए। यही जय और विजय थे। उनके जन्म लेते समय स्वर्ग, पृथ्वी तथा अंतरिक्ष

में अनेकों उत्पात होने लगे। वे दोनों आदिदैत्य जन्म के अनन्तर शीघ्र ही अपने वज्र शरीर में बढ़कर स्थूल योवनावस्था में आ गये। वे पर्वत के सामन दृढ़ तथा गठीले थे। प्रजापति कश्यप ने उनका नामकरण किया। जिसका पहले जन्म हुआ था उसका नाम हिरण्यकशिपु रखा तथा बाद वाले का हिरण्याक्ष।

हिरण्यकशिपु ने घोर तपस्या कर ब्रह्माजी को प्रसन्न किया तथा उनके वरदान से वह मृत्यु-भय से मुक्त था। इसी कारण उसने ऊधम मचा दिया तथा अपनी भुजाबल से लोकपालों सहित तीनों लोकों में आतंक मचा दिया। उसी प्रकार हिरण्याक्ष ने भी अपनी भुजाबल से देवताओं को तंग करना आरम्भ कर दिया। मतवाले हाथी की भाँति वह समुद्र में घुस गया तथा घूमते-घूमते वरुणजी की विभावरीपुरी में जा पहुँचा। वहां जलचरों के अधिपति वरुणजी का उसने निरादर किया। यहां तक कि उन्हें युद्ध के लिये भी ललकारा। वरुणजी ने कहा, हे दैत्यराज! हमें युद्ध से कोई प्रयोजन नहीं। भगवान् पुराणपुरुष ही तुम्हारी इच्छा को पूर्ण करेंगे।

अध्याय 18

भगवान् वराह-हिरण्याक्ष युद्ध

वरुणजी की बात सुनकर वह मदोन्मत दैत्य बड़ा प्रसन्न हुआ। इस कथन पर कि तू उनके हाथों मारा जायेगा, उसने कोई विचार नहीं किया। नारदजी से श्रीहरि का पूछ कर, वह रसातल में पहुँच गया जहां श्री भगवान् वराह रूप से, पृथ्वी को फिर से स्थापन करने के लिये ला रहे थे। वह मूर्ख उनसे भिड़ गया तथा इस कार्य में विघ्न बनने लगा।

भगवान् वराह ने पृथ्वी को ले जाकर, जल के ऊपर, व्यवहार योग्य स्थान में स्थित कर दिया तथा उसमें अपनी आधार शक्ति का संचार कर

दिया। उस समय हिरण्याक्ष के सामने ही ब्रह्माजी ने वराह भगवान् की स्तुति की तथा देवताओं ने पुष्प बरसाये। तब श्रीहरि ने, बड़ी भारी गदा लिये अपने पीछे आ रहे हिरण्याक्ष (जो कि अति बलशाली तथा मायावी था) को देखा। उसके साथ भगवान् वराह का एक घोर द्वन्द्व युद्ध होने लगा।

अध्याय 19

हिरण्याक्ष-वध

अहंकार तथा क्रोध से बुद्धि भ्रमित हो जाती है। यही दशा हिरण्याक्ष की थी। वह मरने तक श्री वराह भगवान् की माया को न समझ सका। मायापति श्री भगवान् पर वह मायावी युद्ध करना चाहता था। परन्तु सुदर्शन चक्र ने उसकी सारी माया नष्ट कर दी। वराह रूप श्री हरि की चोट से हिरण्याक्ष का शरीर घूमने लगा। उसके नेत्र बाहर निकल आये तथा हाथ-पैर और बाल छिन्न-भिन्न हो गये। वह निष्प्राण होकर आँधी से उखड़े हुए विशाल वृक्ष के समान पृथ्वी पर गिर पड़ा। अपनी मिथ्या उपाधि से छूटने के लिए जिनका योगीजन समाधियोग के द्वारा ध्यान करते हैं, उन्हीं श्रीहरि के चरण-प्रहार से, उनका मुख देखते-देखते, दैत्यराज ने अपना शरीर त्याग दिया।

श्री भगवान् सरल हृदय भक्तों से सहज में ही प्रसन्न हो जाते हैं, किन्तु दुष्टों के लिये वे अत्यन्त दुराराध्य हैं।

अध्याय 20

ब्रह्माजी-रचित सृष्टि

कुशावर्त क्षेत्र (हरिद्वार) में एकत्रित हुए मुनिगण समुदाय में विदुरजी ने महर्षि मैत्रेयजी से पूछा, हे ऋषिवर! कृपया यह बताइये कि पृथ्वी रूप आधार पाकर, प्रजापतियों के पति श्री ब्रह्माजी ने मरीचि आदि प्रजापतियों को उत्पन्न करके फिर सृष्टि को बढ़ाने के लिये क्या किया? मरीचि आदि मुनीश्वरों तथा स्वायम्भुव मनु ने ब्रह्माजी की आज्ञा से किस प्रकार प्रजा की वृद्धि की? क्या उन्होंने इस जगत् को पत्नियों के सहयोग से उत्पन्न किया, अपने-अपने कार्य में स्वतन्त्र रहकर, अथवा सबने मिलकर एक साथ इस जगत् की रचना की?

श्री मैत्रेयजी ने कहा– ब्रह्माण्ड के गर्भरूप जल में शयन करते श्री नारायणदेव ने ब्रह्माजी के अन्तःकरण में प्रवेश किया। तब ब्रह्माजी ने पूर्व कल्प में अपने ही द्वारा निश्चित की हुई नाम-रूपमयी व्यवस्था के अनुसार लोकों की रचना की। सर्व प्रथम उन्होंने अपनी छाया से तामिस्र, अन्धतामिस्र, तम, मोह तथा महामोह को प्रकट किया। तत्पश्चात् जिससे भूख-प्यास की उत्पत्ति होती है, ऐसे रात्रिरूप उस शरीर को उसी से उत्पन्न हुए यक्ष तथा राक्षसों ने ग्रहण कर लिया।

फिर ब्रह्माजी ने सात्त्विकी प्रभा से देदीप्यमान होकर मुख्य-मुख्य देवताओं की रचना की। तत्पश्चात् असुरों की उत्पत्ति की। उन्हीं को भ्रमित करने के लिये संध्यादेवी को उत्पन्न किया। इसके पश्चात् गन्धर्व तथा अप्सराओं को उत्पन्न किया। तदनन्तर अपनी तन्द्रा से भूत-पिशाच उत्पन्न किये।

फिर ब्रह्माजी ने भावना की कि मैं तेजोमय हूँ तथा अपने अदृश्य रूप से साध्यगण तथा पितृगण उत्पन्न किये। इसी को लक्ष्य रखकर, पण्डितजन श्राद्धादि के द्वारा पितर तथा साध्यगणों को क्रमशः कव्य (पिण्ड) तथा हव्य अर्पण करते हैं। अपनी तिरोधान शक्ति से ब्रह्माजी

ने सिद्ध तथा विद्याधरों की सृष्टि की। तत्पश्चात् किन्नर तथा किम्पुरुष उत्पन्न किये। फिर उत्पन्न हुए सर्प और नाग।

ब्रह्माजी के मन से मनुओं की उत्पत्ति हुई। ये सब प्रजा की वृद्धि करने वाले हैं। ब्रह्माजी ने उनको अपना पुरुषाकार शरीर दिया। मनुओं को देखकर देवता, गन्धर्वादि स्तुति करने लगे– हे विश्वकर्ता ब्रह्मा जी! आपकी मनुओं की सृष्टि बड़ी सुन्दर है। इसमें अग्निहोत्र आदि सभी कर्म प्रतिष्ठित हैं। इससे हम भी अपना अन्न (हविर्भाव) ग्रहण कर सकेंगे।

तत्पश्चात्, तप, विद्या, योग और समाधि से सम्पन्न ऋषियों की उत्पत्ति हुई।

अध्याय 21

कर्दम-ऋषि चरित्र

स्वायम्भुव मनु ने प्रजापति के नाते प्रजा का विस्तार अथवा सृष्टि का विस्तार किया। उनके पुत्र प्रियव्रत तथा उत्तानपाद ने सातों द्वीपों वाली पृथ्वी का धर्मपूर्वक पालन किया। उनकी पुत्री देवहूति कर्दम प्रजापति की ब्याही गई। इसी प्रकार अन्य कन्याओं का विवाह क्रमशः रुचि तथा दक्ष प्रजापति से हुआ। कर्दम प्रजापति ने कुल विस्तार के पूर्व श्रीहरि की कठिन तपस्या की। इससे प्रसन्न होकर श्रीहरि ने उन्हें साक्षात् दर्शन दिये। श्री भगवान की वह भव्यमूर्ति सूर्य के समान तेजोमयी थी। वे गले में श्वेत कमल तथा कुमुद के फूलों की माला धारण किये हुए थे। शीश पर सुवर्ण मुकुट, कानों में जगमागते कुण्डल तथा करकमलों में शंख, चक्र, गदा तथा पद्म आदि आयुध शोभायमान थे। वक्षःस्थल में श्री लक्ष्मीजी तथा कण्ठ में कौस्तुभमणि सुशोभित थी।

साष्टांग प्रणाम करते हुए, प्रेम अनुरक्त चित्त से हाथ जोड़कर, सुमधुर वाणी से कर्दम जी ने कहा, हे परमेश्वर! आप सम्पूर्ण सत्त्वगुण के आधार हैं। प्रभो! यह काल चक्र बड़ा प्रबल है। साक्षात् ब्रह्म ही इसके धुरी हैं। अधिक मास सहित- तेरह मास इसके अरे, तीन सौ साठ दिन जोड़, छः ऋतुएँ नेमि, क्षण-पल आदि पत्राकार धाराएँ तथा तीन चातुर्मास्य इसके आधारभूत नाभि हैं। यह कालचक्र, चराचर जगत् की आयु का छेदन करता हुआ घूमता रहता है, किन्तु आपके भक्तों की आयु का ह्रास नहीं कर सकता। हे नाथ! आप स्वरूप से निष्क्रिय होने पर भी माया के द्वारा सारे संसार का व्यवहार चलाने वाले हैं। आपके चरणकमल वन्दनीय हैं। मैं आपको बार-बार नमस्कार करता हूँ। योगीजन उत्तरोत्तर शुभ योनियों में जन्म लेकर अन्त में योगस्थ होने पर आपके ही दर्शनों की इच्छा करते हैं। आपका वही दर्शन पाकर मेरी समस्त इच्छाएँ पूर्ण हो गईं।

श्री भगवान् ने कहा, प्रियवर! स्वायम्भुव मनु अपनी पत्नी शतरूपा सहित तुम्हारे आश्रम में आयेंगे। उनकी गुणों से सम्पन्न कन्या का तुम पाणिग्रहण करो। उससे तुम्हारी नौ कन्यायें होंगी। फिर तुम्हारी उन कन्याओं से लोक रीति के अनुसार मरीचि आदि ऋषिगण पुत्र उत्पन्न होंगे। मैं भी अपने अंश-कलारूप से, सांख्यशास्त्र की रचना के लिये, तुम्हारे पुत्र के रूप में अवतार ग्रहण करूँगा। जो मुझे पुत्र के रूप में ही पाने की तुम्हारी प्रगाढ़ इच्छा थी, वह पूर्ण होगी। इतना कहकर श्रीहरि अन्तर्धान हो गये।

कर्दम ऋषि का आश्रम सरस्वती नदी के तट पर था। उनकी तपस्या तथा श्रीहरि की चरणधूली से वह पवित्र हो गया तथा वह बिन्दुसर तीर्थ के नाम से जाना जाता है। यह बहुत ही रमणीय है।

श्रीहरि के कहे अनुसार महाराज मनु अपनी कन्या तथा पत्नी सहित कर्दम ऋषि के आश्रम पहुँचे तथा मुनिवर कर्दम का आतिथ्य ग्रहण किया। तत्पश्चात् श्रीहरि की आज्ञा का स्मरण कर उन्होंने (ऋषि ने) कहा, हे देव! आप भगवान् विष्णु की पालन-शक्ति रूप हैं; आपको नमस्कार है। आपका भ्रमण करना-प्रजा कल्याण, सज्जनों की रक्षा तथा

दुष्टों के संहार के लिए है। यही राजा का कर्तव्य है। यदि आप ऐसा न करें तो दुष्ट लोग धर्म-मर्यादा का खण्डन कर दें तथा अधर्म सर्वत्र फैल जाय। फिर भी यहां आपका आगमन किस प्रयोजन से हुआ है? मेरे लिये जो आज्ञा होगी, उसे निष्कपट भाव से मैं सहर्ष स्वीकार करूँगा।

अध्याय 22

ऋषि कर्दम-देवहूति विवाह

मनुजी ने कहा, हे मुने! वेदमय विग्रह की रक्षा के लिये तप, विद्या तथा योग से सम्पन्न, विषयों से अनासक्त—आप ब्राह्मणों की रचना हुई है। आपकी तथा प्रजा की रक्षा के लिये हमारी उत्पत्ति हुई। आपके दर्शनों से मैं कृतार्थ हो गया। मेरे भाग्योदय से ही आपने मुझे राजधर्म की शिक्षा देकर मुझपर महान अनुग्रह किया है।

हे मुने! कन्यास्नेवश मेरा चित्त बहुत चिन्ताग्रस्त है। मेरी यह कन्या प्रियव्रत था उत्तानपाद की भगिनि है तथा अवस्था, शील-गुण आदि में सुयोग्य है। जबसे मैंने नारदजी के मुख से आपके शील, विद्या, रूप, आयु तथा गुणों का वर्णन सुना है, तबसे यह आपको अपने पति के रूप में पाने के लिये निश्चय कर चुकी है। मैं अति श्रद्धा से आपको यह कन्या समर्पित करता हूँ। आप इसे स्वीकार कीजिये।

श्री कर्दम मुनि ने कहा, हे राजन्! हमारा सर्वश्रेष्ठ ब्राह्म विधि से विवाह होना उचित होगा। वेदोक्त विवाह विधि में प्रसिद्ध 'गृभ्णामि ते', इस प्रकार बताये हुए मन्त्रों से हमारा सन्तानोत्पादन रूप मनोरथ सफल होगा। यह महाराज स्वायम्भुव मनु की दुलारी कन्या तथा उत्तानपाद की प्यारी बहिन रमणियों में रत्न के समान है। मैं आपकी इस साध्वी कन्या को अवश्य स्वीकार करूँगा, किन्तु एक आश्वासन पर कि जब तक इसके सन्तान हो जायेगी, तभी तक मैं गृहस्थ धर्मानुसार इसके साथ

रहूँगा। तत्पश्चात् संन्यास-प्रधान, हिंसारहित शम-दमादि धर्मों को ही अधिक महत्त्व दूँगा। जिनसे इस विचित्र जगत् की उत्पत्ति हुई है, जिनमें यह प्रलय-काल में लीन हो जाता है, जिनके आश्रय यह स्थित है- मुझे तो प्रजापतियों के भी पति श्री भगवान्, श्री अनन्त ही सर्वप्रिय हैं तथा मान्य हैं।

महारानी शतरूपा ने भी बेटी तथा दामाद को बड़े प्रेमपूर्वक बहुत से बहुमूल्य वस्त्र, आभूषण तथा गृहस्थोचित पात्रादि भेज दिये।

पृथ्वी को रसातल से ले आने पर श्री वराह भगवान् के रोम झकड़कर जिस स्थान पर गिरे थे, वहाँ निरन्तर हरे-भरे रहने वाले कुश तथा कास हुए जिसे ऋषि मुनि यज्ञ करते समय प्रयोग करते हैं (विघ्ननाशक के रूप में)। श्री मनुजी ने भी भूमिरूप स्थान प्राप्त होने पर, इसी स्थान पर, कुश और कास की चटाई बिछाकर पूजा की थी। मनुजी ने 71 चतुर्युग की आयु, प्रजा-पालन, प्रजापति के रूप में व्यतीत की तथा मनुस्मृति की रचना की।

अध्याय 23

ऋषि कर्दम-देवहूति विहार

देवहूति, विवाह पश्चात्, पति-सेवा में अनुरक्त हो गई। यहां तक कि उसने अपने शरीर तक को भी अनदेखा कर दिया तथा व्रतों आदि के कारण दुर्बल हो गई। एक दिन कर्दमजी उससे बोले, हे मनुनन्दिनी! तुमने मेरी सेवा के लिए अपने शरीर के क्षीण होने की भी चिन्ता नहीं की। मुझे तप, समाधि, उपासना तथा योग में भगवत्प्रसादस्वरूप विभूतियाँ प्राप्त हुई हैं। अब उन पर तुम्हारा भी अधिकार हो गया है। मैं तुम्हें दिव्य दृष्टि प्रदान करता हूँ। तुम उन्हें देखो। पति सेवा से तुम्हें ये दिव्य भोग प्राप्त हो गये हैं।

सन्तान उत्पत्ति तक कर्दम मुनि को गृहस्थ आश्रम भोगना था। अतः पत्नी सुख हेतु उन्होंने अपनी योगमाया से एक विमान रचा जो इच्छा

अनुसार सर्वत्र आ जा सकता था तथा सब भोगों से सम्पन्न था। उससे उनका आश्रम रमणीय हो गया। यह तो वास्तव में श्री विष्णु भगवान् की चरणधूलि से ही एक तीर्थ स्थान बन गया था तथा यहां सभी भोग उपलब्ध हो गये थे।

देवहूति राजकन्या थी। उसकी प्रसन्नता के लिये कर्दम मुनि ने मेरु पर्वत की घाटियों में विहार किया। ये घाटियाँ आठों लोकपालों की विहार भूमि हैं। शीतल, मन्द, सुगन्धित वायु इनकी कमनीय शोभा का विस्तार करती है। यहां गंगाजी के स्वर्गलोक से गिरने की मंगलमय ध्वनि निरन्तर गूँजती रहती है। जिन्होंने श्री भगवान के भव-भयहारी पवित्र चरणों का आश्रय लिया है, उन धीर पुरुषों के लिये कौन सी वस्तु अथवा शक्ति दुर्लभ है।

गृहस्थ आश्रम की पालना करते हुए देवहूति से एक साथ नौ कन्याओं का जन्म हुआ। प्रतिज्ञानुसार कर्दम मुनि ने अब संन्यास आश्रम में प्रवेश करना था। देवहूति ने प्रार्थना की, हे मुने! आपने अपनी प्रतिज्ञा का पालन किया। परन्तु हे ब्रह्मण्! इन कन्याओं के लिए योग्य वर प्राप्त करने होंगे। यदि आप वन चले जायेंगे तो मुझे किस का सहयोग प्राप्त होगा? अवश्य ही मैं श्री भगवान् की माया से भ्रमित हो गई थी जो मैंने आप जैसे मुक्तिदाता पति को पाकर भी संसार बन्धन से मुक्त होने की इच्छा नहीं की।

अध्याय 24

श्री कपिलदेव-जन्म

कर्दम मुनि को श्री विष्णुजी का कथन स्मरण हो आया। वे बोले, हे राजकुमारी! तुम्हारे गर्भ से श्री विष्णुजी शीघ्र ही अंश-अवतार लेंगे।

तुम संयम, नियम, तप तथा दानादि धर्म-कर्म करती हुई श्री भगवान् का श्रद्धापूर्वक भजन करो। श्रीहरि तुम्हारे गर्भ से अवतीर्ण होकर हमारा यश बढ़ायेंगे तथा तुम्हें ब्रह्मज्ञान का उपदेश देंगे।

कुछ समय व्यतीत हो जाने पर भगवान् मधुसूदन देवहूति के गर्भ से प्रकट हुए। प्रकृति ने वे सारे चिन्ह प्रकट किये जो श्री भगवान् के अवतीर्ण समय होते हैं। श्री ब्रह्माजी, मरीचि आदि मुनियों सहित, कर्दमजी के आश्रम में पधारे। श्री ब्रह्माजी को विदित था कि साक्षात् परब्रह्म भगवान् विष्णु सांख्यशास्त्र का उपदेश देने के लिए, विशुद्ध सत्त्वमय अंश से अवतीर्ण हुए हैं।

श्री ब्रह्माजी ने कहा, प्रिय कर्दम! तुम्हारी सुन्दर कन्याएँ अपने वंशों द्वारा इस सृष्टि का विस्तार करेंगी। तुम इन मरीचि आदि मुनिवरों को, इनके स्वभाव और रुचि के अनुसार, अपनी कन्याएँ समर्पित करो। हे राजकुमारी! सुनहले केश, कमल जैसे विशाल नेत्र तथा कमलांकित चरणकमल रूप में, यह शिशु, श्रीहरि का अवतार है तथा ज्ञान-विज्ञान द्वारा कर्मों की वासनाओं का छेदन (सांख्यशास्त्र अथवा ज्ञान) ही इसका प्रयोजन है। यह बालक 'कपिल' नाम से विख्यात होगा।

श्री ब्रह्माजी की आज्ञा का पालन करते हुए, कर्दम मुनि ने कन्या कला का मरीचि, अनूसया का ऋषि अत्रि, श्रद्धा का ऋषि अंगिरा तथा हविर्भू का ऋषि पुलस्त्य से विवाह किया। ऋषि पुलह को उनके अनुरूप अपनी कन्या 'गति', ऋषि क्रतु को परम साध्वी क्रिया, भृगुजी को ख्याति तथा ऋषि वसिष्ठ को अरुन्धती विवाह हेतु समर्पित की। ऋषि अथर्व का विवाह शान्ति से किया, जिससे यज्ञकर्म का विस्तार किया जाता है।

कर्दम जी ने देखा कि ब्रह्माजी के कथनानुसार यहां साक्षात् देवाधिदेव श्रीहरि ने ही अवतार लिया है। जिनके स्वरूप की योगीजन अनेक जन्मों की साधना से समाधि के द्वारा दर्शनमात्र की इच्छा करते हैं, वे ही श्री भगवान् हम विषयलोलुपों के द्वारा होने वाली अपनी अवज्ञा का कुछ भी विचार न कर, आज हमारे घर अवतीर्ण हुए हैं। श्रीहरि को प्रणाम कर, कर्दमजी बोले- आप ऐश्वर्य, वैराग्य, यश, ज्ञान, वीर्य, तथा श्री- इन

छः ऐश्वर्यों से पूर्ण हैं। मैं आपकी शरण में हूँ। आप परब्रह्म हैं। सारी शक्तियाँ आपके ही अधीन हैं। आप सर्वज्ञ परमात्मा ही इस सारे प्रपँच को अपनी चेतन शक्ति द्वारा अपने में लीन कर लेते हो। मैं आप भगवान् कपिल की शरण लेता हूँ।

श्री भगवान् ने कहा, हे मुने! मेरा यह जन्म, लिंग शरीर से मुक्त होने की इच्छा युक्त मुनियों के लिये, आत्मदर्शन में प्रकृति आदि तत्त्वों का विवेचन करने के लिये हुआ है। आत्मज्ञान का यह सूक्ष्म मार्ग बहुत समय से प्रायः लुप्त हो गया था। इसे प्रवर्तित करने के लिए ही मैंने यह जन्म लिया है। मैं ही स्वयंप्रकाश तथा सम्पूर्ण जीवों के अन्तःकरण में रहने वाला परमात्मा हूँ। माता देवहूति को मैं ही मोक्ष प्राप्ति के प्रति आत्मज्ञान प्रदान करूँगा।

श्री भगवान् के ये वचन सुनकर, प्रजापति कर्दमजी, उनकी परिक्रमा कर प्रसन्नतापूर्वक वन को चले गये। संन्यास-धर्म का पालन करते हुए वे एकमात्र श्री भगवान् की शरण में हो गये। उनकी बुद्धि अन्तुर्मुख तथा शान्त हो गई। परम भक्तिभाव द्वारा, सर्वान्तर्यामी श्री वासुदेव में चित्त स्थिर कर वे सारे बन्धनों से मुक्त हो गये तथा परमपद को प्राप्त हो गये।

अध्याय 25

श्री कपिलदेवजी द्वारा भक्तियोग महिमा

माता देवहूति की अभिलाषा पूर्ण करने के लिये भगवान् कपिलजी ने कहा, हे माते! यह मेरा निश्चय है कि अध्यात्मयोग ही मनुष्यों के आत्यन्तिक कल्याण का मुख्य साधन है। इस योग का मैंने पहले नारदादि ऋषियों के प्रति प्रवचन किया था।

जीव के बन्धन तथा मोक्ष का कारण मन माना गया है। विषयों में आसक्त होने पर यह बन्धन का हेतु होता है। परमात्मा में अनुरक्त होने

पर यही मोक्ष का साधन बन जाता है। 'मैं तथा मेरे', मन से युक्त, जिस समय यह काम, क्रोध, मोह आदि विकारों से छूट जाता है, तब शुद्ध तथा शान्त हो जाता है। उस समय जीव, ज्ञान, वैराग्य तथा भक्तियुक्त हृदय द्वारा आत्मा को प्रकृति से अलग, अद्वितीय, भेदरहित, स्वयंप्रकाश, सूक्ष्म, अखण्ड तथा उदासीन देखता है। योगियों के लिये, भगवत्प्राप्ति के निमित्त सर्वात्मा श्रीहरि के प्रति की हुई भक्ति के समान और कोई मंगलमय मार्ग नहीं है। संग अथवा आसक्ति ही जीव का बन्धन है, परन्तु यही आसक्ति यदि संत महात्माओं के प्रति हो, अथवा श्री भगवान् के प्रति हो, तो मोक्ष का कारण बन जाती है।

जो सहनशील, दयालु, समभाव, समदर्शी, शान्त, सरलस्वभाव तथा श्री भगवान् में सुदृढ़ प्रेम रखते हैं, वे महापुरुष ही साधु होते हैं। श्री भगवान् की कथाओं तथा लीलाओं में ही उनकी सदा रुचि बनी रहती है।

जिसका चित्त एकमात्र श्री भगवान् में ही अनुरक्त है, ऐसे मनुष्य की वेदविहित कर्मों में व्यस्त ज्ञान इन्द्रियाँ तथा कर्म इन्द्रियाँ जब श्रीहरि के प्रति स्वाभाविक प्रवृत्ति में संलग्न हो जाती हैं, वह श्री भगवान् की अहैतुकी भक्ति है। यह मुक्ति से भी बढ़कर है। वे साधुजन, अरुणनयन तथा मनोहर मुखारविन्द श्रीहरि के परम सुन्दर और वरदायक दिव्य रूपों को निहारते हैं।

अविद्या निवृत्ति हो जाने पर यद्यपि वे मायापति के सत्यादि लोकों की भोग सम्पत्ति की इच्छा नहीं करते, वे श्रीहरि के धाम को प्राप्त कर उन सर्व सिद्धियों को स्वयं प्राप्त कर लेते हैं तथा न उन्हें कालचक्र ही ग्रस सकता है।

जो लिंगदेह से सम्बन्धित सभी पदार्थों का त्याग कर देते हैं तथा अनन्य भक्ति से श्रीहरि का भजन करते हैं, वे मृत्युरूप भवसागर को तर जाते हैं। सर्व सृष्टि के आधार श्रीहरि, अर्थात् मैं हूँ। मेरा आश्रय भय-बन्धन से मुक्त करता है।

अध्याय 26

प्रकृति-तत्त्वज्ञान

भगवान् कपिल ने कहा, हे माता! यह सारा जगत् जिससे व्याप्त होकर प्रकाशित होता है, वह परमात्मा ही परमपुरुष है। वह अनादि, निर्गुण, प्रकृति से परे, अन्तःकरण में स्फुरित होने वाला तथा स्वयंप्रकाश है। अपने से भिन्न प्रकृति को ही अपना स्वरूप समझकर, प्रकृति के गुणों द्वारा किये जाने वाले कर्मों में मनुष्य अपने को ही कर्ता मानने लगता है। इस कर्तृत्व अभिमान से ही मनुष्य को जन्म-मृत्यु रूप बन्धन तथा परतन्त्रता की प्राप्ति होती है। कार्यरूप शरीर, कारणरूप इन्द्रिय तथा कर्तारूप इन्द्रियाधिष्ठातृ देवताओं में जो पुरुष अपनेपन की भावना कर लेता है, पण्डितजन उस पुरुष को सुख-दुखों के भोगने में कारण मानते हैं।

जो त्रिगुणात्मक, अव्यक्त, नित्य और कार्य-कारण रूप है तथा स्वयं निर्विशेष होकर भी सम्पूर्ण विशेष धर्मों का आश्रय है, उस प्रधान तत्त्व को ही प्रकृति कहते हैं। पाँच महाभूत (पृथ्वी, जल, तेज अथवा अग्नि, वायु तथा आकाश), पाँच तन्मात्रा (गन्ध, रस, रूप, स्पर्श तथा शब्द), चार अन्तःकरण (मन, बुद्धि, चित्त तथा अहंकार), दस इन्द्रियाँ (श्रोत्र, त्वचा, चक्षु, रसना, घ्रान (नासिका), वाक्, पाणि (हस्त), पाद, उपस्थ, पायु (गुदा)। मन, बुद्धि, चित्त तथा अहंकार– इन चार के रूप में एक ही अन्तःकरण अपनी– संकल्प, निश्चय, चिन्ता तथा अभिमान- चार प्रकार की वृत्तियों को अभिव्यक्त करता है। विद्वान् लोग चौबीस तत्त्वों के इस समूह को प्रकृति का कार्य मानते हैं। इनके अतिरिक्त काल को 25वां तत्त्व कहते हैं। अपनी माया द्वारा जो सब प्राणियों के भीतर जीव-रूप से, तथा बाहर कालरूप से व्याप्त हैं, वे भगवान् ही पच्चीसवें तत्त्व हैं।

जब परमपुरुष परमात्मा ने जीवों के अदृष्टवश क्षोभ को प्राप्त हुई सम्पूर्ण जीवों की उत्पत्ति-स्थान-रूपा प्रकृति में अपना चेतन रूप बीज

स्थापित किया, तो उससे यह तेजोमय महत्तत्त्व उत्पन्न हुआ। अंकुररूप इस महत्तत्त्व ने अपने में स्थित विश्व को प्रकट करने के लिए अपने स्वरूप को आच्छादित करने वाले प्रलयकालीन अन्धकार को अपने ही तेज से पी लिया (अपने में समेट लिया)

जो सत्त्वगुण, स्वच्छ, शान्त तथा भगवान् की उपलब्धि का स्थानरूप चित्त है, वही महत्तत्त्व है तथा उसी को 'वासुदेव' कहते हैं (जिसे अध्यात्म में चित्त कहते हैं, उसी को अधिभूत में महत्तत्त्व कहते हैं। चित्त में अधिष्ठाता 'क्षेत्रज्ञ' और उपास्यदेव 'वासुदेव' हैं। इसी प्रकार अहंकार में अधिष्ठाता रुद्र और उपास्यदेव 'संकर्षण' हैं। बुद्धि में अधिष्ठाता 'ब्रह्मा' तथा उपास्यदेव 'प्रद्युन्म' हैं तथा मन में अधिष्ठाता 'चन्द्रमा' तथा उपास्यदेव 'अनिरुद्ध' हैं।)

श्री भगवान् की चेतनाशक्ति से उत्पन्न महत्तत्त्व के विकृत होने पर उससे क्रिया-शक्ति प्रधान अहंकार उत्पन्न हुआ। यह वैकारिक, तैजस तथा तामस भेद से तीन प्रकार का है। इससे क्रमशः मन, इन्द्रियों तथा पँचमहाभूतों की उत्पत्ति हुई।

श्री भगवान् की चेतनशक्ति से तामस अहंकार के विकृत होने पर उससे शब्द तन्मात्र प्रकट हुआ। शब्द तन्मात्र से आकाश तथा श्रोत्रेन्द्रिय उत्पन्न हुई। भूतों को अवकाश देना, सबके बाहर-भीतर रहना तथा प्राण, इन्द्रिय और मन का आश्रय होना– आकाश के वृत्ति रूप लक्षण हैं। तत्पश्चात् आकाश से स्पर्श तन्मात्र उत्पन्न हुआ; फिर उससे वायु तथा स्पर्श का ग्रहण (ज्ञान) कराने वाली त्वचा (त्वगिन्द्रिय) उत्पन्न हुई। गन्धादि द्रव्यों को घ्राण इन्द्रिय के समीप ले जाना, शब्द को श्रोत्रेन्द्रिय के समीप ले जाना तथा समस्त इन्द्रियों को कार्य शक्ति देना वायु की वृत्ति के लक्षण हैं।

स्पर्शतन्मात्रविशिष्ट वायु के विकृत होने पर उससे रूप तन्मात्र उत्पन्न हुआ तथा उससे तेज और रूप को उपलब्ध कराने वाली नेत्रेन्द्रिय का प्रक्टाव हुआ। रूपतन्मात्रतेज के विकृत होने पर उससे रस तन्मात्र उत्पन्न हुआ तथा रस को ग्रहण कराने वाली रसनेन्द्रिय। रसरूप जल के विकृत होने पर गन्ध तन्मात्र हुआ तथा उससे पृथ्वी और गन्ध को ग्रहण कराने

वाली घ्राणेन्द्रिय प्रकट हुई।

फिर परमात्मा के प्रवेश से क्षुब्ध तथा परस्पर मिले हुए उन तत्वों से, एक जड़ अण्ड उत्पन्न हुआ। उस अण्ड से विराट् पुरुष की अभिव्यक्ति हुई। इसी के अन्तर्गत श्रीहरि के स्वरूपभूत चौदह भुवनों का विस्तार है। यह चारों ओर से क्रमशः एक-दूसरे से दस गुने जल, अग्नि, वायु, आकाश, अहंकार तथा महत्तत्त्व– छः आवरणों से घिरा हुआ है। इन सबके बाहर सातवाँ आवरण प्रकृति का है। चित्त के अधिष्ठाता क्षेत्रज्ञ ने, चित्त सहित, जब विराट् पुरुष के हृदय में प्रवेश किया तो वह क्रियान्वित हो उठा। सारा ब्रह्माण्ड इस विराट् पुरुष के अंगों में कल्पित है।

इस प्रकार जानकर भक्ति, वैराग्य तथा चित्त की एकाग्रता से प्रकट हुए ज्ञान के द्वारा उस अन्तरात्मस्वरूप क्षेत्रज्ञ को इस शरीर में स्थित जानकर उसका चिन्तन करना चाहिए।

अध्याय 27

जीवज्ञान तथा मोक्ष साधन

स्वभाव से आत्मा निर्विकार, अकर्ता तथाा निर्गुण है। परन्तु जब यह प्राकृत गुणों से अपना सम्बन्ध स्थापित कर लेता है, तब अहंकार से मोहित होकर, 'मैं कर्ता हूं', ऐसा मानने लगता है। इस अभिमान के कारण वह देह के संसर्ग से किये हुए पुण्य-पाप रूप कर्मों से बन्ध जाता है तथा उत्तम, मध्यम और नीच योनियों में उत्पन्न होकर, संसार चक्र (भ्रमर) में पड़ जाता है। अतः आवश्यक है कि चित्त को तीव्र भक्तियोग तथा वैराग्य द्वारा शनैः-शनैः अपने वश में लाये। स्वभाव में परिवर्तन लाये। प्रारब्ध अनुसार जो मिले उसी में सन्तुष्ट रहे। परिमित भोजन करे। एकान्त में रहे। शान्तस्वभाव, सबका मित्र और हितैषी, दयालु, भयरहित तथा धैर्यवान् बने। स्त्री-पुत्र, धनादि पदार्थों में उदासीन

रहे। आत्मदर्शी मुनि अपने शुद्ध अन्तःकरण द्वारा परमात्मा का साक्षात् कर उस अद्वितीय ब्रह्मपद की प्राप्ति का यत्न करे।

जिस प्रकार जल में सूर्य के प्रतिबिम्ब से आकाश में सूर्य का भान होता है, वैसे ही वैकारिक आदि भेद से तीन प्रकार का अहंकार देह, इन्द्रिय तथा मन में स्थित अपने प्रतिबिम्बों से लक्षित होता है और फिर सत् परमात्मा के प्रतिबिम्बयुक्त उस अहंकार द्वारा, सत्यज्ञानस्वरूप परमात्मा का दर्शन होता है– जो सुषुप्ति के समय निद्रा से शब्दादि भूतसूक्ष्म, इन्द्रिय तथा मन-बुद्धि आदि के अव्याकृत में लीन हो जाने पर स्वयं जाग्रत् रहता है तथा सर्वथा अहंकार-शून्य है।

जिस प्रकार अग्नि का उत्पत्ति स्थान अरणि अपने से ही उत्पन्न होने वाली अग्नि से जलकर भस्म हो जाती है, उसी प्रकार निष्काम भाव से किये हुए स्वधर्मपालन द्वारा अन्तःकरण शुद्ध होने से, भगवत्कथा-श्रवण द्वारा पुष्ट हुई तीव्र भक्ति से, तत्त्वसाक्षात् कराने वाले ज्ञान से, प्रबल वैराग्य से, व्रतादि कर्मकाण्ड से तथा चित्त की प्रगाढ़ एकाग्रता से पुरुष की अविद्या क्षीण पड़ जाती है। जिसे तत्त्वज्ञान हो गया है तथा जो निरन्तर श्रीहरि में मन लगाये रहता है (मुझ में), उस आत्मपरायण मुनि की, प्रकृति कुछ भी अनिष्ट नहीं कर सकती। वह धैर्यवान् भक्त श्रीहरि की महती कृपा से तत्त्वज्ञान प्राप्त कर, आत्मानुभव के द्वारा सारे संशयों से मुक्त हो जाता है। फिर लिंगदेह का नाश होने पर एकमात्र मेरे ही आश्रित अपने स्वरूपभूत कैवल्यसंज्ञक मंगलमय पद को सहज ही प्राप्त कर लेता है।

अध्याय 28

अष्टांगयोग विधि

माता देवहूति को अष्टांगयोग की विधि बताते हुए श्री कपिल जी कहते हैं– प्रथम संयम, शरीर-शुद्धि तथा चित्त की शुद्धि का अभ्यास

करना चाहिए। मन शुद्धि के लिये शास्त्रविहित स्वधर्मपालन तथा प्रारब्ध अनुसार जो कुछ मिल जाये उसी में सन्तुष्ट रहना। विषय--वासना कर्मों से संकोच, परिमित भोजन तथा शुद्ध एकान्त स्थान में रहना। मन, वाणी तथा शरीर से किसी भी प्राणी को कष्ट न देना। आवश्यकता से अधिक वस्तुओं का संग्रह न करना। ब्रह्मचर्य पालन तथा बाहर-भीतर की शुद्धि। धार्मिक शास्त्रों का अध्ययन तथा श्री भगवान् की पूजा में अपने चित्त को स्थिर करना। धीरे-धीरे प्राणायाम द्वारा श्वास पर नियन्त्रण कर मन को हृदेश में स्थापित करना।

प्राणायाम के अभ्यास के लिये पवित्र देश में कुश-मृगछाल आदि का आसन बिछाये (न अति नीचा न अति ऊँचा)। उस पर शरीर को सीधा तथा स्थिर रखते हुए, आरम्भ में पूरक, कुम्भक तथा रेचक क्रम से अथवा इसके विपरीत रेचक, कुम्भक तथा पूरक करके प्राण के मार्ग का शोधन करे, जिससे चित्त स्थिर तथा निश्चल हो जाय। प्राणवायु को वश में करने से मन अतिशीघ्र शुद्ध और स्थिर हो जाता है। मन स्थिर होते ही नासिका के अग्रभाग में दृष्टि कर श्री भगवान् की मूर्ति का ध्यान करे।

श्री भगवान् का मुखमण्डल आनन्द से प्रफुल्ल है, नेत्र कमलकोश के समान रतनारे हैं, शरीर नीलकमल-दल के समान श्याम है; हाथों में शंख, चक्र, गदा तथा पदम् धारण किये हैं। कमल के केसर के समान पीला वस्त्र लहरा रहा है। वक्षःस्थल पर श्रीवत्स चिन्ह है। गले में कौस्तुभमणि सुशोभित है। वनमाला चरणों तक लटकी हुई है। उनका श्याम-सुन्दर-स्वरूप अत्यन्त शान्त और मन तथा नयनों को आनन्दित करने वाला है। श्री भगवान् सम्पूर्ण लोकों में वन्दनीय हैं। उनका यश परम कीर्तनीय है। भक्तों पर उनकी कृपा सदा बनी रहती है। भगवद्विग्रह में चित्त के स्थिर हो जाने पर योगी उनके समस्त अंगों में, एक-एक करके, चित्त को स्थापित करे। भगवान् के चरणकमलों का ध्यान करे। वे वज्र, अंकुश, ध्वजा तथा कमल के मंगलमय चिन्हों से युक्त हैं। इन्हीं की धोवन से श्री गंगाजी प्रकट हुई जिसको श्री महादेव जी ने अपनी जटाओं में आश्रय दिया।

श्रीहरि की दोनों पिण्डलियों का ध्यान करे, जिनकी विश्वविधाता

ब्रह्माजी की माता सुरवन्दिता कमललोचना लक्ष्मीजी सेवा करती हैं। भगवान् की जाँघों का ध्यान करे जो अलसी के फूल के समान नीलवर्ण तथा बल की निधि हैं। भगवान् के नितम्बबिम्ब का ध्यान करे जो एड़ी तक लटके हुए पीताम्बर से ढका हुआ है तथा ऊपर पहनी हुई सुवर्णमयी करधनी की लड़ियों का आलिंगन कर रहा है।

सम्पूर्ण लोकों के आश्रयस्थान भगवान् के उदरदेश में स्थित नाभिसरोवर का ध्यान करे, जहां से ब्रह्माजी की उत्पत्ति हुई, जहां से ब्रह्माजी का आधारभूत सर्वलोकमय कमल प्रकट हुआ। फिर प्रभु के वक्षःस्थल का ध्यान करे जो महालक्ष्मीजी का निवास स्थान है। फिर वन्दनीय भगवान् के गले का चिन्तन करे जो कौस्तुभमणि की शोभा बढ़ा रहा है। समस्त लोकपालों की आश्रयभूता, भगवान् की चारों भुजाओं का ध्यान करे, जिनमें, जिनके हाथों में सुदर्शन चक्र, गदा, शंख तथा पदम् सुशोभित हैं तथा जो कंकणादि आभूषणों से देदीप्यमान हैं।

भक्तों पर कृपा करने के लिये साकार रूप धारण करनेवाले श्रीहरि के मुखकमल का ध्यान करे, जिसकी मुस्कान सारे जगत् की पीड़ा हरनी है। इस प्रकार साधक का श्रीहरि में प्रेम हो जाता है तथा हृदय भक्ति से द्रवित हो उठता है। 'आनन्दविभोर हो' रोमांच तथ अश्रुधारा बहने लगती है। यही अष्टांगयोग विधि है। योगी इस अविद्यारहित वृत्ति से, सुख-दुख रहित ब्रह्मरूप महिमा में स्थित होकर, परमतत्त्व का साक्षात् कर, अपने को सुख-दुख के भोक्तृत्व से पृथक् पाता है, क्योंकि अहंकारवश यह उसे अपने में प्रतीत करता था।

जिस प्रकार जलती हुई लकड़ी से, चिंगारी से तथा स्वयं अपने से ही उत्पन्न हुए धूएँ से अग्नि पृथक् है, उसी प्रकार भूत, इन्द्रियों तथा अन्तःकरण से उनका साक्षी आत्मा अलग है तथा जीव कहलाने वाले उस आत्मा से भी ब्रह्म भिन्न है और प्रकृति से उसके संचालक पुरुषोत्तम भिन्न हैं। जिस प्रकार देह-दृष्टि से जरायुज, अण्डज, स्वेदज तथा उद्‌भिज्ज- चारों प्रकार के प्राणी पँचभूतमात्र हैं, उसी प्रकार सम्पूर्ण जीवों में आत्मा को तथा आत्मा में सम्पूर्ण जीवों को अनुगत देखे।

अध्याय 29

भक्तिमर्म तथा काल-महिमा

भक्तियोग के विषय में पूछने पर श्री कपिलजी बोले, हे माता! साधक के भाव के अनुसार भक्तियोग का प्रकाश होता है। जो भेददर्शी, क्रोधी पुरुष हिंसा, दम्भ अथवा मात्सर्य का भाव रखकर श्री भगवान् से प्रेम करता है वह तामस भक्त है। जो विषय, यश तथा ऐश्वर्य की कामना से श्री भगवान् की पूजा करता है, वह राजस भक्त है। जो पापों का क्षय करने के लिए, परमात्मा को समर्पण कर, पूजन करना कर्तव्य है, ऐसा मान कर, श्री भगवान् को भजता है (सेवा करता है), वह भक्त सात्त्विक है। श्री भगवान् में निष्काम तथा अनन्य प्रेम होना–निर्गुण भक्तियोग का लक्षण कहा गया है। ऐसे भक्त, दिये जाने पर भी, मेरी सेवा को छोड़कर (भगवान् कपिलजी श्रीहरि के अवतार हैं), सालोक्य (श्री भगवान् के नित्यधाम में निवास), सार्ष्टि (ऐश्वर्य-भोग), सामीप्य (भगवान् की नित्य समीपता), सारूप्य (सुन्दर रूप), सायुज्य (भगवान् के विग्रह में समा जाना) मोक्ष तक को नहीं लेते। इसके द्वारा मनुष्य तीनों गुणों को लांघकर श्री भगवान् के भाव को, उनके प्रेमरूप अप्राकृत स्वरूप को प्राप्त हो जाता है।

निष्कामभाव से श्रद्धापूर्वक स्वधर्मपालन, हिंसारहित व्यवहार, उत्तम कर्मों का अनुष्ठान, श्री भगवान् की प्रतिमा का दर्शन, स्पर्श, पूजा, स्तुति, वन्दना; प्राणियों में समभाव, धैर्य, वैराग्य, दया-भाव; उदासीनता, समदर्शी तथा श्री भगवान् की कथाओं का श्रवण, कीर्तन, मन की सरलता– इन सबसे चित्त अत्यन्त शुद्ध होकर श्री भगवान् के गुणों के श्रवणमात्र से अनायास ही उनमें लग जाता है। जो भेददर्शी तथा अभिमानी पुरुष दूसरे जीवों के साथ द्वेष करता है अथवा उन्हे कष्ट पहुँचाता है, वह वास्तव में उनके शरीर में स्थित आत्मरूप परमात्मा से द्वेष करता है तथा उसे कभी शान्ति नहीं मिलतीं

जिस प्रकार मनुष्य जड़-चेतन प्राणियों में श्रेष्ठ है, उसी प्रकार चार

वर्णों में ब्राह्मण-वर्ण उत्तम है, क्योंकि उसका कर्तव्य ज्ञान का प्रचार करना है। ब्राह्मणों में भी वेद को जानने वाला श्रेष्ठ है तथा वेदज्ञों में (वेदवादियों में) वेद के तात्पर्य को जानने वाला श्रेष्ठ है। तात्पर्य जानने वालों से संशय निवारण करने वाला उत्तम है। उनसे भी उत्तम है अपने वर्णाश्रमोचित धर्म का पालन करने वाला तथा उससे भी आसक्ति का त्याग तथा अपने धर्म का निष्काम भाव से आचरण करने वाला श्रेष्ठ है। उन सबसे श्रेष्ठ है, जो सम्पूर्ण कर्म श्री भगवान् को अपर्ण कर, भेदभाव रहित, उनकी उपासना करते हैं। वे चित्त और कर्म समर्पण करने वाले अकर्ता और समदर्शी सर्वश्रेष्ठ हैं।

भगवान्-परब्रह्म परमात्मा का अद्‌भुत प्रभावसम्पन्न तथा जागतिक पदार्थों के नानाविध वैचित्र्य का हेतुभूत स्वरूपविशेष ही 'काल' है। प्रकृति तथा पुरुष इसी के रूप हैं तथा इन से यह पृथक् भी है। नाना प्रकार के कर्मों का मूल अदृष्ट भी यही है। सबका आश्रय होने के कारण, समस्त प्राणियों में अनुप्रविष्ट होकर, भूतों द्वारा ही उनका संहार करता है। वह जगत् के पितामह ब्रह्माजी का भी प्रभु, 'भगवान्-काल', यज्ञों का फल देने वाला विष्णु है। इसी के भय से वायु चलता है। इसी के भय से सूर्य तपता है। इसी के भय से इन्द्र वर्षा करता है तथा तारे प्रकाश करते हैं। इसी के भय से समय-समय पर वनस्पतियाँ फल देती हैं, नदियाँ बहती हैं तथा समुद्र अपनी सीमा में रहता है तथा महत्तत्त्व अहंकाररूप शरीर का सात आवरणों से युक्त ब्रह्माण्ड के रूप में विस्तार करता है। यह अविनाशी काल स्वयं अनादि, किन्तु दूसरों का आदिकर्ता है। इसकी संहारशक्ति से यमराज भी भयभीत है।

अध्याय 30

विषयासक्ति से अधोगति

जिस प्रकार वायु के बल को मेघसमूह नहीं जानता, इसी प्रकार यह जीव भी बलवान् काल की शक्ति से भिन्न-भिन्न अवस्थाओं तथा योनियों में भ्रमण करता रहता है। प्राणी सुख की अभिलाषा से जिस-जिस वस्तु को बड़े कष्ट से प्राप्त करता है, भगवान् काल उसे नष्ट कर देता है। यह जीव जिस-जिस योनि में जन्म लेता है, उसी में आनन्द का अनुभव करने लगता है तथा आसक्त हो जाता है। यही प्रभु की माया है। अपने परिवार के लिए जिस प्रकार भी हो (छलकपट द्वारा भी), भोग की वस्तुओं का संग्रह करता है। जब यह मन्दबुद्धि धनहीन होकर कुटुम्ब के भरण-पोषण में असमर्थ हो जाता है तब भी वैराग्य को प्राप्त नहीं होता। इस प्रकार जो मूढ़ पुरुष इन्द्रियों को न जीतकर निरन्तर कुटुम्ब पालन में ही लगा रहता है, वह स्वजनों के बीच अत्यन्त वेदना से मृत्यु को प्राप्त हो जाता है। अपने इस शरीर को यहीं छोड़कर, प्राणियों से द्रोह करके, एकत्रित किये हुए पापकर्मों के स्वरूप, वह अकेला ही नरक में जाता है। मनुष्य जन्म मिलने के पूर्व, जितनी भी यातनाएँ हैं, वह क्रमशः विभिन्न योनियों में भोगकर तथा शुद्ध हो जाने पर पुनः मनुष्य योनि में जन्म लेता है।

अध्याय 31

मनुष्ययोनि–जीव की गति वर्णन

कपिल जी कहते हैं– जब जीव को मनुष्य शरीर में जन्म लेना होता है तो वह भगवान् की प्रेरणा से, अपने पूर्व कर्मोंनुसार देहप्राप्ति के लिए,

पुरुष के वीर्यकण द्वारा स्त्री के उदर में प्रवेश करता है। वहां एक रात्रि में, स्त्री के रज में मिलकर, एकरूप कलल बन जाता है। पाँच रात्रि में बुदबुदरूप हो जाता है। दस दिनों में बेर के बराबर हो जाता है। तत्पश्चात् मांस-पेशी रूप में परिणत हो जाता है। एक महीने में उसके शीश निकल आता है। दो मास में हाथ-पाँव आदि अंगों का विभाग हो जाता है। तीन मास में नख, रोम, अस्थि, चर्म तथा स्त्री-पुरुष के चिन्ह तथा अन्य छिद्र उत्पन्न हो जाते हैं। चार मास में उसमें मांसादि सातों धातुएँ प्राप्त हो जाती हैं। पाँचवें मास में भूख-प्यास लगने लगती है तथा छठे मास में झिल्ली में लिपटकर वह माता की दाहिनी कोख में घूमने लगता है। उस समय माता के खाये हुए अन्न जल आदि से उसकी सब धातुएँ पुष्ट होने लगती हैं। उसका शीश पेट की ओर तथा पीठ और गर्दन कुण्डलाकार मुड़े रहते हैं। वह अंगों को हिलाने डुलाने में अभी असमर्थ होता है। इसी समय अदृष्ट की प्रेरणा से उसे स्मरणशक्ति प्राप्त होती है। सातवाँ महीना आरम्भ होने पर उसमें ज्ञानशक्ति का भी उन्मेष हो जाता है। तब सप्तधातुमय स्थूल शरीर से बँधा हुआ वह देहात्मदर्शी जीव अत्यन्त भयभीत होकर, दीन वाणी से कृपा-याचना करता हुआ उस प्रभु की स्तुति करता है तथा इस कष्टमय स्थिति से मुक्त होने के लिए प्रार्थना करता है, क्योंकि इस समय यह जीव माता के उदर में मल-मूत्र के कुएँ में गिरा हुआ होता है।

वह नौ-दस महीने का जीव, गर्भ में ही जब इस प्रकार विवेकसम्पन्न होकर श्री भगवान् की स्तुति करता है, तब उस अधोमुख बालक को प्रसव काल की वायु तत्काल बाहर आने के लिये ढकेलती है। इस स्थिति में वह अत्यन्त व्याकुल हो जाता है तथा नीचे शीश कर बड़ी कठिनाई से बाहर निकलता है। उस समय कुछ क्षणों के लिए उसके श्वास की गति रुकती है तथा उसकी पूर्वस्मृति नष्ट हो जाती है।

इसी प्रकार बाल्य और पौगण्ड (5 से 16 वर्ष की आयु) अवस्थाओं को पार कर वह बालक युवावस्था में प्रवेश करता है। उस समय यदि उसे कोई इच्छित भोग प्राप्त न हो तो वह अज्ञानवश दुःखी और क्रोधित हो उठता है। देह के साथ-साथ अभिमान और क्रोध बढ़

जाने के कारण यह कामवश–जीव अपना अनिष्ट करना प्रारम्भ कर देता है। मेरे तथा मेरेपन के अभिमान से घिर जाता है। मर्णपर्यन्त अभिलाषाओं तथा इच्छाओं को अपने में उत्पन्न कर लेता है। बुरी संगत तथा बुरे कर्मों से उसके सत्य, शौच, दया, वाणी का संयम, बुद्धि, लज्जा, क्षमा, मन तथा इन्द्रियों का संयम नष्ट हो जाते हैं। यह एक साधारण मनुष्य की स्थिति है, परन्तु जो पुरुष योग के परमपद पर आरूढ़ होना चाहता है वह अपने को श्रीहरि की सेवा में समर्पित कर दे।

जीव का उपाधिरूप लिंगशरीर तो मोक्षपर्यन्त उसके साथ रहता है तथा भूत, इन्द्रिय और मन का कार्यरूप स्थूल शरीर इसका भोगाधिष्ठान है। इन दोनों का परस्पर संगठित होकर कार्य न करना ही प्राणी की 'मृत्यु' है तथा दोनों का साथ-साथ प्रकट होना 'जन्म' कहलाता है। अतः मुमुक्षु पुरुष को मरणादि से भय नहीं होना चाहिए। उसे जीव के स्वरूप को जान कर, धैर्यपूर्वक, निसंगभाव से विचरना चाहिए तथा इस मायामय संसार में योग-वैराग्य-युक्त सम्यक् ज्ञानमयी बुद्धि से, शरीर को निक्षेप की भाँति रखकर, उसके प्रति अनासक्त रहना चाहिए।

अध्याय 32

धूममार्ग तथा अर्चिमार्ग

कपिल देवजी कहते है, हे माता! जो पुरुष सकामभाव से गृहस्थ धर्मों का पालन करता है तथा उनके फलस्वरूप उपभोग प्राप्त करता है तथा फिर उन्हीं का अनुष्ठान करता है, वह वास्तव में कामनाओं से आसक्त हुआ भगवद्धर्मों से विमुख हो जाता है। उस की बुद्धि भोग प्राप्ति के लिये भिन्न-भिन्न देवताओं तथा पितरों में ही उपास्य रहती है। ऐसे कर्मकाण्डी, चन्द्रलोक में जाकर (धूम-मार्ग), अपने पुण्यों के फलस्वरूप भोगों को भोग कर, पुण्यक्षीण होने पर, इसी लोक में वापस

आते हैं। जिस समय, प्रलय काल में, शेषशायी श्री भगवान्, शेष-शय्या पर विश्राम करते हैं तो गृहस्थाश्रिमियों के ये सब लोक भी श्री भगवान् में लीन हो जाते हैं।

विवेकी पुरुष धर्म का पालन अथवा उपासना श्री भगवान् की प्रसन्नता के लिये करते हैं। वे अनासक्त, शान्त, शुद्ध-चित्त, निवृत्ति परायण, ममतारहित, अहंकारशून्य स्वधर्मपालन द्वारा सत्त्वगुण स्थित शुद्ध हो जाते हैं। ऐसे योगी सूर्यमार्ग (देवयान) के द्वारा सर्वव्यापी पुरुषोत्तम श्रीहरि को प्राप्त होते हैं। जो लोग परमात्मदृष्टि से हिरण्यगर्भ की उपासना करते हैं, वे दो परार्ध में होने वाले ब्रह्माजी के प्रलयपर्यन्त उनके सत्यलोक में रहते हैं। जिस समय ब्रह्माजी अपने द्विपरार्धकाल के अधिकार को भोगकर पृथ्वी, जल, अग्नि, वायु, आकाश, मन, इन्द्रिय, उनके विषय तथा अहंकार सहित सम्पूर्ण विश्व का संहार करने की इच्छा से त्रिगुणात्मक प्रकृति सहित एकरूप होकर निर्विशेष श्रीपरमात्मा में लीन हो जाते हैं, उस समय मन-प्राण को जीते हुए वे योगीजन भी देह त्याग कर उन भगवान् ब्रह्माजी में ही प्रवेश करते हैं तथा उन्हीं के साथ परमानन्दस्वरूप पुराणपुरुष परब्रह्मा में लीन हो जाते है। अतः हे माते! अब तुम भी अत्यन्त भक्तिभाव से उन श्रीहरि की ही चरण-शरण में जाओ।

गर्भाधान से अन्त्येष्टि तक सब शास्त्रोक्त संस्कारों को विधिपूर्वक करने वाले सकामी लोग, दक्षिणायण के छः मासों में धूममार्ग से पित्रीश्वर अर्यमा के लोक में जाते हैं तथा फिर अपनी ही सन्तति के वंश में जन्म लेते हैं। अतः जिन श्री भगवान् के चरणकमल सदा भजने योग्य हैं, उन भगवान् का तुम, उन्हीं के गुणों का आश्रय लेने वाली भक्ति द्वारा, मन, वाणी तथा शरीर से भजन करो। भगवान् वासुदेव के प्रति किया हुआ भक्तियोग तुरन्त ही संसार से वैराग्य तथा ब्रह्म-साक्षात्-स्वरूप ज्ञान की प्राप्ति करा देता है। सम्पूर्ण संसार में आसक्ति का अभाव हो जाना—बस यही योगियों के सब प्रकार के योग-साधन का एकमात्र अभीष्ट फल है। ब्रह्म एक है; ज्ञानस्वरूप तथा निगुर्ण है; तो भी 'वह' भ्रान्तिवश, बाह्यवृत्तियों वाली इन्द्रियों द्वारा शब्दादि धर्मों वाले विभिन्न

पदार्थों के रूप में भास रहा है। जिस प्रकार एक ही परब्रह्म, महत्तत्त्व, वैकारिक, राजस तथा तामस–तीन प्रकार का अहंकार, पँचभूत तथा ग्यारह इन्द्रियरूप बन गया है और फिर वही स्वयंप्रकाश इनके संयोग से जीव कहलाता है, उसी प्रकार उस जीव का यह शरीररूप ब्रह्माण्ड भी वस्तुतः ब्रह्म ही है, क्योंकि ब्रह्म से ही इसकी उत्पत्ति हुई है। किन्तु इसे ब्रह्मरूप वही देख सकता है, जो श्रद्धा, भक्ति तथा वैराग्य और निरन्तर योगाभ्यास द्वारा एकाग्रचित्त तथा असंगबुद्धि है। निर्गुणब्रह्मविषयक ज्ञानयोग तथा श्रीहरि के प्रति किया हुआ भक्तियोग–इन दोनों का लक्ष्य तथा फल एक ही है।

अध्याय 33

देवहूति को मोक्षपद प्राप्ति

कपिलजी के ज्ञानोपदेश से माता देवहूति पुत्र-मोह तथा माया से मुक्त हो गईं और उन्होंने कहा, हे नाथ! यह कैसी विचित्र बात है कि जिनके उदर में प्रलयकाल आने पर यह सारा प्रपञ्च लीन हो जाता है तथा जो कल्पान्त में मायामय बालक का रूप धारण कर अपने चरण का अँगूठा चूसते हुए अकेले ही वटवृक्ष के पत्ते पर शयन करते हैं, उन्हीं आपको मैंने अपने गर्भ में धारण किया। आप पापियों का दमन तथा भक्तों का उद्धार तथा कल्याण करने के लिये स्वेच्छा से देह धारण करते हैं। जिस प्रकार आपके वराह आदि अवतार हुए हैं, उसी प्रकार यह कपिलावतार भी मुमुक्षुओं के मार्ग-दर्शन के लिये हुआ है। जो श्रेष्ठ पुरुष आपका नामोच्चारण करते हैं, उन्होंने तप, हवन, तीर्थस्नान,सदाचार तथा वेदाध्ययन आदि सब सुकर्मों का फल एक आप से ही पा लिया। आप साक्षात् परब्रह्म हैं। आप ही परमपुरुष हैं। वृत्तियों के प्रवाह को

अन्तर्मुक्ष कर, अन्तःकरण में आपका ही चिनतन किया जाता है। आप के उदर में सम्पूर्ण वेदतत्त्व निहित है। साक्षात् विष्णुरूप आपकों मैं प्रणाम करती हूँ।

इस प्रकार जीव के अधिष्ठानभूत परब्रह्म श्री भगवान् में ही बुद्धि की स्थिति हो जाने पर माता देवहूति का जीवभाव निवृत्त हो गया तथा वह समस्त क्लेशों से मुक्त हो कर परमानन्द में निमग्न हो गई। निरन्तर समाधिस्थ रहने पर उनकी विषयों के सत्यत्व की भ्रान्ति मिट गई तथा उन्हें अपने शरीर की भी सुध न रही। इस प्रकार शरीर निर्बल हो गया, परन्तु मानसिक प्रकाश उदय हो गया। मुख पर तेज आ गया। कपिलजी के बताये हुए मार्ग द्वारा थोड़े ही समय में माता देवहूति ने परमात्मास्वरूप श्री भगवान् को प्राप्त कर लिया। जिस स्थान पर उन्हें सिद्धि प्राप्त हुई थी, वह परमपवित्र क्षेत्र त्रिलोकी में 'सिद्धपद' नाम से विख्यात हुआ।

महायोगी भगवान् कपिलजी भी माता की आज्ञा लेकर पिता के आश्रम से ईशानकोण की ओर चले गये। तीनों लोकों को शान्ति प्रदान करने के लिये वे योगमार्ग का अवलम्बन कर समाधि में स्थित हो गये। उस समय के सर्वश्रेष्ठ ऋषियों ने कपिलजी से सांख्ययोग तथा भक्तियोग का ज्ञान प्राप्त किया।

चतुर्थ स्कन्ध

अध्याय 1

स्वायम्भुव मनु सन्तति वर्णन

स्वायम्भुव मनु की महारानी शतरूपा से प्रियव्रत तथा उत्तानपाद दो पुत्र और आकूति, देवहूति तथा प्रसूति–तीन कन्याएँ हुईं। प्रजापति रुचि, भगवान् के अनन्य चिन्तन के कारण ब्रह्मतेज सम्पन्न थे। उनका विवाह आकूति से हुआ तथा उनसे पुरुष के रूप में यज्ञस्वरूप (श्री विष्णुस्वरूप) उत्पन्न हुए तथा माँ लक्ष्मी की अंशरूपा 'दक्षिणा' उत्पन्न हुई। मनुजी अपने निवासे (आकूति पुत्र) को अपने घर ले आये। अतः वह अब मनुजी का ही पुत्र कहलाया। सृष्टि को आगे बढ़ाने के लिये उसका विवाह दक्षिणा से हुआ। वास्तव में वे लक्ष्मीस्वरूपा होने के कारण श्री विष्णुजी की ही पत्नी बननी थी। इस युगल से बारह पुत्र उत्पन्न हुए। ये ही स्वायम्भुव मनवन्तर में 'तुषित' नाम के देवता हुए। इस मनवन्तर में मरीचि आदि सप्तर्षि थे। भगवान् यज्ञ ही देवताओं के अधीश्वर इन्द्र थे तथा माहन् प्रभावशाली उत्तानपाद तथा प्रियव्रत मनु-पुत्र थे। यह मनवन्तर इन्हीं पुत्रों की सन्तान से आगे बढ़ा।

मरीचि ऋषि तथा कर्दम-पुत्री कला से, कश्यप तथा पूर्णिमा नाम से दो पुत्र हुए जिनके वंश से यह प्रजा आगे बढ़ी। पूर्णिमा के विरज और विश्वग दो पुत्र तथा कन्या देवकुल्या उत्पन्न हुए। दूसरे जन्म में यही कन्या देवनदी गंगा के रूप में प्रकट हुईं। अत्रि की पत्नी अनसूया से दत्तात्रेय, दुर्वासा ओर चन्द्रमा–तीन पुत्र हुए। ये क्रमशः भगवान् विष्णु, शंकर तथा ब्रह्माजी के अंश अवतार थे।

अंगिरा पत्नी श्रद्धा से चार कन्याओं सहित भगवान्-अंश उतथ्यजी तथा ब्रह्मनिष्ठ बृहस्पति उत्पन्न हुए। पुलस्त्यजी तथा उनकी पत्नी हविर्भू से अगस्त्य तथा महा तपस्वी विश्रवा–दो पुत्र हुए। विश्रवा मुनि की पत्नी

इडविडा से कुबेर का जन्म हुआ तथा बाद में उनकी दूसरी पत्नी केशिनी के ही वंशज रावण, कुम्भकर्ण तथा विभीषण हुए। वसिष्ठजी की पत्नी ऊर्जा से सात ब्रह्मर्षियों का जन्म हुआ। अथर्वा मुनि की पत्नी चित्ति से दधीचि नामक तपोनिष्ठ पुत्र हुआ।

ऋषि भृगुजी की पत्नी ख्याति ने धाता, विधाता नाम से दो पुत्र तथा श्री नाम से एक भगवत्परायणा पुत्री को जन्म दिया। मेरु ऋषि ने अपनी कन्याएँ आयति तथा नियति, धाता और विधाता को ब्याहीं, जिनसे मृकण्ड तथा प्राण नामक पुत्र हुए। उनमें मृकण्ड से मार्कण्डेय तथा प्राण से वेदशिरा का जन्म हुआ। भृगुजी के एक कवि नामक पुत्र भी थे। उनके पुत्र उशना (शुक्राचार्य) हुए।

महर्षि पुलह की पत्नी गति से कर्मश्रेष्ठ, वीरयान् तथा सहिष्णु–तीन पुत्र हुए। ऋषि क्रतु की पत्नी क्रिया से बालखिल्यादि ऋषियों का जन्म हुआ। ब्रह्माजी के पुत्र दक्षप्रजापति की पत्नी मनुनन्दनी प्रसूति से सोलह कन्याओं का जन्म हुआ। महाराज दक्षने उनमें से तेरह धर्म को, एक अग्नि को, एक समस्त पितृगण को और एक भगवान् शंकर को दी, अर्थात् उनका इन देवताओं से विवाह किया। श्रद्धा, मैत्री, दया, शान्ति, तुष्टि, पुष्टि, क्रिया, उन्नति, बुद्धि, मेधा, तितिक्षा, ह्री तथा मूर्ति–धर्म की पत्नियाँ हैं। इनमें से श्रद्धा ने शुभ, मैत्री ने प्रसाद, दया ने अभय, शान्ति ने सुख, तुष्टि ने मोद और पुष्टि ने अहंकार को जन्म दिया। क्रिया ने योग, उन्नति ने दर्प, बुद्धि ने अर्थ, मेधा ने स्मृति, तितिक्षा ने क्षेम, तथा ह्री (लज्जा) ने प्रश्रय (विनय) नामक पुत्र उत्पन्न किये। समस्त गुणों की खान मूर्तिदेवी ने नर–नारायण ऋषियों को जन्म दिया। उनके जन्म पर अति आनन्दमंगल हुआ तथा समस्त देवताओं ने उनकी स्तुति की।

अग्निदेव की पत्नी स्वाहा से पावक, पवमान तथा शुचि–तीन पुत्र उत्पन्न हुए। ये तीनों ही हवन किये हुए पदार्थों का भक्षण करने वाले हैं। इन्हीं तीनों से पैंतालीस प्रकार के 'अग्नि' और उत्पन्न हुए। अग्निदेव सहित ये समस्त उनचास 'अग्नि' कहलाये। यज्ञ में जिन उनचास अग्नियों के नामों से आग्नेयी इष्टीयाँ करते हैं, वे यही हैं।

अग्निष्वात्त, बर्हिषद्, सोमप तथा आज्यप– पितर हैं। इन सब पितरों की पत्नी, दक्ष-कुमारी, स्वधा हैं। भगवान् शिव की पत्नी सती थीं। पिता के शिव प्रतिकूल आचरण से क्षुब्ध हो सती ने योग द्वारा स्वयं ही अपने शरीर को त्याग दिया।

अध्याय 2

दक्ष प्रजापति द्वारा भगवान् शिव अवहेलना

शिव-पत्नी सती के शरीर त्याग के विषय में पूछने पर श्री मैत्रेयजी ने कहा, हे विदुर जी! महाराज दक्ष ने एक बार एक महान् यज्ञ का आयोजन किया। देवता, ऋषि, मुनि अपने अनुयायियों सहित वहां पधारे। जब दक्ष प्रजापित ने यज्ञ-सभा में प्रवेश किया तो सभी देवता तथा ऋषिगण उनके स्वागत में उठ खड़े हुए, ब्रह्माजी तथा महादेवीजी के अतिरिक्त। ब्रह्माजी तो दक्ष के पिता थे, परन्तु महादेवजी के प्रति दक्ष को बड़ा क्षोभ हुआ। उसके, महादेवती के प्रति अपशबद कहने पर भी महादेवजी शान्त रहे। यहां तक कि दक्ष ने उन्हें शाप दिया कि इन्द्र-उपेन्द्र आदि देवताओं के साथ इन को यज्ञ का भाग न मिले।

श्री शंकरजी के सवेक नन्दीश्वर इस अपमान को सहन न कर सके। क्रोधित होकर उन्होंने दक्ष तथा ब्राह्मणों को, जिन्होंने दक्ष के दुर्वचनों का अनुमोदन किया था, भयंकर शाप दे दिया। ये सभी जन्म-मरण रूप संसार चक्र में पड़े रहें। ये ब्राह्मण लोग भक्ष्याभक्ष्य के विचार को छोड़, केवल पेट पालने के लिये ही विद्या, तप तथा व्रतादि का आश्रय लें तथा धन, शरीर और इन्द्रियों के अधीन रहें।

नन्दीश्वर के मुख से इस प्रकार ब्राह्मण कुल के लिये शाप सुनकर, भृगुजी ने शिव भक्तों के लिये शाप दिया। भृगुजी के इस प्रकार शाप देने

पर भगवान् शंकर कुछ खिन्न से वहां से अपने गणों सहित चले गये।

अध्याय 3

माता सती का यज्ञोत्सव-गमन आग्रह

यज्ञ में हुई इस घटना को काफी समय बीत गया। इसी बीच ब्रह्माजी ने दक्ष को समस्त प्रजापतियों का अधिपति बना दिया। अभिमानवश प्रजापति दक्ष ने महादेव शंकरजी तथा अन्य ब्रह्मनिष्ठों को यज्ञ भाग न देकर पहले तो वाजपेय-यज्ञ किया। तत्पश्चात् बृहस्पतिसव नामक महायज्ञ का आरम्भ किया। उस यज्ञ में सभी ब्रह्मर्षि, देवर्षि, पितर तथा देवता अपनी पत्नियों सहित पधारे।

आकाश मार्ग से जाते हुए देवताओं से दक्ष-कुमारी सती ने इस यज्ञ के विषय में सुना। सती ने महादेवजी से कहा, हे वामदेव! आपके श्वसुर दक्षप्रजापति के यहां बड़ा भारी यज्ञोत्सव हो रहा है। अपने आत्मीयों से मिलने मेरी सभी बहिनें अपने पतियों सहित वहां जा रही हैं। मैं भी चाहती हूँ कि मैं आप के साथ वहां जाकर अपने माता-पिता से मिल आऊँ। और सम्बन्धियों को मिलने की भी मेरी इच्छा हो रही है। पति, गुरु तथा माता-पिता के यहां तो बिना बुलाये भी जा सकते हैं। अत: देव आप मुझ पर प्रसन्न हों। आपको मेरी यह इच्छा अवश्य पूर्ण करनी चाहिए। आप तो परमज्ञानी तथा करुणामय हैं।

भगवान् शंकरजी ने कहा—तुमने जो कहा कि अपने बन्धुओं के यहां बिना बुलाये भी जा सकते हैं, वह ठीक है, किन्तु ऐसा तभी होना चाहिए जब उनकी दृष्टि—अतिशय प्रबल देहाभिमान से उत्पन्न मद तथा क्रोध के कारण दूषित न हो गई हो। विद्या, तप, धन, सुदृढ़ शरीर, युवावस्था तथा उच्च कुल—जहां ये सत्पुरुषों के तो गुण हैं, परन्तु नीच पुरुषों के

लिये यै अवगुण हो जाते हैं। इन से उनका अभिमान बढ़ जाता है तथा विवेकशक्ति नष्ट हो जाती है।

भले ही तुम परमोन्नति को प्राप्त हुए दक्ष प्रजापति को अपनी कन्याओं में सबसे अधिक प्रिय हो, तथापि मेरी पत्नी होने के कारण तुम्हें अपने पिता से मान नहीं मिलेगा। दैत्यगण जैसे श्रीहरि से अकारण द्वेष करते हैं, वैसे ही दक्ष मुझ से प्रसन्न नहीं। तुम कहोगी कि पिछली बार यज्ञ के अवसर पर मैंने उनका आदर नहीं किया, परन्तु यह तो केवल लोकव्यवहारिक है। आत्मज्ञानी तो, अन्तर्यामी रूप से सब के अन्तःकरण में स्थित परमपुरुष वासुदेव को ही प्रणाम करते हैं, देहाभिमानी पुरुषों को नहीं। विशुद्ध अन्तःकरण का नाम ही 'वासुदेव' है, क्योंकि उसी में भगवान् वासुदेव का अपरोक्ष अनुभव होता है। उस शुद्ध चित्त में स्थित, इन्द्रियातीत भगवान् वासुदेव को ही मैं नमस्कार किया करता हूँ। मुझ से शत्रुता रखने के कारण तुम्हें अपने पिता के यज्ञोत्सव में नहीं जाना चाहिए। मेरी बात न मान कर तुम्हें वहां जाना ठीक न होगा, क्योंकि जब किसी प्रतिष्ठित का अपने आत्मीयजनों द्वारा अपमान होता है, तब वह तत्काल उनकी मृत्यु का कारण बन जाता है।

अध्याय 4

माता सती द्वारा अग्निदाह

इतना कहकर भगवान् शंकर मौन हो गये। वे जानते थे कि दक्ष के यहां जाने देने अथवा रोकने से– दोनों ही अवस्थाओं में सती के प्राण त्याग की सम्भावना थी। स्वजनों के स्नेहवश सती का हृदय भर आया तथा आँखें अश्रुपूर्ण हो गईं। किंकर्तव्यविमूढ़, वे अकेली ही अपने पिता के पास जाने के लिये चल दीं। सती को अकेले जाते देख भगवान् शिव

ने अपने प्रमुख गण तथा पार्शद उनके साथ भेज दिये। नन्दीश्वर उन्हें अपने ऊपर सवार करा ले चले।

दक्ष प्रजापति ने सती के आने पर न तो पितृमोह ही प्रकट किया तथा न ही उसे कोई आदर दिया–कारण, महादेव शंकरजी से द्वेष। पिता द्वारा सती की अवहेलना हुई देख, किसी ने भी उनका सत्कार नहीं किया। अवश्य ही माता तथा बहिनों ने उन्हें प्रेमपूर्वक गले लगाया, परन्तु पितृव्यवहार से सती अति क्षुब्ध हुईं।

सर्वलोकेश्वरी देवी सती का यज्ञ–मण्डल में तो अनादर हुआ ही था, उन्होंने देखा कि उस यज्ञ में भगवान् शंकर के लिये कोई भाग नहीं दिया गया है तथा पिता दक्ष उनका अपमान कर रहे हैं। भगवान् शंकर के गण इस व्यवहार से अति क्रोधित थे, परन्तु उनकी माता सती ने उन्हें शान्त रखा।

देवी सती ने कहा, हे पिता जी! भगवान् शंकर तो सर्वपूजनीय हैं। उनका न कोई प्रिय है, न अप्रिय। आपके सिवा ऐसा कौन है जो उनसे विरोध करेगा? जिनका 'शिव' यह नाम प्रसंगवश भी एक बार मुख से बोलने से समस्त पापों का नाश हो जाता है, उन्हीं पवित्रकीर्ति मंगलमय भगवान् शंकर से आप द्वेष करते हैं।

जो महामुनि निरन्तर अपने स्वरूप में ही रमण करते हैं, उनकी बुद्धि सर्वथा वेद के विधिनिषेधमय वाक्यों का अनुसरण नहीं करती। जिस प्रकार मनुष्यों और देवताओं की गति में भेद रहता है, उसी प्रकार ज्ञानी व अज्ञानी की स्थिति भी एक सी नहीं होती। अतः मनुष्य को चाहिए कि वह अपने धर्म–मार्ग में स्थित रहते हुए, दूसरे के मार्ग की निन्दा न करे। प्रवृत्ति (यज्ञादि कर्म) और निवृत्ति (शम–दमादि) दोनों ही मार्ग ठीक हैं।

पिता को इस प्रकार कह कर, यज्ञ–मण्डल में ही, सती मौन होकर, उत्तर की ओर मुख कर बैठ गईं। अपने पति जगद्गुरु भगवान् शिव के चरणकमलों का चिन्तन करते–करते उन्होंने अपने को योगाग्नि के समर्पित कर दिया।

उस समय वहां आये हुए देवता आदि ने जब सती का देह-त्याग-रूप, यह महान् दु:खमय दृश्य देखा, वे अपने-अपने लोक को चले गये। वहां एक भयंकर कोलाहल मच गया। शिवजी के पार्षद सती का यह अद्भुत प्राणत्याग देख, अस्त्र-शस्त्र लेकर दक्ष को मारने दौड़े। इस आक्रमण से बचने के लिये भृगु ऋषि ने मन्त्रोचारण कर, यज्ञ अग्नि में आहुति छोड़, 'ऋभु' नामी देवताओं को प्रकट किया। इस प्रकार यज्ञ-भूमि, युद्ध-भूमि बन गयी।

अध्याय 5

वीरभद्र द्वारा दक्षयज्ञ-विध्वंस तथा दक्षवध

महादेवजी ने जब नारदजी के मुख से पिता द्वारा अपमानित होने पर सती का प्राण त्याग सुना तथा अपने पार्षदों पर ऋभु देवताओं का आक्रमण सुना, तब वे क्रोधित हो गये तथा उन्होंने उग्ररूप धारण कर लिया। उन्होंने अपनी एक जटा भूमि पर छिटक दी। उससे तुरन्त एक विशालकाय पुरुष की उत्पत्ति हुई। उसको सम्बोधित करते हुए शिवजी बोले, वीर रुद्र (भद्र)! तुम मेरे अंश हो, अत: मेरे पार्षदों का अधिनायक बन जाओ तथा दक्ष और उसके यज्ञ को नष्ट कर दो।

क्रोधित अवस्था में वीरभद्र, दक्ष के यज्ञ-मण्डल की ओर चल पड़े। भगवान् शिव के विकराल रूप से ऐसा लगा जैसे प्रलय आ गई हो। यज्ञ में उपस्थित ऋत्विज्, यजमान तथा अन्य सदस्यों ने देखा कि उत्तर की ओर से एक भयानक अन्धकार आ रहा है। भगवान् शिव के उग्ररूप धारण करने पर लगभग प्रलय ही आ जाती है तथा उनका तेज असहनीय होता है। जो लोग दक्ष के यज्ञ में बैठे थे, वे भय के कारण कम्पायमान हो गये। देखते ही देखते शिव-गणें ने यज्ञशाला ध्वंस कर

दी। भृगुजी हाथ में स्रुवा लिये हवन कर रहे थे। वरीभद्र ने उनकी दाढ़ी-मूँछ नोच डाली, क्योंकि उन्होंने प्रजापतियों की सभा में उपहास सहित हँसते हुए महादेवजी का अपमान किया था। उसी प्रकार वीरभद्र ने पूषा के दाँत तोड़ दिये, क्योंकि जब दक्ष ने महादेवजी का अनादर किया था तो पूषा हँस रहे थे। तत्पश्चात् वीरभद्र ने दक्ष प्रजापति का सिर धड़ से अलग कर दिया तथा उस को यज्ञ की दक्षिणाग्नि में डाल दिया तथा यज्ञशाला को आग लगा कर, यज्ञ को विध्वंस कर दिया।

अध्याय 6

ब्रह्माजी तथा देवताओं द्वारा भगवान् शिव स्तुति

शिवजी के ताण्डव रूप से भयभीत देवता तथा ऋषिगण ब्रह्माजी के पास पहुँचे तथा उन्हें प्रणाम कर प्रजापति दक्ष के यज्ञ-ध्वंस का सारा वृत्तान्त कह सुनाया। ब्रह्मजी तथा सर्वान्तर्यामी श्रीहरि पहले से ही इस भावी उत्पात को जानते थे। इसी कारण वे दक्ष के यज्ञ में नहीं गये थे।

ब्रह्माजी ने कहा, हे दवताओ! तुम ने यज्ञ में भगवान् शंकर का प्राप्य भाग न देकर उनका बड़ा अपराध किया है। परन्तु शंकरजी शीघ्र ही प्रसन्न हो जाते हैं। शुद्ध हृदय से तुम उनसे क्षमा याचना करो। देवी सती का वियोग भी इस समय उन्हें आकुलित कर रहा है। भगवान् रुद्र परम स्वतन्त्र हैं। उनके कुपित होने पर, लोकपालों सहित उन समस्त लोकों का भी बचना असम्भव है। उनके तत्त्व और शक्ति-सामर्थ्य को देवता और ऋषि मुनि भी नहीं जानते।

देवताओं से इस प्रकार कह कर ब्रह्माजी, उनको, प्रजापतियों तथा पितरों को साथ ले कर पर्वत श्रेष्ठ कैलास (शिवलोक) को गये। शिवधाम कैलास बहुत ही रमणीय है। वहां उन्होंने अलका नाम की एक

सुरम्य पुरी देखी। अलाकपुरी चाँदी, सोने तथा बहुमूल्य मणियों से भरपूर है। वहां यक्ष निवास करते हैं। नन्दा, अलकनन्दा नाम की दो नदियाँ यहां बहती हैं। यहां भाँति-भाँति के फल-फूलों के वृक्ष तथा लताएँ थीं। इस पुरी की शोभा निहारते हुए जब देवगण आगे बढ़े तब उन्हें कैलास पर्वत दिखाई दिया। वहां महायोगमय और मुमुक्षओं के आश्रयभूत शंकरजी विराजमान थे।

भगवान शंकर साक्षात् क्रोधहीन-काल के समान जान पड़ते थे। भगवान् भूतनाथ का श्रीअंग बड़ा ही शान्त था। सिद्धगण, सखा, यक्ष-राक्षसों के स्वामी कुबेर उनकी सेवा कर रहे थे। महादेवजी सारे संसार के सुहृद् हैं तथा स्नेहवश सबका कल्याण करने वाले हैं। वे एक कुशासन पर बैठे थे। उनका बायाँ चरण दायीं जाँघ पर रखा था। रुद्राथ माला सहित दायाँ हाथ योगपट्ट पर रखे, एकाग्र चित्त से, वे ब्रह्मानन्द का अनुभव कर रहे थे। यद्यपि समस्त देवता तथा दैत्यों के अधिपति भी महादेवजी की वन्दना करते हैं, तथापि वे ब्रह्माजी को अपने स्थान पर आया देख खड़े हो गये और उन्हें प्रणाम किया। महर्षियों तथा सिद्धगणों ने भी ब्रह्माजी को प्रणाम किया।

ब्रह्मजी ने कहा-आप सम्पूर्ण जगत् के हितैषी हैं तथा परम करुणामय हैं। संहार आपकी शक्ति है, परन्तु फिर भी आप महादयालु हैं। देवदेव! भगवान् कमलनाभ की प्रबल माया से मोहित हो जाने के कारण यदि किसी पुरुष की कभी, किसी स्थान में, भेद बुद्धि हो जाती है, तो भी साधु पुरुष अपने स्वभाव के कारण उस पर कृपा ही करते हैं तथा दैववश जो कुछ हो जाता है उसे मना नहीं करते। आप सर्वज्ञ हैं। परमपुरुष की दुस्तर माया ने आपको स्पर्श भी नहीं किया। जिनका चित्त उसके वशीभूत होकर कर्ममार्ग में आसक्त हो रहा हो, उनके द्वारा यदि अपराध हो जाये, तो भी उन पर आपकी कृपा बनी रहनी चाहिए। आप पूजनीय हैं तथा यज्ञों को पूर्ण करने वाले हैं। यज्ञ भाग पाने का भी आपको पूर्ण अधिकार है। दक्ष-यज्ञ के बुद्धिहीन याजकों ने आपको यज्ञ भाग नहीं दिया। इसी कारण यज्ञ नष्ट हुआ तथा प्रजापति दक्ष ने भी

इसका उचित दण्ड पा लिया। प्रभो! ऐसा कीजिये कि यजमान दक्ष फिर से जीवित हो जाये; भृगुजी की दाढ़ी-मूँछ आ जाये, पूषा को दोबारा दांत मिल जाये। जो भी देवता अथवा ऋत्विज् घायल हुए हैं, वे ठीक हो जायें यज्ञ फिर से प्रारम्भ हो। यज्ञ सम्पूर्ण होने पर जो कुछ शेष रहे वह सब आपका भाग होगा। यज्ञ विध्वंसक! यह यज्ञ आपके ही भाग से पूर्ण हो।

अध्याय 7

दक्ष-यज्ञ पूर्ति

श्री महादेवजी ने कहा, प्रजापते! भगवान् की माया से मोहित हुए दक्ष के अपराध की न तो मैं चर्चा करता हूँ न ही उसका स्मरण। केवल सावधान करने के लिये मैंने उन्हें दण्ड दिया था। दक्ष प्रजापति का शीश, जल गया है। उनके 'यज्ञ-पशु' बकरे का शीश लगा दिया जाये। भगदेव, मित्र देवता के नेत्रों से अपना भाग देखें। पूषा पिसा हुआ अन्न खाने वाले हैं, वे उसे यजमान के दाँतों से भक्षण करें तथा सब देवताओं के अंग-प्रत्यंग भी स्वस्थ हो जायें। तदन्तर सभी देवताओं तथा ऋषियों ने महादेवजी से यज्ञशाला में पधारने के लिये प्रार्थना की तथा वे उन्हें (तथा ब्रह्माजी को) साथ लेकर प्रजापति दक्ष की यज्ञशाला में गये। वहां जैसा-जैसा भगवान् शंकरजी ने कहा था, उसी प्रकार सब कार्य करके, उन्होंने दक्ष के धड़ से यज्ञ-पशु का शीश जोड़ दिया। शीश जुड़ जाने पर, रुद्रदेव की दृष्टि पड़ते ही, दक्ष तत्काल जीवित हो गये तथा उन्होंने अपने सम्मुख भगवान् शिव को देखा। उनके दर्शनों से दक्ष का हृदय शुद्ध हो गया तथा अभिमान-रहित हो उन्होंने महादेवजी की स्तुति करनी चाही, परन्तु अपनी मृत हुई पुत्री सती के स्मरण से उनका हृदय व्याकुल हो गया।

दक्ष ने कहा, हे भगवन्! मैंने आपका अपराध किया था। आपने उसके कारण मुझे दण्ड देकर मुझे शिक्षा दी है। आप और श्रीहरि तो साधारण ब्राह्मणों की भी उपेक्षा नहीं करते, फिर हम यज्ञ-यागादि करने वालों को क्यों भूलेंगे। आपने अपनी करुणामयी दृष्टि से मुझे उबार लिया। आशुतोष शंकरजी से इस प्रकार अपराध क्षमा करा, दक्ष ने ब्रह्मजी के कहने पर, उपाध्याय, ऋत्विज् आदि की सहायता से यज्ञ को पुनःआरम्भ कर दिया। हवि को हाथ में लेकर अध्वर्यु के साथ, यजमान दक्ष ने, ज्यों ही विशुद्ध चित्त से श्रीहरि का ध्यान किया तो सहसा भगवान् श्रीहरि वहां प्रकट हो गये। गरुड़जी की पीठ पर बैठे, जब वे उनके समीप आते हैं, दसों दिशाएँ उनके तेज से प्रकाशित हो गईं। प्रभु के हृदय में श्रीवत्स का चिन्ह था तथा सुन्दर वनमाला उनके गले में सुशोभित हो रही थी।

भगवान् पधारे हैं—यह देख इन्द्र, ब्रह्मा तथा महादेवजी ने समस्त देवताओं, गन्धर्व तथा ऋषियों सहित खड़े होकर उनको प्रणाम किया।

दक्ष ने कहा, भगवन्! अपने स्वरूप में आप बुद्धि की जाग्रदादि सम्पूर्ण अवस्थाओं से रहित, शुद्ध, चिन्मय, भेद-रहित तथा निर्भय हैं।

ऋत्विजों ने कहा, प्रभो! भगवान् रुद्र के प्रधाान गण नन्दीश्वर के शाप के कारण हमारी बुद्धि केवल कर्मकाण्ड में ही फँसी हुई है। अतएव हम आपके तत्त्व को नहीं जानते।

भगवान् शंकरजी ने कहा, हे वरदायक प्रभो! आपके उत्तम चरण इस संसार में सकाम पुरुषों को सम्पूर्ण पुरुषार्थों की प्राप्ति कराने वाले हैं। निष्काम मुनिजन भी उनका आदर पूर्वक पूजन करते हैं।

ब्रह्माजी ने कहा, हे प्रभो! इन्द्रियों द्वारा, पुरुष, जो कुछ जानता अथवा देखता है वह आपका स्वरूप नहीं, क्योंकि आप सब इन्द्रियों के अधिष्ठान हैं (ईश्वर)। ये सब आपमें अध्यस्त हैं तथा आप मायामय प्रपञ्च से सर्वथा पृथक् हैं।

इन्द्र ने कहा, हे अच्युत! आपका यह जगत् को प्रकाशित करने वाला स्वरूप देवद्रोहियों का संहार करने वाली आठ भुजाओं से सुशोभित

है। यह रूप हमारे मन तथा नेत्रों को आनन्द देने वाला है।

भृगुजी ने कहा, हे भगवन्! आपकी गहन माया से आत्मज्ञान लुप्त होने के कारण, देहधारी, आत्मज्ञान में उपयोगी आपके तत्व को नहीं जानते। ऐसा होने पर भी आप अपने शरणागत भक्तों के तो आत्मा और सुहृद् हैं। कृपया आप मुझ पर प्रसन्न होइये।

योगेश्वरों ने कहा, हे प्रभो! जो पुरुष सम्पूर्ण विश्व के आत्मा आप में और अपने में कोई भेद नहीं देखता, उससे अधिक प्यारा आपको कोई नहीं है।

अग्निदेव ने कहा, हे भगवन्! आपके ही तेज से प्रज्वलित होकर मैं श्रेष्ठ यज्ञों में देवताओं के पास घृतमिश्रित हवि पहुँचाता हूँ। आप साक्षत् यज्ञपुरुष तथा यज्ञ की रक्षा करने वाले हैं। मैं आपके प्रणाम करता हूँ।

गन्धर्वों ने कहा, देव! ब्रह्मा, रुद्र, इन्द्र आदि देवतागण आपके ही अंश हैं। यह विश्व आप में ही स्थित है। हे नाथ! ऐसे आपको हम सर्वदा प्रणाम करते हैं।

श्री भगवान् ने कहा—जगत् का परम कारण, मैं ही, ब्रह्मा और महादेव हूँ। मैं सबका आत्मा, ईश्वर, साक्षी तथा स्वयंप्रकाश हूँ। विप्रवर! अपनी त्रिगुण-माया को स्वीकार कर मैं ही जगत् की रचना, पालन तथा संहार करता हूँ तथा मैंने ही उनके अनुरूप ब्रह्मा, विष्णु और शंकर—ये नाम धाारण किये हैं। ब्रह्मन्! हम—ब्रह्मा, विष्णु और महेश्वर—तीनों स्वरूपतः एक ही है। अतः जो हममे कुछ भी भेद नहीं देखता, वही वास्तविक शान्ति प्राप्त करता हैं।

भगवान् के इस प्रकार आज्ञा देने पर प्रजापतियों के नायक दक्ष ने उनका त्रिकपाल-यज्ञ द्वारा पूजन करके, फिर अंगभूत तथा प्रधान, दोनों प्रकार के यज्ञों द्वारा अन्य सब देवताओं का अर्चन किया। तत्पश्चात् एकाग्रचित्त हो, भगवान शंकर का यज्ञशेषरूप उनके भाग से यजन किया तथा समाप्ति में किये जाने वाले उदवसान नामक कर्म से अन्य सोमपायी तथा दूसरे देवताओं का यजन कर यज्ञ का उपसंहार किया तथा अन्त में ऋत्विजों सहित अवभृथ-स्नान किया। दक्ष प्रजापति को

–तुम्हारी बुद्धि सदा धर्म में रहे–ऐसा आशीर्वाद देकर सब देवता स्वर्गलोक को चले गये।

अध्याय 8

ध्रुव-वनगमन

सनकादि,नारद, ऋभु, हंस, अरुणि तथा यति–इन ब्रह्माजी के पुत्रों ने गृहस्थ आश्रम को नहीं अपनाया। अधर्म भी ब्रह्माजी का पुत्र है। उसकी पत्नी का नाम है मृषा। दम्भ नामक उनका पुत्र है तथा माया कन्या। दम्भ तथा माया से लोभ और निकृति (शठता) का जन्म हुआ। उनसे क्रोध और हिंसा तथा उनसे कलि (कलह) तथा उसकी बहन दुरुक्ति उत्पन्न हुए। उन्हीं के वंशज हुए भय, मृत्यु, यातना तथा नरक।

स्वायम्भुव पुत्र, प्रियव्रत तथा उत्तानपाद, पूर्ण धर्मनिष्ठ तथा प्रजा रक्षा-पालन में सदा तत्पर रहते थे। उत्तानपाद की सुनीति तथा सुरुचि, दो पत्नियाँ थीं। सुरुचि राजा को अधिक प्रिय थी। सुनीति के पुत्र ध्रुव थे। एक दिन राजा सुरुचि के पुत्र उत्तम को गोद में बैठा कर प्यार कर रहे थे। उसी समय ध्रुव ने भी राजा की गोद में बैठना चाहा। राजा अभी सोच में ही थे (कि सुरुचि बुरा न मान जाये), अभाग्यवश सुरुचि वहां आ गई तथा पिता की गोद में बैठने के उत्सुक ध्रुव को दुत्कार दिया–तू राजसिंहासन पर बैठने का अधिकारी नहीं है। यदि भाग्यवश मेरी कोख से जन्म लेता तो तुम्हें यह अधिकार प्राप्त होता। तब पिता को छोड़कर, रोता हुआ ध्रुव अपनी माता के पास आया।

सुनीति ने बेटे को गोद में उठा लिया। सुरुचि की बातें सुम कर उसका हृदय विदीर्ण हो गया। उसने दीर्घस्वर में कहा, बेटा! तू दूसरों के लिए किसी प्रकार की अमंगल कामना मत कर। मैं ही मन्दभागिनी हूँ जिसकी कोख से तूने जन्म लिया। यदि तू राजसिंहासन पर बैठना चाहता

है तथा राज्य पर अधिकार पाना चाहता है तो श्रीहरि के चरणों की आराधना कर। संसार पालन के लिये, सत्त्वगुण को अंगीकार करने वाले, उन श्रीहरि की आराधना करने से ही तेरे परदादा श्री ब्रह्माजी को सर्वश्रेष्ठ पद प्राप्त हुआ है। इसी प्रकार तेरे दादा स्वायम्भुव मनु ने भी श्रेष्ठ यज्ञों द्वारा, अनन्य भाव से उनकी आराधना कर मोक्ष की प्राप्ति की है। अतः तू भी भक्तवत्सल श्री भगवान् का आश्रय ले।

माता के वचन अभीष्ट वस्तु की प्राप्ति का मार्ग-दर्शक थे। भगवद् धारणा कर ध्रुव अपने पिता की नगरी से निकल पड़े। ध्रुव की बलवति इच्छा को देखकर नारदजी प्रकट हुए तथा वे बोले, बेटा! अभी तो तू बच्चा है। तेरी खेलकूद की आयु है। तू इस मान-अपमान के चक्र में क्यों पड़ गया। मान-अपमान तो कर्मानुसार मिलता है। मन का समभाव रखना ही चतुरता है। बुद्धिमान् पुरुष को चाहिए कि दैववश जैसी भी, परिस्थिति का सामना करना पड़े उसी में सन्तुष्ट रहे क्योंकि समय की गति बड़ी गहन है। मनुष्य को चाहिए कि अपने से अधिक गुणवान् को देखकर प्रसन्न हो, तथा कम गुणवान् पर दया करे और बराबरी वाले से मित्रता करे। इससे उसे द्वेष नहीं होगा।

ध्रुव ने कहा, भगवन्! सुख-दुःख से जिनका मन चंचल हो जाता है उनके लिये आपने यह शान्ति का उपाय बताया है। परन्तु मेरी बुद्धि तथा दृष्टि अभी वहां तक पहुँच नहीं पाती। क्षत्रिय-स्वभाव के कारण छोटी माता का व्यवहार मुझ से सहन नहीं हुआ तथा मेरे चंचल मन में आपका यह उपदेश ठहर नहीं पा रहा। मेरे हृदय में उस पद को प्राप्त करने की इच्छा हो गई है जो अभी तक किसी को प्राप्त नहीं हुआ। आप कृपया मेरा मार्ग-दर्शन कीजिये।

नारदजी ने ध्रुव का दृढ़ निश्चय देख कर कहा, बेटा! तुम्हारी माता ने जो कुछ बताया है, वही परम कल्याण का मार्ग है। भगवान् वासुदेव ही वे उपाय हैं। तू चित्त लगाकर उन्हीं का भजन कर। बेटा! तेरा कल्याण होगा। वही सब सिद्धियों के दाता हैं। तू श्री यमुनाजी के तटवर्ती, परम पवित्र, मधुवन को जा। वहां श्रीहरि का नित्य निवास है।

श्रीहरि के अधर और मुख सदा प्रसन्न रहते हैं। उन्हें निहारने से

लगता है कि वे प्रसन्नतापूर्वक भक्त को वर देने के लिए उद्यत हैं। उनकी नासिका, भौंहें तथा कपोल बड़े सुहावने हैं। वे सभी देवताओं में परम सुन्दर हैं। वे भक्तजनों को आश्रय देने वाले, अपार-सुखदायक, शरणागत-वत्सल तथा दया के सागर हैं। उनके वक्षःस्थल में श्रीवत्स का चिन्ह है। उनका शरीर सजल जलघर के समान श्यामवर्ण तथा परम सुन्दर है। गले में वनमाला, चार भुजाओं में शंख, चक्र, गदा तथा पद्म सुशोभित है। उनके अंग-प्रत्यंग, किरीट, कुण्डल, केयूर तथा कंकणादि आभूषणों से युक्त हैं। गला कौस्तुभमणि की शोभा बढ़ा रहा है तथा उनके शरीर पर पीताम्बर लहरा रहा है। उनके कटिप्रदेश में काञ्चन की करधनी तथा चरणों में सुवर्णमय नूपुर सुशोभित हैं। श्री भगवान् का स्वरूप शान्त तथा नयनों और मन को आनन्दित करने वाला है। जो प्रभु का एकाग्रचित्त से पूजन करते हैं, उनके अन्तःकरण में, वे हृदयकमल की कर्णिका पर अपने नख-मणिमण्डित मनोहर पदारविन्दों को स्थापित करके विराजते हैं। ध्यान करते-करते जब चित्त शान्त हो जाये, तब वरदायक प्रभु का मन ही मन इस प्रकार ध्यान करे, कि वे मेरी ओर अनुारगमयी दृष्टि से निहारते हुए मन्द-मन्द मुस्कान में हैं। भगवान् की मंगलमय मूर्ति का इस प्रकार ध्यान करने से मन शीघ्र ही परमानन्द में डूब कर उन में तल्लीन हो जाता है।

श्री नारदजी ने फिर कहा, राजकुमार! अब मैं उस मन्त्र को बताऊँगा जिसके केवल सात दिन जप करने से ही सिद्धों के दर्शन होने लगते हैं। वह मन्त्र है- **'ॐ नमो भगवते वासुदेवाय'**। सर्वदा संयम चित्त, मननशील, शान्त और मौन रहे। श्रीहरि अपनी अनिर्वचनीय माया द्वारा जगत् कल्याण के लिये अवतार लेते हैं। उनकी लीलाओं का स्मरण करे। जो कुछ भी कन्द, फल-फूल आदि खाने को मिले, पहले पूर्ण श्रद्धा से उनको अर्पण कर तथा तत्पश्चात् उसे उनका प्रसाद समझकर कर ग्रहण करे। इस प्रकार जब हृदय-स्थित हरि का, मन, वाणी तथा शरीर से भक्तिपूर्वक पूजन किया जाता है, तब उन में अनुराग स्वयं ही उनकी कृपा से बढ़ जाता है तथा वे भक्त की इचछानुसार उसे धर्म, अर्थ, काम अथवा मोक्षरूप सिद्धियाँ प्रदान करते हैं। सांसारिक पदार्थों से अनासक्त

योगी (भक्त) केवल मोक्ष प्राप्ति के लिये ही उनकी भक्ति करता है।

नारदजी के कहे अनुसार ध्रुव ने भगवान् के चरण चिन्हों से अंकित परम पवित्र मधुवन की यात्रा की। वहां पहुँच, नदी किनारे अपना आसन स्थापित कर, नारदजी के उपदेशानुसार, एकाग्रचित्त से, श्री नारायण की उपसना आरम्भ कर दी। धीरे-धीरे उन्होंने शरीर पोषण की भी सभी वस्तुओं का त्याग कर दिया तथा अपने को केवल प्राण वायु के ही आश्रय छोड़ दिया। श्रीहरि के मन्त्र जाप में एकाग्रचित्त हो वे समाधि-योग में स्थित हो गये। तत्पश्चात प्रणायाम स्थिति में, एक पैर का सहारा लेकर, निश्चल भाव से खड़े हो गये। जिस समय उन्होंने महदादि सम्पूर्ण तत्त्वों के आधार तथा प्रकृति (परा तथा अपरा के) अधीश्वर परब्रह्म की धारणा की, तो उस समय तीनों लोकों में कम्पन हो उठा (पाँच मास की तपस्या से)। जिस समय ध्रुव, इन्द्रियद्वार तथा प्राणों को रोककर, अनन्य-बुद्धि से, विश्वात्मा श्रीहरि में संलग्न हुए, तब उनकी समष्टि प्राण से अभिन्नता हो जाने के कारण सभी जीवों का श्वास-प्रश्वास रुकने लगा। वे सब व्याकुल हो कर श्रीहरि की शरण में गये।

श्री भगवान् ने कहा, हे देवो! भय मत करो। उत्तानपाद के पुत्र ध्रुव ने अपने चित्त को मुझ विश्वात्मा में लीन कर दिया हैं। इस समय मेरे साथ सबका प्राण भी रुक गया है। आप अपने-अपने लोकों को जाओ। अब मैं उस बालक को इस कठिन तप से निवृत्त कर दूँगा।

इधर ध्रुव के वन चले जाने पर राजा उत्तनपाद तथा ध्रुव-माता सुनीति बहुत चिन्तित तथा व्याकुल थे।

अध्याय 9

ध्रुव-वरप्राप्ति

श्री भगवान् के इस आश्वासन से देवता अपने-अपने लोकों को चले

गये। तदनन्तर विराट्स्वरूप भगवान्, मधुवन में समाधि-स्थित भक्त ध्रुव के समक्ष प्रकट हुए। उस समय ध्रुव, योगाभ्यास से एकाग्र हुई बुद्धि द्वारा जिस श्री भगवान् की देदीप्यमान मूर्ति का अपने हृदय में ध्यान कर रहा था, वह सहसा विलीन हो गई। इसपर व्याकुल होकर जब उसने नेत्र खोले तो श्री भगवान् को उसी रूप में अपने समक्ष पाया। श्रीहरि के प्रत्यक्ष होने पर कुतूहलवश, ध्रुव, प्रेम से अधीर हो गया। उसने पृथ्वी पर लेट कर (दण्डवत्) श्रीहरि को प्रणाम किया। फिर हाथ जोड़ कर वह प्रभु की स्तुति करना चाहता था, परन्तु किस प्रकार? वह उनका अद्भुत रूप देखकर सब कुछ भूल गया, परन्तु श्रीहरि के स्पर्श से उसे वेदमयी दिव्य वाणी प्राप्त हो गई। वह अत्यन्त भक्ति भाव से, धैर्यपूर्वक उनकी स्तुति करने लगा।

ध्रुव ने कहा, प्रभो! आप सर्वशक्तिमान् हैं। आप ही मेरे अन्त:करण में विराजमान हैं। आप की कृपा से ही मेरी वाणी सजीव हुई है। कृपया मुझे आप उन विशुद्धहृदय महात्मा भक्तों का संग दीजिये जिनका आप में अविच्छिन्न भक्तिभाव है। उनसे आपकी लीलाओं की कथा-सुधा पीकर मैं कृतार्थ हो जाऊँगा। मैं तो आपके इस सदसदात्मक स्थूल विश्वरूप को ही जानता हूँ। आपके परम स्चरूप, जहां वणी तथा बुद्धि की पहुँच नहीं, उससे मैं अनजान हूँ। भगवन् कल्प का अन्त होने पर, योगनिन्द्रा में स्थित, जो परम-पुरुष इस सम्पूर्ण विश्व को अपने में लीन कर लेते हो, जिनकी नाभिकमल से ब्रह्माजी प्रकट हुए हैं, वे आप ही हैं। मैं आपको प्रणाम करता हूँ।

श्री भगवान् ने कहा, उत्तम व्रत का पालन करने वाले राजकुमार! मैं तेरे हृदय के संकल्प को जानता हूँ। यद्यिपि उस पद का प्राप्त होना बड़ा कठिन है, तो भी तैं तुझे वह प्रदान करता हूँ। तेरा कल्याण हो। जिस तेजोमय अविनाशी लोक को आज तक किसी ने प्राप्त नहीं किया, अवान्तर कल्पपर्यन्त रहने वाले अन्य लोकों का नाश हो जाने पर भी जो स्थिर रहता है, तथा तारागण सहित, धर्म, अग्नि, कश्यप तथा शुक्र आदि नक्षत्र तथा सप्त ऋषिगण जिसकी प्रदक्षिणा करते हैं, वह ध्रुवलोक, मैं तुम्हें देता हूँ। यहां भी तुम्हारे पिता तुम्हें राजसिंहासन देकर वन को चले

जायेंगे। यज्ञ मेरी प्रिय मूर्ति है। तुम अनेकों श्रेष्ठ यज्ञों द्वारा मेरा यजन करोगे। अन्त में सम्पूर्ण लोकों के वन्दनीय, सप्त ऋषियों से भी ऊपर, मेरे निजधाम को प्राप्त करोगे। इस प्रकार बालक ध्रुव को वरदान देकर, गरुड़ आरूढ़ भगवान् श्रीहरि देखते ही देखते अदृश्य हो गये।

भगवान् आज्ञानुसार ध्रुव अपने नगर को लौट आये। मन खिन्न था क्योंकि प्रभु चरणों का साथ छोड़ कर उसे अभी भी संसार में ही रहना था तथा अपने पिता के राजसिंहासन को स्वीकार कर प्रजा-पालन करना था। ध्रुव के आने का समाचार पाकर तथा नारदजी के वचनों का स्मरण कर, महाराज उत्तानपाद बहुत प्रसन्न हुए। पूजनीय कुलगुरु, मन्त्री तथा सभासदों को साथ लेकर, ध्रुव के स्वागत में, वे नगर द्वार पर पहुँच गये। दोनों महारानियाँ भी उत्तम को साथ लेकर, पालिकियों पर आरूढ़, राजा के साथ गईं। ध्रुव के उपवन के पास आते ही राजा अपने रथ से उतर पड़े तथा उन्होंने ध्रुव को गले से लगा लिया। ध्रुव ने भी पिता का आशीर्वाद प्राप्त कर दोनों माताओं को प्रणाम किया। दोनों माताओं ने ध्रुव को गले से लगाया। छोटी माता की ईर्ष्या तथा द्वेष समाप्त हो गये। अब तो ध्रुव वैसे भी एक महान तेजस्वी मुनि की तरह लग रहे थे। ध्रुव तथा उत्तम दोनों ही गले मिले। दोनों ने हाथी पर सवार होकर राजधानी में प्रवेश किया। नगर तथा भवनों को बड़े करीने से सजाया गया था। राजभवन की तो शोभा ही न्यारी थी। राजर्षि उत्तानपाद अपने पुत्र के अद्भुत प्रभाव की बात देवर्षि नारदजी से पहले ही सुन चुके थे तथा वैसा पाकर उन्हें बड़ा आश्चर्य भी हुआ।

ध्रुव जब तरुणावस्था को पहुँचे तथा उनमें प्रजा का अनुराग देख, महाराज उत्तानपाद ने उन्हें इस भूमण्डल के राज्य पर अभिषिक्त कर दिया तथा वृद्धावस्था को प्राप्त, स्वयं उन्होंने वानप्रस्थ ले लिया।

अध्याय 10

उत्तम का वध तथा ध्रुव-यक्ष-युद्ध

ध्रुव ने प्रजापति शिशुमार की पुत्री भ्रमि से विवाह किया। उससे उनके कल्प तथा वत्सर नाम के दो पुत्र हुए। ध्रुव की दूसरी पत्नी वायु-पुत्री इला थी। इससे उनके उत्कल नाम का पुत्र तथा एक कन्या का जन्म हुआ। उत्तम का (उत्तम ध्रुव से छोटे थे) अभी विवाह नहीं हुआ था। एक दिन वह हिमालय पर्वत पर आखेट के लिये गया जहां एक बलवान् यक्ष ने उसे मार डाला। उसके वियोग में माता सुरुचि ने भी प्राण त्याग दिये।

अपने अनुज के मारे जाने का समाचार पाते ही, क्रोध और शोक से उद्विगन ध्रुव, विजयप्रद रथ पर स्वार हो, यक्षों के देश में पहुँच गये तथा वहां जाते ही शंखनाद किया, अर्थात् यक्षों को युद्ध की चुनौती दी। युद्ध की चुनौती स्वीकार करते ही यक्ष भी पूरे सैन्यबल से उनके समक्ष आ गये तथा बड़ा भयंकर युद्ध होने लगा। यक्षों का सैन्यबल पर्याप्त था, परन्तु ध्रुव के पराक्रम के सम्मुख वे टिक न सके। उनके असंरव्य योद्धा ध्रुव के वाणों से बिन्ध गये तथा शेष धायल युद्ध भूमि छोड़ भाग गये।

युद्ध समाप्त हुआ देख ध्रुवजी ने यक्षों की नगरी अलकापुरी में प्रवेश करना चाहा, परन्तु इससे पहले ही उन पर आकाश से मायावी असुरों द्वारा एक भारी आक्रमण हो गया। आकाश में अन्धकार छा गया तथा उल्कापात की तरह आकाश से पत्थरों, मूसलों तथा तीखे शस्त्रों की वर्षा होने लगी। भाँति-भाँति के सर्पों ने भी उन पर आक्रमण कर दिया। असुरों की इस दुस्तर माया का समाचार पा कर मुनिजनों ने ध्रुवजी के लिये मंगल कामना की। मुनियों ने कहा, हे ध्रुव! शरणागतवत्सल श्री भगवान् का नाम ही विकट समय में कल्याणकारी होगा।

अध्याय 11

स्वायम्भुव मनु द्वारा युद्ध-विराम अनुरोध

ऋषियों का ऐसा वचन सुन, महाराज ध्रुव ने आचमन कर, श्री नारायणजी के अस्त्र का आवाहन किया। उसके प्रकट होते ही उसे उन्होंने अपने धनुष पर चढ़ाया। उनके ऐसा करने से ही यक्षों द्वारा रची हुई नाना प्रकार की माया नष्ट हो गई। उस नारायण-अस्त्र से राजहंस के से पंख और स्वर्ण के फलवाले असंख्य तीखे वाण निकले जिससे शत्रु सेना में कोलाहल मच गया तथा बाणों के प्रहार से शत्रु सेनिक बिन्ध गये तथा शत्रु मनोबल क्षीण हो गया। फिर भी दीपक की अन्तिम लौ की भाँति बचे हुए यक्ष भड़के तथा ध्रुवजी पर टूट पड़े। उन्हें समक्ष आते देख ध्रुवजी ने अपने बाणों से उनकी भुजायें, जाँघें तथा उदर छलनी-छलनी कर दिये।

जब पितामह स्वायम्भुव ने देखा कि ध्रुव की प्रतिशोध अग्नि से निरपराध यक्षों की मृत्यु हो रही है तो वे यक्षों पर दयाभाव रखते हुए ध्रुव के पास आये।

मनुजी ने कहा, बेटा! अपने क्रोध को शान्त करो। यह पापवृत्ति है। प्रतिशोधवश तुमने इन निरपराध यक्षों का वध किया है, केवल एक यक्ष के अपराध के कारण। तुम्हारा अपने अनुज पर बड़ा अनुराग था, परन्तु इस जड़ शरीर को ही आत्मा मान कर इसके लिये पशुओं की भाँति प्राणियों की हत्या करना भगवत्सेवी साधुजनों का स्वभाव नहीं। तुम्हें तो प्रभु अपना परम भक्त मानते हैं तथा भक्तजन भी तुम्हारा आदर करते हैं। तुम साधुओं के भी पथ-प्रदर्शक हो। तुम्हारा यह कर्म निन्दनीय है। सर्वात्मा श्रीहरि तो सहनशीलता (बड़ों के प्रति), दया (छोटों के प्रति) तथा मित्रता (बराबर वालों के प्रति) तथा समस्त जीवों में समभाव रखने से ही प्रसन्न होते हैं। कदाचित् यह तुम्हारा क्षत्रिय-स्वभाव था। दण्डित को दण्ड देना भी तुम्हारा कर्तव्य था। परनतु अब उन्हें पर्याप्त दण्ड मिल चुका है। अब निरपराध हत्यायें उचित नहीं।

बेटा! ये कुबेर के अनुचर तुम्हारे भाई के हत्यारे नहीं, क्योंकि मनुष्य के जन्म-मरण का वास्तविक कारण तो ईश्वर है। उत्तम का किसी यक्ष के द्वारा मारा जाना तो एक विधि का लेख था। सम्पूर्ण प्राणियों के अन्तरात्मा, नियन्ता तथा रक्षा करने वाले प्रभु ही अपनी माया शक्ति से युक्त होकर समस्त जीवों का सृजन, पालन तथा संहार करने वाले हैं। पाँच वर्ष की आयु में तपस्या द्वारा जिन श्रीहरि की आराधना कर तुमने त्रिलोकी से ऊपर ध्रुव-पद प्राप्त किया था, जो तुम्हारे द्वेष रहित सरल हृदय में विशेष रूप से विराजमान हुए थे, उन्हीं श्रीहरि की ओर अपने चित्त को लगाओ। उनकी कृपा से, मैं मेरे पन, का अभिमान समाप्त हो जोयगा। इस प्रकार विचार कर अपने क्रोध को शान्त करो। क्रोध विवेक को नष्ट करता है तथा कल्याण मार्ग में विघ्न है। अनुज की मृत्यु के प्रतिशोध जो तुमने इतने यक्षों का संहार किया है, उससे तुम्हारे द्वारा भगवान् शंकरजी के सखा कुबेरजी का बड़ा अपराध हुआ है। अतः जब तक कि उनका तेज हमारे कुल को आक्रान्त नहीं कर लेता, तुम पहले ही विनम्र भाव द्वारा उन्हें प्रसन्न कर लो। इस प्रकार ध्रुव को शिक्षा देकर स्वायम्भुव मनु अपने लोक को चले गये।

अध्याय 12

कुबेर वरदान तथा ध्रुव-विष्णुधाम प्राप्ति

पितामह मनु के उपदेश से ध्रुव का क्रोध शान्त हो गया। युद्ध तो समाप्त हुआ ही, उनका यक्षों के प्रति क्षोभ भी शान्त हो गया। इस पर प्रसन्न हो कर कुबेरजी वहां आये। वे बोले, क्षत्रिय कुमार ध्रुव! तुम ने अपने पितामह के उपदेश से यह कठिन द्वेष तथा प्रतिशोध त्याग दिया है। मैं तुम से प्रसन्न हूँ। वास्तव में न तुमने यक्षों को मारा न यक्षों ने तुम्हारे भ्राता को। यह तो विधि का विधान था और तुम एक निमित्तमात्र।

तुम आत्मग्लानि त्याग दो। अब तुम जाओ। भगवान् तुम्हारा मंगल करें। तुम संसार बन्धन से मुक्त होने के लिये, समभाव होकर, सर्वभूतात्मा भगवान् श्रीहरि का भजन करो। क्योंकि तुम सर्वदा भगवान् कमलनाभ के चरणकमलों के समीप रहने वाले हो, मैं तुम्हें अमीष्ट वर माँगने के लिये कहता हूँ।

इस पर ध्रुवजी ने कहा–मुझे श्रीहरि की अखण्ड स्मृति बनी रहे, जिससे मनुष्य सहज ही इस दुस्तर भवसागर से तर जाता है। कुबेरजी ने प्रसन्न हो कर ध्रुवजी को यह भगवत्स्मृति का वरदान दे दिया। तत्पश्चात् वे अन्तर्धान हो गये तथा ध्रुवजी अपनी राजधानी को लौट आये।

अपनी नगरी में आकर ध्रुवजी ने बड़ी-बड़ी दक्षिणा वाले यज्ञों से भगवान् यज्ञपुरुष की आराधना की। भक्तिभाव रखते हुए, ध्रुवजी, अपने में तथा समस्त प्राणियों में सर्वव्यापक श्रीहरि को ही विराजमान देखने लगे। राजभोगों का उन्होंने प्रायः त्याग ही कर दिया, परन्तु प्रजापालन में सदा तत्पर रहे। एक लम्बा समय शासन करने के पाश्चात् ध्रुवजी ने राजसिंहासन अपने पुत्र उत्कल को सौंप दिया तथा स्वयं बदरिकाश्रम चले गये।

तदनन्तर मन द्वारा इन्द्रियों को विषयों से हटाकर, मन को श्री भगवान् के स्थूल विराट्स्वरूप में स्थिर कर दिया। उसी का चिन्तन करते-करते, अन्त में ध्याता तथा ध्येय भेद से रहित, निर्विकल्प समाधि में लीन हो गये–यहां तक कि उन्हें 'मैं ध्रुव हूँ' इसकी भी स्मृति न रही।

श्रीहरि तो ध्रुव पर पहले से ही प्रसन्न थे। अब उनकी आज्ञानुसार उनके पाषर्द सुनन्द और नन्द एक अलौकिक विमान पर ध्रुवजी को लेने के लिये आ गये।

सुनन्द और नन्द ने कहा, राजन्! आपका कल्याण हो। आप ने पाँच वर्ष की अवस्था में ही कठिन तपस्या द्वारा सर्वेश्वर श्रीहरि को प्रसन्न कर लिया था। हम उन्हीं भगवान् विष्णुजी के सेवक हैं और आप को भगवान् के धाम ले जाने के लिये आये हैं। आपने अपनी भक्ति से उस धाम को प्राप्त किया है जहां परमज्ञानी सप्तर्षि भी नहीं पहुँच सके। वे

नीचे से केवल उसे देखते रहते हैं। सूर्य, चन्द्र, तारागण तथा नक्षत्र भी उसकी प्रदक्षिणा करते हैं। भगवान् विष्णु का वह परमधाम सारे संसार का वन्दनीय है। आप वहां चल कर विराजमान होइये। श्रीहरि के भेजे हुए इस विमान पर चढ़ने के लिये आप योग्य हैं।

श्री भगवान् के पार्षदों के अमृतमय वचन सुनकर ध्रुवजी ने स्नान किया तथा बदरिकाश्रम में रहने वाले मुनियों से आशीर्वाद ले कर उस विमान पर आरूढ़ हो गये। उस समय काल भी मूर्तिमान् मौन खड़ा रहा। विमान में चढ़ने से पहले ही ध्रुवजी को अपनी माता की याद आई। वे अकेली कैसे छोड़ सकते थे। उनके हृदय की बात जाकर पार्षदों ने दिखया कि वे दूसरे विमान पर उनसे आगे-आगे जा रही थीं। उस दिव्य विमान पर बैठकर ध्रुवजी ने त्रिलोकी को पार कर, सप्तर्षि मण्डल से भी ऊपर, भगवान् विष्णु के नित्यधाम में पहुँचे। इस प्रकार उन्होंने अविचल गति प्राप्त की।

श्रीहरि के वरदान से भगवत्परायण ध्रुवजी तीनों लोकों के ऊपर उसकी निर्मल चूड़ामणि के समान विराजमान हैं। यह गम्भीर वेग वाला ज्योतिश्चक्र उस अविनाशी लोक के आश्रय ही निरन्तर घूमता रहता है।

अध्याय 13

ध्रुववंश वर्णन

महाराज ध्रुव के वन चले जाने पर उनके पुत्र उत्कल ने पिता के समस्त वैभव तथा राजसिंहासन को अस्वीकार कर दिया। वह जन्म से ही शान्त स्वभाव तथा समदर्शी था। उसकी वासना तथा तृष्णा भस्म हो चुकी थी। ब्रह्म को अपने में तथा अपने को ब्रह्म में देखते, वह आत्मपरायण था। ऐसा देख मन्त्रियों तथा सभासदों ने उसके छोटे भाई भ्रमि-पुत्र वत्सर को राजा बनाया।

वत्सर की पत्नी स्वर्वीथिके गर्भ से पुष्पार्ण, तिग्मकेतु, इष, ऊर्ज, वसु तथा जय नाम के छः पुत्र हुए। आगे चलकर पुष्पार्ण की पत्नी प्रभा से प्रातः, मध्यन्दिन तथा सांय–ये तीन पुत्र हुए तथा पत्नी दोषा से प्रदोष, निशीथ तथा व्युष्ट–तीन पुत्र हुए। व्युष्ट की पत्नी पुष्करिणी से सर्वतेजा नामक पुत्र हुआ। उसकी पत्नी आकूति से चक्षुः नामक पुत्र हुआ।

चाक्षुष मन्वन्तर में चक्षुः ही मनु हुए। उनकी पत्नी नड्वला से पुरु, कुत्स, त्रित, द्युम्न, सत्यवान्, ऋत, व्रत, अग्निष्टोम, अतिरात्र, प्रद्युम्न, शिबि तथा उल्मुक–बारह पुत्र हुए। ये सभी सत्त्वगुणी बालक थे। आगे चल कर उल्मुक की पत्नी पुष्करिणी से अंग, सुमना, ख्याति, क्रतु, अंगिरा तथा गय–छः पुत्र उत्पन्न हुए। अंग की पत्नी सुनीथा से वेन का जन्म हुआ। वेन की दुष्टता से दुःखी हो कर राजर्षि अंग नगर छोड़कर चले गये। मुनियों ने कुपित हो कर वेन को शाप दिया जिससे उसकी अकस्मात् मृत्यु हो गई तथा अंग-राज्य, राजारहित हो गया। इससे राज्य में उत्पात होने लगे। राज्य की रक्षा के लिये ऋषियों ने वेन की मृत देह का मन्थन किया जिससे श्री विष्णु के अंशावतार महाराज पृथु प्रकट हुए।

वास्तव में महाराज अंग एक पूर्वजनित अपराध के कारण सन्तानहीन थे। इस कारण उनके किये हुए यज्ञ में देवता अपना यज्ञ भाग ग्रहण नहीं करते थे। राजा इससे बहुत चिन्तित हुए। श्रेष्ठ मुनिजनों ने उन्हें पुत्र प्राप्त करने के लिये एक यज्ञ के अनुष्ठान का परामर्श दिया। जब सन्तान के लिये यज्ञपुरुष श्रीहरि का आवाहन किया जायेगा तो देवता लोग स्वयं ही अपना-अपना यज्ञ भाग ग्रहण करेंगे। इस प्रकार यज्ञ का आयोजन करने से अग्निकुण्ड से सोने के हार और शुभ्र वस्त्रों से विभूषित, एक सिद्ध पुरुष प्रकट हुए जो एक स्वर्ण पात्र में खीर लिये थे। यह खीर राजा ने अपनी पत्नी सुनीथा को दी। उससे बालक वेन का जन्म हुआ। यह बालक अपने नाना-मृत्यु का अनुगामी था। इस कारण वह भी अधर्मी हुआ।

अध्याय 14

राजा वेन-कथा

लोक कल्याण चाहने वाले भृगु आदि ऋषियों ने देखा कि अंग का राज्य को न स्वीकार करने तथा वन चले जाने से पृथ्वी की रक्षा करने वाला कोई न रहा। सब ओर उत्पात मच गया। माता सुनीथा की सम्मति से, मन्त्रियों के सहमत न होने पर भी, वेन को भूमण्डल के राज्यपद पर अभिषिक्त कर दिया।

वेन बड़े कठोर स्वभाव का था। उसके राजा बनते ही उच्छृंखल तत्त्व तो दब गये परन्तु उसके क्रूर स्वभाव से ऋषि मुनि तंग आ गये, क्योंकि वह धर्म-कर्मों तथा यज्ञों के विरुद्ध था। वेन का अत्याचार देख कर श्रेष्ठ ऋषि मुनि एकत्रित हुए। उन्होंने विचार किया कि जिस प्रजा की रक्षा हेतु उन्होंने वेन के उच्छृंखल होते हुए भी उसका राजा होना स्वीकार किया था, वह ही अब प्रजा के लिए एक महान संकट बन गया है। धर्म-कर्मों तथा देवताओं के प्रति भी वेन का कड़ा विरोध था। यही विचार कर वे राजा वेन के पास गये।

मुनियों ने कहा, हे राजन्! प्रजा का कल्याणरूप 'धर्म' आपके कारण नष्ट नहीं होना चाहिए। धर्म के नष्ट होने से राजा भी ऐश्वर्यच्युत हो जाता है। जिस राज्य में प्रजा, धर्म पालन द्वारा भगवान् यज्ञपुरुष की आराधना करती है, उस राजा से श्री भगवान् भी प्रसन्न रहते हैं। भगवान् श्रीहरि ब्रह्मादि के भी पूजनीय हैं। उनके प्रसन्न होने पर कोई भी वस्तु दुर्लभ नहीं रहती। भगवान् श्रीहरि समस्त लोक, लोक-पाल तथा यज्ञों के नियन्ता हैं जब आपके राज्य में ब्राह्मण लोग यज्ञों का अनुष्ठान करेंगे तो उनकी पूजा से प्रसन्न होकर श्री भगवान् के अंशरूप देवता आपको मन चाहे फल देंगे। अतः आप को यज्ञादि बन्द कर देवताओं का तिरस्कार नहीं करना चाहिए।

वेन की भ्रष्ट बुद्धि ने इसे स्वीकार नहीं किया। मुनियों का तिरस्कार करते हुए उसने अपने को ही राजा रूप परमेश्वर बताया तथा उन्हें

अपनी ही पूजा के लिये बाधित किया। कुकर्मी होने के कारण वह पुण्यक्षीण हो चुका था। अतः उसने मुनियों की शिक्षा पर ध्यान नहीं दिया।

मुनिलोग राजा के इस व्यवहार से कुपित हो गये। वे राजा के मुख से श्री विष्णु भगवान् की निन्दा भी सहन न कर सके तथा उन्होंने राजा को मृत्यु का शाप दे दिया। मुनियों के चले जाने पर व्याकुल माता सुनीथा ने मन्त्रादि के बल से वेन के मृत शरीर की रक्षा की।

इधर राजा वेन के मरते ही राज्य में अराजकता फैल गई तथा उच्छृंखल तत्त्व पुनः सक्रिय हो गये तथा प्रजा को लूटने लगे। राज्य में आतंक फैल गया। अंगदेश को नष्ट होते देख मुनियों ने वेन की जाँघ का मन्थन किया। उससे एक बौना पुरुष उत्पन्न हुआ। उसने प्रकट हो दीन भाव से ऋषियों से पूछा मैं क्या करूँ? ऋषियों ने कहा, निषीद–अर्थात् बैठ जा। इसी से वह 'निषाद' कहलाया। वह भी पिता समान क्रूर ही निकला। उसके वंशधर 'नैषाद' भी हिंसा, लूट आदि कुकर्मों के कारण वन और पर्वतों में ही वास करते हैं।

अध्याय 15

महाराज पृथु आविर्भाव

तत्पश्चात् ब्रह्माणों तथा ऋषियों ने मृत राजा वेन की भुजाओं का मन्थन किया। उससे एक स्त्री पुरुष का जोड़ा प्रकट हुआ। ब्रह्मवादी ऋषियों ने उन्हें श्री भगवान् का अंश जानकर बड़ी प्रसन्नता पाई।

पुरुष यशस्वी सम्राट 'पृथु' हुए तथा स्त्री (महालक्ष्मी का अंश), अर्चि उनकी पत्नी हुई। राजाओं में पहले राजा पृथु ही हुए। उन्हें श्रीहरि का ही अंश माना जाता है, क्योंकि जिसके हाथ में अन्य रेखाओं से बिना कटा हुआ चक्र चिन्ह होता है, वह भगवान् का अंश होता है।

वेदवादी ब्राह्मणों ने महाराज पृथु का अभिषेक आयोजन किया। कुबेर ने उन्हें एक सुन्दर सोने का सिंहासन दिया तथा वरुण देवता ने श्वेत प्रकाशमय छत्र दिया। वायु ने दो चँवर, धर्म ने कीर्तिमयी माला, इन्द्र ने मुकुट, यम ने दमन करने वाला दण्ड, ब्रह्माजी ने कवच, सरस्वती जी ने सुन्दर हार, विष्णुजी ने दिवास्त्र, लक्ष्मीजी ने अचल सम्पत्ति, रुद्रजी ने तलवार तथा और देवताओं ने भी सुन्दर रथ तथा अन्य अस्त्र-शस्त्र दिये।

महाराज पृथु ने कहा–सौम्य सूत, मागध तथा वंदिजन! अभी तो इस लोक में मेरा कोई भी गुण प्रकट नहीं हुआ। अतः मेरी स्तुति अभी योग्य नहीं। फिर भी मेरे विषय में आपकी वाणी व्यर्थ न हो। अभी तक हमने ऐसा कोई भी कार्य नहीं किया कि जिसकी प्रशंसा की जा सके।

अध्याय 16

महाराज पृथु की वंदिजनों द्वारा स्तुति

सूतादि गायकों ने कहा, हे राजन्! मुनियों के उपदेशानुसार कि आप श्रीहरि के अंश अवतार हैं, हम ने उन्हीं मुनियों की प्रेरणा से आपकी स्तुति की है। आप वेनरूप अरणि के मन्थन से प्रकट हुए अग्नि के समान हैं। शत्रुओं के लिये आप दुःखह होंगे। धर्ममार्ग पर स्थित, शत्रु को दण्डनीय न होने पर उसे कोई दण्ड नहीं देंगे। सारी पृथ्वी पर आपका निष्कण्टक राज्य होगा। अपने कार्यों से आप प्रजा को सुख पहुँचायेंगे तथा उनका रञ्जन करेंगे। इससे आपको प्रजा राजा कहेगी। आप वैराग्यवान् पुरुषों से प्रेम करेंगे तथा दुष्टों को यमराज के समान दण्डित करेंगे।

श्री नारायणजी के अंशावतार होने के कारण आप सदा पूजनीय होंगे। आप अद्वितीय वीर तथा एकछत्र सम्राट्, समस्त भूमण्डल की रक्षा करेंगे।

जब प्रजा के जीवन निर्वाह के लिये आप गोरूपी पृथ्वी का (दोहन) करेंगे, तब भूमि में कोई भी आपका वेग सहन नहीं कर पायेगा। सरस्वती के उद्गमस्थान पर आप सौ अश्वमेध यज्ञ करेंगे।

अध्याय 17

महाराज पृथु का पृथ्वी पर प्रकोप

राजा वेन के कुकर्मों तथा अत्याचारों के कारण और यज्ञादि कर्मों पर निषेध होने के कारण देवता रुष्ट हो गये थे। इस अवस्था में समय पर वर्षा का न होना तथा और भी प्राकृतिक प्रकोपों के कारण पृथ्वी अन्नहीन हो गई थी। प्रजा भूख के कारण पीड़ित तथा रुगण हो रही थी। सभासदों ने महाराज पृथु को इस स्थिति से अवगत कराया।

प्रजा का करुण-क्रन्दन सुन कर महाराज पृथु सोच में पड़ गये। यह विचार कर कि पृथ्वी ने स्वयं ही कुपित हो कर समस्त अन्न तथा औषधादि को अपने भीतर छिपा लिया है, उन्होंने अपना धनुष उठाया तथा बाण चढ़ाकर पृथ्वी को ही उसका लक्ष्य बनाया। उन्हें शस्त्र उठाये देख कर पृथ्वी काँप उठी तथा उसने गौ का रूप धारण कर लिया। उसने अन्तरिक्ष में जाकर देवताओं से सहायता पानी चाही, परन्तु महाराज पृथु को श्री विष्णुजी का अंशावतार जान कर किसी भी देवता ने पृथ्वी की सहायता नहीं की। अन्त में उसने स्वयं ही राजा से कहा, हे धर्म के तत्त्व को जानने वाले शरणागतवत्सल! आप तो सभी प्राणियों की रक्षा करने पर तत्पर हैं तो मुझे भी अभय दान दीजिए। मैं तो वास्तव में निरपराध हूँ। आप मुझ पर क्यों कुपित हैं? मैं तो एक सुदृढ़ नौका के समान हूँ। सारा जगत् मुझ पर ही स्थित है। मुझे खण्डित करके आप अपने को तथा प्रजा को जल के ऊपर कैसे रख सकेंगे?

महाराज पृथु ने कहा, हे पृथ्वी! तुम यज्ञ में देवताओं सहित यज्ञ का

भाग लेती हो तथा उसके उपलक्ष में अन्न देती हो। परन्तु आज इस अन्न रहित स्थिति का क्या कारण है? तुमने पूर्वकाल में ब्रह्माजी के उत्पन्न किये हुए अन्नादि के बीजों तथा ओषधियों को अपने में लीन कर लिया है। तुम प्राणियों के प्रति निर्दयी हो गई हो। इसी कारण मैं तुमसे कुपित हूँ, क्योंकि राजा का परम धर्म है अपनी प्रजा को भर पेट अनाज देने का तथा उनकी सब प्रकार से रक्षा करने का।

पृथ्वी ने कहा, हे राजन्! आप साक्षात् श्री विष्णु का अंशावतार हैं। मैं आप को नमस्कार करती हूँ। आप सम्पूर्ण प्राणियों के रक्षक हैं। मैं माया भ्रम-वश आप को पहचान न पाई। आप साक्षात् सर्वेश्वर हैं। भगवान् की लीलाओं को अजितेन्द्रिय लोग कैसे जान सकते हैं? उनकी बुद्धि उनकी दुर्जन माया से विक्षिप्त हो रही है। वराह रूप धारण कर श्री विष्णुजी ही तो मुझे रसातल से बाहर लाये थे। आज उन्हीं के अंशावतार आप मुझ पर ही कुपित हो रहे हैं। आपके स्वरूप तथा उदेश्य को जान कर मैं आपको नमस्कार करती हूँ।

अध्याय 18

पृथ्वी दोहन

पृथ्वी ने फिर कहा, हे राजन्! आप अपना क्रोध शान्त कीजिये तथा मेरी प्रार्थना को सुनिये। तत्त्वदर्शी मुनियों ने इस लोक तथा परलोक में मनुष्यों का कल्याण करने के लिये कृषि, अग्निहोत्र आदि बहुत से उपाय प्रचलित किये हैं। उन प्राचीन ऋषियों के बताये हुए उपायों का इस समय भी जो मनुष्य श्रद्धापूर्वक भलीभाँति आचरण करता है, वह सुगमता से अभीष्ट फल प्राप्त करता है। पूर्वकाल में ब्रह्माजी ने जिन धान्यादि को उत्पन्न किया था, मैंने देखा कि यम-नियमादि व्रतों का

पालन न करने वाले दुराचारी ही उन्हें खाये जा रहे हैं। आप राजा लोगों ने मेरा आदर तथा पालन करना छोड़ दिया। अतः सब लोग चोरों के समान हो गये। इसी कारण यज्ञ के लिये ओषधियों को मैंने अपने में छिपा लिया। आप उन्हें पूर्वाचार्यों के कहे हुए उपाय से पुनः निकाल लीजिए। यदि आपको समस्त प्राणियों के लिये बल-वृद्धि प्रदान करने वाले अन्न की आवश्यकता हो तो आप मेरे योग्य बछड़ा, दोहन-पात्र तथा दुहने वाले की व्यवस्था कीजिए। भविष्य में मुझे आपको समतल करना होगा, जिससे वर्षा का पानी सारी भूमि पर एक सार वितरित हो तथा मेरे अन्दर की नमी बनी रहे।

महाराज पृथु ने स्वायम्भुव मनु को बछड़ा बना कर अपने हाथों से समस्त धान्यों को दुह लिया। ऋषियों ने बृहस्पतिजी को बछड़ा बना कर, वाणी, मन तथा श्रोत्र रूप पात्र में पृथ्वी देवी से वेदरूप पवित्र दूध दुहा। देवताओं ने इन्द्र को बछड़ा बना कर स्वर्णपात्र में अमृत, मनोबल तथा इन्द्रियबल रूप दुग्ध दुहा। दैत्य तथा दानवों ने असुर श्रेष्ठ प्रह्लादजी को बछड़ा बना कर लोहपात्र में मदिरा तथा आसव रूप दूध दुहा। गन्धर्वों तथा अप्सराओं ने विश्वावसु को बछड़ा बना कर कमलरूप पात्र में संगीत तथा सौन्दर्यरूप दुग्ध दुहा। पितृगण ने अर्यमा पितृश्वर द्वारा मिट्टी के बर्तन में पितरों को अर्पण करने वाले अन्नरूप दूध को दुहा। इसी प्रकार प्राणियों की समस्त श्रेणियों ने पृथ्वी माता से अपनी अभीष्ट वस्तुएँ प्राप्त कीं। पृथ्वी सभी के लिये माँ का रूप है, तथा महाराज पृथु का, पृथ्वी के प्रति, पुत्री का सा स्नेह हो गया तथा उसे उन्होंने अपनी कन्या के रूप में स्वीकार किया। तत्पश्चात् राजा पृथु ने भूमि को समतल बना कर खेत, खलिहान, गाँव, कस्बे, नगर, बस्तियाँ तथा पशुओं के रहने के लिये स्थान बनाये। प्रजा अब विभिन्न नगरों, कस्बों तथा गांवों में रहने लगी।

अध्याय 19

महाराज पृथु द्वारा 100 अश्वमेध यज्ञ

ब्रह्मावर्त क्षेत्र में जहाँ सरस्वती नदी पूर्व मुखी होकर बहती है, राजा पृथु ने सौ अश्वमेध यज्ञों की दीक्षा ली। इससे इन्द्रदेव को लगा कि महाराज पृथु के कर्म उनके कर्मों की अपेक्षा श्रेष्ठतर हो जायेंगे। अतः वह उनके यज्ञ महोत्सव को सहन न कर सके। महाराज पृथु के यज्ञ में सर्वलोक-पूज्य जदगीश्वर भगवान् हरि ने यज्ञेश्वर रूप से साक्षात् दर्शन दिया। उनके साथ ब्रह्मा, रुद्र तथा अपने-अपने अनुचरों सहित लोक-पाल भी पधारे। उस समय यज्ञ सामग्रियों को देने वाली भूमि ने कामधेनु रूप होकर सारी कामनाओं को पूरा किया।

महाराज पृथु तो एकमात्र श्रीहरि को ही अपना प्रभु मानते थे। उनकी कृपा से उस यज्ञानुष्ठान से उनका बड़ा शौर्य हुआ जिसे देवराज इन्द्र सहन न कर पाये। गुप्त रूप से उन्होंने यज्ञ का घोड़ा हर लिया। जब वे आकाश मार्ग से घोड़े को ले जा रहे थे तो ऋषि अत्रि की दृष्टि उन पर पड़ी। उनके बताने पर महाराज पृथु का पुत्र, इन्द्र के पीछे गया, परन्तु इन्द्र को साधु वेष में देख कर उस पर उन्होंने प्रहार नहीं किया। फिर भी उसने निरन्तर उसका पीछा किया। तत्पश्चात् घोड़े को छोड़ कर इन्द्र देवता अन्तर्धान हो गये। पुत्र का अतुल शौर्य देख महर्षियों ने उसका नाम विजिताश्व रखा।

इन्द्र ने पुनः यज्ञ-पशु का हरण किया, परन्तु इस बार भी अत्रि मुनि की सहायता से पृथु-पुत्र ने इन्द्र से घोड़ा प्राप्त कर लिया। यज्ञ में भरसक बाधा डालने के कारण महाराज पृथु इन्द्रदेव से कुपित हो गये तथा धनुष उठा कर उस पर बाण चढ़ाया और इन्द्र-वध के लिये उद्यत हो गये। परन्तु ऋषियों ने समझाया कि यज्ञ दीक्षा ले लेने पर शास्त्रविहित यज्ञ-पशु को छोड़कर और किसी का वध करना उचित नहीं। उन्होंने कहा कि हम अमोघ आवाहन मन्त्रों द्वारा उसे यहीं बुला लेते हैं तथा बलात् अग्नि में हवन किये देते हैं। याजकों ने क्रोधपूर्वक इन्द्र का

आवाहन किया। वे स्रुवा द्वारा आहुति डालना ही चाहते थे कि ब्रह्माजी ने वहाँ आकर उन्हें रोक दिया। तुम्हें इन्द्र का वध नहीं करना चाहिए। यह यज्ञसंज्ञक इन्द्र तो भगवान् का ही अंश है। यज्ञ में आराध्य देवता, इन्द्र के ही तो अंग हैं। अतः आप शान्त हो जाइये।

इस प्रकार महाराज पृथु के निन्यानबे यज्ञ ही रहे। फिर राजर्षि पृथु से कहा, हे राजन्! आप तो मोक्ष धर्म के जानने वाले हैं, अतः अब आपको इन यज्ञानुष्ठान की आवश्यकता नहीं। आप और इन्द्र दोनों ही भगवान् श्रीहरि के अंश हैं। इसलिये आपको इन्द्र के प्रति क्रोध नहीं करना चाहिए। आपका यह यज्ञ निर्विघ्न समाप्त नहीं हुआ। आप चिन्ता मत कीजिए। इस यज्ञ को बन्द कीजिए। वेन के दुराचार से धर्म लुप्त हो रहा था। धर्म की रक्षा करने के लिये ही आपने उसके शरीर से अवतार लिया है। आप उस अवतार के उद्देश्य को विचार कर भृगु आदि महर्षियों का संकल्प पूरा कीजिए, अर्थात् धर्म की पुनर्स्थापना कीजिए।

अध्याय 20

यज्ञस्थली में भगवान् श्रीविष्णु का प्रादुर्भाव

महाराज पृथु के निन्यानबे यज्ञों से यज्ञ-भोक्ता यज्ञेश्वर भगवान् विष्णु भी सन्तुष्ट हुए। इन्द्र सहित वे यज्ञशाला में प्रकट हुए तथा उन्होंने राजा पृथु से कहा, राजन्! इन्द्र ने तुम्हारे सौ अश्वमेध यज्ञ पूर्ण करने में जो विघ्न डाला है, उसके लिये वे तुम से क्षमा चाहते हैं और तुम उन्हें क्षमा कर दो। जो श्रेष्ठ मानव साधु होते हैं, वे दूसरे जीवों से द्रोह नहीं करते। यदि मेरी माया से मोहित हो जाते हो, तो तुम ज्ञानीजनों की सेवा–केवल श्रममात्र ही हुई। ज्ञानीजन इस शरीर तथा इन्द्रियवृत्ति से आसक्त नहीं होते।

यह आत्मा शुद्ध, स्वयंप्रकाश, निर्गुण, गुणों का आश्रय स्थान, सर्वव्यापक, आवरणशून्य, साक्षी तथा शरीर से भिन्न है। जो पुरुष किसी प्रकार की कामना न रखकर, स्वधर्म पालन करते हुए, नित्यप्रति श्रद्धापूर्वक मेरी आराधना करता है, उसका चित्त धीरे-धीरे शुद्ध हो जाता है। चित्त शुद्ध होने से तत्त्वज्ञान की प्राप्ति होती है तथा वह समतारूप स्थिति को प्राप्त करता है और कल्याणमय मोक्ष पद को प्राप्त करता है।

राजा का कल्याण प्रजा-पालन में ही है। उसे परलोक में प्रजा के पुण्य का छटा भाग मिलता है। परन्तु जो राजा इसके विपरीत, प्रजा-पालन में चूकता है तथा प्रजा से बरबस कर प्राप्त करता है, उसका सारा पुण्यक्षीण हो जाता है तथा वह प्रजा के पाप का भागी बनता है। अतः तुम परम्परा से प्राप्त हुए धर्म को ही मुख्यतः अपना लो तथा आसक्तिरहित प्रजा का न्यायपूर्वक पालन करो। सनकादि सिद्धजनों के दर्शन तुम्हें स्वयं ही प्राप्त हो जायेंगे। तुम्हारे स्वभाव तथा गुणों के कारण मैं तुमसे प्रसन्न हूँ। तुम्हें जो इच्छा हो मुझ से वर प्राप्ति कर लो।

सर्वलोकगुरु श्रीहरि के इस प्रकार कहने पर महाराज पृथु ने उनकी आज्ञा शिरोधार्य की। देवराज इन्द्र को उन्होंने गले से लगाया। तत्पश्चात् विश्वात्मा भक्तवत्सल श्री भगवान् विष्णु का पूजन किया तथा भक्ति भाव से निमग्न होकर उनके चरणकमल पकड़ लिये। प्रभु अपने चरणकमलों से पृथ्वी को स्पर्श कर रहे थे। वे गरुड़जी के ऊँचे कँधे पर सुशोभित थे। महाराज पृथु ने नेत्रों से आँसू पोंछकर, अतृप्त दृष्टि से उन्हें देखते हुए कहा-

मोक्षपति प्रभो! आप वर देने वाले ब्रह्मादि देवताओं को भी वर देने में समर्थ हैं। कोई भी ज्ञानी आपसे भोगने योग्य विषयों को कैसे माँग सकता है? अतः मुझे तो उस मोक्षपद की भी आवश्यकता नहीं जिसमें महापुरुषों के हृदय से उनके मुख द्वारा निकला हुआ आपके चरणकमलों का मकरन्द नहीं; जहाँ आपकी कीर्ति तथा कथा सुनने का आनन्द नहीं मिलता। मेरी तो आप से यही प्रार्थना है कि मैं आपके लीलागुणों को सुनता रहूँ। हे प्रभु! सत्संग में आपके मंगलमय सुयश को दैववश एक बार भी सुन लेने पर कोई मूढ़-बुद्धि ही भले तृप्त हो जाये, परन्तु

गुणग्राही उसे कैसे छोड़ सकता है? अब लक्ष्मीजी की तरह मैं भी अत्यन्त उत्सुकता से आप सर्वगुणधाम पुरुषोत्तम की ही सेवा करना चाहता हूँ। जगज्जननी लक्ष्मीजी के हृदय में मेरे प्रति विरोध भावना होने की आशंका है, क्योंकि जिस आपकी सेवा कार्य में उनका अनुराग है, उसी के लिये मैं भी लालायित हूँ।

महाराज पृथु की प्रार्थना सुन कर श्री भगवान् ने कहा, हे राजन्! तुम्हारी मुझ में भक्ति हो। अब तुम सावधानी से मेरी आज्ञा का पालन करते रहो। तुम्हारा मंगल हो। तदनन्तर महाराज पृथु को अपना स्वरूप दिखाकर श्री विष्णुजी अन्तर्धान हो गये।

अध्याय 21

महाराज पृथु का प्रजा को उपदेश

उस समय महाराज पृथु का नगर सब जगह मोतियों की लड़ियों, फूलों की मालाओं, रंग-बिरंगे वस्त्रों, सोने-चाँदी के द्वारों तथा सुगन्धित जल और धूपों से सुशोभित एवं सुगन्धित था। जब महाराज पृथु ने नगर में पवेश किया तो प्रजा, मन्त्रियों तथा सभासदों ने उनका भव्य स्वागत किया। मार्ग में पुरवासियों ने उनका अभिनन्दन किया।

महाराज पृथु ने प्रजापालन करते हुए प्रजा के लिये अनेकों उद्धार के कार्य किये। उन्होंने एक लम्बे समय तक शासन कर तथा अपने विपुल यश का विस्तार कर परम पद को प्राप्त किया।

महाराज पृथु गंगा तथा यमुना के मध्यवर्ती प्रदेश में निवास कर, प्रारब्धवश प्राप्त हुए भेगों को ही भोगते थे। उनका समस्त भूमण्डल पर एकछत्र राज्य था। ब्रह्मवादियों तथा विष्णु-भक्तों पर उनकी अपार श्रद्धा थी। एक बार उन्होंने एक महासत्र की दीक्षा ली। वहां देवताओं, ब्रह्मर्षियों

तथा राजर्षियों का एक बड़ा समाज एकत्रित हुआ।

दीक्षा के नियमानुसार उन्होंने समस्त आभूषण उतार दिये। उनका मुख मण्डल तेजस्वी तथा शरीर सुदृढ़ और सुन्दर था। शरीर पर मृगचर्म तथा हाथों में कुशा धारण की। यथोचित कर्म से निवृत्त हो कर उन्होंने कहा, हे सज्जनो! आपका कल्याण हो। जिज्ञासु पुरुषों को चाहिए कि संत समाज में अपने निश्चय का निवेदन करें। मुझे प्रजाजनों का शासन, उनकी रक्षा, उनकी आजीविका का प्रबन्ध तथा उन्हें अपनी-अपनी मर्यादा में रखने के लिये राजा बनाया गया। इसका यथावत् पालन करने से मुझे उन्हीं मनोरथ पूर्ण करने वाले लोकों की प्राप्ति होनी चाहिए जो वेदवादी मुनियों के मतानुसार सम्पूर्ण कर्मों के साक्षी श्रीहरि के प्रसन्न होने पर मिलते हैं। अपने इस राजा का परलोक में हित करने के लिये आपलोग परस्पर दोष दृष्टि छोड़ कर हृदय से भगवान् को स्मरण करते हुए अपने-अपने कर्तव्य का पालन करते रहिए। इससे आपका मुझ पर बड़ा अनुग्रह होगा। कर्मों का फल देने वाले भगवान् यज्ञपति हैं। जिनके चरणकमलों की सेवा संसार-ताप से संतप्त जीवों के लिये गंगा समान शीतल है, जिनके चरणकमल सब प्रकार की कामनाओं को पूर्ण करने वाले हैं, उन प्रभु को वर्णाश्रमोचित अध्यापन द्वारा तथा ध्यान, स्तुति, पूजादि मानसिक तथा शारीरिक क्रियाओं द्वारा भजें। इस पृथ्वी तल पर जो मेरे प्रजाजन यज्ञभोक्ताओं के अधीश्वर सर्वगुरु श्रीहरि का एकनिष्ठ भाव से निरन्तर पूजन करते हैं, वे मुझ पर बड़ी कृपा करते हैं। इनकी नित्य सेवा करने से चित्त शीघ्र ही शुद्ध तथा शान्त हो जाता है तथा मनुष्य स्वयं ही परम शान्ति रूप मोक्ष प्राप्त कर लेता है। वे भगवान् अनन्त इन्द्रादि यज्ञीय देवताओं के नाम से तत्त्वज्ञानियों द्वारा, ब्राह्मणों के मुख द्वारा श्रद्धापूर्वक हवन किये हुए पदार्थों को जैसे चाव से ग्रहण करते हैं, वैसे चेतनाशून्य अग्नि में होम हुए द्रव्य को ग्रहण नहीं करते। अतः मेरी यही अभिलाषा है कि ब्राह्मणकुल, गोवंश तथा भक्तों के सहित श्री भगवान् मुझ पर सदा प्रसन्न रहें।

महाराज पृथु की प्रशंसा करते हुए मुनियों ने कहा—पुत्र के द्वारा पिता

पुण्यलोकों को प्राप्त कर लेता है। यह श्रुति यथार्थ है। पापी वेन ब्राह्मणों के शाप द्वारा मारा गया था। परन्तु महाराज पृथु के पुण्यबल से उसका नरक से निस्तार हो गया।

अध्याय 22

ब्रह्मऋषि सनकादि द्वारा महाराज पृथु को उपदेश

जिस समय महाराज पृथु अपने प्रजाजनों को उपदेश दे चुके तो उन्होंने देखा कि श्रीहरिजी के कहेनुसार आकाश से सनकादि प्रकट हुए। उनके समक्ष आते ही राजा पृथु अपने सभाजनों सहित उनके स्वागत में खड़े हो गये। यथोचित आसन पर उन्हें विराजमान कर उनके चरणों को अपने मस्तक से लगाया।

महाराज पृथु ने कहा, मंगलमूर्ति मुनीश्वरो! आपके दर्शन तो योगियों को भी दुर्लभ हैं; मुझ से ऐसा कौन सा पुण्य हुआ कि जिससे स्वतः आपके दर्शन प्राप्त हुए। यद्यपि आप समस्त लोकों में विचरते हैं तो भी अनाधिकारी आपको देख नहीं सकते। जिनके घर आप, जल, फल, पुष्पादि स्वीकार कर लेते हैं, वे गृहस्थ धन्य हैं। हम लोग अपने कर्मों के वशीभूत होकर इस दुःख रूप संसार में पड़े केवल इन्द्रिय सम्बन्धी भोगों को ही परम पुरुषार्थ मान रहे हैं। क्या हमारे मोक्ष का भी कोई साधन है?

श्री सनत्कुमारजी ने कहा, महाराज! सब कुछ जानते हुए भी आपने यह प्रश्न कदाचित् समस्त जन-कल्याण के लिए पूछा है। श्री मधुसूदन भगवान् के चरणकमलों में अवश्य ही आपकी अचल प्रीति है। इसका प्राप्त होना ही बड़े भाग्य की बात है। यह हृदय के वासना रूपी मल को सर्वथा नष्ट कर देती है। शास्त्र, जीव के कल्याण के मार्ग-दर्शक हैं। आत्मा से भिन्न देहादि के प्रति वैराग्य तथा अपने आत्मस्वरूप निर्गुण ब्रह्म

में सुदृढ़ अनुराग होना–यही कल्याण का मार्ग तथा निश्चित साधन है।

शास्त्रानुसार स्वधर्म पालन से, तत्त्व जिज्ञासा से, ज्ञानयोग की निष्ठा से, योगेश्वर श्रीहरि की उपासना से, नित्यप्रति पूण्यकीर्ति श्री भगवान् की पावन कथाओं को सुनने से, भगवद् गुणामृत को पान करने के सिवा अन्य समय आत्मा में ही सन्तुष्ट रहते हुए, एकान्तवास में रुचि रखने से, किसी भी जीव को कष्ट न देने से, निवृत्ति निष्कामभाव से यम-नियमों का पालन करने से, निन्दा-द्वेष से रहित, योगक्षेम के लिये प्रयत्नशील, सुख-दु:ख, मान-अपमान, शीतोष्णादि द्वन्द्वों में सम रहना तथा बढ़ते हुए भक्तिभाव से मनुष्य का कार्यकारण सम्पूर्ण जड़ प्रपञ्ज में वैराग्य हो जाता है तथा आत्मस्वरूप निर्गुण परब्रह्म में उसकी अनायास ही प्राप्ति हो जाती है।

जब तक अन्त:करणरूप उपाधि रहती है, तभी तक मनुष्य को जीवात्मा के विषय तथा इन दोनों का सम्बन्ध कराने वाले अहंकार का अनुभव होता है। इन्द्रियासक्त 'मन', बुद्धि की विचार शक्ति को हर लेता है। बुद्धि के भ्रमित होने पर पूर्वापर की स्मृति जाती रहती है। स्मृति के जाने से ज्ञान क्षीण पड़ जाता है। इससे बढ़ कर जीव की और कोई हानि नहीं है। इसलिये मन को संयम में रख कर विषयों से विरक्त होना चाहिये। 'विषयासक्ति', धर्म, अर्थ, काम तथा मोक्ष की प्राप्ति में बाधक है। इन चार पुरुषार्थो में भी मोक्ष सर्वश्रेष्ठ है, क्योंकि बाकी मनोरथों में काल का भय बना रहता है।

हे राजन्! जो भगवान्, देह, इन्द्रिय, प्राण, बुद्धि तथा अहंकार से आवृत्त सभी स्थावर-जंगम प्राणियों के हृदय में जीव के नियामक अन्तर्यामी आत्मारूप से सर्वत्र साक्षात् प्रकाशित हो रहे हैं, उन्हें तुम 'वह मैं ही हूँ' ऐसा जानो। संत-महात्मा जिनके चरणकमलों की छटा का स्मरण कर अहंकार रूप कर्मों से गठित हृदय ग्रन्थियों को इस प्रकार छिन्न-भिन्न कर देते हैं, कि समस्त इन्द्रियों का प्रत्याहार करके अपने अन्त:करण को निर्विषय करने वाले संन्यासी भी वैसा नहीं कर पाते। अत: तुम उन सर्वाश्रय भगवान् वासुदेव का भजन करो। योगादि दुष्कर साधनों की अपेक्षा भगवान् के आराधनीय चरणकमलों की नौका इस

दुस्तर संसार सागर को पार करने के लिए सहज है। ऐसा उपदेश देकर श्रेष्ठ सनकादि सब लोगों के सामने ही आकाश मार्ग से चले गये।

महात्माओं में अग्रगण्य महाराज पृथु उनसे आत्मोपदेश पाकर, चित्त की एकाग्रता से आत्मा में स्थित रहने के कारण अपने को, कृतकृत्य अनुभव करने लगे। इस प्रकार आत्मनिष्ठा में स्थित होकर सभी कर्तव्य कर्मों का यथोचित रीति से अनुष्ठान करते हुए उन्होंने अपनी भार्या अर्चि से पाँच पुत्र प्राप्त किये। उनके नाम थे विजिताश्व, धूम्रकेश, हर्यक्ष, द्रविण तथा वृक। श्री भगवान् का अंश होने के कारण महाराज पृथु में सभी लोकपालों के गुण विद्यमान थे। भूमण्डल पर एकछत्र राज्य करने तथा प्रजा रक्षा के लिये वे अकेले ही समर्थ थे। वे समुद्र के समान गम्भीर तथा पर्वतराज सुमेरु के समान धैर्यवान् भी थे।

अध्याय 23

महाराज पृथु की तपस्या तथा परलोकगमन

गाँव, नगर तथा बस्तियों को स्थापित कर और प्रजा के लिये आजीविका के सभी सुभीतों का प्रबन्ध कर, अन्न आदि की पूर्ण व्यवस्था कर, ऋषि आश्रमों में सभी सुविधाएँ प्रदान कर महाराज पृथुने अन्तिम पुरुषार्थ, अर्थात् मोक्ष प्राप्ति की ओर ध्यान दिया। पृथ्वी की सेवा का उत्तरदायित्व अपने पुत्रों को सौंप, पत्नीसहित, वह तपोवन में चले गये।

वानप्रस्थ आश्रम के कठोर नियमों का पालन करते हुए पृथु कठोर तपस्या में लग गये। कुछ दिन कन्द-मूल, फलादि पर निर्भर रहे। तत्पश्चात् इनका भी त्याग कर दिया। वे मुनि वृत्ति को प्राप्त हो गये। उन्होंने ग्रीष्मऋतु में पञ्चाग्नियों का सेवन किया, वर्षा ऋतु में खुले

मैदान में प्रचण्ड मूसलाधार वर्षा को सहा तथा शरद् ऋतु में कठिन तप, जल में खड़े होकर किया। इस प्रकार मन तथा शरीर पर पूर्ण रूप से संयम कर वे श्रीकृष्ण की आराधना में संलग्न हो गये। उनकी श्रेष्ठ तपस्या से उनके कर्म फल नष्ट हो गये।

इसके पश्चात् देहात्म-बुद्धि की निवृत्ति तथा पुरुषोत्तम श्रीकृष्ण की अनुभूति होने पर वे अन्य सब प्रकार की सिद्धियों में भी उदासीन हो गये। फिर जब अन्तकाल समीप हुआ तो पृथु ने अपने चित्त को दृढ़तापूर्वक परमात्मा में स्थिर कर, ब्रह्मभाव में स्थित हो, अपना शरीर त्याग दिया। उन्होंने एड़ी से गुदा के द्वार को रोककर प्राणवायु को धीरे-धीरे मूलाधार से ऊपर की ओर उठाते हुए उसे क्रमशः हृदय, वक्षःस्थल, कण्ठ तथा मस्तक में स्थित किया। फिर उसे ऊपर की ओर ले जाते हुए ब्रह्मरन्ध्र में स्थिर किया। अन्त में प्राणवायु को समष्टि (यथास्थान विभाग करना) वायु में, पार्थिव शरीर को पृथ्वी में तथा शरीर के तेज को समष्टि तेज में लीन कर दिया। हृदयाकाशादि देहावच्छिन्न आकाश को महाकाश में, शरीरगत जलीय अंश को समष्टि जल में लीन किया। तदनन्तर पृथ्वी को जल में, जल को तेज (अग्नि) में, तेज को वायु में तथा वायु को आकाश में लीन किया। तत्पश्चात् मन इन्द्रियों को उनके कारण रूप तन्मात्राओं में, तन्मात्राओं को अहंकार में तथा अहंकार को महत्तत्त्व में लीन किया। फिर महत्तत्त्व को मायोपाधिक जीव में स्थित किया। अन्त में उस मायारूप जीव की उपाधि को भी उन्होंने ज्ञान और वैराग्य के प्रभाव से अपने शुद्ध ब्रह्मस्वरूप में स्थित होकर त्याग दिया।

इसी प्रकार पृथु-पत्नी अर्चि ने भी स्वामी के व्रत नियमों का पालन करते हुए उनकी पूर्ण रूप से सेवा की। उन्होंने भी कन्द-मूलादि पर निर्वाह किया। वे भी बहुत दुर्बल हो गई थीं, परन्तु पति का सम्मुख होना ही उनके लिये आनन्द देने वाला था। अब पृथ्वी के एकछत्र सम्राट् महाराज पृथु की देह को जीवन के चेतनादि सभी धर्मों से रहित देख सती ने कुछ देर विलाप किया। तत्पश्चात् ऋषिगणों ने पर्वत के ऊपर चिता बनाकर उनकी देह को उस पर रख दिया। वन-आश्रम में रहते हुए

तथा वानप्रस्थ आश्रम के धर्म पालन करते हुए महाराज पृथु की स्थिति भी एक मुनि जैसी हो गई थी। उस समय के सारे कृत्यों से निवृत्त हो कर सती ने नदी में स्नान किया तथा अपने परम पराक्रमी पति को जलाञ्जलि दे कर, आकाशस्थित देवताओं की वन्दना की तथा तीन बार चिता की परिक्रमा कर, पतिदेव के चरणों का ध्यान करती हुई, चिताग्नि में प्रवेश कर गई। अपने पति के अचिन्त्य कर्म के प्रभाव से वह भी अपने पति के साथ मोक्ष को प्राप्त कर गई। श्रेष्ठ मुनिगण इस दृश्य से स्तभित रह गये।

अध्याय 24

पृथु-वंशपरम्परा

महाराज पृथु के पुत्र विजिताश्व (जिसको राज्य सौंप राजा पृथु वन चले गये थे) का अपने छोटे अनुजों पर बड़ा स्नेह था। उन्होंने चारों को एक-एक दिशा का अधिकार सौंप दिया। इस प्रकार हर्यक्ष को पूर्व, धूम्रकेश को दक्षिण, वृक को पश्चिम तथा द्रविण को उत्तर दिशा का अधिकार मिला। राजा विजिताश्व ने इन्द्रदेव से अन्तर्धान होने की शक्ति प्राप्त की थी, अतः उन्हें 'अन्तर्धान' भी कहते हैं। उनकी पत्नी शिखण्डिनी से उनको तीन पुत्र प्राप्त हुए। उनके नाम थे पावक, पवमान तथा शुचि। पूर्वकाल में ऋषि वशिष्ठ के शाप के कारण अग्नियों ने ही उनके रूप में जन्म लिया था। शाप का समय पूरा कर वे योगमार्ग से पुनः अग्नि रूप को प्राप्त हो गये। राजा विजिताश्व की दूसरी पत्नी नभस्वती से उन्हें एक और पुत्र प्राप्त हुआ जिसका नाम था हविर्धान।

राजा विजिताश्व का राज्य से अधिक लगाव न था। वे यज्ञादि कर्मों में अधिक रुचि रखते थे। आत्मज्ञानी विजिताश्व ने भक्त-भयभञ्जन श्री

परमात्मा की दृढ़ भक्ति से दिव्य लोक को प्राप्त किया।

विजिताश्व के पुत्र हविर्धान की पत्नी हविर्धानी से बर्हिषद्, गय, शुक्ल, कृष्ण, सत्य तथा जितव्रत–छः पुत्र हुए। महाभाग बर्हिषद् यज्ञादि कर्मकाण्ड तथा योगाभ्यास में पूर्ण कुशल थे तथा उन्होंने स्थान-स्थान पर यज्ञ किये और 'प्राचीनबर्हि' नाम से प्रसिद्ध हुए।

राजा प्राचीनबर्हि ने ब्रह्माजी के कहने पर समुद्र की कन्या शतद्रुति से विवाह किया। सागर कन्या बहुत ही सुन्दर थी। शतद्रुति के गर्भ से प्रचेता नाम के दस पुत्र हुए। वे सब के सब बड़े ही धर्मज्ञ तथा एक से नाम वाले तथा आचरण वाले थे। विवाह बन्धन में न बन्ध कर वे एक भव्य सरोवर में उतर गये तथा वहाँ उन्होंने दस हजार वर्ष तक श्रीहरि की आराधना की। घर से तपस्या के लिये जाते समय मार्ग में श्री महादेवजी ने उन्हें दर्शन दिये तथा जिस तत्त्व का उन्होंने उपदेश दिया, उसी के अनुसार उन्होंने एकाग्रतापूर्वक श्रीहरि की आराधना तथा पूजन किया।

वास्तव में जब प्रचेतागण पिता की आज्ञा ले कर तपस्या को निकले तो पश्चिम की ओर चल दिये। चलते-चलते उन्होंने सागर के समान एक विशाल सरोवर देखा। वहाँ पर उन्हें महादेव शंकरजी के, उनके गणों सहित, दर्शन हुए। राजकुमारों का भक्तिभाव देख कर उन्होंने कहा–तुम लोग राजा प्राचीनबर्हि के पुत्र हो। तुम्हारा कल्याण हो। तुम्हारी मनोभावना जानकर ही मैंने तुम्हें दर्शन दिये हैं। जो व्यक्ति अव्यक्त प्रकृति तथा जीवसंज्ञक पुरुष–इन दोनों के नियामक भगवान् वासुदेव की साक्षात् शरण लेता है, वह मुझे परम प्रिय है। वर्णाश्रम स्वधर्म पालन के सौ जन्मों के पश्चात् मनुष्य ब्रह्माजी को प्राप्त करता है। इससे भी अधिक पुण्य होने पर वह मुझे प्राप्त करता है। परन्तु जो भगवान् का अनन्य भक्त है वह श्री विष्णुजी के धाम को प्राप्त करता है, जिसे रुद्ररूप में स्थित, मैं, तथा अन्य अधिकारिक देवता अपने-अपने अधिकार की समाप्ति के पश्चात् प्राप्त करेंगे। अब मैं तुम्हें एक बड़ा ही पवित्र मंगलमय तथा कल्याणकारी स्तोत्र सुनाता हूँ। इसका तुम लोग शुद्ध भाव

से जप करना।

भगवान् रुद्र (श्रीहरि की) स्तुति करने लगे–भगवन्! आप सर्वदा अपने निरतिशय (भक्तिमय) परमानन्द स्वरूप में ही स्थित रहते हैं। ऐसे सर्वात्मक आत्मस्वरूप आपको नमस्कार हो। आप पद्मनाभ हैं, अर्थात् सब लोकों के आदिकारण; आप भूतसूक्ष्म (तन्मात्र) तथा इन्द्रियों के नियन्ता, शान्त, एकरस तथा स्वयंप्रकाश वासुदेव हैं; आपको नमस्कार हो। आप ही मुखाग्नि के द्वारा सम्पूर्ण लोकों का संहार करने वाले, अहंकार के अधिष्ठाता संकर्षण तथा जगत् के प्रकृष्ट ज्ञान के उद्गम स्थान बुद्धि के अधिष्ठाता प्रद्युम्न हैं। आप ही इन्द्रियों के स्वामी, मनस्तत्त्व के अधिष्ठाता भगवान् अनिरुद्ध हैं। आप अपने तेज से जगत् को व्याप्त करने वाले सूर्य देव हैं। आप ही सुवर्णरूपवीर्य से युक्त और चातुर्होत्र कर्म के साधन तथा विस्तार करने वाले अग्निदेव हैं। आप पितर और देवताओं के पोषक सोम तथा तीनों वेदों के अधिष्ठाता हैं, आपको नमस्कार हो। आप ही विश्वरूप विराट्पुरुष हैं, आपको नमस्कार हो। आप ही पुराणपुरुष तथा सांख्ययोग के अधीश्वर भगवान् श्रीकृष्ण हैं। आप सब प्रकार की कमानाओं की पूर्ति के कारण, साक्षात् मन्त्रमूर्ति तथा धर्मस्वरूप हैं, आपको नमस्कार है। आप ही कर्ता, करण तथा कर्म–तीनों शक्तियों के एकमात्र आश्रय, आप ही अहंकार के अधिष्ठाता रुद्र हैं, आपको नमस्कार है।

प्रभो! हमें आपके दर्शनों की इच्छा है। अपने अनूप रूप के हमें दर्शन कराइये। वह वर्षाकालीन मेघ के समान स्निग्ध श्याम, सम्पूर्ण सौन्दर्य का सार है। सुन्दर चार भुजायें, मनमोहक मुखारविन्द, कमलदल के समान नेत्र, सुन्दर भौंहें, सुघड़ नासिका, मन मोहिनी मुस्कान, मनोहर मुखमण्डल तथा शोभायमान कर्ण युगल हैं। केसर के समान लहराता पीताम्बर, अनमोल मुकुट, कंकण, हार, नूपुर तथा विचित्र आभूषण। चक्र, गदा, शंख, पद्म, वनमाला तथा कौस्तुभमणि आप से सुशोभित हो रहे हैं।

प्रभो! मोक्ष अभिलाषी मनुष्य को आपके इस रूप का निरन्तर ध्यान करना चाहिए। वह आपके चरणकमलों की सेवा के अतिरिक्त और कुछ न चाहे। आप के चरणकमल सम्पूर्ण ताप को हरने वाले हैं। जो जीवों

के प्रति दया, रागद्वेषरहित तथा चित्त की सरलता आदि गुणों से युक्त आपके भक्तजन हैं, उनका संग हमें प्राप्त होता रहे। जिस विश्व रूप में यह सारा जगत् विद्यमान है, जो आकाश के समान विस्तृत (जिसमें आकाश भी समाया हुआ है) तथा जो प्रकाशमय ब्रह्मतत्त्व है, वे आप ही हैं।

भगवन्! आपकी माया दुस्तर है। माया के कारण ही भेद-बुद्धि उत्पन्न होती है। जो कर्मयोगी, सिद्ध, कर्मकाण्ड द्वारा आपके इस सगुण साकार का श्रद्धापूर्वक भजन अथवा पूजन करते हैं, वे वेद के मर्मज्ञ हैं। सृष्टि के पूर्व आपकी माया शक्ति शान्त रहती है। फिर इसी के द्वारा (सृष्टि रचना पर) सत्त्व, रज तथा तम रूप गुणों का भेद होता है। तत्पश्चात् उन्हीं गुणों से महत्तत्त्व, अहंकार, आकाश, वायु, अग्नि, जल, पृथ्वी, देवता, ऋषि तथा समस्त प्राणियों से युक्त इस जगत् की उत्पत्ति होती है।

प्रभो! आपका तत्त्वज्ञान प्रत्यक्ष से नहीं, अनुमान से आता है। आप ही कालरूप धारण कर, प्रलयकाल उपस्थित होने पर, समस्त लोकों का संहार कर देते हैं। काल की आशंका से ही पितामह ब्रह्माजी ने तथा स्वायम्भुव आदि चौदह मनुओं ने भी बिना किसी विचार किये (बिना इच्छा), आपके चरणों की पूजा केवल श्रद्धा से की थी। सारा जगत् सदा ही रुद्ररूप काल के भय से व्याकुल है। अतः सदा आप ही भयशून्य आश्रय हैं।

राजकुमारो! तुम लोग विशुद्ध भाव से स्वधर्म का आचरण करते हुए, श्री भगवान् में चित्त लगाकर, मेरे कहे हुए इस स्तोत्र का जप करते रहो। भगवान् तुम्हारा मंगल करेंगे। अपने अन्तःकरण में स्थित उन सर्व भूतान्तर्यामी परमात्मा श्रीहरि का ही बार-बार स्तवन (स्तुति) तथा चिन्तन करते हुए पूजन करो। मैंने तुम्हें यह योगादेश नाम का स्तोत्र सुनाया है। इसी का एकाग्रता से आदरपूर्वक अभ्यास करो। सृष्टि के आरम्भ में ब्रह्माजी ने इसे प्रजा उत्पन्न करने की इच्छा वाले हम भृगु आदि अपने पुत्रों को सुनाया था। तपस्या पूर्ण होने पर इसी से तुम्हें अभीष्ट फल प्राप्त होगा।

अध्याय 25

पुरञ्जनोपाख्यान-1

जब प्रचेता श्रीहरि की अखण्ड भक्ति में संलग्न थे, राजा प्राचीनबर्हि का चित्त कर्मकाण्ड में बहुत रम गया। जनकल्याण हेतु विचरते हुए वहाँ नारदजी का आगमन हुआ। सांसारिक कर्मों में पूर्ण रूप से आसक्त राजा प्राचीनबर्हि ने विशुद्ध ज्ञान के उपदेश के लिये नारदजी से प्रार्थना की। राजा ने कहा कि नारदजी उसे इस कर्म-बन्धन से छूटने का उपाय बतायें।

श्री नारदजी ने कहा, हे राजन्! तुम ने यज्ञ में निर्दयतापूर्वक जिन हजारों पशुओं की बली दी है, वह तुम्हारे द्वारा पीड़ा देने कारण, पाप तुम्हारी बाट देख रखा है। इस विषय में मैं तुम्हें राजा पुरञ्जन का चरित्र सुनाता हूँ।

पूर्वकाल में पुरञ्जन नाम का एक बड़ा यशस्वी राजा था। अविज्ञात नामक उसका एक मित्र था। सारी पृथ्वी घूम कर भी राजा पुरञ्जन को अपने रहने योग्य कोई नगर न मिला। उसे विभिन्न भोगों की लालसा थी तथा उसके अनुरूप उसे कोई योग्य स्थान न मिला।

घूमते-घूमते वह हिमालय के दक्षिण तटवर्ती शिखरों पर पहुँचा। यहाँ भारतखण्ड में उसने एक नौ द्वारों वाला नगर देखा। वह सब प्रकार से श्रेष्ठ लगा। वहाँ उपवन, भवन, जलाशय, क्रीड़ा-भवन, स्वच्छ सरोवर, दिव्य लता, वृक्ष, भाँति-भाँति के पुष्प तथा फल, विश्राम-स्थान, अच्छी सड़कें तथा हाट, बाजार सभी कुछ था।

इस अद्‌भुत नगर में घूमते-घूमते राजा पुरञ्जन ने एक सुन्दरी को देखा। उसके साथ दस सेवक थे, जिनमें से प्रत्येक सौ-सौ नायिकाओं का पति था। एक पाँच फन वाला साँप उसका द्वारपाल था, जो उसकी सब ओर से रक्षा करता था। वह सब प्रकार से सुन्दर तथा स्वस्थ थी तथा एक देवी प्रतीत होती थी।

राजा पुरञ्जन उस पर मोहित हो गये तथा पूछा, हे देवि! मुझे बताओ कि तुम कौन हो तथा किसकी कन्या हो? साध्वी! इस समय आप कहाँ

से आई हो तथा इस पुरी में आप का क्या प्रयोजन है? ये आपके सहचर कौन हैं? यहाँ वन में मुनियों की तरह एकान्तवास करके क्या तुम अपने योग्य पति की प्रतीक्षा में हो?

राजा के अधीरपन को देख कर तथा याचना भरी वाणी को सुन कर सुन्दरी ने कहा, हे नरश्रेष्ठ! हमें अपने उत्पन्न करने वाले का ठीक से अनुमान नहीं तथा न ही हम अपने गोत्र को जानते हैं। आज हम सब इस पुरी में हैं। इसके अतिरिक्त मैं कुछ नहीं जानती। मुझे तो यह भी नहीं पता कि हमारे रहने के लिये यह पुरी किसने बनाई है। प्रियवर! ये पुरुष मेरे सखा तथा स्त्रियाँ मेरी सखी हैं। जिस समय मैं सो जाती हूँ तो यह सर्प मेरी तथा इस पुरी की रक्षा करता है। आप यहाँ पधारे, यह मेरे लिये सौभाग्य की बात है। यहाँ इस पुरी में सब भोग पर्याप्त हैं। इस नौ द्वारों वाली पुरी में आप इच्छित भोगों को भोगने के लिये निवास कीजिये। कदाचित् आपकी ही मुझे प्रतीक्षा थी। आपको छोड़कर मैं किस के साथ रमण करूँगी? इस लोक में गृहस्थाश्रम में ही धर्म, अर्थ, काम, सन्तान, सुख, सुयश, स्वर्गादि दिव्यलोक तथा मोक्ष की प्राप्ति हो सकती है। वह कौन सी स्त्री होगी जो स्वयं प्राप्त हुए आप जैसे सुप्रसिद्ध, उदारचित्त तथा सुन्दर पति को वरण न करेगी।

कथा सुनाते हुए नारदजी ने कहा, हे राजन्! राजा पुरञ्जन तथा उस सुन्दरी ने एक-दूसरे की बात का समर्थन कर उस पुरी में सौ वर्ष तक जीवन का आनन्द लिया। इस नगर में जो नौ द्वार थे, उनमें सात नगरी के ऊपर तथा दो नीचे थे। नगरी के राजा के लिये, पृथक्-पृथक् देशों में जाने के लिये ये द्वार बनाये गये थे। इनमें से पाँच पूर्व, एक दक्षिण, एक उत्तर तथा दो पश्चिम की ओर थे। पूर्व की ओर खद्योता तथा आविर्मुखी नाम के दो द्वार एक ही स्थान पर बनाये गये थे। उनसे होकर राजा पुरञ्जन अपने मित्र द्युमान् के साथ विभ्राजित देश को जाया करता था। इसी प्रकार उस ओर नलिनी तथा नालिनी, दो और द्वार भी एक ही स्थान पर स्थित थे। उनसे होकर राजा अवधूत के साथ सौरभ देश को जाता था। पूर्व दिशा की ओर जो मुख्या नाम का पाँचवाँ द्वार था, उसमें होकर वह रसज्ञ तथा विपण के साथ बहूदन तथा

आपण देशों को जाता था।

पुरी के दक्षिण द्वारा पितृहू से होकर राजा श्रुतधर के साथ दक्षिण पाञ्चाल देश को जाता था। उत्तर में जो देवहू नाम का द्वार था, उससे श्रुतधर ही के साथ वह उत्तरपाञ्चाल देश को जाता था। पश्चिम दिशा के आसुरी द्वार से वह दुर्मद के साथ ग्रामक देश को जाता था। निर्ऋति नामक दूसरे पश्चिम द्वार से लुब्धक के साथ राजा वैशस नाम के देश को जाता था। इस नगर के निवासियों में निर्वाक् तथा पेशस्कृत्–ये दो अन्धे नागरिक थे। राजा पुरञ्जन आँखों वाले नागरिकों का अधिपति होने पर भी इन्हीं की सहायता से जहाँ-तहाँ जाता तथा सब प्रकार के कार्य करता था।

जब कभी राजा पुरञ्जन अन्तःपुर में जाता तो स्त्री, पुत्रों के मोह के कारण होने वाले हर्ष–शोकादि विकारों का अनुभव करता। उसका चित्त भाँति–भाँति के कर्मों में फँसा हुआ था। वह कामवश होने के कारण एक सुन्दर नारी से ठगा गया था। वह लगभग उसी के संकेतों के अनुसार कार्य करने लगा था।

अध्याय 26

पुरञ्जनोपाख्यान–2

एक दिन राजा पुरञ्जन अपना धनुष–बाण, कवच तथा तरकस धारण कर अपने ग्यारहवें सेनापति के साथ, रथ में बैठकर, प्रञ्चप्रस्थ नाम के वन में आखेट करने गया। उस रथ में दो ईषादण्ड, दो पहिए, एक धुरी, तीन ध्वजदण्ड, पाँच डोरियाँ, एक लगाम, एक सारथि, एक बैठने का स्थान, दो जुए, पाँच आयुध तथा सात आवरण थे। आखेट में राजा ने बहुत से निर्दोष पशुओं का वध किया। शास्त्रों में राजा के लिये केवल

नियमित आखेट का ही संकेत है।

असंख्य पशुओं का वध कर, भूख-प्यास से अत्यन्त शिथिल हुआ वह राजमहल लौट आया। वहाँ स्नान आदि से निवृत्त हो कर उसने अपने अंगों में सुन्दर आभूषण पहने। उसे अपनी पत्नी की त्रुटि प्रतीत हुई। परन्तु वह कहीं पास दिखाई न दी। तब अधीर होकर उसने परिचारिकों से उसके विषय में प्रश्न किया।

परिचारिकों ने बताया कि रानी उन से रूठ कर बिना बिछौने पृथ्वी पर ही लेटी हुई है। उसके वस्त्र अस्त-व्यस्त तथा केश बिखरे हुए थे।

राजा ने बहुत ही मधुर वचनों तथा तर्क-वितर्क से रानी को समझाया तथा अपना व्यर्थ का क्रोध त्यागने को कहा। कदाचित् वह राजा के बिना बताये आखेट पर चले जाने के कारण रुष्ट थी। अन्त में राजा की कलातमिक वाणी तथा विनीतभाव से वह मान गई।

अध्याय 27

पुरञ्जनोपाख्यान-3

श्री नारदजी ने कथा का प्रवाह रखते हुए कहा, हे राजन्! गृहस्थ का सुख भोगते तथा मनोहर मुख राजमहिषी के प्रेमयुक्त सहवास में समय बीतता गया तथा काल की दुस्तर गति का भी कुछ ज्ञान न रहा।

देखते-ही-देखते राजा का यौवन बीत गया। सुन्दर पत्नी से राजा की कई सन्तानें हुईं। पुत्र तथा पुत्रियाँ राजा तथा महारानी के गुणों से युक्त थीं। इस प्रकार राजा की आयु का आधा भाग बीत गया। शास्त्रनियमानुसार पुत्रों के लिये सुयोग्य कन्याओं तथा पुत्रियों के लिये सुयोग्य वरों का आयोजन किया। इस प्रकार पुत्र, पौत्र आदि से राजा का कुटुम्ब लगभग सारे पाञ्चाल देश में फैल गया। फिर राजा पुरञ्जन ने अनेक प्रकार के

भोगों की कामना से यज्ञ की दीक्षा ले कर, भाँति-भाँति के पशुहिंसामय घोर यज्ञों से देवता, पितर तथा भूतपतियों की आराधना की। इस प्रकार आजीवन वह धर्म-कर्म तथा आत्मकल्याण के कर्मों की ओर असावधान, अपने कुटुम्बकार्यों में ही व्यस्त रहा। अन्त में वृद्धावस्था का समय आ गया।

हे राजन्! चण्डवेग नामका एक गन्धर्वराज है। उसके अधीन तीन सौ साठ गन्धर्व हैं। इनके साथ कृष्ण तथा शुक्ल वर्ण की उतनी ही उनकी पत्नियाँ हैं। इनके भोग-विलास का चक्र सदा चलता रहता है। इस गन्धर्व राज के अनुचरों ने जब राजा पुरञ्जन का नगर लूटना आरम्भ किया तब पाँच फनों वाले सर्प ने उन्हें रोका। वह महाबलवान् सर्प सौ वर्ष तक अकेला ही उनसे जूझता रहा, परन्तु समय बीतते-बीतते उसकी शक्ति क्षीण हो गई। क्योंकि हर समय राजा पुरुञ्जन केवल भोगों में ही व्यस्त रहता था, उसे अपने नगर के विध्वंस होने तथा नगर में रहने वाले अन्य बन्धुओं के प्राण संकट में होने का पता ही न चला।

इन्हीं दिनों काल की एक कन्या वर की खोज में थी। त्रिलोकी में किसी ने उसे स्वीकार नहीं किया। वह बड़ी भाग्यहीना थी, अतः लोग उसे 'दुर्भागा' कहते थे। एक बार राजर्षि पूरु ने पिता को अपना यौवन देने के लिये, अपनी इच्छा से, उस कन्या को वर लिया। इससे प्रसन्न हो कर उसने उन्हें राज्य प्राप्ति का वर दिया था। एक बार ब्रह्मलोक से जब मैं पृथ्वी पर आया तो मुझे भी उसने वरण करना चाहा, परन्तु वह निराश हुई। मेरी सम्मति से यवनराज भय के पास जाकर उसने उसे पति रूप में वरण करना चाहा और कहा, वीरवर! आप यवनों में श्रेष्ठ हैं। मैं आपसे प्रेम करती हूँ तथा आपको अपना पति बनाना चाहती हूँ। आप कृपा करके मुझे अनुगृहीत कीजिए।

कालकन्या की बात सुन कर यवनराज ने विधाता का एक गुप्त कार्य करने हेतु उससे कहा, हे कन्या! मैंने योगदृष्टि से देखकर तुम्हारे लिये एक पति निश्चय किया है। तू मेरी सेना लेकर जा। उसकी सहायता से तू सारी प्रजा का नाश करने में समर्थ होगी। यह प्रज्वार मेरा

भाई है। तू मेरी बहिन बन जा। तुम दोनों को साथ लेकर मैं सारे लोकों में विचरण करूँगा।

अध्याय 28

पुरञ्जनोपाख्यान-4

इसके अनन्तर यवनराज के आज्ञाकारी प्रज्वार तथा काल-कन्या पृथ्वी तल पर सर्वत्र विचरने लगे। समय आने पर उन्होंने पुरञ्जन-पुरी को घेर लिया। इस सुरक्षित नगरी की प्रजा का काल-कन्या ने हनन करना प्रारम्भ कर दिया। भिन्न-भिन्न द्वारों से अन्दर जा कर वह काल-कन्या नगरी का विध्वंस करने लगी। इससे नगरी का अधिापति राजा पुरञ्जन भी चिन्तित तथा पीड़ाग्रस्त होने लगा। उसकी 'श्री' क्षीण होने लगी। गन्धर्व तथा यवनों ने उसका सारा ऐश्वर्य लूट लिया। नगर प्राय: नष्ट हो गया। पुत्र-पौत्र भी उसका निरादर करने लगे। कुटुम्ब तथा नगरी को न छोड़ने की इच्छा होने पर भी उसे बाध्य होकर उसे त्यागना पड़ा। जब नगर की रक्षा करने वाला प्रबल सर्प भी उसकी रक्षा करने में असमर्थ हो गया तो माहन् कष्ट से पीड़ित उसने भी उस नगरी को त्याग दिया।

राजा पुरञ्जन शारीरिक सुख-भोगों तथा स्त्रीमोह पाश में फँसा रहकर बुद्धिहीन हो गया था। अब अन्त समय उसे अपने पुत्र, पौत्र, पुत्रियाँ तथा दामाद और भोग-ऐश्वर्य के सभी पदार्थों को छोड़ने पर महान् दु:ख हो रहा था। उसे यह भी चिन्ता हो रही थी कि उसके परलोक सिधारने पर उसकी पत्नी किस प्रकार निर्वाह करेगी। यद्यपि ज्ञान-दृष्टि से इस प्रकार शोक करना उचित न था, परन्तु अज्ञानवश वह इस शोकाकुल स्थिति को प्राप्त हो रहा था। अन्तत: यवनराज भय ने बरबस उसे नगरी से बाहर

खींच लिया। उसके अनुचर तथा सर्प भी राजा के साथ चल पड़े। इस असहनीय स्थिति में राजा पुरञ्जन ने अपने मित्र अविज्ञात का स्मरण किया।

मरणोपरान्त पुरञ्जन कई वर्षों तक विवेकहीन अवस्था में घोर अन्धकार में पड़ा रहा। क्योंकि मरते समय उसकी स्त्री में अपार आसक्ति थी, अत: उसे दूसरा जन्म स्त्री का मिला। नृपश्रेष्ठ विदर्भराज की कन्या के रूप में जब यह कन्या विवाह योग्य हुई तो उसका विवाह उस समय के सर्वश्रेष्ठ तथा पराक्रमी पाण्ड्य नरेश महाराज मलयध्वज से हुआ। इस विवाह से एक कन्या तथा सात पुत्रों का जन्म हुआ। आगे चलकर द्रविड देश के ये सात राजा हुए। राजा मलयध्वज की पहली पुत्री बड़ी व्रतशीला थी तथा उसका विवाह अगस्त्य ऋषि से हुआ।

अन्त में राज्य को अपने पुत्रों में विभाजित कर, स्वयं मलयध्वज, भगवान् श्रीकृष्ण की आराधना करने की इच्छा से मलय पर्वत पर चले गये। उनकी पत्नी वैदर्भी ने भी उनका अनुसरण किया। वहाँ चन्द्रवसा, ताम्रपर्णी तथा वटोदका नाम की तीन नदियाँ थीं। यहाँ रहकर उन्होंने कन्द-मूल, फल आदि पर निर्वाह करके, शीतोष्ण आदि में सम रहकर तथा सर्व द्वन्द्वों से रहित होकर वर्षों (सौ दिव्य वर्ष) तक निश्चल भाव से, एक ही स्थान पर बैठे रहकर तप किया। भगवान् वासुदेव में सुदृढ़ प्रेम हो जाने के कारण इतने समय तक उन्हें शरीरादि का भी भास न हुआ। श्रीहरि की कृपा से अन्त: करण विशुद्ध ज्ञान से प्रकाशित हो गया। फिर अपनी आत्मा को परब्रह्म में तथा परब्रह्म को आत्मा में अभिन्नता रूप से देख तथा अन्त में इस अभेद चिन्तन को भी त्यागकर सर्वथा शान्त हो गये।

पतिपरायण वैदर्भी सब प्रकार से पति सेवा में अनुरक्त रहती थी। उपवासादि के कारण उसका शरीर भी क्षीण पड़ चुका था। उस समय अपने पति के पास वह अंगारभाव को प्राप्त, धूमरहित अग्नि के समीप, अग्नि की शान्त शिखा के समान सुशोभित हो रही थी। उसके पति समाधि अवस्था में स्थित परलोकगमन कर चुके थे। वह इस बात से

अभी अनजान थी। परन्तु जब उसने अपने पति के शरीर को शीतल पाया तो करुण विलाप करने लगी। चित्त के कुछ शान्त होने पर उसने पति की चिता बनाई। उसको अग्नि दे, स्वयं चिताग्नि में प्रवेश करना चाहती ही थी कि, उसका एक पुराना मित्र, आत्मज्ञानी ब्राह्मण वहाँ आया। उसने रोती हुई राजा-पत्नी को मधुर वाणी में समझाते हुए कहा–

ब्राह्मण ने कहा, हे सखे (वास्तव में वैदर्भी पिछले जन्म में राजा पुरञ्जन थी)! किसी समय मैं अविज्ञात नाम का तुम्हारा सखा था। हम दोनों मित्र मानसनिवासी हंस थे। तुम विषय भोगों की इच्छा से मुझे छोड़ कर यहाँ पृथ्वी पर चले आये। यहाँ तुमने एक स्त्री का रचा हुआ यह नवद्वारों वाला नगर देखा, जिसमें एक द्वारपाल, पाँच उपवन, तीन परकोटे, छः वैश्यकुल और पाँच बाजार थे। यह पाँच उपादान कारणों से बना हुआ था तथा एक स्त्री उसकी स्वामिनी थी। इन्द्रियों के पाँच विषय उसके बगीचे (उपवन) थे। नौ द्वार–इन्द्रिय छिद्र थे; तेज, जल तथा अन्न–तीन परकोटे थे; मन और पाँच ज्ञान इन्द्रियाँ–छः वैश्यकुल थे; क्रियाशक्तिरूप पाँच कर्म इन्द्रियाँ पाँच बाजार थे; पाँच भूत उपदान कारण (सदा सशक्त रहने वाले) थे तथा बुद्धि ही उसकी स्वामिनी थी। यह ऐसा नगर है जिसमें प्रवेश करने पर पुरुष ज्ञानशून्य हो जाता है तथा अपने रूप को भूल जाता है।

तुम न तो विदर्भ राजा की पुत्री हो तथा न ही तुम राजा पुरञ्जन थे। यह सब तो मेरे द्वारा रचित माया है। हम दोनों तो हंस हैं। हमारा जो वास्तविक रूप है तुम उसका अनुभव करो। मित्र! जो मैं (ईश्वर) हूँ, वही तुम (जीव) हो। तुम मुझ से भिन्न नहीं हो। एक ही 'आत्मा' विद्या और अविद्या की उपाधि भेद से अपने को ईश्वर और जीव के रूप में दो प्रकार से देखता है।

इस प्रकार जब हंस (ईश्वर) ने अपने मित्र (आत्मा) को उपदेश दिया तो वह मानसरोवर का हंस (आत्मा) अपने स्वरूप में स्थित हो गया तथा उसे आत्मज्ञान फिर से प्राप्त हो गया।

इतना कहकर नारदजी ने फिर कहा! हे प्राचीनबर्हि! मैंने तुम्हें

परोक्षरूप से इस आत्मज्ञान का दिग्दर्शन कराया है। यही एक सत्य है तथा जगत्कर्ता जगदीश्वर को प्रिय है।

अध्याय 29

पुरञ्जनोपाख्यान-5

राजा पुरञ्जन की कथा का स्पष्ट अभिप्राय न समझ कर राजा प्राचीनबर्हि ने नारदजी से इसका तात्पर्य जानना चाहा। उस पर नारदजी ने कहा, हे राजन्! पुरञ्जन जीव है जो अपने कर्मों के अनुसार एक शरीर ग्रहण करता है। अविज्ञात नाम से कहा गया मित्र यहाँ ईश्वर का सम्बोधन कराता है। बिना तत्त्वज्ञान के वह जीव के लिये अविज्ञात है। इस कथा में वर्णित 'नगर' मनुष्य का शरीर है। 'बुद्धि' पुरञ्जनी नाम की स्त्री है। इससे जीव को देह तथा इन्द्रिय आदि में मेरे-पन का भाव उत्पन्न होता है। इसी का आश्रय लेकर जीव इन्द्रियों द्वारा विषयों को भोगता है। दस इन्द्रियाँ ही उसके मित्र हैं जिनसे विषयों का ज्ञान तथा कर्म होते हैं। इन्द्रियों की वृत्तियाँ उसकी सखियाँ हैं। प्राण, अपान, व्यान, उदान तथा समानरूप–पाँच वृत्तियों वाला प्राणवायु ही नगर की रक्षा करने वाला पाँच फन वाला सर्प है। इन्द्रियों के नायक मन को ग्यारहवाँ महाबली योद्धा जानना चाहिए। शब्दादि पाँच विषय पाञ्चाल देश हैं, जिनके बीच यह नौ द्वारों वाला नगर बसा हुआ है।

जो शरीर में बाह्य छिद्र हैं–वे हैं दो नेत्र, दो नासाछिद्र, दो कर्ण छिद्र, मुख, जननेद्रिय तथा गुदा। ये नौ द्वार हैं। पाँच पूर्व के द्वार हैं–नेत्र, नासाछिद्र तथा मुख। दाहिना कान दक्षिण तथा बायाँ कान उत्तर द्वार हैं। बाकी दो नीचे के द्वार पश्चिम के द्वार हैं। खद्योता तथा आविर्मुखी–ये दो द्वार नेत्र-गोलक हैं तथा रूप, विभ्राजित नामक देश है जिसका इन द्वारों द्वारा जीव अवलोकन करता है। चक्षु-इन्द्रियों को ही द्युमान् नाम का

सखा कहा गया है। नासाछिद्रों को नलिनी तथा नालिनी कहा गया है। नासिक का विषय गन्ध ही सौरभ देश है तथा घ्राणेन्द्रिय अवधूत नामक मित्र। 'मुख', मुख्य द्वार है। उसमें रहने वाली रसनेन्द्रिय रसविद् नामक मित्र है तथा वागिन्द्रिय विपण है। दाहिना कान पितृहू तथा बायाँ कान देवहू कहा गया है। कर्मकाण्डरूप प्रवृत्तिमार्ग तथा उपासनाकाण्डरूप निवृत्तिमार्ग, क्रमशः (पितृयान और देवयान)–दक्षिण तथा उत्तर पाञ्चाल देश हैं। श्रवणेन्द्रिय (श्रुतधर) की सहायता से सुनकर जीव पितृयान अथवा देवयान मार्गों से जाता है। जननेन्द्रिय ही आसुरी नामक पश्चिम द्वार है तथा 'उपस्थेन्द्रिय' दुर्मद नामक मित्र है। गुदा निर्ऋति नामक पश्चिमी द्वार है। नरक वैशस नामक देश है। गुदा में स्थित पायु-इन्द्रिय लुब्धक नामक मित्र है। हाथ तथा पाँव, दो अन्धे पुरुषों का संकेत करते हैं। इनकी सहायता से ही जीव कर्म करता है तथा आने-जाने में समर्थ है। हृदय अन्तःपुर है। इसमें रहने वाला मन ही विषूचि नामक प्रधान सेवक है। बुद्धि–राजमहिषी पुरञ्जनी है जो जिस-जिस प्रकार स्वप्नावस्था में विकार को प्राप्त होती है तथा जाग्रत्-अवस्था में इन्द्रियों को विकृत करती है, उसके गुणों से लिप्त होकर आत्मा (जीव) भी उसी प्रकार, उसके अनुरूप वृत्तियों का अनुसरण करने को बाध्य होता है–यद्यपि वास्तव में वह (निर्विकार), उनका साक्षीमात्र है।

शरीर ही रथ है। ज्ञान इन्द्रियाँ इसके पाँच घोड़े हैं। पुण्य तथा पाप–ये दो प्रकार के कर्म उसके पहिए हैं। तीन गुण ध्वजा हैं तथा पाँच प्राण डोरियाँ हैं। मन बागडोर है तथा बुद्धि सारथि है। हृदय बैठने का स्थान तथा सुख-दुःख आदि द्वन्द्व जुए हैं। इन्द्रियों के पाँच विषय आयुध हैं तथा त्वचा आदि सात धातुएँ उसके आवरण हैं। पाँच कर्मेन्दियाँ उसकी पाँच प्रकार की गतियाँ हैं। इस रथ पर आरूढ़ 'जीव' है। ग्यारह इन्द्रियाँ इसकी सेना हैं तथा पाँच ज्ञानेन्द्रियों द्वारा उनके विषयों को ग्रहण करना ही उसका आखेट खेलना है।

जिसके द्वारा काल का ज्ञान होता है, वह संवत्सर ही चण्डवेग गन्धर्व राज है। तीन सौ साठ गन्धर्व, वर्ष के दिन, तथा तीन सौ साठ गन्धर्वियाँ, रात्री कहलाती हैं। वृद्धावस्था कालकन्या है। मृत्युरूप यवनराज ने उसे

बहिन मान कर स्वीकार किय। मानसिक क्लेश (आधि) तथा रोगादि शारीरिक कष्ट (व्याधि) उसके सैनिक हैं तथा शीत-उष्ण, दो प्रकार का ज्वर, जो शीघ्र ही मनुष्य की मृत्यु का कारण बनता है, यह प्रज्वार नाम से यवनराज का भाई है।

जीव यद्यपि स्वयंप्रकाश है, तथापि जब तक परमात्मास्वरूप श्री भगवान् के तत्त्व को नहीं जानता, प्राकृत गुणों से बन्धा रहता है। अहंकारवश अपने को कर्ता मान—सत्त्व, राजस तथा तामस कर्मों के फल का भागी बनता है तथा विभिन्न योनियों में कर्मानुसार जन्म लेता है। जिस प्रकार स्वप्न में होने वाला स्वप्नान्तर उस स्वप्न से सर्वथा छूटने का उपाय नहीं है, उसी प्रकार कर्मफलभोग से सर्वथा छूटने का उपाय कर्म नहीं हो सकता, क्योंकि कर्म तथा कर्मफलभोग—दोनों ही अविद्यायुक्त होते हैं।

राजन्! जिस अविद्या के कारण परमार्थस्वरूप आत्मा को यह बार-बार जन्म-मृत्यु की परम्परा प्राप्त हुई है, उससे निवृत्ति का एकमात्र उपाय है भगवान् वासुदेव में सुदृढ़ भक्ति। यही भक्तिभाव ज्ञान और वैराग्य का आविर्भाव कर देता है। साक्षात् प्रजापतियों के पति ब्रह्माजी, भगवान् शंकर, स्वयाम्भुव मनु आदि प्रजापति तथा सनकादि ऋषिगण भी तप, उपासना तथा एकाग्र भक्ति द्वारा सर्वसाक्षी परमेश्वर के तत्त्व को जानने की चेष्टा करते हैं, वैदिक कर्मकाण्डी मनुष्यों की तो बात ही क्या। जो कर्मवादी वेद को कर्मप्रेरक बताते हैं, वे वास्तव में उसका मर्म नहीं जानते। इसका कारण यही है कि वे अपने स्वरूपभूत आत्मतत्त्व को नहीं जानते जहाँ साक्षात् श्री जनार्दन भगवान् विराजमान हैं। तुमने अनेकों पशुओं की बली देकर अनेकों यज्ञ किये हैं, परन्तु वास्तव में तुम्हें कर्म या उपासना, किसी के भी रहस्य का पता नहीं। कर्म वही है जिससे श्रीहरि को प्रसन्न किया जा सके। श्रीहरि सम्पूर्ण चर-अचर के आत्मा, नियामक तथा स्वतन्त्र कारण हैं। उनके चरणकमल ही मनुष्यों के एकमात्र आश्रय हैं।

श्री नारदजी ने फिर कहा, हे पुरुषश्रेष्ठ! यहाँ तक तुम्हारे प्रश्न का उत्तर था। अब मैं निश्चित किया हुआ गुप्त साधन बताता हूँ। पुष्पवाटिका में एक हरिन अपनी हरिनी के साथ विहार करता हुआ घूम रहा था तथा हरि-हरि दूब चरने में व्यस्त अठखेलियाँ कर रहा था। दूर एक भेड़िया

उस पर ताक लगाये बैठा था। उधर एक व्याघ्र ने पीछे से हरिन पर एक बाण छोड़ दिया। हरिन वेसुध तथा मस्त इस सब से अनजान था।

राजन्! यह मृतप्राय: हरिन तुम्हीं हो। अपने भव्य-भवन में ऐश्वर्य के पदार्थों तथा रानियों, पटरानियों से घिरे तुम ही वे हरिन हो जिस पर काल हर ओर से ताक लगाये बैठा है। अत: तुम अपने चित्त को हृदय के भीतर निरुद्ध करो तथा नदी की भाँति प्रवाहित होने वाली श्रवणेन्द्रिय की बाह्य वृत्ति को चित्त (अन्तर्मुखी स्थिति) में स्थापित करो। तत्पश्चात् गृहस्थाश्रम को छोड़ कर परमहंसों के आश्रय श्रीहरि को प्रसन्न करो तथा क्रमश: सभी विषयों से विरत हो जाओ।

राजा प्राचीनबर्हि ने कहा, हे विप्रवर मेरे उपाध्यायों ने आत्मतत्त्व के विषय में जो मेरे हृदय में संशय उत्पन्न कर दिया था, उसका आपने निवारण कर दिया। वास्तव में मेरे आचार्यों द्वारा मुझे जो शिक्षा मिली थी, मैं उसके अनुसार इस स्थूल शरीर को ही सत्य समझ कर कर्म कर रहा था, कि अगले जन्म में फिर मैं इसी स्थूल शरीर द्वारा इन कर्मों के फल को भोगूँगा। एक संशय अब भी है। इस जन्म के कर्म-फल हमें दूसरे जन्म में किस प्रकार उपलब्ध होते हैं?

श्री नारदजी ने कहा, हे राजन्! हमारा स्थूल शरीर, सूक्ष्म शरीर (लिंग शरीर) के अधीन है। हमारा सूक्ष्म शरीर मरने के बाद भी मन के साथ रहता है तथा परलोक में अपरोक्षरूप से स्वयं उसी के द्वारा उनका फल भोगता है। स्थूल शरीर सूक्ष्म शरीर का अनुयायी है और इसके कर्मों का फल मन में संस्कार रूप में स्थित हो जाता है। जिन कर्मों का कर्तापन, अज्ञानरूप से, यह अपने को मानने लग जाता है, उसका कर्म फल भी अपने ऊपर लेकर दूसरे जन्म लेने को बाधित हो जाता है। जिस प्रकार ज्ञानेन्द्रिय तथा कर्मेन्द्रिय, दोनों की चेष्टाओं से उनके प्रेरक चित्त का अनुमान किया जाता है, उसी प्रकार चित्त की भिन्न-भिन्न प्रकार की वृत्तियों से पूर्व-जन्म के कर्मों का भी अनुमान होता है। अत: कर्म अदृष्ट रूप से फल देने के लिये कालान्तर में स्थित अथवा प्रकट रहते हैं। कई बार हमें ऐसा स्वप्न आता है जिसके विषय में हमने इस जन्म में न कभी सोचा हो न अनुभव ही किया हो–सत्य ही वह अनुभव हमारे किसी पूर्व

जन्म के संस्कार पर निर्भर होता है।

साधारणतया सब पदार्थों का क्रमशः ही भान होता है, परन्तु यदि भगवच्चिन्तन में लगा हुआ मन विशुद्ध सत्त्व में स्थित हो जाये, तो उसमें श्री भगवान् का संसर्ग होने से एक साथ समस्त विश्व का भान हो जाता है। जब तक 'लिंगदेह' मन, बुद्धि, इन्द्रियादि विषयों का संघात बना रहता है, तब तक जीव के अन्दर अहंकार से उत्पन्न, मैं-मेरा, यह भाव बना रहता है और यही जीव को मरणोपरान्त नये शरीर में बान्धने के लिये प्रस्तुत रहता है।

पञ्चतन्मात्राओं से बना तथा सोलह तत्त्वों के रूप में विकसित यह त्रिगुणमय संघात ही लिंग शरीर है। यही चेतन शक्ति से युक्त होकर जीव कहा जाता है। इसी के द्वारा प्राणी भिन्न-भिन्न देहों को ग्रहण करता है तथा त्यागता है। इसी से हर्ष, शोक, भय, सुख-दुःखादि का अनुभव होता है। जब तक जीव मरणोपरान्त दूसरे शरीर को ग्रहण नहीं कर लेता तब तक वह पहले शरीर के अभिमान को नहीं छोड़ता। अतः कर्मबन्धन से छूटने के लिये, सम्पूर्ण विश्व को भगवद्रूप देखते हुए, सब समय, सब प्रकार श्रीहरि का भजन करो। उन्हीं से इस विश्व की उत्पत्ति तथा स्थिति है तथा उन्हीं में यह लय होता है।

राजा प्राचीनबर्हि को इस प्रकार उपदेश देकर श्री नारदजी सिद्धलोक को चले गये। तदनन्तर राजा भी प्रजा पालन का दायित्व अपने पुत्रों को सौंप तपस्या करने के लिये कपिलाश्रम को चले गये।

अध्याय 30

प्रचेताओं को भगवान् विष्णु का वरदान

उधर प्रचेताओं ने भगवान् शंकरजी के बतलाये स्तोत्र द्वारा सरोवर के पानी के भीतर रहतकर, जप रूपी यज्ञ तथा तपस्या द्वारा, श्रीहरि को

प्रसन्न कर लिया। सहस्त्रों वर्ष की तपस्या के फलस्वरूप, श्री नारायण अपनी मनोहर कान्ति द्वारा उनके तपस्याजनित परिश्रम को शान्त करते हुए, सौम्यविग्रह में उनके समक्ष प्रकट हुए। उनके श्रीअंग पर मनोहर पीताम्बर तथा कण्ठ में कौस्तुभमणि सुशोभित थी। उनके दिव्य प्रकाश से सब दिशायें देदीप्यमान हो रही थीं। प्रभु की आठ भुजाओं में आठ आयुध थे। देवता, ऋषि तथा पार्षद-गण उनकी सेवा में उपस्थित थे।

श्री भगवान् ने कहा, राजपुत्रो! तुम्हारा कल्याण हो। तुम सबमें परस्पर बड़ा प्रेम है तथा स्नेहवश तुम एक ही धर्म का पालन कर रहे हो। मैं तुम से प्रसन्न हूँ। मुझ से वर माँगो। जो पुरुष सांयकाल तुम्हारा स्मरण करेगा उसका अपने भाईयों में प्रेम तथा समस्त जीवों के प्रति मित्रता का भाव उत्पन्न हो जायेगा। जो लोग सायं तथा प्रातः रुद्रगीत द्वारा मेरी स्तुति करेंगे उनको मैं अभीष्ट वर तथा शुद्ध बुद्धि प्रदान करूँगा। तुम्हारे एक बड़ा ही विख्यात पुत्र होगा।

राजकुमारो! कण्डु ऋषि के तपोनाश के लिये इन्द्र की भेजी एक अप्सरा से कमलनयनी कन्या उत्पन्न हुई थी। उसे छोड़ वह तो पुनः स्वर्गलोक चली गई, परन्तु वृक्षों की छत्रछाया तथा चन्द्रमा की कृपा से उसकी पुत्री का लालन-पालन हुआ है। तुम उस देवोपम कन्या से विवाह करो। तुम्हारे पिता राज्य भार को त्याग कर मेरी आराधना में लगे हैं। उन्होंने तुम्हें सन्तान उत्पन्न करने की आज्ञा दी है। तुम चिरकाल तक (दस लाख दिव्य वर्ष), पूर्ण यौवन में, पार्थिव तथा दिव्य भोग भोगोगे। अन्त में मेरी अविचल भक्ति से, भोगों से उपरत होकर, मेरे परमधाम को प्राप्त करोगे।

प्रचेताओं ने कहा, हे प्रभु! आप भक्तों के क्लेश दूर करने वाले हैं, हम आप को नमस्कार करते हैं। जगत् की उत्पत्ति, स्थिति तथा प्रलय के लिये आप माया के गुणों को स्वीकार कर–ब्रह्मा, विष्णु तथा महादेव–रूप धारण करते हैं। हम आपको नमस्कार करते हैं। आप ही भागवतों के प्रभु वसुदेव-नन्दन, भगवान् श्रीकृष्ण हैं। आपको नमस्कार है। आपकी नाभि से ब्रह्माण्ड रूप कमल प्रकट हुआ। आपके कण्ठ में कमलकुसुमों की माला सुशोभित है। आपके 'चरण', कमल के समान कोमल हैं। कमलनयन आपको नमस्कार है। आपका यह स्वरूप ही

सम्पूर्ण क्लेशों को दूर करने वाला है। इससे बढ़ कर हम पर और क्या कृपा होगी? आप तो क्षुद्र से क्षुद्र प्राणियों के अन्तःकरण में भी अन्तर्यामी रूप से विराजमान हैं। आप तो स्वयं ही हमारे हृदय के हर भाव को जानते हैं। हमारा अभीष्ट वर तो केवल आपकी प्रसन्नता है। हम आपसे यही माँगते हैं कि जब तक मोहित होकर हम अपने कर्मानुसार संसार में रहें, तब तक जन्म-जन्म में हमें आपके प्रेमी भक्तों का संग प्राप्त होता रहे। भगवन्! आपके प्रिय सखा भगवान् शंकरजी के क्षण भर के समागम से ही आज हमें आपका साक्षात् दर्शन प्राप्त हुआ है। आपकी महिमा का पार न पाकर ही, स्वयं ब्रह्माजी तथा भगवान् शंकर, तप तथा ज्ञान से शुद्ध चित्त हुए, निरन्तर आपकी स्तुति करते रहते हैं।

प्रचेताओं के इस प्रकार स्तुति करने पर शरणागतवत्सल श्री भगवान् ने प्रसन्न होकर कहा–'तथास्तु'–तथा फिर अपने परमधाम को चले गये।

जल से बाहर आ कर, श्रीहरि की आज्ञानुसार तथा ब्रह्माजी के आदेश से प्रचेताओं ने अप्सरा कन्या मारिषा से विवाह किया। इसी के गर्भ से ब्रह्माजी के पुत्र दक्ष ने, श्रीमहादेवजी की अवज्ञा के कारण अपना पूर्व शरीर त्याग कर जन्म लिया। इन्हीं दक्ष ने चाक्षुष मन्वन्तर आने पर, भगवान् की प्रेरणा से, इच्छानुसार नवीन प्रजा उत्पन्न की (कालक्रम से पूर्व सर्ग नष्ट हो जाता है)। उन्हें ब्रह्माजी ने प्रजापतियों का नायक नियुक्त किया तथा उन्हें सृष्टि की रक्षा के लिये नियुक्त किया। इन्होंने (मरीचि) आदि दूसरे प्रजापतियों को अपने-अपने कार्य में नियुक्त किया।

अध्याय 31

श्री नारदजी द्वारा प्रचेताओं को उपदेश

निश्चित समय, प्रजापालन के पश्चात्, प्रेचताओं ने अपनी पत्नी मारिषा को पुत्र के पास छोड़ स्वयं पश्चिम दिशा में समुद्र तट पर जहाँ

जाजलि मुनि ने सिद्धि प्राप्त की थी, जा पहुँचे तथा आत्मविचार रूप ब्रह्मसत्र का संकल्प कर उन्होंने मन, प्राण, वाणी तथा दृष्टि को वश में किया तथा शरीर को निश्चेष्ट, स्थिर तथा सीधा रखते हुए, आसन को जीतकर, चित्त को विशुद्ध परब्रह्म में लीन कर दिया। इस स्थिति में देवता तथा असुर, दोनों के वन्दनीय, श्री नारदजी ने उन्हें देखा। नारदजी को समक्ष पाकर प्रचेताओं ने उठ कर प्रणाम कर विधिवत् उनका सत्कार तथा पूजा की और नारदजी से प्रार्थना की कि वे परमार्थ तत्त्व का साक्षात् कराने वाले अध्यात्मज्ञान को फिर से उनके हृदय में प्रकाशित कर दें।

श्री नारदजी ने कहा, हे राजाओ! इस लोक में मनुष्य का वही जन्म, वही कर्म, वही आयु, वही मन तथा वही वाणी सफल है, जिससे सर्वात्मा सर्वेश्वर श्रीहरि का सेवन-चिन्तन किया जाता है। वास्तव में समस्त कल्याणों की अवधि आत्मा ही है तथा आत्मज्ञान प्रदान करने वाले श्रीहरि ही सम्पूर्ण प्राणियों के प्रिय आत्मा हैं। जिस प्रकार वृक्ष की जड़ को सींचने से समस्त वृक्ष पुष्ट हो जाता है, उसी प्रकार चेतनाचेतनात्मक यह समस्त प्रपञ्च श्रीहरि से ही उत्पन्न होता है तथा उन्हीं में लीन हो जाता है। वस्तुतः यह विश्वात्मा श्री भगवान् का वह शास्त्रप्रसिद्ध सर्वोपाधिरहित स्वरूप ही है। यह जगत् सर्गकाल में भगवान् से प्रकट हो जाता है तथा कल्पान्त होने पर उन्हीं में लीन हो जाता है। जैसे मेघ, अन्धकार तथा प्रकाश–आकाश से प्रकट हो कर उसी में लीन हो जाते हैं, उसी प्रकार सत्त्व, रज तथा तमोमयी शक्तियाँ परब्रह्म से उत्पन्न होती हैं तथा उसी में लीन हो जाती हैं। अतः तुम ब्रह्मादि समस्त लोकपालों के भी अधीश्वर श्रीहरि को अपने से अभिन्न मानते हुए भजो। वे ही समस्त देहधारियों के एकमात्र आत्मा हैं। वे ही जगत् के निमित्तकारण काल, उपादानकारण प्रधान तथा नियन्ता पुरुषोत्तम हैं। अपनी काल शक्ति से ही वे इस गुणों के प्रवाहरूप प्रपञ्च का संहार कर लेते हैं।

इस प्रकार ब्रह्मतत्त्व का उपदेश देकर श्री नारदजी ब्रह्मलोक को चले गये। प्रचेतागण भी उनके द्वारा भगवच्चरित्र को सुनकर भगवान् के चरण कमलों का ही चिन्तन करने लगे जिससे वे अन्त में भगवद्धाम को प्राप्त हुए।

इस प्रकार भगवद्-ज्ञान सुनकर, मैत्रेयजी को उपर्युक्त कृतज्ञतापूर्ण वचन कह कर तथा प्रणाम कर, विदुरजी ने उनसे आज्ञा ली तथा फिर शान्तचित्त अपने बन्धुओं से मिलने हस्तिनापुर चले गये।

श्रीमद्भागवत कथा सुनाते हुए श्री शुकदेवजी ने राजा परीक्षित् को कहा, हे राजन्! यहाँ तक उत्तानपाद के वंश का वर्णन हुआ। अब प्रियव्रत के वंश का सुनो। राजा प्रियव्रत भी श्री नारदजी से आत्मज्ञान का उपदेश पाकर, राज्यभोग से निवृत्त होकर, इस सम्पूर्ण पृथ्वी को अपने पुत्रों में बाँट कर भगवद्धाम को प्राप्त हुए थे।

पञ्चम स्कन्ध

अध्याय 1

(1) प्रियव्रत-चरित्र

राजा परीक्षित् ने श्री शुकदेवजी से प्रश्न किया कि महाराज प्रियव्रत भगद्भक्त तथा आत्मपरायण होते हुए भी गृहस्थ आश्रम में कैसे प्रविष्ट हुए तथा निरन्तर स्त्री-पुत्रादि में रहकर भी उन्होंने किस प्रकार सिद्धि प्राप्त की?

श्री शुकदेवजी ने कहा, हे राजन्! तुम्हारा कथन उचति है। जिनका चित्त श्रीहरि के परम मधुर चरणकमलों में अनुरक्त हो, वे भगवद्भक्त, परमहंसों के प्रिय भगवान् श्री वासुदेव के कथा श्रवणरूपी परम कल्याणमय पंथ को प्रायः छोड़ते नहीं। वे ब्रह्माभ्यास में जीवन व्यतीत करने का व्रत लेने को उद्यत ही थे, कि पिता स्वायम्भुव मनु ने उन्हें पृथ्वी पालन के लिये शास्त्रविहित सभी श्रेष्ठ गुणों से सम्पन्न देख, राज्यशासन के लिये आज्ञा दी। पिता की आज्ञा का उल्लंघन करने योग्य न होने पर भी, श्रीहरिचरण प्रेमवश, उन्होंने राज्य तथा कुटुम्ब की आसक्ति से बचने के लिये पिता की आज्ञा को स्वीकार नहीं किया।

प्रियव्रत का ऐसा निश्चय देख ब्रह्माजी, मरीचि आदि पार्षदों को साथ लिये, अपने लोक से उतरे तथा प्रियव्रत के पास पहुँचे। प्रियव्रत को आत्मविद्या का उपदेश देने वहाँ नारदजी भी आये हुए थे। ब्रह्माजी के पहुँचते ही नारदजी, स्वायम्भुव मनु तथा प्रियव्रत उनके आदर में हाथ जोड़कर खड़े हो गये। तब ब्रह्माजी ने मन्द मुस्कानयुक्त दृष्टि से निहारते हुए इस प्रकार कहा–

बेटा! तुम्हें अप्रमेय श्रीहरि के प्रति किसी प्रकार की दोष दृष्टि नहीं रखनी चाहिए। हम, महादेवजी, महर्षि नारद तथा तुम्हारे पिता स्वायम्भुव

भी उन्हीं की आज्ञा का पालन करते हैं। उनके विधानों को कोई भी देहधारी न तो तप, विद्या, योगबल अथवा बुद्धिबल से, न अर्थ या धर्म की शक्ति से और न स्वयं वा किसी दूसरे की सहायता से ही टाल सकता है। प्रियवर! उसी अव्यक्त ईश्वर के दिये शरीर को सब जीव जन्म, मरण, शोक, मोह, भय तथा सुख-दुःख का भोग करके तथा कर्म करने के लिये सदा धारण करते हैं। वेदवाणी रूप सत्त्वादि गुण, सात्त्विक आदि कर्म तथा उनके ब्राह्मणादि वाक्यों की जटिल (पेचीदा और दृढ़) डोरी से बन्धे हुए लोग उन्हीं की इच्छानुसार कर्म में लगे रहते हैं तथा उस कर्म द्वारा उनकी पूजा करते हैं। हमारे गुण और कर्मानुसार श्री भगवान् ने हमें जिस योनि में डाल दिया है, उसी को स्वीकार कर, उनकी व्यवस्थानुसार, हम सुख-दुःख भोगते हैं।

मुक्त पुरुष भी प्रारब्धवश भगवान् की इच्छानुसार शरीर को धारण करता है। वास्तव में वह विषय-वासनाओं को त्याग, जिन संस्कारों के कारण दूसरा जन्म होता है, उन्हें वह स्वीकार नहीं करता। जो मनुष्य इन्द्रियों के वशीभूत है, उसका वन में विचरण करना भी व्यर्थ है, क्योंकि मन और इन्द्रियरूपी उसके शत्रु उसका पीछा नहीं छोड़ते। जो पुरुष इन्द्रियों को जीत कर अपनी आत्मा में रमण करता है, उसका गृहस्थाश्रम भी क्या हानि कर सकता है? यद्यपि तुम कमलनाभ भगवान् के चरणकमलों के आश्रित रहकर, इन इन्द्रियों पर संयम पा गये हो, तो पहले पुराण-पुरुष श्री भगवान् के दिये हुए भोगों को भोगो। तत्पश्चात् निःसंग हो कर अपने आत्मस्वरूप में स्थित हो जाना।

जब त्रिलोकी के गुरु श्री ब्रह्माजी ने इस प्रकार कहा तो प्रियव्रत ने नम्रता से शीश झुका कर उनकी आज्ञा को शिरोधार्य कर लिया। मनुजी ने इस प्रकार ब्रह्माजी की कृपा से अपना मनोरथ पूर्ण हो जाने पर देवर्षि नारदजी की आज्ञा से प्रियव्रत को सम्पूर्ण भूमण्डल की रक्षा का भार सौंप दिया।

महाराज प्रियव्रत ने प्रजापति विश्वकर्मा की पुत्री बर्हिष्मती से विवाह किया। उससे उनके दस पुत्र उत्पन्न हुए जो उन्हीं के समान शीलवान्, गुणी, कर्मनिष्ठ, रूपवान् तथा पराक्रमी थे। सबसे छोटी ऊर्जस्वती नाम की कन्या भी हुई। पुत्रों के नाम थे आग्नीध्र, इध्मजिह्व, यज्ञबाहु, महावीर,

हिरण्यरेता, घृतपृष्ठ, सवन, मेधातिथि, वीतिहोत्र तथा कवि। इनमें कवि, महावीर तथा सवन ने बाल्यकाल से ही आत्मविद्या का अभ्यास करते हुए अन्त में संन्यासाश्रम स्वीकार कर लिया। महाराज प्रियव्रत की दूसरी भार्या से उत्तम, तामस तथा रैवत उत्पन्न हुए। ये तीनों अपने नाम वाले मन्वन्तरों के अधिपति हुए।

महाराज प्रियव्रत ने बहुत अवधि तक (ग्यारह अर्बुद वर्ष) पृथ्वी का शासन किया। पृथ्वी को उन्होंने सात द्वीपों में बाँटा, जिनके नाम हुए जम्बू, प्लक्ष, शाल्मलि, कुश, क्रौञ्च, शाक और पुष्कर। इनमें से पहले-पहले की अपेक्षा आगे-आगे के द्वीप का परिमाण दोगुना है तथा ये समुद्र के बाहरी भाग में पृथ्वी के चारों ओर फैले हुए हैं। सात समुद्र हैं। इनमें से एक-एक क्रमशः अलग-अलग सातों द्वीपों को बाहर से घेर कर स्थित है। इन समुद्रों की अलग-अलग विशेषतायें हैं। महाराज प्रियव्रत ने पुत्र आग्नीध्र, इध्मजिह्व, यज्ञबाहु, हिरण्यरेता, घृतपृष्ठ, मेधातिथि तथा वीतिहोत्र को एक-एक द्वीप का राजा बनाया। उन्होंने अपनी कन्या ऊर्जस्वती का विवाह शुक्राचार्यजी से किया। उसी से शुक्रकन्या देवयानी का जन्म हुआ।

महाराज प्रियव्रत के विषय में लोकोक्ति प्रसिद्ध है कि उन्होंने प्राणियों की सुविधा के लिये द्वीपों के द्वारा पृथ्वी के विभाग किये तथा प्रत्येक द्वीप में अलग-अलग (पृथक्-पृथक्) नदी, पर्वत तथा वनादि से उसकी सीमा निश्चित कर दी। वे भगवद्भक्त नारदजी के प्रेमी भक्त थे।

अध्याय 2

आग्नीध्र-चरित्र

महाराज प्रियव्रत के तपस्या में संलग्न हो जाने पर राजा 'आग्नीध्र' पिताज्ञानुसार, धर्मानुसार, जम्बूद्वीप की प्रजा का पालन करने लगे। एक

बार सत्पुत्र प्राप्ति हेतु, पूजा सामग्री लेकर वे मन्दराचल पर्वत की एक घाटी में गये तथा तपस्या में तत्पर होकर श्री ब्रह्माजी की आराधना करने लगे। ब्रह्माजी ने उनकी अभिलाषा जान कर पूर्वचित्ति अप्सरा को वहाँ भेजा। उसने आते ही उस स्थान को रमणीय बना दिया। आग्नीध्र आश्रम के पास ही एक मनोहर उपवन था जहाँ वह अप्सरा विचरने लगी। वहाँ का सारा वातावरण विलासपूर्ण तथा कामयुक्त हो गया। राजकुमार आग्नीध्र ने समाधियोग युक्त होते हुए भी उस अप्सरा का सामीप्य अनुभव किया। यह देख कर कामदेव ने आग्नीध्र के हृदय में कामवासना जाग्रत् की।

कदाचित् यही ब्रह्माजी की इच्छा है, यह सोच कर राजकुमार आग्नीध्र ने प्रश्न किया, हे देवि! तुम कौन हो तथा तुम्हारा इस एकान्त स्थान पर क्या प्रयोजन है? प्रियवर! तुम्हारा भोजन क्या है जिसके खाने से तुम्हारे मुख से हवन-सामग्री की सी सुगन्ध आ रही है? तुम्हारी सुन्दरता ने सारे वातावरणको मनमोहक बना दिया है। कहीं विश्वविस्तार की इच्छा से ही तो ब्रह्माजी ने तुम्हें मेरे पास नहीं भेजा? यदि तुम ब्रह्माजी की प्यारी देन हो तो मैं तुम्हारा अनुचर हूँ तथा तुम्हारी ये मंगलमयी सखियाँ भी हमारे साथ रहें।

इस प्रकार नौ वर्षों में नौ पुत्र उत्पन्न कर पूर्वचित्ति अप्सरा फिर ब्रह्माजी की सेवा में चली गई। आग्नीध्र के ये पुत्र, माता-पिता की तरह सुडौल तथा प्रबल थे। राजा आग्नीध्र ने जम्बूद्वीव को नौ वर्ष (भूखण्डों) में विभाजित कर अपने पुत्रों को एक-एक खण्ड का राजा बना दिया। वैदिक कर्मकाण्ड द्वारा राजा आग्नीध्र ने पितरलोक को प्राप्त किया। पिता के परलोक सिधारने पर, नाभि आदि नौ भाइयों ने, मेरु की-मेरुदेवी, प्रतिरूपा, उग्रदंष्ट्री, लता, रम्या, श्यामा, नारी, भद्रा और देववीति नाम की नौ कन्याओं से विवाह किया।

अध्याय 3

राजा नाभि-चरित्र

आग्नीध्र-पुत्र राजा नाभि के कोई सन्तान न थी। उन्होंने अपनी पत्नी मेरुदेवी के साथ पुत्र की कामना से भगवान् यज्ञपुरुष का यजन किया। महाराज नाभि के श्रद्धापूर्वक विशुद्ध भाव से यज्ञ के सम्पन्न होने पर, यज्ञ पुरुष श्रीहरि अपने कान्तिमय रूप में प्रकट हुए। राजा सहित सभी ऋषियों तथा ऋत्विजों ने उनकी स्तुति की—हम नहीं जानते कि हमारा परम कल्याण किस में है और न हमें आपकी यथोचित पूजा ही आती है। तथापि जिस प्रकार तत्त्वज्ञ पुरुष बिना बुलाये भी केवल करुणावश अज्ञानी पुरुष के पास चले आते हैं, उसी प्रकार आप भी हमें मोक्षसंज्ञक अपना परमपद तथा अभीष्ट वस्तुएँ प्रदान करने के लिये अन्य साधारण यज्ञदर्शकों के समान यहाँ प्रकट हुए हैं। पूज्यमय! हमें सबसे बड़ा वर तो आपने पहले ही दे दिया, कि ब्रह्मादि में श्रेष्ठ होकर भी आप राजर्षि नाभि की इस यज्ञशाला में साक्षात् हमारे नेत्रों के सम्मुख प्रकट हो गये। अब हम और क्या वर माँगे?

प्रभो! आपके गुणों का गान परम मंगलमय है। आत्माराम (आत्मतत्त्व में अनुरक्त) मुनिगण भी निरन्तर आपके ही गुणों का गान करते हैं। अत: हम आपसे यही वर माँगते हैं कि शरीर की किसी अवस्था में भी हम आपके गुणद्योतक नामों का उच्चारण कर सकें। हमारे यजमान राजर्षि नाभि, सन्तान को ही परम पुरुषार्थ मान कर, आपके ही समान, पुत्रप्राप्त करने के लिये आपकी आराधाना कर रहे हैं। हम मन्दमतियों ने कामनावश इस तुच्छ कार्य के लिये आपका आवाहन किया है। हम अज्ञानियों को, आपको कष्ट देने के लिये, क्षमा करें।

राजा नाभि के पूज्य ऋत्विजों के प्रभुचरणों की इस प्रकार वन्दना करने पर श्री भगवान् ने कहा, हे ऋषियो! आपने यह बड़ा दुर्लभ वर माँगा है, क्योंकि मेरे समान तो मैं ही हूँ, और मैं अद्वितीय हूँ। फिर भी

ब्राह्मण वचन मिथ्या न हो, मैं स्वयं ही अपनी अंशकला से आग्नीध्र-नन्दन नाभि के यहाँ अवतार लूँगा।

इस प्रकार महारानी मेरुदेवी के गर्भ से (भगवान्-अंश) दिगम्बर संन्यासी तथा ऊर्ध्वरेता, मुनियों का धर्म प्रकट करने के लिये, शुद्ध सत्त्वमय विग्रह में प्रकट हुए।

अध्याय 4

ऋषभदेवजी-राज्यशासन

नाभिनन्दन के अंग, जन्म से ही भगवान् विष्णु के अंगचिन्हों से युक्त थे। समता, शान्ति, वैराग्य तथा ऐश्वर्य आदि विभूतियों के कारण उनका नाम 'ऋषभ' (श्रेष्ठ) रखा गया। एक बार देवराज इन्द्र ने ईर्ष्यावश उनके राज्य में जल नहीं बरसाया। तब राजकुमार ऋषभ ने अपनी योगमाया के प्रभाव से अपने अधीन भूखण्ड पर पर्याप्त जल बरसाया।

मन्त्रिमण्डल तथा प्रजा का ऋषभदेव के प्रति प्रेम तथा सेवा भाव को देख, उन्हें धर्म मर्यादा की रक्षा के लिए राज्याभिषिक्त करके, स्वयं राजा नाभि अपनी पत्नी मेरुदेवी सहित बदरिकाश्रम चले गये। वहाँ तपस्या तथा समाधियोग में स्थित, भगवान् वासुदेव के नर-नारायण रूप की आराधना कर, उन्हीं के धाम को प्राप्त हुए।

श्री ऋषभदेव ने अपने देश अजनाभखण्ड को कर्मभूमि मानकर, लोकसंग्रह के लिये, कुछ काल तक, गुरुकुल में वास किया। तत्पश्चात् गृहस्थ आश्रम में प्रवेश किया। देवराज इन्द्र की दी हुई, उनकी कन्या जयन्ती से उन्होंने विवाह किया। शास्त्रोपदिष्ट कर्मों का आचरण करते हुए उनके सौ पुत्र हुए। उनमें भरतजी सबसे बड़े तथा सबसे अधिक गुणवान् थे। उन्हीं के नाम से लोग इस अजनाभखण्ड को 'भारतवर्ष'

कहने लगे। उनसे छोटे–कुशावर्त, इलावर्त, ब्रह्मावर्त, मलय, केतु, भद्रसेन, इन्द्रस्पृक्, विदर्भ तथा कीकट–बाकी नब्बे भाइयों से श्रेष्ठ थे। उनसे छोटे कवि, हरि, अन्तरिक्ष, प्रबुद्ध, पिप्पलायन, आविर्होत्र, द्रुमिल, चमस तथा करभाजन–ये नौ राजकुमार भगवत् धर्म का प्रचार करने वाले श्रेष्ठ भगवद्भक्त हुए। इनसे छोटे शेष पुत्र भी पिता की आज्ञा का पालन करने वाले, अति विनीत, माहन् वेदज्ञ तथा निरन्तर यज्ञादि कर्म करने वाले थे। ये पुण्यकर्मों का अनुष्ठान करने से शुद्ध होकर ब्राह्मण हो गये थे।

ऋषभदेव ने लोकशिक्षा तथा शास्त्र-धर्म निभाते हुए, भिन्न-भिन्न देवताओं के प्रति द्रव्य, देश, काल, आयु, श्रद्धा तथा ऋत्विज् आदि से सुसम्पन्न सभी प्रकार के यज्ञ किये।

अध्याय 5

ऋषभदेवजी का अपने पुत्रों को उपदेश

अपने पुत्रों को ज्ञानोपदेश देते हुए श्री ऋषभदेवजी ने कहा–जब तक जीव को आत्मतत्त्व की जिज्ञासा नहीं होती, तब तक अज्ञानवश उससे उसका वास्तविक स्वरूप छुपा रहता है। जब तक यह लौकिक-वैदिक कर्मों में अनुरक्त रहता है, तब तक मन में कर्म की वासनायें बनी रहती हैं। यही देह-बन्धन का कारण है। इस प्रकार अविद्या के द्वारा आत्मस्वरूप को आच्छादित कर, कर्मवासनाओं के द्वारा आत्मस्वरूप को आच्छादित कर, कर्मवासनाओं के वशीभूत हुआ मन, मनुष्य को बार-बार कर्मों में ही प्रवृत्त करता है। जब तक उसे भगवान् वासुदेव के प्रति अनन्य प्रेम नहीं होता तब तक वह देह-बन्धन से मुक्त नहीं हो सकता।

स्त्री और पुरुष, इन दोनों का जो परस्पर दाम्पत्य-भाव है, इसको उनके हृदय की दूसरी स्थूल ग्रन्थि कहते हैं। देहाभिमान रूपी, एक-एक सूक्ष्म ग्रन्थि तो उनमें अलग-अलग पहले से ही है। ये दोनों ग्रन्थियाँ

अति दुर्भेद्य हैं। इसके अतिरिक्त बन्धन हैं सन्तान, घर, धनादि। जिस समय विषय वासनाओं पर निर्भर यह ग्रन्थि थोड़ी शिथिल होती है, तो मनुष्य उस समय दाम्पत्य-भाव से भी निवृत्त हो जाता है। इस संसार के हेतुभूत अहंकार को त्याग कर, सर्व बन्धनों से मुक्त हुआ, वह परमपद को प्राप्त कर लेता है। अतः मनुष्य को चाहिए कि वह सावधान होकर, अविद्या से प्राप्त इस हृदय ग्रन्थि रूप बन्धन को ज्ञान तथा वैराग्य से भलीभाँति खण्डित करे और उसके पश्चात् मन बुद्धि को श्री भगवान् में नियोजित करे।

श्रीहरि का अंशावतार होने के कारण शुद्ध सत्त्व ही मेरा हृदय है तथा उसी में धर्म की स्थिति है। अधर्म मेरे समीप नहीं आता। इसी कारण मुनिजन मुझे 'ऋषभ' (श्रेष्ठ) कहते हैं। तुम सब मेरे शुद्ध सत्त्वमय हृदय से उत्पन्न हुए हो। तुम ईर्ष्या-द्वेष छोड़ कर अपने ज्येष्ठ भ्राता भरत की सेवा करो। उसकी सेवा करना मेरी ही सेवा करना है तथा यही तुम्हारा प्रजापालन धर्म भी है।

अन्य सब भूतों (जड़-पदार्थों) की अपेक्षा वृक्ष श्रेष्ठ हैं; उनसे श्रेष्ठ हैं चलने वाले जीव; उनसे श्रेष्ठ हैं ज्ञानयुक्त पशु आदि। पशुओं से श्रेष्ठ हैं मनुष्य; मनुष्यों से श्रेष्ठ हैं प्रमथगण (शिवजी के गण)। इनसे श्रेष्ठ हैं गन्धर्व, गन्धर्वों से सिद्ध तथा सिद्धों से श्रेष्ठ हैं किन्नरगण। उनसे श्रेष्ठ हैं असुर, असुरों से देवता तथा देवताओं में इन्द्र श्रेष्ठ हैं। इन्द्र से श्रेष्ठ हैं ब्रह्माजी के पुत्र, दक्षादि प्रजापति। ब्रह्माजी के पुत्रों में श्रेष्ठ हैं रुद्र। ब्रह्माजी से श्रेष्ठ हैं श्री विष्णु, क्योंकि ब्रह्माजी उनके नाभिकुण्ड से उत्पन्न हुए हैं।

यद्यपि महाराज ऋषभदेवजी के पुत्र स्वयं ही सब प्रकार से सुशिक्षित थे, तो भी प्रजा कल्याण हेतु उन्होंने अपने पुत्रों को उपदेश दिया। सौ पुत्रों में सबसे बड़े तथा श्रेष्ठ थे भरत। उन्हीं को पृथ्वी पालन करने के लिये, राजसिंहासन पर आरूढ़ कर, स्वयं ऋषभदेव, निवृत्तिपरायण महामुनियों को भक्ति, ज्ञान तथा वैराग्यरूप धर्मों की शिक्षा देने के लिए पूर्ण रूप से विरक्त हो गये। अपने वस्त्र तक त्याग कर संन्यासी रूप धारण कर लिया तथा ब्रह्मावर्त देश छोड़ कर वनगमन को निकल गये।

वे पूर्ण वैराग्य में थे। उनकी दृष्टि में सम्पूर्ण प्राणियों के आत्मा, अपने आत्मस्वरूप भगवान् वासुदेव से किसी प्रकार का भेद नहीं था। उनके सभी पुरुषार्थ पूर्ण हो चुके थे। उनके पास आकाश-गमन, अन्तर्धान, परकाय प्रवेश आदि सिद्धियाँ उनकी सेवा में आईं, परन्तु उन्होंने उन्हें स्वीकार नहीं किया।

अध्याय 6

ऋषभदेवजी-देहत्याग

राजा परीक्षित् के प्रश्न करने पर कि "ऋषभदेव ने उन सिद्धियों को क्यों स्वीकार नहीं किया जो उन्हें अपनी कड़ी तपस्या से स्वयं प्राप्त थी," श्री शुकदेवजी ने कहा–मन बड़ा प्रबल है। न जाने कब वह फिर से काम, क्रोध, मद, लोभ, मोह, भयादि में फँस जाये। मुनिलोग श्री भगवान् की सेवा की ही कामना करते हैं, सांसारिक ऐश्वर्य की नहीं।

ऋषभदेवजी ने भी श्री भगवान् को साक्षात् स्वरूप में पा कर अब अपनी देहत्याग के विषय में सोचा। वे योगियों को देहत्याग की विधि सिखाने के लिए अपना शरीर छोड़ना चाहते थे। उनका शरीर, लिंगदेह के अभिमान से मुक्त, योग मायावश, इस पृथ्वी पर विचरता रहा। वह दैववश कर्णाटक देश में गया। वहाँ बाँसों की रगड़ से उत्पन्न अग्नि ने वन को अपनी लपेट में ले लिया तथा उनका शरीर भी उसी में भस्म हो गया। ऋषभदेवजी का जन्म इस संसार में रजोगुण परायण लोगों को मोक्षमार्ग की शिक्षा के लिये ही हुआ था।

अध्याय 7

भरत-चरित्र

महाराज ऋषभदेव ने अपने संकल्प से भरत को पृथ्वी रक्षा के लिये नियुक्त कर दिया। भरतजी ने उनकी आज्ञानुसार विश्वरूप की कन्या पञ्जनी से विवाह किया। उनके पाँच पुत्र हुए। इन के नाम थे सुमति, राष्ट्रभृत्, सुदर्शन, आवरण तथा धूम्रकेतु। ये सर्वथा अपने पिता भरतजी के ही समान थे।

महाराज भरत बड़े ही भगवद्भक्त तथा कुशल राजनीतिज्ञ थे। इस वर्ष को, जिसका पहले नाम अजनाभखण्ड था, राजा भरत के समय से 'भारतवर्ष' कहते हैं।

महाराज भरत बहुत यज्ञ कराने वाले थे। उन्होंने होता, अध्वर्यु, उद्गाता तथा ब्रह्मा–इन चार ऋत्विजों द्वारा कराये जाने वाले अग्निहोत्र, दर्श, पूर्णमास, चातुर्मास्य, पशु तथा सोम आदि यज्ञों से यथासमय, श्रद्धापूर्वक, यज्ञ तथा क्रतुरूप श्री भगवान् का यजन किया। जब अध्वर्युगण आहुति देने के लिये हवि हाथ में लेते, तो यजमान भरत उस यज्ञ कर्म से होने वाले पुण्य फल को यज्ञपुरुष श्री भगवान् वासुदेव को अपर्ण कर देते, क्योंकि वे परब्रह्म ही इन्द्रादि समस्त देवताओं के भी नियामक होने से मुख्य कर्ता तथा प्रधान देव हैं। वे श्री भगवान् वासुदेव में ''जो श्रीवत्स, कौस्तुभ, वनमाला, चक्र, शंख, गदा आदि से सुशोभित तथा नारदादि निज-जनों के हृदय में चित्र के समान निश्चलभाव से स्थित रहते हैं'', उनकी दिन पर दिन बढ़ने वाली भक्ति से उनके हृदय में स्थित हो गये।

इस प्रकार एक चिरकाल अवधि बीत जाने पर, राज्यभोग का प्रारब्ध क्षीण हुआ जानकर, उन्होंने अपनी वंश-परम्परागत सम्पत्ति (राज्य) को, यथायोग्य पुत्रों में बाँट कर, स्वयं राजमहल त्याग, पुलहाश्रम (हरिहरक्षेत्र) में चले गये। वहाँ चक्रनदी (गण्डकी) सब ओर से ऋषियों के आश्रमों

को पवित्र करती रहती है।

एकान्त स्थान में अकेले ही रहकर वे पत्र, पुष्प, फल आदि से श्री भगवान् की आराधना करने लगे। इससे उनका अन्तःकरण समस्त विषय वासनाओं से निवृत्त होकर शान्त हो गया तथा उन्हें श्री भगवान् का सामीप्य तथा परमानन्द प्राप्त हुआ। शरीर पर कृष्ण मृगचर्म धारण किये उनके केश भूरी-भूरी घुँघराली लटाओं में परिणत हो गये।

अध्याय 8

भरत-मगृमोह-मृगजन्म

एक दिन श्री भरतजी गण्डकी नदी में स्नान कर, नदी तट पर बैठे, श्रीहरि जाप कर रहे थे कि उनकी दृष्टि एक हरिनी के बच्चे पर पड़ी जो जल में बहा आ रहा था। वह किसी कारणवश अपनी माता से बिछुड़ गया था। इस मातृहीन बच्चे को दयावश उन्होंने जल से निकाल लिया जो अभी तक स्वस्थ था। उस मातृहीन बच्चे को वे अपने आश्रम में ले गये। उस मृगछौने के प्रति भरतजी की ममता दिन-प्रति-दिन बढ़ती गई। वे नित्यप्रति उसके खाने-पीने तथा उसे जंगली जन्तुओं से बचाने की चिन्ता में रहने लगे। प्यार तथा लाड़-लड़ाना और भी बढ़ता गया। यहाँ तक कि उनके यम, नियम तथा भगवद्पूजा में भी विघ्न पड़ने लगा। क्योंकि वह मृग अपनी माता तथा अपने सम्बन्धियों से बिछुड़ कर भरतजी को ही अपना माता-पिता तथा सम्बन्धी समझने लगा था तथा उसका उनमें पूर्ण विश्वास हो गया था, अतः उस शरणागत का पालन-पोषण भरतजी को अपना कर्तव्य लगने लगा। किसी प्रकार की दुविधाा अथवा दोषबुद्धि को त्याग कर वह उस हरिनी के बच्चे का पालन करने लगे। स्वभाव से ही दीनजनों की रक्षा करना तथा शरणागत

को आश्रय देना एक सज्जन का परोपकारी धर्म है।

इस प्रकार उस हरिनी के बच्चे में आसक्ति बढ़ जाने से, हर पल, भोजन करते, सोते-जागते उन्हें उसी की चिन्ता रहने लगी। उससे उन्हें मोह भी अधिकतर हो गया। उसके लिये वे कोमल-कोमल घास इकट्ठी करते। फल, कन्द-मूल लाते। वह भी उनके प्यार में अनुरक्त, कभी उनकी गोद में लेटता, कभी उनके कन्धे पर चढ़ता तथा भाँति-भाँति प्रकार से लिपट कर उनसे प्यार करता। यहाँ तक कि नित्य-नैमित्तिक कर्मों को करते समय भी भरतजी बीच-बीच में, उठ-उठकर, उस मृग बालक को देखते तथा जब भी उनकी उस पर दृष्टि पड़ती, उनकी श्री भगवान् में एकाग्रता टूट जाती। वे प्रायः उसके सुख-दु:ख से जुड़ गये थे।

यदि कभी मृगबालक दिखाई न देता तो भरतजी को लगता कि उनका समूल नष्ट हो गया है तथा वे अत्यन्त उद्विग्न हो, मोहवश व्याकुल तथा करुणावश हो, अति भावुक हो जाते। किसी आशंका के भय से वे उसके पदचिन्हों को देखते हुए उसे वन में खोजने निकल पड़ते। उनका समस्त भक्तिभाव, मृगमोह में परिणत हो गया था। उसकी नित्य क्रीड़ाओं को स्मरण कर वे मन ही मन हर्षित होते रहते। उसका सामीप्य उनके लिये शान्तिदायक तथा उसका आँखों से ओझल होना, उनके लिये असह्य हो गया था। उनके मन-बुद्धि केवल उसके मोह-प्यार में ही उलझ कर रह गयेथे। उनको अपने पुत्रों को त्यागने पर भी इतना वियोग न हुआ था जितना उसके एक पल के आँखों से ओझल होने पर।

इस प्रकार जिनका पूरा होना असम्भव था, उन विविध मनोरथों से भरतजी का चित्त व्याकुल रहने लगा। अपने मृग-शिशु के रूप में प्रतीत होने वाले प्रारब्धकर्म के कारण, तपस्वी भरतजी भगवदाराधना रूप कर्म से च्युत हो गये। इस प्रकार राजर्षि भरत की, विघ्नों के वशीभूत होकर, योगसाधना भ्रष्ट हो गई। उस मृगबालक के पालन-पोषण तथा लाड़-प्यार में उलझकर वे आत्मस्वरूप को भूल गये। इसी समय अटल काल आ उपस्थित हुआ। उस समय भी वह हरिनशावक उनके पास बैठा पुत्र के

समान शोकातुर था। वे उसे इस स्थिति में देख रहे थे तथा उनका चित्त उसी में लगा था। इस प्रकार की आसक्ति में ही--मृग के साथ–उनका शरीर भी छूट गया। तदनन्दर उन्हें अन्तकाल की भावना के अनुसार साधारण पुरुष के समान मृग शरीर ही मिला। किन्तु उनकी साधना पूरी थी। इससे उनकी पूर्वजन्म की स्मृति नष्ट नहीं हुई। उस योनि में भी, पूर्वजन्म के भगवद् प्रभाव से, वे अपने मृगरूप होने के कारण को जान कर अत्यन्त पश्चाताप करने लगे।

इस प्रकार मृग बने हुए राजर्षि भरत के हृदय में जो वैराग्य भावना जाग्रत् हुई तो उन्होंने अपनी माता मृगी को त्याग दिया तथा अपनी जन्म भूमि कालञ्जर पर्वत से वे फिर शान्तस्वभाव मुनियों के प्रिय, उसी शालग्रामतीर्थ में, जो भगवान् का क्षेत्र है, पुलस्त्य तथा पुलह ऋषि के आश्रम में चले आये। वहाँ रहकर वे काल की प्रतीक्षा करने लगे। वे पूर्ण रूप से आसक्तिरहित हो चुके थे। अकेले रहकर, सूखे-पत्ते, घास आदि पर निर्वाह कर, मृगयोनि की प्राप्ति कराने वाले प्रारब्ध के क्षय की बाट देखने लगे। अन्त में उन्होंने अपने शरीर का आधा भाग गण्डकी के जल में डुबो कर, उस मृगशरीर को त्याग दिया।

अध्याय 9

भरत का ब्राह्मण कुल में जन्म

आंगिरस गोत्र में, शम, दम, तप, स्वाध्याय, वेदाध्ययन, त्याग, सन्तोष, तितिक्षा, विनय, दूसरों के गुणों में दोष न निकालना (अनसूया) तथा आत्मज्ञान सम्पन्न एक श्रेष्ठ ब्राह्मण थे। उनकी दो पत्नियाँ थीं। उनकी बड़ी पत्नी से नौ पुत्र थे तथा छोटी पत्नी से एक पुत्र तथा एक कन्या का जन्म हुआ। इस पुत्र के रूप में राजा भरत ने ही उनके घर

जन्म लिया। इस जन्म में, वे भगवद्कृपा से, पूर्वजन्म का स्मरण कर बहुत ही सतर्क थे तथा केवल श्री भगवान् के युगलचरणकमलों को ही हृदय में धारण किये रहते थे। अपने कुटुम्ब वालों तथा सम्बन्धियों को वे जड़ प्रकृति के समान लगते थे। यहाँ तक कि भरत ने अपने पिता के कर्मकाण्ड के उपदेश को भी कोई महत्ता न दी। श्रीप्रभु के अनुराग के अतिरिक्त उन्हें व्रत, शौच, वेदाध्ययन आदि किसी में रुचि न थी। पिता का पुत्र को सुशिक्षित देखने का मनोरथ पूरा न हो पाया। इसी प्रकार पिता वृद्धावस्था को प्राप्त हो काल-ग्रास बन गये तथा उनकी छोटी पत्नी अपने पुत्र तथा पुत्री को अपनी बड़ी (सौत) को सौंपकर स्वयं पति के साथ सती हो गई।

भरतजी के ज्येष्ठभ्राता कर्मकाण्ड को श्रेष्ठ समझते थे। वे ब्रह्मज्ञान स्वरूप पराविद्या से अनभिज्ञ थे। वे भरत को मूढ़ समझते थे। उन्होंने पिता की भाँति ही, उसे सुशिक्षित करने का आग्रह त्याग दिया। भरतजी भी लगभग अपने आप को सारे परिवार से पृथक् सा समझने लगे थे। वे उदासीन की भाँति न अपने पहनने तथा न अपने खाने में कोई रुचि रखते थे। अन्य किसी साधन से उत्पन्न न होने वाला, स्वतः सिद्ध, केवल ज्ञानस्वरूप आत्मज्ञान उन्हें प्राप्त हो गया था। इसलिये शीतोष्ण, मानापमान आदि द्वन्द्वों से होने वाले सुख-दुःखादि में उन्हें देहाभिमान की स्फूर्ति नहीं होती थी। प्रारब्धवश जो कुछ भी खाने को मिल जाता, वे उसी से सन्तुष्ट हो जाते थे।

वन में रहते हुए श्री भरत (जड-भरत) को एक बार रात के अन्धेरे में, कुछ डाकू उन्हें नर-पशु बली के लिये अपने सरदार के पास ले गये। तदन्तर चोरों ने अपनी पद्धति अनुसार विधिपूर्वक उनको अभिषेक तथा स्नान करा, नये वस्त्र पहनाये तथा नाना प्रकार के आभूषण, चन्दन, माला तथा तिलकादि से विभूषित कर उन्हें भोजन कराया। फिर धूप, दीप, माला, खील, फलादि उपहारों सहित, बलिदान की विधिवत् तैयारी करने लगे। भरतजी, जो हर समय श्रीहरि के ध्यान में ही संलग्न रहते थे, उन्होंने इन सब का कोई विरोध नहीं किया, क्योंकि वे तो जीवन की हर परिस्थिति से उदासीन थे।

जिस समय भगवान् के अंशस्वरूप ब्राह्मण कुल का तिरस्कार कर डाकू लोग उनकी बली चढ़ाने लगे तथा उनका शीश काटने के लिए खड्ग को उठाया, तो देवी माता खिन्न हो अपनी प्रतिमारूपी मूर्ति से प्रकट हो गईं तथा उन डाकुओं का नाश कर दिया। स्पष्ट है कि जिनकी देहाभिमान रूप सुदृढ़ हृदय ग्रन्थि खुल गई है, जो समस्त प्राणियों के सुहृद् आत्मा तथा द्वेषरहित हैं, उनकी साक्षात् भगवान् ही, भद्रकाली आदि भिन्न-भिन्न रूप धारण कर, अपने कालचक्र रूप श्रेष्ठ शस्त्र से रक्षा करते हैं। जिन्होंने भगवान् के निर्भय चरणकमलों का आश्रय ले रखा है, उन भगवद्भक्त परमहंसो के लिये अपना शीश कटने का अवसर आने पर भी किसी प्रकार व्याकुल न होना–कोई आश्चर्य की बात नहीं है।

अध्याय 10

जड भरत से राजा रहूगण की भेंट

एक बार सिन्धुसौवीर देश का राजा रहूगण पालकी में बैठ कर कहीं जा रहा था। जब उसकी पालकी इक्षुमती नदी के किनारे पहुँची तो उसे एक और कहार की आवश्यकता पड़ी। अक्समात् उसे सामने ही जड-भरत मिल गये। हृष्ट-पुष्ट देखकर उसको भी बलात् पकड़ कर पालकी में जोड़ दिया गया। ब्राह्मण देवता बिना कुछ कहे पालकी को उठा कर ले चले। कहीं पैरों तले कोई जीव दब न जाये, वे किञ्चित ध्यान से चल रहे थे। इससे उनके चलने की गति अन्य कहारों से मेल न खा रही थी तथा पालकी इधर-उधर डोलने लगती थी। इस पर राजा कुपित हो रहे थे। पालकी उठाने वाले अन्य कहारों ने राजा से विनति की, कि इस में दोष केवल नये कहार का है, जो उनसे चाल नहीं मिला रहा। "संसर्ग में उत्पन्न होने वाला दोष एक व्यक्ति में होन पर भी उससे सम्बन्ध रखने वाले सभी पुरुषों में आ सकता है," यह सोच कर राजा

ने विचार किया कि यदि इस नये कहार का प्रतीकार न किया गया तो धीरे-धीरे सभी कहार अपनी चाल बिगाड़ लेंगे। अतः वे नये कहार को डाँटते हुए बोले, अरे मित्र! तुम इतने हट्टे-कट्टे होते हुए भी बाकी पालकी उठाने वालों का साथ क्यों नहीं देते? इस पर भी जड-भरत मौन रहे। उनका शरीर विविध अंगों से युक्त दिखाई देने पर भी वस्तुतः था ही नहीं। अतः उनमें उनका 'मैं-मेरेपन' का मिथ्या आभास सर्वथा निवृत्त हो गया था और वे ब्रह्मरूप हो गये थे।

पालकी अब भी सीधी चाल में नहीं जा रही थी। इस पर राजा रहूगण जड-भरत पर बहुत बिगड़े तथा उन्हें बहुत बुरा-भला कहा–क्या तुम जीते हो अथवा मर गये हो? राजा की मन्द बुद्धि देखकर, सम्पूर्ण प्राणियों के सुहृद् जड-भरत ने कहा, हे राजन्! तुमने जो कुछ कहा वह यथार्थ है। यदि भार नाम की कोई वस्तु है तो वह ढोने वाले के लिये है। यदि मार्ग नाम की वस्तु है तो वह चलने वालों के लिये है। हृष्ट-पुष्ट, यह शरीर की संज्ञा है, आत्मा की नहीं। तुमने जो जीने-मरने की बात कही–सो जितने भी विकारी पदार्थ हैं, उन सभी में नियमित रूप से ये दोनों बातें देखी जाती हैं, क्योंकि वे सभी आदि-अन्त वाले हैं। यशस्वी राजा! जहाँ स्वामी-सेवक भाव स्थित हो, वहीं आज्ञा पालन का नियम भी लग सकता है। 'तुम राजा हो, मैं प्रजा हूँ' इस प्रकार की भेद-बुद्धि के लिये मुझे व्यवहार के सिवा और कहीं तनिक भी अवकाश (भेद) नहीं दिखाई देता। परमार्थ दृष्टि से देखा जाय तो किसे स्वामी कहें तथा किसे सेवक? फिर भी हे राजन्! यदि तुम्हें स्वामीपन का अभिमान है तो बताइये मैं आपकी क्या सेवा करूँ? मैं तो उन्मत्त-जड के समान अपनी ही स्थिति में रहता हूँ। मुझ पर कौन सा विधान लगाओगे तथा मुझे क्या शिक्षित करोगे? मुझे शिक्षा देना तो पिसे हुए को पीसने के समान व्यर्थ होगा।

मुनिवर जड-भरत तत्त्व का विश्लेषण कर, इतना कहकर चुप हो गये तथा फिर पहले के समान उस पालकी को कन्धे पर रख कर चलने लगे। सिन्धुसौवीर नरेश रहूगण अपनी उत्तम श्रद्धा के कारण तत्त्व जिज्ञासा का पूरा अधिकारी था। जब उसने द्विजश्रेष्ठ के योगग्रन्थों में

वर्णित, हृदय ग्रन्थि का छेदन करने वाले वचन सुने तो वह तत्काल पालकी को रोक कर उससे नीचे उतर आया। उसका राज-घमंड प्रायः टूट चुका था। वह ब्राह्मण श्रेष्ठ के चरणों में झुक कर अपना अपराध क्षमा कराते हुए कहने लगा, हे प्रियवर! यज्ञोपवीत धारण किये, स्वच्छन्दरूप से विचरने वाले, आप कौन हैं? मैं आपके जन्म तथा परिवार के विषय में जानना चाहता हूँ। मैं इन्द्र के वज्र से नहीं डरता, परन्तु ब्राह्मण के अपमान से मैं अतिव्याकुल हूँ। कहीं हमारा कल्याण करने पधारे इस वेश में, आप स्वयं कपिल मुनि ही तो नहीं? आप विषयों से सर्वथा अनासक्त हैं। मैं आपकी थाह नहीं पा रहा हूँ। पालकी उठाने पर आप को श्रम तो हुआ ही होगा। देहादि धर्मों का आत्मा पर कोई प्रभाव नहीं होता, ऐसी बात भी नहीं, क्योंकि चूल्हे पर रखी हुई देग जब अग्नि से तपने लगती है तब उसका जल भी उबलने लगता है तथा उस में रखे हुए चावल भी पकने लगते हैं। विधिनुसार राजा प्रजा का शासक भी है, दास भी। उसका उन्मत्तादि को दण्ड देना, पिसे हुए को पीसने के समान व्यर्थ नहीं हो सकता।

हे द्विजवर! राजत्व के अभिमान से मैंने आप जैसे परम साधु का अपमान किया। अब आप ऐसी कृपा दृष्टि कीजिये जिससे इस साधु-अवज्ञारूप अपराध से मैं मुक्त हो जाऊँ। आप श्रीहरि के अनन्य भक्त हैं तथा समदृष्टि हैं। अतः इस मानापमान के कारण आपके मन में कोई क्षोभ नहीं हो सकता।

अध्याय 11

भरतोपदेश-राजा रहूगण

राजा रहूगण का प्रायश्चित्त तथा जिज्ञासा देख जड-भरत ने कहा, हे राजन्। शास्त्रोक्त ज्ञान भी अधिकतर गृहस्थजनोचित यज्ञविधि विस्तार में

ही व्यस्त (गृहस्थ धर्म तथा कर्मकाण्ड के विषय में अधिक बताता है) है। राग-द्वेषादि दोषों से रहित, विशुद्ध तत्त्वज्ञान की पूरी-पूरी अभिव्यक्ति उसमें नहीं हुई। जब तक 'मनुष्य-मन', सत्त्व, रज तथा तमोगुण के वशीभूत रहता है, तब तक वह बिना किसी अंकुश के, ज्ञानेन्द्रिय तथा कर्मेन्द्रिय से शुभाशुभ कार्य कराता रहता है। यही मन, वासनामय विषयासक्त, गुणों से प्रेरित, विकारी भूत तथा इन्द्रियरूप सोलह कलाओं में मुख्य है। यही भिन्न-भिन्न नामों से देवता और मनुष्यादि रूप धारण करके, शरीर रूप उपाधियों के भेद से, जीव की उत्तम तथा अधः गति का कारण बनता है। यही अपनी देह के अभिमानी 'जीव' से मिलकर उसे कालक्रम से प्राप्त हुए सुख-दुःख और इनसे व्यतिरिक्त (वियुक्त) मोहरूप, अवश्यम्भावी फलों की अभिव्यक्ति कराता है। विषयासक्त मन जीव को संसार चक्र में डालता है तथा विषय निवृत्त होने पर, वही उस शान्तिमय मोक्ष पद को प्राप्त कराता है।

हे राजन्! पाँच कर्मेन्द्रिय, पाँच ज्ञानेन्द्रिय तथा एक अहंकार–ये ग्यारह मन की वृत्तियाँ हैं तथा पाँच प्रकार के कर्म (कर्मेन्द्रियों के विषय), पाँच तन्मात्र तथा एक शरीर (देह)–ये ग्यारह उनके आधारभूत विषय कहे जाते हैं (गन्ध, रूप, स्पर्श, रस तथा शब्द–ये पाँच ज्ञानेन्द्रियों के विषय हैं)। शरीर को 'यह मेरा है' इस प्रकार स्वीकार करना, अहंकार का विषय है। कहीं-कहीं अहंकार को मन की बारहवीं वृत्ति भी माना गया है। मन की ग्यारह वृत्तियाँ–द्रव्य (विषय), स्वभाव, संस्कार, कर्म तथा काल के द्वारा सैंकड़ों, हजारों तथा करोड़ों भेदों में परिणत हो जाती हैं। किन्तु उनकी सत्ता 'क्षेत्रज्ञ' आत्मा की सत्ता से ही है; स्वतः अथवा परस्पर मिलकर नहीं। तथापि मन से क्षेत्रज्ञ का कोई सम्बन्ध नहीं (क्षेत्रज्ञ मन के ऊपर, अर्थात् उसका नियामक है)। मन की वृत्तियाँ जाग्रत् तथा स्वप्नावस्था में प्रकट होती हैं तथा सुषुप्ति में छिप जाती हैं।

क्षेत्रज्ञ (सब क्षेत्रों को जानने वाले) परमात्मा सर्वव्यापक, जगत् का आदि कारण, परिपूर्ण, अपरोक्ष, स्वयंप्रकाश, अजन्मा, ब्रह्मादि के भी नियन्ता तथा अपने अधीन रहने वाली माया के द्वारा, सबके अन्तःकरण

में स्थित, जीवों को प्रेरित करने वाले, समस्त भूतों का आश्रयरूप, भगवान् वासुदेव हैं।

अध्याय 12

भरत-रहूगण संवाद

राजा रहूगण ने भरतजी से अपने संशय निवारण के लिये प्रश्न किया कि यह अध्यात्मयोग सरलता से क्या है तथा यह जो आपने कहा, ''कि भार उठाने की क्रिया तथा उससे जो श्रम रूप फल होता है, वे दोनों ही प्रत्यक्ष होने पर भी केवल व्यवहारमूल के ही हैं'', वास्तव में सत्य नहीं है, किञ्चित स्पष्ट रूप से बताइये।

जड-भरतजी ने कहा, हे राजन्! यह देह पृथ्वी का विकार है। जब यह किसी कारण से पृथ्वी पर चलने लगता है तब इसके भारवाही आदि नाम पड़ जाते हैं। कंधों के ऊपर लकड़ी की एक पालकी रखी हुई है, उसमें बैठा सौवीरराज नाम का एक पार्थिव विकार ही है जिसमें आत्मबुद्धि रूप अभिमान करने से तुम 'मैं सिन्धु देश का राजा हूँ' इस प्रबल मद में अन्धे हो। किन्तु इससे तुम्हारी कोई श्रेष्ठता सिद्ध नहीं होती। वास्तव में तुम क्रूर हो जो पशुओं की भाँति इन कहारों को अपनी पालकी में जोते हुए हो।

हम, तुम, ये सब एक मन की कल्पनामात्र हैं तथा दृश्यमात्र सब श्री भगवान् की ही माया है। विशुद्ध परमार्थरूप, अद्वितीय तथा भीतर-बाहर के भेद से रहित परिपूर्ण ज्ञान ही सत्यवस्तु है। वह सर्वथा निर्विकार है। जिन महापुरुषों के समाज में सदा पवित्रकीर्ति श्रीहरि के गुणों की चर्चा होती है, उनकी पद्धूलि शिरोधार्य करनी चाहिए। जो भगवत्कथा का नित्य प्रति सेवन करता है, वह उस मोक्षाकांक्षी पुरुष की शुद्ध बुद्धि को

भगवान् वासुदेव में लगा देती है।

मैं पूर्व जन्म में भरत नाम का राजा था। ऐहिक और पारलौकिक दोनों प्रकार के विषयों से विरक्त होकर मैं श्री भगवान् की आराधना में लगा रहता था। एक मृगबालक में आसक्ति होने से मैं परमार्थ से भ्रष्ट हो गया तथा मुझे मृग योनि में जाना पड़ा। परन्तु हरिकृपा से मेरी स्मृति बनी रही तथा अब मेरा जन्म इस ब्राह्मण रूप में हुआ है। इसी से अब मैं जन-संसर्ग से डर कर असंगभाव से, गुप्त रूप से, ही विचरता हूँ तथा मेरा मन श्रीहरि में सदा अनुरक्त रहता है।

अध्याय 13

भवाटवी वर्णन

जड-भरत ने राजा रहूगण के संशय निवारण हेतु फिर कहा—यह जीव समूह, सुख रूप धन तथा ऐश्वर्य में आसक्त व्यापारियों की तरह देश-विदेश में घूमते हुए व्यापारी दल के समान है। सात्त्विक, राजस तथा तामस वृत्तियों से लिप्त, यह अपनी इच्छा पूर्ति के लिये, भटकता-भटकता संसार जंगल में पहुँच जाता है। वहाँ यह और भी विचलित हो जाता है। उस जंगल में छः डाकू हैं। इस वणिक् समाज का नायक बड़ा दुष्ट है। उसके लुटेरे इसका सब धनादि लूट लेते हैं। वह जंगल अति घना तथा दुर्गम है। वहाँ के विषैले जीव जन्तु भी इसकी दुर्दशा करने लगते हैं। यह वणिक् समुदाय इस वन में निवास-स्थान, जल और धनादि में आसक्त विचरता रहता है। मनवाञ्छित पदार्थ मिलने पर तो इस वणिक् समुदाय को प्रसन्नता तथा सुख मिलता है, परन्तु जब क्षुधा तथा पिपासा मिटाने का भी साधन नहीं मिलता तो उसे दुःख घेर लेते हैं। कुटुम्ब बढ़ता जाता है, परन्तु उदरपूर्ति का समाधान नहीं होता। इन कष्टों में फँस कर इसका सारा अभिमान नष्ट हो जाता है। यदि कुछ भाग्य-वश मिल

जाता तो उसे दूसरे लोग या तो छीन लेते हैं या बाँट लेते हैं। जब उसे अभिलाषित वस्तु नहीं मिलती तो यह दूसरों की वस्तुओं पर तृष्णा भरी दृष्टि डालने अथवा हथियाने से तिरस्कारित होता है।

इतना सब कुछ होते हुए भी वणिक् समूह, प्रसार, विवाह-सम्बन्ध स्थापित करता है। ततपश्चात् आवश्यकतायें और बढ़ जाती हैं, परन्तु साधन क्षीण हो जाते हैं। साथियों में जो-जो मृत्यु को प्राप्त हो जाते हैं, इन को छोड़ कर, नवीन उत्पन्न हुओं को साथ ले, यह वणिक् समूह बराबर आगे बढ़ता जाता है। इस घोर वन में, इस संकटपूर्ण मार्ग का अन्त नहीं। उनमे से न तो आज तक कोई उस जंगल से वापस लौटा है न किसी ने संकटपूर्ण मार्ग को पार करके परमानन्दमय योग की ही शरण ली है। इस भवाटवी में भटकने वाला यह वणिक् समूह ठीक आश्रय की खोज में भटकता रहता है। कभी तो मधुरभाषी पक्षियों की ओर आकर्षित होता है तो कभी भयानक सिंह आदि पशुओं से भयभीत होता है। और कुछ हो न हो, वह अपनी काम वृत्ती को अवश्य प्रोत्साहित करता रहता है। हे राजन्! तुम भी इसी मार्ग में भटक रहे हो।

राजा रहूगण ने कहा, अहो! समस्त योनियों में यह मनुष्य जन्म कितना श्रेष्ठ है, जहाँ भगवान् हृषीकेश के पवित्र यश से शुद अन्तःकरण आप जैसे महात्माओं का समागम हो सकता है। आपके चरणों की धूली से, अर्थात् आशीर्वाद से, भगवद्भक्ति प्राप्त होना कोई आश्चर्य की बात नहीं। मेरा तो आपके दो घड़ी के सत्संग से ही सारा कुतर्कमूलक अज्ञान नष्ट हो गया है।

अध्याय 14

भवाटवी स्पष्टीकरण

महाराज परीक्षित्, के प्रश्न करने पर कि वास्तव में (सरल रूप से) यह भवाटवी का आशय क्या है, श्री शुकदेवजी ने कहा, हे राजन्!

देहाभिमानी जीवों द्वारा सत्त्वादि गुणों के भेद से कर्म तीन प्रकार के होते हैं, अर्थात्, शुभ, अशुभ तथा मिश्रित। उन कर्मों के फलस्वरूप नाना प्रकार के शरीरों का साथ होने वाला जो संयोग-वियोग रूप, -अनादि संसारी जीव' को प्राप्त होता है, उसके अनुभव के छः द्वार हैं—मन तथा पाँच ज्ञानेन्द्रियाँ। उनसे विवश हो कर यह जीवसमूह, मार्ग भूलकर, भयंकर वन में भटकते हुए, धन के लोभी वणिकों के समान, परम समर्थ भगवान् विष्णु के आश्रित रहने वाली उनकी माया की प्रेरणा से, दुर्गम मार्ग में पड़ कर, संसार रूप वीहड़ वन में जा पहुँचता है। उस में भटकते हुए उसे अपने शरीर द्वारा किये हुए कर्मों का फल भोगना पड़ता है। इस संसार-वन में, मन सहित छः इन्द्रियाँ ही अपने कर्मों की दृष्टि से डाकुओं के समान हैं। इन इन्द्रियों की वृत्तियों (शब्द, स्पर्श, रूप, रस तथा गन्ध) द्वारा, गृहस्थोचित विषय भोगों में फँस कर, मनुष्य लूटा जाता है। यहाँ तक कि वह अपने कुटुम्बियों द्वारा भी लूटा जाता है, क्योंकि वह निषिद्ध कर्मों को करके भी उनके लिये धनादि तथा जीवनोपयोगी पदार्थ संचित करता है। उसके इन निकृष्ट कर्मों के फल के लिये वे उसके भागी नहीं बनते।

कभी-कभी मनुष्य अवद्यि, कामना तथा कर्मों में आसक्त हो, अपने दृष्टिदोष के कारण, इस मर्त्यलोक को, जो वास्तव में गन्धर्वनगर के समान असत्य है, सत्य समझने लगता है तथा मिथ्या विषयों में फँस जाता है। वह मृगतृष्णावश विषयों के पीछे ऐसे भागता है जैसे शरद् ऋतु में कोई पथिक वन में अग्नि के लिए व्याकुल अगिया-बेताल को आग समझ कर, उसके पीछे भाग रहा हो। उसकी आँखों पर मदान्ता की ऐसी धूल जम जाती है कि वह अपने कर्मों के साक्षी दिशाओं के देवताओं को भी भूल जाता है। पुण्यक्षीण होने पर यह मृतक की भाँति जर्जित तथा उदासीन हो जाता है। गृहस्थाश्रम के लिये जिस कर्मविधि का विस्तार किया गया है उसका अनुष्ठान कठिन पर्वत की चढ़ाई के समान है। इसी से कहते हैं कि प्रवृत्ति मार्ग में रह कर किये हुए लौकिक और वैदिक, दोनों ही प्रकार के कर्म, जीव को संसार की ही प्राप्ति कराने वाले हैं।

हे राजन्! इस मार्ग में पूर्वोक्त विघ्नों के अतिरिक्त, सुख-दुःख, राग-द्वेष, भय, अभिमान, प्रमाद, उन्माद, शोक, मोह, लोभ, मात्सर्य, ईर्ष्या, क्षुधा-पिपासा, आधि-व्याधि, जन्म, जरा तथा मृत्यु भी अनेक विघ्न हैं।

कालचक्र साक्षात् भगवान् विष्णु का आयुध है। वह परमाणु से लेकर द्विपरार्धपर्यन्त, क्षण-घटी आदि अवयवों से युक्त है। वह निरन्तर सावधन घूमता रहता है। शीघ्र अति शीघ्र परिवर्तन होने वाले बाल्यावस्था, यौवन तथा वृद्धावस्था ही उसका वेग हैं। उसके द्वारा वह ब्रह्मा से लेकर क्षुद्रातिक्षुद्र तृणपर्यन्त, सभी भूतों का निरन्तर संहार करता रहता है। कोई कभी उसकी गति में बाधा नहीं डाल सकता। उन साक्षात् भगवान् यज्ञपुरुष की, जिनका यह काल चक्र है, आराधना को छोड़ कर, यह मनुष्य संसार मोहजाल में फँसा रहता है।

इस प्रकार प्रवृत्तिमार्ग में पड़कर, सुख-दुःख को भोगता हुआ जीव, काल मृत्यु से अनभिज्ञ चला रहता है। मरने वालों को छोड़ कर (यह भूलता हुआ कि उसकी गति भी यही होगी) यह आगे ही आगे चलता जाता है। जहाँ से इसकी यात्रा आरम्भ हुई है तथा जिसे इस मार्ग की अन्तिम अवधि कहते हैं, उस परमात्मा के पास यह अभी तक नहीं लौटा।

अध्याय 15

भरतवंश

भरतवंश का वर्णन करते हुए शुकदेवजी राजा परीक्षित् से कहते हैं, हे राजन् ! भरतजी के पुत्र सुमति ने ऋषभदेवजी के मार्ग का अनुसरण किया। उसकी पत्नी वृद्धसेना से देवताजित् पुत्र हुआ। देवताजित्-पत्नी असुरी से देवद्युम्न, देवद्युम्न की पत्नी धेनुमती से परमेष्ठी तथा उससे

सुवर्चला के गर्भ से प्रतीह नामक पुत्र हुआ। ये आत्मविद्या-परायण, शुद्धिचित्त, श्री नारायण में अनुरक्त हुए।

प्रतीह की पत्नी सुवर्चला (सास का नाम) से तीन पुत्र–प्रतिहर्ता, प्रस्तोता तथा उद्गाता हुए। ये सभी यज्ञादि कर्मों में निपुण थे। प्रतिहर्ता की भार्या स्तुति से अज और भूमा नाम के दो पुत्र हुए। भूमा के ऋषिकुल्या से उद्गीथ, उसके देवकुल्या से प्रस्ताव तथा प्रस्ताव की पत्नी नियुत्सा के गर्भ से विभु नाम का पुत्र हुआ। विभु-पत्नी रति के गर्भ से पृथुषेण, पृथुषेण से उसकी पत्नी आकूति द्वारा नक्त तथा नक्त की पत्नी द्रुति से उदारकीर्ति राजर्षिप्रवर 'गय' का जन्म हुआ।

ये जगत् की रक्षा के लिये सत्त्वगुण स्वीकार करने वाले श्री विष्णुजी के अंश माने जाते हैं। संयमादि अनेकों गुणों के कारण इनकी महापुरुषों (ऋषियों) में गणना की जाती है। महाराज गय ने प्रजा पालन-पोषण, रञ्जन तथा शासनादि के लिये भिन्न-भिन्न यज्ञों का अनुष्ठान करके निष्कामभाव से केवल भगवद्प्राप्ति के लिये अपने धर्मों का आचरण किया। इस प्रकार उनके सारे कार्य श्री भगवान् को अर्पित हो, वे परमार्थ रूप बन गये। ब्राह्मणों ने दक्षिणादि धर्म से सन्तुष्ट होकर उन्हें परलोक में मिलने वाले अपने धर्म-फल का छटा अंश दिया।

महाराज गय की पत्नी गयन्ती से चित्ररथ, सुगति तथा अवरोधन नामक तीन पुत्र हुए। उनमें चित्ररथ की पत्नी ऊर्णा से सम्राट् का जन्म हुआ। सम्राट् की पत्नी उत्कला से मरीचि तथा मरीचि की पत्नी बिन्दुमती से बिन्दुमान् नामक पुत्र हुआ। उसके सरघा से मधु, मधु की पत्नी सुमना से वीरव्रत, वीरव्रत की पत्नी भोजा से मन्थु और प्रमन्थु दो पुत्र हुए। उनमें से मन्थु पत्नी सत्या के गर्भ से भौवन, भौवन पत्नी दूषणा से त्वष्टा, त्वष्टा पत्नी विरोचना से विरज तथा विजर पत्नी विषूची से शतजित् आदि सौ पुत्र और एक कन्या का जन्म हुआ। राजा विरज ने अपने वंश को अपने सुयश से विभूषित किया। ये इस वंश के अन्तिम राजा थे।

अध्याय 16

भुवनकोश-वर्णन

महाराज परीक्षित् की भूमण्डल के विस्तार को जानने की इच्छा देख श्री शुकदेवजी ने कहा, महाराज! भगवान् की माया के गुणों का इतना विस्तार है कि इसका अन्त नहीं पाया जा सका। अतः नाम, रूप, परिमाण तथा लक्षणों द्वारा केवल भूमण्डल की मुख्य-मुख्य विशेषताओं का ही वर्णन करूँगा। यह जम्बूद्वीप जिसमें हम रहते हैं, भूमण्डलरूप कमल के कोशस्थानीय जो सात द्वीप हैं, उनमें सबसे भीतर का कोश है। इसका विस्तार एक लाख योजन है और यह कमल पत्र के समान गोलाकार है। इसमें नौ-नौ हजार योजन विस्तार वाले नौ वर्ष हैं, जो इनकी सीमाओं का विभाग करने वाले आठ पर्वतों से बँटे हुए हैं। इनके बीचों-बीच इलावृत नाम का दसवाँ वर्ष है, जिसके मध्य में पर्वतों का राजा मेरु पर्वत है। वह भूमण्डलरूप कमल की कर्णिका है। वह समस्त सुवर्णमय है और एक लाख योजन ऊँचा है। उसका विस्तार, शिखर पर बत्तीस हजार और तलैटी में सोलह हजार योजन है तथा वह सोलह हजार योजन ही भूमि के भीतर है। इलावृत वर्ष के उत्तर में क्रमशः नील, श्वेत और शृंगवान्–तीन पर्वत हैं, जो रम्यक, हिरण्मय तथा कुरु नाम के वर्षों की सीमा बान्धते हैं। वे पूर्व से पश्चिम तक खारे पानी के सागर तक फैले हुए हैं। उनमें से प्रत्येक की चौड़ाई दो हजार योजन है तथा लम्बाई में पहले की अपेक्षा पिछला क्रमशः दशमांश से कुछ अधिक कम है। चौड़ाई और ऊँचाई सभी की समान है।

इसी प्रकार इलावृत के दक्षिण की ओर एक के बाद एक–निषध, हेमकूट और हिमालय नाम के तीन पर्वत हैं। ये भी पूर्व-पश्चिम की ओर फैले दस हजार योजन ऊँचे हैं। इनसे क्रमशः हरिवर्ष, किम्पुरुष और भारतवर्ष की सीमाओं का विभाग होता है। इलावृत के पूर्व और पश्चिम की ओर–उत्तर में नील पर्वत और दक्षिण में निषध पर्वत तक फैले हुए गन्धमादन और माल्यवान् नाम के दो पर्वत हैं। इनकी चौड़ाई दो-दो

हजार योजन है और ये भद्राश्व तथा केतुमाल, दो वर्षों की सीमा निश्चित करते हैं। इनके अतिरिक्त मन्दर, मेरुमन्दर, सुपार्श्व और कुमुद–ये चार, दस–दस हजार योजन ऊँचे और उतने ही चौड़े पर्वत, मेरु पर्वत की आधारभूता थूनियों के समान बने हुए हैं। इन पर्वतों पर चार सरोवर हैं, जो क्रमशः दूध, मधु, मीठा जल तथा ईख के रस से भरे हुए हैं। इनका सेवन करने वाले यक्ष–किन्नरादि उपदेवों को स्वभाव से ही योगसिद्धियाँ प्राप्त हैं। इन पर क्रमशः नन्दन, चैत्ररथ, वैभ्राजक तथा सर्वतोभद्र नाम के चार दिव्य उपवन हैं। इनमें प्रधान–प्रधान देवगण विहार करते हैं।

मन्दराचल की गोद में देवताओं का श्रेष्ठ आम्रवृक्ष है। अरुणोदा नाम की नदी मन्दराचल के शिखर से गिर कर अपने जल से इलावृत वर्ष के पूर्वी भाग को सींचती है। श्री पार्वतीजी की अनुचरी यक्षपत्नियाँ इस जल का सेवन करती हैं। इसी प्रकार मेरुमन्दर पर्वत से निकल कर, जम्बू नदी, इलावृत के दक्षिण भूभाग को सींचती है।

सुपार्श्व पर्वत पर जो विशाल कदम्बवृक्ष है, उसके पाँच कोटरों से मधु की पाँच धाराएँ निकलती हैं। ये सुपार्श्व के शिखर से निकल कर इलावृत के पश्चिमी भाग को अपनी सुगन्ध से सुवासित करती हैं।

इसी प्रकार कुमुद पर्वत पर जो शतवल्श नामक वटवृक्ष है, उसकी जटाओं के नीचे की ओर बहने वाले अनेक नद निकलते हैं। वे सब इच्छानुसार भोग देने वाले हैं। ये सब कुमुद के शिखर से निकल कर इलावृत के उत्तरी भाग को सींचते हैं।

मेरु के मूलदेश में उसके चारों ओर बीस पर्वत हैं। इनके अतिरिक्त मेरु के पूर्व की ओर जठर और देवकूट नामक, गगन–चुम्बी, दो पर्वत हैं। पश्चिम की ओर पवन और पारियात्र, दक्षिण की ओर कैलास और करवीर तथा उत्तर की ओर त्रिशृंग तथा मकर नाम के पर्वत हैं। मेरु शिखर पर बीचों–बीच, ब्रह्माजी की सुवर्णमयी पुरी है। उसके नीचे आठ दिशाओं में, उनके अधिपति इन्द्रादि, आठ लोकपालों की आठ पुरियाँ हैं तथा परिमाण में ब्रह्माजी की पुरी से चौथाई हैं। ब्रह्माजी की पुरी समचौरस तथा एक करोड़ योजन विस्तार वाली है।

अध्याय 17

गंगाजी विवरण तथा भगवान् शंकर द्वारा संकर्षणदेवजी की स्तुति

राजा परीक्षित् को गंगाजी का विवरण देते हुए शुकदेवजी कहते हैं, हे राजन्! राजा बलि की यज्ञशाला में 'वामन अवतार' भगवान् विष्णु ने त्रिलोकी को नापने के लिये जब अपना पैर फैलाया तो उनके बायें पैर के अँगूठे के नख से ब्रह्माण्डकटाह (कटाह:–पर्वती टीला) का ऊपर का भाग कट गया। उस छिद्र में से जो ब्रह्माण्ड से बाहर जल की धारा आई, वह उस चरणकमल को धोने से, उसमें लगी हुई केसर के मिलन से लाल वर्ण की हो गई। उस निर्मल धारा का स्पर्श होते ही संसार के सारे पाप नष्ट हो जाते हैं। उस धारा का प्रथम नाम भगवत्पदी है। वह सर्वप्रथम ध्रुवलोक में उतरी जिसे 'विष्णुपद' भी कहते हैं।

इसके पश्चात् आत्मनिष्ठ सप्तऋषि उसे आदरपूर्वक अपने जटाजूट पर वैसे ही धारण करते हैं जैसे मुमुक्षुजन प्राप्त हुई मुक्ति को। वहां से गंगाजी करोड़ों विमानों से घिरे हुए आकाश में से होकर उतरती हैं और चन्द्रमण्डल को आप्लावित करती हुईं (स्नान कराती हुईं), मेरु के शिखर पर ब्रह्मपुरी में गिरती हैं। वहाँ ये सीता, अलकनन्दा, चक्षु तथा भद्रा नाम से चार धाराओं में विभक्त होकर–पृथक्-पृथक् चारों दिशाओं में बहती है। अलकनन्दा ब्रह्मपुरी से दक्षिण की ओर गिरकर, अनेकों गिरिशिखरों को लाँघती हुई हेमकूट पर्वत पर पहुँचती है। वहाँ से अत्यन्त तीव्र वेग से हिमालय के शिखरों को चीरती हुई भारतवर्ष में आती है।

इन सब वर्षों में भारतवर्ष (यह पृथ्वी लोक) ही कर्मभूमि है। शेष आठ वर्ष-स्वर्गवासी-पुण्यात्माओं के स्वर्ग के भोगों को भोगने के लिये हैं। पुण्यक्षीण होने पर फिर पृथ्वी लोक पर वापस आना पड़ता है। स्वर्ग के देवतुल्य मनुष्यों की, मानवी गणना के अनुसार, दस हजार वर्ष की आयु होती है।

इन नवों वर्षों में, भगवान् नारायण, वहाँ के मनुष्यों पर अनुग्रह करने के लिए, वहाँ विभिन्न रूपों में विराजमान रहते हैं। इलावृत वर्ष में भगवान् शंकर वास करते हैं तथा श्री पार्वती अपनी असंख्य दासियों सहित उनकी सेवा में अनुरक्त हैं। वहां भगवान् शंकर–पुरुषोत्तम वासुदेव, प्रद्युम्न, अनिरुद्ध और संकर्षण संज्ञक चतुर्व्यूह-मूर्तियों में से अपनी कारण रूपा संकर्षण नाम वाली तमःप्रधान मूर्ति का ध्यानस्थित मनोमय विग्रह रूप में इस प्रकार चिन्तन करते हैं–

'ऊँ' जिनसे सभी गुणों की अभिव्यक्ति होती है, उन अनन्त, अव्यक्त मूर्ति ओंकारस्वरूप परमपुरुष श्री भगवान् को मैं नमस्कार करता हूँ। आपके चरणकमल भक्तों को आश्रय देने वाले तथा आप स्वयं सम्पूर्ण ऐश्वर्यों के परम आश्रय हैं। वेद-मन्त्र आप को जगत् की उत्पत्ति, स्थिति तथा प्रलय का कारण बताते हैं, परन्तु आप स्वयं इन तीनों विकारों से रहित हैं। अतः आपको 'अनन्त' कहते हैं। आपके सहस्त्र मस्तकों पर यह भूमण्डल सरसों के दाने के समान रखा हुआ है, जिनसे उत्पन्न हुआ 'मैं', अहंकार-रूप अपने त्रिगुणमय तेज से देवता, इन्द्रिय और भूतों की रचना करता हूँ। भगवान् ब्रह्माजी भी आपके ही महत्तत्त्वसंज्ञक प्रथम गुणमय स्वरूप हैं, ऐसे आपको मैं बार-बार नमस्कार करता हूँ।

अध्याय 18

भिन्न-भिन्न वर्षों का वर्णन

श्री शुकदेवजी भिन्न-भिन्न वर्षों (ब्रह्माण्ड के भिन्न-भिन्न खण्ड) का वर्णन करते हुए कहते हैं, हे राजन्! भद्राश्ववर्ष में धर्मपुत्र भद्रश्रवा और उनके मुख्य-मुख्य सेवक, भगवान् वासुदेव की हयग्रीवसंज्ञक धर्ममयी मूर्ति को अत्यन्त समाधिनिष्ठा के द्वारा हृदय में स्थापन कर भजन करते हैं।

हरिवर्षखण्ड में भगवान् नृसिंहरूप से रहते हैं अथवा पूजे जाते हैं। भगवान् के उस प्रियरूप की महाभागवत प्रह्लादजी, उस वर्ष के अन्य लोगों सहित, निष्काम तथा अनन्य भक्तिभाव से पूजा करते हैं।

केतुमालवर्ष में श्री भगवान् कामदेवरूप से निवास करते हैं। वहाँ वे संवत्सर नामक प्रजापति के पुत्र और पुत्रियों द्वारा, 'कामदेव' से पूजे जाते हैं। भगवान् अपने सुललित गति-विलास से सुशोभित मधुर-मधुर मन्द मुस्कान से मनोहर लीलापूर्ण चारु चितवन से, सुन्दर भ्रूमण्डल की छबीली छटा के द्वारा वदनारविन्द का राशि-राशि सौन्दर्य प्रकट कर, सौन्दर्य की देवी श्रीलक्ष्मीजी को आनन्दित करते हैं।

रम्यकवर्ष में भगवान् ने वहाँ के अधिपति मनु को पूर्वकाल में अपना परम प्रिय मत्स्यरूप दिखाया था। मनुजी इस समय भी भगवान् के उसी रूप की बड़े भक्तिभाव से उपासना करते हैं–सत्त्वप्रधान, मुख्यप्राण सूत्रात्मा तथा मनोबल, इन्द्रियबल तथा शरीरबल ओंकारपद के अर्थ सर्वश्रेष्ठ भगवान् महामत्स्य को बार-बार नमस्कार है।

हिरण्मयवर्ष में भगवान् कच्छ रूप धारण करके रहते (पूजे जाते) हैं। वहाँ के निवासियों सहित पितृराज अर्यमा, भगवान् की उस प्रियतम मूर्ति की उपासना करते हैं। वह इस प्रकार स्तुति करते हैं–जो सम्पूर्ण सत्त्वगुण से युक्त हैं, जल में विचरते रहने के कारण जिनके स्थान का कोई निश्चय नहीं तथा जो काल की मर्यादा के बाहर हैं, उन ओंकारस्वरूप सर्वव्यापक, सर्वाधार भगवान् कच्छ को बार-बार नमस्कार है।

उत्तर कुरुवर्ष में भगवान् यज्ञपुरुष वराहमूर्ति धारण करके विराजमान हैं। वहाँ के निवासियों सहित, साक्षात् पृथ्वी देवी, उनकी अविचल भक्ति भाव से इस प्रकार उपासना करती हैं–जिनका तत्त्व मन्त्रों से जाना जाता है; जो यज्ञ और क्रतुरूप हैं तथा बड़े-बड़े यज्ञ जिनके अंग हैं–उन ओंकारस्वरूप शुक्लकर्ममय त्रियुगमूर्ति पुरुषोत्तम भगवान् वराह को बार-बार नमस्कार है।

अध्याय 19

किम्पुरुष तथा भारतवर्ष वर्णन

वर्षों का आगे वर्णन करते हुए श्री शुकदेवजी ने कहा, राजन्! किम्पुरुषवर्ष में, आदिपुरुष सीताहृदयाभिराम भगवान् श्रीराम के चरणों की सन्निधि, रसिक परमभक्त श्रीहनुमान्जी अन्य किन्नरों के सहित अविचल भक्तिभाव से उनकी उपासना करते हैं। वहाँ अन्य गन्धर्वों सहित, आर्ष्टिषेण, उनके स्वामी भगवान् श्रीराम की परम कल्याणमयी गुणगाथा इस प्रकार गाते हैं—हम ऊँकारस्वरूप पवित्रकीर्ति भगवान् श्रीराम को नमस्कार करते हैं। आप मर्यादापुरुषोत्तम, संकटहारी, ऋषिमुनियों के सुहृद्, साधुता की परीक्षा के लिए कसौटी के समान तथा भक्तवत्सल हैं—आपको हमारा पुनः-पुनः प्रणाम है।

भगवन्! आप विशुद्ध बोधस्वरूप, अद्वितीय, सर्वान्तरात्मा, परम शान्त तथा सर्वज्ञ हैं। आपका मनुष्यावतार केवल राक्षसों के वध के लिये ही नहीं है, अपितु इसका मुख्य उद्देश्य तो मनुष्यों का मार्गदर्शन है। आप सबके आत्मा और प्रियतम भगवान् वासुदेव हैं। धीरपुरुष (आत्मज्ञानी) आपके सर्वात्मारूप को अनुभव करते हैं। आप नर-नारायण रूप धारण कर भारतवर्ष, अर्थात् पृथ्वी-लोक में, जन कल्याण हेतु अव्यक्त रूप से कल्प के अन्त तक तप करते रहते हैं। श्रीनारदजी भक्तिभाव से श्री नर-नारायण की उपासना करते हैं—ऐसे ओंकारस्वरूप, ऋषिप्रवर आप भगवान् नर-नारायण को नमस्कार है। भगवान् ब्रह्माजी ने योगसाधना की सबसे बड़ी कुशलता यही बतलाई है, कि मनुष्य अन्तकाल में देहाभिमान को छोड़कर आपके प्राकृत-गुण-रहित स्वरूप में अपना मन लगाये।

इस भारतवर्ष में भी बहुत से पर्वत तथा नदियाँ हैं (राजा भरत का समस्त पृथ्वी पर एकछत्र राज्य था तथा इस भूमण्डल खण्ड का नाम उनके नाम पर भारतवर्ष पड़ा)। पर्वतों के मुख्य नाम मलय, मंगलप्रस्थ, मैनाक, त्रिकूट, ऋषभ, कूटक, कोल्लक, सह्य, देवगिरी, ऋष्यमूक, श्रीशैल, वेङ्कट, महेन्द्र, वारिधार, विन्ध्य, शुक्तिमान्, ऋक्षगिरि, पारियात्र,

द्रोण, चित्रकूट, गोवर्धन, रैवतक, ककुभ, नील, गोकामुख, इन्द्रकील, कामगिरी आदि। इसी प्रकार और भी सैंकड़ों पर्वत हैं। नदियों में मुख्यता–चन्द्रवसा, ताम्रपर्णी, अवटोदा, कृतमाला, वैहायसी, कावेरी, वेणी, पयस्विनी, शर्करावर्ता, तुंगभद्रा, कृष्णा, वेण्या, भीमरथी, गोदावरी, निर्विन्ध्या, पयोष्णी, तापी, रेवा, सुरसा, नर्मदा, चर्मण्वती, सिन्धु, अन्ध और शोण नद, महानदी, वेदस्मृति, ऋषिकुल्या, त्रिसामा, कौशिकी, मन्दाकिनी, यमुना, सरस्वती, दृषद्वती, गोमती, सरयू, रोधस्वती, सप्तवती, सुषोमा, शतद्रू, चन्द्रभागा, मरुद्वृधा, वितस्ता, असिक्नी और विश्वा।

इस वर्ष में जन्म लेने वाले मनुष्यों को ही अपने कर्मानुसार (सात्त्विक, राजस और तामस) क्रमशः, दिव्य, मानुषी तथा आसुरी योनियाँ प्राप्त होती हैं। वास्तव में भारतवर्ष (यह भूलोक) कर्मभूमि है। यहाँ अविचल भक्तिपरायण योगी भगवद्धाम को प्राप्त हो, जन्म-मृत्यु के बन्धन से मुक्ति पा लेते हैं। देवता भी ऐसे अवसर के लिये उत्कण्ठित रहते हैं (भगवद्धाम प्राप्त करने के लिये)।

अध्याय 20

अन्य छः द्वीप

श्री शुकदेवजी राजा परीक्षित् को अन्य छः द्वीपों का वर्णन करते हुए कहते हैं, राजन्! जिस प्रकार मेरु पर्वत जम्बूद्वीप (जम्बू–जामुन वृक्ष का सम्बोधन करता है) से घिरा हुआ है, उसी प्रकार जम्बूद्वीप भी अपने ही समान परिमाण और विस्तार वाले खारे जल के सागर से परिवेष्टित है। इसी प्रकार क्षार-सागर भी अपने से दोगुने विस्तार वाले प्लक्ष द्वीप से घिरा हुआ है। यहाँ सुवर्णमय प्लक्ष (पाकर) वृक्ष होने के कारण, इस द्वीप का नाम प्लक्ष द्वीप पड़ा है। इस द्वीप में अग्निदेव विराजते हैं। यह द्वीप प्रियव्रत पुत्र इध्मजिह्व द्वारा उनके सात पुत्रों में विभाजित किया हुआ

है, अथवा सातवर्षों में विभाजित है। इन वर्षों के नाम हैं–शिव, यवस, सुभद्र, शान्त, क्षेम, अमृत तथा अभय। इनमें सात पर्वत तथा सात नदियाँ प्रसिद्ध हैं। पर्वतों के नाम हैं–मणिकूट, वज्रकूट, इन्द्रसेन, ज्योतिष्मान्, सुपर्ण, हिरण्यष्ठीव तथा मेघमाल। नदियों के नाम हैं–अरुणा, नृम्णा, आंगिरसी, सावित्री, सुप्रभाता, ऋतम्भरा तथा सत्यम्भरा। सात पर्वत प्रायः इस द्वीप को सात भागों में विभाजित करते हैं। यहाँ रहने वालों के चार वर्ण हैं–हंस, पतंग, ऊर्ध्वायन तथा सत्यांग। ये भगवान् सूर्य की पूजा करते हैं। प्लक्षादि पाँच द्वीपों में सभी मनुष्यों को जन्म से ही–आयु, इन्द्रियबल, मनोबल, शारीरिक बल, बुद्धि तथा पराक्रम समान रूप से उपलब्ध रहते हैं।

प्लक्ष द्वीप अपने ही समान विस्तार वाले इक्षुरस के समुद्र से घिरा है (ईख जैसा मीठा रस)। तत्पश्चात् उससे दुगुने परिमाण वाला शाल्मली द्वीप है, जो उतने ही विस्तार वाले मदिरा के सागर (यह उस जल का गुण है) से घिरा है। उस द्वीप में शाल्मली (सेमर) का वृक्ष प्रधान है। इस द्वीप में भी भिन्न-भिन्न नदियाँ तथा पर्वत हैं। इस द्वीप के अधिपति प्रियव्रत-पुत्र महाराज यज्ञबाहु थे। उन्होंने इस द्वीप को सात भागों में विभाजित कर अपने सात पुत्रों को सौंप दिया। इस वर्ष में रहने वाले श्रुतधर, वीर्यधर, वसुन्धर तथा इषन्धर नाम के चार वर्ण वेदमय आत्मस्वरूप भगवान् चन्द्रमा की पूजा करते हैं, जो अपनी शान्त पुष्ट किरणों से वनस्पतियों और अन्न का पोषण करते हैं।

उसके बाद (मदिरा के समुद्र से आगे उससे दोगुणा परिणाम वाला) कुशद्वीप है। जिस सागर से यह घिरा हुआ है उसके जल में घृत के गुण (पौष्टिक गुण) हैं। इस द्वीप के अधिपति प्रियव्रत-पुत्र हिरण्यरेता थे। उन्होंने भी इस द्वीप के सात विभाजन कर अपने सात पुत्रों को एक-एक भाग सौंप दिया था। उन सात भागों की सीमायें भी सात पर्वत करते हैं तथा इस द्वीप में सात नदियाँ हैं। इन नदियों के जल में स्नान कर कुशद्वीपवासी कुशल, कोविद, अभियुक्त तथा कुलक वर्ण के पुरुष, अग्निस्वरूप भगवान् हरि का पूजन करते हैं।

इसके पश्चात् द्विगुणा परिमाण वाला (घृत सागर का दोगुणा) क्रौञ्चद्वीप है। यह द्वीप दुग्ध सागर से घिरा है। यहाँ क्रौञ्च नाम का एक बड़ा पर्वत है जिससे इस द्वीप का नाम क्रौञ्च द्वीप पड़ा। इस द्वीप पर वरुण देव की अति कृपा है। इस द्वीप के अधिपति प्रियव्रत-पुत्र घृतपृष्ट थे। उन्होंने भी इसे सात भागों में विभाजित कर अपने सात पुत्रों को सौंपा (उत्तराधिकारी नियुक्त किया)। यहाँ भी सीमा निश्चित करते हुए सात पर्वत तथा सात नदियाँ हैं। इनके पवित्र तथा निर्मल जल का सेवन करने वाले वहाँ के पुरुष, ऋषभ, द्रवणि और देवक नामक चार वर्ण वाले निवासी, जल के देवता वरुण की पूजा करते हैं।

तत्पश्चात् क्षीरसागर से आगे (बत्तीस लाख योजन विस्तार वाला) शाक द्वीप है जो अपने ही समान परिमाण वाले मट्ठे के समुद्र से घिरा है (मट्ठे के गुण वाला पौष्टिक जल अथवा इस नाम से जाना जाने वाला सागर)। यहाँ शाक वृक्ष प्रधान होने से इस द्वीप का नाम शाक द्वीप हुआ। इस द्वीप के अधिपति भी प्रियव्रत-पुत्र मेधातिथि थे। उन्होंने भी इस द्वीप को सात भागों में विभक्त कर अपने सात पुत्रों के आधिपत्य में दिया। यहाँ भी सात मर्यादा पर्वत तथा सात नदियाँ है। इस द्वीप के ऋतव्रत, सत्यव्रत, दानव्रत तथा अनुव्रत नामक चार वर्ण के पुरुष वायुरूप भगवान् की पूजा करते हैं।

फिर इससे आगे दुगुने परिमाण वाला (विस्तार वाला) पुष्कर द्वीप है। यह चारों ओर से अपने ही विस्तार वाले मीठे जल के समुद्र से घिरा हुआ है। यहाँ अग्नि की शिखा के समान देदीप्यमान, सहस्त्रों स्वर्णमयी पंखड़ियों वाला एक बहुत बड़ा कमल-पुष्प होने से इस द्वीप का नाम पुष्कर द्वीप पड़ा। इसके बीचों-बीच (मध्य में) एक ही महाविशाल, विस्तृत मानसोत्तर नामक पर्वत है। इसके ऊपर चारों दिशाओं में इन्द्रादि देवताओं की चार पुरियाँ हैं। इस द्वीप का अधिपति प्रियव्रत-पुत्र वीतिहोत्र हुआ। संन्यास लेते समय वह इस द्वीप को अपने दोनों पुत्रों रमणक तथा धातकि के आधिपत्य में दे गये। यहाँ के निवासी ब्रह्मरूप भगवान् हरि की उपासना करते हैं।

मेरु से लेकर मानसोत्तर पर्वत तक जितना अन्तर है, उतनी ही भूमि शुद्धोदक समुद्र के उस ओर है। उसके पश्चात् सुवर्णमयी भूमि है। यहाँ केवल देवता निवास करते हैं। मध्यवर्ती प्रदेश में लोकालोक पर्वत स्थित है जो सूर्यादि द्वारा प्रकाशित और अप्रकाशित प्रदेशों के बीचोंबीच उनका विभाग करते हुए स्थित है। उसे परमात्मा ने त्रिलोकी के बाहर उसके चारों ओर सीमा के रूप में स्थापित किया है। यह इतना ऊँचा और लम्बा है, कि इसके एक ओर से तीनों लोकों को प्रकाशित करने वाली सूर्य से लेकर ध्रुवपर्यन्त समस्त ज्योतिर्मण्डल की किरणें दूसरी ओर नहीं जा सकतीं।

प्राचीन ऋषियों के अनुसार सम्पूर्ण लोकों का इतना ही विस्तार है। यह समस्त भूगोल पचास करोड़ योजन है। इसका चौथा भाग यह लोकालोक पर्वत है। उसके ऊपर चारों दिशाओं में, ब्रह्माजी ने ऋषभ, पुष्करचूड, वामन और अपराजित–चार गजराज नियुक्त किये हैं। इन दिग्गजों की और अपने अंशरूप इन्द्रादि देवताओं की विविध शक्तियों की वृद्धि तथा समस्त लोगों के कल्याण के लिये समस्त ऐश्वर्य के अधिपति, सर्वान्तर्यामी श्रीहरि, अपने पार्षदों सहित इस पर्वत पर सब ओर विराजते हैं।

वे अपने श्रीविग्रह, जो समस्त महासिद्धियों से सम्पन्न हैं, धारण किये हुए हैं। उनके कर–कमलों में शंख, चक्र, गदा, पद्म सुशोभित हैं। इस प्रकार अपनी योगमाया से रचे हुए विवधि लोकों की व्यवस्था को सुरक्षित रखने के लिये वे इसी लीलामय रूप में कल्प के अन्त तक वहाँ विराजमान रहते हैं।

स्वर्ग और पृथ्वी के बीच में जो ब्रह्माण्ड का केन्द्र है, वहीं सूर्य की स्थिति है। सूर्य और ब्रह्माण्डगोलक के बीच में सब ओर से पच्चीस करोड़ योजन का अन्तर है। सूर्य इस मृत, अर्थत् अचेतन अण्ड में वैराजरूप से विराजते हैं, इसी से इनका नाम 'मार्त्तण्ड' हुआ है। सूर्य के द्वारा ही दिशा, आकाश, द्युलोक, भूर्लोक, स्वर्ग और मोक्ष के प्रदेश, नरक और रसातल तथा अन्य समस्त भागों का विभाग होता है।

अध्याय 21

सूर्य-रथ गति

श्री शुकदेवजी सूर्य के प्रति वर्णन करते हुए राजा परिक्षित् से कहते हैं–जिस प्रकार भूमण्डल का विस्तार है, उसी प्रकार द्युलोक का भी विस्तार है। इन दोनों के बीच में अन्तरिक्ष लोक है। यह दोनों का सन्धि स्थान है। इसके मध्यभाग में स्थित, ग्रह और नक्षत्रों के अधिपति, भगवान् सूर्य अपनी ऊष्णता तथा प्रकाश से तीनों लोकों को प्रकाशित तथा गरिमा प्रदान करते हैं। वे उत्तरायण, दक्षिणायन तथा विषुवत् नाम से–क्रमशः मन्द, शीघ्र तथा समान गतियों से चलते हुए, समयानुसार, मकरादि राशियों में, ऊँचे-नीचे तथा समान स्थानों में जाकर, दिन-रात को बड़ा, छोटा अथवा समान करते हैं। जब सूर्य मेष या तुला राशि पर आते हैं, तब दिन-रात समान हो जाते हैं; जब वृषादि पाँच राशियों में चलते हैं, तब प्रतिमास रात्रि में एक-एक घड़ी कम होती जाती है, तथा उसी के अनुपात में दिन बढ़ते जाते हैं। जब सूर्य वृश्चिकादि पाँच राशियों में चलते हैं, तब दिन तथा रात्रि में इसके विपरीत परिवर्तन होता है। इस प्रकार दक्षिणायन आरम्भ होने तक दिन बढ़ते रहते हैं तथा उत्तरायण लगने तक रात्रियाँ।

मानसोत्तर पर्वत पर सूर्य की परिक्रमा का मार्ग नौ करोड़, इक्यावन लाख योजन कहा जाता है। उस पर्वत पर, मेरु के पूर्व की ओर, इन्द्र की देवधानी, दक्षिण में यमराज की संयमनी, पश्चिम में वरुण की निम्लोचनी तथा उत्तर में चन्द्रमा की विभावरी नाम की पुरियाँ हैं। इन पुरियों में मेरु के चारों ओर समय-समय पर सूर्योदय, मध्याह्न, सांयकाल तथा अर्धरात्रि होते रहते हैं। जो लोग सुमेरु पर रहते हैं, वे सदैव मध्याह्नकालीन को ही पाते हैं। जिस पुरी में सूर्य उदय होता है, उसके विपरीत दूसरी ओर की पुरी में वे अस्त होते लगेंगे।

सूर्यदेव जब इन्द्र की पुरी से यमराज की पुरी को चलते हैं, तब

पन्द्रह घड़ी में वे सवा दो करोड़ बारह लाख पचहत्तर हजार योजन के लगभग चलते हैं। इसी प्रकार (क्रम से) वे वरुण और चन्द्रमा की पुरियों को पार करके, पुनः इन्द्र की पुरी में पहुँचते हैं। इस प्रकार सूर्यदेव का वेदमय रथ, एक मुहूर्त में चौंतीस लाख आठ सौ योजन के परिमाण से चलता हुआ इन चारों पुरियों में घूमता रहता है।

अध्याय 22

भिन्न-भिन्न ग्रह

सूर्य तथा अन्य ग्रहों की गति के विषय में वर्णन करते हुए श्री शुकदेवजी ने फिर कहा, राजन्! जैसे कुम्हार के घूमते हुए चाक पर बैठकर उसके साथ घूमती हुई चींटी आदि की अपनी गति उससे भिन्न ही है, क्योंकि वह भिन्न-भिन्न समय में उस चक्र के भिन्न-भिन्न स्थानों में देखी जाती है, उसी प्रकार नक्षत्र और राशियों से उपलक्षित कालचक्र में पड़कर ध्रुव और मेरु को दायें रखकर घूमने वाले सूर्य आदि ग्रहों की गति वास्तव में उससे भिन्न ही है, क्योंकि वे काल भेद से भिन्न-भिन्न राशि और नक्षत्रों में दिखाई पड़ते हैं।

भगवान् सूर्य (यहाँ सूर्यदेव को श्रीहरि की शक्ति के रूप में वर्णित किया गया है) सम्पूर्ण लोगों के आत्मा हैं। वे पृथ्वी और द्युलोक के मध्य में स्थित आकाशमण्डल के भीतर कालचक्र में स्थिर होकर, बारह मासों को भोगते हैं, जो संवत्सर के अवयव हैं और मेष आदि राशियों के नाम से प्रसिद्ध हैं। इनमें से प्रत्येक मास चन्द्रमान से शुक्ल और कृष्ण दो पक्ष का, पितृमान से एक रात्रि और एक दिन का तथा सौरमान से सवा दो नक्षत्र का बताया जाता है। जितने काल में सूर्यदेव इस संवत्सर का छटा भाग भोगते हैं, उसका वह अवयव 'ऋतु' कहा जाता है। आकाश में भगवान् सूर्य का जितना मार्ग है, उसका आधा वे जितने

समय में पार कर लेते हैं, उसे एक 'अयन' कहते हैं। जितने समय में वे अपनी मन्द, तीव्र और समान गति से स्वर्ग और पृथ्वीमण्डल के सहित पूरे आकाश का चक्कर लगा जाते हैं, उसे अवान्तर भेद से संवत्सर, परिवत्सर, इडावत्सर, अनुवत्सर या वत्सर कहते हैं।

इसी प्रकार सूर्य से एक लाख योजन ऊपर चन्द्रमा है। उसकी गति बहुत तीव्र है। अतः वह सब नक्षत्रों से आगे रहता है। यह सूर्य के एक वर्ष के मार्ग को एक मास में, एक मास के मार्ग को सवा दो दिन में और एक पक्ष के मार्ग को एक ही दिन में पूरा कर लेता है। यह कृष्ण पक्ष में क्षीण होती हुई कलाओं से पितृगण के और शुक्ल पक्ष में बढ़ती हुई कला से देवताओं के दिन तथा रात्रि का विभाग करता है और तीस-तीस मुहूर्तों में एक-एक नक्षत्र को पार करता है। अन्नमय, मनोमय और अमृतमय होने के कारण, समस्त जीवों का प्राण और जीवन, चन्द्रमा के रूपमें श्रीहरि को 'सर्वमय' कहते हैं।

चन्द्रमा से तीन लाख योजन ऊपर अभिजित् सहित अट्ठाईस नक्षत्र हैं। ये मेरु को दाईं ओर रखकर घूमते रहते हैं। इनसे दो लाख योजन ऊपर शुक्र दिखाई देता है। यह वर्षा करने वाला ग्रह है।

शुक्र की गति के साथ-साथ ही बुध की भी गति है। यह चन्द्रमा का पुत्र, शुक्र से दो लाख योजन ऊपर है। यह प्रायः मंगलकारी ही है। परन्तु जब यह सूर्य की गति का उलंघन करके चलता है, तब बहुत अधिक आँधी, बादल तथा सूखे के भय की आशंका होती है। इससे दो लाख योजन ऊपर मंगल ग्रह है। वह यदि वक्रगति से न चले, तो एक-एक राशि को तीन-तीन पक्ष में भोगता हुआ बारहों राशियों को पार करता है। यह अशुभ ग्रह है। यह प्रायः अमंगल का सूचक है। इसके ऊपर दो लाख योजन पर बृहस्पति (देवगुरु) है। यदि ये वक्र गति से न चलें, तो एक-एक राशि को, एक-एक वर्ष में भोगते हैं। ये प्रायः ब्राह्मणकुल के लिये अनुकूल रहते हैं।

बृहस्पति के ऊपर दो लाख योजन, शनैश्चर हैं। ये तीस-तीस महीने तक, एक-एक राशि में रहते हैं। अतः इन्हें सब राशियों को पार करने में तीस वर्ष लग जाते हैं। ये प्रायः सभी के लिये अशान्तिकारक हैं।

इनके ऊपर ग्यारह लाख योजन की दूरी पर कश्यपादि सप्तर्षि हैं। ये सब लोकों की मंगल कामना करते हुए भगवान् विष्णु के परम पद ध्रुवलोक की प्रदक्षिणा करते हैं।

अध्याय 23

शिशुमारचक्र

ग्रहों का वर्णन करते हुए श्री शुकदेवजी ने फिर कहा, राजन्! सप्तर्षियों से तरेह लाख योजन ऊपर घ्रुवलोक है। इसे भगवान् विष्णु का परम पद कहते हैं। यहाँ के अधिकारी महाराज उत्तानपाद के पुत्र, ध्रुवजी हैं। कल्पपर्यन्त रहने वाले लोक इन्हीं के आधार स्थित हैं। यह ग्रह एक ही स्थान पर स्थित, सदा प्रकाशित रहता है। सारे नक्षत्र और ग्रहगण बाहर-भीतर के क्रम से, कालचक्र में नियुक्त, ध्रुवलोक का ही आश्रय लेकर, वायु की प्रेरणा से कल्प के अन्त तक घूमते रहते हैं।

ऋषिगण, भगवान् की योगमाया के आधार पर स्थित, इस ज्योतिश्चक्र का शिशुमार (सूँस) के रूप में वर्णन करते हैं। यह शिशुमार कुण्डली मारे हुए है और इसका मुख नीचे की ओर है। इसकी पूँछ के सिरे पर ध्रुव स्थित है। पूँछ के मध्यभाग में प्रजापित अग्नि, इन्द्र और धर्म हैं। पूँछ की जड़ में धाता और विधाता हैं। इसके कटिप्रदेश में सप्तर्षि हैं। यह शिशुमार दाहिने ओर को सिकुड़ कर कुण्डली मारे हुए है। अभिजित् से लेकर पुनर्वसुपर्यन्त, जो उत्तरायण के चौदह नक्षत्र हैं, वे इसके दाहिने भाग में स्थित हैं और पुष्य से लेकर उत्तराषाढ़ापर्यन्त जो दक्षिणायन के चौदह नक्षत्र हैं, वे इसके बायें भाग में स्थित हैं। इसकी पीठ में अजवीथी (मूल, पूर्वाषाढ़ा और उत्तराषाढ़ा नाम के तीन नक्षत्रों का समूह) है और उदर में आकाश गंगा है। इसके दाहिने और बायें कटितटों में पुनर्वसु

और पुष्य नक्षत्र हैं, पीछे दाहिने और बायें चरणों में आर्द्रा और आश्लेषा नक्षत्र हैं तथा दाहिने ओर बायें नथुनों में क्रमशः अभिजित् और उत्तराषाढ़ा हैं। इसी प्रकार दाहिने और बायें नेत्रों में श्रवण और पूर्वाषाढ़ा तथा दाहिने और बायें कानों में धनिष्ठा और मूल नक्षत्र हैं। मघा आदि दक्षिणायन के आठ नक्षत्र बायीं पसलियों में और विपरीत क्रम से मृगशिरा आदि उत्तरायण के आठ नक्षत्र दाहिनी पसलियों में हैं। शतभिषा और ज्येष्ठा–ये दो नक्षत्र क्रमशः दाहिने और बायें कन्धों की जगह हैं। इसकी ऊपर की थूथनी में अगस्त्य, नीचे की ठोड़ी में नक्षत्ररूप यम, मुखों में मंगल, लिंगप्रदेश में शनि, ककुद् में बृहस्पति, छाती में सूर्य, हृदय मे नारायण, मन में चन्द्रमा, नाभि में शुक्र, स्तनों में अश्विनीकुमार, प्राण और अपान में बुध, गले में राहु, समस्त अंगों में केतु और रोमों में सम्पूर्ण तारागण स्थित हैं। यह भगवान् श्री विष्णु का सर्वदेवमय स्वरूप है।

अध्याय 24

राहु-स्थिति तथा अतलादि लोक

नक्षत्रों तथा ग्रहों का वर्णन करते हुए श्री शुकदेवजी ने आगे कहा, राजन्! सूर्य से दस हजार योजन नीचे राहु, नक्षत्रों के समान घूमता है। इसने भगवान् की ही कृपा से देवत्व तथा ग्रहत्व प्राप्त किया है। सूर्य का जो यह अत्यन्त तपता हुआ मण्डल है, उसका विस्तार दस हजार योजन कहा जाता है। इसी प्रकार चन्द्रमण्डल का विस्तार बारह हजार योजन तथा राहु का तेरह हजार योजन है। अमृत-विसर्जन के समय राहु सूर्यदेव तथा चन्द्रमा के बीच बैठा था। उसका भेद खुलने से (सूर्य और चन्द्रमा के बताने से) श्रीहरि ने उसका शीश काट दिया, परन्तु तब तक अमृत उसके गले तक पहुँच गया था और वह अमर हो गया। वह तभी से सूर्य

और चन्द्रमा का शत्रु है। परन्तु श्रीहरि की सूर्य और चन्द्रमा पर कृपा होने के कारण वह मुहूर्तमात्र ही इनके सामने टिककर, फिर सहसा लौट आता है। उसके उतनी देर उनके सामने ठहरने को ही ग्रहण (सूर्य ग्रहण अथवा चन्द्र ग्रहण) कहते हैं।

राहु से दस हजार योजन नीचे सिद्ध, चारण तथा विद्याधर आदि के स्थान हैं। उनके नीचे अन्तरिक्ष लोक है। यहाँ यक्ष और राक्षस तथा भूत-प्रेत रहते हैं। उससे नीचे सौ योजन की दूरी पर यह पृथ्वी है। इसके नीचे अतल, वितल, सुतल, तलातल, महातल, रसातल तथा पाताल नाम के सात भू-विवर (भूगर्भस्थित बिल या लोक) हैं। ये एक के नीचे एक दस-दस हजार योजन की दूरी पर हैं। ये वास्तव में दैत्य, दानव तथा नाग लोक हैं। यहाँ प्रायः सभी सुविधाएँ उपलब्ध हैं जो गृहस्थ आश्रम के लिये उपयोगी होती हैं। यहाँ सुन्दर वन,.उपवन, जलाशय; सुन्दर भवन तथा सुन्दर पुरियाँ हैं।

अतल लोक में मयदानव का पुत्र असुर, बल रहता है। उसने यहाँ कई प्रकार की (छियानबे) माया रचीं हैं।

उसके नीचे वितल लोक में भगवान् हाटकेश्वर नाम से महादेवजी, अपने पार्षद भूतगणों सहित रहते हैं।

वितल के नीचे सुतल लोक है। उसमें महायशस्वी विरोचन-पुत्र राजा बलि रहते हैं। उन्हें यहाँ श्रीहरि की कृपा से हर सुविधा तथा ऐश्वर्य प्राप्त है। वे सदा अपने धर्माचरण द्वारा श्रीहरि की आराधना में संलग्न रहते हैं। वामन रूप धारण कर, श्रीहरि द्वारा राजा बलि को पदच्युत (तीनों लोकों का राज्य लेकर) करने पर भी राजा बलि ने उनसे उनका दास्यत्व ही माँगा।

सुतल लोक के नीचे तलातल है। वहाँ त्रिपुराधिपति दानवराज मय राज करता है। भगवान् शंकर ने लोकों को शान्ति प्रदान करने के लिये उसके तीनों पुर भस्म कर दिये थे तथा उसे इस लोक में स्थान दिया था।

उसके नीचे महातल में कद्रू से उत्पन्न हुए अनेक सिरों वाले सर्पों

का 'क्रोधवश' नामक एक समुदाय रहता है। उनमें कुहक, तक्षक, कालिय और सुषेण आदि प्रधान हैं।

उसके नीचे रसातल में पणि नाम के दैत्य तथा दानव रहते हैं। ये निवातकवच, कालेय और हिरण्यपुरवासी भी कहलाते हैं। ये देवताओं के विरोधी हैं।

रसातल के नीचे पाताल है। वहाँ शंख, कुलिक, महाशंख, श्वेत, धनञ्जय, धृतराष्ट्र, शंखचूड़, कम्बल, अश्वतर तथा देवदत्त आदि, बड़े-बड़े फनों वाले नाग रहते हैं। इनके प्रधान, वासुकि हैं। उनके फनों में प्रकाशमान मणियाँ हैं जो पाताल लोक के सारे अन्धकार को नष्ट करती हैं।

अध्याय 25

भगवान् संकर्षण-स्तुति

लोकों का आगे वर्णन करते हुए शुकदेवजी ने कहा, राजन्! पाताल लोक के नीचे तीस हजार योजन की दूरी पर अनन्त नाम से विख्यात (कहा जाने वाला) भगवान् की तामसी नित्य कला है। यह अहंकाररूपा होने से द्रष्टा तथा दृश्य को खींचकर एक कर देती है, अतः इसे 'संकर्षण' कहते हैं। इन भगवान् अनन्त के एक हजार मस्तक हैं। उनमें से एक पर रखा हुआ यह सारा भूमण्डल सरसों के दाने के समान दिखाई देता है। प्रलयकाल उपस्थित होने पर उनकी क्रोधपूर्ण भ्रुकुटियों के मध्यभाग से संकर्षण नामक ग्यारह रुद्र प्रकट होते हैं। वे तीन नेत्रों वाले त्रिशूल-धारी होते हैं। अनन्त गुणों के सागर, आदिदेव भगवान् अनन्त, अपने अमर्ष तथा क्रोध के वेग को रोके हुए वहाँ समस्त लोकों के कल्याण के लिये विराजमान हैं।

देवता, असुर, नाग, सिद्ध, गन्धर्व, विद्याधर और मुनिगण, भगवान्

अनन्त का ध्यान करते हैं। उनके नेत्र निरन्तर प्रेममद से मुदित हैं। वे सुललित वचनामृत से अपने पार्षद और देवयूथपों को सन्तुष्ट करते रहते हैं। उनके अंग पर नीलाम्बर और कानों में केवल एक कुण्डल जगमगाता है। उनका सुन्दर और सुभग हाथ हल की मूठ पर रखा रहता है। उनके गले में वैजयन्ती माला है।

नारदजी के गायन अनुसार, उनकी दृष्टि पड़ने से ही जगत् की उत्पत्ति, स्थिति और प्रलय के हेतुभूत सत्त्वादि प्राकृत गुण अपने-अपने कार्य में समर्थ होते हैं। उनका स्वरूप अनन्त और अनादि है। उन उदारवीर्य संकर्षण भगवान् ने हम पर बड़ी कृपा करके यह विशुद्ध सत्त्वमय स्वरूप धारण किया है। जिनके नाम के अकस्मात् उच्चारण से ही सारे पाप नष्ट हो जाते हैं, ऐसे शेष भगवान् को छोड़कर मुमुक्षु पुरुष और किसका आश्रय ले सकता है? वे अनन्त हैं, अतः उनके पराक्रम का कोई परिमाण नहीं है। ऐसे भगवान् अनन्त, रसातल के मूल में अपनी ही महिमा में स्थित, स्वतन्त्र हैं और सम्पूर्ण लोकों की स्थिति के लिये, लीला से ही, पृथ्वी को धारण किये हुए हैं।

अध्याय 26

विभिन्न नरक वर्णन

राजा परीक्षित् के पूछने पर, मनुष्यों की गतियाँ वर्णन करते हुए श्री शुकदेवजी ने कहा, राजन्! मनुष्यों के कर्म सात्त्विक, राजस तथा तामस–तीन प्रकार के होते हैं तथा उनकी श्रद्धा भी इसी प्रकार, तीन प्रकार की होती है। इस प्रकार स्वभाव तथा श्रद्धा के भेद के कारण मनुष्यों के कर्मों में भिन्नता आती है तथा कर्मों का समान फल भी नहीं मिलता। यहाँ मैं–अविद्या के वशीभूत होकर कामनापूर्वक निषिद्ध कर्मों

के करने के परिणाम स्वरूप जो अधम गति प्राप्त होती है—उसी का विस्तार से वर्णन करूँगा।

इस पर राजा परीक्षित् ने जानना चाहा कि क्या 'नरक' इस पृथ्वी के कोई देश विशेष हैं अथवा त्रिलोकी से बाहर या इसी के भीतर किसी स्थान पर हैं।

श्री शुकदेवजी ने कहा, राजन्! ये त्रिलोकी के भीतर ही हैं तथा दक्षिण की ओर, पृथ्वी से नीचे, जल के ऊपर स्थित हैं। इसी दिशा में अग्निष्वात्त आदि पितृगण रहते हैं। वे एकाग्रतापूर्वक अपने वंशधारों के लिये मंगल कामना करते रहते हैं। नरक लोक में, सूर्य-पुत्र, पितृराज भगवान् यम, अपने सेवकों सहित रहते हैं तथा भगवान् की आज्ञा का उल्लंघन न करते हुए, अपने दूतों द्वारा वहाँ लाये हुए मृत प्राणियों को, उनके दुष्कर्मों के अनुसार पाप का फल (दण्ड) देते हैं। नरकों की संख्या शास्त्रों में इक्कीस बताई गई है। उनके नाम हैं—तामिस्त्र, अन्धतामिस्त्र, रौरव, महारौरव, कुम्भीपाक, कालसूत्र, असिपत्रवन, सूकरमुख, अन्धकूप, कृमिभोजन, सन्दंश, तप्तसूर्मि, वज्रकण्टकशाल्मली, वैतरणी, पूयोद, प्राणरोध, विशसन, लालाभक्ष, सारमेयादन, अवीचि और अयःपान। इनके अतिरिक्त सात और—क्षारकर्दम, रक्षोगणभोजन, शूलप्रोत, दन्दशूक, अवटनिरोधन, पर्यावर्तन और सूचीमुख—भी कहे गये हैं। इस प्रकार अट्ठाईस प्रकार के नरक विविध यातनाओं के भोगने के लिये हैं।

भिन्न-भिन्न दोषों (पापों) के फलस्वरूप, भिन्न-भिन्न नरक बतलाये गये हैं। दूसरों के धन, सन्तान अथवा स्त्रीहरण के लिये 'तामिस्त्र' नरक कहा गया है। पराई स्त्री के भोग हेतु 'अन्धतामिस्त्र' नरक की प्राप्ति होती है।

"यह शरीर ही सब कुछ है तथा विषय-भोगों के लिये ही प्राप्त हुआ है"—जो इस विचार से दूसरों से द्रोह करता हुआ अपने तथा अपने कुटुम्ब के पालन (प्रायः निषिद्ध कर्मों से) में अनुरक्त है, वह रौरव नरक को प्राप्त करता है। यदि ये कर्म और भी नीचे के स्तर के हों तो नरक महारौरव में परिणत हो जाता है।

जो पुरुष अपना पेट पालने के लिये पशु-अथवा पक्षियों की हत्या करता है, वह कुम्भीपाक नरक को प्राप्त करता है। जो माता-पिता, ब्राह्मण तथा वेद से विरोध करता है, वह कालसूत्र नरक को पाता है।

किसी प्रकार की आपत्ति न आने पर, जो अपने वैदिक मार्ग को छोड़कर, अन्य पाखण्डपूर्ण धर्मों का आश्रय लेता है, वह असिपत्रवन नरक का भागी बनता है।

इस लोक में राजा या राजकर्मचारी होकर जो किसी निरपराध व्यक्ति को दण्ड देता है, वह सूकरमुख नरक को प्राप्त करता है।

जो अपनी वृत्ति से ही जीव-जन्तुओं की हत्या करता है वह अन्धकूप नरक को प्राप्त करता है।

जो लोग बिना यज्ञ किये, बिना दान दिये, केवल अपने ही लिये जीते हैं, वे कृमिभोजन नामक नरक को जाते हैं। जो पुरुष चोर वृत्ति को अपनाता है वह सन्दंश नरक को प्राप्त करता है। जो पशुवृत्ति तथा व्यभचार से युक्त है, वह तप्तसूर्मि अथवा वज्रकण्टकशाल्मली नरक को पाता है।

जो मनुष्य राजकुल अथवा श्रेष्ठकुल को प्राप्त करने पर भी धर्म की मर्यादा का उल्लंघन करते हैं, वे मरणोपरान्त वैतरणी नदी में गिरते हैं।

जो पाखण्डी लोग, पाखण्डपूर्ण यज्ञों में पशुओं का वध करते हैं, वे विशसन (वैशस) नरक को प्राप्त करते हैं। जो कामातुर पुरुष निर्लज्जता की सभी सीमाएँ पार कर जाता है, वह लालाभक्ष नरक को पाता है। किसी की सम्पत्ति को लूटना, किसी के घर को आग लगाने वाला, किसी को विष देने वाला, व्यापारियों को लूटने वाला, 'सारमेयादन' नरक में पड़ता है। जो व्रत अवस्था में मद्यपान करता है, वह अयःपान नामक नरक को जाता है।

जो राक्षस-स्वभाव, पशुओं तथा मानवों का माँस भक्षण करते हैं वे शूलप्रोत नरक को प्राप्त करते हैं। जो इस लोक में सर्पों के समान उग्रस्वभाव पुरुष, दूसरे जीवों को पीड़ा पहुँचाते हैं, वे मरणोपरान्त दन्दशूक नरक को प्राप्त करते हैं। जो क्रूर किसी को बन्द कोठरी में डाल, बन्द कर, उसे उसकी घुटन के कारण मारता है, वह अवटनिरोधन

नामक नरक को प्राप्त करता है। जो अतिथि-सत्कार तो क्या, वरन् उन को गाली देता है, निरादर करता है, अपमानित करता है, वह पर्यावर्तन नामक नरक को पाता है।

जो अपने धन के मद में मस्त, सबका निरादन करता है तथा साँप की तरह अपने धन पर कुण्डली मार कर बैठा है तथा धन कमाने और उसे सम्भालने के लिये तरह-तरह के पाप करता है, वह सूचीमुख नरक को प्राप्त करता है।

हे राजन्! यमलोक में इसी प्रकार के असंख्य नरक हैं। अधर्मपरायण मनुष्य अपने कर्मानुसार उन्हें प्राप्त करते हैं। वहाँ अपने पापों का दण्ड भोग कर, वे फिर इस लोक को प्राप्त करते हैं। यह उनके बचे हुए पुण्य कर्मों के कारण प्राप्त होता है।

अतः मनुष्य को चाहिए कि शास्त्रविहित कर्मों का आचरण करे। यति को चाहिए कि भगवान् के स्थूल तथा सूक्ष्म, दोनों रूपों का श्रवण तथा भजन करे। जब स्थूल रूप में मन स्थिर हो जाये, तो धीरे-धीरे चित्त को भगवान् के सूक्ष्म रूप में स्थिर कर ले। यही आत्मा तथा परमात्मा का मेल है।

षष्ठ स्कन्ध

अध्याय 1

अजामिल कथा-1

पाँचवें स्कन्ध के अन्तिम चरण में भिन्न-भिन्न नरकों के विषय में सुनकर महाराज परीक्षित् ने श्री शुकदेवजी से जानना चाहा कि वह कौन सा उपाय है जिसके अनुष्ठान से मनुष्य अनेकानेक भयंकर यातनाओं से पूर्ण नरकों से बच सकता है, अर्थात् उसे नरकों में जाना न पड़े।

श्री शुकदेवजी ने कहा—मनुष्य, मन, वाणी तथा शरीर से पाप करता है (अर्थात् पाप तीनों अवस्थाओं में हो सकता है)। यदि वह उन पापों का इसी जन्म में प्रायश्चित्त न कर ले तो मरणोपरान्त उसे अवश्य ही उन भयंकर नरकों में जाना पड़ता है। अतः बड़ी सावधानी से रोग अथवा मृत्यु से पहले, शीघ्रातिशीघ्र पापों की गम्भीरता पर विचार कर उनका प्रायश्चित्त कर लेना चाहिए।

मन बड़ा बलवान् है। कई बार तो पिछले पापों का प्रायश्चित्त कर लेने पर भी यह पुनः मनुष्य से कोई न कोई पाप करवा देता है। रजोगुण प्रधान कर्म मनुष्य को ऐसे उलझाये रखते हैं जैसे अपने ही जाल में फँसी मकड़ी अथवा हाथी का नहा लेने के पश्चात् फिर से अपने ऊपर धूल डाल लेना। इस अवस्था से उभरने का क्या उपाय है—इसी प्रश्न पर श्री शुकदेवजी ने कहा, हे राजन्! वास्तव में कर्म के द्वारा ही कर्म का नाश नहीं होता, क्योंकि कर्म का अधिकारी अविद्या के आवरण से ढका है। अतः सच्चा प्रयाश्चित्त केवल तत्त्वज्ञान से ही होता है। धर्मज्ञ और श्रद्धावान् धीरपुरुष के तपस्या, ब्रह्मचर्य, इन्द्रिय-दमन, मन की स्थिरता, दान, सत्य, बाहर-भीतर की शुद्धि तथा यम आदि नियम—इन नौ साधनों द्वारा मन, वाणी तथा शरीर द्वारा किये गये घोर पाप भी नष्ट हो जाते हैं। भगवान् की शरण में जाकर, भक्तजन, केवल भक्ति द्वारा अपने सारे

पापों को उसी प्रकार भस्म कर देते हैं जैसे सूर्य कुहरे को। श्री भगवान् को आत्मसमर्पण करने से तथा उनके भक्तों की सेवा करने से, शुद्धि ऐसी और इतनी शीघ्र होती है, जैसी तपस्या से भी नहीं होती। यह भक्ति का पथ ही सर्वश्रेष्ठ तथा सहज है।

जिन्होंने अपने भगवद्‌गुणानुरागी मन–मधुकर को भगवान् श्रीकृष्ण के चरणारविन्द–मकरन्द का एक बार पान करा लिया, मानो उन्होंने सारे प्रायश्चित्त कर लिये। भगवद्विमुख मनुष्य को प्रायश्चित्त भी पवित्र नहीं कर पाते, क्योंकि वह बार–बार निकृष्ट कर्मों की ओर आकर्षित होता रहता है।

इसी विषय में श्री शुकदेवजी ने एक प्राचीन इतिहास सुनाते हुए कहा–कन्नौज (कान्यकुब्ज) नगर में एक दासीपति ब्राह्मण रहता था। उसका नाम अजामिल था। दासी के संसर्ग से उस द्विज का सदाचार नष्ट हो गया था। उसे किसी भी निषिद्ध कर्म से संकोच न था। अपना तथा अपने कुटुम्ब पालन के लिये वह बड़े सा बड़ा पाप करने को भी उद्यत रहता था। ऐसा जीवन व्यतीत करते–करते उसकी आयु के अट्ठासी वर्ष बीत गये। बूढ़े आजमिल के दस पुत्र थे। उनमें सबसे छोटे का नाम नारायण था। वह उसके बाल–सुलभ खेल व्यवहार देख बड़ा प्रसन्न रहता था। वह उसके बालस्नेह में बन्ध सा गया था। सदा उसकी देख–रेख में ही व्यस्त रहता। यहाँ तक कि उसे समय का भास ही नहीं रहा कि कब मृत्यु उसके शीश पर आन खड़ी हुई। वह अब भी अपने पुत्र नारायण के विषय में चिन्तित था। एक ओर उसका पुत्र तथा दूसरी ओर उसे ले जाने के लिये यम–दूत उपस्थित थे। नारायण वहाँ से कुछ दूरी पर खेल रहा था। यमदूतों को देखकर अजामिल अति व्याकुल हो गया। उसने ऊँचे स्वर में पुकारा 'नारायण'। जब भगवान् के पार्षदों ने सुना कि कोई उनके स्वामी 'श्री नारायण' को पुकार रहा है', वे अति वेग से वहाँ पहुँचे गये। उस समय यमदूत अजामिल के सूक्ष्म शरीर को उसके स्थूल शरीर से खींच रहे थे। विष्णु दूतों ने उन्हें बलपूर्वक रोक दिया। उस पर यमराज के दूतों ने कहा कि वे धर्मराज के सेवक हैं।

अतः उन्हें वे क्यों रोक रहे हैं? इस पर श्री नारायणजी के पार्षदों ने कहा–

यमदूतो! यदि तुम लोग वास्तव में धर्मराज के आज्ञाकारी हो तो हमें धर्म का लक्षण और धर्म का तत्त्व सुनाओ। दण्ड किस प्रकार दिया जाता है? दण्ड का पात्र कौन है? मनुष्यों में सभी पापाचारी दण्डनीय हैं अथवा उनमें से कुछ ही?

यमदूतों ने कहा–वेदों ने जिन कर्मों का विधान किया है, वे धर्म हैं और जिनका निषेध किया है, वे अधर्म हैं। 'जीव-शरीर' मनोवृत्ति से जितने कर्म करता है, उसके साक्षी होते हैं–सूर्य, अग्नि, आकाश, जल, पृथ्वी, काल और धर्म। इनके द्वारा अधर्म का पता लग जाता है तथा दण्ड के पात्र का निर्णय होता है। गुणों के सम्बन्ध के कारण मनुष्य से पुण्य-पाप दोनों प्रकार के कर्म होते रहते हैं, क्योंकि मनुष्य कर्म किये बिना रह ही नहीं सकता। धर्म अथवा अधर्म के कार्य करने से परलोक में उसी प्रकार का फल मिलता है। सत्त्व, रज और तम–इन तीनों गुणों के भेद से प्राणी पुण्यात्मा, पापात्मा अथवा मिश्रित गुणों वाला माना जाता है। इसके अनुसार ही परलोक में उसकी त्रिविधता का अनुमान किया जाता है। वर्तमान का समय, अर्थात् मनुष्य के संस्कार ही उसके भूत और भविष्य का अनुमान करा देते हैं। इसी प्रकार वर्तमान जन्म के पाप और पुण्य भी पूर्व जन्म तथा भावी जन्म का अनुमान करा देते हैं। श्री भगवान् साक्षी रूप में सब के अन्तःकरण में विराजमान हैं। अतः मनुष्य के मन-वाणी तथा शरीर के कर्मों की समीक्षा हर समय होती रहती है। जीव को अपने पूर्व जन्म के शरीर तथा कर्मों की विस्मृति हो जाती है। 'जीव' इस शरीर में पाँच ज्ञान-इन्द्रियों, पाँच कर्म-इन्द्रियों तथा पाँच इन्द्रियों के विषय (तन्मात्राएँ) तथा एक मन–इनके संयोग से विषयों को भोगता है। जीव को बार-बार शरीर की प्राप्ति होती है, अर्थात् मृत्यु होने पर एक शरीर को छोड़ कर–दूसरा जन्म होने पर–दूसरे नये शरीर की प्राप्ति होती है। अतः उसके लिये लिंग-शरीर अनादि है। जो जीव अज्ञानवश–काम, क्रोध, लोभ, मोह, मद, मत्सर–इन छः शत्रुओं पर विजय प्राप्त नहीं कर लेता, उसे जाने-अनजाने, विभिन्न वासनाओं के

अनुसार, कर्म करने पड़ते हैं। इस प्रकार वह रेशम के कीड़े के समान अपने ही जाल में फँसा रहता है। जीव अपने पूर्व जन्मों के पाप-पुण्यमय संस्कारों के अनुसार शरीर प्राप्त करता है। (अव्यक्त के कारण व्यक्त शरीर को प्राप्त करता है) (व्यक्त-अव्यक्त) प्रकृति का संसर्ग होने से ही पुरुष अपने को अपने वास्तविक स्वरूप के विपरीत लिंग-शरीर मान बैठता है।

यमदूतों ने फिर कहा, हे देवदूतो! यह अजामिल बड़ा शास्त्रज्ञ था। शील, सदाचार इसके स्वाभाविक गुण थे। ब्रह्मचारी, विनयी, जितेन्द्रिय, सत्यनिष्ठ, मन्त्रवेत्ता तथा शुचि भी था। समस्त प्राणियों का यह हितैषी था। एक दिन जब यह पिता के आदेशानुसार वन से फल-फूल, समिधा तथा कुश लेकर घर को लौट रहा था तो उसने एक निर्लज्ज भ्रष्ट पुरुष को एक वेश्या के साथ विहार करते देखा। उसकी इस अवस्था को देख कर अजामिल का मन, कामवश हो, मोहित हो उठा। यद्यपि आजामिल ने अपने संयम को बनाये रखने की बड़ी चेष्टा की, फिर भी वह अपने को रोक न पाया। वह भी उस वेश्या का मन ही मन चिन्तन करने लगा। उसने उस वेश्या को अच्छी लगने वाली वस्तुएँ तथा सुन्दर वस्त्र, गहने आदि भेंट करने प्रारम्भ कर दिये। यहाँ तक कि अपने पिता की सम्पत्ति को धीरे-धीरे इसी ओर व्यय करना आरम्भ कर दिया। उससे वह वेश्या को तो प्राप्त कर गया, परन्तु अपना श्रेष्ठ चरित्र, पूर्ण रूप से खो बैठा। यहाँ तक कि उसने अपनी धर्मपरायण कुलीन पत्नी का भी त्याग कर दिया। अब उस वेश्या को प्रसन्न करने के लिए वह उसकी इच्छित वस्तुओं को जुटाने के लिये किसी भी पापकर्म करने को उद्यत था। इस प्रकार उसने प्रायः सभी निकृष्ट कर्मों को अपना लिया। अपने इन दूषित कर्मों का उसने प्रायश्चित्त भी नहीं किया। अतः वह अपने पाप कर्मों से दण्ड का भागी बन गया है तथा दण्डित करने के लिये हम उसे यमराज जी के पास ले जा रहे हैं। वहाँ अपने पापों का दण्ड भोग कर यह शुद्ध हो जायेगा।

अध्याय 2

अजामिल कथा–परमधामगमन-2

यमदूतों का पाप तथा पुण्य के विषय में उत्तर (संवाद) सुन कर भगवान् के पार्षदों ने कहा, हे यमदूतो! यह बड़े आश्चर्य तथा दुःख की बात है कि धर्मज्ञों की सभा में अधर्म प्रवेश कर रहा है। जो प्रजा के रक्षक हैं, शासक हैं, समदर्शी और परोपकारी हैं–यदि वे ही प्रजा के प्रति विषमता का व्यवहार करेंगे तो प्रजा किसकी शरण लेगी? सत्पुरुष जैसा आचरण करते हैं, साधारण व्यक्ति भी वैसा ही आचरण करने लगते हैं, क्योंकि वे धर्म के विषय में उन्हें अपना पथ-प्रदर्शक मानते हैं।

यमदूतो! अजामिल ने कोटि-कोटि जन्मों के पापों का प्रायश्चित्त कर लिया है, क्योंकि इसने विवश होकर ही सही, भगवान् के परम कल्याणमय नाम का उच्चारण तो किया। जिस समय इसने 'नारायण' इन चार अक्षरों का उच्चारण किया, उसी समय, केवल उतने से ही, इसके समस्त पापों का प्रायश्चित्त हो गया। भगवान् श्रीकृष्ण स्वयं महाभारत में कहते हैं–

यद् गोविन्देति चुक्रोश कृष्णा मां दूर वासिनम्।
ऋणमेतत् प्रवृद्धं मे हृदयान्नापसर्पति।।

(मेरे दूर होने के कारण द्रौपदी ने जो जोर-जोर से 'गोविन्द, गोविन्द' इस प्रकार करुण क्रन्दन से मुझे पुकारा। वह ऋण मेरे ऊपर बढ़ गया है तथा मेरे हृदय से उसका भार क्षण भर के लिये भी नहीं हटता।)

भगवान् के नाम के उच्चारण से मनुष्य की बुद्धि भगवान् के गुण, लीला और स्वरूप में रम जाती है तथा स्वयं भगवान् का भी उसके प्रति दया भाव हो जाता है। अतः हे यमदूतो, तुम अजामिल को मत ले जाओ। इसने मरते समय भगवान् के नाम का उच्चारण कर सारे पापों का प्रायश्चित्त कर लिया है। (पाप की निवृत्ति के लिये तो भगवान् के नाम का एक अक्षर ही काफी है)

महात्मा-पुरुषों का कथन है कि संकेत से, परिहास में, राग-अलाप में अथवा किसी की अवहेलना करते समय भी यदि कोई भगवान् के नाम का उच्चारण करता है, तो उसके सारे पाप नष्ट हो जाते हैं। महर्षियों ने बड़े पापों के लिये बड़े प्रायश्चित्त तथा छोटे पापों के लिये छोटे प्रायश्चित्त बताये हैं। दान, तप, जप से निःसन्देह पाप मिटते हैं, अर्थात् पापों का प्रायश्चित्त होता है, परन्तु उससे पापों से मलिन हुआ हृदय शुद्ध नहीं होता। केवल भगवान् की चरण-सेवा तथा नामोच्चारण से ही हृदय शुद्ध हो जाता है। जैसे अमृत के गुण न जानकर, केवल अनजाने में भी उसे पी लेने से अमृत्व प्राप्त हो जाता है, वैसे ही श्री भगवान् के नाम का अनजाने में भी उच्चारण करने से मनुष्य के सारे पाप भस्म हो जाते हैं। अतः अनजाने में भी भगवान् का लिया हुआ नाम अवश्यमेव फलदाई होता है। (दुष्टचित्त मनुष्य के द्वारा स्मरण किये जाने पर भी, भगवान् श्रीहरि उसके पापों को हर लेते हैं, जैसे अनजाने में अथवा अनिच्छा से भी अग्नि का स्पर्श जलाने वाला होता है)

इस निर्णायक वर्णन के उपरान्त भगवान् के पार्षदों ने अजामिल को यमदूतों से छुड़ा लिया। तदनन्तर यमदूतों ने नमराज के पास जाकर यह सारा वृत्तान्त सुना दिया।

अजामिल यमदूतों के पाश से छूट कर निर्भय हो गया। उसने भगवान् के पार्षदों को प्रणाम किया। देखते ही देखते वे अन्तर्धान हो गये। पार्षदों तथा यमदूतों के संवाद को सुन कर अजामिल के हृदय में पुनः श्री भगवद् भक्ति का प्रादुर्भाव हो गया। अतः उसे अब अपने पापों को याद कर प्रायश्चित्त होने लगा। उसे अपनी वास्तविक पत्नी के प्रति दुर्व्यवहार तथा उदण्डता का भास होने लगा। उसे भगवान् के चार पार्षदों तथा यमदूतों का मिलन, एक प्रकार का स्वप्न सा प्रतीत हो रहा था। उसे अनुभव होने लगा कि यदि उसने पूर्व जन्म में अच्छे कर्म न किये होते तो आज सहसा मृत्यु समय उसके मुख से श्री प्रभुनाम 'नारायण' का उच्चारण न होता। उसे लगने लगा कि अज्ञानवश उसने अपने शरीर को आत्मा मान लिया था तथा वह पाप कर्मों में प्रवृत्त हो गया था। अब उसने पुनः प्रण किया कि वह सब कुकर्मों को त्याग कर अपने आप

को शास्त्रविहित कर्मों में लगा देगा तथा अपने चित्त को श्री भगवान् के चरणों में लगा देगा।

श्री शुकदेवजी ने इस प्रकार यह इतिहास सुनाकर राजा परीक्षित् से कहा, हे राजन्! इस संयोग से अजामिल के चित्त में संसार के प्रति तीव्र वैराग्य उत्पन्न हो गया। वह सब सम्बन्ध छोड़ कर हरिद्वार चला गया। वहाँ उसने एक देवस्थान पर आश्रय लेकर योगमार्ग को अपना लिया। इस विधिनुसार उसने अपनी इन्द्रियों को विषयों से समेट कर मन में लीन कर लिया; मन को बुद्धि में तथा आत्मचिन्तन द्वारा बुद्धि को विषयों से पृथक् कर श्री भगवान् के चरणों में लगा दिया। जब अजामिल की बुद्धि त्रिगुणमयी प्रकृति से ऊपर उठ कर श्री भगवान् के स्वरूप में स्थित हो गई, तब उसे उन्हीं पार्षदों का पुनः दर्शन हुआ। उसने उन्हें प्रणाम कर, श्री गंगाजी के तट पर अपना शरीर त्याग दिया। श्री भगवान् के पार्षद अब अजामिल को वैकुण्ठधाम ले गये।

अध्याय 3

अजामिल कथा–यमदूत संवाद-3

राजा परीक्षित् के पूछने पर कि यमदूतों के वापस लौटने पर, धर्मराज के इस सारे वृत्तान्त को सुनाने पर, धर्मराज को कैसा लगा, अर्थात् उनके शासन का भगवान् के पार्षदों द्वारा उल्लंघन करना, क्या उन्हें बुरा नहीं लगा, इस पर श्री शुकदेवजी ने कहा, परीक्षित्! यमदूतों ने लौटकर धर्मराज से कहा–पाप, पुण्य अथवा दोनों मिश्रित कर्मों के फल का निर्णय आप द्वारा होता है। यदि इस में कोई विघ्न होता है, अर्थात् कोई और इस विधान का प्रयोग करता है तो सारी व्यवस्था छिन्न-भिन्न हो जायेगी। अब तक आप ही मनुष्यों के पाप तथा पुण्य के निर्णायक

दण्डदाता और शासक रहे हैं। आप ही समस्त प्राणियों और उनके स्वामियों के भी अधीश्वर हैं। अब तक संसार में कहीं भी आपके द्वारा नियत किये हुए दण्ड की अवहेलना नहीं हुई थी, परन्तु आज इन चार अद्‌भुत सिद्धों (पार्षदों) ने आपकी आज्ञा का उल्लंघन किया है। हम आप से इस रहस्य को जानना चाहते हैं। अजामिल के मुख से नारायण शब्द का उच्चारण हुआ तथा वे देवदूत वहाँ पहुँच गये।

भगवान्स्वरूप धर्मराज ने प्रसन्न होकर श्रीहरि के चरणकमलों का स्मरण करते हुए कहा, दूतो! मेरे अतिरिक्त एक और भी चराचर जगत् के स्वामी हैं। उन्हीं में यह सम्पूर्ण जगत् वस्त्र में सूत्र के समान लिपटा हुआ है। उन्हीं के अंश ब्रह्मा, विष्णु तथा शंकर इस जगत् की उत्पत्ति, स्थिति तथा प्रलय करते हैं। मैं, इन्द्र, निर्ऋति, वरुण, चन्द्रमा, अग्नि, वायु, सूर्य, बारह आदित्य, विश्वेदेवता, आठों वसु, साध्य, उनचास मरुत्, सिद्ध, ग्यारह रुद्र, रजोगुण-तमोगुण से रहित भृगु आदि प्रजापति और अन्य देवता, सब के सब सत्त्व प्रधान होने पर भी उनकी माया के अधीन हैं। वे प्रभु सबके स्वामी और स्वयं पूर्ण स्वतन्त्र हैं। उन्हीं मायापति पुरुषोत्तम के दूत, उन्हीं के समान परम मनोहररूप, गुण तथा स्वभाव से सम्पन्न हैं।

श्री भगवान् विष्णु के परम अलौकिक पार्षदों का दर्शन बड़ा दुर्लभ है। वे भगवान् के भक्तजनों को उनके शत्रुओं से, मुझ से और अग्नि आदि सब विपत्तियों से सुरक्षित रखते हैं। स्वयं भगवान् ने धर्म की मर्यादा का निर्माण किया है। उसे न तो ऋषि जानते हैं, न देवता, न सिद्धगण ही। भगवान् द्वारा निर्मित भागवतधर्म परम शुद्ध और अत्यन्त गोपनीय है। भागवत धर्म का रहस्य हम बारह देवता ही जानते हैं–ब्रह्माजी, भगवान् शंकर, देवर्षि नारद, सनत्कुमार, कपिलदेव, स्वायम्भुव मनु, प्रह्लाद, जनक, भीष्मपितामह, बलि, शुकदेवजी और मैं धर्मराज (वेद व्यासजी को श्री भगवान् का अंश अवतार होने से उनका नाम यहाँ अंकित नहीं)। श्री भगवान् के नामोच्चारण की महिमा तो देखो, अजामिल जैसा पापी भी एक बार नामोच्चारण करने-मात्र से मृत्युपाश

से छुटकारा पा गया। अत्यन्त पापी अजामिल ने मरने के समय चञ्चलचित्त से अपने पुत्र का नाम 'नारायण' उच्चारण किया। इस नामाभास–मात्र से ही उसके सारे पाप तो भस्म हो गये, अपितु उसे मुक्ति की प्राप्ति भी हो गई।

प्रिय दूतो! बुद्धिमान् मनुष्य ऐसा जानकर भगवान् अनन्त में ही सम्पूर्ण अन्तःकरण से अपना भक्तिभाव स्थापित करते हैं। वे मेरे दण्ड के पात्र नहीं। प्रथम तो वे पाप करते ही नहीं, यदि कदाचित् संयोगवश उनसे पाप बन भी जाये तो उसे भगवान् का गुणगान शीघ्र नष्ट कर देता है। उनके भक्तों को दण्ड देने की सामर्थ्य न हम में है और न साक्षात् काल में ही। योगीजन सम्पूर्ण जगत् और अपने शरीर आदि से अहंता–ममता हटाकर, अकिञ्चन होकर निरन्तर भगवान् मुकुन्द के पादारविन्द का मकरन्द–रस पान करते हैं। आज मेरे दूतों ने भगवान् के पार्षदों का अपराध करके स्वयं श्री भगवान् का अपराध किया है। यह मेरा ही अपराध है। पुराणपुरुष भगवान् नारायण हम लोगों का यह अपराध क्षमा करें।

पुनः शुकदेवजी ने कहा, राजा परीक्षित्! पाप ओर पाप वासनाओं का निर्मूल कर डालने वाला प्रायश्चित्त यही है कि केवल भगवान् के गुणों, लीलाओं और नामों का कीर्तन किया जाये। यह इतिहास मुझे अगस्त्यजी ने श्रीहरि की पूजा करते समय, मलयपर्वत पर (विराजमान हुए) सुनाया था।

अध्याय 4

प्रजापति दक्ष द्वारा भगवद् स्तुति

राजा परीक्षित् के पूछने पर कि सृष्टि का विस्तार किस प्रकार होता है, श्री शुकदेवजी ने कहा, राजन्! राजा प्राचीनबर्हि के दस पुत्र थे जिनका नाम प्रचेता था। जब वे जल से बाहर निकले (दस हजार वर्ष

तपस्या करने के पश्चात्) तब उन्होंने देखा कि उनके पिता के निवृत्ति परायण होने से सारी पृथ्वी, जंगल (वन) के समान हो गई है, अर्थात् पृथ्वी पर अन्न, ओषधियाँ आदि होने की अपेक्षा वृक्ष ही वृक्ष हो गये हैं। इसमें अन्न उपजाने के लिये उन्हें पृथ्वी का कोई भाग भी दीख न पड़ता था। इससे प्रचेताओं को वृक्षों पर बड़ा क्रोध आया। वृक्षों के अधिपति चन्द्रमा ने उनके क्रोध को शान्त करते हुए कहा–

भाग्यवान् प्रचेताओ! ये वृक्ष बड़े दीन हैं। आप इन पर क्रोधित मत होइये। आप तो प्रजा की अभिवृद्धि करना चाहते हैं। प्रजापतियों के अधिपति भगवान् श्रीहरि ने सम्पूर्ण वनस्पतियों और ओषधियों को प्रजा के हित के लिये, उनके खान-पान के लिये बनाया है।

संसार के पक्षियों के लिये फल-पुष्पादि पदार्थ हैं। चौपाओं तथा अन्य पशुओं के लिये घास-तृणादि (भोजन के) पदार्थ हैं। हाथ वालों (चौपाओं) के लिये वृक्ष-लता आदि भोजन के पदार्थ हैं तथा मनुष्यादि के लिये धान, गेहूँ आदि अन्न, भोजन के पदार्थ हैं। बैल-ऊँट आदि खेती में सहायक होते हैं। आपके पिता तथा श्री भगवान् की आप को आज्ञा है कि प्रजा की सृष्टि करो (सृष्टि का विस्तार करो)। आप अपना क्रोध त्याग कर अपने पितामह, प्रपितामह आदि के द्वारा सेवित सत्पुरुषों के मार्ग का अनुसरण करें। प्रजा के हित का और रक्षा का उत्तरदाई राजा होता है। समस्त प्राणियों के हृदय में सर्वशक्तिमान् श्रीहरि आत्मा के रूप में विराजमान हैं। अतः आप उन सभी को श्री भगवान् का निवास स्थान समझें। ऐसा करने अथवा ऐसा सोचने से श्री भगवान् आप से प्रसन्न होंगे। इन दीन वृक्षों को अपनी क्रोधाग्नि से मत जलाइये, अपितु आप इनकी रक्षा कीजिए। इससे आपका कल्याण होगा। इस श्रेष्ठ कन्या का पालन इन्हीं वृक्षों ने किया है। इसे आप लोग पत्नी के रूप में अपनायें।

वनस्पतियों के राजा चन्द्रमा की बात मान कर प्रचेताओं ने धर्मानुसार उस कन्या का पाणिग्रहण किया। इसी कन्या के गर्भ से प्राचेतस् दक्ष की उत्पत्ति हुई। प्रजापति दक्ष द्वारा, तदनन्तर सृष्टि की वृद्धि हुई।

सर्व प्रथम, प्रजापति दक्ष ने, जल, थल तथा आकाश में रहने वाले देवताओं, असुरों तथा मनुष्यों आदि की सृष्टि अपने संकल्प से की।

सृष्टि को इस प्रकार बढ़ता न देखकर, प्रजापति दक्ष ने विन्ध्याचल के निकटवर्ती पर्वतों पर जाकर घोर तपस्या की। उन्होंने श्री भगवान् की 'हंसगुह्य' नामक स्तोत्र से इस प्रकार स्तुति की–

हे भगवन्! आपकी अनुभूति, आपकी चित्त्-शक्ति अमोघ है। आप जीव और प्रकृति से परे, उनके नियन्ता और उन्हें सत्तास्फूर्ति देने वाले हैं। आपकी कोई अवधि, कोई सीमा नहीं है। आप स्वयंप्रकाश और परात्पर हैं। मैं आपको नमस्कार करता हूँ। जब समाधिकाल में प्रमाण, विकल्प और विपर्ययरूप विविध ज्ञान और स्मरणशक्ति का लोप हो जाने से इस नाम-रूपात्मक जगत् का निरूपण करने वाला मन उपरत हो जाता है, उस समय बिना मन के भी केवल सच्चिदानन्दमयी अपनी स्वरूपस्थिति के द्वारा आप प्रकाशित होते रहते हैं। आपको मेरा नमस्कार है। जैसे याज्ञिक काष्ठ में छिपे हुए अग्नि को 'सामिधेनी' नाम के पन्द्रह मन्त्रों के द्वारा प्रकट करते हैं, वैसे ही ज्ञानी पुरुष 'अपनी सत्ताईस शक्तियों के भीतर गूढ़भाव से छिपे हुए आप को' अपनी बुद्धि के द्वारा (ज्ञान द्वारा), अपने हृदय में ही खोज निकालते हैं। जगत् में जितनी भिन्नतायें दीख पड़ती हैं, वे सब माया की हैं। माया का निषेध कर देने पर केवल परम सुख के साक्षात्कार रूप केवल आप ही अवशेष रहते हैं। सारे रूप और सारे नाम आप के ही हैं। माया भी आप ही हैं। आप मुझ पर प्रसन्न होइये तथा मुझे आत्मप्रसाद से पूर्ण कर दीजिए।

जब कार्य और कारण का भेद नहीं था, तब भी आप स्वयंसिद्धस्वरूप से स्थित थे। उसी से आप सबके कारण हैं। आप जीव-जगत् के भेद और स्वगतभेद से रहित हैं। आप अद्वितीय हैं। आप अनन्त, अप्राकृत, कल्याण-गुणों से युक्त, स्वयं अनन्त हैं। मैं आपको नमस्कार करता हूँ, आप प्रसन्न होइये। साकार और निराकार आप ही हैं, क्योंकि दोनों एक ही परम वस्तु में स्थित हैं। बिना आधार के हाथ-पैर आदि का होना सम्भव नहीं और निषेध की भी कोई-न-कोई अवधि होनी ही चाहिए। आप वही आधार और निषेध की अवधि हैं। अतः आप साकार, निराकार दोनों से ही अविरुद्ध सम परब्रह्म हैं। प्रभो! आप अनन्त हैं। आपका न तो कोई प्राकृत नाम है और न कोई प्राकृत रूप, फिर भी जो आपके

चरणकमलों का भजन करते हैं, उन पर अनुग्रह करने के लिये आप अनेक रूपों में प्रकट होकर, अनेक लीलाएँ करते हैं तथा उन रूप तथा लीलाओं के अनुसार, अनेक नामों से जाने जाते हैं। आप सबके हृदय में रहकर, उनकी भावना के अनुसार, भिन्न-भिन्न देवताओं के रूप में प्रतीत होते हैं। आप मुझ पर प्रसन्न होइये।

जब इस प्रकार प्रजापति दक्ष ने श्री भगवान् की स्तुति की तो वे उनके समक्ष प्रकट हुए। उस समय भगवान् गरुड़ पर आरूढ़ थे। उनकी आठ भुजाएँ थी तथा उनके हाथों में चक्र, शंख, तलवार, ढाल, बाण, धनुष, पाश और गदा सुशोभित थे। वर्षाकालीन मेघ के समान श्यामल शरीर पर पीताम्बर लहरा रहा था। घुटनों तक वनमाला, वक्षःस्थल पर स्वर्ण रेखा (श्री वत्सचिन्ह) तथा गले में कौस्तुभमणि शोभायमान थी। त्रिभुवनपति भगवान् ने त्रैलोक्यविमोहन रूप धारण कर रखा था। नारद, नन्द, सुनन्द आदि पार्षद उनके चारों ओर खड़े थे। इन्द्र आदि देवगण तथा सिद्ध, गन्धर्व और चारण उनकी स्तुति तथा गान कर रहे थे। प्रजापति दक्ष अत्यन्त नम्रता से झुक कर उनके सामने खड़े हो गये।

श्री भगवान् ने कहा, परम भाग्यवान् दक्ष! तुम्हारी तपस्या सिद्ध हुई। तुमने इस विश्व की वृद्धि के लिये तपस्या की है, अतः मैं तुम पर प्रसन्न हूँ। ब्रह्मा, शंकर, तुम्हारे जैसे प्रजापति, स्वायम्भुव आदि मनु तथा इन्द्रादि देवेश्वर—ये सब मेरी विभूतियाँ हैं। ब्रह्मन्! तपस्या मेरा हृदय है, विद्या शरीर है, कर्म आकृति हैं, यज्ञ अंग हैं, धर्म मन है और देवता प्राण हैं। जब यह सृष्टि नहीं थी, तब केवल मैं ही था और वह भी निष्क्रियरूप में। मैं केवल ज्ञानस्वरूप और अव्यक्त था। जब गुणमयी माया के क्षोभ से यह ब्रह्माण्ड-शरीर प्रकट हुआ, तब इसमें अयोनिज आदिपुरुष ब्रह्मा उत्पन्न हुए। जब मैंने उनमे शक्ति और चेतना का संचार किया तब देवशिरोमणि ब्रह्मा सृष्टि करने के लिये उद्यत हुए। जब उन्होंने अपने आप को सृष्टि कार्य में असमर्थ सा पाया, उस समय मैंने उन्हें आज्ञा दी कि तप करो। तब उन्होंने घोर तपस्या की तथा उस तपस्या के प्रभाव से, प्रथम तुम नौ प्रजापतियों की सृष्टि की (उत्पत्ति की)।

प्रिय दक्ष! यह पञ्चजन प्रजापति की कन्या असिक्नी है। इसे तुम अपनी पत्नी के रूप में ग्रहण करो। अब तुम गृहस्थोचित धर्म को स्वीकार करो। इस प्रकार तुम बहुत सी प्रजा उत्पन्न कर सकोगे। अब तक तो मानसी सृष्टि होती थी। परन्तु अब तुम्हारे बाद राजा प्रजा मेरी माया से स्त्री-पुरुष के संयोग से उत्पन्न होगी। यह कहकर विश्व के जीवन दाता भगवान् श्रीहरि अन्तर्धान हो गये।

अध्याय 5

श्री नारदजी का दक्ष-पुत्रों को उपदेश

श्री भगवान् के शक्तिसञ्चार से दक्ष प्रजापति परम समर्थ हो गये। उन्होंने पञ्चजन की पुत्री असिक्नी से सन्तान उत्पन्न की (दस सहस्त्र पुत्र)। उनके सभी पुत्र एक आचरण और एक स्वभाव के थे। जब पिता दक्ष ने उन्हें आगे सन्तान उत्पन्न करने का आदेश दिया तो वे तपस्या करने के लिये पश्चिम दिशा की ओर चले गये। पश्चिम दिशा में सिन्धु नदी तथा सागर के संगम पर नारायण-सर महान् तीर्थ है। श्रेष्ठ मुनिजन तथा सिद्धगण वहाँ निवास करते हैं। दक्ष पुत्रों की तो तपस्या में रुचि थी, परन्तु वे अपने पिता की आज्ञा से भी बन्धे हुए थे। ऐसा देखकर श्री नारदजी ने उनके हितार्थ के लिये उनके पास आकर कहा–तुम प्रजापति हो, परन्तु जब तक तुम ने पृथ्वी का अन्त ही नहीं देखा तो सृष्टि किस प्रकार करोगे? एक ऐसा देश है जिसमें एक ही पुरुष है। एक ऐसा बिल है जिसमें बाहर निकलने का रास्ता नहीं है। एक ऐसी स्त्री है जो बहुरूपिणी है। एक ऐसा पुरुष है जो उसका पति है। एक ऐसी नदी है जो दोनों ओर बहती है। एक ऐसा विचित्र घर है जो पच्चीस पदार्थों से बना है। एक ऐसा हंस है जिसकी कहानी बड़ी विचित्र है। जब तक तुम

अपने पिता के उचित आदेश को समझ नहीं लोगे, उन उपर्युक्त वस्तुओं को देख नहीं लेते, तब तक उनकी आज्ञानुसार सृष्टि कैसे करोगे?

हर्यश्व (दक्ष के पुत्रों को हर्यश्व के नाम से सम्बोधित करते थे) जन्म से ही बड़े बुद्धिमान् थे। वे देवर्षि नारद के गूढ़ वचनों पर विचार करने लगे। देवर्षि का कथन सत्य था, क्योंकि यह लिंग शरीर ही है जिसे साधारणतया जीव कहते हैं। यही आत्मा का अनादि बन्धन है। इसका अन्त जाने बिना मोक्ष के अनुपयोगी कर्मों में लगने से क्या लाभ? वास्तव में ईश्वर सबका आश्रय है, परन्तु उसका आश्रय कोई नहीं। उस प्रकृति आदि से अतीत, नित्यमुक्त परमात्मा को जाने बिना भगवान् के प्रति असमर्पित कर्मों से जीव को क्या लाभ? जैसे मनुष्य बिलरूप पाताल में प्रवेश करके वहाँ से लौट नहीं पाता—वैसे ही जीव जिसको प्राप्त होकर फिर संसार में नहीं लौटता, जो स्वयं अन्तर्ज्योतिःस्वरूप है, उस परमात्मा को जाने बिना विनाशवान् स्वर्ग आदि फल देने वाले कर्मों को करने से क्या लाभ? (स्वर्ग के सुख भी क्षणिक हैं, क्योंकि पुण्यक्षीण होने पर स्वर्ग से फिर वापस आना पड़ता है) यह अपनी बुद्धि ही बहुरूपिणी और सत्त्व, रज, तम आदि गुणों को धारण करने वाली स्त्री है। इस जीवन में—इसका अन्त जाने बिना—विवेक प्राप्त किये बिना—कर्म करने का क्या प्रयोजन? माया ही दोनों ओर बहने वाली नदी है। यह सृष्टि भी करती है तथा प्रलय भी। इससे निकलने के लिये तपस्या, विद्या आदि साधन हैं, तो क्रोध, अहंकार आदि अड़चने हैं। यह पच्चीस तत्त्व का समूह क्षेत्र ही एक अद्भुत घर है। परमपुरुष उनका आश्चर्यमय आश्रय है। वही समस्त कार्य-कारणात्मक जगत् का अधिष्ठाता है। श्री भगवान् के स्वरूप का ज्ञान कराने वाले शास्त्र हंस रूप से हैं। यह काल ही एक चक्र है जो सारे संसार को घुमा रहा है। शास्त्र ही पिता है, क्योंकि दूसरा जन्म शास्त्र के द्वारा ही होता है। (यहाँ आत्मजाग्रिती को दूसरा जन्म कहा गया है) शास्त्रों का आदेश कर्म में लगाना नहीं, अपितु उनसे निवृत्त कराना है।

हर्यश्वों ने एक मत से यही निश्चय किया (कर्मों से निवृत्त होने

का) और नारदजी की परिक्रमा करके वे उस मोक्षपथ के पथिक बन गये जिस पर चल कर फिर लौटना न पड़े। तत्पश्चात् देवर्षि नारदजी स्वरब्रह्म में अभिव्यक्त हुए, भगवान् श्रीकृष्ण के चरणकमलों में अपने चित्त को अखण्ड रूप से स्थिर करके, लोक-लाकान्तर जन-कल्याण के लिये विचरने लगे।

जब दक्ष प्रजापति को विदित हुआ कि उनके पुत्र, नारदजी के उपदेश से कर्तव्यच्युत हो गये हैं, तो उन्हें बहुत शोक हुआ। ब्रह्माजी ने उन्हें सान्त्वना दी। तदनन्तर दक्ष प्रजापति ने एक बार फिर पञ्चजन नन्दिनी असिक्नी से सन्तान उत्पन्न की (एक सहस्त्र पुत्र)। इस बार उनके पुत्रों का नाम था शबलाश्व। वे भी पिता की आज्ञा पाकर प्रजा सृष्टि हेतु तप करने के लिये नारायण सरोवर पर गये। उस पवित्र सरोवर में स्नान के उपरान्त वे भी घोर तप में संलग्न हो गये। पहले अन्न का त्याग किया, फिर अन्न-जल दोनों का त्याग कर दिया तथा श्री भगवान् नारायण के ध्यान में अनुरक्त हो गये।

अब श्री नारदजी उनके पास भी आये तथा उन्हें भी वही उपदेश दिया जो उन्होंने उनके भ्राताओं (हर्यश्वों) को दिया था तथा कहा कि श्रेष्ठ भ्राता वही होते हैं जो अपने बड़े भाइयों का अनुसरण करते हैं। नारदजी के उपदेशानुसार उन्होंने भी अपने भ्राताओं के भक्ति मार्ग का अनुसरण किया। जब यह समाचार दक्ष प्रजापति को मिला तो वे अत्यन्त दुःखी हुए तथा उन्हें नारदजी पर बड़ा क्रोध आया।

दक्ष प्रजापति ने नारदजी से कहा—हमारे बालकों को भिक्षुमार्ग दिखाकर तुमने हमारा बड़ा अपकार किया है। उन्होंने तो अभी ब्रह्मचर्य व्रत से ऋषि-ऋण, यज्ञ से देव-ऋण तथा सन्तान उत्पत्ति से पितृ-ऋण भी नहीं चुकाया था। उन्हें तो अभी कर्म फल की नश्वरता का ज्ञान भी नहीं था। तुमने उन्हें भी कर्तव्यच्युत कर दिया। तुमने भगवान् के पार्षदों में रहकर उनकी कीर्ति को दूषित किया है। यदि तुम ऐसा समझते हो कि केवल वैराग्य से ही स्नेहपाश, विषयासक्ति का बन्धन कट सकता है, तो तुम्हारा यह विश्वास ठीक नहीं। मनुष्य विषयों का अनुभव किये

बिना उनकी कटुता को नहीं जान सकता। उनको उनकी (कर्मों की) दु:खरूपता का अनुभव होने पर स्वयं जैसा वैराग्य होता है, वह दूसरे के उपदेशमात्र से नहीं होता। हमलोग सद्गृहस्थ हैं तथा अपनी धर्म-मर्यादा का पालन करते हैं। तुमने हमारी वंश-परम्परा छेदन के लिये दो बार हमारा विरोध किया है, अतः जाओ, लोक-लोकान्तर में भटकते रहो। कहीं भी तुम्हारे ठहरने के लिये कोई ठौर नहीं होगी। नारदजी ने बहुत अच्छा कहकर दक्ष प्रजापति का शाप स्वीकार कर लिया। साधुता इसी को कहते हैं। तभी से नारद जगत् कल्याण हेतु तीनों लोकों में भ्रमण करते रहते हैं तथा स्थायी रूप से कहीं नहीं रहते।

अध्याय 6

दक्ष प्रजापति-सन्तति

ब्रह्माजी के कहने पर दक्ष प्रजापति ने अपनी पत्नी असिक्नी से पुनः साठ कन्याएँ उत्पन्न कीं। इनमें से दस कन्याएँ धर्म को, तेरह कश्यप को, सत्ताईस चन्द्रमा को, दो भूत को, दो अंगिरा को, दो कृशाश्व को तथा शेष चार तार्क्ष्यनामधारी कश्यप को ब्याह दीं। इन कन्याओं की सन्तति ही तीनों लोकों में फैली जिससे यथोचित सृष्टि हुई।

धर्म की इन पत्नियों के नाम थे–भानु, लम्बा, ककुभ्, जामि, विश्वा, साध्या, मरुत्वती, वसु, मुहूर्ता और संकल्पा। इनके पुत्र हुए–भानु का देवऋषभ तथा उसका इन्द्रसेन। लम्बा का पुत्र हुआ विद्योत तथा उसका मेघगण। ककुभ् का पुत्र हुआ संकट तथा उसका कीकट तथा कीकट के पुत्र हुए, पृथ्वी के सम्पूर्ण दुर्गों (किलों) के अभिमानी देवता। जामि के पुत्र का नाम था स्वर्ग और उसका पुत्र हुआ नन्दी। विश्वा के विश्वेदेव हुए। उनके आगे उनकी कोई सन्तान नहीं हुई। साध्या से साध्यगण हुए

तथा उनका पुत्र हुआ अर्थसिद्धि।

मरुत्वती के दो पुत्र हुए, मरुत्वान् और जयन्त। जयन्त भगवान् वासुदेव के अंश हैं, जिन्हें उपेन्द्र नाम से भी जाना जाता है। मुहूर्ता से मुहूर्त के अभिमानी देवता उत्पन्न हुए। ये अपने-अपने मुहूर्त में जीवों को उनके कर्मों के अनुसार फल देते हैं। संकल्पा का पुत्र हुआ संकल्प और उसका काम। वसु के पुत्र, आठों वसु हुए। उनके नाम थे द्रोण, प्राण, ध्रुव, अर्क, अग्नि, दोष, वसु और विभावसु।

द्रोण की पत्नी का नाम था अभिमति। उससे हर्ष, शोक, भय आदि अभिमानी देवता हुए। प्राण की पत्नी ऊर्जस्वती के गर्भ से सह, आयु और पुरोजव नाम के तीन पुत्र हुए। ध्रुव की पत्नी धरणी से नगरों (पुरों) के अभिमानी देवता उत्पन्न हुए। अर्क की पत्नी वासना से तर्ष (तृष्णा) आदि पुत्र हुए। 'अग्नि-वसु' की पत्नी धारा से द्रविणक आदि पुत्र हुए। कृत्तिकापुत्र स्कन्द भी 'अग्नि-वसु' के पुत्र हुए। उनसे विशाख आदि का जन्म हुआ।

दोष की पत्नी शर्वरी के गर्भ से शिशुमार का जन्म हुआ। उसे श्री भगवान् का कलावतार मानते हैं। वसुकी पत्नी आंगिरसी से शिल्पकला के अधिपति विश्वकर्माजी का जन्म हुआ। विश्वकर्मा की पत्नी कृति से चाक्षुष मनु हुए तथा उनसे उनके पुत्र विश्वेदेव एवं साध्यगण हुए। विभावसु की पत्नी उषा से तीन पुत्र हुए—व्युष्ट, रोचिष् और आतप। आतप के पञ्चयाम नामक पुत्र हुआ। उसे दिवस नाम से भी सम्बोधित करते हैं। उसी के कारण सब जीव अपने-अपने कार्यों में लगे रहते हैं।

भूत की पत्नी दक्षनन्दिनी सरूपा से रुद्रगण उत्पन्न हुए। इनमें रैवत अज, भव, भीम, वाम, उग्र, वृषाकपि, अजैकपाद, अहिर्बुध्न्य, बहुरूप और महान्—ये ग्यारह मुख्य हैं। भूत की दूसरी पत्नी भूता से भयंकर भूत तथा विनायकादि का जन्म हुआ। ये सब ग्यारहवें प्रधान रुद्र महान् के पार्षद हुए।

अंगिरा प्रजापति की प्रथम पत्नी स्वधा से पितृगण उत्पन्न हुए और दूसरी पत्नी सती ने अथर्वांगिरस नामक वेद को ही पुत्र रूप में स्वीकार

किया। कृशाश्व की पत्नी अर्चि से धूम्रकेश का जन्म हुआ और धिषणा से चार पुत्र हुए–वेदशिरा, देवल, वयुन और मनु। तार्क्ष्यनामधारी कश्यप की चार पत्नियाँ थीं–विनता, कद्रू, पतंगी तथा यामिनी। पतंगी से पक्षियों का और यामिनी से पतिंगों का जन्म हुआ। विनता के पुत्र गरुड़ हुए। ये श्री विष्णु भगवान् के वाहन हैं। विनता के दूसरे पुत्र अरुण हैं जो भगवान् सूर्य के सारथि हैं। कद्रू से अनेकों नाग उत्पन्न हुए।

नक्षत्र अभिमानी देवता चन्द्रमा की कृत्तिका आदि सत्ताईस पत्नियाँ हैं। दक्ष प्रजापति के शाप के कारण चन्द्रमा की कोई सन्तान नहीं। कश्यप ऋषि की पत्नियाँ लोकमाताएँ हैं। उन्हीं से यह सारी सृष्टि उत्पन्न हुई है। उनके नाम हैं–अदिति, दिति, दनु, काष्ठा, अरिष्टा, सुरसा, इला, मुनि, क्रोधवशा, ताम्रा, सुरभि, सरमा और तिमि। इनमें तिमि के पुत्र हैं–जलचर जन्तु और सरमा के बाघ आदि हिंसक पशु। सुरभि की सन्तान हैं–भैंस, गाय तथा दो खुरों वाले पशु। ताम्रा की सन्तान हैं–बाज, गीध आदि शिकारी पक्षी। मुनि से अप्सराएँ उत्पन्न हुईं। क्रोधवशा के पुत्र हुए–साँप, बिच्छू आदि विषैले जन्तु। इला से वृक्ष, लता आदि पृथ्वी से उत्पन्न होने वाली वनस्पतियाँ। सुरसा से उत्पन्न हुए राक्षस (यातुधान)। अरिष्टा से गन्धर्व और काष्ठा से घोड़े आदि एक खुर वाले पशु। दनु के इकसठ पुत्र हुए। उनमें प्रधान नाम हैं–द्विमूर्धा, शम्बर, अरिष्ट, हयग्रीव, विभावसु, अयोमुख, शंकुशिरा, स्वर्भानु, कपिल, अरुण, पुलोमा, वृषपर्वा, एकचक्र, अनुतापन, धूम्रकेश, विरूपाक्ष, विप्रचित्ति ओर दुर्जय (यहाँ शब्दार्थ पर केन्द्रित नहीं होना चाहिए। वास्तव में कहने का अभिप्राय है कि, प्रजापतियों के रूप में, हर प्रजापति ने सृष्टि के भिन्न-भिन्न अंशों को उत्पन्न किया)

स्वर्भानु की कन्या सुप्रभा से नमुचि और वृषपर्वा की पुत्री शर्मिष्ठा से महाबली नहुषनन्दन ययाति ने विवाह किया। दनु के पुत्र वैश्वानर की चार कन्याएँ थीं। इनके नाम थे–उपदानवी, हयशिरा, पुलोमा तथा कालका। उपदानवी के साथ हिरण्याक्ष का और हयशिरा के साथ क्रतु का विवाह हुआ। ब्रह्माजी के ही आदेश से प्रजापति कश्यप ने वैश्वानर

की अन्य दो पुत्रियों, पुलोमा तथा कालका से विवाह किया। पुलोमा तथा कालका से पौलोम तथा कालकेय नामके (साठ हजार) दानवों की उत्पत्ति हुई। विप्रचित्ति की पत्नी सिंहिका के गर्भ से एक सौ एक पुत्र उत्पन्न हुए। उनमें सबसे बड़ा राहु था, जिसकी ग्रहों में गणना की जाती है। शेष सौ पुत्रों का नाम केतु था।

महर्षि कश्यप की पत्नी अदिति से देवाधिदेव नारायण ने अपने अंश से वामनरूप में अवतार लिया था। अदिति के पुत्र थे–विवस्वान्, अर्यमा, पूषा, त्वष्टा, सविता, भग, धाता, विधाता, वरुण, मित्र, इन्द्र और त्रिविक्रम। यही बारह आदित्य कहलाये। विवस्वान् की पत्नी महाभाग्यवती संज्ञा के गर्भ से श्राद्धदेव मनु (वैवस्वत) हुए तथा यम-यमी का जोड़ा। संज्ञा से ही अश्विनीकुमारों का जन्म हुआ।

विवस्वान् की दूसरी पत्नी छाया से शनैश्चर तथा सावर्णि मनु–दो पुत्र तथा एक कन्या (तपती) हुई। तपती के पति हुए संवरण। अर्यमा-पत्नी मातृ से चर्षणी नामक पुत्र हुए। वे कर्तव्य-अकर्तव्य (कम-अकर्म-विकर्म) ज्ञान से सम्पन्न थे। उन्हीं के आधार पर ब्रह्माजी ने मनुष्य जाति में वर्णों की कल्पना की। पूषा के कोई सन्तान न हुई। दैत्यों की छोटी बहिन कुमारी रचना, त्वष्टा की पत्नी थी। रचना के गर्भ से संनिवेश और विश्वरूप–दो पराक्रमी पुत्र हुए। एक बार जब देवगुरु बृहस्पति ने इन्द्र से अपमानित होकर देवताओं का परित्याग किया था, उस समय देवताओं ने विश्वरूप को अपना पुरोहित बनाया था।

अध्याय 7

देवगुरु बृहस्पति

राजा परीक्षित् के पूछने पर कि बृहस्पतिजी ने देवताओं को क्यों

त्यागा था, श्री शुकदेवजी ने कहा, राजन्! इन्द्र को त्रिलोकी के ऐश्वर्य प्राप्त होने का अभिमान हो गया था। इस कारण वे धर्म-मर्यादा का उल्लंघन करने लगे थे। एक दिन जब वे अपनी पत्नी शची सहित ऊँचे सिंहासन पर बैठे थे तथा उनकी भारी सभा में उनचास मरुद्‌गण, आठ वसु, ग्यारह रुद्र, आदित्य, ऋभुगण, विश्वेदेव, साध्यगण तथा दोनों अश्विनीकुमार उपस्थित थे, तथा अप्सराएँ और विद्याधर उनकी स्तुति-गान कर रहे थे, उसी समय आचार्य बृहस्पति वहाँ आ पधारे। उन्हें सुर-असुर सभी नमस्कार करते हैं (आदर देते हैं)। 'इन्द्र' उन्हें सभा में आये देखकर न तो (अपने सिंहासन से) खड़े हुए तथा न ही उन्हें आसन देकर उनका सत्कार किया। त्रिकालदर्शी बृहस्पतिजी ने देखा कि यह ऐश्वर्य मद का दोष है। वे बिना कुछ कहे वहाँ से अपने धाम को चले गये।

उसी समय देवराज इन्द्र को चेत हुआ। वे जान गये कि उन्होंने गुरुदेव की अवहेलना की है। वे इस बात पर अपनी निन्दा (पश्चाताप) करने लगे। यह स्वर्ग की राजलक्ष्मी भी बड़ी चंचल है जिससे अनायास ही, 'गर्व और रजोगुण', देवताओं में भी जाग्रत् हो जाता है। जो लोग कहते हैं कि सार्वभौम राजसिंहासन पर बैठा हुआ सम्राट् किसी के आने पर राजसिंहासन से न उठे, वे धर्म का वास्तविक रूप नहीं जानते। ऐसा उपदेश करने वाले कुमार्ग की ओर ले जाने वाले हैं। मेरे गुरुदेव बृहस्पति ज्ञान के अथाह समुद्र हैं। मैं ने बड़ी शठता की है। मैं उनके चरणों में माथा टेककर, उनसे क्षमा याचना कर, उन्हें मनाऊँगा।

जब देवराज इन्द्र इस प्रकार सोच ही रहे थे, आचार्य बृहस्पति अपने योगबल से अन्तर्धान हो गये। तब देवराज इन्द्र, बिना गुरु के अपने को सुरक्षित न समझकर, देवताओं के साथ परामर्श कर, स्वर्ग की रक्षा का उपाय सोचने लगे।

दैत्यों को भी आचार्य बृहस्पति तथा देवराज इन्द्र के बीच अनबन का पता चल गया। उन्होंने अपने गुरु शुक्राचार्य के आदेशानुसार, देवताओं पर विजय पाने के लिये आक्रमण कर दिया। इस स्थिति में,

अपनी क्षति होती देख, देवराज इन्द्र ब्रह्माजी की शरण में गये। देवताओं की इस दशा को देखकर ब्रह्माजी को उन पर बड़ी करुणा आई।

ब्रह्माजी ने देवताओं को धीरज देते हुए कहा, देवताओ! ऐश्वर्य के मद में आप से बड़ा अपराध हुआ है जो आपने ब्रह्मज्ञानी, वेदज्ञ बृहस्पतिजी का आदर नहीं किया। इसी कारण समृद्धिशाली होने पर भी आज तुम दैत्यों के सम्मुख क्षीण पड़ गये हो। भृगु ऋषि तथा शुक्राचार्य के आश्रय में दैत्य लोग समर्थ हो गये हैं। ऐसी स्थिति में स्वर्ग तो क्या वे किसी भी लोक को जीत सकते हैं। जो श्रेष्ठ मनुष्य गोविन्द, ब्राह्मण तथा गौओं को अपना सर्वस्व मानते हैं, उनका कभी अमंगल नहीं होता। अतः तुम अब शीघ्र ही त्वष्टा के पुत्र विश्वरूप के पास जाओ तथा उनकी सेवा करो। वे तपस्वी और संयमी हैं। वे तुम्हारे सहायक हो सकते हैं।

ब्रह्माजी के आदेशानुसार देवता त्वष्टा-पुत्र विश्वरूप के पास गये और कहा–बेटा विश्वरूप तुम्हारा कल्याण हो। हम अतिथि रूप में तुम्हारे आश्रम पर आये हैं। एक प्रकार से हम तुम्हारे पितर हैं। अतः तुम हमारी अभिलाषा पूर्ण करो। सत्पुत्रों का यही सबसे बड़ा धर्म है, अर्थात् अपने गुरुजनों और माता-पिता की सेवा। इस समय शत्रुओं ने हमें जीत लिया है। तुम ब्रह्मनिष्ठ ब्राह्मण हो, अतः जन्म से ही हमारे गुरु हो। हम तुम्हें आचार्य के रूप में वरण करके तुम्हारी शक्ति से अनायास ही शत्रुओं पर विजय प्राप्त कर लेंगे।

देवताओं की इस प्रकार प्रार्थना सुन कर विश्वरूप ने कहा–पुरोहिती का काम ब्रह्मतेज को क्षीण करने वाला है। इसलिये धर्मनिष्ठ महात्माओं ने उसकी निन्दा की हैं किन्तु आप देवता लोग लोकेश्वर हैं, अतः आपकी प्रार्थना स्वीकार करना ही मेरा स्वार्थ है। यद्यपि मेरा निर्वाह तो खेती कट जाने पर, जो खेत में बचे हुए दाने होते हैं, उसी से हो जाता है तथा मुझे कुछ भी इच्छित नहीं, फिर भी मैं आप लोगों का मनोरथ पूरा करूँगा।

देवताओं से ऐसी प्रतिज्ञा कर वे देवताओं की पुरोहिती बड़ी लगन से निभाने लगे। यद्यपि शुक्राचार्य ने अपने नीति-बल से असुरों की

सम्पत्ति सुरक्षित कर दी थी, फिर भी समर्थ विश्वरूप ने वैष्णवी विद्या के प्रभाव से उनसे वह सम्पत्ति छीन कर देवराज इन्द्र को दिला दी। उदार-बुद्धि विश्वरूप के कारण ही फिर से देवराज इन्द्र ने असुरों पर विजय प्राप्त की।

अध्याय 8

नारायण-कवच विधि

नारायणकवच के विषय में जिज्ञासा देखते हुए, श्री शुकदेवजी ने राजा परीक्षित् से कहा, राजन्! भय के अवसर पर अपने शरीर की रक्षा के लिये नारायणकवच धारण किया जाता है। उसकी विधि, श्री विश्वरूप के कहे अनुसार, इस प्रकार है–

अपने शरीर की शुद्धि के उपरान्त आचमन कर, हाथ में कुश की पवित्री धारणा करके, उत्तर की ओर मुख करके बैठ जाय। तदनन्तर कवच-धारण पर्यन्त मौन रहने का निश्चय कर, पवित्रता से **'ॐ नमो नारायणाय'** तथा **'ॐ नमो भगवते वासुदेवाय'**–इन मन्त्रों द्वारा हृदयादि अंगन्यास तथा अंगुष्ठादि–करन्यास करे। प्रथम 'ॐ नमो नारायणाय' इस अष्टाक्षर मन्त्र के ॐ आदि आठ अक्षरों का क्रमशः पैरों, घुटनों, जाँघों, पेट, हृदय, वक्षःस्थल, मुख और शीश में न्यास करे। अथवा पूर्वोक्त मन्त्र के मकार से लेकर ॐकारपर्यन्त आठ अक्षरों का शीश से आरम्भ करके उन्हीं आठ अंगों में विपरीत क्रम से न्यास करे। तदनन्तर 'ॐ नमो भगवते वासुदेवाय' इस द्वादशाक्षर मन्त्र के ॐ आदि बारह अक्षरों का दायीं तर्जनी से बायीं तर्जनी तक, दोनों हाथों की आठ अँगुलियों तथा दोनों अँगूठों की दो-दो गाँठों में न्यास करे। फिर 'ॐ विष्णवे नमः' इस मन्त्र के पहले अक्षर 'ॐ' का हृदय में 'वि' का ब्रह्मरन्ध्र में, 'ष्' का भौहों के बीच में, 'ण' का चोटी में, 'वे' का दोनों

नेत्रों में और 'न' का शरीर की सब गाँठों में न्यास करे। तदनन्तर 'ॐ नमः अस्त्राय फट्' कहकर दिग्बन्ध करे। इस प्रकार न्यास करने से, इस विधि को जानने वाला पुरुष मन्त्रस्वरूप हो जाता है। तत्पश्चात् समग्र ऐश्वर्य, धर्म, यश, लक्ष्मी, ज्ञान और वैराग्य से परिपूर्ण इष्टदेव भगवान् का ध्यान करे और अपने को भी तद्रूप ही चिन्तन करे। उसके बाद विद्या, तेज, और तपःस्वरूप इस कवच का पाठ करे–

भगवान् श्रीहरि गरुड़जी की पीठ पर अपने चरणकमल रखे हुए हैं। अणिमादि आठों सिद्धियाँ उनकी सेवा में उपस्थित हैं। उनके आठ हाथों में, शंख, चक्र, ढाल, तलवार, गदा, बाण, धनुष और पाश धारण हुए हैं। वे ही ऊँकारस्वरूप प्रभु सब प्रकार से मेरी रक्षा करें। मत्स्यमूर्ति भगवान् जल के भीतर जल जन्तुओं से तथा वरुण के पाश से मेरी रक्षा करें। माया से ब्रह्मचारी का रूप धारण करने वाले वामन भगवान् स्थलपर और विश्वरूप श्रीत्रिविक्रम भगवान् आकाश में मेरी रक्षा करें। जिनके घोर अट्टहास से सब दिशाएँ गूँज उठी थीं तथा दैत्य भयभीत हो गये थे, वे दैत्य-यूथपतियों के शत्रु भगवान् नृसिंह, किले, जंगल, रणभूमि आदि स्थानों पर मेरी रक्षा करें। अपनी दाढ़ों पर पृथ्वी को धारण करने वाले यज्ञमूर्ति वराह भगवान् मार्ग में, परशुरामजी के रूप में पर्वतों के शिखरों पर, लक्ष्मणजी के सहित रामचन्द्रजी प्रवास के समय मेरी रक्षा करें। भगवान् नारायण मारण-मोहन आदि भयंकर अभिचारों और सब प्रकार के प्रमादों से मेरी रक्षा करें। ऋषि श्रेष्ठ नर के रूप में गर्व से, दत्तात्रेय के रूप में योग के विघ्नों से, कपिल मुनि के रूप में कर्मबन्धनों से मेरी रक्षा करें। परम ऋषि सनत्कुमार के रूप में कामदेव से, हयग्रीव के रूप में मार्ग में चलते समय देव मूर्तियों को नमस्कार आदि न करने के अपराध से, देवर्षि नारद के रूप में सेवापराधों से तथा भगवान् कच्छप के रूप में सब नरकों से मेरी रक्षा करें। धन्वन्तरि के रूप में कुपथ्य से, जितेन्द्रिय ऋषभदेव के रूप में सुख-दुःख आदि द्वन्द्वों से, यज्ञ-भगवान् के रूप में लोकापवाद से, भगवान् बलरामजी के रूप में मनुष्यकृत कष्टों से तथा श्रीशेषजी के रूप में क्रोधवश नामक सर्पों के गण (सर्पगण) से मेरी रक्षा करें। कृष्णद्वैपायन व्यासजी के रूप में अज्ञान से

तथा बुद्धदेव के रूप में पाखण्डियों से और प्रमाद से मेरी रक्षा करें। भगवान् कल्कि अवतार के रूप में कलिकाल के दोषों से मेरी रक्षा करें। प्रातःकाल भगवान् केशव, कुछ दिन चढ़ आने पर भगवान् गोविन्द, दोपहर के पहले भगवान् नारायण और दपोहर को भगवान् विष्णु के रूप में मेरी रक्षा करें। तीसरे पहर भगवान् मधुसूदन, सांयकाल में ब्रह्मा आदि त्रिमूर्तिधारी माधव, सूर्यास्त के बाद हृषीकेश, अर्धरात्रि पूर्व तथा अर्धरात्रि के समय भगवान् पद्मनाभ के रूप में मेरी रक्षा करें। रात्रि के पिछले-प्रहर में श्रीवत्सलधाम श्रीहरि, उषाकाल में भगवान् जनार्दन, सूर्योदय से पूर्व श्रीदामोदर और सम्पूर्ण सन्ध्याओं में कालमूर्ति भगवान् विश्वेश्वर के रूप में मेरी रक्षा करें।

सुदर्शन! आपका आकार गोलाकार है। आपके किनारे का भाग प्रलयकालीन अग्नि के समान अत्यन्त तीव्र है। आप भगवान् की प्रेरणा से सब ओर घूमते हैं। आप, मेरी, शत्रु सेना से रक्षा कीजिए। कौमोदकी गदा! आप भगवान् अजित की प्रिया हैं तथा मैं उनका सेवक हूँ। अतः आप कूष्माण्ड, विनायक, यक्ष, राक्षस, भूत-प्रेतादि से मेरी रक्षा कीजिए। शंखश्रेष्ठ! आप प्रमथ, प्रेत, मातृका, पिशाच तथा ब्रह्मराक्षस आदि से मेरी रक्षा कीजिए। मेरे भगवान् की प्यारी तलवार! मेरी शत्रुओं से रक्षा कीजिए। हे मेरे भगवान् की प्यारी ढाल! मेरी रक्षा कीजिए। हे वेदमूर्ति गरुड़जी हमें सब प्रकार की विपत्तियों से बचायें। श्रीहरि के नाम, रूप, वाहन, आयुध और श्रेष्ठ पार्षदो! हमारी बुद्धि, इन्द्रिय, मन और प्राणों की सब प्रकार से रक्षा करें।

जितना भी कार्य अथवा कारणरूप जगत् है, वह वास्तव में भगवान् ही है—इस सत्य के प्रभाव से हमारे सारे उपद्रव नष्ट हो जायें। सर्वज्ञ, सर्वव्यापक भगवान् श्रीहरि सदा, सर्वत्र, सब स्वरूपों से हमारी रक्षा करें। जो अपने भयंकर अट्टहास से सब लोगों के भय को भगा देते हैं और अपने तेज से सब का तेज ग्रस लेते हैं, वे भगवान् नृसिंह दिशा-विदिशा में, नीचे-ऊपर, बाहर-भीतर सब ओर से हमारी रक्षा करें।

इस प्रकार नारायणकवच सुना कर विश्वरूप ने देवराज इन्द्र से कहा—इस कवच से तुम अपने आप को सुरक्षित कर लो। इस

नारायण-कवच को धारण करने वाला, जिसको भी अपने नेत्रों से देख लेता है अथवा पैर से छू देता है, वह तत्काल समस्त भयों से मुक्त हो जाता है। जो इस वैष्णवी विद्या को धारण कर लेता है–उसे राजा, डाकू, प्रेत, पिशाचादि तथा हिंसक पशु कभी भी किसी प्रकार का भय नहीं देते।

उदाहरण रूप में–प्राचीन काल में एक कौशिक गोत्री ब्राह्मण ने इस विद्या को धारण कर, योगधारणा से अपना शरीर मरु भूमि में त्याग दिया। जहाँ उस ब्राह्मण का शरीर पड़ा था, उसके ऊपर से गन्धर्वराज चित्ररथ अपने विमान में जा रहे थे। वहाँ पहुँचते ही वह विमान सहित पृथ्वी पर गिर पड़े। मुनियों के बताने पर कि यह वैष्णवी विद्याधारी के मृत शरीर का प्रभाव है, तो गन्धर्वराज ने ब्राह्मण की अस्थियों को उठा कर पूर्व वाहिनी सरस्वती में प्रवाहित कर दिया तथा स्नान कर अपने लोक में चले गये।

श्री शुकदेवजी ने इस प्रकार यह विश्वरूप द्वारा बताया हुआ नारायण कवच, राजा परीक्षित् से कहा। हे राजन्! इस कवच को धारण कर देवराज इन्द्र ने रणभूमि में असुरों पर विजय प्राप्त की।

अध्याय 9

विश्वरूप-वध तथा वृत्रासुर-देव युद्ध

श्री शुकदेव जी–विश्वरूप के वध, वृत्रासुर द्वारा देवताओं की पराजय तथा उनका दधीचि ऋषि के पास जाना–इस विषय में वर्णन करते हुए कहते हैं, हे परीक्षित्! हमने सुना है कि विश्वरूप के तीन सिर थे। वे एक मुख से सोमरस, दूसरे से सुरा पीते थे तथा तीसरे से अन्न खाते थे। उनके पिता, त्वष्टा आदित्य देवता थे। वे यज्ञ में देवताओं को

आहुति देते समय, असुरो को भी आहुति दिया करते थे। उनकी माता असुर कुल की थी (इसी कारण उनमें असुर वृत्ति भी थी)। वे मातृस्नेहवश असुरों को भी यज्ञ का भाग पहुँचाते थे। इस प्रकार देवताओं का अपराध तथा धर्म की ओट में अधर्म को होते देख, देवराज इन्द्र ने (भयवश) विश्वरूप के तीनों सिर काट दिये। विश्वरूप का सोम रस पीने वाला सिर पपीहा, सुरपान करने वाला गौरैया तथा अन्न खाने वाला तीतर हो गया। देवराज इन्द्र ने इस हत्या (ब्रह्महत्या) से छूटने का कोई उपाय नहीं किया, अपितु इसे स्वीकार कर लिया। एक वर्ष पश्चात् उन्होंने सबके सामने शुद्धि प्रकट करने के लिये, अपनी ब्रह्महत्या को चार भागों में बाँटकर–पृथ्वी, जल, वृक्ष तथा स्त्रियों को दे दी।

पृथ्वी ने इस के उपलक्ष में यह वरदान लिया कि जहाँ-जहाँ गड्ढा होगा, वह समय आने पर स्वयं भर जायेगा। इस प्रकार इन्द्र की ब्रह्महत्या का चतुर्थांश स्वीकार कर लिया। यही ब्रह्महत्या पृथ्वी में कहीं-कहीं ऊसर के रूप में दिखाई पड़ती है। दूसरा चतुर्थांश लेते समय वृक्षों को यह वर मिला कि उनका कोई हिस्सा कट जाने पर फिर जम जायेगा। उनमें अब भी गोंद के रूप में ब्रह्महत्या दिखाई देती है। स्त्रियों ने ब्रह्महत्या का तीसरा अंश स्वीकार कर यह वर माँगा कि वे सर्वदा पुरुष का सहवास कर सकें। यहाँ ब्रह्महत्या प्रत्येक मास उनमें रज के रूप में दिखाई पड़ती है। जल ने चतुर्थांश स्वीकार करते समय यह वर पाया कि व्यय होते रहने पर भी निर्झर आदि के रूप में उसकी वृद्धि होती रहेगी। उसमें फेन, बुदबुद रूप में ब्रह्महत्या दिखाई देती है।

(मातृप्रेम के कारण विश्वरूप की असुरों में भी रुचि थी। देवराज इन्द्र को कदाचित् यह भय हुआ कि वह असुरों को भी देवताओं के समान समर्थ बना रहा है। इसी कारण देवराज इन्द्र ने विश्वरूप के तीनों सिर काट दिये तथा ब्रह्महत्या का, देवताओं के हित में, अपने ऊपर दायित्व ले लिया।)

विश्वरूप की हत्या के पश्चात्, उनके क्रुद्ध हुए पिता त्वष्टा, इन्द्र-शत्रु उत्पन्न करने के लिये यज्ञ करने लगे। यज्ञ समाप्त होने पर

अन्वाहार्य-पचन नामक अग्नि (दक्षिणाग्नि) से एक बड़ा भयानक दैत्य प्रकट हुआ। वह प्रति दिन अपने शरीर के सब ओर बाण के बराबर बढ़ने लगा। वह जले हुए पर्वत के समान काला और बड़े डील-डौल वाला था। उसके बाल और दाढ़ी-मूँछ तपे ताँबे के समान लाल थे। उसके नेत्र अत्यन्त चमकीले थे। उसके भयानक रूप को देख कर सभी इधर-उधर भागने लगे।

त्वष्टा के उस तमोगुणी क्रूर पुत्र का नाम वृत्रासुर पड़ा। श्रेष्ठ देवता, अपने-अपने अनुयायिों सहित, एक साथ उसको मारने के लिये, उस पर टूट पड़े तथा अपने दिव्यास्त्रों से उस पर प्रहार करने लगे। परन्तु वह उनके सब अस्त्र-शस्त्रों को निगलने लगा। अब देवता, आश्चर्यचकित, दीनभाव से, श्री नारायणजी की शरण में गये।

देवताओं ने श्री भगवान् से प्रार्थना की, हे प्रभो! जिस 'काल' की हम सब देवता तथा ब्रह्माजी भी पूजा और आदर करते हैं, वह भी आपसे भयभीत रहता है। अतः आप ही हमारे रक्षक हैं। आप सर्वज्ञ हैं तथा आप किसी बात से भी विस्मित नहीं होते। आप अपने स्वरूपसाक्षात्कार से ही सर्वथा पूर्णकाम, सम एवं शान्त हैं। वैवस्वत मनु, पिछले कल्प के अन्त में, जिनके विशाल सींग से पृथ्वी रूप नौका को बान्धकर, अनायास ही प्रलयकालीन संकट से बच गये थे, वे ही मत्स्य भगवान् हम शरणागतों को वृत्रासुर के भय से विमुक्त करेंगे। अद्वितीय होने पर भी आपने अपनी माया से हमारी रचना की तथा आप ही के अनुग्रह से हमलोग सृष्टि कार्य का संचालन करते हैं।

वे प्रभु जब देखते हैं कि देवता अपने शत्रुओं (असुरों) से बहुत पीड़ित हो रहे हैं, तब वे वास्तव में निर्विकार होते हुए भी माया द्वारा देवता, ऋषि, पशु-पक्षी और मनुष्यादि योनियों में अवतार लेते हैं तथा युग-युग में देवताओं तथा ऋषि-मुनि, भक्तों (स्वजनों) की रक्षा करते हैं। वे विश्व से पृथक् भी हैं और विश्वरूप भी हैं। हम सब देवता उन्हीं शरणागतवत्सल भगवान् श्रीहरि की शरण ग्रहण करते हैं। उदारशिरोमणि प्रभु अवश्य ही अपने निज-जन हम देवताओं का कल्याण करेंगे।

देवताओं की स्तुति सुन, अपने चतुर्भुज रूप में, श्रीहरि उनके समक्ष प्रकट हुए। उनके सोलह पार्षद उनकी सेवा में तत्पर थे। उनका दर्शन पाकर देवता कृतार्थ हो गये तथा उन्हें साष्टांग दण्डवत् प्रणाम किया।

देवताओं ने कहा, भगवन्! यज्ञ में स्वर्गादि देने की शक्ति तथा उनके फल की सीमा निश्चित करने वाले 'काल' भी आप ही हैं। यज्ञ में विघ्न डालने वाले दैत्यों को आप सुदर्शन चक्र से छिन्न-भिन्न कर देते हैं। हम आपको बार-बार नमस्कार करते हैं। हे विधाता! सत्त्व, रज, तम–इन तीनों गुणों के अनुसार जो उत्तम, मध्यम और निकृष्ट गतियाँ प्राप्त होती हैं, उनके नियामक आप ही हैं। भगवन्! नारायण! वासुदेव! आप आदिपुरुष जगत् के कारण और पुरुषोत्तम हैं। आप परम मंगलमय, परम कल्याणस्वरूप तथा परम-दयालु हैं। आपको बार-बार नमस्कार है। आपकी लीला का रहस्य कोई नहीं जानता। आप बिना किसी आश्रय तथा प्राकृत शरीर के, हम लोगों के सहयोग की अपेक्षा न करके, निर्गुण ओर निर्विकार होने पर भी, स्वयं ही इस सगुण जगत् की सृष्टि, रक्षा और संहार करते हैं। आप आत्माराम, शान्तस्वभाव, सबसे उदासीन, साक्षीमात्र रहते हैं तथा सब में समभाव हैं।

जैसे एक ही रस्सी का टुकड़ा, भ्रान्त पुरुषों को सर्प, माला, धारा आदि के रूप में प्रतीत होता है, किन्तु 'ज्ञाता' को केवल रस्सी के ही रूप में, वैसे ही आप, भ्रान्त बुद्धिवालों को कर्ता, भोक्ता आदि अनेक रूपों में दीखते हैं, परन्तु ज्ञानियों को शुद्ध सच्चिदानन्द रूप में। आप ही समस्त वस्तुओं में वस्तुत्व के रूप में विद्यमान हैं, सबके स्वामी हैं और सम्पूर्ण जगत् के कारण ब्रह्मा, प्रकृति आदि के भी कारण हैं। आप अन्तर्यामी, अन्तरात्मा हैं; अतः जगत् में जितने भी गुण-दोष प्रतीत हो रहे हैं, उन सब की प्रतीतियाँ अपने अधिष्ठानस्वरूप आपका ही संकेत करती हैं और श्रुतियों ने समस्त पदार्थों का निषेध करके अन्त में निषेध की अवधि के रूप में केवल आपको ही शेष रखा है। हे मधुसूदन! आपकी अमृतमयी महिमा, रस का अनन्त समुद्र है। उसके नन्हे-से सीकर का भी, अधिक नहीं, एक बार भी स्वाद चख लेने से हृदय में

नित्य-निरन्तर परमानन्द की धारा बहने लगती है। अतः आपके प्यारे और सुहृद् भक्तजन, भला आपके चरणकमलों का आश्रय कैसे त्याग सकते हैं, जिससे जन्म-मृत्यु रूप संसार के चक्र से सदा के लिये मुक्ति हो सकती है।

आपने अपने तीन पगों से तीनों लोकों को नाप लिया था तथा आप ही तीनों लोकों के संचालक हैं। आपकी महिमा अवर्णनीय है। इसमें सन्देह नहीं कि दैत्य, दानव तथा असुर भी आपकी ही विभूतियाँ हैं। यह देखकर कि 'यह उनकी उन्नति का समय नहीं', आप अपनी योगमाया से देवता, मनुष्य, पशु, नृसिंह आदि (मिश्रित) तथा मत्स्य आदि जलचरों के रूप में अवतार लेते हैं तथा उनके अपराध के अनुसार उन्हें दण्ड देते हैं। दण्डधारी प्रभु! यदि उचित समझें तो आप उन्हीं असुरों के समान इस वृत्रासुर का भी नाश कर दें। हम आप से यह प्रार्थना करते हैं कि आप अपनी दयाभरी, विशद, सुन्दर अैर शीतल मुस्कानयुक्त चितवन से तथा अपने मुखारविन्द से निकले हुए मनोहर वाणीरूप सुमधुर सुधाबिन्दु से हमारे हृदय का ताप हर लीजिए। आपसे भला क्या कहें, क्योंकि आप सम्पूर्ण जगत् की उत्पत्ति, स्थिति तथा लय करने वाली दिव्य माया से विनोद करते रहते हैं तथा समस्त जीवों के अन्तःकरण में ब्रह्म और अन्तर्यामी रूप में विराजमान हैं। अतः हम अपना अभिप्राय आपसे निवेदन करें, इसकी अपेक्षा न रखकर, जिस अभिलाषा से हम यहाँ आये हैं, उसे पूर्ण कीजिए। सर्वशक्तिमान् श्रीकृष्ण! वृत्रासुर ने हमारे प्रभाव तथा अस्त्र-शस्त्रों को निगल लिया है (शक्तिहीन कर दिया है)। अब वह तीनों लोकों के लिये आतंक बना हुआ है। आप उसे मार डालिये। प्रभो! आप शुद्धस्वरूप हृदयस्थित शुद्ध ज्योतिर्मय आकाश, सबके साक्षी, अनादि, अनन्त और उज्ज्वल कीर्ति सम्पन्न हैं। हम आपकी शरण, आपको नमस्कार करते हैं।

देवताओं की स्तुति तथा प्रार्थना सुन कर श्री भगवान् ने कहा, श्रेष्ठ देवताओ! तुमने स्तुतियुक्त ज्ञान से मेरी उपासना की है। इस स्तुति के द्वारा जीवों को अपने वास्तविक स्वरूप की स्मृति तथा मेरी भक्ति प्राप्त

होती है। मेरे प्रसन्न होने पर कोई भी वस्तु दुर्लभ नहीं रह जाती। तत्त्ववेत्ता भक्त मुझ से, मेरे अतिरिक्त और कुछ भी नहीं चाहते। देवराज इन्द्र! तुम्हारा (तुम लोगों का) कल्याण हो। तुम लोग ऋषिशिरोमणि दधीचि के पास जाओ तथा उनसे उनका शरीर–जो उपासना, व्रत तथा तपस्या से अत्यन्त दृढ़ हो गया है–माँग लो। ऋषि दधीचि को शुद्ध ब्रह्मज्ञान है। उनके आत्मविद्या के उपदेश से दोनों अश्विनीकुमार जीवन्मुक्त (मुक्ति प्राप्ति) हो गये। अथर्ववेदी दधीचि ऋषि ने ही सर्वप्रथम मेरे स्वरूपभूत अभेद्य नारायणकवच का त्वष्टा को उपदेश दिया था। त्वष्टा ने वही विश्वरूप को दिया और विश्वरूप ने तुम्हें। दधीचि ऋषि धर्म-मर्मज्ञ हैं। वे तुम लोगों को, अश्विनीकुमारों के माँगने पर, अपने शरीर के अंग अवश्य दे देंगे। तत्पश्चात् विश्वकर्मा द्वारा उन अंगों से एक श्रेष्ठ आयुध तैयार करना। देवराज! मेरी शक्ति से युक्त होकर तुम उसी शस्त्र से वृत्रासुर का शीश काट देना। वृत्रासुर के मरने पर तुम्हें तुम्हारे अस्त्र-शस्त्र तथा सम्पत्तियाँ फिर से प्राप्त हो जायेंगी। तुम्हारा कल्याण अवश्यम्भावी है। मेरे शरणागत को कोई दुःख नहीं दे सकता।

अध्याय 10

इन्द्र-वज्र निर्माण

श्री शुकदेवजी ने राजा परीक्षित् से कहा कि देवताओं को उपदेश देखकर श्रीहरि अन्तर्धान हो गये। भगवद् आज्ञानुसार देवताओं ने उदारशिरोमणि दधीचि ऋषि के पास जाकर उनके शरीर के लिये याचना की। इस पर ऋषिशिरोमणि ने देवताओं से कहा कि प्राण होते हुए शरीर को त्याग (नष्ट) करने में असह्य पीड़ा होती है। जो जीव जगत् में रहना चाहते

हैं, उनके लिये शरीर–अनमोल, प्रियतम तथा अभीष्ट वस्तु है।

देवताओं ने फिर भी प्रार्थना की कि महापुरुष, प्राणियों के हित–हेतु, कौन वस्तु न्योछावर नहीं कर सकते। माँगने वाले तो सदा स्वार्थी ही होते हैं, परन्तु दाता उनकी विपत्ति नहीं जानता, अन्यथा उसके मुख से कभी 'न' न निकले। हमारी विपत्ति जान कर हे ऋषिवर, हमारी प्रार्थना (याचना) पूर्ण कीजिये।

दधीचि ऋषि ने कहा, हे देवताओ! मैंने धर्म की बात सुनने के लिये ही आपकी माँग (इच्छा) की उपेक्षा की थी। लीजिये मैं अपने शरीर को आप के लिये अभी त्याग देता हूँ। जो मनुष्य इस विनाशी शरीर से दुःखी प्राणियों पर दया नहीं करता, धर्म और यश का सम्पादन नहीं करता, वह जड़–वृक्ष तथा वनस्पति के समान है। बड़े–बड़े महात्माओं ने इस धर्म की पालना की है। वास्तव में इस शरीर का, उन महात्माओं के अनुसार, केवल इतना ही अभिप्राय है कि प्राणीमात्र के सुख–दुःख में उनका भागी बने (उनके लिये वैसा ही अनुभव करे)। शरीर सहित, ये जगत् के सब पदार्थ, क्षणभंगुर हैं। ये वास्तव में अपने किसी काम नहीं आते। यह बड़े दुःख की बात है कि यह मरणधर्मा मनुष्य इस शरीर के द्वारा दूसरों का उपकार नहीं करता।

इस प्रकार कहकर, अथर्ववेदी महर्षि दधीचि ने अपने को परब्रह्म में लीन कर, अपना स्थूल शरीर त्याग दिया।

तदनन्तर विश्वकर्माजी ने दधीचि ऋषि की अस्थियों से वज्र निर्मित कर देवराज इन्द्र को दिया। इस वज्र को धारण कर देवराज इन्द्र एरावत हाथी पर सवार हुए तथा सभी देवताओं सहित उन्होंने वृत्रासुर का वध करने के लिये उस पर आक्रमण कर दिया। वृत्रासुर भी एक बड़ी सेना सहित देवताओं के समक्ष युद्ध के लिये प्रस्तुत हो गया। जो वैवस्वत मन्वन्तर इस समय चल रहा है, उस समय इस मन्वन्तर के सर्व प्रथम चतुर्युग का त्रेतायुग आरम्भ हुआ था। नर्मदा नदी के तट पर, देवताओं तथा दैत्यों का यह भयंकर युद्ध हुआ। जिस प्रकार एक ओर सभी देवताओं का समूह था, उसी प्रकार दूसरी ओर दैत्यों का समूह था,

जिसमें प्रधानतया नमुचि, शम्बर, अनर्वा, द्विमूर्धा, ऋषभ, अम्बर, हयग्रीव, शंकुशिरा, विप्रचित्ति, अयोमुख, पुलोमा, वृषपर्वा आदि थे।

दोनों ओर से दिव्य अस्त्र-शस्त्रों का प्रहार होने लगा। अस्त्र-शस्त्र समाप्त होने पर दैत्यों ने वृक्ष तथा पर्वत शिलाओं का प्रयोग करना आरम्भ कर दिया। देवताओं को श्रीहरि का आशीर्वाद तथा शक्ति प्राप्त थी, अतः दैत्य किसी भी प्रकार इस युद्ध में टिक न सके। दैत्यलोग देवताओं को पराजित करने के लिये जो-जो प्रयत्न करते, वह वैसे ही निष्फल होते, जैसे भगवान् श्रीकृष्ण द्वारा सुरक्षित भक्तों पर क्षुद्र मनुष्यों के कठोर अमंगलमय दुर्वचन।

जिस समय दैत्य सेना असहाय सी होकर भागने लगी तो वृत्रासुर ने प्रमुख दैत्य सेनापतियों को सम्बोधित करते हुए कहा—इसमें सन्देह नहीं कि हमें एक न एक दिन अवश्य मरना है। ऐसी स्थिति में यदि 'वीर-मृत्यु' से स्वर्ग और सुयश मिल रहा हो, तो कौन बुद्धिमान् उस मृत्यु को स्वीकार नहीं करेगा। जैसे योगी को अपने संयम में मृत्यु को प्राप्त करने में फल मिलता है, वैसे ही युद्ध भूमि में वीरगति को प्राप्त हुए को फल मिलता है।

अध्याय 11

देव-वृत्रासुर संग्राम

जैसे भयभीत मनुष्य भ्रमित हो जाता है, इसी प्रकार वृत्रासुर के सेनापति तथा सेना अपने स्वामी के वचनों का मर्म न जान सकी तथा तितर-बितर होने लगी। इस पर क्रोधित हो कर वृत्रासुर अकेला ही देवताओं की सेना के समक्ष डट गया तथा युद्ध करने लगा।

वृत्रासुर बड़ा बली था तथा अपनी युद्धकला से देवताओं को भी

आश्चर्यचकित कर रहा था। देवराज इन्द्र तथा वृत्रासुर, परस्पर युद्ध में, एक दूसरे पर दिव्य अस्त्र-शस्त्रों से प्रहार कर रहे थे। वृत्रासुर की गदा से गजराज एरावत घायल हो गया, परन्तु देवराज इन्द्र द्वारा वह पुनः स्वस्थ हो गया।

क्रोधित अवस्था में वृत्रासुर, न कहने योग्य वचन बोलता हुआ, देवराज इन्द्र तथा अन्य देवताओं को ललकार रहा था। वह देवराज इन्द्र को अपने निर्दोष ब्राह्मण-भ्राता विश्वरूप का हत्यारा कह रहा था। वह कह रहा था कि या तो वह देवताओं पर भारी पड़ेगा अथवा देवराज इन्द्र के वज्र द्वारा मारा जायेगा। मरने की स्थिति में भी वह वीरगति को प्राप्त हो, भव-बन्धन से मुक्त हो जायेगा।

वृत्रासुर ने देवराज इन्द्र को सम्बोधित करते हुए पुनः कहा—तेरा यह वज्र श्रीहरि के तेज से और दधीचि ऋषि की तपस्या से शक्तिमान् हो रहा है। विष्णु भगवान् ने मुझे मारने के लिये तुझे आज्ञा दी है। अतः तू अब मुझे इसी वज्र से मार डाल। जिसके पक्ष में भगवान् श्रीहरि हैं, वहीं पर विजय, लक्ष्मी तथा सर्व ऐश्वर्य निवास करते हैं। भगवान् संकर्षण की आज्ञानुसार, मैं, अपने मन को उनके चरणकमलों में लीन कर दूँगा। इस वज्र का वेग मुझे नहीं, अपितु मेरे विषय-भोग रूप फंदे (बन्धन) को काट देगा। जो भगवान् से प्रेम करते हैं, उन्हें वे स्वर्ग, पृथ्वी अथवा रसातल की सम्पत्तियाँ नहीं देते, क्योंकि उनसे परमानन्द की उपलब्धि नहीं होती, अपितु उद्वेग, क्लेश, द्वेष, अभिमान, मानसिक पीड़ा तथा दुःख ही मिलते हैं। श्री भगवान्, भक्त के अर्थ, धर्म तथा कामना सम्बन्धी प्रयास को व्यर्थ कर देते हैं। इसी से उनकी कृपा का अनुमान होता है। भक्तों के लिये उनका यह कृपाप्रसाद अत्यन्त दुर्लभ है।

अब श्रीहरि को समक्ष रखते हुए, वृत्रासुर ने प्रार्थना की—प्रभो आप मुझ पर कृपा कीजिए कि मुझे अनन्यभाव से आपके चरणकमलों के आश्रित, आपकी सेवा का अवसर अगले जन्म में भी प्राप्त हो। मेरा मन आपके मंगलमय गुणों का स्मरण करता रहे। मेरी वाणी आपका गान तथा मेरा शरीर आपकी सेवा में अनुरक्त रहे। मैं तीनों लोकों का राज्य, भोग

की सिद्धियाँ तथा मोक्ष भी नहीं चाहता। मेरा मन आपके दर्शनों के लिये उल्लसित है। मुझे जन्म-मरण अथवा योनि परिवर्तन की भी चिन्ता नहीं। मैं जिस भी प्रकार का जन्म लूँ, वहाँ-वहाँ मेरा आप में तथा आपके भक्तों में अनुराग बना रहे। मेरा मन संसार से सदा विरक्त रहे।

अध्याय 12

वृत्रासुर-वध

वृत्रासुर के वध के विषय में श्री शुकदेवजी, राजा परीक्षित् को इस प्रकार कहते हैं—राजन्! वृत्रासुर रणभूमि में अपना शरीर छोड़ना (प्राण त्यागना) चाहता था, एक तो इस कारण कि वह श्रीहरि की, इन्द्र को दी हुई शक्ति के सम्मुख अपने को आत्मस्मर्पण कर, उनकी शक्ति का मान रखना चाहता था, तथा दूसरे वह इन्द्र पर विजय प्राप्त करने की अपेक्षा, मरकर, श्रीहरि को प्राप्त करना श्रेष्ठ समझता था। फिर भी वृत्रासुर ने प्रयलकालीन अग्नि जैसे प्रज्वलित अपने त्रिशूल को बड़े वेग से इन्द्र पर चलाया। परन्तु इन्द्र ने वज्र प्रहार से एक तो उसके त्रिशूल को नष्ट कर दिया तथा साथ ही वृत्रासुर की एक भुजा काट दी। इस स्थिति में भी वृत्रासुर ने पुनः इन्द्र पर प्रहार किया। इससे देवराज इन्द्र का वज्र उनके हाथ से गिर पड़ा। तदनन्तर वृत्रासुर ने कहा—इन्द्र तुम वज्र उठा कर अपने शत्रु का वध कर दो। यह विषाद करने का समय नहीं। वास्तव में सर्वज्ञ, सनातन, आदिपुरुष श्री भगवान् ही जगत् की उत्पत्ति, स्थिति तथा प्रलय करने में समर्थ हैं। ये सब लोक, अपने लोकपालों सहित, काल के ही वशीभूत हैं। वह काल ही सबकी जय-पराजय का कारण है। मनुष्य स्वयं से तो कुछ भी नहीं। श्री भगवान् की कृपा (आज्ञा) बिना तो प्रकृति, महत्तत्त्व भी सृष्टि सृजन करने में समर्थ नहीं हैं।

मायावश, मनुष्य परतन्त्र जीव को स्वतन्त्र कर्ता-भोक्ता मान बैठता है। वस्तुतः स्वयं भगवान् ही प्राणियों द्वारा प्राणियों की रचना और उन्हीं द्वारा उनका संहार करते हैं। समय की अनुकूलता होने पर धन, मान, यश, ऐश्वर्यादि भोग, स्वयं ही प्राप्त हो जाते हैं। अतः यश-अपयश, जय-पराजय, सुख-दुःख, जीवन-मरण–सभी स्थितियों में समभाव रहना चाहिए। सत्त्व, रज, तम–ये तीनों गुण प्रकृति के हैं, आत्मा के नहीं। जो आत्मा को केवल साक्षी रूप से मानता है, वह इन गुणों से लिप्त नहीं होता। देवराज इन्द्र! तुमने मेरी एक भुजा काटकर वास्तव में मुझे परास्त कर दिया है, परन्तु मैं फिर भी युद्ध के लिये उद्यत हूँ। युद्ध तो एक प्रकार का जूआ है। कोई नहीं जानता कि कौन किसको जीतेगा।

वृत्रासुर के सत्य और निष्कपट वचन सुन कर इन्द्र ने अपना वज्र उठाया और वृत्रासुर की सराहना करते हुए उससे कहा–वास्तव में तुम एक सिद्ध पुरुष हो। तुमने अनन्यभाव से श्री भगवान् की भक्ति की है। (ऋषि-सन्तान होने के कारण, जहाँ वृत्रासुर बलवान् तथा शक्तिशाली था, वहाँ उतना ही प्रभु-भक्त भी था)। माया का उल्लंघन कर, तुम असुरोचित भाव छोड़, एक महात्मा हो गये हो। तभी तो इस युद्धक्षेत्र में भी तुम्हारी बुद्धि श्रीहरि में दृढ़ता से स्थित है।

इसके पश्चात् फिर युद्ध होने लगा। वृत्रासुर एक हाथ से ही देवराज इन्द्र पर शक्तियाँ बरसाने लगा। परन्तु देवराज इन्द्र ने उन शक्तियों को विफल करते हुए, अपने व्रज (सौ गाँठों वाला वज्र) से उसकी दूसरी भुजा भी काट दी। दोनों भुजायें कटने पर भी वृत्रासुर अपने पावों से देव सेना को कुचलने लगा तथा देवराज इन्द्र की ओर काल की तरह लपका। देवराज इन्द्र ने नारायण कवच धारण कर वृत्रासुर का सामना किया तथा अपने वज्र से वृत्रासुर के शरीर को घायल कर, उसका सिर काट दिया।

इस प्रकार वृत्रासुर की मृत्यु तथा देवताओं की विजय हुई। सभी देवताओं ने पराक्रमी वृत्रासुर तथा देवराज इन्द्र की सराहना की तथा देवराज इन्द्र पर पुष्प-वर्षा की। इसके साथ ही वृत्रासुर की आत्मज्योति

उसका शरीर छोड़ श्रीहरि में समा गई।

अध्याय 13

इन्द्र पर ब्रह्महत्या का प्रकोप

श्री शुकदेवजी राजा परीक्षित् से कहते हैं कि वृत्रासुर के वध से सर्व देवताओं तथा लोकपालों को प्रसन्नता हुई तथा उनका वृत्रासुर का भय जाता रहा, परन्तु देवराज इन्द्र प्रसन्न होने की अपेक्षा चिन्तित हो गये। वास्तव में उनकी चिन्ता का कारण था एक और ब्रह्महत्या।

देवराज इन्द्र ने ऋषियों तथा देवताओं से कहा–मुझे विश्वरूप के वध से जो ब्रह्महत्या लगी थी, वह तो मैंने पृथ्वी, जल, स्त्री तथा वृक्षों में बाँट दी, परन्तु अब जो दूसरी ब्रह्महत्या फिर हो गई है, इससे मैं कैसे बच पाऊँगा?

ऋषियों ने कहा, हे देवराज! आप तनिक भी भय मत कीजिए। हम आप से अश्वमेध यज्ञ करवा कर आप को इस पाप से मुक्त कर देंगे। अश्वमेध यज्ञ करके तथा अन्तर्यामी सर्वशक्तिमान् श्री नारायण जी की आराधना से तो तुम सम्पूर्ण जगत् का वध करने के पाप से भी मुक्त हो सकते हो। श्री भगवान् के कीर्तनमात्र से ही सब प्रकार के पापों से मुक्ति हो जाती है। अतः हम अश्वमेध महायज्ञ का अनुष्ठान करेंगे। उसके द्वारा श्रद्धापूर्वक भगवान् की अर्चना करके तुम ब्रह्मापर्यन्त समस्त चराचर जगत् की हत्या के पाप से भी लिप्त नहीं होगे, फिर एक दुष्ट की हत्या की तो बात ही क्या है।

वृत्रासुर के मरणोपरान्त, ब्रह्महत्या, इन्द्र के समक्ष आई। उसके कारण इन्द्र को बड़ा क्लेश हुआ तथा अन्तरपीड़ा भी हुई। इससे बचने हेतु देवराज इन्द्र मानसरोवर में प्रवेश कर गये। जब तक देवराज इन्द्र

अनुपस्थित रहे, राजा नहुष, अपने योगबल, तपस्या तथा विद्या के प्रभाव से स्वर्ग पर शासन करते रहे। पानी के भीतर देवराज को अपना देव-भाग भी नहीं पहुँचता था, क्योंकि अग्नि देवता जल में कैसे प्रवेश करता? ऐश्वर्य के मद में जब एक बार राजा नहुश इन्द्र-पत्नी शची के साथ अनाचार करना चाहते थे, तो देवी शची ने ऋषियों से शाप दिला कर, राजा नहुष को साँप में परिवर्तित करा कर स्वर्गच्युत करा दिया।

जब श्रीहरि की आराधना से इन्द्र के पाप प्रायः नष्ट हो गये तो वे स्वर्ग लौट आये। माँ लक्ष्मीजी की रक्षा से तथा पूर्वोत्तर दिशा के अधिपति रुद्र द्वारा 'पाप' पहले ही निस्तेज हो गया था तथा वह देवराज इन्द्र को कोई क्षति न पहुँचा सका।

तत्पश्चात् ब्रह्मर्षियों ने स्वर्ग में आकर श्री भगवान् की आराधना के लिये देवराज इन्द्र को अश्वमेध यज्ञ की दीक्षा दी तथा उनसे अश्वमेध यज्ञ कराया। जब मरीचि आदि मुनीश्वरों ने देवराज 'इन्द्र' से विधिपूर्वक अश्वमेध यज्ञ कराया, तब उसके द्वारा सनातनपुरुष यज्ञपति भगवान् की आराधना से, इन्द्र सब पापों से मुक्त हो, पुनः पूजनीय हो गये।

अध्याय 14

वृत्रासुर-पूर्वचरित्र

राजा परीक्षित् ने श्री शुकदेवजी से पूछा—वृत्रासुर तो स्वभाव से रजोगुणी तथा तमोगुणी था, फिर देवताओं को कष्ट पहुँचा कर भी वह श्रीहरि की दृढ़ भक्ति को कैसे प्राप्त हुआ? श्रीहरि की भक्ति से तो कई बार शुद्ध, सत्त्वमय देवता तथा ऋषिगण भी वञ्चित रह जाते हैं। वृत्रासुर इस घोर असुर-देव युद्ध में किस प्रकार अपनी वृत्ति को भगवान् श्रीकृष्ण में लगा सका?

राजा परीक्षित् का संशय निवारण करते हुए श्री शुकदेवजी ने कहा–परीक्षित्, सुनो। यह इतिहास मैंने देवर्षि नारदजी तथा महर्षि देवल के मुख से सुना है। प्राचीन काल में शूरसेन देश में चक्रवर्ती सम्राट् महाराज चित्रकेतु राज्य करते थे। उनके राज्य में (समय पर वर्षा तथा गरिमा होने से) पृथ्वी से अन्न की उत्पत्ति स्वाभाविक थी। उनकी कई पत्नियाँ थी तथा वे सन्तान उत्पन्न करने में भी समर्थ थे, फिर भी उनके कोई सन्तान न होने के कारण वे दु:खी थे। एक दिन समर्थ अंगिरा ऋषि उनके महल में आये। राजा ने विधिवत् उनकी पूजा की। आतिथ्य-सत्कार पश्चात् ऋषिवर ने स्थान (आसन) ग्रहण किया। राजा विनीतभाव, भक्तिभाव से ऋषि अंगिरा के सम्मुख पृथ्वी पर ही बैठे हुए थे।

उनके भाव को देखते हुए अंगिरा ऋषि ने कहा, राजन्! क्या तुम अपने गुरु, मन्त्री, राष्ट्र, दुर्ग, कोष, सेना तथा मित्रों सहित कुशल तो हो? जैसे जीव महत्तत्त्वादि सात आवरणों से घिरा रहता है तथा प्रकृतियाँ (सात आवरण रूप प्रपञ्च) अनुकूल होने से जेसे राजा सुख भोग सकता है, वैसे ही प्रकृतियाँ भी अपनी रक्षा का भार राजा पर छोड़ कर सुख तथा समृद्धि लाभ कर सकती हैं।

क्या तुम्हारी रानियाँ, प्रजा, मन्त्री, सेवक, व्यापारी, अमात्य, नागरिक, मण्डलेश्वर राजा और पुत्र तुम्हारे वश में हैं? वास्तव में जिसका अपना मन वश में हो, उसके वे सभी वश में होते हैं। परन्तु मैं देख रहा हूँ कि तुम स्वयं सन्तुष्ट नहीं हो। चिन्ता के चिन्ह तुम्हारे मुख पर केन्द्रित हैं। क्या तुम स्वयं असन्तुष्ट हो अथवा इसका कारण कोई और है? अंगिरा ऋषि जानते हुए भी अनजान बन रहे थे।

सम्राट् चित्रकेतु ने कहा, हे ऋषिवर! योगी, तपस्वी, ज्ञानी, ध्याननिष्ठ! आपसे क्या छिपा है। फिर भी मैं आपकी आज्ञ और प्रेरणा से अपनी चिन्ता का कारण आपको निवेदन करता हूँ। मुझे तीनों लोकों के सुख और ऐश्वर्य प्राप्त हैं। परन्तु सन्तान न होने के कारण मुझे इन भोगों से उसी प्रकार शान्ति नहीं मिल रही जैसे भूखे-प्यासे प्राणी को अन्न-जल के सिवा अन्य भोगों से। इस कारण मैं तो दु:खी हूँ, मेरे पितर भी पिण्डदान की क्रिया लुप्त होते देख दु:खी हो रहे हैं। मुझे इस घोर संकट

से उबारिये।

राजा चित्रकेतु की इस प्रकार प्रार्थना सुन कर, ब्रह्मपुत्र परमकृपालु अंगिरा ने त्वष्टा देवता के योग्य चरु निर्माण करके, राजा द्वारा उनका यजन किया। राजा चित्रकेतु की सबसे बड़ी रानी कृतद्युति थी। ऋषि अंगिरा ने उसी को यज्ञ का अवशेष प्रसाद दिया तथा कहा, राजन्! तुम्हारी पत्नी से एक पुत्र होगा जो तुम्हें हर्ष और शोक दोनों देगा। ऋषि कथनानुसार महारानी कृतद्युति ने गर्भ धारण किया तथा अपने गर्भ में अग्नि कुमार को धारण किया।

तदनन्तर समय आने पर रानी के गर्भ से एक सुन्दर बालक का जन्म हुआ। उसके जन्म-समाचार से शूरसेन देश की प्रजा अत्यन्त प्रसन्न हुई। फिर राजा ने वस्त्राभूषणों से सुसज्जित हो कर, ब्राह्मणों से स्वस्तिवाचन करवाकर तथा आशीर्वाद लेकर, पुत्र का जातकर्म संस्कार करवाया। ब्राह्मणों तथा अन्य लोगों को यथोचित दान दिया तथा उनसे अपने पुत्र की आयु तथा यश के लिये शुभ कामनाएँ तथा आशीर्वाद लिये।

बड़ी कठिनता से पुत्र प्राप्ति के कारण राजा चित्रकेतु का पुत्र-स्नेहबन्धन बढ़ने लगा। माता कृतद्युति का भी अपने पुत्र पर उसी प्रकार स्नेह था। इस कारण दूसरी रानियों में, उनसे राजा का प्यार कम होने से, ईर्ष्याभाव जाग्रत् होने लगा। उन्हें लगने लगा कि सन्तानहीन होने से उनकी दशा दासियों जेसी हो गई है। इस प्रकार अन्य रानियाँ द्वेषाग्नि में जलने लगीं तथा राजा उनके प्रति उदासीन होता गया। डाह की स्थिति यहाँ तक पहुँच गई कि अन्य रानियों ने मिलकर राजकुमार को विष दे दिया। रानी कृतद्युति को इस बात का ज्ञान तब हुआ जब बहुत देर तक न उठने पर राजकुमार की दाई माँ (धाया) उसे जगाने गई। तब तक राजकुमार मर चुका था।

राजकुमार को मृतावस्था में पा कर धाया ने ऊँचे स्वर में चीख मारी। सर्व रनिवास में शोक, कोलाहल तथा रुदन का वातावरण छा गया। पुत्र की अकस्मात् मृत्यु पर राजा भी पुत्र स्नेहवश शोकग्रस्त हो गये। उनकी

आँखों के सामने अन्धेरा छा गया। राजा चित्रकेतु तथा रानी कृतद्युति की शोकस्थिति एक समान थी।

शोकाकुल प्राणी की बुद्धि विवेकरहित हो जाती है। यही दशा राजा तथा रानी की थी। वे अपने भाग्य के साथ विधाता को भी कोसने लगे। यदि बालकों की ऐसी अकस्मात् मृत्यु होने लगी तो विधि का विधान छिन्न-भिन्न हो जायेगा। साधारण प्राणियों की तरह राजा-रानी एक तो रुदन कर ही रहे थे, दूसरे अपने पुत्र को जाग्रत् होने के लिये विलापभरी वाणी में प्रार्थना कर रहे थे। वे किसी भी प्रकार उसकी मधुर वाणी को फिर से सुनना चाहते थे।

श्री शुकदेवजी ने इस वृत्तान्त को सुनाते हुए राजा परीक्षित् से कहा कि हे राजन्! पुत्र-मृत्यु से केवल राजा रानी ही नहीं, अपितु सारा नगर शोकग्रस्त हो गया। यह स्थिति बड़ी चिन्ताजनक थी। राजा-रानी को सांत्वना देने तथा प्रजा को इस संकटमयी घड़ी से उबारने के लिये श्री नारदजी तथा ऋषि अंगिरा वहां आये।

अध्याय 15

राजा चित्रकेतु को नारदजी तथा अंगिरा ऋषि का उपदेश

शोकग्रस्त चित्रकेतु अपने मृत पुत्र के पास ही आसीन थे तथा अपनी इस विकृत और असहाय स्थिति से प्रायः अनभिज्ञ थे। इसी अवस्था में श्री नारदजी तथा ऋषि अंगिरा ने राजा को सान्त्वना तथा सामयिक उपदेश देते हुए कहा, हे राजन्! जिस बालक के लिये तुम इतने शोकग्रस्त हो उससे तुम्हारा क्या सम्बन्ध है—इस जन्म अथवा पूर्व, व आने वाले भावी जन्म में? जैसे जल के वेग से बालू के कण परस्पर

मिलते तथा पृथक् होते रहते हैं, वैसे ही समय के प्रवाह से प्राणियों का मिलन अथवा बिछुड़ना होता रहता है। जैसे बीजों से दूसरे बीज उत्पन्न होते और नष्ट होते रहते हैं, वैसे ही भगवद् माया से प्रेरित प्राणियों से अन्य प्राणी जन्मते तथा मृत्यु को प्राप्त होते रहते हैं। हम-तुम, यह सर्व चराचर जगत् परिवर्तनशील है। जो इस रूप में है, वह जन्म से पहले अथवा मरणोपरान्त इस रूप में नहीं रहेगा। फिर चिन्ता किस बात की? श्री भगवान् ही समस्त प्राणियों के अधिपति हैं। जैसे एक बीज से दूसरे बीज की उत्पत्ति होती है, वैसे ही पिता द्वारा माता की देह से पुत्र की उत्पत्ति होती है। पिता-माता और पुत्र, जीव के रूप में देही हैं। देही का शरीर नष्ट होता है। वह दूसरे में आ जाता है। देही (अर्थात् आत्मा) केवल शरीर परिवर्तन करता है-शरीर नाशवान् है। जिस प्रकार एक ही मृत्तिकारूप वस्तु में घटत्व आदि जाति और घट आदि व्यक्तियों का विभाग, केवल कल्पनामात्र है, उसी प्रकार यह देही और देह का विभाग अनादि तथा अविद्या-कल्पित है।

देवर्षि नारद तथा अंगिरा ऋषि के इस प्रकार समझाने पर राजा चित्रकेतु को कुछ धीरज हुआ। क्योंकि नारदजी तथा ऋषि अंगिरा अवधूत वेष में थे, अतः उन्हें पहचान न पाकर राजा ने उनसे अपना व्यक्तित्व प्रकट करने की प्रार्थना की। यह सत्य ही है कि मेरे जैसे विषयासक्त प्राणियों को उपदेश देने के लिये सनत्कुमार, नारद, ऋभु, अंगिरा, देवल, असित, मार्कण्डेय, गौतम, वसिष्ठ, भगवान् परशुराम, मुनि कविलदेव आदि तथा अन्य सिद्धेश्वर ज्ञानोपदेश हेतु पृथ्वी पर स्वच्छन्द विचरण करते हैं। अतः हे ऋषिवर! आप लेग मुझे ज्ञान-ज्योति द्वारा प्रकाश केन्द्र में लाइए।

महर्षि अंगिरा ने कहा, हे राजन्! जिस समय तुम पुत्र पाने के लिये बहुत लालायित थे, तब मैंने तुम्हें पुत्र प्राप्त कराया। मैं ही अंगिरा हूँ तथा ये सर्वसमर्थ ब्रह्मपुत्र नारदजी है। जब हमने पुत्रशोक के कारण तुम्हें घोर अन्धकार में डूबता देखा तो भगवान्-भक्त होने के कारण तुम्हारे कल्याण हेतु हम यहाँ आये। वास्तव में भगवान्-भक्त को किसी भी

अवस्था में शोक नहीं करना चाहिए।

जिस समय मैं पहले तुम्हारे पास आया था, उस समय भी मैं तुम्हें उपदेश दे सकता था। परन्तु उस समय तुम्हारे हृदय में पुत्र पाने की उत्कण्ठा बड़ी बलवती थी। अतः अब तुम्हें अनुभव हो गया होगा कि पुत्र न पाने की अपेक्षा उस को पाकर खो देने में अधिक कष्ट होता है। लगभग यही स्थिति अपनी प्रिय वस्तुओं को खो देने पर होती है। ये हमारे ऐश्वर्य, धन, सम्पत्ति, सगे सम्बन्धि—सब मोह के कारण हैं तथा नश्वर हैं और अन्ततः दुःखदाई ही हैं। जो कर्म-वासनाओं से प्रेरित होकर विषयों का चिन्तन करते हैं, उनका मन अनेक प्रकार के कर्मों की सृष्टि करता है। जीवात्मा का यह शरीर जो पञ्चभूत, ज्ञानेन्द्रिय तथा कर्मेन्द्रिय का संघात है—जीव को विविध प्रकार के क्लेश और सन्ताप देने वाला कहा जाता है। अतः तुम इस स्थिति से ऊपर उठ, मन पर संयम कर, परमशक्तिस्वरूप परमात्मा में स्थिति हो जाओ।

श्री नारदजी ने कहा, राजन्! तुम एकाग्रचित से, मुझ से, यह मन्त्रोपनिषद् ग्रहण करो। इसे धारण करने से, सात दिन में ही, तुम्हें भगवान् संकर्षण के दर्शन होंगे। इस से तुम श्री भगवान् के परम-धाम को प्राप्त करोगे।

प्राचीन काल में भगवान् शङ्कर ने श्री संकर्षण देव के चरणकमलों का आश्रय लिया था।

अध्याय 16

राजा चित्रकेतु-वैराग्य

इस वृत्तान्त को सुनाते हुए श्री शुकदेवजी कहते हैं कि नारदजी ने मृत राजकुमार के जीवात्मा को, शोकातुर राजा चित्रकेतु तथा उनके

स्वजनों के सम्मुख बुलाकर कहा, जीवात्मा! तुम्हारा कल्याण हो। देखो तुम्हारे माता-पिता तथा सुहृद्-सम्बन्धी, तुम्हारे वियोग में अत्यन्त व्याकुल हैं। तुम इस शरीर में प्रवेश कर, शोष आयु अपने सम्बन्धियों सहित, अपने पिता के दिये हुए भोगों को भोगते हुए राजसिंहासन पर बैठो।

जीवात्मा ने कहा, हे देवर्षि! अपने कर्मानुसार मैंने देव, मनुष्य, पशु-पक्षी आदि न जाने कितनी योनियों में जन्म लिया है। उनमें से ये लोग किस जन्म में मेरे माता-पिता हुए? हर जन्म में नाती बदल जाते हैं। जैसे सुवर्ण आदि क्रय-विक्रय की वस्तुऐं एक व्यापारी से दूसरे के पास आती-जाती रहती हैं, वैसे ही जीव भी भिन्न-भिन्न योनियों में जन्म लेते हैं तथा नाती बदलते रहते हैं। अत: उनका सम्बन्ध कोई स्थाई नहीं। जब तक जिस वस्तु का सम्बन्ध रहता है, तभी तक उसमें ममता रहती है। यह जीव जबतक गर्भ में आकर, जिस शरीर में रहता है, तब तक उस शरीर को अपना समझता है। वास्तव में यह नित्य, अविनाशी, सूक्ष्म तथा स्वयंप्रकाश है। मृत्यु-जन्म तो एक अवस्था का भानमात्र है। इसका न कोई प्रिय तथा न कोई अप्रिय है। यह आत्मा तो कार्य-कारण का केवल साक्षी है और स्वयं अछूता तथा स्वतन्त्र है। यह स्वतन्त्र अवस्था में शरीर आदि के गुण-दोष तथा कर्मफल ग्रहण नहीं करता तथा उदासीन भाव से स्थित रहता है।

जीवात्मा के इस प्रकार कहकर चले जाने पर राजकुमार के सभी सम्बन्धियों को बड़ा आश्चर्य हुआ तथा उनका स्नेह-पाश क्षीण हो गया। तत्पश्चात् राजकुमार की मृत देह का यथाविधि, शास्त्रानुसार, दाह-संस्कार किया गया। जिन रानियों ने द्वेषवश राजकुमार को विष दिया था, वे श्रीहीन हो गईं। उन्होंने मात्सर्यहीन हो, यमुनाजी के तटपर, ब्रह्मणों के आदेशानुसार बालहत्या का प्रायश्चित्त किया।

इस प्रकार ऋषि अंगिरा तथा नारदजी के उपदेश से राजा चित्रकेतु को दृढ़ वैराग्य हो गया। विधिवत् पुत्र के अन्तिम संस्कार से निवृत्त हो, विधिवत् यमुनाजी में स्नान करके—तदनन्तर संयम चित्त होकर, महर्षि अंगिरा तथा नारदजी को चरण वन्दना की। राजा चित्रकेतु को इस प्रकार

जितेन्द्रिय, भगवद्-परायण तथा भगवद्-शरण देखकर, नारदजी ने उन्हें इस प्रकार धारण करके के लिये उपदेश दिया।

ॐकारस्वरूप भगवन्! आप वासुदेव, प्रद्युम्न, अनिरुद्ध तथा संकर्षण के रूप में क्रमशः चित्त, बुद्धि, मन और अहंकार के अधिष्ठाता हैं। मैं आपके इस चतुर्व्यूहरूप का बार-बार नमस्कारपूर्वक ध्यान करता हूँ। आप विशुद्ध विज्ञानस्वरूप हैं। आपकी मूर्ति परमानन्दमयी है। आप अपने स्वरूपभूत आनन्द में ही मग्न और परम शान्त हैं। मैं आपको नमस्कार करता हूँ। आप सबकी समस्त इन्द्रियों के प्रेरक, परम महान् विराट्स्वरूप हैं। मैं आपको नमस्कार करता हूँ। मन सहित वाणी, आप तक न पहुँच कर, बीच से ही लौट आती है। उसके उपरत हो जाने पर जो अद्वितीय, नाम-रूपरहित, चेतनामात्र और कार्य-कारण से परे की वस्तु रह जाती है—वह हमारी रक्षा करे। यह कार्य-करण रूप जगत् जिनसे उत्पन्न होता है, जिनमें स्थित है और जिनमें लीन होता है तथा जो मिट्टी की वस्तुओं में व्याप्त मृत्तिका के समान सबमें ओत-प्रोत हैं, उन परब्रह्मस्वरूप आपको मैं नमस्कार करता हूँ। यद्यपि आप आकाश के समान सब में व्याप्त हैं, तब भी आप को मन, बुद्धि और ज्ञानेन्द्रियाँ जान नहीं सकतीं तथा कर्मेन्द्रियाँ आपको स्पर्श नहीं कर सकतीं। शरीर, इन्द्रिय, प्राण, मन, बुद्धि—जाग्रत् तथा स्वप्न अवस्थाओं में आपके चैतन्यांश से युक्त हो, अपना-अपना कार्य करने में समर्थ होते हैं। ॐकारस्वरूप, महाप्रभावशाली, महाविभूतिपति भगवान् आपको नमस्कार है। भक्त-समुदाय आपके युगल चरणकमलों की सेवा में संलग्न रहता है। प्रभो! आप ही सर्वश्रेष्ठ हैं। मैं आप को बार-बार नमस्कार करता हूँ।

राजा चित्रकेतु को इस प्रकार उपदेश देकर, नारदजी तथा ऋषि अंगिरा ब्रह्मलोक को चले गये। राजा चित्रकेतु ने, नारदजी के उपदेशानुसार, सात दिन तक, केवल जल पीकर, बड़ी एकाग्रता के साथ, श्री संकर्षण भगवान् की पूजा का अनुष्ठान किया। इस अनुष्ठान से, सात दिन के पश्चात् राजा चित्रकेतु को विद्याधरों का अखण्ड आधिपत्य प्राप्त हुआ। इसके पश्चात् कुछ ही दिनों में उनका हृदय और भी शुद्ध हो गया।

इसके फलहेतु वे देवाधिदेव भगवान् शेषजी के चरणों के समीप पहुँच गये। उन्होंने देखा कि भगवान् शेषजी सिद्धेश्वरों के मण्डल में विराजमान हैं। उनका शरीर कमलनाल के समान गौरर्वण है। उन्होंने नीले रंग का वस्त्र धारण किया हुआ है। वे शीश पर देदीप्यमान मुकुट धारण किये हुए हैं तथा उनके भिन्न-भिन्न अंगों पर आभूषण शोभा पा रहे हैं। भगवान् शेषजी के दर्शन कर राजा चित्रकेतु के सारे पाप नष्ट हो गये तथा उनका अन्तःकरण स्वच्छ और निर्मल हो गया। हृदय में भक्तिभाव की बाढ़ आ गई। नेत्रों में अश्रु तथा शरीर रोमांचित हो उठा। उन्होंने आदिपुरुष श्री शेषजी को नमस्कार किया। मन गद्‌गद् हो जाने से वे भगवान् शेषजी की स्तुति करने में भी असमर्थ पड़ गये।

वे गद्‌गद् वाण में इस प्रकार बोले, हे अजित! जो निष्कामभाव से आपका भजन करता है उसे करुणावश आप अपने दर्शन प्रदान करते हैं। भगवन्! जगत् की उत्पत्ति स्थिति तथा प्रलय, आपकी लीलामात्र है। विश्वनिर्माता ब्रह्मा आदि आपके अंश के भी अंश हैं। परमाणु से लेकर, स्थूल से स्थूल, महत्तत्त्व पर्यन्त सम्पूर्ण वस्तुओं के आदि, अन्त तथा मध्य आप ही हैं। आप ही से सर्वस्व व्याप्त है। यह ब्रह्माण्डकोश, जो पृथ्वी आदि, एक-से-एक, दसगुने सात आवरणों से घिरा हुआ है, अपने ही समान करोड़ों ब्रह्माण्डों सहित आप में एक परमाणु के समान घूमता रहता है। अतः आप अनन्त हैं। विषयभोग चाहने वाले, विधिनुसार अन्य अधिकारी देवताओं का पूजन करते हैं, परन्तु उनके वे भोग क्षणभंगुर हैं। उपास्यदेवों के दिये हुए भोग भी समय बीतने पर, उन्हीं की तरह क्षीण प्रायः हो जाते हैं। हे भगवन्! आप ज्ञानस्वरूप तथा निर्गुण हैं। आप के प्रति की हुई सकाम भावना भी बन्धनकारी नहीं होती। आपने जिस दृष्टि से भागवत धर्म का निरूपण किया है, वह कभी भी परमार्थ से विचलित नहीं होती। आपके दर्शनमात्र से सारे पाप नष्ट हो जाते हैं। आप सम्पूर्ण जगत् के आत्मा हैं तथा सर्वज्ञ हैं। आपकी ही अध्यक्षता में सम्पूर्ण जगत् की उत्पत्ति, स्थिति और प्रलय है। आपकी चेष्टा से शक्ति प्राप्त कर, ब्रह्मा आदि लोकपाल चेष्ठा करने में समर्थ हैं। आपकी ही कृपा से

ज्ञानेन्द्रियाँ अपने-अपने विषयों को ग्रहण करने में समर्थ होती हैं। यह भूमण्डल आपके शीश पर एक सरसों के दाने के समान जान पड़ता है। मैं आप सहस्त्रशीर्षा भगवान् को बार-बार प्रणाम करता हूँ।

राजा चित्रकेतु द्वारा इस प्रकार स्तुति होने पर श्री भगवान् ने कहा, चित्रकेतु! देवर्षि नारद तथा महर्षि अंगिरा के उपदेश का अनुसरण कर, तुम मेरे दर्शनों से सिद्ध हो चुके हो। शब्दब्रह्म (वेद) और परब्रह्म दोनों ही मेरे सनातन रूप हैं। आत्मा कार्य-कारणात्मक जगत् में व्याप्त है तथा कार्य-कारणात्मक जगत् आत्मा में स्थित है। इन दोनों में, मैं, अधिष्ठानरूप से व्याप्त हूँ और मुझ में ये दोनों कल्पित हैं। सुषुप्त अवस्था में पुरुष जिस द्वारा अपनी सुषुप्त अवस्था का अनुभव करता है, वह आत्मारूप ब्रह्म मैं हूँ। सब अवस्थाओं में (जाग्रत्-स्वप्न-सुषुप्ति) अखण्ड रहने वाला एकरस ज्ञान ही ब्रह्म है। वही परब्रह्म है। अज्ञानवश, जीव, अपने को मुझ से पृथक् मानने लगता है। इसी 'मैं' के कारण वह कर्मों से बन्धता है तथा संसार चक्र में भ्रमण करने लगता है। यह मनुष्ययोनि ज्ञान तथा विज्ञान के स्रोत का मूल साधन है। जो इस योनि को प्राप्त कर भी अपने आत्मस्वरूप परमात्मा को नहीं जान लेता, उसका जीवन प्रायः व्यर्थ ही जाता है। तथा वह किसी भी योनि में शान्ति प्राप्त नहीं करता। कर्मबन्धन से मुक्ति के लिये बुद्धिमान् पुरुष को चाहिए कि किसी प्रकार के कर्म अथवा उसके फल का संकल्प न करे। मनुष्य वास्तव में कर्म इसलिये करता है कि उसे सुख-शान्ति की प्राप्ति हो, परन्तु सकाम कर्मों से न तो सुख की प्राप्ति होती है और न दुःख ही दूर होता है। बन्धनकारी कर्म कभी सुखदाई नहीं होते। जो योगमार्ग का तत्त्व समझते हैं, वे जानते हैं कि जीव का सबसे बड़ा स्वार्थ और परमार्थ केवल इतना ही है कि वह ब्रह्म और आत्मा की एकता का अनुभव कर ले। इस ज्ञान-विज्ञान को धारण करने से, हे राजन्! तुम शीघ्र ही सिद्ध हो जाओगे। जगद्गुरु विश्वात्मा भगवान् श्रीहरि, चित्रकेतु को इस प्रकार उपदेश देकर, अन्तर्धान हो गये।

अध्याय 17

चित्रकेतु को माता पार्वती का शाप

जब भगवान् संकर्षण चित्रकेतु को उपदेश देकर अन्तर्धान हुए तो राजा ने उन्हें उसी दिशा में प्रणाम किया तथा आकाश मार्ग से स्वच्छन्द स्वभाव में विचरने लगे। एक बड़ी अवधि तक वे सुमेरु पर्वत की घाटियों में विहार करते रहे। उनके शरीर का बल तथा इन्द्रियों की शक्ति अक्षुण्ण रही। बड़े-बड़े सिद्ध मुनि भी उनकी स्तुति करते थे। विद्याधरों द्वारा श्री भगवान् की लीलाओं का गान अवरिल होता रहता था। एक बार जब राजा चित्रकेतु श्री भगवान् के ही दिये हुए तेजोमय विमान पर जा रहे थे, तो उन्होंने श्री शंकर भगवान् को, बड़े-बड़े मुनियों तथा सिद्ध-चारणों की सभा में, पार्वतीजी के प्रति प्रेमभाव में देखा। इस पर राजा चित्रकेतु ने माँ पार्वती पर व्यंग सा कसा।

भगवान् शंकर तो अगाध बुद्धि तथा ज्ञान के सागर हैं। राजा चित्रकेतु का कटाक्ष सुन कर वे हँसने लगे। राजा चित्रकेतु भगवान् शंकर के प्रभाव से प्रायः अनभिज्ञ थे। उन्हें अभिमान हो गया था कि 'मैं जितेन्द्रिय हूँ'। पार्वजी उसकी इस धृष्टता को सहन न कर सकीं। उन्होंने क्रोध से कहा—जान पड़ता है कि यह उदण्ड नहीं जानता कि भगवान् शिव तो ब्रह्माजी, भृगु, नारद, परमर्षि सनकादि, कपिलदेव तथा मनु आदि धर्म के रहस्य को जानने वालों के भी पूजनीय हैं। तभी तो वे भगवान् शिव के प्रति मर्यादा को नहीं लांघते। ब्रह्मादि जिनके चरणकमलों का ध्यान करते हैं, उन्हीं मंगलों को मंगल बनाने वाले साक्षात् जगद्गुरु भगवान् शिव तथा उनके अनुयायी महात्माओं का इस अधम ने तिरस्कार किया है। इसे अपने बड़प्पन का घमंड है। यह भगवान् श्रीहरि के उन चरणकमलों में रहने योग्य नहीं है, जिनकी उपासना सत्पुरुष करते हैं। अतः दुर्मते (चित्रकेतु)! तुम पापमय असुरयोनि में जाओ।

माता पार्वती के शाप को सुन कर राजा चित्रकेतु विमान से उतर पड़े

तथा शीश झुका कर माता को प्रसन्न करने का यत्न करने लगे तथा कहा, माता पार्वती जी! मैं बड़ी प्रसन्नता से आपका शाप स्वीकार करता हूँ। क्योंकि देवता जो मनुष्यों के लिये कह देते हैं, वह उनके प्रारब्धानुसार मिलने वाले फल की पूर्वसूचना-मात्र होती है।

हे माते! यह जीव अज्ञान से मोहित हो रहा है। सुख-दुःख, न तो अपना आत्मा, न कोई दूसरा ही देता। अज्ञानवश मनुष्य अपने को अथवा दूसरों को सुख-दुःख का कारण मान बैठता है। यह संसार सत्त्व, रज आदि गुणोंका स्वाभाविक प्रवाह है। इसमें शाप क्या, क्या अनुग्रह, क्या स्वर्ग अथवा सुख-दुःख? एकमात्र श्री भगवान् अपनी आत्मस्वरूपिणी माया द्वारा समस्त प्राणियों के बन्धन, मोक्ष तथा सुख-दुःख की रचना करते हैं। भगवान् श्रीहरि सब में समरूप हैं। उनका न कोई प्रिय न अप्रिय है। उनकी मायाशक्ति के कार्य, पाप-पुण्य ही प्राणियों के सुख-दुःख हित-अहित, बन्धन-मोक्ष, जन्म-मृत्यु तथा आवागमन के कारण बनते हैं। हे पतिप्राणा देवि! मैं शाप से मुक्त होने के लिये आपको प्रसन्न नहीं कर रहा हूँ। मैं तो केवल चाहता हूँ कि आपको जो मेरी बात अनुचित लगी, उसके लिये मुझे क्षमा करें। विद्याधर चित्रकेतु, भगवान् शंकर तथा पार्वतीजी को इस प्रकार प्रसन्न कर, वहाँ से चले गये।

तदनन्तर भगवान् शंकरजी ने देवता, ऋषि, दैत्य, सिद्धगणों तथा पार्षदों के सम्मुख, पार्वतीजी को इस प्रकार कहा, सुन्दरि! दिव्यलीला विहारी भगवान् के निःस्पृह और उदारहृदय दासानुदासों की महिमा तुमने अपनी आँखों देख ली। जो लोग श्री भगवान् के शरणागत होते हैं, वे किसी से भयभीत नहीं होते। उन्हें स्वर्ग, मोक्ष अथवा नरक में भी केवल भगवान् ही समानभाव से दर्शनीय होते हैं। जैसे स्वप्न में भेदभ्रम से सुख-दुःख आदि की प्रतीति होती है और जाग्रत् अवस्था में भ्रमवश माला में ही सर्पबुद्धि (प्रतीति) हो जाती है, वैसे ही मनुष्य अज्ञानवश आत्मा में देवता, मनुष्य आदि का भेद तथा गुण-दोष आदि की कल्पना करता है। जिनके पास ज्ञान और वैराग्यबल है तथा जो भगवान् वासुदेव के चरणों में भक्तिभाव रखते हैं, उनके लिये इस जगत् में कोई भी ऐसी

वस्तु नहीं जिसे वे हेय या उपादेय समझ कर राग-द्वेष करें। मैं, ब्रह्माजी, सनकादि, नारद, भृगु ऋषि (ब्रह्माजी के पुत्र) तथा बड़े-बड़े मुनि भी भगवान् वासुदेव की लीला का रहस्य नहीं जान पाते। ऐसी अवस्था में जो उनके नन्हें-से-नन्हें अंश हैं तथा अपने को उनसे अलग ईश्वर मान बैठे हैं, वे उनके स्वरूप को कैसे जान सकते हैं? वे सभी प्राणियों के आत्मा हैं, अतः सभी प्राणियों के प्रियतम हैं। यह परम भाग्यवान् चित्रकेतु उन्ही का प्रिय अनुचर है। मैं भी श्रीहरि का ही प्रिय हूँ। अतः तुम्हें भगवान् के प्यारे भक्त, शान्त, समदर्शी, महात्मा पुरुषों के सम्बन्ध में किसी प्रकार का आश्चर्य नहीं करना चाहिए।

श्री शुकदेवजी कहते हैं कि भगवान् शंकरजी का यह प्रवचन सुनकर पार्वतीजी की चित्तवृत्ति शान्त हो गई तथा उनका विस्मय जाता रहा। भगवान्भक्त चित्रकेतु ने पार्वतीजी का शाप अपने शीश चढ़ा लिया। यही विद्याधर चित्रकेतु, दानवयोनि का आश्रय लेकर, त्वष्टा, के दक्षिणाग्नि से उत्पन्न हुए। यहाँ उनका नाम वृत्रासुर हुआ। इस योनि में भी वे भगवत्स्वरूप ज्ञान से परिपूर्ण थे।

अध्याय 18

मरुद्गण-उत्त्पत्ति

दिति तथा अदिति की सन्तान के विषय में बताते हुए श्री शुकदेवजी राजा परीक्षित् से कहते हैं, हे राजन् सविता की पत्नी पृश्नि से आठ सन्तानें हुईं-सावित्री, व्याहृति, त्रयी, अग्निहोत्र, पशु सोम, चातुर्मास्य तथा पञ्चमहायज्ञ। भग की पत्नी सिद्धि ने महिमा, विभु, प्रभु-तीन पुत्र तथा आशिष् नाम की एक कन्या को जन्म दिया। धाता की चार पत्नियाँ थीं-कुहू, सिनीवाली, राका तथा अनुमति। उनसे क्रमशः सायं, दर्श, प्रातः

तथा पूर्णमास–चार पुत्र उत्पन्न हुए।

धाता के अनुज का नाम था विधाता तथा उसकी पत्नी थी क्रिया। उससे पुरीष्य नाम पाँच अग्नियों की उत्पत्ति हुई। वरुणजी की पत्नी का नाम था चर्षणी। उससे भृगुजी ने पुनः जन्म ग्रहण किया। इसके पूर्व वे ब्रह्माजी के पुत्र थे। महायोगी वाल्मीकिजी भी वरुण के पुत्र थे। वल्मीक से उत्पन्न होने के कारण उनका नाम वाल्मीकि हुआ। मित्र और वरुणजी के तेज से उर्वशी द्वारा मुनिवर अगस्त्य तथा वसिष्ठजी का जन्म हुआ। मित्र की पत्नी रेवती से उत्सर्ग, अरिष्ट तथा पिप्पल हुए। देवराज इन्द्र तथा उनकी पत्नी पुलोम–नन्दिनी शची से–जयन्त, ऋषभ तथा मीढ्वान् हुए। स्वयं भगवान् विष्णु ही, बलि पर अनुग्रह करने तथा इन्द्र का राज्य लौटाने के लिये, माया से वामन (उपेन्द्र) के रूप में अवतीर्ण हुए थे। उनकी पत्नी का नाम था कीर्ति। उससे बृहच्छ्लोक नामक पुत्र हुआ। उसकी सौभग आदि कई सन्तानें हुईं। भगवान् वामन के रूप में, श्रीहरि ने कश्यप ऋषि–पत्नी, माता अदिति की कोख से जन्म लिया था।

महर्षि कश्यप की दूसरी पत्नी दिति से दैत्य तथा दानवों के वन्दनीय हिरण्यकशिपु तथा हिरण्याक्ष दो पुत्र हुए। हिरण्यकशिपु की पत्नी दानवी कयाधु थी। कयाधु से चार पुत्र उत्पन्न हुए–संह्लाद, अनुह्लाद, ह्लाद तथा प्रह्लाद। इनकी सिंहिका नाम की एक बहिन भी थी। उसका विवाह विप्रचित्ति नामक दानव से हुआ। उसका राहु नाम से पुत्र हुआ। यह वही राहु है जिसका शीश, श्रीहरि ने देवताओं को अमृतपान के समय, अपने सदुर्शन चक्र से काट लिया था।

संह्लाद की पत्नी थी कृति, जिससे पञ्चजन नामसे पुत्र हुआ। ह्लाद की पत्नी धमनि से वातापि और इल्वन–दो पुत्र हुए। इस इल्वल ने ही महर्षि अगस्त्य के आतिथ्य के समय वातापि को पकाकर उन्हें खिला दिया था। अनुह्लाद की पत्नी सूर्म्या से दो पुत्र हुए–बाष्कल तथा महिषासुर। प्रह्लाद का पुत्र था विरोचन। उसकी पत्नी देवी से दैत्यराज बलि का जन्म हुआ। बलि की पत्नी थी अशना। उससे बाण आदि सौ पुत्र हुए। बलि का पुत्र बाणासुर भगवान् शंकरजी की आराधना से उनके गणों का मुखिया बन गया। दिति

के हिरण्यकशिपु तथा हिरण्याक्ष के अतिरिक्त उनचास अन्य पुत्र थे। उन्हें मरुद्गण कहते हैं। देवराज इन्द्र ने उन्हें अपने ही समान देवता बना लिया।

राजा परीक्षित् की जिज्ञासा पर कि मरुद्गण देवता कैसे बन गये, श्री शुकदेवजी ने कहा–भगवान् विष्णुजी ने इन्द्र की सुरक्षा के लिये अथवा इन्द्र के हित के लिये दिति के दोनों पुत्रों, हिरण्यकशिपु तथा हिरण्याक्ष का वध कर दिया। इस कारण दिति देवराज इन्द्र को अपने पुत्रों के वध का कारण मान, उसे बड़ा क्रूर तथा निर्दयी समझने लगी। वह द्वेषाग्नि से जल रही थी। उसने निश्चय किया कि वह कोई ऐसा उपाय करेगी कि जिससे उसे एक ऐसा पुत्र प्राप्त हो जो इन्द्र का घमंड चूर कर सके। अतः वह अपने पति ऋषि कश्यपजी की बड़ी ही श्रद्धा के साथ सेवा करने लगी तथा उन्हें प्रसन्न रखने लगी। कश्यपजी विद्वान्, मनस्वी तथा विचारवान् होते हुए भी पत्नी-सेवा से प्रसन्न होकर दिति से कह बैठे कि वे उसकी इच्छा पूर्ण करेंगे। नारी चरित्र बड़ा विचित्र है। यहाँ तक कि सृष्टि रचते समय जब ब्रह्माजी ने देखा कि सभी जीव असंग हो रहे हैं, तब उन्होंने अपने आधे शरीर से स्त्रियों की रचना की। स्त्रियों ने पुरुषों की मति अपनी ओर आकर्षित कर ली।

इसी प्रकार दिति की सेवा से प्रसन्न हो कर कश्यपजी ने कहा–मैं तुम पर प्रसन्न हूँ। तुम जो चाहो माँग लो (शास्त्रों में स्पष्ट है कि पति, पत्नी का परमाराध्य इष्टदेव है)। प्रिये! लक्ष्मीपति भगवान् वासुदेव ही समस्त प्राणियों के हृदय में विराजमान हैं। विभिन्न देवताओं के रूप में, नाम और रूप के भेद से, उन्हीं की कल्पना हुई है। सभी (मनुष्य) चाहे वे किसी भी देवता की उपासना करें, उन्हीं की उपासना करते हैं। ठीक इसी प्रकार स्त्रियों के लिये भगवान् ने पति का रूप धारण किया है। वे उनकी उसी रूप में पूजा करती हैं। पतिव्रता स्त्रियाँ अनन्यभाव से अपने पति की सेवा करती हैं (पूजा करती हैं)। क्योंकि तुमने भी बड़े प्रेमभाव से मेरी सेवा-भक्ति की है, मैं तुम्हारी सब अभिलाषाएँ पूर्ण कर दूँगा।

दिति ने कहा, ब्रह्मन्! इन्द्र ने मेरे दोनों पुत्रों को विष्णुजी के हाथों मरवा दिया है। अतः आप मुझे एक ऐसा अमर पुत्र दीजिए जो इन्द्र का

वध कर सके। दिति का आशय सुन कर ऋषि कश्यप दुविधा में पड़ गये। यह तो बड़े अधर्म का अवसर आन पड़ा। वास्तव में इस स्त्री का कोई दोष नहीं। इसने तो अपने जन्म-जात-स्वभाव का ही प्रदर्शन किया है। मेरा ही दोष है जो मैं इसकी सेवा से मोहित हो कर इसके वश में हो गया। परन्तु अब तो मैं वचनबध हूँ। इस प्रकार सर्वसमर्थ कश्यपजी ने मन ही मन अपनी भर्त्सना कर, दोनों बातों का मान रखने के लिये एक उपाय सोचा तथा दिति से तनिक रुष्ट स्वर में कहा, कल्याणी! यदि तुम मेरे बतलाये हुए व्रत का एक वर्ष तक विधिपूर्वक पालन करोगी तो तुम्हें इन्द्र को मारने वाला पुत्र प्राप्त होगा। परन्तु यदि किसी प्रकार नियमों में त्रुटि हो गई तो वह देवताओं का मित्र बन जायेगा।

दिति ने कहा, ब्रह्मन्! मैं उस व्रत का पालन करूँगी। आप मुझे बताइये कि मुझे किन-किन बातों का पालन करना पड़ेगा अथवा किन बातों से व्रत भंग हो सकता है।

कश्यपजी ने कहा, प्रिये! इस व्रत के समय में, किसी भी प्राणी को मन, वाणी या क्रिया द्वारा कष्ट न पहुँचाये। किसी को शाप न दे अथवा कटु वचन न बोले। सत्य बोले। शरीर की शुद्धि का ध्यान रखे। इसी प्रकार सात्त्विक भोजन, सात्त्विक आचरण तथा सात्त्विक स्वभाव का पालन करे तथा सौभाग्य के चिन्हों से युक्त रहे। जूठे मुँह, बिना आचमन किये, सन्ध्या समय, बाल खोले हुए बिना श्रृंगार के, वाणी का संयम किये बिना तथा बिना ओढ़नी के घर से बाहर न जाये। बिना पैर धोये, अपवित्र अवस्था में, गीले पाँवों से उत्तर या पश्चिम में शीश करके, सहवास अवस्था में वस्त्रहीन होकर-प्रातः अथवा साँय को सोना नहीं चाहिए। प्रातःकाल कुछ खाने से पहले-गाय, ब्राह्मण, लक्ष्मीजी तथा नारायणजी की पूजा करे। तत्पश्चात् सुहागन स्त्रियों की पूजा करे। अपने आप को पति-सेवा-भक्ति में संलग्न रखे तथा यह भावना करती रहे कि मेरी कोख में मेरे पति का अंश स्थित है। इस व्रत का नाम 'पुंसवन' है। यदि एक वर्ष तक तुम इस व्रत का बिना किसी त्रुटि के पालन कर सकोगी तो तुम्हारी कोख से इन्द्र-घाती पुत्र उत्पन्न होगा।

दिति बड़ी मनस्विनी तथा दृढ़ निश्चय वाली थी। अब दिति अपनी कोख में कश्यप अंश को उनके बतलाये हुए नियमों के अनुसार परवरिश देने लगी। देवराज इन्द्र अपनी मौसी दिति का अभिप्राय जान गये। अपना वेष परिवर्तन कर वह दिति की सेवा करने लगे, अर्थात् वन से जिस भी वस्तु की उन्हें आवश्यकता होती, वे उसे उनकी सुविधा के लिये प्राप्त कराने लगे। देवराज इन्द्र उस क्षण की प्रतीक्षा में थे कि कब दिति अपने व्रत में किसी प्रकार की त्रुटि करे। वे सोचने लगे कि वह कौन सा उपाय करें कि जिससे उनका कल्याण हो सके।

दिति, व्रत का पालन करते हुए बहुत दुर्बल हो गई। विधाता ने भी उसे मोह में डाल दिया। एक दिन सन्ध्या समय वह जूठे मुँह, बिना आचमन किये, बिना पैर धोये ही सो गई। इस अवसर को पाकर देवराज इन्द्र दिति के गर्भ में प्रवेश कर गये। उन्होंने वज्र से गर्भ के सात टुकड़े कर दिये। जब गर्भ फिर भी नष्ट न हुआ तो उन्होंने फिर एक-एक टुकड़े के सात-सात टुकड़े कर दिये। जब इन्द्र इस सम्पूर्ण गर्भ को समाप्त करने लगे तो इन गर्भांशों ने कहा कि हे इन्द्र! तुम हमें क्यों नष्ट कर रहे हो? हम तो तुम्हारे भ्राता मरुद्गण हैं। तब इन्द्र ने अपने भावी अनन्यप्रेमी पार्षद मरुद्गणों से कहा—अब तुम भय मत करो। श्री नारायणजी की कृपा के कारण दिति का गर्भ इन्द्र के वज्र से भी नष्ट नहीं हुआ, क्योंकि दिति ने श्री नारायणजी की एक वर्ष तक आराधना की थी।

श्री शुकदेवजी ने राजा परीक्षित् को यह कथा सुनाते हुए कहा कि अब वे उनचास मरुद्गण, इन्द्र सहित, पचास हो गये हैं। जब दिति के ये अग्नि के समान उनचास पुत्र हुए तो उसने इन्द्र से पूछा—बेटा मैं तो इस इच्छा से व्रत का पालन कर रही थी कि मेरे एक ऐसा पुत्र हो जो इन्द्र को भयभीत कर सके, फिर ये उनचास पुत्र कैसे हुए?

इन्द्र ने कहा—माता मुझे आप के संकल्प का ज्ञान हो गया था। मैं स्वर्ग छोड़ कर आपकी सेवा में आया तथा आपके व्रत की त्रुटि की प्रतीक्षा में रहा। जैसे ही आपके व्रत में त्रुटी आई, मैंने आप के गर्भ के

पहले सात टुकड़े किये। वे सात बालक बन गये। उन्हें नष्ट करने के लिये मैंने फिर से एक-एक बालक के सात-सात टुकड़े किये। तब भी वे नहीं मरे, अपितु उनचास हो गये। उस आश्चर्यजनक घटना को देखकर मुझे विश्वास हो गया कि यह पुरुषोत्तम भगवान् श्रीहरि की उपासना की कोई स्वाभाविक सिद्धि है। मेरी स्नेहमयी जननी! तुम सब प्रकार से मेरी पूज्य हो। मैंने मूर्खतावश दुष्कर्म किया। तुम मेरे अपराध को क्षमा कर दो। यह बड़े सौभाग्य की बात है कि आपका गर्भ खण्डित नहीं हुआ।

देवराज इन्द्र के इस शुद्धस्वभाव से दिति प्रसन्न हो गई। माता दिति से आज्ञा लेकर, देवराज इन्द्र, मरुद्‌गणों को नमस्कार कर स्वर्ग को चले गये।

अध्याय 19

पुंसवन-व्रत विधि

राजा परीक्षित् के पूछने पर कि पुंसवन व्रत की विधि पूर्णरूप से क्या है, श्री शुकदेवजी ने कहा–यह पुंसवन-व्रत समस्त कामनाओं को पूर्ण करने वाला है। पत्नी को चाहिए कि वह पति की आज्ञा से मार्गशीर्ष शुक्ल प्रतिपदा से इसका आरम्भ करे। प्रथम मरुद्‌गणों की कथा श्रवण कर इस व्रत को आरम्भ करे। प्रातः दिनचर्या से निर्वित्त हो श्वेत वस्त्र तथा आभूषण धारण कर, बिना कुछ खाये, भगवान् लक्ष्मीनारयण की इस प्रकार पूजा करे–आप समस्त विभूतियों के स्वामी तथा सकलसिद्धिस्वरूप हैं। मैं आपको बार-बार नमस्कार करती हूँ। मेरे आराध्देव! आप सर्व ऐशवर्यों से युक्त हैं। आप सर्वशक्तिमान् हैं। माता लक्ष्मी जी! आप श्रीहरि की अर्द्धाङ्गिनी तथा महामाया स्वरूपिणी हैं। महाभाग्यवती जगन्माता! आप मुझ पर प्रसन्न हों, आप को नमस्कार है।

इस प्रकार स्तुति कर,एकग्रचित्त से, **'ॐ नमो भगवते महापुरुषाय महानुभावाय महाविभूतिपतये सह महाविभूतिभिर्बलिमुपहराणि।'**

ओंकारस्वरूप, महानुभाव, समस्त महाविभूतियों के स्वामी भगवान् पुरुषोत्तम तथा उनकी महाविभूतियों को मैं नमस्कार करती हूँ।

इस मन्त्र के द्वारा प्रतिदनि, स्थिर चित्त से, श्री विष्णु भगवान् का आवाहन करे तथा उन्हें अर्घ्य, पाद्य, आचमन, स्नान, वस्त्र, यज्ञोपवीत, आभूषण, गन्ध, पुष्प, धूप, दीप तथा नैवेद्य अपर्ण कर पूजा करे।

तत्पश्चात् **'ॐ नमो भगवते महापुरुषाय महाविभूतिपतये स्वाहा'**–कहकर अग्नि में बारह आहुतियाँ दे। तदनन्तर भक्ति भाव से, नम्रता से, श्री भगवान् को साष्टांग दण्डवत् करे। उपरोक्त मन्त्र का दस बार जाप कर इस स्तोत्र का पाठ करे–

हे लक्ष्मीनारायण! आप सर्वव्यापक तथा सम्पूर्ण चराचर जगत् के कारण हैं। माता लक्ष्मीजी आपकी माया शक्ति हैं। आपही महामाया के अधीश्वर हैं। आप ही परमपुरुष हैं। आप ही समस्त यज्ञ तथा यज्ञ–क्रिया हैं। आप परम भोक्ता हैं। माता लक्ष्मी तीनों गुणों की अभिव्यक्ति हैं तथा आप उन्हें व्यक्त करने वाले हैं। आप समस्त प्राणियों के आत्मा तथा लक्ष्मीजी (प्रकृति रूप में) शरीर, इन्द्रिय तथा अन्तःकरण हैं। माता लक्ष्मीजी नाम एवं रूप हैं तथा आप नाम–रूप दोनों के प्रकाशक तथा आधार हैं। आपकी कीर्ति पवित्र है तथा आप ही त्रिलोकी के वरदानी परमेश्वर हैं। अतः मेरी अभिलाषा आपकी कृपा से पूर्ण हो।

तत्पश्चात् वहाँ से नैवेद्य हटा दे तथा आचमन करा पूजा करे। यज्ञावशेष को सूँघे तथा फिर भगवान् की पूजा करे। भगवान् की सेवा के उपरान्त अपने पति को भगवान्रूप में देखते हुए, उसकी सेवा में उसके प्रिय लगने वाले पदार्थ अर्पण करे। पति को भी चाहिए कि वह अपनी पत्नी के लिये जो भी सांसारिक वस्तुएँ वाञ्छित हों, यज्ञ के लिये अथवा उसके अपने लिये, उन्हें लाकर दे। वास्तव में पति–पत्नी की भक्ति का फल दोनों को प्राप्त होता है। पत्नी की अस्वस्थ अवस्था में पति को इस व्रत का अनुष्ठान करना चाहिए। यह श्रीविष्णुजी का व्रत है तथा यह अखण्ड चलना चाहिए, एक बार नियम लेने पर। पुजा के

उपरान्त श्री भगवान् को उनके धाम विसर्जन करदे तथा आत्मशुद्धि और समस्त अभिलाषाओं की पूर्ति के लिये उन्हें निवेदित किया हुआ प्रसाद ग्रहण करे। इस विधि से बारह मास तक इस व्रत का पालन कर मार्गशीर्ष की अमावस्या को उद्यापन सम्बन्धी उपवास और पूजन करे।

उस दिन, प्रातः, विधिवत् स्नान कर, विष्णु भगवान् का पूजन करे। उसका पति पाकयज्ञ की विधि से घृतमिश्रित खीर की अग्नि में बारह आहुति दे। तत्पश्चात् होता (यज्ञ करवाने वाले ब्राह्मण) का आशीर्वाद ले। पहले आचार्य को भोजन कराये, फिर भाई-बन्धुओं को तथा बाद में स्वयं भोजन करे। तदनन्तर पति, हवन से बची हुई खीर अपनी पत्नी को दे। यह प्रसाद स्त्री को सत्पुत्र और सौभाग्य प्रदान करने वाला होता है।

भगवान् के इस पुंसवन-व्रत का जो विधिपूर्वक अनुष्ठान करता है, उसे मन वाञ्छित वस्तु की उपलब्धी होती है।

सप्तम स्कन्ध

अध्याय 1

नारद-युधिष्ठिर संवाद

राजा परीक्षित् के पूछने पर कि श्री भगवान् तो समदर्शी तथा समस्त प्राणियों के सुहृद् हैं, उन्हें न कोई प्रिय है न अप्रिय–फिर उन्होंने इन्द्र के लिये दैत्यों का वध क्यों किया–श्री शुकदेवजी ने कहा, राजन्! मैं अपने पिता श्रीकृष्णद्वैपायन मुनि को नमस्कार कर श्री भगवान् की इस लीला का वर्णन करता हूँ। श्री भगवान् निर्गुण, अजन्मा, अव्यक्त तथा प्रकृति से ऊपर हैं। फिर भी वे अपनी माया के गुणों को स्वीकर कर बाध्य-बाधक भाव को ग्रहण करते हैं। सत्त्वगुण, रजोगुण तथा तमोगुण, प्रकृति के गुण हैं। परमात्मा के नहीं। समय-समय के अनुसार श्री भगवान् इन गुणों को स्वीकार करते हैं। सत्त्वगुण की वृद्धि के समय देवता तथा ऋषियों को, रजोगुण की वृद्धि के समय दैत्यों को तथा तमोगुण की वृद्धि के समय वे यक्ष-राक्षसों को अपनाते हैं तथा उनका अभ्युदय करते हैं। जब परमेश्वर अपने लिये शरीरों का निर्माण करना चाहते हैं, तब अपनी माया से राजोगुण की सृष्टि करते हैं। जब वे विचित्र योनियों में रमण करना चाहते हैं तो सत्त्वगुण की सृष्टि करते हैं और जब वे शयन करना चाहते हैं तो तमोगुण को बढ़ावा देते हैं। श्री भगवान् सत्य संकल्प हैं। वे ही जगत् की उत्पत्ति के निमित्तभूत प्रकृति तथा पुरुष के सहकारी तथा आश्रय 'काल' की सृष्टि करते हैं। कालस्वरूप ईश्वर जब सत्त्वगुण की वृद्धि करते हैं, तो सत्त्वमय देवताओं का बल बढ़ाते हैं तथा उस समय परम यशस्वी देवप्रिय परमात्मा देव विरोधी रजोगुणी तथा तमोगुणी दैत्यों का विनाश करते हैं। वस्तुतः वे सम ही हैं। राजन्! देवर्षि श्री नारदजी ने इसी विषय में एक

इतिहास कहा है।

महाराज युधिष्ठिर ने राजसूय यज्ञ के समय एक विचित्र घटना देखी कि जब श्रीकृष्ण द्वारा मारे जाने पर चेदिराज शिशुपाल उन्हीं में समा गये। युधिष्ठिर के प्रश्न करने पर तथा जिज्ञासा प्रकट करने पर कि श्री भगवान् में समा जाना तो बड़े-बड़े भक्तों के लिये भी दुर्लभ है फिर शिशुपाल को यह गति कैसे प्राप्त हुई, श्री नारदजी ने कहा, राजन्! निन्दा-स्तुति, सत्कार तथा तिरस्कार–इस शरीर के ही होते हैं। जब हम शरीर को आत्मा मान लेते हैं तब मैं और मेरा शरीर, ऐसा भाव बन जाता है। यही सारे भेद का कारण है। जिस समय शरीर को अभिमानवश हम अपना मानने लगते हैं, उसी समय इसके वध की अथवा क्षति की शंका होने लगती है, परन्तु श्री भगवान् तो इन प्राकृत गुणों से अछूते हैं, क्योंकि वे सर्वात्मा हैं। वे जब दूसरों को दण्ड देते हैं तो भी वह उनकी सहायता हेतु ही करते हैं, क्रोधवश अथवा द्वेषवश नहीं। अत: श्री भगवान् के सम्बन्ध में हिंसा की कल्पना कैसे हो सकती है? इसलिए सुदृढ़ वैरभाव अथवा भक्तिभाव, स्नेह अथवा भय से भगवान् में अपने मन को लगाना, वास्तव में श्री भगवान् की दृष्टि में इन भावों में कोई भेद नहीं है। हे युधिष्ठिर! मेरा तो एसा विचार है कि मनुष्य वैरभाव से जितना भगवान् में तन्मय होता है, उतना भक्तिभाव से भी नहीं होता। भृङ्गी, कीड़े को लाकर अपने बिल में बन्द कर देता है और वह कीड़ा भय तथा उद्वेग से भृङ्गी का चिन्तन करता-करता उसके जैसा ही हो जाता है। इसी प्रकार वैर करने वाले भी श्री भगवान् का निरन्तर चिन्तन करते-करते पापरहित होकर उन्हीं को प्राप्त हो जाते हैं। ऐसे कितने ही दृष्टान्त हैं। उदाहरणतया–गोपियों ने तीव्र प्रेम से, कंस ने भय से, शिशुपाल-दन्तवक्त्र आदि राजाओं ने द्वेष से, यदुवंशियों ने परिवार के सम्बन्ध से तथा आप ने स्नेह से तथा हमने भक्तिभाव से श्री भगवान् में मन को लगाया है। शिशुपाल तथा दन्तवक्त्र दोनों ही श्री विष्णु भगवान् के पार्षद थे। ब्राह्मणों के शाप से वे पदच्युत अथवा पदभ्रष्ट हुए थे।

इस पर जिज्ञासा प्रकट करते हुए राजा युधिष्ठिर ने जानना चाहा कि

भगवान् के पार्षदों को भी प्रभावित करने वाला शाप किसने और क्यों दिया था? वैकुण्ठ जगत् के लोग तो प्राकृत शरीर-इन्द्रियों से रहित होते हैं। उनका प्राकृत शरीर से सम्बन्ध किस प्रकार हुआ?

नारदजी ने कहा—एक दिन ब्रह्माजी के मानसपुत्र सनकादि ऋषि तीनों लाकों में विचरण करते हुए वैकुण्ठधाम में गये। उन्हें साधारण बालक समझकर द्वारपालों ने रोक दिया। इस पर वे क्रोधित हो गये तथा उन्होंने द्वारपालों को शाप दिया, मुर्खो! भगवान् विष्णुजी के चरण तो रजोगुण तथा तमोगुण से रहित है। तुम दोनों उनके समीप निवास करने योग्य नहीं हो। अतः तुम दोनों असुर योनि में जाओ। जब वे वैकुण्ठ से गिरने लगे तो कृपालु महात्माओं ने कहा—तीन जन्मों में इस शाप को भोग कर तुम फिर वैकुण्ठधाम में लोट आओगे।

हे युधिष्ठिर! वे ही दोनों पहले दिति के पुत्र हुए। बड़ा हिरण्यकशिपु तथा छोटा हिरण्याक्ष। श्रीहरि ने नृसिंह रूप धारण कर हिरण्यकशिपु को तथा पृथ्वी का उद्धार करते समय, वराहावतार ग्रहण कर, हिरण्याक्ष को मारा। हिरण्यकशिपु दैत्यराज अपने को भगवान् कहलाता था तथा विष्णुभक्त अपने बेटे प्रह्लाद से भी यही कहलवाना चाहता था तथा उसके सहमत न होने पर वह उसे मारना चाहता था। इसी प्रकार हिरण्याक्ष, भगवान् वराह द्वारा पृथ्वी को रसातल से लाते समय, वह भगवान् वराह के लिये बाधा बन रहा था।

तदनन्तर ये दोनों पार्षद विश्रवा मुनि की पत्नी केशिनी के गर्भ से राक्षसों के रूप में उत्पन हुए। उनका नाम था रावण और कुम्भकर्ण। उनके उत्पात से पीड़ित हुए साधुजनों की रक्षा हेतु श्रीहरि ने श्रीराम रूप में उनका वध किया।

वे ही दोनों जय-वियज इस जन्म में शिशुपाल और दन्तवक्त्र के रूप में उत्पन्न हुए (युधिष्ठिर के मौसी-पुत्र)। श्रीकृष्ण के सुदर्शन चक्र के स्पर्श से उनके सारे पाप नष्ट हो गये तथा वे सनकादि के शाप से मुक्त हो गये। वैरभाव के कारण वे निरन्तर भगवान् श्रीकृष्ण का चिन्तन किया करते थे। उसी तीव्र तन्मयता के कारण वे श्री भगवान् को प्राप्त

हुए तथा पुनः उनके पार्षद होकर उन्हीं के समीप चले गये।

अध्याय 2

हिरण्याक्ष-वध पर कुटुम्बियों का शोक

नारदजी ने इसी कथा को आगे सुनाते हुए युधिष्ठिर से कहा—जब भगवान् ने वराह अवतार ग्रहण कर हिरण्याक्ष का वध किया तो उसका बड़ा भाई क्रोध तथा शोक से सन्तप्त हो उठा। सारी सभा में उसने त्रिशूल उठाकर अपने बन्धुओं द्विमूर्धा, त्र्यक्ष, शतबाहु, हयग्रीव आदि से कहा, दैत्यो और दानवो! देवताओं ने मेरे परम प्यारे तथा हितैषी भ्राता को विष्णु से मरवा दिया, यद्यपि वे (श्री विष्णु) देवता ओर दैत्य, दोनों के प्रति समभाव हैं। मैं विष्णु से अपने भ्राता की मृत्यु का प्रतिशोध लूँगा। तभी मेरे हृदय की पीड़ा शान्त होगी। विष्णु की क्षति होने से देवता लोग स्वयं ही गिर जायेंगे (आश्चर्य है कि श्रीहरि का पार्षद होते हुए भी हिरण्यकशिपु उन्हें मारने की इच्छा कर रहा था। वास्तव में सनकादि के शाप से उसकी बुद्धि भी भ्रष्ट हो गई थी तथा असुर योनि में होने के कारण उसका विष्णु-विरोधी होना स्वाभाविक था। इसी कारण इन पार्षदों के मृत्यु-लोक में दो जन्म और हुए)। अतः तुम पृथ्वी पर जाओ तथा ब्राह्मणों और क्षत्रियों के धर्म-कार्य में बाधा डालो, अर्थात् उनके यज्ञ, तप तथा स्वाध्याय को नष्ट करो। अपने राजा का आदेश पाकर दैत्य तथा दानवों ने पृथ्वी पर ऊधम मचा दिया। नगर, बस्तियों को उजाड़ने लगे तथा यज्ञ, स्वाध्याय तथा तप में विघ्न डालने लगे। अपनी माता तथा अन्य नातेदारों को सान्त्वना देते हुए हिरण्यकशिपु ने कहा—रणक्षेत्र में वीर की मृत्यु श्लाघनीय होती है। जैसे प्याऊ पर मिलना थोड़ी देर के लिये होता है, वैसे ही कर्मों के वशीभूत, दैववश, जीव भी भिन्न-भिन्न

रूपों में, भिन्न-भिन्न देहों में, मिलते तथा बिछुड़ते रहते हैं। वास्तव में आत्मा नित्य, अविनाशी, शुद्ध, सर्वज्ञ–देह से पृथक् है। अविद्या (माया) से ही आत्मा देह के संयोग से, भोगों के साधन, सूक्ष्म शरीर को स्वीकार करता है। जैसे विषयों के कारण मन भटकने लगता है, वैसे आत्मा भी भटकता हुआ दिखाई पड़ता है। वास्तव में उसका स्थूल तथा सूक्ष्म शरीर से कोई सम्बन्ध नहीं। यही तो अज्ञान है। इसी से प्रिय अथवा अप्रिय वस्तु के मिलने अथवा बिछुड़ने का भाव होता है। जन्म, मृत्यु, शोक, अविवेक, चिन्ता तथा विवेक का भ्रमित होना–यह सब अज्ञान के कारण है। इस विषय में आप लोगों को मैं एक इतिहास कहता हूँ।

उशीनर देश में एक बड़ा ही यशस्वी राजा था। उसका नाम था सुयज्ञ। युद्ध में उसका सकल राज्य छिन्न-भिन्न हो गया था। उसके शरीर में लगे घावों से उसका सारा शरीर खून से लथ-पथ हो गया था। इसी दशा में उसके सगे-सम्बन्धी उसे घेरे बठे थे। पति की ऐसी दशा देखकर सभी रानियाँ अति करुणावश थीं तथा घोर विलाप कर रही थीं। वे अपने पति की मृत देह पकड़ कर इस प्रकार क्रन्दन कर रही थीं कि इसी स्थिति में सुर्यास्त हो गया। उशीनर नरेश के सम्बन्धियों का इस प्रकार विलाप सुन कर स्वयं यमराज, बालक वेष में वहाँ आये तथा उन्होंने सभी सम्बन्धियों से इस प्रकार कहा–

आप लोग मुझ से आयु में बड़े हो तथा बुद्धिमान् हो, फिर भी आश्चर्य है कि मरना-जीना देखते हुए भी आप मूढ़ बन रहे हो। यह तो एक कटु सत्य है कि जो आता है उसे वापस जाना पड़ता है। फिर शोक किस कारण? आप से तो मैं बालक ही भला जिसे माता-पिता ने छोड़ दिया। मेरे शरीर में पर्याप्त बल भी नहीं है। फिर भी मैं निश्चिन्त हूँ, क्योंकि जिसने मेरी गर्भ में रक्षा की, वही इस जीवन में भी रक्षा कर रहा है। देवियो! यह देह तो अविनाशी परमात्मा की लीला है जो चराचर को दण्डित अथवा पुरस्कृत करने में समर्थ है।

भाग्य के अनुकूल होने पर रास्ते में गिरी हुई वस्तु भी ज्यों की त्यों पड़ी रहती है, परन्तु भाग्य के प्रतिकूल होने पर वही वस्तु घर में पड़ी-पड़ी भी चोरी हो जाती है। जीव बिना किसी के आश्रय के भी वन

में जीवित रहता हैं, परन्तु दैव के विपरीत होने पर घर में सुरक्षित रहने पर भी वह मृत्यु को प्राप्त हो जाता है।

रानियो! सभी प्राणियों की मृत्यु, पूर्व कर्मानुसार निर्धारित समय पर हो जाती है तथा उसी के अनुसार उसका पुनर्जन्म भी होता है। आत्मा शरीर से भिन्न, जन्म-मृत्यु से अछूता है। उसमें रहते हुए भी वह निर्विकार है। जेसे बुलबुले आदि पानी का विकार, घड़े आदि मिट्टी का विकार तथा आभूषण आदि सुवर्ण का विकार–समय पर बनते हैं, रूपान्तरित होते हैं तथा नष्ट हो जाते हैं, वैसे ही इन तीनों विकारों से बना हुआ शरीर भी समय आने पर बन-बिगड़ जाता है। जैसे लकड़ी में रहने वाली व्यापक अग्नि स्पष्ट ही उससे भिन्न है; जैसे शरीर में रहने पर भी वायु का उससे कोई सम्बन्ध नहीं; जैसे आकाश सब स्थानों पर एक सा है तथा किसी के गुण-दोष से लिप्त नहीं होता, वैसे ही समस्त इन्द्रियों के संयोग में रहने वाला और उनका आश्रय आत्मा वास्तव में उनसे अलग तथा निर्लिप्त है।

जिस शरीर के लिये तुम शोक कर रहे हो वह तो तुम्हारे समक्ष पड़ा है। तुम तो केवल इसी शरीर को देखते थे। जो सुनने वाला तथा बोलने वाला था, वह तो तब भी अदृश्य था और अब भी, शोक किस के लिये? तुम यदि मानते हो कि देह से प्राण निकल गया है, तो वह तो सुषुप्ति के समय भी शरीर में होते हुए ना बोलता है न सुनता है, क्योंकि वह जड़ है। देह और इन्द्रियों के द्वारा जो सब पदार्थों का द्रष्टा है, वह आत्मा, शरीर और प्राण से भिन्न है। वह पाँच भूतों तथा इन्द्रियों और मन से युक्त होकर, भिन्न-भिन्न शरीर ग्रहण करता है। वास्तव में वह इन दोनों से पृथक् है। जब तक वह प्राकृत तत्त्वों से बने इस शरीर में रहता है, तभी तक कर्मबन्धन से बन्धा है। अतः शरीर तथा आत्मा के तत्त्व को जानने वाला इस अनित्य शरीर के लिये शोक नहीं करता।

एक वन में एक बहेलिया रहता था। वह पक्षियों के लिये काल-पुरुष था। वह जहाँ भी जाल बिछाता, पक्षी उस में फँस जाते थे। एक दिन उस ने कुलिङ्ग पक्षी के एक जोड़े को देखा। बहेलिये ने मादा पक्षी को शीघ्र ही अपने जाल में फँसा लिया। नर पक्षी अपनी मादा को विपत्ति में देख

कर बहुत दुःखी हुआ तथा स्नेहवश विलाप करने लगा। यह मेरी सहचरी मुझ अभागे के लिये शोकातुर होकर छटपटा रही है। इसके बिना मेरा जीवन अधूरा हो जायेगा। हमारे बच्चों का अब कौन पालन करेगा? जब वह अपनी सहचरी के लिये इस प्रकार आतुर हो रहा था, उस समय बहेलिये ने बाण मार कर उसे भी वहीं मार डाला। मूर्ख रानियो! तुम्हारी भी दशा ऐसी ही है। तुम चाहे सौ वर्ष तक इसी प्रकार विलाप करती रहो, तुम इसे पुनः पा नहीं सकती।

उस छोटे से बालक की ऐसी ज्ञान भरी बातें सुनकर सभी विस्मित हो गये। उन्हें ज्ञान हो गया कि समस्त संसार और इस के दुःख-सुख अनित्य हैं।

एसा उपाख्यान देकर यमराज अन्तर्धान हो गये। इस कथा को सुनाकर हिरण्यकशिपु ने माता तथा बहुओं से कहा कि अज्ञानवश ही यह अपने-पराये का दुराग्रह हो रहा है।

नारदजी ने कहा, हे युधिष्ठिर! हिरण्यकशिपु के इस प्रकार समझाने पर अपनी पुत्रवधू सहित दिति ने पुत्रशोक त्याग कर अपना चित्त परमतत्त्वस्वरूप परमात्मा में लगा लिया।

अध्याय 3

हिरण्यकशिपु तपस्या तथा वर प्राप्ति

कथा को आगे बढ़ाते हुए नारदजी ने युधिष्ठिर से कहा—अब हिरण्यकशिपु ने विचार किया कि वह अजेय, अजर, अमर तथा संसार का एकछत्र सम्राट् बन जाए। इसके लिए वह मन्दराचल की एक घाटी में जाकर अत्यन्त दारुण तपस्या करने लगा। आकाश की ओर हाथ कर वह पैरों के अँगूठों के बल खड़ा हो गया। जब वह तपस्या में संलग्न

था, देवता लोग अपने-अपने स्थानों तथा पदों पर पुनः प्रतिष्ठित हो गये। हिरण्यकशिपु की उस तपस्या ने उन्हें भयभीत तथा चिन्तातुर कर दिया। वे घबरा कर स्वर्ग से ब्रह्मलोक गये तथा ब्रह्माजी से प्रार्थना करने लगे-अब हम हिरण्यकशिपु की जप-ज्वाला से सन्तप्त हो रहे हैं तथा स्वर्ग में नहीं रह सकते। यदि आप उचित समझें तो नाश करने वाली इस ज्वाला को पहले ही शान्त कर दें। आप सर्वज्ञ हैं। वह किस अभिप्राय से यह घोर तप कर रहा है? उसका विचार है कि जैसे ब्रह्माजी अपनी तपस्या और योग के प्रभाव से इस चराचर जगत् की सृष्टि कर, सब लोगों के ऊपर सत्यलोक में विराजते हैं, वैसे वह भी तपस्या और योग से वह तद प्राप्त कर सके तथा सृष्टि में उथल-पुथल मचा दे। आप तीनों लोकों के स्वामी हैं। आप जैसा उचित समझें वैसा ही कीजिए। ब्रह्मा जी! आपका यह सर्वश्रेष्ठ परमेष्ठि पद—ब्राह्मण, गौओं की वृद्धि, कल्याण, विभूति, कुशल तथा विजय के लिये है।

देवताओं के इस निवेदन को सुन कर ब्रह्माजी, भृगु तथा दक्ष प्रजापति सहित, हिरण्यकशिपु के आश्रम में गये। दीमक की मिट्टी, घास तथा बाँसों से हिरण्यकशिपु का सारा शरीर ढक गया था। इस घोर तपस्या की स्थिति में देख कर ब्रह्माजी ने हँसते हुए कहा-बेटा हिरण्यकशिपु उठो। तुम्हारी तपस्या सिद्ध हुई। मैं तुम्हें वर देने के लिए आया हूँ। तुम्हारी जो इच्छा हो बिना संकोच माँग लो। मैं तुम्हारा मनोबल देख रहा हूँ। डाँसों ने तुम्हारी देह खा ली है, फिर भी तुम्हारे प्राण हड्डियों के आश्रय टिके हुए हैं। ऐसी कठिन तपस्या पहले किसी ने नहीं की। दैत्य शिरामणे! इसी से प्रसन्न होकर मैं तुम्हें जो कुछ माँगो, दिये देता हूँ। मेरा अमृतमय दर्शन निष्फल नहीं हो सकता।

इतना कहकर ब्रह्माजी ने अपने कमण्डलु का दिव्य जल हिरण्यकशिपु के शरीर पर छिड़का जिससे चींटियों से खाया हुआ उसका शरीर पुनः स्वस्थ हो गया तथा वह नवयुवक होकर उठ खड़ा हुआ। उसने देखा कि आकाश में हंस पर आरूढ़ ब्रह्माजी प्रकट हुए हैं। अपना शीश पृथ्वी पर रख कर उसने उन्हें प्रणाम किया तथा गद्गद् वाणी से उनकी स्तुति

करने लगा।

हिरण्यकशिपु ने कहा–कल्प के अन्त में यह सारी सृष्टि काल के द्वारा प्रेरित तमोगुण से घने, अन्धकार से ढक गई थी। उस समय स्वयंप्रकाश आप ने अपने तेज से इसे पुनः प्रकट किया। आप ही अपने त्रिगुणमय रूप से इसकी रचना करते हैं तथा आप ही संहार करते हैं। आप रजोगुण, सत्त्वगुण, तमोगुण के आश्रय हैं। मैं आप को नमस्कार करता हूँ। आप ही जगत् के मूल कारण हैं। ज्ञान, विज्ञान आपकी मूर्ति हैं। प्राण, इन्द्रिय, मन और बुद्धि आदि विकारों द्वारा आपने अपने को प्रकट किया है। आप मुख्य प्राण, सूत्रात्मा के रूप से चराचर जगत् को अपने नियन्त्रण में रखते हैं। चित्त, चेतना, मन और इन्द्रियों के स्वामी आप ही हैं। पञ्चभूत, शब्दादि विषय और उनके संस्कारों के रचयिता भी महत्तत्त्व के रूप में आप ही हैं। आप अनादि, अनन्त, अपार, सर्वज्ञ तथा अन्तर्यामी हैं। प्रभो! कार्य, कारण, चल और अचल ऐसी कोई भी वस्तु नहीं जो आपसे भिन्न हो। आप ही काल हैं। यह स्वर्णमय ब्रह्माण्ड आपके गर्भ में स्थित है। यह व्यक्त ब्रह्माण्ड आपका स्थूल शरीर है। वस्तुतः आप पुराणपुरुष, स्थूल-सूक्ष्म से परे ब्रह्मस्वरूप हैं। आप अपने अनन्त और अव्यक्त स्वरूप में सारे जगत् में व्याप्त हैं। भगवन् मैं आप को नमस्कार करता हूँ।

प्रभो! आप समस्त वरदाताओं में श्रेष्ठ हैं। यदि आप मुझे अभीष्ट वर देना चाहते हैं तो ऐसा वर दीजिए कि आपके बनाये हुए किसी भी प्राणी से, चाहे वह मनुष्य हो या पशु, प्राणी हो या अप्राणी, देवता हो या दैत्य अथवा नागादि, किसी से भी मेरी मृत्यु न हो। भीतर-बाहर, दिन में-रात्रि में, आपके बनाये प्राणयों के अतिरिक्त और भी किसी जीव से, अस्त्र-शस्त्र से, पृथ्वी या आकाश में—कहीं भी मेरी मृत्यु न हो। युद्ध में मेरा कोई सामना न कर सके। मैं समस्त प्राणियों का एकछत्र राजा होऊँ। इन्द्रादि समस्त लोकपालों में, जैसी आपकी महिमा है, वैसी ही मेरी भी हो। तपस्वियों और योगियों को जो अक्षय ऐश्वर्य प्राप्त है, वह मुझे भी दीजिए।

अध्याय 4

हिरण्यकशिपु अत्याचार

हिरण्यकशिपु के अत्यन्त दुर्लभ वर माँगने पर ब्रह्माजी ने कहा, बेटा! तुम जो वर माँग रहे हो, वे जीवों के लिये बहुत ही दुर्लभ हैं, परन्तु दुर्लभ होने पर भी मैं तुम्हें वे सब वर देता हूँ।

वर पाने पर हिरण्यकशिपु ने ब्रह्माजी की पूजा तथा स्तुति की तथा वे अपने लोक को चले गये। इस प्रकार कथा सुनाते हुए श्री नारदजी युधिष्ठिर से कहते हैं—ब्रह्माजी के वरदान कभी असत्य नहीं होते। वे समर्थ तथा भगवद् स्वरूप हैं।

वर प्राप्ति पर हिरयण्कशिपु का शरीर सुवर्ण के समान कान्तिमान् तथा हृष्ट-पुष्ट हो गया। वह अपने भ्राता की मृत्यु का पुनः स्मरण कर श्री विष्णुजी से द्वेष करने लगा। उसने समस्त दिशाओं, तीनों लोकों के समस्त राजाओं को जीतकर अपने वश में कर लिया। यहाँ तक कि उसने लोकपालों की शक्ति तथा स्थान भी हर लिये तथा वह नन्दनवन आदि दिव्य उद्यानों से युक्त स्वर्ग में रहने लगा। श्री विश्वकर्मा द्वारा रचित इन्द्र-भवन उसका निवास स्थान था। यह भवन सब प्रकार की सम्पत्तियों तथा सुविधाओं से सम्पन्न है। हिरण्यकशिपु की उदण्डता तथा बरबरता सभी देव-दानवों को खलने लगी थी। यही नहीं, वह अपनी शक्ति को बनाये रखने के लिये बड़ी-बड़ी दक्षिणा वाले यज्ञों का देव-भाग भी छीनने लगा।

पृथ्वी के सातों द्वीपों पर उसका एकछत्र राज्य था। वह सभी देवताओं से मनवाञ्छित वस्तुएँ प्राप्त करता था। इस प्रकार दिग्विजयी तथा एकछत्र सम्राट् बन कर पृथ्वी के भोगों को स्वच्छन्द रूप से भोगने लगा।

हे युधिष्ठिर! इस रूप में हिरण्यकशिपु श्री भगवान् का वही पार्षद था जिसे सनकादि ब्रह्मऋषियों ने शापित किया था। असुर योनि में यह उसका प्रथम जन्म था। उसके जीवन का बहुत सा समय इसी प्रकार

बीत गया। उसकी निष्ठुरता से सभी देवता विचलित थे। जब उन्हें कहीं से किसी का आश्रय नहीं मिला तो उन्होंने भगवान् श्रीहरि की शरण ली। उन्होंने अपने अन्तःकरण से उनका स्मरण किया तथा कहा–जहाँ सर्वात्मा जगदीश्वर श्रीहरि निवास करते हैं, तथा जिसे प्राप्त कर निर्मल संन्यासी पुनः लौटते नहीं, श्री भगवान् के उस परमधाम को हम नमस्कार करते हैं।

मन-इन्द्रियों के संयम तथा श्री भगवान् की एकाग्रचित्त आराधना से एक दिन उन्हें यह आकाशवाणी सुनाई दी, जिससे चारों दिशाएँ गूँज उठीं–श्रेष्ठ देवताओ! भय मत करो। आप सब का कल्याण हो। मेरे दर्शनमात्र से प्राणियों को परम कल्याण की प्राप्ति होती है। इस नीच दैत्य की दुष्टता का मुझे पूर्व ज्ञान था। मैं इसे नष्ट कर दूँगा। तुम समय की प्रतीक्षा करो। जो भी–देवता, वेद, गाय, ब्राह्मण, साधु, धर्म तथा मुझ से द्वेष करता है, उसका शीघ्र ही विनाश हो जाता है। जिस समय हिरण्यकशिपु अपने शान्त, महात्मापुत्र प्रह्लाद से द्रोह करेगा तथा उसका अनिष्ट करना चाहेगा तब वर के कारण शक्ति सम्पन्न होने पर भी मैं उसका वध कर दूँगा। आकाशवाणी के इस सन्देश से देवताओं का उद्वेग समाप्त हो गया।

दैत्यराज हिरण्यकशिपु के चार विलक्षण पुत्र थे। उनमें सबसे छोटे परन्तु गुणों में सबसे श्रेष्ठ प्रह्लाद थे। वे ब्राह्मणभक्त, सौम्यस्वभाव, सत्यप्रतिज्ञ, जितेन्द्रिय तथा सब प्राणियों में समभाव थे। वे सबके प्रिय थे। वे सबके हितैषी थे। वे आसक्तिरहित तथा संयमी थे। जन्म से असुर होने पर भी उनमें आसुरी सम्पदा तनिक भी न थी। उनकी महिमा क्या कहें, वे तो श्रीहरि के अनन्य भक्त थे तथा श्रीहरि चरणों में उनका जन्म से ही अनुराग था।

हे युधिष्ठिर! प्रह्लाद बचपन से ही खेल-कूद छोड़ कर श्री भगवान् के ध्यान में जडवत् तन्मय रहता था। भगवान् श्रकृष्ण के मनमोहक रूप ने उसे इस प्रकार आकृष्ट कर लिया था कि उसे किसी और की सुध ही न थी। उसे इस प्रकार लगता था कि भगवान् श्रीहरि उसे गोद में

लेकर आलिङ्गन कर रहे हैं। अतः उसे सोते-जागते, खाते-पीते, चलते-फिरते, बात करते-सुनते-हर समय श्री भगवान् का ही ध्यान रहता था। जब कभी उसे ऐसी सोच आती कि भगवान् श्रीहरि उसे छोड़ कर चले गये हैं तो वह रोने लगता था। कभी श्री भगवान् की अपने हृदय में छवि तनिक ओझल होती तो वह विह्वल हो उठता था। कभी वह भगवान् को अपने समक्ष पाता (ख्यालों-ख्यालों में, तो वह नाच उठता था)। प्रह्लाद श्री भगवान् का परमप्रेमी भक्त, परम भाग्यवान् महात्मा था। (विष्णुविरोधी होने के कारण), हिरण्यकशिपु ऐसे साधुस्वभाव पुत्र को अपराधी मानकर उसका अनिष्ट करने की चेष्टा करने लगा।

अध्याय 5

हिरण्यकशिपु प्रह्लाद-वध प्रयत्न

युधिष्ठिर के पूछने पर कि हिरण्यकशिपु पिता होते हुए भी अपने पुत्र से इतना विरोध क्यों करता था, नारदजी ने कहा, युधिष्ठिर! दैत्यों ने शुक्राचार्यजी को अपना पुरोहित बनाया था। उनके दो पुत्र थे-शण्ड और अमर्क। राजमहल के निकट रहकर ही वे हिरण्यकशिपु-पुत्र प्रह्लाद को अन्य पढ़ने योग्य दैत्य बालकों सहित उन्हें राजनीति, अर्थनीति आदि पढ़ाया करते थे। 'प्रह्लाद' गुरुजी का पाठ सुनकर उन्हें ही सुना देते थे, परन्तु इसमें उनका मन नहीं लगता था। एक दिन हिरण्यकशिपु ने प्रह्लाद को गोद में बिठा कर पूछा कि उन्हें कौन सी बात अच्छी लगती है।

प्रह्लाद ने कहा, पिता जी! संसार के प्राणी, 'मैं तथा मेरे' के झूठे भ्रम में पड़कर सदा उद्विग्न रहते हैं। ऐसे प्राणियों के लिये मैं समझता हूँ कि वे इस अधःपतन के मूल कारण गृहस्थ को छोड़कर वन में चले जायें तथा भगवान् श्रीहरि की शरण ग्रहण करें।

प्रह्लाद के मुख से शत्रुपक्ष की प्रशंसा सुन कर हिरण्यकशिपु हँस दिये। दूसरों के बहकाने से बच्चों की बुद्धि बिगड़ जाती है। लगता है कि गुरुजी के आश्रम पर कुछ ब्राह्मण, वेष बदल कर, विष्णु-पक्षपाती रहते हैं। उसने कहा कि बालक की भलीभाँति देख-रेख की जाये कि जिससे उसकी बुद्धि बहकने न पाये।

जब बालक प्रह्लाद गुरुजी के आश्रम में गये तो पुरोहितों ने उनसे पूछा, बेटा प्रह्लाद! तुम्हारा कल्याण हो। हम जानना चाहते हैं कि तुम्हारी बुद्धि स्वयं ऐसी हो गई है अथवा किसी ने तुमको बहका दिया है।

प्रह्लाद ने कहा–जिन मनुष्यों की बुद्धि मोहग्रस्त होती है उनको भगवान् की माया से यह झूठा दुराग्रह होता है कि यह अपना है, यह पराया है। जब भगवान् कृपा करते हैं तो यह भावना नष्ट हो जाती है। वही परमात्मा यह आत्मा है। वह परमात्मा आप लोगों के शब्दों में मेरी बुद्धि बिगाड़ रहा है। गुरुजी! जैसे चुम्बक के समीप लोहा स्वयं खिंच जाता है, वैसे ही चक्रपाणी भगवान् की स्वच्छन्द इच्छाशक्ति से मेरा चित्त भी संसार से विरक्त होकर उनकी ओर खिंच जाता है। इतना कहकर प्रह्लाल चुप हो गये।

पुरोहितलोग राजा के सेवक थे। वे डर गये। उन्होंने प्रह्लाद को झिड़क दिया और कहा कि यह हमारी कीर्ति को कलंक लगा रहा है। हमें इस दुर्बुद्धि को ठीक करने के लिये दण्ड देना होगा। दैत्यवंश के चन्दनवन में यह कांटेदार बबूल कहाँ से उत्पन्न हो गया। जो विष्णु इस वन की जड़ को काटने में कुल्हाड़े का काम करते हैं, यह नादान बालक उन्हीं का सहायक बन रहा है। जब गुरुजनों ने देखा कि प्रह्लाद ने साम, दान, भेद और दण्ड–सभी शिक्षा ले लीं हैं तो वे उन्हें उनकी माता के पास ले गये। माता उन्हें नहला कर, अच्छे वस्त्र पहना कर राजा हिरण्यकशिपु के पास ले गई। प्रह्लाद ने अपने पिता के चरणों में प्रणाम किया। हिरण्यकशिपु ने उन्हें आशीर्वाद दिया तथा उठा कर अपने गले से लगा लिया। हिरयण्कशिपु ने उन्हें प्यार कर अपनी गोद में बिठा कर पूछा। इतने दिनों में तुमने जो गुरुजी से शिक्षा प्राप्त की, उसमें से कोई

सी अच्छी बात हमें सुनाओ।

प्रह्लाद ने कहा, पिताजी! विष्णु भगवान् की भक्ति के नौ भेद हैं— भगवान् के गुण-लीला-नाम का श्रवण, उन्हीं का कीर्तन, उनके रूप-नाम का स्मरण, उनके चरणों की सेवा, पूजा-अर्चाना, वन्दना, दास्य, सख्य तथा आत्मनिवेदन। यदि भगवान् के प्रति समर्पण के भाव से यह नौ प्रकार की भक्ति की जाये तो मैं उसी को उत्तम अध्ययन समझता हूँ।

प्रह्लाद का यह कथन सुन कर हिरण्यकशिपु अत्यन्त क्रोधित हो गया। उसने गुरु-पुत्र से कहा, अरे ब्राह्मण! दुर्बुद्धि! तूने मेरी अवहेलना कर इस बालक को कैसी शिक्षा दी है? अवश्य ही तू हमारे शत्रु के आश्रित है।

गुरुपुत्र ने कहा, इन्द्रशत्रो! आपका पुत्र जो कुछ कह रहा है वह मेरे या किसी के बहकाने से नहीं कह रहा। यह तो इसकी जन्मजात स्वाभाविक बुद्धि (विचार) है। आप क्रोध शान्त कीजिए। व्यर्थ में हमें दोष न दें। इस पर हिरण्यकशिपु ने प्रह्लाद से पूछा–यदि तुझे यह अहित करने वाली दुर्बुद्धि गुरुमुख से नहीं मिली तो कहाँ से प्राप्त हुई?

प्रह्लाद ने कहा, पिता जी! संसार के लोग तो पिसे हुए को पीस रहे हैं तथा चबाये हुए को चबा रहें हैं। इन्द्रियाँ वश में न होने के कारण वे भोग विषयों को ही बार-बार भोगने के लिये संसाररूप घोर नरक की ओर जा रहे हैं। गृहस्थ पुरुषों की बुद्धि किसी के सिखाने से भी तथा अपने ही जैसे लोगों के संग के कारण, भगवान् श्रीकृष्ण में नहीं लगती। जो इन्द्रिय-विषयों को परम ईष्ट समझकर उनके पीछे भागते हैं तथा काम्यकर्मों के दीर्घ बन्धन में बन्धे हुए हैं, वे नहीं जानते कि हमारे स्वार्थ और परमार्थ भगवान् विष्णु ही हैं। उन्हीं की प्राप्ति से हमें सब पुरुषार्थों की प्राप्ति हो सकती है। जिनकी बुद्धि श्री भगवान् के चरणकमलों का स्पर्थ कर लेती है, उनका जन्म-मृत्यु रूप चक्र समाप्त हो जाता है। जिनकी भगवत्प्रेमी महात्माओं में श्रद्धा होती है, उनकी बुद्धि विषयकर्मों का सेवन करते हुए भी अकिञ्चिन रहती है, क्योंकि महात्माओं के संग से उनमें वैराग्य उत्पन्न हो जाता है।

इतना कहकर प्रह्लाद चुप हो गये। हिरण्यकशिपु ने क्रोध के वशीभूत होकर प्रह्लाद को अपनी गोद से नीचे पटक दिया। रोष के कारण उसके नेत्र लाल हो गये। वह प्रह्लाद के इन विचारों को सह न सका। उसने आदेश दिया, दैत्यो! इसे यहाँ से ले जाओ तथा तुरन्त मार डालो। जिस विष्णु ने इसके चाचा को मार डाला, अपने स्वजनों को छोड़कर यह उसी की दासता कर रहा है। पाँच वर्ष की आयु में ही जिस ने अपने माता-पिता को भुला दिया, वह कृतघ्न भला विष्णु का क्या हित करेगा। यदि अपना पुत्र ही अहित करने लगे तो रोग के समान वह शत्रु है। यदि अपने किसी अंग से शरीर को हानि होती हो तो उसे काट देना चाहिए। अत: खाने, सोने, बैठने आदि के समय, किसी भी उपाय से इसे मार डालो।

राजा की आज्ञा पाकर दैत्यों ने भिन्न-भिन्न शस्त्रों द्वारा प्रह्लाद को भेदना चाहा। उस समय प्रह्लाद का चित्त श्री भगवान् में संलग्न था, जो समस्त शक्तियों के आधार हैं। किसी भी शस्त्र से उसके शरीर पर कोई प्रभाव नहीं पड़ा तथा हिरण्यकशिपु को बड़ी शंका हुई। वह प्रह्लाद को मारने के लिये भाँति-भाँति के उपाय करने लगा। हाथियों से कुचलवाने का, विषधर सर्पों से डसवाने का, आदि-आदि। उसे मारने के लिये पुरोहितों से कृत्या राक्षसी उत्पन कराई, विष पिलाया, ज्वलित अग्नियों में डाला, पर्वत से नीचे गिराया, सागर में गिराया, परन्तु कोई भी उपाय निष्पाप प्रह्लाद को हानि न पहुँचा सका। अपनी विवशता देख हिरण्यकशिपु को बड़ी चिन्ता हुई।

हिरण्यकशिपु सोचने लगा कि हो न हो इस बालक में कोई सामर्थ्य अवश्य है। यह मेरे किये गये अपकारों को नहीं भूलेगा। यह न तो किसी से डरता है, न इसे मृत्यु का भय है। इसकी शक्ति की थाह नहीं। अवश्य ही इसके विरोध में मेरी मृत्यु होगी। सम्भव है न भी हो। इस चिन्ता से उसका मुख मलिन हो गया।

शुक्राचार्य के पुत्र शण्ड ने राजा की यह दशा देख कर उन्हें एकान्त में ले जाकर यह कहा, स्वामी! आपने अकेले ही तीनों लोकों पर विजय

प्राप्त की है। आप से लोकपाल भी भयभीत हैं। आप को चिन्ता करने की कोई आवश्यकता नहीं। जब तक हमारे पिता शुक्राचार्यजी नहीं आ जाते, इसे वरुण-पाश से बाँध कर रखिए। गुरुपुत्र को सहमति देते हुए हिरण्यकशिपु ने कहा कि वह प्रह्लाद को उन धर्मों का उपदेश दे, जिनका पालन गृहस्थ नरपति किया करते हैं। तत्पश्चात् गुरुपुत्र प्रह्लाद को पाठशाला में ले गये तथा उसको क्रमशः धर्म, अर्थ तथा काम–इन तीनों पुरुषार्थों की शिक्षा देने लगे। एक दिन जब गुरुजी आश्रम में नहीं थे तो अन्य बालकों ने प्रह्लाद को खेलने के लिये आमन्त्रित किया।

वे सभी बालक थे। अतः उनकी बुद्धि राग-द्वेषपरायण विषयभोगी पुरुषों के उपदेश से अभी दूषित नहीं हुई थी। वे खेल-कूद की सामग्री छोड़ प्रह्लाद के पास चले गये। श्री भगवान् के परम भक्त प्रह्लाद का हृदय उनके प्रति करुणा तथा मैत्री के भाव से द्रवित हो गया तथा वे कहने लगे।

अध्याय 6

प्रह्लाद-असुरबालक संवाद

प्रह्लाद ने कहा, मित्रो! इस संसार में मनुष्य-जन्म बड़ा दुर्लभ है। इस के द्वारा अविनाशी परमात्मा की प्राप्ति हो सकती है। परन्तु न जाने इस शरीर का कब अन्त हो जाये। अतः वृद्धावस्था अथवा योवनावस्था पर निर्भर न रहकर, बाल्यकाल से ही, श्रीभगवान् की प्राप्ति कराने वाले साधनों का अनुष्ठान कर लेना चाहिये। इस मनुष्य जन्म में श्री भगवान् के चरणों की शरण लेना ही जीवन की एकमात्र सफलता है। भगवान् समस्त प्राणियों के स्वामी, सुहृद्, प्रियतम, आत्मा हैं। प्रारब्ध के अनुसार सर्वत्र वैसे ही मिलता है, जैसे बिना प्रयत्न किये, निवारण करने पर भी, दुःख मिलता है। अतः सांसारिक सुखों को पाने के लिये प्रयत्न करने की

आवश्यकता नहीं, क्योंकि स्वयं मिलने वाली वस्तु के लिये प्रयत्न करना अपनी आयु तथा परिश्रम को व्यर्थ व्यय करना है। इसमें उलझ कर श्री भगवान् के चरणों की प्राप्ति नहीं होती। जिन्होंने अपनी इन्द्रियों को वश में नहीं किया, उनकी आधी आयु तो यूँ ही बीत जाती है, क्योंकि वे रात्रि को घोर तमोगुण ग्रस्त होकर सोते हैं। बचपन में उन्हें हित-अहित का ज्ञान नहीं होता। कुमारावस्था खेल-कूद में बीत जाती है। वृद्धावस्था के अन्तिम-वर्ष, शरीर शक्तिहीन होने से व्यर्थ हो जाते हैं। जो बीच की आयु बची, वह कभी न पूरी होने वाली कामनाओं को प्रत्यक्ष रूप देने में बीत जाती है। जीवन इतना उलझ जाता है कि कर्तव्य-अकर्तव्य का ध्यान ही नहीं रहता।

दैत्य बालको! जिसकी इन्द्रियाँ वश में नहीं, वह गृहस्थ-आसक्ति कैसे छोड़ सकता है? जो धन, प्राणों की बाजी लगाकर संग्रह किया जाता है, उसकी तृष्णा कौन त्याग सकता है? इसी प्रकार वह अपनी पत्नी, अपने बच्चों तथा बन्धुओं के स्नेहबन्धन से कैसे मुक्त हो सकता है? वह, यह मेरा कुटुम्ब है, इस भाव से उसमें इतना रम जाता है कि अपनी अमूल्य आयु गवाँ देता है, यह न जान कर कि उसके जीवन का वास्तविक उद्देश्य क्या है।

जो इस प्रकार जीवन व्यतीत करता है, उसे विद्वान् होने पर भी परमात्मा की प्राप्ति नहीं हो सकती। अतः तुम विषयासक्त दैत्यों का संग त्याग दो और आदिदेव श्री भगवान् नारायण की शरण ग्रहण करो, क्योंकि जिन्होंने संसार की आसक्ति छोड़ दी है, उन महात्माओं के श्री भगवान् परम प्रियतम तथा परमगति हैं।

मित्रो! श्री भगवान् को प्रसन्न करने के लिये हमें कोई कठिन परिश्रम नहीं करना पड़ता, क्योंकि वे समस्त प्राणियों के आत्मा तथा सर्वत्र सत्ता के रूप में स्वयंसिद्ध हैं। अणु से लेकर ब्रह्मा तक, पँचभूत वस्तुओं, तन्मात्राओं, तीनों गुणों, महत्तत्त्व में, एक अविनाशी परमात्मा ही विराजमान हैं। वे ही अन्तर्यामी द्रष्टा के रूप में हैं तथा वे ही दृश्य जगत् के रूप में भी हैं। सर्वथा अनिर्वचनीय तथा विकल्परहित होने पर भी,

द्रष्टा और दृश्य, व्याप्य और व्यापक के रूप में उनका निर्वचन किया जाता है। वे केवल अनुभवस्वरूप, आनन्दस्वरूप एकमात्र परमेश्वर हैं। गुणमयी सृष्टि करने वाली माया के द्वारा उनका ऐश्वर्य छिपा हुआ है। उसके निवृत्त होते ही उनके दर्शन होते हैं। अतः तुम आसुरी सम्पदा त्याग कर समस्त प्राणियों पर दया करो। इसी से भगवान् प्रसन्न होते हैं। आदि नारायण अनन्त भगवान् के प्रसन्न होने पर कौन सी वस्तु है जो उपलब्ध नहीं हो सकती? आत्मविद्या, कर्मकाण्ड, तर्कशास्त्र, दण्डनीति तथा जीवनोपार्जन के विविध साधन, यद्यपि वेदों के विषय हैं, परन्तु यदि ये श्रीहरि को आत्मसमर्पण करने में सहायक हैं तो मैं इन्हें भी सार्थक मानता हूँ। यह निर्मल ज्ञान जो मैंने तुम्हें बताया है, इसे प्रथम नर-नारायण ने नारदजी को दिया था। यह विज्ञानसहित ज्ञान, विशुद्ध भागवतधर्म है। इसे मैंने श्री भगवान् के दर्शन करानेवाले नारदजी से ही सुना है।

अध्याय 7

प्रह्लाद को नारदजी का उपदेश

दैत्य बालकों के प्रश्न करने पर कि प्रह्लाद ने यह ज्ञान नारदजी से किस प्रकार सुना, जबकि वह तो महल में अपनी माता के पास रहे थे, प्रह्लाद ने कहा–जब हमारे पिता तपस्या के लिये मन्दराचल गये थे, तब इन्द्रादि देवताओं ने दानवों से युद्ध करने का उद्योग किया। देवताओं के सैन्य-बल तथा क्षमता को देख कर दानवों का बल जाता रहा। वे उनके सामने टिक न सके। वे युद्ध से भाग खड़े हुए। यहाँ तक कि इन्द्र ने मेरी माता कयाधू को भी बंदी बना लिया। जिस समय इन्द्र मेरी विवश माता को लिये जा रहे थे, वहाँ नारदजी आ पधारे। मेरी माता को देख कर उन्होंने इन्द्र से कहा, देवराज! यह निरपराध है। इसे ले जाना उचित

नहीं। महाभाग! इस सती साध्वी पटरानी का तिरस्कार मत करो। इसे तुरन्त छोड़ दो।

इन्द्र ने कहा–इसके गर्भ में देवद्रोही हिरण्यकशिपु का चिन्ह है। प्रसव पर्यन्त यह मेरे पास रहे। बालक होने पर, उस बालक को मारकर, मैं इसे छोड़ दूँगा।

नारदजी ने कहा–इसके गर्भ में भगवान् का साक्षात् परमप्रेमी भक्त और सेवक, अत्यन्त बली और निष्पाप महात्मा है। तुम में इसको मारने की शक्ति नहीं है। देवर्षि के ऐसे कथन को सुन कर इन्द्र ने मेरी माता को छोड़ दिया। तत्पश्चात् नारदजी मेरी माता को अपने आश्रम ले गये तथा कहा, बेटी! जब तक तुम्हारा पति तपस्या करके लौटे, तुम यहीं रहो। जो आज्ञा कह वह निर्भयता से नारदजी के आश्रम में रहने लगीं।

दयालु और समर्थ देवर्षि नारदजी ने मेरी माता को भागवत धर्म तथा विशुद्ध ज्ञान का उपदेश दिया। देवर्षि नारदजी की विशेष कृपा से मुझे उस ज्ञान की विस्मृति नहीं हुई। जैसे ईश्वरमूर्ति काल की प्रेरणा से वृक्षों पर फल लगते हैं, ठहरते हैं, बढ़ते हैं, पकते हैं तथा क्षीण होने पर नष्ट हो जाते हैं–वैसे ही जन्म, अस्तित्व की अनुभूति, वृद्धि, परिणाम, क्षय तथा विनाश–यह भाव (अवस्था) अथवा विकार–शरीर के हैं। आत्मा से इसका कोई सम्बन्ध नहीं। 'आत्मा' नित्य, अविनाशी, शुद्ध, एक, क्षेत्रज्ञ, आश्रय, निर्विकार, स्वयंप्रकाश, सबका कारण, व्यापक, असंग तथा आवरणरहित है। यह बारह आत्मा के उत्कृष्ट लक्षण हैं।

आचार्यों ने मूल प्रकृति, महत्तत्त्व, अहंकार, तथा पँचतन्मात्रएँ–इन आठ तत्त्वों को प्रकृति बतलाया है। उनके तीन गुण हैं–सत्त्व, रज तथा तम। उनके सोलह विकार हैं–दस इन्द्रियाँ, एक मन तथा पाँच महाभूत। इन सबमें एक पुरुषतत्त्व अनुगत है। इनका समुदाय ही देह है। यह दो प्रकार से है–स्थावर और जङ्गम। इसी में अन्तःकरण, इन्द्रिय आदि अनात्म वस्तुओं का 'यह आत्मा नहीं हैं'–इस प्रकार बोध करते हुए आत्मा को खोजना (पहचानना) चाहिए। आत्मा सब में अनुगत है, परन्तु वह उनसे पृथक् है। इस प्रकार धीरे-धीरे संसार की उत्पत्ति, स्थिति तथा

उसके प्रलय पर विचार करना चाहिए। जाग्रत्, स्वप्न और सुषुप्ति, ये तीनों बुद्धि की वृत्तियाँ हैं। इन वृत्तियों का जिसके द्वारा अनुभव होता, वह आत्मा है। जैसे गन्ध से उसके आश्रय वायु का ज्ञान होता है वैसे ही बुद्धि की इन कर्मजन्य तथा बदलने वाली तीनों अवस्थाओं द्वारा इनमें साक्षीरूप से अनुगत आत्मा को जाने।

अतः सर्वप्रथम इन गुणों के अनुसार होने वाले कर्म-बीज को ही नष्ट कर देना चाहिए। इस से बुद्धि-वृत्तियों का प्रवाह निवृत्त हो जाता है। इसी को योग अथवा परमात्मा से मिलन कहते हैं। जिस उपाय से और जैसे सर्वशक्तिमान् भगवान् में स्वाभाविक निष्काम प्रेम हो जाये—वही उपाय श्रेष्ठ है। सर्वशक्तिमान् श्रीहरि समस्त प्राणियों में विराजमान हैं। अतः सभी प्राणियों की यथाशक्ति इच्छा पूरी करे तथा उनका सम्मान करे। काम, क्रोध, लोभ, मोह, मद तथा मत्सर—इन छः शत्रुओं पर विजय पाकर जो श्रीहरि की साधना-भक्ति का अनुष्ठान करते हैं, उन्हें उस भक्ति द्वारा भगवान् श्रीकृष्ण के चरणों में अनन्य प्रेम की प्राप्ति हो जाती है।

अतः प्रिय मित्रो! तुम अपने हृदय में हृदयेश्वर श्री भगवान् का भजन करो। अपने हृदय में ही आकाश के समान नित्य विराजमान श्री भगवान् के भजन करने में कौन सा विशेष परिश्रम है? वे समान रूप से समस्त प्राणियों के अत्यन्त प्रेमी मित्र हैं। सांसारिक भोग-ऐश्वर्य, सभी क्षणभंगुर हैं। यहाँ तक कि स्वर्गिक भोग भी क्षणभंगुर हैं। वहाँ भी ऊँच-नीच, छोटे-बड़े की भावना बनी रहती है। निर्दोष है तो केवल परमात्मा। परमात्मा की प्राप्ति के लिये उन्हीं का भजन करना चाहिए।

कर्म में प्रवृत्त होने के दो ही उद्देश्य हैं—सुख पाना और दुःख से छुटकारा पाना। परन्तु जो पहले कामना न होने के कारण सुख में निमग्न रहता था (अर्थात् जैसे संन्यासी को कर्म चक्र में न पड़कर शान्ति तथा सुख की अनुभूति होती है) उसे ही अब कामना के कारण सदा-सर्वदा दुःख भोगना पड़ता है। जब अपने शरीर की ही स्थिरता नहीं तथा इसकी कोई वास्तविकता नहीं तो यह पुत्र-स्त्री, सम्बन्धी, धन-दौलत—इससे

कैसा नाता? आत्मा तो स्वयं आनन्द का सागर है—उसके लिये इन सांसारिक वस्तुओं की क्या आवश्यकता? यह जो सूक्ष्म शरीर को ही अपना आत्मा मान कर, उसके द्वारा अनेकों कर्म करता है, इन कर्मों के कारण ही (कर्म फलस्वरूप) उसे पुनः शरीर ग्रहण करना पड़ता है। इसी प्रकार कर्म से शरीर और शरीर से कर्म की प्रथा चल पड़ती है। अतः निष्काम-भाव से निष्क्रिय, आत्मस्वरूप श्रीहरि का भजन करना चाहिए। अर्थ, धर्म, काम—सब उन्हीं के आश्रित हैं। उनकी इच्छा के बिना कुछ नहीं मिल सकता।

दैत्य बालको! भगवान् को प्रसन्न करने के लिये ब्राह्मण, देवता या ऋषि होना—सदाचार और विभिन्न ज्ञानों से सम्पन्न होना—अथवा दान, तप, यज्ञ तथा बड़े-बड़े व्रतों का अनुष्ठान—काफी नहीं, आवश्यक नहीं। श्री भगवान् केवल निष्काम प्रेमभक्ति से ही प्रसन्न होते हैं। अतः सर्वत्र प्राणियों को अपने समान ही समझकर, सर्वत्र विराजमान, सर्वात्मा, सर्वशक्तिमान् भगवान् की भक्ति करो। भगवान् की भक्ति के प्रभाव से दैत्य, यक्ष, राक्षस, स्त्रियाँ, शूद्र, अहीर, पक्षी, मृग तथा पापी जीव भी भगवद्भाव को प्राप्त कर लेते हैं। इस संसार में अथवा मनुष्य शरीर में, एकमात्र इतना ही परमार्थ है कि वह भगवान् श्रीकृष्ण की अनन्य भक्ति प्राप्त करे। इस भक्ति का स्वरूप है—सर्वदा, सर्वत्र सब वस्तुओं में श्री भगवान् का दर्शन करना।

अध्याय 8

भगवान्-नृसिंह प्रादुर्भाव तथा हिरण्यकशिपु-वध

प्रह्लाद का प्रवचन सुन—दैत्य बालकों ने निर्दोष होने के कारण—उनकी शिक्षा को ग्रहण कर लिया। जब गुरुजी ने सभी बालकों की बुद्धि

एकमात्र श्री भगवान् में स्थिर होती देखी तो उन्होंने हिरण्यकशिपु से जाकर इसका निवेदन किया। अपने पुत्र की इस असह्य और अप्रिय अनीति को सुन कर राजा को अत्याधिक क्रोध आया तथा राजा ने उसे अपने ही हाथों मारने का निश्चय किया।

स्वभाव से ही नम्रस्वभाव, प्रह्लाद हिरण्यकशिपु के सम्मुख हाथ जोड़े खड़े थे। उसे डांटते हुए राजा ने कहा, मूर्ख! तू बड़ा उदण्ड हो गया है। स्वयं तो नीच है ही अब हमारे कुल के बालकों को भी भरमा रहा है। तूने बड़ी उदण्डता से मेरी आज्ञा का उलंघन किया है। मैं आज ही तुम्हें यमराज के घर पहुँचाता हूँ। तूने किस कारण मेरी आज्ञा के विरुध कार्य किया? मुझ से तो तीनों लोक काँपते हैं। प्रह्लाद ने कहा, दैत्यराज! ब्रह्मा से लेकर तिनके तक, सब छोटे-बड़े, चर-अचर जीवों को भगवान् ने ही अपने वश में कर रखा है। समस्त बलवानों के बल भी वही हैं। वे ही महापराक्रमी, सर्वशक्तिमान् प्रभु, काल हैं। वे ही समस्त प्राणियों के इन्द्रियबल, मनोबल, देहबल, धैर्य तथा इन्द्रिय भी वही हैं।

वही परमेश्वर अपनी शक्तियों द्वारा इस विश्व की रचना, रक्षा, तथा संहार करते हैं। वे ही तीनों गुणों के स्वामी हैं। आप अपना असुर-भाव छोड़ दीजिए। मन में सबके प्रति समभाव लाना ही भगवान् की सबसे बड़ी पूजा है।

हिरण्यकशिपु ने कहा, अरे मन्द बुद्धि! तेरे पथभ्रष्ट होने की अब सीमा आ गई है। स्पष्ट है कि अब तु मरना चाहता है। मैं भी देखूँ कि तेरा जगदीश्वर कहाँ है। यदि वह सर्वत्र है तो इस स्तम्भ में क्यों नहीं दीखता है? मैं अभी तेरा शीश धड़ से अलग किये देता हूँ। देखता हूँ तेरा हरि तेरी रक्षा कैसे करता है। जब क्रोध के कारण वह अपने को रोक न सका तो हाथ में खड्ग लेकर सिंहासन से कूद पड़ा तथा उसने स्तम्भ पर वार किया। उसी समय उस स्तम्भ से एक भयानक शब्द हुआ। वह ध्वनि जब लोकपालों तक पहुँची तो उन्हें ऐसा लगा मानो प्रलय हो रहा हो। हिरण्यकशिपु प्रह्लाद को मारने के लिये बड़े वेग से झपटा, परन्तु इस अपूर्व घोर शब्द से वह भी भयभीत सा हो गया।

इसी समय अपने सेवक प्रह्लाद तथा ब्रह्माजी की वाणी सत्य करने हेतु तथा समस्त पदार्थों में अपनी व्यापकता दिखाने के लिये, सभा के भीतर उसी स्तम्भ से, बड़ा विचित्र रूप धारण कर भगवान् प्रकट हुए। वह रूप न तो पूरा सिंह का था न मनुष्य का। जिस समय हिरण्यकशिपु उस घोर शब्द से विमूढ़ था, उसी समय उसने उस स्तम्भ से निकलते हुए उस अद्‌भुत प्राणी को देखा। श्री भगवान् का यह नृसिंह रूप अत्याधिक भयानक था। तपाये हुए स्वर्ण के समान पीली आँखें। गरदन के बाल इधर-उधर लहरा रहे थे। विकराल दाढ़ें तथा तीखी जिह्वा। टेड़ी भौंअे उनका मुख और भी भयंकर बना रही थीं। चन्द्रमा की किरणों के समान सफेद रोएँ उनके सारे शरीर पर शोभायमान थे। उनकी अनेक भुजायें तथा नख आयुध का काम देने वाले थे। उनके समीप किसी को भी जाने का सहास न हुआ तथा सारे दैत्य-दानव उनके आयुध तथा वज्र-शस्त्रों से भयभीत होकर भाग गये। हिरण्यकशिपु सोचने लगा कि हो-न-हो, महामायावी विष्णु ने ही उसे मारने के लिये यह रूप धारण किया है।

अतः हाथ में गदा लेकर हिरण्यकशिपु भगवान् नृसिंह पर झपटा, परन्तु जैसे पतिंगा आग में गिर कर नष्ट हो जाता है, वैसे ही वह श्री भगवान् के तेज के समक्ष जाकर नष्ट हो गया। प्रहार करते समय ही जैसे गरुड़ साँप को पकड़ लेते हैं, वैसे ही भगवान् ने गदा सहित उस दैत्य को पकड़ लिया। कुछ समय भगवान् उस से युद्ध रूपी खिलवाड़ करते रहे, परन्तु अन्त में उन्होंने उसे अपने पँजों में पकड़ लिया तथा सभा के द्वार पर लेजाकर उसे अपनी जाँघों पर लिटा लिया और खेल-खेल में अपने नखों से उसे उसी प्रकार चीर-फाड़ डाला जैसे गरुड़ महाविषधर सर्प को चीर डालता है। उस समय क्रोध से उनकी आँखों से ज्वाला निकल रही थी। रुधिर के छींटों से उनका मुख और गरदन लाल हो रही थी। उन्होंने अपने तीखे नखों से हिरण्यकशिपु का हृदय चीर कर उसे भूमि पर पटक दिया।

श्री नृसिंह भगवान् के नेत्रों की ज्वाला से सूर्यादि ग्रहों का तेज फीका

पड़ गया था। उनके श्वास से सागर की लहरें भी रुक गईं। स्वर्ग डगमगा उठा। उनके पैरों की धमक से भूमि काँपने लगी। उनके तेज में आकाश तथा दिशाओं का ज्ञान न रहा। उस समय श्री भगवान् का सामना करने वाला कोई न था। वे हिरण्यकशिपु की राजसभा में उँचे सिंहासन पर जाकर विराजमान हो गये। हिरण्यकशिपु के मारे जाने पर देवता प्रसन्न और निश्चिन्त होकर श्री भगवान् पर पुष्प वर्षा करने लगे। गन्धर्वराज गाने लगे। अप्सरायें नृत्य करने लगीं। इसी समय ब्रह्मा, शिव तथा इन्द्रादि देवता, ऋषिगण, पितर, सिद्ध, विनायक, महानाग, मनु, प्रजापति तथा भगवान् के पार्षद उनके पास आये तथा श्री नृसिंह भगवान् की स्तुति करने लगे।

ब्रह्माजी ने कहा, प्रभो! आप अनन्त हैं। आपकी शक्ति का कोई पार नहीं पा सकता। आपका पराक्रम विचित्र तथा पवित्र है। यद्यपि गुणों को स्वीकार कर आप विश्व की उत्पत्ति, पालन तथा प्रलय यथोचित रूप से करते हैं, फिर भी आप निर्विकार हैं। आपको नमस्कार है।

श्री रुद्रजी ने कहा–आपके क्रोध करने का समय तो कल्प के अन्त में होता है। यदि तुच्छ दैत्य को मारने के लिये ही आपने क्रोध किया है तो वह मारा जा चुका है। उसका पुत्र आपकी शरण में आया है। भक्तवत्सल प्रभो! आप अपने भक्त की रक्षा कीजिए।

इन्द्र ने कहा, पुरुषोत्तम! आपने हमारी रक्षा की है। आप ने जो हमारे यज्ञ-भाग लौटाये हैं, वे वास्तव में आपके ही हैं। यह जो स्वर्गादि का राज्य हमें पुनः प्राप्त हुआ है, वह भी अन्तवत् है। स्वामिन्! जिन्हें आपकी सेवा की चाह है, वे मुक्ति की भी चाह नहीं करते, और भोगों का तो कहना ही क्या।

इसी प्रकार ऋषियों, पितरों, सिद्धों, नागों, मनुओं, प्रजापतियों, गन्धर्वों ने भी भगवान् की स्तुति की।

भगवान् के पार्षदों ने कहा, शरणागतवत्सल! सम्पूर्ण लोकों को शान्ति प्रदान करने वाले आपका यह अलौकिक नृसिंह रूप हमने आज ही देखा है। भगवन्! यह दैत्य आपका वही आज्ञाकारी सेवक था जिसे सनकादि

ने शाप दे दिया था। आप ने कृपा करके इसके उद्धार के लिये ही इसका वध किया है।

अध्याय 9

प्रह्लाद द्वारा नृसिंह भगवान्-स्तुति

ब्रह्माजी, शंकरजी तथा अन्य देवगण भगवान् नृसिंह के क्रोध को शान्त न कर सके। वे बड़ी दुविधा में थे। उन्होंने भगवान् का ऐसा अनूठा रूप कभी न देखा था। तब ब्रह्माजी ने प्रह्लाद को यह कह कर भेजा कि उसके पिता पर ही श्री भगवान् कुपित हुए थे, अतः वह ही जाकर उन्हें शान्त करे।

प्रह्लाद धीरे से जाकर, हाथ जोड़ कर, भगवान् के समक्ष पृथ्वी पर लेट गये। नन्हे से बालक को अपने चरणों के निकट देख भगवान् नृसिंह दया से भर गये। उन्होंने प्रह्लाद को उठा कर उसके शीश पर अपना वह कर-कमल रख दिया जो काल से भयभीत पुरुषों को अभय देने वाला है। श्री भगवान् के स्पर्श से प्रह्लाद को तत्काल परमात्मतत्त्व का साक्षात्कार हो गया। उसका सारा शरीर पुलकित हो उठा तथा उसके नेत्रों से अश्रुधारा बहने लगी।

पह्लाद ने कहा–ब्रह्मा आदि देवता, ऋषि-मुनि तथा सिद्ध पुरुषों की बुद्धि निरन्तर सत्त्व गुण में स्थित रहती है, फिर भी वे अपनी धारा-प्रवाह स्तुति से आपको प्रसन्न नहीं कर सके। क्या आप मुझसे सन्तुष्ट हो सकते हैं? कदाचित् धन, कुलीनता, रूप, तप, विद्या, ओज, तेज, प्रभाव, बल, पौरुष, बुद्धि, योग–ये सभी गुण श्री भगवान् को प्रसन्न करने में असमर्थ हैं, परन्तु भक्ति से तो भगवान् गजेन्द्र पर भी प्रसन्न हो गये थे। इन गुणों से युक्त ब्राह्मण से भी वह चाण्डाल श्रेष्ठ है जिसने अपने मन,

वचन, कर्म तथा प्राण भगवान् के चरणों में समर्पित कर दिये हैं। जैसे अपने मुख का सौन्दर्य, दर्पण में दिखने वाले प्रतिबिम्ब को भी सुन्दर बना देता है, वैसे ही भक्त भगवान् के प्रति जो-जो सम्मान प्रकट करता है, वह उसे ही प्राप्त होता है।

भगवन्! आप सत्त्वगुण के आश्रय हैं। ब्रह्मा आदि सभी देवता आपके आज्ञाकारी भक्त हैं। आप अवतार ग्रहण कर जगत् कल्याण के लिये अनेकों प्रकार की लीलाएँ करते हैं। जिस असुर को मारने के लिये आपने क्रोध किया था, वह मारा जा चुका है। अब आप शान्त हो जायें। आप के शान्तस्वरूप के दर्शन के लिये सभी प्रतीक्षा में हैं।

भयमुक्त होने के लिये भक्तजन आपके इस रूप का स्मरण करेंगे। आप के इस भयानक रूप को देख कर मैं तनिक भी भयभीत नहीं हुआ। मैं भयभीत हूँ तो अपने कर्मबन्धन के कारण। आप प्रसन्न होकर कब मुझे अपने चरणकमलों में आश्रय देंगे? मैं ब्रह्माजी द्वारा गाई हुई आप की लीला-कथाओं का गान करता हुआ अवश्य इस संसार-सागर को तर जाऊँगा।

काल के द्वारा (श्री भगवान् की अनुमति से), गुणों में क्षोभ होने पर, 'माया', मनःप्रधान लिङ्गशरीर का निर्माण करती है। यह लिङ्गशरीर बलवान्, कर्ममय तथा अनेक नाम-रूपों में आसक्त—छन्दोमय है। यही अविद्या के द्वारा कल्पित–मन, दस इन्द्रियाँ तथा पाँच तन्मात्रा–इन सोलह विकाररूप अरों से युक्त संसारचक्र है। मैं, ब्रह्मलोक तक की आयु, धन-ऐश्वर्य तथा इन्द्रियभोग, जिन्हें संसार के प्राणी चाहते हैं, नहीं चाहता। मुझे आप अपने दासों की सन्निधि में ले लीजिये। आपने अपना परम प्रसादरूप और सन्तापहारी वह कर-कमल मेरे शीश पर रखा है, जिसे आपने ब्रह्मा, शंकर तथा लक्ष्मीजी के शीश पर भी कभी नहीं रखा।

भगवन्! यह सम्पूर्ण जगत् एकमात्र आप ही हैं। इसके आदि में आप ही कारण रूप से हैं तथा अन्त में आप ही अवधि के रूप में रहेंगे तथा आप अपनी माया से गुणों के परिणाम-स्वरूप इस जगत् की सृष्टि करके, इसमें पहले से विद्यमान रहने पर भी, प्रवेश की लीला करते हैं

तथा गुणों से युक्त होकर अनेक प्रतीत हो रहे हैं। यह जो कुछ कार्य-कारण के रूप में प्रतीत हो रहा है, वह सब आप ही हैं।

भगवन्! आप इस सम्पूर्ण विश्व को स्वयं ही अपने में समेट कर, आत्मस्वरूप में निष्क्रिय होकर, प्रलय-कालीन जल में शयन करते हैं। उस समय अपने स्वयं-सिद्ध-योग के द्वारा बाह्य दृष्टि को मूँद कर, आप अपने स्वरूप के प्रकाश में निद्रा को विलीन कर लेते हैं तथा तुरीय ब्रह्मपद में स्थित रहते हैं। उस समय आप न तो तमोगुण से ही युक्त होते हैं तथा न विषयों को ही स्वीकार करते हैं। आप अपनी काल-शक्ति से प्रकृति के गुणों को प्रेरित करते है; अतः यह ब्रह्माण्ड आपका ही शरीर है। पहले यह आप में ही लीन था। रजोगुण और तमोगुण (रूप), मधु और कैटभ दैत्य जब वेदों को चुराकर ले गये, तब आपने हयग्रीव अवतार ग्रहण कर उन दोनों का वध कर, सत्त्वगुण रूप श्रुतियाँ ब्रह्माजी को लौटा दी थीं। कलियुग में आप प्रकट नहीं होते, इसलिये आप का एक नाम त्रियुग भी है। वैकुण्ठनाथ! यह जीव अपने कर्मबन्धन के कारण इस संसार रूप वैतरणी नदी में गिरा हुआ है। जन्म से मृत्यु, मृत्यु से जन्म के चक्र से सदा भयभीत रहता है। आप इस सृष्टि के उत्पत्ति, स्थिति तथा पालन करने वाले हैं।

पुरुषोत्तम! मौन, ब्रह्मचर्य, शास्त्र-श्रवण, एकान्त-सेवन, स्वाध्याय, स्वधर्म-पालन, तपस्या, जप, युक्तियुक्त शास्त्र व्याख्या तथा समाधि–ये मोक्ष के दस प्रसिद्ध साधन हैं, परन्तु जिनकी इन्द्रियाँ वश में नहीं उनके लिये सब जीविका के साधन, व्यापारमात्र रह जाते हैं। वेदों ने बीज और अंकुर के समान आपके दो रूप कहे हैं–कार्य और कारण। काष्ठ के द्वारा जिस प्रकार अग्नि प्रकट की जाती है, उसी प्रकार योगी आपको, कार्य और कारण, दोनों में खोज लेते हैं। हे अनन्त प्रभो! वायु, अग्नि, पृथ्वी, आकाश, जल, पँच तन्मात्राएँ, प्राण, इन्द्रिय, मन, चित्त, अहंकार–सम्पूर्ण जगत् तथा सगुण और निर्गुण–यह सब कुछ केवल आप ही हैं। आपकी सेवा के छः अंग हैं–नमस्कार, स्तुति, समस्त कर्मों का समर्पण, सेवा-पूजा, आपके चरणकमलों का चिन्तन तथा लीला-कथाओं का श्रवण। आप अपने परमप्रिय भक्तजनों के, परमहंसों के सर्वस्व हैं।

एसा कहकर प्रह्लाद श्री भगवान् के चरणों में शीश निवाकर चुप हो गया।

नृसिंह भगवान् का क्रोध शान्त हो गया तथा उन्होंने कहा, कल्याण स्वरूप प्रह्लाद! तुम्हारा कल्याण हो। मैं तुम पर अत्यन्त प्रसन्न हूँ। तुम्हारी जो अभिलाषा हो, मुझ से माँग लो। मैं जीवों की इच्छाओं को पूरा करने वाला हूँ। जो मुझे प्रसन्न नहीं कर लेता उसे मेरा दर्शन दुर्लभ है। जब मेरे दर्शन हो जाते हैं तो प्राणी के हृदय की पीड़ा शान्त हो जाती है। मैं समस्त मनोरथों को पूरा करने वाला हूँ। अतः सभी कल्याणकामी परमभाग्यवान् साधुजन, जितेन्द्रिय होकर अपनी समस्त वृत्तियों से मुझे प्रसन्न करने का ही प्रयत्न करते हैं।

अध्याय 10

प्रह्लाद राज्याभिषेक

प्रह्लाद ने कहा, प्रभो! मुझ में भक्त के लक्षण हैं या नहीं, यह जानने के लिये ही (कदाचित्) आपने अपने भक्त को वरदान माँगने के लिये प्रेरित किया है। ये विषय-भोग बार-बार जन्म-मृत्यु के चक्कर में डालने वाले हैं। आपसे जो सेवक (भक्त) अपनी कामनाएँ पूर्ण करना चाहता है, वह सेवक नहीं, अपितु लेन-देन में विश्वास रखता है। जो स्वामी से अपनी कामनाओं की पूर्ती चाहता है, वह सेवक नहीं तथा जो स्वामी सेवा कराने के लिये सेवक की कामनाएँ पूर्ण करता है, वह स्वामी नहीं। मैं आपका निष्काम सेवक तथा आप मेरे निरपेक्ष स्वामी हैं। यदि आप मुझे वर देना चाहते हैं तो यह वर दीजिए कि मेरे हृदय में कभी किसी कामना की उत्पत्ति न हो। हृदय में किसी भी कामना के उदय होते ही इन्द्रिय, मन, प्राण, देह, धर्म, धैर्य, बुद्धि, लज्जा, श्री, तेज, स्मृति तथा सत्य नष्ट हो जाते हैं। जिस समय मनुष्य मन में रहने वाली कामनाओं का परित्याग कर देता है, वह भगवत्स्वरूप को प्राप्त कर लेता है।

भगवन्! आप को नमस्कार है। आप सब के हृदय में विराजमान, उदारशिरोमणि स्वयं परब्रह्म परमात्मा हैं। अद्भुत नृसिंहरूपधारी श्रीहरि के चरणों में, मैं बार-बार प्रणाम करता हूँ।

श्री नृसिंह भगवान् ने कहा, प्रह्लाद! तुम्हारे जैसे मेरे एकान्तिक प्रेमी इस लोक अथवा परलोक की किसी भी वस्तु के लिये कामना नहीं करते। फिर भी एक मन्वन्तर तक, मेरी प्रसन्नता के लिये, तुम इस लोक में दैत्याधिपतियों के समस्त भोग स्वीकार कर लो। समस्त प्राणियों के हृदय में—यज्ञों के भोक्ता ईश्वर के रूप में—मैं ही विराजमान हूँ। तुम अपने हृदय में मुझे निहारते तथा मेरी लीला-कथाओं का श्रवण करते रहना। भोग के द्वारा तुम पुण्यकर्मों के फल और निष्काम पुण्यकर्मों के द्वारा समस्त बन्धनों से मुक्त हो, शरीर त्याग कर मेरे पास आ जाओगे। देवलोक में तुम्हारी विशुद्ध कीर्ति का गान होगा।

प्रह्लाद ने कहा, महेश्वर! आप वर देने वालों के भी स्वामी हैं। मैं आप से एक वर और माँगता हूँ। विष्णुजी द्वारा भ्राता के मारे जाने के कारण मेरे पिता विष्णुद्रोही हो गये थे। इसी से उन्होंने आपका भक्त होने के कारण मुझ से भी द्रोह किया। यद्यपि आपकी दृष्टि पड़ते ही वे पवित्र हो चुके हैं, फिर भी मैं प्रार्थना करता हूँ कि मेरे पिता उस कठिन दोष (विष्णु-विरोध) से मुक्त (शुद्ध) हो जायें।

भगवान् नृसिंह ने कहा, निष्पाप प्रह्लाद! तुम्हारे पिता स्वयं पवित्र होकर तर गये हैं, क्योंकि तुम्हारे जैसा कुल को पवित्र करने वाला पुत्र जो उनको प्राप्त हुआ, जो अपनी सात पीढ़ियों को तारने वाला होता है। मेरे शान्त, समदर्शी और सदाचार पालन करने वाले प्रिय भक्तजन जहाँ-जहाँ निवास करते हैं, वे स्थान चाहे कीचड़ ही क्यों न हों, पवित्र हो जाते हैं। मेरे भक्तिभाव से जिनकी कामनाएँ नष्ट हो गई हैं, वे सर्वत्र आत्मभाव हो जाने के कारण, छोटे बड़े किसी भी प्राणी को किसी भी प्रकार से कष्ट नहीं पहुँचाते। तुम मेरे सभी भक्तों के आदर्श हो। यद्यपि तुम्हारे पिता मेरे स्पर्श से ही पूर्णरूप से पवित्र हो गये हैं, फिर भी तुम उनकी अन्त्येष्टि क्रिया करो। तुम्हारी जैसी सन्तान के कारण उन्हें उत्तम

लोक की प्राप्ति होगी। तुम अपने पिता के पद पर स्थित हो जाओ तथा वेदवादी मुनियों की आज्ञा के अनुसार मुझ में अपना मन लगाकर, मेरी शरण में रहकर, मेरी सेवा के लिये अपने सारे कार्य करो।

तदनन्तर ब्रह्माजी ने कहा–देवताओं के आराध्यदेव आप सर्वान्तर्यामी, जीवों के जीवनदाता और मेरे भी पिता हो। पापी दैत्य, लोगों को बहुत कष्ट दे रहा था। बड़े सौभाग्य की बात है कि आप ने उसका अन्त कर दिया। मेरे अद्‌भुत वरदान के कारण यह उच्छृङ्खल हो गया था तथा इसने वेदविधियों का उच्छेद कर दिया था।

श्री नृसिंह भगवान् बोले, ब्रह्माजी! आप दैत्यों को ऐसा वर न दिया करें जो स्वभाव से ही क्रूर हैं। उनको दिया हुआ वर औरों के लिये कष्टदायी सिद्ध होता है।

नृसिंह भगवान् इतना कहकर तथा ब्रह्माजी की पूजा को स्वीकार कर वहीं अन्तर्धान हो गये।

तत्पश्चात् शुक्राचार्य आदि मुनियों के साथ ब्रह्माजी ने प्रह्लाद को समस्त दानवों का अधिपति बना दिया। प्रह्लाद ने यथायोग्य सबका सत्कार किया तथा वे अपने-अपने लोकों को चले गये।

इस प्रकार श्री भगवान् के दोनों पार्षद (शाप-भ्रष्ट) जय और विजय, दिति के पुत्र, दैत्यों के रूप में हिरण्याक्ष तथा हिरण्यकशिपु हुए। दैत्यबुद्धि होने के कारण (शाप-भ्रष्ट होने से जय और विजय की बुद्धि भी भ्रष्ट हो गई थी) वे श्रीहरि से वैरभाव रखने लगे थे। उनके उद्धार के लिये श्री भगवान् ने उनका वध कर दिया। बाल-ऋषियों के शाप के कारण उनकी मुक्ति फिर भी नहीं हुई। वे फिर से कुम्भकर्ण तथा रावण के रूप में राक्षस कुल में जन्में। उस समय भगवान् श्रीराम के हाथों उनका उद्धार हुआ (उन का अन्त हुआ)।

द्वापरयुग में यही जय और विजय, शिशुपाल तथा दन्तवक्त्र के रूप में उत्पन्न हुए (जन्मे)। यहाँ भगवान् श्रीकृष्ण द्वारा उनका उद्धार हुआ तथा उन के हाथों मारे जाने के कारण, वे शापमुक्त हो, मुक्ति को प्राप्त हो गये। जिस प्रकार भगवान् के भक्त अपनी भेद-भाव रहित अनन्य

भक्ति के द्वारा भगवत्स्वरूप को प्राप्त कर लेते हैं, वैसे ही शिशुपाल तथा दन्तवक्त्र आदि नरपतियों ने भगवान् से वैरभाव-जनित अनन्य चिन्तन से उनके हाथों मारे जाने पर, भगवान् के स्वरूप को प्राप्त किया।

प्रह्लाद का चरित्र वर्णन करते हुए नारदजी ने युधिष्ठिर से फिर कहा–इस मनुष्यलोक में तुम अति भाग्यवान् हो, क्योंकि तुम्हारे समीप साक्षात् परब्रह्म परमात्मा श्रीकृष्ण, मनुष्य रूप में, गुप्त रूप से निवास कर रहे हैं। इसी कारण सारे संसार को पवित्र कर देने वाले ऋषि-मुनि बार-बार उनका दर्शन करने के लिये तीनों लोकों से तुम्हारे पास आते हैं। इस युग में माया से अतीत, परमानन्दस्वरूप, परब्रह्म परमात्मा श्रीकृष्ण, तुम्हारे प्रिय, हितैषी, ममेरे भाई हैं।

नारद जी–युधिष्ठिर के पूछने पर–शंकरजी (रुद्र देव जी) तथा मयासुर (मायावियों के परमगुरु) के युद्ध के विषय में इस प्रकार बताते हैं। भगवान् श्रीकृष्ण से शक्ति प्राप्त कर देवताओं ने एक बार युद्ध में असुरों पर विजय प्राप्त कर ली। इस समय ये असुर सामूहिक रूप में अपने श्रेष्ठ मयासुर के पास गये। प्रतिशोध हेतु मयासुर ने सोने, चाँदी तथा लोहे के, तीन अति विलक्षण विमान बनाये और इन में छिप कर असुर तीनों लोकों में देवताओं को अति क्षति पहुँचाने लगे। इस पर सभी देवता महादेव शंकरजी की शरण में गये।

देवताओं की रक्षा करने के लिये शंकरजी ने तीनों विमानों पर तीन बाण छोड़े जो अग्नि के समान प्रचण्ड थे। परन्तु मयासुर ने असुरों की उन बाणों से रक्षा कर ली, सिद्ध अमृत रस से। भगवान् शंकरजी का संकल्प पूरा न होते देख, भगवान् विष्णु, ब्रह्माजी सहित, गाय और बछड़ा बन कर मयासुर के तीनों पुरों में गये तथा सिद्ध रस के कुण्डों से सारा अमृत पी लिया। तत्पश्चात् भगवान् श्रीकृष्ण ने श्री शंकरजी को मयासुर से युद्ध करने के लिये वे सभी शक्तियाँ प्रदान कर दीं जिस से मयासुर के तीनों विमान नष्ट हो गये। इस प्रकार उन तीनों पुरों को जला कर भगवान् शंकर ने 'पुरारि' (त्रिपुरारि) की पदवी प्राप्त की।

अध्याय 11

मानव-धर्म, वर्ण-धर्म, स्त्री-धर्म निरूपण

युधिष्ठिर के पूछने पर कि वर्ण, आश्रम तथा सनातनधर्म क्या हैं, नारदजी ने कहा—अजन्मा श्री भगवान् ही समस्त धर्मों के मूल कारण हैं। वही प्रभु चराचर जगत् के कल्याण हेतु, धर्म और दक्ष-पुत्री मूर्ति के द्वारा, अपने अंश से अवतीर्ण होकर, बदरिकाश्रम में तपस्या कर रहे हैं। उन नारायण भगवान् के मुख से कहे हुए सनातनधर्म स्वरूप इस प्रकार हैं। सर्व वेदस्वरूप भगवान् श्रीहरि, उनका तत्त्व जानने वाले महर्षियों की स्मृतियाँ तथा जिससे आत्मग्लानि न होकर आत्मप्रसाद की उपलब्धि हो, वे कर्म धर्म के मूल हैं।

धर्म के तीस लक्षण हैं—सत्य, दया, तपस्या, शौच, तितिक्षा, उचित-अनुचित का विचार, मन का संयम, इन्द्रियों का संयम, अहिंसा, ब्रह्मचर्य, त्याग, स्वाध्याय, सरलता, सन्तोष, समदर्शी महात्माओं की सेवा, धीर-धीरे सांसारिक भोगों की चेष्टा से निवृत्ति, मनुष्य के अभिमानपूर्ण प्रयत्नों का फल उलटा ही होता है—ऐसा विचार, मौन, आत्मचिन्तन, प्राणियों को अन्न आदि का यथायोग्य विभाजन, उनमें और विशेषकर मनुष्यों में अपने आत्मा तथा इष्टदेव का भाव, संतों के परम आश्रय भगवान् श्रीकृष्ण के नाम-गुण-लीला आदि का श्रवण, कीर्तन, स्मरण, उनकी पूजा, सेवा तथा नमस्कार, उनके प्रति दास्य, सख्य तथा आत्मसमर्पण।

जिनके वंश में अखण्डरूप से संस्कार होते आये हैं तथा जिन्हें ब्रह्माजी ने संस्कार के योग्य स्वीकार किया है, उन्हें द्विज कहते हैं। जन्म और कर्म से शुद्ध द्विजों के लिये यज्ञ, अध्ययन, दान, ब्रह्मचर्य आदि आश्रमों के विशेष कर्मों का विधान है। अध्ययन, अध्यापन, दान लेना, दान, देना, यज्ञ करना, यज्ञ कराना—यह छः कर्म ब्राह्मण के हैं। क्षत्रियों को दान नहीं लेना चाहिए। प्रजा की रक्षा करने वाले क्षत्रियों का जीवन निर्वाह, ब्राह्मण के सिवा, और सब से यथायोग्य कर तथा दण्ड (जुर्माना) आदि के द्वारा होता है। वैश्य को सर्वदा ब्राह्मण वंश का

अनुयायी रहकर गोरक्षा, कृषि, व्यापार द्वारा अपनी जीविका चलानी चाहिए। शूद्र का धर्म है–द्विजातियों की सेवा। उसकी जीविका का प्रबन्ध उसका स्वामी करता है। ब्राह्मण के जीवन निर्वाह के चार साधन हैं–वार्ता (यज्ञादि कराकर दक्षिणा लेना), शालीन (बिना माँगे जो कुछ मिल लाये उसी में निर्वाह करना), नित्यप्रति धान्यादि माँग लेना, तथा शिलोञ्छन (किसान के खेत काट लेने पर जो अनाज खेत में रहा जाता है, उसे बटोर लेना और घर लाकर उसे बीन लेना)। आपत्तिकाल में सभी, सब वृत्तियों को स्वीकार कर सकते हैं।

बाज़ार में पड़े हुए अन्न (उञ्छ) अथवा मण्डी में गिरा हुआ तथा बचा हुआ अनाज और खेतों में पड़ा (बचा हुआ) अन्न (शिल) को बीन कर निर्वाह करने को 'ऋत' कहते हैं। बिना माँगे जो मिल जाये, उसी अयाचित (शालीन) वृत्ति के द्वारा निर्वाह करना 'अमृत' है। नित्य माँग कर लाना, अर्थात् 'यायावर' वृत्ति के द्वारा निर्वाह करना 'मृत' है। 'वार्ता' वृत्ति से निर्वाह करना प्रमृत है। वाणिज्य 'सत्यानृत' है तथा निम्नवर्ण की सेवा करना 'श्वानवृत्ति' है।

शम, दम, तप, शौच, सन्तोष, क्षमा, सरलाता, ज्ञान, दया, भगवत्परायणता तथा सत्य–ये ब्राह्मण के लक्षण हैं। युद्ध में उत्साह, वीरता, धीरता, तेजस्विता, त्याग, मनोजय, क्षमा, ब्राह्मणों के प्रति भक्ति तथा अनुग्रह और प्रजा की रक्षा–ये क्षत्रिय के लक्षण हैं। देवता, गुरु तथा भगवान् के प्रति भक्ति, अर्थ, धर्म तथा काम–इन तीनों पुरुषार्थों की रक्षा करना; आस्तिकता, उद्योगशीलता तथा व्यावहारिक निपुणता–ये वैश्य के लक्षण हैं। निष्कपट सेवाभाव–यह शुद्रों का लक्षण है।

पति की सेवा करना, उसके अनुकूल रहना, पति के सम्बन्धियों को प्रसन्न रखना और सर्वदा पति के नियमों की रक्षा करना–यह पति को ही ईश्वर मानने वाली पतिव्रता स्त्री-धर्म है (स्वाभाविक है कि पति में भी ऐसे गुण होने चाहिए जो उसे इस पदवी के योग्य बनायें)। पत्नी, पति के पुण्य कार्यों के फल की भागीदार होती है।

वेददर्शी ऋषियों ने युग-युग में, प्रायः मनुष्य के स्वभाव के अनुसार, धर्म की व्यवस्था की है। वही धर्म उनके लिये इस लोक तथा परलोक

में कल्याणकारी है। जो स्वाभाविक वृत्ति का आश्रय लेकर अपने स्वधर्म का पालन करता है, वह धीरे-धीरे उन स्वाभाविक कार्यों से भी ऊपर उठ जाता है तथा गुणातीत हो जाता है।

जिस प्रकार बार-बार बोने से खेत स्वयं ही शक्तिहीन हो जाता है तथा उसमें अंकुर उगना बन्द हो जाता है तथा उसमें बोया हुआ बीज भी नष्ट हो जाता है, उसी प्रकार यह 'चित्त' विषयों का अत्यन्त सेवन करते-करते स्वयं ही ऊब जाता है।

जिस पुरुष के वर्ण को बतलाने वाला जो लक्षण कहा गया है, वह यदि दूसरे वर्ण वाले में भी मिल जाये तो उसे भी उसी वर्ण का समझना चाहिए।

अध्याय 12

ब्रह्मचर्य तथा वानप्रस्थ आश्रम विवरण

ब्रह्मचर्य तथा वानप्रस्थ आश्रम के नियम बतलाते हुए नारदजी धर्मराज युधिष्ठिर से कहते हैं—गुरुकुल में निवास करने वाला ब्रह्मचारी अपनी इन्द्रियों का संयम कर, दास्यभाव से, गुरु-चरणों में सुदृढ़ अनुराग रखे। सांयकाल तथा प्रातःकाल गुरु, अग्नि, सूर्य तथा देवताओं की उपासना करे। मौन अवस्था में, एकाग्रतापूर्ण, गायत्रीजप द्वारा प्रभात तथा सांय दोनों समय सन्ध्या करे।

पूर्ण अनुशासन में रहते हुए स्वाध्याय करे तथा पाठ के आरम्भ तथा अन्त में गुरु को माथा टेक कर प्रणाम करे। शास्त्र की आज्ञा के अनुसार वस्त्र, जटा, दण्ड, कमण्डलु, यज्ञोपवीत तथा कुशा धारण करे। सांय तथा प्रातः भिक्षा माँग कर लाये तथा गुरुजी को समर्पित करे। वे आज्ञा दें, तो ही भोजन करे। अपने शील की रक्षा करे तथा कम खाये। पूर्णतया ब्रह्मचर्य का पालन करे। जब तक यह जीव आत्मसाक्षात्कार के द्वारा

स्वतन्त्र नहीं हो जाता, जब तक मैं पुरुष हूँ–यह स्त्री है–यह द्वैत नहीं मिटता, तब तक यदि पुरुष स्त्री के संसर्ग में रहता है तो भोगवृत्ति जाग्रत् हो जाती है। ब्रह्मचर्य आश्रम के गुण (यथा आत्मसंयम, गुरु-सम्मान आदि) गृहस्थ तथा संन्यासी के लिये भी विहित हैं।

शिक्षा प्राप्त होने पर गुरु-दक्षिणा सामर्थ्यनुसार देनी चाहिए। यदि सामर्थ्य हो तो मुँह माँगी गुरु-दक्षिणा देनी चाहिए। तत्पश्चात् गुरु आज्ञा से गृहस्थ, वानप्रस्थ अथवा संन्यास आश्रम में प्रवेश करे अथवा आजीवन ब्रह्मचर्य का पालन करते हुए उसी आश्रम में रहे। इस प्रकार आचरण करने वाला ब्रह्मचारी, वानप्रस्थ, संन्यास अथवा गृहस्थ ज्ञान-सम्पन्न होकर, प्रब्रह्म तत्त्व का अनुभव प्राप्त कर लेता है।

वानप्रस्थ आश्रम के नियम बताते हुए नारदजी कहते हैं–वानप्रस्थ आश्रमी को जोती हुई भूमि में उत्पन्न होने वाले चावल, गेहूँ आदि अन्न नहीं खाने चाहिए। बिना जोते हुए, पैदा हुआ अन्न भी यदि असमय में पका हो तो उसे भी न खाना चाहिए। अग्नि से पकाया हुआ अथवा कच्चा अन्न भी न खाए। केवल सूर्य के ताप से पके कन्द-मूल-फल आदि का ही सेवन करे।

वन में अपने आप उत्पन्न हुए धान्यों से नित्य–नैमित्तिक चरु तथा पुरोडाश का हवन करे। जब नये फल अथवा अन्न मिले तो पहले इकट्ठे किये का परित्याग कर दे। केवल अग्निहोत्र के अग्नि की रक्षा के लिये ही पर्णकुटी अथवा पर्वत की गुफा का आश्रय ले।

वानप्रस्थी पुरुष जब रोग अथवा वृद्धावस्था के कारण अपने कर्म पूरे न कर सके तथा वेदान्त विचार करने में भी उसकी सामर्थ्य न रहे तो उसे अनशन आदि व्रतों द्वारा अपने शरीर को प्रकृति में लीन करने की चेष्टा करनी चाहिए। इस प्रकार चेतना-साहित चित्त को क्षेत्रज्ञ (जीव) में और गुणों के कारण विकारी से प्रतीत होने वाले जीव को परब्रह्म में लीन कर दे। साथ ही पृथ्वी को जल में, जल को अग्नि में, अग्नि को वायु में, वायु को आकाश में तथा आकाश को अहंकार में, अहंकार को महत्तत्त्व में तथा महत्तत्त्व को अव्यक्त में और अव्यक्त को अविनाशी परमात्मा में लय कर दे। इस प्रकार अविनाशी परमात्मा के रूप में

अवशिष्ट जो चिद्वस्तु है, वह आत्मा है, वह मैं हूँ–यह जानकर अद्वितीय भाव में स्थित हो जाय। जैसे अपने आश्रय काष्ठादि के भस्म हो जाने पर अग्नि शान्त होकर अपने स्वरूप में स्थिर हो जाता है, वैसे ही वह भी उपरत हो जाय।

अध्याय 13

यति धर्म

नारदजी वर्णाश्रमों के विषय में बताते हुए युधिष्ठिर से फिर कहते हैं–यदि वानप्रस्थ में ब्रह्म-विचार का सामर्थ्य हो तो शरीर के अतिरिक्त और सब कुछ छोड़ कर वह संन्यास लेले तथा किसी भी व्यक्ति, वस्तु, स्थान तथा समय की उपेक्षा न रखकर, एक गाँव (स्थान) में, एक ही रात रहने का नियम मानकर पृथ्वी पर विचरण करे। यदि वह वस्त्र पहने, तो केवल कौपीन, तथा जब तक कोई आपत्ति न आये तब तक, दण्ड तथा अपने आश्रम के चिन्हों के सिवा, अपनी त्यागी हुई किसी भी वस्तु को ग्रहण न करे। संन्यासी को चाहिए कि वह समस्त प्राणियों का हितैषी, शान्तस्वभाव, भगवत्परायण तथा निराश्रित रहे। विश्व के कार्य-कारणों से अतीत, परमात्मा में निमग्न तथा ब्रह्मस्वरूप, अपने आत्मा को परिपूर्ण देखे। आत्मदर्शी संन्यासी सुषुप्ति तथा जाग्रण की सन्धि में अपने स्वरूप का अनुभव करे तथा बन्धन-मोक्ष दोनों को, केवल माया है, ऐसा समझे। प्राणियों की उत्पत्ति तथा नाश के कारण 'काल' की प्रतीक्षा करे। अपने जीवन निर्वाह के लिये कोई जीविका न करे। संसार में किसी का पक्ष न ले। शिष्य-मण्डली न बनाये। बहुत से ग्रन्थों का अभ्यास न करे। व्याख्यान न दे तथा बड़े कार्य का आरम्भ न करे। संन्यासी के लिये किसी आश्रम का बन्धन नहीं। चाहे तो वह अपने आश्रम के चिन्हों को धारण करे, चाहे छोड़ दे। वह अत्यन्त प्रभावशाली होने पर भी साधारण

मनुष्यों की तरह आचरण करे। इसी विषय में एक प्राचीन इतिहास भी है। एक बार श्री प्रह्लादजी अपने मन्त्रियों सहित प्रजा की समीक्षा लेने के लिये विचरण कर रहे थे। उन्होंने पर्वत की तलहटी में, कावेरी नदी के तट पर, एक मुनि को लेटे हुए देखा। उसकी निर्मलज्योति, अंग की धूली के कारण, ढकी हुई थी। उसके कर्म, आकार, वाणी आदि से यह नहीं जाना जा सकता था कि वह एक सिद्ध पुरुष है। प्रह्लादजी ने उसके चरणो में शीश निवा का प्रणाम किया तथा जिज्ञासावश प्रश्न किया–संसार का यह नियम है कि उद्योग करने वालों को धन मिलता है तथा धनवालों को भोग प्राप्त होते हैं तथा भोगियों का ही शरीर हृष्ट-पुष्ट होता है। आप कोई उद्योग तो करते नहीं। यों ही पड़े रहते हो। इसी कारण आप के पास धन नहीं। अतः हे ब्राह्मण देवता! बिना भोग (खाने के पदार्थों) के ही आपका यह शरीर इतना हृष्ट-पुष्ट कैसे है? यदि हमारे सुनने योग्य हो तो अवश्य बतलाइये। आप विद्वान्, समर्थ और चतुर हैं। ऐसी अवस्था में आप सारे संसार को कर्म करते देखकर भी समभाव से पड़े रहते हैं। इसका क्या कारण है?

(मुनि) दत्तात्रेय ने कहा, दैत्यराज! मनुष्यों की कार्य की प्रवृत्ति तथा उनकी निवृत्ति का क्या फल मिलता है, यह आप अपनी ज्ञानदृष्टि से स्वयं ही जानते हो। अनन्य भक्ति के कारण देवाधिदेव भगवान् नारायण सदा आपके हृदय में निवास करते हैं तथा सूर्य जेसे अन्धकार को नष्ट कर देता हैं, वैसे ही वे आपके अज्ञान को नष्ट करते रहते हैं। फिर भी, मैंने जो कुछ जाना है, उसके अनुसार मैं आपके प्रश्न का उत्तर देता हूँ–

तृष्णा एक ऐसी वस्तु है जो इच्छानुसार भोगों के प्राप्त होने पर भी पूरी नहीं होती। यही जन्म-मृत्यु का कारण है। तृष्णा द्वारा मैंने न जाने कितने कर्म किये तथा विभिन्न योनियों में पड़ा। कर्मों के अनुसार अनेकों जन्मों के पश्चात् मुझे यह मनुष्य योनि मिली जो स्वर्ग, मोक्ष, तिर्यग्योनि तथा मानव देह की प्राप्ति का द्वार भी है। इसमें यदि पुण्य करे तो स्वर्ग, पाप करे तो पशु-पक्षी आदि, तथा निवृत्त हो जाये तो मोक्ष। मिश्रित कर्मों से पुनः मनुष्य योनि प्राप्त होती है। मनुष्य प्रायः कर्म तो करता है सुख की इच्छा से और दु:ख की निवृत्ति के लिये, परन्तु ऐसा नहीं होता। अतः मैं कर्मों से उपरत हो गया हूँ। सुख ही आत्मा का स्वरूप है।

समस्त चेष्टाओं की निवृत्ति ही उसका शरीर। अतः समस्त भोगों को मनोराज्यमात्र समझकर मैं अपने प्रारब्ध को भोगता हुआ पड़ा रहता हूँ। आत्मा से भिन्न वस्तु में सुख समझने वाला मनुष्य, आत्मा को छोड़कर विषयों की ओर भागता है। शरीर तो प्रारब्ध के अधीन है। विषयों द्वारा जो अपने लिये सुख पाना और दुःख से निवृत्त होना चाहता है, वह कभी सफल नहीं होता। मनुष्य सर्वदा शारीरिक तथा मानसिक दुःखों से विचलित रहता है, आक्रान्त रहता है। यदि कठिन परिश्रम से धन प्राप्त कर भी लिया तो उसका क्या लाभ?

इस लोक में मेरे सबसे बड़े गुरु हैं—अजगर और मधुमक्खी। मधुमक्खी बड़े प्रयत्न से मधु इकट्ठा करती है, परन्तु उसे छीन कोई और ही ले जाता है। यही दशा धनिक लोगों की है। इससे मैंने यह शिक्षा ग्रहण की, कि विषय भोगों से निवृत्त ही रहना चाहिए। मैं अजगर के समान निश्चेष्ट पड़ा रहता हूँ। दैववश जो कुछ मिल जाता है, खा लेता हूँ। यदि बहुत दिनों तक न भी मिले तो धैर्यवश यों ही पड़ा रहता हूँ। कभी थोड़ा अन्न खा लिया तो कभी भरपूर; कभी स्वादिष्ट तो कभी नीरस; कभी श्रद्धा से प्राप्त हुआ तो कभी तिरस्कार से। मैं अपने प्रारब्ध के भोग से ही सन्तुष्ट हूँ। जैसा वस्त्र मिल जाता है, पहन लेता हूँ। मनुष्यों के स्वभाव भिन्न-भिन्न होते हैं। मैं न किसी की निन्दा करता हूँ न किसी की स्तुति। मैं सबका परम कल्याण चाहता हूँ।

सत्य का अनुसन्धान करने वाले को चाहिए कि जो नाना प्रकार के पदार्थ तथा उनके भेद-विभेद प्रतीत हो रहे हैं, उनको चित्तवृत्ति में हवन कर दे। चित्तवृत्ति को, इन पदार्थों के सम्बन्ध में विविध भ्रम उत्पन्न करने वाले मन में, मन को सात्त्विक अहंकार में तथा सात्त्विक अहंकार को महत्तत्त्व के द्वारा (प्रकृति) माया में हवन कर दे। तत्पश्चात् माया को आत्मानुभूति में स्वाहा कर दे। इस प्रकार आत्मसाक्षात्कार के द्वारा आत्मस्वरूप में स्थित होकर निष्क्रिय तथा उपरत हो जाये।

नारदजी कहते हैं कि प्रह्लाद ने दत्तात्रेय मुनि से परमहंसों के इस धर्म का श्रवण कर, उनकी पूजा की तथा उनसे विदा ली।

अध्याय 14

गृहस्थ सदाचार

गृहस्थ सम्बन्धी आचार बताते हुए नारदजी युधिष्ठिर से कहते हैं–मनुष्य गृहस्थ आश्रम में रहकर शास्त्रानुसार गृहस्थधर्म का पालन करते हुए, अपने कर्म श्री भगवान् को समर्पित कर दे। संत महात्माओं की सेवा करे तथा अवकाश के अनुसार विरक्त पुरुषों के संग में रहे तथा उनसे श्री भगवान् के अवतारों की लीला-सुधा का पान करता रहे। ज्यों-ज्यों सत्सङ्ग के द्वारा बुद्धि शुद्ध होती जाये, त्यों-त्यों शरीर, स्त्री, पुत्र, धनादि में आसक्ति त्यागता जाये। बुद्धिमान् पुरुषों को आवश्यकता अनुसार ही कुटुम्ब तथा शरीर (अपनी देह) की सेवा करनी चाहिए। भीतर से विरक्त रहे तथा बाह्यरूप में साधारण मनुष्यों के समान व्यवहार करे। अन्न, धन, परिवार, सम्पत्ति आदि को श्री भगवान् की देन समझ कर–प्रारब्ध के अनुसार–उसका उपभोग करे। संचय न करे। जितने से जीवन निर्वाह सुगमता से हो जाये उतनी सम्पत्ति ही श्रेष्ठ है। इससे अधिक को सम्पत्ति मानना अथवा संचय करना अपराध है। धर्म, अर्थ और काम के लिये बहुत कष्ट नहीं उठाना चाहिए, अपितु देश, काल तथा प्रारब्ध के अनुसार जो कुछ मिल जाये उसी में सन्तुष्ट रहना चाहिए। आवश्यक्ता से अधिक पदार्थ, साधु-सेवा तथा अन्य प्राणियों के हित में अर्पण कर देने चाहिए। अतिथि की सेवा में सदा उद्यत रहे।

गृहस्थी को चाहिए कि प्रारब्ध से प्राप्त और पँच-यज्ञादि से बचे हुए अन्न से अपना जीवन निर्वाह करे। जो इसके सिवा (अतिरिक्त) किसी और वस्तु में स्वत्व नहीं रखते, उन्हें संतों का पद प्राप्त होता है। अपनी वर्णाश्रमविहित वृत्ति के द्वारा प्राप्त सामग्रियों से प्रतिदिन देवता, ऋषि, मनुष्य, भूत तथा पितृगण का पूजन करना चाहिए। यह एक ही परमेश्वर की, भिन्न-भिन्न रूपों में आराधना है। यदि यज्ञ की आवश्यक वस्तुएँ उपलब्ध हों तो बड़े यज्ञों का अनुष्ठान करे। ब्राह्मण, देवता, मनुष्य तथा सभी प्राणियों में यथायोग्य, उनकी उपयुक्त सामग्रियों के द्वारा, सबके

हृदय में अन्तर्यामी रूप से विराजमान श्री भगवान् की पूजा करनी चाहिए।

धनी द्विज को अपने धन के अनुसार, आश्विन मास के कृष्ण पक्ष में अपने माता-पिता तथा उनके बन्धुओं (पितामह, मातामह आदि) का भी श्राद्ध करना चाहिए।

कर्क तथा मकर संक्रान्ति, तुला और मेष की संक्रान्ति, द्वादशी के दिन, वैशाख शुक्ला तृतीया (अक्षय तृतीया), कार्तिक शुक्ला नवमी (अक्षय नवमी), अगहन, पौष, माघ तथा फाल्गुन—इन चर महीनों की कृष्णाष्टमी, माघ-शुक्ला-सप्तमी, माघ की मघा नक्षत्र से युक्त पूर्णिमा तथा प्रत्येक मास की वह पूर्णिमा जो अपने मास-नक्षत्र, चित्रा, विशाखा, ज्येष्ठा आदि से युक्त हो। एकादशी तिथि का तीनों उत्तरा नक्षत्रों से योग अथवा जन्म नक्षत्र या श्रवण नक्षत्र से योग आदि सभी दिन शुभ कार्यों के लिये शुभ हैं। इन अवसरों पर पूर्णतया शुभ कार्य करने चाहिए। सूर्यग्रहण तथा चन्द्रग्रहण तथा ऊपर कहे अन्य अवसरों पर जो कुछ देवता, पितर, मनुष्य तथा अन्य प्राणियों को अर्पित किया जाता है, उसका फल अक्षय है। तीर्थों के विषय में बताते हुए नारदजी कहते हैं—सबसे पवित्र देश वह है जिसमें सत्पात्र मिलते हैं। जिनमें यह सारा चर-अचर जगत् स्थित है, उन भगवान् की प्रतिमा जिस देश में हो। जहाँ तप, विद्या, दया से युक्त ब्राह्मण परिवार निवास करते हों। जहाँ भगवान् की पूजा होती हो तथा पुराणों में प्रसिद्ध नदियाँ हों। पुष्कर आदि सरोवर, सिद्ध पुरुषों के द्वारा सेवित क्षेत्र, कुरुक्षेत्र, गया, प्रयाग, पुलह-आश्रम (शालग्राम क्षेत्र), नैमिषारण्य, फाल्गुनक्षेत्र, सेतुबन्ध, प्रभास, द्वारका, काशी, मथुरा, पम्पासर, बिन्दुसरोवर, बदरिकाश्रम, अलकनन्दा, अयोध्या, चित्रकूट महेन्द्र तथा मलय आदि।

पात्र निर्णय के प्रसंग में, पात्र के गुणों को जानने वाले विवेकी पुरुषों ने, एकमात्र श्री भगवान् को ही सत्पात्र बताया है। यह चराचर जगत् उन्हीं का स्वरूप है। देवता, ऋषि, सिद्ध, सनकादियों के हाने पर भी अग्रपूजा के लिये भगवान् श्रीकृष्ण को ही पात्र समझा गया (महाभारत)। असंख्य जीवों से भरपूर इस ब्रह्माण्डरूप महावृक्ष के एकमात्र मूल भगवान् श्रीकृष्ण ही हैं। अतः उनकी पूजा से समस्त जीवों की आत्मा

तृप्त हो जाती है। उन्होंने मनुष्य, पशु-पक्षी, ऋषि, देवता आदि के शरीररूपी पुरों की रचना की तथा वे जीवरूप से इन पुरों में निवास भी करते हैं। इसी से इनका नाम 'पुरुष' (अदिपुरुष) भी है।

अध्याय 15

मोक्ष-साधन विवरण

गृहस्थ के लिये मोक्षधर्म का वर्णन करते हुए नारदजी युधिष्ठिर से कहते हैं—कुछ ब्राह्मणों की निष्ठा कर्म में, कुछ की तप में, कुछ की वेदाध्ययन तथा प्रवचन में और कुछ की आत्मज्ञान के सम्पादन में और योग में होती है। अतः गृहस्थी, श्राद्ध आदि देव-पूजा के समय ज्ञाननिष्ठ पुरुष को दान दे। यदि वह न मिले तो योगी अथवा प्रवचनकार को यथायोग्य दान दे। देवकार्य में दो तथा पितृकार्य में तीन अथवा ऐसा न होने पर दोनों में एक-एक ब्राह्मण को भोजन कराना चाहिए। अधिक धनी होने पर भी श्राद्ध का विस्तार नहीं करना चाहिए, क्योंकि ऐसा करने पर तथा सगे सम्बन्धियों में उलझ जाने पर, देवपूजन तथा श्राद्ध ठीक से नहीं हो पाता। ऋषि-मुनियों के भोजन करने योग्य हविष्य अन्न, भगवान् को भोग लगा कर, श्रद्धा से विधिपूर्वक योग्य पात्रों को देना चाहिए। देवता, ऋषि, पितर, अन्य प्राणी तथा स्वजन—सभी को परमात्मा स्वरूप ही देखें।

अधर्म की पाँच शाखाएँ हैं— विधर्म, परधर्म, आभास, उपमा तथा छल। धर्मज्ञ पुरुष, अधर्म के समान ही इनका त्याग कर दे। जिस कार्य को धर्मबुद्धि से करने पर भी अपने धर्म में बाधा पड़े, वह 'विधर्म' है। किसी अन्य के द्वारा, अन्य पुरुष के लिये उपदेश किया हुआ धर्म, परधर्म है। पाखण्ड अथवा दम्भ का नाम 'उपधर्म' अथवा 'उपमा' है। शास्त्र के वचनों का दूसरे प्रकार से अर्थ कर देना 'छल' है। मनुष्य

अपने आश्रम के विपरीत, स्वेच्छा से जिसे धर्म मान लेता है, वह 'आभास' है।

धर्मात्मा पुरुष निर्धन होने पर भी, धर्म के लिये अथवा शरीर निर्वाह के लिये धन प्राप्त करने की चेष्टा (अजगर के समान) निवृत्ति ही उसकी जीविका का प्रबन्ध कर देती है। जो सुख अपनी आत्मा में रमण करने वाले निष्क्रिय सन्तोषी को मिलता है, वह धन के लिये भटकने वाले मनुष्य को नहीं। जिसके मन में सन्तोष है, उसके लिये सर्वदा, और सब जगह सुख ही सुख है।

जो ब्राह्मण सन्तोषी नहीं है, इन्द्रियों की लोलुपता के कारण उसका तेज, विद्या, तप, तथा यश क्षीण हो जाते हैं। जिस प्रकार भूख-प्यास मिट जाने पर खाने-पीने की इच्छा समाप्त हो जाती है, उसी प्रकार समय के साथ-साथ क्रोध भी शान्त को जाता है, परन्तु तृष्णा और वासना भोगों के भोग लेने पर भी समाप्त नहीं होती।

संकल्पों के परित्याग से काम को, कामनाओं के त्याग से क्रोध को, अनर्थ समझकर लोभ को और तत्त्व के विचार से भय को जीत लेना चाहिए। अध्यात्मविद्या से शोक तथा मोह पर, संतों की उपासना से दम्भ पर, मौन के द्वारा योग के विघ्नों पर तथा शरीर-प्राण को निश्चेष्ट कर हिंसा पर विजय प्राप्त करनी चाहिए। आधिभौतिक दुःख को दया के द्वारा, आधिदैविक वेदना को समाधि के द्वारा तथा आध्यात्मिक दुःख को योगबल से और निन्द्रा को सात्त्विक भोजन, स्थान, संग आदि से जीतना चाहिए। सत्त्वगुण द्वारा रजोगुण तथा तमोगुण पर विजय प्राप्त करनी चाहिए।

शास्त्रों में जितने भी नियम सम्बन्धी आदेश हैं उनका तात्पर्य काम, क्रोध, लोभ, मोह, मद, तथा मत्सर पर विजय प्राप्त करना है।

जो पुरुष अपने मन पर विजय प्राप्त करने के लिये सुदृढ़ है, वह आसक्ति तथा परिग्रह का त्याग कर संन्यास ग्रहण करे। एकान्तवास करे तथा भिक्षा वृत्ति से शरीर निर्वाह के लिये स्वल्प और परिमित भोजन करे (भिक्षा लेने से अहंकार, मद, मत्सर सभी समाप्त हो जाते हैं)। पवित्र और समान भूमि पर अपना आसन बिछाये तथा सीधे-स्थिर मुद्रा में बैठ

कर 'ॐ' कार का जाप करे। जब तक मन संकल्प- विकल्पों को छोड़ न दे, तबतक नासिका के अग्रभाग पर दृष्टि रखकर-पूरक, कुम्भक और रेचक द्वारा प्राण और अपान की गति को रोके।

कर्मत्यागी गृहस्थ, व्रतत्यागी ब्रह्मचारी, गाँव में रहने वाला वानप्रस्थ तथा इन्द्रियलोलुप संन्यासी–ये चारों आश्रमों के कलंक हैं।

उपनिषदों में कहा है कि शरीर रथ है, इन्द्रियाँ घोड़े हैं, इन्द्रियों का स्वामी मन लगाम है, शब्दादी विषय मार्ग हैं, बुद्धि सारथि है, चित्त ही भगवान् द्वारा निर्मित बाँधने वाली विशाल रस्सी है, दस प्राण धुरि हैं। धर्म और अधर्म पहिए हैं और इनका अभिमानी जीव रथी कहा गया है। 'ॐ' कार ही इस रथी का धनुष, शुद्ध जीवात्मा बाण और परमात्मा लक्ष्य है। राग, द्वेष, लोभ, मोह, शोक, भय, मद, मान, अपमान, तृष्णा, वासना आदि वृत्तियाँ ही मनुष्य के शत्रु हैं। यह मनुष्य-शरीर-रूपी रथ जब तक संयम मन के द्वारा एक श्रेष्ठदिशा में अग्रसर है तथा वश में है, मनुष्य को चाहिए कि अपनी नाशक वृत्तियों का नाश कर, अपने आत्मस्वरूप में स्थित सिंहासन पर विराजमान हो, शान्तभाव से इस शरीर का भी परित्याग कर दे।

वैदिक कर्म दो प्रकार के हैं। एक तो वृत्तियों को उनके विषयों की ओर ले जाते हैं, अर्थात् प्रवृत्तिपूरक तथा दूसरे वे जो वृत्तियों को उनके विषयों की ओर से खींच कर शान्त आत्मसाक्षात्कार के योग्य बना देते हैं। प्रवृत्तिपूरक कर्मों से बार-बार जन्म-मृत्यु की प्राप्ति होती है तथा निवृत्तिपूरक कर्मों से अथवा ज्ञानमार्ग से परमात्मा की प्राप्ति होती है।

प्रवृत्तिपरायण पुरुष (कर्मकाण्डी), मरने पर, चरु-पुरोडाशादि यज्ञसम्बन्धी द्रव्यों के सूक्ष्मभाग से बना हुआ शरीर धारण कर, धूमाभिमानी देवताओं के पास जाता है। फिर क्रमशः रात्रि, कृष्णपक्ष तथा दक्षिणायन के अभिमानी देवताओं के द्वारा चन्द्रलोक को प्राप्त करता है। वहाँ पर भोग समाप्त होने पर (पुण्यक्षीण होने पर), वृष्टि द्वारा क्रमशः ओषधि, लता, अन्न और वीर्य रूप में परिणत होकर पितृयान मार्ग से पुनः संसार में जन्म लेता है। हे युधिष्ठिर! गर्भाधान से लेकर अन्त्येष्टिपर्यन्त सम्पूर्ण

संस्कार जिनके होते हैं, उनको द्विज कहते हैं।

निवृत्तिपरायण पुरुष इष्ट, पूर्त्त आदि कर्मों से होने वाले समस्त यज्ञों को विषयों का ज्ञान कराने वाली इन्द्रियों में हवन कर देता है। इन्द्रियों को दर्शनादि संकल्परूप मन में, वैकारिक मन को परा वाणी में और परा वाणी को वर्णसमुदाय में, वर्णसमुदाय को 'अ उ म्' इन तीन स्वरों के रूप में रहने वाले 'ॐ' कार में, ॐकार को बिन्दु में, बिन्दु को नाद में, नाद को सूत्रात्मारूप प्राण में तथा प्राण को ब्रह्म में लीन कर देता है। वह निवृत्तिनिष्ठ ज्ञानी क्रमशः–अग्नि, सूर्य, दिन, सायंकाल, शुक्लपक्ष, पूर्णमासी और उत्तरायण के अभिमानी देवताओं द्वारा ब्रह्मलोक पहुँचाता है। वहाँ भोग का समय समाप्त होने पर (उस लोक को भोग कर) वह अपनी स्थूल उपाधि को सूक्ष्म में लीन कर, सूक्ष्मोपाधिक 'तैजस' हो जाता है। फिर सूक्ष्म उपाधि को कारण में लय कर, कारणोपाधिक 'प्राज्ञ' रूप में स्थित हो जाता है। तत्पश्चात् साक्षीरूप से सर्वत्र अनुगत होने के कारण साक्षी के ही स्वरूप में कारणोपाधिका लय कर, 'तुरीय' रूप से स्थित होता है। इस प्रकार दृश्यों का लय हो जाने पर वह शुद्ध आत्मा रह जाता है। यही मोक्षपद है। इसे 'देवयान' मार्ग कहते हैं। यहाँ जाकर जन्म-मृत्यु का चक्कर समाप्त हो जाता है।

जो बुद्धिमान् स्वानुभूति से आत्मा के त्रिविध अद्वैत का साक्षात्कार करते हैं–वे जाग्रत्, स्वप्न, सुषुप्ति तथा द्रष्टा, दर्शन तथा दृष्य के भेद रूप स्वप्न को मिटा देते हैं। अद्वैत तीन प्रकार के हैं–भावाद्वैत, क्रियाद्वैत, तथा द्रव्याद्वैत। सबकी एकता का विचार 'भावाद्वैत' है। मन, वाणी तथा शरीर से होने वाले कर्म, वास्तव में स्वयं परब्रह्म परमात्मा में ही हो रहे हैं–इस भाव से समस्त कर्मों को श्री भगवान् को समर्पित कर देना, क्रियाद्वैत है। समस्त प्राणियों के तथा सांसारिक पदार्थों का साथ, सम्बन्ध तथा भोग–एक ही हैं। अर्थात् अन्य किसी की जरूरत तथा अपने स्वार्थ में कोई भेद न मानना 'द्रव्याद्वैत' है।

अपने पूर्वजन्म के विषय में बताते हुए नारदजी युधिष्ठिर से कहते हैं–पूर्वजन्म में, इसके पहले के महाकल्प में, मैं एक गन्धर्व था। मेरा

नाम उपबर्हण था। मेरी सुन्दरता, मधुरता तथा सुकुमारता अपूर्व थी। एक बार देवताओं के यहाँ ज्ञानसत्र हुआ। वहाँ बड़े-बड़े प्रजापति आये। भगवान् की लीलाओं का गान करने के लिये देवताओं ने गन्धर्व तथा अप्सराओं को बुलाया। वह संतों का समाज था। वहाँ भगवान् की लीलाओं का ही गान होता है परन्तु विलासी स्वभाववश, मैं, स्त्रियों के साथ लौकिक गीतों का गान करता हुआ वहाँ पहुँच गया। देवताओं ने इसको अपना अनादर मान कर मुझे शाप दे दिया। मेरा सौन्दर्य, सम्पत्ति तथा पद, सब नष्ट हो गये तथा मुझे दासीपुत्र के रूप में जन्म लेना पड़ा। परन्तु उस जन्म में किये हुए महात्माओं के सत्सङ्ग तथा उन की सेवा के प्रभाव से मैं दूसरे जन्म में ब्रह्माजी का पुत्र हुआ।

युधिष्ठिर! इस मनुष्य लोक में तुम अति भाग्यवान् हो जिसे साक्षात् परब्रह्म परमात्मा श्रीकृष्ण का सामीप्य तथा घनिष्ट सम्बन्ध प्राप्त हुआ है। सारे संसार को पवित्र कर देने वाले ऋषि-मुनि बार-बार श्रीकृष्ण के मनुष्य रूप में दर्शन करने के लिये तुम्हारे पास आते हैं। मायातीत, परमशान्त, परमानन्दानुभवस्वरूप परब्रह्म परमात्मा—वे ही तुम्हारे प्रिय हितैषी, ममेरे भ्राता, पूज्य गुरु तथा स्वयं आत्मा श्रीकृष्ण हैं। शंकर, ब्रह्मा भी—वे यह हैं—इस रूप में उनका वर्णन नहीं कर सकते।

इस प्रकार युधिष्ठिर को प्रवचन कर श्री नारदजी ने भगवान् श्रीकृष्ण की पूजा की तथा युधिष्ठिर से विदा ली।

अष्टम स्कन्ध

अध्याय 1

मन्वन्तर वर्णन

मन्वन्तरों का वर्णन करते हुए श्री शुकदेवजी राजा परीक्षित् से कहते हैं—इस कल्प के छः मन्वन्तर बीत चुके हैं। पहले मन्वन्तर में स्वायम्भुव मनु की पुत्री आकूति से यज्ञपुरुष के रूप में धर्म का उपदेश करने के लिये तथा देवहूति के गर्भ से कपिल मुनि के रूप में ज्ञान का उपदेश करने के लिये श्री भगवान् ने इनके पुत्रों के रूप में अवतार ग्रहण किया।

स्वायम्भुव मनु ने समस्त कामनाओं तथा भोगों से विरक्त होकर अपना राज्य छोड़ दिया तथा अपनी पत्नी शतरूपा के साथ तपस्या करने वन में चले गये। वहाँ सौ वर्ष उन्होंने श्री भगवान् की स्तुति करते हुए घोर तपस्या की। उनकी स्तुति का सारांश इस प्रकार है—

जिनकी चेतना के स्पर्शमात्र से यह सारा विश्व चेतन हो जाता है, प्रलय हो जाने पर भी जो सक्रिय रहते हैं—वही परमात्मा है। यह विश्व तथा चर-अचर सभी प्राणी उस परमात्मा में ही ओत-प्रोत हैं। जिनका न आदि है न अन्त है, फिर मध्य तो होगा कहाँ से? जिनका न कोई अपना है और न पराया, ना बाहर और न भीतर; जिनकी सत्ता से विश्व की सत्ता है, वही अनन्त वास्तविक सत्य परब्रह्म है। वही परमात्मा विश्वरूप है। उसके अनेक नाम हैं। वह सर्वशक्तिमान्, सत्य, स्वयंप्रकाश, अजन्मा और पुराणपुरुष है। वह माया शक्ति के द्वारा विश्वसृष्टि के जन्म को स्वीकार कर लेता है तथा अपनी विद्याशक्ति के द्वारा उसका त्याग करके निष्क्रिय सत्त्वस्वरूप रहता है। इसी कारण ऋषि-मुनि ब्रह्म से एकत्व प्राप्त करने के लिये पहले कर्मयोग का अनुष्ठान करते हैं। श्री भगवान् ज्ञानस्वरूप हैं, अतः अहंकार उन्हें छू तक नहीं सकता। वे सर्वतः परिपूर्ण हैं, अतः उन्हें किसी वस्तु की कामना नहीं। वे अपनी बनाई हुई मर्यादा

में स्थिर रहकर, अपने कार्यों द्वारा मनुष्यों को शिक्षा देते हैं।

दूसरे मनु स्वारोचिष हुए। वे अग्नि के पुत्र थे। उनके पुत्रों के नाम थे–द्युमान्, सुषेण तथा रोचिष्मान् आदि। इस मन्वन्तर में इन्द्र का नाम था रोचन तथा प्रधान देव गण थे तुषित आदि। ऊर्जस्तम्भ आदि वेदवादीगण सप्तर्षि थे। वेदशिरा ऋषि की पत्नी तुषिता के गर्भ से श्री भगवान् ने विभु नाम से अवतार लिया। वे नैष्ठिक ब्रह्मचारी रहे तथा उनका अनुसरण कर अठासी हजार ऋषियों ने ब्रह्मचर्य का व्रत लिया।

तीसरे मनु हुए उत्तम। वे प्रियव्रत के पुत्र थे। उनके पुत्रों के नाम थे–पवन, सृञ्जय, यज्ञहोत्र आदि। इस मन्वन्तर में ऋषि वसिष्ठजी के, प्रमद आदि सात पुत्र सप्तर्षि थे। सत्य, वेदश्रुत और भद्र, देवताओं के प्रधान गण थे तथा इन्द्र हुए सत्यजित्। इस समय धर्म की पत्नी सूनृता के गर्भ से पुरुषोत्तम भगवान् ने सत्यसेन के नाम से अवतार ग्रहण किया। उस समय के इन्द्र सत्यजित् के सखा के रूप में सहायता कर, उन्होंने दुष्ट यक्ष तथा राक्षसों का संहार किया।

चौथे मनु हुए तामस। वे तीसरे मनु उत्तम के भ्राता थे। उनके पृथु, ख्याति, नर, केतु आदि दस पुत्र हुए। सत्यक, हरि और वीर नामक, देवताओं के प्रधान गण हुए। यहाँ इन्द्र का नाम था त्रिशिख तथा ज्योतिर्धाम आदि सप्तर्षि हुए। इस मन्वन्तर में ऋषि हरिमेधा की पत्नी हरिणी के गर्भ से, हरि के रूप में भगवान् ने अवतार ग्रहण किया तथा इसी अवतार में उन्होंने ग्राह से गजेन्द्र की रक्षा की।

अध्याय 2

ग्राह-गजेन्द्र कथा

क्षीरसागर में त्रिकूट नामक एक सुन्दर पर्वत है। इसकी लम्बाई, चौड़ाई तथा ऊँचाई 10,000 योजन बताई जाती है। उसके सोने, चाँदी

तथा लोहे के तीनों शिखरों की छटा से सागर, दिशाएँ तथा आकाश जगमगाते रहते हैं। इस पर्वत पर भिन्न-भिन्न जाति के वृक्ष, लताएँ तथा वनस्पतियाँ हैं। सागर की लहरें पर्वत के निचले भागों से निरन्तर टकराती रहती हैं। इस पर विहार करने के लिये प्राय सिद्ध, चारण, गन्धर्व, विद्याधर, नाग, किन्नर, अप्सराएँ आदि आते रहते हैं।

पर्वत की तलहटी में वन-जीव-जन्तु विहार करते हैं। देवताओं के अनेक प्रकार के वृक्षों से भरपूर उद्यानों में सुन्दर-सुन्दर पक्षी मधुर कण्ठ से गुञ्जन करते हैं। इस पर्वत पर बहुत सी नदियाँ तथा सरोवर भी हैं।

पर्वतराज त्रिकूट की तराई में भगवत्प्रेमी महात्मा वरुण का उद्यान है। उसका नाम है ऋतुमान्। उसमें भी सब ओर दिव्य-वृक्ष शोभायमान हैं जो फलों से भरपूर रहते हैं। यहीं पर भिन्न-भिन्न दिव्य-पुष्पों के पौदे भी हैं, जैसे मन्दार, पारिजात, गुलाब, अशोक, चम्पा आदि। फलों में आम, खजूर, केला, जामुन, बेर, नारियल, आँवला, नीम्बू आदि हैं।

इसी पर्वत की तलहटी में गजेन्द्र बहुत सी हथिनियों के साथ निवास करता था। वह हाथियों का सरदार था। एक दिन वह अपनी हथिनियों के झुण्ड के साथ घूम रहा था। उसकी गन्धमात्र से ही हाथी, सिंह, बाघ, गैंडे आदि भाग जाया करते थे। उसके पीछे हाथियों के छोटे-छोटे बच्चे दौड़ रहे थे। धूप के कारण गजराज व्याकुल हो गया था तथा उसे प्यास भी सताने लगी। थोड़ी ही देर चलकर वह एक सुन्दर सरोवर के तट पर पहुँच गया। उस सरोवर का जल अत्यन्त शीतल तथा निर्मल था। गजेन्द्र ने पहले तो जा कर अपनी सूँड से जल में स्नान किया तथा फिर बच्चों के ऊपर सूँड से जल डालने लगा तथा उन्हें स्नान कराने लगा।

गजेन्द्र जिस समय इतना उन्मत्त हो रहा था, उसी समय एक बलवान् ग्राह ने उसका पैर पकड़ लिया। बलवान् गजेन्द्र ने अपनी पूरी शक्ति से अपने को छुड़ाने का प्रयत्न किया, परन्तु छुड़ा न सका। जब दूसरे हाथी-हथिनियों तथा बच्चों ने देखा कि ग्राह, गजेन्द्र को बड़े वेग से खींच रहा है, तो वे घबरा गये। वे बड़ी विकलता से चिण्घाड़ने लगे। बहुतों ने उसकी सहायता कर उसे बाहर निकालने का प्रयत्न भी किया, परन्तु सब निष्फल। वे कभी असमर्थ हो रहे गजेन्द्र और ग्राह को खींच

लेते, तो कभी ग्राह गजेन्द्र को खींच कर ले जाता। इस प्रकार यह स्थिति काफी समय के लिये बनी रही।

अन्त में गजेन्द्र का शरीर बहुत देर तक पानी में पड़ा रहने से शिथिल हो गया। न उसमें बल रहा न उत्साह ही। इसके विपरीत जल का प्राणी होने के कारण ग्राह की शक्ति भरपूर रही तथा वैसा ही उसका उत्साह। इस प्रकार देहाभिमानी गजेन्द्र अपने को छुड़ाने में असमर्थ हो कर प्राण संकट में पड़ गया। लाचार होकर उसने सोचा कि अब मैं सम्पूर्ण विश्व के एकमात्र भगवान् की शरण लेता हूँ। काल बड़ा बली है। इससे अत्यन्त भयभीत हो कर जो भगवान् की शरण में जाता है, प्रभु उसे अवश्य बचा लेते हैं। उनसे तो काल भी भयभीत रहता है। वे प्रभु सब के आश्रय हैं। ऐसा विचार कर गजेन्द्र ने उनकी शरण में ही जाने की सोची।

अध्याय 3

गजेन्द्र द्वारा भगवद् स्तुति

संकट से मुक्त होने के लिये गजेन्द्र ने श्री भगवान् की इस प्रकार स्तुति की—जो जगत् के मूल कारण हैं तथा जो सबके हृदय में विराजमान हैं, जो समस्त जगत् के एकमात्र स्वामी हैं, जिनके कारण इस संसार में चेतना का विस्तार है, उन श्री भगवान् को मैं नमस्कार करता हूँ। उन स्वयंप्रकाश, स्वयंसिद्ध सत्तात्मक भगवान् की मैं शरण ग्रहण करता हूँ। यह विश्व उन्हीं की माया से है। वे ही समस्त कार्य और कारणों से अतीत प्रभु मेरी रक्षा करें। प्रलय के समय लोक, लोकपाल तथा इन सबके कारण नष्ट हो जाते हैं। उस समय केवल अत्यन्त घना अन्धकार ही रहता है। परन्तु अनन्त परमात्मा उससे सर्वथा परे विराजमान रहते हैं।

वे प्रभु मेरी रक्षा करें। जिनके परम रूप का दर्शन करने के लिये महात्मागण संसार की समस्त आसक्तियों का परित्याग कर देते हैं तथा वन में जाकर अखण्ड-भाव से ब्रह्मचर्य आदि व्रतों का पालन कर, अपने आत्मा को सब प्राणियों के हृदय में दृष्टिगोचर करते, सब में दयावान् रहते हैं, वे ही मुनियों के सर्वस्व भगवान् मेरी सहायता करें। वे अरूप होने पर भी बहुरूप हैं। उनके कर्म अत्यन्त आश्चर्यजनक हैं। जो मन, वाणी और चित्त से अत्यन्त दूर हैं (जो उनकी पकड़ में नहीं आते), जो स्वयंप्रकाश सबके साक्षी हैं, उन परमात्मा को मैं नमस्कार करता हूँ।

आप सबके स्वामी, समस्त क्षेत्रों के एकमात्र ज्ञाता तथा सर्वसाक्षी हैं, मैं आपको नमस्कार करता हूँ। आप सबके मूल कारण हैं। आपका कोई कारण नहीं है। जैसे समस्त नदी, झरने आदि का परम आश्रय सागर है, वैसे ही वेद और शास्त्रों के परम तात्पर्य और ज्ञाता आप ही हैं। आप मोक्षस्वरूप हैं तथा समस्त संत आपकी ही शरण ग्रहण करते हैं, मैं आपको नमस्कार करता हूँ।

गुणों में क्षोभ होने पर उनके द्वारा विविध प्रकार की सृष्टि रचने का आप संकल्प करते हैं। जो कर्मसंन्यास अथवा कर्मयोग (निष्काम-कर्म) द्वारा आत्मतत्त्व का ज्ञान प्राप्त करना चाहते हैं, उनके आत्मा के रूप में आप स्वयं ही प्रकाशित हो जाते हैं। जैसे कोई बन्धन में फँसे पशु का बन्धन काट देता है, वैसे ही आप मेरा उद्धार करो। आप भक्तवत्सल हैं, आपको मैं नमस्कार करता हूँ।

समस्त प्राणियों के हृदय में अपने अंश के द्वारा अन्तरात्मा के रूप में आप विराजमान हैं। धर्म, अर्थ, काम और मोक्ष की कामना से मनुष्य आपका भजन कर अभीष्ट वस्तु को प्राप्त कर लेता है। वे ही परमदयालु प्रभु मेरा उद्धार करें। जिनके अनन्य प्रेमी भक्तजन उन्ही की शरण में रहते हुए, उनसे किसी भी वस्तु की कामना नहीं करते, यहाँ तक कि मोक्ष की भी नहीं, केवल उनकी दिव्य मङ्गलमयी लीलाओं का गान करते हुए आनन्दमय सागर में निमग्न रहते हैं; जो अविनाशी, सर्वशक्तिमान्, अव्यक्त, इन्द्रियातीत, स्थूल से स्थूल, सूक्ष्म से सूक्ष्म, अति निकट तथा

अति दूर भी हैं, उन्ही आदिपुरुष अनन्त, परिपूर्ण ब्रह्म को मैं नमस्कार करता हूँ।

जिनकी अत्यन्त छोटी सी कला से ही अनेकों नाम-रूप के भेद-भाव से युक्त ब्रह्मा आदि देवता, वेद तथा चराचर लोकों की सृष्टि हुई है, जिन स्वयंप्रकाश परमात्मा से बुद्धि, मन, इन्द्रिय तथा शरीर–जो गुणों के प्रवाह रूप हैं; बार-बार प्रकट होते तथा लीन हो जाते हैं; सबका निषेध हो जाने पर (वे ये नहीं हैं, ये नहीं हैं, ये नहीं हैं) जो कुछ बच जाता है, वही उनका स्वरूप है (नेति-नेति); वे ही परमात्मा मेरे उद्धार के लिये प्रकट हों। मैं जीना नहीं चाहता। यह हाथी की योनि, बाहर और भीतर, सब ओर से अज्ञान के आवरण से ढकी हुई है। मैं तो आत्मप्रकाश को ढकने वाले उस अज्ञानरूप आवरण से छूटना चाहता हूँ, जो काल-क्रम से स्वयं नहीं छूटता, केवल भगवत्कृपा अथवा तत्त्वज्ञान द्वारा ही नष्ट होता है। अतः मैं उन परब्रह्म परमात्मा की शरण में हूँ जो विश्व के रचयिता और विश्वरूप हैं।

यह इतिहास सुनाते हुए श्री शुकदेवजी राजा परीक्षित् से कहते हैं–गजेन्द्र ने बिना किसी भेदभाव से, निर्विशेष रूप से, भगवान् की स्तुति की थी। अतः स्वयं, सर्वात्मा होने के कारण, सर्वदेवस्वरूप भगवान् श्रीहरि प्रकट हो गये। विश्व के एकमात्र आधार भगवान् ने देखा कि गजेन्द्र अत्यन्त पीड़ित हो रहा है। जब गजेन्द्र ने देखा कि आकाश में गरुड़ पर सवार, हाथ में चक्र लिये भगवान् श्रीहरि आये हैं, तब उसने अपनी सूँड में कमल का एक सुन्दर फूल लेकर उसे ऊपर को उठाया और बड़े कष्ट से बोला, नारायण! जगद्गुरो! भगवन्! आपको नमस्कार है। गजेन्द्र को पीड़ा में देखकर उन्होंने एक साथ गजेन्द्र और ग्राह दोनों को बाहर निकाल दिया। सब देवताओं के सम्मुख उन्होंने अपने चक्र से ग्राह का मुख काट दिया तथा गजेन्द्र का उद्धार किया।

अध्याय 4

ग्राह-गजेन्द्र पूर्वचरित्र

श्री शुकदेवजी ग्राह का इतिहास बताते हुए कहते हैं कि श्रीहरि के उद्धार से ग्राह तुरन्त परम आश्चर्यमय दिव्य शरीर से युक्त हो गया। वास्तव में ग्राह 'हूहू' नामक एक श्रेष्ठ गन्धर्व था जो शापग्रस्त होकर इस शरीर को प्राप्त हुआ था। पुनः गन्धर्व का शरीर प्राप्त कर उस ने श्रीहरि की स्तुति की तथा उनकी मनोहर लीलाओं का गान किया। श्री भगवान् के कृपापूर्ण स्पर्श से उसके सारे पाप नष्ट हो गये तथा वह अपने लोक को चला गया।

गजेन्द्र भी भगवान् का स्पर्श पाते ही अज्ञान के बन्धन से मुक्त हो गया तथा उसे भी दिव्य शरीर प्राप्त हुआ। गजेन्द्र पूर्व जन्म में द्रविड़ देश का, पाण्ड्यवंश का राजा था तथा उसका नाम था इन्द्रद्युम्न। वह भी भगवान् का भक्त था। (राज्य से वैराग्य होने पर) राजपाट छोड़कर वह मलय पर्वत पर रहने लगा। चित्त को एकाग्र कर, मौनव्रती होकर, वह श्री भगवान् की आराधना करने लगा था। अकस्मात् परम यशस्वी अगस्त्य मुनि अपने शिष्यों सहित वहाँ आ पहुँचे। उन्होंने देखा कि प्रजापालन तथा गृहस्थोचित अतिथि सेवाधर्म का परित्याग कर वह तपस्वी हो गया है। इस प्रकार अपने राजधर्म से मुक्त होने के कारण ऋषि उस पर क्रुद्ध हो गये। उन्होंने उसे शाप दिया–इस राजा ने गुरुजनों से शिक्षा ग्रहण नहीं की तथा अभिमानवश परोपकार से निवृत्त होकर (त्याग कर) मनमानी कर रहा है। ब्राह्मणों का अपमान करने वाला यह हाथी के समान जड़ बुद्धि है। अतः इसे वही घोर अज्ञानमयी हाथी की योनि प्राप्त हो।

राजा इन्द्रद्युम्न ने यह समझकर सन्तोष कर लिया कि कदाचित् यह इस का प्रारब्ध है। तदनन्तर आत्मविस्मृति करा देने वाली हाथी की योनि उसे प्राप्त हुई। परन्तु भगवान् की आराधना का ऐसा प्रभाव हुआ कि

हाथी होने पर भी उसे भगवान् ने (गजेन्द्र का उद्धार कर) अपना पार्षद बना लिया। इस प्रकार गजेन्द्र पार्षद होकर श्री भगवान् के परमधाम को प्राप्त हो गया।

गजराज की स्तुति से प्रसन्न होकर तथा उसका उद्धार करते समय श्रीहरि ने देवताओं तथा गन्धर्वों को सम्बोधित करते हुए कहा–जो इन्द्रियनिग्रहपूर्वक, रात के पिछले पहर में उठ कर मेरा तथा मेरे इस स्वरूप का ध्यान करते हैं–इस पर्वत, सरोवर, कन्दरा, वन, मेरे, ब्रह्माजी, शिवजी के निवास स्थान, मेरे प्रियधाम क्षीरसागर, मेरे कलास्वरूप शेषजी, मेरे आश्रय में रहने वाली लक्ष्मी देवी, मेरे अवतार तथा मेरी शक्तियों का स्मरण करते हैं–वे समस्त पापों से छूट जाते हैं। इस प्रकार कहकर श्रीहरि ने अपना दिव्य शंख बजाया तथा गरुड़ पर स्वार हो गये।

अध्याय 5

देवताओं तथा ब्रह्माजी द्वारा भगवद्-स्तुति

पाँचवें मनु हुए रैवत। वे चौथे मनु तामस के भ्राता थे। उनके अर्जुन, बलि, विन्ध्य आदि पुत्र हुए। इस मन्वनतर में इन्द्र का नाम था विभु तथा भूतरय आदि देवताओं के प्रधान गण थे। उस समय हिरण्यरोमा, वेदशिरा, ऊर्ध्वबाहु आदि सप्त ऋषि थे। शुभ्र ऋषि की पत्नी विकुण्ठा के गर्भ से भगवान् ने, वैकुण्ठ नाम से, अपने अंश से, स्वयं अवतार ग्रहण किया। लक्ष्मीजी की प्रार्थना से तथा उन्हें प्रसन्न करने हेतु श्री भगवान् ने वैकुण्ठधाम की रचना की। यह लोक समस्त लोकों में श्रेष्ठ है।

छटे मनु चक्षु के पुत्र चाक्षुष थे। उनके पूरु, पूरुष, सुद्युम्न आदि पुत्र हुए। इस मन्वन्तर में इन्द्र का नाम था मन्त्रद्रुम और देवताओं के प्रधान गण थे आप्य आदि। इस मन्वन्तर में हवष्यमान् तथा वीरक आदि सप्तर्षि थे। श्री भगवान् ने वैराज की पत्नी सम्भूति के गर्भ से अजित नाम से

अंशावतार ग्रहण किया। उन्होंने समुद्र-मन्थन कर देवताओं को अमृत पिलाया तथा कच्छ रूप धारण कर मन्दराचल की मथानी के आधार बने।

क्षीर सागर मन्थन का इतिहास सुनाते हुए श्री शुकदेवजी राजा परीक्षित् से कहते हैं, परीक्षित्! एक समय असुरों ने अपने तीखे शस्त्रों से देवताओं को पराजित कर दिया। इस युद्ध में कई देवताओं के तो प्राण संकट में पड़ गये। दुर्वासा ऋषि के शाप से तीनों लोक तथा स्वयं इन्द्र भी श्रीहीन हो गये थे। यज्ञादि धर्म कार्यों का भी लोप हो गया था। इस संकट के समाधान के लिये सभी देवता सुमेरु पर्वत स्थित ब्रह्माजी की सभा में गये तथा ब्रह्माजी को अपनी दयनीय स्थिति से अवगत कराया। ब्रह्माजी ने भी देखा कि इन्द्र, वायु आदि देवता श्रीहीन हो गये हैं।

समर्थ ब्रह्माजी ने श्री भगवान् का स्मरण किया तथा फिर प्रफुल्लित मुख से देवताओं को सम्बोधित करते हुए कहा, देवताओ! मैं, शंकरजी, तुमलोग तथा असुर, दैत्य, मनुष्य, पशु-पक्षी, वृक्ष और स्वेदज आदि समस्त प्राणी जिनके विराट् रूप के एक अत्यन्त स्वल्पाति-स्वल्प अंश से रचे हैं—हमलोग उन अविनाशी प्रभु की ही शरण ग्रहण करें। यद्यपि उनकी दृष्टि में न कोई वध का पात्र है और न रक्षा का—न कोई उपेक्षणीय है न आदर का ही पात्र है—तथापि सृष्टि, स्थिति तथा प्रलय के लिये समय-समय पर वे रजोगुण, सत्त्वगुण और तमोगुण को स्वीकार करते हैं। उन्होंने इस समय प्राणियों के कल्याण के लिए सत्त्वगुण स्वीकार कर रखा है। अतः यह जगत् की स्थिति तथा रक्षा का अवसर है। अवश्य ही वे हमारा कल्याण करेंगे।

इस प्रकार ब्रह्माजी तथा देवतागण श्रीहरि के निजधाम वैकुण्ठ गये। वहाँ भी भगवान् उन्हें दिखाई नदीं दिये (उनके समक्ष प्रकट नहीं हुए), अतः श्री भगवान् की स्तुति करते हुए ब्रह्माजी बोले, भगवन्! आप निर्विकार, सत्य, अनन्त, आदिपुरुष, सबके हृदय में अन्तर्यामी रूप से विराजमान हैं। मन, वाणी आपका निरूपण नहीं कर सकती। आप समस्त देवताओं के आराधनीय तथा स्वयंप्रकाश हैं। हम सब आपके चरणों में नमस्कार करते हैं। आप अविनाशी और सुखस्वरूप हैं। सत्ययुग, त्रेता

तथा द्वापर में तो आप प्रकट रूप से ही विराजमान रहते हैं। यह शरीर, जीव का एक मनोमय चक्र (रथ का पहिया) है। दस-इन्द्रिय और पाँच-प्राण इसके अरे हैं। सत्त्व, रज और तम–ये तीन गुण इसकी नाभि हैं। पृथ्वी, जल, तेज, वायु, आकाश, मन, बुद्धि तथा अहंकार–ये आठ इसमें नेमि (पहिये का छोटा) हैं। स्वयं माया इसका संचालन करती है। इस चक्र के धुरे, स्वयं परमात्मा ही एकमात्र सत्य हैं। हम उनकी शरण में हैं। वे ज्ञानस्वरूप, प्रकृति से परे (अदृश्य), तथा समस्त वस्तुओं के मूल में स्थित, अव्यक्त हैं। ऋषि-मुनि भक्तियोग के द्वारा उन्हीं की आराधना करते हैं। जीव अपने पुरुषार्थ से नहीं, अपितु उनकी कृपा से ही उन्हें प्राप्त कर सकता है। हम उनके चरणों में नमस्कार करते हैं।

उन्हीं की बनाई हुई यह पृथ्वी उनका चरण है। इस पृथ्वी पर जरायुज, अण्डज, स्वेदज और उद्भिज्ज–चार प्रकार के प्राणी रहते हैं। श्रुतियाँ कहती हैं कि चन्द्रमा उस प्रभु का मन है। यह चन्द्रमा ही समस्त देवताओं का अन्न, बल एवं आयु है। वह वृक्षों (वनस्पति) का सम्राट् (अधिपति) तथा प्रजा की वृद्धि करने वाला है। अग्नि प्रभु का मुख है। इसकी उत्पत्ति ही इसलिये हुई है कि यज्ञ, याज्ञादि कर्मकाण्ड पूर्ण रूप से सम्पन्न हो सकें (क्योंकि यह यज्ञ का भाग देवताओं को पहुँचाता है) यह अग्नि ही शरीर के भीतर रहकर जठराग्निरूप से तथा सागर में बड़वानल के रूप में–उनमें रहने वाले अन्न, जल तथा धातुओं आदि का पाचन करता है तथा समस्त द्रव्यों की उत्पत्ति भी इसी से हुई है। ऐसे परम ऐश्वर्यस्वरूप भगवान् हम पर प्रसन्न हों।

प्रभु के प्राण से ही चराचर का प्राण तथा उन्हें मानसिक, शारीरिक तथा इन्द्रिय सम्बन्धी बल देने वाला वायु प्रकट हुआ है। जिनके कानों से दिशाएँ, हृदय से इन्द्रिय-गोलक और नाभि से यह आकाश उत्पन्न हुआ है, जो पाँचों प्राण (प्राण, अपान, उदान, समान और व्यान), दसों इन्द्रियाँ, मन, पाँचों असु (नाग, कूर्म, कृकल, देवदत्त तथा धनञ्जय) तथा शरीर का आश्रय हैं, वे परम ऐश्वर्यशाली भगवान् हम पर प्रसन्न हों।

जिनके बल से इन्द्र, प्रसन्नता से समस्त देवगण, क्रोध से शंकर, बुद्धि से ब्रह्मा, इन्द्रियों से वेद और ऋषि तथा जन्नेन्द्रिय से प्रजापति उत्पन्न हुए हैं, वे परम ऐश्वर्यशाली भगवान् हम पर प्रसन्न हों। जिनके वक्षःस्थल से लक्ष्मी, छाया से पितृगण, स्तन से धर्म, पीठ से अधर्म, शीश से आकाश तथा विहार से अप्सराएँ प्रकट हुई हैं, वे परम ऐश्वर्यशाली भगवान् हम पर प्रसन्न हों। जिनके मुख से ब्राह्मण और वेद तथा भुजाओं से क्षत्रिय और बल, जङ्घाओं से वैश्य तथा उनकी व्यापार कुशलता वृत्ति तथा चरणों से वेदबाह्य शूद्र तथा उनकी सेवा वृत्ति प्रकट हुई है–वे परम ऐश्वर्यशाली भगवान् हम पर प्रसन्न हों।

जिनके अधर से लोभ, ओष्ठ से प्रीति, नासिका से कान्ति, स्पर्श से प्रिय काम, भौंहों से यम तथा नेत्र के रोमों से काल की उत्पत्ति हुई है–वे परम ऐश्वर्यशाली भगवान् हम पर प्रसन्न हों। जो माया निर्मित गुणों में दर्शनादि वृत्तियों के द्वारा आसक्त नहीं होते, जो वायु के समान सदा-सर्वदा असङ्ग रहते हैं, जिनमें समस्त शक्तियाँ शान्त हो गई हैं–उन अपने आत्मानन्द से परिपूर्ण आत्मस्वरूप भगवान् को हमारा नमस्कार हो।

प्रभो! हम आपके शरणागत हैं तथा इच्छा करते हैं कि मन्द-मन्द मुस्कान युक्त आपका मुखमण्डल इन्हीं नेत्रों से देखें। आप कृपया हमें अपने दर्शन कराइये। जो कर्म आपको समर्पित किये जाते हैं, उनको करने से ही परम सुख मिलता है। वे स्वयं फलस्वरूप हैं। जो तीनों काल तथा उससे परे भी एकरस स्थित हैं, जिनकी लीलाओं का रहस्य तर्क-वितर्क से परे है, जो स्वयं गुणों से अतीत, सब गुणों के स्वामी हैं तथा इस समय सत्त्व गुण में स्थित हैं–ऐसे आपको हम बार-बार नमस्कार करते हैं।

अध्याय 6

देवता-दैत्य सागर मन्थन उद्योग

जब ब्रह्माजी ने देवताओं सहित सर्वशक्तिमान् भगवान् श्रीहरि की इस प्रकार स्तुति की तो वे उनके समक्ष प्रकट हो गये। उनके शरीर की आभा ऐसी अनूठी थी कि मानो एक सहस्त्र सूर्य एक साथ उदय हो गये हों। उस चौंधिया देने वाले प्रकाश में आकाश, दिशाएँ तथा पृथ्वी भी दिखाई नहीं दे रहे थे। केवल भगवान् शंकर तथा ब्रह्माजी ही श्रीहरि के इस रूप के दर्शन कर सके। मरकतमणि के समान स्वच्छ श्यामल शरीर, कमल के भीतरी भाग के समान सुकुमार नेत्रों में लाल-लाल डोरियाँ तथा चमकते हुए सुनहले रेशमी पीताम्बर। शीश पर महामणिमय किरीट तथा भुजाओं में बाजूबंद। कानों में झलकते कुण्डल, कमर में करधनी की लड़ियाँ। हाथों में कंगन, गले में हार-माला तथा चरणों में नूपुर। वक्षःस्थल पर लक्ष्मी तथा गले में कौस्तुभमणि और बनमाला। उनका निज अस्त्र सुदर्शन चक्र उनकी सेवा में प्रस्तुत था। सभी देवताओं ने साष्टाङ्ग प्रणाम किया तथा ब्रह्माजी ने परमपुरुष श्री भगवान् की स्तुति की।

ब्रह्माजी ने कहा–जो उत्पत्ति, स्थिति, प्रलय से कोई सम्बन्ध नहीं रखते, प्राकृत गुणों से अतीत, मोक्षस्वरूप, परमानन्द, सूक्ष्म से भी सूक्ष्म तथा जिनका स्वरूप अनन्त है, उन परम ऐश्वर्यशाली प्रभु को हम बार-बार नमस्कार करते हैं। मेरी भी रचना करने वाले प्रभु! आपके इस विश्वमय स्वरूप में मुझे समस्त देवगणों सहित तीनों लोक दृष्टिगोचर हैं। आप में ही यह जगत् लीन था–मध्य में आप में ही स्थित है तथा अन्त में आप में ही लीन हो जायेगा। आप अपने ही आश्रय रहने वाली माया से इस संसार की रचना करते हैं तथा अन्तर्यामी रूप से इस में प्रवेश कर विराजमान होते हैं। ज्ञानी पुरुष मन को एकाग्र कर, गुणों के तथा विषयों के आवरण से परे, आपके निर्गुण स्वरूप का साक्षात्कार करते हैं। हम सब लोकपाल जिस उद्देश्य से आपके पास आये हैं, आपकी शरण

में आये हैं, उसे कृपापूर्वक पूरा कीजिए।

श्री शुकदेवजी कहते हैं कि यद्यपि जगत् के एकमात्र स्वामी भगवान् अकेले ही देवताओं का सर्वकार्य करने में समर्थ थे, फिर भी सागर-मन्थन आदि लीलाओं द्वारा विहार करने की इच्छा से, मेघ के समान गम्भीर वाणी से बोले—ब्रह्मा, शंकर तथा सर्व देवताओ! मेरा परामर्श सुनो। तुम्हारे कल्याण का यही उपाय है। इस समय असुरों पर काल की कृपा है। जब तक तुम्हारे अभ्युदय का समय नहीं आता तुम दैत्य तथा दानवों से सन्धि कर लो। कोई बड़ा कार्य करना हो तो शत्रुओं से भी मेल कर लेना चाहिए। अत: बिना विलम्ब के अमृत निकालने का प्रयत्न करो। उसे पी लेने पर अमरत्व प्राप्त हो जाता है। पहले क्षीर सागर में सब प्रकार के घास, तिनके, लताएँ तथा ओषधियाँ डाल दो। तदनन्तर मन्दराचल की मथानी तथा वासुकि नाग की नेती बनाकर, मेरी सहायता से, सागर-मन्थन करो। असुर लोग तुमसे जो-जो चाहते हैं, सब मान लो। शान्ति से सब कार्य बन जाते हैं, क्रोध से नहीं। (सागर-मन्थन के समय) प्रथम कालकूट विष निकलेगा, उससे डरना नहीं। किसी भी वस्तु के लिये लोभ नहीं करना।

देवताओं के समक्ष यह आदेश देकर श्री पुरुषोत्तम भगवान् अन्तर्धान हो गये। तदनन्तर इन्द्र आदि देवता राजा बलि के पास गये। दैत्य सेनापति, नि:शस्त्र देवताओं को पकड़ना चाहते थे, परन्तु दैत्यराज ने उन्हें ऐसा करने से रोका, क्योंकि वह सन्धि और विरोध के अवसर को जानने वाले तथा पवित्रकीर्ति से सम्पन्न थे। बुद्धिमान् इन्द्र ने बड़ी मधुर वाणी से राजा बलि से वार्तालाप किया तथा दैत्यराज को उनकी येजना अच्छी लगी। इस प्रकार सागर-मन्थन के लिये देवताओं तथा असुरों में सन्धि हो गई। सागर-मन्थन के लिये मन्दराचल पर्वत को सागर तक लाने में असुर तथा देवता असमर्थ रहे। उनका उत्साह भंग हुआ देख कर श्रीहरि गुरुड़ पर आरूढ़ प्रकट हुए। उनके संकेत से गरुड़जी ने मन्दराचल को अपनी पीठ पर रख कर सागर तट पर पहुँचा दिया।

अध्याय 7

सागर-मन्थन

नागराज वासुकि को यह वचन देकर कि सागर मन्थन में से प्राप्त होने वाले अमृत में उनका भी भाग होगा, देवताओं तथा असुरों ने उसे सागर मन्थन में सम्मिलित कर लिया। तत्पश्चात् वासुकि नागराज को नेती के रूप में तथा मन्दराचल पर्वत को मथानी के रूप में रखकर सागर मन्थन प्रारम्भ हुआ। प्रथमतः अजित भगवान् तथा देवता नाग के मुख की ओर लगे तथा असुर वासुकि की पूँछ की ओर, परन्तु दैत्यों को पूँछ की ओर लगना अशुभ तथा प्रतिकूल होने से, वे मुख की ओर लग गये तथा देवता पूँछ की ओर।

जब सागर मन्थन होने लगा तब बलवान् देवताओं तथा असुरों की पकड़ होने पर भी मन्दराचल पर्वत अपने भार तथा नीचे कोई आधार न होने के कारण सागर में डूबने लगा। इस पर देवता तथा दैत्य चिन्तित होने लगे। उनका उत्साह क्षीण होने लगा। इस समस्या के समाधान के लिये भगवान् ने एक विशाल तथा विचित्र कच्छप का रूप धारण किया तथा उन्होंने सागर में प्रवेश कर मन्दराचल को ऊपर उठा दिया। श्री भगवान् की शक्ति अनन्त है। वे सत्य-संकल्प हैं। जब देवताओं ने देखा कि मन्दराचल ऊपर उठ गया है तो सभी का उत्साह पूर्णरूप से लौट आया। देवताओं तथा असुरों ने मन्दराचल पर्वत को प्रेरित किया और वह भगवान् की पीठ पर घूमने लगा। अनन्त शक्तिशाली आदिकच्छप भगवान् को उस पर्वत का अपनी पीठ पर घूमना ऐसा प्रतीत हो रहा था मानो बड़ी कोमलता से कोई उनकी पीठ को सहला रहा हो। असुरों की शक्ति और बल की वृद्धि करने के लिये भगवान् ने उनमें असुर रूप से प्रवेश किया तथा देवताओं की शक्ति वृद्धि के लिये उनमें देव रूप से प्रवेश किया तथा वासुकि नाग में निद्रा रूप से प्रवेश किया। इसके साथ ही सहस्त्रबाहु भगवान् ने मन्दराचल को अपने हाथ से, उसे ऊपर से दबा दिया, मानो उस पर एक और मन्दराचल पर्वत का बोझ आन

पड़ा हो। उस समय ब्रह्मा, शंकर, इन्द्र आदि देवताओं ने उन पर पुष्प वर्षा की तथा उनकी स्तुति करने लगे। इस प्रकार भगवान् ने पर्वत को अपने हाथ से दबा कर, नीचे कच्छरूप आधार के रूप में, नेती बने हुए वासुकि में निद्रा रूप से (जिससे कि उसे इस कार्य में कोई कष्ट प्रतीत न हो), देवताओं तथा असुरों में बल रूप से प्रवेश कर इस सागर मन्थन के कार्य को प्रारम्भ किया। नागराज वासुकि के मुख से श्वास के रूप में विष की भयंकर ज्वाला निकल रही थी। इससे सभी विह्वल हो रहे थे। उनकी यह दशा देखकर, श्री भगवान् की प्रेरणा से, मेघ वर्षा करने लगे तथा सागर की तरङ्गों से स्पर्श कर शीतल तथा सुगन्धित पवन चलने लगी।

इतना होने पर भी जब असुरों तथा देवताओं के सागर मन्थन से कुछ प्राप्त न हुआ तो स्वयं अजित भगवान् सागर मन्थन करने लगे। मेघ के समान सांवले शरीर पर सुनहला पीताम्बर लहरा रहा था। कानों में बिजली के समान चमकते हुए कुण्डल, लहराते हुए घँघराले बाल, कमल के समान नेत्र तथा गले में वनमाला सुशोभित हो रही थी। जब अजित भगवान् ने स्वयं अपने को सागर मन्थन में लगाया तो सागर में भयंकर हलचल मच गई। मगरमच्छ, मछली, सर्प, कछुए भयभीत होकर ऊपर की ओर आ गये तथा इधर-उधर भागने लगे। इसी समय सर्व-प्रथम हालाहल, अत्यन्त उग्र विष निकला। यह उग्र विष चहुँ दिशाओं में फैलने लगा। इस असह्य विष से बचने का कोई उपाय न था। भयभीत होकर, प्रजापति, भगवान् शिव की शरण में गये। भगवान् शंकर कैलास पर सतीजी के संग विराजमान थे। प्रजापतियों ने भगवान् शिव की स्तुति की—देवताओं के आराध्यदेव महादेव! आप समस्त प्राणियों के आत्मा तथा उनके जीवन-दाता हैं। हम आपकी शरण में आये हैं। आप हमारी रक्षा कीजिए। त्रिलोक को भस्म करने वाले इस विष से हमारी रक्षा कीजिए। आप शरणागत की पीड़ा नष्ट करने वाले जगत् गुरु हैं। स्वामिन्! सद्योजातादि पाँच उपनिषद् ही आपके तत्पुरुष, अघोर, सद्योजात, वामदेव तथा ईशान नामक पाँच मुख हैं। उन्हीं के पदच्छेद से अड़तीस कलात्मक मन्त्र निकले हैं। आप जब समस्त प्रपञ्च से उपरत होकर

अपने स्वरूप में स्थित हो जाते हैं–तब उस स्थिति का नाम ही 'शिव' है। जीवन्मुक्त आत्माराम पुरुष अपने हृदय में आपके युगल चरणों का ध्यान करते हैं तथा आप स्वयं भी निरन्तर ध्यान तथा तपस्या में ही लीन रहते हैं। यद्यपि आप की लीलाएँ अव्यक्त हैं, फिर भी संसार कल्याण के लिये आप व्यक्त रूप से भी रहते हैं।

प्रजा का यह संकट देखकर, समस्त प्राणियों के अकारण बन्धु, देवाधिदेव भगवान् शंकर के हृदय में करुणा आ गई। उन्होंने सती से कहा–सागर मन्थन से निकले कालकूट विष के कारण प्रजा पर भारी संकट आ गया है। इस समय मेरा कर्तव्य है कि मैं इन्हें निर्भय कर दूँ। सज्जन पुरुष अपने क्षणभंगुर प्राणों की बलि देकर भी दूसरे प्राणियों की रक्षा करते हैं। उन पर जो कृपा करता है, उस पर सर्वात्मा भगवान् श्रीकृष्ण प्रसन्न होते हैं। अतः शीघ्र ही मैं इस विष का भक्षण करता हूँ।

भगवान् शंकर बड़े कृपालु हैं। उन्होंने उस तीक्ष्ण हालाहल विष को अपने हाथ में लेकर पी लिया। वह 'विष' जल का पाप था। उसने शंकरजी पर भी अपना प्रभाव प्रकट किया। उससे उनका कण्ठ नीला पड़ गया, परन्तु सर्वकल्याणकारी भगवान् शिव के लिये वह आभूषण बन गया तथा वे नीलकण्ठ कहलाये। विष पान करते समय जो थोड़ा सा विष टपक गया था, उसे साँप, बिच्छू तथा अन्य विषैली ओषधियों ने अपना लिया।

अध्याय 8

सागर–मन्थन अमृत प्राकट्यम्

कालकूट विष का संकट, भगवान् शंकर द्वारा निवारण होने पर, पुनः बड़े उत्साह से सागर मन्थन प्रारम्भ हुआ। तदनन्तर सागर मन्थन से कामधेनु प्रकट हुई। ब्रह्मलोक तक पहुँचाने वाले यज्ञ के लिये उपयोगी

घृत, दुग्ध प्राप्त करने के लिये ब्रह्मवादी ऋषियों ने कामधेनु को ग्रहण किया। इसके पश्चात् उच्चैःश्रवा नाम का घोड़ा निकला। यह चन्द्रमा के समान श्वेतवर्ण का था। राजा बलि ने उसे ग्रहण करने की इच्छा प्रकट की। तदनन्तर ऐरावत श्रेष्ठ हाथी प्रकट हुआ। उसके चार बड़े-बड़े दाँत थे। इसे इन्द्र को दिया गया। इसके बाद कौस्तुभ पद्मरागमणि निकली। इसे अजित भगवान् ने ग्रहण किया। तदनन्तर स्वर्गलोक की शोभा बढ़ाने वाला कल्पवृक्ष निकला। तत्पश्चात् अप्सरायें प्रकट हुईं। वे देवताओं को सुख पहुँचाने वाली हुईं। उसके बाद शोभा की मूर्ति स्वयं भगवती लक्ष्मीदेवी प्रकट हुईं। वे भगवान् की नित्य शक्ति हैं। उनकी आभा तथा सौन्दर्य पर देवता तथा दानव सभी आकर्शित हो गये। इन्द्र उनके बैठने के लिये एक विचित्र और सुन्दर आसन ले आये। श्रेष्ठ नदियों ने मूर्तिमान् होकर उनके अभिषेक के लिये स्वर्ण कलशों में पवित्र जल ला कर दिया। पृथ्वी ने अभिषेक के लिये सभी प्रकार की ओषधियाँ दीं। गौओं ने पञ्चगव्य तथा वसन्त ऋतु ने फल-फूल उपस्थित किये। इन सामग्रियों से ऋषियों ने उनका विधिपूर्वक अभिषेक सम्पन्न किया। गन्धर्वों ने मङ्गलमय गीत आरम्भ किये तथा नर्तकियों ने नाच। मेघ ने सदेह होकर हर प्रकार के साज़ छेड़ दिये। तब भगवती लक्ष्मीदेवी हाथ में कमल लेकर सिंहासन पर विराजमान हो गईं। दिग्गजों ने उनको स्नान कराया। ब्राह्मण वेद पाठ करने लगे। सागर ने उन्हें पीले रेशमी वस्त्र प्रदान किये। वरुण ने उन्हें वैजयन्ती माला, सरस्वती देवी ने उन्हें मोतियों का हार, ब्रह्माजी ने कमल और नागों ने कुण्डल समर्पित किये। वेद पाठ के उपरान्त लक्ष्मीजी अपने हाथों में कमल की माला लेकर उसे सर्वगुणसम्पन्न पुरुष के गले में डालने चलीं।

उस समय लक्ष्मीजी के मुख की शोभा अवर्णनीय हो रही थी। सुन्दर कपोलों पर कुण्डल लटक रहे थे। वे चाहती थीं कि उन्हें कोई निर्दोष, समस्त उत्तम गुणों से नित्ययुक्त, अविनाशी पुरुष मिले। परन्तु गन्धर्व, यक्ष, असुर, सिद्ध, चारण, देवता आदि में कोई भी ऐसा पुरुष उन्हें न मिला। वे मन में सोच रही थीं कि जो तपस्वी है उसने क्रोध पर विजय प्राप्त नहीं की; जो ज्ञानी है वह आसक्ति दोष से मुक्त नहीं हुआ; जो

कोई महत्त्वशाली है उसने काम पर विजय प्राप्त नहीं की; किन्हीं में धर्माचरण तो है, परन्तु वे समस्त प्राणियों के प्रति प्रेम उत्पन्न नहीं कर पाये। केवल त्याग से भी मुक्ति, सिद्धि नहीं होती। कोई वीर तो है, परन्तु काल से भयभीत है। किन्हीं ऋषियों ने आयु तो लम्बी कर ली है, परन्तु शील-मङ्गल में वे उनके योग्य नहीं हैं। अब रहे केवल भगवान् विष्णु। उनमें सभी मङ्गलमय गुण निवास करते हैं, परन्तु वे मुझे चाहते ही नहीं।

इस प्रकार सोच कर अन्त में लक्ष्मीजी ने अपने चिर-अभीष्ट भगवान् को ही वर के रूप में चुना। प्राकृत गुण उनका स्पर्श नहीं कर सकते तथा अणिमा आदि समस्त गुण उनकी चाह करते हैं, परन्तु वे किसी की अपेक्षा नहीं रखते। वास्तव में श्रीलक्ष्मीजी के एकमात्र आश्रय भगवान् ही हैं, अतः उन्होंने वह सुन्दर माला उनके गले में पहना दी। तदनन्तर लज्जापूर्ण मुस्कान तथा प्रेमपूर्ण चितवन से, अपने निवास-स्थान उनके वक्षःस्थल को निहारती हुई, वह उनके पास खड़ी हो गईं। जगत्पिता भगवान् ने जगज्जननी, समस्त सम्पत्तियों की अधिष्ठातृ-देवी लक्ष्मीजी को अपने वक्षःस्थल पर ही सर्वदा निवास करने का स्थान दिया। लक्ष्मीजी ने वहाँ विराजमान होकर अपनी करुणाभरी चितवन से तीनों लोक, लोकपति तथा अपनी प्यारी प्रजा की अभिवृद्धि की। उस समय शंख, तुरही, मृदङ्ग आदि बाजे बजने लगे। गन्धर्व तथा अप्सरायें नाचने लगीं। ब्रह्मा, रुद्र, अंगिरा आदि ने उन पर पुष्प वर्षा की तथा मन्त्रों से उनकी स्तुति करने लगे।

तत्पश्चात् सागर मन्थन से कमलनयनी कन्या के रूप में वारुणी देवी प्रकट हुईं। भगवान् की अनुमति से दैत्यों ने उसे स्वीकार किया। इसके पश्चात् अमृत पाने की इच्छा से जब फिर सागर मन्थन हुआ तो एक अत्यन्त अलौकिक पुरुष प्रकट हुआ। इसकी भुजाएँ लम्बी, गला शंख के समान उतारचढ़ाव वाला तथा आँखों में लालिमा थी। शरीर का रंग सुन्दर साँवला था तथा वह सब प्रकार के आभूषणों से सुसज्जित था। उसके हाथों में कंगन तथा हाथों में ही अमृत से भरा हुआ कलश था। वह साक्षात् विष्णु भगवान् के अंशावतार थे। वे ही आयुर्वेद के प्रवर्तक

तथा यज्ञभोक्ता धन्वन्तरि के नाम से प्रसिद्ध हुए। जब दैत्यों की दृष्टि अमृत कलश पर पड़ी तो उन्होंने शीघ्रता से उसे वलात् छीन लिया। इससे देवताओं के मन में विशाद उत्पन्न हो गया, परन्तु श्री भगवान् ने उन्हें धीरज दिया और कहा, देवताओ! तुम खेद मत करो। मैं अपनी माया से असुरों को भ्रमित कर दूँगा। अमृतलोलुप दैत्यों में कलश को लेकर झगड़ा उत्पन्न हो गया–पहले मैं–पहले मैं, तुम नहीं–तुम नहीं। इसी तू-तू, मैं-मैं के बीच श्री भगवान् ने अत्यन्त अद्भुत-अवर्णनीय नारी का रूप धारण किया। उसके शरीर का रंग नीलकमल के समान था तथा वह देखने में अद्वितीय सुन्दर थी। कानों में कर्णफूल शोभा दे रहे थे। सारे अंग आभूषणों से युक्त शोभा पा रहे थे। अपनी सलज्ज मुस्कान, नाचती हुई तिरछी भौंहें तथा विलासभरी चितवन से मोहिनी रूपधारी भगवान् दैत्य सेनापतियों के हृदय में कामोद्दीपन करने लगे।

अध्याय 9

भगवान् मोहिनी-रूप अवतार, अमृत वितरण

जिस समय अमृत-कलश के लिये छीना-झपटी हो रही थी उसी समय असुरों ने देखा कि एक अत्यन्त सुन्दर स्त्री उनकी ओर चली आ रही है। वे अमृत-कलश को भूल कर उसकी ओर काममोहित हो गये तथा पूछने लगे कि वह कौन है, कहाँ से आई है, किसकी पुत्री है, आदि-आदि। लगता है कि विधाता ने तुम्हें शरीरधारियों की सम्पूर्ण इच्छाओं को पूर्ण करने के लिये यहाँ भेजा है। हे सुन्दरी तुम हमारा झगड़ा-क्लेश मिटा दो। हम सभी ऋषि कश्यप की सन्तान हैं। हम सब ने अमृत प्राप्त करने के लिये बड़ा पुरुषार्थ किया है। असुरों की प्रार्थना पर, अपनी लीला से स्त्री वेष धारण किए हुए श्री भगवान् ने हँसकर तथा तिरछी चितवन से उन्हें देखते हुए कहा–

आप लोग महर्षि कश्यप की सन्तान हैं, अर्थात् स्वयं बुद्धिमान् हैं, फिर मुझ पर न्याय का दायित्व क्यों डाल रहे हो? भगवान् मोहिनी की परिहास भरी वाणी से दैत्यों के मन में घोर विश्वास हो गया। उन्होंने रहस्यपूर्ण भाव से अमृत-कलश मोहिनी के हाथ में दे दिया। अमृत का कलश हाथ में लेकर तथा मुस्कराते हुए भगवान् मोहिनी ने मीठे स्वर में कहा—मैं उचित-अनुचित जो कुछ भी करूँ—यदि वह तुम्हें स्वीकार हो तो क्या मैं अमृत बाँटू? दैत्य इस कथन का भाव न समझ सके। सब ने (जो कि मोहिनी के रूप को निहार कर अपना सन्तुलन खो बैठे थे) इस परामर्श को स्वीकार कर लिया।

इस प्रकार सागर-मन्थन के परिश्रम से आकुल, स्नान आदि कर, स्वच्छ तथा सुन्दर वस्त्र पहन, सभी देवता तथा दैत्य कुशासनों पर विराजमान हो गये। तदनन्तर हाथ में अमृत-कलश लेकर मोहिनी सभा मण्डल में आई। उसकी स्वर्णनूपुर की मधुर ध्वनि ने सभाभवन को मुखरित कर दिया। स्वयं भगवान् मोहिनी के रूप में ऐसे जान पड़ते थे कि मानो वे लक्ष्मीजी की कोई श्रेष्ठ सखी हों। जब मोहिनी ने देवता तथा दैत्यों की ओर मुस्कान भरी चितवन से देखा तो सभी मोहित हो गये। भगवान् ने विचार किया कि असुर तो जन्म से ही क्रूर स्वभाव वाले हैं। उन्हें अमृत पिलाना तो सर्प को दूध पिलाने जैसा होगा। इससे अन्याय ही होगा। अतः असुरों को उन्होंने अमृत का भाग नहीं दिया। भगवान् ने देवताओं तथा असुरों की पृथक्-पृथक् पंक्तियाँ बना दीं। तत्पश्चात् अमृत-कलश लेकर भगवान् (मोहिनी रूप में) दैत्यों के पास गये। उन्हें अपने हाव-भाव तथा रूप से मोहित कर वे देवताओं के पास चले गये तथा उन्हें अमृत पिलाने लगे। असुर अपनी प्रतिज्ञावश अवस्था में शान्त बैठे थे तथा अपनी बारी की प्रतीक्षा में थे।

जिस समय भगवान् देवताओं को अमृत पिला रहे थे, उसी समय राहु-दैत्य, देवताओं का वेष बनाकर, उनके बीच में आ बैठा तथा देवताओं सहित उसने भी अमृत पी लिया, परन्तु तत्क्षण चन्द्रमा तथा सूर्य ने यह भेद खोल दिया। अमृत पिलाते-पिलाते ही श्री भगवान् ने सुदर्शन चक्र से उसका शीश काट दिया। अमृत का संसर्ग न होने से

उसका धड़ नीचे गिर गया, परन्तु शीश अमर हो गया तथा ब्रह्माजी ने उसे 'ग्रह' बना दिया। यही राहु, पर्व के दिन (पूर्णिमा तथा अमावस्या को), वैरभाव से बदला लेने के लिये, चन्द्रमा तथा सूर्य पर आक्रमण (ग्रहण) करता है।

जब समस्त देवताओं ने अमृत पी लिया तो समस्त लोकों को जीवन दान करने वाले भगवान् ने अपना मोहिनी रूप त्याग कर, वास्तविक रूप धारण कर लिया। अमृत प्राप्त कर देवताओं ने भगवद्‌चरणकमलों की रज का आश्रय लिया तथा असुरगण अमृत-वञ्चित ही रहे। जैसे वृक्ष की मूल में जल देने से उसकी टहनियाँ तथा तना, सभी सिंच जाते हैं, उसी प्रकार श्री भगवान् के लिये कर्म करने से वे कर्म सबके लिये हो जाते हैं।

अध्याय 10

देवासुर-संग्राम–1

अमृत के इस प्रकार वितरण से दैत्य क्रोधित हो गये। श्री भगवान् के विमुख होने के कारण उनको अमृत की प्राप्ति नहीं हो सकी। देवताओं को अमृत पिला कर श्रीहरि गरुड़ पर आरूढ़ होकर अपने धाम को चले गये। उनके जाते ही देवताओं तथा असुरों के बीच युद्ध छिड़ गया। क्षीर-सागर तट पर हुआ यह अति भयानक तथा रोमाञ्चकारी देवासुर संग्राम था। दोनों ओर से हर प्रकार के अस्त्र-शस्त्रों का प्रयोग होने लगा। अमृतपान से देवता अधिक शक्तिशाली हो गये थे तथा उन्हें श्री भगवान् के चरणकमलों का भी आश्रय था। हाथी, घोड़े तथा रथों का पूर्ण रूप से प्रयोग हो रहा था। शंख, ढोल, नगारे आदि युद्ध से सम्बन्धित साज़ भी भयानक शब्द कर रहे थे। कई दैत्य अद्‌भुत तथा भयभीत करने वाले रूप धारण कर भयंकर शरीर वाले प्राणियों पर सवार थे।

दोनों ओर रथों पर रंग-बिरंगी पताकायें लहरा रही थीं तथा रथों के छत्र, विभिन्न प्रकार के बहुमूल्य रत्नों से जड़ित, शोभा दे रहे थे। रणभूमि में दैत्यों के सेनापति विरोचन-पुत्र बलि, मय दानव के बनाये हुए वैहायस नामक विमान पर सवार थे। वह विमान चालक की इच्छानुसार चलता था। युद्ध की समस्त सामग्रियाँ उसमें विद्यमान थीं। वह कभी-कभी अदृश्य भी हो जाता था। उस श्रेष्ठ विमान पर राजा बलि सवार थे। बड़े-बड़े सेनापति उनको चारों ओर से सुरक्षा दे रहे थे तथा अपने-अपने छोटे विमानों पर सवार थे। अपनी-अपनी सेना की टुकड़ियों सहित प्रमुख रूप से ये सेनापति थे—नमुचि, शम्बर, बाण, विप्रचित्ति, अयोमुख, द्विमूर्धा, कालनाभ, प्रहेति, हेति, इल्वन, शकुनि, भूतसन्ताप, वज्रदंष्ट्र, विरोचन, हयग्रीव, शंकुशिरा, कपिल, मेघदुन्दुभि, तारक, चक्राक्ष, शुम्भ, निशुम्भ, त्रिपुराधिपति मय, अरिष्ट, पौलोम, कालेय, निवातकवच, जम्भ, उत्कल आदि। ये सभी सागर-मन्थन में सम्मिलित हुए थे जिन्हें अमृत का भाग नहीं मिला था।

जब देवराज इन्द्र ने देखा कि असुरों का मनोबल बढ़ रहा है तथा वे मदोन्मत् हो रहे हैं, तब वे अपने वाहन एरावत दिग्गज पर सवार हुए। उनके चारों ओर अपने-अपने वाहन, ध्वजा तथा आयुधों से युक्त देवगण तथा अपने गणों सहित वायु, अग्नि, वरुण आदि लोकपाल थे।

इस भयंकर युद्ध में बलि इन्द्र से, स्वामिकार्तिक तारकासुर से, वरुण हेति से, मित्र प्रहेति से, यमराज कालनाभ से, विश्वकर्मा मय से, शम्बरासुर त्वष्टा से तथा सविता विरोचन से लड़ रहे थे। नमुचि अपराजित से, अश्विनीकुमार वृषपर्वा से तथा सूर्यदेव बलि के बाण आदि सो पुत्रों से युद्ध कर रहे थे। राहु के साथ चन्द्रमा तथा पुलोमा के साथ वायु का युद्ध हो रहा था। भद्रकाली देवी निशुम्भ तथा शुम्भ पर काल बन पड़ी। जम्भासुर महादेवजी की क्रोधाग्नि को समर्पित हुआ। महिषासुर अग्निदेव से और वातापि तथा इल्वल से ब्रह्माजी के पुत्र मरीचि आदि का युद्ध हुआ। दुर्मर्ष का कामदेव से, उत्कल का मातृगणों से, शुक्राचार्य का बृहस्पति से, नरकासुर का शनैश्चर से युद्ध होने लगा। निवातकवचों के साथ मरुद्गण, कालेयों के साथ वसुगण, पौलोमों के

साथ विश्वेदेवगण तथा क्रोधवशों के साथ रुद्रगण का संग्राम होने लगा।

दोनों और से सेनायें भी भरपूर युद्ध कर रही थीं। भुशुण्डि, चक्र, गदा, ऋष्टि, पट्टिश, शक्ति, उल्मुक, प्रास, फरसा, खड्ग, भाले, मुद्गर, परिघ आदि शस्त्र एक-दूसरे का सिर काटने लगे। उस समय अपने सवारों सहित हाथी, घोड़े, रथ आदि–अनेकों प्रकार के वाहन छिन्न-भिन्न होने लगे। कुछ ही समय पश्चात् संग्रामभूमि कटे हुए सिरों तथा धड़ों से भर गई।

राजा बलि ने अपने दस बाण इन्द्र पर छोड़े, तीन एरावत पर, चार मुख्य महावतों पर। परन्तु देवराज इन्द्र ने उतने ही तीखे बाणों से उन्हें रोक दिया। इस पर क्रोधित होकर बलि ने इन्द्र पर शक्ति चलाने का प्रयत्न किया, जिसे इन्द्र ने वहीं, उस के हाथ में ही विफल कर दिया। तदनन्तर राजा बलि ने क्रमश: भिन्न-भिन्न शस्त्र उठाने का प्रयत्न किया, परन्तु देवराज इन्द्र ने उन्हें, उनके हाथों में ही, ध्वंस कर दिया। इस प्रकार अपने को विफल हुआ देख, दैत्यराज बलि, अन्तर्धान हो गया तथा अपनी आसुरी माया का प्रयोग करने लगा और पर्वत के टुकड़े, वृक्ष तथा जलती हुई वस्तुएँ फेंकने लगा। माया से राक्षस तथा राक्षसियाँ प्रकट होकर देव सेना पर प्रहार करने लगे। तत्पश्चात् बलि ने एक भयंकर अग्नि प्रकट की जो देव सेना को भस्म करने लगी। राजा बलि न दिखने के कारण देवराज इन्द्र के प्रहार से बच रहा था। इस स्थिति से लाचार होकर देवताओं ने श्रीहरि का ध्यान किया। उनकी करुणामयी स्थिति देखकर कर, श्रीहरि, गरुड़ पर सवार प्रकट हो गये। पीताम्बर धारण किये, उनकी आठ भुजाओं में आठ आयुध, गले में कौस्तुभमणि तथा कानों में कुण्डल शोभा दे रहे थे। उनके प्रकट होते ही असुरों की कपट भरी माया विलीन हो गई। जब कालनेमि दैत्य ने देखा कि संग्राम भूमि में गरुड़वाहन श्री भगवान् आ रहे हैं, तब उसने उन पर एक त्रिशूल फेंका। परन्तु श्री भगवान् ने सहज ही उसे अपने हाथ से पकड़ लिया तथा उसी त्रिशुल से उन्होंने कालनेमि को उसके वाहन सहित मार डाला। माली और सुमाली, ये दो दैत्य भी बड़े बलवान् थे। श्री भगवान् ने सुदर्शन चक्र से उनके सिर भी काट दिये। तदनन्तर माल्यवान् दैत्य

ने अपनी प्रचण्ड गदा से गरुड़ पर प्रहार किया। श्रीहरि ने सुदर्शन चक्र से उसका सिर भी काट दिया।

अध्याय 11

देवासुर-संग्राम–2

श्री भगवान् की अहैतुकी कृपा से देवताओं की व्याकुलता जाती रही। अब देवता अपने प्रतिद्वन्द्वियों पर फिर से प्रहार करने लगे। बलि पुनः रणभूमि में आ गया। क्रोधित हुए देवराज इन्द्र ने अपने हाथ में वज्र उठा लिया। इस से देवसेना तथा दैत्यसेना में हाहाकार मच गया। इन्द्र के सम्बोधित करने पर कि बलि तथा उसके बन्धु अब कुछ नहीं कर सकते, बलि ने कहा–

इन्द्र! जो कालशक्ति की प्रेरणा से अपने कर्मानुसार युद्ध करते हैं, उन्हें विजय अथवा पराजय, यश अथवा अपयश, वा मृत्यु मिलती ही है। अतः ज्ञानीजन इस जगत् को काल के अधीन मानकर न तो विजय प्राप्त करने पर हर्ष करते हैं तथा न पराजय और मृत्युभय से शोक के वशीभूत होते हैं। यदि तुम जय-पराजय का कारण अपने को मानते हो तो यह अज्ञान है। हम तुम्हारे मर्मस्पर्शी वचनों को स्वीकार ही नहीं करते, फिर दुःख किस कारण?

बलि के इस कथन पर और भी क्रोधित होकर इन्द्र ने अपने वज्र से बलि पर प्रहार किया। इससे बलि अपने विमान सहित पृथ्वी पर गिर पड़े। बलि का प्रतिशोध लेने के लिये उसका मित्र जम्भासुर इन्द्र के सम्मुख आ खड़ा हुआ तथा उसने अपनी गदा से इन्द्र पर प्रहार किया। इससे एरावत को चोट पहुँची तथा उसे पीड़ा और व्याकुलता हुई और वह घुटने टेक कर बैठ गया। इसी समय इन्द्र का सारथि 'मातलि' एक सभी सुविधाओं से युक्त रथ ले आया तथा देवराज इन्द्र ऐरावत को छोड़

कर उस पर सवार हो गये। जम्भासुर ने त्रिशूल के साथ मातलि पर प्रहार किया। तब इन्द्र ने अपने वज्र से जम्भासुर का सिर काट दिया।

देवर्षि नारद से जम्भासुर की मृत्यु का समाचार सुन उसके भाई-बन्धु नमुचि आदि रणभूमि में आ गये तथा वे मिल कर देवराज इन्द्र पर प्रहार करने लगे।

अपने कठोर और घातक बाणों से वे इन्द्र को विचलित करने लगे। बाणों की मानो झड़ी सी लग गई। उन्होंने इन्द्र के घोड़ों तथा सारथि मातलि को घायल कर दिया। नमुचि ने प्रन्द्रह बाण इन्द्र पर छोड़े। देवराज इन्द्र मानो इन बाणों से ढक से गये। उन्हें इस दशा में देखकर उनके अनुचर तथा अन्य देवतागण भी अधीर होने लगे। देवताओं की स्थिति उस समय-सागर में नाव डूब जाने से जेसे उस में स्वार लोगों की होती है-वैसी थी, परन्तु कुछ ही समय में इन्द्र इस स्थिति से बाहर आ गये। उनका तेज चारों दिशाओं में प्रकट हुआ। उन्होंने अपनी सेना की दयनीय स्थिति देख कर, क्रोधित होकर, अपने हाथ में वज्र को धारण किया तथा उससे दैत्य, बल तथा पाक के सिर काट दिये।

अपने भ्राताओं की मृत्यु पर नमुचि को और भी क्रोध आ गया। वह इन्द्र को मारने का भरसक प्रयत्न करने लगा। उसने एक श्रेष्ठ त्रिशूल से इन्द्र पर प्रहार किया। जब इन्द्र ने देखा कि त्रिशूल उनकी ओर आ रहा है तो उन्होंने उसे आकाश में ही अपने बाणों से काट दिया। तदनन्तर उन्होंने वज्र से नमुचि पर प्रहार किया। परन्तु उस वज्र से नमुचि को कोई हानि नहीं हुई। यह बड़ी आश्चर्यजनक घटना थी कि नमुचि ने वज्र का तिरस्कार कर दिया। इससे इन्द्र भी चिन्तित हो गये। त्वष्टा की तपस्या हेतु वृत्रासुर उत्पन्न हुआ था, परन्तु उसे भी इन्द्र ने वज्र से काट दिया था। यह बड़ी अशुभ बात थी कि वज्र ने नमुचि को कोई हानि नहीं पहुँचाई। जब इन्द्र इस प्रकार विषाद कर रहे थे तो आकाशवाणी हुई। यह दानव न तो सूखी वस्तु से मर सकता है, न गीली से। इसे मैं वर दे चुका हूँ "कि सूखी अथवा गीली वस्तु से तुम्हारी मृत्यु नहीं होगी।" अतः इन्द्र! इस शत्रु को मारने के लिये कोई दूसरा उपाय सोचो। इस पर इन्द्र ने एकाग्रता से विचार किया। उन्होंने सोचा कि सागर की फेन न

तो गीली है और न सूखी। इन्द्र ने उस फेन से नमुचि का सिर काट दिया। इस पर देवता अति प्रसन्न हुए तथा देवराज इन्द्र पर पुष्प वर्षा करने लगे।

अब ब्रह्माजी ने देखा कि दानवों का तो सर्वनाश होने लगा है, क्योंकि अन्य देवताओं–वायु, अग्नि, वरुण आदि ने भी विपक्षियों को मार गिराया है। तब उन्होंने नारदजी को भेजा। देवताओं के पास जाकर नारदजी ने देवताओं को युद्ध करने से रोक दिया।

देवताओं ने नारदजी की बात मान कर अपना क्रोध शान्त कर लिया तथा वे अपने अनुचरों सहित स्वर्ग वापस चले गये। युद्ध में बचे हुए दैत्यों ने देवर्षि नारदजी की सम्मति से वज्र से घायल बलि को लेकर अस्ताचल की ओर प्रस्थान किया। वहाँ गुरु शुक्राचार्य ने अपनी संजीवनी विद्या से उन असुरों को जीवित कर दिया जिनके सिर कटे नहीं थे। शुक्राचार्य के स्पर्श से बलि की इन्द्रियों में चेतना तथा मन में स्मरण शक्ति पुनः आ गई। क्योंकि राजा बलि जीवन का भेद जानते थे, अतः वे अपनी पराजय से भी विचलित नहीं हुए।

अध्याय 12

महादेवजी द्वारा भगवान् मोहिनीरूप दर्शन

सागर-मन्थन पश्चात् जब श्रीहरि, मोहिनी रूप धारण कर देवताओं को अमृतपान करा कर अपने धाम चले गये, तब भगवान् शंकर, सती देवी सहित, अपने प्रमुख गणों सहित, वहाँ गये जहाँ भगवान् मधुसूदन निवास करते हैं। श्रीहरि ने भगवान् शंकर का स्वागत किया।

तदनन्तर महादेवजी ने कहा, समस्त देवों के आराध्य देव! आप विश्वव्यापी जगदीश्वर तथा जगत्स्वरूप हैं। समस्त चराचर के मूल कारण तथा आत्मा आप हैं। आपके अविनाशी स्वरूप में द्रष्टा, दृश्य, भोक्ता तथा भोग्य का भेद-भाव नहीं है। आप सच्चिदानन्द परब्रह्म हैं। महात्मा

लोक समस्त आसक्तियों को त्याग कर आपके चरणकमलों की आराधना करते हैं। आप समस्त प्राकृत गुणों से रहित, आनन्दस्वरूप, निर्विकार हैं। आप से भिन्न कुछ भी नहीं, परन्तु आप सब से भिन्न हैं। आप विश्व की उत्पत्ति स्थिति तथा प्रलय के परम कारण हैं। आप समस्त जीवों के शुभाशुभ कर्मों का फल देने वाले स्वामी हैं। कार्य और कारण, द्वैत और अद्वैत, सब आप ही हैं। आपके वास्तविक रूप को न जानने के कारण ज्ञानियों ने भी आपके नाना प्रकार के भेदभाव और विकल्पों की कल्पना की है। कई आपको ब्रह्म से सम्बोधित करते हैं तो दूसरे आप को धर्म कहकर वर्णन करते हैं। इसी प्रकार कई आपको प्रकृति और पुरुष से परे परमेश्वर मानते हैं, तो कोई विमला, उत्कर्षिणी, ज्ञाना, क्रिया, योगा, प्रह्वी, सत्या, ईशाना और अनुग्रहा–इन नौ शक्तियों से युक्त, परमपुरुष तथा दूसरे आपको पूर्वजों के भी पूर्वज, अविनाशी पुरुषविशेष के रूप में मानते हैं। प्रभो! मैं, ब्रह्मा तथा मरीचि आदि ऋषि–जो सत्त्वगुण की सृष्टि के अन्तर्गत हैं–जब आपकी बनाई हुई सृष्टि का रहस्य नहीं जान पाते, तब आपको तो जान ही कैसे सकते हैं। आप सर्वात्मक तथा ज्ञानस्वरूप हैं। अतः वायु के समान आकाश में रहते हुए भी आप सम्पूर्ण चराचर जगत् में सदा, सर्वदा विद्यमान हैं। आप जब गुणों को स्वीकार कर भिन्न-भिन्न प्रकार की लीला करने के लिये अवतार ग्रहण करते हैं तब मैं उनका दर्शन करता हूँ। मैं आपके उस अवतार का भी दर्शन करना चाहता हूँ, जो आपने स्त्री रूप में ग्रहण किया था, जिससे दैत्यों को मोहित कर आपने देवताओं को अमृतपान कराया था। उसी रूप को देखने के लिये हम सभी आये हैं। हमारे मन में उस रूप के दर्शन का बड़ा कौतूहल है।

श्री विष्णु भगवान् ने कहा, शंकर जी! उस समय अमृत का कलश दैत्यों के हाथ में चला गया था। अतः देवताओं के हित-हेतु तथा दैत्यों का मन एक और कौतूहल की ओर आकर्षित करने के लिये मैं ने स्त्री रूप धारण किया था। देवशिरोमणि! आप उसे देखना चाहते हैं, अतः मैं आप को वह रूप दर्शाऊँगा, परन्तु वह रूप कामभाव को उत्तेजित करने वाला है।

इस प्रकार कहते-कहते भगवान् विष्णु वहीं अन्तर्धान हो गये तथा भगवान् शंकर, सती सहित, अपनी दृष्टि चारों ओर करते हुए, वहीं विराजमान रहे। इतने में उन्होंने देखा कि सामने एक सुन्दर उपवन है, जिसमें भाँति-भाँति के सुन्दर वृक्ष तथा फल-फूल आदि हैं। उन्होंने देखा कि एक सुन्दरी उस उपवन में क्रीड़ा कर कर रही है। इस अवस्था में वह अति आकर्षक प्रतीत हो रही थी। उसमें यौवन और सुन्दरता तथा कोमलता के सभी लक्षण थे। उसके नेत्र सुन्दर तथा चंचल थे। वह ठुमुक-ठुमुक कर चल रही थी तथा इससे उसके सारे अङ्ग बड़े आकर्षक तथा मन को लुभाने वाले लग रहे थे। गेंद से खेलते-खेलते उसने तनिक सलज्जता से मुस्करा कर, तिरछी दृष्टि से शंकरजी की ओर देखा। वे मोहिनी को निहारने तथा उसके चितवन के रस में डूब से गये थे। यहाँ तक कि वे इस भ्रमित अवस्था में सती तथा गणों को भी भूल गये। गेंद हाथ से छूटने पर मोहिनी गेंद के पीछे दौड़ी। इस स्थिति में उसकी झीनी सी साड़ी वायु से उड़ रही थी। जहाँ आँखें लग जाती हैं, मन भी वहीं लग जाता है। उसको इस दशा में देखकर भगवान् शंकर उसकी ओर अत्यन्त आकर्षित हो गये। उन्हें मोहिनी भी अपने प्रति आकृष्ट जान पड़ी। उसने शंकरजी का विवेक हर लिया। वे लज्जा छोड़ उसकी ओर चल पड़े। शंकरजी को अपनी ओर आते देख मोहिनी और भी लज्जित हो गई। वह कभी वृक्षों की आड़ में छिप जाती वा फिर प्रत्यक्ष हो उठती। शंकरजी उसके पीछे-पीछे ही जाने लगे। उन्होंने अत्यन्त वेग से जाकर, उसकी इच्छा न होने पर भी, उसे पकड़ लिया। वास्तव में वह भगवान् की रची हुई माया ही थी तथा अपने को शंकरजी से छुड़ा कर वह वेग से भागी। भगवान् शंकरजी भी उस मोहिनी वेषधारी अद्भुतकर्मा भगवान् विष्णु के पीछे-पीछे भागने लगे। नदी, सरोवर, वन पर्वत तथा उपवन--जहाँ मोहिनी गई, वहाँ-वहाँ मोहिनी के पीछे भगवान् शंकर भी गये। इसी बीच उन्हें पुनः अपनी स्मृति हो गई। उन्होंने देखा कि भगवान् की माया ने तो उन्हें खूब छकाया। वे तुरन्त उस दुःखद प्रसङ्ग से पृथक् हो गये। आत्मस्वरूप सर्वात्मा श्री भगवान् की यह

महिमा जान कर उन्हें कोई आश्चर्य नहीं हुआ। वे जानते थे कि भगवान् की शक्तियों का पार कोई नहीं पा सकता। जब भगवान् ने देखा कि भगवान् शंकर को इससे विषाद तथा लज्जा नहीं हुई, तो वे पुरुष रूप धारण कर प्रकट हो गये तथा बड़ी प्रसन्नता से उन्हें कहने लगे–

देव शिरोमणे! मेरी स्त्रीरूपिणी माया से मोहित होकर भी आप स्वयं ही अपनी निष्ठा में स्थित हो गये। ये बड़े आनन्द की बात है। मेरी माया अपार है। भला आपके अतिरिक्त ऐसा कौन है जो एक बार मेरी माया में फँस कर फिर स्वयं ही उससे निकल सके। यद्यपि मेरी यह गुणमयी माया बड़ी दुस्तर है, तथापि यह आपको कभी मोहित नहीं करेगी। क्योंकि सृष्टि आदि के लिये समय पर उसे कार्यान्वित करने वाला काल मैं ही हूँ, अतः मेरी इच्छा के विपरीत वह रजोगुण आदि की सृष्टि नहीं कर सकता।

इस प्रकार भगवान् विष्णु ने भगवान् शंकर का सत्कार किया। तब वे अपने गणों सहित कैलासधाम को चले गये। भगवान् शंकर ने श्रीहरि के मोहिनी अवतार का ऋषियों से वर्णन किया तथा सती (माता) को सम्बोधित करते हुए का, देवि! तुमने परमपुरुष परमेश्वर भगवान् विष्णु की माया देखी? यद्यपि मैं समस्त कला-कौशल-विद्या आदि का स्वामी तथा स्वतन्त्र हूँ, फिर भी उस माया से विवश होकर मोहित हो जाता हूँ। जब मैं एक सहस्र वर्ष की समाधि से उठा था, तब तुमने पूछा था कि तुम किसकी उपासना करते हो, वे यही साक्षात् सनातन पुरुष हैं। न तो काल ही इन्हें अपनी सीमा में बान्ध सकता है तथा न वेद ही इनका वर्णन कर सकते हैं। इनका स्वरूप अनन्त तथा अनिर्वचनीय है।

अध्याय 13

आगामी सात मन्वन्तर

आगामी सात मन्वन्तरों का वर्णन करते हुए श्री शुकदेवजी कहते हैं, परीक्षित्! विवस्वान् के पुत्र, यशस्वी श्राद्धदेव (वैवस्वत) मनु हैं। वर्तमान मन्वन्तर ही उनका कार्यकाल है। वैवस्वत मनु के दस पुत्र हैं–इक्ष्वाकु, नभग, धृष्ट, शर्याति, नरिष्यन्त, नाभाग, दिष्ट, करूष, पृषध्र तथा वसुमान। इस मन्वन्तर में आदित्य, वसु, रुद्र, विश्वेदेव, मरुद्गण, अश्विनीकुमार तथा ऋभु–ये देवताओं के प्रधान गण तथा पुरन्दर उनका इन्द्र है। कश्यप, अत्रि, वसिष्ठ, विश्वामित्र, गौतम, जमदग्नि तथा भरद्वाज–ये सप्तर्षि हैं। इसी मन्वन्तर में कश्यप की पत्नी अदिति के गर्भ से (आदित्यों के छोटे अनुज), वामन रूप में, भगवान् विष्णु ने अवतार ग्रहण किया था।

मन्वन्तरों के विषय में आगे वर्णन करते हुए श्री शुकदेवजी कहते हैं–विवस्वान् (भगवान् सूर्य) की दो पत्नियाँ थीं। कहीं-कहीं उनकी तीसरी पत्नी वडवा भी बताई गई है। उन सूर्य पत्नियों में संज्ञा से तीन सन्तानें हुईं–यम, यमी तथा श्राद्धदेव। दूसरी पत्नी छाया से भी तीन सन्तानें हुईं–सावर्णि, शनैश्चर तथा तपती (कन्या)। बाद में तपती संवरण की पत्नी हुई। जब संज्ञा (पहली पत्नी) ने वडवा का रूप धारण किया तब उससे दोनों अश्विनीकुमार हुए।

आठवें मन्वन्तर में सावर्णि मनु होंगे। उनके पुत्र होंगे–निर्मोक, विरजस्क आदि। उस समय सुतपा, विरजा तथा अमृतप्रभ देवगण होंगे। यहाँ इन्द्र होंगे विरोचन के पुत्र बलि। समस्त ऐश्वर्यों से परिपूर्ण इन्द्रपद का त्याग कर ये परम सिद्धि को प्राप्त करेंगे। गालव, दीप्तिमान्, परशुराम, अश्वत्थामा, कृपाचार्य, ऋष्यशृङ्ग तथा वेदव्यास–इस मन्वन्तर में सप्तर्षि होंगे। इस समय योगबल से ये अपने-अपने आश्रम-मण्डल में स्थित हैं। देवगुह्य की पत्नी सरस्वती के गर्भ से भगवान् सार्वभौम नाम से अवतार ग्रहण करेंगे। ये ही पुरन्दर इन्द्र से स्वर्ग का राज्य लेकर बलि

को दे देंगे।

वरुण के पुत्र दक्षसावर्णि नवें मनु होंगे। भूतकेतु, दीप्तकेतु आदि उनके पुत्र होंगे। देवताओं के गण होंगे–पार, मरीचिगर्भ आदि तथा इन्द्र होंगे अद्‌भुत नाम से। द्युतिमान् आदि सप्त-ऋषि होंगे। आयुष्मान् की पत्नी अम्बुधारा के गर्भ से ऋषभ के नाम से भगवान् का कलावतार होगा।

दसवें मनु होंगे उपश्लोक के पुत्र ब्रह्मसावर्णि। भूरिषेण आदि उनके पुत्र होंगे। सुवासन, विरुद्ध आदि देवताओं के गण होंगे तथा इन्द्र होंगे शम्भु। इस मनवन्तर में सप्तर्षि होंगे हविष्मान्, सुकृति, सत्य, जय, मूर्ति आदि। विश्वसृज् की पत्नी विषूचि के गर्भ से भगवान् विष्वक्सेन के रूप में अंशावतार ग्रहण करेंगे।

ग्यारहवें मनु होंगे अत्यन्त संयमी धर्मसावर्णि। सत्य, धर्म आदि उनके दस पुत्र होंगे। देवताओं के गण होंगे–विहङ्गम, कामगम, निर्वाणरुचि आदि। अरुणादि सप्तर्षि होंगे तथा इन्द्र होंगे वैधृत। आर्यक–पत्नी वैधृता के गर्भ से भगवान् धर्मसेतु के रूप में अंशावतार लेंगे। इस रूप में वे त्रिलोकी की रक्षा करेंगे।

बारहवें मनु होंगे रुद्रसावर्णि। देववान्, उपदेव तथा देवश्रेष्ठ आदि उनके पुत्र होंगे। इस मन्वन्तर में इन्द्र होंगे ऋतधामा तथा देवगण होंगे हरित आदि। तपोमूर्ति, तपस्वी आग्नीध्रक आदि सप्तर्षि होंगे। सत्यसहा की पत्नी सूनृता के गर्भ से स्वधाम के रूप में श्री भगवान् का अंशावतार होगा।

तेरहवें मनु होंगे परम जितेन्द्रिय देवसावर्णि। उनके पुत्र होंगे–चित्रसेन, विचित्र आदि। यहाँ देवगण होंगे सुकर्म तथा सुत्राम आदि तथा इन्द्र होंगे दिवस्पति। सप्तर्षि होंगे निर्मोक, तत्त्वदर्श आदि। देवहोत्र की पत्नी बृहती के गर्भ से योगेश्वर रूप में भगवान् का अंशावतार होगा।

चौदहवें मनु होंगे इन्द्रसावर्णि। उनके पुत्र होंगे–उरु, गम्भीर, बुद्धि आदि। इस समय देवगण होंगे–पवित्र, चाक्षुष आदि तथा इन्द्र होंगे शुचि। अग्नि, बाहु, शुचि, शुद्ध तथा मागध आदि सप्तर्षि होंगे। इस मन्वन्तर में सत्रायण की पत्नी विताना के गर्भ से बृहद्‌भानु के रूप में भगवान्

अवतार ग्रहण करेंगे तथा कर्मकाण्ड का विस्तार करेंगे।

इस प्रकार यह चौदह मन्वन्तर भूत, वर्तमान तथा भविष्य–तीनों कालों में चलते रहते हैं। इन्हीं द्वारा एक सहस्त्र चतुर्यगी वाले कल्प की गणना की जाती है।

अध्याय 14

मनु-कार्य विवरण

मनु आदि के पृथक्-पृथक् निर्धारित कार्यक्रम के प्रति बताते हुए श्री शुकदेवजी राजा परीक्षित् से कहते हैं, परीक्षित्! मनु, मनुपुत्र, सप्तर्षि तथा देवता–इन सब को नियुक्त करने वाले स्वयं भगवान् हैं। भगवान् के अवतार रूप में, उन्हीं की प्रेरणा से, मनु आदि विश्व-व्यवस्था का संचालन करते हैं। चतुर्युगी के अन्त में जब श्रुतियाँ नष्ट प्रायः हो जाती हैं तो सप्तऋषि पुनः अपनी तपस्या से उनका साक्षात्कार करते हैं। भगवान् की प्रेरणा से, अपने-अपने मन्वन्तर में, सब के सब मनु बड़ी सावधानी से पृथ्वी पर चारों चरणों से पूर्ण धर्म का अनुष्ठान करवाते हैं। मनुपुत्र मन्वन्तर-पर्यन्त, काल तथा देश, दोनों का विभाग, कर प्रजापालन तथा धर्मपालन का कार्य करते हैं। देवता पँचमहायज्ञ आदि का भाग स्वीकार करते हैं। इन्द्र, भगवान् की दी हुई त्रिलोकी की अतुल सम्पत्ति का उपभोग तथा प्रजा का पालन करते हैं। संसार में यथेष्ट वर्षा करने का अधिकार भी उन्हीं को है। भगवान्, युग-युग में, सनक आदि सिद्धों का रूप धारण कर ज्ञान का, याज्ञवल्क्य आदि ऋषियों का रूप धारण कर कर्म का तथा दत्तात्रेय आदि योगेश्वरों के रूप में योग का उपदेश करते हैं। मरीचि आदि प्रजापतियों के रूप में वे सृष्टि का विस्तार करते हैं तथा राजा के रूप में प्रजा-रक्षा तथा ऋषि-सेवा करते हैं।

अध्याय 15

राजा बलि की स्वर्ग विजय

जब इन्द्र ने बलि को पराजित कर (देवासुर संग्राम में) उसकी सम्पत्ति (ऐश्वर्य) को छीन लिया तथा लगभग उसके प्राण भी ले लिये थे, तब भृगु नन्दन शुक्राचार्य ने उसे अपनी संजीवनी विद्या से पुनः स्वस्थ कर दिया। इस पर बलि ने अपने आप को गुरु शुक्राचार्य की सेवा में समर्पित कर दिया तथा भृगुवंशी ब्राह्मणों की सेवा में संलग्न हो गया। सेवा से प्रसन्न होकर ब्राह्मणों ने बलि का महाभिषेक की विधि से अभिषेक कर उससे विश्वजित् नामक यज्ञ करवाया। यज्ञकुण्ड से एक स्वर्ण रथ प्रकट हुआ। उसके पश्चात् इन्द्र के रथ जैसे घोड़े तथा सिंह के चिन्ह युक्त रथध्वजा निकली। इसी के साथ एक सोने का धनुष तथा एक दिव्य कवच प्रकट हुआ। दादा प्रह्लाद ने कभी न कुम्हलाने वाले फूलों की माला तथा शुक्राचार्य ने उसे एक शंख दिया।

इस प्रकार युद्ध के सभी उपकर्णों से युक्त हो कर बलि ने एक बड़ी सेना एकत्रित कर, आकाश तथा अन्तरिख को कम्पायमान करते हुए, सकल ऐश्वर्यों से पूर्ण इन्द्रपुरी अमरावती पर आक्रमण कर दिया।

इन्द्रपुरी की राजधानी अमरावती सभी प्राकृतिक सम्पत्तियों, वन, उपवन, सरोवर, झरनों आदि से सम्पन्न है। ज्योतिर्मय आकाश गंगा ने, खाई की भाँति, अमरावती को चारों ओर से घेर रखा है। राजमार्गों पर बड़े-बड़े सोने के द्वार रक्षाहेतु हैं। स्वयं विश्वकर्मा ने इस नगरी (पुरी) का निर्माण कर इसे हर व्यवस्था से पूर्ण किया है। यहाँ युद्ध की सारी सामग्री सहित आपर सैन्य बल भी उपलब्ध है।

असुरों की सेना के स्वामी राजा बलि ने अमरावती को चारों ओर से घेर लिया था उसने युद्ध का संकेत करते हुए शुक्राचार्य का दिया हुआ शंखनाद किया।

बलि के इस आक्रमण को देखकर देवराज इन्द्र, देवताओं सहित, अपने गुरु बृहस्पति के पास गये तथा बोले, भगवन्! मेरे पुराने शत्रु बलि

ने इस बार युद्ध की बड़ी तैयारी की है। लगता है कि हम उसका सामना नहीं कर पायेंगे। वह प्रलय की अग्नि के समान आगे बढ़ रहा है। कृपया बताइये की राजा बलि के पास इतनी मानसिक शक्ति तथा तेज कहाँ से आ गया?

देवगुरु बृहस्पति ने कहा, इन्द्र! ब्रह्मवादी भृगुवंशियों ने अपने शिष्य बलि को महान् तेज देकर शक्तिशाली बना दिया है। सर्वशक्तिमान् भगवान् को छोड़ कर तुम या और कोई उसके सामने टिक नहीं सकता। अतः तुम स्वर्ग को छोड़ कर कहीं छिप जाओ तथा उस समय की प्रतीक्षा करो जब तुम्हारे शत्रु का भाग्यचक्र उसके विपरीत हो जाये। इस समय ब्राह्मणों के तेज से उसकी शक्ति बहुत बढ़ गई है। जब यह उन्हीं ब्राह्मणों का तिरस्कार करेगा, तब अपने परिवार सहित नष्ट हो जायेगा। गुरु बृहस्पति के परामर्शानुसार, स्वेच्छानुसार रूप धारण कर, इन्द्र देवताओं सहित स्वर्ग छोड़ कर चले गये। देवताओं के छिप जाने पर बलि ने अमरावती पुरी पर अधिकार कर, तीनों लोकों को जीत लिया। तदनन्तर ब्राह्मणों ने राजा बलि से अश्वमेध यज्ञ करवाये। उन यज्ञों से बलि और भी कीर्तिमान् और शक्तिशाली हो गया।

अध्याय 16

ऋषि कश्यप-पयोव्रत उपदेश

जब दैत्यों ने स्वर्ग पर अधिकार कर लिया तब देव माता अदिति को बड़ा दुःख हुआ। कुछ दिनों बाद जब कश्यप मुनि की समाधि समाप्त हुई तो वह अदिति के पास आए। जिस समय वह आसन पर बैठे तो अदिति ने विधिपूर्वक उनका पूजन-सत्कार किया। अदिति की उदासी देखकर तथा उसके दुःख का कारण जानने के लिये ऋषि ने पूछा कि क्या

अमङ्गल हुआ है अथवा ब्राह्मणों पर कोई विपत्ति तो नहीं आई, अर्थात् आतिथ्य धर्म के पालन में कोई बाधा तो नहीं हुई? जिस घर में अतिथि का जल से भी सत्कार नहीं किया जाता तथा वह ऐसे ही लौट जाता है, वह घर तुच्छ है। क्या धर्म-कर्म में कोई बाधा आई है? सर्वदेवमय भगवान् के मुख हैं ब्राह्मण तथा अग्नि। गृहस्थ यदि इन दोनों की पूजा करता है तो उसे उन लोकों की प्राप्ति होती है जो समस्त कामनाओं को पूर्ण करने वाले हैं।

अदिति ने कहा, भगवन्! ब्राह्मण, गौ, धर्म तथा आपकी यह दासी, सब सकुशल हैं। यह गृहस्थ आश्रम धर्म, अर्थ तथा कामनाओं को पूर्ण करने में परम सहायक है। मैंने अग्नि, अतिथि, सेवक, भिक्षुक तथा अन्य याचकों का कभी तिरस्कार नहीं किया। समस्त प्रजा–सत्त्वगुणी, रजोगुणी अथवा तमोगुणी–आपकी ही सन्तान है। कुछ आपके शरीर से उत्पन्न हुए हैं, तो कुछ संकल्प से। आप सब के प्रति समभाव रखते हैं। शत्रुओं ने हमारी सम्पत्ति तथा रहने का स्थान छीन लिया है। आप हमारी रक्षा कीजिए। आप अपने संकल्प से मेरे कल्याण का कोई ऐसा उपाय बताइये कि जिससे मेरे पुत्रों (देवताओं) को पुनः उनका पद तथा ऐश्वर्य प्राप्त हो सके।

कुछ विस्मित होकर ऋषि कश्यप अदिति से बोले–भगवान् की माया भी क्या प्रबल है। यह सारा जगत् स्नेह की रज्जु से बन्धा हुआ है। कहाँ यह पँचभूतों से बना अनात्मा शरीर तथा कहाँ प्रकृति से परे आत्मा? न किसी का कोई पति है, न पुत्र है तथा न सम्बन्धी ही है। मोह ही मनुष्य को भरमा रहा है। प्रिये! तुम सम्पूर्ण प्राणियों के हृदय में विराजमान, अपने भक्तों के दुःख को निवारण करने वाले जगद्गुरु भगवान् वासुदेव की आराधना करो। अवश्य ही श्रीहरि तुम्हारी इच्छा पूर्ण करेंगे।

इस पर अदिति ने पूछा, पतिदेव! मैं जगदीश्वर की आराधना किस प्रकार करूँ कि जिससे वे शीघ्र ही मुझपर प्रसन्न हो जायें?

अदिति के इस प्रकार पूछने पर कश्यपजी ने कहा, देवि! जिस

समय मुझे सन्तान की इच्छा हुई थी तो मैंने यही प्रश्न ब्रह्माजी से किया था। उन्होंने मुझे श्री भगवान् को प्रसन्न करने वाले जिस व्रत का उपदेश दिया था, वही मैं तुम से कहता हूँ। फाल्गुन मास के शुक्ल पक्ष में बारह दिन केवल दूध पर निर्वाह करे तथा परम भक्ति से भगवान् कमलनयन की पूजा करे। अमावस्या के दिन नदी में स्नान करे (यदि हो सके तो सूअर की खोदी हुई मिट्टी मल कर) तथा भगवान् की इस मन्त्र से पूजा करे–प्राणियों को स्थान देने के लिये वराह भगवान् आपने रसातल से पृथ्वी का उद्धार किया था, आपको मेरा नमस्कार है। आप मेरे पापों को नष्ट कर दो। तत्पश्चात् अपने नित्य और नैमित्तिक नियमों को पूरा कर, एकाग्रचित्त से, मूर्ति, वेदी, सूर्य, जल, अग्नि तथा गुरुदेव के रूप में भगवान् की पूजा करे–प्रभो! आप सर्वशक्तिमान् हैं। अन्तर्यामी तथा अराधनीय हैं। समस्त प्राणी आपमें तथा आप समस्त प्राणियों में निवास करते हो। इसी से आपको वासुदेव कहते हैं। आप समस्त चराचर जगत् तथा उसके कारण के भी साक्षी हैं। भगवन्! मेरा आपको नमस्कार है। आप अव्यक्त और सूक्ष्म हैं। आप चौबीस गुणों को जानने वाले तथा गुणों की व्याख्या करने वाले सांख्यशास्त्र के प्रवर्तक हैं (चौबीस तत्त्व–प्रकृति रूप), आपको मेरा बार-बार नमस्कार है। आप ही सब के प्राण तथा आप ही इस जगत् के स्वरूप हैं। आप योग के कारण, स्वयं ही योग हैं तथा योग से मिलने वाले ऐश्वर्य भी आप ही हैं। हिरण्यगर्भ! आपको मेरा नमस्कार है। आप ही नर–नारायण ऋषि के रूप में प्रकट स्वयं भगवान् हैं। आपको मेरा नमस्कार है। आपका शरीर मरकतमणि के समान साँवला है। समसत सम्पत्ति तथा सौन्दर्य की देवी लक्ष्मीजी आपकी सेवा में रहती हैं। पीताम्बरधारी केशव! आपको मेरा बार–बार नमस्कार है। आप सब प्रकार के वर देने वाले हैं तथा वर देने वालों में श्रेष्ठ हैं। जिनके चरणकमलों की उपासना समस्त देवता तथा स्वयं लक्ष्मीजी करती हैं, वे भगवान् मुझ पर प्रसन्न हों। इस प्रकार गन्ध–माला आदि से पूजा कर भगवान् को दूध से स्नान कराये। तत्पश्चात् वस्त्र, यज्ञोपवीत, आभूषण, पाद्य, आचमन, गन्ध, धूप आदि के द्वारा द्वादशाक्षर

मन्त्र से भगवान् की पूजा करे। यदि सामर्थ्य हो तो दूध में पकाये हुए तथा घी, गुड़ मिले हुए शालि के चावल का नैवेद्य लगाये तथा उसी का द्वादशाक्षर मन्त्र से हवन करे। उसी का भगवान् के भक्तों में वितरण करे तथा स्वयं ले। आचमन तथा पूजा के बाद ताम्बूल निवेदन करे। एक सौ आठ बार द्वादशाक्षर मन्त्र का जाप करे और स्तुतियों द्वारा भगवान् का स्तवन करे। प्रदक्षिणा कर बड़े प्रेम से भूमि पर लेटकर दण्डवत् प्रणाम करे। निर्माल्य को शीश से लगाकर देवता का विसर्जन करे। कम से कम दो ब्राह्मणों को यथोचित रीति से खीर का भोजन कराये तथा दक्षिणा आदि से उनका सत्कार करे। उस दिन ब्रह्मचर्य से रहे। इसी प्रकार जब तक व्रत समाप्त नहीं होता, भगवान् की पूजा करे। यह पयोव्रत बारह दिन तक चलता है।

फाल्गुन शुक्ल प्रतिपदा से लेकर त्रयोदशी पर्यन्त ब्रह्मचर्य से व्रत में रहते हुए, तीनों समय स्नान करे तथा पृथ्वी पर शयन करे। त्रयोदशी के दिन विधिवत्, कर्मकाण्डी ब्राह्मणों द्वारा भगवान् विष्णु को पञ्चामृत स्नान कराये। उस दिन दूध में खीर पका कर विष्णुजी को अर्पित करे। तदनन्तर सामर्थ्य अनुसार ज्ञान-सम्पन्न आचार्य तथा ऋत्विजों को यथायोग्य दक्षिणा देकर सन्तुष्ट करना चाहिए। उन्हें भोजन कराना चाहिए तथा दूसरे आये हुए ब्राह्मणों तथा अतिथियों को भोजन कराना चाहिए। यह भी श्री भगवान् की ही आराधना है।

यह सब बतलाकर कश्यपजी ने अपनी पत्नी से कहा, प्रिये! यह भगवान् की श्रेष्ठ आराधना है तथा इसका नाम है 'पयोव्रत'। अतः तुम श्रद्धापूर्वक इस व्रत का अनुष्ठान करो। यह व्रत भगवान् को सन्तुष्ट करने वाला है। इसीलिये इसका नाम 'सर्वयज्ञ' अथवा 'सर्वव्रत' है। इससे भगवान् शीघ्र ही प्रसन्न होते हैं।

अध्याय 17

अदिति वर प्राप्ति

महर्षि कश्यप के उपदेशानुसार अदिति ने बड़ी सावधानी से बारह दिन तक पयोव्रत का अनुष्ठान किया तथा एकाग्रचित्त से भगवान् पुरुषोत्तम का चिन्तन किया। तदनन्तर पुरुषोत्तम भगवान् उसके समक्ष प्रकट हुए। वे पीताम्बर धारण किये तथा अपनी चारों भुजाओं में अपने आयुधों से शोभायमान थे। श्री भगवान् को अपने समक्ष सहसा प्रकट हुए देख अदिति सादर उठा खड़ी हुई तथा उन्हें दण्डवत् प्रणाम किया। उसकी आँखों में आनन्द के अश्रु उमड़ आये तथा उसका सारा शरीर पुलकित हो उठा। फिर बड़े प्रेम से, गद्-गद् वाणी से, धीरे-धीरे, उसने भगवान् की स्तुति की।

अदिति ने कहा–आप यज्ञ के स्वामी हैं तथा स्वयं आप ही यज्ञ हैं। आपके चरणकमलों का आश्रय लेकर लोग भवसागर से तर जाते हैं। आपके नाम के श्रवणमात्र से ही कल्याण हो जाता है। हे आदिपुरुष! जो आपकी शरण में आ जाता है उसकी सारी विपत्तियों का आप नाश कर देते हैं तथा विश्वरूप भी आप हैं। मैं आपको नमस्कार करती हूँ। आप के प्रसन्न होने पर सब ऐश्वर्यों की प्राप्ति हो जाती है।

अदिति की इस प्रकार स्तुति से श्री भगवान् ने कहा, देवताओं की जननी अदिति! तुम्हारी चिरकालीन अभिलाषा को मैं जानता हूँ। शत्रुओं (दैत्यों) ने तुम्हारे पुत्रों की सम्पत्ति छीन ली है तथा उन्हें स्वर्ग से वञ्चित कर दिया है। तुम चाहती हो कि तुम्हारे पुत्र युद्ध में राजा बलि तथा असुरों को जीत कर पुनः विजयलक्ष्मी प्राप्त करें। परन्तु देवि! वे असुर सेनापति इस समय जीते नहीं जा सकते, क्योंकि ईश्वर और ब्राह्मण इस समय उनके अनुकूल हैं। फिर भी तुम्हारे इस व्रत के अनुष्ठान से मैं बहुत प्रसन्न हूँ तथा मेरी आराधना व्यर्थ नहीं जाती। उससे श्रद्धानुसार फल अवश्य मिलता है। अतः मैं अंश रूप से, तुम्हारे पुत्र के रूप में, तुम्हारी सन्तान की रक्षा करूँगा।

इस प्रकार कहकर भगवान् अन्तर्धान हो गये। यह जानकर कि स्वयं भगवान् मेरे गर्भ से जन्म लेंगे, अदिति अपनी कृतकृत्यता का अनुभव करने लगी। वह बड़े प्रेम से अपने पतिदेव की सेवा करने लगी। कश्यपजी सत्यदर्शी थे तथा वे श्री भगवान् की इस वाणी से अवगत थे। जब ब्रह्माजी को यह विदित हुआ कि अदिति के गर्भ में स्वयं अविनाशी भगवान् आये हैं तो उन्होंने भगवान् के रहस्यमय नामों से स्तुति की।

ब्रह्माजी ने कहा—समग्र कीर्ति के आश्रय भगवन् आपकी जय हो। अनन्त शक्तियों के अधिष्ठान! आपके चरणों में मेरा नमस्कार है। ये तीनों लोक आपकी नाभि में स्थित हैं। तीनों लोकों से परे वैकुण्ठ में आपका निवास है। जीवों के अन्तःकरण में आप विराजमान रहते हैं। आप सर्वव्यापक विष्णु को मैं नमस्कार करता हूँ। आप चराचर प्रजा तथा प्रजापतियों को भी उत्पन्न करने वाले मूल कारण हैं। सर्व देवताओं के लिये एकमात्र आप ही आश्रय हैं।

अध्याय 18

भगवान् वामन अवतार

भगवान् की अङ्ग कान्ति से प्रजापति कश्यपजी के घर का अन्धकार नष्ट हो गया। सब दिशाएँ निर्मल हो गईं। नदी और सरोवरों का जल स्वच्छ हो गया। प्रजा आनन्दित हो गई। सब ऋतुएँ एक साथ अपना-अपना गुण प्रकट करने लगीं। स्वर्गलोक, अन्तरिक्ष, पृथ्वी और देवता—इन सब के हृदय में हर्ष उदित हो गया।

जिस समय भगवान् ने जन्म लिया, चन्द्रमा श्रवण नक्षत्र पर थे। भाद्रपद मास के शुक्ल पक्ष की श्रवण नक्षत्र की द्वादशी थी। अभिजित् मुहूर्त में भगवान् का जन्म हुआ। जिस तिथि में भगवान् का जन्म हुआ उसे 'विजया द्वादशी' कहते हैं। जन्म के समय सूर्य आकाश के मध्य में

स्थित थे। उनके (जन्म) अवतार के समय आकाश, शंख तथा भिन्न-भिन्न साज़ों की ध्वनि से गूँज उठा।

जब अदिति ने अपने गर्भ से प्रकट हुए परमपुरुष परमात्मा को देखा तो वह अत्यन्त आश्चर्यचकित तथा आनन्दित हुई। कश्यप मुनि भी भगवान् को अपनी योगमाया से शरीर धारण किये देख विस्मित हो गये। उन्होंने जो परम कान्तिमय शरीर धारण किया, उसने, अदिति तथा कश्यप के देखते-देखते ही, ब्रह्मचारी का रूप धारण कर लिया। भगवान् की लीला अद्भुत है।

भगवान् को वामन रूप में देख कर कश्यप मुनि को बड़ा आनन्द हुआ। जब उनका उपनयन संस्कार होने लगा, तब गायत्री के अधिष्ठातृ देवता स्वयं 'सविता' ने उन्हें गायत्री उपदेश दिया। दुवगुरु बृहस्पति ने यज्ञोपवीत तथा कश्यप ने मेखला दी। पृथ्वी ने कृष्णमृग का चर्म, वन के स्वामी चन्द्रमा ने दण्ड, माता अदिति ने कौपीन तथा कटिवस्त्र, आकाश के अभिमानी देवता ने छत्र दिया। ब्रह्माजी ने कमण्डलु, सप्तर्षियों ने कुश, सरस्वती ने रुद्राक्ष की माला समर्पित की। यक्षराज कुबेर ने भिक्षा का पात्र तथा सती शिरोमणि जगत् जननी भगवती उमा ने भिक्षा दी। तत्पश्चात् भगवान् ने स्थापित और प्रज्वलित अग्नि का कुशों से परिसमूहन तथा परिस्तरण करके पूजा की और समिधा से हवन किया।

उस समय भगवान् ने सुना कि यशस्वी बलि भृगुवंशी ब्राह्मणों के आदेशानुसार बहुत से यज्ञ कर रहे हैं। तब उन्होंने वहाँ के लिये यात्रा की। नर्मदा नदी के उत्तर तट पर 'भृगुकच्छ' स्थान है। वहीं पर भृगुवंशी ऋत्विज् श्रेष्ठ यज्ञ का अनुष्ठान कर रहे थे। दूर से ही जब उन्होंने वामन भगवान् को देखा तो लगा मानो साक्षात् सूर्यदेव उदय हुए हों। इससे सब के सब निस्तेज हो गये। वे सोचने लगे कि कदाचित् सूर्य, अग्नि अथवा सनत्कुमार स्वयं ही आ गये हैं। जिस समय भृगुपुत्र शुक्राचार्य अपने शिष्यों सहित भिन्न-भिन्न कल्पनायें कर रहे थे कि ये आगन्तुक कौन है, उसी समय हाथ में छत्र, दण्ड लिये, और जल से भरा कमण्डलु लिये, वामन भगवान् ने यज्ञशाला में प्रवेश किया। वे कमर में मूँज-मेखला

तथा गले में यज्ञोपवीत धारण किये हुए थे। बगल में मृगचर्म तथा शीश पर जटायें थीं। इस समय भृगुवंशी ब्राह्मण उन्हें देखकर, अपने शिष्यों सहित, उनके तेज से प्रभावित एवं निष्प्रभ हो गये। उनके सत्कार में वे सब के सब उठ खड़े हुए। भगवान् के लघुरूप के अनुरूप सारे अङ्ग छोटे-छोटे तथा बड़े ही मनोरम थे। उन्हें देखकर बलि को बड़ा आनन्द हुआ तथा उन्होंने वामन भगवान् को एक उत्तम आसन पर बिठाया और विधिवत् उनकी पूजा की। भगवान् के चरणकमलों का धोवन परम मङ्गलमय है। स्वयं देवाधिदेव चन्द्रमौलि भगवान् शंकर ने अत्यन्त भक्तिभाव से उसे अपने शीश पर धारण किया था। आज वही चरणामृत धर्ममर्मज्ञ राजा बलि को प्राप्त हुआ। उन्होंने बड़े प्रेम से उसे अपने मस्तक पर धारण किया। बलि ने कहा, ब्रह्मकुमार! आप भले पधारे। मैं आपको नमस्कार करता हूँ। आज्ञा दीजिए मैं आपकी क्या सेवा करूँ? आप मेरे घर पधारे हैं। इससे मेरे पितर भी तृप्त हो गये। आज मेरा वंश पवित्र हो गया। मेरा यज्ञ सफल हो गया। आप के पाँव धोने से यज्ञ का फल मिल गया। ब्राह्मण कुमार! ऐसा जान पड़ता है कि आप कुछ चाहते हैं। गाय, सोना, सर्व सामग्रियों से युक्त घर-गाँव, घोड़े हाथी, रथ–कुछ भी आवश्यकता हो, वह सब मुझ से माँग लें।

अध्याय 19

भगवान् वामन का बलि से तीन पग भूमि माँगना

राजा बलि के वचन सुनकर श्री भगवान् ने कहा, राजन्! जो कुछ आपने कहा वह आपकी कुल परम्परा के अनुकूल तथा धर्मभाव पूर्ण है। ऐसा क्यों न हो? आप भृगुपुत्र शुक्राचार्य को धर्म के सम्बन्ध में परम प्रमाण मानते हैं। आपकी वंश-परम्परा में कोई धैर्यहीन अथवा कृपण पुरुष कभी हुआ ही नहीं। ऐसा भी कोई नहीं हुआ जिसने ब्रह्मचारी को

दान न दिया हो, अथवा एक बार किसी को कुछ देने की प्रतिज्ञा कर फिर उसका पालन न किया हो। आपके ही कुल में वीर हिरण्याक्ष का जन्म हुआ। जब विष्णु भगवान् जल में से पृथ्वी का उद्धार कर रहे थे तो उन्होंने बड़े यतन से उसका वध किया (उद्धार किया)। इसी प्रकार जब भ्राता के वध से कुपित होकर हिरण्यकशिपु भगवान् विष्णु को वैकुण्ठधाम ढूढने निकला तो मायापति भगवान् विष्णु को वह देख न सका तथा वापस लौट आया। क्रोध का कारण अज्ञान है तथा अहंकार से उसकी वृद्धि होती है। राजन्! आपके पिता विरोचन बड़े ही ब्राह्मण भक्त थे। यहाँ तक कि देवताओं ने ब्राह्मण का वेष धारण कर उन से उनकी आयु का दान माँगा तथा देवताओं की इस चतुराई को जानते हुए भी उन्होंने अपनी आयु उन्हें दे दी। आप भी मुँह माँगी वस्तु देने वालों में श्रेष्ठ हैं। अतः मैं थोड़ी सी पृथ्वी, केवल तीन पग, माँगता हूँ। यद्यपि आप बड़े उदार हैं, फिर भी मैं आपसे अधिक नहीं माँगता। बुद्धिमान् पुरुष को केवल अपनी आवश्यकता के अनुसार ही दान स्वीकार करना चाहिए। इससे वह प्रतिग्रहजन्य पाप से बच जाता है।

राजा बलि ने कहा, ब्राह्मण कुमार! तुम बातें तो वृद्धों जैसी करते हो, परन्तु तुम्हारी बुद्धि अभी बच्चों जैसी है। तुम अभी बालक ही हो, अतः अपनी हानि-लाभ से अनभिज्ञ हो। मैं तीनों लोकों का एकमात्र अधिपति हूँ तथा तुम्हें द्वीप का द्वीप दे सकता हूँ। जो मुझे प्रसन्न कर केवल तीन पग भूमि ही माँगे, क्या वह बुद्धिमान् कहा जा सकता है? अतः अपनी जीविका चलाने के लिये तुम्हें जितनी भूमि चाहिए माँग लो।

श्री भगवान् ने कहा, राजन्! संसार के सब विषय मनुष्य की कामनाओं को पूरा करने में भी असमर्थ हैं, यदि वह सन्तोषी नहीं। जो तीन पग भूमि से सन्तोष नहीं कर सकता, उसे नौ वर्षों से युक्त एक द्वीप भी दे दिया जाये तो वह सन्तुष्ट नहीं हो सकता। जो कुछ प्रारब्ध से मिल जाये उसी में सन्तुष्ट रहने वाला मनुष्य सुखी है। धन और भोगों से सन्तुष्ट न होना ही जीव के जन्म-मृत्यु के चक्कर का कारण है। परन्तु जो कुछ मिल जाये उसी में सन्तोष कर लेना, मुक्ति का कारण है। जो ब्राह्मण स्वयं-प्राप्त वस्तु से ही सन्तुष्ट रहता है, उसके तेज की

वृद्धि होती है। इसमें सन्देह नहीं कि आप मुँह माँगी वस्तु देने में समर्थ हैं, परन्तु मैं आपसे केवल तीन पग भूमि ही माँगता हूँ। इतने में ही मेरा काम चल जायेगा। धन उतना ही संग्रह करना चाहिए जितने की आवश्यकता हो।

भगवान् के इस प्रकार कहने पर राजा बलि हँस पड़े तथा उन्होंने कहा अच्छी बात है, जितनी तुम्हारी इच्छा हो। तीन पग पृथ्वी देने का संकल्प करने के लिये उन्होंने जल का पात्र उठाया।

शुक्राचार्य भगवान् की इस लीला को जान गये। राजा बलि को पृथ्वी देने के लिये उद्यत देख उन्होंने कहा, विरोचन कुमार! ये स्वयं अविनाशी भगवान् विष्णु हैं। देवताओं के हित-हेतु इन्होंने माता अदिति के गर्भ से जन्म लिया है। यह न जानकर कि ये तुम्हारा सब कुछ छीन लेंगे, तुमने इन्हें दान देने की प्रतिज्ञा कर ली है। दैत्यों पर बहुत बड़ा अन्याय होने जा रहा है। स्वयं भगवान् ही योगमाया से ब्रह्मचारी बन कर बैठे हैं। ये तुम्हारा राज्य, ऐश्वर्य, लक्ष्मी, तेज और कीर्ति छीन कर इन्द्र को दे देंगे। ये विश्वरूप हैं। तीन पग से तो ये सारे लोकों को माप लेंगे। ये विश्वव्यापक भगवान् एक पग से पृथ्वी और दूसरे पग से स्वर्ग नाप लेगें। तब उनका तीसरा पग कहाँ जायेगा? तुम उसे पूरा न कर सकोगे। ऐसी दशा में तुम्हें प्रतिज्ञा न पूरा करने के कारण नरक में जाना पड़ेगा। असुर शिरोमणि! श्रुति कहती है कि किसी को कुछ देने की बात स्वीकार कर लेना सत्य है तथा नकार जाना असत्य है। यह शरीर एक वृक्ष है तथा सत्य इसका फल-फूल हैं। परन्तु यदि वृक्ष ही न रहे तो फल-फूल कैसे रह सकते हैं? क्योंकि अस्वीकार (नकार जाना) कर देना–अपनी वस्तु दूसरे को न देना–वास्तव में अपने शरीर रूपी वृक्ष के मूल को बचाना है। अपनी जीविका की रक्षा के लिये, प्राण संकट उत्पन्न होने पर, ब्राह्मणों के हित के लिये तथा किसी को मृत्यु से बचाने के लिये–असत्य भाषण भी उतना निन्दनीय नहीं है।

अध्याय 20

भगवान् वामन-विराट्स्वरूप

शुक्राचार्य कुलगुरु के इस प्रकार कहने पर राजा बलि ने एक क्षण चुप रहकर बड़ी विनम्रता से कहा गुरुवर! आपका कहना सत्य है। गृहस्थाश्रम में रहने वालों के लिये यही धर्म है कि जिससे अर्थ, काम, यश तथा आजीविका में कभी किसी प्रकार का विघ्न न पड़े। परन्तु मैं प्रह्लादजी का पौत्र हूँ। एक बार प्रतिज्ञा कर अब मैं इस ब्राह्मण से कैसे कहूँ कि मैं तुम्हें नहीं दूँगा। मैं नरक से, दरिद्रता से, दुःख के सागर से, अपने राज्य के नाश से अथवा मृत्यु से भी उतना नहीं डरता जितना अपनी प्रतिज्ञा भंग करने से डरता हूँ। इस संसार में मरणोपरान्त सभी वस्तुएँ साथ छोड़ देती हैं। यदि उनके द्वारा ब्राह्मण को भी सन्तुष्ट न किया जाये तो उनका क्या लाभ? महर्षि दधीचि, राजा शिबि आदि ने अपने प्राणों को त्याग कर भी प्राणियों का हित किया। फिर पृथ्वी आदि देने में सोच किस बात की? यदि उदार पुरुष अपात्र याचक की कामना पूर्ण कर दुर्गति को प्राप्त होता है तो वह दुर्गति भी उसकी शोभा का कारण बनती है। फिर आप जैसे ब्रह्मवेत्ता पुरुषों को दान करने से यदि दुःख भी प्राप्त हो तो क्या चिन्ता? अतः मैं इस ब्रह्मचारी की अभिलाषा अवश्य पूर्ण करूँगा। महर्षे! वेदविधि के ज्ञाता बड़े आदर से, यज्ञ द्वारा जिनकी आराधना करते हैं, वे वरदानी विष्णु ही यदि इस रूप में हों, मैं उनकी इच्छा के अनुसार उन्हें पृथ्वी का दान करूँगा। यदि मेरे अपराध न करने पर भी ये अधर्म से मुझे बान्ध लेंगे तो भी मुझे स्वीकार है। मैं उनका अनिष्ट नहीं चाहूँगा। यदि ये पवित्रकीर्ति भगवान् विष्णु ही हैं, तो युद्ध में मार कर भी मुझ से पृथ्वी छीन सकते हैं तथा अपना यश नहीं खोना चाहेंगे।

इस पर कुपित होकर शुक्राचार्य ने (गुरु के प्रति अश्रद्धा तथा उनकी आज्ञा का उलङ्घन करने पर), दैव की प्रेरणा से, राजा बलि को शाप दे दिया और कहा, मूर्ख! तू है तो अज्ञानी परन्तु अपने को बड़ा पण्डित

समझता है। गर्व के कारण तूने मेरी आज्ञा का उलङ्घन किया है। अत: शीघ्र ही तू लक्ष्मी खो देगा।

राजा बलि बड़े महात्मा थे। गुरु के शाप देने पर भी वह अडग रहे। उन्होंने विधिवत् वामन भगवान् की पूजा की तथा हाथ में जल लेकर तीन पग भूमि देने का संकल्प कर दिया। उसी समय राजा बलि की पत्नी ने वामन भगवान् के चरण धोने के लिये जल से भरा सोने का कलश लाकर दिया। राजा बलि ने भगवान् वामन के युगल चरणों को धोया तथा वह विश्वपावन जल अपने शीश पर चढ़ाया। इस पर आकाश से देवताओं ने पुष्प वर्षा की तथा आकाश में सहस्त्रों दुन्दुभियाँ बजने लगीं तथा गन्धर्व, किम्पुरुष और किन्नर भगवान् के आदर में गीत गाने लगे।

इसी समय भगवान् का वह वामन रूप बढ़ने लगा। वह यहाँ तक बढ़ा कि पृथ्वी, आकाश, दिशाएँ, स्वर्ग, पाताल, सागर, सभी देवता, मनुष्य, पशु, पक्षी, चर-अचर उन्हीं में समा गये।

राजा बलि ने विश्वरूप भगवान् के चरणतल में रसातल, चरणों में पृथ्वी, पिंडलियों में पर्वत, घुटनों में पक्षी तथा जाँघों में मरुद्गणों को देखा। इसी प्रकार भगवान् के वस्त्रों में सन्ध्या, गुह्यस्थानों में प्रजापतिगण, जघनस्थल में अपने सहित समस्त असुरगण, नाभि में आकाश, कोख में सातों सागर तथा वक्ष:स्थल में नक्षत्रगण देखे। वक्ष:स्थल में ही हाथों में कमल लिये लक्ष्मीजी, भुजाओं में इन्द्रादि समस्त देवगण। विश्वरूप के ललाट में क्रोध तथा नीचे के ओठ में लोभ के दर्शन हुए। उनके स्पर्श में काम, पीठ में अधर्म, पद-विन्यास में यज्ञ, छाया में मृत्यु, हँसी में माया तथा शरीर के रोमों में सब प्रकार की ओषधियाँ। उनकी बुद्धि में ब्रह्मा, देवता तथा ऋषिगण दृष्टिगोचर हुए।

सर्वात्मा भगवान् में यह सम्पूर्ण जगत् देखकर सब-के-सब दैत्य अति भयभीत हुए। इसी समय भगवान् के पास असह्य तेज वाला सुदर्शन चक्र, पाञ्चजन्य शंख, उनकी वेगवती कौमोदकी गदा तथा अन्य आयुध, भगवान् के सुनन्द आदि पार्षदगण, लोकपालों सहित उनकी सेवा में उपस्थित हो गये। भगवान् के शरीर पर आभूषण तथा गले में कौस्तुभमणि,

कमर में मेखला तथा कन्धे पर पीताम्बर शोभायमान हो रहे थे। उन्होंने अपने एक पग से बलि की सारी पृथ्वी नाप ली, दूसरे से आकाश तथा स्वर्ग। तीसरा पग रखने के लिये बलि की तनिक भी कोई वस्तु नहीं बची। भगवान् का दूसरा पग ही ऊपर की ओर जाता हुआ महर्लोक, जनलोक तथा तपलोक से भी ऊपर सत्यलोक में पहुँच गया।

अध्याय 21

राजा बलि-वरुण पाशबन्धन

जब भगवान् का तीसरा पग सत्यलोक में पहुँचा तो उसके नख-चन्द्र की छटा से सत्यलोक की आभा क्षीण पड़ गई। स्वयं ब्रह्माजी ने मरीचि आदि ऋषियों तथा सनन्दन आदि नैष्ठिक ब्रह्मचारियों सहित, भगवान् के चरणकमल का अभिनन्दन किया। वेद, उपवेद, नियम, यम, तर्क, इतिहास, वेदाङ्ग तथा पुराण, जो ब्रह्मलोक में मूर्तिमान् होकर निवास करते हैं, उन सब ने भगवान् के चरणों की वन्दना की। इसी चरणकमल के स्मरण की महिमा से महात्माजन ब्रह्माजी के धाम में पहुँचे हैं। सबकी अगवानी करते हुए, स्वयं ब्रह्माजी ने भगवान् के ऊपर उठे हुए चरणकमल का अर्घ्य-पाद्य से पूजन किया (प्रक्षालन किया) तथा भगवान् की स्तुति की। ब्रह्माजी के कमण्डलु का वही जल, विश्वरूप भगवान् के पाँव से पवित्र होने के कारण, गंगाजी के रूप में परिणत हो गया, जो आकाश मार्ग से उतर कर तीनों लोकों को पवित्र करती है। यह गंगाजी भगवान् की मूर्तिमान् उज्ज्वल कीर्ति है। तदनन्तर ब्रह्माजी सहित सभी लोकपालों ने अपने स्वामी भगवान् को अनेक प्रकार की भेंटें समर्पित कीं। ऋक्षराज जाम्बवान् ने सभी दिशाओं में भगवान् की मंगलमय विजय को घोषित किया।

दैत्यों ने देखा कि वामनजी ने तीन पग धरती माँग कर सारी पृथ्वी ही उनके स्वामी से छीन ली। उन्होंने विचार किया कि स्वामी बलि यज्ञ में दीक्षित होने के कारण इसका विरोध नहीं करेगें। क्यों न वे ही इस बात का प्रतिशोध ले लें? परन्तु श्री भगवान् के पार्षदों ने उन्हें खदेड़ दिया। गुरु शुक्राचार्य का शाप स्मरण करते हुए राजा बलि ने अपने सेनापतियों से वापस लौटने को कहा कि यह समय उनके लिये अनुकूल नहीं है। जो 'काल' पहले हमारी उन्नति तथा देवताओं की क्षीणता का कारण हुए थे, अब वही 'काल-भगवान्' हमारी अवन्नति के कारण हुए हैं। किसी भी साधन से मनुष्य 'काल' पर विजय प्राप्त नहीं कर सकता। अतः समय की प्रतीक्षा करो। अपने स्वामी राजा बलि की बात सुन तथा भगवान् के पार्षदों से पराजित हुए दैत्य सेनापति रसातल में चले गये। तत्पश्चात् भगवान् आज्ञानुसार पक्षिराज गरुड़ ने वरुणपाश से राजा बलि को बान्ध दिया। उस दिन उनके यज्ञ में सोमपान होने वाला था। उस समय भगवान् ने राजा बलि से कहा, असुर-राज! तुमने मुझे पृथ्वी के तीन पग देने के लिये कहा था। दो पग में तो मैं ने सारी त्रिलोकी नापली। अब तीसरा पग कहाँ रखूँ, अर्थात् उसे रखने के लिये स्थान बताओ। तुमने जो प्रतिज्ञा की थी, तुम उसे पूरा नहीं सके, अतः अब तुम्हें नरक में जाना पड़ेगा। जो याचक को देने की प्रतिज्ञा कर इस प्रकार नकार जाता है, उसके सारे मनोरथ विफल हो जाते हैं। तुम्हें अहंकार था कि तुम बड़े धनी हो। प्रतिज्ञा न पूर्ण करने के कारण अब तुम्हें नरक में रहना पड़ेगा।

अध्याय 22

राजा बलि द्वारा भगवद् स्तुति

श्री भगवान् के इस कथन से कि बलि को अपनी प्रतिज्ञा न पूर्ण

करने के कारण नरक में जाना पड़ेगा—राजा बलि को किञ्चित भी दुःख नहीं हुआ। उन्होंने कहा, हे देवताओं के आराध्यदेव! आपकी कीर्ति बड़ी पवित्र है। क्या आप मेरी प्रतिज्ञा को असत्य मानते हैं? मैं अभी उसे सत्य कर दिखाता हूँ। आप कृपा करके अपना तीसरा पग मेरे शीश पर रख दीजिए। मैं राज्यच्युत होने पर, पाश में बन्धने पर अथवा सारी सम्पत्ति खोने पर इतना विह्वल नहीं जितना अपनी अपकीर्ति पर। अपने पूजनीय गुरु का दिया हुआ दण्ड जीवमात्र के लिये अति वाञ्छनीय है। आप अप्रोक्षरूप से हम असुरों को शिक्षा दिया करते हैं, अतः आष हमारे परम गुरु हैं। जब हम धन, कुलीनता, बल आदि के मद से अन्धे हो जाते हैं, तब आप उन वस्तुओं को हमसे छीन लेते हैं। अनन्यभाव से, योगभक्ति करने से जो सिद्धि योगीजनों को मिलती है, वही बहुत से असुरों को आप से दृढ़ वैरभाव करने से भी प्राप्त हो गई है।

मेरे पितामह प्रह्लादजी की कीर्ति सारे जगत् में प्रसिद्ध है। वे आपके श्रेष्ठ भक्तों में गिने जाते हैं। उनके पिता हिरण्यकशिपु आप से दृढ वैरभाव रखने के कारण, आपके हाथों मर कर, सिद्धि को प्राप्त हो गये। असुरों के, आप के विरुध होते हुए भी, पितामह प्रह्लाद ने आपके चरणकमलों की शरण ग्रहण की। उस दृष्टि से आप मेरे भी विरोधी हैं। विधाता ने मुझे वलात् ऐश्वर्य, लक्ष्मी से वञ्चित कर आपके पास पहुँचा दिया है। ऐश्वर्य तथा लक्ष्मी के कारण जीव की बुद्धि भ्रष्ट हो जाती है तथा वह यह नहीं समझ पाता कि वह जीवन-मृत्यु के पाश में जकड़ा हुआ है।

राजा बलि की इस प्रकार भगवान् की प्रशंसा करते समय उनके पितामह प्रह्लादजी भी वहाँ प्रकट हो गये। वरुणपाश में बन्धे होने के कारण राजा बलि अपने पितामह का विधिवत् सत्कार न कर सके। उनके नेत्र अश्रुओं से चंचल हो उठे तथा लज्जा के कारण उन्होंने अपना मुख नीचा कर लिया। प्रह्लादजी ने भक्तवत्सल भगवान् को भी वहीं पाया जिनकी सेवा में सुनन्द, नन्द आदि पार्षद उपस्थित थे। प्रेम के वेग से प्रह्लादजी का शरीर पुलकित हो गया। उनकी आँखों में आँसू छलक पड़े।

शीश झुका कर वे अपने स्वामी के समीप गये तथा पृथ्वी पर लेटकर उन्हें साष्टाङ्ग प्रणाम किया।

प्रह्लादजी ने कहा, प्रभो! आप ने ही राजा बलि को यह ऐश्वर्यपूर्ण इन्द्रपद दिया था। आज आप ही ने उसे छीन लिया। आपका देना जितना सुन्दर है, लेना भी उतना ही सुन्दर है। वास्तव में आपने इस पर बड़ी कृपा की है। प्रभो! लक्ष्मी के मद से तो पुरुष मोहित हो जाते हैं। अतः उस लक्ष्मी को छीन कर महान् उपकार करने वाले, समस्त जगत् के ईश्वर, सबके हृदय में विराजमान तथा सबके परम साक्षी श्री नारायण देव को मैं नमस्कार करता हूँ।

प्रह्लादजी अञ्जलि बाँध कर खड़े थे। ब्रह्माजी ने भगवान् वामन से कुछ कहना चाहा, परन्तु उसी समय बलि की पत्नी (विन्ध्यावली) ने अपने पति को इस अवस्था में देख कर, भयभीत होकर कहा, प्रभो! आपने अपनी क्रीड़ा के लिये ही इस सम्पूर्ण जगत् की रचना की है। जब कि आप ही इसके कर्ता, भर्ता तथा संहर्ता हैं, फिर भी आपकी माया से मोहित होकर जीव अपने को कर्ता मानता है।

ब्रह्माजी ने कहा, समस्त प्राणियों के जीवनदाता तथा जगत्स्वरूप देवाधिदेव! अब आप इसे छोड़ दीजिए। आपने इस का सर्वस्व ले लिया है। अब यह दण्ड का पात्र नहीं है। इसने अपनी सारी भूमि, पुण्यकर्मों से उपार्जित स्वर्ग तथा अपना सर्वस्व आपको समर्पित कर दिया है तथा ऐसा करते समय भी इसकी बुद्धि धैर्यच्युत नहीं हुई। प्रभो! जो मनुष्य हृदय से कृपणता छोड़ कर आपके चरणों में जल का अर्घ्य देता है, उसे भी उत्तम गति प्राप्त होती है। फिर बलि ने तो बड़ी प्रसन्नता से, धैर्य से तथा स्थिर बुद्धि से आपको त्रिलोकी का दान दिया है। अतः यह दुःख का भागी कैसे हो सकता है?

श्री भगवान् ने कहा, ब्रह्मा जी! मैं जिस पर कृपा करता हूँ उसका धन छीन लिया करता हूँ। क्योंकि मनुष्य जब धन के मद से मतवाला हो जाता है तो मुझे भूल जाता है तथा मेरा और लोगों का तिरस्कार करने लगता है। यह जीव अपने कर्मों के कारण विवश होकर अनेक योनियों

में भटकता रहता है। तब कभी मेरी बड़ी कृपा से मनुष्य का शरीर प्राप्त करता है। मनुष्य योनि में जन्म लेकर यदि कुलीनता, कर्म, अवस्था, रूप, विद्या, ऐश्वर्य तथा धनादि का घमंड न हो जाये तो समझना चाहिए कि मेरी बड़ी कृपा है। जो मेरे शरणागत होते हैं वे इन वस्तुओं से मोहित नहीं होते। यह बलि, दानव और दैत्य, दोनों ही वंशो में अग्रणीय और उनकी कीर्ति बढ़ाने वाला है। आप देख ही रहे हो कि इतना दुःख भोगने पर भी यह मोहित नहीं हुआ। यहाँ तक कि गुरुदेव के डाँटने पर भी इसने अपनी प्रतिज्ञा नहीं छोड़ी। मेरे उकसाने पर भी इस सत्यावादी ने अपना धर्म नहीं छोड़ा। अतः मैं ने इसे वह स्थान दिया है जो बड़े-बड़े देवताओं को भी बड़ी कठिनाई से मिलता है। सावर्णि मन्वन्तर में यह मेरा परमभक्त, इन्द्र होगा। तब तक यह विश्वकर्मा के बनाये हुए सुतल लोक में रहे। वहाँ रहने वाले लोग मेरी कृपा दृष्टि का अनुभव करते हैं।

बलि को सम्बोधित करते हुए भगवान् बोले, महाराज इन्द्रसेन! तुम्हारा कल्याण हो। अब तुम अपने भाई-बन्धुओं सहित सुतल लोक में जाओ जिसे स्वर्ग के देवता भी चाहते रहते हैं। बड़े-बड़े लोकपाल भी तुम्हें पराजित नहीं कर सकेंगे। तुम मुझे वहाँ सदा-सर्वदा अपने पास ही देखोगे। मैं तुम्हारी, तुम्हारे अनुचरों की, और भोग सामग्री की भी, सब प्रकार के विघ्नों से रक्षा करूँगा।

अध्याय 23

राजा बलि का बन्धन मुक्त होना

भगवान् के वचनों को सुन कर दैत्यराज बलि के नेत्रों में आँसू उमड़ आये। गद्-गद् वाणी से, हाथ जोड़ कर वे बोले, प्रभो! मैंने तो विधिवत् आपको प्रणाम भी नहीं किया। केवल प्रणाम करने की चेष्टामात्र ही की है। फिर भी मुझे वह फल प्राप्त हो गया जिसके लिये बड़े-बड़े

लोकपाल तथा देवता भी इच्छुक हैं। ऐसा कहते ही बलि वरुणपाश से मुक्त हो गये। तत्पश्चात् उन्होंने भगवान् ब्रह्माजी तथा शंकरजी को प्रणाम कर, प्रसन्नता से, असुरों सहित, सुतल लोक को प्रस्थान किया।

इस प्रकार श्री भगवान् ने स्वर्ग का राज्य पुनः इन्द्र को दिया तथा माता-अदिति की कामना पूर्ण की। श्री भगवान् की राजा बलि पर इस प्रकार की कृपा देखकर श्री प्रह्लाद ने उनकी इस प्रकार स्तुति की, प्रभो! यह कृपाप्रसाद तो श्रेष्ठ देवताओं को भी कभी प्राप्त नहीं हुआ। अहो! विश्वबन्धु ब्रह्माजी भी जिनके चरणकमलों की वन्दना करते हैं, वही आप हम असुरों के दुर्गपाल (रक्षक) हो गये। शरणागत प्रभु! ब्रह्मा आदि लोकपाल आपके चरणकमलों की मकरन्द सेवन करने के कारण ही सृष्टि रचना की शक्ति आदि विभूतियाँ प्राप्त करते हैं। हम पर आपकी ऐसी अनुग्रहपूर्ण दृष्टि कैसे हो गई? आप सर्वज्ञ, सर्वात्मा तथा समदर्शी हैं। फिर भी आपकी लीलाएँ बड़ी अद्‌भुत हैं। आपका स्वभाव कल्प-वृक्ष के समान है। आप भक्तों से अत्यन्त प्रेम करते हैं। इसी से कभी-कभी आपके उपासकों के प्रति उदारता तथा विमुखों के प्रति निर्दयता भी देखी जाती है (जो वास्तव में नहीं है)।

श्री भगवान् ने कहा, बेटा प्रह्लाद! तुम्हारा कल्याण हो। अब तुम भी अपने बन्धुओं सहित सुतल लोक जाओ। वहाँ तुम नित्य ही मुझे गदा हाथ में लिये खड़ा देखोगे। मेरे दर्शनमात्र से तुम्हारे सारे कर्मबन्धन छूट जायेंगे।

श्री भगवान् का आदेश नतमस्तक स्वीकार कर, प्रह्लादजी ने राजा बलि सहित उनकी परिक्रमा कर, सुतल लोक को प्रस्थान किया।

गुरु शुक्राचार्य को सम्बोधित करते हुए भी भगवान् ने कहा, ब्रह्मण! आपका शिष्य यज्ञ कर रहा था। उसमें जो त्रुटि रह गई है उसे आप पूर्ण कर दीजिए। कर्म करने में जो कमी अथवा भूल हो जाती है, वह ब्राह्मणों की कृपा दृष्टि से सुधर जाती है।

गुरु शुक्राचार्य ने कहा, भगवन्! जिसने अपना समस्त कर्म समर्पित कर, सब प्रकार से 'यज्ञेश्वर यज्ञपुरुष' आपकी पूजा की है, उसके कर्म में कोई त्रुटि किस प्रकार रह सकती है? मन्त्रों की, अनुष्ठान पद्धति की,

देश, काल, पात्र तथा वस्तु की सारी त्रुटियाँ आपके नाम संकीर्तनमात्र से सुधर जाती हैं। जब आप स्वयं कह रहे हैं तब मैं आपकी आज्ञा का पालन अवश्य करूँगा।

इस प्रकार गुरु शुक्राचार्य ने भगवान् श्रीहरि की आज्ञानुसार दूसरे ब्रह्मर्षियों सहित राजा बलि के यज्ञ में जो त्रुटि रह गई थी उसे पूर्ण कर दिया। तत्पश्चात् ब्रह्माजी ने, शंकरजी तथा अन्य लोकपालों और ऋषियों सहित, लोकपालों के स्वामी के पद पर, वामन भगवान् का अभिषेक किया। वेद, समस्त देवता, धर्म, यश, लक्ष्मी, मङ्गल, व्रत, स्वर्ग तथा अपवर्ग–सबके रक्षक के रूप में, सबके परम कल्याण के लिये, सर्वशक्तिमान् वामन भगवान् को उन्होंने उपेन्द्र का पद दिया। इसके बाद ब्रह्माजी की अनुमति से, लोकपालों सहित, देवराज 'इन्द्र' वामन भगवान् को अपने साथ स्वर्ग ले गये। ब्रह्माजी, शंकरजी तथा ऋषिगण श्री भगवान् की इस अद्भुत लीला का गान करते हुए अपने-अपने लोकों को चले गये।

अध्याय 24

भगवान् मत्स्यावतार कथा

राजा परीक्षित् के, "भगवान् के मत्स्यावतार की कथा के विषय में पूछने पर," श्री शुकदेवजी ने कहा, परीक्षित्! भगवान् सबके एकमात्र प्रभु हैं, फिर भी वे गौ, ब्राह्मण, साधु, वेद, धर्म तथा अर्थ की रक्षा के लिये शरीर धारण करते हैं। वे सर्वशक्तिमान् प्रभु, वायु की भाँति नीचे-ऊपर, छोटे-बड़े सभी प्राणियों में अन्तर्यामी रूप से लीला करते रहते हैं। परन्तु उन प्राणियों के बुद्धिगत गुणों से वे छोटे-बड़े अथवा ऊँचे-नीचे नहीं हो जाते। वे तो समस्त प्राकृतगुणों से रहित, निर्गुण हैं।

परीक्षित्! पिछले कल्प के अन्त में ब्रह्माजी की रात्रि आरम्भ होने पर

(ब्रह्माजी के सो जाने के कारण), ब्राह्म नामक नैमित्तिक प्रलय हुआ था। उस समय भूर्लोक आदि समस्त लोक सागर में डूब गये थे। प्रलय काल आने के कारण ब्रह्माजी को निन्द्रा आ रही थी। उसी समय वेद उनके मुख से निकल पड़े तथा हयग्रीव नामक बली दैत्य ने उन्हें योगबल से चुरा लिया (अथवा उनको लुप्त कर दिया) भगवान् श्रीहरि ने, दानवराज हयग्रीव की इस चेष्टा को विफल करने हेतु, मत्स्य अवतार ग्रहण किया।

उस समय सत्यव्रत नाम के बड़े उदार तथा भगवत्परायण राजर्षि केवल जल पीकर तपस्या कर रहे थे। वही सत्यव्रत वर्तमान महाकल्प में विवस्वान् (सूर्य) के पुत्र श्राद्धदेव के नाम से जाने गये तथा श्री भगवान् ने उन्हें वैवस्वत मनु बना दिया। एक दिन महाराज सत्यव्रत नदी में जल से तर्पण कर रहे थे। उसी समय उनकी अञ्जलि के जल में एक छोटी सी मछली आ गई। राजा ने जल सहित मछली को फिर से नदी में डाल दिया। उस मछली ने बड़ी करुणा से परम दयालु राजा सत्यव्रत से कहा, राजन्! आप जानते हैं कि जल में रहने वाले बड़े जन्तु, अपनी ही जाति के छोटे जन्तुओं को खा जाते हैं। मैं उनके भय से अत्यन्त व्याकुल हूँ। आप मुझे इस नदी के जल में पुनः क्यों छोड़ रहे हैं?

राजा ने मछली की रक्षा का मन ही मन संकल्प किया तथा उसे अपने पात्र के जल में रख कर आश्रम ले गये। आश्रम लाने पर, एक ही रात में, वह मछली उस कमण्डलु में इतनी बड़ी हो गई कि उसमें स्थान न रहा। मछली ने कहा—अब तो मैं इस कमण्डलु में कष्टपूर्वक भी नहीं रह सकती, अतः मेरे लिये कोई बड़ा सा स्थान पर्याप्त कराइए जहाँ मैं सुखपूर्वक रह सकूँ। राजा ने मछली को कमण्डलु से निकाल कर एक बड़े मटके में डाल दिया। केवल दो घड़ी में ही मछली तीन हाथ बढ़ गई। उसने फिर कहा, राजन् अब यह मटका भी मेरे लिये पर्याप्त नहीं। मैं आपकी शरण में हूँ। अतः मेरे रहने के लिये मुझे कोई बड़ा सा स्थान दें। राजा सत्यव्रत ने मछली को वहाँ से निकाल कर एक सरोवर में डाल दिया। परन्तु वह थोड़ी ही देर में इतनी बड़ी हो गई कि

उसने एक महामत्स्य का आकार धारण कर सारे सरोवर को घेर लिया तथा कहा, राजन्! मैं जलचर प्राणी हूँ। इस सरोवर का जल भी मेरे लिये सुविधापूर्वक रहने के लिये उपयुक्त नहीं, अतः मेरी रक्षा कीजिए और मुझे किसी अगाध सरोवर में डाल दीजिए। मत्स्य भगवान् के इस प्रकार कहने पर राजा उसे एक से एक बड़े सरोवर में ले गये, परन्तु जितना बड़ा सरोवर होता, वे इतने ही बड़े बन जाते। अन्त में उन्होंने उन लीलामत्स्य को सागर में छोड़ दिया। सागर में डालते ही मत्सय भगवान् ने सत्यव्रत से कहा, वीर! सागर में बड़े-बड़े बली मगर हैं। वे मुझे खा जायेंगे। अतः आप मुझे सागर में मत डालिये।

मत्स्य भगवान् की इस मधुर वाणी को सुन कर राजा सत्यव्रत ने कहा–मत्स्य का रूप धारण कर मुझे मोहित करने वाले आप कौन हैं? आपने एक ही दिन में चार सौ कोस के विस्तार का सरोवर घेर लिया। आजतक ऐसी शक्ति रखने वाला जलचर मैं ने नहीं देखा। अवश्य ही आप साक्षात् सर्वशक्तिमान् सर्वान्तर्यामी अविनाशी श्रीहरि हैं। जीवों पर अनुग्रह करने के लिये ही आप ने जलचर का रूप धारण किया है। पुरुषोत्तम! आप जगत् की उत्पत्ति, स्थिति तथा प्रलय के कारण हैं। आपको मैं नमस्कार करता हूँ। हम शरणागत भक्तों के लिये आप ही आश्रय हैं। यद्यपि आप के 'लीलावतार' प्राणियों के कल्याण हेतु होते हैं, तथापि मैं यह जानना चाहता हूँ कि आपने इस समय जो रूप धारण किया है वह बड़ा ही अद्भुत है।

राजा सत्यव्रत की प्रार्थना सुन कर श्री भगवान् ने कहा, सत्यव्रत! आज से सातवें दिन, भूर्लोक आदि तीनों लोक, प्रलय के समुद्र में डूब जायेंगे। जब तीनों लोक प्रलयकाल की जलराशि में डूबने लगेंगे, तब मेरी प्रेरणा से तुम्हारे पास एक नौका आयेगी। उस समय तुम समस्त प्राणियों के सूक्ष्म शरीरों सहित, सप्तर्षियों के साथ, उस नौका पर सवार हो जाना तथा समस्त धान्य और अन्य प्रकार के छोटे-बड़े बीजों को साथ रख लेना। उस समय जब एकमात्र महासागर लहराता होगा, प्रकाश नहीं होगा, तुम ऋषियों की दिव्यज्योति के सहारे ही, बिना किसी प्रकार की

विकलता से उस नाव में सवार, चारों ओर विचरण करना। जब प्रलयकालीन प्रचण्ड आँधी चलने के कारण नाव डगमगाने लगेगी तो तुमलोग वासुकि नाग के द्वारा उस नाव को मेरे सींग से बान्ध देना। इस प्रकार जब तक ब्रह्माजी की रात्रि रहेगी, मैं ऋषियों सहित तुम्हें उस नाव में बैठाकर खींचता हुआ सागर में विचरण करूँगा। उस समय जब तुम प्रश्न करोगे, तब मैं तुम्हें उपदेश दूँगा। मेरे अनुग्रह से, मेरी वास्तविक महिमा, जिसका नाम परब्रह्म है, तुम्हारे हृदय में प्रकट हो जायेगी। तुम्हें उसका ठीक-ठीक ज्ञान हो जायेगा। श्री भगवान् सत्यव्रत को यह आदेश देकर अन्तर्धान हो गये।

श्री भगवान् के आदेशानुसार राजा सत्यव्रत अब उस समय की प्रतीक्षा करने लगे जिसके लिये श्री भगवान् ने संकेत किया था। कुशों का अग्रभाग पूर्व की ओर कर, उस पर पूर्वोत्तर मुख कर, राजा सत्यव्रत बैठ गये तथा अपना ध्यान श्री भगवान् के मत्स्यरूप में लगा कर उनके चरणों का चिन्तन करने लगे। भगवान् का बताया हुआ वह समय आ पहुँचा। राजा ने देखा कि सागर अपनी मर्यादा छोड़कर बढ़ रहा है। प्रलयकाल के भयंकर मेघ वर्षा करने लगे। सारी पृथ्वी जल में डूबने लगी। राजा ने भगवान् के आदेश का स्मरण किया तथा पाया कि नाव भी आ गई। अतः धान्य तथा अन्य बीजों को लेकर सप्त ऋषियों सहित, वह उस पर सवार हो गये। सप्तर्षियों ने राजा से कहा कि वह श्री भगवान् का ध्यान करें। वे ही हमें इस संकट से बचायेंगे तथा हमारा कल्याण करेंगे। श्री भगवान् का ध्यान करते ही उस महान् सागर में मत्स्य के रूप में भगवान् प्रकट हो गए। मत्स्य भगवान् का शरीर स्वर्ण की भाँति देदीप्यमान तथा एक अति विशालकाय था। उनके शरीर में एक बड़ा सींग था। भगवान् की आज्ञानुसार वह नौका वासुकि नाग के द्वारा उनके सींग से बान्ध दी गई तथा राजा सत्यव्रत ने प्रसन्न होकर भगवान् की स्तुति की–

प्रभो! संसार के जीवों का आत्मज्ञान, अनादि-अविद्या आवरण से ढका है। हमें उस बन्धन से छुड़ा कर वास्तव में आप ही मुक्ति देने

वाले हैं। यह अज्ञानी जीव अपने ही कर्मों से बन्धा हुआ है। सुख की इच्छा से वह दुःखप्रद कर्मों का अनुष्ठान करता है। जिनकी सेवा से अज्ञान नष्ट हो जाता है, वे परमगुरु मुझे ज्ञानोपदेश दें। आप सर्वशक्तिमान् अविनाशी प्रभु ही हमारे गुरुजनों के भी परम गुरु हैं। मैं आपकी शरण में हूँ। आप स्वयंप्रकश तथा समस्त इन्द्रियों के प्रेरक हैं। अज्ञानी मनुष्य, अज्ञानियों को, जिस ज्ञान का उपदेश करता है, वह तो अज्ञान ही है। परन्तु आप तो उस अविनाशी अमोघ ज्ञान का उपदेश करते हैं जिससे मनुष्य अनायास ही अपने वास्तविक स्वरूप को प्राप्त कर लेता है। आप सारे लोकों के सुहृद्, प्रियतम, ईश्वर तथा आत्मा हैं। आप देवताओं के भी आराध्यदेव हैं। मैं आपसे ज्ञान प्राप्ति हेतु आपकी शरण में हूँ। आप परमार्थ को प्रकाशित करने वाली वाणी से मेरे हृदय में ज्ञान को प्रकाशित करें।

जब राजा सत्यव्रत ने इस प्रकार भगवान् से प्रार्थना की तो मत्स्यरूप धारी पुरुषोत्तम भगवान् ने, प्रलय के सागर में विहार करते हुए, उन्हें आत्मज्ञान का उपदेश दिया। श्री भगवान ने सत्यव्रत को अपने स्वरूप के सम्पूर्ण रहस्य का वर्णन करते हुए, ज्ञान, भक्ति तथा कर्मयोग से परिपूर्ण दिव्य पुराण का उपदेश दिया, जिसे मत्स्यपुराण कहते हैं। तत्पश्चात् जब पिछले प्रलय का अन्त हो गया, अर्थात् ब्रह्माजी की रात्रि समाप्त हो गई तथा वे नींद से जाग्रत् हुए, तब भगवान् ने हयग्रीव असुर को मारकर 'वेद' पुनः ब्रह्माजी को दे दिये। भगवान् की कृपा से राजा सत्यव्रत ज्ञान और विज्ञान से युक्त हो कर इस कल्प में वैवस्वत मनु हुए। प्रलयकालीन सागर में जब ब्रह्माजी सुप्त अवस्था में थे तथा उनकी सृष्टिशक्ति लुप्त हो गई थी, उस समय हयग्रीव दैत्य उनके मुख से निकली हुई श्रुतियों को चुराकर पाताल में ले गया था। श्री भगवान् ने उसे मार कर श्रुतियाँ ब्रह्माजी को लौटा दीं।

श्री शुकदेवजी यह कथा सुनाते हुए राजा परीक्षित् से कहते हैं कि समस्त जगत् के परम कारण लीलामय मत्स्य भगवान् को मैं नमस्कार करता हूँ।

श्रीमद्भागवत पुराण

(संक्षिप्त-यथारूप हिन्दी अनुवाद)

श्रीमद्भागवत पुराण

(संक्षिप्त-यथारूप हिन्दी अनुवाद)

खण्ड 2

(स्कन्ध 9-12)

कृष्ण कुमार बाली

बी.आर. पब्लिशिंग कार्पोरेशन
दिल्ली - 110052

First published 2011

ISBN 13: 9788176467438 (Set of 2 vols.)

Printed & Published by:

B.R. Publishing Corporation
425, Nimri Colony
Ashok Vihar, Phase-IV
Delhi-110052

E-Mail : brpc@vsnl.com

प्रस्तावना

भगवान् निर्गुण, अजन्मा, अव्यक्त तथा प्रकृति के नियन्ता हैं। उनके लिये न कोई प्रिय है न अप्रिय। उनका सब प्राणियों में समभाव है। ऐसा होने पर भी वे अपनी माया के गुणों को स्वीकार कर; बाध्य-बाधक, परस्पर विरोधी रूपों को भी ग्रहण करते हैं। सत्त्वगुण, रजोगुण तथा तमोगुण-ये प्रकृति के गुण हैं, परमात्मा के नहीं। इन तीनों गुणों का घटना-बढ़ना एक समान नहीं होता। भगवान् समय-समय के अनुसार गुणों को स्वीकार करते हैं। सत्त्वगुण की वृद्धि के समय देवता और ऋषियों को, रजोगुण की वृद्धि के समय दैत्यों को तथा तमोगुण की वृद्धि के समय वे राक्षसों को अपनाते हैं और उनका अभ्युदय करते हैं। जिस प्रकार व्यापक अग्नि काष्ठ आदि भिन्न-भिन्न आश्रयों में रहने पर भी उनसे पृथक् नहीं जान पड़ती, और केवल मन्थन करने पर वह प्रकट हो जाती है, वैसे ही परमात्मा सभी शरीरों में स्वतन्त्र रूप से विराजमान रहते हुए भी उन से पृथक् प्रतीत नहीं होते। जब भगवान् अपने लिये शरीरों का निर्माण करना चाहते हैं तो वे अपनी माया से रजोगुण की सृष्टि करते हैं। जब वे विचित्र योनियों में रमण करना (अवतरित होना) चाहते हैं तब सत्त्वगुण की सृष्टि करते हैं तथा जब वे शयन करना चाहते हैं तब तमोगुण को बढ़ावा देते हैं। वैसे भी वे समय-समय पर सृष्टि में तीनों गुणों का सन्तुलन बनाये रखते हैं।

भगवान् सत्यसङ्कल्प हैं। वे ही जगत् की उत्पत्ति के निमित्तभूत प्रकृति तथा पुरुष के सहकारी तथा आश्रय 'काल' की रचना करते हैं। अतः काल उनके अधीन है, वे 'काल' के अधीन नहीं हैं। ये कालस्वरूप ईश्वर जब सत्त्व गुण की वृद्धि करते हैं तो सत्त्वमय देवताओं का बल बढ़ाते हैं। उस समय परम यशस्वी परमात्मा, देवविरोधी रजोगुणी तथा तमोगुणी दैत्यों का संहार करते हैं। वास्तव में वे समभाव ही हैं।

इस कल्प के छः मन्वन्तर बीत चुके हैं। इस समय सातवें मन्वन्तर ''वैवस्वत'' मनु के भी सत्ताईस चतुर्युग बीत चुके हैं तथा अट्ठाईसवें के तीन युग, अर्थात् सत्ययुग, त्रेतायुग तथा द्वापरयुग भी बीत चुके हैं तथा कलियुग चल रहा है।

श्रीमद्भगवद् गीता में भगवान् कहते हैं-

यदा यदा हि धर्मस्य ग्लानिर्भवति भारत।
अभ्युत्थानमधर्मस्य तदात्मानं सृजाम्यहम्।।

।।गीता, अ0 4 श्लोक 7।।

हे भारत! जब-जब (जिस-जिस देश-काल में) धर्म की हानि और अधर्म की वृद्धि होती है, तब-तब मैं अवतरित होता हूँ।

परित्राणाय साधूनां विनाशाय च दुष्कृताम्।
धर्मसंस्थापनार्थाय संभवामि युगे युगे।।

।।गीता, अ0 4 श्लोक 8।।

साधुजनों का उद्धार, दुष्टों का नाश तथा धर्म को पुनःस्थापन करने के लिये, मैं युग-युग में अवतार ग्रहण करता हूँ (प्रकट होता हूँ)

द्वापरयुग के अन्तिम चरण में लाखों दैत्यों के दलों ने, घमंडी राजाओं का रूप धारण कर, साधुजनों पर अत्याचार तथा अधर्म को बढ़ावा दे दिया था। ऋषि आश्रम प्रायः लोप होने लगे थे। इन दुष्ट राजाओं की सहस्त्रों अक्षौहिणी सेना पृथ्वी को रौंद रही थी तथा उस पर एक बोझ-सा बन गई थी। उससे त्राण पाने के लिये पृथ्वी माता ने गौ का रूप धारण किया तथा ब्रह्माजी की शरण में गयाी। उसके दुःख-हरण का आश्वासन देकर, ब्रह्माजी तथा शंकरजी, अन्य देवताओं सहित, क्षीर-सागर तट पर गये। भगवान् श्रीहरि देवताओं के भी आराध्यदेव हैं तथा अपने भक्तों की समस्त अभिलाषाएँ पूर्ण करते हैं। क्षीर-सागर तट पर ब्रह्माजी ने भगवान् श्रीकृष्ण की 'पुरुषसूक्त' द्वारा स्तुति की। स्तुति करते-करते ब्रह्माजी समाधिस्थ हो गये। उन्होंने समाधि अवस्था में आकाशवाणी सुनी। तदनन्तर उन्होंने देवताओं से कहा—मैंने भगवान् की

वाणी सुनी है। आप सब भी मुझ से सुनिये तथा उसके पालन में किंचित भी विलम्ब न कीजिए। श्रीभगवान् को पृथ्वी का कष्ट विदित है। वे ईश्वरों के भी ईश्वर हैं। अतः अपनी कलाशक्ति के द्वारा पृथ्वी का भार हरण करते हुए वे जब तक पृथ्वी पर लीला करें, तब तक तुम भी अपने-अपने अंशों के साथ यदुकुल में जन्म लेकर उनकी लीला में सहयोग दें। वसुदेव जी के घर स्वयं पुरुषोत्तम भगवान् साक्षात् प्रकट होंगे। उनकी प्रियतमा (श्री राधा) की सेवा के लिये देवांगनाएँ जन्म ग्रहण करें।

स्वयंप्रकाश भगवान् शेष जी भी, भगवान् के प्रिय कार्य के लिए उनसे पहले ही, उनके बड़े भ्राता के रूप में अवतार ग्रहण करेंगे। भगवान् की ऐश्वर्यशालिनी योगमाया भी, उनकी आज्ञा से, उनकी लीला-कार्य सम्पन्न करने के लिये अंशरूप से अवतार ग्रहण करेंगी।

आकाशवाणी के अनुसार भगवान् श्रीकृष्ण का आविर्भाव हुआ। वे अवतारों के उद्गम हैं। भाद्रमास, कृष्णपक्ष, अष्टम तिथि, निशा का मध्य भाग, रोहिणी नक्षत्र–यह था श्रीभगवान् के आविर्भाव का समय। भगवान् श्रीकृष्ण सम्पूर्ण कलाओं सहित, साक्षात् द्विभुज रूप में प्रकट हुए। इस रूप को देखने के लिये देवता भी सदा उत्कण्ठित रहते हैं।

श्रीमद्भागवत पुराण का दूसरा खण्ड प्रायः भगवान् श्रीकृष्ण की ही लीलाओं का निरूपण करता है तथा उनके निर्मल यश का गान करता है। जिस ग्रन्थ का प्रत्येक श्लोक भगवान् के सुयश सूचक नामों से युक्त है, वह वाणी सारे पापों का नाश कर देती है। सत्पुरुष ऐसी ही वाणी का श्रवण, गान तथा कीर्तन किया करते हैं।

सत्ययुग में धर्म के चार चरण होते हैं–सत्य, दया, तप तथा दान। इसी प्रकार अधर्म के भी चार चरण हैं–असत्य, हिंसा, असन्तोष तथा कलह (क्लेश)। युग परिवर्तन के साथ धर्म का प्रभाव क्षीण पड़ता जाता है तथा अधर्म का प्रभाव बढ़ने लगता है, अर्थात् युग परिवर्तन होने पर धर्म का एक चतुर्थांश क्षीण हो जाता है। कलियुग (वर्तमान युग) में धर्म के चारों चरण प्रायः लोप से हो जाते हैं तथा अधर्म की ही प्रधानता हो जाती है। कलियुग के अनेकों दोष हैं। सब दोषों का मूल स्रोत है

अन्तःकरण, परन्तु जब पुरुषोत्तम भगवान् का ध्यान किया जाता है तब हृदय उनकी ज्योति से प्रकाशित हो जाता है तथा उनकी सन्निधिमात्र से ही सब दोष नष्ट हो जाते हैं। भगवान् के रूप, गुण, लीला, धाम तथा नाम के श्रवण, संकीर्तन, ध्यान तथा पूजा से वे मनुष्य के हृदय में ही उपलब्ध हो जाते हैं। यद्यपि कलियुग में अधर्म की प्रधानता रहती है तथा वह दुःख का कारण है, फिर भी कलियुग का एक गुण भी है कि केवल भगवान् श्रीकृष्ण की भक्ति तथा संकीर्तन-मात्र से ही सारी आसक्तियाँ छूट जाती हैं तथा भगवान् श्रीकृष्ण की प्राप्ति हो जाती है। सत्ययुग में भगवान् का ध्यान करने से, त्रेतायुग में बड़े-बड़े दक्षिणा वाले यज्ञों के द्वारा उनकी आराधना करने से तथा द्वापरयुग में विधिपूर्वक उनकी पूजा-सेवा से जो फल प्राप्त होता है, वह कलियुग में केवल भगवान् के नाम-संकीर्तन से ही प्राप्त हो जाता है। कलियुग में भगवान् की भक्ति अतिशीघ्र फलदायी है।

कृष्ण कुमार बाली

अनुक्रम

दशम स्कन्ध (पूर्वार्ध) 64

दशम स्कन्ध (उत्तरार्ध) 220

शब्दार्थ

अन्तर्यामी	-	हृदय की बात जानने वाला, हृदय में रहने वाला
अर्थलोलुप	-	धन का लालची
आलभन	-	पकड़ना, मार डालना
अपवर्ग	-	मोक्ष
आधान	-	रखना, ऊपर रखना (अग्न्याधान - यज्ञाग्नि स्थापित करना)
अन्वाधान	-	अग्निहोत्र की अग्नि में समिधाएँ रखना।
आर्द्रता	-	गीलापन
अपेक्षा	-	प्रत्याशा, चाह, आवश्यकता
आविर्भूत	-	प्रकट हुआ, उत्पन्न हुआ।
उद्दीपन	-	भड़कना, उत्तेजित होना, जलना, (रसप्रतीति में एक विभाव)
उज्जीवित	-	पुनर्जीवित
उत्ताल	-	ऊँचा, बड़ा, मजबूत
उल्लास	-	हर्ष, खुशी
क्रतु	-	यज्ञ
कारुणिक	-	करुणा (दया) से युक्त
खौर	-	खुर से सम्बन्धित, लंगड़ा
गार्हपत्य	-	गृहस्वामी द्वारा स्थायी रूप से रखी जाने वाली अग्नि। इसीसे यज्ञ में अग्न्याधान किया जाता है।
गोष्ठ	-	गोशाला, गायों को बाँधने का स्थान, ग्वालों का स्थान।
चतुरङ्गिणी	-	चार अङ्गों वाली सेना (पैदल, घोड़े, रथ, हाथी)
तितिक्षु	-	सहनशील

त्रिभंग	-	शरीर की ऐसी मुद्रा जिसमें तीन झुकाव (मोड़) हों।
दहर	-	सूक्ष्म, बच्चा, हृदयरन्ध्र, चूहा
नि:श्रेयस	-	मोक्ष, आनन्द
निरतिशय	-	सबसे जादा
न नग्नः स्नायात्	-	बिल्कुल नंगा होकर स्नान नहीं करना चाहिए।
नाद	-	शब्द, ध्वनि
निरीह	-	तृष्णा से रहित, उदासीन, निष्काम
नोवना	-	दुहते समय गाय का पिछला पैर रस्सी से बाँधना
पारण	-	पार ले जाने वाला, पाठ बांचना, व्रत के बाद भोजन करना।
प्रतीयमान	-	प्रतीत होने वाला, जिसका अनुभव किया जाए, व्यङ्ग्य - अर्थ,
प्रोक्षण	-	पानी छिड़कना, छींटे मारकर अभिमंत्रित करना, यज्ञ में पशु का वध
प्रत्याहार	-	पीछे हटाना, इन्द्रियों का दमन करना, संस्कृत व्याकरण में बहुत अक्षरों का सूक्ष्मरूप
प्रतिपदा	-	शुक्ल पक्ष अथवा कृष्णपक्ष की पहली तिथि, पड़वा
परिसाधन	-	अच्छी प्रकार कार्य-साधन करना
पौर्णमास	-	पूर्णमासी तिथि में होने वाला व्रत अथवा यज्ञ
परात्पर	-	जो परे से भी परे हो (ईश्वर, ब्रह्म)
प्राशन	-	खाना, खिलाना, स्वाद-चखना
परमेष्ठि	-	ब्रह्मा
बृहस्पतिसव यज्ञ	-	बृहस्पतिदेवता से सम्बन्धित सोम-यज्ञ
मलयानिल	-	मलय पर्वत से आने वाली हवा
मुदित	-	प्रसन्न
यजन	-	हवन करना, पूजा करना

युगपत् – दो कार्य एक साथ होना, साथ-साथ आ पड़ना
रति – प्रेम, कामदेव की पत्नी का नाम
विवर्त – भंवर (पानी का)
वैषम्य – विभिन्नता, भेद, कठिनाई
विक्षिप्त – विखेरा हुआ, व्याकुल, भ्रान्त, पागल
वय – अवस्था, आयु, उमर
वैचित्र्य – विविधता, विभिन्नता, आश्चर्य-युक्त
विवक्षा – बोलने की इच्छा, आशय
विशद – स्वच्छ, पवित्र, सफेद रंग का
विनियुक्त – किसी कार्य में लगा हुआ/लगाया हुआ
ह्लदिनी – नदी, बिजली, शब्द करने वाली
साम्य – समानता
सीकर – पानी की छोटी बूंदे, फुहार
स्थावर-जङ्गम – जड़-चेतन प्रकृति
समन्तपञ्चक – कुरुक्षेत्र अथवा उसके निकट का स्थान
संयत – नियन्त्रित, बंधा हुआ, वश में किया हुआ
संवत्सर – साल, वर्ष (विक्रम सम्वत्सर, शक सम्वत्सर आदि)
स्वयम्भू – स्वयं उत्पन्न होने वाला, ब्रह्मा
समावर्तन संस्कार - वेद-पढ़कर ब्रह्मचारी का घर वापिस आने वाला संस्कार
स्मर्यमाण – याद किया जाता हुआ
स्विष्टकृत् – अग्नि आदि देवताओं को विशेष प्रसन्न करने के लिए किया गया होम (हवन)
संवर्धन – बढ़ावा देना, वृद्धि करना, भरणपोषण करना
संवरण – छिपाना, ढकना
सुभग – अच्छे भाग्य वाला, सुन्दर
साम, दान, भेद, दण्ड - राजनीति के चार उपाय, (1) शान्ति रखना (2) देना (3) फूट डालना (4) युद्ध करके हराना

नवम स्कन्ध

अध्याय 1

वैवस्वत मनु-पुत्र सुद्युम्न कथा

राजा परीक्षित् की जिज्ञासा पर कि राजर्षि सत्यव्रत, "इस कथा के वैवस्वत मनु", का वंश आगे किस प्रकार विस्तृत हुआ, श्री शुकदेवजी ने कहा–परीक्षित्! जो परम पुरुष परमात्मा छोटे-बड़े सभी प्राणियों के आत्मा हैं, प्रलय के समय केवल वही थे। यह विश्व तथा और कुछ भी नहीं था। उनकी नाभि से एक स्वर्णमय कमलकोष प्रकट हुआ। उसी में चतुर्मुख ब्रह्माजी का आविर्भाव हुआ। ब्रह्माजी के मन से मरिचि हुए तथा मरीचि के पुत्र ऋषि कश्यप हुए। कश्यपजी की पत्नी अदिति (प्रजापति दक्ष की पुत्री) से विवस्वान् (सूर्य) का जन्म हुआ। विवस्वान् की पत्नी संज्ञा से श्राद्धदेव मनु का जन्म हुआ। श्राद्धदेव की पत्नी श्रद्धा से दस पुत्र उत्पन्न हुए। उनके नाम थे-इक्ष्वाकु, नृग, शर्याति, दिष्ट, धृष्ट, करूष, नरिष्यन्त, पृषध्र, नभग तथा कवि।

निःसन्तान होने के कारण, वसिष्ठ मुनि ने वैवस्वत मनु से सन्तान प्राप्ति हेतु मित्रावरुण का यज्ञ कराया। वैवस्वत पत्नी श्रद्धा की प्रार्थना पर होता ने यज्ञ इस प्रकार किया कि जिससे पुत्र के स्थान पर कन्या का ही जन्म हुआ। इससे वैवस्वत मनु प्रसन्न नहीं हुए तथा ऋषि वसिष्ठ के पास जा कर उन्होंने कहा कि इस यज्ञ का विपरीत परिणाम कैसे हुआ, क्योंकि यह यज्ञ तो पुत्रहेतु था। ऋषि वसिष्ठ होता के, विपरीत-संकल्प, को जान गये। उन्होंने पुरुषोत्तम भगवान् नारायण की स्तुति की। सर्वशक्तिमान् भगवान् हरि ने सन्तुष्ट होकर उसी कन्या को सुद्युम्न नामक श्रेष्ठ पुत्र में परिवर्तित कर दिया।

एक बार राजा सुद्युम्न आखेट हेतु अपने अनुचरों सहित वन में गये। हिरनों का पीछा करते-करते वे मेरु पर्वत की तलहटी में प्रवेश कर गये

जहाँ भगवान् शंकर, पार्वती जी के संग विहार करते हैं। उस स्थान पर प्रवेश करते ही राजा सुद्युम्न अपने सारे अनुचरों सहित स्त्रियों के रूप में परिणत हो गये।

राजा परीक्षित् के पूछने पर कि उस भूखण्ड में ऐसा कौन सा गुण था कि जिससे ये सब स्त्रियों में परिणत हो गये, श्री शुकदेवजी ने कहा —

परीक्षित! एक दिन भगवान् शंकर के दर्शनों के लिये बड़े–बड़े ऋषि तथा व्रतधारी उस वन में आये। ऋषियों को अकस्मात् आते देख पार्वती जी ने झट से अपने वस्त्र ठीक कर लिये। ऋषियों ने देखा कि भागवान् गौरी शंकर इस समय विहार कर रहे थे। अतः वे वहाँ से लौटकर नर-नारायण के आश्रम को चले गये। उसी समय भगवान् शंकर ने भगवती अम्बिका को प्रसन्न करने के लिये कहा कि, ''मेरे सिवा जो भी पुरुष इस स्थान में प्रवेश करेगा, वह स्त्री हो जायेगा।''

अब सुद्युम्न अपने सभी अनुचरों सहित स्त्रियों में परिणत हो गये तथा एक वन से दूसरे वन में विचरने लगे। विचरते-विचरते, सुद्युम्न एक सुन्दर स्त्री के रूप में, अपने अनुचर स्त्रियों से घिरे, ऋषि बुध के आश्रम में आ गये। वहाँ विधि की इच्छा से स्त्री बने हुए सुद्युम्न ने ऋषि बुध (चन्द्रकुमार) को अपना पति स्वीकार कर लिया तथा उनसे पुरूरवा नाम से पुत्र उत्पन्न हुआ।

इसी अवस्था में सुद्युम्न ने अपने कुलपुरोहित वसिष्ठ का स्मरण किया। ऋाषि वसिष्ठ ने सुद्युम्न को पुनः पुरुष बनाने के लिये भगवान् शंकरजी की आराधना की। भगवान् शंकर वसिष्ठ पर प्रसन्न हुए। उन्होंने ऋषि वसिष्ठ की अभिलाषा पूर्ण करने के लिये तथा अपनी वाणी सत्य रखते हुए कहा — वसिष्ठ! तुम्हारा कल्याण हो। तुम्हारा यह यजमान एक महीने तक पुरुष रहेगा तथा एक महीना स्त्री। इस व्यवस्थानुसार सुद्युम्न पृथ्वी का पालन करे। सुद्युम्न के तीन पुत्र हुए — उत्कल, गय तथा विमल। वे सब दक्षिणापथ के राजा हुए। वृद्धावस्था आने पर प्रतिष्ठान

नगरी के अधिपति सुद्युम्न ने अपना राज्य, अपने पुत्र पुरूरवा को सौंप कर स्वयं तपस्या हेतु वन में चले गये।

अध्याय 2

वैवस्वत मनुवंश

इस प्रकार जब सुद्युम्न तपस्या के लिये वन को चले गये, तब वैवस्वत मनु ने पुत्र की अभिलाषा से यमुना तट पर 100 वर्ष तपस्या की तथा सन्तान के लिये सर्वशक्तिमान् भगवान् श्रीहरि की आराधना की तथा अपने समान दस पुत्र प्राप्त किये। इनमें सबसे बड़े इक्ष्वाकु थे।

इन में एक का नाम था पृषध्र। गुरु वसिष्ठ ने उसे गायों की रक्षा में नियुक्त किया था। एक रात वर्षा हो रही थी तथा एक बाघ गायों के झुँड में आ गया। उससे भयभीत हो कर गायें गोशाला में इधर-उधर भागने लगीं। उनका क्रन्दन सुनकर पृषध्र वहाँ आ पहुँचा। वर्षा के कारण घनघोर अन्धेरा था। पृषध्र ने हाथ में तलवार से बाघ की बजाये, अनजाने में एक गाय का सिर काट दिया। प्रातः होने पर जब गाय का अपने हाथों वध हुआ देखा, तो वह अति दुःखी हुआ, जबकि यह अपराध अनजाने में ही हुआ था। ऋषि वसिष्ठ ने उसे क्षत्रिय से शूद्र होने का शाप दे दिया। इस शाप को स्वीकार कर पृषध्र ने मुनियों को प्रिय लगने वाले नैष्ठिक ब्रह्मचर्य व्रत को धारण कर लिया तथा भक्ति द्वारा विशुद्ध सर्वात्मा भगवान् वासुदेव का अनन्य प्रेमी हो गया। उसकी सारी वृत्तियाँ शान्त हो गईं, इन्द्रियाँ वश में हो गई तथा जो कुछ भी दैववश प्राप्त होता उसी में वह सन्तुष्ट रहने लगा। एक दिन वन में कहीं दावानल धधक उठा। उसने उसी अग्नि मे अपने को भस्म कर दिया तथा परम पद को प्राप्त किया।

मनु का सबसे छोटा पुत्र था कवि। वह भी विषयों से अत्यन्त निःस्पृह था। वह भी राज्य छोड़ कर अपने बन्धुओं सहित वन को चला गया तथा अपने हृदय में स्वयंप्रकाश परमात्मा को विराजमान कर किशोरावस्था में ही परम पद को प्राप्त हो गया।

मनुपुत्र करूष से कारूष नाम से क्षत्रिय उत्पन्न हुए। वे ब्राह्मणभक्त धर्मप्रेमी तथा उत्तरापथ के रक्षक थे। धृष्ट के धार्ष्ट नाम से क्षत्रिय हुए। नृग का पुत्र हुआ सुमति, उसका पुत्र भूतज्योति तथा भूतज्योति का पुत्र हुआ वसु। वसु का पुत्र हुआ प्रतीक तथा उसका पुत्र हुआ ओघवान्। ओघवान् के पुत्र का नाम भी ओघवान् था। उनके एक ओघवती कन्या भी हुई, जिसका विवाह सुदर्शन से हुआ। मनुपुत्र नरिष्यन्त से चित्रसेन, उससे ऋक्ष, ऋक्ष से मीढ़वान्, मीढ़वान् से कूर्च तथा उससे इन्द्रसेन की उत्पत्ति हुई। इन्द्रसेन से वीतिहोत्र, उससे सत्यश्रवा, सत्यश्रवा से उरुश्रवा तथा उससे देवदत्त की उत्पत्ति हुई।

देवदत्त के पुत्र हुए अग्निवेश्य जो स्वयं ही अग्निदेव थे तथा वे ही महर्षि जातूकर्ण्य के नाम से विख्यात हुए। ब्राह्मणों का 'आगि ा-वेश्यायन' गोत्र उन्हीं से चला।

दिष्ट के पुत्र का नाम था नाभाग। वह अपने कर्म के कारण वैश्य हुआ। उसका पुत्र था भलन्दन, और भलन्दन का पुत्र हुआ वत्सप्रीति। वत्सप्रीति का प्रांशु तथा प्रांशु का प्रमति। प्रमति के खनित्र तथा खनित्र के चाक्षुक और उनके पुत्र हुए विविंशति। विविंशति के पुत्र हुए रम्भ और रम्भ के पुत्र हुए खनिनेत्र। उनके पुत्र हुए करन्धम और करन्धम के पुत्र हुए अवीक्षित्। अवीक्षित् के पुत्र हुए चक्रवर्ती राजा मरुत्त। उनसे अंगिरा के पुत्र महायोगी संवर्त्त ऋषि ने यज्ञ कराया था। मरुत्त का जैसे यह यज्ञ हुआ, वैसा किसी का नहीं हुआ। इस यज्ञ में परसने वाले थे मरुद्गण, और विश्वेदेव सभासद् थे।

मरुत के पुत्र का नाम था दम। दम से राज्यवर्धन, उससे सुधृति तथा सुधृति से नर नाम से पुत्र की उत्पत्ति हुई। नर से केवल, केवल से बन्धुमान्, बन्धुमान् से वेगवान्, वेगवान् से बन्धु तथा बन्धु से राजा

तृणबिन्दु का जन्म हुआ। अप्सराओं में श्रेष्ठ अलम्बुषा से उनका विवाह हुआ था। उनके कई पुत्र तथा एक कन्या इडविडा नाम से हुई।

मुनिवर विश्रवा (पुलस्त्य के पुत्र) ने इडविडा से विवाह कर, कुबेर को पुत्र रूप में प्राप्त किया। महाराज तृणबिन्दु के तीन पुत्र हुए – विशाल, शून्यबन्धु तथा धूम्रकेतु। इनमें से राजा विशाल वंशधर हुऐ तथा उन्होनें वैशाली नामक नगरी बसाई। विशाल से हेमचन्द्र, हेमचन्द्र से धूम्राक्ष, उससे संयम तथा संयम से दो पुत्र – कृशाश्व तथा देवज। कृशाश्व के पुत्र का नाम था सोमदत्त। उसने अश्वमेध यज्ञ द्वारा यज्ञपति श्रीभगवान् की आराधना की। सोमदत्त का पुत्र हुआ सुमति तथा सुमति से जनमेजय। ये सब तृणबिन्दु की कीर्ति को बढ़ाने वाले विशाल राजा हुए।

अध्याय 3

महर्षि च्यवन चरित्र

श्री शुकदेवजी राजा परीक्षित् से कहते हैं कि मनुपुत्र राजा शर्याति वेदों का प्रगाढ़ पण्डित था। उसने अंगिरा-गोत्र के ऋषियों के यज्ञ में दूसरे दिन का कर्म बतलाया। उसकी एक कमललोचना कन्या सुकन्या थी। एक बार जब राजा शर्याति अपनी कन्या तथा सैनिकों सहित वन को गये हुए थे तो सुकन्या ने मार्ग में एक स्थान पर बड़े सुन्दर वृक्षों के समीप एक बाँबी के छेद में से तो जुगनू जैसी ज्योतियों को देखा। बालावस्था चपलता के कारण उसने काँटा लेकर उनको छेद दिया। वास्तव में ये महर्षि च्यवन की आँखें थीं जो बाँबी में स्माधिस्थ थे। ऐसा करनेमात्र से राजा के सैनिकों पर आपत्ति आ गई। किसी ने महर्षि च्यवनजी के आश्रम में कोई भूल तो नहीं की? इस पर सुकन्या ने अपना अपराध राजा को बताया। राजा ने महर्षि च्यवनजी की स्तुति की तथा उन्हें प्रसन्न कर अपनी कन्या उन्हें समर्पित कर दी।

इस प्रकार सुकन्या परम क्रोधी च्यवन मुनि को प्रसन्न करने के लिये बड़ी सावधानी से उनकी सेवा करने लगी। वह उनकी मनोवृत्ति को जानकर उनके अनुसार उनकी सेवा करती थी।

कुछ समय पश्चात् उनके आश्रम में दोनों अश्विनीकुमार आये। च्यवन मुनि ने उनका यथायोग्य सत्कार किया तथा कहा - आप दोनों समर्थ हैं। अतः मुझे युवावस्था प्रदान कीजिए। वैद्यशिरोमणि अश्विनीकुमारों ने मुनि की प्रार्थना स्वीकार कर उनसे कहा कि "यह सिद्धों के द्वारा बनाया हुआ कुण्ड है। आप इस में स्नान कीजिए।" च्यवन मुनि को साथ लेकर अश्विनीकुमारों ने उस कुण्ड में प्रवेश किया। जब वे बाहर आये तो मुनि वृद्धावस्था को त्याग कर एक सुन्दर युवक के रूप में बाहर आये। तत्पश्चात् मुनि से आज्ञा लेकर अश्विनीकुमार अपने विमान द्वारा देवलोक को चले गये।

कुछ समय पश्चात् जब राजा शर्याति च्यवन मुनि के आश्रम में आये तो वहाँ एक सुन्दर नवयुवक को पाकर चकित से हो गये। इसका रहस्य प्रकट करते हुए सुकन्या ने कहा, पिताजी! ये आपके जामाता स्वयं भृगुनन्दन महर्षि च्यवन हैं।

महर्षि च्यवन ने राजा शर्याति से सोमयज्ञ का अनुष्ठान करवाया तथा सोमपान के अधिकारी न होने पर भी, उन्होंने अपने प्रभाव से अश्विनीकुमारों को सोमपान कराया। इस पर इन्द्र ने क्रोधित होकर च्यवन मुनि पर वज्र का प्रहार करना चाहा, परन्तु च्यवन मुनि के प्रभाव से वे निष्फल हुए। तत्पश्चात् देवताओं ने अश्विनीकुमारों को सोम का भाग देना स्वीकार कर लिया जो कि उन्हें उनके वैद्य होने के कारण, देवताओं ने उनका सोमपान से बहिष्कार कर रखा था।

राजा शर्याति के तीन पुत्र थे - उत्तानबर्हि, आनर्त तथा भूरिषेण। आनर्त से रेवत हुए। रेवत ने सागर के भीतर कुशस्थली नाम की नगरी बसायी। उनके सौ श्रेष्ठ पुत्र हुए। इनमें सबसे बड़े थे ककुद्मी। ककुद्मी अपनी कन्या रेवती को लेकर वर की इच्छा से ब्रह्मलोक ब्रह्माजी के पास गये। वहाँ गायन-सभा चल रही थी। उत्सव के अन्त में ब्रह्माजी को

नमस्कार कर राजा ने अपने आने का अभिप्राय कहा।

ब्रह्माजी ने कहा, राजा! आपने अपने मन में जिन लोगों के विषय में सोचा था, अब वे नहीं रहे। इस बीच में पृथ्वी पर सत्ताईस चतुर्युग(पृथ्वी का समय) बीत चुके हैं। इस समय भगवान् नारायण के अंशावतार महाबली बलदेव (बलरामजी) विद्यमान हैं। आप उन्हीं नररत्न को अपनी कन्या समर्पित कर दो। राजा ककुद्मी ने ब्रह्माजी का यह आदेश प्राप्त कर उन्हें प्रणाम कर चरणवन्दना की तथा अपने नगर में वापस आ गये। उनके वंशजों ने यक्षों के भय से नगरी छोड़ दी थी तथा जहाँ-तहाँ निवास करने लगे थे। राजा ककुद्मी ने अपनी सर्वांग सुन्दरी कन्या बलशाली, शेषावतार बलरामजी को सौंप दी तथा स्वयं तपस्या करने के लिये नर-नारायण के आश्रम बदरी वन चले गये।

अध्याय 4

नाभाग, अम्बरीष कथा

मनुपुत्र नभग का पुत्र हुआ नाभाग। जब वह दीर्घकाल पश्चात् ब्रह्मचर्यव्रत का पालन कर लौटा तो उसके बड़े भ्राताओं ने परस्पर सम्पत्ति का बटवारा कर, उसे कुछ न दिया, और उसके पूछने पर कहा, कि बटवारे में उन्होंने, उसे, पिता को दिया है। पिता ने पुत्र नाभाग से चिन्तित न होने को कहा। इस समय आंगिरस-गोत्र के ब्राह्मण एक महान् यज्ञ कर रहे थे। परन्तु हर छटे दिन वे अपने कर्म में भूल कर बैठते थे। उनके इस सुधार के लिये नभग ने पुत्र नाभाग को भेजा। यज्ञ विधिवत् समाप्त कर ब्राह्मण स्वर्ग को चले गये तथा यज्ञ का बचा हुआ धन वे नाभाग को दे गये। जब नाभाग यह धन लेने लगा तो उत्तर दिशा से एक कृष्णवर्ण का पुरुष आया तथा इस धन पर अपना अधिकार बताने लगा।

नाभाग के कहने पर कि यह धन उसे ऋषियों ने दिया है तो उस पुरुष ने इस विवाद को सुलझाने के लिये नाभाग के पिता का सहयोग माँगा। नगभ ने कहा - एक बार दक्ष प्रजापति के यज्ञ में ऋषि लोग यह निश्चय कर चुके हैं कि यज्ञ भूमि में जो कुछ बच जाता है, वह सब रुद्रदेवजी का है। अतः यह सब धन तो महादेवजी का हुआ।

नाभाग ने उस महापुरुष (रुद्रभगवान्) को जाकर प्रणाम किया तथा कहा, हे प्रभु! यज्ञभूमि की सभी वस्तुएँ आपकी हैं, ऐसा मेरे पिता ने कहा है। मुझ से अपराध हुआ। मैं क्षमा याचना करता हूँ। तब भगवान् रुद्र ने कहा — तुम्हारे पिता का निर्णय धर्मानुकूल है तथा तुमने भी मुझ से यह सत्य कहा है। तुम वेदज्ञानी तो हो ही, अब मैं तुम्हें सनातन ब्रह्मतत्त्व का ज्ञान देता हूँ। यह बचा हुआ धन जो मेरा अंश है, वह भी मैं तुम्हें देता हूँ। इतना कह कर रुद्र भगवान् अन्तर्धान हो गये।

नाभाग के पुत्र हुए अम्बरीष। वे श्रीभगवान् के बड़े प्रेमी तथा उदार धर्मात्मा थे। परम ज्ञानी राजर्षि अम्बरीष का चरित्र सुनाते हुए श्री शुकदेवजी राजा परीक्षित् से कहते हैं — राजा अम्बरीष बड़े भग्यवान् थे। पृथ्वी के सातों द्वीप, अचल सम्पत्ति तथा अतुलनीय वैभव उनको प्राप्त था परन्तु फिर भी वे इन वस्तुओं को स्वप्नतुल्य समझते थे।

भगवान् श्रीकृष्ण तथा उनके प्रेमी साधुओं में उनका बड़ा अनुराग था। उन्होंने अपने मन को श्रीकृष्ण के चरणकमलों में, वाणी को भगवद् गुणों के संकीर्तन में तथा हाथों को हरि मन्दिर मार्जन तथा कानों को भगवान् अच्युत की मंगलमय कथा श्रवण में लगा रखा था। अम्बरीष के पद भगवान् हरि के तीर्थ क्षेत्रों की पद-यात्रा में लगे रहते थे। राजा अम्बरीष ने माला, चन्दन तथा भोग की सब सामग्रियों को भगवान् की सेवा में समर्पित कर दिया था। इस प्रकार अपने सर्व कर्म, यज्ञपुरुष भगवान् को अर्पित कर, वे भगवद् भक्त ब्राह्मणों की आज्ञानुसार शासन करने लगे। उन्होंने 'धन्व-क्षेत्र', सरस्वती निकट स्थानपर, ऋषि वसिष्ठ, असित, गौतम आदि भिन्न-भिन्न आचार्यों द्वारा, सर्वांगपूर्ण, बड़ी-बड़ी दक्षिणा वाले अश्वमेध यज्ञ कर, यज्ञपति भगवान् की आराधना की। वे अपने हृदेश में सदा निरन्तर श्रीहरि दर्शन करते रहते थे। राजा अम्बरीष

इस प्रकार तपस्या युक्त कर्मयोग में संलग्न, आसक्तिरहित प्रजा पालन करने लगे तथा उन्होंने श्रीहरि का अद्वितीय संरक्षण प्राप्त किया।

राजा अम्बरीष की पत्नी भी उन्हीं के समान धर्मशील तथा भक्ति परायण थी। एक वर्ष उन्होंने एकादशी व्रत तथा श्रीकृष्ण की पूजा की। व्रत समाप्ति पर कार्तिक मास में उन्होंने तीन रात का उपवास किया तथा यमुनाजी में स्नान कर मधुवन मे श्रीकृष्णजी की पूजा की। ब्रह्मभोज कर ब्राह्मणों को गौएँ तथा यथोचित दान दक्षिणा दी। इस प्रकार ब्राह्मणों से आज्ञा लेकर राजा अम्बरीष व्रत का पारण करने के लिये उद्यत हए। उसी समय भगवद् स्वरूप ऋषि दुर्वासाजी अथिति रूप में पधारे।

राजा अम्बरीष ने विधिवत् उनका स्वागत कर अतिथि रूप में उनकी पूजा की तथा भोजन के लिये प्रार्थना की जिसे दुर्वासाजी ने स्वीकार कर लिया तथा यमुना नदी पर स्नान हेतु चले गये। इसी समय द्वादशी केवल घड़ीभर शेष रह गई थी। धर्मज्ञ अम्बरीष ने इस धर्मसंकट में पड़ कर ब्राह्मणों से परामर्श किया। उन्होंने (राजा अम्बरीष ने) कहा, ब्राह्मणो! ऋषि दुर्वासा को भोजन कराये बिना स्वयं खा लेना तथा द्वादशी रहते पारण न करना दोनों दोष हैं। अतः ब्राह्मण देवता ! मुझे ऐसा परामर्श दीजिए जिससे मुझे पाप न लगे। तब ब्राह्मणों ने विचार कर राजा अम्बरीष से कहा – श्रुतियों में ऐसा कहा है कि जल पी लेना भोजन करना भी है, नहीं करना भी। अतः इस समय मैं केवल जल से पारण कर लेता हूँ। इस प्रकार निश्चय कर राजा अम्बरीष ने जल पी लिया तथा ऋषि दुर्वासा की प्रतीक्षा करने लगे।

महर्षि दुर्वासा जब स्नान उपरान्त यमुना नदी से लौटे तो राजा ने उनका अभिनन्दन किया। इस समय दुर्वासा भूखे थे तथा यह जान कर कि राजा ने पारण कर लिया है, वे अत्यन्त क्रोधित हो गये। उन्होंने हाथ जोड़े हुए राजा अम्बरीष से कहा – यह धन के मद से अभिमानी हो गया है। भगवान् की भक्ति इस में लेशमात्र भी नहीं । आज इस ने धर्म का उलंघन कर बड़ा अन्याय किया है। अतिथि से पहले ही इस ने खा लिया है। ऐसा कहते-कहते दुर्वासा ऋषि ने अपनी एक जटा उखाड़ी तथा उससे एक कृत्या को उत्पन्न किया, राजा अम्बरीष को मारने के

लिये। वह खड्ग लेकर राजा पर टूट पड़ी। परन्तु राजा अम्बरीष इससे तनिक भी विचलित नहीं हुए। परम परुष परमात्मा ने अपने सेवक की रक्षा के लिए पहले से ही सुदर्शन चक्र को नियुक्त कर रखा था। अतः सुदर्शन चक्र ने कृत्या को जलाकर भस्म कर दिया। जब दुर्वासा ऋषि ने देखा कि सुदर्शन चक्र उनकी ओर आ रहा है तो वे अपने प्राण बचाने के लिये भागे। श्रीभगवान् का सुदर्शन चक्र भी उनके पीछे लगा रहा। दुर्वासाजी दिशा, आकाश, पृथ्वी, अतल-वितल आदि नीचे के लोक, सागर, लोकपाल तथा उनके सुरक्षित लोक तथा स्वर्ग में गये। परन्तु जहाँ-जहाँ वे जाते, सुदर्शन चक्र उनके पीछे ही लगा दिखा। जब उन्हें कोई रक्षक न मिला तो भयभीत होकर ब्रह्माजी के पास पहुँचे तथा बोले, ब्रह्माजी! आप स्वयम्भू हैं। भगवान् के इस तेजोमय चक्र से मेरी रक्षा कीजिए।

ब्रह्माजी ने कहा—जब मेरी दो परार्ध की आयु समाप्त होगी तो काल-स्वरूप भगवान् अपनी यह सृष्टिलीला अपने में लीन कर लेंगे। इनके भ्रूभंग मात्र से यह सारा संसार और मेरा लोक समाप्त हो जायेगा। मैं, शंकरजी, दक्ष-भृगु आदि प्रजापति, भूतेश्वर, देवेश्वर आदि सब, जिनके रचित नियमों में बन्धे हैं, जिनकी आज्ञा शिरोधार्य कर संसार का हित करते हैं, उनके भक्त के द्रोही को बचाने में हम समर्थ नहीं।

ब्रह्माजी से निराश होकर, दुर्वासाजी कैलासवासी भगवान् शंकरजी की शरण में गये।

श्री महादेव जी ने कहा—दुर्वासाजी! जिन अनन्त परमेश्वर में ब्रह्मा जैसे जीव तथा उनके उपाधिभूत कोश, इस ब्रह्माण्ड तुल्य अनेकों ब्रह्माण्ड समय पर उत्पन्न तथा समय आने पर उन्हीं में समा जाते हैं, उन प्रभु के सम्बन्ध में हम कुछ भी करने को समर्थ नहीं।

मैं, सनत्कुमार, नारद, भगवान् ब्रह्मा, कपिलदेव तथा अन्य देवता—हम सभी उनकी माया को नहीं जान सकते। यह चक्र उन विश्वेश्वर का शस्त्र है। इसे रोकना हमारी समार्थ्य में नहीं। तुम उन्हीं की शरण में जाओ। वे भगवान् तुम्हारा मंगल करेंगे।

कैलासलोक से निराश हो दुर्वासाजी भगवान् के परमधाम वैकुण्ठ में गये तथा काँपते हुए उनके चरणों में गिर पड़े तथा कहा—हे अच्युत!

हे अनन्त! आप संतों के एकमात्र वांछनीय हो। प्रभो आप विश्वदाता हो। मैं अपराधी हूँ। आप मेरी रक्षा कीजिए।

श्रीभगवान् ने कहा, दुर्वासाजी! मैं सर्वथा भक्तों के अधीन हूँ। मेरे सरल स्वभाव भक्त मेरे हृदय में वास करते हैं। अपने भक्तों का एकमात्र आश्रय मैं ही हूँ। जो भक्त स्त्री, पुत्र, गृह, गुरुजन, प्राण, धन, इहलोक तथा परलोक - सब कुछ त्याग कर केवल मेरी शरण में आ गये हैं, उन्हें छोड़ने का संकल्प भी मैं कैसे कर सकता हूँ? मेरे अनन्य प्रेमी भक्त मेरी सेवा से ही अपने को परिपूर्ण तथा कृतकृत्य मानते हैं। मेरी सेवा के फलस्वरूप जब उन्हें कोई सिद्धियाँ प्राप्त होती हैं तो भी वे उन्हें स्वीकार नहीं करते। दुर्वासाजी! जिस का अनिष्ट करने से आपको यह विपदा आन पड़ी है, आप उसी के पास जाईये। निरपराध साधुओं के अनिष्ट की चेष्टा से अनिष्ट करने वाले का ही अमंगल होता है। अतः आप राजा अम्बरीष के पास जाईये तथा उससे क्षमा माँगिये। इससे आप को शान्ति प्राप्त होगी।

अध्याय 5

महर्षि दुर्वासा का संकट निवारण

तदनन्तर भगवान् श्रीहरि के कहेनुसार, दुर्वासाजी अपने संकट निवारण हेतु राजा अम्बरीष के पास आये तथा उसके पैर पकड़ लिये। ऋषिवर के इस व्यवहार से लज्जित होकर राजा अम्बरीष श्रीभगवान् की स्तुति करने लगे। इस समय उनका हृदय भी अति पीड़ित हो उठा।

राजा अम्बरीष ने कहा, प्रभो सुदर्शन! आप अग्नि स्वरूप हैं। आप ही परम समर्थ सूर्य हैं। समस्त नक्षत्र-मण्डल के अधिपति चन्द्रमा भी आपका ही स्वरूप है। मैं आपको नमस्कार करता हूँ। आप समस्त अस्त्र-शस्त्रों को नष्ट कर देने वाले, समस्त लोकों के रक्षक हैं। आप परम पुरुष परमात्मा के श्रेष्ठ तेज हैं। आप इन ब्राह्मण की रक्षा कीजिये।

गदाधारी भगवान् ने दुष्टों के नाश के लिये तथा अधर्म का आचरण करने वाले असुरों को भस्म करने के लिये आपको नियुक्त किया है। आप कृपा करके हमारे कुल के भागयोदय हेतु दुर्वासाजी का कल्याण कीजिए। आपका हम पर यह अनुग्रह होगा। राजा अम्बरीष की इस प्रकार स्तुति से श्रीभगवान् का सुदर्शन चक्र शान्त हो गया। इस स्थिति से स्वस्थ होकर दुर्वासाजी ने राजा अम्बरीष को अनेक आशीर्वाद दिये तथा कहा, राजा! आप धन्य हैं। आज मैंने श्रीभगवान् के प्रेमी भक्तों का महत्त्व देख लिया। जिन्होंने भक्तवत्सल भगवान् श्री हरि के चरणों में दृढ़तापूर्वक अपने आप को अर्पित कर दिया है, उन साधु पुरुषों के लिये कौन सा कार्य कठिन है? राजा अम्बरीष! आपका हृदय करुणापूर्ण है। आप ने मेरे ऊपर महान् अनुग्रह किया है।

राजा अम्बरीष ने अभी तक भोजन नहीं किया था। उन्होंने दुर्वासाजी के चरण पकड़, उन्हें प्रसन्न कर, विधिपूर्वक उन्हें भोजन कराया। जब दुर्वासाजी भोजन से तृप्त हो गये तो उन्होंने कहा - राजन् आप भी भोजन कीजिए। आप भगवान् के परम प्रेमी भक्त हैं।

दुर्वासाजी ने सन्तुष्ट होकर राजा अम्बरीष के गुणों की प्रशंसा की तथा उनकी अनुमति लेकर आकाश मार्ग से ब्रह्मलोक को चले गये जो केवल निष्कामकर्म से ही प्राप्त होता है।

तदनन्तर, कुछ ही समय पश्चात् राजा अम्बरीष, अपने ही समान भक्त पुत्रों पर राज्य का भार छोड़, स्वयं वन में चले गये।

अध्याय 6

इक्ष्वाकुवंश वर्णन

राजा अम्बरीष के तीन पुत्र थे - विरूप, केतुमान् तथा शम्भु। विरूप से पृषदश्व तथा उससे उसका पुत्र स्थीतर हुआ। स्थीतर के कोई सन्तान

न हुई। वंश-परम्परा को स्थापन रखने के लिये उसने अंगिरा ऋषि से प्रार्थना की। ऋषि के ब्रह्मतेज से स्थीतर की पत्नी से कई पुत्र उत्पन्न हुए। अतः वे सभी आंगिरस कहलाये। इनका सम्बन्ध वास्तव में क्षत्रिय और ब्राह्मण, दोनों गोत्रों से हुआ।

मनुजी से इक्ष्वाकु नाम से पुत्र हुआ। इक्ष्वाकु के सौ पुत्र हुए। सबसे बड़े तीन पुत्रों का नाम था—विकुक्षि, निमि तथा दण्डक। उनसे छोटे पच्चीस पुत्र आर्यावर्त के पूर्वभाग, पच्चीस उसके पश्चिम भाग तथा उपर्युक्त तीन मध्यमभाग के अधिपति हुए। शेष सैंतालीस दक्षिण तथा अन्य प्रान्तों के अधिपति हुए।

एक बार राजा इक्ष्वाकु ने अपने बड़े पुत्र विकुक्षि को अष्टकाश्राद्ध के लिये पवित्र पशुओं का मांस लाने को कहा। विकुक्षि ने यज्ञ के लिये पशुओं का आखेट कर, उसमें से स्वयं एक खरगोश का भक्षण कर लिया। जब पशुओं का मांस प्रोक्षण के लिये गुरुजी को दिया गया तो उन्होंने बताया कि यह मांस तो दूषित है। शास्त्रीय विधि का उलंघन करने वाले पुत्र को राजा इक्ष्वाकु ने देश से निकाल दिया तथा स्वयं गुरु वसिष्ठजी से ज्ञान विषयक चर्चाके उपरान्त, अपने शरीर को योग-साधना द्वारा त्याग दिया।

पिता के देहान्त के पश्चात् विकुक्षी अपनी राजधानी में वापस आ गया तथा इस पृथ्वी का शासन करने लगा। उसने बड़े यज्ञों से श्रीभगवान् की आराधना की तथा शशाद नाम से प्रसिद्ध हुआ। विकुक्षि के पुत्र का नाम था पुरञ्जय। उसे 'इन्द्रवाह' तथा 'ककुत्स्थ' के नाम से भी जाना जाता है।

एक समय सत्ययुग के अन्त में देवताओं तथा दानवों के बीच घोर संग्राम हुआ। इसमें देवता, दैत्यों से पराजित हो गये। इस पर देवताओं ने राजा पुरञ्जय से सहायता माँगी जिसने देवराज इन्द्र को वाहन के रूप में माँगा। इसे इन्द्र ने अस्वीकार कर दिया। परन्तु देवताओं के आराध्यदेव सर्वशक्तिमान् विश्वात्मा के कहने पर इन्द्र ने उसे स्वीकार कर लिया। भगवान् विष्णु ने राजा पुरञ्जय को अपनी शक्ति प्रदान की। देवताओं

सहित पुरञ्जय ने पश्चिम की ओर से दैत्यों के नगर को घेर लिया। एक बड़ा रोमांचकारी युद्ध हुआ। राजा पुरञ्जय के प्रबल वाणों की वर्षा से दैत्य क्षीण पड़ गये तथा वे रण-भूमि छोड़ भाग गये। इस युद्ध को जीतने के कारण ही उसका नाम पुरञ्जय पड़ा तथा देवराज इन्द्र को वाहन के रूप में लेने से उसका नाम इन्द्रवाह हुआ।

पुरञ्जय का पुत्र हुआ अनेना। उसका पुत्र हुआ पृथु। पृथु के पुत्र हुए विश्वरन्धि तथा उसके चन्द्र तथा चन्द्र के पुत्र हुए युवनाश्व। युवनाश्व के पुत्र हुए शाबस्त, जिन्होंने शाबस्तीपुरी बसाई। शाबस्त के पुत्र हुए वृहदश्व तथा उसके कुवलयाश्व। इन्होंने उतङ्क ऋषि को प्रसन्न करने के लिये अपने पुत्रों की सहायता से 'धुन्धु' दैत्य का वध कर 'धुन्धुमार' कहलाये। इस युद्ध में उनके केवल तीन पुत्र ही बच पाये। इनके नाम थे दृढाश्व, कपिलाश्व तथा भद्राश्व। दृढ़ाश्व के पुत्र हुए हर्यश्व तथा उसके पुत्र हुए निकुम्भ।

निकुम्भ के पुत्र हुए बर्हणाश्व तथा उनके कृशाश्व तथा कृशाश्व के पुत्र हुए सेनजित्। इनके पुत्र हुए युवनाश्व। युवनाश्व सन्तानहीन थे। वे अपनी पत्नियों को लेकर वन में चले गये तथा वहाँ ऋषियों ने युवनाश्व को पुत्र प्राप्त के लिये इन्द्र देवता का यज्ञ करवाया। यज्ञ अभी चल ही रहा था कि एक रात प्यास लगने के कारण राजा युवनाश्व ने कलश में रखा अभिमन्त्रित जल पी लिया। प्रातः ऋषियों ने इस क्रिया को श्रीभगवान् की ही प्रेरणा मान, इस जल के बल से ही राजा युवनाश्व के एक चक्रवर्ती पुत्र उत्पन्न हुआ। क्योंकि यह बालक देवराज इन्द्र की देन था, अतः इसका नाम त्रसद्दस्यु रखा गया जिसके प्रताप से दस्यु भयभीत रहते थे।

त्रसद्दस्यु (राजा मान्धाता) चक्रवर्ती राजा हुए तथा इन्होंने अकेले ही सातों द्वीप वाली पृथ्वी का शासन किया। वे आत्मज्ञानी थे तथा उन्हें किसी वस्तु की इच्छा न थी। फिर भी उन्होंने बड़ी-बड़ी दक्षिणा वाले यज्ञों से यज्ञस्वरूप प्रभु की आराधना की।

राजा मान्धाता की पत्नी 'शशबिन्दु' की पुत्री बिन्दुमती थी। इससे

तीन पुत्र हुए – पुरुकुत्स, अम्बरीष (ये दूसरे अम्बरीष थे) तथा योगी मुचुकुन्द। इनकी पचास बहनें थीं तथा इन्होंने सौभरि ऋषि को अपना पति वरण किया। तपस्वी सौभरि का प्रथम जीवन तो ब्रह्मचर्य ही में बीत गया। जब उनकी एक बार विवाह ही इच्छा हुई तो वे वृद्ध हो चले थे तथा राजा ने उनकी यह इच्छा जान कर कि वे उनकी पुत्री को वरण करना चाहते हैं, तो उन्हें स्वयंवर में सम्मिलित होने को कहा। राजा का आशय जानकार मुनि ने योग शक्ति से अपने को एक अति सुन्दर नवयुवक बना लिया। अब एक कन्या तो क्या राजा की सभी कन्याओं ने उसे वर के रूप में स्वीकार कर लिया। समर्थ मुनि ने अपनी तपस्या के बल से सारी भोग सामग्री उन्हें प्राप्त करा दी। ऋषि का ऐसा वैभव देखकर राजा मान्धाता भी चकित रह गये।

गृहस्थ सुख से भी कभी इन्द्रियाँ तृप्त हुई हैं? यही बात एक दिन मुनि सोचने लगे कि उन्होंने तपस्वी होते हुए, इतने स्वच्छ-कर्मों का अनुष्ठान करते हुए भी अपना अधःपतन कर लिया। मैंने दीर्घाकाल से अपने ब्रह्मतेज को अक्षुण्ण रखा था, परन्तु जल के भीतर विहार करती हुई एक मछली को संसर्ग करते देख वह ब्रह्मतेज नष्ट हो गया तथा मेरी इच्छा विवाह करने की हुई।

अतः जिसे मोक्ष की इच्छा है, उस पुरुष को चाहिए कि वह भोगी प्राणियों का संग छोड़ दे तथा एक क्षण के लिये भी अपनी इंद्रियों को बहिर्मुख न होने दे। अकेला ही रहे तथा एकान्त में अपने चित्त को सर्वशक्तिमान् भगवान् में लगा दे। संग करे तो निष्ठावान् महात्माओं का ही।

मुनि ने इस प्रकार एकान्त में बैठकर अपनी भूल को स्वीकार करते हुए, विरक्त होकर, पुनः संन्यास ले लिया। अपने पति को सर्वस्व मानती हुई उनकी पत्नियों ने भी वनवास ले लिया तथा सर्व भोग सामग्री त्याग दी। परम संयमी सौभरि ने घोर तपस्या कर अपने शरीर को आहवनीय अग्नियों के साथ, अपने आप को परमात्मा में लीन कर दिया।

अध्याय 7

राजा त्रिशंकु तथा राजा हरिश्चन्द्र

राजा मान्धाता (मान्धाता – पहला दुग्धपान इन्हें देवराज इन्द्र ने कराया था) के पुत्रों में सबसे श्रेष्ठ अम्बरीष (दूसरे अम्बरीष) थे। उनके दादा युवनाश्व ने उन्हें पुत्र रूप में स्वीकार कर लिया। अम्बरीष का पुत्र हुआ यौवनाश्व तथा यौवनाश्व का हारीत। मान्धाता के वंश में ये तीन अवान्तर गोत्रों के प्रवर्तक हुए। नागों की बहिन नर्मदा का विवाह पुरुकुत्स से हुआ। नागराज वासुकि की आज्ञा से नर्मदा अपने पति को रसातल में ले गई। वहाँ भगवान् की शक्ति से सम्पन्न हो उन्होंने वध करने योग्य गन्धर्वों को मार डाला। नागराज वासुकि ने वरदान दिया कि जो इस प्रसंग को स्मरण करेगा वह सर्पों से भयरहित हो जायगा।

राजा पुरुकुत्स का पुत्र हुआ त्रसद्दस्यु। उसके पुत्र हुआ अनरण्य। अनरण्य के पुत्र हुए हर्यश्व तथा इसके अरुण तथा अरुण के त्रिबन्धन। त्रिबन्धन के पुत्र हुए सत्यव्रत। ये बाद में त्रिशंकु के नाम से जाने गये। अपने पिता और गुरु के शाप से वे चाण्डाल हो गये थे। परन्तु ऋषि विश्वामित्र के प्रभाव से वे सशरीर स्वर्ग गये परन्तु वहाँ देवताओं ने उन्हें नीचे ढकेल दिया। वे शीश नीचे किये जब पृथ्वी पर आ रहे थे तो विश्वामित्र ने अपने तपोबल से उन्हें बीच आकाश में ही रोक दिया तथा वे इसी दशा में अब तक स्थित हैं।

राजा त्रिशंकु के पुत्र हुए हरिश्चन्द्र। राजा हरिश्चन्द्र के कोई सन्तान न थी। अतः विचलित मन से, वे नारदजी के उपदेश से, वरुण देवता की शरण में गये तथा उनसे पुत्र प्राप्ति के लिये प्रार्थना की तथा यह वचन भी दिया कि इसी पुत्र से वे वरुण देवता का यजन करेंगे। इस प्रकार राजा हरिश्चन्द्र के एक वीर पुत्र उत्पन्न हुआ जिसका नाम रखा रोहित। वरुण देवता ने राजा हरिश्चन्द्र को उसके कथन का स्मरण कराया। राजा हरिश्चन्द्र ने पहले वरुण से दस दिन का समय माँगा। फिर कहा कि यज्ञपशु के दाँत निकल आयें – फिर कहा कि इसके दूध के

दाँत गिर कर वास्तविक दाँत आ जायें - तथा फिर कहा यह कवच धारण कर ले। जब रोहित को पता चला कि उसके पिता उसको यज्ञपशु के रूप में देवता वरुण को उसका बलिदान देना चाहते हैं तो वह वन चला गया। राजा का वचन पूरा न होने से वरुण देवता उनसे कुपित हो गये। इससे राजा हरिश्चन्द्र महोदर रोग से पीड़ित हो गये। तब रोहित अपने नगर की ओर आये। मार्ग में देवराज इन्द्र ने उन्हें रोक कर कहा कि बेटा यज्ञपशु बनकर बलि होने की अपेक्षा, तीर्थ स्थानों में विचरण करना श्रेष्ठ है। इस प्रकार देवराज इन्द्र ने दोबारा उसे नगर वापस आने से रोका। इस प्रकार छः वर्ष और व्यतीत हो गये। सातवें वर्ष जब वे वन से लौटे तो उन्होंने अजीगर्त से उनके पुत्र शुनः शेप को मोल ले लिया तथा यज्ञपशु के रूप में उसे अपने पिता को सौंप दिया।

इस प्रकार महोदर रोग से मुक्त होकर राजा हरिश्चन्द्र ने पुरुषमेध यज्ञ द्वारा वरुण आदि देवताओं का यजन किया। यज्ञ में परम संयमी जमदग्नि ने अध्वर्यु का स्थान लिया, वसिष्ठजी ब्रह्मा बने तथा अयास्य मुनि सामगान करने वाले उद्गाता। इससे (इस यज्ञ से) प्रसन्न हो कर देवराज इन्द्र ने राजा हरिश्चन्द्र को एक स्वर्ण रथ दिया।

ऋषि विश्वामित्र ने राजा हरिश्चन्द्र को अपनी पत्नी सहित सत्यनिष्ठ देखकर उन्हें ब्रह्मज्ञान का उपदेश दिया। तदन्तर राजा हरिश्चन्द्र ने अपने मन को पृथ्वी में, पृथ्वी को जल में, जल को तेज में, तेज को वायु में तथा वायु को आकाश मे स्थिर कर, आकाश को अहंकार में लीन कर दिया। तत्पाश्चात् अहंकार को महत्तत्त्व में लीन कर उसमें ज्ञान-काल का घ्यान कर और उससे अज्ञान को भस्म कर दिया तथा समस्त बन्धनों से मुक्त होकर अपने स्वरूप में स्थित हो गये, जो अवर्णनीय है।

अध्याय 8

राजा सगर

रोहित का पुत्र हुआ हरित, हरित से चम्प, जिसने चम्पापुरी बसाई। चम्प का पुत्र हुआ सुदेव तथा सुदेव का विजय। विजय का पुत्र हुआ भरुक, उस का वृक, वृक का बाहुक। जब शत्रुओं ने बाहुक का राज्य छीन लिया तो वह पत्नी सहित वन को चला गया और वृद्धावस्था के समय उसकी मृत्यु पर जब उसकी पत्नी भी उसके साथ सती होने लगी तो महर्षि और्व ने उसे ऐसा करने पर रोक दिया, क्योंकि वह गर्भवती थी। (यह जानकर कि बाहुक की पत्नी गर्भवती है) उसको सौतों ने भोजन में विष दे दिया। परन्तु उस विष (गर) का उसके गर्भ पर कोई प्रभाव नहीं हुआ। इसी विष को लिये हुए के कारण, इस बालक का नाम हुआ सगर।

राजा सगर चक्रवर्ती सम्राट् हुए। सगर ने अपने गुरु का आदेश मानकर, तालजंघ, यवन, शक, हैदय, तथा बर्बर जाति के लोगों का वध करने की अपेक्षा उन्हें विरूप बना दिया ताकि आत्मग्लानि से वे स्वयं ही क्षीण हो जायें। राजा सगर ने गुरु और्व के उपदेशानुसार अश्वमेध यज्ञ द्वारा सर्वशक्तिमान् भगवान् की आराधना की। यज्ञ में विघ्न डालने के लिये इन्द्र ने यज्ञ के अश्व को चुरा लिया। राजा सगर के पुत्रों ने अश्व की खोज करते-करते सारी पृथ्वी घूम ली। अन्त में उन्हें वह अश्व कपिल मुनि के आश्रम में मिला। इन्द्र द्वारा बुद्धि भ्रमित होने के कारण, राजकुमारों ने कपिल मुनि को ही अपना शत्रु मान कर, उस पर आक्रमण कर दिया। कपिल मुनि का तिरस्कार करने पर उनके शरीरों में अग्नि जल उठी तथा वे सभी भस्म हो गये।

राजा सगर की दूसरी पत्नी थी केशनी। इसके गर्भ से असमञ्जस नाम से पुत्र हुआ। असमञ्जस का पुत्र हुआ अंशुमान्। अंशुमान् अपने दादा की सेवा में लगे रहते थे। असमञ्जस पिछले जन्म में योगी थे।

किसी कारण योग-भ्रष्ट होने से उनका यह जन्म हुआ। अतः उनका मन संसार से प्रायः विरक्त रहता था। पिता उसकी इस अवस्था से प्रसन्न न थे तथा उन्होंने उसे त्याग दिया। असमञ्जस ने पितृऋण चुकाने के लिये अपने सभी भाइयों को जीवित कर (योगबल से) वन में चले गये। अयोघ्या नगरी में जब राजा सगर के पुत्र जीवित होकर लौटे तो वहाँ बड़ा हर्षोल्लास हुआ। अंशुमान् स्वयं राजा सगर की आज्ञा से यज्ञपशु अश्व को ढूँडने निकले तथा कपिल मुनि के आश्रम में पहुँचे जहाँ उसने अश्व को पाया। अंशुमान् ने मुनि के चरणों में प्रणाम कर उनकी स्तुति की।

अंशुमान् ने कहा - आप स्वयं भगवान् हैं। जब ऋषि मुनि तक आपको नहीं जान पाये तो हमारा तो कहना ही क्या। इसका कारण है माया, जिससे सारा संसार मोहित है। ज्ञान का उपदेश करने के लिये ही आपने यह शरीर धारण किया है। संसार के शरीरधारी सत्त्वगुण, रजोगुण तथा तमोगुण प्रधान हैं। वे बहिर्मुखी होने के कारण संसार की वस्तुओं को देखते हैं, परन्तु आप के ज्ञान से अनभिज्ञ हैं। समस्त प्राणियों के आत्मस्वरूप प्रभो! मैं आपको नमस्कार करता हूँ। आपके दर्शनों से मेरा मोह नष्ट हुआ।

अंशुमान् के इस प्रकार के चरित्र को देखकर भगवान् कपिल ने कहा, बेटा! यह अश्व तुम्हारे पितामह का यज्ञपशु है। तुम इसे ले जाओ। तुम्हारे मृत (जले हुए) चाचाओं का उद्धार केवल गंगा जल से होगा।

इस प्रकार भगवान् कपिल मुनि की परिक्रमा कर जब अंशुमान् यज्ञ के अश्व को वापस लेकर आये तो यज्ञ की शेष क्रिया पूर्ण हुई। तदनन्तर राजा सगर, राजसत्ता पौत्र अशुमान् को सौंपकर, स्वयं बन्धनमुक्त हो गये।

अध्याय 9

भागीरथ-चरित्र तथा गंगावतरण

राजा अंशुमान्, गंगाजी को धरती पर लाने के लिये बहुत वर्षों तक घोर तपस्या करते रहे, परन्तु सफल न हुए। अंशुमान् के पुत्र दिलीप ने भी ऐसा प्रयत्न किया, परन्तु वे भी असफल रहे। दिलीप के पुत्र हुए भगीरथ। उन्होंने भी घोर तपस्या की। इस पर, तपस्या से प्रसन्न होकर, भगवती गंगा ने इन्हें दर्शन दिये तथा राजा भगीरथ को वर माँगने के लिये कहा। वरदान के रूप में राजा भगीरथ ने माँ गंगा को मर्त्यलोक में आने के लिये प्रार्थना की।

गंगाजी ने कहा — जिस समय मैं स्वर्ग से पृथ्वी पर अवतीर्ण होऊँ, उस समय मेरे वेग को धारण करने वाला कोई होना चाहिए। ऐसा न होने पर मैं पृथ्वी को फोड़कर रसातल में चली जाऊँगी। इसके अतिरिक्त, पृथ्वी पर, लोग मुझ में अपने पाप धोयेंगे। मैं इस बोझ का कैसे निवारण कर पाऊँगी।

भगीरथ ने कहा, माता! जिन्होंने सांसारिक सुख, धन-सम्पत्ति आदि वस्तुओं से विरक्त होकर संन्यास ले लिया है, जो अपने आप में शान्त ब्रह्मनिष्ठ हैं, उनके पवित्र स्नान से आप पर पापियों के पाप का बोझ समाप्त हो जायेगा। समस्त प्राणियों के आत्मा रुद्रदेव हैं। वे आपका वेग धारण कर लेंगे। इस प्रकार कहकर राजा भगीरथ ने अपनी तपस्या से भगवान् शंकर को प्रसन्न कर लिया। उन्होंने तथास्तु कहकर राजा भगीरथ की प्रार्थना स्वीकार कर ली। तदनन्तर शिवजी ने माता गंगा को अपनी जटाओं में धारण कर लिया।

श्रीहरि के चरणों का स्पर्श होने से गंगा माता का जल परम पवित्र है। तत्पश्चात् राजा भगीरथ गंगाजी को वहाँ ले गये जहाँ उनके पितरों के शरीर भस्म हो चुके थे। वे वायु के समान वेग से चलने वाले रथ पर सवार हो आगे जा रहे थे तथा गंगा मैया बड़े वेग से उनके पीछे आ रही

थी। इस प्रकार गंगासागर-संगम पर पहुँच कर माँ गंगा ने राजा सगर के, ब्राह्मण तिरस्कार करने वाले भस्म हुए पुत्रों को पुनः जीवन दे दिया तथा वे स्वर्ग को चले गये। श्रद्धा के साथ गंगा जल के सेवन करने का इससे यह नियम बन गया, क्योंकि वास्तव में यह श्रीहरि के चरणों का चरणामृत है।

राजा भगीरथी का पुत्र हुआ श्रुत, उस का नाभ, नाभ का पुत्र हुआ सिन्धुद्वीप तथा इसका पुत्र हुआ अयुतायु। अयुतायु के पुत्र हुआ ऋतुपर्ण। यह नल का मित्र था तथा नल ने इसे द्यूतविद्या सिखाई। ऋतुपर्ण का पुत्र हुआ सर्वकाम। सर्वकाम के पुत्र का नाम था सुदास। इससे (सुदास से) हुआ सौदास। इसको ही कहीं-कहीं मित्रसह का नाम भी दिया गया है तथा कल्माषपाद के नाम से भी कहा गया है। वह ऋषि वसिष्ठ के शाप से राक्षस हो गया था तथा अपने कर्मों के कारण सन्तानहीन हुआ।

एक बार राजा सौदास आखेट के लिए गये। वहाँ उन्होंने किसी राक्षस को मार दिया, परन्तु उसके भ्राता को छोड़ दिया। राजा से प्रतिशोध लेने हेतु वह राजा का रसोईया बन कर, राजमहल में चला गया तथा वहाँ भोजन करने के लिये आये हुए, गुरु वसिष्ठ को मनुष्य का मांस परोस दिया। जब त्रिकालदर्शी वसिष्ठ ने इस दूषित भोजन को देखा तो क्रोधित होकर उन्होंने राजा को शाप दे दिया कि वह इस निकृष्ट कार्य के कारण राक्षस हो जाये। जब गुरु वसिष्ठ को वास्तविकता का पता चला कि वह कार्य तो राक्षस ने किया है, तो उन्होने शाप की अवधि को केवल बारह वर्ष तक सीमित कर दिया।

अपना अपराध न होने के कारण, जब राजा सौदास न अपनी अंजलि में जल को लेकर गुरु वसिष्ठ को शाप देना चाहा, तो उनकी पत्नी मदयन्ती ते उन्हें रोक दिया। तब राजा ने वह तीक्ष्ण जल अपने पैरों पर ही गिरा दिया जिससे उनके पैर काले पड़ गये।

राक्षसवृत्ति हो जाने के कारण एक बार वन में राजा ने एक ब्राह्मण को भक्षण हेतु पकड़ लिया। ब्राह्मण की पत्नी ने कहा, राजन् यह मनुष्य शरीर जीव को धर्म, अर्थ, काम और मोक्ष — चार पुरुषार्थों की प्राप्ति

कराने वाला है। अतः हे वीर! इस शरीर को नष्ट कर देना सभी पुरुषार्थों की हत्या कही जाती है। फिर यह ब्राह्मण तो विद्वान् है, तपस्याशील है तथा सभी गुणों से सम्पन्न है। यह सर्वात्मा पुरुषोत्तम परब्रह्म की आराधना करना चाहता है। राजन्! आप शक्तिशाली हैं। आप धर्म-मर्म भलिभाँति जानते हैं। जैसे पिता के हाथों पुत्र का वध उचित नहीं, वैसे ही आप जैसे राजर्षि के हाथों ब्राह्मण का वध उचित नहीं। फिर भी यदि आप राक्षसवृत्ति हो जाने कारण इसे भक्षण करना चाहते हैं, तो मुझे खा लीजिए। राजा की ऋषिशाप के कारण मति भ्रष्ट हो गई थी। अतः राक्षस रूप में उसने — ब्राह्मण का भक्षण कर लिया। इस पर क्रोधित होकर ब्राह्मण पत्नी ने राजा को शाप दिया कि जब वह अपनी पत्नी से सहवास करना चाहेगा, उसी समय उसकी मृत्यु हो जायेगी। इस प्रकार राजा को शाप दे ब्राह्मण पत्नी अपने पति की अस्थियों सहित सती हो गई।

बारह वर्ष बीत जाने पर राजा सौदास का ऋषिशाप समाप्त हो गया। परन्तु उन्हें ब्राह्मण पत्नी का शाप विदित था। अतः उन्होंने वैराग्य धारण कर, स्त्री-सुख त्याग दिया तथा सन्तानहीन ही रहे। तब गुरु वसिष्ठ ने अपने तेज से मदयन्ती के गर्भ से एक बालक को जन्म दिया, जिसका नाम अश्मक हुआ। (सहज गर्भ न होने के कारण, मदयन्ती के पेट पर पत्थर (अश्म) का आघात करने से बच्चे का जन्म हुआ।)

अश्मक का पुत्र हुआ मूलक। जब परशुरामजी पृथ्वी को क्षत्रियहीन कर रहे थे तो स्त्रियों ने इसे छिपा लिया था। इसी कारण इसका एक नाम 'नारीकवच' हुआ। जब पृथ्वी क्षत्रियहीन हो चुकी थी, तो मूलक ही पुनः क्षत्रियवंश के प्रवर्तक हुए। मूलक के पुत्र हुए दशरथ (ये श्रीराम जी के पिता से भिन्न थे)। दशरथ के पुत्र हुए ऐडविड तथा उनके पुत्र हुए विश्वसह। विश्वसह के पुत्र हुए चक्रवर्ती सम्राट खट्वांग। उन्होंने देवताओं की प्रार्थना पर दैत्यों का वध किया। जब देवताओं ने बताया कि उनकी आयु केवल दो घड़ी (दैव-समय) की रह गई है तो वे पृथ्वी पर लौट आये तथा उन्होंने सब कुछ त्याग दिया और मन को श्रीहरि में लगा दिया। बचपन से यौवनावस्था तक उन्होंने कोई अधर्मकार्य नहीं

किया था। देवताओं के वर देने पर भी उनहोंने उनसे कुछ नहीं माँगा, क्योंकि उनका मन तो हरि-भक्ति में अनुरक्त था। अतः उन्होंने शरीर आदि अनात्म पदार्थों का परित्याग कर दिया तथा श्रीहरि में परायण हो अपने वास्तविक आत्मस्वरूप में स्थित हो गये। श्रीहरि, स्वरूपसाक्षात् परब्रह्म हैं। वे सूक्ष्म से भी सूक्ष्म हैं, परन्तु शून्य नहीं, परमसत्य हैं। भक्तजन उन्हीं को 'भगवान् वासुदेव' इस नाम से वर्णन करते हैं।

अध्याय 10

लीला-पुरुषोत्तम भगवान् श्रीराम (1)

राजा खट्वांग के पुत्र हुए दीर्घबाहु तथा दीर्घबाहु के पुत्र हुए रघु। रघु के पुत्र हुए अज तथा अज के पुत्र हुए महाराज दशरथ। देवताओं की प्रार्थना पर साक्षात् परब्रह्म परमात्मा भगवान् श्रीहरि ही अपने अंशो से चार रूप धारण कर राजा दशरथ के पुत्र हुए। उनके नाम हुए श्रीराम, लक्ष्मण, भरत तथा शत्रुघ्न।

भगवान् श्रीराम ने अपने पिता दशरथ के वचन की पालना के लिये राहसिंहासन त्याग कर चौदह वर्ष का वनवास स्वीकार किया। जो चरणकमल फूलों से भी अधिक कोमल थे तथा श्री जानकीजी के स्पर्श को भी सहन न कर पाते थे, वे ही चरण आज पिता की आज्ञा पालन हेतु वन में पद-यात्रा के लिये सक्रिय थे। राक्षसों को नष्ट करने के लिये ही देवताओं ने ऐसा उपाय किया कि श्रीरामजी वन में जायें तथा उनका उद्धार करें और एक मर्यादा स्थापन करें।

लंकापति रावण का वध (उद्धार करने के लिये) करने के लिये, रावण की बहिन शूर्पणखा का (दूषित विचारों के कारण), श्रीलक्ष्मण द्वारा अपमानित होकर जाना, तथा इसी विक्षोभ से रावण का श्रीसीताजी का हरण करना, रावण की मृत्यु का कारण तथा अन्य राक्षसों के विध्वंस

का कारण बना।

श्रीराम के माथे पर सिलवट देखकर सागर भी भयभीत हो गया तथा अपने ऊपर श्रीराम-सेतु बँधवा कर उन्हें लंका के लिये मार्ग प्रदान किया। जिन श्रीराम ने लंका में रावण सहित अन्य राक्षसों का नाश किया वे श्रीभगवान् हमारी रक्षा करें।

कुमारावस्था में ही श्रीराम और लक्ष्मण ने ऋषि विश्वामित्र के यज्ञ में विघ्न डालने वाले बलशाली राक्षस – ताड़िका आदि का वध किया। इसी अवस्था में जनकपुरी में सीता स्वयंवर के समय, शिव-धनुष (जो की अन्य राजा तथा राजकुमारों से हिला तक न था) तोड़ कर सभी को चकित तथा भयभीत कर दिया और श्री सीताजी को वरण किया। श्रीभगवान् ने जिन्हें अपने वक्षःस्थल पर स्थान देकर सम्मानित किया है, वे श्री लक्ष्मीजी ही सीता के रूप में जनकपुरी में अवतीर्ण हुई थीं। इसी स्वयंवर में क्रोधित हुए परशुरामजी के धनुष पर प्रत्यञ्चा चढ़ा कर, उन्हें अपने स्वरूप के दर्शन कराकर, उन्हें शान्त किया।

लंका आक्रमण से पहले जिन राक्षसों का श्रीराम-लक्ष्मण के हाथों वध हुआ – वे प्रमुख थे मारीच, खर-दूषण, त्रिशिरा आदि। इसी प्रकार लंका युद्ध में जो श्रीराम-लक्ष्मण के हाथों मारे गये थे, उनमें प्रमुख थे – मेघनाथ, कुम्भकर्ण, रावण के पुत्र तथा स्वयं रावण। रावण के वध के पश्चात् श्री विभीषण (रावण के छोटे भ्राता) को लंकापति बनाया गया। यह श्रीरामजी की ही कृपा थी।

ब्रह्मा तथा शंकरजी जिनके चरणों की वन्दना करते हैं, उन्हीं श्रीरामजी ने मर्यादा स्थापना करते हुए, राजा सुग्रीव, श्री हनुमान्, नल-नील तथा उनकी वानर सेना द्वारा लंका युद्ध किया। भगवान् श्रीराम को क्रोधित देख, सागर अपने मूर्तिस्वरूप में, उन को भेंट देने के लिये प्रकट हुआ तथा बोला – हे अनन्त! हम मूर्ख हैं, इसलिए आपके वास्तविक स्वरूप को नहीं जानते। आप समस्त जगत् के एकमात्र स्वामी हैं। आप समस्त गुणों के स्वामी हैं, परन्तु गुणों से रहित हैं। जब आप सत्त्वगुण को स्वीकार कर लेते हैं, तब देवता और प्रजापति अपने कार्य

में, क्रमशः सत्त्वगुणों को स्वीकार कर सृष्टिचक्र में सक्रिय हो जाते हैं। हे स्वामिन्! आप अपनी इच्छानुसार मुझे पार कर जाइये। आप मुझ पर एक पुल बान्ध दीजिए, जो आप की कीर्ति का प्रतीक होगा।

श्रीराम की कृपा से, नल-नील ने वानर सेना द्वारा, सागर में पर्वत समान पत्थरों को डाल कर सागर पर सेतु का निर्माण किया। (देखते ही देखते, बिना किसी कष्ट और परिश्रम से) विभीषण का परामर्श स्वीकार करते हुए, इस सेतु पर होते हुए श्रीराम ने वीर हनुमान्, सुग्रीव, अंगद – वानर सेना के प्रमुख सेनापतियों सहित लंका पर आक्रमण कर दिया। इस अकस्मात् आक्रमण से लंका में (खलबली) भगदड़ मच गई। आक्रमण हुआ देख राक्षस राजा रावण ने श्रीराम से युद्ध करने के लिये निकुम्भ, कुम्भ, धूम्राक्ष, दुर्मुख, सुरान्तक, नरान्तक, प्रहस्त, अतिकाय, विकम्पन आदि योद्धाओं को, क्रमशः अपने पुत्र मेघनाथ तथा भ्राता कुम्भकर्ण के आधिपत्य में युद्ध के लिये भेजा। रावण की चतुरङ्गिणी सेना से (हाथी, रथ, घुड़स्वार तथा पैदल), श्रीरामजी की सेना, श्री लक्ष्मणजी के आधिपत्य में, भिढ़ गई।

बेटे मेघनाथ तथा भ्राता कुम्भकर्ण के भयानक युद्ध करने पर भी, वे दोनों, श्रीराम तथा श्रीलक्ष्मण के हाथों मृत्यु को प्राप्त हुए। इससे रावण की सेना का मनोबल प्रायः नष्ट ही हो गया। अब अपनी सेना का नेतृत्व करने के लिये स्वयं रावण रणभूमि में आ गया, रथ तथा पुष्पक विमान पर आरूढ़। मायावी होने के अतिरिक्त रावण को दिव्य अस्त्र भी प्राप्त थे। रावण को रथ पर आरूढ़ हुआ देख तथा सहायता के लिये पुष्पक विमान को देख, देवराज इन्द्र ने श्रीरामजी के लिये अपना दिव्य रथ, सारथि मातलि सहित भेजा। श्रीराम इस पर विराजमान हो रावण से युद्ध करने लगे। रावण के उदर में अमृत-कुण्ड था। इसी कारण उसकी मृत्यु अनिश्चित थी। इस भेद को उसका भ्राता विभीषण जानता था। जब रावण पर उसके शीश काटने का कोई प्रभाव न हुआ तथा एक शीश के बाद दूसरा शीश पुनः स्थापित होने लगा, तो विभीषण के परामर्श से उन्होंने एक दिव्य वाण रावण के उदर में मारा। अमृत-कुण्ड फटने से रावण

की मृत्यु हो गई। रावण तथा कुम्भकर्ण वास्तव में जय-विजय (श्रीहरि के शपित पार्षद) ही थे। यह उनका दूसरा जन्म था। ब्रह्मकुमार सनक, सनन्दनजी का शाप जय-विजय के तीन जन्मों के लिये था (असुर योनि में)।

श्रीराम की आज्ञा से विभीषण ने अपने स्वजन सम्बन्धियों का पितृ यज्ञ की विधि से शास्त्र के अनुसार अन्त्येष्टिकर्म किया। तदनन्तर, अशोक वृक्ष के नीचे, श्री सीताजी को अत्यन्त दीन अवस्था में देखकर, श्रीरामजी का हृदय भी व्याकुल हो उठा। श्रीरामजी के दर्शन पाकर श्री सीताजी का हृदय प्रेम तथा आनन्द से परिपूर्ण हो गया।

भगवान् राम ने, विभीषण को राक्षसों का स्वामित्व लंकापुरी का राज्य तथा एक दीर्घ आयु का वरदान दिया। तदनन्तर सीताजी, भ्राता लक्ष्मण तथा अपने परम प्रिय भक्त हनुमान्जी सहित, पुष्पक विमान पर आरूढ़ होकर अयोध्या नगरी आये, क्योंकि अब उनका चौदय वर्ष का वनवास व्रत का समय पूरा हो गया था। इस समय ब्रह्माजी सहित देवताओं ने उन पर पुष्पवर्षा की।

श्रीरामजी के अनुज भरतजी उनकी अनुपस्थिति में नन्दिग्राम में, एक संन्यासी के रूप में, अयोध्या के सिंहासन की देखरेख तथा प्रजापालन कर रहे थे। अतः पहले श्रीरामजी इसी आश्रम में रुके जहाँ भरतजी सहित, उनके मन्त्रीगण, पुरोहित तथा वरिष्ठ अयोध्यावासी उनकी प्रतीक्षा कर रहे थे। इन चौदह वर्षों में अयोध्या के सिंहासन पर केवल श्रीरामजी की चरण पादुकाएँ विराजमान रहीं। श्रीरामजी के आगमन पर अयोध्या नगरी को भव्य साजो-सामान से सजाया गया था तथा दीपमाला की गई। वेदवादी ब्राह्मण बार-बार वेद-मंत्रों का उच्चारण कर रहे थे।

भगवान् राम को देखते ही भरतजी का हृदय गद्गद् हो गया। नेत्रों से अश्रुधारा बहने लगी। वे श्रीभगवान् के चरणों पर गिर पड़े। श्रीभगवान् ने उन्हें उठा कर गले से लगा लिया। भरतजी ने श्रीभगवान् की चरण पादुकाएँ उन्हें अर्पित कीं। श्रीभगवान् राम का हृदय भी श्रीभरतजी को गले लगा कर द्रवित हो गया।

इसके पश्चात् श्रीरामजी ने, सीता तथा लक्ष्मण सहित, ब्राह्मण तथा पूजनीय गुरुजनों को प्रणाम किया। उस समय उत्तरकोसल देश की समस्त प्रजा, बहुत वर्षों पश्चात् आये अपने प्रिय रामजी के आदर में, उन पर पुष्पवर्षा करने लगी। भरतजी ने भगवान् की पादुकाएँ लीं, विभीषण ने श्रेष्ठ चँवर, सुग्रीव ने पंखा तथा श्री हनुमान्जी ने श्वेत छत्र ग्रहण किया। शत्रुघ्न ने धनुष और तरकस, सीताजी ने तीर्थों के जल से भरा कलश, अंगदजी ने सोने का खड्ग तथा जाम्बान् ने ढाल ले ली। तदनन्तर पुनः पुष्पक विमान पर आरूढ़ होकर वे अयोध्या नगरी आये।

भगवान् श्रीराम ने अपने भ्राताओं का अभिनन्दन स्वीकार कर, उनके साथ, अयोध्यापुरी में प्रवेश किया। इस समय अयोध्यापुरी आनन्दोत्सव भरपूर थी। राजमहल में प्रवेश कर श्रीराम ने अपनी माता कौसल्या तथा अन्य माताओं, गुरुजनों, मित्रों तथा स्वजनों को यथायोग्य सम्मान दिया। माताएँ अपने पुत्रों के आगमन पर हर्षविभोर हो उठीं। इस समय उनका सारा शोक मिट गया। तत्पश्चात् गुरु वसिष्ठ ने विधिपूर्वक उनकी जटा उतरवाई तथा जैसे बृहस्पति ने देवराज इन्द्र का अभिषेक किया था, वैसे ही चारों समुद्रों के जल से श्रीराम का अभिषेक किया। भरतजी के आग्रह पर तथा गुरु वसिष्ठ की आज्ञा से श्रीराम ने राजसिंहासन स्वीकार किया। जब समस्त प्राणियों को सुख देने वाले परम धर्मज्ञ भगवान् राजा राम हुए तब था तो त्रेतायुग, परन्तु प्रतीत होता था सत्ययुग। उस समय वन, नदी, पर्वत, वर्ष, द्वीप तथा सागर – सब के सब प्रजा के लिये कामधेनु समान समस्त कामनाओं को पूर्ण करने वाले हुए। राज्य करते हुए, प्रजा का पालन करते हुए, श्रीराम ने हर दिशा में एक मर्यादा बान्धी। इसी कारण उन्हें मर्यादा-पुरुषोत्तम श्रीराम कहा जाता है।

अध्याय 11

लीला-पुरुषोत्तम भगवान् श्रीराम (2)

भगवान् श्रीराम ने गुरु वसिष्ठजी को अपना आचार्य बना कर, उत्तम सामग्रियों द्वारा, अपने आप ही अपने सर्व-देव-स्वरूप स्वयंप्रकाश आत्मा का, यजन किया। उन्होंने होता को पूर्व दिशा, ब्रह्मा को दक्षिण, अध्वर्यु को पश्चिम तथा उद्‌गाता वो उत्तर दिशा दे दी। इन के बीच जो भूमि बची थी, वह उन्होंने आचार्यों को दे दी। उनका यह निश्चय था कि सम्पूर्ण भूमण्डल का एकमात्र अधिकारी नि:स्पृह ब्राह्मण (श्रीब्रह्म का अगुआ) ही है। इस प्रकार उन्होंने सारे भूण्डल का दान दे दिया।

श्रीराम की इस उदारता से प्रसन्न होकर ब्राह्मणों ने सारी पृथ्वी उन्हें पुनः लौटा दी और कहा, प्रभो! आप सब लोकों के एकमात्र स्वमी हैं। आप तो हमारे हृदय में विराजमान, अपनी ज्योति से हमारे भीतर प्रकाश कर रहे हैं। इसी से हमें सब कुछ मिल गया। आप पवित्रकीर्ति सर्वश्रेष्ठ हैं। उन महात्माओं को जो समदर्शी, किसी को पीड़ा नहीं पहुँचाते, आप के चरणकमल प्राप्त हैं। भगवन् आप के इस रामरूप को हमार नमस्कार है।

एक बार जब रात्रि के समय श्रीराम भेस बदल कर प्रजा के दु:ख को जानने के लिये भ्रमण कर रहे थे तो उन्होंने एक धोबी को अपनी पत्नी पर यह लाँछन लगाते हुए सुना कि वह कुलटा है, क्योंकि वह एक रात कहीं बाहर रही है तथा वह श्रीराम की तरह इतना दयालु नहीं जो उसे स्वीकार कर ले, यद्यपि श्रीराम ने अपनी पत्नी सीताजी को इतना समय लंका में रहने पर भी स्वीकार कर लिया था।

प्रजा के एक (मूर्ख) व्यक्ति के भी इस लाँछन को स्वीकार कर श्रीराम ने सीताजी को त्यागने का निश्चय किया तथा उन्हें लक्ष्मण सहित वन में भेज दिया (परित्याग कर)। वहाँ श्री सीताजी ऋषि वाल्मीकि के आश्रम में रहीं। जाते समय सीताजी गर्भवती थीं तथा ऋषि वाल्मीकि के

आश्रम में उनसे दो पुत्र — लव तथा कुश हुए। इसी प्रकार लक्ष्मणजी के भी दो पुत्र हुए - अंगद तथा चित्रकेतु। भरतजी के भी दो पुत्र हुए — तक्ष तथा पुष्कल और शत्रुघ्न के दो पुत्र हुए — सुबाहु तथा श्रुतसेन। लव-कुश के जातकर्मादि संस्कार ऋषि वालमीकि ने किये।

भरतजी ने दिग्विजय में सहस्त्रों गन्धर्वों का संहार कर, उनका धन लाकर, श्रीराम की सेवा में अर्पण किया। शत्रुघ्न ने ही मधुवन में, मधु के पुत्र लवण नामक राक्षस को मारकर वहाँ मथुरा नाम से नगरी बसाई। प्रजा की सन्तुष्टि के लिए जब श्रीराम ने दोबारा सीताजी की अग्नि परीक्षा लेनी चाही तो वह श्रीराम के चरणों का ध्यान करती हुई पृथ्वी देवी की गोद में समा गई।

तत्पश्चात् अपने पुत्रों को स्वीकार कर श्रीराम ने एक दीर्घ समय (तेरह हज़ार वर्ष) तक, ब्रह्मचर्य धारण कर अखण्ड रूप से अग्निहोत्र किया तथा राज्य अपने पुत्रों को सौंप, स्वयं अपने स्वयंप्रकाश परम ज्योतिर्मय धाम को चले गये।

भगवान् श्रीराम स्वयं हरि का रूप थे। देवताओं की प्रार्थना पर तथा ऋषि मुनियों को राक्षसों के आतंक से मुक्त करने के लिये उन्होंने यह लीलाविग्रह किया। उन्हें इस कार्य में किसी की सहायता की आवश्यकता नहीं थी, फिर भी राजा सुग्रीव तथा उसके अनुचरों की सेवा उन्होंने एक मर्यादा रखते हुए स्वीकार की तथा अपने परम भक्त श्री हनुमान् को दर्शन देकर कृतार्थ कर उसे अपना सामीप्य दिया। श्रीभगवान् का निर्मल यश समस्त पापों को नष्ट करने वाला है। स्वर्ग के देवता तथा पृथ्वी के नरपति अपने कमनीय किरीटों से उनके चरणकमलों की सेवा करते हैं। जिन्होंने भगवान् श्रीराम का दर्शन तथा स्पर्श किया — वे कोसल देश के निवासी भी उसी लोक को प्राप्त हुए जहाँ बड़े-बड़े योगी, कठिनयोग साधना द्वारा जाते हैं।

श्रीराम के व्यवहार के विषय में बताते हुए श्री शुकदेवजी राजा परीक्षत् से कहते हैं — त्रिभुवनपति श्रीराम ने कोसलदेश का राज्य स्वीकार कर अपने भ्राताओं को दिग्विजय की आज्ञा दी तथा स्वयं पुरी

की देख-रेख करने लगे। उनके आधिपत्य में प्रजा सत्ययुग का अनुभव कर रही थी। जैसे वराह रूप में उन्होंने पृथ्वी का उद्धार किया था, वैसे ही श्रीराम रूप में पृथ्वी को राक्षसों से रहित किया। उस समय अयोध्या नगरी स्वर्गपुरी की तरह लगती थी तथा श्रीराम के भव्य-भवन इन्द्रपुरी से भी उत्तम प्रतीत होते थे।

अध्याय 12

शेष इक्ष्वाकुवंश वर्णन

इक्ष्वाकु के शेष राजाओं का वर्णन करते हुए, श्री शुकदेवजी कहते हैं कि कुश का पुत्र हुआ अतिथि, उसका निषध, निषध का नभ, उसका पुण्डरीक तथा पुण्डरीक का पुत्र हुआ क्षेमधन्वा। क्षेमधन्वा का पुत्र हुआ देवानीक तथा उसका अनीह, अनीह का पारियात्र तथा उसका बलस्थल। बलस्थल का पुत्र हुआ वज्रनाभ। यह सूर्य देव का अंश था।

वज्रनाभ का पुत्र हुआ खगण, उसके हुआ विधृति तथा विधृति का पुत्र हुआ हिरण्यनाभ। वह जैमिनि का शिष्य तथा योगचार्य था। केसलदेश वासी याज्ञवल्क्य ऋषि ने उसकी शिष्यता लेकर उससे अध्यात्मयोग की शिक्षा ग्रहण की।

हिरण्यनाभ का पुत्र हुआ पुष्य, पुष्य का ध्रुवसन्धि, ध्रुवसन्धि का सुदर्शन, उसका अग्निवर्ण तथा अग्निवर्ण का पुत्र हुआ शीघ्र और शीघ्र का पुत्र हुआ मरु। मरु ने योगसाधना से सिद्धि प्राप्त की तथा वह इस समय भी कलाप नामक ग्राम में रहता है। कलियुग के अन्त में, सूर्यवंश के नष्ट हो जाने पर, वह उसे पुनः चलायेगा।

मरु से प्रसुश्रुत, उससे सन्धि तथ सन्धि से अमर्षण का जन्म हुआ। अमर्षण का पुत्र हुआ महस्वान् तथा महस्वान् का विश्वसाह्व। विश्वसाह्व

का पुत्र हुआ प्रसेनजित्, प्रसेनजित् से तक्षक और तक्षक का पुत्र हुआ बृहद्बल। इसी बृहद्बल को महाभा में वीर अभिमन्यु ने मारा था।

कलियुग में इक्ष्वाकुवंश के 29 राजाओं के पश्चात् अन्तिम राजा सुमित्र का जन्म होगा और इस वंश का यह अन्मिम राजा होगा। इस प्रकार यह वंश यहाँ समाप्त हो जायेगा।

अध्याय 13

राजा निमिवंश वर्णन

राजा निमि के वंश को बताते हुए श्री शुकदेवजी कहते हैं कि ये इक्ष्वाकु के पुत्र थे। इन्होंने यज्ञ के लिये महर्षि वसिष्ठ को ऋत्विज् के रूप में वरण किया। परन्तु महर्षि वसिष्ठ को यज्ञ के लिये 'इन्द्र' उन्हें पहले ही वरण कर चुके थे। अतः उन्होंने राजा निमि से कहा कि वे इन्द्र का यज्ञ सम्पन्न होने के पश्चात् उनके पास आयेंगे। राजा निमि ने विचार किया कि जीवन तो क्षणभंगुर है, अतः यज्ञ में विलम्ब करना उचित नहीं। (देवताओं का एक वर्ष मनुष्य लोक के 360 वर्षों के बराबर होता है।) इस प्रकार सोचकर राजा निमि ने यज्ञ प्रारम्भ कर दिया। जब गुरु वसिष्ठ इन्द्र का यज्ञ सम्पन्न कर वापस लौटे तो राजा के इस कार्य से अप्रसन्न होकर उन्होंने उसे शाप दिया कि "निमि को अपनी विचारशीलता, तथा पाण्डित्य पर बड़ा मान है। अतः उसका शरीर पात हो जाये"। क्योंकि गुरु वसिष्ठ का यह शाप धर्मानुकूल न था, राजा निमि ने भी उन्हें शरीर पात का शाप दे दिया तथा अपना शरीर त्याग दिया।

इस प्रकार राजा निमि से शापित होकर गुरु वसिष्ठ ने भी शरीर त्याग, मित्रावरुण के द्वारा उर्वशी अप्सरा के गर्भ से जन्म लिया। यज्ञ में आये हुए श्रेष्ठ ऋषि-मुनियों ने राजा निमि के शरीर को सुगन्धित वस्तुओं में रख दिया। जब सत्रयाग की समाप्ति हुई तथा देवतालोक आये

तब उन्होंने उन से प्रार्थना की — महानुभावो! आप लोग समर्थ हैं। यदि आप प्रसन्न हैं तो राजा निमि का शरीर पुनः जीवित हो जाये। इस पर देवताओं ने कहा-"ऐसा ही हो।" उस समय 'आत्मारूप' राजा निमि ने कहा—मुझे देह बन्धन नहीं चाहिए। विचारशील मुनिजन अपनी बुद्धि को पूर्णरूप से श्रीभगवान् के चरणकमलों में लगा देते हैं। एक न एक दिन तो शरीर को छूटना ही है। इस भय से मुनिजन इस शरीर का संयोग नहीं चाहते—इसमें आसक्त नहीं होते। अब मैं दुःख-सुख के हेतु इस शरीर को धारण नहीं करना चाहता।

देवताओं ने कहा, मुनिजन! राजा निमि बिना शरीर के ही अपनी इच्छानुसार निवास करें। वे सूक्ष्म शरीर से श्रीभगवान् का चिन्तन करते रहेंगे।

यह सोचकर कि राजा के न रहने पर लोगों में अराजकता फैलेगी, महर्षियों ने राजा निमि के शरीर का मन्थन किया। इस मन्थन से एक कुमार उत्पन्न हुआ। इस प्रकार जन्म लेने से उसका नाम जनक हुआ। विदेह से उत्पन्न होने के कारण 'वैदेह' तथा मन्थन से उत्पन्न होने के कारण बालक का नाम 'मिथिल' हुआ। इसी राजकुमार ने मिथिलापुरी बसाई।

राजा जनक का पुत्र हुआ उदावसु, उसका नन्दिवर्धन, तथा नन्दिवर्धन का पुत्र हुआ सुकेतु, उसका देवरात, देवरात का बृहद्रथ, उस का पुत्र हुआ महावीर्य, उसका सुधृति, सुधृति का धृष्टकेतु, धृष्टकेतु का हर्यश्व तथा उसका पुत्र हुआ मरु। मरु से प्रतीपक, प्रतीपक से कृतिरथ, कृतिरथ से देवमीढ, देवमीढ से विश्रुत तथा विश्रुत से महाधृति। महाधृति का पुत्र हुआ कृतिरात, कृतिरात का महारोमा, महारोमा से स्वर्णरोमा तथा उसका पुत्र हुआ ह्रस्वरोमा। इसके पुत्र हुए महाराज सीरध्वज। सीरध्वज के पुत्र हुए कुशध्वज, उनके धर्मध्वज तथा धर्मध्वज के दो पुत्र हुए, कृतध्वज तथा मितध्वज। कृतध्वज के पुत्र हुए केशिध्वज तथा मितध्वज के पुत्र हुए खाण्डिक्य।

केशिध्वज का पुत्र हुआ भनुमान्, उसका शतद्युम्न। शतद्युम्न का पुत्र

हुआ शुचि, शुचि का सनद्वाज, उससे ऊर्ध्वकेतु तथा ऊर्ध्वकेतु का पुत्र हआ अज, अज का पुत्र हुआ पुरुजित्, उससे अरिष्टनेमि, अरिष्टनेमि से श्रुतायु तथा उनका पुत्र हुआ सुपार्श्वक, उस से चित्ररथ तथा चित्ररथ से मिथिलापति क्षेमधि का जन्म हुआ।

क्षेमधि का पुत्र हुआ समरथ, समरथ का सत्यरथ, सत्यरथ से उपगुरु तथा उपगुरु से उपगुप्त। यह अग्नि का अंश था। उपगुप्त का पुत्र हुआ वस्वनन्त, वस्वनन्त का युयुध, युयुध का सुभाषण, सुभाषण का श्रुत, श्रुत का जय, जय का विजय, उस का पुत्र ऋत हुआ। ऋत का पुत्र हुआ शुनक, शुनक का वीतहव्य, वीतहव्य का धृति। धृति का बहुलाश्व, उस का कृति तथा कृति का पुत्र महावशी। ये सभी नरपति 'मैथिल' कहलाये। ये सब नरपति आत्मज्ञान सम्पन्न थे।

अध्याय 14

चन्द्रवंश वर्णन

चन्द्रवंश का वर्णन करते हुए श्री शुकदेवजी राजा परीक्षित् से कहते हैं—विराट्पुरुष नारायण के नाभि सरोवर के कमल से ब्रह्माजी की उत्पत्ति हुई। ब्रह्माजी के पुत्र हुए अत्रि। अत्रि के नेत्रों से अमृतमय चन्द्रमा का जन्म हुआ। ब्रह्माजी ने चन्द्रमा को ब्राह्मण, ओषधि तथा नक्षत्रों का अधिपति बना दिया। मदान्ध होकर चन्द्रमा ने बृहस्पति की पत्नी तारा का हरण कर लिया। इस पर बृहस्पति तथा चन्द्रमा में अनबन हो गई। गुरु बृहस्पति का साथ देवताओं ने दिया तथा उनके विपक्ष में चन्द्रमा ने असुरों को अपने साथ मिला लिया। इसमें दैत्य गुरु शुक्राचार्य ने चन्द्रमा को सहयोग दिया। महादेवजी ने बृहस्पति का पक्ष लिया। इस प्रकार देवताओं तथा असुरों में घोर संग्राम हुआ।

तदनन्तर बृहस्पति के पिता अंगिरा ऋषि ने ब्रह्माजी के सम्मुख

जाकर इस युद्ध को समाप्त करने की प्रार्थना की। इस पर ब्रह्माजी ने चन्द्रमा को बहुत ताड़ना दी थी तथा युद्ध बन्द हो गया। इसी बीच बृहस्पति-पत्नी तारा गर्भवती हो गई। उसके गर्भ को स्वीकार न कर बृहस्पति ने उसे त्याग दिया। तारा ने एक अति सुन्दर, स्वर्ण की आभा जैसे बालक को जन्म दिया। इस बालक को प्राप्त करने की, चन्द्रमा तथा बृहस्पति, दोनों की इच्छा थी। अब यह बालक एक कलह का कारण बन गया। क्योंकि यह बालक चन्द्रमा से था, अतः ब्रह्माजी के कहने पर यह बालक चन्द्रमा को मिला। ब्रह्माजी ने इस बालक का नाम बुध रखा। उसकी बुद्धि बड़ी गम्भीर थी।

बुध के द्वारा इला के गर्भ से पुरूरवा का जन्म हुआ। एक बार जब नारदजी पुरूरवा के रूप तथा गुणों का वर्णन कर रहे थे तो उर्वशी ने पुरूरवा को वरण करना चाहा तथा उसके पास (मृत्यु-लोक में) चली गई। इससे मित्रावरुण का उर्वशी को दिया हुआ शाप भी पूरा हो गया।

राजा पुरूरवा ने उर्वशी की सुन्दरता को देख कर उसका स्वागत किया तथा उसे स्वीकार कर लिया। शर्त के रूप में उर्वशी ने राजा को दो भेड़ के बच्चे रक्षा हेतु सौंप दिये तथा कहा कि वह केवल घृतपान ही करेगी तथा राजा को रति क्रीड़ा के अतिरिक्त कभी वस्त्रहीन नहीं देखेगी।

राजा पुरूरवा ने उर्वशी के इस बन्धन को स्वीकार कर लिया तथा उर्वशी और राजा पुरूरवा देवताओं की विहारस्थली चैत्ररथ, नन्दनवन आदि उपवनों में स्वच्छन्द विहार करने लगे। अब देवराज इन्द्र को उर्वशी की अनुपस्थिति खलने लगी तथा उन्होंने गन्धर्वों को उसे लेने के लिये भेजा।

वे अर्धरात्रि को गये तथा जो भेड़ के बच्चे उर्वशी ने राजा पुरूरवा के संरक्षण में रखे थे, उन्हें ले आये (क्योंकि राजा प्रेमविहार में इस धरोहर की रक्षा के लिये बिल्कुल उदासीन हो गये थे।)

उर्वशी ने जब भेड़ों की रक्षा के लिये राजा को असमर्थ पाया तथा उसे विषय-वासना में ही डूबा हुआ देखा, तो वह उससे निराश हो गई। भेड़ों की मैं-मैं को सुनकर जब राजा रात्रि के अंधेरे में वस्त्रहीन तलवार

लेकर गन्धर्वों के पीछे भागा तो उर्वशी ने उसे बिजली की चमक में वस्त्रहीन भी देख लिया। इस प्रकार राजा पुरूरवा उर्वशी के दोनों वचनों की रक्षा न कर सका तथा वह उसे छोड़ कर चली गई। राजा उसके वियोग में भटकने लगा।

एक दिन कुरुक्षेत्र में सरस्वती नदी के तट पर राजा ने उर्वशी तथा उसकी पाँच सखियों को देखा तथा कहा - प्रिय तनिक रुककर मेरी बात तो सुनो। तुम्हारे बिना यह सुन्दर शरीर प्राणान्त होना चाहता है।

उर्वशी ने कहा, राजन् ! तुम पुरुष हो। इस प्रकार नपुंसक्ता तथा दीनता को मत प्राप्त होओ। स्त्रियों का साथ तो इसी प्रकार क्षणभंगुर होता है। उनसे इतनी मित्रता ठीक नहीं। नारी का स्वभाव तथा चरित्र बड़ा विचित्र होता है तथा वह बहुत स्वच्छन्द वृत्ति की होती हैं। तुम राजेश्वर हो। तुम्हारी सन्तान उत्पत्ति के लिये, प्रति एक वर्ष के बाद, एक रात तुम मेरे सहवास में रहोगे। तब तुम्हारे और भी सन्तानें होंगी।

इस प्रकार उर्वशी से एक वीर पुत्र उत्पन्न हुआ। उर्वशी के कहने पर राजा ने गन्धर्वों की पूजा की। उन्होंने प्रसन्न होकर राजा को एक अग्नि स्थाली (अग्नि स्थापन करने का पात्र) दी। कुछ समय तो उर्वशी के ध्यान में राजा स्थाली को लिये वन में घूमते रहे, परन्तु जब वे उर्वशी-मोह से बाहर आये तो स्थालि को वन में ही छोड़कर अपने महल में आ गये।

उर्वशी वापस चली गई, परन्तु राजा रात के समय सदा उसका ध्यान करते रहे। इस प्रकार जब त्रेतायुग का आरम्भ हुआ तो उनके हृदय में तीनों वेदों का ज्ञान प्रकट हुआ। वह वन में पुनः उसी स्थान पर गये जहाँ वे अग्नि-स्थाली छोड़ आये थे। अब वहाँ शमीवृक्ष के गर्भ में एक पीपल का वृक्ष उग आया था। राजा ने दो अरणियाँ बनाईं। तदनन्तर उन्होंने उर्वशी-लोक की कामना से नीचे की अरणि को उर्वशी तथा ऊपर की अरणि को पुरूरवा तथा बीच के काष्ठ को पुत्ररूप से चिन्तन करते हुए अग्नि प्रज्वलित करने वाले मन्त्रों से मन्थन किया। इसके मन्थन से 'जातवेदा' नामक अग्नि प्रकट हुआ। राजा पुरूरवा ने त्रयीविद्या द्वारा आहवनीय, गार्हपत्य तथा दक्षिण अग्नि - इन तीनों भागों में विभक्त कर

उसे पुत्ररूप में स्वीकार कर लिया। तत्पश्चात् राजा पुरूरवा ने उन तीनों अग्नियों द्वारा सर्वदेवस्वरूप यज्ञपति भगवान् श्रीहरि का यजन किया। इस प्रकार राजा पुरूरवा ने अग्नि को सन्तान रूप में स्वीकार कर गन्धर्वलोक की प्राप्ति की। सत्ययुग में एकमात्र 'ॐ' ही वेद था तथा देवता एकमात्र नारायण और एक ही अग्नि तथा एक ही वर्ण, 'हंस'।

अध्याय 15

ऋचीक, जमदग्नि, परशुराम-चरित्र

उर्वशी के गर्भ से राजा पुरूरवा के छः पुत्र हुए— आयु, श्रुतायु, सत्यायु, रय, विजय तथा जय। श्रुतायु का पुत्र हुआ वसुमान्, सत्यायु का श्रुतञ्जय, रय का एक पुत्र हुआ तथा जय का अमित। इसी प्रकार विजय का पुत्र हुआ भीम, भीम का काञ्चन, उसका होत्र तथा होत्र का जह्नु। एक बार जह्नु ने गंगाजी को अपनी अञ्जलि में ले कर पी लिया था। जह्नु का पुत्र हुआ पूरु, पूरु का बलाक तथा बलाक का अजक। अजक का पुत्र हुआ कुश। कुश के चार पुत्र हुए-कुशाम्बु, तनय, वसु तथा कुशनाभ। कुशाम्बु के पुत्र हुए गाधि।

गाधि की कन्या का नाम था सत्यवती। ऋचीक ऋषि ने गाधि से उसकी कन्या माँगी। ऋचीक को योग्य वर न समझ कर, गाधि ने कहा, मुनिवर! हम कुशिक वंश के हैं। अतः हमारी कन्या मिलनी कठिन है। आप एक सहस्र घोड़े लाकर हमें शुल्करूप में दीजिए जिनका सारा शरीर तो श्वेत हो, परन्तु एक-एक कान श्याम वर्ण का हो। गाधि का भाव समझ कर ऋषि ऋचीक वरुण के पास गये तथा वहाँ से वैसे ही एक सहस्र घोड़े ले आये तथा उन्होंने सत्यवती को पत्नी के रूप में पा लिया।

पुत्र प्राप्त हेतु सत्यवती की माता ने, अपने लिये तथा अपनी बेटी के लिये ऋषि ऋचीक से प्रार्थना की। ऋषि ने अलग-अलग मन्त्रों से

चरु पकाया तथा अपनी पत्नी को देकर वे स्नान करने चले गये। सत्यवती की माता ने जो चरु ऋषि ने सत्यवती के लिये पकाया था माँग लिया। इस प्रकार पुत्र प्राप्ति के चरु बदल गये। जब ऋषि को इस बात का पता चला तो उन्होंने कहा– सत्यवती! तुम्हारी भूल से तुम्हारा जो पुत्र होगा वह उदण्ड तथा लोगों को दण्ड देने वाला होगा तथा सत्यवती की माता का पुत्र, अर्थात् सत्यवती का भ्राता बड़ा ही शीलस्वभाव वाला होगा। सत्यवती की प्रार्थना पर ऋषि ने ऐसा संयोग किया कि सत्यवती का पुत्र तो शील हो, परन्तु उसका पौत्र घोर प्रकृति का होगा।

सत्यवती से जमदग्नि का जन्म हुआ। सत्यवती समस्त लोकों को पवित्र करने वाली परम पुण्यमयी 'कौशिकी' नदी बन गई।

रेणु ऋषि की कन्या थी रेणुका। इससे जमदग्नि का विवाह हुआ। जमदग्नि ऋषि के वसुमान् आदि पुत्र हुए। इनमें सबसे छोटे थे परशुराम। हैहयवंश का अन्त करने के लिये स्वयं श्रीभगवान् ने परशुराम के रूप में अंशावतार लिया था। उन्होंने इक्कीस बार इस पृथ्वी को क्षत्रियहीन किया, क्योंकि इस समय के क्षत्रिय समय बीतने पर दुष्ट, ब्राह्मण-विरोधी, अभक्त तथा तमोगुणी हो गये थे।

राजा परीक्षित् के पूछने पर कि क्षत्रियों ने परोक्ष रूप से परशुरामजी का कौनसा अपराध किया था, श्री शुकदेवजी ने कहा– उस समय हैहयवंश का अधिपति राजा अर्जुन था। वह एक बलवान् क्षत्रिय था। उसने अपनी सेवा से भगवान् नारायण के अंशावतार मुनि दत्तात्रेय को प्रसन्न कर उससे सहस्त्र भुज का वरदान पाया था, जिससे कि युद्ध में उसे कोई परास्त न कर सके। उनकी ही कृपा से उसने इन्द्रियों का अबाध बल, अतुल सम्पत्ति, तेजस्विता, वीरता तथा कीर्ति पाई थी। वह माया से अपने शरीर का विस्तार तथा उसे सूक्ष्म से सूक्ष्म भी बनाने में समर्थ था। इन सब सिद्धियों को प्राप्त कर वह बड़ा उदण्ड हो गया था।

एक दिन वह बहुत सी सुन्दर स्त्रियों सहित नर्मदा नदी में जल विहार कर रहा था। उसने अपने सहस्त्रबाहु बल से नदी का प्रवाह रोक दिया। दशानन रावण का शिविर भी वहीं समीप में था। नदी के बहाव के रुकने से रावण का शिविर भी डूबने लगा। रावण स्वयं को बहुत वीर

समझता था। उससे राजा अर्जुन की यह उदण्डता सहन न हुई। इसी कहासुनी में बलि अर्जुन ने रावण को बंदी बना लिया तथा अपनी राजधानी माहिष्मती में ले जाकर कारागार में डाल दिया। परन्तु फिर पुलस्त्य मुनि के कहने पर उसे छोड़ दिया।

इसी प्रकार एक दिन आखेट करता हुआ राजा अर्जुन जमदग्नि मुनी के आश्रम पहुँच गया। जमदग्नि मुनि के आश्रम में कामधेनु रहती थी। इसके प्रताप से मुनि ने राजा सहित उसके मन्त्रियों तथा सैनिकों का भव्य स्वागत किय। मुनि के इस ऐश्वर्य को देख राजा को कुछ जलन सी हुई। उसने मुनि से कामधेनु ही लेनी चाही तथा अपने सैनिकों को आदेश दिया कि वे कामधेनु को जबरन ले चलें। राजा की आज्ञा का पालन करते हुए सैनिक कामधेनु को राजधानी ले आये।

जब परशुरामजी आश्रम पर आये तो उन्हें राजा की इस धृष्टता पर अति क्रोध आया तथा वे अपना भयंकर फरसा तथा धनुष-बाण लेकर राजा की सेना के पीछे हो लिये। राजा अभी नगर में प्रवेश कर ही रहा था कि परशुराम जी उस पर विधुत के समान टूट पड़े। उनका सामना करने के लिये राजा ने अपनी सेना को भी प्रयोग में ला दिया। परन्तु परशुरामजी के दिव्य फरसे से सब कट-कट कर गिरने लगे। तब राजा स्वयं युद्ध के लिये आ गया। परशुरामजी की क्रोधाग्नि तथा उनके दिव्य शस्त्रों से राजा की सारी भुजाएँ कट गईं तथा वह धराशई हो गया। इस घटना से राजा के पुत्र तथा उसकी शेष सेना भाग खड़ी हुई।

इस प्रकार कामधेनु को पुनः लेकर परशुरामजी आश्रम लौट आये तथा अपने पिता को यह सारा वृत्तान्त सुना दिया। इस पर ऋषि जमदग्नि ने कहा-"बेटा व्यर्थ ही तुमने राजा सहस्त्रबाहु का वध किया। हम ब्राह्मण तो क्षमा प्रभाव से ही संसार में पूजनीय हैं। पितामह ब्रह्माजी तो क्षमा के बल से ब्रह्मपद को प्राप्त हुए हैं। भगवान् श्रीहरि भी क्षमावानों पर शीघ्र प्रसन्न होते हैं। सार्वभौम राजा का वध ब्रह्महत्या से कम नहीं। अतः तुम इसका प्रायश्चित्त करो।"

अध्याय 16

परशुरामजी द्वारा क्षत्रिय-संहार

इसी इतिहास का वर्णन करते हुए श्री शुकदेवजी आगे कहते हैं, परीक्षित्! पिता का आदेश मानकर परशुरामजी एक वर्ष के लिये तीर्थ यात्रा कर पुनः आश्रम लौटे। एक दिन परशुरामजी क़ी माता रेणुकाजी गंगा तट पर गई। वहाँ उन्होंने देखा कि गन्धर्वराज चित्ररथ कमलों की माला पहने अप्सराओं के साथ विहार कर रहा था। इस जलक्रीड़ा को देखते-देखते, उनके पति जमदग्नि का हवन का समय भी बीत गया तथा उन्हें चित्ररथ की ओर आकषर्ण भी हो गया। हवन का समय बीत गया, ऐसा जान कर रेणुका भयभीत, जल का कलश लिये आश्रम लौट आई। ऋषि जमदग्नि अपनी पत्नी की मानसिक स्थिति को जान गये थे तथा क्रोधित होकर उन्होंने अपने पुत्रों से कहा कि वे इस पापिन को मार दें। परशुरामजी के अतिरिक्त इस कार्य के लिये कोई भी उद्यत न हुआ। पिता की आज्ञा का पालन करते हुए परशुरामजी ने अपने भ्राताओं तथा माता का वध कर दिया।

परशुरामजी के, पिता की आज्ञा पालन से, ऋषि जमदग्नि अति प्रसन्न हुए तथा उनसे वर माँगने को कहा। इस पर परशुरामजी ने अपने पिता से प्राथना की, कि माता सहित उनके सारे भ्राता जीवित हो जायें तथा उन्हें यह भी स्मरण न रहे कि परशुरामजी ने उन्हें मारा था। परशुरामजी के इस प्रकार कहते ही उनकी माता तथा भ्राता इस प्रकार जीवित हो गये जैसे वे एक निद्रा से जाग्रत् हुए हों।

सहस्त्रबाहु राजा अर्जुन के जो पुत्र भाग गये थे, वे सदा पिता की मृत्यु से अशान्त रहते थे तथा उसके प्रतिशोध के अवसर की ताक में थे। एक दिन जब परशुरामजी अपने भ्राताओं सहित वन में गये हुए थे तथा ऋषि जमदग्नि अपनी समस्त वृत्तियों से पवित्रकीर्ति श्रीभगवान् के

चिन्तन में निमग्न थे, राजा सहस्त्रबाहु के पुत्रों ने आश्रम में आकर जमदग्नि को मार डाला। उनकी पत्नी रेणुका की प्रार्थना भी व्यर्थ गई तथा वे ऋषि जमदग्नि का शीश काटकर ले गये। वे भी पिता की तरह बड़े ही नीच तथा क्रूर क्षत्रिय थे। इस पर रेणुका अति व्यथा से पति-हत्या पर विलाप करने लगी तथा अपने पुत्रों को पुकारने लगी — बेटा परशुराम शीघ्र आओ।

माता का करुण क्रन्दन सुन कर परशुरामजी शीघ्रता से आश्रम की ओर दौड़े। आश्रम आकर उन्होंने देखा कि उनके पिता का वध कर दिया गया है। यह बड़ा असहनीय दुःख था। उन्होंने पिता का शरीर भ्राताओं को सौंप दिया तथा अत्यन्त क्रोधावस्था में फरसा हाथ में उठाकर क्षत्रियों के संहार का निश्चय कर चल पड़े।

माहिष्मती नगरी पहुँच कर उन्होंने सहस्त्रबाहु अर्जुन के पुत्रों के सिर काट कर, नगरी के बीचों-बीच एक ढेर लगा दिया तथा वहाँ एक रक्त की नदी सी बह निकली। इस दृश्य को देख कर ब्राह्मणघातियों के हृदय काँप उठे। उस समय के क्षत्रियों को धर्म-विरोधी देखकर तथा पिता-हत्या को निमित्त बनाकर, परशुरामजी ने इक्कीस बार पृथ्वी से क्षत्रियों का नाश किया (उसे क्षत्रियहीन किया)।

परशुराम जी ने अपने पिता का शीश लाकर उनके धड़ से जोड़ कर, यज्ञों द्वारा सर्वदेवमय आत्मस्वरूप श्रीभगवान् का यजन किया। यज्ञों में उन्होंने पूर्व दिशा होता को, दक्षिण दिशा ब्रह्मा को, पश्चिम दिशा अध्वर्यु को तथा उत्तर दिशा सामगान करने वाले को दी। अग्निकोण आदि दिशाएँ ऋत्विजों को तथा कश्यपजी को मध्य-भूमि दी। उपद्रष्टा को आर्यावर्त दिया। इस प्रकार यज्ञ सम्पन्न करने से महर्षि जमदग्नि को स्मृतिरूप संकल्पमय शरीर की प्राप्ति हो गई तथा वे सप्तर्षियों के मण्डल में सातवें ऋषि हो गये। स्वयं परशुरामजी यज्ञान्त-स्नान कर समस्त पापों से मुक्त हो गये।

श्री शुकदेवजी राजा परीक्षित् से कहते हैं कि अगले मन्वन्तर में सप्तर्षियों के मण्डल में रहकर परशुरामजी वेदों का विस्तार करेंगे।

वंशों का आगे वर्णन करते हुए श्री शुकदेवजी कहते हैं कि महाराज गाधि के पुत्र हुए तेजस्वी विश्वामित्र। इन्होंने तपोबल से क्षत्रियत्व को त्याग कर ब्रह्मतेज प्राप्त कर लिया। विश्वामित्रजी के सभी पुत्र इसी नाम से जाने जाते थे। विश्वामित्रजी ने भृगुवंशी अजीगर्त के पुत्र— अपने भानजे— शुन:शेप को भी पुत्र के रूप में स्वीकार कर लिया तथा अपने पुत्रों से कहा कि वे इसे अपना बड़ा भ्राता मानें। इसका नाम देवरात भी था। इसी शुन:शेप को राजा हरिश्चन्द्र के यज्ञ के लिये यज्ञपशु के रूप में लाया गया था। परन्तु विश्वामित्रजी ने प्रजापति वरुण आदि देवताओं की स्तुति कर इसे पाशबन्धन से मुक्त करा दिया। क्योंकि अब शुन: शेप देवताओं द्वारा विश्वामित्र को दिया गया था, अत: वह, देवैः रातः, अर्थात् तपस्वी देवरात के नाम से विख्यात हुआ।

विश्वामित्र के बड़े पुत्रों ने शुन: शेप को अपना बड़ा भ्राता मानना अस्वीकार कर दिया। इस से उन पर क्रोधित होकर विश्वामित्रजी ने उन्हें म्लेच्छ होने का शाप दे दिया। मधुच्छन्दा तथा उसके छोटे भ्राताओं ने पिता की आज्ञा मान ली। पिता की आज्ञा मान लेने के कारण, विश्वामित्रजी ने प्रसन्न होकर अपने इन पुत्रों को वरदान दिया कि उनके पुत्र, उन जैसे ही सुपुत्र होंगे। क्योंकि विश्वामित्रजी के आष्टक, हारीत, जय तथा क्रतुमान् आदि भी पुत्र थे, अत: कौशिकगोत्र के कई भेद हो गये तथा देवरात को बड़ा भ्राता स्वीकार करने से उसका प्रवर ही दूसरा हो गया।

अध्याय 17

क्षत्रवृद्ध, रजि आदि राजाओं के वंश

पुरातन राजाओं के वंशों का वर्णन करते हुए श्री शुकदेवजी राजा परीक्षत् से पुन: कहते हैं, परीक्षित्! राजेन्द्र पुरूरवा का एक पुत्र था आयु

(पुत्रों में से एक पुत्र)। उसके पाँच पुत्र हुए– नहुष, क्षत्रवृद्ध, रजि, शक्तिशाली रम्भ तथा अनेना। इसी प्रकार क्षत्रवृद्ध के पुत्र सुहोत्र के तीन पुत्र हुए– काश्य, कुश तथा गृत्समद। गृत्समद का पुत्र हुआ शुनक। शुनक के पुत्र हुए ऋग्वेदियों मे श्रेष्ठ मुनिवर शौनकजी।

काश्य के पुत्र हुए काशि, काशि के राष्ट्र तथा उसके दीर्घतमा तथा दीर्घतमा के पुत्र हुए धन्वन्तरि। ये ही आयुर्वेद के प्रवर्तक हुए। ये यज्ञ भाग के भोक्ता तथा भगवान् वासुदेव के अंश हैं। धन्वन्तरि के स्मरणमात्र से ही सब रोग दूर हो जाते हैं। इनके पुत्र हुए केतुमान् तथा उनके पुत्र हुए भीमरथ।

भीमरथ के पुत्र हुए दिवोदास तथा उनके द्युमान् (प्रतर्दन)। यही शत्रुजित्, वत्स, ऋतध्वज तथा कुवलयाश्व के नाम से भी प्रसिद्ध हुए। द्युमान् के पुत्र हुए अलर्क, जिन्होंने एक दीर्घ समय तक युवा रहकर राज्य किया (66000 वर्ष)। अलर्क का पुत्र हुआ सन्तति, उसका सुनीथ, सुनीथ का सुकेतन, उसका धर्मकेतु तथा धर्मकेतु का सत्यकेतु।

सत्यकेतु के पुत्र हुए धृष्टकेतु, उसके सुकुमार, सुकुमार के पुत्र हुए वीतिहोत्र, उसके भर्ग तथा भर्ग से राजा भार्गभूमि का जन्म हुआ। ये सब के सब क्षत्रवृद्ध के वंश में उत्पन्न नरपति हुए।

रम्भ के पुत्र हुए रभस, उसके गम्भीर तथा गम्भीर के अक्रिय। अक्रिय की पत्नी से ब्राह्मणवंश चला।

अनेना का पुत्र हुआ शुद्ध, उसका शुचि, शुचि का त्रिककुद् तथा उसका धर्मसारथि। धर्मसारथि के पुत्र हुए शान्तरय। क्योंकि वे आत्मज्ञानी होने के कारण कृतकृत्य थे, अतः उनके कोई सन्तान नहीं थी। वे इस झंझट से बाहर ही रहे।

आयु के पुत्र हुए रजि तथा उसके अत्यन्त तेजस्वी पाँच सौ पुत्र हुए। देवताओं की प्रार्थना पर उन्होंने देवेन्द्र की सहायता कर, दैत्यों का वध कर, इन्द्र को पुनः उनका स्वर्ग दिलाया। देवेन्द्र ने रजि को स्वर्ग की रक्षा का भार सौंप दिया। रजि की मृत्यु के पश्चात् जब रजि के पुत्रों ने इन्द्र को स्वर्ग लौटाने से आनाकानी की तो इन्द्र की प्रार्थना पर गुरु बृहस्पति ने अभिचार विधि से हवन किया। इससे रजि के पुत्र धर्मभ्रष्ट हो गये तथा देवेन्द्र ने उन सब को मार डाला।

छत्रवृद्ध के पौत्र कुश के प्रति, प्रति से सञ्जय, तथा उससे जय का जन्म हुआ। जय से कृत, उससे हर्यवन तथा हर्यवन से सहदेव तथा उससे हीन और हीन से जयसेन का जन्म हुआ। जयसेन का पुत्र हुआ संकृति, संकृति से महारथी जय का जन्म हुआ। क्षत्रवृद्ध की वंश-परम्परा में इतने ही नरपति हुए।

अध्याय 18

ययाति-चरित्र (1)

ययाति का चरित्र वर्णन करते हुए श्री शुकदेवजी राजा परिक्षित् से कहते हैं— राजा नहुष के छः पुत्र थे। उनके नाम थे— यति, ययाति, संयाति, आयति, वियति तथा कृति। नहुष अपना राज्य अपने बड़े पुत्र यति को देना चाहते थे, परन्तु उसने इसे स्वीकार नहीं किया, क्योंकि वह साधु स्वभाव का था तथा उसकी राज्य में कोई आसक्ति नहीं थी।

जब ब्राह्मणों के शाप से राजा नहुष इन्द्रपद से गिर गये तथा अजगर की योनि को प्राप्त हो गये तो उनका राज्य ययाति ने सम्भाला। उन्होंने अपने चार छोटे भ्राताओं को चार दिशाओं में नियुक्त कर दिया तथा स्वयं शुक्राचार्य की पुत्री देवयानी तथा दैत्यराज वृषपर्वा की पुत्री शर्मिष्ठा को पत्नियों के रूप में स्वीकार कर पृथ्वी की रक्षा करने लगे।

देवयानी गुरुपुत्री, ब्राह्मण कन्या थी। एक बार जल सरोवर में स्नान करते-करते उसका दानवराज वृषपर्वा की पुत्री शर्मिष्ठा से झगड़ा हो गया तथा दानव कन्या ने उसे कुएँ में ढकेल दिया। संयोगवश राजा ययाति वन में आखेट करते हुए उधर निकल आये तथा देवयानी को कुएँ से निकाला। क्योंकि देवयानी का बृहस्पति के पुत्र कच के शाप के कारण, ब्राह्मणवंश में विवाह नहीं हो सकता था, अतः उसकी प्रार्थना पर राजा ययाति ने उसे पत्नी के रूप में स्वीकार कर लिया।

अपनी पुत्री का शर्मिष्ठा द्वारा अनादर, गुरु शुक्रचार्य से सहन न हुआ, तथा वे अपना आश्रम त्यागने को उद्यत हो गये। इस पर राजा दानवराज बड़े संकट में पड़ गया। वह नहीं चाहता था कि गुरु शुक्राचार्य उनका साथ छोड़कर किसी और की सहायता करने लग जायें। अतः देवयानी की शर्त के अनुरूप, दानवराज को अपनी कन्या शर्मिष्ठा, देवयानी की देख-रेख के लिये देनी पड़ी।

अब शर्मिष्ठा देवयानी को दिये वचन के कारण उसकी दासी के रूप में रहने लगी। समय बीतने पर देवयानी गर्भवती हुई तथा उसके पुत्र हुआ। इस प्रकार देवयानी के दो पुत्र हुए— यदु तथा तुर्वसु। उसी बीच राजा अपने मन के आवेश को रोक न पाया तथा शर्मिष्ठा से सहवास कर बैठा। इस प्रकार शर्मिष्ठा से तीन पुत्र हुए— दुह्यु, अनु और पुरु। इस पर क्रोधित होकर गुरु शुक्राचार्य ने ययाति को वृद्ध होने का शाप दे दिया।

ययाति ने गुरु शुक्राचार्य से प्रार्थना की, कि अभी तो उसको उनकी पुत्री देवयानी से भी तृप्ति नहीं हुई, फिर यह बुढ़ापा। इस पर गुरु ने कहा कि वह यत्न कर देख ले कि यदि उसका कोई पुत्र उसे अपना यौवन दे सकता हो। गुरु के ऐसा कहने पर ययाति अपने बड़े पुत्र यदु के पास गया तथा अपने बुढ़ापे के उपलक्ष में उससे उसका यौवन माँगा ताकि वह कुछ और वर्षों तक विषयों का आनन्द भोग सके।

यदु ने कहा— बिना समय की वृद्धावस्था कौन स्वीकार करेगा? मनुष्य जब तक विषय-सुख भोग नहीं लेता, तबतक उसे उनसे वैराग्य नहीं होता। इसी प्रकार तुर्वसु, द्रुह्यु तथा अनु ने भी पिता की आज्ञा अस्वीकार कर दी। अब ययाति ने अपने सबसे छोटे पुत्र पुरु को बुलाकर अपने मन की इच्छा प्रकट की।

पुरु ने कहा— पिता की कृपा से मनुष्य को परमपद की प्राप्ति हो सकती है। पुत्र का शरीर पिता का दिया हुआ होता है। अतः पिता के उपकारों का बदला कौन चुका सकता है? पुत्र को पिता के मन की बात कहे बिना ही मान लेनी चाहिए। श्रद्धा के साथ पिता की आज्ञा को मानने

वाले को मध्यम श्रेणी का पुत्र कहते हैं। जो पिता की आज्ञा का अश्रद्धा से पालन करता है वह अधम पुत्र है तथा जो पिता की आज्ञा का पालन नहीं करता वह तो पुत्र कहलाने योग्य ही नहीं है। इस प्रकार कहकर पूरु ने अपना यौवन पिता को सहर्ष समर्पित कर दिया।

इस प्रकार यौवन प्राप्त कर राजा ययाति पुनः राज्य सुख भोगने लगा तथा प्रजा पालन करने लगा। देवयानी भी अपने पति की पूर्णरूप से सेवा करने लगी। राजा ययाति ने वेदों के प्रतिपाद्य सर्वदेवस्वरूप यज्ञपुरुष भगवान् श्रीहरि का बड़ी-बड़ी दक्षिणा वाले यज्ञों से यजन किया।

यह सब जगत् श्रीहरि में ही कल्पित है। वे परमात्मा सबके हृदय में विराजमान हैं। उन्हीं सर्वशक्तिमान् सर्वव्यापी श्रीनारायण को अपने हृदय में धारण कर राजा ययाति ने निष्कामभाव से उनका यजन किया। परन्तु राजा ययाति का मन अति उच्छृखंल था। एक दीर्घावस्था तक (1000 वर्ष) राज्यसुख भोगने पर भी उसकी तृप्ति न हुई।

अध्याय 19

ययाति-चरित्र (2)

विषय भोगते-भोगते जब एक दिन राजा ययाति को अपने इस अधःपतन का भास हुआ तो उन्हें इन सब वस्तुओं से वैराग्य हो गया। इस स्थिति को प्राप्त हो राजा ने अपनी पत्नी देवयानी को एक कथा सुनायी— एक वन में एक बकरा रहता था। एक दिन उसने देखा कि एक कूएँ में एक बकरी गिरी हुई है तथा वह सहायता के लिये पुकार रही है। उसने अपने खुरों से धरती को खोदकर बकरी को बाहर निकालने का रास्ता बना दिया। बकरी के बाहर आने पर वह उस बकरी के साथ विहार करने लगा। परन्तु उसकी काम की इच्छा पूरी न हुई। वह उस बकरी सहित और बकरियों से भी यही व्यवहार करने लगा। उस बकरी के

मालिक के मारने पर भी वह उस बकरी को छोड़ता न था। इस प्रकार मेरा जीवन भी तुम्हारे साथ रहा है। मैं अपनी भोगकामना पर वश न पा सका।

प्रिये! पृथ्वी पर जो धान्य, सुवर्ण, पशु तथा स्त्रियाँ हैं, वे सब मिलकर भी उस पुरुष को सन्तुष्ट नहीं कर सकते जो कामवासना से घिरा हुआ है। विषयों को भोगने से भोगवासना शान्त नहीं होती। उससे तो वह अग्नि में घी डालने के समान और भी प्रज्वलित होती है। जिस समय मनुष्य को किसी भी प्राणी में राग-द्वेष का भाव नहीं रहता, उस समय उस समदर्शी के लिये सभी दिशाएँ सुखमय हो जाती हैं। विषयों की तृष्णा ही दु:खों का उद्‌गम है। शरीर वृद्ध हो जाता है, परन्तु यह तृष्णा समाप्त नहीं होती। अत: अपने कल्याण के लिये इस तृष्णा को शीघ्र ही त्याग देना चाहिए। इन्द्रियाँ इतनी बलवति हैं कि बड़े से बड़े विद्वान् को भी वे विचलित कर देती हैं। एक सहस्त्र वर्ष राज्य सुख तथा विषयभोग से भी मेरी तृप्ति नहीं हुई। अब अनायास ही मुझे इसका भास हुआ है। अत: अब मैं भोगों की वासना, तृष्णा त्याग कर अपने अन्त: करण को परमात्मा के प्रति समर्पित कर दूँगा। लोक-परलोक दोनों के ही भोग असत् हैं। इस प्रकार समझ कर उनका कभी चिन्तन नहीं करना चाहिए। इनसे पृथक् रहने वाले ही आत्मज्ञानी हैं। ये भोग-विषय ही बार-बार जन्म लेने तथा मृत्यु का कारण हैं।

राजा ययाति ने अपनी पत्नी को इस प्रकार कह कर, अपने पुत्र पूरु को उसका यौवन लौटा दिया तथा अपनी वृद्धावस्था ले ली। अब राजा के चित्त की विषय-वासना समाप्त हो चुकी थी। तदनन्तर उसने अपने राज्य को चार भागों में विभाजित कर दक्षिण-पूर्व दिशा द्रुह्यु को, दक्षिण यदु को, पश्चिम तुर्वसु को तथा उत्तर अनु को दे दी। समस्त सम्पत्तियों के योग्यतम पात्र, पुत्र पूरु को, अपने राज्य पर अभिषिक्त कर राजा ययाति वन मे चले गये। जैसे पर निकलने पर पक्षी अपना घोंसला छोड़ देते हैं, वैसे ही राजा ने एक ही क्षण में सब कुछ त्याग दिया। आत्मसाक्षात्कार द्वारा उनका त्रिगुणमय लिंग शरीर नष्ट हो गया। उन्होंने इस प्रकार परब्रह्म परमात्मा वासुदेव की प्राप्ति की।

देवयानी ने राजा से कथा सुनकर अनुभव किया कि वे उसे भी निवृत्ति मार्ग के लिये प्रोत्साहित कर रहे हैं। यह जान कर कि स्वजन-सम्बन्धियों का मिलन, जो ईश्वर के अधीन है – एक स्थान पर इकट्ठा होना वैसे ही है जैसे एक प्याऊ पर पथिकों का मिलन। देवयानी ने भी सब पदार्थों की आसक्ति त्याग अपने मन को भगवान् श्रीकृष्ण में तन्मय कर, बन्धन के हेतु लिंग शरीर का त्याग कर दिया तथा श्रीभगवान् को प्राप्त हो गई।

अध्याय 20

राजा पूरु, राजा दुष्यन्त, राजा भरत

इस वंश का आगे वर्णन करते हुए श्री शुकदेवजी राजा परीक्षित् से कहते हैं– राजा पूरु का पुत्र हुआ जनमेजय। उसका प्रचिन्वान्, प्रचिन्वान् का पुत्र हुआ प्रवीर, उसका नमस्यु तथा नमस्यु का चारुपद। चारुपद का पुत्र हुआ सुद्यु, उसका बहुगव, उसका संयाति। संयाति का पुत्र हुआ अहंयाति तथा अहंयाति का रौद्राश्व।

घृताची अप्सरा के गर्भ से राजा रौद्राश्व के दस पुत्र हुए– ऋतेयु, कुक्षेयु, स्थण्डिलेयु, कृतेयु, जलेयु, सत्येयु, धर्मेयु, सन्ततेयु, व्रतेयु तथा वनेयु।

ऋतेयु का पुत्र हुआ रन्तिभार तथा रन्तिभार के तीन पुत्र हुए– सुमति, ध्रुव तथा अप्रतिरथ। अप्रतिरथ का पुत्र हुआ कण्व। कण्व का पुत्र हुआ मेधातिथि। मेधातिथि से प्रस्कण्व आदि ब्राह्मण उत्पन्न हुए। सुमति का पुत्र हुआ रैभ्य, रैभ्य का पुत्र हुआ दुष्यन्त।

एक बार आखेट करते-करते महाराज दुष्यन्त कण्व ऋषि के आश्रम में जा पहुँचे। उनके आश्रम में उस समय उनकी कन्या थी जो कि एक देवी के समान सुन्दर थी। राजा दुष्यन्त उसे देखते ही उस पर मोहित हो गये तथा उससे बातचीत (वार्तालाप) करने लगे। राजा के प्रश्न करने

पर कि वह कन्या कौन है, उस कन्या (शकुन्तला) ने कहा— मैं विश्वामित्र की पुत्री हूँ। मेनका अप्सरा मुझे वन में छोड़ कर चली गई थी। मेरा पालन-पोषण ऋषि कण्व ने किया है। बताइये मैं अपकी क्या सेवा करूँ? आश्रम में कुछ तिन्नी का भात है। आपकी इच्छा हो तो भोजन कीजिए।

दुष्यन्त ने कहा, सुन्दरी! तुम कुशिक-वंश में उत्पन्न हुई हो। तुम्हारा इस प्रकार का व्यवहार, अतिथि सत्कार, तुम्हारे योग्य ही है। राजकन्या स्वयं ही अपने योग्य पति का वरण कर लेती है। इस प्रकार कहकर राजा दुष्यन्त ने गन्धर्व-विधिनुसार शकुन्तला से विवाह कर लिया। रात्रि वहीं व्यतीत कर तथा शकुन्तला से सहवास कर, दूसरे दिन राजा अपनी राजधानी लौट आये। समय आने पर शकुन्तला के एक पुत्र हुआ। महर्षि कण्व ने वन में ही राजकुमार का जातकर्म आदि संस्कार विधीपूर्वक सम्पन्न किया। वह बालक अति बलवान् और पराक्रमी था जो सिंह को भी बलपूर्वक बान्ध लेता था। अब राजकुमार को साथ लेकर शकुन्तला अपने पति के पास गई। परन्तु महाराज दुष्यन्त ने (ऋषि शाप होने के कारण) उसे पहचानने से इन्कार कर दिया। उसी समय आकाशवाणी हुई जिसने राजा को पुत्र तथा पत्नी को स्वीकार करने के लिये आदेश दिया (पहचान के लिये राजा की दी हुई अँगूठी भी मिल गई) तथा कहा कि यह पुत्र तथा शकुन्तला तुम्हारी ही पत्नी है।

माहाराज दुष्यन्त की मृत्यु के पश्चात् यह यशस्वी बालक बड़ा ही चक्रवर्ती सम्राट् हुआ। उसके दाहिने हाथ में चक्र का चिह्न था तथा पैरों मे कमलकोष का। यह बालक राजा भरत के नाम से अभिषिक्त हुआ। राजा भरत ने गंगा तट पर, गंगासागर से लेकर गंगोत्री तक, पचपन अश्वमेघ यज्ञ किये। इसी प्रकार प्रयाग से लेकर यमुनोत्री तक, अठहत्तर यज्ञ किये। इन यज्ञों के फलहेतु राजा भरत ने मरणोपरान्त श्रीहरी को प्राप्त किया। अपने समय में राजा भरत ने ब्राह्मण विरोधी किरात, हूण, यवन, अन्ध्र, कंक, खश, शक तथा म्लेच्छ आदि समस्त राजाओं को मार दिया।

विदर्भराज की तीन कन्याएँ सम्राट् भरत की पत्नियाँ थीं। जब इन पत्नियों

से राजा भरत को अपने अनुरूप सन्तान नहीं मिली तो उन्होंने 'मरुत्स्तोम' नामक यज्ञ किया। इस पर मरुद्गणों ने प्रसन्न होकर राजा भरत को भरद्वाज नाम से पुत्र दिया, जिसने राजा भरत का वंश आगे चलाया।

अध्याय 21

भरतवंश

भरतवंश का वर्णन करते हुए श्री शुकदेवजी कहते हैं, राजा परीक्षित्! भरद्वाज का पुत्र हुआ मन्यु। मन्यु के पाँच पुत्र हुए– बृहत्क्षत्र, जय, महावीर्य, नर तथा गर्ग। नर का पुत्र हुआ संकृति। संकृति के पुत्र हुए गुरु तथा रन्तिदेव। रन्तिदेव के उद्योग न करने पर तथा जो कुछ दैववश प्राप्त हो जाता, उसी पर निर्भर करना तथा उसे भी दे डालने से, उनकी पूँजी दिन पर दिन घटती गई। वे संग्रह परिग्रह से रहित तथा ममतारहित और धैर्यशाली थे। यहाँ तक कि एक बार उन्हें अड़तालीस दिन कुछ भी खाने को प्राप्त न हुआ। उनचासवें दिन जब उन्हें कुछ खाने को प्राप्त हुआ तथा भूखे परिवार के लोग खाने लगे तो एक ब्राह्मण अतिथि के रूप में उनके द्वार पर आ गया। रन्तिदेव ने बड़ी श्रद्धा से, उसी अन्न से, ब्राह्मण को आदरपूर्वक भोजन कराया।

जब बचे हुए अन्न को बाँट कर रन्तिदेव का परिवार भोजन करना चाहता था, उसी समय एक शूद्र अतिथि आ गया। राजा ने उस बचे हुए अन्न से कुछ भाग उस अतिथि को खिला दिया।

जब वह अतिथि चला गया तो एक और अतिथि अपने कुत्तों को लेकर द्वार पर आ गया। उसने कहा, राजन्! मैं और मेरे कुत्ते भूखे हैं। हमें कुछ खाने को दीजिए। राजा ने बड़े आदर से जो कुछ बचा था, उस अतिथि को दे दिया। अब केवल जल बचा था। जब राजा के परिवार के सदस्य उसे पीने लगे तो एक चाण्डाल आ गया और कहने लगा कि

मैं प्यासा हूँ। मुझे जल दे दीजिए। उसकी करुणामयी वाणी को सुन कर राजा रन्तिदेव ने कहा— मैं भगवान् से आठों सिद्धियों से युक्त परमगति नहीं चाहता। मैं मोक्ष की भी कामना नहीं करता। मैं तो केवल चाहता हूँ कि मैं सम्पूर्ण प्राणियों का दुःख लेलूँ। उस जल के पीने से उस दीन चाण्डाल के प्राणों की रक्षा हो गई। यद्यपि जल के बिना रन्तिदेव स्वयं मर रहे थे, फिर भी स्वभाव से ही उनका हृदय करुणापूर्ण था, तथा वे अपने को रोक न सके और वह जल उस चाण्डाल को पिला दिया। अपने भक्त की परीक्षा हेतु यह श्रीभगवान् की ही रची हुई माया थी। परीक्षा पूर्ण होने पर त्रिभुवन स्वमी ब्रह्मा, महेश तथा विष्णु, राजा रन्तिदेव के समक्ष प्रकट हो गये। रन्तिदेव ने उनके चरणों में नमस्कार किया। उन्हें कुछ लेना तो था नहीं। भगवान् की कृपा से वे आसक्तिरहित तथा स्पृहारहित थे। अतः श्रीहरि वासुदेव ने उन्हें अपने में लीन कर लिया।

इसी वंश का आगे वर्णन करते हुए श्री शुकदेवजी कहते हैं— मन्युपुत्र गर्ग से शिनि तथा शिनि से गार्ग्य का जन्म हुआ। महावीर्य का पुत्र हुआ दुरितक्षय। इसके तीन पुत्र हुए— त्रय्यारुणि, कवि तथा पुष्करारुणि। ये तीनों ब्राह्मण हो गये। इसी प्रकार गार्ग्य ने भी क्षत्रिय होते हुए ब्राह्मणवंश चलाया। बृहत्क्षत्र का पुत्र हुआ हस्ती। इस ने हस्तिनापुर बसाया। हस्ती के तीन पुत्र हुए— अजमीढ, द्विमीढ तथा पुरुमीढ। अजमीढ के पुत्रों में प्रियमेध आदि ब्राह्मण हुए। अजमीढ के एक पुत्र का नाम था बृहदिषु। बृहदिषु का पुत्र हुआ बृहद्धनु, बृहद्धनु का बृहत्काय, बृहत्काय का जयद्रथ। जयद्रथ का पुत्र हुआ विशद, विशद का सेनजित्। सेनजित् के चार पुत्र हुए-रुचिराश्व, दृढहनु, काश्य तथा वत्स। रुचिराश्व का पुत्र हुआ पार और पार का पृथुसेन। पार का दूसरा पुत्र था, नीप। इसके सौ पुत्र हुए। नीप की ही पत्नी शुक-कन्या कृत्वी से ब्रह्मदत्त पुत्र हुआ। ब्रह्मदत की पत्नी सरस्वती से विष्वक्सेन का जन्म हुआ। इसी विष्वक्सेन ने जैगीषव्य के उपदेश से योगशास्त्र की रचना की। विष्वक्सेन का पुत्र हुआ उदक्स्वन और उसका पुत्र हुआ भल्लाद। इस प्रकार ये सब बृहदिषु के वंशज हुए।

द्विमीढ का पुत्र हुआ यवीनर तथा उसका कृतिमान्। कृतिमान् का पुत्र हुआ सत्यधृति, उसका दृढनेमि तथा दृढनेमि का पुत्र हुआ सुपार्श्व। सुपार्श्व का पुत्र हुआ सुमति, सुमति का सन्नतिमान्, उसका कृति। उसने हिरण्यनाभ से योगविद्या प्राप्त की तथा 'प्राच्यसाम' नामक ऋचाओं की छः संहिताएँ कही। कृतिका पुत्र हुआ नीप। नीप का उग्रायुध, उग्रायुध का क्षेम्य, क्षेम्य का सुवीर और सुवीर का पुत्र हुआ रिपुञ्जय, उसका का पुत्र हुआ बहुरथ। द्वीमीढ के भ्राता पुरुमीढ के कोई सन्तान नहीं हुई। अजमीढ की दूसरी पत्नी नलिनी से पुत्र हुआ नील, नील का पुत्र हुआ शान्ति, उसका सुशान्ति, सुशान्ति का पुरुज, पुरुज का अर्क तथा अर्क का पुत्र हुआ भर्म्याश्व। उसके पाँच पुत्र हुए — मुद्गल, यवीनर, बृहदिषु, काम्पिल्य तथा सञ्जय और ये 'पञ्चाल' नाम से प्रसिद्ध हुए। मुद्गल से 'मौदगल्य' नामक ब्राह्मणगोत्र की प्रवृत्ति हुई।

मुद्गल से जुड़वाँ सन्तान हुई। इनमें पुत्र का नाम हुआ दिवोदास तथा कन्या का नाम अहल्या। अहिल्या का विवाह महर्षि गौतम से हुआ। गौतम का पुत्र हुआ शतानन्द। उसका पुत्र हुआ सत्यधृति जो धनुर्विद्या में अत्यन्त निपुण हुआ। सत्यधृति का पुत्र हुआ शरद्वान्। उसके एक पुत्र और कन्या हुई, परन्तु इन दोनों का पालन महाराज शन्तनु ने किया। जो पुत्र था, उसका नाम हुआ कृपाचार्य तथा जो पुत्री थी उसका नाम हुआ कृपी। यह द्रोणाचार्य की पत्नी हुई।

अध्याय 22

पाञ्चाल, कौरववंश वर्णन

शेष वंशों का वर्णन करते हुए श्री शुकदेवजी राजा परीक्षित् से कहते हैं— दिवोदास का पुत्र हुआ मित्रेयु। मित्रेयु के चार पुत्र हुए— च्यवन, सुदास, सहदेव तथा सोमक। सोमक के सौ पुत्र थे। इनमें ज्येष्ठ जन्तु

तथा सबसे छोटा पृषत। उसके पुत्र हुए द्रुपद, जिनकी पुत्री हुई द्रौपदी तथा पुत्र धृष्टद्युम्न आदि। धृष्टद्युम्न का पुत्र हुआ धृष्टकेतु। भर्म्याश्व-वंश के यह नरपति 'पाञ्चाल' कहलाये।

अजमीढ का दूसरा पुत्र था ऋक्ष। इसके पुत्र हुए सवरंण। सवंरण का विवाह सूर्य-कन्या तपती से हुआ। इनके गर्भ से कुरुक्षेत्र के स्वमी कुरु का जन्म हुआ। कुरु के चार पुत्र हुए--परीक्षित्, सुधन्वा जह्नु तथा निषधाश्व।

सुधन्वा से पुत्र हुआ सुहोत्र, सुहोत्र से च्यवन, उससे कृती, कृती से उपरिचरवसु तथा उससे बृहद्रथ आदि। उनमें से बृहद्रथ, कुशाम्ब, मत्स्य, प्रत्यग्र तथा चेदिप, चेदि देश के राजा हुए। बृहद्रथ का पुत्र हुआ कुशाग्र, उसका ऋषभ, उसका सत्यहित, सत्यहित का पुष्पवान् तथा पुष्पवान् का पुत्र हुआ जहु। बृहद्रथ की दूसरी पत्नी से एक शरीर, दो भागों में उत्पन्न हुआ। इसकी माता ने इसे बाहर फिंकवा दिया।

'जरा' नाम की राक्षसी ने - जियो— इस प्रकार कहकर इन दोनों टुकड़ों को जोड़ दिया। इस बालक का नाम हुआ जरासन्ध। जरासन्ध का पुत्र हुआ सहदेव, सहदेव का सोमपि तथा उसका श्रुतश्रवा। कुरु के ज्येष्ठ पुत्र परीक्षित् के कोई सन्तान न हुई। जह्नु का पुत्र हुआ सुरथ। सुरथ का विदूरथ, विदूरथ का सार्वभौम, उसका जयसेन, जयसेन का पुत्र हुआ राधिक तथा राधिक का पुत्र हुआ अयुत।

अयुत का पुत्र हुआ क्रोधन, उसका देवातिथि, उसका ऋष्य, उसका दिलीप तथा दिलीप का पुत्र हुआ प्रतीप। प्रतीप के तीन पुत्र हुए— देवापि, शन्तनु तथा बाह्लीक। देवापि अपना पैतृक राज्य त्याग कर वन में चला गया। अतः उसका छोटा भ्राता शन्तनु राजा हुए। पूर्व जन्म में शन्तनु का नाम महाभिष था। इस जन्म में भी वे जिसे अपने हाथों से छू देते तो वह वृद्ध से युवा हो जाता था। इसी कारण उनका नाम शन्तनु हुआ। शन्तनु के राज्य में बारह वर्ष तक देवराज इन्द्र ने वर्षा नहीं की। इस पर ब्राह्मणों ने राजा शन्तनु से कहा कि वे राज्य छोड़ दें, क्योंकि यह राज्य उनके बड़े भ्राता का अधिकार है। ब्राह्मणों के ऐसे वचन सुन कर राजा शन्तनु ने इस स्थिति से उबरने के लिये पहले ही कुछ ब्राह्मणों को

देवापि के पास भेजा हुआ था तथा उन्हें राज्य न स्वीकार करने के लिये उकसित किया। इस प्रकार राजा शन्तनु ने ब्राह्मणों के आदेश का पालन भी किया, परन्तु राज्य उन्हीं के पास रहा तथा राज्य में वर्षा भी हो गई। देवापि इस समय भी योगसाधना कर रहे हैं तथा योगियों के प्रसिद्ध स्थान कलापग्राम में विद्यमान हैं। जब कलियुग में चन्द्रवंश का नाश हो जायगा तो वे पुनः सत्ययुग के प्रारम्भ में चन्द्रवंश की स्थापना करेंगे।

शन्तनु के छोटे भ्राता बाह्लीक का पुत्र हुआ सोमदत्त। सोमदत्त के तीन पुत्र हुए– भूरि, भूरिश्रवा तथा शल। शन्तनु के द्वारा गंगाजी के गर्भ से नैष्ठिक ब्रह्मचारी भीष्म का जन्म हुआ। वे समस्त धर्मज्ञों के सिरमौर, ज्ञानी तथा श्रीभगवान् के परम प्रेमी भक्त थे। वे संसार के समस्त वीरों में शिरोमणि थे। यहाँ तक कि उन्होंने अपने गुरु, भगवान् परशुराम को भी युद्ध में सन्तुष्ट कर दिया था।

शन्तनु द्वारा दाशराज की कन्या (सत्यवती) से दो पुत्र हुए– चित्रांगद तथा विचित्रवीर्य। चित्रांगद को चित्रांगद नामक गन्धर्व ने मार दिया। पहले इसी दाशराज की कन्या से पराशरजी के तेज से भगवान् के कलावतार श्रीकृष्णद्वैपायन व्यासजी का जन्म हुअ था। उन्होंने वेदों की रक्षा की तथा श्री मद्भागवत पुराण की रचना की तथा मुझे (श्री शुकदेवजी) को इसका अध्ययन कराया।

शन्तनु के दूसरे पुत्र विचित्रवीर्य का विवाह भीष्मजी ने काशिराज की कन्याओं, अम्बिका तथा अम्बालिका से कराया। विचित्रवीर्य अपनी पत्नियों में अति अधिक आसक्त होने के कारण राजयक्ष्मा रोग से पीड़ित हो गया तथा उसकी अकस्मात् मृत्यु हो गई।

माता सत्यवती के कहने पर व्यासजी ने अपनी सन्तानहीन भ्राता की पत्नियों से, अपने तेज द्वारा, वंश को आगे चलाने के लिये दो पुत्र उत्पन्न किये जिनके नाम थे धृतराष्ट्र तथा पाण्डु। उनकी दासी से तीसरे पुत्र विदुर हुए (क्योंकि उनके पहले दो पुत्रों में कोई न कोई त्रुटी रह गई थी।)

धृतराष्ट्र की पत्नी गान्धारी से उनके सौ पुत्र हुए। उनमें ज्येष्ठ

दुर्योधन था। एक कन्या हुई जिसका नाम था दुःशला। पाण्डु की पत्नी थी कुन्ती। ऋषि शाप के कारण पाण्डु अपनी पत्नी से सहवास नहीं कर सकते थे। अतः (उनके वंश को आगे बढ़ाने के लिये) देवता क्रमशः धर्म, वायु तथा इन्द्र के तेज से कुन्ती के तीन पुत्र हुए— युधिष्ठिर, भीम तथा अर्जुन। पाण्डु की दूसरी पत्नी माद्री से देवता अश्विनीकुमारों के तेज से नकुल तथा सहदेव उत्पन्न हुए। इन पाण्डवों द्वारा द्रौपदी के द्वारा पाँच पुत्र हुए। उनमें युधिष्ठिर के पुत्र का नाम था प्रतिविन्ध्य, भीम का श्रुतसेन, अर्जुन का श्रुतकीर्ति, नकुल का शतानीक तथा सहदेव का श्रुतकर्मा। इसके अतिरिक्त युधिष्ठिर की दूसरी पत्नी पौरवी से देवक तथा भीमसेन की दूसरी पत्नी हिडिम्बा से घटोत्कच हुए तथा काली से सर्वगत नाम के पुत्र हुए। सहदेव की दूसरी पत्नी पर्वतकुमारी विजया से सुहोत्र तथा नकुल की पत्नी करेणुमती से नरमित्र हुए। अर्जुन की दूसरी पत्नी नागकन्या उलूपी से इरावान् तथा मणिपुर नरेश की कन्या से बभ्रुवाहन का जन्म हुआ। अर्जुन की पत्नी सुभद्राजी से अभिमन्यु का जन्म हुआ। अभिमन्यु द्वारा उत्तरा के गर्भ से परीक्षित् का जन्म हुआ (अर्थात् तुम्हारा) इस प्रकार इतिहास बताते हुए श्री शुकदेवजी राजा परीक्षित् से कहते हैं।

महाभारत युद्ध में कुरुवंश का नाश हो गया। अश्वत्थामा के ब्रह्मास्त्र से परीक्षित् भी गर्भ में ही नष्ट हो जाते यदि श्रीकृष्ण अपने प्रभाव से उसकी रक्षा न करते।

राजा परीक्षित् के चार पुत्र हुए— जनमेजय, श्रुतसेन, भीमसेन तथा उग्रसेन। श्री शुकदेवजी परीक्षित् से पुनः कहते हैं— जब तक्षक के काटने से तुम्हारी मृत्यु हो जायेगी, तब तुम्हारा पुत्र जनमेजय बहुत क्रोधित होगा और सर्प-यज्ञ की अग्नि में सर्पों का हवन करेगा। तत्पश्चात् यह कावषेय तुर को पुरोहित बनाकर अश्वमेध यज्ञ करेगा तथा सारी पृथ्वी पर विजय प्राप्त कर यज्ञों द्वारा श्रीभगवान् की आराधना करेगा।

राजा परीक्षित् को आगे बताते हुए श्री शुकदेवजी कहते हैं— जनमेजय का पुत्र हागा शतानीक। वह याज्ञवल्क्य ऋषि से तीनों वेदों तथा कर्म

काण्ड की शिक्षा लेगा तथा अस्त्रविद्या की शिक्षा कृपाचार्य से तथा शौनकजी से आत्मज्ञान प्राप्त कर परमात्मा को प्राप्त करेगा। शतानीक का पुत्र होगा सहस्रानीक, उसका अश्वमेधज, उसका असीमकृष्ण तथा असीमकृष्ण का पुत्र होगा नेमिचक्र। जब हस्तिनापुर गंगाजी में बह जायेगा, तब वह कौशाम्बीपुरी में निवास करेगा। नेमिचक्र का पुत्र होगा चित्ररथ, उसका कविरथ, उसका वृष्टिमान्, वृष्टिमान् का राजा सुषेण, उसका सुनीथ, सुनीथ का नृचक्षु, उसका सुखीनल, सुखीनल का परिप्लव, उसका सुनय, सुनय का मेधावी, उसका नृपञ्जय, नृपञ्जय का दूर्व तथा दूर्व का पुत्र होगा तिमि। तिमि का पुत्र होग बृहद्रथ, उसका सुदास, सुदास का शतानीक, शतानीक का दुर्दमन, उससे वहीनर, वहीनर से दण्डपाणि, उससे निमि तथा निमि से राजा क्षेमकला का जन्म होगा। यह वंश कलियुग में राजा क्षेम के साथ ही समाप्त हो जायेगा।

जरासन्ध के पुत्र सहदेव से मार्जारि, मार्जारि से श्रुतश्रवा, उससे अयुतायु तथा अयुतायु से निरमित्र होगा। निरमित्र का पुत्र होगा सुनक्षत्र, सुनक्षत्र से ब्रहत्सेन, बृहत्सेन से कर्मजित् तथा उससे सृतञ्जय, उस से विप्र तथा विप्र से शुचि होगा। शुचि का पुत्र होगा क्षेम, क्षेम से सुव्रत, सुव्रत से धर्मसूत्र, धर्मसूत्र से शम, शम से द्युमत्सेन, द्युमत्सेन से सुमति तथा सुमति का पुत्र होगा सुबल। सुबल का पुत्र होगा सुनीथ, सुनीथ का सत्यजित्, सत्यजित् का विश्वजित् तथा विश्वजित् का पुत्र होगा रिञ्जया। ये सब बृहद्रथवंश के राजा होंगे। इनका शासन काल एक सहस्र वर्ष होगा।

अध्याय 23

अनु, द्रुह्यु, तुर्वसु, यदुवंश वर्णन

आगे वंशों का वर्णन करते हुए श्री शुकदेवजी राजा परीक्षित् से कहते हैं— ययाति-नन्दन अनु के तीन पुत्र हुए— सभानर, चक्षु तथा परोक्ष।

सभानर का पुत्र हुआ कालनर, उसका सृञ्जय, उसका जनमेजय तथा जनमेजय का महाशील और उसका पुत्र हुआ महामना। महामना को दो पुत्र हुए— उशीनर तथा तितिक्षु। उशीनर के चार पुत्र हुए-शिबि, वन, शमी तथा दक्ष। शिबि के चार पुत्र हुए— वृषादर्भ, सुवीर, मद्र तथा कैकेय। तितिक्षु के पुत्र हुए— रुशद्रथ, उसके हेम, हेम के सुतपा तथा सुतपा के बलि।

राजा बलि की पत्नी से छः पुत्र हुए— अंग, वंग, कलिंग, सुह्म, पुण्ड्र और अन्ध्र। ये पुत्र दीर्घतमा मुनि के तेज से उत्पन्न हुए। इन सब ने अपने-अपने नाम से पूर्व दिशा में छः नगर बसाये। अंगका पुत्र हुआ खनपान, उसका दिविरथ, दिविरथ का धर्मरथ तथा धर्मरथ का चित्ररथ। चित्ररथ ही रोमपाद के नाम से प्रसिद्ध हुआ। इसके मित्र थे अयोध्यापति महाराज दशरथ। रोमपाद के कोई सन्तान न थी। अत: महाराज दशरथ ने अपनी कन्या शान्ता उनको गोद दे दी। शान्ता का विवाह ऋष्यश्रृंग मुनि से हुआ। एक बार जब राजा रोमपाद के राज्य में वर्षा नहीं हुई तो ऋष्यश्रृंग मुनि ने इन्द्रदेवता का यज्ञ किया। इस यज्ञ से वर्षा भी हुई तथा राजा रोमपाद के एक पुत्र भी हुआ। इसी ऋषि की कृपा से महाराज दशरथ के चार पुत्र हुए। रोमपाद का पुत्र हुआ चतुरंग तथा चतुरंग का पृथुलाक्ष।

पृथुलाक्ष के पुत्र हुए बृहद्रथ, बृहत्कर्मा तथा बृहद्भानु। बृहद्रथ का पुत्र हुआ बृहन्मना, उसका जयद्रथ। जयद्रथ की पत्नी सम्भूति से पुत्र हुआ विजय। विजय का पुत्र हुआ धृति, धृति का धृतव्रत, धृतव्रत का सत्कर्मा तथा सत्कर्मा का अधिरथ।

अधिरथ के कोई सन्तान न थी। एक दिन गंगा तट पर उसे एक पिटारी बहती हुई मिली, जिसमें एक नन्हा शिशु बहता आ रहा था। यह बालक कर्ण था, जो कुन्ती ने कन्यावस्था में सूर्यदेव के तेज से उत्पन्न किया था। उसे पुत्र रूप में अपनाया अधिरथ ने। कर्ण का पुत्र हुआ वृषसेन। ययाति के पुत्र द्रह्यु से बभ्रु का जन्म हुआ। बभ्रु से सेतु, उससे आरब्ध, उससे गान्धार तथा गान्धार से धर्म, उससे धृत, धृत से दुर्मना तथा उसका पुत्र हुआ प्रचेता। प्रचेता के सौ पुत्र हुए। ये उत्तर दिशा में म्लेच्छों

के राजा हुए। ययाति के पुत्र तुर्वसु का पुत्र हुआ वह्नि, उसका भर्ग, भर्ग का भानुमान्, उसका त्रिभानु, उसका उदारबुद्धि, उसका करन्धम तथा करन्धम का पुत्र हुआ मरुत। मरुत निःसन्तान था। उसने पुरुवंशी दुष्यन्त को अपना पुत्र बना लिया। परन्तु राज्य की कामना से दुष्यन्त अपने ही राज्य में लौट आए।

आगे वर्णन करते हुए श्री शुकदेवजी ने कहा, परीक्षित्! महाराज यदु का वंश परम पवित्र था। इस वंश में स्वयं भगवान् परब्रह्म श्रीकृष्ण ने मनुष्य रूप में अवतार ग्रहण किया। यदु के चार पुत्र थे— सहस्त्रजित्, क्रोष्टा, नल तथा रिपु। सहस्त्रजित् से हुए शतजित्। शतजित् के तीन पुत्र हुए— महाहय, वेणुहय तथा हैहय। हैहय का पुत्र हुआ धर्म, उसका नेत्र, नेत्र का कुन्ति, कुन्ति का सोहञ्जि, उसका महिष्मान् तथा महिष्मान् का पुत्र हुआ भद्रसेन। भद्रसेन के दो पुत्र हुए— दुर्मद तथा धनक। धनक के चार पुत्र हुए— कृतवीर्य, कृताग्नि, कृतवर्मा तथा कृतौजा। कृतवीर्य का पुत्र हुआ अर्जुन। वह सातों द्वीपों का एकछत्र सम्राट् हुआ। उसने भगवान् के अंशावतार श्री दत्तात्रेय मुनि से योगविद्या तथा अणिमा-लघिमा आदि योग सिद्धियाँ प्राप्त कीं। सहस्त्रबाहु अर्जुन ने एक दीर्घ समय तक राज्य किया। उसके अनेक पुत्रों मे से केवल पाँच ही जीवति रहे— जयध्वज, शूरसेन, वृषभ, मधु तथा ऊर्जित। शेष पुत्र परशुरामजी की क्रोधग्नि से मारे गये।

जयध्वज का पुत्र हुआ तालजंघ। तालजंघ के सौ पुत्र हुए तथा वे 'तालजंग' क्षत्रिय कहलाये। महर्षि और्व की शक्ति से राजा सगर ने उन सब का संहार कर डाला। इनमें से ज्येष्ठ पुत्र वीतिहोत्र का पुत्र हुआ मधु। मधु के भी सौ पुत्र हुए। इनमें ज्येष्ठ था वृष्णि। इन्हीं मधु, वृष्णि तथा यदु के नाम से ये वंश माधव, वार्ष्णेय तथा यादव के नाम से प्रसिद्ध हुए। यदुनन्दन क्रोष्टा के पुत्र का नाम था वृजिनवान्। वृजिनवान् का पुत्र हुआ श्वाहि, श्वाहि का रुशेकु। उसका चित्ररथ तथा चित्ररथ का पुत्र हुआ शशबिन्दु। यह अत्यन्त पराक्रमी तथा परमयोगी राजा हुआ। वह चौदह रत्नों का स्वामी, चक्रवर्ती सम्राट् तथा युद्ध में अजेय था (हाथी, घोड़ा,

रथ, स्त्री, बाण, धन, माला, वस्त्र, वृक्ष, शक्ति, पाश, मणि, छत्र तथा विमान) उसकी एक से अधिक पत्नियाँ थीं तथा उसी प्रकार बहुत सी सन्तानें थीं। उनमें पृथुश्रवा आदि छः प्रधान पुत्र थे। पृथुश्रवा के पुत्र हुआ धर्म, उसका पुत्र हुआ उशना। उशना ने सौ अश्वमेध यज्ञ किये। उशना का पुत्र हुआ रुचक। रुचक के पाँच पुत्र हुए— पुरुजित्, रुक्म, रुक्मेषु, पृथु तथा ज्यामघ। ज्यामघ के काफी समय तक कोई सन्तान न हुई। उसकी पत्नी का नाम था शैब्या। एक बार युद्ध में ज्यामघ अपने शत्रु की पुत्री भोज्या को हर कर ले आया। इसे शैब्या सहन न कर पाई।

राजा ने अपनी पत्नी को धैर्य दिया कि वह कन्या उसकी पुत्रवधू होगी। देवता विश्वेदेव तथा पितरों की कृपा से शैब्या को गर्भ रहा तथा उसने एक सुन्दर बालक उत्पन्न हुआ। उसका नाम रखा विदर्भ। राजा के वचनानुसार उसने भोज्या से विवाह किया।

अध्याय 24

विदर्भवंश

वंशों का वर्णन करते हुए, श्री शुकदेवजी राजा परीक्षित् से पुनः कहते हैं— परीक्षित्! राजा विदर्भ की भोज्या पत्नी से तीन पुत्र हुए - क्रथ, कुश तथा रोमपाद।

रोमपाद का पुत्र हुआ बभ्रु, बभ्रु का कृति, उसका उशिक और उसका चेदि। चेदि के वंश में दमघोष तथा शिशुपाल आदि हुए। क्रथ का पुत्र हुआ कुन्ति, कुन्ति का धृष्टि, उसका निवृति, निवृति का दशार्ह उसका व्योम।

व्योम का पुत्र हुआ जीमूत, उसका विकृति, विकृति का भीमरथ, उसका नवरथ, नवरथ का पुत्र हुआ दशरथ। दशरथ का पुत्र हुआ शकुनि, उसका करम्भि, करम्भि से देवरात, उससे देवक्षत्र, उस से मधु, मधु से

कुरुवश तथा कुरुवश का पुत्र हुआ अनु। अनु से पुरुहोत्र तथा उससे आयु तथा आयु का पुत्र हुआ सात्वत। सात्वत के सात पुत्र हुए— भजमान, भजि, दिव्य, वृष्णि, देवावृध, अन्धक तथा महाभोज। भजमान की दो पत्नियाँ थीं। एक के तीन पुत्र हुए— निम्लोचि, किंकिण तथा धृष्टि। दूसरी पत्नी से तीन पुत्र हुए— शताजित्, सहस्राजित्, तथा अयुताजित्।

देवावृध का पुत्र हुआ बभ्रु। देवावृध देवताओं के समान थे तथा बभ्रु मनुष्यों में श्रेष्ठ। सात्वत के पुत्रों में महाभोज भी बड़ा धर्मात्मा था। उसी के वंश में भोजवंशी यादव हुए।

वृष्णि के दो पुत्र हुए— सुमित्र तथा युधाजित्। युधाजित् के दो पुत्र हुए— शिनि तथा अनमित्र। अनमित्र का पुत्र हुआ निम्न। सत्राजित् तथा प्रसेन नाम से प्रसिद्ध यदुवंशी निम्न के ही पुत्र थे। अनमित्र के एक और पुत्र का नाम था शिनि। शिनि का पुत्र हुआ सत्यक।

सत्यक के पुत्र हुए युयुधान जो सात्यकि के नाम से प्रसिद्ध हुए। सात्यकि का पुत्र हुआ जय, जय का कुणि तथा कुणि का युगन्धर। अनमित्र के तीसरे पुत्र का नाम था वृष्णि। वृष्णि के दो पुत्र हुए— श्वफल्क तथा चित्ररथ। श्वफल्क की पत्नी का नाम था गान्दिनी। उनसे सबसे श्रेष्ठ अक्रूर के अतिरिक्त बारह पुत्र हुए— आसंग, सारमेय, मृदुर, मृदुविद्, गिरि, धर्मवृद्ध, सुकर्मा, क्षेत्रोपेक्ष, अरिमर्दन, शत्रुघ्न, गन्धमादन तथा प्रतिबाहु। इनकी बहिन थी सुचीरा। अक्रूर के दो पुत्र हुए— देववान् तथा उपदेव। श्वफल्क के भ्राता चित्ररथ के पुत्र हुए— पृथु, विदूरथ आदि। ये वृष्णिवंशियों में श्रेष्ठ माने जाते हैं।

सात्वत के पुत्र अन्धक के चार पुत्र हुए— कुकुर, भजमान, शुचि तथा कम्बलबर्हि। कुकुर का पुत्र हुआ वह्नि तथा उसका विलोमा। विलोमा का पुत्र हुआ कपोतरोमा तथा उसका अनु। अनु का पुत्र हुआ अन्धक, उसका दुन्दुभि, दुन्दुभि का पुत्र हुआ अरिद्योत, उसका पुनर्वसु तथा उसका आहुक पुत्र और आहुकी नाम से कन्या हुई। आहुक के दो पुत्र हुए— देवक तथा उग्रसेन। देवक के चार पुत्र हुए— देववान्, उपदेव, सुदेव तथा देववर्धन। इनकी सात बहिनें थीं— धृत, देवा, शान्तिदेवा,

उपदेवा, श्रीरेवा, देवरक्षिता, सहदेवा तथा देवकी। वसुदेवजी ने इन सब के साथ विवाह किया।

उग्रसेन के नौ पुत्र थे— कंस, सुनामा, न्यग्रोध, कंक, शंकु, सुहू, राष्ट्रपाल, सृष्टि तथा तुष्टिमान्। उग्रसेन की पाँच कन्याएँ थीं— कंसा, कंसवती, कंका, शूरभू तथा राष्ट्रपालिका। इनका विवाह देवभाग आदि वसुदेवजी के छोटे भ्राताओं के साथ हुआ।

चित्ररथ के पुत्र विदूरथ का पुत्र हुआ शूर, उसका भजमान, भजमान का शिनि,, शिनि का स्वयम्भोज तथा उसका हृदीक। हृदीक के तीन पुत्र हुए— देवबाहु, शतधन्वा तथा कृतवर्मा। देवमीढ के पुत्र शूर की पत्नी मारिषा से दस निष्पाप पुत्र हुए— वसुदेव, देवभाग, देवश्रवा, आनक, सृञ्जय, श्यामक, कंक, शमीक, वत्सक तथा वृक। वसुदेवजी के जन्म के समय देवताओं के नगारे तथा नौबत स्वयं ही बजने लगे थे। अतः उनका एक नाम आनकदुन्दुभि भी हुआ। वे ही भगवान् श्रीकृष्ण के पिता हुए। वसुदेवजी की पाँच बहिनें थीं— पृथा (कुन्ती), श्रुतदेवा, श्रुतकीर्ति, श्रुतश्रवा तथा राजाधिदेवी। वसुदेवजी के पिता शूरसेन के मित्र थे— कुन्तिभोज। कुन्तिभोज के कोई सन्तान न थी। अतः शूरसेन ने अपनी सबसे बड़ी कन्या पृथा उन्हें गोद दे दी।

पृथा ने दुर्वासा ऋषि को प्रसन्न कर उनसे देवताओं को आवाहन करने की विद्या सीख ली। एक दिन उस विद्या के प्रभाव को परखने के लिये उसने भगवान् सूर्य का आवाहन किया। उसी समय भगवान् सूर्य वहाँ प्रकट हो गये। उन्हें देख कर कुन्ती का हृदय गद्गद् हो गया। उसने कहा कि भगवान् मैं ने तो विद्या की परीक्षा हेतु आपका आवाहन किया था। सूर्य देव ने कहा— देवी मेरा दर्शन निष्फल नहीं हो सकता। मेरे तेज से तुम से एक पुत्र उत्पन्न होगा। तुम दूषित न हो, इसका उपाय भी मैं कर दूँगा।

तदनन्तर सूर्य भगवान् अन्तर्ध्यान हो गये। उनके तेज से कुन्ती को एक सुन्दर पुत्र उत्पन्न हुआ, जिसे बड़ी पीड़ा से, लोक निन्दा से बचने के लिये, उसने उसे नदी में प्रवाह कर दिया। इसके पश्चात् कुन्ती का विवाह पाण्डु से हुआ।

पृथा की छोटी बहिन श्रुतदेवा का विवाह करूषदेश के अधिपति वृद्धशर्मा से हुआ। इनका दन्तवक्त्र पुत्र हुआ। सनकादि ब्रह्म ऋषियों के शाप से श्रीहरि के पार्षद का यह तीसरा जन्म था (प्रथम जन्म हिरण्याक्ष का था)।

केकय देश के राजा धृष्टकेतु का विवाह श्रुतकीर्ति से हुआ। उससे सन्तर्दन आदि पाँच राजकुमार हुए। राजाधिदेवी का विवाह जयसेन से हुआ। उसके दो पुत्र हुए— विन्द तथा अनुविन्द। ये दोनों अवन्ती के राजा हुए। श्रुतश्रवा का विवाह चेदिराज दमघोष से हुआ। उसका पुत्र हुआ शिशुपाल (श्रीहरि का दूसरा शपित पार्षद)।

वसुदेवजी के भ्राताओं में, देवभाग की पत्नी कंसा से दो पुत्र हुए— चित्रकेतु तथा बृहद्बल। देवश्रवा की पत्नी कंसवती से सुवीर तथा इषुमान् हुए। आनक की पत्नी कंका से सत्यजित् तथा पुरुजित् हुए। सृञ्जय की पत्नी राष्ट्रपालिका से वृष तथा दुर्मर्षण आदि हुए। श्यामक की पत्नी शूरभूमि से हरिकेश तथा हिरण्याक्ष हुए। वत्सक के मिश्रकेशी अप्सरा से वृक आदि पुत्र हुए। वृक की पत्नी दुर्वाक्षी से तक्ष, पुष्कर तथा शाल आदि हुए। शमीक की पत्नी सुदामिनी से सुमित्र तथा अर्जुनपाल आदि पुत्र हुए। कंक की पत्नी कर्णिका से ऋतधाम तथ जय हुए।

आनकदुन्दुभि वसुदेवजी की पौरवी, रोहिणी, भद्रा, मदिरा, रोचना, इला तथा देवकी आदि पत्नियाँ थी। रोहिणीजी के गर्भ से बलरामजी, गद, सारण, दुर्मद, विपुल, ध्रुव तथा कृत आदि हुए।

पौरवी के गर्भ से— भूत, सुभ्रद, भद्रवाह, दुर्मद तथा भद्र आदि बारह पुत्र हुए। मदिरा के गर्भ से नन्द, उपनन्द, कृतक, शूर आदि। उनकी पत्नी कौसल्या से एक ही वंश-उजागर पुत्र हुआ, जिसका नाम था केशी।

रोचना पत्नी से हस्त तथा हेमांगद आदि तथा इला से उरुवल्क आदि प्रधान यदुवंशी हुए। उनकी पत्नी धृतदेवा से विपृष्ठ नाम का पुत्र हुआ तथा शान्तिदेवा से श्रम तथा प्रतिश्रुत आदि। उपदेवा के कल्पवर्ष आदि

दस तथा श्रीदेवा के वसु, हंस, सुवंश आदि छः, देवरक्षिता के गर्भ से गद आदि नौ पुत्र हुए तथा सहदेवा के गर्भ से आठ पुत्र उत्पन्न हुए। वसुदेवजी की पत्नी देवकी के गर्भ से आठ पुत्र हुए। सात के नाम इस प्रकार थे— कीर्तिमान्, सुषेण, भद्रसेन, ऋजु, संमर्दन, भद्र तथा शेषावतार श्री बलरामजी। इनके आठवें पुत्र स्वयं श्रीभगवान् ही थे। परम सौभाग्यवती सुभद्रा भी देवकी की पुत्री थी।

जब-जब संसार में धर्म का ह्रास तथा पाप की वृद्धि होती है, तब-तब सर्वशक्तिमान् श्रीहरि अवतार ग्रहण करते हैं। भगवान् सबके द्रष्टा तथा वास्तव में असंग हैं। अतः उनकी आत्मस्वरूपिणी योगमाया के अतिरिक्त उनके जन्म तथा कर्म का और कोई भी कारण नहीं है। जब असुरों ने राजाओं के वेष धारण कर कई अक्षौहिणी सेनाएँ एकत्रित कर लीं और, पृथ्वी को रौंदने लगे, तब पृथ्वी का भार हरने के लिये भगवान् मधुसूदन, बलरामजी सहित अवतीर्ण हुए। उनकी लीलाओं का देवता भी अनुमान नहीं कर सकते।

पृथ्वी का भार तो हरा ही, इसके साथ ही कलियुग में होने वाले भक्तों पर अनुग्रह करने के लिये भगवान् ने ऐसे परम पवित्र यश का विस्तार किया, जिसका गान, श्रवण करने से ही दुःख, शोक तथा अज्ञान मिट जाते हैं। उनका यशगान ही पवित्र करने वाला श्रेष्ठ तीर्थ है। भोज, वृष्णि, अन्धक, मधु, शूरसेन, दशार्ह, कुरु, सृञ्जय तथा पाण्डुवंशी वीर निरन्तर भगवान् की लीलाओं की आदरपूर्वक सराहना करते थे। उनका श्यामल शरीर सर्वांगसुन्दर था। उन्होंने अपने मनोरम विग्रह तथा अपनी प्रेमभरी मुस्कान, मधुर चितवन तथा प्रसादपूर्ण वचन तथा पराक्रमपूर्ण लीला से सब को आनन्द विभोर कर दिया। भगवान् के मुखकमल की शोभा निराली थी। मकराकृति कुण्डलों से उनके कान बड़े कमनीय प्रतीत होते थे। उनकी आभा से उनके दाँतों की शोभा मानो आनन्द की बाड़ सी ला देती थी। उनके कमलनयन मुख को निहारने की प्रतिक्षण लालसा बनी रहती थी। लीला पुरुषोत्तम भगवान् अवतीर्ण तो हुए मथुरा में, वसुदेवजी के घर, परन्तु उनकी लीलानुसार वे चले गये गोकुल श्री

नन्दबाबा के यहाँ अपनी बाल-लीलाएँ करने हेतु। वहाँ उन्होंने ग्वालबाल, गोपियों तथा गौओं को सुख प्रदान किया। तदनन्तर मथुरा लोट आये तथा फिर द्वारका शत्रुओं का संहार करने के लिये। अपने स्वरूप का साक्षात्कार करने वाली अपनी वाणीस्वरूप श्रुतियों की मर्यादा स्थापित करने हेतु अनेक यज्ञों के द्वारा स्वयं अपना ही यजन किया। कौरव तथा पाण्डवों के बीच उत्पन्न आपसी वैर के कारण, महाभारत युद्ध में, अपनी दृष्टि से ही, अर्जुन को निमित्त बनाकर, क्रूर राजाओं सहित उनकी बहुत सी अक्षौहिणी सेना को ध्वंस कर संसार में अर्जुन की विजय तथा पृथ्वी का उद्धार किया। अन्त में उद्धवजी को आत्मतत्त्व का उपदेश किया तथा उसके पश्चात् वे अपने परमधाम को चले गये।

दशम स्कन्ध (पूर्वार्ध)

अध्याय 1

श्रीकृष्णावतार-भविष्यवाणी

राजा परीक्षित् ने श्री शुकदेवजी से कहा, मुनिवर। आपने चन्द्रवंश तथा सूर्यवंश का विस्तार से वर्णन किया। अब आप यदुवंश में अपने अंश श्री बलरामजी सहित अवतीर्ण हुए श्रीकृष्ण का परम-चरित्र सुनाइए। भगवान् श्रीकृष्ण समस्त प्राणियों के जीवनदाता तथा सर्वात्मा हैं। श्रीकृष्ण तो मेरे कुलदेव ही हैं। जब कुरुक्षेत्र में महाभारत युद्ध हो रहा था- एक ओर मेरे दादा पाण्डु तथा दूसरी ओर देवताओं को भी जीतने वाले भीष्म पितामह के आधिपत्य में कौरवों की महान् सेना थी— उस समय मेरे स्वनाम-धन्य पितामह 'पाण्डव', भगवान् श्रीकृष्ण के चरणकमलों की नौका का आश्रय ले अनायास ही उस अथाह समुद्र को पार कर विजयी हुए। मेरा यह शरीर जो आपके सम्मुख है तथा कौरव और पाण्डव दोनों ही वंशों का एकमात्र प्रतीक है, अश्वत्थामा द्वारा ब्रह्मास्त्र से जल रहा था, उस समय जब मेरी माता श्रीभगवान् की शरण में गयी, तब उन्होंने अपने सुदर्शन चक्र द्वारा गर्भ में मेरी रक्षा की। वे तो समस्त शरीरधारियों के भीतर आत्मा रूप से अमृत्व का दान कर रहे हैं तथा बाहर कालरूप से रहकर मृत्यु का। मनुष्य के रूप में अवतीर्ण होना तो उनकी एक लीला है। आप उन्हीं की ऐश्वर्य तथा माधुर्य से पूर्ण लीलाओं का वर्णन कीजिए।

विस्तार से वर्णन कीजिए बलरामजी के जन्म का जो वास्तव में देवकी पुत्र ही थे परन्तु कहलाये रोहिणी-पुत्र। भगवान् श्रीकृष्ण अपने वात्सल्य स्नेह से भरे पिता को छोड़कर व्रज में क्यों चले गये, वहाँ भक्तवत्सल प्रभु ने नन्द आदि गोपबन्धुओं सहित कहाँ-कहाँ निवास

किया तथा वहाँ कौन-कौन सी लीलाएँ की? तदनन्तर मामा कंस का क्यों और कैसे वध किया? मथुरा के पश्चात् द्वारका पुरी में रहकर उन्होंने कब तक निवास किया?

राजा परीक्षित् की जिज्ञासा को ध्यान में रखते हुए श्री शुकदेवजी ने भगवान् श्रीकृष्ण की लीलाओं का वर्णन प्रारम्भ किया— भगवान् श्रीकृष्ण के विषय में प्रश्न करने पर ही वक्ता, प्रश्नकर्ता तथा श्रोता— ये तीनों पवित्र हो जाते हैं, जैसे गंगाजी का जल अथवा भगवान् शालग्राम का चरणामृत सभी को पवित्र कर देता है।

हे परीक्षित्! उस समय लाखों दैत्यों ने अभिमानी राजाओं का रूप धारण कर पृथ्वी को आक्रान्त कर रखा था। इस पाप के बोझ से त्राण पाने के लिये पृथ्वी— गौ के रूप में — ब्रह्माजी की शरण में गई। ब्रह्माजी ने अति सहानुभूति से उसकी दु:खदा को सुना। तदनन्तर पृथ्वी को साथ लेकर ब्रह्माजी, भगवान् शंकर तथा अन्य देवताओं सहित क्षीर सागर तट पर गये। भगवान् विष्णु देवताओं के भी आराध्यदेव हैं। वे अपने भक्तों की समस्त अभिलाषाओं को पूरा करते हैं तथा उनका कष्ट निवारण करते हैं। वे ही जगत् के एकमात्र स्वामी हैं। क्षीरसागर पहुँच कर ब्रह्माजी तथा अन्य देवताओं ने 'पुरुषसूक्त' द्वारा परमपुरुष सर्वान्तर्यामी (विष्णुजी) की स्तुति की।

उन्होंने (ब्रह्माजी ने) समाधि अवस्था में आकाशवाणी सुनी तथा देवताओं से कहा— मैंने भगवान् की वाणी सुनी है। आप भी सुनलो तथा वैसा ही करो। इसके पालन में विलम्ब नहीं होना चाहिए। भगवान् को पृथ्वी का कष्ट पहले से ही विदित था। वे ईश्वरों के भी ईश्वर हैं। अत: अपनी कालशक्ति द्वारा पृथ्वी का भार हरण करते हुए वे जबतक पृथ्वी पर लीला करें, तब तक आप भी अपने अंशों सहित यदुकुल में जन्म लेकर उनकी लीला में सहयोग दें। वसुदेवजी के घर स्वयं पुरुषोत्तम भगवान् प्रकट होंगे। उनकी प्रियतमा (श्री राधाजी) की सेवा के लिए देवाङ्गनाएँ जन्म ग्रहण करें।

स्वयंप्रकाश भगवान् शेषजी, जो भगवान् की कला होने के कारण अनन्त हैं तथा जिनके सहस्त्र मुख हैं, भगवान् के प्रिय कार्य करने हेतु उनसे पहले ही उनके बड़े भ्राता के रूप में अवतार ग्रहण करेंगे। भगवान् की ऐश्वर्यशलिनी योगमाया भी उनकी आज्ञा से उनकी लीला के लिये कार्य सम्पन्न करने के लिये अंशरूप से अवतार ग्रहण करेंगी।

प्रजापतियों के स्वामी भगवान् ब्रह्माजी ने देवताओं को इस प्रकार कह कर, गौ रूप पृथ्वी को विदा किया। तत्पश्चात् वे देवताओं सहित अपने धाम को वापस लौट आये।

प्राचीन काल में यदुवंशी राजा शूरसेन थे। वे मथुरा में रह कर मथुरामण्डल तथा शूरसेनमण्डल का राज्यशासन करते थे। एक बार मथुरा में शूर के पुत्र वसुदेवजी विवाह कर अपनी नव-विवाहिता पत्नी देवकी सहित रथ में सवार अपने घर आ रहे थे।

उग्रसेन का बेटा था कंस। अपनी चचेरी बहिन देवकी की प्रसन्नता हेतु उसने उसके रथ की रास पकड़ ली तथा सारथि के रूप में वह स्वयं ही रथ चलाने लगा। देवकी के पिता थे देवक। उन्हें अपनी पुत्री पर बड़ा स्नेह था। कन्या की विदा के समय उन्होंने सोने के हारों से अलंकृत चार सौ हाथी, पंद्रह हज़ार घोड़े, अठारह सौ रथ तथा दो सौ दासियाँ (देवकी की सेवा के लिए) दहेज में दीं। विवाह के समय वर-वधु के मंगल के लिये शंख, तुरही, मृदंग तथा अन्य साज बजने लगे। मार्ग में जिस समय घोड़े की रास पकड़ कर कंस रथ हाँक रहा था, उस समय कंस को सम्बोधित करते हुए आकाशवाणी हुई— "जिसको तू रथ पर बिठा कर ले जा रहा है, उसकी आठवें गर्भ की सन्तान तेरा वध करेगी।"

कंस वास्तव में बड़ा पापी था। वह भोजवंश का कलंक ही था। आकाशवाणी सुनते ही उसने अपनी तलवार खींच ली तथा अपनी बहिन का वध करने को उद्यत हुआ। उसका यह कर्म देख कर वसुदेव जी उसे शान्त करते हुए बोले—

राजकुमार! आप भोजवंश के होनहार वंशधर तथा अपने कुल की

कीर्ति बढ़ाने वाले हैं। बड़े-बड़े वीर भी आपके गुणों की सराहना करते हैं। इस समय एक तो यह स्त्री, दूसरे आपकी बहिन, तथा तीसने यह नवविवाहित है। इस स्थिति में आप इसका वध कैसे कर सकते हैं? जो जन्म लेता है, उसकी मृत्यु अवश्य हैं, चाहे 100 वर्ष पश्चात् (कलियुग की अधिकतम आयु)। जब शरीर का अन्त होता है, तो जीव अपने कर्मानुसार दूसरे शरीर को ग्रहण करता है। जैसे चलते समय पहले पग को छोड़ कर दूसरा पग पकड़ा जाता है, जैसे जोक एक तिनके को छोड़ कर दूसरे तिनके को पकड़ती है, वैसे ही जीव अपने कर्म के अनुसार पहले शरीर को छोड़ कर दूसरे को पकड़ता है। दूसरे शरीर को प्राप्ति कर्म-कृत-कामना तथ कामना-कृत-कर्म के वश में है। दूसरे शरीर को प्राप्त कर वह पहले शरीर को भूल जाता है। देहान्तर के समय जीव अनेक जन्मों के सञ्चित तथा प्रारब्ध कर्मों की वासना के अधीन माया द्वारा रचे हुए अनेक पाञ्चभैतिक शरीरों से , जिस किसी शरीर के चिन्तन में लीन हो जाता है, उसे वही शरीर ग्रहण करके जन्म लेना पड़ता है। अतः जो अपना कल्याण चाहता है, उसे किसी से द्रोह नहीं करना चाहिए, क्योंकि जीव कर्म के अधीन होने के कारण जो किसी से द्रोह करेगा, उसे इस जीवन में शत्रु से तथा मरणोपरान्त दूसरे जन्म में भी भयभीत होना पड़ता है (अपने कुकर्म के भय से)। यह आपकी छोटी बहिन आपकी कन्या के समान है। आप जैसे दीनवत्सल पुरुष को इसका वध करना शोभा नहीं देता है।

इस प्रकार वसुदेव जी ने प्रशंसा-सामनीति तथा भय-भेद नीति से कंस को बहुत समझाया, परन्तु राक्षसवृत्ति के कारण उसने अपने संकल्प को नहीं छोड़ा। वसुदेवजी इस संकट को टालना चाहते थे। उन्होंने विचार किया— बुद्धिमान् पुरुष को— जहाँ तक उसकी बुद्धि तथा बल साथ दे-मृत्यु को टालने का प्रयत्न करना चाहिए। प्रयत्न करने पर भी यदि वह टल न सके तो फिर प्रयत्न करने वाले का कोई दोष नहीं रहता। अतः कंसरूप मृत्यु को अपने पुत्रों को देने की प्रतिज्ञा कर देवकी को बचा लेना चाहिए। हो सकता है कि जब तक मेरे लड़के होंगे, वह स्वयं

ही मर जाये या वास्तव में मेरा ही लड़का उस को मार दे, क्योंकि विधाता के विधान का पार पाना बहुत कठिन है। मृत्यु समक्ष आकर भी टल जाती है (यदि भगवान् की इच्छा हो) और टली हुई पुनः लौट आती है। यदि वन में आग लगी हुई हो तो कौनसी लकड़ी जले और कौन सी बच जाये– इस समय केवल अदृष्ट के सिवा और कोई कारण नहीं होता। इसी प्रकार किस प्राणी का कौनसा शरीर नष्ट होगा और किस हेतु से कौनसा शरीर बचा रहेगा– कोई नहीं जानता। इस प्रकार अपनी बुद्धिनुसार वसुदेव जी ने कंस की प्रशंसा की तथा कहा, सौम्य! आपको देवकी से तो कोई भय नहीं, जैसा कि आकाशवाणी ने कहा है। भय तो उसके पुत्रों से है। मैं उसके पुत्रों को लाकर आप को सौंप दूँगा।

कंस जानता था कि वसुदेवजी वचन के पक्के हैं तथा उन्होंने जो कुछ कहा, युक्तिसंगत है। अतः उसने अपनी बहिन देवकी को मारने का विचार छोड़ दिया। इससे वसुदेवजी प्रसन्नता पूर्वक घर आये। देवकी बड़ी सती-साध्वी थीं। सर्व देवता उसमें निवास करते थे। समय आने पर देवकी के गर्भ से प्रति वर्ष एक-एक कर आठ पुत्र तथा एक कन्या उत्पन्न हुई। पहले पुत्र का नाम था कीर्तिमान्। वसुदेवजी ने उसे लाकर कंस को दे दिया। इससे उन्हें कष्ट तो हुआ परन्तु अपने वचन का पालन न करने का कष्ट उससे अधिक होना था। सत्यपुरुष बड़े से बड़ा कष्ट भी सहन कर लेते हैं। ज्ञानियों को किसी बात से उपेक्षा नहीं होती, परन्तु अधम पुरुष नीच से नीच कर्म करने में भी नहीं हिचकिचाते। जिन्होंने श्रीभगवान् को अपने हृदय में धारण कर लिया है, वे जितेन्द्रिय सब कुछ त्याग सकते हैं। जब कंस ने देखा कि वसुदेवजी अपने बच्चे के जीवन अथवा मृत्यु में समानभाव हैं तथा सत्यनिष्ठ हैं तो उनकी इस भावना से सन्तुष्ट हो कर उस ने कहा कि आप इस नन्हें सुकुमार को ले जाइये। इससे मुझे कोई भय नहीं। आकाशवाणी के अनुसार देवकी के आठवें गर्भ से उत्पन्न सन्तान द्वारा मेरी मृत्यु होगी। वसुदेवजी अपने बालक को लेकर लौट आये। परन्तु उन्हें कंस पर विश्वास नहीं था। वह किसी भी समय बदल सकता था।

ऐसा देख देवर्षि नारद कंस के पास आये तथा उससे बोले, कंस!

व्रज में रहने वाले नन्द आदि गोप, उनकी स्त्रियाँ तथा बन्धु-बान्धव-सब के सब देवता हैं। पृथ्वी को दैत्यों के भार से मुक्त करने के लिये सब देवता उद्यत हुए हैं। जब नारदजी इस प्रकार कहकर चले गये तब कंस को विचार हुआ कि हो न हो, देवकी के गर्भ से विष्णु भगवान् ही मेरा वध करने के लिये आने वाले हैं (यदि 1-8 एक परिधि में लिखे जायें तो आठवाँ कौनसा है इसका निश्चच नहीं हो सकता) अतः देवकी के गर्भ का कोई भी बालक उसका वध कर सकता है। ऐसा विचार कर उसने वसुदेव तथा देवकी को हथकड़ियों में जकड़ कर कारागार में कड़े पहरे में डाल दिया। उसे हर बार शंका बनी रहती थी कि कहीं विष्णु भगवान् ही उस बालक के रूप में उसका वध करने को न आ गये हों।

इस पृथ्वी पर लोभी राजा अपने स्वार्थ के लिये माता-पिता, भाई-बन्धु तथा अत्यन्त हितैषी मित्रों तक की भी हत्या कर देते हैं। कंस को विदित था कि पूर्व जन्म में वह कालनेमि असुर था तथा उसका वध भी विष्णुजी ने किया था। अतः वह यदुवंशियों का घोर विरोधी बन गया। कंस बड़ा बलवान् था। उसने यदु, भोज तथा अन्धक वंश के अधिनायक अपने पिता उग्रसेन को भी कारागार में डालकर स्वयं शूरसेन देश का राज्य-सिंहासन सम्भाल लिया।

अध्याय 2

श्रीकृष्णावतार (1)

कंस एक तो स्वयं बहुत बलवान् था, दूसरे उसका अति हितैषी मित्र, मगधनरेश जरासन्ध था। इसके अतिरिक्त उसके अनुचर और साथी प्रलम्बासुर, बकासुर, चाणूर, तृणावर्त, अघासुर, मुष्टिक, अरिष्टासुर, द्विविद, पूतना, केशी तथा धेनुक। बाणासुर तथा भौमासुर आदि दैत्य राजा

भी उसके सहायक थे। इन सब के बलबूते पर वह यदुवंशियों को हानि पहुँचाने लगा। कंस की उदण्डता के कारण वे कुरु, पाञ्चाल, केकय, शाल्व, विदर्भ, निषध, विदेह तथा कोसल आदि देशों में जाकर रहने लगे। जो बचे, वे दिखावे के रूप में उसका प्रभुत्व स्वीकार करने लगे।

जब देवकी के छः बालकों को, एक-एक कर कंस ने मार दिया तब सातवें गर्भ में भगवान् के अंशरूप श्री शेषजी, जिन्हें अनन्त भी कहते हैं - पधारे। आनन्दस्वरूप शेषजी के गर्भ में आने पर अनायास ही देवकी को बहुत आनन्द हुआ। परन्तु कंस के भय से उन्हें शोक भी हुआ।

विश्वात्मा भगवान् ने देखा कि उन्हें अपना स्वामी तथा सर्वस्व मानने वाले यदुवंशियों को कंस बहुत सता रहा है, तब उन्होंने अपनी योगमाया को आदेश दिया - देवी ! कल्याणी ! तुम व्रज में जाओ। वह प्रदेश ग्वालों तथा गौओं से सुशोभित है। वहाँ नन्दबाबा के गोकुल में वसुदेव की पत्नी रोहिणी निवास करती हैं। (गुप्तरूप से कंस के भय के कारण) इस समय मेरा वह अंश जिसे शेष कहते हैं, देवकी के गर्भ में स्थित है। उसे वहाँ से निकाल कर तुम रोहिणी के उदर में रख दो। कल्याणी ! अब मैं अपने समस्त ऐश्वरयों— ज्ञान, बल आदि सहित तथा अंशों सहित देवकी का पुत्र बनूँगा तथा तुम नन्दबाबा की पत्नी यशोदा के गर्भ से जन्म लेना। तुम लोगों को मुँह माँगा वरदान देने में समर्थ होगी। वे तुम्हें समस्त अभिलाषाओं को पूर्ण करने वाली होने पर, धूप-दीप, नैवेद्य तथा अन्य सामग्रियों से तुम्हारी पूजा करेंगे। पृथ्वी पर लोग तुम्हारे बहुत से स्थान बनायेंगे तथा दुर्गा, भद्रकाली, विजया, वैष्णवी, कुमुदा, चण्डिका, कृष्णा, माधवी, कन्या, माया, नारायणी, ईशानी, शारदा तथा अम्बिका आदि नामों से पुकारेंगे। देवकी के गर्भ से खींचे जाने के कारण, शेषजी को लोग संसार में 'संकर्षण' कहेंगे। लोकरंजन करने के कारण उन्हें 'राम' कहेंगे तथा बलवानों में श्रेष्ठ होने के कारण उन्हें 'बलभद्र' भी कहेंगे।

इस प्रकार श्रीभगवान् का आदेश पाकर, योगमाया, पृथ्वीलोक में आ गई तथा वैसा ही किया जैसा श्रीभगवान् ने कहा था। जब योगमाया ने

देवकी का गर्भ ले जाकर रोहिणी के उदर में रख दिया तो देवकी के गर्भ समाप्त होने पर पुरवासियों को बहुत दुःख हुआ।

तदनन्तर श्रीभगवान् वसुदेवजी के मन में अपनी सम्पूर्ण कलाओं सहित प्रकट हुए। भगवान् की ज्योति को धारण करने से वसुदेवजी सूर्य के समान तेजस्वी हो गये। भगवान् के उस ज्योतिर्मय अंश को वसुदेवजी के द्वारा आधान किये जाने पर उसे देवकी ने ग्रहण किया। भगवान् सारे जगत् के निवास स्थान हैं, परन्तु उनकी कृपा से देवकी उनका भी निवास स्थान बन गई। देवकी के गर्भ में भगवान् विद्यमान थे। देवकी के मुख पर आभा सहित मन्द-मुस्कान थी। उनकी कान्ति बंदीगृह में उदीप्त होने लगी। उसकी इस आभा को देखकर कंस मन ही मन सोचने लगा कि हो न हो इस बार देवकी के गर्भ में मेरे प्राणों के ग्रहक विष्णु ने इसके गर्भ में प्रवेश किया है। अतः वह सोच में पड़ गया। देवकी को मारना तो उचित नहीं होगा, क्योंकि एक तो वह स्त्री है, दूसरे बहिन तथा तीसरे वह गर्भवती है। ऐसा करने से उसकी कीर्ति (कंस की) कलंकित हो जायेगी। अब भगवान् के प्रति दृढ़ वैर को ठानकर वह बालक के जन्म की प्रतीक्षा करने लगा। इस प्रकार वह सदा श्रीकृष्ण के चिन्तन में ही लगा रहता। उसे हर समय, हर पल, जागते-सोते अपनी चारों ओर श्रीकृष्ण ही दिखाई देते थे।

भगवान् शंकर तथा ब्रह्माजी समस्त देवताओं तथा नारद जी सहित कंस के कारगार में आये। वे श्रीहरि की स्तुति करने लगे - आप सत्यसंकल्प हैं। सत्य आपकी प्राप्ति का श्रेष्ठ साधन है। सृष्टि के पूर्व, प्रलय के पश्चात् तथा संसार की स्थिति के समय—इन असत्य अवस्थाओं में भी आप सत्य हैं। पृथ्वी, जल, तेज, वायु तथा आकाश - इन पाँच दृश्यमान सत्यों के आप कारण हैं। आप इस जगत् के परमार्थस्वरूप हैं। आप मधुर वाणी तथा समदर्शन के प्रवर्तक हैं। हम सब आप की शरण में आये हैं। यह संसार एक सनातन वृक्ष है। इस वृक्ष का आश्रय है - एक प्रकृति। इसके दो फल हैं - सुख-दुःख, तीन जड़ें हैं - सत्त्व, रज तथा तम; चार रस हैं - धर्म, अर्थ, काम तथा मोक्ष; इसके जानने के पाँच प्रकार हैं - श्रोत्र, त्वचा, नेत्र, रसना तथा घ्राण

(नासिका)। इसके छः स्वभाव हैं – जन्म होना, रहना, बढ़ना, परिवर्तन होना, घटना तथा नष्ट हो जाना। इस वृक्ष की छाल है सात धातुएँ – रस, रुधिर, मांस, मेद, अस्ति, मज्जा तथा शुक्र। आठ शाखाएँ हैं – पाँच महाभूत, मन, बुद्धि तथा अहंकार। इस में मुख आदि नवों द्वार खोड़र हैं। प्राण, अपान, व्यान, उदान, समान, नाग, कूर्म, कृकल, देवदत्त तथा धनञ्जय – ये दस प्राण इसके पत्ते हैं। इस संसाररूप वृक्ष पर दो पक्षी हैं – जीव तथा ईश्वर। इस संसाररूप वृक्ष की उत्पत्ति का कारण तथा आधार एकमात्र आप ही हैं। आप में ही इसका प्रलय होता है तथा आप से ही इसकी रक्षा होती है।

माया से भ्रमित लोग ही उत्पत्ति, स्थिति तथा प्रलय के हेतु, अन्य देवताओं को देखते हैं। परन्तु तत्त्वज्ञानी तो सबके रूप में केवल आप को ही देखते हैं। आप ज्ञानस्वरूप आत्मा हैं। चराचर-जगत् के कल्याण के लिये ही आप अनेक रूप धारण करते हैं। कमलस्वरूप नेत्रों वाले प्रभु ! बहुत कम लोग ही समस्त पदार्थों तथा प्राणियों के आश्रयस्वरूप आप में अपना चित्त एकाग्र कर पाते हैं। जो लोग आपके चरणकमलों की शरण नहीं लेते – भक्तिभाव से रहित होने के कारण – वे शुद्ध-बुद्धि नहीं होते तथा न ही मुक्त होते हैं, चाहे वे कितने ही ज्ञानी क्यों न हों। परन्तु जिनकी आपके चरणों में प्रगाढ़ प्रीति है, वे उन ज्ञानाभिमानी की भाँति अपने साधन-मार्ग से नहीं गिरते। आप संसार की स्थिति के लिये समस्त देहधारियों को परम कल्याण प्रदान करने वाला विशुद्ध सत्त्वमय, सच्चिानन्दमय, परमदिव्य मंगलमय विग्रह प्रकट करते हैं। उस रूप के प्रकट होने से आपके भक्त वेद, कर्मकाण्ड, अष्टांगयोग, तपस्या तथा समाधि द्वारा आपकी आराधना करते हैं। जगत् में तीनों गुण आपके हैं तथा आपके द्वारा ही प्रकाशित होते हैं। इन गुणों की प्रकाशक वृत्तियों से आपके स्वरूप का केवल अनुमान ही होता है, वास्तविक स्वरूप का साक्षात्कार नहीं होता। आपके स्वरूप का साक्षात्कार तो केवल आपके इस विशुद्ध सत्त्वमय स्वरूप की सेवा से, आपकी कृपा से ही होता है। जो पुरुष आपके मंगलमय नामों तथा रूपों का श्रवण,

कीर्तन, स्मरण तथा ध्यान करता है तथा आपके चरणकमलों में ही अपने चित्त को लगाये रहता है - वह जन्म-मृत्यु के चक्र से निकल जाता है। सम्पूर्ण दुःखों के हरने वाले भगवन् ! आप सर्वेश्वर हैं। यह पृथ्वी तो आपका चरणकमल ही है। आपके अवतार से इसका भार दूर हो गया। धन्य हैं प्रभो! यह बड़े सौभाग्य की बात है कि हम लोग आपके सुन्दर-सुन्दर चिन्हों से युक्त चरणकमलों द्वारा विभूषित पृथ्वी को देखेंगे तथा स्वर्गलोग भी आप की कृपा से कृतार्थ हो जायेगा।

प्रभो! आप अजन्मा हैं। यदि आपके जन्म के कारण के समबन्ध में हम कोई तर्क ना करें तो यह कि यह आपका एक लीला-विनोद है। प्रभो ! आप ने जैसे अनेकों बार मत्स्य, हयग्रीव, कच्छप, नृसिंह, वराह, हंस, राम, परशुराम तथा वामन अवतार धारण करके हम लोगों की तथा तीनों लोकों की रक्षा की है, वैसे ही आप इस बार पृथ्वी का भार हरण कीजिए। यदुनन्दन ! हम आपके चरणों में वन्दना करते हैं।

(देवकीजी को सम्बोधित करते हुए) - माताजी! यह बड़े सौभाग्य की बात है कि आपके गर्भ में हम सबका कल्याण करने के लिये स्वयं भगवान् पुरुषोत्तम अपने ज्ञान, बल आदि अंशों के साथ पधारे हैं। अब आप कंस से तनिक भी भय मत कीजिए। अब तो कुछ ही दिनों की बात है। आपका पुत्र यदुवंश की रक्षा करेगा।

इस प्रकार स्तुति कर भगवान् शंकर तथा ब्रह्मा, देवताओं सहित, स्वर्ग को चले गये।

अध्याय 3

श्रीकृष्णावतार (2)

श्रीभगवान् के अवतरण का शुभ अवसर आ गया। इस समय रोहिणी

नक्षत्र था। आकाश के सभी नक्षत्र तथा ग्रह शान्त-सौम्य हो रहे थे। दिशाएँ स्वच्छ प्रसन्न थीं। निर्मल आकाश में तारागण चमक रहे थे। नदी (यमुना) का जल निर्मल हो गया था। रात्रि के समय भी सरोवर में कमल खिल उठे थे। वन में वृक्षों की पत्तियाँ पुष्पों के गुच्छों से लद गई थीं। पक्षी चहक रहे थे तथा भौंरे गुनगुना रहे थे। शीतल, सुगन्धित, मन्द-मन्द पवन चल रही थी। अग्निहोत्र की अग्नि स्वयं ही प्रज्वलित हो उठी। इससे ब्राह्मणों तथा सतों का हृदय विभोर हो गया। (यह शुभागमन का संदेश था) स्वर्ग में देवताओं की दुन्दुभियाँ बजने लगीं। किन्नर तथा गन्धर्व मधुर स्वर में गाने लगे। सिद्ध तथा चारण मंगलमय भगवान् की स्तुति गाने लगे। विद्याधारियाँ अप्सराओं के साथ नृत्य करने लगीं। देवता तथा ऋषिगण पुष्पवर्षा करने लगे। जन्म-मृत्यु से निवारण करने वाले भगवान् के अवतार का समय था निशीथ। रात्रि का साम्राज्य था। इसी समय सबके हृदय में विराजमान भगवान् विष्णु, देवरूपिणी देवकी के गर्भ से प्रकट हुए - जैसे पूर्व दिशा में सोलहों कलापूर्ण चन्द्रमा का उदय हुआ हो।

वसुदेवजी ने देखा कि उनके सम्मुख एक अद्भुत बालक है। उसके नेत्र कमल के समान कोमल तथा विशाल हैं। चार सुन्दर हाथों में शंख, गदा, चक्र तथा कमल हैं। वक्षःस्थल पर श्रीवत्स का चिन्ह है तथा सुन्दर स्वर्णमयी रेखा है। गले में कौतुभमणि झिलमिला रही है। वर्षाकालीन मेघ के समान परमसुन्दर श्यामल शरीर पर पीताम्बर है। वैदूर्यमणि के किरीट तथा कुण्डल की कान्ति से सुन्दर घुँघराले बाल सूर्य की किरणों के समान चमक रहे हैं। कमर में चमकती करधनी की लड़ियाँ लटक रही हैं। बाहों में बाजूबन्द तथा कलाइओं में कंकण शोभायमान थे। जब वसुदेवजी ने देखा कि पुत्र के रूप में स्वयं विष्णु भगवान् हैं तो उनका हृदय प्रफुल्लित हो गया। उनका जन्मोत्सव मनाने के लिये उन्होंने एक सहस्त्र गौओं के दान का संकल्प किया। भगवान् श्रीकृष्ण अपने अंगकान्ति से सूतिकागृह को उज्ज्वलित कर रहे थे। श्रीभगवान् के इस प्रभाव से वसुदेवजी का सारा भय (कंस का) जाता रहा। स्थिरबुद्धि होकर उन्होंने

अपना मस्तक श्रीभगवान् के चरणों में रखकर उनकी स्तुति की -

आप प्रकृति से अतीत साक्षात् पुरुषोत्तम हैं। आपका स्वरूप है - आनन्दस्वरूप। आप ही सर्ग के आदि में अपनी प्रकृति से इस त्रिगुणमयी सृष्टि की रचना करते हैं। जब तक महतत्त्व आदि कारण-तत्त्व पृथक्-पृथक् रहते हैं, तब तक उनकी शक्ति भी पृथक्-पृथक् रहती है। जब वे इन्द्रियादि सोलहविकारों के साथ मिलते हैं, तभी इस ब्रह्माण्ड की रचना करते हैं तथा उसे उत्पन्न करके आप इसी में अनुप्रविष्ट से जान पड़ते हैं, परन्तु वास्तव में इस सब से अतीत हैं। आप हर वस्तु में विद्यमान होते हुए भी निर्लेप हैं। गुणों का आवरण आप को ढक नहीं सकता। आप स्वयं समस्त क्रियाओं, गुणों तथा विकारों से रहित हैं। जगत् की सृष्टि, स्थिति तथा प्रलय आप से ही है। आप तीनों लोकों की रक्षा करने के लिये अपनी माया से सत्त्वमय शुक्लवर्ण (पोषणकारी विष्णुरूप) धारण करते हैं, उत्पत्ति के लिये रजः प्रधान रक्तवर्ण (सृजनकारी ब्रह्मारूप) तथा प्रलय के समय तमोगुण प्रधान कृष्णवर्ण (संहारकारी रुद्ररूप) स्वीकार करते हैं। आप सर्वशक्तिमान् और सबके स्वामी हैं। इस संसार की रक्षा के लिये आपने मेरे घर अवतार लिया है। देवताओं के आराध्यदेव प्रभो ! कंस बड़ा दुष्ट है। बालक के जन्म का समाचार पाकर वह शस्त्र लेकर दौड़ा कारागार में आयेगा।

इसी प्रकार माता देवकी ने कहा - प्रभो! वेदों ने आपके जिस रूप को अव्यक्त तथा सबका कारण बताया है, जो ब्रह्म, ज्योतिःस्वरूप, समस्त गुणों से रहित तथा विकार रहित है, जिसे विशेषणरहित— अनिर्वचनीय, निष्क्रिय तथा विशुद्ध सत्ता के रूप में कहा है - वही विष्णु आप हैं। जिस समय ब्रह्मा की आयु - दो परार्ध समाप्त हो जाते हैं, कालशक्ति के प्रभाव से सारे लोक नष्ट हो जाते हैं - पँच महाभूत अहंकार में, अहंकार महत्तत्त्व में तथा महत्तत्त्व प्रकृति में लीन हो जाता है - उस समय केवल आप ही शेष रह जाते हैं। इसी से आप का नाम 'शेष' भी है। प्रकृति के एकमात्र नियन्ता प्रभो ! निमेष से लेकर वर्ष पर्यन्त अनेक भागों में विभक्त जो काल है, जिसकी चेष्टा से सम्पूर्ण विश्व सचेष्ट हो

रहा है और जिसकी कोई सीमा नहीं है, वह आपकी लीलामात्र है। आप सर्वशक्तिमान् तथा परम कल्याण के आश्रय हैं। मैं आपकी शरण में हूँ। आज बड़े भाग्य से आपके चरणारविन्दों की शरण मिली है। आपका यह चतुर्भुज रूप दिव्य है। इसे देहाभिमानी पुरुषों के सम्मुख प्रकट न करें। आपका जन्म मेरे गर्भ से हुआ है - इसका ज्ञान कंस को न हो। अपना यह आलौकिक रूप छुपा लीजिए। प्रलय के समय आप इस सम्पूर्ण विश्व को अपने शरीर में वैसे ही स्वाभाविक रूप से धारण करते हैं, जैसे मनुष्य अपने शरीर में रहने वाले छिद्ररूप आकाश को।

श्रीभगवान् ने कहा, देवि! स्वायम्भुव मनवन्तर में जब तुम्हारा पहला जन्म हुआ था, उस समय तुम्हारा नाम था पृश्नि तथा वसुदेव, सुतपा नाम के प्रजापति थे। जब ब्रह्माजी ने आप को सन्तान उत्पन्न करने के लिये कहा, तब आप दोनों ने इन्द्रियों का दमन कर घोर तपस्या की। आप दोनों ने वर्षा, वायु, शीत, उष्ण आदि काल के विभिन्न गुणों को सहन किया तथा प्राणायाम द्वारा मन को शुद्ध कर लिया। आप ने प्रायः अन्न आदि त्याग, वायु पर ही निर्भर किया तथा अभीष्ट वस्तु प्राप्त करने के लिये मेरी आराधना की। मुझ में चित्त लगाकर ऐसा दुष्कर तथा घोर तप करते-करते आपने 12000 दिव्य वर्ष (देवताओं के वर्ष) बिताये। उस समय मैं तुम दोनों पर प्रसन्न हुआ तथा आप को वर देने के लिये मैं आपके सामने प्रकट हुआ। तब आप दोनों ने मेरे जैसा पुत्र माँगा। उस समय आप विषय-भोगों से असंग थे तथा न आपके कोई सन्तान हुई थी। मेरी माया से मोहित होकर आपने मोक्ष भी नहीं माँगा। मैंने आप को वह प्रदान किया तथा मैं आप दोनों का पुत्र हुआ। उस समय मैं 'पृश्निगर्भ' नाम से जाना गया। दूसरे जन्म में आप हुईं अदिति तथा वसुदेव हुए कश्यप। उस समय भी मैं आपका पुत्र हुआ 'उपेन्द्र' नाम से। शरीर छोटा होने के कारण मुझे 'वामन' भी कहते थे। आपके इस तीसरे जन्म में मैं पुनः आपका पुत्र हुआ। मेरी वाणी सर्वदा सत्य होती है (श्रीभगवान् ने वचन अथवा वर दिया था कि उसके समान देवकी तथा वसुदेव को पुत्र प्राप्त होगा, परन्तु उनके समान तो कोई हो ही नहीं

सकता। अतः उन्हें, देवकी तथा वसुदेवजी को दिये वरदान को पूरा करने के लिये उनके यहाँ तीन बार पुत्र रूप में आना पड़ा। तीसरे जन्म में अपना वरदान पूरा करने के लिये उन्हें स्वयं अपने रूप में ही आना पड़ा)

श्री शुकदेवजी राजा परीक्षित् से कहते हैं कि इतना कहकर श्रीभगवान् ने अपनी योगामया से - माता देवकी तथा पिता वसुदेवजी के देखते-देखते ही एक साधारण शिशु का रूप धारण कर लिया।

श्रीभगवान् की प्रेरणा से वसुदेवजी ने अपने पुत्र को सूतिकागृह से निकालने की इच्छा की। उसी समय नन्द-पत्नी यशोदा के गर्भ से योगमाया का जन्म हुआ, जो भगवान् की शक्ति होने के कारण उनके समान ही जन्मरहित है। उसी योगमाया ने द्वारपाल तथा पुरवासियों की समस्त इन्द्रिय वृत्तियों की चेतना हर ली। वे सब के सब अचेत हो गये। वंदीगृह के सभी द्वारा, जिन में कड़ी जँजीरे तथा ताले लगे हुए थे, खुल गये। जैसे सूर्य उदय होने से अंधकार नष्ट हो जाता है, वैसे ही श्रीकृष्ण को गोद में लेते ही कारागार के सारे बन्धन नष्ट हो गये। उस समय बादल धीरे-धीरे गरज कर जल की वर्षा कर रहे थे। अतः शेषजी अपने फनों से जल को रोकते हुए श्रीभगवान् के साथ चलने लगे। वर्षाऋतु होने के कारण यमुना नदी में बाढ़ आ गई थी (उसका जल बहुत बढ़ा हुआ था) तथा प्रवाह गहरा और तेज था। तरल-तरंगों के कारण जल पर फेन ही फेन दीख रहा था। जैसे श्रीराम को सागर (सागर चन्द्रमा का पिता है) ने मार्ग दिया था, इसी प्रकार श्रीकृष्ण के चरण चूम कर यमुनाजी ने मार्ग दे दिया।

वसुदेवजी ने नन्दबाबा के गोकुल में जाकर देखा कि सब के सब लोग सो रहे हैं। उन्होंने अपने पुत्र को यशोदाजी की शय्या पर सुला दिया तथा उनकी नवजात कन्या को लेकर वे वंदीगृह लौट आये। वहाँ पहुँचकर कन्या को उन्होंने देवकी के साथ सुला दिया। तदनन्तर पहले की तरह ही वंदीगृह के दरवाजे बन्द हो गये, ताले लग गये तथा वसुदेवजी तथा देवकीजी के पाँवों में जँजीरें पड़ गईं। श्रीभगवान् की

माया से यशोदाजी यह जान भी न पाईं की उनको पुत्री हुई अथवा पुत्र उत्पन्न हुआ है।

(भाद्रमास - भद्र, अर्थात् कल्याण देने वाला। कृष्णपक्ष स्वयं कृष्ण से सम्बन्धित है। अष्टमी तिथि पक्ष के बीचोंबीच सन्धि-स्थलपर पड़ती है। रात्रि योगीजनों को प्रिय है। निशीथ यतियों का सन्धाकाल है तथा रात्रि को दो भागों की सन्धि है। उस समय श्रीकृष्ण के आविर्भाव का अर्थ है - अज्ञान के घोर अन्धकार में दिव्य प्रकाश। निशानाथ चन्द्र के वंश में जन्म लेना है, तो निशा के मध्य भाग में अवतीर्ण होना उचित भी है। अष्टमी के चन्द्रोय का समय भी वही है। नक्षत्र— मैं देवकी के गर्भ से जन्म ले रहा हूँ तो रोहिणी के सन्तोष के लिये 'रोहिणी' नक्षत्र में जन्म लेना तो चाहिए अथवा चन्द्रवंश में जन्म ले रहा हूँ तो चन्द्रमा की सबसे प्यारी पत्नी रोहिणी 'नक्षत्र' में जन्म लेना ही उचित होगा। अतः श्रीभगवान् ने रोहिणी नक्षत्र, भाद्रमास, कृष्ण पक्ष-अष्टमी, मध्य रात्रि में जन्म लिया।)

अध्याय 4

श्रीकृष्णावतार (3)

वसुदेवजी के गोकुल से लौट आने पर मथुरा नगरी के सभी द्वार पहले की तरह बन्द हो गये। नवजात शिशु के रोने की ध्वनि सुन द्वारपाल जाग गये। वे तुरन्त भोजराज कंस के पास गये तथा उसे इस बात की सूचना दी। कंस को इस बालक से बड़ा भय था। अतः वह हड़बड़ा कर पलंग से उठ कर बंदीगृह की ओर भागा। उसके बाल भी बिखरे हुए थे तथा उसके मुख पर आतंक की छवि। जब वह बंदीगृह में पहुँचा तो देवकी ने करुण शब्दों में कहा - भैया! तुमने दैववश मेरे

तेजस्वी पुत्रों को मारा है। अब यही कन्या बची है। यह मुझे दे दो। मैं तुम्हारी छोटी बहिन हूँ। यह मेरी अन्तिम सन्तान है।

कंस अति क्रूर था। उसने देवकी को झिड़क कर उसके हाथों से कन्या को छीन लिया। उस नवजात कन्या को पैरों से पकड़कर जब कंस ने उसको चट्टान पर पटका तो वह उसके हाथों से निकल कर आकाश में चली गई। श्रीकृष्ण की वह छोटी बहिन कोई साधारण कन्या न थी। वह तो स्वयं देवी थी। आकाश में पहुँचते ही उसके आठ हाथों में आयुध दीख पड़े (अष्टभुजी)। वह दिव्य माला, वस्त्र, चन्दन तथा मणिमय आभूषणों से युक्त थी। उसके हाथों में धनुष, त्रिशूल, बाण, ढाल, तलवार, शंख, चक्र तथा गदा थे। सिद्ध, चारण, गन्धर्व तथा अप्सरा, किन्नर उसकी स्तुति करने लगे। उस समय देवी ने कंस को यह कहा –

अरे मूर्ख! मुझे मारने से तुझे क्या मिलेगा? तुझे मारने के लिये तेरा काल किसी स्थान पर पैदा हो चुका है। कंस को इस प्रकार कह कर भगवती योगमाया अन्तर्धान हो गई।

देवी की वाणी सुनकर कंस को अती आश्चर्य हुआ तथा उसने अपनी बहिन देवकी तथा वसुदेवजी को कारागार से मुक्त कर दिया और उनके बच्चों को अनायास ही मारने का प्रायश्चित्त करने लगा। यही नहीं वह देवकी को उसके पुत्रों को मारे जाने पर उसे सान्त्वना देने लगा तथा देवकी तथा वसुदेव से क्षमा माँगने लगा। इस प्रकार कंस वापस अपने महल में चला गया।

उस रात्रि के बीत जाने पर कंस ने अपने मन्त्रियों को बुलाया तथा जो देवी ने भविष्यवाणी की थी, वह उन्हें सुनाई। कंस के मन्त्री भी उसकी तरह दैत्यस्वभाव के थे। वे भी देवताओं से शत्रु भाव रखते थे। उन्होंने कंस को परामर्श दिया कि वे आज ही नगर, गाँव, अहीरों की बस्तियों में, जितने भी बच्चे हुए हैं या दस दिन के इधर-उधर हैं, उन सब को आज ही मार डालेंगे। देवगण आपको कोई हानि नहीं पहुँचा सकते, क्योंकि वे आपसे डरते हैं। विष्णु, ब्रह्मा तथा शंकरजी से भी हमें

क्या भय हो सकता है? उनसे भिड़ने के लिये आप हम विश्वासपात्र सेवकों को नियुक्त कर दीजिए। देवताओं के मूल हैं विष्णु। उनके प्रिय हैं सनातन-धर्म, वेद, गौ, ब्राह्मण, तप, यज्ञ। अतः हम वेदवादी ब्राह्मण, तपस्वी, याज्ञिक तथा यज्ञ की सामग्री, घृत आदि हविष्य पदार्थों को ही नष्ट कर डालेंगे।

एक तो कंस की बुद्धि स्वयं ही भ्रष्ट हो चुकी थी, दूसरे उसके मूर्ख हितैषी सभासद। उन असुरों की बुद्धि थी रजोगुणमयी तथा तमोगुण वृत्तियों के कारण उनकी बुद्धि उचित-अनुजित में भेद नहीं कर सकती थी। अतः कंस ने साधु पुरुषों की हिंसा का आदेश दे दिया। जो लोग महान् संतों का अनादर करते हैं, उनकी आयु, श्री, कीर्ति, धर्म, लोक-परलोक, विषय-भोग, सब नष्ट हो जाते हैं।

अध्याय 5

गोकुल में भगवान् श्रीकृष्ण जन्ममहोत्सव

नन्दबाबा बड़े मनस्वी तथा उदार थे। पुत्र के जन्म से उनका हृदय आनन्द विभोर हो गया। प्राथमिक दिनचर्या से निवृत्त होकर, ब्राह्मणों को बुलाकर स्वस्तिवाचन तथा पुत्र का जातकर्म-संस्कार करवाया तथा देवताओं और पितरों की पूजा की। ब्राह्मणों, सूत, मागध तथा वंदिजनों ने मंगलगान किया। (वंदिजन– समय के अनुसार स्तुति करने वाले भाट) गायक गाने लगे तथा दुन्दुभियाँ बार-बार् बजने लगीं। व्रजमण्डल में सभी ने अपने घरों को सजाया तथा अपनी गायों तथा बछड़ों को स्नान करा फूलों के हार पहनाये। रंग-विरंगे वस्त्र पहन कर पुरवासी नन्दबाबा को भेंट की सामग्रियाँ देने उनके घर आये।

यशोदाजी के पुत्र हुआ - यह जान कर गोपियों को बड़ा आनन्द

हुआ। सुन्दर वस्त्र पहन कर तथा आभूषण पहन कर वे भी यशोदाजी को वधाई देने भेंट लेकर, उनके घर गईं। झुँड के झँड सुसज्जित गोपियों के, एक मनोहर दृश्य प्रदान कर रहे थे। उनके गहनों तथा पयोधरों की ध्वनि से वातावरण रमणीय हो गया था। नन्दबाबा के घर जाकर उन्होंने नवजात शिशु को आशीर्वाद दिया तथा उच्चस्वर से मंगलगान करने लगीं।

भगवान् श्रीकृष्ण समस्त जगत् के एकमात्र स्वामी हैं। उनके ऐश्वर्य, माधुर्य तथा वात्सल्य– सभी अनन्त हैं। वे जब नन्दबाबा के व्रज में प्रकट हुए, उस समय उनके जन्म का महान् उत्सव मनाया गया। नन्दबाबा ने गोपों को बहुत से वस्त्र, आभूषण तथा गौएँ दीं। सूत-मागध-वंदिजनों, नृत्य-वाद्य वादनों को मुहमाँगी वस्तुएँ देकर उनका यथोचित सत्कार किया। उनका उद्देश्य यही था कि उनकी इस क्रिया से विष्णु भगवान् प्रसन्न हों। नन्दबाबा के अभिनन्दन करने पर परम सौभाग्यवती रोहिणीजी दिव्य वस्त्र, माला तथा आभूषण धारण कर आने-जाने वाली स्त्रियों का सत्कार करने लगीं। उसी दिन से नन्दबाबा के व्रज में सब प्रकार की ऋद्धि-सिद्धियाँ विहार करने लगीं। भवगान् श्रीकृष्ण के निवास तथा अपने स्वाभाविक गुणों के कारण 'व्रज' लक्ष्मीजी का क्रीड़ास्थल बन गया।

कुछ दिनों पश्चात्, गोकुल की रक्षा का दायित्व गोपों को सौंप, नन्दबाबा कंस को वार्षिक कर देने मथुरा गये। जब वसुदेवजी को नन्दबाबा के मथुरा आने का समाचार मिला तथा नन्दबाबा वार्षिक कर अदा कर चुके, तब वसुदेवजी को देखते ही नन्दबाबा हर्षोल्लास से भर गये तथा वसुदेवजी को बड़े प्रेम से अपने गले लगाया। नन्दबाबा ने वसुदेवजी का आदरपूर्वक स्वागत किया। वसुदेवजी भी नन्दबाबा से कुशल-मंगल पूछने लगे–

बड़े भाग्य की बात है कि आप को सन्तान की प्राप्ति हुई है। यह भी बड़े आनन्द की बात है कि हमारा मिलन हुआ। जैसे नदी के प्रबल प्रवाह में नाव तथा उसके आस-पास के तिनके सदा एक साथ नहीं रहते, वैसे ही सगे-सम्बन्धी तथा प्रेमियों का भी सदा एक स्थान पर रहना

सम्भव नहीं, क्योंकि सब के प्रारब्ध-कर्म पृथक्-पृथक् होते हैं। आजकल तुम जिस महावन में अपने भाई-बन्धु तथा स्वजनों के साथ रहते हो, उसमें जल, ग्रास तथा पत्रादि भरपूर तो हैं न? वह वन पशुओं के लिये अनुकूल तथा निरोग्यता प्रदान है न? मेरा बेटा रोहिणी सहित अपने व्रज में रहता है। उसका लालन-पालन तुम और यशोदा करते हो। अतः वह तुम्हें ही अपना पिता मानता होगा। वे ही धर्म, अर्थ तथा काम शास्त्रविहित हैं जिनसे स्वजनों को सुख मिले।

नन्दबाबा ने कहा, वसुदेवजी! कंस ने देवकी के गर्भ से उत्पन्न हुए आपके कई पुत्र मार दिये। अन्त में एक कन्या भी स्वर्ग को चली गई। प्राणियों का सुख-दुःख भाग्य पर ही आश्रित है।

वसुदेवजी ने कहा— अब आप ने कंस का वार्षिक कर चुका दिया। अतः आप अधिक मत रुकिए, क्योंकि आजकल गोकुल में बड़े उत्पात हो रहे हैं। वसुदेवजी के ऐसा कहने पर, नन्दबाबा गोपों सहित, उनसे अनुमति लेकर, अपने छकड़ों पर गोकुल के लिये विदा हो गये।

अध्याय 6

पूतना उद्धार

रास्ते में जाते-जाते नन्दबाबा विचार करने लगे कि वसुदेवजी का कथन झूठा नहीं हो सकता। अतः उन्हें उत्पात होने की आशंका होने लगी।

पूतना नाम से एक राक्षसी थी। वह बड़ी क्रूर थी तथा उसका काम ही था बच्चों को मारना। कंस की आज्ञा से वह नगर, ग्राँम तथा अहीरों की बस्तियों में नवजात शिशुओं को मारने हेतु भ्रमण करती थी। वह आकाश मार्ग से जा सकती थी तथा अपना रूप बदल सकती थी। उस ने गोकुल आकर अपना एक सुन्दरी का रूप बना लिया। वह सुन्दर

वस्त्र पहने थी तथा उसकी चोटियों में फूल गुँथे थे। वह अपनी मधुर मुस्कान तथा कटाक्षपूर्ण चितवन से व्रजवासियों को मोहित कर रही थी।

पूतना शिशुओं के लिये ग्रह के समान थी। वह उनकी खोज में अनायास ही नन्दबाबा के घर में चली गई। उसने देखा बाल श्रीकृष्ण शय्या पर सोये हुए हैं। भगवान् श्रीकृष्ण दुष्टों के काल हैं। परन्तु उन्होंने अपना तेज छुपा रखा था। वे चर-अचर सभी की आत्मा हैं। पूतना को आया देख उन्होंने अपने नेत्र बन्द कर लिये। जैसे कोई भ्रमवश साँप को रस्सी समझ कर उठा ले, पूतना ने वैसे ही कालरूप भगवान् श्रीकृष्ण को अपनी गोद में उठा लिया।

पूतना का हृदय तो मलिन था, परन्तु वह व्यवहार बड़ा सुन्दर कर रही थी। देखने में वह एक भद्र महिला प्रतीत हो रही थी। अत: उसके घर के भीतर आने पर रोहिणी तथा यशोदाजी ने कोई रोक-टोक नहीं की तथा चुपचाप उसे देखती रहीं। इसी समय बालक को गोद में उठा कर पूतना ने अपना विषयुक्त स्तन बाल-श्रीकृष्ण के मुख में दे दिया। श्रीभगवान् ने दोनों हाथों से उसके स्तन को दबाया तथा उसके प्राणों सहित उसका दूध पीने लगे। अब तो पूतना के प्राण निकलने लगे। वह उच्चस्वर से चिल्लाने लगी। उसके नेत्र पलटने लगे तथा वह पसीने से लथपथ हो गई। उसका क्रन्दन बड़ा भयंकर था तथा इससे चारों दिशाएँ गूँज उठीं। इस भयंकर रुदन तथा चिल्लाहट से पुरवासी भयभीत होने लगे। पूतना अब अपने वास्तविक रूप को छिपा न सकी, क्योंकि उसके प्राणों पर आन बनी थी। उसका राक्षसी रूप प्रकट हो गया। उसके प्राण निकल गये तथा वह एक कटे हुए वृक्ष की तरह भूमि पर गिर पड़ी। उसका शरीर बड़ा स्थूल था। उसके गिरते ही उसके नीचे आकर कई वृक्ष कुचल गये। उसका मुख भयंकर दाढ़ो से युक्त था। शरीर पहाड़ की तरह तथा भुजायें और जाँघें वृक्ष के तनों की तरह। श्रीकृष्ण उसकी छाती पर निर्भय खेल रहे थे। यशोदाजी ने भाग कर श्रीकृष्ण को गोद में उठा लिया।

इस घटना को एक अपशकुन जानकर यशोदाजी तथा रोहिणीजी ने

बालक कृष्ण को गोमूत्र से स्नान करा, उसके अंगो पर गो-रज लगाई तथा बाहर अंगों में गाय का गोबर लगा कर भगवान् केशव से उसकी रक्षा की प्रार्थना की। तदनन्तर गोपियों ने आचमन कर 'अज' आदि ग्यारह बीज-मन्त्रों से अपने शरीर में अलग-अलग अंगन्यास किया तथा बालक के अंगों में बीजन्यास कर इस प्रकार प्रार्थना की—

अजन्मा श्रीभगवान् तेरे पेरों की रक्षा करें, मणिमान् घुटनों की, यज्ञ पुरुष जाँघों की, अच्युत कमर की, हयग्रीव पेट की, केशव हृदय की, ईश वक्षःस्थल की, सूर्य कण्ठ की, विष्णु बाँहों की, उरुक्रम मुख की तथा ईश्वर शीश की रक्षा करें। चक्रधर भगवान् रक्षा के लिये तेरे आगे रहें, गदाधारी श्रीहरि पीछे, क्रमशः धनुष तथा खड्गधारी भगवान् मधुसूदन तथा अजन दोनों बगल में, शंखधारी उरुगाय चारों कानों में, उपेन्द्र ऊपर, हलधर पृथ्वी पर तथा भगवान् इन्द्रियों की तथा नारायण प्राणों की रक्षा करें। श्वेतद्वीप के अधिपति चित्त की और योगेश्वर मन की रक्षा करें। पृश्नि-गर्भ तेरी बुद्धि की तथा परमात्मा तेरे अहंकार की रक्षा करें। खेलते समय गोविन्द रक्षा करें, सोते समय माधव। चलते समय भगवान् वैकुण्ठ तथा बैठते समय भगवान् श्रीपति रक्षा करें। भोजन के समय समस्त ग्रहों को भयभीत करने वाले यज्ञभोक्ता भगवान् तेरी रक्षा करें। समस्त बालग्रह, भूतप्रेत, कूष्माण्डा राक्षस आदि, डाकिनी राक्षसी आदि — भगवान् विष्णु के नामोच्चारण करने से भयभीत होकर नष्ट हो जायें। इस प्रकार प्रार्थना कर गोपियों ने प्रेमपाश में बान्धकर श्रीकृष्ण की रक्षा की।

इसी समय नन्दबाबा तथा उनके साथी गोप मथुरा से गोकुल पहुँचे। जब उन्होंने पूतना का भयंकर शरीर देखा तो आश्चर्यचकित हो गये। उन्हें लगा कि वसुदेवजी के रूप में अवश्य ही किसी ऋषि ने जन्म लिया है जिससे कि उनका संकेत बिलकुल सच हुआ। वृजवासियों ने पूतना के मृत शरीर के टुकड़े कर गोकुल से दूर ले जा कर उसकी चिता जलाई, क्योंकि इतने बड़े शरीर को एक साथ उठाना असंभव था। जब पूतना का शरीर जला तो उसमें से अगर जैसी सुगन्ध आई क्योंकि श्रीभगवान् ने उसका दूध पिया था। पूतना एक राक्षसी थी तथा बच्चों को मारना उसका कार्य था। परन्तु बालकों के प्रति उसकी दुर्भावना होते हुए

भी श्रीकृष्ण की कृपा (उनके हाथों मारे जाने के कारण) से उसे वह परमगति मिली जो सत्पुरुषों को मिलती है। भगवान् के चरणकमल सबके वन्दनीय— ब्रह्मा, शंकरजी के भी वन्दनीय हैं। उन्होंने पूतना का स्तन पान किया जिससे उनके चरणकमलों तथा मुख के स्पर्श से उसे परमगति मिल गई।

श्री शुकदेवजी राजा परीक्षित् से कहते हैं— यदि पूतना राक्षसी का इस प्रकार उद्धार हो सकता है तो माता तथा गौओं का, जिनका उन्होंने स्तन पान किया— परमगति को प्राप्त करें— इसमें क्या शंका? देवकी-नन्दन भगवान् कैवल्य आदि सब प्रकारकी मुक्ति तथा सब कुछ देने वाले हैं। उन्होंने व्रज की गोपियों तथा गौओं का वह दूध पिया जो भगवान् के प्रति पुत्रभाव तथा वात्सल्य रखती थीं। वे गोपियाँ तथा गौएँ फिर मृत्यु चक्कर में नहीं पड़ीं। नन्दबाबा ने अपने लल्ला को गले से लगाकर प्यार किया। यह 'पूतला-मोक्ष' भगवान् श्रीकृष्ण की अद्भुत बाल-लीला है।

राजा बलि की कन्या थी रत्नमाला। यज्ञशाला में वामन भगवान् को देखकर उसके हृदय में पुत्रस्नेह भाव उदय हुआ। वह मन ही मन अभिलाषा करने लगी कि यदि मुझे ऐसा बालक हो तथा मैं उसे स्तनपान कराऊँ (उसे अपना दूध पिलाऊँ) तो मुझे बड़ी प्रसन्नता होगी। वामन भगवान् ने अपने भक्त बलि की पुत्री के इस मनोरथ को पूर्ण करने के लिये मन ही मन अनुमोदन किया। वही कन्या द्वापरयुग में पूतना हुई तथा श्रीकृष्ण के स्पर्श से उसकी वह लालसा पूर्ण हुई।

अध्याय - 7

शकट-भञ्जन तथा तृणावर्त उद्धार

सर्वशक्तिमान् भगवान् श्रीहरि अनेको अवतार धारण कर सुन्दर तथा सुनने में मधुर लीलाएँ करते हैं। इनके श्रवणमात्र से मनुष्य का अन्तः

करण शुद्ध हो जाता है। राजा परीक्षित् इन लीलाओं के श्रवण के लिये श्री शुकदेवजी से प्रार्थना तथा जिज्ञासा प्रकट करते हैं।

इन लीलाओं का वर्णन करते हुए श्री शुकदेवजी कहते हैं—(तीसरे महीने का जन्मनक्षत्र) श्रीकृष्ण के करवट बदलने का अभिषेक-उत्सव मनाया जा रहा था। उसी दिन उनका जन्म-नक्षत्र भी था। बहुत सी स्त्रियों की भीड़ लगी थी तथा गाना बजाना भी हो रहा था। यशोदाजी ने अपने पुत्र का अभिषेक किया। ब्राह्मण मन्त्रोच्चारण कर उन्हें आशीर्वाद दे रहे थे। दान-दक्षिणा देकर ब्राह्मणों को विदा कर, माता यशोदा ने देखा कि उनके लल्ला को नींद आ रही है, अतः उन्होंने धीरे से पुत्र को शय्या पर सुला दिया। थोड़ी देर में श्यामसुन्दर की आँखें खुली तथा वे माता का दूध पीने के लिये रोने लगे। माता यशोदा उत्सव में व्रजवासिओं के स्वागत में व्यस्त थी। अतः बाल श्रीकृष्ण रोते हुए अपने पाँव उछालने लगे। वे एक छकड़े के नीचे सोये थे। उनके चरण अभी कपोलों के समान कोमल थे। उनके पाँव के लगते ही छकड़ा उलट गया। उस छकड़े पर दूध-दही तथा अनेक रसों से भरी मटकियाँ रखी थीं। वे सब की सब फूट गईं। छकड़े के पहिए तथा धुरे अस्त-व्यस्त हो गये। इस विचित्र घटना को देखकर आये हुए सभी व्रजवासी, यशोदा माता तथा नन्दबाबा आश्चर्यचकित तथा व्याकुल हो गये। से समझ न पा रहे थे कि छकड़ा कैसे उलट गया। यशोदा ने भाग कर अपने रोते हुए लल्ला को उठाया तथा उसे स्तनपान करा कर चुप कराया। आये हुए गोप-गोपियाँ कह रहे थे कि हो ने हो— रोते हुए इस बालक कृष्ण ने ही अपने पाँव की ठोकर से इस छकड़े को उलट दिया है (हिरण्याक्ष का पुत्र था उत्कच। वह बहुत बलवान् तथा स्थूलकाय था। एक बार यात्रा करते समय उसने लोमश ऋषि के आश्रम के वृक्षों को कुचल डाला। लोमश ऋषि ने उसे शाप दिया— अरे दुष्ट! तू देहरहित हो जा। वह ऋषि के चरणों पर गिर पड़ा और उसने प्रार्थना की - कृपासिन्धो! मुझ पर दया कीजिए। मुझे आपके प्रभाव का ज्ञान नहीं था। मेरा शरीर लौटा दीजिए। लोमशजी ने दयावश कहा कि महात्माओं का शाप अथवा वर कभी क्षय नहीं होता। वैवस्वत मन्वन्तर में श्रीकृष्ण के चरण-स्पर्श से तेरी मुक्ति

होगी। वही असुर छकड़े में आकर बैठ गया था तथा भगवान् श्रीकृष्ण के चरण-स्पर्श से मुक्त हो गया।

यशोदाजी ने इसे किसी ग्रह का उत्पात मान कर आये हुए ब्राह्मणों से शान्तिपाठ करवाया। उन्होंने श्रीभगवान् की पूजा की। जो किसी के गुणों में दोष नहीं निकालते, असत्य नहीं बोलते, दम्भ, ईर्ष्या तथा हिंसा नहीं करते तथा अभिमान से रहित हैं— उन सत्यशील ब्राह्मणों का आशीर्वाद फलदाई होता है। अतः नन्दबाबा ने उनसे बालक का ओषधियों से युक्त जल से अभिषेक करवाया तथा उन्हें दान में गौएँ, वस्त्र तथा यथायोग्य दक्षिणा आदि दी।

इसी प्रकार एक दिन यशोदाजी अपने लल्ला को गोद में लेकर दुलार रही थीं। अकस्मात् श्रीकृष्णजी चट्टान के समान भारी बन गये। उनकी माता उनका भार सहन न कर पाई। भार से पीड़ित हो कर उन्होंने श्रीकृष्ण को पृथ्वी पर बैठा दिया। वे इस बात से काफी चकित थीं। तदनन्तर श्रीभगवान् का स्मरण कर वे अपने घर के काम में लग गई।

तृणावर्त दैत्य कंस का निजी सेवक था। कंस की प्रेरणा से वह बवंडर के रूप में गोकुल आया तथा बालक कृष्ण को उड़ाकर आकाश में ले गया। उसने अपनी धूल से सारे गोकुल को ढक दिया तथा उससे लोगों के देखने की शक्ति मंद पड़ गई। इसके भयंकर शब्द से दिशाएँ कँपित होने लगीं। यशोदाजी ने देखा कि जहाँ उन्होंने श्रीकृष्ण को बैठाया था वह वहाँ नहीं थे। इस अंधड़ में अपने लाल को ना पाकर यशोदा अत्यन्त व्याकुल हो गई। वे अपने पुत्र के वियोग में मूर्छा की सी अवस्था में भूमि पर गिर पड़ी। तब बवंडर के शान्त होने पर, जब धूल का वेग कम हो गया, तो यशोदाजी की यह दशा देखकर दूसरी गोपियाँ भी भागी-भागी वहाँ आ गईं। नन्द-नन्दन को वहाँ न पाकर सभी व्याकुल हो गये तथा फूट-फूट कर रोने लगे।

जब तृणावर्त भगवान् श्रीकृष्ण को आकाश में उड़ा कर ले गया तब उनके भारी बोझ को सहन न करने के कारण उसका वेग शान्त हो गया। वह आगे न बढ़ सका। अपने से भी भारी होने के कारण वह श्रीकृष्ण को पर्वत की चट्टान समझने लगा। श्रीकृष्ण ने उसका गला इस प्रकार

पकड़ा कि वह (तृणावत) उससे छूटने में असमर्थ था तथा उस पकड़ से वह निश्चेष्ट हो गया तथा उसकी आँखें पलट गईं। बालक कृष्ण सहित वह व्रज में गिर पड़ा (पाण्डुदेश में सहस्राक्ष नाम से एक राजा थे। वे नर्मदा तट पर अपनी रानियों सहित विहार कर रहे थे। उसी समय दुर्वासा ऋषि ने उसे शाप दिया—'तू राक्षस हो जा'। जब राजा ने ऋषि के चरणों में पड़कर उन से क्षमा-याचना की तो दुर्वासाजी ने कहा— भगवान् श्रीकृष्ण के श्री विग्रह का स्पर्श होते ही तुम मुक्त हो जाओगे। वही राजा तृणावर्त होकर आया तथा श्रीकृष्ण के संस्पर्श प्राप्त करने से मुक्त हो गया) उसका एक-एक अँग टूट गया। भगवान् श्रीकृष्ण उसके वक्ष:स्थल पर पड़े थे। बालक को इस प्रकार सुरक्षित पाकर यशोदा मैया, नन्दबाबा तथा गोपियाँ आनन्दविभोर हो गईं। वे सोच रहे थे कि सत्य है, साधुपुरुष अपनी समता से ही सम्पूर्ण भयों से बच जाता है। यह हमारे पुण्य-कर्मों का ही फल कि हमारा बालक इस विपत्ति से बच गया। जब नन्दबाबा ने देखा कि महावन में बहुत सी ऐसी अद्भुत घटनाएँ हो रही हैं तो उनको वसुदेवजी के कथन पर विश्वास हो गया।

एक दिन जब यशोदा मैया श्रीकृष्ण को दूध पिला रही थी तो उसके दूध पी चुकने पर यशोदा ने उनके रुचिर मुस्कान-युक्त मुख को चूम लिया। उसी समय श्रीकृष्ण ने जँभाई ली। माता ने उसके मुख को देखा— उसमें आकाश, अन्तरिक्ष, ज्योतिर्मण्डल, दिशाएँ, सूर्य, चन्द्रमा, अग्नि, वायु, समुद्र, द्वीप, नदियाँ, पर्वत, वन तथा समस्त चर-अचर प्राणी। यह देखकर यशोदा मैया का शरीर काँप गया तथा उन्होंने अपनी आँखे बन्द कर लीं (स्नेहमयी मैया तथा स्नेह के भूखे भगवान्! उन्हें दूध पीने से तृप्ति ही नहीं होती थी। माँ के मन में शंका हुई— कहीं अधिक दूध पीने से बालक को अपच न हो जाये। भगवान् श्रीकृष्ण ने अपना मुख खोल कर विश्ववरूप दिखा कर संकेत किया— अरी मैया! तेरा दूध मैं अकेला थोड़े पीता हूँ। इसे तो सारा विश्व पान कर रहा है। तुम चिन्ता मत करो।)

अध्याय 8

श्रीकृष्ण-बलराम नामकरण संस्कार

यदुवशिंयों के कुल पुरोहित श्री गर्गाचार्यजी थे। वसुदेवजी की प्रेरणा से वे एक दिन गोकुल में आये। नन्दबाबा को इससे बड़ी प्रसन्नता हुई। उनके चरणों में प्रणाम कर उनकी पूजा की। गर्गाचार्य एक महात्मा तपस्वी थे। नन्दबाबा ने कहा— आप तो स्वयं पूर्णकाम हैं, तो मैं आपकी क्या सेवा करूँ? हमारे जैसे गृहस्थों के यहाँ आपका पधारना ही हमारे लिए कल्याण का हेतु है। जो बात इन्द्रियों की पहुँच से परे है, वह ज्यौतिष-शास्त्र द्वारा प्रत्यक्ष जान ली जाती है। उसी ज्यौतिष-शास्त्र की आपने रचना की है। आप ब्रह्मवेताओ में श्रेष्ठ हैं। अब मेरे इन दोनों बालकों के नामकरणादि संस्कार आप ही कीजिए।

गर्गाचार्य ने कहा— मैं सब जगह यदुवंशियों के आचार्य के रूप में प्रसिद्ध हूँ। यदि मैं आपके पुत्र का नामकरण-संस्कार करूँगा तो लोग समझेंगे कि यह देवकी का पुत्र है। कंस की बुद्धि भ्रष्ट है तथा वह पाप को ही सोचती है। वसुदेवजी तुम्हारे घनिष्ट मित्र हैं। जब से उसने देवकी की कन्या से भविष्यवाणी सुनी है कि उसे मारने वाला कहीं पैदा हो गया है, तब से वह संदिग्ध-बुद्धि हो गया है। यदि मैं आपके इस पुत्र का नामकरण संस्कार करता हूँ तो कहीं वह इसे देवकी का पुत्र समझ कर मार न डाले। इससे बड़ा अन्याय हो जायेगा।

नन्दबाबा ने कहा— आचार्यजी आप गुप्तरूप से इस एकान्त गोशाला में, केवल स्वस्तिवाचन करके इस बालक का द्विजाति — समुचित नाम करण-संस्कार कर दीजिए। मेरे सगे सम्बन्धी भी इसे जान नहीं पायेंगे।

गर्गाचार्यजी तो इस संस्कार को करना चाहते थे। जब नन्दबाबा ने इस प्रकार प्रार्थना की तो उनहोंने गुप्तरूप से दोनों बालकों का नामकरण-संस्कार कर दिया।

गर्गाचार्य ने कहा— यह रोहिणी का पुत्र है। अतः इसका नाम होगा रौहिणेय। यह अपने सगे सम्बन्धियों तथा मित्रों को अपने गुणों से अत्यन्त आनन्दित करेगा। अतः इसका दूसरा नाम होगा, 'राम'। इसके बल की कोई सीमा नहीं है, अतः इसका नाम 'बल' भी है। यह यादवों तथा आपलोगों में कोई भेदभाव नहीं रखेगा तथा भेद-भाव होने पर उनका मेल करायेगा— अतः इसका एक नाम होगा 'संकर्षण'। तुम्हारा यह जो 'साँवला-साँवला' है, प्रत्येक युग में शरीर ग्रहण करता है। पिछले युगों में इसने क्रमशः श्वेत, रक्त तथा पीत— यह तीन विभिन्न रंग स्वीकार किये थे। इस बार यह 'कृष्णवर्ण' हुआ है। अतः इसका नाम होगा 'कृष्ण'। नन्दजी! यह तुम्हारा पुत्र पहले कभी वसुदेवजी के घर भी पैदा हुआ था, अतः इस रहस्य को जानने वाले इसे 'श्रीमान् वासुदेव' भी कहेंगे। तुम्हारे इस पुत्र के और भी बहुत से नाम तथा रूप अनेक हैं। इसके जितने गुण हैं, जितने कर्म हैं— उन सब के अनुसार अलग-अलग नाम पड़ जाते हैं। मैं तो उन नामों को जानता हूँ, परन्तु संसार के साधारण लोग नहीं जानते। यह आप लोगों का परम कल्याण करेगा। समस्त गोप तथा गौओं को यह आनन्दित करेगा। इसकी सहायता से आपलोग बड़ी-बड़ी विपत्तियों को अनायास ही पार कर जाओगे। जो मनुष्य तुम्हारे इस साँवले-सलोने शिशु से प्रेम करते हैं, वे बड़े ही भाग्यवान् हैं। जैसे विष्णु भगवान् के करकमलों की छत्रछाया में रहने वाले देवताओं को कोई असुर नहीं जीत सकते, वैसे ही इससे प्रेम करने वाले भीतर अथवा बाहर किसी भी शत्रु से सुरक्षित हैं। गुण, सम्पत्ति, सौन्दर्य, कीर्ति तथा प्रभाव में— यह तुम्हारा बालक साक्षात् भगवान् नारायण के समान है। बड़ी सावधानी से इसका लालन-पालन करो। इस प्रकार आदेश देकर गर्गाचार्य अपने आश्रम को चले गये। नन्दबाबा को इस आदेश से बड़ा ही आनन्द हुआ।

कुछ ही समय पश्चात् राम तथा श्याम घुटनों तथा हाथों के बल गोकुल में खेलने लगे। जब वे अपने नन्हें-नन्हें पाँवों से गोकुल में चलते तो उनकी कमर के घुँघरू बज-बज कर रुनझुन-रुनझुन करते। यह शब्द

बड़ा सुहावना लगता। जब धूल से लथपथ वे रोहिणी तथा यशोदा के पास लौटते, तो उनके शरीर और भी सुन्दर लगते।

जब राम और श्याम कुछ और बड़े हुए, तब व्रज में घर के बाहर ऐसी-ऐसी बाल-लीलाएँ करने लगे कि जिसे देखकर गोपियाँ चकित और प्रसन्न होतीं। घर का काम छोड़ कर वे उन्हें ही निहारती रहतीं। कन्हैया तथा बलदाऊ दोनों ही बड़े चंचल थे। वे कभी गौ के बछड़ों से खेलते तथा कभी हरिन आदि से।

अब थोड़े और बड़े होकर वे गोकुल में चलने-फिरने लगे। ये व्रजवासियों के कन्हैया स्वयं भगवान् हैं, परम सुन्दर तथा परम मधुर। अब वे और बलराम अपनी आयु के ग्वालबालकों के साथ खेलने को निकल पड़ते। भग्यवति गोपियाँ इन्हें देख निहाल हो जातीं। वे भिन्न-भिन्न खेल खेलते। उनके बचपन की चँचलतायें बड़ी अनोखी थीं। गोपियाँ यशोदाजी को उनकी बाल लीलाएँ सुना-सुना कर विभोर करतीं। वे कहतीं, अरी यशोदा! तेरा कान्हा बड़ा नटखट है। वह गाय दुहने के समय बछड़ों को खोल देता है तथा अपनी इस अठखेली पर हँसने लगता है। यह चोरी के भिन्न-भिन्न उपाय निकाल कर हमारा माखन, दूध, दही खाता कम है, ग्वालबालों तथा वानरों को अधिक बाँटता है। जब इसे खीज आती है तो हमारे मटके ही फोड़ देता है। माखन छींके में यदि कहीं ऊँचा करके रखती हैं, तो यह वहाँ अपने नन्हें-नन्हें हाथ कैसे पहुँचा देता, बड़ी दुविदा की बात है। जब इससे भी बात नहीं बनती तो बरतनों में नीचे से छेद कर देता है। इसे पक्की सूझ है कि छीकें पर किस बरतन में क्या रखा है। अन्धेरे में रखे हुए व्यञ्जन इसके मणिमय आभूषणों से चमक उठते हैं। इसके शरीर में भी ऐसी ज्योति है कि वहाँ सब कुछ प्रकाशित हो जाता है। जब हम बाहर हों या अपने काम में लगी हों तो यह अपने काम में लग जाता है (माखन चोर) तथा उलटे हमें चोर कहता है। गोपियों के स्नेहभरे उलाहने यशोदाजी के मन में खीज की बजाये श्रीकृष्ण के लिये और भी वात्सल्य उत्पन्न करते हैं। न तो वे गोपियों का विरोध करती है न ही अपने लल्ला

को डाँट पाती हैं।

एक दिन बलराम तथा ग्वालबालों ने यशोदा मैया को कन्हैया की शिकायत लगाई कि उसने माटी खाई है। इस पर यशोदाजी ने श्रीकृष्ण का हाथ पकड़ कर डाँटा— अरे नटखट तू बड़ा ढीट हो गया है। तू ने अकेले में छिप कर माटी खाई है। तेरे बड़े भैया बलदाऊ भी ग्वालबालों की ही गवाही दे रहे है।

श्रीकृष्ण ने कहा, माँ! मैंने माटी नहीं खाई। ये सब झूठ बोल रहे हैं। तुम इनकी बात मानती हो तो अपनी आँखों से देख लो। यशोदाजी ने कहा— ऐसी बात है तो अपना मुँह खोलो। माता के कहने पर श्रीकृष्ण ने अपना मुख खोल दिया। श्रीभगवान् का ऐश्वर्य अनन्त है। वे तो केवल लीला के लिये ही बालक बने हुए थे।

यशोदा ने देखा कि उनके मुख में चर-अचर सम्पूर्ण जगत् विद्यमान है। आकाश, दिशाएँ, पहाड़, द्वीप, सागर सहित पृथ्वी, वायु, विद्युत, अग्नि, चन्द्रमा तथा तारों-सहित सम्पूर्ण ज्योतिर्मण्डल, जल, तेज, वैकारिक अहंकार के कार्य देवता, मन-इन्द्रिय, पञ्च तन्मात्राएँ तथा तीनों गुण श्रीकृष्ण के मुख में दीख पड़े। जीव, काल, स्वभाव, कर्म, उनकी वासना तथा शरीर रूप में दीखने वाला यह सारा विचित्र संसार, सम्पूर्ण व्रज तथा अपने आप को भी माता यशोदा ने श्रीकृष्ण के मुख में देखा। वह बड़ी शंका में पड़ गयी। वह सोचने लगी कि यह कोई स्वप्न है या भगवान् की माया। कदाचित् मेरा बालक कोई योगसिद्ध हो।

जो चित्त, मन, कर्म तथा वाणी से, सुगमता से अनुमान के विषय नहीं, यह सारा विश्व जिनके आश्रित है, जिनका स्वरूप अनन्त है, अचिन्त्य है— उन प्रभु को मैं प्रणाम करती हूँ। जिनकी माया से मैं हूँ, ये मेरे पति हैं, यह मेरा पुत्र है, मैं व्रजराज की समस्त सम्पत्तियों की स्वामिन हूँ तथा ये गोप, गोपियाँ मेरे अधीन हैं— वे ही मेरे एकमात्र आश्रय— मैं उनकी शरण में हूँ। कदाचित् यह सब मेरा भ्रम है अथवा पुत्र-मोह जिससे मैं ने अपने बेटे के मुख में यह सब कुछ देखा। श्रीभगवान् की माया से यशोदा यह घटना तथा दृश्य तुरन्त भूल गईं तथा

पुनः वह अपने लल्ला को गोद में लेकर दुलार करने लगी— मानो उनके हृदय में प्यार का सागर उमड़ आया हो। सारे वेद, उपनिषद्, संख्याशास्त्र तथा भक्तजन जिनके माहात्म्य का गान करते हैं, उन्हीं श्रीभगवान् को यशोदाजी अपना पुत्र मानती थी।

राजा परीक्षित् के प्रश्न करने पर कि नन्दबाबा तथा यशोदा के कौन से ऐसे पुण्य कर्म थे कि श्रीभगवान् ने उनके घर में जन्म लिया। (पालन-पोषण पाया)— श्री शुकदेवजी कहते हैं— नन्दबाबा पूर्व जन्म में एक श्रेष्ठ वसु थे। उनका नाम था द्रोण तथा पत्नी का नाम था धरा। ब्रह्माजी के आदेशों का पालन करने की इच्छा से उन्होंने कहा— भगवान् जब हम पृथ्वी पर जन्म लें, तब जगदीश्वर भगवान् श्रीकृष्ण में हमारी अनन्य प्रेममयी भक्ति हो। ब्रह्माजी ने 'तथास्तु' कहा (ऐसा ही हो) वे ही यशस्वी द्रोण व्रज में पैदा हुए तथा उनका नाम हुआ नन्द तथा उनकी पत्नी धरा का नाम हुआ यशोदा। ब्रह्माजी के वरदान को सत्य करने के लिये भगवान् श्रीकृष्ण, बलरामजी सहित, व्रज में रहकर समस्त व्रजवासियों तथा अपने माता-पिता को अपनी बाल-लीलाओं से आनन्दित करने लगे।

अध्याय 9

श्रीकृष्ण बाल-लीला

एक दिन नन्दरानी यशोदा ने अपने घर की दासियों को तो दूसरे कामों में लगा दिया तथा स्वयं अपने लल्ला को माखन खिलाने के लिये दही मथने लगी। नेती खींचते-खींचते उनकी बाँहे कुछ थक गईं। उनके माथे पर पसीने की बून्दें उभर आईं। उनकी चोटी में बन्धे मालती के फूल गिरते जा रहे थे। इतने में भगवान् श्रीकृष्ण माता का स्तनपान करने उनके पास आये। माता के हृदय में प्रेम तथा आनन्द को और बढ़ावा

देने के लिये उन्होंने दही की मथानी पकड़ ली तथा माता को दही मथने से रोक दिया। वे माता की गोद में चढ़ गये। प्रेमवश उनके स्तनों से दूध स्वयं झरने लगा। वे बालक को दूध-पिलाने लगी तथा मुस्कान भरे नेत्रों से उसे निहारने लगी। इसी समय दूसरी ओर अँगीठी पर रखे दूध में उफान आ गया। श्रीकृष्ण को अतृप्त छोड़ वे शीघ्रता से दूध को उतारने के लिये उठ खड़ी हुई। इससे श्रीकृष्ण क्रोध से मचल उठे तथा पास ही पड़े हुए लोहे से दही का मटका फोड़ दिया तथा साथ ही अश्रुपूर्ण मुख बना कर रोने लगे तथा घर के दूसरे भाग में जाकर माखन खाने लगे।

यशोदाजी जब दूध को उतार कर पुनः दही मथने के लिये आई तो देखा कि मटका तो टूटा पड़ा है। वे समझ गई कि यह तो उनके लल्ला की करतूत है। उसे वहाँ न देखकर वे उसे ढूँढने लगी। उन्होंने जाकर देखा कि श्रीकृष्ण एक उलटे हुए ऊखल पर चढ़ कर छींके पर से माखन निकाल-निकाल कर बन्दरों को डाल रहे हैं। उनका यह भेद न खुल जाये, वे चौकन्ने हो चारों ओर देख भी लेते थे। यशोदा मैया धीरे-धीरे पीछे से उनके पास जा पहुँची। जब श्रीकृष्ण ने देखा कि मैया हाथ में छड़ी लेकर उनके पास आ रही है तो वे झट से ऊखल पर से कूद कर भागे। भगवान् को पकड़ने के लिये यशोदाजी उनके पीछे दौड़ी। बालक बड़ा नटखट फुर्तीला था। मैया उसे पकड़ते-पकड़ते थक गई तथा उसकी साँस फूलने लगी। फिर भी ज्यों-त्यों उसने लल्ला को पकड़ लिया तथा उन्हें डराने-धमकाने लगी। अपराध तो किया था। अतः रुलाई रोकने पर भी न रुकती थी। हाथों से अपनी आँखे मल रहे थे। काजल की सारी स्याही मुख पर फैल गई थी। लल्ला को डरा देखकर माता यशोदा ने छड़ी फेंक दी। फिर सोचा कि इसे रस्सी से बान्ध दूँ। उधर हृदय में वात्सल्य भी था। माता यशोदा भला उनके ऐश्वर्य को क्या जानती थी?

जिसमें न बाहर है न भीतर, न आदि है न अन्त— जो जगत् के पहले भी थे, बाद में भी रहेंगे; जो स्वयं ही जगत्रूप भी हैं— इस तथ्य को ना जानकर उन्हीं श्रीभगवान् को यशोदा मैया अपना पुत्र समझ कर

उसे रस्सी से ऊखल से बान्धने लगी। जब वे ऐसा करने लगी तो रस्सी दो अगुँल छोटी पड़ गई। एक-एक कर यशोदा रानी ने घर की सारी रस्सियाँ जोड़ दीं, परन्तु फिर भी हर बार, रस्सी दो अगुँल छोटी पड़ जाती। उनकी असफलता पर गोपियाँ हँसने लगीं तथा वह स्वयं भी मुस्करा रही थी। जब भगवान् ने देखा कि माता थक कर पसीने से लथपथ हो गई है, तब कृपा कर वे स्वयं ही अपनी माता के बन्धन में आ गये।

श्रीकृष्ण परम स्वतन्त्र हैं। ब्रह्मा, इन्द्र आदि सहित यह सम्पूर्ण जगत् उनके वश में है। फिर भी इस प्रकार बन्ध कर अपनी मैया की ममता की लाज रख ली। वे अपने भक्तों के, प्यार करने वालों के, इसी प्रकार वश में हो जाते हैं। जो प्रेम प्रसाद यशोदा माता ने श्रीकृष्ण से प्राप्त किया, वह प्रसाद ब्रह्मा, महेश तथा लक्ष्मीजी भी प्राप्त करने के इच्छुक रहते हैं। यह गोपिकानन्दन भगवान् श्रीकृष्ण अनन्य प्रेमी भक्तों के लिये जितने सुलभ हैं, उतने देहाभिमानी कर्मकाण्डियों तथा तपस्वियों और ज्ञानियों के लिये भी नहीं।

जब यशोदा रानी श्रीकृष्ण को बान्ध कर स्वयं घर के काम में लग गई तो भगवान् श्यामसुन्दर ने उन दोनों अर्जुन वृक्षों को मुक्ति देने की कृपा की जो पूर्व जन्म में यक्षराज कुबेर के पुत्र थे। इनके नाम थे नलकूबर तथा मणिग्रीव। इनके पास धन, सौन्दर्य तथा ऐश्वर्य की प्राप्ति थी। इनका घमण्ड देखकर इन्हें देवराज नारदजी ने शापित किया था, तथा वे वृक्ष बन गये थे।

अध्याय 10

यमलार्जुन उद्धार

नलकूबर तथा मणिग्रीव, धनाध्यक्ष कुबेर के पुत्र थे। सुन्दर होने के

कारण ये और भी मदान्ध हो गये थे। इनकी गिनती रुद्र भगवान् के अनुचरों में भी थी। एक दिन वे दोनों वारुणी मदिरा पी कर बहुत सी स्त्रियों के साथ पुष्पों से लदे हुए वन में विहार कर रहे थे। स्त्रियों सहित वे जल में घुस गये तथा वहाँ स्त्रियों सहित जलक्रीड़ा करने लगे। नशे में वे अपनी सुद-बुद्ध खोये हुए थे। संयोगवश उधर से देवर्षि नारदजी का आगमन हुआ। देवर्षि नारदजी को देख कर वस्त्रहीन अप्सराएँ लजा गईं तथा झट से उन्होंने कपड़े पहन लिये। परन्तु इन यक्षों ने कपड़े नहीं पहने। देवताओं के पुत्रों को इस लज्जाजनक अवस्था में देखकर उन पर अनुग्रह करने के लिये ही नारदजी ने उन्हें शाप देते हुए कहा -

जो लोग विषयों का सेवन करते हैं, उनकी बुद्धि को भ्रष्ट करने वाला 'मद' है धन सम्पत्ति का मान। धन की अधिक्ता से सारे विकार— स्त्री-संग, द्यूत तथा मदिरा-पान स्वयं ही आ जाते हैं तथा मनुष्य अपने शरीर को अजर-अमर मानने लगता है। यह शरीर तो एक अति साधारण वस्तु है। प्रकृति से पैदा होता है तथा उसी में समा जाता है। जो दुष्ट 'मद' से अन्धे हो रहे हैं, उनकी आँखों में ज्योति डालने के लिये दरिद्रता ही सबसे बड़ा अञ्जन है। उसे ज्ञान होने लगता है कि दूसरे प्राणी भी उसी के समान हैं। अपने काँटे की चुभन वह दूसरों में भी अनुमान करने लगता है। अपने शरीर की पीड़ा को देख कर (भूख-प्यास) वह दूसरे प्राणियों की पीड़ा भी महसूस करने लगता है तथा इस प्रकार वह किसी को कष्ट पहुँचाने से अपने को रोकता है। यद्यपि साधुपुरुष समदर्शी हैं, परन्तु उनका समागम दरिद्र के लिये सुलभ है, क्योंकि उसके अपने भोग की इच्छा पहले से ही क्षीण हो चुकी होती है। संतो के समागम से उसकी तृष्ण भी गिर जाती है तथा उसका अन्तःकरण शीघ्र ही शुद्ध हो जाता है। यह कितना अनर्थ है कि ये लोकपाल कुबेर के पुत्र होने पर भी मदोन्मत होकर अचेत हो रहे हैं। इन को यह भी पता नहीं कि ये वस्त्रहीन हैं। अतः अब ये वृक्ष योनि में जाने पर मेरे आशीर्वाद से इनकी श्रीभगवान् में स्मृति बनी रहेगी। देवताओं के सौ वर्ष बीतने पर इन्हें भगवान् श्रीकृष्ण का सान्निध्य प्राप्त होगा तथा पुनः

भगवान् के चरणों में परम प्रेम प्राप्त कर ये अपने लोक में चले जायेंगे।

इस प्रकार कह कर नारदजी भगवान् नर-नारायण के धाम को चले गये। नलकूबर तथा मणिग्रीव– दोनों एक साथ अर्जुन वृक्ष होकर यमलार्जुन नाम से प्रसिद्ध हुए। भगवान् श्रीकृष्ण ने अपने परम प्रेमी भक्त देवर्षि नारदजी के शाप को सत्य करने के लिये धीरे-धीरे ऊखल को खींचते हुए उधर चले जहाँ यमलार्जुन वृक्ष थे। वे वृक्षों के बीच होते हुए दूसरी ओर निकल गये तथा ऊखल को टेढ़ा कर उन वृक्षों में फँसा दिया। उन्होंने अपने पीछे लुढ़कते हुए ऊखल को ज्यों ही तनिक जोर से खींचा, त्यों ही दोनो पेड़ों के तने, शाखाएँ, डालियाँ तथा पत्ते काँप उठे और वे दोनों वृक्ष तड़-तड़ाते हुए पृथ्वी पर गिर पड़े। उन वृक्षों में से अग्नि के सामान तेजस्वी दो सिद्ध पुरुष प्रकट हुए। उन्होंने सम्पूर्ण लोकों के स्वामी भगवान् श्रीकृष्ण के चरणों में शीश रखकर प्रणाम किया तथा हाथ जोड़ कर इस प्रकार स्तुति की -

सच्चिदानन्द-स्वरूप! अपनी ओर सबको आकर्षित करने वाले परम योगेश्वर श्रीकृष्ण! प्रकृति से अतीत आप स्वयं पुरुषोत्तम हैं। व्यक्त तथा अव्यक्त– सम्पूर्ण जगत् आपका ही रूप है। आप समस्त प्राणियों के शरीर, प्राण, अन्तःकरण तथा इन्द्रियों के स्वामी हैं। आप सर्वशक्तिमान् 'काल', सर्वव्यापक तथा अविनाशी ईश्वर हैं। आप ही महत्त, सत्त्वगुण, रजोगुण तथा तमोगुणरूप, प्रकृति हैं। आप ही समस्त स्थूल-सूक्ष्म शरीरों के कर्म भाव, धर्म तथा सत्ता को जानने वाले सबके साक्षी हैं, परमात्मा हैं। वृत्तियों से ग्रहण किये जाने वाले, प्रकृति के गुणों से अतीत तथा विकाररहित हैं। समस्त प्रपञ्च के विधाता भगवान् वासुदेव को हम नमस्कार करते हैं। प्रभो! आप समस्त लोकों के अभ्युदय तथा निःश्रेयस के लिए इस समय अपनी सम्पूर्ण शक्तियों सहित अवतीर्ण हुए हैं। आप समस्त अभिलाषाओं को पूर्ण करने वाले हैं। परम-कल्याण-स्वरूप! आपको नमस्कार है। अनन्त! हम आपके दासानुदास हैं। देवर्षि नारदजी के परम अनुग्रह से ही हम अपराधियों को आपका दर्शन प्राप्त हुआ है। हमारी वाणी आपके गुणों का वर्णन करती रहे तथा हमारे कान आपकी

रसमयी लीलाओं के श्रवण में संलग्न रहे। हमारे हाथ आपकी सेवा में तथा मन आपके चरणकमलों की स्मृति में लगे रहें। यह सम्पूर्ण जगत् आपका निवास स्थान है। हमारा मस्तक सबके सामने झुका रहे।

सौन्दर्य-माधुर्यनिधि गोकुलेश्वर श्रीकृष्ण ने नलकूबर तथा मणिग्रीव से कहा— तुम लोग मद में अन्धे हो रहे थे। परम कारुणिक देवर्षि नारद ने तुम्हें शाप देकर तुम्हारा ऐश्वर्य नष्ट कर दिया तथा तुम्हें मेरे दर्शनों की कृपा प्रदान की। अतः तुम लोग मेरे परायण होकर अपने लोक को जाओ।

इस प्रकार नलकूबर तथा मणिग्रीव ने भगवान् श्रीकृष्ण को नमस्कार कर उनकी परिक्रमा की तथा उत्तर दिशा को चले गये।

अध्याय 11

वृन्दावन प्रस्थान तथा वत्सासुर, बकासुर उद्धार

वृक्षों के गिरने से भयंकर शब्द हुआ। नन्दबाबा तथा गोप भाग कर वहाँ पहुँचे। उन्होंने देखा, दोनों अर्जुन के वृक्ष गिरे पड़े हैं। इसका कारण वे समझ न पाये। बालक श्रीकृष्ण रस्सी से बन्धे ऊखल को घसीट रहे थे। नन्दबाबा ने जल्दी से उनकी रस्सी की गाँठ खोल दी। ग्वालबाल कह रहे थे कि कदाचित् कान्हा ने ही इन वृक्षों के बीच ऊखल को खींचकर इन्हें उखाड़ा है।

सर्वशक्तिमान् भगवान् श्रीकृष्ण गोपियों के कहने पर (विनती करने पर अथवा फुसलाने पर) साधारन बालक की तरह नाचने लगते थे। कभी उनके कहने से पीढ़ा उठा लाते तो कभी तोलने के बाट। इस प्रकार अपनी बाल-लीलाओं से वे व्रजवासिओं का मन रिझाते। एक दिन एक फल बेचने वाली ने आकर पुकारा— फल लो फल। यह सुनते ही समस्त उपासनाओं के फल देने वाले भगवान् अच्युत फल लेने के लिये अपनी छोटी सी अँजुली में अनाज लेकर आये। उनकी अजुँली से

अनाज गिरता जा रहा था, परन्तु फल वाली ने उनके दोनों हाथ फलों से भर दिये। इधर भगवान् के वापस जाते ही फल वाली की टोकरी रत्नों से भर गई।

इसी प्रकार एक दिन श्रीकृष्ण-बलराम बालकों के साथ खेलते-खेलते यमुना तट पर चले गये। रोहिणीजी के पुकारने पर भी वे नहीं आये, क्योंकि उनका मन खेल में लगा था। अब रोहिणीजी ने यशोदाजी से कहा कि श्रीकृष्ण-बलराम ग्वालबालों के साथ बड़ी देर से खेल रहे हैं, तब यशोदाजी ने उन्हें पुकारा बेटा कन्हैया! बैटा राम! अपने छोटे भ्राता को लेकर शीघ्र आ जाओ। व्रजराज भोजन करने के लिये बैठ गये हैं तथा तुम दोनों की बाट देख रहे हैं।

देखो तुम दोनों धूल से लथपथ हो। शीघ्र नहा लो। स्नान कर ब्राह्मणों को गोदान करो। आज तुम्हारा (श्रीकृष्ण) जन्म-नक्षत्र है। इस प्रकार कह कर यशोदा मैया श्रीकृष्ण तथा बलराम को हाथ से पकड़ कर ले आई।

नन्दबाबा तथा बड़े-बूढ़े गोपों ने देखा कि महावन में तो बड़े उत्पात होने लगे हैं। अतः व्रजवासियों को इकट्ठा होकर सोचना चाहिए कि अब क्या करना चाहिए। उनमें से एक गोप का नाम था उपनन्द। वे अवस्था में तो बड़े थे ही, ज्ञान में भी बड़े थे। उन्होंने कहा! यह सत्य है कि जो अब तक उत्पात हुए— यथा पूतना का बच्चों को मारने की चेष्टा, छकड़ा गिरने से भी श्रीकृष्ण का बचाव, बवंडर रूप धारण करने वाले दैत्य से भी इनका बचाव तथा अब यमलार्जुन वृक्षों के गिरने पर भी इनका बचाव— श्रीभगवान् ने हमारी रक्षा की। अतः अब हमें इस स्थान से कहीं और सुरक्षित स्थान पर चले जाना चाहिए, ताकि और कोई अनिष्ट हमारी हानि न कर दे। 'वृन्दावन' नाम से एक वन है। वहाँ बड़ा ही पवित्र पर्वत तथा हमारे पशुओं के लिये पर्याप्त घास तथा हरि-भरी लता-वनस्पतियाँ हैं। गोप, गोपी तथा गायों के लिये वह स्थान केवल सुविधा ही नहीं अपितु रहने योग्य भी है। यदि आपलोग सहमत हों तो हम लोग आज ही वहाँ के लिये कूच कर दें। प्रथमतः हम अपना सारा सामान गाड़ी, छकड़े तथा गायों को वहाँ भेज दें।

उपनन्द के सुझाव पर सभी ने सहमति प्रकट की। तदनन्तर उन्होंने

अपनी गायों सहित गाड़ियों तथा छकड़ों पर अपनी सामग्री लादकर वृन्दावन की यात्रा की। उनके साथ-साथ उनके पुरोहित भी चले। गौ और बछड़े आगे, फिर गाड़ी-छकड़ों पर सामान, उसके पीछे गोप-गोपियाँ अपने नये-नये वस्त्र पहन कर। यह एक अद्भुत दृश्य था। स्त्रियाँ अपने रथों पर स्वार थीं तथा श्रीकृष्णलीला के गीत गाती जा रही थीं। यशोदा रानी और रोहिणीजी अपने पुत्रों, श्रीकृष्ण तथा बलराम सहित, एक रथ पर स्वार शोभायमान हो रही थीं।

वृन्दावन बड़ा ही सुन्दर वन है। चाहे कोई भी ऋतु हो, वहाँ सुख ही सुख है। उसमें प्रवेश कर ग्वालों ने अपने छकड़ों को अर्द्ध चन्द्रकार मण्डल वाँध कर खड़ा कर दिया। वृन्दावन का हरा-भरा, अत्यन्त मनोहर गोवर्धन पर्वत तथा यमुना नदी, दोनों ही बड़े आकर्षित करने वाले थे।

स्थान की बजाये, सगे-सम्बन्धियों तथा स्वजनों का एक साथ रहना ही अति सुखदायक है। यहाँ का वातावरण भी व्रजवासियों को आनन्दित कर रहा था। थोड़े ही दिनों मे सभी लोग इस स्थान से परिचित हो गये तथा यहाँ परम सुख अनुभव करने लगे। श्याम और राम कहीं बाँसुरी बजा रहे थे तो कहीं गुलेल अथवा ढेलवाँ से गोलियाँ फेंक रहे थे। ग्वाले अपनी-अपनी गायें चरा रहे थे। इस वन में भिन्न-भिन्न किसम के सुन्दर पक्षी तथा वनपशु थे (हरिन, मोर, बन्दर आदि)।

एक दिन श्याम तथा बलराम अपने बाल-सखाओं सहित यमुना तट पर बछड़े चरा रहे थे। उसी समय उन्हें मारने के लिए एक दैत्य आया। वह एक बनावटी बछड़े का रूप धारण किये हुए था। श्रीकृष्ण आँखों के इशारे से उसे बलरामजी को दिखाते हुए, धीरे-धीरे उसके पास गये। भगवान् श्रीकृष्ण ने उसे पूँछ से पकड़ कर आकाश में घुमाया तथा उसे कैथ के वृक्ष पर पटक दिया। अपने असली रूप में वह एक लम्बा-तगड़ा दैत्य शरीर बन कर वृक्षों पर गिरा। इस घटना से आनन्दित हो देवताओं ने श्रीकृष्ण पर पुष्पों की वर्षा की।

श्याम-बलराम, और ग्वालबालों की तरह, सुबह तड़के कलेवर की सामग्री लेकर बछड़ों को एक वन से दूसरे वन में चराते घूमते। एक दिन

सभी ग्वालबाल अपने बछड़ों को पानी पिलाने जलाशय तट पर ले गये। उन्होंने पहले बछड़ों को जल पिलाया तथा फिर स्वयं पिया। उन्होंने देखा वहाँ एक बड़ा जीव बैठा हुआ है। ग्वालबाल उसे देखकर डर गये। वह 'बक' नामका एक बड़ा असुर था जो बगुले का रूप धारण कर वहाँ बैठा था। उसकी चोंच लम्बी तथा तीखी थी। वह झट से भगवान् श्रीकृष्ण को निगल गया। इस घटना को देख ग्वालबाल तो प्रायः मूर्छित हो गये। जब श्रीकृष्ण बगुले के तालु के नीचे पहुँचे तो उसका तालु जलने लगा। अतः श्रीकृष्ण के शरीर पर बिना कोई घाव किये उसने उन्हें उगल दिया तथा क्रोध से, अपनी कठोर चोंच से, उनपर चोट करने के लिये झपटा। बकासुर कंसका सखा था तथा श्रीकृष्ण को मारने यहाँ आया था। श्रीकृष्ण ने दोनों हाथों से उसके दोनों ठोर पकड़ लिये तथा ग्वालबालों के देखते-देखते, उस 'बक' को चीर दिया। इससे देवताओं को बड़ा आनन्द हुआ तथा वे श्रीकृष्ण पर नन्दनवन के बेला, चमेली आदि पुष्प बरसाने लगे। इसी के साथ शंख, नगारे आदि बजने लगे तथा उनकी स्तुति करने लगे। सभी ग्वालबाल इस घटना से बड़े चकित हो गये तथा वापस घर आकर उन्होंने यह वृत्तान्त सभी को सुनाया।

बकासुर की मृत्यु की घटना सुनकर सभी गोप-गोपियों को बड़ा आश्चर्य हुआ तथा वे सोचने लगे कि कन्हैया एक बड़े अनिष्ट से बचे हैं। वह यह भी सोचने लगे कि कदाचित् श्रीकृष्ण महात्मा गर्गाचार्य अनुसार उनके पालनहार रूप में अवतीर्ण हुए हैं।

अध्याय 12

अघासुर उद्धार

प्रतिदिन की भाँति एक दिन श्यामसुन्दर सुबह शीघ्र उठ खड़े तथा वन में कलेवा करने की इच्छा से अपनी सिंगी बाजे की ध्वनि कर दूसरे

ग्वालबालों को भी जगाया तथा बछड़ों को आगे कर वे व्रजमण्डल में निकल पड़े। स्थान-स्थान पर बातें करते तथा खेलते हुए वे विचरने लगे। वृन्दावन में इस समय भाँति-भाँति के फूल विकसित हो रहे थे। यदि श्रीकृष्ण कुछ आगे बढ़ जाते तो अन्य बालक उनके पीछे भाग कर उन्हें पकड़ने लगते। कोई बाँसुरी बजा रहा था तो काई सिंगी फूँक रहा था। कुछ भौंरे की ध्वनि निकाल रहे थे तो कुछ कोयल की तरह कुहू-कुहू कर रहे थे। कोई भौंरों को नाचते हुए देख रहे थे। कोई बन्दरों की स्वांग लगा रहे थे। कुछ बाल नदी के जल में क्रीड़ा करने लगे। भगवान् श्रीकृष्ण ज्ञानी संतों के लिये स्वयं ब्रह्मानन्द के मूर्तिमान् अनुभव हैं। परन्तु माया मोहित मनुष्य के लिये वे अप्रकट हैं। वही भगवान् स्वयं जिन व्रजवासि ग्वालबालों सहित खेलते हैं, उनके सौभाग्य की महिमा कैसे कहें।

इसी समय अघासुर नाम का महान् दैत्य आ गया। वह खेलते हुए बच्चों को सहन न कर पाया। इस दैत्य से दवता भी भय खाते थे। अघासुर, पूतना और बकासुर का छोटा भ्राता तथा कंस का भेजा हुआ था। श्रीकृष्ण तथा बलराम को देखकर वह सोचने लगा कि हो न हो इन बालकों ने ही मेरी बहिन तथा भ्राता को मारा है, अतः प्रतिशोध लेने के लिए वह अजगर का रूप धारण कर रास्ते में लेट गया। वह इतना बड़ा था कि सब बालकों को निगलने की ताक में था। उसके होंठ विशाल, जिह्वा लाल चौड़ी, सांस धूकनी के समान तथा आँखें अग्नि-वर्षा कर रही थीं।

ग्वालबाल इस विशालकाय जीव को एक बड़ी खेल की वस्तु ही समझने लगे (क्योंकि वह अजगर मुँह खोल कर अचेत सा लेटा हुआ था) खेल-खेल में ग्वालबाल उस अजगर के विशाल मुख में घुस गये। ऐसा करते हुए देखकर श्रीकृष्ण ने सोचा कि ग्वालबालों ने कदाचित् इस सच्चे अजगर को बड़े से अजगर के रूप में खेलने की वस्तु समझा है। श्रीकृष्ण को तो सब प्रतीत था। वे जानते थे कि यह तो वास्तव में राक्षस है। श्रीभगवान् इस प्रकार देख ही रहे थे कि सारे ग्वालबाल बछड़ों

सहित अजगर के पेट में चले गये। परन्तु अघासुर ने उन्हें मारा नहीं, क्योंकि वह श्रीकृष्ण तथा बलरामजी की प्रतीक्षा कर रहा था। ग्वालबालों तथा बछड़ों की रक्षा हेतु श्रीकृष्ण स्वयं भी अघासुर के मुख में प्रवेश कर गये। अब अघासुर इन सब को मार डालना चाहता था। उसी समय श्रीकृष्ण ने अपने शरीर को बड़ा करना शुरू किया। उनका शरीर इतना बड़ा हो गया कि अघासुर का गला घुटने लगा तथा उसकी आँखें बाहर निकल आईं। वह व्याकुल होकर तड़पने लगा। उसी समय भगवान् मुकुन्द ने बछड़ों सहित ग्वालबालों को उसकी देह से बाहर निकाल दिया।

मृत्यु समय अजगर के शरीर से एक अद्‌भुद ज्योति निकली। वह श्रीकृष्ण के बाहर आने की प्रतीक्षा कर रही थी। जब वे बाहर निकले तो वह ज्योति श्रीकृष्ण में ही समा गई। देवताओं ने भयरहित होकर श्रीकृष्ण पर पुष्पवर्षा की तथा उनकी स्तुति की। आकाश में मंगलमय गीतों तथा वाद्य-साजों की ध्वनि होने लगी। इस प्रकार श्रीकृष्ण ने ग्वालबाल तथा बछड़ों की रक्षा कर अघासुर को मुक्तिदान दिया। अघासुर मूर्तिमान् 'अघ' (पाप) ही था। भगवान् के स्पर्शमात्र से उसके सारे पाप नष्ट हो गये।

अध्याय 13

ब्रह्माजी का मोह-शंका निवारण

अघासुर का वध कर श्रीकृष्ण ने ग्वालबालों तथा बछड़ों को बचा लिया। तदनन्तर वे उन्हें यमुना पुलिन पर ले गये तथा कहा— यह स्थान अति रमणीय है। देखो यहाँ की बालू कितनी कोमल तथा स्वच्छ है। हमारे खेलने के लिये यह स्थान अति उत्तम है। भाँति-भाँति के कमल भी यहाँ खिले हैं तथा भौंरे उन पर गुञ्जन कर रहे हैं। वृक्ष तथा कलरव

करते हुए पक्षी इस स्थान की और भी शोभा बढ़ा रहे हैं। क्योंकि दिन बहुत चढ़ आया है, अतः हम लोगों को भोजन कर लेना चाहिए। बछड़े पानी पीकर पास ही घास चरते रहेंगे।

इस प्रकार बछड़ों को छोड़ कर सभी ग्वालबाल भोजन करने लगे। बीच में भगवान् श्रीकृष्ण बैठ गये। वन-भोजन के समय, श्रीकृष्ण के चारों ओर ग्वालबाल इस प्रकार सुशोभित हो रहे थे जैसे कमल की कर्णिका के चारों ओर उनकी पँखुड़ियाँ खिली हों। सभी अपनी-अपनी रुचि का प्रदर्शन कर रहे थे। श्रीकृष्ण ने बाँसुरी अपनी कमर में लगा रखी थी तथा सिंगी और बेंत बगल में। उनके बायें हाथ में घृतमिश्रित दही-भात का ग्रास तथा दायें हाथ में अदरक-नींबू आदि का अचार था। वे अपनी विनोद भरी बातों से सभी ग्वालबालों को हर्षित कर रहे थे। जो समस्त यज्ञों के एकमात्र भोक्ता हैं, वे ही भगवान् ग्वालबालों सहित बैठ कर इस प्रकार बाल-लीला करते हुए भोजन कर रहे थे तथा स्वर्ग से देवता आश्चर्यचकित हो इस अद्भुत लीला को देख रहे थे।

जब सभी ग्वालबाल भोजन करने में तथा श्रीकृष्ण की बातों में मस्त थे तो उनके बछड़े हरी घास चरते-चरते दूर वन में निकल गये। ग्वालबाल इससे घबड़ा गये। श्रीकृष्ण ने कहा कि वे किसी बात का भय न करें तथा भोजन करते रहें और वे जा कर बछड़ों को ले आयेंगे। ग्वालबालों से इस प्रकार कहकर, हाथ में दही-भात कौर लिये, वे बछड़ों को ढूँढने निकल पड़े। ब्रह्माजी पहले से ही वहाँ उपस्थित हो गये थे। प्रभु के प्रभाव से अघासुर का मोक्ष देखकर उन्हें बड़ा आश्चर्य हुआ था। भगवान् श्रीकृष्ण की, मनुष्य बने बालक के रूप में कोई और लीला देखनी चाहिए। इस प्रकार सोचकर पहले तो उन्होंने बछड़ों को तथा फिर श्रीकृष्ण के चले जाने पर ग्वालबालों को, अन्यत्र ले जाकर रख दिया (एक गुफा में बन्द कर दिया अथवा उनका हरण कर लिया) तथा स्वयं अन्तर्धान हो गये। बछड़े न मिलने पर भगवान् श्रीकृष्ण यमुनाजी के तट पर पुनः लौट आये। वे क्या देखते हैं कि वहाँ ग्वालबाल भी नहीं हैं। घूम फिर कर उन्होंने उन्हें चारों ओर ढूँढा, परन्तु न ग्वालबाल मिले न

बछड़े। वे समझ गये कि यह तो ब्रह्माजी की करनी है। अब श्रीभगवान् ने बछड़ों तथा ग्वालबालों की माताओं को तथा ब्रह्माजी को प्रसन्न करने के लिये, स्वयं को ही बछड़ों तथा ग्वालबालों के रूप में परिणत कर लिया (भगवान् सर्व समर्थ हैं। वे ब्रह्माजी के चुराये हुए ग्वालबाल तथा बछड़ों को ला सकते थे। परन्तु इससे ब्रह्माजी का मोह-भ्रम दूर न होता तथा न वे भगवान् की उस दिव्य माया का ऐश्वर्य देख सकते, जिसने उनके विश्वकर्ता होने का अभिमान नष्ट कर दिया। अतः भगवान् उन बछड़ों तथा ग्वालबालों को न लाकर स्वयं ही ग्वालबाल तथा बछड़े वन गये) वे स्वयं ही सम्पूर्ण विश्व के कर्ता सर्वशक्तिमान् ईश्वर हैं। जितनी संख्या में बच्चे तथा बछड़े थे, वे स्वयं उतने ही बन गये, उनकी छड़ियाँ, सिंगी तथा बाँसुरियों सहित। वही उनके वस्त्र तथा आभूषण। वही उनका रंग-रूप तथा आयु। यह सम्पूर्ण जगत् विष्णु रूप है– यह वेदवाणी मानो आज मूर्तिमान् होकर प्रकट हो गई। अपने आत्मस्वरूप बछड़ों को तथा अपने आत्मस्वरूप ग्वालबालों को अपने संग लेकर, अनेकों प्रकार के खेल खेलते हुए, उन्होंने व्रज में प्रवेश किया तथा विभिन्न बालकों के रूप में उनके घरों में चले गये।

ग्वालबाल परमब्रह्म श्रीकृष्ण को अपने बच्चे समझ, उनकी माताओं ने उन्हें गले लगाया। इसी प्रकार संध्या समय भगवान् उन ग्वालबालों के रूप में घर लौट आते तथा अपनी बाल-सुलभ लीलाओं से माताओं को आनन्दित करते। बछड़े भी उसी प्रकार दौड़-दौड़ कर अपनी गौ माताओं के पास चले जाते तथा गौएँ उन्हें दूध पिलातीं। अपने-अपने बालकों के प्रति व्रजवासियों की स्नेह भावना दिन-प्रतिदनि, एक वर्ष तक, धीरे-धीरे बढ़ती गई। जैसा उनका असीम प्रेम श्रीकृष्ण के प्रति था, वैसा ही प्यार उन्हें अपने ग्वालबालों के प्रति भी उमढ़ पड़ा। इस प्रकार सर्वात्मा श्रीकृष्ण बछड़े तथा ग्वाल बने, गोपाल बनकर अपने बालरूपसे वत्सरूप का पालन करते हुए एक वर्ष तक वन में बछड़े चराते तथा क्रीढ़ा करते रहे।

जब एक वर्ष पूरा होने में पाँच-छः रातें शेष थीं, तब एक दिन

भगवान् श्रीकृष्ण-बलरामजी सहित बछड़ों को चराते हुए वन में गये। उस समय गौएँ गोवर्धन पर घास चर रही थीं। वे अपने बछड़ों को देखकर उन्हें मिलने के लिये उमड़ पड़ीं तथा आकर अपने-अपने बछड़ों को दूध पिलाने तथा चाटने लगीं। गोपों के रोकने पर भी वे उन्हें रोक न सके। जब वे नीचे आये तो उन्होंने वहाँ गौओं को बछड़ों को दूध पिलाते देखा तथ अपने ग्वालबालों को भी उनके संग देखा। वहाँ आकर, अपने बच्चों को देखकर उनका गौं पर आया क्रोध जाता रहा। बलरामजी ने देखा कि व्रजवासी गोप, गौएँ तथा ग्वालिनों की उन बच्चों पर भी, जिन्होंने अपनी माताओं का दूध पीना छोड़ दिया— क्षण प्रति क्षण उनके प्रति उत्कण्ठा बढ़ती जा रही है। यह कैसा आश्चर्य है? सर्वात्मा श्रीकृष्ण में व्रजवासियों तथा मेरे में जैसा अपूर्व स्नेह है, वैसा ही इन बालकों तथा बछड़ों से हो रहा है। यह कौनसी माया है? ऐसा कैसे हुआ? यह तो मुझे भी मोहित कर रही है। जब बलरामजी ने अपनी दिव्य-दृष्टि से देखा तो विदित हुआ कि ग्वालबाल तथा बछड़ों के रूप में तो श्रीकृष्ण हैं। उन्होंने कहा - भगवन्! ये ग्वालबाल तथा बछड़े न तो कोई देवता हैं तथा न ही कोई ऋषि। इन भिन्न-भिन्न रूपों में भी आप अकेले ही प्रकाशित हो रहे हैं। कृपया स्पष्ट कीजिए कि यह आपकी कौनसी माया है? तब श्रीकृष्णजी ने ब्रह्माजी की कथा का वखान किया।

अब ब्रह्माजी ब्रह्मलोक से व्रज में आये। उनके कालमान से अब तक एक 'त्रुटि' समय बीता था। उन्होंने देखा श्रीकृष्ण ग्वालबाल तथा बछड़ों सहित एक वर्ष पहले की भाँति ही क्रीडा कर रहे हैं। उन्होंने सोचा कि गोकल में जितने भी ग्वालबाल तथा बछड़े थे, वे तो मेरी मायामयी शय्या पर सो रहे हैं तथा उनको मैंने अपनी माया से अचेत कर रखा है। तब ये सब ग्वालबाल और बछड़े कहाँ से आये? ब्रह्माजी ने दोनों स्थानों पर देखा-वहाँ भी अचेत ग्वालबाल तथा बछड़े तथा यहाँ भी वही ग्वालबाल तथा बछड़े। उनकी भी बुद्धि चकरा गई। श्रीभगवन् की माया से तो सभी मुग्ध हो रहे हैं। ब्रह्माजी उनको अपनी माया से मुग्ध

करने चले थे। किन्तु उनको मोहित करना तो दूर, वे स्वयं उनकी माया से मोहित हो गये।

ब्रह्माजी विचार कर ही रहे थे कि उनके देखते-देखते ही सभी ग्वालबाल तथा बछड़े श्रीकृष्ण के रूप में दिखने लगे। सब के सब सजल जलधर के समान श्यामवर्ण, पीताम्बरधारी – शंख, चक्र, गदा तथा पद्म से युक्त – चतुर्भुज रूप। शीश पर मुकुट, कानों में कुण्डल तथा कण्ठ में मनोहर हार तथा सुन्दर वनमालाएँ शोभायमान थीं। उनके वक्षःस्थल पर सुवर्ण की सुनहली रेखा-श्रीवत्स, भुजाओं में बाजूबन्द, कलाईयों में शंखकार रत्न जड़े कङ्गन, चरणों में नूपुर तथा कड़े, कमर में करधनी तथा अगुँलियों में अंगूठियाँ शोभायमान थीं। उनकी मुस्कान चाँदी के समान उज्ज्वल थी। उन्हें अणिमा-महिमा आदि सिद्धियाँ, माया-विद्या आदि विभूतियाँ तथा महत्तत्त्व आदि चौबीस तत्त्व चारों ओर से घेरे हुए थे। प्रकृति में क्षोभ उत्पन्न करने वाला काल तथा उसके परिणाम स्वरूप कारण, स्वभाव आदि मूर्तिमान् हो उनकी उपासना कर रहे थे। श्रीकृष्ण स्वयंप्रकाश तथा अनन्त स्वरूप हैं। इस प्रकार ब्रह्माजी ने देखा कि परब्रह्म परमात्मा श्रीकृष्ण के ही स्वरूप हैं, जिनके प्रकाश से सारा जगत् प्रकाशित हो रहा है।

यह आश्चर्यजनक दृश्य देखकर ब्रह्माजी चकित रह गये। वे भगवान् के तेज से निस्तेज होकर मौन हो गये। श्रीभगवान् का स्वरूप तर्क से परे है। उसकी महिमा असाधारण है। यद्यपि ब्रह्माजी समस्त विद्याओं के अधिपति हैं तथापि भगवान् के दिव्यस्वरूप को वे समझ न सके। यहाँ तक कि वे श्रीभगवान् के उन महिमामय रूपों को देखने में असमर्थ हो गये तथा उन्होंने अपनी आँखें बन्द कर लीं। भगवान् श्रीकृष्ण ने ब्रह्माजी के इस मोह तथा असमर्थता को देखकर अपनी माया का परदा हटा दिया। फिर ब्रह्माजी को ब्रह्मज्ञान हुआ तथा अपने को तथा उन्हें अपने आस-पास सभी वैसा प्रतीत होने लगा।

भगवान् श्रीकृष्ण की लीलाभूमि होने के कारण वृन्दावन में कोई भी दूषित भावना अथवा धारणा प्रवेश नहीं कर सकती। ब्रह्माजी ने वृन्दावन

का दर्शन कर के देखा कि अद्वीतीय परब्रह्म गोपवंश के बालक का सा नाटक कर रहे हैं। एक होने पर भी उन सब के सखा हैं; अनन्त होने पर भी वे इधर-उधर घूम रहे हैं (बाल-लीला करते हुए) वे भी अन्य ग्वालबालों की तरह बछड़ों के पीछे जाते हैं तथा उन्हें ढूँढते हैं। भगवान् को इस रूप में देखकर ब्रह्माजी ने अपने वाहन हंस से उतर कर अपने शरीर से उन्हें दण्डवत किया। उनके चक्षु अश्रुपूर्ण हो गये।

अध्याय 14

ब्रह्माजी द्वारा भगवद् स्तुति

ब्रह्माजी बहुत देर तक भगवान् श्रीकृष्ण के चरणों में पड़े रहे। फिर धीरे-धीरे उठे तथा अपनी आँखों से अश्रु पोंछे। अञ्जलि बाँध बड़ी नम्रता से उनकी इस प्रकार स्तुति की—

प्रभो! आप ही एकमात्र स्तुति योग्य हैं। आपके चरणों में नमस्कार। आपका यह वर्षाकालीन मेघ के समान श्यामल विग्रह तथा उस पर विजली के समान शोभायमान् पीताम्बर। आपके गले में घुँघची की माला, कानों में मकराकृति कुण्डल तथा शीश पर मोर पंख का मुकुट। वक्षः स्थल पर लटकती वनमाला तथा नन्हीं-नन्हीं हथेलियों पर दही-भात का कौर। बगल में बेंत तथा सिंगी और कमर की फेर में आपकी पहचान कराने वाली बाँसुरी शोभा दे रही है। मुख पर एक अनोखी छटा तथा आपके सुकोमल चरण तथा यह बाल-गोपाल का सुमधुर वेष, आपका मुझ पर साक्षात् कृपाप्रसाद है। मुझे अनुगृहीत हेतु ही आपने इसे प्रकट किया है। कौन कहता है कि यह पञ्चभूतों की रचना है? यह तो अप्राकृत शुद्ध सत्त्वमय है। प्रभो! यद्यपि आपपर त्रिलोकी में भी कोई विजय प्राप्त नहीं कर सकता, तथापि अपने भक्तों के तो आप अधीन हो जाते हैं।

आपकी भक्ति सब प्रकार के कल्याण का स्रोत है।

हे अच्युत! लौकिक तथा वैदिक-समस्त कर्म आपके चरणों में अर्पण करने से तथा आपकी लीला-कथा के श्रवण से आपकी भक्ति की प्राप्ति होती है। उसी भक्ति से आपके ज्ञान की प्राप्ति कर, बड़ी सुगमता से आपके परमपद की प्राप्ति हो जाती है। हे अनन्त! आपके सगुण-निर्गुण दोनों स्वरूपों का ज्ञान कठिन होने पर भी निर्गुण स्वरूप की महिमा, इन्द्रियों का प्रत्याहार कर, शुद्ध अन्तःकरण से जानी जा सकती है। 'यह ब्रह्म है', 'मैं ब्रह्म को जानता हूँ'— इस प्रकार नहीं, अपितु स्वयंप्रकाश रूप से होता है। आप केवल संसार के कल्याण के लिये अवतीर्ण हुए हैं।

प्रभो! मेरी अज्ञानता तो देखिये। आप अनन्त, आदिपुरुष परमात्मा हैं तथा मेरे जैसे बड़े-बड़े मायावी भी अपकी माया के अधीन हैं। मैंने आप पर अपनी माया फैलाकर आपका ऐश्वर्य देखना चाहा था। मैं आपके सामने क्या हूँ। कदाचित् इसी भ्रमवश मैं अपने को आप से भिन्न संसार का स्वामी मान बैठा। मेरा अपराध क्षमा कीजिए। मेरे स्वामी! प्रकृति, महत्तत्व, अहंकार, आकाश, वायु, अग्नि, जल तथा पृथ्वी रूप आवरण से घिरा हुआ यह ब्रह्माण्ड ही मेरा शरीर है और आपके एक-एक रोम के छिद्र में ऐसे-ऐसे अनगिनत ब्रह्माण्ड समाये हुए हैं।

श्रुतियाँ कहती— हैं जिस समय तीनों लोक प्रलयकालीन जल में लीन थे, उस समय श्री नारायण के नाभिकमल से मेरा जन्म हुआ था। क्या मैं आपका पुत्र नहीं हूँ? आप समस्त जीवों के आत्मा हैं। अतः आप नारायण (नार— जीव, अयन— आश्रय) हैं। आप समस्त जीवों के तथा जगत् के अधीश्वर हैं, इसलिये भी नारायण (नार— जीव, अयन— प्रवर्तक) हैं। आप समस्त लोकों के साक्षी हैं, इसलिये भी नारायण (नार— जीव, अयन— जानने वाला) हैं। नर से उत्पन्न होने वाले जल में निवास करने के कारण जिन्हें नारायण (नार— जल, अयन— निवास स्थन) कहा जाता है, वे भी आपके एक अंश ही हैं। वह अंशरूप से देखना भी आपकी माया ही है। भगवन्! यदि आपका वह विराट् स्वरूप सचमुच उस समय

जल मे था, तो मैंने उस समय उसे क्यों नहीं देखा तथा एक दीर्घ समय तक कमलनाल के अन्दर से उसे जल में ढूँढता रहा। परन्तु जब मैंने तपस्या की तो उसी समय मेरे हृदय में उसका दर्शन हो गया।

जो लोग अज्ञान के कारण आपके स्वरूप को नहीं जानते, उन को आप प्रकृति में स्थित मनुष्य के रूप से प्रतीत होते हैं। वास्तव में आप सृष्टि रचना के समय मेरे (ब्रह्मा) रूप में, पालन के समय (विष्णु) रूप में तथा संहार के समय (रुद्र) रूप में हो। अजन्मा होने पर भी आप देवता, ऋषि, मनुष्य, पशु-पक्षी तथा जलचर आदि योनियों में अवतार ग्रहण करते हैं तथा इन रूपों द्वारा दुष्टों का नाश तथा सत्पुरुषों पर अनुग्रह करते हैं। भगवन्! आप अनन्त, परमात्मा तथा योगेश्वर हैं। जिस समय आप अपनी योगमाया का विस्तार कर लीला करने लगते हैं, उस समय त्रिलोकी में ऐसा कौन है, जो यह जान सके कि आपकी लीला कहाँ, किस लिये, कब और कितनी होती है। आप परमानन्द, परम ज्ञानस्वरूप तथा अनन्त हैं। आप पुराणपुरुष होने के कारण समस्त जन्मादि विकारों से रहित है। आप स्वयंप्रकाश हैं। आप अविनाशी होने के कारण नित्य हैं। जो पुरुष परमात्मा को आत्मा के रूप में नहीं जानते, उन्हें अज्ञान के कारण ही इस नामरूपात्मक निखिल प्रपञ्च की उत्पत्ति का भ्रम हो जाता है। कितने आश्चर्य की बात है कि आप हैं अपने आत्मा, पर लोग आपको पराया मान बैठते हैं। यह जो शरीर आदि पराये हैं, वे इन को आत्मा मान बैठते हैं तथा आपको एक पृथक् रूप में ढूँढने लगते हैं। मनुष्य कितने अज्ञानी हैं कि वे उसे ढूँढते हैं जो सबके अन्तः करण में विराजमान हैं। अतः संत लोग आपके अतिरिक्त जो कुछ प्रतीत हो रहा है, उसका परित्याग कर, अपने भीतर ही आप को ढूँढते हैं।

हे भगवन! जो आपके चरणकमलों का तनिक सा भी कृपाप्रसाद प्राप्त कर लेता है, वह उससे अनुगृहीत हो जाता है। अतः मुझे (ब्रह्माजी श्रीभगवान् से कहते हैं) इस जन्म में, दूसरे जन्म में अथवा पशु-पक्षी आदि योनि में भी ऐसा सौभाग्य प्राप्त हो कि मैं आपके दासों में से कोई एक दास हो जाऊँ तथा अपके चरणकमलों की सेवा करूँ। जगत् के

बड़े-बड़े यज्ञ सृष्टि के प्रारम्भ से लेकर अब तक आपको पूर्णतः तृप्त न कर सके। परन्तु आपने व्रज की गायों तथा ग्वालिनों के बछड़े तथा बालक बन कर उनसे प्यार किया है। प्यार से उनका दूध पिया है। उनका तो जीवन सफल हो गया। वे अत्यन्त धन्यभाग्य हैं।

प्रभो! इस व्रजभूमि के किसी भी वन में, विशेष कर गोकुल में, किसी भी योनि में जन्म हो जाये, यही हमारे लिये बड़े सौभाग्य की बात होगी। ऐसा करने से आपके प्रेमियों की चरणधूलि अपने आप, अपने ऊपर पड़ जायेगी। आपके सम्पूर्ण व्रजवासियों का सम्पूर्ण जीवन आपका ही जीवन है। आपके चरणों की धूलि तो श्रुतियाँ भी अनादिकाल से पाने के लिये इच्छुक हैं। हे प्रभो! इन व्रजवासियों को इनकी सेवा के उपलक्ष में क्या फल देंगे? सम्पूर्ण फलों के फलस्वरूप! आपसे बढ़कर तो और कोई फल है ही नहीं।

मेरे स्वामी! और बहुत क्या कहूँ? जो लोग आपकी महिमा जानते हैं, वे जानते रहें। मेरे मन, वाणी तथा शरीर तो आपकी महिमा जानने में असमर्थ हैं। सच्चिदानन्द-स्वरूप श्रीकृष्ण! आप सबके साक्षी हैं। अतः आप सब कुछ जानते हैं। आप समस्त जगत् के स्वामी हैं। यह सम्पूर्ण प्रपञ्च आप में ही स्थित है। आप से मैं और क्या कहूँ? आप मुझे स्वीकार कीजिए। मुझे अपने लोक में जाने की आज्ञा दीजिए। मैं अपने जीवन भर महाकल्प पर्यन्त आपको नमस्कार करता रहूँ।

इस प्रकार संसार के रचयिता ब्रह्माजी ने भगवान् श्रीकृष्ण की स्तुति की। तदनन्तर उनकी तीन बार परिक्रमा कर, उनके चरणों में प्रणाम कर, वे अपने सत्यलोक में चले गये। ब्रह्माजी ने बछड़ों तथा ग्वालबालों को पहले ही यथारूप में वहाँ पहुँचा दिया था। भगवान् श्रीकृष्ण ब्रह्माजी को विदा कर, बछड़ों को लेकर यमुना पुलिन पर आये जहाँ वे ग्वालबालों को पहले छोड़ गये थे। यद्यपि यह समय एक वर्ष बीत गया था, परन्तु श्रीकृष्ण की माया से ग्वालबालों को यह समय आधे क्षण के समान प्रतीत हुआ। ग्वालबालों ने बड़े उतावलेपन में कहा—हमने तो तुम्हारे बिना एक कौर भी नहीं खाया। आओ इधर आओ। आनन्द से भोजन करें।

तब श्रीकृष्ण ने ग्वालबालों संग भोजन किया। उन्हें अघासुर के शरीर का पिंजर दिखाते हुए वन से वे व्रज में लौट आये। इस प्रकार भगवान् श्रीकृष्ण ने गोष्ठ में प्रवेश किया। उसी दिन बालकों ने व्रज में जाकर (एक वर्ष पश्चात्) कहा– आज यशोदा मैया के लाडले ने वन में एक बड़ा भारी अजगर मार डाला तथा उससे हमारी रक्षा की।

जो लोग भगवान् श्रीकृष्ण के वास्तविक स्वरूप को जानते हैं, उनके लिये तो इस जगत् में जो कुछ भी चराचर पदार्थ है, अथवा इससे परे परमात्मा, ब्रह्म, नारायण आदि जो भगवत्स्वरूप है, सभी कृष्ण रूप है। श्रीकृष्ण के अतिरिक्त और कोई प्राकृत-अप्राकृत वस्तु है ही नहीं। सभी वस्तुओं का अन्तिम रूप अपने कारण में स्थित होता है। उसके कारण के भी परम कारण हैं, भगवान् श्रीकृष्ण।

अध्याय 15

कालियनाग मानमर्दन

अब बलराम-श्रीकृष्ण ने पौगण्ड-अवस्था, अर्थात् छटे वर्ष में प्रवेश किया। उन्हें गौएँ चराने की अनुमति मिल गई। वे ग्वालबालों सहित गौएँ चराने वृन्दावन में जाते तथा अपने चरणारवृन्द से वृन्दावन को पावन करते। वृन्दावन में हरियाली, घास, लताएँ तथा ओषधियाँ और भाँति-भाँति के पुष्प बहुत अधिकता में उपलब्ध हैं जो कि पशुओं के लिये आवश्यक हैं। आगे-आगे गौएँ, उनके पीछे बलराम-श्रीकृष्ण, तदनन्तर ग्वालबाल गाते हुए, बाँसुरी बजाते हुए। वृक्षों पर पक्षी चहकते, तो हरि घास पर हरिनों के झुंड चौकड़ी भर-भर कर भागते। सुन्दर, स्वच्छ जल से भरपूर सरोवर और भी आकर्षित करते। शीतल मन्द-मन्द सुगन्धित वायु उनके आगवन का स्वागत करती। इस वन की सुन्दरता देख श्रीकृष्ण ने वहीं विहार करने का संकल्प किया। पुरुषोत्तम श्रीभगवान् ने

देखा कि बड़े-बड़े वृक्ष, फल-फूलों से लदे, उन्हें झुक कर प्रणाम तथा उनके चरण स्पर्श कर रहे हैं। उनकी नम्रता को देखकर श्रीकृष्णजी ने बलरामजी से कहा –

देव शिरोमणि। बड़े-बड़े देवता आपके चरणकमलों की पूजा करते हैं। देखिए तो, ये वृक्ष भी अपनी डालियों से सुन्दर पुष्प तथा फलों की सामग्री से आपके चरणकमलों में झुक रहे हैं तथा नमस्कार कर रहे हैं। इनका सौभाग्य है कि आपके दर्शन तथा वाणी श्रवण– जिससे अज्ञान का नाश होता है– के लिये इन्होंने वृन्दावन धाम में वृक्ष योनि ग्रहण की है। यद्यपि आप अपने ऐश्वर्य रूप को छिपा कर यहाँ पर बाल-लीला कर रहे हैं, फिर भी भक्त-मुनिगण अपने इष्ट देव को पहचान लेते हैं तथा भौरों के रूप में आपके भुवन-पावन यश का गान कर रहे हैं। कोयलें अपने मधुर स्वर में आपका स्वागत कर रही हैं। यहाँ की धरती, हरी-हरी घास-सहित आपके चरण स्पर्श कर धन्य हो रही है।

श्रीकृष्ण इस वृन्दावन की सुन्दरता को देखकर अति प्रसन्न हुए। अपने ग्वालबाल सखाओं सहित, गोवर्धन की तराई, यमुनातट पर गौओं को चराते हुए अनेक प्रकार की लीलाएँ करने लगे। कभी-कभी राजहंसो के संग स्वयं भी कूजने लगते। कभी मोर बनकर ठुमक-ठुमक नाचने लगते। कभी-कभी मेघ के समान गम्भीर वाणी से अपनी गौओं को नाम लेकर पुकारते। कभी पक्षियों की सी बोली बोलने लगते। कभी वे किसी ग्वालबाल की गोद में शीश रख कर लेट जाते। पुण्य के मूर्तिमान् ग्वालबाल श्रीकृष्ण के चरण दबाते तथा बड़े-बड़े पत्तों से उन्हें पँखा झलने लगते।

बलराम-श्रीकृष्णजी के सखाओं में एक प्रधान गोप बालक थे, श्रीदामा। एक दिन उन्होंने तथा सुबल और स्तोककृष्ण (छोटे कृष्ण) आदि ग्वालबालों ने श्री श्याम-राम से कहा– सर्वदा सुख पहुँचाने वाले बलरामजी! आपके बाहुबल की कोई सीमा नहीं। हमारे मन-मोहन श्रीकृष्ण! दुष्टों का नाश करना ही आपका स्वभाव है। यहाँ से थोड़ी दूरी पर एक बड़ा वन है। वहाँ बहुत से ताड़ के फल पक कर गिरते रहते

हैं। वहाँ धेनुक नाम का एक दुष्ट दैत्य रहता है। वे सारे फल उसकी रोक में हैं। वह दैत्य गधे के रूप में रहता है। उसके और साथी भी उसी रूप में उसके साथ रहते हैं। उन्होंने न जाने अब तक कितने मनुष्यों को मार कर खा लिया है। पशु-पक्षी तक भी उस वन में नहीं जाते। वहाँ के फल बड़े सुगन्धित हैं पर हम ने कभी नहीं खाये। हमारा मन उन फलों को खाने के लिये बड़ा उत्कण्ठित है। कृपया हमें वे फल खिलायें।

सखा ग्वालबालों की प्रार्थना सुन कर भगवान् श्रीकृष्ण तथा बलराम हँसे तथा उन्हें प्रसन्न करने के लिये उनके साथ चल पड़े। वन में पहुँच कर, बलरामजी ने अपनी बाहों से ताड़ के वृक्ष को पकड़ कर हिलाया। उससे बहुत से फल भूमि पर गिर पड़े। जब गधे के रूप में दैत्य ने फल के गिरने के शब्द को सुना तो वह उनकी ओर दौड़ता हुआ आया तथा उसने बलरामजी को अपने पिछले पाँवों से मारने का प्रयत्न किया। बलरामजी ने एक ही हाथ से उसके दोनों पैर पकड़ लिये तथा उसे घुमाकर एक ताड़ के वृक्ष पर पटक दिया। घुमाते समय ही दैत्य के प्राण निकल गये। दैत्य के ताड़ के वृक्ष पर गिरने से ताड़ का वृक्ष टूट गया तथा उसने अपने साथ कई और वृक्षों को भी तोड़ दिया। भगवान् बलराम स्वयं जगदीश्वर हैं। उनमें यह सारा संसार ठीक वैसे ही ओतप्रोत है, जैसे सूत में वस्त्र। उस समय धेनुकासुर के बन्धु उसके मरने पर क्रोधित हो गये तथा श्रीकृष्ण-बलराम पर टूट पड़े। श्रीकृष्ण-बलराम ने खेल-खेल में ही उन दैत्यों का वध कर दिया। जिस दिन से धेनुकासुर मरा, उसी दिन से लोग निर्भय होकर उस वन के ताड़फल खाने लगे तथा पशु भी वहाँ स्वच्छन्दता से घास चरने लगे। तदनन्तर श्रीकृष्ण-बलराम ग्वालबाल-संग व्रज में आये। ग्वालबाल उनके पीछे-पीछे चलते हुए उनकी स्तुति कर रहे थे तथा उनकी लीलाओं का गान कर रहे थे। वंशी की धुन सुन कर बहुत सी गोपियाँ एक साथ ही व्रज से बाहर आईं। वे कब से श्रीकृष्ण के दर्शनों की प्रतीक्षा में थीं। उनके दर्शन कर उनकी आँखों की प्यास बुझी। उधर यशोदा मैया तथा रोहिणीजी का हृदय

बाल-स्नेह से अधीर हो रहा था। बालकों के पहुँचते ही उन्होंने खाने में अच्छी लगने वाली वस्तुएँ परोसी। तदनन्तर श्रीकृष्ण-बलराम ने स्नान कर सुन्दर वस्त्र पहन पुष्पों की मालाएँ धारण कीं।

इसी प्रकार गैया चराते, बाल-लीलाएँ करते, एक दिन श्रीकृष्ण-बलराम ग्वालबालकों संग यमुना तट पर गये। जेठ-आषाढ़ की तपिश के कारण ग्वालबाल तथा गौएँ प्यासी हो रही थीं। अतः उन्होंने यमुनाजी का जल पी लिया जो किसी कारणवश विशैला हो रहा था। इस जल के पीते ही ग्वालबाल तथा गैएँ प्राणहीन हो गईं। तथापि भगवान् श्रीकृष्ण ने अपनी अमृत-दृष्टि से उन सब को जीवित कर दिया। से सभी आश्चर्यचकित हो यमुनाजी के तट पर खड़े सोच रहे थे कि हो न हो भगवान् श्रीकृष्ण ने ही अपनी अनुग्रह भी दृष्टि से उन्हें जीवित कर दिया है।

अध्याय 16

कालियनाग पर कृपा

भगवान् श्रीकृष्ण ने देखा कि यहाँ विषधर कालियनाग ने यमुनाजी का जल विषैला कर दिया है। यमुनाजी में कालियनाग का एक कुण्ड था। उसके विष की तपिश से वहाँ जल खौलता रहता था। यहाँ तक कि उस विषैले जल की बूँदें जब वायु में मिश्रित होकर यमुना तट पर वृक्षों को छूती तो पक्षियों सहित उन्हें झुलस देतीं।

श्रीभगवान् का अवतार तो दुष्टों के दमन के लिये ही होता है। उन्होंने देखा, उसके विष का वेग बहुत प्रचण्ड है तथा यही उसका बल भी है। वे कदम्ब के वृक्ष पर चढ़ कर (अपनी गेंद लाने के बहाने) यमुनाजी में कूद गये। विष के कारण यमुना जी का जल खौल रहा था तथा उसकी तरंगे इधर-उधर फैल रही थीं। श्रीभगवान् जल में कूदकर एक अतुल बलशाली गजराज की भाँति जल को उछाल रहे थे। उनके

इस कलोल से कालियनाग को क्रोध आ गया तथा वह उनके, उसके प्रति, इस तिरस्कार को सहन न कर पाया। उसने देखा कि उसके समक्ष एक साँवला सिलोना बालक है। वर्षाकालीन मेघ के समान अत्यन्त सुकुमार शरीर। उसके वक्षःस्थल पर एक सुनहरी रेखा— श्रीवत्स का चिह्न है तथा वह पीले रंग का वस्त्र धारण किये है। चरण, कमलों की तरह कोमल तथा सुन्दर। उसने श्रीकृष्ण को अपने शरीर के बन्धन में जकड़ लिया तथा अपने फनों से विषैला विष उडेलने लगा। श्रीभगवान् को नागपाश में देखकर ग्वाल भय से व्याकुल तथा मूर्छित से हो गये।

उसी समय व्रज में, पृथ्वी-आकाश में, ऐसे लक्षण प्रकट होने लगे जो किसी दुर्घटना का संकेत कर रहे थे। इन अपशकुनों को देखते हुए नन्दबाबा ने यह भी जाना कि आज श्रीकृष्ण अकेले ही ग्वालबालकों के साथ गौएँ चराने गये हैं— बलरामजी साथ नहीं गये। वे भय से व्याकुल हो गये। किसी भावी विपदा की आशंका से तथा श्रीकृष्ण की कुशलता के प्रति चिन्तित, वे सब के सब कन्हैयाजी को देखने के लिये, एक उत्कण्ठ— लालसा से घर-द्वार छोड़कर निकल पड़े। बलरामजी स्वयं भगवान् के स्वरूप हैं और सर्वशक्तिमान् हैं। व्रजवासियों को इतना कातर तथा व्याकुल देखकर वे मन ही मन हँसे। वे जानते थे कि व्रजवासी कदाचित् श्रीकृष्ण के प्रभाव को भली-भाँति जानते नहीं, इसी कारण वे उनके लिये इतने व्याकुल तथा चिन्तित हो रहे हैं। इस प्रकार वे भी यमुना नट की ओर, उनके साथ जाने लगे।

मार्ग में गौओं तथा ग्वालबालकों के बीच, श्रीकृष्ण के भी चरण चिह्न दिखाई दे रहे थे। यमुना तट पर पहुँच उन्होंने श्रीकृष्ण को कालियदह की लपेट में देखा। कुण्ड के किनारे (यमुना तट पर) ग्वालबालों को भी अचेत हुए पाया। इस दृश्य को देख गोप अत्यन्त व्याकुल हो गये। अपने प्राणवल्लभ तथा जीवन-सर्वस्व के बिना उन्हें लोक सूने लगने लगे। माता यशोदा तो अपने लाल के लिये यमुनाजी में कूदने जा रही थी, परन्तु गोपों ने उन्हें पकड़ लिया। उनकी आँखों में आसुँओं की झड़ी लगी थी। नन्दबाबाजी के जीवन-प्राण भी श्रीकृष्ण ही थे। वे भी श्रीकृष्ण

के लिये कालियदह में जाने लगे, परन्तु बलरामजी ने उन्हें रोका।

कालियनाग के पाश में बन्ध जाना तो श्रीकृष्ण की एक लीला थी। उन्होंने देखा कि सभी व्रजवासी उनके लिये बहुत चिन्तित तथा व्याकुल हैं। सचमुच मेरे सिवा उनका और कोई आश्रय नहीं। तब वे एक मुहूर्ततक नागपाश में रह कर उससे बाहर निकल आये (कदाचित् उन्होंने कालियनाग का मान रखा)। उस समय श्रीकृष्ण ने अपने शरीर को फुलाना शुरु किया। इससे नाग-पाश टूटने लगा तथा कालियनाग के प्राणों पर आन बनी। अब वह श्रीकृष्ण पर चोट करने की क्रिया में था। उनके फनों से अग्नि के समान विष निकल रहा था। अपने वाहन गरुड़ के समान श्रीकृष्ण कालियनाग से क्रीड़ा कर रहे थे। उसके फनों की मणियाँ श्रीकृष्ण के चरणकमलों की शोभा बढ़ा रही थीं। नृत्य-गान आदि समस्त कलाओं के आदिप्रवर्तक भगवान् श्रीकृष्ण उसके सिरों पर कलापूर्ण नृत्य करने लगे। भगवान् के इस नृत्य को देखकर उनके प्यारे भक्त, गन्धर्व, सिद्ध, देवता, चारण, गण और देवाङ्गनायें उन पर पुष्पवर्षा करने लगे। आकाश में मृदंग, ढोल, नगारे आदि बजने लगे। कालियनाग के एक सौ सिर थे। वह अपने जिस सिर को नहीं झुकाता था, उसी को प्रचण्ड दण्डधारी भगवान् अपने पैरों की चोट से कुचल डालते। इससे कालियनाग की जीवन शक्ति क्षीण होने लगी तथा मुँह तथा नथुनों से खून बहने लगा। तनिक चेत होता तो वह पुनः अपने सिरों को उठाता, परन्तु श्रीकृष्ण अपने चरणों की ठोकर से उसे रोंद देते। भगवान् श्रीकृष्ण के उस अद्‌भुत ताण्डव-नृत्य से कालिय के फणरूप छते छिन्न-छिन्न हो गये। उसका एक-एक अँग टूट गया तथा उसके मुखों से खून निकलने लगा। अब उसे सारे जगत् के आदिगुरु, पुराणपुरुष भगवान् नारायण की स्मृति हुई। उसने मन ही मन अपने को श्रीभगवान् के समर्पण कर दिया। भगवान् श्रीकृष्ण के उदर में सम्पूर्ण विश्व है। उनके बोझ से कालियनाग की एक-एक नस ढीली पड़ गई। उनकी एड़ियों की चोट से उसके छत्र समान फन छिन्न-भिन्न हो गये। अपने पति की यह दशा देखकर नाग पत्नियाँ श्रीभगवान् की शरण में आईं। अपने

बालकों को आगे कर वे उनके चरणों में लेट गईं तथा उन्होंने समस्त प्राणियों के एकमात्र स्वामी भगवान् श्रीकृष्ण को प्रणाम किया तथा शरणागत भक्त-वत्सल भगवान् की शरण ग्रहण की।

नाग-पत्नियों ने कहा, प्रभो! आपका यह अवतार दुष्टों को दण्ड देने के लिये है। अपराधी को दण्ड देना सर्वथा उचित है। आपकी दृष्टि में शत्रु तथा मित्र में कोई भेद नहीं। यदि आप किसी को दण्ड देते हैं तो वह उसके पापों का प्रायश्चित्त कराने तथा उसका परम कल्याण करने के लिये ही है। आप ने हम पर यह बड़ा अनुग्रह किया है। यह तो आपका कृपा प्रसाद है। आपके दण्ड देने से दुष्टों के सारे पाप नष्ट हो जाते हैं। यदि यह अपराधी न होता तो इसे सर्प योनि क्यों मिलती? आपके क्रोध को भी हम आपका अनुग्रह समझती हैं। हम नहीं समझ पाती कि यह इसकी किस साधना का फल है, जो यह आपके चरणकमलों के स्पर्श का अधिकारी हुआ है।

प्रभो! जो आपके चरणकमलों की शरण ले लेते हैं, वे स्वर्ग का राज्य अथवा पृथ्वी या रसातल का राज्य नहीं चाहते। उन्हें किसी योग सिद्धि की भी आवश्यकता नहीं रहती। वे तो मोक्ष तक को नहीं चाहते। स्वामी! यह नागराज तमोगुण योनि में पैदा हुआ है, अतः क्रोधी है। तो भी इसे आपकी चरण-रज प्राप्त हुई है, जो दूसरों के लिये सर्वथा दुर्लभ है। प्रभो! हम आपको प्रणाम करती हैं। आप विश्वरूप होते हुए भी उससे पृथक् रहकर उसके द्रष्टा हैं। पञ्चभूत, उनकी तन्मात्राएँ सब आप ही हैं। इस चतुर्व्यूह के रूप में आप भक्तों तथा यादवों के स्वामी हैं। श्रीकृष्ण! हम आपको नमस्कार करती हैं।

प्रभो! यद्यपि कर्तापन न होने के कारण आप कोई भी कर्म नहीं करते, निष्क्रिय हैं— तथापि अनादि कालशक्ति को स्वीकार कर, प्रकृति के गुणों द्वारा आप इस विश्व की उत्पत्ति, स्थिति तथा प्रलय की लीला करते हैं। आपकी लीलाएँ अमोध हैं। त्रिलोकी में तीन प्रकार की योनियाँ हैं— सत्त्वगुण प्रधान शान्त, रजोगुण प्रधान अशान्त तथा तमोगुण प्रधान मूढ़। वे सब की सब आप की लीला मूर्तियाँ हैं। तथापि आप को सत्त्वगुण प्रधान ही विशेष प्रिय हैं। आपका यह अवतार साधुजनों की रक्षा

तथा धर्म की रक्षा के लिये है।

जब नाग-पत्नियों ने इस प्रकार भगवान् की स्तुति की तो श्रीभगवान् ने दया कर उसे छोड़ (कालियनाग को) दिया। धीरे-धीरे उसकी इन्द्रियाँ सचेत होने लगीं तथा वह बड़ी कठिनाई से श्वास लेने लगा। वह बड़ी दीनता से हाथ जोड़ कर भगवान् श्रीकृष्ण से इस प्रकार विनती करने लगा—

हम जन्म से ही तमोगुणी तथा दुष्ट और क्रोधी हैं। जीवों के लिये अपना स्वभाव छोड़ना बड़ा कठिन है। स्वामी! आप ही हमारे स्वभाव तथा इस माया के कारण हैं। जैसा ठीक समझें— कृपा कीजिए अथवा दण्ड दीजिए।

भगवान् श्रीकृष्ण ने कहा— सर्प! अब तुझे यहाँ नहीं रहना चाहिए। तुम अपने जाति-भाई, पुत्र तथा स्त्रियों के साथ शीघ्र ही यहाँ से समुद्र में चले जाओ। अब गौएँ तथा मनुष्य इस यमुना जल का उपभोग करें। जो मेरी इस लीला का स्मरण करेगा, उसे सर्पों का भय नहीं होगा। जो इस स्थान पर स्नान करेगा तथा जल से देवता, पितरों को तर्पण करेगा, वह सर्व पापों से मुक्त होगा। तुम गरुड़ के भय से रमणीक द्वीप छोड़कर इस दह में बसे हो। अब मेरे चरण स्पर्श से तुम्हें गरुड़ नहीं मारेंगे।

तदनन्तर कालियनाग ने गरुड़-ध्वज भगवान् का विधिवत् पूजन किया, उनकी वन्दना की तथा उनसे अनुमति लेकर, उनके आदेशानुसार अपनी पत्नियों, पुत्रों, बन्धु-बान्धवों के साथ रमणक द्वीप को, जो समुद्र में सर्पों के रहने का स्थान है - यात्रा की।

अध्याय 17

कालियनाग - कालियदह कथा

पूर्वकाल में गरुडजी को उपहारस्वरूप प्राप्त होने वाले सर्पों ने यह

नियम बनाया कि प्रत्येक मास में निर्दिष्ट वृक्ष के नीचे गरुड जी को एक सर्प भेंट दी जाय। इस नियमानुसार प्रत्येक अमावस को सारे सर्प अपनी रक्षा के लिये महात्मा गरुडजी को अपना-अपना भाग देते थे (गरुडजी की माता विनता तथा सर्पों की माता कद्रू में परस्पर वैर था। माता का वैर स्मरण कर गरुडजी, जो सर्प मिलता— उसे खा जाते थे। इससे व्याकुल होकर सब सर्प ब्रह्माजी की शरण में गये। उनकी दयनीय दशा देखकर ब्रह्माजी ने यह नियम कर दिया कि प्रत्येक अमावस को सर्प परिवार बारी-बारी एक सर्प बलि दे) उन सर्पों में कद्रू का पुत्र कालियनाग अपने विष तथा बल के कारण बड़ा अभिमानी था। उसने गरुडजी का तिरस्कार कर स्वयं तो बलि देना दूर, दूसरे सर्पों को भी बलि देने से रोक दिया। ऐसा देखकर भगवान् के प्रिय पार्षद गरुडजी को बड़ा क्रोध आया। उन्होंने कालियनाग को मारने के लिये उस पर आक्रमण कर दिया। आक्रमण के इस वेग को देखकर, कालियनाग अपने एक सौ फन फैला कर अपनी जीभों से विष उगलने लगा। ताक्ष्र्य-नन्दन गरुड़ भी तो श्रीविष्णु भगवान् के वाहन होने से अतुलनीय बलवान् हैं। उन्होंने अपने पंखों से तथा चोंच से कालियनाग पर प्रहार करना प्रारम्भ किया। उनकी चोट से कालियनाग घायल हो गया। भयभीत होकर वह वहाँ से भागा तथा यमुनाजी के इस कुण्ड में चला आया। यमुनाजी का यह कुण्ड गरुडजी के लिये अगम्य था। गहरा होने पर उसमें दूसरे लोग भी नहीं जाते थे।

इसी स्थान पर एक दिन क्षुधातुर गरुड ने तपस्वी सौभरि के मना करने पर भी अपने अभीष्ट भक्ष्य मत्स्य को बलपूर्वक पकड़ कर खा लिया। अपने मुखिया मत्स्यराज के मारे जाने पर मछलियों को बड़ा कष्ट हुआ। उनकी अत्यन्त दीन तथा व्याकुल अवस्था देख महर्षि सौभरि को उन पर बड़ी दया आई। उन्होंने उस कुण्ड में रहने वाले सभी जीवों के हित के लिये गरुड को शाप दिया कि यदि गरुड पुनः कभी इस कुण्ड में आकर मछलियों को खायेगा तो उसी समय प्राणहीन हो जायेगा। महर्षि सौभरि के इस शाप की बात को कालियनाग के सिवा और दूसरा कोई साँप नहीं जानता था। अतः वह गरुडजी के भय से वहाँ रहने लगा था।

अब उसे श्रीकृष्णजी ने निर्भय करके पुनः रमणक द्वीप में भेज दिया।

भगवान् श्रीकृष्ण का कृपा-प्रसाद पाकर, कालियनाग ने उन्हें दिव्य माला, गन्ध, वस्त्र, महामूल्य मणि तथा स्वर्णमय भूषणों से विभूषित किया और वे इस रूप में जल से बाहर आये। उनको देखते ही सभी व्रजवासियों के मानो प्राण लौट आये तथा उन्हें अपने हृदय से लगाने लगे। यशोदा रानी, रोहिणीजी तथा नन्दबाबा उन्हें पाकर सचेत हो गये तथा उन्हें अपने गले लगाकर प्रसन्न होने लगे। नन्दबाबा ने ब्राह्मणों को गौएँ तथा सोना दान में दिया।

क्योंकि गौएँ, बछड़े तथा व्रजवासी उस दिन बहुत थक गये थे, अतः उस रात वे यमुना तट पर ही सोये। उसी रात के अंधेरे में वन में आग लग गई। आग की आँच से सभी व्रजवासी बड़े घबड़ा गये तथा श्रीकृष्ण की शरण में गये। प्यारे श्रीकृष्ण! बलराम! तुम दोनों का बल अनन्त है। इस भयंकर आग से सभी व्रजवासी अति भयभीत हो रहे हैं। तुम सर्व समर्थ हो। हमें इस भयंकर आग से बचाओ।

भगवान् अनन्त हैं। वे अनन्त शक्तियों को धारण करते हैं। उन जगदीश्वर भगवान् श्रीकृष्ण ने जब देखा मेरे स्वजन आग से व्याकुल हो रहे हैं, तब वे उस भयंकर आग को पी गये। (रामावतार में श्री जानकीजी को सुरक्षित रखकर अग्नि ने भगवान् की सेवा की थी। अतः अब उसको अपने मुख में स्थापित कर उन्होंने उसका सत्कार किया)।

अध्याय 18

प्रलम्बासुर उद्धार

इस प्रकार अपनी योगमाया से ग्वालबाल के वेष में राम और श्याम व्रज में क्रीड़ा कर रहे हैं। अब ग्रीष्म ऋतु थी, जो लोगो को अधिक प्रिय नहीं होती। परन्तु वृन्दावन की घनी वनस्पति तथा वृक्षों के कारण वहाँ

यह ऋतु भी वसन्त की तरह ही प्रतीत हो रही थी। बलराम-श्रीकृष्ण के स्वागत के लिये ठण्डे पानी के झरने भी वहाँ उभर आये थे। इन झरनों के ऊपर से होती हुई पवन शीतल हो जाती थी। भाँति-भाँति के पुष्पों से वायु सुगन्धित हो रही थी। नदी में अगाध जल के कारण आस-पास की भूमि हरि-भरी हो गई थी। वृक्षों पर पक्षी चहक रहे थे। इन वनों में आगे-आगे गौएँ, पीछे-पीछे ग्वालबाल तथा बीच में बड़े भ्राता के संग बाँसुरी बजाते हुए श्रीकृष्ण ।

जिस समय श्रीकृष्ण नाचने लगते तो ग्वालबाल गाने लगते और सिंगी तथा बाँसुरी बजाने लगते। जैसे नट अपने नायक की प्रशंसा करते हैं, उसी प्रकार वहाँ देवता ग्वालबालकों का रूप धारण कर आते तथा गोप जातियों में जन्म लेकर बलराम तथा श्रीकृष्ण की स्तुति करते। बलराम-श्रीकृष्ण एक-दूसरे का हाथ पकड़ कभी घुमरी-परेता खेलते तो कभी एक-दूसरे से अधिक कूदने की इच्छा से छलाँग लगाते। कभी ग्वालबाल दो भागों में बँट कर रस्सी खींचते। कभी एक-दूसरे की आँख बन्द कर लुका-छिपी खेलते। कभी वृक्षों पर झूला झूलते तो कभी राजा-प्रजा का नाटक करते।

एक दिन जब बलराम-श्रीकृष्ण ग्वालबालकों के साथ वन में गौएँ चरा रहे थे, तब ग्वालबालों के बीच में प्रलम्ब नाम का एक असुर आ गया। वह श्रीकृष्ण-बलराम को हर लेना चाहता था। भगवान् श्रीकृष्ण सर्वज्ञ हैं। उन से कौन छिप सकता है। वे युक्ती से उसका वध करना चाहते थे। उन्होंने ग्वालबालों को बुला कर कहा— मित्रों आज हम अपने को दो दलों में बाँट कर खेलेंगे। श्रीकृष्ण तथा बलराम— दो नायक बन गये तथा बाकी ग्वालबाल इन की अध्यक्षता में दो दलों में विभक्त हो गये। एक दल के लोग दूसरे दल के लोगों को अपनी पीठ पर बैठा कर ले जाता। हारने वाला दल ढोता तथा जीतने वाला दल सवारी करता। इस प्रकार खेलते-खेलते वे भाण्डीर नामक तट के पास पहुँच गये। एक बार बलराम जी का दल जीत गया। अब श्रीकृष्ण का दल बलरामजी के खिलाड़ियों को पीठ पर उठा कर ढोने लगा। श्रीकृष्णजी ने श्रीदामा को अपनी पीठ पर उठाया, भद्रसेन ने वृषभ को और प्रलम्ब ने बलरामजी

को। प्रलम्ब ने देखा कि वह श्रीकृष्ण को तो नहीं हरा सकता, अतः बलरामजी को पीठ पर उठा कर भागा। जो बालकों को उतारने का नियत स्थान था, वह उससे भी आगे निकल गया। बलरामजी का बोझ भी असहनीय था। अतः उन्हें उठा कर प्रलम्ब अधिक दूर तक न जा सका। उसकी चाल रुक गई तथा उसने दैत्य का रूप धारण कर लिया। उसका अपना शरीर तो स्वाभाविक काला था तथा बलरामजी गौरवर्ण। उसकी पीठ पर स्वार बलरामजी इस प्रकार लग रहे थे जैसे किसी काले मेघ के ऊपर चन्द्रमा निकला हो। दैत्य प्रलम्ब का रूप बड़ा डरावना था। कानों में कुण्डल तथा हाथ-पाँव में वह कड़े पहने हुए था। वह बलरामजी को लेकर आकाश में उड़ा। बलरामजी ने देखा कि वह चोरों की भाँति उन्हें उठाकर आकाश मार्ग से लिये जा रहा है। उस समय जैसे इन्द्र ने पर्वतों पर वज्र चलाया था, बलरामजी ने उसके सर पर एक घूँसा मारा। उनके वज्र जैसे हाथ से उसका सर चूर-चूर हो गया तथा उसके मुख से खून बहने लगा। वह एक कटे वृक्ष की तरह भूमि पर गिरा तथा उसी समय प्राणहीन हो गया।

बलरामजी परम बलशाली हैं। जब ग्वालबालों ने देखा कि उन्होंने प्रलम्बासुर को मार डाला तो उनके आश्चर्य की सीमा न रही। वे प्रेम से विह्वल हो गये तथा उनका आलिंगन करने लगे।

प्रलम्बासुर मूर्तिमान् पाप था। उसके मरने से देवताओं को बड़ा सुख हुआ। वे बलरामजी पर पुष्पवर्षा करने लगे।

अध्याय 19

दावानल से रक्षा

प्रलम्ब की मृत्यु के पश्चात् ग्वालबाल पुनः अपनी खेल में मस्त हो गये। उसी समय गौएँ चरती-चरती दूर निकल गईं तथा हरि घास के

प्रलोभन में एक घने वन में प्रवेश कर गईं। यहाँ से होते हुए सरकंडों के वन में चली गईं। जब श्रीकृष्ण तथा ग्वालबालों ने देखा कि गौएँ वहाँ नहीं हैं तो वे बड़े चिन्तित हुए। गौओं के पैरों के चिह्न तथा कटी हुई घास देखकर वे भी उसी दिशा में चलने लगे जिधर गौएँ गई थीं। अन्त में वे भी वहाँ पहुँच गये तथा देखा कि गौएँ मुञ्जाटवी में रास्ता भूलकर ऊँचे स्वर में गाँए-गाँए कर रही हैं। रास्ते की थकावट से सब को बड़ी प्यास लग आई थी तथा वे इससे व्याकुल हो रही थीं। श्रीकृष्ण की गम्भीर वाणी सुन कर गौएँ रँभाने लगीं।

इसी समय वन में अकस्मात् दावाग्नि प्रज्वलित हो उठी। यह तो वनवासी जीवों तथा पशुओं का काल होती है। आँधी भी चलने लगी जो अग्नि को बढ़ने में सहायता करने लगी। यह प्रचण्ड अग्नि वन जीवों को भस्म करने लगी। जब ग्वालबालकों ने देखा कि दावानल चहुँ दिशाओं से उनकी ओर बढ़ता आ रहा है, वे भयभीत होने लगे। वे सब के सब बलराम-श्रीकृष्ण के चरणों में आ गिरे तथा उन्हें तुरन्त कुछ करने के लिये प्रार्थना करने लगे।

अपने सखा ग्वालबालों का यह दीनता भरा स्वर सुन कर भगवान् श्रीकृष्ण ने कहा— तुम डरो मत। अपनी आँखें बन्द कर लो। तब योगेश्वर श्रीकृष्ण ने उस भयंकर अग्नि को पी लिया। (विषाग्नि, मुञ्जाग्नि तथा दावाग्नि— तीनों को पीकार भगवान् श्रीकृष्ण ने अपनी त्रितापनाश-शक्ति को व्यक्त किया) जब ग्वालबालों ने आँखें खोलीं तब अपने आप को भण्डीर तट के पास पाया। श्रीकृष्ण के इस चमत्कार को देख तथा उनकी अन्य लीलाओं को स्मरण कर वे सोचने लगे कि श्रीकृष्ण अवश्य ही कोई देवता हैं।

सायंकाल होने पर बलरामजी के संग श्रीकृष्ण गौओं को आगे-आगे किये हुए व्रज को लैटे। उनके दर्शन पाकर गोपियाँ परमानन्द में मग्न हो गईं।

अध्याय 20

वर्षा-शरद्ऋतु वर्णन

गर्मी-ऋतु के पश्चात् वर्षा-ऋतु का आगमन हुआ। इस ऋतु में सभी प्राणियों की बढ़ती होती है। आकाश पर बादल छा जाते हैं, आकाश में बिजली कौंधने लगती है, कभी दिन में मेघ सूर्य को ढकते हैं तो कभी रात में चन्द्रमा को। इससे आकाश की ऐसी शोभा होती है, जैसे परमात्मा का अंश होने पर भी जीवात्मा गुणों से ढक जाता है। ऐसे लगता है कि वर्ष के आठ मास सूर्य राजा के रूप में पृथ्वी से जल, कर के रूप में लेता है तथा वर्षा आने पर उसे अपनी किरणों से पृथ्वी पर फिर बाँटने लगता है। जैसे दयावान् पुरुष प्राणियों पर दया के रूप में अपना प्यार बाँटते हैं, वैसे ही वर्षा-ऋतु में मेघ प्राणियों की पीड़ा हरने के लिये जीवनरूप जल बरसाते हैं।

जेठ-आषाढ़ की गर्मी से सूखी धर्ती, वर्षा का जल पा कर पुनः हरी-भरी हो जाती है। वर्षा के सायंकाल में मेघ से घना अन्धेरा छा जाता है तथा आकाश में तारों की अपेक्षा वायु में जुगनु उड़ते हुए दिखाई देते हैं— जैसे कलियुग में पाखण्ड के बढ़ने से अनेक मतो का प्रचार होकर वैदिक सम्प्रदा लुप्त होने लगती है। जो मेंडक पहले सोये हुए थे, वे वर्षा के पानी से टर-टराने लगते हैं। इनकी तुलना वेदपाठी ब्रह्मचारियों से भी की गई है। जो मोसमी नदियाँ गर्मी में सूख जाती हैं, वर्षा-ऋतु आने पर पुनः उमड़ पड़ती हैं। पृथ्वी भरपूर हरियाली तथा बीरबहूटियों से शोभायमान होने लगती है। सब खेत अनाज से भरपूर हो कर लहलहाने लगते हैं। किसानलोग इससे हर्षोल्लासित होते हैं। वर्षा-ऋतु के नीवन जल से सभी जलचर तथा स्थलचर प्राणियों को यौवन सा प्राप्त हो जाता है। सागर नदियों के वेग से उत्ताल तरंगों से युक्त हो जाता है। उधर मूसलाधार वर्षा होने पर भी पर्वतों को कोई हानि नहीं होती, जैसे श्रीभगवान् में चित्त लगाये योगी को इस भव-सागर में। आम चलने वाली पगडडियों में भी अब हरी-हरी घास दीखने लगती है। यद्यपि बादल बड़े

परोपकारी हैं, फिर भी विजलियाँ उन में स्थिर नहीं रहतीं, जैसे लोलुप भौंरे एक फूल से दूसरे फूल पर। आकाश में इन्द्रधनुष की शोभा ऐसे होती है जैसे सत्त्व, रज, तम के गुणों को छेदती हुई ब्रह्मज्योति। जैसे आकाश में बादलों का होना या चलना, चन्द्रमा के प्रकाश से प्रतीत होता है, परन्तु कभी-कभी कहीं बादल चन्द्रमा को ही ढक देते हैं— वैसे ही अहंकार, मनुष्य की प्रकाश-बुद्धि को ढक देता है। बादलों के शुभागमन से मोर नाचने लगते हैं। जल सरोबर कीचड़, झाड़, पत्तों से भर जाने पर भी सारस उन्हें नहीं छोड़ते, जैसे कामी-पुरुष विषयों को नहीं छोड़ता। वर्षा-ऋतु में इन्द्र की प्रेरणा से मूसलाधार वर्षा होती है तथा नदियों के बाँध तथा खेतों की मेंडें ऐसे टूट जाती है, जैसे कलियुग में वैदिक परम्परा मिथ्या मतवादों से। वायु की प्रेरणा से घने बादल प्राणियों के लिये अमृतमय जल की वर्षा करने लगते हैं— जैसे ब्राह्मणों की प्रेरणा से धर्म-निष्ठ-धनी लोग दान देकर जन-साधारण के लिये सुविधायें प्रदान करते हैं।

वर्षा-ऋतु में वृन्दावन, पके हुए जामुन तथा खजूर से भरा हुआ था। ग्वालबाल तथा बलराम-कृष्ण गौओं को इस वन में चराते तथा वर्षा-ऋतु का आनन्द लेते। वर्षा-ऋतु आने पर, हरी-हरी घास खाने से, मानों गौओं का दूध भी बढ़ गया हो। वनवासी भील-भीलनियाँ भी इस समय आनन्दित हैं। पानी के झरने पर्वतों पर झर-झर कर ध्वनि कर रहे थे। वर्षा होने पर ग्वालबाल तथा बलराम-कृष्ण कभी एक वृक्ष की गोद लेते तो कभी दूसरे वृक्ष की। कभी-कभी गुफा में जा बैठते तथा घर से लाया हुआ दही-भात खाने लगते। गाँए तथा बछड़े भरपेट घास चर कर हरी घास पर बैठकर आराम करतीं तथा जुगाली करतीं।

जब वर्षा-ऋतु समाप्त हुई तो शरद्-ऋतु आ गई। आकाश के बादल छट गये तथा वह निर्मल दीखने लगा। जलाशयों का जल उज्ज्वल तथा स्वच्छ हो गया तथा उसमें खिले हुए कमल शोभा देने लगे। बादल अपने स्वरूप जल का दान करके उज्ज्वल कान्ति से सुशोभित हो गये— ठीक वैसे ही, जैसे लोक-परलोक, स्त्री-पुत्र तथा धन-सम्पत्ति की चिन्ता तथा कामनाओं का परित्याग कर संसार बन्धन से मुक्त परमशान्त संन्यासी

शोभायमान होते हैं। अब छोटे-छोटे गढ़ों में भरे हुए जल के जलचर यह नहीं जानते कि अब यहाँ का जल दिन-प्रति-दिन कम होता जायेगा, जैसे कुटुम्ब के भरण-पोषण में व्यस्त मनुष्य यह नहीं जानते कि हमारी आयु क्षणप्रतिक्षण कम हो रही है। पृथ्वी धीरे-धीरे अपना गीलापन छोड़ने लगी तथा घास-पात- धीरे-धीरे अपनी हरियाली, ठीक वैसे ही जैसे विवेक सम्पन्न साधक धीरे-धीरे शरीर आदि अनात्म पदार्थों में 'यह मैं हूँ', 'यह मेरा है'— यह अहंता-ममता छोड़ देता है। शरद्-ऋतु में सागर का जल स्थिर, गम्भीर तथा शान्त हो गया— जैसे मन के निःसंकल्प हो जाने पर आत्मराम पुरुष कर्मकाण्ड से ऊपर उठ कर शान्त हो जाता है। किसान अपने खेतों की मेड पक्की कर पानी के बहाव को रोकने लगे, जैसे योगीजन अपनी इन्द्रियों को विषयों से रोक कर, प्रत्यहार करके उनके द्वारा क्षीण होते हुए ज्ञान की रक्षा करते हैं। शरद्-ऋतु में रात्रि के समय चन्द्रमा लोगों का सन्ताप इस प्रकार हर लेता है, जैसे देहाभिमान से होने वाले दुःख को ज्ञान। जैसे वेदों के अर्थ को स्पष्ट रूप से जानने वाला सत्त्वगुणी चित्त अत्यन्त शोभायमान होता है, वैसे ही शरद्-ऋतु में रात्रि के समय मेघरहित आकाश तारों की ज्योतियों से जगमगाने लगता है।

जैसे पृथ्वीताल में यदुवशियों के मध्य यदुपति भगवान् श्रीकृष्ण की शोभा होती है, वैसे ही आकाश में तारों के बीच पूर्ण चन्द्रमा सुशोभित होता है। अब फल-फूलों से लदे हुए वृक्षों के बीच से जो पवन बहती है, वह न तो गर्म होती है न ही अधिक सर्द। जैसे राजा के आने से (शुभागमन) सब लोग निर्भय हो जाते हैं, वैसे ही सूर्योदय के कारण कुमुदिनी के अतिरिक्त सभी प्रकार के कमल खिल जाते हैं। इस समय ग्राँम तथा नगरों में नवान्नप्राशन तथा इन्द्र सम्बन्धी उत्सव होने लगते हैं। खेतों में अनाज पक गये तथा पृथ्वी भगवान् श्रीकृष्ण तथा बलरामजी की उपस्थिति में अत्यन्त सुशोभित होने लगी। जो लोग वर्षा के कारण एक स्थान पर रुक गये थे— वे वहाँ से चलकर अपने-अपने अभीष्ट कार्य में लग गये।

अध्याय 21

वेणुगीत

शरद्-ऋतु के आगमन से वृन्दावन और भी सुन्दर हो गया। यहाँ के जलाशयों का जल निर्मल हो गया। जलाशयों में खिले हुए कमलों से भीनी-भीनी सुगन्ध आने लगी थी। गौओं को चराने के लिये बलराम-श्रीकृष्ण ने ग्वालबालों के संग इस वन में प्रवेश किया। गौएँ चराते-चराते श्रीकृष्ण ने अपनी बाँसुरी पर बड़ी मधुर तान छेड़ दी। श्रीकृष्ण की वह वंशीध्वनि भगवान् के प्रति प्रेमभाव को, उनसे मिलने की आकांक्षा को जाग्रत् कर रही थी। गोपियाँ अपनी सखियों से उन के रूप, गुण तथा वंशीध्वनि के माधुर्य को वर्णन करने लगीं। श्रीकृष्ण का स्मरण होते ही उन्हें देखने तथा मिलने की इच्छा होने लगी। श्रीकृष्ण के दर्शनों के लिये तथा उन्हें मिलने के लिये वे भी वृन्दावन पहुँच गईं। कदाचित् श्रीकृष्ण की वंशीध्वनि उन्हें मोहित कर उन को उनके पास खींच लाई। वहाँ आकर उन्होंने देखा कि वे ग्वालबालों संग वृन्दावन में प्रवेश कर रहे हैं। उनके शीश पर म्यूर-पंख, कानों में पीले-पीले पुष्प, शरीर पर सुनहरा पीताम्बर, गले में पाँच प्रकार के पुष्पों से बनी वैजयन्ती माला। बाँसुरी के छिद्रों में वे अपना अधरामृत भर रहे हैं। इस प्रकार वृन्दावन वैकुण्ठ से भी अधिक शोभायमान हो रहा है। उनकी वंशीध्वनि समस्त प्राणियों का मन मोहित कर रही है। इस वंशीध्वनि को गोपियों ने इस प्रकार वर्णन किया —

बालगोपाल श्रीकृष्ण का आलिंगन कर उन्होंने कहा— हम तो अपने चक्षुओं की केवल इतनी ही आवश्यकता समझती हैं कि हम — जब श्यामसुन्दर श्रीकृष्ण-बलराम ग्वालबालों के साथ गायों को वन में चरान जायें, या लौट कर घर आयें तथा अपने अधरों पर मुरली की तान छेड़ें— तो उन्हें निहारती रहें। अरी सखी! जब वे आम की नई कोपलें, मोरों के पंख, फूलों के गुच्छे, रंग-विरंगे कमल तथा कुमुद की मालाएँ धारण कर लेते हैं, तथा उनके साँवरे शरीर पर पीताम्बर तथा बलरामजी

के गौर शरीर पर नीलाम्बर फहराने लगता है, तब उनका वेष बड़ा ही आकर्षित हो जाता है। जब वे ग्वालबालों के बीच बैठ मधुर संगीत की तान छेड़ देते हैं— मेरी प्यारी सखी! उस समय ऐसा जान पड़ता है, मानो दो चतुर नर रंगमञ्च पर अभिनय कर रहे हों। उस समय उनकी कितनी शोभा होती है— कैसे बताऊँ? देखो तो! यह वेणु (बाँस) पुरुष जाति का होने पर भी पूर्व जन्म में न जाने कौन सा साधन-भजन (तपस्या) कर चुका है, कि हम गोपियों की अपनी सम्पत्ति (श्रीकृष्ण के अधर)— दामोदर के (श्रीकृष्ण के) अधरों की सुधा स्वयं ही इस प्रकार (बाँसुरी का रूप धारण कर) पिये जा रहा है। इस वेणु को अपने रस से सींचने वाली ह्दिनियाँ, आज इस भगवत्प्रेमी को देख कर रोमाञ्चित हो रही हैं। वृक्ष भी आज इससे अपना सम्बन्ध जोड़कर धन्य हो रहे हैं।

अरी सखी! यह वृन्दावन बैकुण्ठलोक तक कीर्ति का विस्तार कर रहा है, क्योंकि यह यशोदा-नन्दन श्रीकृष्ण के पद चिह्नों से सुशोभित हो रहा है। जब श्रीकृष्ण अपनी मुनिजन-मोहिनी बाँसुरी बजाते हैं, तब मोर मतवाले होकर उसकी तानपर नाच उठते हैं। पर्वत (गोवर्धनजी) पर विचरने वाले पशु-पक्षी शान्त होकर उसे श्रवण करने के लिये खड़े हो जाते हैं। इसी मधुर-ध्वनि को सुनकर हरिनियाँ उनके पास आ जाती हैं तथा अपनी कमल के समान बड़ी-बड़ी आँखों को श्रीकृष्ण के चरणों में अर्पित करती हैं। इनका जीवन भी धन्य है। यही नहीं, स्वर्ग की देवियाँ भी श्रीकृष्ण के सौन्दर्य तथा उनकी बाँसुरी से उठती हुई मधुर संगीत-ध्वनि को सुनने के लिये आकाश में आ जाती हैं।

अरी सखी! इन गौओं को देखो। श्रीकृष्ण की बाँसुरी सुनकर ये घास चरना छोड़, अपने दोनों कानों के दोने-खड़े कर लेती हैं तथा जैसे उन से अमृत पी रही हों— इस प्रकार संगीत का रस लेने लगती हैं। गौएँ तथा बछड़े तो हमारे अपने हैं, अतः उन्हें श्रीकृष्ण से प्यार होना स्वाभाविक है। वृन्दावन के पक्षी, तुम नहीं देखती हो! उन्हें पक्षी कहना भूल है। वास्तव में, उनमें से अधिकांश बड़े-बड़े मुनि हैं। वे वृन्दावन के सुन्दर-सुन्दर वृक्षों की कोमल डालियों पर बैठ कर, आँखे बन्द कर,

निर्निमेष नयनों से श्रीकृष्ण की रूप-माधुरी तथा प्यार भरी चितवन निहार कर उल्लसित हो जाते हैं। वे अपने कानों से केवल उनकी मोहिनी वाणी तथा वंशी का त्रिभुवन-मोहन संगीत सुनते रहते हैं। उनका जीवन कितना धन्य है।

अरी सखी! इन जड़ नदियों को ही देखो। इन में जो भँवर दीख रहे हैं, इनसे इनके हृदय में श्री श्यामसुन्दर को मिलने की तीव्र उत्कण्ठा दीखती है। ये अपनी तरंगों के हाथों से उनके चरण छूना चाहती हैं। इन आकाश के बादलों को ही देखो! जब वे बलराम-श्रीकृष्ण को गौएँ चराते देखते हैं तो उनके ऊपर मंडराने लगते हैं तथा अपने सखा-घनश्याम के ऊपर अपने शरीर का छाता बना देते हैं। उनको ठण्डक पहुँचाने के लिये उन पर नन्ही-नन्ही जल बूँदों की फुहार करने लगते हैं।

अरी सखी! इन भीलनियों को देखो! ये भी धन्य हैं जिन्हें श्रीकृष्ण के दर्शन सदा ही सुलभ रहते हैं, जब वे वन में गौएँ चराने आते हैं। यह गिरीराज गोवर्धन तो भगवान् के भक्तों में बहुत श्रेष्ठ हैं। धन्य हैं इसके भाग्य जो ये हमारे प्राणवल्लभ श्रीकृष्ण तथा नयनाभिराम श्रीबलराम के चरणकमलों को स्पर्श करते रहते है। इन के भाग्य की सराहना कैसे हो? ये (गोवर्धनजी) उन दोनों का तथा ग्वालबालों का बड़ा सत्कार करते हैं। स्नान पाने के लिये ये उन्हें झरनों का जल भेंट करते हैं। उनके विश्राम के लिये कन्दरायें तथा खाने के लिये कन्द-मूल-फल देते हैं।

अरी सखी! इन साँवरे-गोरे किशोरों की तो गति ही निराली है। जब ये शीश पर नोवना लपेट कर तथा कंधों पर फंदा (गाय को भागने के लिये रोकने की रस्सी) रखकर गायों को एक वन से दूसरे वन में ले जाते हैं, उस समय उनके दर्शनों के लिये चर-अचर सभी स्थिर हो जाते हैं। जादूभरी वंशी का और क्या चमत्कार सुनाऊँ।

अध्याय 22

चीरहरण

शरद्-ऋतु के पश्चात् अब हेमन्त (वसन्त) ऋतु आई। इसके प्रथम मास मार्गशीर्ष में व्रजकुमारियाँ कात्यायनी देवी की पूजा तथा व्रत रखने लगीं। वे कुमारी कन्याएँ पूर्व दिशा का क्षितिज लाल होते-होते (सूर्य उदय से पहले) यमुनाजी में स्नान कर लेतीं तथा यमुना तट पर ही देवी की बालुकामयी मूर्ति बना कर, धूप, चन्दन, माला, नैवेद्य आदि से उसकी पूजा करतीं। इसके साथ ही वे कात्यायनी माता से प्रार्थना करतीं— नन्द-नन्दन श्रीकृष्ण को पति के रूप में पाने की। वे देवी के चरणों में प्रणाम करतीं तथा उसकी आराधना करतीं। इस प्रकार उन कुमारियों ने इस संकल्प के साथ एक मास तक भद्रकाली की भलीभाँति पूजा की, कि श्यामसुन्दर ही उनके पति हों। वे प्रतिदिन एक-दूसरी सखी को बुला कर, सब इकट्ठी होकर, श्रीकृष्ण (भगवान्) की लीलाओं का गान करती हुई यमुना जल में स्नान करने के लिये जातीं।

एक दिन सब कुमारियों ने प्रतिदिन की भाँति यमुना तट पर अपने वस्त्र उतार कर रखे तथा भगवान् श्रीकृष्ण की लीलाओं का गान करती हुई यमुना जल में स्नान करने लगीं। भगवान् श्रीकृष्ण सनकादि ब्रह्म ऋषियों तथा ब्रह्मा, शंकरजी योगेश्वरों के भी ईश्वर हैं। वे उन कुमारियों के मन की भावना को जानकर, अपने ग्वालबाल सखाओं सहित यमुना तट पर गये— उन कुमारियों की साधना को सफल करने के लिये। वे अकेले ही उन गोपियों के सारे वस्त्र उठा कर एक कदम्ब के वृक्ष पर चढ़ गये। ग्वालबाल उनकी इस बाल-लीला को देखकर हँसने लगे तथा स्वयं श्रीकृष्ण भी हँसते हुए गोपियों से बोले— अरी कुमारियों तुम यहाँ आकर, यदि इच्छा हो, तो अपने वस्त्र ले लो। मैं सत्य कहता हूँ, हँसी बिलकुल नहीं करता।

श्रीभगवान् की यह हँसीभरी मसखरी देखकर गोपियाँ मन ही मन आनन्दविभोर हो गईं। वे तनिक सकुचा कर एक-दूसरे की ओर देखने

लगीं। परन्तु जल से बाहर नहीं निकलीं। उनका शरीर कण्ठ तक पानी में डूबा हुआ था। शरीर शीत से काँप रहा था। उन्होंने कहा – प्यारे कृष्ण ! तुम ऐसी अनीति मत करो। हम जानती हैं कि तुम नन्दबाबा के लाडले हो। हम भी तुम्हें प्यार करती हैं। सारे लोग तुम्हारी सराहना करते हैं। हम शीत से ठिठुर रहीं है। तुम हमारे वस्त्र दे दो। तुम तो धर्म का मर्म भलीभाँति जानते हो। हमें कष्ट न दो। हमारे वस्त्र देदो, नहीं तो हम जाकर नन्दबाबा से तुम्हारी शिकायत करेंगी।

भगवान् श्रीकृष्ण ने कहा – तुम्हारी मुस्कान पवित्र तथा प्रेमभरी है। यदि अपने को मेरी दासी स्वीकार करती हो (मुझे अपना स्वामी समझती हो) तो मेरी आज्ञा का पालन कर अपने-अपने वस्त्र यहाँ आकर ले लो। गोपियों ने भगवान् श्रीकृष्ण की साधना में उन्हें आत्मसमर्पण कर दिया था, फिर यह शरीर का आवरण कैसा? यह शरीर तो पञ्चभूतमात्र है। आत्मा तो बिना किसी पर्दे के है। कदाचित् यही समझाने के लिये वे गोपियों से अनुरोध कर रहे थे कि श्रीभगवान् को समर्पण पूर्णतया होता है। वे आत्मा के स्वामी हैं। पञ्चभूत, तन्मात्राएँ आदि चौबीस तत्त्व जिनसे यह शरीर परिपूर्ण है, वह तो उनकी अपरा प्रकृति की अभिव्यक्ति है। इसका आत्मा पर आवरण क्योंकर? भगवान् के ऐसे वचन सुन वे तनिक झिझक कर जल से बाहर आ गईं तथा श्रीभगवान् ने उन्हें उनके वस्त्र, जो अपने कँधे पर रखे थे,उन्हें लौटा दिये (इससे उनके वस्त्रों में भगवान् श्रीकृष्ण का स्पर्श हो गया)। ग्वालबाल कदाचित् इस सब को देख न सके क्योंकि यह भगवान् की लीला थी, गोपियों को अपने शरीर तथा आत्मा की पृथक्ता समझाने के लिये। (वैसे भी आत्मसमर्पण तन और मन दोनों से होता है)

श्रीभगवान् गोपियों के इस शुद्धभाव से बहुत प्रसन्न हुए। उन्होंने कहा, अरी गोपियो ! तुमने अपना व्रत तो अच्छी तरह निभाया, इसमें कोई सन्देह नहीं। परन्तु इस व्रत की अवस्था में तुम ने वस्त्रहीन होकर जो जल में स्नान किया, उससे जल के अधिष्ठातृ देवता वरुण का तथा यमुनाजी का अपराध किया है (गोपियाँ श्रीकृष्ण से पर्दा कर रही थीं,

परन्तु वे तो सभी जगह विद्यमान हैं — जल में, स्थल में, आकाश में। यही तथ्य वे गोपियों को समझाना चाहते थे) अतः इस दोष के निवारण के लिये तुम इन से क्षमा माँगों। श्रीभगवान् की बात सुनकर गोपियों ने सोचा कि उन से अपराध हुआ है। अतः प्रथम तो उन्होंने समस्त कर्मों के साक्षी भगवान् श्रीकृष्ण को प्रणाम किया, जो इश्वरों के भी ईश्वर है। तदन्तर जल के देवता तथा यमुनाजी से क्षमा माँगी। इस प्रकार उनका भगवान् श्रीकृष्ण के प्रति लज्जा-संकोच समाप्त हो गया। (यही भगवान् के प्रति प्रेमभाव, भक्तिभाव तथा आत्मसमर्पण की प्रथम सीढ़ी है)।

भगवान् श्रीकृष्ण के सामीप्य की कामना से गोपियों ने यह व्रत धारण किया था तथा उनके जीवन का यही एकमात्र सङ्कल्प था। उन से प्रसन्न भगवान् श्रीकृष्ण ने कहा, मेरी परम प्यारी कुमारी गोपियो ! मैं तुम्हारा सङ्कल्प जानता हूँ कि तुम मेरी पूजा करना चाहती हो। मैं तुम्हारी इस अभिलाषा का अनुमोदन करता हूँ। तुम्हारा यह सङ्कल्प सत्य होगा तथा तुम मेरी पूजा कर सकोगी। जिन्होंने अपना मन-प्राण मुझे समर्पित कर दिया है, उनको विषय-कामना, सांसारिक भोगों की ओर ले जाने में समर्थ नहीं होते, जैसे उवले हुए बीज पुनः अंकुरित नहीं होते। अतः अब तुम अपने-अपने घर जाओ। तुम्हारी साधना सिद्ध हो गई। तुम आने वाली शरद्-ऋतु की रात्रि में मेरे साथ को प्राप्त करोगी (गोपियों के व्रत की साधना को पूर्ण करने का आश्वासन देने के लिये ही तथा उनके आवरणरूप चीरहरण हेतु श्रीभगवान् ने यह लीला की)

गौएँ चराते-चराते एक दिन श्रीकृष्ण-बलराम ग्वालबालों सहित बहुत दूर निकल गये। अब ग्रीष्म-ऋतु आ गई थी। सूर्य की किरणें बहुत ऊष्णता फैला रही थीं। परन्तु घने बन के वृक्ष भगवान् श्रीकृष्ण के ऊपर छाया करते हैं। इनकी सराहना करते हुए उन्होंने कहा — देखो ये वृक्ष कितने भाग्यवान हैं। इनका सारा जीवन केवल परमार्थ में बीत जाता है। ये स्वयं प्रबल वायु को, वर्षा-धूप तथा शीत को सहन करते हैं, परन्तु लोगों की रक्षा करते हैं। इनके द्वारा सभी प्राणियों को आश्रय मिलता है तथा उनका जीवन निर्वाह होता है। हर प्राणी को इन से कुछ न कुछ

अवश्य मिल जाता है – पत्ते, फूल, फल, साया, जड़ छाल, लकड़ी, गन्ध, गोन्द आदि। इसी प्रकार संसार में प्राणी तो बहुत हैं, परन्तु जीवन उन्हीं का सार्थक है जो अपने धन से, विवेक से, वाणी से दूसरों की भलाई करते हैं। इस प्रकार बातें करते-करते बलराम-श्रीकृष्ण ग्वालबालों सहित वन को पार कर यमुना तट पर पहुँच गये। गर्मी के कारण उन्हें प्यास लगी थी। अत: उन्होंने पहले गौओं को शीतल जल पिलाया तथा फिर स्वयं पिया। दिनभर की थकान के कारण ग्वालबालों को भूख लग रही थी।

अध्याय - 23

यज्ञपत्नियों पर कृपा

ग्वालबालों ने बलरामजी से कहा– आप बड़े बलवान् हो। श्यामसुन्दर ने हमारे कष्ट निवारण के लिये बड़े-बड़े दुष्टों का संहार किया। आज हमें भूख सता रही है। अत: आप दोनों इस कष्ट का कोई उपाय करो।

ग्वालबालों का यह अनुरोध सुनकर तथा मथुरा की अपनी भक्त ब्राह्मण-पत्नियों पर अनुग्रह करने के लिये श्रीकृष्ण ने कहा, प्रिय मित्रो! थोड़ी ही दूरी पर वेदवादी ब्राह्मण स्वर्ग की कामना से आङ्गिरस नाम का यज्ञ कर रहे हैं। तुम उनकी यज्ञशाला में जाओ। वहाँ जाकर, मेरे भोजन में से, मेरा नाम लेकर थोड़ा सा भात तथा भोजन की सामग्री माँग लाओ।

श्रीभगवान् की ऐसी आज्ञा पाकर ग्वालबाल उन ब्राह्मणों की यज्ञशाला में गये तथा उनसे भगवान् की आज्ञानुसार अन्न माँगा। उन्होंने ब्राह्मणों को नमस्कार कर कहा– हम व्रज के ग्वालबाल हैं। भगवान् श्रीकृष्ण तथा बलरामजी हमारे संग गौएँ चराते-चराते थोड़ी दूर पर आये हुए हैं। उन्हें इस समय भूख लगी है। वे चाहते हैं कि आपलोग उनके लिये थोड़ा भात भेज दें। यदि आपकी श्रद्धा हो तो आप ऐसा कीजिए। सज्जनो! जिस यज्ञदीक्षा में पशुबलि होती है, उसमें और सौत्रामणी यज्ञ में दीक्षित पुरुष का अन्न नहीं खाना चाहिए। इनके अतिरिक्त और किसी

भी समय, किसी भी यज्ञ में दीक्षित पुरुष का अन्न खाने में कोई दोष नहीं होता।

ग्वालबालों के इस प्रकार अन्न माँगने पर ब्राह्मणों ने कोई ध्यान नहीं दिया। वे तो स्वर्ग आदि उच्चफलों के कर्मों में उलझे हुए थे। ब्रह्मवेता होते हुए भी वे ज्ञानचक्षुओं से रहित थे। देश, काल, अनेक प्रकार की यज्ञ सामग्रियाँ, भिन्न-भिन्न कर्मों में विनियुक्त मन्त्र, अनुष्ठान की पद्धति, ऋत्विज्, यज्ञ और धर्म– इन सब रूपों में एकमात्र भगवान् ही प्रकट हो रहे हैं। वे ही इन्द्रियातीत परब्रह्म भगवान् श्रीकृष्ण स्वयं ग्वालबालों के द्वारा माँग रहे हैं। परन्तु इन मूर्खों ने भगवान् के रूप को न पहचान कर, उन्हें एक साधारण मनुष्य समझ कर, उनका सम्मान नहीं किया। उन ब्राह्मणों की 'ना' को देखकर ग्वालबाल श्रीकृष्ण के पास लौट आये तथा वहाँ का सारा वृत्तान्त सुना दिया। उनकी बात सुनकर सारे जगत् के स्वामी भगवान् श्रीकृष्ण हँसने लगे। उन्होंने ग्वालबालों को कहा कि "संसार में बार-बार असफलता मिलने पर भी निराश नहीं होना चाहिए, अपितु बार-बार प्रयत्न करने से सफलता मिल जाती है।" अतः अब तुम ब्राह्मण-पत्नियों के पास जाओ तथा उनसे कहो कि राम औरा श्याम यहाँ आये हैं। तुम जितना चाहोगे, वे उतना भोजन तुम्हें दे देंगी।

अब ग्वालबाल ब्राह्मण-पत्नियों के पास गये तथा उन्हें नम्रता से नमस्कार कर बोले– भगवान् श्रीकृष्ण यहाँ से थोड़ी दूरी पर आये हुए हैं। वे ग्वालबाल तथा गौएँ चराते बहुत दूर निकल आये हैं। उन्हें तथा उनके सखा ग्वालबालों को भूख लगी है। आप उनके लिये कुछ भोजन दे दें। वे ब्राह्मण-पत्नियाँ बहुत दिनों से भगवान् श्रीकृष्ण की मनोहर लीलाएँ सुनती आ रही थीं। उनके मनों में उत्सुकता पनपने लगी थी कि किसी प्रकार उन्हें श्रीकृष्ण के दर्शन हो जायें। श्रीकृष्ण का नाम सुनते ही वे अत्यन्त उतावली हो गईं तथा उन्होंने बर्तनों में अत्यन्त स्वादिष्ट भोजन (चारों प्रकार का) डाल कर अपने भाई-बन्धु, पति-पुत्रों, के मना करने पर भी– अपने प्यारे श्रीकृष्ण के पास जाने के लिये घर से चल पड़ीं, जैसे नदियाँ समुद्र में जाने के लिये। न जाने कितने दिनों से वे

भगवान् श्रीकृष्ण की पवित्र कीर्ति सुनती आ रही थीं तथा आज उन्हें उनके दर्शनों का सौभाग्य प्राप्त हुआ। यमुना नदी के तट पर जाकर उन्होंने देखा कि नये-नये कोंपलों से शोभायमान अशोक-वन में, ग्वालबालों से घिरे बलरामजी संग श्रीकृष्ण इधर-उधर घूम रहे हैं।.उनके साँवले शरीर पर सुनहरा पीताम्बर झिलमिला रहा है। गले में वनमाला लटक रही है। मस्तक पर मोरपंख का मुकुट है। एक हाथ ग्वालबाल के कंधे पर तथा दूसरे हाथ से वे कमल का फूल नचा रहे हैं। कानों में कमल के कुण्डल तथा कपोलों पर घुँघराली अलकें लटक रही हैं। उनका मुखकमल मन्द-मन्द मुस्कान की रेखा से प्रफुल्लित हो रहा है। अब तक उन्होंने उनकी लीलाओं का श्रवणमात्र ही किया था, परन्तु आज उनके प्रत्यक्ष दर्शन हो गये।

भगवान् सबके हृदय की बात जानते हैं। ब्राह्मण पत्नियों को अपने सम्बन्धियों के विरोध का उलंघन कर आया देख श्रीकृष्ण ने उनसे कहा, महाभाग्यवती देवियो! तुम्हारा स्वागत है। आओ बैठो। कहो, हम आपका कैसे सत्कार करें? आपलोग मेरे दर्शनों की इच्छा से यहाँ आई हो। इसमें सन्देह नहीं कि संसार में जितने भी ज्ञानी हैं, वे मुझे अपने प्रियतम के समान ही, मुझसे प्रेम करते हैं तथा उनके उस प्रेम में किसी प्रकार की कोई कामना नहीं होती। उसमें किसी प्रकार का व्यवधान, संकोच, छिपाव, दुविधा अथवा द्वैत नहीं होता। प्राण, बुद्धि, मन, शरीर, स्वजन, स्त्री, पुत्र तथा धन आदि संसार की सभी वस्तुएँ जिसके लिये तथा जिसकी सन्निधि से प्रिय लगती हैं— उस आत्मा से, परमात्मा से, मुझ श्रीकृष्ण से बढ़ कर और कौन प्रिय हो सकता है। (आत्मा हमारे शरीर में भोक्ता है। शरीर, मन, बुद्धि, प्राण को जो सांसारिक वस्तुओं से लगाव है, वह तभी तक है, जब तक आत्मा का शरीर के साथ सम्बन्ध है, उसकी उसमें स्थिति हैं। अतः उनसे बढ़कर और कौन प्रिय हो सकता है) अतः तुम्हारा यहाँ आना उचित है। मैं तुम्हारे प्यार का अभिनन्दन करता हूँ। अब तुम मेरा दर्शन कर चुकी है। इसलिये तुम अब यज्ञशाला लौट जाओ। तुम्हारे पति गृहस्थी हैं। वे तुम्हारे साथ मिलकर ही यज्ञ पूर्ण कर सकेंगे।

ब्राह्मण पत्नियों ने कहा, अन्तर्यामी श्रीकृष्ण! आपकी यह बात निष्ठुरता पूर्ण है। श्रुतियाँ कहती हैं कि जो एक बार श्रीभगवान् को प्राप्त हो जाता है, वह पुनः संसार में वापस नहीं आता। आप अपनी यह वेदवाणी सत्य कीजिए। हम अपने समस्त बन्धुओं की आज्ञा का उलंघन कर आपको मिलने के लिये आई हैं कि आपके चरणों से छूती हुई तुलसी की माला हम अपने केशों में धारण करें। अब हमारे पति-पुत्र, माता-पिता तथा भाई-बन्धु हमें स्वीकार नहीं करेंगे। हम तो अब आपकी ही शरण में हैं।

श्रीभगवान् ने कहा, देवियो! तुम्हारे पति-पुत्र, माता-पिता तथा भाई-बन्धु तुम्हारा तिरस्कार नहीं करेंगे। यहाँ तक कि सारा संसार तुम्हारा सम्मान करेगा। अब तुम मुझ से युक्त हो गई हो। देवता भी मेरी इस बात का अनुमोदन कर रहे हैं। तुम जाओ तथा अपना मन मुझ में लगा दो। बहुत शीघ्र ही तुम्हें मेरी प्राप्ति होगी।

श्रीकृष्ण के इस प्रकार आश्वासन से ब्राह्मण-पत्नियाँ यज्ञशाला को लौठ गईं। ब्राह्मणों ने अपनी स्त्रियों में तनिक भी दोष-दृष्टि नहीं की तथा उनके साथ मिलकर अपना यज्ञ पूर्ण किया। भगवान् श्रीकृष्ण ने ब्राह्मण-पत्नियों के लाये हुए उस चार प्रकार के अन्न से पहले ग्वालबालों को भोजन कराया तथा फिर स्वयं भोजन किया।

जब ब्राह्मणों को यह विदित हुआ कि श्रीकृष्ण तो स्वयं भागवान् हैं, तब उन्हें बड़ा पश्चाताप हुआ। वे सोचने लगे कि बलराम-श्रीकृष्ण की आज्ञा का उलंघन कर उन्होंने बड़ा भारी अपराध किया है। अपनी पत्नियों का श्रीकृष्ण के प्रति अलौकिक प्यार देख वे अपने आप की निन्दा करने लगे (कोसने लगे) वे सोचने लगे कि उनका ज्ञान और विद्या किस काम के, कि जब वे श्रीकृष्ण को पहचानने में असफल रहे। उनके ऊँचे वंश में जन्म लेना तथा कर्मकाण्ड में निपुण होना किस काम आया। निश्चय ही भगवान् की माया तो बड़े-बड़े योगियों को भी मोहित कर देती है। देखो! यद्यपि ये स्त्रियाँ हैं, तथापि जगद्गुरु भगवान् श्रीकृष्ण में इनका कितना अगाढ़ प्रेम हैं। ये कितने शीघ्र संसार बन्धन से ऊपर उठ गईं। न उन्होंने कोई तपस्या की, न विवेक विचार, फिर भी समस्त

योगेश्वरों के ईश्वर पुण्यकीर्ति भगवान् श्रीकृष्ण के चरणों में इनका दृढ़ प्रेम है। हमने अपने-अपने संस्कार किये, गुरुकुल में निवास किया, आत्मानुसन्धान किया, अच्छे-अच्छे कर्म किये (यज्ञ कर्म), फिर भी हमारा भगवान् के चरणों प्रेम न हो सका। वास्तव में हम तो गृहस्थकर्मों में ही फँसे रहे। फिर भी भगवान् ने ग्वालबालों को हमारे पास भेजकर हमें चेतावनी दिलाई। भगवान् स्वयं पूर्णकाम हैं। स्वयं लक्ष्मी, ऐश्वरों की अधिष्ठाता उनके चरणकमलों की सेवा में तन्मय रहती हैं। वे ही प्रभु किसी से भोजन की याचना करें। यह लोगों को मोहित करने के लिये नहीं तो क्या है? देश, काल, पृथक्-पृथक् सामग्रियाँ, विनियुक्त मन्त्र, अनुष्ठान की पद्धति, ऋत्विज्, अग्नि, देवता, यजमान, यज्ञ तथा धर्म– सब भगवान् के ही स्वरूप हैं। वे ही योगेश्वरों के भी ईश्वर भगवान् विष्णु स्वयं ही कृष्णरूप में यदुवशियों में अवतीर्ण हुए हैं। यह बात तो हमने सुन रखी थी, परन्तु उन्हें पहचान न सके। धन्य हैं हमारी पत्नियाँ। उनकी भक्ति से हमारी बुद्धि भी भगवान् श्रीकृष्ण के अविचल प्रेम से युक्त हो गई। प्रभो! आप अचिन्त्य हैं तथा अनन्त ऐश्वर्य के स्वामी हैं। आपकी ही माया से हमारी बुद्धि मोहित हो रही थी। हे श्रीकृष्ण! हम आपको नमस्कार करते हैं। पुरुषोत्तम भगवान् श्रीकृष्ण हमारे इस अपराध को क्षमा करें। उन ब्राह्मणों के हृदय में अब श्रीकृष्ण के प्रति अगाध प्रेम हो गया था, परन्तु कंस के भय से वे बलराम-श्रीकृष्ण के दर्शन करने न जा सके।

अध्याय 24

इन्द्र-यज्ञ

एक दिन भगवान् श्रीकृष्ण ने देखा कि सब गोप इन्द्र-यज्ञ करने की तैयारी कर रहे हैं। वे नन्दबाबा से बोले, पिताजी! आपलोग यह सामने

किस उत्सव की तैयारी कर रहे हैं, अर्थात् किस यज्ञ की तैयारी कर रहे हैं। इसका फल क्या है तथा किस उद्देश्य से, कौन लोग, किन साधनों द्वारा यह यज्ञ कर रहे हैं? इसके जानने की मेरी जिज्ञासा है। वास्तव में सर्वज्ञ श्रीकृष्ण सब कुछ जानते थे, फिर भी एक भोले बालक की तरह अपने नन्दबाबा से यह प्रश्न कर रहे थे। जो पुरुष सबको अपनी आत्मा मानते हैं, जिनकी दृष्टि में मित्र-शत्रु के लिये कोई भेद भाव नहीं, उनके पास छिपाने की तो कोई बात होती ही नहीं। इस समय आपलोग जो क्रियायोग करने जा रहे हैं, वह सुहृदों के साथ विचारित-शास्त्रसम्मत है अथवा लौकिक है— यह मैं जानना चाहता हूँ।

नन्दबाबा ने कहा, बेटा! भगवान् इन्द्र वर्षा करने वाले मेघों के स्वामी हैं। ये मेघ उन्हीं के रूप हैं। वे समस्त प्राणियों को तृप्त करने वाला तथा जीवनदान करने वाला जल बरसाते हैं। हम तथा अन्य लोग भी उन्हीं मेघपति भगवान् इन्द्र की यज्ञों द्वारा पूजा करते हैं। जिन सामग्रियों से यह यज्ञ होता है, वे उन्हीं के बरसाये हुए जल से उत्पन्न होती हैं। उनका यज्ञ करने के पश्चात् जो कुछ बच जाता है, उसी अन्न से हम धर्म, अर्थ, काम रूप त्रिवर्ग के लिये अपना जीवन निर्वाह करते हैं। मनुष्य को खेती आदि का फल देने वाले इन्द्र ही हैं। यह व्यवधान कुल-परम्परा से चला आ रहा है। जो इसका अनुसरण नहीं करता, उसका कभी मंगल नहीं होता।

ब्रह्मा, शंकर आदि के भी आराध्य केशव भगवान् ने नन्दबाबा तथा दूसरे व्रजवासियों से (इन्द्र का अभिमान भंग करने के लिये) कहा, पिताजी! प्राणी अपने कर्मों के अनुसार ही पैदा होता है तथा मृत्यु को प्राप्त होता है। उसे अपने कर्मों के अनुसार ही सुख-दुःख, भय तथा मंगल के निमित्तों की प्राप्ति होती है। यदि कर्मों को ही सर्वस्व न मान कर, उनसे भिन्न, जीवों को फल देने वाला ईश्वर माना भी जाए, तो वह भी कर्म करने वालों को उनके कर्मों के अनुसार फल दे सकता है। कर्म न करने वालों पर उसकी प्रभुता नहीं चल सकती। जब सब प्राणी अपने-अपने कर्मों का ही फल भोग रहे हैं, तब हमें इन्द्र की क्या

आवश्यकता है? जब वे पूर्व संस्कार के अनुसार प्राप्त होने वाले मनुष्य कर्म-फल को बदल ही नहीं सकते, तब उनसे हमें क्या प्रयोजन? मनुष्य अपने पूर्व संस्कारों (स्वभाव) के अधीन हैं, यहाँ तक कि देवता, असुर आदि भी। अपने कर्मों के अनुकूल धर्मों का पालन करता हुआ कर्म का आदर करे। जो मनुष्य अपनी जीविका चलाने के लिये एक देवता को छोड़ कर किसी दूसरे देवता की उपासना करते हैं, उससे उन्हें कभी सुख नहीं मिलता। ब्राह्मण वेदाध्ययन से, क्षत्रिय पृथ्वी पालन से, वैश्य वार्तावृत्ति (कृषि, वाणिज्य, गोरक्षा तथा व्याज लेना) से तथा शूद्र सेवावृत्ति से अपने जीवन का निर्वाह करे। इस संसार की स्थिति, उत्पत्ति तथा प्रलय (अन्त) के कारण, क्रमशः सत्त्वगुण, रजोगुण तथा तमोगुण हैं। उसी रजोगुण की प्रेरणा से मेघगण जल बरसाते हैं। उसी से अन्न तथा अन्न से सब जीवों की जीविका चलती है। इसमें भला इन्द्र की क्या देन है? वह क्या कर सकता है?

पिताजी! न तो हमारे पास किसी देश का राज्य है तथा न ही बड़े-बड़े नगर हमारे अधीन हैं। हमारे पास गाँव तथा घर भी नहीं। हम तो सदा से वनवासी हैं। वन और पर्वत ही हमारे घर हैं। अतः हम गौओं, ब्राह्मणों तथा गिरिराज के यजन की तैयारी करें। इन्द्र-यज्ञ के लिये जो सामग्रियाँ एकत्रित की हैं उन्हीं से इस यज्ञ का अनुष्ठान करें। खाने के सब प्रकार के व्यञ्जन बनाये जायें। वेदवादी ब्राह्मणें द्वारा भली-भाँति हवन करवाया जाये तथा उन्हें अन्न, गौएँ दक्षिणा में दी जायें। तदनन्तर गिरिराज को भोग लगाया जाये। फिर सभी प्रसाद लेकर, सुन्दर-सुन्दर वस्त्र पहन कर, गिरिराज गोवर्धन की प्रदक्षिणा करें। मेरी ऐसी सम्मति है। यदि आप लोगों को रुचिकर हो तो ऐसा कीजिए। ऐसा यज्ञ गौ, ब्राह्मण, गिरिराज को तो प्रिय होगा ही, मुझे भी बहुत प्रिय है।

कालात्मा भगवान् की इच्छा थी कि इन्द्र का घमण्ड तोड़ें। नन्दबाबा तथा गोपों को भगवान् की सीख बहुत अच्छी लगी। उन्होंने, जिस प्रकार से भगवान् श्रीकृष्ण ने कहा था, यज्ञ का प्रारम्भ किया। पहले ब्राह्मणों से स्वस्तिवाचन कराकर, उसी सामग्री से गिरिराज तथा ब्राह्मणों को आदर

सहित भेंट दी। तदनन्तर नन्दबाबा आदि गोप-गोपियों ने गौओं को आगे करके गिरिराज की प्रदक्षिणा की। भगवान् श्रीकृष्ण गोपों को विश्वास दिलाने के लिये गिरिराज के ऊपर एक दूसरा विशाल शरीर धारण करके प्रकट हो गये तथा 'मैं गिरिराज हूँ', इस प्रकार कहते हुए सारी सामग्री स्वीकार करने लगे। भगवान् श्रीकृष्ण ने अपने उस स्वरूप को दूसरे व्रजवासियों सहित प्रणाम किया तथा कहने लगे– देखो, कैसा आश्चर्य है। गिरिराज साक्षात् प्रकट हो गये हैं। ये चाहे जैसा रूप धारण कर सकते हैं। जो वनवासी जीव इनका निरादर करते हैं, उन्हें ये नष्ट कर देते हैं। आओ, हम अपना तथा अपनी गौओं का कल्याण करने के लिये इन गिरिराज को नमस्कार करें।

इसी प्रकार गिरिराज, गौ तथा ब्राह्मणों का विधिपूर्वक पूजन कर नन्दबाबा तथा गोप-गोपियाँ व्रज को लौटे।

अध्याय 25

गोवर्धन-धारण

जब इन्द्र ने देखा कि उसकी पूजा बन्द हो गई है, तब वह नन्दबाबा आदि गोपों पर बड़ा क्रोधित हुआ। इन्द्र को अपने पद का बड़ा अभिमान था तथा वह समझता था कि त्रिलोकी का वही ईश्वर है। उसने मेघों को व्रजपर प्रलय करने के लिये आदेश दिया। वह कहने लगा कि इन ग्वालों की उदण्डता तो देखो जो एक साधारण बालक कृष्ण के बहकावे में आ गये। उन्होंने मुझ मेघराज का अपमान किया है। इन ग्वालों को धन का भी नशा है। मेघों को आज्ञा देकर इन्द्र स्वयं भी एरावत हाथी पर चढ़कर महापराक्रमी मरुद्गणों को साथ लेकर व्रज को नष्ट करने के लिये चला।

इन्द्र के आदेश से प्रलयकारी मेघ व्रज पर घिर आये तथा मूसलाधार

वर्षा करने लगे। चहुँ ओर बिजली चमकने लगी। प्रचण्ड आँधी का भी वेग था तथा इसके साथ ही बड़े-बड़े ओले बरसने लगे। ब्रजभूमि का कोना-कोना जल से भर गया। यहाँ तक कि एक बाढ़ सी आने के कारण, कहाँ स्थान नीचा है, कहाँ ऊँचा, इसका ज्ञान भी न रहा। इस वर्षा तथा ओलों की शीत से पशु ठिठुरने लगे तथा सारे ब्रजवासी व्याकुल हो गये। तब वे भगवान् श्रीकृष्ण की शरण में आये तथा बोले, प्यारे श्रीकृष्ण! अब तो केवल तुम्हारे भाग्य से हमारी रक्षा होगी। इन्द्र के क्रोध से अब तुम ही हमारी रक्षा कर सकते हो।

भगवान् ने देखा कि वर्षा तथा ओलों से पीड़ित होकर सभी बहुत व्याकुल हो रहे हैं। यह केवल इन्द्र का क्रोध था, क्योंकि उन्होंने इन्द्र का यज्ञ भंग कर दिया था। इसी कारण इन्द्र बिना ऋतु के बादल बरसा कर व्रज का नाश करना चाहता है। अत: श्रीकृष्ण ने अपनी योगमाया को धारण कर इन्द्र के अभिमान को तोड़ने की लीला की। प्रथमत: देवतालोग सत्त्व प्रधान होते हैं। इन्हें अपने ऐश्वर्य तथा पद का अभिमान नहीं करना चाहिए। अत: उचित है कि इन सत्त्वगुणच्युत देवताओं का मानभंग हो। इससे अन्त में उन्हीं को शान्ति मिलेगी। श्रीकृष्ण जानते थे कि सारा व्रज उनके आश्रित है तथा उनकी स्वीकृति के लिये ही यह सब हुआ था। अत: वे ही एकमात्र व्रज के रक्षक हैं। संतों की रक्षा करना तो उनका व्रत है तथा अब वह अवसर आ गया था।

इस प्रकार कहकर भगवान् श्रीकृष्ण ने खेल-खेल में एक ही हाथ से गिरिराज पर्वत उठा लिया। जैसे छोटे-छोटे बालक बरसाती छत्ते को हाथ में थाम लेते हैं, वैसे ही उन्होंने गिरिराज पर्वत को धारण कर लिया। तदनन्तर भगवान् श्रीकृष्ण ने गोपों से कहा — माताजी, पिताजी तथा व्रजवासियो ! आप लोग अपनी गौओं तथा सामग्रियों सहित इस पर्वत के गड्ढे में (इस पर्वत की छाया में) आराम से बैठ जाओ। शङ्का न करो। यह मेरे हाथ (एक अगुँली पर) पर स्थित (विराजमान) है। इस आँधी तथा वर्षा से रक्षा के लिय मैंने यह युक्ति रचि है। श्रीकृष्ण के इस आश्वासन पर सभी गोप अपने-अपने गोधन, छकड़ों, पशुओं, पुरोहितों, स्त्री-पुत्रों तथा भृत्यों को अपने साथ लेकर गोवर्धन के नीचे आ गये।

भगवान् श्रीकृष्ण ने सब व्रजवासियों के देखते-देखते — भूख-प्यास, आराम-विश्राम को भुलाकर, लगातार सात दिन तक उस पर्वत को उठाये रखा। श्रीकृष्ण की योगमाया का यह प्रभाव देखकर इन्द्र आश्चर्यचकित हो गया। अपना सङ्कल्प पूरा न होने के कारण उसका अभिमान जाता रहा। उसने मेघों को वर्षा करने से स्वयं ही रोक दिया। जब भयङ्कर आँधी तथा घनघोर वर्षा बन्द हो गई तथा आकश से बादल छँट गये तथा सूर्य पुनः दीखने लगा तब गोवर्धनधारी भगवान् श्रीकृष्ण ने गोपों से कहा — अब तुम निर्भय होकर अपनी स्त्रियों, गोधन तथा बच्चों सहित बाहर आ जाओ। देखो अब वर्षा-आँधी बन्द हो गई है। नदियों का पानी भी उतर गया है। भगवान् श्रीकृष्ण के कहने पर सभी गोप अपने सम्बन्धियों तथा गोधन सहित तथा सामग्री सहित बाहर आ गये। भगवान् श्रीकृष्ण ने खेल-खेल में ही पुनः (गोवर्धन) गिरिराज को उसी स्थान पर पूर्ववत् स्थापित कर दिया।

व्रजवासियों का हृदय श्रीकृष्ण के प्रति प्रेम के आवेग से भर गया। पर्वत के रखते ही वे भगवान् श्रीकृष्ण के पास दौड़ते हुए आये तथा उन्हें अपने हृदय से लगा लिया। बड़ी-बूढ़ी गोपियों ने दही, चावल, जल आदि से उनका मंगल तिलक किया तथा उन्मुक्त हृदय से उन्हें आशीर्वाद दिया। यशोदारानी, रोहिणीजी तथा नन्दबाबा ने प्रेमविभोर हो उन्हें अपने हृदय से लगाया। आकाश में देवताओं, साध्य, सिद्ध, गन्धर्व तथा चारण आदि ने उनकी स्तुति की तथा पुष्पवर्षा की। स्वर्ग में शंख तथा नौबत बजने लगे। तदनन्तर भगवान् श्रीकृष्ण, बलराम तथा सभी ने व्रजयात्रा की।

अध्याय 26

नन्दबाबा का विस्मय

भगवान् श्रीकृष्ण के ऐसे अलौकिक कर्म देखकर व्रजवासी आश्चर्य

में पड़ गये। उन्हें भगवान् की अनन्त शक्ति का ज्ञान नहीं था। वे कहने लगे – जैसे गजराज कोई कमल उखाड़ कर उसे ऊपर उठा ले, वैसे ही इस नन्हें से सात वर्ष के बालक ने एक ही हाथ से गिरिराज गोवर्धन को उखाड़ लिया तथा खेल-खेल में उसे सात दिन तक अपने हाथ पर उठाये रखा। यह एक साधारण बालक के लिये कैसे सम्भव हो सकता है? बचपन में ही, जैसे काल शरीर को निगल जाता है, इसने पूतना राक्षसी के दूध पीते-पीते उसके प्राण खींच लिये। जब यह केवल तीन मास का था तो रोते-रोते छकड़े के नीचे से उसे पाँव मारकर आकाश में उछाल दिया। जब यह केवल एक वर्ष का था, बवंडर के रूप को धारण किये दैत्य तृणावर्त को गला घोंट कर मार दिया। फिर उस भारी ऊखल को खींच कर दो विशाल अर्जुन के वृक्षों के बीच ले जाकर उन्हें तिनके समान उखाड़ दिया। इस प्रकार एक दिन जब बलराम सहित, ग्वालबालों के साथ बछड़े चराने गया तो वगुले का रूप धारण किये दैत्य की घातक चौंच को तिनकों की तरह चीर दिया। तदनन्तर जब बछड़े चराते-चराते एक दिन एक दैत्य बछड़ा बन कर बछड़ों में आ घुसा (ग्वालबालों को तथा इसे मारने की इच्छा से) तब इसने उस दैत्य को खेल ही खेल में वृक्ष पर पटक कर मार डाला। फिर उसके पश्चात् एक दिन बलराम के साथ मिलकर इसने गधे के रूप धारण किये हुए धेनुकासुर (जो पशुओं तथा मनुष्यों को खा जाता था) तथा उसके भाई-बन्धुओं को मार डाला। इस घटना के बाद एक दिन बलराम द्वारा इसने प्रलम्बासुर को मरवा डाला तथा ग्वालबाल तथा गौंओं को दावानल से बचाया। यही नहीं, फिर एक दिन यमुनाजी के जल को विष-रहित करने के लिये इसने कालिय-नाग का मानमर्दन कर, उसे बलपूर्वक दह से निकाल दिया। नन्दजी ! इस साँवले बालक पर हम सभी व्रजवासियों का अनन्त प्रेम है तथा इसका भी हम पर स्वाभाविक स्नेह है।

नन्दबाबा ने कहा, गोपो ! मेरी बात ध्यान से सुनो। महर्षि गर्ग ने इस बालक को देखकर ऐसा कहा था – "तुम्हारा यह बालक प्रत्येक युग में शरीर धारण करता है। विभिन्न युगों में इसने श्वेत, रक्त, तथा पीत

— ये रंग स्वीकार किये थे। इस बार इस ने कृष्णवर्ण स्वीकार किया है। यह बालक पहले कभी वसुदेव (पुरातन काल में) के घर उत्पन्न हुआ था तो इसका नाम उस समय श्रीमान् वासुदेव हुआ। तुम्हारे पुत्र के गुणों तथा रूपों के कारण और भी बहुत से नाम हैं। यह तुम लोगों का बहुत कल्याण करेगा।'' गर्गाचार्य ने आगे और कहा —

पूर्वकाल में जब एक बार राजा न होने के कारण पृथ्वी पर डाकुओं का आतंक हो गया था तो तुम्हारे इसी पुत्र के बल की सहायता से लोगों ने डाकुओं पर विजय प्राप्त की। नन्दबाबा ! जो तुम्हारे इस साँवले शिशु से प्यार करते हैं, वे बड़े भाग्यवान् हैं। जैसे विष्णु भगवान् के करकमलों की छत्रछाया में रहने वाले देवताओं को असुर नहीं जीत सकते, वैसे ही इससे प्रेम करने वालों को भीतरी अथवा बाहरी, किसी प्रकार के शत्रु जीत नहीं सकते। गुणों से, ऐश्वर्य से, सौन्दर्य से, कीर्ति से, प्रभाव से, तुम्हारा बालक स्वयं भगवान् नारायण के ही समान है। (गर्गाचार्य तो भगवान् श्रीकृष्ण के विष्णु रूप को जानते थे परन्तु वे नन्दबाबा को उनके पिता के रूप में ही रखना चाहते थे)। तब से मैं इस परम सुखद कर्म करने वाले इस बालक को — अपने पुत्र श्रीकृष्ण को — नारायण का ही अंश मानता हूँ।

अध्याय 27

श्रीकृष्णाभिषेक

जब भगवान् श्रीकृष्ण ने गिरिराज को धारण किया तो गोकुल से कामधेनु तथा स्वर्ग से इन्द्र आये (अपने अपराध की क्षमा माँगने) श्रीभगवान् के विरुध जाकर इन्द्र बहुत लज्जित थे। उन्होंने एकान्त में जाकर अपने तेजस्वी मुकट-सहित श्रीभगवान् के चरणों का स्पर्श किया तथा कहा —

भगवन्! आपका स्वरूप परम शान्त, ज्ञानमय, रजोगुण-तमोगुण रहित, शुद्ध, अप्राकृत सत्त्वमय है। यद्यपि अज्ञान (मोहमाया) तथा उससे होने वाले जगत् से आपका कोई सम्बन्ध नहीं है, फिर भी धर्म की रक्षा करने हेतु तथा दुष्टों का दमन करने के लिये आप अवतार ग्रहण करते हैं तथा निग्रह-अनुग्रह भी करते हैं। आप जगत् के पिता, गुरु तथा स्वामी हैं। आप जगत् का नियन्त्रण करने के लिये दण्ड धारण किये दुस्तर काल हैं। आप अपने भक्तों की लालसा पूर्ण करने के लिये अपनी लीला करते हैं तथा जो हमारी तरह अपने को ईश्वर मान लेते हैं, उनका मानमर्दन करते हुए अनेक प्रकार की लीलाएँ करते हैं। प्रभो ! आपकी एक-एक चेष्टा दुष्टों के लिये दण्डविधान है। मैंने ऐश्वर्य के मद में आपका अपराध किया है। आप कृपा कर मेरा यह अपराध क्षमा करें। आपकी ही माया के कारण मैं आपको पहचान न पाया। आपका यह अवतार असुरों का नाश कर पृथ्वी को भार-मुक्त करने के लिये है तथा अपने यक्तों की रक्षा के लिये है। भगवन्! मेरे अभिमान का अन्त नहीं तथा मेरा क्रोध भी बहुत तीव्र है। जब मैंने देखा कि मेरा यज्ञ नहीं हुआ, तब मैंने मूसलाधार वर्षा तथा आँधी द्वारा व्रजमण्डल को नष्ट करना चाहा। परन्तु प्रभु! आपने मुझे पर बहुत ही अनुग्रह किया तथा मेरा मानमर्दन किया। आप मेरे स्वामी हैं, गुरु हैं तथा आत्मा हैं। मैं आपकी शरण में हूँ।

भगवान् श्रीकृष्ण ने इन्द्रदेव की स्तुति सुनकर कहा, इन्द्र! तुम ऐश्वर्य तथा धन-सम्पत्ति के मद में थे। अतः तुम पर अनुग्रह करने के लिये ही मैंने तुम्हारा यज्ञ भंग किया। मदान्ध यह नहीं जानता कि काल स्वरूप परमेश्वर हाथ में दण्ड लिये इसके शीश पर सवार है। मैं जिस पर अनुग्रह करना चाहता हूँ, उसे ऐश्वर्य-भ्रष्ट कर देता हूँ। इन्द्र! तुम्हारा मंगल हो। अब तुम अपनी राजधानी अमरावती जाओ तथा मेरी आज्ञा का पालन करो तथा कभी घमण्ड मत करना तथा अपने अधिकार के अनुसार उचित रीति से मर्यादा का पालन करना।

जब भगवान्, इन्द्र को इस प्रकार आज्ञा दे रहे थे, तब मनस्विनी

कामधेनु ने अपनी सन्तानों सहित गोपवेषधारी परमेश्वर श्रीकृष्ण की वन्दना की –

सच्चिदानन्दस्वरूप श्रीकृष्ण! आप महायोगी—योगेश्वर हैं। आप स्वयं विश्व हैं, विश्व के परम कारण हैं। सम्पूर्ण विश्व के स्वामी! आपको अपने रक्षक के रूप में पाकर हम सनाथ हैं। आप जगत् के स्वामी, हमारे परम पूजनीय आराध्य देव हैं। अतः आप ही गौ, ब्राह्मण, देवता तथा साधुजनों की रक्षा के लिये इन्द्र बन जायें। हम गौएँ, ब्रह्माजी की प्रेरणा से आपको अपना इन्द्र मानकर अभिषेक करेंगी। विश्वात्मन्! आपने पृथ्वी का भार उतारने के लिये अवतार धारण किया है।

श्रीभगवान् से इस प्रकार कहकर, कामधेनु ने अपने दूध से तथा देव माताओं की प्रेरणा से, देवराज इन्द्र ने ऐरावत की सूँड के द्वारा लाये हुए आकाश-गंगा के जल से, देवर्षियों सहित, यदुनाथ श्रीकृष्ण का अभिषेक किया तथा उन्हें 'गोविन्द' नाम से सम्बोधित किया। उसी समय वहाँ नारदजी, गन्धर्व, विद्याधर, सिद्ध तथा चारण भी आ गये तथा समस्त जगत् के ताप मिटाने वाले श्रीभगवान् का यशगान करने लगे। देवता उनकी स्तुति कर उन पर नन्दन-वन के दिव्य पुष्पों की वर्षा करने लगे। नदियों में विविध रसों की बाढ़ आ गई। वृक्षों से मधु धारा बहने लगी। पर्वत मणियाँ उगलने लगे। भगवान् श्रीकृष्ण का अभिषेक होने पर वहाँ के सभी जीव वैरहीन हो गये। तदनन्तर देवता, गन्धर्व आदि सहित स्वर्ग को चले गये।

अध्याय 28

नन्दबाबा को वरुणलोक से वापस लाना

नन्दबाबा ने कार्तिक शुक्ल एकादशी का व्रत रखा था। भगवान् की पूजा कर वे द्वादशी लगने पर रात को यमुनाजी में स्नान के लिये गये

तथा जल में प्रवेश किया। वे कदाचित् यह भूल गये थे कि यह असुरों की वेला है। उस समय वरुण के सेवक, एक असुर ने, उन्हें पकड़ लिया तथा वह उन्हें अपने स्वामी के पास ले गया। नन्दबाबा के वापिस न आने पर सब को बड़ी चिन्ता हुई। उन्होंने (गोपों ने) श्रीकृष्ण-बलराम से कहा कि नन्दबाबा को अब तुम्हीं ला सकते हो।

जब कृष्ण ने जाना कि वरुण का कोई सेवक नन्दबाबाजी को ले गया है तो वे वरुण के पास गये। लोकपाल वरुण ने देखा कि समस्त जगत् के अन्तरिन्द्रिय तथा बहिरिन्द्रियों के प्रवर्तक भगवान् श्रीकृष्ण स्वयं उनके यहाँ पधारे हैं। लोकपाल वरुण ने उनकी बहुत पूजा की। भगवान् के दर्शनों से उनका रोम-रोम गद्‌गद् हो गया। उन्होंने भगवान् से निवेदन किया –

प्रभो ! आज मेरा शरीर धारण करना सफल हुआ। आज मुझे सम्पूर्ण पुरुषार्थ प्राप्त हुआ है। आपके ही स्वरूप में सम्पूर्ण लोक-सृष्टियों की कल्पना की जाती है। आप भक्तों के भगवान्, वेदान्तियों के ब्रह्म तथा योगियों के परमात्मा हैं। मेरा यह सेवक बड़ा मूढ़ तथा अनजान है। आप कृपा करके उसका अपराध क्षमा करें। गोविन्द मैं जानता हूँ कि आपका अपने पिता के प्रति बड़ा स्नेह है। परन्तु भगवन्! आप तो सबके अन्तर्यामी तथा सबके साक्षी हैं। अतः विश्वमोहन श्रीकृष्ण! आप मुझ दास पर भी कृपा कीजिए। आप अपने पिताजी को ले जाइये।

तदनन्तर भगवान् श्रीकृष्ण नन्दबाबाजी को लेकर व्रज में आ गये। नन्दबाबा ने वरुणालोक में लोकपाल के इन्द्रियातीत ऐश्वर्य तथा सुख सम्पत्ति को देखा तथा यह भी देखा कि वहाँ के निवासी कैसे झुक-झुक कर उनके पुत्र श्रीकृष्ण के चरणों में प्रणाम कर रहे थे। उन्होंने व्रज में आकर सब गोपों से यह वृत्तान्त कहा। यह सुनकर गोप अब समझने लगे कि श्रीकृष्ण तो स्वयं भगवान् है। तब उन्होंने विचार किया कि क्या कभी जगदीश्वर भगवान् श्रीकृष्ण उनको भी अपना वह मायातीत स्वधाम - जहाँ केवल उनके प्रेमी भक्त ही जा सकते हैं - दिखायेंगे। सर्वदर्शी भगवान् श्रीकृष्ण उनके मन की इस उत्कण्ठा को जान गये – उनसे

क्या छिपा है। अति प्रेम करने वाले व्रजवासी गोपों की इच्छा पूरी करने के लिये, उन्होंने गोपों को मायान्धकार से अतीत अपना परम धाम दिखाया। भगवान् ने पहले उनको उस ब्रह्म का साक्षात्कार कराया जिसका स्वरूप सत्य, ज्ञान, अनन्त, सनातन तथा ज्योति:स्वरूप है तथा समाधिनिष्ठ गुणातीत पुरुष ही जिसे देख सकते हैं। जिस जलाशय में अक्रूरजी को अपना स्वरूप दिखाया था, उसी ब्रह्मस्वरूप ब्रह्मह्रद में प्रवेश कर गये। तब भगवान् ने उसमें से उन्हें निकालकर अपने परम धाम का दर्शन कराया। उस दिव्य भगवद् स्वरूप लोक को देख कर नन्दबाबा तथा गोप परमानन्द मग्न हो गये। वहाँ उन्होंने देखा कि सारे वेद, मूर्तिमान् होकर, भगवान् श्रीकृष्ण की स्तुति कर रहे हैं।

अध्याय 29

रासलीला आरम्भ (1)

शरद्-ऋतु आ गई। बेला, चमेली आदि सुगन्धित पुष्प खिलकर महक रहे थे। गोपियों को भगवान् के वे वचन याद थे जो उन्होंने, उन्हें चीरहरण के समय दिये थे। वे सब की सब बड़ी उल्लसित हो रही थीं। अब भगवान् ने अपनी अचिन्त्य महाशक्ति योगमाया द्वारा उन्हें निमित्त बनाकर रसमयी रास क्रीड़ा करने का संकल्प लिया। मन न होने पर भी उन्होंने अपने प्रेमियों की इच्छा पूर्ति के लिये इसे स्वीकार किया। भगवान् के संकल्प लेते ही चन्द्रदेव ने प्राची दिशा के मुखमण्डल पर अपने शीतल किरणरूपी करकमलों से लालिमा की रोली-केसर मल दी। केवल पूर्व दिशा ही नहीं, चन्द्रदेव ने अपनी शीतल किरणों से संसार के समस्त प्राणियों का ताप हर लिया।

इस दिन चन्द्रदेव का मण्डल अखण्ड था। पूर्णिमा की रात्रि थी। वे

नूतन केशर के समान लाल-लाल हो रहे थे। उनकी कोमल किरणों से सारा वन अनुराग के रंग में रंग गया था। वन के कोने-कोने में उन्होंने अपनी चान्दनी छिड़क दी थी। भगवान् श्रीकृष्ण ने अपने दिव्य उज्ज्वल रस के उद्दीपन की पूरी सामग्री उन्हें (चन्द्रमा) तथा उस वन को देकर अपनी बाँसुरी पर मधुर तान छेड़ दी। भगवान् का वह वंशीवादन भगवान् के प्रेम का प्रतीक तथा अत्यन्त आकर्षित करने वाला था। गोपियों को भगवान् से मिलने की लालसा तो पहले से ही जाग्रत् हो गई थी तथा वे इस समय की अधीरता से प्रतीक्षा कर रही थीं। परन्तु अब इस वंशी की ध्वनि से उनकी विचित्र गति हो गई। वे भय, संकोच, धैर्य तथा मर्यादा की सीमाओं से (भगवान् की शिक्षा से) ऊपर उठ चुकी थीं। उन्होंने भगवान् श्रीकृष्ण को पतिरूप में प्राप्त करने की साधना की थी। वे (हड़बड़ाई सी) एक-दूसरे को सूचना दिये बिना, अपने मन की चेष्टा को छिपा कर, उस वंशीधुन की ओर खिंची-खिंची सी चल पड़ीं। वे इतने वेग से चलीं कि उनके कानों के कुण्डल तथा अन्य गहने और पायजेब रुनझुन बज रहे थे। वे अपने घर के सारे काम छोड़ कर श्रीकृष्ण के मिलन की आस में चली थीं। दूध दोहने वाली ने दूध दोहना छोड़ा, भात बनाती तथा दूध गर्म करती ने उन व्यञ्जनों को वहीं छोड़ा। भोजन परोस रही ने, भोजन परोसना छोड़ा, अर्थात् घर के सभी काम-काज को छोड़कर वे चल पड़ीं। पिता, पति (चीरहरण की शरद् ऋतु तथा रासलीला की शरद्-ऋतु के बीच कदाचित् कई कुँवारी गोपियों का विवाह हो गया होगा और किसी के शिशु भी) भाई-बन्धुओं के रोक को अनदेखा कर वे अपनी मंगलमयी यात्रा पर चल पड़ीं। जब श्रीभगवान् से मिलन की आस हो, जिस परमात्मा से हमारा आत्मा अलग हुआ है, तो सांसारिक बन्धन सभी ढीले पड़ जाते हैं तथा आत्मा शारीरिक बन्धनों से मुक्त हो जाता है। इन बन्धु-बान्धवों का नाता तो शरीर से है। आत्मा पर इनका कोई प्रभुत्व नहीं। इस समय विश्वमोहन श्रीकृष्ण ने उनके, प्राण, मन, आत्मा — सब का हरण कर लिया था (उन पर अनुग्रह करने के लिये) गोपियों की श्रीकृष्ण से मिलने की

आकांक्षा इतनी तीव्र थी कि जो कुछ अशुभ संस्कार का उनमें लेशमात्र भी अवशेष था, वह भी भस्म हो गया। उनका ध्यान श्रीकृष्ण में लगा था। उनके हृदय में श्रीकृष्ण प्रकट हो गये। इससे उन्हें असीम शान्ति मिली। उन्होंने मन ही मन जिनका आलिंगन किया, वे स्वयं परमात्मा थे। अत: उन्होंने पाप और पुण्य रूप कर्म के परिणाम से बने हुए गुणमय शरीर का परित्याग कर दिया (भगवान् की रासलीला में सम्मिलित होने के योग्य दिव्य अप्राकृत शरीर प्राप्त कर लिया) इस शरीर से भोगे जाने वाले कर्म बन्धन तो ध्यान के समय ही भस्म हो चुके थे।

राजा परीक्षित् के प्रश्न करने पर कि गोपियाँ गृहस्थ में रहती हुईं, अर्थात् प्राकृत गुणों से घिरी हुईं, अप्राकृत स्थिति को कैसे प्राप्त हो गईं, श्री शुकदेवजी ने कहा – परीक्षित् ! चेदिराज शिशुपाल भगवान् के प्रति द्वेष भाव रखने पर भी अपने प्राकृत शरीर को छोड़कर अप्राकृत शरीर को प्राप्त कर उनका पार्षद हो गया, क्योंकि उसका ध्यान सदा श्रीकृष्ण में लगा रहता था, चाहे द्वेषभाव से ही। ऐसी स्थिति में जो समस्त प्रकृति तथा उसके गुणों से अतीत भगवान् श्रीकृष्ण की प्यारी हैं तथा उनसे अनन्य प्रेम करती हैं, उन्हें प्राप्त हो जायँ – इसमें कौन से आश्चर्य की बात है। श्रीभगवान् अचिन्त्य, अनन्त, अप्राकृत, परम कल्याणस्वरूप गुणों के एकमात्र आश्रय हैं। भगवान् से किसी भी प्रकार अनन्यभाव से सम्बन्ध हो जाये - यह स्थिति कल्याणकारी हो जाती है। चाहे जिस भाव से भगवान् में नित्य-निरन्तर अपनी वृत्तियाँ जोड़ दी जायें, वे भगवान् से ही जुड़ती हैं तथा जीव को भगवान् की प्राप्ति हो जाती है। जब भगवान् श्रीकृष्ण ने देखा कि व्रज की अनुपम विभूतियाँ गोपियाँ पास आ गई हैं (अनन्य-प्रेम से, अनन्य-चित्त से, अनन्य आत्मसमर्पण से), तब उन्होंने कहा – भूत, भविष्य तथा वर्तमान काल के जितने वक्ता हैं (ज्ञानी, योगी, भक्त) उनमें वे ही सबसे श्रेष्ठ हैं।

भगवान् श्रीकृष्ण ने कहा, महाभाग्यवती गोपियो ! तुम्हारा स्वागत है। बताओ मैं तुम्हें प्रसन्न करने के लिये क्या करूँ? व्रज में तो कुशल-मंगल है? इस समय यहाँ आने का क्या प्रयोजन है? रात का समय है। यह

स्वयं ही भयावना होता है। अतः तुम तुरन्त व्रज लौट जाओ। रात के समय घोर वन में स्त्रियों को नहीं रुकना चाहिए। तुम्हें न देखकर तुम्हारे माता-पिता, पति-पुत्र, भाई-बन्धु अनायास ही चिन्तित होंगे। पूर्ण चन्द्रमा की कोमल किरणों से उदीप्त, पुष्प तथा फलों से लदे हुए वृक्ष, यमुनाजी का कलरव करता हुआ यह शीतल जल तथा इन सब से वन की शोभा तुम न देख ली, अतः अब शीघ्र व्रज में लोट जाओ। तुम लोग कुलीन हो तथा स्वयं भी सतीस्वरूप हो, अतः अपने पति, बच्चों तथा गौ-बछड़ों की सेवा करो। यदि तुम मेरे प्रेमवश हो कर यहाँ आई हो तो इसमें कोई अनुचित बात नहीं। ये तो तुम्हारे योग्य ही है। क्योंकि जगत् के सभी प्राणी, पशु-पक्षी तक मुझ से प्रेम करते हैं। मझे देखकर प्रसन्न होते हैं। कल्याणी गोपियो ! स्त्रियों का परम धर्म है कि वे अपने पति तथा भाई-बन्धुओं की निष्कपट भाव से सेवा करें तथा अपनी सन्तान का पालन-पोषण करें।

गोपियो ! मेरी लीला और गुणों के श्रवण से, रूप के दर्शन से, उन सबके कीर्तन से तथा ध्यान से मेरे प्रति जैसे अनन्य-प्रेम की प्राप्ति होती है, वैसे प्रेम की प्राप्ति पास रहने से नहीं होती। अतः तुम अपने-अपने घर लौट जाओ (पिछली शरद्-ऋतु में श्रीभगवान् ने स्वयं ही संकल्प किया था, गोपियों का उद्धार करने के लिये, उनकी आत्माओं को अपना सामीप्य देने के लिये, उनकी साधना पूर्ण करने के लिये। परन्तु अब वे उन्हें लौट जाने को कहते हैं, कदाचित् वे उनकी साधना की परीक्षा लेना चाहते हैं। अपने भक्तों का योगक्षेम श्रीभगवान् स्वयं ही करते हैं। वे गोपियों को उनके पति, माता-पिता तथा बच्चों के प्रति उनका मोह, भय, लोक-लज्जा के आवरण से भ्रमित करना चाहते हैं, वैसे तो उन्होंने अपनी शक्ति से उनके स्थान पर उनकी रूपा-गोपियों को पहले ही स्थापित कर दिया था ताकि उनके यहाँ आने पर किसी को भी किसी प्रकार की भ्रान्ति न हो। कदाचित् यशोदा रानी तथा नन्दबाबा के पास भी वे वैसे ही सदा की भाँति विद्यमान थे)

भगवान् श्रीकृष्ण की यह सीख सुन कर गोपियाँ उदास तथा खिन्न

हो गईं। वे शेकमग्न हो गईं। वे अपने मुख नीचे किये, पैर के नखों से धरती कुरदने लगीं। उनकी आँखें अश्रुपूर्ण हो गईं। उन्होंने अपने प्यारे श्यामसुन्दर के लिये सारी कामनाएँ, सारे भोग छोड़ दिये थे। फिर यह परीक्षा कैसी? श्रीकृष्ण में उनका अनन्य अनुराग, परम-प्रेम था। अपने अश्रु पोंछती हुई, तनिक धीरज रख, वे श्रीकृष्ण से कहने लगीं –

प्यारे श्रीकृष्ण! तुम घट-घट व्यापी हो। तुम हमारे हृदय की बात जानते हो। हम अपना सर्वस्व छोड़ कर केवल आपकी शरण में हैं तथा आपके चरणों में ही हमारा अनुराग है। हमारा तुम पर कोई वश नहीं है। तथापि तुम, जैसे आदिपुरुष भगवान् नारायण अपने मुमुक्षु भक्तों से प्यार करते हैं, वैसे ही हमें स्वीकार करो। प्यारे श्यामसुन्दर! तुम धर्मों के रहस्य को जानते हो। तुम्हारा यह कहना कि "अपने पति, पुत्र तथा भाई-बन्धुओं की सेवा करना स्त्रियों का धर्म है" – अक्षरशः यथार्थ है। परन्तु इस उपदेश के अनुसार भी हमें तुम्हारी ही सेवा करनी चाहिए, क्योंकि तुम्हीं परम लक्ष्य, साक्षात् भगवान् हो। तुम्हीं समस्त प्राणियों के सुहृद्, आत्मा तथा परम प्रिय हो। अनित्य-सांसारिक दुःखद पति-पुत्रादि से क्या प्रयोजन? अतः परमेश्वर! हम पर प्रसन्न होईये। अब तक हमारा चित्त घर के काम-काज में उलझा था। परन्तु आप में अनन्य प्रेम से हमारी बाकी सभी वस्तुओं में विरक्ति हो गई है। हमारे ये पैर तुम्हारे चरणकमलों को छोड़कर एक पग भी हटने को तैयार नहीं।

प्यारे कमलनयन! तुम वनवासियों के प्रिय हो तथा वे भी तुमसे उतना ही प्यार करते हैं। इसी कारण तुम उन के समीप रहते हो। तुम्हारे जिन चरणकमलों की सेवा में स्वयं लक्ष्मीजी तत्पर रहती हैं, उन्हीं चरणों का स्पर्श हमें प्राप्त हुआ है। जिस दिन से हमें यह सौभाग्य प्राप्त हुआ है, हम तभी से एक क्षण के लिये भी किसी के सामने ठहरने में असमर्थ हैं – पति-पुत्रों की सेवा तो अब दूर की बात है। जिन लक्ष्मीजी को बिना किसी द्वन्द्वता से आपके वक्षःस्थल की प्राप्ति है, वे भी अपनी सौत तुलसी से द्वेष करती हैं। हम तुम्हारी चरणरज की शरण में आई हैं, जिसका आपके भक्तों ने सेवन किया है। हम तुम्हारी

सेवा-हेतु अपना कुटुम्ब, भाई-बन्धु — सभी को पीछे छोड़ आई हैं। वहाँ हमें तुम्हारी आराधना के लिये अवकाश न था। हमें अपनी सेवा का अवसर दो। हे प्रिय! तुम्हारा सुन्दर मुखकमल, घुँघराली अलकें, कमनीय कपोल, जिन पर सुन्दर-सुन्दर कुण्डल अपना अनन्त सौन्दर्य विखेर रहे हैं, तुम्हारी यह नयन-मोहिनी चितवन, मन्द-मन्द मुस्कान — ये सभी अद्वितीय हैं। प्यारे श्यामसुन्दर! तीनों लोकों में ऐसी कौन सी स्त्री है जो मधुर-मधुर पद और आरोह-अवरोह-क्रम से विविध प्रकार की मूर्च्छनाओं से युक्त तुम्हारी वंशी की तान सुनकर तथा इस त्रिलाकी-सुन्दर मोहिनी मूर्ति को — जो अपने एक बूँद सौन्दर्य से त्रिलोकी को सौन्दर्य प्रदान करती है, जिसे देखकर गौ, पक्षी, वृक्ष तथा हरिन भी रोमाञ्चित, पुलकित हो जाते हैं — अपने नेत्रों से निहार कर — मर्यादा से विचलित न हो जाये। जैसे भगवान् नारायण देवताओं की रक्षा करते हैं, वैसे ही तुम व्रजमण्डल का भय-दुःख हरने के लिये ही प्रकट हुए हो। हम भी अब इस बन्धनरूपी दुःख से उबरने के लिये तुम्हारे पास आई हैं। हमारे सिरों पर अपना कोमल करकमल रखकर अपना लो।

भगवान् श्रीकृष्ण सनकादि योगियों तथा इश्वरों के भी ईश्वर हैं। जब उन्होंने गोपियों की व्याकुलता-भरी वाणी सुनी तो उन्हें उन पर दया आ गई (यद्यपि वे सदा समभाव रहते हैं तथा सभी पर कृपादृष्टि रखते हैं) तदनन्तर उन्होंने अपनी रासलीला आरम्भ की। श्रीभगवान् ने अपना स्वभाव गोपियों के अनुकूल कर दिया, फिर भी वे अपने स्वरूप में ज्यों के त्यों एकरस स्थित थे, अच्युत थे। जब वे हँसते थे तो उनके उज्ज्वल दाँत श्वेत मोतियों के समान जान पड़ते थे। उनकी प्रेमभरी चितवन से तथा उनके दर्शनों से गोपियाँ आनन्दविभोर हो गईं। वे उन्हें चारों ओर से घेर कर खड़ी हो गईं। गोपियों के स्वामी भगवान् श्रीकृष्ण वैजयन्ती माला धारण किये हुए थे तथा उनके वहाँ होने से वृन्दावन शोभायमान हो रहा था। गोपियाँ श्रीकृष्ण की लीलाओं के गीत गाने लगीं। अब भगवान् श्रीकृष्ण ने गोपियों सहित यमुनाजी के पावन पुलिन पर — जहाँ कपूर के समान श्वेत बालू थी — पदार्पण किया। यमुनाजी की तरल-तरंगों से

स्पर्श कर तथा कुमुदिनी की सुगन्ध को लिये, वायु और भी शीतल हो रही थी। यहाँ उन्होंने गोपियों के साथ प्रेमलीला की, जिससे गोपियाँ अपने को संसार की सर्वश्रेष्ठ स्त्रियाँ समझने लगीं। इस प्रकार गोपियों की साधना पूरी कर, तथा उनका मान रखकर, श्रीकृष्ण उनके बीच में ही अन्तर्धान हो गये।

अध्याय 30

रासलीला (2)

(श्रीभगवान् के अनेकों स्वरूप हैं। उनमें से उनका एक स्वरूप है प्यार-प्रेम। प्यार जो पति-पत्नी के बीच होता है। प्यार जो माता-पिता के लिये। प्यार जो भाई-भाई में, भाई-बहिन में होता है। प्यार जो बन्धु-बान्धवों के लिये होता है, भगवान् का भक्तों के प्रति प्यार। प्यार की भावना सभी प्राणियों में श्रीभगवान् की ही देन है। प्यार के बिना कदाचित् सृष्टि-चक्र ही रुक जाये)

भगवान् सहसा अन्तर्धान हो गये। उन्हें न देखकर व्रज-युवतियाँ निराश हो गईं। उनके मन की व्यथा बढ़ गई। भगवान् श्रीकृष्ण की प्रेम भरी मुस्कान, मनमोहक चितवन, प्रेमालाप तथा प्रेमलीला उनके हृदयों में समा गई थी। श्रीकृष्ण के प्रेम में मग्न गोपियाँ, श्रीकृष्णमय हो गई थीं। यहाँ तक कि हर गोपी स्वयं को ही 'मैं श्रीकृष्ण हूँ' — इस प्रकार कहने लगी थी। ऊँचे स्वर में, वे सब मिलकर उनके गुणों का गान करने लगीं। वे पागलों की तरह श्रीकृष्ण को कभी एक झाड़ी में तो कभी दूसरी झाड़ी में ढूँढने लगीं। भगवान् श्रीकृष्ण, कहीं दूर थोड़े ही गये थे। वे तो समस्त जड़-चेतन पदार्थों में बाहर-भीतर स्थित हैं।

गोपियों ने वृक्षों से कहा — हे पीपल, पाकर, वरगद! नन्द-नन्दन श्यामसुन्दर अपनी प्रेम-भरी मुस्कान से हमारा मन चुराकर चले गये हैं।

क्या तुम लोगों ने उन्हें देखा? कुरबक, अशोक, नागकेशर, पुन्नाग, चम्पा! बलरामजी के छोटे भ्राता जिनकी मुस्कानमात्र से बड़े-बड़े घमण्डियों का मानमर्दन हो जाता है — वे इधर आये क्या? बहिन तुलसी! तुम्हारा हृदय तो बड़ा कोमल है। तुम तो सभी लोगों का कल्याण करती हो। भगवान् के चरणों में तुम्हारा प्रेम है। वे भी तुम्हें प्यार करते हैं। वे सदा तुम्हारी माला पहने रहते हैं। क्या तुमने परम प्रियतम श्यामसुन्दर को देखा? प्यारी मालती, मल्लिके! जाती और जूही! कदाचित् तुमने हमारे प्रिय माधव को देखा होगा। रसाल, प्रियाल, कटहल, पीतशाल, कचनार, जामुन, आक, बेल, मौलसिरी, आम, कदम्ब, नीम — आपका जीवन परोपकार के लिये है। श्रीकृष्ण के बिना हम अनाथ हो गई हैं। क्या आपने उन्हें देखा? भगवान् की प्रेयसी पृथ्वीदेवी! तुमने ऐसी कौन सी तपस्या की है कि श्रीकृष्ण के चरणकमलों का स्पर्श प्राप्त कर आनन्दित रहती हो। कृपया आप ही उनका पता बता दो। अरी सखी हरिनि! हमारे श्यामसुन्दर के अंग-अंग से सौन्दर्य की धारा बहती है। कहीं तुमने तो उन्हें नहीं देखा? तरुवर! हमारे श्रीकृष्ण को तुलसी माला से भीनी सुगन्ध आती है, जिससे भ्रमित होकर भौंरे उस पर मँडराने लगते हैं। उनके एक हाथ में लीलाकमल होगा तथा दूसरे में बाँसुरी। विचरते हुए वे इधर से अवश्य गये होंगे। क्या आपने उन्हें देखा? अरी सखी लताओ! इधर से जाते हुए कदाचित् श्यामसुन्दर का तुम से स्पर्श हुआ हो। क्या तुमने उन्हें देखा?

इस प्रकार श्रीकृष्ण को ढूँढती-ढूँढती गोपियाँ व्याकुल हो गईं तथा उनकी लीलाओं का स्मरण तथा गान करने लगीं। वह कृष्णरूप होकर स्वयं ही उनकी लीलाओं का अनुसरण करने लगीं। इस प्रकार श्रीकृष्ण की बाल-लीलाऐं करतीं-करतीं गोपियाँ पुनः वृक्षों से श्रीकृष्ण का पता पूछने लगीं। उन्होंने एक जगह भगवान् के चरण-चिन्ह देखे तथा कहने लगीं — अवश्य ही ये चरण-चिन्ह उदार शिरोमणि नन्दनन्दन श्यामसुन्दर के हैं, क्योंकि इनमें ध्वज, कमल, वज्र, अंकुश तथा जौ आदि के चिन्ह स्पष्ट दीख रहे हैं। इनके चरण-चिन्हों के साथ एक और चरण चिन्ह भी है। अवश्य ही सर्वशक्तिमान् भगवान् श्रीकृष्ण की यह 'आराधिका'

होगी। भगवान् श्रीकृष्ण अपने चरणकमलों से जिस रज का स्पर्श करते हैं, वह धन्य हो जाती है। उसी रज को देवता अपने शीशों पर धारण करते हैं।

इस प्रकार गोपियाँ मतवाली सी होकर, अपनी सुध-बुध खोकर, एक-दूसरे को भगवान् श्रीकृष्ण के चरण-चिन्ह दिखा-दिखा कर भटक रही थीं। भगवान् श्रीकृष्ण दूसरी गोपियों को छोड़ कर जिस गोपी को दूसरी ओर ले गये थे, कदाचित् उसे वे मान देना चाहते थे कि वह सर्वश्रेष्ठ है (कदाचित् यह राधाजी थीं) जब उसके कहने पर (ढोंग करने पर) – कि थक कर, अब वह चल नहीं सकती, तो उसको प्रसन्न करने के लिये, उसे अपने कन्धे पर भी उठाने का संकेत देकर (चिन्ह छोड़कर) पुनः अन्तर्धान हो गये तथा वह उनके वियोग में विह्वल हो गई और अचेत हो गई। तब श्रीभगवान् ने उसे सम्मान देते हुए जगाया। जिस कारण श्रीभगवान् पुनः अन्तर्धान हुए थे, उस लघुता (ढिठाई) के कारण उस गोपी को लज्जा आई।

तत्पश्चात् जहाँ तक वन में, चन्द्रदेव की चाँदनी छिटक रही थी, गोपियों ने श्रीकृष्ण को ढूँढा। उनका मन कृष्णमय हो गया था। उनकी वाणी से श्रीकृष्ण के सिवा कुछ निकलता नहीं था। वे अपनी सुध-बुध भूल गई थीं। वे अब भी उनकी प्रतीक्षा में थीं। फिर वे रमणरेती लौट आईं तथा उनका गान करने लगीं।

अध्याय 31

रासलीला (3)

रास के समय, श्रीकृष्ण के अन्तर्धान होने पर, उनके वियोग में, गोपियाँ गाने लगीं – प्रिय! तुम्हारे जन्म से, बैकुण्ठ आदि लोकों की अपेक्षा, व्रज की महिमा बढ़ गई है। इसी कारण सौन्दर्य तथा मृदुता की

देवी लक्ष्मीजी, मानो वैकुण्ठ को छोड़ कर यहाँ निवास करने लगी है (क्योंकि व्रज का सभी कुछ सुन्दर, सभी कुछ सुविधायें तथा यहाँ सभी ऐश्वर्य मूर्तिमान् हो गये थे) इस समय हम तुम्हारी बिना मोल की दासियाँ हैं। तुम शरद् कालीन जलाशय के सुन्दरतम कमलनयनों से हमें निहार कर आनन्दित कर चुके हो। हमारे मनोरथ पूर्ण करने वाले! अब हम तुम्हारे वियोग में लगभग प्राणहीन हो चुकी हैं। क्या यह हमारा वध नहीं? बड़े-बड़े असुरों तथा कालिदय नाग से तुमने हमारी रक्षा की है। तुम केवल यशोदा-नन्दन नहीं, अपितु समस्त प्राणियों के हृदय में रहने वाले उनके साक्षी हो, अन्तर्यामी हो। ब्रह्माजी की प्रार्थना पर, विश्व की रक्षा करने के लिये तुम यदुवंश में अवतीर्ण हुए हो।

जो लोग जन्म-मृत्यु के चक्कर को छोड़ कर तुम्हारे चरणों की शरण ग्रहण करते हैं, उन्हें तुम अभय दान देते हो। तुम वही करकमल हमारे शीश पर रख दो। तुम्हारी एक मुस्कान ही सारे जगत् की पीड़ा हरण कर लेती है। हम से रूठो मत। हमें वह परम सुन्दर साँवला स्वरूप पुनः दर्शाओ। जिन चरणों की रज दुर्लभ है, उन्हीं चरणों से तुम हमारे बछड़ों के पीछे-पीछे चलते हो। उन्हीं चरणों की रज के लिये हम आकांक्षा करती हैं। तुम्हारी वाणी कितनी मधुर है। उसके सुनने को हमारे कान तरस रहे हैं। तुम्हारी लीला-कथा अमृतस्वरूप है (हम उसी रासलीला को पुनः अनुभव करना चाहती हैं) बड़े-बड़े भक्त, ज्ञानी महात्माओं ने आपकी लीला का गान किया है। वह सबके सन्ताप मिटाने वाली है। तुम्हारी उस प्रेमभरी मुस्कान तथा चितवन का ध्यान कर हम अब भी आनन्दविभोर हो रही हैं।

हमारे प्रिय सखा! तुम्हारे चरण, कमल से भी कोमल हैं तथा सुन्दर हैं। जब तुम बछड़ों को चराने जाते हो, तो उनमें कोई कंकड़ या काँटा न लगे, यह सोचकर हमारा मन बेचैन हो उठता है। दिन ढलने पर जब तुम गौएँ चरा कर लौटते हो तो हम देखती हैं कि तुम्हारे मुखमण्डल पर नीली-नीली अटके लटक रही हैं तथा गौओं के खुरों से धूलि उड़कर उन पर जम गई है। हमें एक बार पुनः अपना सुन्दर रूप

दिखाओ। दिन में जब तुम वन-विहार को (गौओं को चराने के लिये) चले जाते हो, तो तुम्हारे स्मरण में हमारा एक-एक पल बड़ी कठिनाई से बीतता है। जब सन्ध्या के समय तुम्हारा घुँघराली अलकों से युक्त परम-सुन्दर मुखारविन्द देखती हैं तो उस समय अपनी पलकों को बन्द करना हमारे लिये बोझ बन जाता है। हम पूर्ण लोकलज्जा छोड़ कर तथा अपने माता-पिता, पति, भाई-बन्धु तथा बच्चों को छोड़ कर तुम्हारे पास आई हैं (सारे सांसारिक बन्धनों को तोड़ कर)। इस रात्रि के समय हमारा तुम्हारे बिना यहाँ कौन है? हम तो तुम्हारे बिना अबला सी हो गई हैं। तुम व्रजवासियों के सम्पूर्ण दु:ख ताप को नष्ट करने वाले तथा सम्पूर्ण विश्व का मंगल करने वाले हो। हमारा हृदय तुम्हारे प्रति प्रेमलालसा से भरा रहा है। इस रात्रि में तुम हम से ओझल हो गये हो। हमें भय है कि कोई अपशकुन अथवा अमंगल न हो जाये। तुम्हारे विरह में हम अब अचेत सी हो रही हैं।

अध्याय 32

रासलीला (4)

भगवान् श्रीकृष्ण के विरह में भाँति-भाँति के गाने गाते तथ प्रलाप करती-करती अब गोपियाँ वास्तव में फूट-फूट कर रोने लगीं (उनकी यह दशा देखकर), ठीक उसी समय भगवान् श्रीकृष्ण प्रकट हो गये। उनका मुखकमल मन्द-मन्द मुस्कान से खिला हुआ था। गले में वही वनमाला तथा पीताम्बर ओढ़े हुए थे। इस समय उनकी सुन्दरता कामदेव से भी अधिक थी। प्राणवल्लभ श्यामसुन्दर को आया देख गोपियों के नेत्र प्रेम तथा आनन्द से खिल उठे। उनमें मानो पुनः से जीवन का संचार हो गया हो। वे श्रीकृष्ण के करकमलों को थाम कर उन्हें धीरे-धीरे

सहलाने लगीं। कुछ ने उनके चरणकमलों को अपने हृदय से लगाया। गोपियाँ अपने नयनों से उनके मुखकमल का मकरन्द-रस पान करने लगीं। उनका दर्शन करते उनकी अखियाँ तृप्त नहीं हो रही थीं। वे मन ही मन उन का आलिंगन कर रही थीं। उनका रोम-रोम पुलकित हो उठा। वे योगियों के समान परमानन्द में मग्न हो गईं। जैसे मुमुक्षु परमज्ञानी, संत पुरुष के दर्शनों से कृतार्थ हो जाते हैं, वैसे ही सभी गोपियाँ भगवान् श्रीकृष्ण के दर्शन से परमानन्द तथा उल्लास को प्राप्त हुईं। उनके विरह का दु:ख शान्त हो गया। यद्यपि श्रीकृष्ण अच्युत तथा एकरस हैं, उनका सौन्दर्य तथा माधुर्य निरतिशय हैं, फिर भी विरह व्यथा से मुक्त हुई गोपियों के मध्य वे और भी शोभा पा रहे थे।

तदनन्तर भगवान् श्रीकृष्ण व्रज-सुन्दरियों सहित यमुनाजी के पुलिन पर पहुँचे। उस समय खिले हुए कुन्द तथा मन्दार के पुष्पों की सुगन्ध लेकर शीतल पवन धीरे-धीरे चल रही थी। शरद् पूर्णिमा की चान्दनी अपनी निराली छटा प्रस्तुत कर रही थी। यमुनाजी ने स्वयं अपने लहरों के हाथों भगवान् की लीला के लिये सुकोमल बालु का रंगमंच बना रखा था। भगवान् श्रीकृष्ण के दर्शनों से गोपियों को इतना आनन्द तथा उल्लास हुआ कि उनके हृदय की सारी व्याधि इस प्रकार मिट गई जैसे कर्मकाण्ड की श्रुतियाँ उसका वर्णन करते-करते अन्त में ज्ञानयोग का प्रतिपादन करने लगती हैं तथा फिर समस्त मनोरथों से ऊपर उठ जाती हैं और कृतकृत्य हो जाती हैं। गोपियों ने रोली तथा केसर से चिन्हित ओढ़नी को अपने परम प्यारे सुहृद् श्रीकृष्ण के विराजने के लिये बिछा दिया। बड़े-बड़े योगेश्वर अपने योग-साधना से पवित्र हुए हृदय में जिनके आसन की कल्पना करते हैं, पर फिर भी इसमें असमर्थ रहते हैं, वही सर्वशक्तिमान् भगवान् श्रीकृष्ण यमुनाजी की रेती में गोपियों की ओढ़नी पर बैठ गये। गोपियों के बीच में उन से पूजित होकर भगवान् अत्यन्त शोभायमान हो रहे हैं। तीनों लोगों में जितना भी सौन्दर्य है, वह सब भगवान् के बिन्दुमात्र सौन्दर्य का आभासमात्र है। वे उसके एकमात्र आश्रय हैं। गोपियाँ उनके सामीप्य का आनन्द ले रही थीं।

गोपियों ने कहा, नटवर ! कुछ लोग तो ऐसे होते हैं, जो प्रेम करने वालों से प्रेम करते हैं तथा कुछ लोग न प्रेम करने वालों से भी प्रेम करते हैं। परन्तु कोई-कोई दोनों से ही प्रेम करते हैं। तुम्हें इन तीनों में से कौन सा अच्छा लगता है।

भगवान् श्रीकृष्ण ने कहा, प्रिय सख्यिो! जो प्रेम करने पर प्रेम करते हैं, उनका सारा उद्योग स्वार्थपूर्ण है। न तो उनमें सौहार्द है, न धर्म। उनका प्रेम केवल स्वार्थ के लिये है। जो लोग प्रेम न करने वाले से भी प्रेम करते हैं, जैसे स्वभाव से ही करुणाशील – सज्जन और माता-पिता। कुछ ऐसे भी होते हैं जो प्रेम करने वालों से भी प्रेम नहीं करते। ऐसे लोग चार प्रकार के होते हैं – एक वे जो अपने स्वरूप में ही मस्त रहते हैं, जिनकी दृष्टि में कभी द्वैत होता ही नहीं। दूसरे वे जिन्हें द्वैत तो भासता है, परन्तु जो कृतकृत्य हो चुके हैं, जिनका किसी से कोई प्रयोजन ही नहीं। तीसरे वे हैं, जो जानते ही नहीं कि हम से कौन प्रेम करता है। चौथे वे, जो जान बूझ कर अपना हित करनेवाले परोपकारी गुरु तुल्य लोगों से भी द्रोह करते हैं।

गापियो! मैं तो प्रेम करने वालों से भी प्रेम का वैसा व्यवहार नहीं करता, जैसा करना चाहिए। ऐसे मैं इस लिये करता हूँ कि उनकी चित्त वृत्ति और मुझ में लगी रहे। जैसे निर्धन पुरुष को कभी बहुत सा धन मिल जाये, फिर खो जाये तो उसका हृदय खोये हुए धन की चिन्ता से भर जाता है, वैसे ही मैं मिल-मिलकर, छिप-छिप जाता हूँ। इसमें सन्देह नहीं कि तुम मेरे लिये लोकमर्यादा, वेदमार्ग तथा अपने सगे-सम्बन्धियों को छोड़ कर आई हो। ऐसी स्थिति में तुम्हारी मनोवृत्ति और कहीं न जाये, अपने सौन्दर्य अथवा सुहाग की चिन्ता न करने लगे, मुझ में ही लगी रहे – इसलिए परोक्षरूप से तुम से प्रेम करता हुआ मैं छिप गया था। तुम सब मेरी प्रिय हो, मैं तुम्हारा प्रिय हूँ। तुमने मेरे लिये घर-गृहस्थ के बन्धन तोड़ दिये, जिसे बड़े-बड़े योगी-यति भी नहीं तोड़ पाते। मुझ से यह तुम्हारा मिलन, यह आत्मिक-संयोग सर्वथा निर्मल और सर्वथा निर्दोष है। यदि मैं अनन्त-काल तक तुम्हारे प्रेम, सेवा, त्याग का बदला

चुकाना चाहूँ तो भी नहीं चुका सकता। मैं जन्म-जन्म के लिये तुम्हारा ऋणी हूँ। तुम अपने सौम्य स्वभाव से, प्रेम से, मुझे उऋण कर सकती हो। परन्तु मैं तो तुम्हारा ऋणी हूँ।

अध्याय 33

महारास

(भगवान् श्रीकृष्ण की) महारास का वर्णन करते हुए श्री शुकदेवजी परीक्षित् से कहते हैं - राजन्! भगवान् श्रीकृष्ण की प्रेमभरी वाणी सुनकर गोपियों को जो विरह-ताप शेष था, वह भी समाप्त हो गया। गोपियाँ एक-दूसरे की बाहों में बाहें डाल कर खड़ी थीं। उनके साथ, यमुनाजी की पुलिन पर, भगवान् ने अपनी रसमयी 'रासलीला' प्रारम्भ की। सम्पूर्ण योगियों के स्वामी भगवान् श्रीकृष्ण, दो-दो गोपियों के बीच प्रकट हो गये। इस प्रकार एक गोपी और एक कृष्ण - यही क्रम था। सभी गोपियाँ यही अनुभव कर रही थीं कि उनके प्यारे श्रीकृष्ण का दिव्य रासोत्सव (प्रेमस्वरूप प्राकट्य) उन्हीं के लिये है। उनके इस स्वरूप को देखने के लिये आकाश में विमानों की भीड़ लग गई। सभी देवता अपनी-अपनी पत्नियों सहित वहाँ पहुँच गये। रासोत्सव के दर्शन की लालसा से, उत्कण्ठा से, उनका मन उनके वश में नहीं था। स्वर्ग की दिव्य दुन्दुभियाँ स्वयं बज उठीं। गन्धर्व अपनी-अपनी पत्नियों सहित भगवान् का निर्मल यश-गान करने लगे। रासमण्डल में सभी गोपियाँ अपने प्रियतम श्यामसुन्दर के संग नृत्य करने लगीं। उनकी कलाइयों के कँगन, पैरों के पायजेब तथा करधनी के छोटे-छोटे घुँघरू एकसाथ बज उठे। असंख्य गोपियाँ थीं। अतः यह ध्वनि बड़े जोर से होने लगी। यमुनाजी की रमणरेती पर व्रज-गोपियों के मध्य तथा उनके संग,

श्रीकृष्ण शोभायमान हो रहे थे। ऐसा लगता था कि मानो अनगिनत पीली-पीली दमकती हुई सुवर्ण मणियों के बीच में ज्योतिर्मयी नीलमणि चमक रही हो। नृत्य के समय गोपियाँ भिन्न-भिन्न प्रकार से ठुमक-ठुमक कर, कभी अपने पाँव आगे बढ़ातीं तो कभी पीछे। कभी गति (संगीत-स्वर के दिव्य साजों की ध्वनि के अनुसार) के अनुसार धीरे-धीरे पाँव रखतीं तो कभी वेग से। कभी चाक की तरह घूम जातीं तो कभी हाथ उठा-उठा कर अपने भाव दर्शातीं। कभी कलापूर्ण ढंग से मुस्करातीं तथा आँखों के मौहें मटकातीं। कानों के कुण्डल हिल-हिल कर कपोलों पर आ जाते। नाचने के परिश्रम से उनके मुख पर पसीने की बूँदे झलकने लगी थीं। केश की चोटियाँ कुछ ढीली पढ़ गई थीं। इस प्रकार गोपियाँ गा-गाकर अपने श्यामसुन्दर के साथ नृत्य कर रही थीं। उस समय ऐसा प्रतीत हो रहा था कि मानो बहुत से श्रीकृष्ण तो साँवले मेघ हैं तथा उनके बीच-बीच में चमकती हुई गोरी गोपियाँ बिजली हैं। यह शोभा असीम थी। गोपियों का जीवन भगवान् का प्रेम था। वे श्रीकृष्ण से सट कर, नाचते-नाचते ऊँचे स्वर में (बिना किसी संकोच के) मधुर स्वर में गा रही थीं। उनके राग-रागनियों से सारा (जगत्) गूँज रहा था। अपने हर श्रीकृष्ण के रूप में, भगवान् के हाथ, गोपियों के कंधों पर रखे, उन्हें उनके प्रेम का आभास करा रहे थे।

उस समय गोपियों का सौभाग्य लक्ष्मीजी से भी बढ़ कर था। लक्ष्मीजी के परम प्रियतम भगवान् श्रीकृष्ण को अपने परम प्रियतम के रूप में पाकर, गान करती हुईं, उनके साथ विहार (नृत्य) करने लगीं। रास-मण्डल में वे भगवान् श्रीकृष्ण के साथ नृत्य कर रही थीं तथा उनके ताल में सुर मिला कर उनके कँगन तथा पायेजेबें बज रही थीं। जैसे निर्विकार भाव से नन्हा सा शिशु अपनी परछाई के साथ खेलता है, वैसे ही भगवान् श्रीकृष्ण का संस्पर्श प्राप्त कर गोपियाँ आनन्दविभोर हो गईं। वे अपनी सुध-बुध खो बैठीं। वे अपने केश तथा वस्त्रों को सम्भालने में भी असमर्थ सी प्रतीत हो रही थीं। भगवान् श्रीकृष्ण की यह रास-लीला देखकर स्वर्ग की देवांगनाएँ भी अपने प्रियतमों को मिलने के

लिये उल्लसित हो गईं। समस्त तारों तथा ग्रहों सहित चन्द्रमा भी चकित-विस्मित हो गये। यद्यपि भगवान् आत्माराम हैं - उन्हें अपने अतिरिक्त और किसी की आवश्यकता नहीं - फिर भी जितनी गोपियाँ थीं, उन्होंने उतने ही रूप धारण किये (ताकि किसी गोपी को यह न लगे कि वे उससे अधिक किसी दूसरी गोपी को प्रिय हैं) जब गोपियाँ नृत्य करती-करती थक गईं (तथा पसीने की बूँदों से उनके मुख भर गये) तब करुणामय भगवान् ने अपने करकमलों से उनके मुख पोंछे। इससे गोपियों को बड़ा आनन्द हुआ। उन्होंने अपने कपोलों के सौंदर्य से, जिन पर स्वर्ण कुण्डल झिल-मिल कर रहे थे, तथा अपनी मीठी मुस्कान तथा प्रेमभरी चितवन से भगवान् श्रीकृष्ण का सम्मान किया तथा प्रभु की पवित्र लीलाओं का गान करने लगीं। गोपियों की, नृत्य की थकावट को दूर करने के लिये, श्रीभगवान् ने गोपियों के संग यमुना जल में प्रवेश किया। यमुनाजी में गोपियों ने प्रेम भरी चितवन से भगवान् की ओर देखकर, हँस-हँस कर उन पर जल की भरपूर बौछार की। इस दृश्य को देखकर विमानों पर चढ़े देवता उन पर पुष्पवर्षा करने लगे तथा उनकी स्तुति करने लगे। तदनन्तर, यमुना स्नान के पश्चात्, श्रीकृष्ण गोपियों सहित यमुना तट के उपवन में गये।

राजा परीक्षित् के पूछने पर (शंका-निवारण के लिये) कि भगवान् श्रीकृष्ण की इस रासलीला का रहस्य क्या था तथा उनका इससे क्या अभिप्राय था, श्री शुकदेवजी ने राजा परीक्षित् से कहा - सूर्य, अग्नि आदि ईश्वर (समर्थ) कभी-कभी धर्म का उल्लंघन करते देखे गये हैं। परन्तु उन कर्मों से उन तेजस्वी देवताओं को कोई दोष नहीं होता। उदाहरणतया, अग्नि सब कुछ खा जाता है (भस्म कर देता है), परन्तु उन पदार्थोंसे लिप्त नहीं होता। जिन लोगों में ऐसी सामर्थ्य नहीं है, उन्हें मन से भी वैसी बात नहीं सोचनी चाहिए, शरीर का तो कहना ही क्या। यदि कोई मूर्खतावश करता है तो उसका नाश हो जाता है। भगवान् शंकर ने हलाहल विष पी लिया था, परन्तु यदि कोई दूसरा उसे पीने का प्रयत्न भी करे तो जल कर भस्म हो जाये। अतः भगवान् शंकर आदि जो-जो

ईश्वर हैं, अपने अधिकार के अनुसार, उनके वचनों को ही सत्य मानना तथा उसके अनुसार आचरण करना चाहिए। उनके आचरण का अनुकरण तो कहीं-कहीं ही किया जाता है। उनका जो आचरण उनके उपदेश के अनुकूल हो, उसी को जीवन में उतारे।

परीक्षित्! जो सामर्थ्यवान् पुरुष अहंकारहीन होते हैं, उनके शुभ कर्म करने में उनका कोई सांसारिक स्वार्थ नहीं होता तथा अशुभ कर्म करने में (मनुष्य की दृष्टि से) अनर्थ नहीं होता। वे स्वार्थ तथा दोष से ऊपर होते हैं। जब इस प्रकार के सामर्थ्यवान् पुरुषों के बारे में यह सत्य है, तो पशु-पक्षी, मनुष्य, देवता आदि समस्त चराचर जीवों के जो एकमात्र सर्वेश्वर भगवान् हैं, उनके साथ मानवीय शुभ और अशुभ का सम्बन्ध कैसे जोड़ा जा सकता है। जिनके चरणकमलों की रज का सेवन करके भक्तजन तृप्त हो जाते हैं, जिनके साथ योग प्राप्त कर, उसके प्रभाव से, योगीजन अपने सारे कर्मबन्धन काट डालते हैं तथा विचारशील ज्ञानीजन जिनके तत्त्व का विचार करके तत्त्वस्वरूप हो जाते हैं तथा समस्त कर्म-बन्धन से मुक्त होकर स्वच्छन्द विचरण करते हैं, वे भगवान् अपने भक्तों की इच्छा पूर्ण करने के लिये अपना चिन्मय रूप प्रकट करते हैं। इस कारण भगवान् के उस स्वरूप में, उनके कर्म बन्धन की कल्पना भी कैसे की जा सकती है। गोपियों के, उनके पतियों के और सम्पूर्ण शरीरधारियों के अन्तःकरण में जो आत्मरूप से विराजमान हैं, जो सबके साक्षी तथा परमपति हैं, वही तो अपना दिव्य-चिन्मय श्रीविग्रह प्रकट कर यह लीला कर रहे थे। भगवान् जीवों पर कृपा करने के लिये अपने को मनुष्यरूप में प्रकट करते हैं। व्रजवासी गोपों ने भगवान् श्रीकृष्ण में तनिक की दोष बुद्धि नहीं की (वे सब उन्हीं का स्वरूप थे) वे उनकी योगमाया से मोहित होकर ऐसा समझ रहे थे कि उनकी पत्नियाँ उन्हीं के पास हैं। ब्रह्मा की रात्रि के बराबर वह रात्रि बीत गई। ब्राह्ममुहूर्त आया। यद्यपि गोपियों की इच्छा अपने घर लौटने की नहीं थी, फिर भी भगवान् श्रीकृष्ण की आज्ञा से वे अपने-अपने घर चली गईं, क्योंकि वे अपनी प्रत्येक चेष्टा से, प्रत्येक संकल्प से केवल भगवान् श्रीकृष्ण को

प्रसन्न करना चाहती थीं।

(व्रजकुमारियों ने कात्यायनी देवी की पूजा की तथा व्रत-अनुष्ठान किया। यह मार्गशीर्ष, हेमन्त ऋतु का पहला मास था। फलस्वरूप उन्होंने देवी माता से कहा - हे महामाये! हे महायोगिनी! हे सबकी एकमात्र स्वामिनी! आप नन्द-नन्दन श्रीकृष्ण को हमारा पति बना दीजिए। इस संकल्प के साथ एक महीने तक उन्होंने भद्रकाली की भली-भाँति पूजा की, कि 'नन्दनन्दन श्यामसुन्दर ही उनके पति हों। वे प्रतिदिन ऊषाकाल में ही नाम ले-लेकर एक दूसरी सखी को पुकार लेतीं तथा हाथ-में-हाथ डाल कर ऊँचे स्वर में भगवान् श्रीकृष्ण की लीला तथा नामों का गान करती हुईं यमुना जल में स्नान करने जातीं, सूर्य निकलने से पहले।

देवता के रूप में श्रीभगवान् ही अपने भक्तों की पूजा स्वीकार करते हैं तथा उन्हें फल देते हैं। यहाँ देवी माता की पूजा हो रही थी तथा श्रीकृष्ण के प्रति उनका अनुराग था। भगवान् श्रीकृष्ण ने उनकी भक्ति को सफल करने के संकल्प हेतु उन्हें वचन दिया कि वे एक रात पति के रूप में उन्हें प्राप्त होंगे। इसी संकल्प को पूर्ण करने के लिये उन्होंने रास, महारास की। उनकी अपनी आयु उस समय लगभग आठ वर्ष की होगी, क्योंकि गोवर्धन धारण के समय उनकी आयु सात वर्ष की थी। अतः चीरहरण के समय उनकी आयु इस से कम थी। रासलीला उन्होंने शरद्-ऋतु में, चीरहरण के एक वर्ष पश्चात् की। महारास में वे स्वयं तो पद्म में थे तथा गोपी के संग अपने माया रूप में थे। इस रूप में प्रत्येक गोपी ने उन्हें कदाचित् पति के रूप में पाया तथा उससे अपने भावानुसार प्रेम क्रीड़ा की। इस रूप में भगवान् श्रीकृष्ण ने उन्हें अपना प्रेम स्वरूप दिखाया।

श्रीमद्भागवत में रासलीला के पाँच अध्याय (29 से 33) उसके पाँच चरण माने जाते हैं। भगवान् श्रीकृष्ण की परम अन्तरंगलीला, निजस्वरूप-भूता गोपिकाओं और ''ह्लादिनी शक्ति श्री राधाजी के साथ होने वाली भगवान् की दिव्यातिदिव्य क्रीड़ा इन अध्यायों में कही गई है। 'रास' शब्द का मूल 'रस' है तथा रस स्वयं भगवान् श्रीकृष्ण हैं - रसो

वै सः। जिस दिव्य क्रीड़ा में एक ही रस अनेक रसों के रूप में होकर अनन्त-अनन्त रस का समास्वादन करे; एक रस ही रस-समूह के रूप में प्रकट होकर स्वयं ही आस्वाद्य-आस्वादक, लीला, धाम और विभिन्न आलम्बन एवं उद्दीपन के रूप में क्रीड़ा करे - उसका नाम रास है। भगवान् की यह दिव्य लीला भगवान् के दिव्य धाम में दिव्य रूप से निरन्तर हुआ करती है। यह भगवान् की विशेष कृपा से प्रेमी साधकों के हितार्थ कभी-कभी अपने दिव्य धाम के साथ ही भूण्डल पर भी अवतीर्ण होती है, जिसको देख-सुन तथा गाकर तथा स्मरण-चिन्तन करके अधिकारी पुरुष रसस्वरूप भगवान् की इस परम रसमयी लीला का आनन्द ले सकें और स्वयं भी भगवान् की लीला में सम्मिलित होकर अपने को कृतकृत्य कर सकें। इस पाँचध्यायी में वंशीध्वनि, गोपियों के अभिसार, श्रीकृष्ण के साथ उनका वार्तालाप, रमण, श्री राधाजी के साथ अन्तर्धान, पुनः प्राकट्य, गोपियों द्वारा उन्हें अपने दिये हुए आसन पर बिठाना, गोपियों के प्रश्नों का उत्तर, रासनृत्य, जलकेलि तथा वनविहार का वर्णन है जो वस्तुतः परम दिव्य है।

भगवान् का शरीर, जीव-शरीर की भाँति जड़ नहीं होता। यह उनका दिव्य शरीर होता है। भगवान् के समान ही गोपियाँ भी परम रसमयी तथा सच्चिदानन्दमयी ही हैं। साधना की दृष्टि से भी उन्होंने न केवल जड़ शरीर को ही त्यागा, अपितु सूक्ष्म शरीर से प्राप्त होने वाले स्वर्ग, कैवल्य से अनुभव होने वाले मोक्ष - और तो क्या, जड़ता की दृष्टि का ही त्याग कर दिया है। उनकी, दृष्टि में केवल चिदानन्दस्वरूप श्रीकृष्ण हैं। उनके हृदय में श्रीकृष्ण के प्रति प्रेमामृत है। गोपियों के दिव्यभाव को हम समझने में असमर्थ हैं। उनके भाव को साधारण स्त्री-पुरुषों जैसा जानना एक घोर अपराध होगा। भगवान् की दिव्य लीलाओं को स्मरण करते समय उनकी अप्राकृत दिव्यता का स्मरण रखना आवश्यक है। भगवान् का चिदानन्दधन शरीर दिव्य है। उसी प्रकार गोपियाँ दिव्य, भगवान् की अन्तरंग शक्तियाँ हैं। इन दोनों का सम्बन्ध भी दिव्य है। जिस प्रकार गीताज्ञान के प्रवचन के लिये श्रीभगवान् ने अर्जुन को चुना, उसी प्रकार

अपने प्रेम स्वरूप को दर्शाने के लिये उन्होंने गोपियों को निमित्त बनाया। फिर गोपियाँ तो उन्हीं का स्वरूप हो गई थीं - 'कृष्णमय'।

प्राकृत देह का निर्माण होता है स्थूल, सूक्ष्म तथा कारण से। जब तक 'कारण' रहता है, हमारा प्राकृत देह से सम्बन्ध रहता है तथा हमारी इससे निवृत्ति नहीं होती। प्रकृति में जितने भी शरीर उत्पन्न होते हैं, सभी वस्तुतः नर-मादा के संयोग से (मैथुन से) होते हैं, अथवा महापुरुषों के संकल्प से अथवा बिना ही मैथुन के नाभि, हृदय, कण्ठ, कर्ण, नेत्र, शीश, मस्तक आदि के स्पर्श से, बिना ही स्पर्श के, केवल दृष्टिमात्र से, अथवा बिना देखे केवल संकल्प से ही उत्पन्न होते हैं। इसी प्रकार यागियों के द्वारा निर्मित 'निर्माणकाय' यद्यपि अपेक्षाकृत शुद्ध हैं, परन्तु फिर भी होते प्राकृत ही हैं। पितर अथवा देवों के दिव्य शरीर भी प्राकृत ही हैं। अप्राकृत शरीर इन सब से विलक्षण है, जो महाप्रलय में भी नष्ट नहीं होता। भगवद्देह तो साक्षात भगत्स्वरूप ही है। देव-शरीर प्रायः रक्त-मांस-मेद-अस्थि वाले नहीं होते, परन्तु अप्राकृत भी नहीं होते। श्रीकृष्ण का एक-एक अंग पूर्ण श्रीकृष्ण है। श्रीकृष्ण का मुखमण्डल जैसे पूर्ण श्रीकृष्ण है, वैसे ही उनका पदनख भी पूर्ण कृष्ण है। श्रीकृष्ण की सभी इन्द्रियों से सभी काम हो सकते हैं, क्योंकि वे इन्द्रियों के स्वामी हैं। उनके कान देख सकते हैं, उनकी आँखे सुन सकती हैं, उनकी नाक स्पर्श कर सकती है, उनकी रसना सूँघ सकती है, उनकी त्वचा चख सकती है, आदि-आदि। श्रीकृष्ण का सब कुछ श्रीकृष्ण होने के कारण वे सर्वथा पूर्णतम हैं। श्रीभगवान् को उपनिषदों में 'अखण्ड ब्रह्मचारी' कहा गया है। बड़े होने पर उनकी सोलह हज़ार एक सौ आठ रानियाँ तथा उनसे उनके पुत्र, केवल उनकी माया थी तथा यह सारी भागवती सृष्टि थी, भगवान् के संकल्प से हुई थी। इसी शंका के समाधान के लिये नारदजी जब द्वारका गये तो उन्होंने श्रीकृष्ण को, अपने रूप में, इन्हें हर रानी के पास पाया। यह उनकी योगमाया थी।

भगवान् श्रीकृष्ण की बाँसुरी जड़ को चेतन, चेतन को जड़, चल को अचल तथा अचल को चल, विक्षिप्त को समाधिस्थ तथा समाधिस्थ को

विक्षिप्त बनाने में समर्थ है। वंशी की ध्वनि पर किसी से किसी ने पूछा नहीं, सलाह नहीं की, अस्त-व्यस्त दशा जैसे भी, वैसे ही वे श्रीकृष्ण के पास पहुँच गईं। वैराग्य की पूर्णता तथा प्रेम की पूर्णता एक ही बात है - दो नहीं। गोपियाँ व्रज तथा श्रीकृष्ण के बीच में मूर्तिमान् वैराग्य हैं या मूर्तिमान् प्रेम - इसका निर्णय करने में सभी असमर्थ हैं। साधना के दो भेद हैं - मर्यादापूर्ण वैध साधना तथा मर्यादारहित प्रेमसाधना। प्रेमसाधना, दैव है। इस अवस्था में जीव (सांसारिक) बन्धन-मुक्त हो जाता है। इस 'सर्व-धर्म त्याग' रूप स्वधर्म का आचरण गोपियों जैसे उच्चस्तर के साधकों में ही सम्भव है। जो वेदों का, वेद-मूलक समस्त धर्म मर्यादाओं का भी भली-भाँति त्याग कर देता है, वह अखण्ड, असीम भगवतप्रेम को प्राप्त करता है।

'वेदानपि संन्यस्यति, केवलमविच्छिन्नानुरागं लभते'

प्रेम में शारीरिक सन्निधि आवश्यक नहीं है। श्रवण, स्मरण, दर्शन, तथा ध्यान से सन्निध्य की अपेक्षा अधिक प्रेम बढ़ता है। गोपियों की प्रार्थना, साधना से स्पष्ट है कि वे श्रीकृष्ण को अन्तर्यामी, योगेश्वर परमात्मा के रूप में पहचानती थीं।

वियोग ही संयोग का पोषक है, मान और मद ही भगवान् की लीला में बाधक हैं। भगवान् की दिव्य लीला में मान और मद भी, जो कि दिव्य हैं, इसलिये होते हैं कि उनसे लीला में रस की और भी पुष्टि हो। भगवान् की इच्छा से ही गोपियों में लीलानुरूप मान तथा मद का सञ्चार हुआ तथा भगवान् अन्तर्धान हो गये। जिन के हृदय में लेशमात्र भी मद अवशेष है, नाममात्र भी मान का संस्कार शेष है, वे भगवान् के सम्मुख रहने के अधिकारी नहीं।

भगवान् श्रीकृष्ण आत्मा हैं। आत्माकार वृत्ति श्री राधाजी हैं तथा शेष आत्माभिमुख वृत्तियाँ गोपियाँ हैं। उनका धाराप्रवाहरूप से निरंतर आत्मरमण ही रास है।

भगवान् श्रीकृष्ण तथा उनकी अन्तरंगा अभिन्नस्वरूपा गोपियों की

लीला सच्चिदानन्दमयी है। इस लीला की नकल किसी को नहीं करनी चाहिए, करना सम्भव भी नहीं है। इसीलिये शुकदेवजी ने रासपञ्चाध्यायी के अन्त में सब को सावधान करते हुए कहा कि भगवान् के उपदेश तो सब मानने वाले हैं, परन्तु उनके सभी आचरणों का अनुकरण (नकल) नहीं करना चाहिए।

भगवान् श्रीकृष्ण की रासलीला-दिव्यलीला है। इसका रहस्य तो देवता भी समझ नहीं पाये, हमारी बुद्धि की सीमा तो बड़ी परिमित है। इस दिव्यलीला को देखने के लिये देव तथा देवांगनायें पहुँची। भगवान् की यह रासलीला तो देवताओं को भी देखने में अति दुर्लभ है, क्योंकि उनके इस प्रेमस्वरूप के दर्शनों के लिये देवता सदा उत्कण्ठित रहते हैं)

अध्याय 34

सुदर्शन तथा शंखचूड उद्धार

एक बार नन्दबाबा आदि गोप शिवरात्रि के अवसर पर, बड़ी उत्सुकता तथा आनन्द से, बैलों से जुति गाड़ियों पर बैठकर अम्बिकावन की यात्रा को गये। वहाँ उन्होंने सरस्वती नदी में स्नान किया तथा सर्वान्तर्यामी पशुपति भगवान् शंकरजी तथा भगवती अम्बिकाजी का बड़ी भक्ति से, अनेक प्रकार की सामग्रियों द्वारा उनका पूजन किया। ब्राह्मणों को उत्तम भोजन कराकर उन्हें गौएँ, वस्त्र तथा स्वर्ण दान दिया। उस दिन सभी ने उपवास रखा। केवल जल पीकर ही नदी के तट पर सो गये।

उस अम्बिकावन में एक बड़ा भयानक अजगर रहता था। दैववश वह उधर आ निकला जहाँ नन्दबाबा सोये थे। उसने नन्दबाबाजी को अपने पाश में लपटे लिया। अजगर की जकड़ में नन्दबाबा चिल्लाने लगे — बेटा कृष्ण यह अजगर मुझे निगल रहा है। मुझे इस संकट से बचाओ। नन्दबाबा का चीखना सुन सभी गोप जाग गये तथा नन्दबाबा को

अजगर के मुख में देखकर घबरा गये। वे अधजली लकड़यों से अजगर को मारने लगे। लकड़ियों की मार पड़ने पर भी अजगर ने नन्दबाबा को नहीं छोड़ा। इतने में भक्तवत्सल भगवान् श्रीकृष्ण वहाँ आ गये तथा उन्होंने अपने चरणों से उस अजगर को दबाया। उनके चरण स्पर्श होते ही अजगर के सारे अशुभ भस्म हो गये तथा वह अजगर का रूप त्याग, विद्याधरार्चित सर्वांग सुन्दर रूपवान् बन गया। वह सुन्दर स्वर्ण हार पहने था। उसका शरीर कान्तिमान् था। वह हाथ जोड़कर भगवान् के सामने खड़ा हो गया। गोपों की उत्सुकता के लिए श्री भगवान् ने पूछा, तुम कौन हो? तुम्हारे इस सुन्दर शरीर को यह अजगर की योनि कैसे प्राप्त हुई?

वह पुरुष बोला, भगवन् ! मैं पहले एक विद्याधर था। मेरा सुदर्शन नाम है। मेरे पास सौन्दर्य तथा ऐश्वर्य था तथा मैं विमान में सवार हो यहाँ से वहाँ घूमता रहता था। एक दिन मैंने अंगिरा-गोत्र के ऋषियों को देखा। अपनी सुन्दरता के मद में मैंने उन ऋषियों की हँसी उड़ाई। इस पर क्रोधित हो कर उन्होंने मुझे अजगर योनि में पड़ने का शाप दे दिया। उन कृपालु ऋषियों ने कदाचित् मुझ पर अनुग्रह करने के लिये ही मुझे शाप दिया था। आज चराचर के गुरु स्वयं आपने अपने चरणकमलों के स्पर्श से मेरे सब अशुभ नष्ट कर दिये। समस्त पापों का नाश करने वाले प्रभु! जो लोग जन्म-मृत्यु रूप संसार से निर्वाण के लिये आपके चरणों की शरण ग्रहण करते हैं, उन्हें आप समस्त पापों से मुक्त कर देते हैं। अब मैं अपने लोक जाने की अनुमति चाहता हूँ। भक्तवत्सल! महायोगेश्वर! पुरुषोत्तम! मैं आपकी शरण में हूँ। इन्द्रादि समस्त लोकश्वरों के परमेश्वर! स्वयंप्रकाश परमात्मा! मुझे आज्ञा दीजिए। अपने रूप में नित्य एकरस रहने वाले अच्युत! आपके दशर्नमात्र से मैं ब्राह्मणों के शाप से मुक्त हो गया। इस प्रकार विनती कर, सुदर्शन ने भगवान् की परिक्रमा कर, अपने लोक को चला गया। इस संकट से मुक्ति पाकर, गोपों ने उस क्षेत्र में जो नियम ले रखे थे, उनको पूर्ण कर, श्रीकृष्ण की लीला का गान करते हुए व्रज की ओर प्रस्थान किया।

इसी प्रकार एक दिन भगवान् श्रीकृष्ण-बलरामजी सहित रात्रि के

समय वन में गोपियों के साथ विहार कर रहे थे। भगवान् श्रीकृष्ण निर्मल पीताम्बर धारण किये हुए थे तथा बलरामजी नीलाम्बर। दोनों के गलों में सुन्दर मालाएँ लटक रही थीं। अभी-अभी सांयकाल हुआ था तथा तारे आकाश में निकल आये थे। चन्द्रमा ने अपनी चाँदनी छिटक दी थी। गोपियाँ श्रीभगवान् की लीलाओं का गान कर रही थीं। कुमुदिनी की सुगन्ध से भरपूर वायु धीरे-धीरे चल रही थी। बलराम-श्रीकृष्ण का मिलकर, राग आरोह-अवरोह, स्वरों में बहुत मधुर तथा मन को भाने वाला था। उस गान से सभी गोपियाँ मोहित हो गईं।

जिस समय श्याम-बलराम स्वच्छन्द विहार कर रहे थे, उसी समय वहाँ शंखचूड देखते ही देखते गोपियों को लेकर उत्तर की ओर भागा। जिनके एकमात्र स्वामी भगवान् श्रीकृष्ण हैं, वे गोपियाँ रो-रोकर चिल्लाने लगीं। उसी समय दोनों भ्राता उस यक्ष की ओर दौड़ पड़े। गोपियों को अभय देते हुए वे एक क्षण में ही उस यक्ष के पास पहुँच गये। वे मृत्यु के समान उसके पीछे पड़ गये। वह जहाँ जाता, वहीं उन्हें पाता। अन्ततः घबरा कर अपने प्राण बचाने के लिए वह भागा। वह जहाँ-जहाँ गया, बलराम-श्रीकृष्ण उसके पीछे थे। कुछ ही दूरी रह जाने पर भगवान् ने उसे पकड़ लिया तथा उसका सिर धड़ से अलग कर दिया तथा उसकी चमकीली मणि बलरामजी को दे दी।

अध्याय 35

युगल गीत

महारास के पश्चात् गोपियाँ कृष्णमय हो गई थीं। उनका मन उनमें ही लगा रहता था। जब श्रीकृष्ण गौओं को चराने वन में चले जाते तो उनका चित्त भी उन्हीं के साथ चला जाता। वे श्रीकृष्ण का चिन्तन करती रहतीं तथा उनकी लीलाओं का गान करतीं।

गोपियाँ आपस में कहतीं - अरी सखी! जब श्यामसुन्दर बाँसुरी को अपने अधरों पर लगाते हैं तथा तान छेड़ते हैं, उस समय सिद्धपत्नियाँ आकाश में अपने पति सिद्धगणों के साथ विमानों पर चढ़ कर आ जाती हैं। ये नन्द-नन्दन कितने सुन्दर हैं। जब वे हँसते हैं तो हास्यरेखाएँ हार का रूप धारण कर लेती हैं। उनके दाँत शुभ्र मोतियों की तरह चमकने लगते हैं।

बाँसुरी की ध्वनि सुनकर गौएँ, बैल, हरिन उनके पास आ जाते हैं। **वह** अपने कान खड़े कर इस प्रकार स्थिर हो जाते हैं, मानो सो गए हैं।

उनके वक्षःस्थल पर जो श्रीवत्स की सुनहली रेखा है, वह ऐसी जान पड़ती है जैसे श्याम-मेघ पर बिजली विराजमान हो।

हे सखी! जब नन्द के लाडले श्रीकृष्ण अपने शीश पर मोर पंख का मुकुट धारण कर लेते हैं तो उनकी घुँघराली अलको में फूल के गुच्छे तथा कानों में स्वर्णकुण्डल बड़े सुहावने लगते हैं। जैसे देवता अनन्त, अचिन्त्य ऐश्वर्य के स्वामी भगवान नारायण की भक्ति का गान करते हैं, वैसे ही ग्वालबाल अनन्त सुन्दर नर-नारायण श्रीकृष्ण की लीलाओं का गान करते हैं। सर्व ऐश्वर्य सम्पन्न, जब वे वृन्दावान में विहार करते हैं तथा बाँसुरी बजा कर गौओं को उनके नाम से पुकारते हैं, तब वन में वृक्ष तथा लताएँ, फल-फूलों से लदी उनके चरणों को स्पर्श करती हैं।

अरी सखी! संसार में जितनी भी वस्तुएँ देखने योग्य हैं, हमारे श्यामसुन्दर, हमारे मनमोहन, उन सबसे सुन्दर, सबसे मधुर हैं। उनके साँवले ललाट पर केसर की खौर कितनी अच्छी लगती है। गले से घुटनों तक वनमाला, उसमें पिरोई हुई तुलसी की दिव्य-गन्ध कितनी आकर्षक है। उनकी वंशीध्वनि सुन कर सरोवर में सारस-हंस तथा वृक्षों में पक्षी भी मग्न हो जाते हैं। हमारे श्यामसुन्दर, जब पुष्पों के कुण्डल धारण कर बलरामजी सहिज गिरिराज जी के शिखर पर खड़े होकर सारे जंगल को हर्षित करते हुए बाँसुरी बजाते हैं, मानो सारा विश्व उस मधुर ध्वनि का आलिंगन करने लगता है। उस समय मेघ अपनी गर्जना छोड़कर, हमारे श्यामसुन्दर के ऊपर शीतल छाया करते हैं तथा नन्ही-नन्ही फुहार बरसाने लगते हैं।

सतीशिरोमणि यशोदाजी! तुम्हारे सुन्दर कुंवर, ग्वालबाल के साथ, खेल खेलने में बड़े निपुण हैं। रानीजी! तुम्हारे लाडले लाल सबसे प्यारे तो हैं ही, सबसे सुन्दर भी हैं, चतुर भी हैं। उन्होंने बाँसुरी बजाना किसी से सीखा नहीं, स्वयं ही राग रागनियाँ उनकी बाँसुरी से बजने लगती हैं, जब वे उसे अपने अधारों पर रखते हैं। सर्वज्ञ शंकर, ब्रह्मा भी उनकी बाँसुरी की तान से मुग्ध हो जाते हैं।

अरी वीर! उनके चरणकमल में ध्वजा, वज्र, कमल, अंकुश आदि विचित्र तथा सुन्दर चिन्ह हैं। जब गौओं के खुरों से धरती पर खुदन होती है, पीड़ा होती है, तो वे उनके पीछे-पीछे अपने चरणों के स्पर्श से उसे सुख पहुँचाते हैं। उनके गले में मणियों की माला बहुत सुन्दर लगती है। तुलसी की मधुर गन्ध उन्हें बहुत प्रिय है। तभी तो वे उसे सदा धारण करते हैं।

नन्दरानी यशोदाजी! वास्तव में तुम बड़ी पुण्यवती हो। तभी तो तुम्हें ऐसे पुत्र मिले। तुम्हारे लाडले सबसे प्रिय हैं। उनका चित्त बड़ा कोमल है। ग्वालबाल तथा गौओं के साथ जब वे यमुना तट पर खेलते हैं, तब चन्दन के समान शीतल सुगन्धित पवन अपने मन्द-मन्द प्रवाह से उनका स्वागत करती है। गन्धर्व आदि देवता उनको गा-गा कर सन्तुष्ट करते हैं।

अरी सखी! गौओं को लौटा कर जब वे सांयकाल आते हैं, इतनी देर क्यों हुई, मानो रास्ते में वयोवृद्ध तथा ज्ञानवृद्ध ब्रह्मा, शंकरजी ने उन्हें रोक लिया हो। सारा दिन गौएँ चराते-चराते मानो वे थक जाते हैं। गौओं के खुरों से उड़ कर धूल उनकी वनमाला पर बैठ जाती है। वे मानो चन्द्रमा के समान, कदाचित् हमारी अभिलाषाओं को पूर्ण करने के लिए ही, हमारे पास चले आ रहे हैं। उनकी छवी देखो। मदभरी आँखें कुछ चढ़ी हुई हैं। सोने के कुण्डलों की कान्ति से वे अपने कपोलों को अलंकृत कर रहे हैं। व्रजभूषण श्रीकृष्ण गजराज की मदभरी चाल से इस वेला में हमारी ओर आ रहे हैं।

श्री शुकदेवजी कहते हैं - सभी गोपियों का मन श्रीकृष्ण में ही लगा रहता है। वे श्रीकृष्ण खुद हो गयी हैं। जब दिन में वे गौएँ चराने चले

जाते हैं, तब वे उन्हीं का चिन्तन करती रहती हैं तथा उन्हीं की लीलाओं का गान करती हैं।

अध्याय 36

अरिष्टासुर उद्धार तथा अक्रूरजी का व्रजगमन

आज व्रज में आनन्द-उत्सव की धूम मची थी। उसी समय अरिष्टासुर दैत्य एक बैल का रूप धारण करके आया। वह बड़ा हृष्ट-पुष्ट था। वह अपने खुरों को धरती पर पटक रहा था, जिससे बड़ी धमक हो रही थी। वह जोर-जोर से गरज रहा था तथा अपने पैरों से धूल उड़ा रहा था तथा अपने सींगों से दीवारों तथा खेतों की मेड तोड़ रहा था। उसके इस उधम से व्रजवासी भयभीत होने लगे। अपनी रक्षा के लिये व्रजवासियों ने श्रीकृष्ण को पुकारा! श्रीभगवान् ने देखा की बैल की उदण्डता से सारा गोकुल भयभीत हो रहा है। उन्होंने दैत्य को ललकारा, अरे दुष्ट! तू इन गौओं तथा ग्वालों को क्यों डरा रहा है। उनकी ललकार से दैत्य धरती को खोदता हुआ उनकी ओर दौड़ा। उसने अपने तीखे सींग आगे कर रखे थे। भगवान् श्रीकृष्ण ने उसे सीगों से पकड़ कर धरती पर पटका तथा अपने पाँव से उसे रोंद डाला। उसकी आँखें उलट गईं तथा उसके प्राण निकल गये। इस लीला पर देवताओं ने श्रीकृष्ण पर पुष्पों की वर्षा की।

जब श्रीकृष्ण ने अरिष्टासुर को मार डाला, तब श्री नारदजी कंस के पास पहुँचे। कदाचित् अब कंस के वध का समय आ गया था। उन्होंने कहा, कंस! जो कन्या तुम्हारे हाथ से छूट कर आकाश में चली गई थी, वह यशोदा की पुत्री थी। व्रज में जो श्रीकृष्ण हैं, वे देवकी के पुत्र हैं। वहाँ जो बलरामजी हैं, वे रोहिणी-पुत्र हैं। वसुदेव ने तुम से डर कर उन दोनों को अपने मित्र नन्द के पास रखा है। उन्होंने ही तुम्हारे अनुचर

दैत्यों का वध किया है।

नारदजी की यह बात सुनकर कंस क्रोध से तिलमिला उठा। उसने वसुदेवजी को मारने के लिये तलवार उठा ली, परन्तु नारदजी ने उसे रोक दिया। जब कंस को पता चला कि वसुदेव के पुत्र ही उसकी मृत्यु का कारण हैं, उसने देवकी को हथकड़ी डाल पुनः वंदीगृह में डाल दिया। जब नारदजी चले गये, तो कंस ने केशी दैत्य को बुलाया तथा उससे कहा कि वह व्रज में जाकर बलराम तथा कृष्ण को मार डाले। वह इस कार्य के लिये चला गया। तत्पश्चात् कंस ने मुष्टिक, चाणूर, शल तथा तोशल आदि पहलवानों, मन्त्रियों तथा महावतों को बुला कर कहा - वीरवर चाणूर तथा मुष्टिक, सुनो! वसुदेव के दो पुत्र बलराम तथा कृष्ण नन्द के व्रज में रहते हैं। उन्हीं के हाथों से मेरी मृत्यु बताई गई है। अतः जब वे यहाँ आयें, तब तुम उन्हें कुश्ती करने के बहाने मार डालना। इस मल्लयुद्ध के लिए तुम एक अखाड़ा तैयार कर लो। उसके गिर्द, चारों ओर ऊँचे-ऊँचे मँच तथा लोगों के बैठने के लिए स्थान बना दो, जिससे नगरवासी इस क्रीड़ा को देख सकें। अरे महावत! तुम बड़े चतुर हो। तुम दंगलस्थल के छोटे से फाटक पर अपने कुवलयापीड हाथी को रखना। जब मेरे शत्रु बालक उधर से निकलें तो तुम अपने हाथी से उन्हें मरवा देना। इसी चतुर्दशी को विधि पूर्वक धनुष-यज्ञ प्रारम्भ कर दो। उसकी सफलता के लिऐ वरदानी भूतनाथ भैरव को बहुत से पवित्र पशुओं की वली दो।

कंस तो केवल स्वार्थ-साधन का सिद्धान्त जानता था। उसने मन्त्रियों, पहलवानों तथा महावत को इस प्रकार आज्ञा देकर, श्रेष्ठ युदवंशी अक्रूरजी को बुलाया तथा कहा, अक्रूरजी! आप तो बड़े उदार दानी हो। सब प्रकार से मेरे आदरणीय हो। आज अपने इस मित्र का कार्य कर दीजिए। क्योंकि भोजवंशी तथा वृष्णिवंशी यादवों में आपसे बढ़ कर मेरा कोई हितैषी नहीं है, इस कार्य के लिये मैंने आपका आश्रय लिया है। आप व्रज में जाइये। वहाँ वसुदेवजी के दो पुत्र हैं। उन्हें रथ पर बैठा कर मथुरा ले आइये। सुना है देवताओं ने उन दोनों को मेरी मृत्यु का कारण

निश्चित किया है। उन दोनों के साथ-साथ नन्द आदि गोपों को भी बड़ी भेंट देकर यहाँ ले आइये। उनसे केवल इतनी ही बात कहियेगा, कि वे लोग धनुषयज्ञ के दर्शन तथा यदुवंशियों को देखने के लिए आ जायें। कंस ने सोचा कि यदि इन बालकों से छुटकारा मिल जाए तो वह एकछत्र राजा बन सकता है, क्योंकि जरासन्ध आदि उसके सम्बन्धी हैं तथा शम्बरासुर, नरकासुर तथा बाणासुर मित्र हैं। पिता उग्रसेन पहले ही कारागार में डाल रखे थे।

अक्रूरजी ने कहा, महाराज! आप अपनी मृत्यु तथा अपना अनिष्ट दूर करना चाहते हैं। यह आपका सोचना ठीक ही है। मनुष्य को चाहिए, असफलता हो या सफलता, दोनों के प्रति समभाव होकर अपना कार्य करता जाये। प्रारब्ध के अनुकूल होने पर सफलता मिल जाती है, तो वही प्रारब्ध के विपरीत होने पर मनुष्य की असफलता बन जाती है। फिर भी मैं आपकी आज्ञा का पालन करूँगा।

अध्याय 37

केशी, व्योमासुर उद्धार

कंस के आदेश से केशी दैत्य व्रज में गया तथा वहाँ एक घोड़े का रूप धारण कर लिया। वह अपनी टापों से धरती को खोदता हुआ जा रहा था। उसकी भयानक हिनहिनाहट से सभी भयभीत होने लगे। उसका शरीर काले बादल की तरह विशाल था। वह अपने स्वामी कंस के आदेश से श्रीकृष्ण को हानि पहुँचाने आया था। श्रीकृष्ण ने देखा कि समस्त गोकुल भयभीत हो रहा है। केशी श्रीकृष्ण को ढूँढता-ढूँढता उनके समक्ष आ गया। भगवान् श्रीकृष्ण ने उसे ललकारा। केशी उन पर झपट पड़ा, परन्तु वह भगवान् को कैसे क्षति पहुँचा सकता था। उन्होंने

उसके दोनों पैर पकड़कर ऐसे घुमाया जैसे गरुड़ साँप को उठाकर घुमाता है। श्रीकृष्ण के पटकने पर केशी उठकर फिर उन पर झपटा। उसके इस वेग को देखकर भगवान् मुस्करा दिये तथा उन्होंने अपना बायाँ हाथ उसके मुख पर मारा। उनका कोमल हाथ उसके मुख पे जाकर, उसे तपाये हुए लोहे के समान लगा। श्रीकृष्ण का भुजदण्ड इतना स्थूल तथा बढ़ गया कि केशी की सांस रुकने लगी। दम घुटने पर केशी भूमि पर पैर पटकने लगा। उसका शरीर पसीने से लथपथ हो गया तथा उसकी आँखें पलट गईं। शीघ्र ही उसकी देह निष्प्राण हो गई। उसका शरीर फूली ककड़ी की तरह फट गया।

देवर्षि नारदजी भगवान् के परम प्रेमी तथा समस्त जीवों के हितैषी हैं। कंस के यहाँ से लौटकर नारदजी भगवान् श्रीकृष्ण के पास आये। उन्होंने भगवान् से कहा, सच्चिदानन्दस्वरूप श्रीकृष्ण! आपका स्वरूप मन तथा वाणी का विषय नहीं है। आप योगेश्वर हैं। सारे जगत् का नियन्त्रण आप ही करते हैं। आप सबके हृदय में निवास करते हैं तथा सब आप में। आप भक्तों के एकमात्र वाञ्छनीय, यदुवंश शिरोमणि तथा हमारे स्वामी हैं। आप समस्त प्राणियों के आत्मा होने पर भी अपनी माया से छुपे रहते हैं। आप पुरुषोत्तम रूप से सबके नियन्ता तथा साक्षी हैं। आप सबके अधिष्ठान तथा स्वयं अधिष्ठान-रहित है। आपने सृष्टि के आरम्भ में अपनी माया के गुणों की रचना की तथा उन्हीं गुणों को स्वीकार कर जगत् की उत्पत्ति, स्थिति तथा प्रलय करते हैं। इस सबको करने के लिए आपको अपने से अतिरिक्त और किसी वस्तु की आवश्यकता नहीं, क्योंकि आप सर्वशक्तिमान् तथा सत्यसंकल्प हैं। राक्षसों का, जिन्होंने आज राजाओं का रूप धारण कर रखा है, उनका विनाश करने के लिये ही तथा धर्म मर्यादा की रक्षा करने के लिये आप यदुवंश में अवतीर्ण हुए हैं। आपने खेल-खेल में ही केशी दैत्य को मार डाला जिससे देवता भी भय खाते थे।

प्रभो! अब मैं आपके हाथों चाणूर, मुष्टिक पहलवानों को, कुवलयापीड हाथी को तथा स्वयं कंस को मरते देखूँगा। तत्पश्चात् शंखासुर, कालयवन,

मुर तथा नरकासुर का वध देखूँगा। आप स्वर्ग से कल्प वृक्ष उखाड़ कर लायेंगे तथा इन्द्र का मान भंग करेंगे। आप अपनी वीरता, सौन्दर्य तथा कृपा से वीर-कन्याओं का पाणिग्रहण करेंगे। जगदीश्वर! आप द्वारका रहते हुए राजा नृग को पापमुक्त करेंगे। आप जाम्बवती सहित स्यमन्तक मणि को जाम्बवान् से ले आयेंगे। आप ब्राह्मण के मरे हुए पुत्रों को वापस लायेंगे। तदनन्तर आप पौण्ड्रक का वध करेंगे। युधिष्ठिर के राजसूय यज्ञ में चेदिराज शिशुपाल को तथा वहाँ से लौटते हुए उसके मौसेरे भाई दन्तवक्त्र को मारेंगे। इसके बाद पृथ्वी का भार उतारने के लिए, कालरूप से, अर्जुन के सारथि बनकर अनेक अक्षौहिणी सेना का संहार करेंगे। यह मैं सब देखूँगा।

प्रभो! आप विशुद्ध विज्ञानधन हैं। आपके स्वरूप में किसी और का अस्तित्व है ही नहीं। आप नित्य-निरन्तर अपने परमानन्द स्वरूप में स्थित रहते हैं। सारे पदार्थ आपको नित्य प्राप्त हैं। आपका संकल्प अमोघ है। आपकी चिन्मयी शक्ति के सामने माया तथा माया से होने वाला यह त्रिगुणमय संसारचक्र नित्यनिवृत्त है। आप अखण्ड, एकरस, सच्चिदानन्द स्वरूप, निरतिशय ऐश्वर्यसम्पन्न भगवान् की मैं शरण ग्रहण करता हूँ।

भगवान् के परम प्रेमी भक्त देवर्षि नारदजी ने इस प्रकार भगवान् की स्तुति की तथा प्रणाम किया तथा भगवान् की आज्ञा लेकर चले गये।

श्रीकृष्ण केशी दैत्य को मार, ग्वालबालों से पुनः ऐसे खेलने लगे, मानो कि कुछ हुआ ही न हो। उसी समय मायावि व्योमासुर ग्वालबाल का वेष धारण करके आया। वह मायावी आचार्य मयासुर का पुत्र था। बच्चों की खेल में वह चोर-चोर बन कर ग्वालबालकों को उठाकर ले जाता तथा गुफा में डाल देता और उसका रास्ता एक चट्टान से बन्द कर देता। इस प्रकार खेलते-खेलते केवल चार-पाँच ग्वालबाल रह गये। भक्तवत्सल भगवान् यह सब देख रहे थे। अब जब वह ग्वालबालों को ले जा रहा था तो भगवान् ने उसे पकड़ लिया। व्योमासुर अपने असली रूप में आ गया। वह भगवान् से छूटना चाहता था, परन्तु उसका प्रयत्न व्यर्थ गया। भगवान् ने उसे अपने दोनों हाथों से उठाकर धरती पर पटका

तथा उसका गला घोंट दिया। उसके प्राण निकल गये। भगवान् की इस बाल-लीला को देखकर देवताओं ने उन पर पुष्प-वर्षा की। तदनन्तर उन्होंने ग्वालबालों को गुफा से निकाला।

अध्याय 38

अक्रूरजी की व्रज-यात्रा

अक्रूरजी रात मथुरा में रुककर प्रातःकाल ही रथ पर सवार होकर नन्दबाबा के गोकुल की ओर चल दिये। व्रज-यात्रा करते-करते अक्रूरजी कमलनयन भगवान् श्रीकृष्ण की परम प्रेममयी भक्ति से परिपूर्ण हो गये। वे सोचने लगे कि मैंने ऐसा कौन सा शुभ कार्य किया है अथवा श्रेष्ठ तपस्या की है या दान दिया है, जिसके फलस्वरूप मुझे आज भगवान् श्रीकृष्ण के दर्शन होंगे। मैं तो विषयी हूँ, फिर भी मुझे आज श्रीकृष्ण के दर्शनों का अवसर मिल रहा है, जिनके दर्शन ऋषि मुनियों को भी दुर्लभ हैं। आज मुझ अधम को भी भगवान् श्रीकृष्ण के दर्शन होंगे। जैसे नदी में बहते हुए तिनके भी कभी दूसरे किनारे लग जाते हैं, वैसी ही स्थिति आज मेरी है। अवश्य ही आज मेरे सारे अशुभ नष्ट हो गये। आज मेरा जीवन धन्य हो गया। आज मुझे भगवान् के उन चरणकमलों के दर्शन होंगे जो बड़े-बड़े योगी-यतियों के ध्यान का विषय है। आज मैं धरती पर अवतीर्ण हुए भगवान् के चरणकमलों के दर्शन करूँगा। ब्रह्मा, शंकर तथा इन्द्र जिन चरणकमलों की उपासना करते हैं, स्वयं भगवती लक्ष्मी जिन चरणकमलों की सेवा में अनुरक्त रहती हैं, वे आज गौओं को चराने, ग्वालबालों के साथ जाते हैं। मैं प्रेम तथा मुक्ति-प्रदान श्री मुकुन्द के मुखकमल का आज दर्शन करूँगा। भगवान् स्वयं यदुवंश में अवतीर्ण हुए हैं, अपनी ही बनायी मर्यादा पालन करने वाले श्रेष्ठ देवताओं का कल्याण करने के लिए। वे परम ऐश्वर्यशाली भगवान् आज

व्रज में निवास कर रहे हैं। वे बड़े-बड़े संतों तथा लोकपालों के भी एकमात्र आश्रय हैं। वे सबके परम गुरु हैं। उनका रूपसौन्दर्य तीनों लोकों को मोहने वाला है।

जब मैं उन्हें देखूँगा, तब परम श्रेष्ठ बलराम तथा श्रीकृष्ण को नमस्कार करने के लिये तुरन्त रथ से उतरूँगा तथा उनके चरण पकड़ लूँगा। उनके चरण कितने दुर्लभ हैं। इन्द्र तथा दैत्यराज बलि ने भगवान् के उन्हीं चरणकमलों में पूजा की भेंट समर्पित करके तीनों लोकों का प्रभुत्व प्राप्त कर लिया। मैं कंस का दूत हूँ, जो मन से उन्हें वैर करता है, परन्तु वे तो निर्विकार हैं, सम हैं, अच्युत हैं। वे सारे विश्व के साक्षी तथा सर्वज्ञ हैं। उनके सिवा मेरा कोई आराध्यदेव नहीं है। वे मुझे अपने हृदय से अवश्य लगायेंगे। उस समय मेरी देह तो पवित्र होगी ही, मेरे कर्ममय बन्धन भी समाप्त हो जायेंगें। मैं अनका चाचा अक्रूर हूँ। मुझे यह मान वे अवश्य देंगे।

श्वफल्क-नन्दन अक्रूरजी इसी चिन्तन में नन्दगाँव पहुँच गये। उस समय सूर्य अस्ताचल में प्रवेश कर रहे थे। जिन चरणकमल की रज का सभी लोकपाल अपने किरीटों के द्वारा सेवन करते हैं, अक्रूरजी ने गोष्ठ में उनके चरणचिन्हों के दर्शन किये। कमल, वज्र, ध्वज तथा अंकुश। अक्रूरजी के हृदय में अतना अह्लाद हुआ कि वे अपने को सम्भाल ना पाए तथा उनके चरणकमलों की रज में लोटने लगे। जिस समय अक्रूरजी व्रज में पहुँचे, श्रीकृष्ण तथा बलरामजी गाय दुहने के स्थान पर विराजमान थे। श्यामसुन्दर श्रीकृष्ण पीताम्बर धारण किये हुए थे तथा बलरामजी नीलाम्बर। उनकी मन्द-मन्द मुस्कान चित्त को हरने वाली थी। वे उदारता की मानो मूर्तीरूप थे। उनके गले में वनमाला तथा मोतियों के हार शोभा दे रहे थे। शरीर में पवित्र अंगराग तथा चन्दन का लेप किया था।

अक्रूरजी ने देखा कि जगत् के आदिकारण, जगत् के परमपति पुरुषोत्तम संसार की रक्षा के लिये अपने सम्पूर्ण अंशों से बलरामजी तथा श्रीकृष्ण के रूप में अवतीर्ण होकर अपनी अंगकान्ति से आकर्षित कर

रहे थे। उन्हें देखते ही अक्रूरजी रथ से कूद पड़े तथा भगवान् श्रीकृष्ण तथा बलराजी के चरणों में लेट गये। उनकी आँखों से अश्रु झरने लगे तथा उत्कण्ठा से गला भर आया। श्रीभगवान् ने अपने चक्रांकित हाथों से अंक्रूरजी को उठाकर अपने हृदय से लगा लिया। उनका एक हाथ श्रीकृष्णजी ने तथा दूसरा बलरामजी ने पकड़ा और दोनों भ्राता उन्हें घर ले गये।

घर ले जाकर अक्रूरजी का पूरा सम्मान किया तथा उन्हें श्रेष्ठ आसन पर बैठाया और उनके पैर दबाये। तदनन्तर बड़े सत्कार से उन्हें पवित्र और अनेक गुणों से युक्त भोजन कराया। इस प्रकार सत्कार तथा भोजन के पश्चात् नन्दबाबाजी ने उनसे मथुरा का हाल पूछा तथा निर्दयी कंस के विषय में पूछा।

अध्याय 39

श्रीकृष्ण-बलराम मथुरागमन

भगवान् श्रीकृष्ण ने सांयकाल के भोजन के पश्चात् अक्रूरजी के पास जाकर अपने स्वजन-सम्बन्धियों के साथ कंस के व्यवहार का पूछा, अब आगे क्या कार्यक्रम है, यह भी पूछा। उन्होंने कहा, चाचाजी! आपका हृदय बड़ा शुद्ध है। हमारा नाममात्र मामा कंस हमारे कुल के लिये एक व्याधि है। उसने हमारे सदाचारी माता-पिता को बड़ी यातनायें दी हैं। मेरे ही कारण उन्हें हथकड़ी तथा बेड़ी में जकड़ रखा है। मैं बहुत दिनों से आपके दर्शनों की प्रतीक्षा में था। आज हमारी यह अभिलाषा पूर्ण हुई। आप का शुभागमन किस हेतु से हुआ?

भगवान् श्रीकृष्ण के इस प्रकार प्रश्न करने पर अक्रूरजी ने उन्हें बतलाया कि कंस तो सभी यदुवंशियों से घोर विरोध करता है। वह

वसुदेवजी को मार डालने का प्रयत्न भी कर चुका है। अक्रूरजी ने कंस के संदेश तथा उसके उद्देश्य को भी बताया। उन्होंने यह भी बताया कि नारदजी ने उनके जन्म के विषय में कंस को बता दिया है।

अक्रूरजी से इस प्रकार सुनकर भगवान् श्रीकृष्ण ने नन्दबाबा को कंस की आज्ञा सुना दी। तब नन्दबाबा ने सब गोपों को आज्ञा दी कि सारा गोकुल एकत्रित करो तथा भेंट की सामग्री छकड़ो पर लाद लो। आने वाले कल, प्रातःकाल मथुरा जाने की तैयारी करें, क्योंकि वहाँ एक बड़ा उत्सव हो रहा है।

जब गोपियों ने यह सुना कि उनके मन-मोहन श्यामसुन्दर तथा गौर सुन्दरजी को मथुरा ले जाने के लिए अक्रूरजी व्रज में आये हैं, तो वे बहुत व्याकुल हुईं। प्रायः सभी व्रजवासियों की दशा दयनीय हो गई। वे उनकी अनुपस्थिति कैसे सहन कर पायेंगे। गोपियाँ तो अपनी सुध-बुध खोकर मानो समाधिस्थ हो गई हों। वे उनकी मनमोहक छवि का चिन्तन करने लगीं। उनका तो सर्वस्व भगवान् के प्रति समर्पित था। उनकी आँखें अश्रुपूर्ण हो गईं। वे इकट्ठा होकर इस प्रकार कहने लगीं - धन्य हो विधाता ! तुम सब कुछ तो विधान करते हो, परन्तु तुम बड़े निष्ठुर हो। प्रथम तो तुम सौहार्द तथा प्रेम से जगत् के प्रणियों को एक-दूसरे के साथ जोड़ देते हो, उन्हें मिला देते हो, परन्तु जब उनकी मिलन तथा अभिलाषाएँ अभी पूर्ण नहीं होती, तो उन्हें पृथक् कर देते हो। यह कितने दुःख की बात है। आपने पहले हमारा श्यामसुन्दर से मिलन करवाया। उनका सुन्दर मुखकमल दिखाया। उनके मरकतमणि से चिकने कपोल, अधरों पर मन्द-मन्द मुस्कान - उसी परमसुन्दर मुखकमल को हमारी आँखों से ओझल करना चाहते हो। इनके वियोग में आज हमारा हृदय शोकातुर हो रहा है। कल ही निश्चित मथुरा की स्त्रियों के लिये बड़ा मंगलमय होगा। उनकी भी बहुत दिनों की आस पूरी होगी। यद्यपि हमारे व्रजराज श्यामसुन्दर नन्दबाबा तथा गुरुजनों की आज्ञा में रहते हैं, तथापि मथुरा की युवतियाँ अपने मधुर वचनों से इनका चित्त अपनी ओर खींच लेंगी। रास्ते जाते समय, रमारमण गुणसागर नटनागर देवकी-नन्दन

श्यामसुन्दर का मार्ग में जो दर्शन करेंगे, वे भी धन्य हो जायेंगे।

देखो सखी! यह अक्रूर कितना निष्ठुर है। हम इतनी दुःखी हो रही हैं और यह हमारे परम प्रियतम श्यामसुन्दर को हमारी आँखों से दूर ले जा रहा है तथा वह हमें न कोई आश्वासन देता है ना हमें कोई धीरज देता है। हमारे श्यामसुन्दर भी कम निष्ठुर नहीं। देखो वे रथ पर बैठ गये तथा मतवाले गोपगण छकड़ो सहित उनके साथ चलने के लिये कितने उतावले हो रहे हैं। अब हम क्या करें? चलो हम खुद ही चलकर अपने प्राणप्यारे श्यामसुन्दर को रोकेंगी। हम क्षणभर के लिए भी अपने श्यामसुन्दर का साथ छोड़ने में असमर्थ हैं। उनके बिना, उन्हीं द्वारा दी हुई विरह-व्यथा किस प्रकार सहन करेंगी? उनके बिना हम कैसे जी पायेंगी?

श्री शुकदेवजी राजा परिक्षित् से कहते हैं कि यद्यपि गोपियाँ वाणी से एक दूसरी सखी से इस प्रकार कह रही थीं, परन्तु उनका एक मनोभाव भगवान् श्रीकृष्ण का स्पर्श, उनका आलिंगन कर रहा था। विरह की सम्भावना से व्याकुल होकर वे ऊँची आवाज से श्रीकृष्ण पुकार कर रोने लगीं। प्रातःकाल, सन्ध्या-पूजा से निर्वत्त होकर, अक्रूरजी बलराम-श्रीकृष्ण सहित रथ पर सवार हुए। नन्दबाबा, गोप आदि ने दूध, दही, मक्खन, घी आदि के मटके छकड़ो पर रखकर उनके पीछे-पीछे चले। इस समय गोपियाँ अपने प्रिय श्रीकृष्ण के पास गईं। उनके दर्शन पाकर उनको शान्ति हुई। वे श्रीकृष्ण से, उनके मुखारविन्द से अपने लिए उनकी ओर से, कोई सन्देश पाने की आकांक्षा से वहीं खड़ी हो गईं। यदुवंश शिरोमणि भगवान् श्रीकृष्ण ने देखा कि उनके मथुरा जाने से गोपियाँ अति व्याकुल अवस्था में वहाँ खड़ी हैं। तब उन्होंने ''मैं आऊँगा'' यह सन्देश भिजवाकर उन्हें धीरज बन्धवाया।

गोपियों को जब तक रथ की ध्वजा तथा पहियों से उड़ती धूल दीखती रही, तब तक वे जड़व्रत के समान वहीं खड़ी रहीं। उनका चित्त तो उनके प्राणबल्लभ श्रीकृष्ण के साथ ही चला गया। वे सोचती थीं कि वे कुछ ही दूर जाकर पुनः वापस लौट आयेंगे, परन्तु जब वे नहीं लौटे तो वे निराश होकर अपने-अपने घर चली आईं। उनकी अनुपस्थिति में वे उनकी

लीलाओं को स्मरण कर तथा गान कर अपना सन्ताप कम करतीं।

भगवान् श्रीकृष्ण तथा बलरामजी, अक्रूरजी के साथ, वायु समान वेग वाले रथ से, शीघ्र ही यमुनाजी के तट पर पहुँच गये। जलपान कर श्रीकृष्ण तथा बलराम पुनः रथ पर बैठ गये। उधर अक्रूरजी यमुना कुण्ड पर आकर विधिपूर्वक स्नान करने लगे। जल में डुबकी लगाकर वे गायत्री मन्त्र का जाप करने लगे। उसी समय जल के भीतर अक्रूरजी ने देखा कि दोनों भ्राता, बलराम और श्रीकृष्ण एक साथ बैठे हैं। अक्रूरजी ने सोचा कि वे तो दोनों भ्राताओं को अभी-अभी रथ पर छोड़कर आये हैं, फिर वे यहाँ कैसे आ गये। यह सोचकर उन्होंने अपना शीश जल से बाहर निकाल कर रथ की ओर देखा तथा उन्हें पूर्ववत् रथ पर बैठा देखा। फिर डुबकी लगाई तो उन्हें जल में देखा, साक्षात् अनन्तदेव श्री शेषजी विराजमान हैं तथा सिद्ध, चारण, गन्धर्व, असुर शीश निवाये उनकी स्तुति कर रहे हैं। वे कमलनाल से उज्ज्वल शरीर पर नीलाम्बर पहने हैं। शेष जी की गोद में श्याम - मेघ के समान घनश्याम विराजमान हैं। वे रेशमी पीताम्बर धारण किये हैं। वे अत्यन्त बहुमूल्य गहनों तथा रत्नों से सुसज्जित हैं। एक हाथ में पद्म, दूसरे मे शंख, तीसरे में चक्र तथा चौथे में गदा शोभयमान हैं। वक्षःस्थल पर श्रीवत्स का चिन्ह, गले में कौस्तुभमणि। नन्द, सुनन्द आदि पार्षद अपने स्वामी की सेवा में हैं। सब देवता श्रीभगवान् की स्तुति कर रहे हैं। उनकी सारी शक्तियाँ उनके सम्मुख मूर्तिमान् रूप में उपस्थित हैं।

भगवान् को यह रूपधारी देखकर अक्रूरज का मन मुग्ध हो गया। सारा शरीर हर्षोल्लास से पुलकित हो गया। प्रेमवश उनकी आँखों से अश्रुधारा बहने लगी। अक्रूरजी ने अपना साहस बटोर कर श्रीभगवान् के चरणों में प्रणाम किया तथा गद्गद् वाणी से उनकी स्तुति की।

अध्याय 40

अक्रूरजी द्वारा भगवान् श्रीकृष्ण-स्तुति

श्रीकृष्ण-बलरामजी को विष्णुजी तथा शेषजी के रूप में देखकर, गद्गद् हृदय से, अक्रूरजी ने उनकी स्तुति की, प्रभो! आप समस्त कारणों के कारण हैं। आप ही पुरुषोत्तम नारायण हैं तथा आपके ही नाभिकमल से ब्रह्माजी का आविर्भाव हुआ है। पृथ्वी, जल, अग्नि, वायु, आकाश, अहंकार, महत्तत्त्व, प्रकृति तथा मन, इन्द्रियों के विषय और उनके अधिष्ठातृ देवता - यह सब चराचर जगत् - आपके ही अंगस्वरूप हैं। साधु-योगी अपने अन्तःकरण में स्थित, अन्तर्यामी रूप में, समस्त भूत-भौतिक पदार्थों में, परमात्मा के रूप में तथा उनके साक्षी पुराणपुरुष एवं नियन्ता ईश्वर के रूप में, वे साक्षात् आपके निमित्त ही यज्ञ आदि कर्मकाण्ड करते हैं। अन्य जो वेदों द्वारा बतलाये हुए मार्ग से, जिसके आचार्य-भेद में अनेक अवान्तरभेद हैं, शिवरूप से आपकी ही उपासना करते हैं तथा जो अन्य देवताओं की पूजा करते हैं, वे भी वास्तव में आप की ही आराधना करते हैं, क्योंकि आप ही समस्त देवताओं के रूप में सर्वेश्वर हैं। जैसे पर्वतों से सब ओर बहुत सी नदियाँ निकल कर, वर्षा-जल से भरपूर, घूमती-फिरती अन्त में सागर में प्रवेश करती हैं, वैसे ही सभी प्रकार के उपासना-मार्ग घूम-घूम कर आप के ही पास पहुँच जाते हैं।

प्रभो! आपकी प्रकृति के तीन गुण हैं। सत्त्व, रज, तम। ब्रह्मा से लेकर स्थावर-पर्यन्त जो सम्पूर्ण जीव हैं, उन गुणों से ही ओतप्रोत हैं। परन्तु आप सर्वस्वरूप होने पर भी इन गुणों से लिप्त नहीं हैं। अग्नि आपका मुख है। पृथ्वी चरण हैं। सूर्य-चन्द्रमा आपके नेत्र हैं। आकाश नाभि है। दिशाएँ कान हैं। स्वर्ग शीश है। देवेन्द्रगण भुजाएँ हैं। समुद्र कोख है। यह वायु ही प्राण-शक्ति के रूप में कल्पित हुई है। वृक्ष तथा ओषधियाँ आपके रोम हैं। मेघ, शीश के केश हैं। पर्वत आपके अस्थिसमूह और नख हैं। दिन-रात आपकी पलकों का खोलना तथा बन्द होना है। प्रजापति आपकी जननेन्द्रिय है। आपके इस विश्वस्वरूप को मैं नमस्कार करता हूँ।

प्रभो! आपने वेदों, ऋषियों ओषधियों तथा सत्यव्रत की रक्षा के लिए मत्स्यरूप धारण किया था। मैं आपके इस स्वरूप को नमस्कार करता हूँ। आपने मधु और कैटभ नाम के असुरों का संहार करने के लिए हयग्रीव अवतार ग्रहण किया था। मैं आपके इस स्वरूप को नमस्कार करता हूँ। आपने ही कच्छ-रूप ग्रहण कर मन्दराचल पर्वत को अपने ऊपर धारण किया था। पृथ्वी को रसातल से उबारने के लिए आपने वराह-रूप धारण किया था। प्रह्लाद को भयमुक्त करने तथा साधुजनों की रक्षा के लिए ही आपने नृसिंह रूप अवतार ग्रहण किया था। मैं आपके इन स्वरूपों को नमस्कार करता हूँ। आपने ही वामन-रूप ग्रहण कर अपने नन्हें पगों से, तीन पग में, तीनों लोक नाप लिये थे। परशुराम का रूप धारण कर, आपने धर्म का उल्लंघन करने वाले क्षत्रियों का नाश किया था। रावण का नाश करने के लिए आपने राम के रूप में अवतार ग्रहण किया था। मैं आपको नमस्कार करता हूँ। वैष्णवजनों तथा यदुवंशियों का पालन-पोषण करने के लिए आपने ही अपने को वासुदेव, संकर्षण, प्रद्युम्न, अनिरुद्ध – चतुर्व्यूह रूप में प्रकट किया है। मैं आपको बार-बार नमस्कार करता हूँ। दैत्य तथा दानवों को मोहित करने के लिए आप शुद्ध अहिंसा के प्रवर्तक के रूप में बुद्ध का अवतार ग्रहण करेंगे। पृथ्वी के क्षत्रिय जब प्रायः म्लेच्छ हो जाएँगे, जब डाकू-लुटेरों का रूप धारण कर लेंगे, तब उनका नाश करने के लिए आप कल्कि के रूप में अवतीर्ण होंगे।

मेरी मूर्खता तो देखो प्रभु! मैंने अनित्य वस्तुओं को नित्य, अनात्मा को आत्मा तथा दुःख को सुख समझ लिया। मैं सांसारिक द्वन्द्वों में उलझ कर आपको भूल गया था। मैं, अविनाशी 'अक्षर' के ज्ञान से रहित हूँ। इन्द्रियाँ मेरे मन को विषयों में फँसाती रहीं। भटकता-भटकता मैं आपके उन चरणकमलों की छाया में आ पहुँचा हूँ, जो देवताओं के लिए भी दुर्लभ हैं। मेरे स्वामी ! इसे मैं आपका प्रसाद ही मानता हूँ। हे पद्मनाभ संसार में जितनी भी प्रतीतियाँ होती हैं, जितनी भी वृत्तियाँ है, उन सब के कारण तथा अधिष्ठान आप हैं। आप ही सबके स्वामी तथा नियन्ता भी हैं। आपकी शक्तियाँ अनन्त हैं। मैं आप को नमस्कार करता हूँ। प्रभो!

आप ही वासुदेव, आप ही समस्त जीवों के आश्रय तथा आप ही बुद्धि और मन के अधिष्ठातृ देवता प्रद्युम्न तथा अनिरुद्ध हैं। मैं आप को नमस्कार करता हूँ। आप मुझ शरणागत की रक्षा कीजिए।

अध्याय 41

श्रीकृष्ण मथुरा-प्रवेश

भगवान् श्रीकृष्ण ने अक्रूरजी को जल में अपने दिव्यस्वरूप के दर्शन कराये तथा पुनः उसे छिपा लिया और अन्तर्धान हो गये। अक्रूरजी जब जल से बाहर निकले तो उनके मन की स्थिति बड़ी विचित्र हो रही थी। भगवान् श्रीकृष्ण ने उनसे पूछा, चाचाजी! क्या आपने पृथ्वी, जल अथवा आकाश में कोई ऐसी विचित्र वस्तु देखी है जिससे आपकी यह स्थिति हो रही है?

अक्रूरजी ने कहा, प्रभु! पृथ्वी, आकाश अथवा जल में या सारे जगत् में जितने भी अद्भुत पदार्थ हैं, वे सब आप ही में हैं। क्योंकि आप विश्वरूप हैं। यह कहकर गान्दिनी-नन्दन अक्रूरजी ने रथ हाँक दिया तथा भगवान् श्रीकृष्ण को तथा बलरामजी को लेकर मथुरापुरी जा पहुँचे। रास्ते में स्थान-स्थान पर गाँव में लोगों ने भगवान् श्रीकृष्ण के दर्शन किये। नन्दबाबा तथा व्रजवासी पहले ही पहँच कर, मथुरापुरी के बाहरी उपवन में पहुँच कर, उनकी प्रतीक्षा कर रहे थे। भगवान् श्रीकृष्ण ने अक्रूरजी से कहा चाचाजी! आप रथ लेकर मथुरा, अपने घर जाइये। हम पहले यहाँ रुककर नन्दबाबा के पास, फिर मथुरा नगरी को देखने के लिए जायेंगे।

अक्रूरजी ने कहा, प्रभो! मैं आप दोनों के बिना मथुरा नहीं जा सकता। मैं आपका भक्त हूँ। भक्तवत्सल! आप मुझे मत छोड़िये। आप, बलरामजी तथा नन्दराज जी, ग्वालबालों सहित हमारा घर सनाथ कीजिए। आपकी चरण-धूल से हमारा घर पवित्र हो जायेगा। आपके चरणोदक,

उसी गंगा को, भगवान् शंकर ने अपनी जटाओं में धारण किया। आप देवताओं के भी आराध्यदेव हैं। आपकी लीलाओं का श्रवण तथा कीर्तन मंगलकारी है। नारायण! मैं आपको नमस्कार करता हूँ।

श्रीभगवान् ने कहा, चाचाजी! मैं, दाऊ भैया के साथ आपके घर आऊँगा। पहले इस यदुवंशियों के द्रोही कंस को मारकर, तब अपने सभी सुहृद्-स्वजनों का प्रिय करूँगा।

श्री शुकदेवजी कहते हैं कि भगवान् के इस प्रकार कहने पर अक्रूरजी कुछ अनमने से होकर चले गये तथा कंस को श्रीकृष्ण तथा बलरामजी के आने का समाचार दिया। दूसरे दिन, तीसरे पहर, बलरामजी तथा ग्वालबालों सहित श्रीकृष्ण ने मथुरापुरी में, नगर को देखने के लिये प्रवेश किया। नगर के परकोटे में ऊँचे प्रधान-द्वार थे जिन पर मीनाकारी हुई थी। नगर के चारों ओर दीवार के साथ खाई, जिसमें जल भरा हुआ था। स्थान-स्थान पर उपवन थे जिससे सारा वातावरण रमणीय प्रतीत हो रहा था। सजे हुए तथा महलों जैसे धनियों तथा मन्त्रियों के घर थे। इनके साथ बगीचे थे। प्रजावर्ग के लिए सभा-भवन था। साधारण लोगों के निवास-गृह भी साफ तथा सुन्दर थे। स्फटिक, मूँगे, मोती, पन्ने आदि से जड़े चबूतरे थे। सारे बाज़ार, गलियों तथा चौराहों पर खूब छिड़काव किया गया था। स्थान-स्थान फल-फूलों, पत्तों तथा रेशमी वस्त्रों से सजाये हुए थे। जगह-जगह झंडियाँ लटक रही थीं।

वसुदेव-नन्दन भगवान् श्रीकृष्ण तथा बलरामजी ने ग्वालबालों सहित राजपथ से मथुरा नगरी में प्रवेश किया। बड़ी उत्सुकता से नगर की नारियाँ उन्हें देखने के लिए अटारियों पर चढ़ गईं। वे जिस भी दशा में थीं, अपना काम-काज छोड़ कर श्रीकृष्ण के दर्शनों की प्रतीक्षा करने लगीं। कमलनयन भगवान् श्रीकृष्ण गजराज की भाँति धीरे-धीरे चल रहे थे। उन्होंने लक्ष्मीजी को आनन्दित करने वाले अपने श्यामसुन्दर विग्रह से नगर नारियों के चित्त हर, उनको आनन्द प्रदान किया। अपनी प्रेम-भरी मुस्कान से उन्होंने सभी को सुख प्रदान किया। मथुरा की स्त्रियाँ बहुत समय से श्रीकृष्ण की बाल लीलाओं को सुनती आ रही थीं। आज

वे उनके दर्शन के लिए अधीर हो रही थीं! आज उनकी यह इच्छा पूर्ण हुई। भगवान् श्रीकृष्ण ने भी अपनी प्रेम-भरी चितवन तथा मुस्कान से उनका सम्मान किया। वे अपने-अपने घरों, महलों पर चढ़कर बलराम-श्री कृष्ण पर पुष्पवर्षा करने लगीं। उनके मुखमण्डल प्रसन्नता से खिल उठे थे। सभी नागरिकों ने स्थान-स्थान पर दही, अक्षत, जल से भरे पात्र, फूलों के हार, चन्दन तथा भेंट की सामग्री से बलराम-श्रीकृष्ण की पूजा की। भगवान् को देखकर सभी पुरवासी कहने लगे, धन्य है! गोपियों ने एसी कौन सी महान् तपस्या की है जिसके कारण वे मनुष्यमात्र को परमानन्द देने वाले इन दोनों मनोहर किशोरों को देखती रहती हैं।

तदनन्तर भगवान् श्रीकृष्ण सुदामा माली के घर गये। उन्हें आया देख कर माली सुदामा ने पृथ्वी पर सिर रखकर उन्हें प्रणाम किया। उन्हें आसन पर बैठा कर, उनके पाँव धोये। फिर ग्वालबालों सहित उनको फूल मालाएँ देकर, चन्दन आदि से उनकी पूजा की। फिर उसने कहा प्रभो! आप दोनों के आगमन से हमारा जन्म सफल हो गया। हमारा कुल पवित्र हो गया। आज हम पितर, ऋषि-ऋण से मुक्त हो गये। आप दोनों सम्पूर्ण जगत् के परम कारण हैं। यद्यपि आप प्रेम करने वालों तथा भजन करने वालों से प्रेम करते हैं, फिर भी आपकी दृष्टि में विषमता नहीं है। मैं आप लोगों की क्या सेवा करूँ? मैं आपका दास हूँ। सुदामा माली ने बिना भगवान् के कहे, उनका अभिप्राय जान कर, सुन्दर तथा सुगन्धित पुष्पों के हार उन्हें पहनाये।

माली सुदामा के भक्तिभाव से प्रसन्न होकर श्रीभगवान् ने उसे उत्तम वर दिये।

सुदामा माली ने कहा, प्रभु! आप समस्त प्राणियों के आत्मा हो। सर्वस्वरूप! आपके चरणों में मेरी अचल-भक्ति हो।

भगवान् श्रीकृष्ण ने सुदामा को उसका माँगा वर दिया तथा ऐसी सम्पदा भी दी जो वंशपरम्परा के साथ-साथ बढ़ती जाये। साथ ही बल, आयु तथा कीर्ति का वर प्रदान किया।

अध्याय 42

कुब्जा पर कृपा तथा धनुषभंग

राजमार्ग पर ग्वालबालों के साथ चलते-चलते, बलराम-श्रीकृष्ण जब आगे बढ़े तो उन्होंने एक युवती को देखा। उस का मुख तो सुन्दर था, परन्तु शरीर कुबड़ा था। अतः उसे लोग कुब्जा कहकर पुकारते थे। वह अपने हाथ में चन्दन का पात्र लिये जा रही थी। भगवान् श्रीकृष्ण ने पूछा, सुन्दरी तुम कौन हो? यह चन्दन किसके लिए ले जा रही हो। कल्याणी! यह उत्तम चन्दन हमें दे दो। तुम्हारा शीघ्र कल्याण होगा।

सैरन्ध्री कुब्जा ने कहा, परम सुन्दर! मैं कंस की प्रिय दासी हूँ। महाराज मुझे बहुत मान देते हैं। मेरा नाम त्रिवक्रा है। मैं महाराज के यहाँ चन्दन, अंगराग लगाने का काम करती हूँ। मेरे द्वारा तैयार किये हुए चन्दन तथा अंगराग, भोजराज कंस को बहुत प्रिय लगते हैं। परन्तु आप दोनों से बड़कर तो कोई उत्तम पात्र है ही नहीं। इतना कहकर उसने वह चन्दन तथा अंगराग श्रीभगवान् को समर्पित कर दिया।

श्रीभगवान् ने अपने साँवले शरीर पर पीले रंग का तथा बलरामजी ने अपने गोरे शरीर पर लाल रंग का अंगराग लगाया। श्रीभगवान् उस कुब्जा पर बहुत प्रसन्न थे। अपने दर्शनों का प्रत्यक्ष फल देने के लिए भगवान् श्रीकृष्ण ने अपने चरणों से कुब्जा के दोनों पैर दबा दिये तथा हाथ ऊँचा कर दो अँगुलियाँ उसकी ठोड़ी पर लगाईं और उसके शरीर को तनिक ऊपर खींचा। ऐसा करने से उसके सारे अंग सीधे हो गये तथा वह उत्तम युवती दीखने लगी।

श्रीभगवान् के स्पर्शमात्र से कुब्जा रूप, गुण तथा उदारता से सम्पन्न हो गई। उसके मन में श्रीभगवान् के प्रति प्रेम जाग्रत् हो गया। उसने उनके दुपट्टे का छोर पकड़ कर मुस्कराते हुए कहा, वीर शिरोमणि! आइये हमारे घर पधारिए। पुरुषोत्तम! मुझ पर प्रसन्न होइये। इस पर श्रीकृष्ण ने कहा, सुन्दरी! मैं अपना कार्य पूर्ण करने के पश्चात् अवश्य, ग्वालबालों की ओर देखते हुए, आऊँगा। इस प्रकार आश्वासन देकर

भगवान् श्रीकृष्ण ने उसे विदा किया।

जब बलराम-श्रीकृष्ण व्यापारियों के बाजार में पहुँचे, तब व्यापारियों ने उनका स्वागत किया तथा पान, फूलों के हार, चन्दन तथा भिन्न-भिन्न प्रकार की भेंट सामग्री से उनका पूजन किया। उनके दर्शनमात्र से वहाँ के नर-नारी कृतज्ञ हो गये।

तदनन्तर भगवान् श्रीकृष्ण, पुरवासियों से पूछकर, धनुष-यज्ञ के स्थान, रंगशाला में पहुँचे तथा वहाँ एक अद्भुत धनुष देखा। इस धनुष को बहुमूल्य अलंकारों से सजाया गया था। इसकी पूजा की गई थी तथा एक सौ सैनिक इसकी सुरक्षा के लिये नियुक्त किये गये थे। रक्षकों के रोकने पर भी भगवान् श्रीकृष्ण ने धनुष को देखने के बहाने उसे बलात् उठा लिया। सबके देखते-देखते उन्होंने धनुष को बायें हाथ में उठा कर उस पर डोरी चढ़ाई तथा एक ही क्षण में उसे खींच कर उसके बीच से दो टुकड़े कर दिये। धनुष के टूटने से एक उच्चध्वनि हुई जो चरों दिशाओं में फैल गई। इस घटना से सैनिक श्रीकृष्ण को घेर कर खड़े हो गये तथा उन्हें पकड़ने के लिये चिल्लाने लगे। उनका दुष्ट अभिप्राय जानकर बलरामजी तथा श्रीकृष्ण ने धनुष के दोनों टुकड़े उठा लिये तथा सभी सैनिकों को भगा दिया। इसके पश्चात् वे यज्ञशाला के प्रधान द्वार से बाहर निकल आये तथा आनन्द से मथुरा की शोभा को देखते हुए विचरने लगे। धनुष के खण्डित होने से कंस को चिन्ता होने लगी।

जब नागरिकों ने दोनों भ्राताओं के इस पराक्रम की बात सुनी तो उनके साहस तथा तेज की प्रशंसा करने लगे। उन्होंने कहा कि ये तो कोई श्रेष्ठ देवता हैं। जब सूर्यास्त हुआ तो दोनों भ्राता ग्वालबालों सहित, नगर के बाहर अपने डेरे पर आ गये। मथुरावासी भगवान् श्रीकृष्ण के अंग-अंग का सौन्दर्य बखान कर रहे थे। वे अपने को बड़ा सौभाग्यशाली मान रहे थे। भगवान् की मथुरा-यात्रा के समय, जो गोपियों ने मथुरावासियों के बारे में कहा था, वह अक्षरशः सत्य प्रतीत हुआ। सचमुच श्रीभगवान् के दर्शनों से वे परमानन्द में मग्न हो गये थे।

जब कंस को पता चला कि श्रीकृष्ण ने धनुष खेल-खेल में तोड़

दिया है तथा उन दोनों भ्राताओं ने उसके सेवकों को भगा दिया अथवा संहार कर दिया, तो वह कुछ भयभीत होने लगा। वह रात्रि को देर तक सो नहीं सका तथा उस रात कुछ ऐसे अपशकुन हुए जो उसकी मृत्यु के सूचक थे। उसने देखा कि जल में उसकी परछाई तो दिखती है पर उस पर सिर नहीं है। आकाश में चन्द्रमा, तारे तथा ज्योतियाँ, दो-दो दिखाई दे रहे हैं। वृक्षों का रंग कुछ और ही दीख रहा है तथा बालू में अपने पैरों के चिह्न दिखाई नहीं देते।

जब रात बीत गई तथा सूर्य-नारायण पूर्व दिशा से ऊपर उठे, राजा कंस ने मल्ल-क्रीड़ा का महोत्सव आरम्भ करवाया। राज-कर्मचारियों ने रंग-भूमि को भली-भाँति सजाया। तुरही, भेरी आदि बाजे बजने लगे। लोगों के बैठने के लिए मँच, फूलों, गजरों तथा झंडियों से सजा दिये गये। नगरवासी अपने-अपने स्थान पर बैठ गये। राजा-लोग (आमन्त्रित) तथा मन्त्रीगण भी अपने-अपने स्थान पर बैठ गये। पहलवानों के ताल ठोकने पर बाजे बजने लगे। पहलवान खूब सज-धज कर आये थे। चाणूर, मुष्टिक, कूट, शल तथा तोशल आदि प्रधान-प्रधान पहलवान बाजे की ध्वनि से उत्साहित होकर अखाड़े में आकर बैठ गये। इसी समय भोजराज कंस ने नन्द आदि गोपों को बुलाया। उन लोगों ने आकर उसे भिन्न-भिन्न प्रकार की भेंट दी तथा फिर एक मँच पर जाकर बैठ गये।

अध्याय 43

कुवलयापीड-वध

अगली सुबह, स्नानादि कर, दंगल के अनुरूप नगाड़ों की ध्वनि सुन, बलराम-श्रीकृष्ण रंगभूमि देखने के लिये चल पड़े। भगवान् श्रीकृष्ण ने रंगभूमि के द्वार पर पहुँच कर देखा कि महावत की प्रेरणा

से कुवलयापीड हाथी वहाँ खड़ा था। उसे देखकर श्रीकृष्ण ने गम्भीर वाणी से महावत को कहा, ओ महावत! हम दोनों को रास्ता दे दो तथा मार्ग से हट जाओ। उनके ऐसा कहने पर महावत ने कुवलयापीड को अंकुश की चोट से श्रीकृष्ण की ओर बढ़ाया।

कुवलयापीड ने श्रीकृष्ण को अपनी सूँड में लपेट लिया। परन्तु वे उसकी इस लपेट से बाहर निकल आये तथा अपने वज्र हाथ से हाथी को मारा। हाथी को लगा मानो आकाश से बिजली टूट कर उस पर गिर पड़ी है। वह भगवान् की छोटी सी मार को सहन न कर सका। श्रीकृष्ण ने हाथी को पूँछ से पकड़कर पीछे घसीटा तथा उसे एक नन्हे बछड़े की तरह घुमा कर भूमि पर पटक दिया। भूमि से उठ कर हाथी ने पुनः उन पर प्रहार करना चाहा, परन्तु सब व्यर्थ। पुनः भूमि पर पटकने से हाथी सहित महावत के भी प्राण निकल गये। श्रीकृष्ण-बलराम ने हाथी के दोनों दाँत उखाड़कर, उन्हें हाथों में लेकर रंगभूमि में प्रवेश किया। उनके कंधों पर हाथी के दाँत रखे थे तथा मुखमण्डल पसीने की बून्दों से सुशोभित हो रहे थे। कुछ ग्वालबाल उनके साथ चल रहे थे।

जिस समय भगवान् श्रीकृष्ण ने बलरामजी सहित रंगभूमि में प्रवेश किया, उस समय वे वज्र शरीर वाले, साधारण नर-नारियों के प्रेम-स्वरूप, गोपों के स्वजन, दुष्ट राजाओं को दण्ड देने वाले शासक, माता-पिता तथा बड़े-बूढ़ों के लिये शिशु समान, कंस के लिये यमराज, योगियों के लिये तत्त्व तथा वृष्णिवंशियों को अपने इष्टदेव प्रतीत हुए।

वैसे तो कंस महान् वीर था, परन्तु जब उसने देखा कि दोनों भ्राताओं ने कुवलयापीड को खेल-खेल में मार डाला, तो उसे कुछ चिन्ता होने लगी। श्रीकृष्ण-बलराम रंग-बिरंगे कपड़ों, आभूषण, तथा पुष्प-मालाओं सहित बड़े शोभयमान हो रहे थे। मँचों पर बैठे मथुरा के नागरिक तथा जनसमुदाय पुरुषोत्तम भगवान् श्रीकृष्ण तथा बलरामजी को देखकर बहुत प्रसन्न हुए। उनके नेत्र तथा मुखमण्डल खिल उठे तथा हृदय उत्कण्ठा से भर गये। ऐसा प्रतीत हो रहा था कि साक्षात् भगवान्, वसुदेवजी के घर में अवतरित हुए हैं।

पुरवासी परस्पर बातें कर रहे थे कि वसुदेव श्रीकृष्ण को गोकुल छोड़ आये थे। इतने दिनों तक वे नन्दजी के घर रहे। वहाँ इन्होंने पूतना, तृणावर्त, शंखचूड़, केशी तथा धेनुक आदि दैत्यों का वध किया तथा यमलार्जुन का उद्धार किया। इन्होंने ही गोवर्धनजी को सात दिनों तक अपने हाथ पर उठाये रखा तथा और भी बहुत सी लीलाएँ कीं। गोपियाँ इनकी मन्द-मन्द मुस्कान, मधुर चितवन तथा मुखकमल के दर्शन कर आनन्दित रहती थीं। ये ही यदुवंश की रक्षा करेंगे। इनके भ्राता बलरामजी ने प्रलम्बासुर, वत्सासुर आदि को मारा।

अखाड़े में तुरही आदि बाजे बज रहे थे। उसी समय चाणूर ने भगवान् श्रीकृष्ण तथा बलराम को सम्बोधन कर कहा - नन्दनन्दन श्रीकृष्ण तथा बलरामजी! तुम दोनों, वीरों के आदरणीय हो। यह सुनकर कि तुम मल्लयुद्ध में निपुण हो, महाराज ने तुम्हारा कौशल देखने के तुम्हें यहाँ बुलवाया है क्योंकि यह उनका प्रायः खेल का ही भाग होता है। अतः आओ हम मिलकर महाराज को प्रसन्न करने के लिए कुश्ती करें।

भगवान् श्रीकृष्ण तो पहले ही इस अवसर की प्रतीक्षा में थे। उन्होंने चाणूर की बात सुनकर उसका अनुमोदन किया। उन्होंने कहा - हम भी तो राजा कंस के वनवासी प्रजा हैं। हम महाराज को अवश्य प्रसन्न करेंगे, परन्तु हम लोग अभी बालक हैं। अतः हम अपने समान बल वाले बालकों के साथ कुश्ती लड़ने का खेल करेंगे। कुश्ती सदा समान वालों से ही होती है, जिससे देखने वाले सभासदों को अन्याय का समर्थन करने से पाप न लगे।

चाणूर ने कहा - तुम तथा बलराम न तो बालक हो न ही किशोर। तुम दोनों बलवानों में श्रेष्ठ हो। अभी-अभी, खेल-खेल में ही, सहस्त्र हाथियों का बल रखने वाले कुवलयापीड को तुम ने मार डाला। अतः तुम्हें हम जैसे बलवानों के साथ ही लड़ना चाहिए। इसमें अन्याय की कोई बात नहीं। तुम मुझसे तथा बलराम मुष्टिक के साथ कुश्ती करे।

अध्याय 44

चाणूर, मुष्टिक तथा कंस वध

अब भगवान् श्रीकृष्ण ने चाणूर आदि के वध का संकल्प कर, स्वयं चाणूर तथा बलराम जी मुष्टिक से जा भिड़े। पहलवानों वाले सारे दाँव पेंच लगने लगे तथा पैंतरे बदलने लगे। एक-दूसरे पर प्रहार होने लगे। परन्तु श्रीकृष्ण-बलराम के शरीर सुकोमल होते हुए भी वज्र के समान कठोर थे। नगरवासी कदाचित् इस मल्लयुद्ध से प्रसन्न नहीं थे, क्योंकि दो छोटे बालकों की माने हुए पहलवानों के साथ कुश्ती हो रही थी। स्त्रियाँ तो करुणावश इसे अधर्म कह रही थीं। वे कह रही थीं कि श्रीकृष्ण तथा बलराम तो अभी कोमल बालकों के समान हैं। इन पहलवानों का एक-एक अंग गठा हुआ है। वे कह रही थीं कि उन्हें यहाँ से चला जाना चाहिए, क्योंकि जहाँ अधर्म की प्रधानता हो वहाँ कभी नहीं रहना चाहिए। शास्त्र कहता है कि बुद्धिमान् पुरुष को सभासदों के दोष जानते हुए, उस सभा में ही नहीं जाना चाहिए। वहाँ जाकर अनीति का साथ देना, चुप रह जाना अथवा मैं नहीं जानता – ऐसा कहना – तीनों बातें मनुष्य को दोष का भागी बनाती हैं।

श्रीकृष्ण चाणूर के चारों ओर पैंतरा बदल रहे थे (कदाचित् वह उसे खेला रहे थे) बलरामजी को मुष्टिक के प्रति क्रोध आ रहा था, परन्तु वे अपनी शक्ति का पूर्ण रूप से प्रदर्शन नहीं कर रहे थे। वे माया से अपने रूप को छुपाये हुए थे। स्वयं भगवान् शंकर तथा ब्रह्माजी जिनकी पूजा करते हैं, वे बालरूप से, माने हुए पहलवानों से खिलवाड़ कर रहे थे। अन्ततः भगवान् ने शत्रु को मारने का निश्चय किया। इस समय नन्दबाबा भी पुत्रस्नेह में शोकयुक्त दीख रहे थे। श्रीकृष्ण की रगड़ से चाणूर के अंग ढीले पड़ने लगे। ऐसा प्रतीत हो रहा था कि मानो उसका शरीर टूट रहा हो। वह अत्यन्त क्रोधित होकर श्रीकृष्ण पर झपटा। उन्होंने चाणूर को दोनों भुजाओं से पकड़कर, घुमाकर, आकाश में उठाकर, धरती पर छाती के बल फेंका। गिरते ही वह शान्त हो गया तथा उसके

प्राण निकल गये। इसी प्रकार बलरामजी ने भी मुष्टिक के प्राण निकाल दिये। इन दोनों के मरते ही कूट, शल तथा तोशल आदि और पहलवान भी अखाड़े में कूद पड़े। बारी-बारी भगवान् श्रीकृष्ण तथा बलराम ने इन सबको मार डाला। कुछ पहलवान तो इनसे भयभीत होकर अखाड़ा छोड़ कर भाग गये। अब श्रीकृष्ण-बलराम अपने ग्वालबालों सहित नाच-नाच कर भेरी-ध्वनि के साथ अपने नूपुरों की झनकार मिलाकर मल्लक्रीड़ा करने लगे - कुश्ती के खेल खेलने लगे।

भगवान् श्रीकृष्ण-बलराम की इस अद्भुत लीला से सभीजन बहुत आनन्दित हुए। वे उनकी प्रशंसा करने लगे। परन्तु कंस को इससे बहुत दुःख हुआ। उसके प्रधान पहलवान मारे जा चुके थे तथा बाकी भाग गये थे। रंगशाला के ढोल-बाजे बन्द कर दिये गये। भोजराज कंस ने अपने सेवकों को आज्ञा दी - अरे, वसुदेव के इन लड़कों को नगर से बाहर निकाल दो तथा इन गोपों का सारा धन छीन लो। नन्द को कैद कर लो तथा वसुदेव को मार डालो। मेरा पिता उग्रसेन भी इन्हीं के साथ मिला हुआ है। कंस जब इस प्रकार अपने सेवकों को आज्ञा दे रहा था तो श्रीकृष्ण क्रोध में आकर उसके ऊँचे मँच पर जा चढ़े। जब कंस ने देखा कि उसके मृत्युरूप श्रीकृष्ण उसके सम्मुख ही आ गये हैं तो वह अपने सिंहासन से उठा तथा उसने हाथ में तलवार और ढाल उठा ली और श्रीकृष्ण को क्षति पहुँचाने के लिये पैंतरा बदल कर अवसर ढूँढ़ने लगा। परन्तु इस समय भगवान् श्रीकृष्ण का प्रचण्ड तेज असहनीय था। जैसे गरुड़ साँप को पकड़ लेता है, वैसे ही श्रीकृष्ण ने कंस को पकड़ लिया। उसका मुकुट गिर गया तथा केश खुल गये। भगवान् ने उसे केशों से पकड़ कर मँच से रंगभूमि में पटक दिया। तदनन्तर सारे विश्व के आश्रय भगवान् श्रीकृष्ण स्वयं उस पर कूद पड़े। उनके कूदते ही कंस की मृत्यु हो गई। रंगभूमि के वातावरण ने एक आतंक का रूप धारण कर लिया। सभी सभासद तथा दर्शक काँप गये।

कंस, नित्य-निरन्तर, सोते-जागते, श्रीकृष्ण के विषय में ही सोचता रहता था - चाहे द्वेषभाव में ही। उसे उनसे आकाशवाणी के अनुसार तथा

नारदजी के कहे अनुसार— मृत्यु का भय था। वह हर समय चक्रधारी श्रीकृष्ण को ही देखता रहता था— कि अब भी मेरी मृत्यु हुई। इस प्रकार उनका सदा चिन्तन करने से उसे वह स्थान प्राप्त हुआ जो बड़े-बड़े तपस्वी तथा योगियों के लिये भी कठिन है।

कंस के कंक तथा न्यग्रोध आदि आठ छोटे अनुज थे। कंस की मृत्यु से वे सब भी बलराम-श्रीकृष्ण पर टूट पड़े। परन्तु बलरामजी ने परिघ उठाकर उन्हें वैसे ही मार डाला जैसे सिंह पशुओं को मार डालता है। उसी समय आकाश में दुन्दुभियाँ बजने लगीं। भगवान् के विभूतिस्वरूप ब्रह्मा-शंकर तथा अन्य देवता आनन्द से उन पर पुष्प-वर्षा करने लगे। आकाश में अप्सराएँ नाचने लगीं। कंस तथा उसके भ्राताओं की पत्नियाँ शोकग्रस्त हो गयीं। श्रीभगवान् जो सारे संसार के जीवन दाता हैं, उन्होंने उन रानियों को ढाढस बँधाया तथा सान्त्वना दी। तदनन्तर बलराम-श्री कृष्ण ने कारागार में जाकर अपने माता-पिता को बेड़ियों तथा जँजीरों से मुक्त कर उनकी चरणवन्दना की।

अध्याय 45

श्रीकृष्ण-बलराम का यज्ञोपवीत तथा गुरुकुल प्रवेश

श्री शुकदेव जी राजा परीक्षित् से कहते हैं— कहीं माता-पिता को श्रीकृष्ण के ऐश्वर्य का ज्ञान न हो जाये, ऐसा सोचकर श्रीभगवान् ने पुनः अपनी योगमाया का आवरण उन पर डाल दिया तथा उनके पास जाकर, बलरामजी सहित बोले, पिताजी! माताजी! हम आपके पुत्र हैं। परन्तु फिर भी आप हमारे बाल्य, पौगण्ड तथा किशोर अवस्था का सुख हम से प्रातः नहीं कर सके। दैववश हमलोगों को आपके पास रहने का सौभाग्य ही नहीं मिला। पिता तथा माता ही इस शरीर को जन्म देते हैं तथा इसका पालन-पोषण करते हैं। यही शरीर तब धर्म, अर्थ, दान अथवा मोक्ष की

प्राप्ति का साधन बनता है। तदोपरान्त माता-पिता की सेवा करने पर भी मनुष्य पितृ-मातृ ऋण से मुक्त नहीं होता। आपकी सेवा न करने के कारण आप हमें क्षमा करें।

पुत्रस्नेह से मोहित होकर देवकी ने विश्वात्मा श्रीहरि तथा बलरामजी को अपनी गोद में बिठा लिया। उनके चक्षुओं से अश्रुधारा बहने लगी तथा हृदय पुत्रस्नेह से भर गया।

देवकी-नन्दन भगवान् श्रीकृष्ण ने इस प्रकार अपने माता-पिता का अनुराग पाकर अपने नाना उग्रसेन को यदुवंशियों का राजा बना दिया तथा उनसे कहा, महाराज! हम आपकी प्रजा हैं। आप हम पर शासन कीजिए। राजा ययाति का शाप होने के कारण यदुवंशी राज-सिंहासन पर नहीं बैठ सकते (परन्तु मेरी ऐसी ही इच्छा है। आपको कोई दोष नहीं होगा) जब मैं सेवक बन कर आपकी सेवा करता रहूँगा, तब बड़े-बड़े देवता भी झुककर आपको भेंट देंगे, दूसरे नरपतियों का तो कहना ही क्या। जो कंस के भय से व्याकुल होकर इधर-उधर भाग गये थे, उन यदु, वृष्णि, अन्धक, मधु, दाशार्ह तथा कुकुर आदि वंशों में उत्पन्न समस्त सजातीय सम्बन्धियों को बुलाया। भगवान् ने उनका सत्कार किया, सान्त्वना दी तथा उन्हें धन तथा सम्पत्ति दी। अब सारे यदुवंशी भगवान् श्रीकृष्ण तथा बलरामजी के बाहुबल में सुरक्षित थे। उनके सारे मनोरथ तथा आकांक्षायें पूर्ण हो गईं। भगवान् श्रीकृष्ण के तो दर्शनमात्र ही सभी सुखों के प्रसाद हैं। यदुवंशी दिन-प्रति दिन उनके दर्शनों से आनन्दमय रहते। मथुरा के वृद्ध पुरुष भी अब युवकों के समान बलवान् लगने लगे। पुरवासी अपने नेत्रों से भगवान् के मुखारविन्द का अमृतमय मकरन्द-रस पान करने लगे।

अब देवकी-नन्दन भगवान् श्रीकृष्ण-बलरामजी नन्दबाबा के पास आये तथा उनके गले लगकर बोले, बाबा! आपने तथा माँ यशोदा ने हमें बड़े प्यार-दुलार से पाला है। इसमें कोई सन्देह नहीं कि माता-पिता अपनी सन्तान से, अपने शरीर से भी अधिक प्यार करते है। (अभाग्यश) पालन-पोषण करने में असमर्थ जिन स्वजन सम्बन्धियों ने किन्हीं बालकों

को त्याग दिया हो, उनका लालन-पालन-पोषण करने वालों को भी उनके माता-पिता की पदवी दी जाती है। अब आप व्रज में जाइये। हमारे बिना, वात्सल्य-स्नेह के कारण, आपको अवश्य बहुत दुःख होगा। यहाँ के सुहृद्-सम्बन्धियों को सुखी करके हम आपसे मिलने आयेंगे। भगवान् के इस कथन पर नन्दबाबा ने दोनों भ्राताओं को गले से लगाकर, नेत्रों में आँसू भरकर, गोपों के सहित व्रज का प्रस्थान किया।

तदनन्तर वसुदेवजी ने अपने पुरोहित गर्गाचार्य तथा अन्य ब्राह्मणों से अपने दोनों पुत्रों का विधिपूर्वक द्विजाति-समुचित यज्ञोपवीत संस्कार करवाया। ब्राह्मणों को वस्त्र, आभूषण तथा यथायोग्य दक्षिणा दी। भगवान् श्रीकृष्ण के जन्म के समय वसुदेवजी ने जितनी गौएँ दान करने का संकल्प किया था, वे भी ब्राह्मणों को दान में दीं तथा उस संकल्प को पूरा किया। यद्यपि श्रीकृष्ण-बलराम जगत् के एकमात्र स्वामी हैं, फिर भी लोकमर्यादा को रखते हुए उन्होंने विधिपूर्वक अध्ययन के लिये गुरु सान्दीपनि मुनि (काश्यप-गोत्री) के आश्रम में प्रवेश किया। यह अवन्तीपुर (उज्जैन) में था। दोनों भ्राता गुरुकुल में निवास करने लगे। भगवान् श्रीकृष्ण तथा बलरामजी गुरुजी की सेवा करते थे। गुरुजी उन पर बहुत प्रसन्न थे तथा उन्हें पूरा मान देते थे। गुरुजी ने उन्हें छहों अंग तथा उपनिषदों सहित वेदों की शिक्षा दी। मन्त्र, मीमांसा, वेदों का तात्पर्य बताने वाले शास्त्र तथा तर्कविद्या आदि की भी शिक्षा दी। गुरुजी के एक बार कहने से ही दोनों भ्राताओं ने सारी विद्यायें सीख लीं। केवल चौंसठ दिनों में चौंसठ कलाओं का ज्ञान भी प्राप्त कर लिया।

(चौंसठ कलायें - (1) गान-विद्या, (2) वाद्य-वादन, (3) नृत्य, (4) नाट्य, (5) चित्रकारी, (6) बेलबूटे बनाना, (7) चावल तथा पुष्पादि से पूजा के उपहार की रचना, (8) फूलों की सेज बनाना, (9) दाँत, वस्त्र तथा अंगों को रँगना, (10) मणियों का फर्श बनाना, (11) शय्या-रचना (12) जल में बाँध लगाना, (13) विचित्र सिद्धियाँ दिखलाना, (14) हार-माला आदि बनाना, (15) कान तथा चोटी के फूलों के गहने बनाना, (16) कपड़े तथा गहने बनाना, (17) फूलों के आभूषणों से श्रृंगार करना, (18) कानों के पत्तों की रचना करना, (19)

सुगन्धित वस्तुएँ (इत्र-तेल आदि) बनाना, (20) इन्द्रजाल (जादूगारी), (21) चाहे जैसा वेष धारण करना, (22) हाथ की फुर्ती के काम, (23) भाँति-भाँति के खाने की वस्तुएँ बनाना, (24) भाँति-भाँति के पीने के पदार्थ बनाना, (25) सुई का काम, (26) कठपुतली नचाना, (27) पहेली, (28) कूटनीति, (29) प्रतिमा आदि की रचना, (30) ग्रन्थों के पढ़ाने की चतुराई, (31) नाटक आदि की रचना, (32) समस्यापूर्ति करना, (33) पट्टी, वेंत, बाण आदि बनाना (34) गलीचे, दरी आदि बनाना, (35) बढ़ई की कारीगरी, (36) गृह आदि बनाने की कारीगरी, (37) सोने-चाँदी आदि धातु तथा हीरे-पन्ने आदि रत्नों की परीक्षा, (38) सोना-चाँदी आदि बना लेना, (39) मणियों के रंग पहचानना, (40) खानों की पहचान, (41) कृषि-विद्या, (42) भेड़ा, मुर्गा आदि को लड़ाने की कला, (43) तोता-मैना आदि की बोली बोलना, (44) उच्चाटन की विधि, (45) केशों की सफाई का कौशल, (46) मुट्ठी की वस्तु या मन की बात बता देन, (47) म्लेच्छ काव्यों का समझ लेना, (48) विभिन्न देशों की भाषा का ज्ञान, (49) शकुन अपशकुन जानना– प्रश्नों के उत्तर में शुभ-अशुभ बताना, (50) नाना प्रकार के मातृकायन्त्र बनाना, (51) रत्नों को नाना प्रकार के आकार में काटना, (52) सांकेतिक भाषा का ज्ञान, (53) मन में कटक रचना करना, (54) नयी-नयी बातें निकालना, (55) छल-विद्या, (56) समस्त कोशों का ज्ञान, (57) समस्त छन्दों का ज्ञान, (58) वस्त्रों को छिपाने या बदलने की विद्या, (59) द्यूत क्रीड़ा का ज्ञान, (60) दूर के मनुष्य अथवा वस्तुओं को आकर्षित कर लेना, (61) बालकों के खेल, (62) मन्त्र विद्या, (63) विजय प्राप्त कराने वाली विद्या, (64) वेताल आदि को वष में रखने की विद्या)

गुरु-दक्षिणा पूर्ण करने के लिये, श्रीकृष्ण-बलरामजी, रथ पर सवार होकर प्रभास-क्षेत्र में गये। श्रीभगवान् के स्वरूप को जानता हुआ सागर मूर्तिरूप में, अनेक प्रकार की सामग्री लेकर, उनकी पूजा के लिये उपस्थित हुआ। श्रीभगवान् ने सागर से कहा– तुम अपनी बड़ी-बड़ी

लहरों से हमारे जिस गुरु-पुत्र को बहा कर ले गये थे, उसे शीघ्र लाकर हमें दो।

समुद्र ने कहा, देवाधिदेव श्रीकृष्ण! मैंने तो उस बालक को नहीं लिया। मेरे जल में पञ्चजन नाम का, दैत्यजाति का, एक असुर रहता है। वह शंख के रूप में है। अवश्य ही उसने इस बालक को हरा है। समुद्र की बात सुनकर भगवान् तुरन्त जल में गये तथा शंखासुर का वध किया। परन्तु वह बालक उसके पास भी नहीं मिला। तब उसके (शंखासुर) शरीर का शंख लेकर भगवान् रथ पर चले आये। तत्पश्चात् बलरामजी सहित श्रीकृष्ण यमराजपुरी संयमनी में गये, तथा वहाँ जाकर शंख बजाया। शंख की ध्वनि सुनकर, सारी प्रजा पर शासन करने वाले यमराज ने उनका स्वागत किया तथा भक्तिभाव से उनकी पूजा की। नम्रता से झुक कर यमराज जी ने कहा— सहस्त्र गोपियों के हृदय में विराजमान सच्चिदानन्दस्वरूप, सर्वव्यापक परमेश्वर! मैं आपकी क्या सेवा करूँ?

श्री भगवान् ने कहा, यमराज! यहाँ अपने कर्मों के अनुसार, हमारा गुरु-पुत्र लाया गया है। तुम मेरी आज्ञा से उसे मेरे पास ले आओ। यमराज ने श्री भगवान् की आज्ञा को शिरोधार्य कर उन्हें गुरु-पुत्र लाकर दिया। तब भगवान् श्रीकृष्ण तथा बलरामजी गुरु-पुत्र को लेकर उज्जैन लौट आये तथा उसे अपने गुरु को सौंप कर कहा— आप और भी जो कुछ माँगना चाहें माँग लो।

गुरुजी ने कहा— तुम दोनों ने भली-भाँति मुझे गुरु-दक्षिणा दे दी है। अब मुझे और क्या चाहिए। जो आप जैसे पुरुषोत्तम का गुरु हो, उसे और क्या चाहिए? अब आप दोनों अपने घर जाओ। तुम्हें लोकों को पवित्र करने वाली कीर्ति प्राप्त हो। इस प्रकार गुरुजी की आज्ञा पाकर दोनों भ्राता, पवन के समन वेग वाले रथ पर सवार होकर मथुरा लौट आये। उन्हें आया देख सारी प्रजा को बहुत आनन्द हुआ।

अध्याय 46

उद्धवजी की व्रज-यात्रा

श्री शुकदेवजी राजा परीक्षित् से कहते हैं– उद्धवजी वृष्णिवंशियों में एक प्रधान व्यक्ति थे। वे बृहस्पतिजी के शिष्य तथा परम बुद्धिमान् थे। वे भगवान् श्रीकृष्ण के प्यारे सखा तथा मन्त्री थे। एक दिन भगवान् श्रीकृष्ण ने उद्धवजी का हाथ अपने हाथ में लेकर कहा, सौम्य स्वभाव उद्धव! तुम व्रज में जाओ। वहाँ मेरे पिता-माता नन्दबाबा तथा यशोदा मैया हैं। एक तो उन्हें आनन्दित करो (मेरा शुभ समाचार सुना कर) तथा दूसरे जो गोपियाँ मेरे विरह की पीड़ा से अति दुःखी हैं, उन्हें मेरा सन्देश सुनाकर वेदना से मुक्त करना। गोपियों का मन नित्य-निरन्तर मुझमें ही लगा रहता है। उन्होंने मन-बुद्धि से मुझको अपना प्रियतम तथा आत्मा माना है। मेरा यह व्रत है कि जो मेरे लिये लौकिक तथा पारलैकिक धर्मों को त्याग कर मेरा अनन्य-चिन्तन करते हैं, उनका भरण-पोषण मैं स्वयं करता हूँ। प्रिय उद्धव! मैं उन गोपियों का परमप्रियतम हूँ। मेरे यहाँ आ जाने से वे मुझे दूरस्थ मानती हैं तथा मेरा स्मरण कर अत्यन्त मोहित हो रही हैं। मेरे विरह से अति व्याकुल हो रही हैं। प्रतिक्षण मेरे लिये उत्कण्ठित रहती हैं। मेरी गोपियाँ इस समय बड़े ही कष्ट तथा यत्न से, किसी प्रकार अपने प्राणों को रखे हुए हैं। मैं ही उनकी आत्मा हूँ। वे नित्य-निरत्नर मुझमें तन्मय रहती हैं।

भगवान् श्रीकृष्ण का यह आदेश सुनकर, बड़े आदर से अपने स्वामी का सन्देश लेकर, रथ पर सवार होकर, उद्धव जी नन्द-गाँव जाने के लिये चल पड़े। उद्धवजी सूर्यास्त के समय नन्दबाबा के व्रज में पहुँच गये। उस समय गौएँ वन से लौट रही थीं। उनके खुरों से धूल उड़ रही थी। थोड़े दिनों की ब्यायी हुई गाएँ अपने बछड़ों से मिलने के लिये दौड़ रही थीं। श्वेतवर्ण बछड़े इधर-उधर भाग रहे थे तथा उछल-कूद कर रहे थे। गोपियाँ तथा गोप, सुन्दर वस्त्रों में श्रीकृष्ण-बलरामजी के मंगलमय

चरित्र का गान कर रहे थे। इस प्रकार व्रज की शोभा और भी बढ़ रही थी। गोपों के घरों में अग्नि, सूर्य, अतिथि, गौ, ब्राह्मण तथा देवता-पितरों की पूजा होती थी। धूप की सुगन्ध चारों ओर फैली थी। घर-घर में गौओं का दूध दुहा जा रहा था। घर पुष्पों से सजे थे। सारा का सारा व्रज मंगलमय तथा जलकमलों से शोभायमान हो रहा था।

व्रज में नन्दबाबा उद्धवजी से मिलकर बहुत प्रसन्न हुए। उन्होंने उद्धवजी को गले लगाकर उनका वैसे ही सम्मान किया, मानो स्वयं श्रीकृष्ण पधारे हैं। उनके खाने का उत्तम प्रबन्ध किया गया तथा उन्हें पलँग पर बैठा कर सेवकों ने उनके पाँव दवा कर उनकी यात्रा की थकावट को दूर किया। नन्दबाबा ने वसुदेवजी तथा अन्य स्वजनों की कुशल पूछी। उन्होंने यह भी पूछा कि क्या श्रीकृष्ण उन लोगों को कभी याद करते हैं। ये उनके माता-पिता, स्वजन-सम्बन्धी, गोप तथा सखा, गौएँ, वृन्दावन, गिरिराज तथा व्रज — उन्हीं का तो है। क्या वे हमें स्मरण करते हैं?

उद्धवजी! आज बतलाइये क्या हमारे गोविन्द अपने सगे सम्बन्धियों को देखने एक बार व्रज आयेंगे। उनका हृदय उदार है। उनकी शक्ति अनन्त है। उन्होंने व्रजवासियों की कई विपदाओं से रक्षा की है। हम श्रीकृष्ण के विचित्र चरित्र, उन्मुक्त हास्य, मधुर भाषण का स्मरण कर हर समय उन्हीं में तन्मय रहते हैं। जहाँ वे ग्वालबालों सहित गौएँ चराते थे, क्रीड़ा करते थे— अब भी उनके पदचिह्न वहाँ उपलब्ध हैं। मैं श्रीकृष्ण-बलरामजी को देवशिरोमणि मानता हूँ तथा यह भी जानता हूँ कि देवताओं का कोई बड़ा प्रयोजन सिद्ध करने के लिये वे यहाँ आये हुए हैं। स्वयं मुनि गर्गाचार्य ने मुझे ऐसा कहा था। खेल-खेल में उन्होंने प्रलम्ब, धेनुक, अरिष्ट, तृणावर्त तथा बकासुर को मार डाला जो देवताओं के लिये भी आतंक का कारण थे। नन्दबाबा का हृदय श्रीकृष्ण की बाल-लीलाओं को स्मरण कर भर आया। प्रेमबाढ़ के कारण वे विह्वल हो उठे तथा उनका गला रुँध गया। उनकी आँखों से अश्रु बहने लगे। पुत्रस्नेह पुनः उमड़ आया जो कभी शान्त अथवा कम हुआ ही नहीं था।

नन्दबाबा तथा मैया यशोदा का श्रीकृष्ण के प्रति अगाध अनुराग देख

कर उद्धवजी ने कहा, हे मानद! हमें सन्देह नहीं कि आप दोनों समस्त शरीरधारियों में अत्यन्त भाग्यवान् तथा सराहने योग्य हैं। क्योंकि जगत् के स्वामी-नारायण के प्रति आपके हृदय में ऐसा वात्सल्य स्नेह है, पुत्र-भाव है। बलराम-श्रीकृष्ण तो पुराण-पुरुष हैं। वे सारे संसार के उपादान-कारण तथा निमित्त-कारण हैं। जो जीव मृत्यु के समय अपने शुद्ध मन को एक क्षण के लिये भी उनमें लगा देता है, वह समस्त कर्मबन्धनों से मुक्त हो जाता है तथा परमगति को प्राप्त कर लेता है। वे ही भगवान् भक्तों की अभिलाषा पूर्ण करने के लिये तथा पृथ्वी का भार उतारने के लिए अवतीर्ण हुए हैं। भक्तवत्सल यदुवंश-शिरोमणि भगवान् श्रीकृष्ण थोड़े ही दिनों में व्रज आयेंगे तथा आप दोनों को आनन्दित करेंगे। जिस समय उन्होंने समस्त यदुवंशियों के द्रोही कंस को मार कर कहा था–'मैं व्रज में आऊँगा' उस कथन को वे अवश्य पूरा करेंगे।

उनकी दृष्टि में न उनका कोई प्रिय है, न अप्रिय; न कोई उत्तम न अधम; यहाँ तक कि विशेषता का भाव रखने वाले भी उनके लिये विशेष नहीं, क्योंकि वे सबमें तथा सबके प्रति समान हैं। इस लोक में उनका कोई कर्म नहीं है, फिर भी वे साधुओं के परित्राण के लिये, लीला करने के लिये देवादि सात्त्विक, मत्स्यादि तामस तथा मनुष्य आदि मिश्रित योनियों में शरीर धारण करते हैं। भगवान् अजन्मा हैं तथा उनके शरीर भी दिव्य होते हैं। अपनी लीला के लिये वे सत्त्व-रज-तम गुण स्वीकार कर लेते हैं। भगवान् श्रीकृष्ण केवल आप दोनों के ही पुत्र नहीं, अपितु वे समस्त प्राणियों के आत्मा, पुत्र, पिता-माता तथा स्वामी हैं। ऐसी कोई वस्तु नहीं जो भगवान् श्रीकृष्ण से पृथक् हो। श्रीकृष्ण के अतिरिक्त ऐसी कोई वस्तु नहीं, जिसे वस्तु कह सके। वास्तव में सब वे ही हैं, वे ही परमार्थ सत्य हैं।

इसी प्रकार उद्धवजी तथा नन्दबाबा की बातें करते-करते, वह रात बीत गई। कुछ रात शेष रहने पर गोपियाँ उठीं तथा दीपक जलाकर उन्होंने घर की देहलियों पर वास्तु-देव का पूजन किया। घरों को झाड़-पौंछ कर साफ किया तथा दही मथने लगीं। रस्सियाँ खींचते-खींचते

उनकी कलाइयों के कंगन खनक रहे थे। उस समय गोपियाँ कमलनयन भगवान् श्रीकृष्ण के मंगलमय चरित्र का गान कर रही थीं। जब प्रातः हुई तो व्रजांगनाओं ने नन्दबाबा के द्वार पर एक सोने के रथ को खड़ा पाया। गोपियाँ एक-दूसरे से कहने लगीं कि कहीं पुनः अक्रूर तो नहीं आ गया जो हमारे प्यारे श्याम को यहाँ से मथुरा ले गया था। उसका अब यहाँ क्या प्रयोजन हो सकता है? गोपियाँ ऐसा सोच ही रही थीं कि उद्धवजी नित्यकर्म से निवृत्त हो कर आ पहुँचे।

अध्याय 47

उद्धवजी तथा गोपियाँ-वार्तालाप

गोपियों ने देखा कि उद्धवजी की वेषभूषा श्रीकृष्णजी से मिलती-जुलती है। शरीर पर पीताम्बर धारण किये थे। कानों में कुण्डल और कमल-पुष्पों की माला पहने थे। उनका रूप भी सुन्दर था। यह कौन पुरुष है तथा किसका दूत है। वे उनका परिचय पाने को उतावली हो गईं तथा उद्धवजी को घेर कर खड़ी हो गईं। जब उन्हें विदित हुआ कि वे श्रीकृष्ण का सन्देश लेकर आये हैं, तो वे गद्गद् हो गईं।

उद्धवजी का पूर्ण सत्कार कर गोपियों ने कहा, उद्धवजी! हम जानती हैं कि आप यदुनाथ के पार्षद हैं। उन्हीं का सन्देश लेकर आप यहाँ पधारे हैं। आपके स्वामी ने अपने माता-पिता को सुख देने के लिये आपको यहाँ भेजा है। अन्यथा हम तो अब उनके लिये कोई स्मरण की वस्तु ही नहीं। माता-पिता तथा सगे-सम्बन्धियों का स्नेह तो ऋषि-मुनि भी छोड़ नहीं पाते। दूसरों के लिये जो प्रेम-सम्बन्ध का स्वाँग किया जाता है, वह तो किसी न किसी स्वार्थ से ही होता है। अध्ययन पश्चात् कितने लोग (शिष्य) आचार्यों की सेवा करते हैं? यज्ञ की दक्षिणा मिली कि ऋत्विज्-लोग चलते बने। जब वृक्ष पर फल नहीं रहते तो पक्षीगन वहाँ

से उड़ जाते हैं। भोजन करने के पश्चात् अतिथि गृहस्थी की ओर कब देखता है?

गोपियों के मन, वाणी तथा शरीर में श्रीकृष्ण ही तल्लीन थे। वे तो उद्धवजी को उनके प्रति उलाहने दे रही थीं। अपने प्रेम भरे क्रोध में वे भूल गईं कि कौनसी बात किसके सामने कहनी चाहिए। भगवान् श्रीकृष्ण ने बाल्यावस्था से किशोरावस्था तक जितनी भी लीलाएँ की थीं, उन सब को याद कर गोपियाँ गान करने लगीं। वे आत्मविस्मृत होकर, लोक-लज्जा को भूलकर, फूट-फूट कर रोने लगीं। एक गुनगुनाते भौंरे को देखकर एक गोपी कहने लगी–

रे मधुप! तू कपटी का सखा है, तू भी कपटी है। तू हमारे पैरों (हम रूठी हुईं को मनाने के लिए) को मत छू। झूठे प्रणाम कर हम से अनुनय-विनय मत कर। श्रीकृष्ण जो वनमाला अपने वक्षःस्थल पर धारण करते हैं, जहाँ लक्ष्मीजी का वास है, उसका पीला-पीला कुमकुम तुम्हारे मुख पर लगा है। जैसे तेरे स्वामी वैसा ही तू। मधुपति श्रीकृष्ण अब मथुरा की नारियों को ही मनाया करें। उनका वह कुमकुमरूप कृपा-प्रसाद वे अपने पास ही रखें। उन्होंने हमें केवल एक बार–हाँ ऐसा ही लगता है–केवल एक बार अपनी तनिक सी मोहिनी रूप सुधा पिलाई थी तथा फिर हम भोली-भाली गोपियों को छोड़ कर वे यहाँ से चले गये। पता नहीं सुकुमारी लक्ष्मीजी उनके चरणकमलों की सेवा सदा कैसे करती हैं। वे भी छैल-छबीले श्रीकृष्ण की चिकनी-चुपड़ी बातों में आ गई होंगी। अरे भ्रमर! हम तो वनवासिनी हैं। हमारे तो घर भी नहीं। तुम हमें मनाने के लिये उनका गुणगाण क्यों कर रहे हो? वे हमारे लिये कोई नये नहीं। वे तो हमारे जाने-पहचाने हैं। तू जा कर मथुरावासिनी सखियों को उनके बारे में बता। वे नयी हैं तथा इस समय वे उनकी प्यारी हैं। स्वर्ग में, पाताल में, पृथ्वी में ऐसी कौन सी वस्तु है जो उनके चितवन की ओर नहीं खिंचती? स्वयं लक्ष्मीजी उनकी चरणसेवा में सदा अनुरक्त रहती हैं, फिर हम श्रीकृष्ण के लिये कौन सी गिनती में हैं? तुम उनके पास जाकर कहना–"तुम्हारा नाम तो उत्तमश्लोक है। सभी महात्माजन

तुम्हारी कीर्ति का गान करते हैं। परन्तु इसकी सार्थकता इसी में है कि तुम हम दीनों पर कृपा करो, नहीं तो श्रीकृष्ण तुम्हारा 'उत्तमश्लोक' नाम झूठा पड़ जायेगा।" अरे तू हमारे पैरों पर शीश मत टेक। तू अनुनय-विनय करने में बड़ा चतुर है। कदाचित् तू यह श्रीकृष्ण से ही सीख कर आया है। परन्तु तू समझ ले कि हम मानने वाली नहीं। हमने श्रीकृष्ण के लिये अपने पति, पुत्र तथा दूसरे सम्बन्धियों को छोड़ दिया। वे ऐसे निष्ठुर निकले कि हमें छोड़ कर चले गये। अब तू ही बता कि ऐसे अकृतज्ञ से हम कैसे सन्धि करें? तू अब भी कहता है कि हम उस पर विश्वास करें। वे तो हैं ही निर्दयी। राजा बलि ने उनकी पूजा की तथा उनको मुँहमाँगी वस्तु दी, परन्तु उन्होंने उसे वरुण पाश में बाँध कर पाताल में डाल दिया। हमें कृष्ण से क्या, किसी भी कृष्णवर्ण की वस्तु से कोई लगाव नहीं। यदि तुम कहो कि हम उनकी चर्चा क्यों करती हैं, तो वास्तविकता यह है कि एक बार जो उनके मोहजाल में फँस जाता, वह उन्हें छोड़ नहीं सकता। श्रीकृष्ण की लीलारूप कर्णामृत के एक कण का भी जो रसास्वादन कर लेता है, उसके समस्त राग-द्वेष, सुख-दुःख आदि सारे द्वन्द्व छूट जाते हैं। लोग दुःखरूप घर-गृहस्थी छोड़कर अकिञ्चन हो जाते हैं। संन्यासी बन कर, भिक्षा माँग कर, जीवन निर्वाह करने लगते हैं, परन्तु श्रीकृष्ण की लीलाओं का स्मरण नहीं छोड़ सकते।

गोपी पुनः भ्रमर से कहती है, भ्रमर! श्रीकृष्ण के साथ, उनके वक्षः स्थल पर तो लक्ष्मीजी विराजमान हैं, फिर वहाँ हमारा निर्वाह कैसे हो सकता है? अतः श्रीकृष्ण के दूत अब तू कोई और बात कर। लगता है कि हमारे प्रियतम ने तुम्हें हमें मनाने के लिये भेजा है। अतः सच बताओ क्या तुम हमें वहाँ ले जा सकते हो? परन्तु उनके पास जाकर लौटना कठिन होगा। हम तो वास्तव में उनके पास ही रहती हैं। क्या श्रीकृष्ण अब गुरुकुल से लौट आये हैं? क्या उन्हें हमारी याद आती भी है? क्या हमारे जीवन में ऐसा शुभ अवसर भी आयेगा कि जब वे यहाँ आयेंगे? इस प्रकार गोपियाँ भगवान् श्रीकृष्ण के दर्शन के लिये उत्सुक हो रही थीं। उनकी दशा को देखकर उद्धवजी ने उन्हें श्रीकृष्ण का सन्देश सुनाया।

उद्धवजी ने कहा, गोपियो! तुम धन्य हो। तुम्हारा जीवन सफल है। देवियो! तुम सारे संसार के लिये पूजनीय हो, क्योंकि तुम ने अपना सर्वस्व भगवान् श्रीकृष्ण को समर्पित कर दिया है। दान, व्रत, तप, होम, जप, वेदाध्ययन, ध्यान, धारणा, समाधि तथा अन्य कल्याण के साधनों से भगवान् की भक्ति प्राप्त हो, यही प्रयत्न किया जाता है। वह आपको अनायास ही प्राप्त है। आपने उसी पवित्र भक्ति का आदर्श स्थापित किया है जो बड़े-बड़े ऋषि-मुनियों के लिये भी अत्यन्त दुर्लभ है। महाभाग्यवती गोपियो! भगवान् श्रीकृष्ण के वियोग से तुमने उन इन्द्रियातीत परमात्मा के प्रति वह भाव प्राप्त कर लिया है, जो सभी वस्तुओं के रूप में उनका दर्शन कराता है। अपना वह भाव मुझ पर प्रकट कर आपने मेरे ऊपर बड़ा अनुग्रह किया है। मैं अपने स्वामी का दूत हूँ। तुम्हारे प्रियतम भगवान् श्रीकृष्ण ने तुम्हें परम सुख देने के लिए यह प्रिय सन्देश भेजा है। कल्याणियों! मैं उसे तुम से कहता हूँ।

भगवान् श्रीकृष्ण ने कहा है— मैं सबका उपादान कारण होने से सबका आत्मा हूँ, सबमें अनुगत हूँ। अतः मुझ से तुम्हारा वियोग कभी नहीं हो सकता। जैसे संसार के सभी भौतिक पदार्थों में आकाश, अग्नि, वायु, जल तथा पृथ्वी— ये पँचभूत व्याप्त हैं, वैसे ही मैं मन, प्राण, पँचभूत, इन्द्रिय तथा उनके विषयों का आश्रय हूँ। वे मुझमें हैं, मैं उनमें हूँ। वास्तव में उनके रूप में प्रकट हो रहा हूँ। मैं ही अपनी माया के द्वारा भूत, इन्द्रिय तथा उनके विषयों के रूप में होकर उनका आश्रय बन जाता हूँ तथा स्वयं निमित्त बनकर अपने-आपको ही रचता हूँ, पालता हूँ तथा समेट लेता हूँ। आत्मा, माया तथा माया के कार्यों से पृथक् है।

वह विशुद्ध ज्ञानस्वरूप, जड़ प्रकृति से अतीत है। कोई भी गुण उसका स्पर्श नहीं कर सकता। माया की तीन वृत्तियाँ हैं–सुषुप्ति, स्वप्न तथा जाग्रत्। इनके द्वारा वही अखण्ड, अनन्त बोधस्वरूप आत्मा कभी प्राज्ञ, कभी तैजस तथा कभी विश्वरूप से प्रतीत होता है। मनुष्य को चाहिए कि विषयों का चिन्तन करने वाले मन का संयम कर, विषयों को त्यागकर मेरा साक्षात्कार करे। जिस प्रकार सभी नदियाँ अन्त में समुद्र

में पहुँचती हैं, उसी प्रकार मनस्वी पुरुषों का वेदाभ्यास, योग-साधन, आत्म-अनात्म विवेक, त्याग, तपस्या, इन्द्रिय-संयम तथा सत्य आदि समस्त धर्म, मेरी प्राप्ति में ही समाप्त होते हैं।

गोपियो! इसमें सन्देह नहीं कि मैं तुम्हारे नयनों का ध्रुवतारा हूँ। तुम्हारा जीवनसर्वस्व हूँ। मैं जो तुमसे दूर रहता हूँ, उसका कारण है। वह यह, कि तुम सदा निरन्तर मेरा ध्यान कर सको। अपने से दूर रहने पर तुम्हारा मन मेरी सन्निधि का अनुभव कर सके। तुम अपना मन मेरे पास रखो। अशेष वृत्तियों से रहित सम्पूर्ण मन को मुझमें लगाकर, जब तुम मेरा अनुस्मरण करोगी, तब शीघ्र ही सदा के लिये मुझे प्राप्त हो जाओगी। कल्याणियो! जिस समय मैंने वृन्दावन में रासक्रीड़ा की थी, उस समय जो गोपियाँ किसी गृहस्थ विवशता के कारण उस रास में सम्मिलित न हो सकीं, वे मेरी लीलाओं का स्मरण करने मात्र से ही मुझे प्राप्त हो गईं।

श्री शुकदेवजी कहते है, राजा परीक्षित्! अपने प्रियतम श्रीकृष्ण का यह सन्देश सुनकर गोपियों को बड़ा आनन्द हुआ। उनके सन्देश से उन्हें श्रीकृष्ण के स्वरूप तथा एक-एक लीला पुनः स्मरण होने लगीं। प्रेम से भरकर उन्होंने उद्धवजी से कहा–

उद्धवजी! यह बड़े सौभाग्य की बात है कि यदुवंशियों को दुःख देने वाला पापी कंस अपने अनुयायियों सहित मारा गया। यह भी आनन्द की बात है कि श्रीकृष्ण के बन्धु-बान्धव तथा गुरुजनों के सकल मनोरथ पूरे हो गये। किन्तु उद्धवजी एक बात बताइये। जिस प्रकार हम अपनी प्रेमभरी लजीली मुस्कान तथा उन्मुक्त चितवन से उनकी पूजा करती थीं तथा वे भी हमसे प्यार करते थे, क्या उसी प्रकार मथुरा निवासियों से भी वह प्यार करते हैं या नहीं?

तभी एक दूसरी गोपी बोली, अरी सखी! हमारे प्यारे श्यामसुन्दर तो प्रेम की मोहिनी मूरत हैं। कौन ऐसा है जो उन्हें प्यार नहीं करता होगा? दूसरी गोपियाँ बोलीं, साधो! आप यह बताइये कि जब कभी नगर की नारियों की मण्डली में कोई बात चलती है, तब कभी प्रसंगवश हम गंवार ग्वालिनों की भी याद आती है? फिर और गोपियाँ बोलीं– उद्धवजी

क्या श्रीकृष्ण कभी रासक्रीड़ा की रात्रि का स्मरण करते हैं? हम सब सखियाँ उन्हीं की सुन्दर-सुन्दर लीलाओं को गाया करती हैं। एक और गोपी बोली, अरी सखी! अब तो शत्रुओं को मार कर उन्होंने राज्य प्राप्त कर लिया है। वे तो अब बड़े-बड़े नरपतियों की कन्याओं से ही विवाह करेंगे। यहाँ हम ग्वालिनों के पास क्यों आयेंगे? एक अन्य गोपी ने कहा, नहीं सखी! महात्मा श्रीकृष्ण तो स्वयं लक्ष्मीपति हैं। उनकी सारी कामनाएँ पूर्ण हैं। वे कृतकृत्य हैं। हम वनवासिनी अथवा दूसरी राजकुमारियों से उन्हें क्या प्रयोजन? हमारे बिना उनका कौन सा काम अटक सकता है। संसार में किसी की आशा न रखना ही सबसे बड़ा सुख है। यह बात हम जानती हैं, फिर भी हम भगवान् श्रीकृष्ण के लौटने की आशा को छोड़ने में असमर्थ हैं। उनके शुभागमन की आशा ही तो हमारी जीवन किरण है। हमारे प्यारे श्यामसुन्दर, जिनकी कीर्ति गान बड़े-बड़े महात्मा करते हैं, हम उन्हें कैसे भूल सकती हैं? उनकी इच्छा न होने पर भी स्वयं लक्ष्मीजी उनकी चरणो की सेवा में लगी रहती हैं। उद्धवजी! यह वही नदी है जिसमें वे जल-क्रीड़ा करते थे। यह वही पर्वत है जिस पर चढ़ कर वे बाँसुरी बजाते थे। यह वही वन है जिसमें उन्होंने रासलीला की थी। अब भी उनकी वंशी की तान हमारे कानों में वैसी ही गूँजती है। यहाँ का एक-एक प्रदेश, एक-एक धूलि-कण उनके परम सुन्दर चरणकमलों से चिह्नित है। इन्हें जब हम देखती हैं, तब हमारे प्यारे श्यामसुन्दर मानो हमारे नेत्रों के सामने आकर खड़े हो जाते हैं। हम मर कर भी उन्हें भूल नहीं सकतीं। उनकी वह हंस जैसी चाल, उन्मुक्त हास्य, मोहिनी चितवन तथा मधुभरी वाणी। हमारा मन तो उन्हीं के वश में हैं। हम उन्हें भूलें तो कैसे भूलें? हमारे प्यारे श्रीकृष्ण! तुम्हीं हमारे जीवन के स्वामी हो। हे गोविन्द! तुम्हारी गौएँ, गोपियाँ, सारा गोकुल तुम्हारे विरह में व्याकुल है, हमारी रक्षा करो।

श्रीकृष्ण का सन्देश सुनकर गोपियों की विरह-व्यथा शान्त हो गई। वे इन्द्रियातीत भगवान् श्रीकृष्ण को अपना सर्वस्व मान चुकी थीं। गोपियों को सान्त्वना देने के लिये उद्धव जी व्रज में काफी समय तक रहे। वे श्रीकृष्ण की अनेक लीलाओं की बातें कर व्रजवासियों को आनन्दित

करते रहे। उद्धवजी के साथ रहने से, व्रजवासियों का, उद्धवजी के रहने का समय कब बीत गया, पता ही नहीं चला। भगवान् के परम प्रेमी भक्त उद्धवजी कभी नदी तट पर जाते, कभी वन में जाते। कभी गिरिराज पर जाते, कभी रंग-बिरंगे फूलों तथा फलों से लदे वृक्ष तथा पौधों को देखते। वह व्रजवासियों से यह पूछते कि किस समय, किस स्थान पर, भगवान् श्रीकृष्ण ने कौन सी लीला की। गोपियों की श्रीकृष्ण में तन्मयता तथा प्रेम देखकर वे आनन्दित होते तथा उन्हें नमस्कार करते।

उद्धवजी कहते— इस पृथ्वी पर केवल इन गोपियों का ही शरीर धारण करना श्रेष्ठ तथा सफल है। वे सर्वात्मा भगवान् श्रीकृष्ण के परम प्रेममय दिव्य महाभाव में स्थित हो गई हैं। प्रेम की यह उच्चतम स्थिति भव-सागर से तरने के लिये केवल मुमुक्षुजनों के लिये ही नहीं, अपितु बड़े-बड़े मुनियों के लिये भी वाञ्छनीय है। हमें इस की प्राप्ति नहीं हो सकी (उद्धवजी स्वयं एक पहुँचे हुए मुनि थे) सत्य है जिन्हें भगवान् श्रीकृष्ण की लीलाओं में अनुराग हो जाता है, उन्हें कुलीनता की, द्विजाति-समुचित संस्कार की तथा बड़े-बड़े यज्ञों की क्या आवश्यकता है? कहाँ ये वनवासिन ग्वालिनें और कहाँ इनका सच्चिदानन्द भगवान् श्रीकृष्ण में यह अनन्य परम प्रेम; अहो ये धन्य हैं! धन्य हैं! धन्य हैं! वास्तव में इसमें शंका नहीं कि यदि कोई भगवान् के स्वरूप तथा रहस्य न जानकर भी उनसे प्रेम करे, उनका भजन करे, तो वे स्वयं अपनी कृपा से उसका परम कल्याण कर देते हैं, ठीक वैसे ही, जैसे जो अनजाने में अमृत पी ले तो वह अमर हो जाता है। रास-लीला में भगवान् श्रीकृष्ण ने जिस कृपा-प्रसाद का वितरण किया, इन्हें जैसा प्रेमदान दिया, वैसा भगवान् की परम-प्रेमवती नित्यसंगिनी वक्षःस्थल पर विराजमान लक्ष्मीजी को भी नही प्राप्त हुआ। कमल सी सुगन्ध तथा कान्ति से युक्त देवाङ्गनाओं को भी नहीं मिला। काश मैं वृन्दावन धाम में कोई झाड़ी, लता अथवा ओषधि बन जाऊँ तो मुझे इन व्रजाङ्गनाओं की चरणधूलि निरन्तर सेवन करने को मिलती रहे।

स्वयं भगवती लक्ष्मीजी जिनकी पूजा करती हैं; ब्रह्मा, शंकरजी आदि परम समर्थ देवता, पूर्णकाम आत्माराम तथा बड़े-बड़े योगेश्वर जिनका

चिन्तन करते हैं; भगवान् श्रीकृष्ण के उन्हीं चरणारविन्दों की रज को रासलीला में गोपियों ने प्राप्त किया तथा उन चरणों का आलिङ्गन किया। नन्दबाबा के व्रज में रहने वाली गोपाङ्गनाओं की चरण-धूलि को मैं बारम्बार प्रणाम करता हूँ। इन गोपियों ने भगवान् श्रीकृष्ण की लीलाओं के सम्बन्ध में जो कुछ गान किया, वह तीनों लोकों को पवित्र कर रहा है।

इस प्रकार काफी समय पश्चात् (कुछ महीनों बाद) उद्धवजी ने अब मथुरा जाने के लिये गोपियों से, नन्दबाबा तथा यशोदा मैया से आज्ञा प्राप्त की। जब उनका रथ व्रज से बाहर निकला, तब नन्दबाबा तथा गोपगण बहुत सी भेंट की सामग्री लेकर उनके पास आये तथा आँखों में अश्रु भर कर उनसे कहा, उद्धवजी! अब हम यही चाहते हैं कि हमारे मन की एक-एक वृत्ति, एक-एक संकल्प श्रीकृष्ण के चरणकमलों के ही आश्रित रहे। हमारी वाणी नित्य उन्हीं के गुणों का गान करे तथा हमारे शरीर उन्हीं को प्रणाम करें तथा उन्हीं की सेवा में लगे रहें। हमारे ईश्वर श्रीकृष्ण में हमारी प्रीति उत्तरोतर बढ़ती रहे।

इस प्रकार व्रज से विदा होकर तथा मथुरा पहुँच कर उद्धवजी ने भगवान् श्रीकृष्ण को प्रणाम कर, व्रजवासियों की प्रेममयी भक्ति का, जैसा उन्होंने देखा था, कह सुनाया। तदनन्तर जो नन्दबाबा ने भेंट में सामग्री दी थी, वह श्रीकृष्ण को, बलरामजी को, वसुदेवीजी को तथा राजा उग्रसेन को दे दी।

अध्याय 48

श्रीकृष्ण का कुब्जा तथा अक्रूरजी के घर पधारना

श्रीमद्भागवत कथा को आगे कहते हुए श्री शुकदेवजी राजा परीक्षित् से कहते हैं–सबके आत्मा श्रीकृष्ण–उनसे मिलने की आकांक्षा रखती हुई कुब्जा का प्रिय करने–उसे सुख देने के हेतु से उसके घर गये।

उसका घर स्वच्छ था तथा उस स्थान पर झंडियों और मोतियों की झालरें लटक रही थीं। वह धूप तथा चन्दन आदि सामग्री से भरपूर था। धूप की भीनी-भीनी सुगन्ध फैल रही थी तथा दीपक की शिखायें प्रकाश कर रही थीं। बैठने के लिये सुन्दर आसन लगे थे। भगवान् को घर आया देख कर कुब्जा हड़बड़ा कर अपने आसन से उठी तथा उसने श्रीभगवान् का स्वागत किया। विधिवत् पूजा कर उन्हें आसन पर बिठाया। कुब्जा ने भगवान् के परमभक्त उद्धवजी की भी उसी प्रकार पूजा की। कुब्जा लजीली मुस्कान तथा हावभाव से देखती हुई श्रीभगवान् के पास बैठ गई। कुब्जा ने इस जन्म में केवल भगवान् को अंगराग अर्पित कर, उसके फलस्वरूप, उनके समीप में बैठने का अवसर पा लिया। कुब्जा भगवान् के चरणकमलों को अपने हृदय में धारण किये थी। उनके सामीप्य से उसके हृदय की सारी व्याधि शान्त हो गई। उसे उन सर्वशक्तिमान् भगवान् की प्राप्ति हो गई, जिसे प्राप्त करने के लिये मुनि-योगी जन्म-जन्म तक तप करते हैं। प्रेम से, अपने करकमलों से, उन्होंने कुब्जा को थपकी दी। भगवान् सबका मान रखने वाले सर्वेश्वर हैं। अभीष्ट वर देने के लिये उन्होंने कुब्जा की सेवा स्वीकार की। वास्तव में कुब्जा को न जाने कब से यह इच्छा थी कि वह अंगराग व्रजवासी भगवान् श्रीकृष्ण को अर्पित करे। तदनन्तर श्रीभगवान् उद्धवजी सहित अपने घर लौट आये। भगवान्, ब्रह्मा आदि समस्त ईश्वरों के भी ईश्वर हैं। उनको प्रसन्न कर लेना जीव के लिये अति कठिन है। जो उन्हें प्रसन्न कर भोग-सुख माँगता है, वह अल्प-बुद्धि है, क्योंकि ये विषय-सुख तो क्षणभंगुर तथा तुच्छ हैं।

इसके पश्चात् भगवान् श्रीकृष्ण अक्रूरजी की इच्छा पूर्ण करने के लिये उद्धवजी सहित अक्रूरजी के घर गये। जब अक्रूरजी ने दूर से ही देखा कि भगवान् श्रीकृष्ण-बलरामजी तथा उद्धवजी उनके घर पधार रहे हैं तो वह तुरन्त उठकर आगे आये तथा आनन्द से भरकर उनका अभिनन्दन तथा आलिंगन किया। श्रीकृष्ण-बलरामजी तथा उद्धवजी ने उन्हें नमस्कार किया।

जब सब आसन पर बैठ गये तो अक्रूरजी ने उनकी विधिपूर्वक पूजा की। उन्होंने प्रथम भगवान् श्रीकृष्ण के चरण धोकर, चरणोदक को अपने शीश पर धारण किया तथा सुन्दर वस्त्र, गन्ध, माला, तथा श्रेष्ठ आभूषणों से उनका पूजन किया। उनके चरणों को अपनी गोद में रखकर दबाने लगे तथा उन्होंने विनयभाव से भगवान् श्रीकृष्ण तथा बलरामजी से कहा, भगवन्! यह बड़े आनन्द की बात है कि पापी कंस अपने अनुयायिओं सहित मारा गया। आप दोनों जगत् के कारण, जगद्रूप, आदिपुरुष हैं। आपके अतिरिक्त और कोई वस्तु नहीं है। न ही कारण और न ही कार्य। परमात्मन् आपने ही इस जगत् की रचना की है। आप ही अपनी काल, माया आदि शक्तियों से हममें प्रविष्ट होकर भिन्न-भिन्न वस्तुओं के रूप में प्रतीत होते हैं। जिस प्रकार पृथ्वी आदि कारण-तत्त्वों से ही उनके कार्य स्थावर-जंगम शरीर बनते हैं, वे ही उनमें अनुप्रविष्ट से होकर अनेक रूपों में प्रतीत होते हैं, परन्तु वास्तव में कारणरूप ही हैं, इसी प्रकार हैं तो केवल आप ही, परन्तु अपने कार्यरूप जगत् में स्वेच्छा से अनेक रूपों में प्रतीत होते हैं।

प्रभो! आप रजोगुण, सत्त्वगुण तथा तमोगुण-रूप अपनी शक्तियों से क्रमशः जगत् की रचना, पालना तथा संहार करते हैं। प्रभो! स्वयं आत्मवस्तु में स्थूलदेह, सूक्ष्मदेह आदि उपाधियाँ न होने के कारण, न तो उसमें जन्म-मृत्यु है और न किसी प्रकार का भेदभाव। इसी कारण न आप में बन्धन है न मोक्ष। आपने जगत् के कल्याण के लिये यह सनातन वेदमार्ग प्रकट किया है। आप इस समय अपने अंश श्रीबलरामजी के साथ पृथ्वी का भार दूर करने के लिये यहाँ वसुदेवजी के घर अवतीर्ण हुए हैं। आप असुरों के अंश से उत्पन्न शासकों की सौ-सौ अक्षोहिणी सेना का संहार करेंगे तथा यदुवंशियों के यश का विस्तार करेंगे। सारे देवता, पितर, भूत-गण तथा राजा आपकी ही मूर्ति हैं। आपके चरणों से निकली गंगाजी तीनों लोकों को पवित्र करती है। आप सारे जगत् के पिता हैं। वही आप आज हमारे घर पधारे हैं। आज हमारे घर धन्य-धन्य हो गये। आज हमारे भाग्य की कोई सीमा नहीं। प्रभो! आप प्रेमी भक्तों

के परम प्रियतम, अकारण हितु तथा कृपालु हैं। उनकी किंचित सेवा भी स्वीकार कर लेते हैं। आप अपने प्रेमी भक्तों की समस्त आशाएँ पूर्ण कर देते हैं। बड़े-बड़े योगिराज तथा देवता भी आपके स्वरूप को नहीं जान सकते। परन्तु हमें आपका साक्षात् दर्शन हो गया। आप हमें इस गृहस्थ-बन्धन से मुक्त कीजिए।

अपने चाचा अक्रूरजी की इस प्रकार की भक्ति से प्रसन्न होकर भगवान् श्रीकृष्ण मधुर वाणी से बोले, तात! आप हमारे गुरु, हितोपदेशक तथा चाचा हैं। हमारे वंश में आप अत्यन्त प्रशंसनीय हैं तथा आप हमारे हितैषी हैं। हम तो आपके बालक हैं। हम तो आपकी रक्षा, पालन तथा कृपा के पात्र हैं। अपना कल्याण चाहने वाले मनुष्यों को आप जैसे संत-देवताओं की सदा सेवा करनी चाहिए। आप जैसे तो संत, देवताओं से भी बढ़कर हैं, क्योंकि देवताओं में तो स्वार्थ रहता है, परन्तु संतों में नहीं। चाचाजी आप हमारे हितैषी तथा सुहृदों में श्रेष्ठ हैं। अतः आप पाण्डवों का हित करने तथा उनका कुशल-मंगल जानने के लिये हस्तिनापुर जाइये। हमने सुना है कि राजा पाण्डु की मृत्यु के पश्चात्, अपनी माता कुन्ती सहित, युधिष्ठिर आदि पाण्डव बड़ी सोच में पड़ गये हैं। अब राजा धृतराष्ट्र उन्हें अपनी राजधानी हस्तिनापुर ले आये हैं तथा वे वहीं रहते हैं। एक तो राजा धृतराष्ट्र नेत्रहीन होने के कारण मनोबल में भी क्षीण हैं तथा दूसरे उनसे पुत्रों जैसा व्यवहार नहीं कर पाते। आपके द्वारा उनका समाचार पाकर मैं ऐसा उपाय करूँगा कि उन सुहृदों को सुख मिले। भगवान् श्रीकृष्ण अक्रूरजी को यह आदेश देकर बलरामजी सहित अपने घर लौट आये।

अध्याय 49

अक्रूरजी का हस्तिनापुरगमन

भगवान् श्रीकृष्ण के आदेशानुसार अक्रूरजी हस्तिनापुर गये। वहाँ की एक-एक वस्तु पर पुरुवंशी नरपतियों की अमरकीर्ति का संकेत था। वहाँ वे पितामह भीष्म, धृतराष्ट्र, विदुर, बाह्लीक, द्रोणाचार्य, कृपाचार्य, सोमदत्त, द्रोणपुत्र-अश्वत्थामा, कर्ण, दुर्योधन, बुआ कुन्ती तथा पाण्डव-पुत्र यधिष्ठिर आदि से मिले। जब अक्रूरजी इन सबसे मिल लिये तब हस्तिनापुर वालों ने अक्रूरजी से अपने सम्बन्धी मथुरावासियों की कुशल-क्षेम पूछी। यह जानने के लिये कि धृतराष्ट्र पाण्डव-पुत्रों से कैसा व्यवहार करते हैं, अक्रूरजी वहाँ कुछ समय के लिये ठहरे। धृतराष्ट्र अपने पुत्रों के स्नेहवश मामा शकुनी आदि के परामर्श पर ही चलते थे।

कुन्ती तथा विदुरजी ने बताया कि महाराज धृतराष्ट्र पुत्रमोह के कारण पाण्डवों से ईर्ष्या करते हैं। जब वे देखते हैं कि प्रजा पाण्डवों से अधिक स्नेह करती है तो उन्हें और भी दुःख होता। दुर्योधन तथा उसके मामा शकुनी के कारण पाण्डवों पर कई अत्याचार हो चुके थे। जब अक्रूरजी कुन्ती के घर आये तब कुन्ती को अपने मायके की स्मृति हो आई तथा उसकी आँखें अश्रुपूर्ण हो गईं। उसने अक्रूरजी से पूछा, प्यारे भैया! मैंने सुना है कि हमारे भतीजे भगवान् श्रीकृष्ण तथा बलराम बड़े भक्तवत्सल हैं तथा शरणागात रक्षक हैं। क्या वे कभी अपने फुफेरे भाइयों को भी याद करते हैं? मैं शत्रुओं के बीच घिरी शोकातुर हूँ। क्या हमारे श्रीकृष्ण कभी यहाँ आकर अपने इन भाईयों को सान्त्वना देंगे। सच्चिदानन्द श्रीकृष्ण तो विश्वात्मा हैं तथा विश्व के जीवनदाता हैं। तब भी मैं अपने बच्चों सहित अति संकट में हूँ तथा दुःखी हूँ। मैं उनकी शरण में हूँ। वे ही हमारी रक्षा करेंगे।

इस प्रकार कहकर श्रीकृष्णजी की बुआ कुन्ती उन्हें स्मरण कर अत्यन्त आकुल हो कर रोने लगी। अक्रूरजी तथा विदुरजी ज्ञानी होने के कारण दुःख-सुख द्वन्द्वों से ऊपर उठ चुके थे। दोनों यशस्वी महात्माओं

ने कुन्ती को उसके पुत्रों के जन्म-दाता धर्म, वायु आदि देवताओं की याद दिलाकर कहा कि श्रीकृष्ण अधर्म का नाश करने के लिये ही पैदा हुए हैं। इस प्रकार कुन्ती को सान्त्वना देकर, मथुरा जाने से पहले, वे धृतराष्ट्र के पास आये तथा उन्हें भरी सभा में श्रीकृष्ण तथा बलरामजी का सन्देश सुनाया।

अक्रूरजी ने कहा, महाराज धृतराष्ट्रजी! आप कुरुवंश की उज्ज्वल कीर्ति को और बढ़ाइये। आप धर्म से पृथ्वी का पालन कीजिए। अपने सद्भाव से प्रजा को प्रसन्न कीजिए। अपने स्वजनों के साथ सम-व्यवहार कीजिए। यदि आप इसके विपरीत आचरण करेंगे तो इस लोक में तो आपकी निन्दा होगी ही, आपका परलोक भी कलंकित हो जायेगा। अपने पुत्रों तथा पाण्डु-पुत्रों में समानभाव रखिए। जीव अकेला ही उत्पन्न होता है तथा मरणोपरान्त भी अकेला ही जाता है। मूर्ख मनुष्य जिन्हें अपना समझकर, अधर्म करके पालता है, वे ही प्राण, धन, पुत्र, स्त्री आदि इस जीव को असन्तुष्ट छोड़ कर चले जाते हैं। जो अपने धर्म से बिमुख है, वह अपना लौकिक स्वार्थ भी नहीं जानता। जिनके लिये वह अधर्म करता है, वे इसे छोड़ देंगे तथा इसके अधर्म-कर्मों के भागी भी नहीं होंगे। अपने पाप तो स्वयं ही भोगने पड़ेंगे। आप अपने प्रयत्न से, अपनी शक्ति से चित्त को रोकिये (संयम में रखिये)। ममतावश पक्षपात मत कीजिए। समत्व में स्थित होकर इस संसार की ओर से उपराम-शान्त हो जाइये।

महाराज धृतराष्ट्र ने कहा, दानपते अक्रूरजी! आप मेरे कल्याण की बात कह रहे हैं। मैं आपकी इस अमृतवाणी से तृप्त नहीं हो रहा हूँ। मन की चंचलता के कारण आपकी यह शिक्षा मेरे मन में ठहर नहीं पा रही। मेरा हृदय पुत्र के मोह के कारण अति विषम हो गया है। अक्रूरजी! सुना है कि सर्वशक्तिमान् भगवान् श्रीकृष्ण पृथ्वी का भार उतारने के लिये यदुकुल में अवतीर्ण हुए हैं। ऐसा कौन सा मनुष्य है जो उनके विधान के विरुध चलने का साहस करे। उनकी जैसी इच्छा होगी वही होगा। भगवान् की माया का मार्ग अचिन्त्य है। उसी माया के द्वारा इस संसार

की सृष्टि कर वे उसमें प्रवेश करते हैं तथा कर्म और कर्मफल का विभाजन करते हैं। यह संसार-चक्र उनकी अचिन्त्य लीला-शक्ति की ही क्रीड़ा है। मैं उन परमैश्वर्य शक्तिशाली प्रभु को नमस्कार करता हूँ।

इस प्रकार अक्रूरजी धृतराष्ट्र का अभिप्राय जानकर कुरुवंशी स्वजनों से प्रेमपूर्वक अनुमति पाकर मथुरा लौट आये तथा श्रीकृष्ण-बलरामजी को धृतराष्ट्र का व्यवहार तथा वर्ताव, जो वे पाण्डवों से करते थे, उसके विषय में बता दिया।

दशम स्कन्ध (उत्तरार्ध)

अध्याय 1

जरासन्ध-युद्ध तथा द्वारकापुरी निर्माण

श्री शुकदेवजी कहते हैं, भरत-शिरोमणि परीक्षित्! कंस की दो रानियाँ थीं—अस्ति और प्राप्ति। कंस की मृत्यु पर वे दोनों अपने पिता की राजधानी चली गईं। उनका पिता मगधराज जरासन्ध था। उनके विधवा होने से जरासन्ध को बड़ा दुःख हुआ। क्रोधवश उसने निश्चय किया कि वह एक भी यदुवंशी को पृथ्वी पर नहीं रहने देगा। युद्ध की तैयारी कर, तेईस अक्षौहिणी सेना सहित उसने मथुरा को चारों ओर से घेर लिया।

भगवान् श्रीकृष्ण ने देखा कि जरासन्ध की विशाल सेना ने मथुरा को घेर लिया है। वे तो पृथ्वी का भार घटाने के लिये ही तथा जरासन्ध जैसे दुष्टों का नाश करने के लिये अवतीर्ण हुए थे। जरासन्ध ने अपने अधीन नरपतियों की पैदल, घुड़सवार, रथों तथा हाथियों से युक्त यह विशाल सेना एकत्रित की थी। यह तो स्वयं ही पतिंगों का अग्नि में गिरने का अवसर आ गया था। अपने अवतार का प्रयोजन पूर्ण करने हेतु, अर्थात् दुष्टों का नाश तथा साधुजनों की रक्षा, भगवान् श्रीकृष्ण के आवाहन करने पर, सूर्य के समान चमकते हुए दो रथ आकाश से आ पहुँचे। ये रथ युद्ध की समस्त सामग्री से सुसज्जित थे तथा दो सारथि उन्हें हाँक रहे थे। इसी समय भगवान् के दिव्य और सनातन आयुध भी वहाँ उपस्थित हो गये। भगवान् श्रीकृष्ण ने बलरामजी से कहा, भ्राता! आप बड़े शक्तिशाली हैं। इस समय यदुवंशी आपको ही अपना स्वामी तथा रक्षक मानते हैं। देखिए यह आपका रथ है तथा आपके श्रेष्ठ आयुध हल-मूसल भी आ पहुँचे। अब आप इस रथ पर सवार होकर शत्रु-सेना का संहार कीजिए तथा अपने स्वजनों की रक्षा कीजिए। साधुजनों के

उद्धार तथा कल्याण के लिये ही आपने यह अवतार ग्रहण किया है। आप इस तेईस अक्षौहिणी सेना को नष्ट कीजिए। तदनन्तर भगवान् श्रीकृष्ण तथा बलरामजी ने कवच धारण किये तथा रथों पर सवार होकर वे मथुरा से निकले। उनके आयुध उनके संग थे तथा उनकी सेना उनके साथ चल रही थी। श्रीकृष्णजी का सारथि था दारुक। पुरी से बाहर आकर उन्होंने अपना पाञ्चजन्य शंख बजाया। उनके शंख की ध्वनि सुन कर शत्रु-सेना के हृदय काँप गये। उन्हें देख जरासन्ध ने कहा, कृष्ण! तू अभी निरा बालक है। अकेले तेरे साथ लड़ने में मुझे लज्जा आती है। तू अपने मामा का हत्यारा है। मैं तेरे साथ नहीं लड़ सकता। तुम रण छोड़ कर भाग जाओ। बलराम! यदि तुझ में लड़ने की शक्ति है तो तू मुझसे युद्ध कर। यातो तू बाणों को सहन कर अथवा मुझे मार।

जरासन्ध को सम्बोधित करते हुए भगवान् श्रीकृष्ण ने कहा, मगधराज! जो शूरवीर होते हैं वे ढींग नहीं पीटते, अपितु बल-पौरुष दिखाते हैं। तुम्हारी मृत्यु अब तुम्हारे सिर पर नाच रही है। तुम सावधान हो जाओ।

जरासन्ध की सेना ने–जो देखने में बड़ी विस्तृत थी–श्रीकृष्ण-बलराम की सेना को चारों ओर से घेर लिया। मथुरावासी (अधिकतर स्त्रियाँ) अपने घरों की अटारियों से युद्ध का दृश्य देख रही थीं। जब मगधराज की अपार सेना के बीच श्रीकृष्ण-बलरामजी के रथ दीख नहीं पाये तो मथुरावासी शोकमग्न हो गये। जब भगवान् श्रीकृष्ण ने देखा कि शत्रु-सेना के सैनिक उनकी सेना पर प्रचण्ड बाणों की वर्षा कर रहे हैं तो उन्होंने देवता तथा असुर, दोनों से सम्मानित शार्ङ्ग-धनुष का टंकार किया। तदनन्तर वे झुंड के झुंड बाण शत्रु-सेना पर छोड़ने लगे। उस समय उनका धनुष काल-चक्र की तरह घूम रहा था। इस प्रकार भगवान् जरासन्ध की सेना का संहार करने लगे। हाथी घोड़ों के सिर कटने लगे तथा रथों की क्षति होने लगी। घोड़े, ध्वजा, सारथि तथा रथों के नष्ट हो जाने से बहुत से रथ नाकारा हो गये। पैदल सेना की भुजाएँ, जाँघ तथा सिर कट-कट कर गिरने लगे। उधर तेजस्वी भगवान् बलरामजी ने अपने मूसल तथा हल की चोट से सहस्रों सैनिकों का संहार कर दिया।

हाथी-घोड़े-मुकुट कट-कट कर गिर रहे थे। धरती खून से लथपथ हो गयी। मनुष्यों की भुजाओं के ढेर, सर्पों जैसे, सिर कछुओं जैसे तथा जाँघे मछलियों की तरह लग रहे थे। जरासन्ध की वह सेना समुद्र के समान दुर्गम, भयानक, अपार तथा जीतने में कठिन थी। परन्तु भगवान् श्रीकृष्ण तथा बलरामजी के थोड़े से प्रयत्न से ही वह नष्ट हो गई। वे तो सारे जगत् के स्वामी हैं। काल उनकी शक्ति है। इतनी सेना का संहार तो उनके लिये एक खेल के समान था। वे तो लीला-लीला में ही तीनों लोकों की उत्पत्ति, पालन, तथा संहार करते हैं।

इस प्रकार जरासन्ध की सारी सेना नष्ट हो गई। उसके शरीर में केवल प्राण ही बचे। तब भगवान् श्रीकृष्ण तथा बलरामजी ने सिंह के समान उस महाबली जरासन्ध को पकड़ लिया। जरासन्ध आज तक बहुत से विपक्षी नरपतियों का वध कर चुका था। परन्तु आज वह श्रीकृष्ण के वरुणपाश में बन्धा हुआ था। श्रीभगवान् ने उसे छोड़ दिया कि वह इसी प्रकार और सेना एकत्रित करके लाये तथा वे उसका संहार कर, पृथ्वी का भार कम करें। बड़े-बड़े वीर जरासन्ध का सम्मान करते थे। परन्तु आज उसका मस्तक लज्जा से झुका था कि उसे श्रीकृष्ण-बलरामजी ने एक दीन की भाँति छोड़ दिया।

अब जरासन्ध ने तपस्या करने का निश्चय किया (ताकि वह दिव्य-शस्त्र प्राप्त कर सके), परन्तु दूसरे नरपतियों ने मार्ग में जरासन्ध को समझाया कि उसे यदुवंशियों से भय नहीं करना चाहिए। वे आपको पराजित नहीं कर सकते। भाँति-भाँति के दृष्टान्त देकर उन्होंने जरासन्ध को तपस्या करने से रोक दिया। फिर भी वह बड़ा उद्विग्न-मन अपने देश को लौटा।

भगवान् श्रीकृष्ण की सेना पूर्ण रूप से सुरक्षित रही, क्योंकि उन दोनों भ्राताओं ने ही जरासन्ध की विशाल सेना का संहार कर दिया था। देवताओं ने भगवान् श्रीकृष्ण की विजय पर, उन पर नन्दनवन के पुष्पों की वर्षा की। जरासन्ध की पराजय से मथुरावासी बहुत आनन्दित हुए तथा भयरहित हो गये। जिस समय बलराम-श्रीकृष्ण ने मथुरा नगरी में

प्रवेश किया तो उनका स्वागत शंख, नगारे, तुरही, वीणा, ढोल-मृदंग आदि बाजों से हुआ। सारा नगर विजय-पताकाओं से सजाया गया था। पुरवासी उन पर पुष्प-वर्षा कर रहे थे।

इस प्रकार जरासन्ध ने सत्रह बार तेईस अक्षौहिणी सेना एकत्रित कर, मथुरा पर आक्रमण किया। यदुवंशी शिरोमणि श्रीकृष्ण-बलराम द्वारा वह हर बार पराजित हुआ तथा हर बार उसकी पूर्ण सेना नष्ट हुई। प्रत्येक बार श्रीकृष्ण ने उसे लज्जित कर छोड़ दिया। (कदाचित् उसका वध कर वे उसका उद्धार नहीं करना चाहते थे)

जिस समय जरासन्ध से अठारहवाँ युद्ध होने को था, उसी समय नारदजी द्वारा उकसाया हुआ (कदाचित् काल को प्राप्त होने के लिये), कालयवन अपनी (तीन करोड़) म्लेच्छों की सेना लेकर युद्ध के लिये आ गया। कालयवन की यह असमय की चढ़ाई देखकर भगवान् श्रीकृष्ण ने बलरामजी से परामर्श किया कि जरासन्ध को मिला कर इस समय उन्हें दो सेनाओं से युद्ध करना पड़ेगा। यदि कालयवन से युद्ध करते-करते जरासन्ध भी आ जाता है तो मथुरावासियों तथा उनकी सेना (यदुवंशियों) को क्षति पहुँच सकती है। अतः उन्होंने सोचा कि वे एक ऐसा दुर्ग बनायेंगे जिसमें कोई प्रवेश न कर सके। उसी दुर्ग में अपने स्वजन-सम्बन्धियों को सुरक्षित कर वे कालयवन का वध करेंगे। इस प्रकार बलरामजी से परामर्श कर भगवान् श्रीकृष्ण ने (एक ही रात्रि में विश्वकर्मा द्वारा) समुद्र के भीतर एक ऐसा दुर्गम नगर बनवाया जिसमें सभी वस्तुएँ उपलब्ध थीं। उस नगर की लम्बाई-चौड़ाई अड़तालीस कोस की थी (यहाँ राजधानी ले जाने का कारण यह भी था कि हर वर्ष युद्ध के कारण मथुरावासी परेशान थे तथा उनके जान-माल की क्षति होती थी। उनके मन अशान्त हो रहे थे)। उस नगर की एक-एक वस्तु में विश्वकर्मा के विज्ञान तथा शिल्पकारी की निपुणता प्रकट हो रही थी। वास्तु-शास्त्र के अनुसार बड़ी-बड़ी सड़कें, चौराहे तथा गलियारों के स्थान बने थे। नगर का यथायोग्य विभाजन किया गया था। सुन्दर-सुन्दर उपवन तथा उद्यानों के स्थान बनाये गये थे जिनमें देवलोकों के वृक्ष तथा

लताएँ लगाई गई थीं। रहने के लिये ऊँचे महल बनाये गये थे जो स्वर्गपुरी से भी उत्तम थे तथा उनमें सोने-चाँदी, मणियों द्वारा मीनाकरी की गई थी तथा स्थान-स्थान पर सोने के कलश रखे गये थे। अन्न रखने के लिये चाँदी तथा पीतल के कोठे बनाये थे। स्फटिक मणि की अटारियाँ तथा ऊँचे-ऊँचे दरवाजे लगे थे। इन सबके बीच यदुवंशियों के प्रधान उग्रसेनजी, वसुदेवजी तथा भगवान् श्रीकृष्ण-बलराम के जगमगाते महल थे।

उस समय देवराज इन्द्र ने भगवान् श्रीकृष्ण के लिये पारिजात वृक्ष तथा सुधर्मा-सभा को भेज दिया। वह सभा ऐसी दिव्य थी कि उसमें बैठे किसी को भूख-प्यास नहीं लगती थी। वरुणजी ने बहुत से श्वेत घोड़े भेज दिये जिनकी गति वायु के समान थी। धनपति कुबेर ने अपनी आठों निधियाँ भेज दीं तथा अन्य लोकपालों ने भी अपनी-अपनी विभूति को भगवान् के पास भेज दिया। जब भगवान् श्रीकृष्ण पृथ्वी पर अवतीर्ण हुए थे तभी से उन्होंने अपने अधिकार की शक्तियाँ तथा सिद्धियाँ श्रीभगवान् के चरणों में समर्पित कर दी थीं। अब भगवान् श्रीकृष्ण ने अपने समस्त स्वजन सम्बन्धियों को अपनी अचिन्त्य योगमाया द्वारा द्वारका पहुँचा दिया। शेष प्रजा की रक्षा के लिये बलरामजी को मथुरा में रहने दिया तथा स्वयं गले में कमलों की माला पहन, बिना किसी अस्त्र-शस्त्र के वे नगर के प्रधान द्वार से बाहर निकल आये।

अध्याय 2

कालयवन-भस्म, मुचुकुन्द कथा

जिस समय श्रीभगवान् मथुरा के बाहर आये वे पीताम्बर धारण हुए थे तथा उनका श्यामल शरीर अत्यन्त दर्शनीय था। वक्षःस्थल पर स्वर्ण रेखा के रूप में श्रीवत्सचिह्न शोभा दे रहा था तथा गले में कौस्तभमणि

चमक रही थी। मुखकमल पर राशि-राशि आनन्द खेल रहा था। कानों में मकराकृत कुण्डल झिलमिल कर रहे थे। उन्हें देखकर कालयवन को विश्वास हो गया कि यही पुरुष वासुदेव हैं। नारदजी ने उनके यही लक्षण, चिह्न बताये थे। क्योंकि यह इस समय बिना अस्त्र-शस्त्र के चला आ रहा है, अत: मैं भी इससे बिना अस्त्र-शस्त्र युद्ध करूँगा।

ऐसा निश्चय कर कालयवन भगवान् श्रीकृष्ण के पीछे दौड़ा। वे दूसरी ओर, रणभूमि को छोड़कर, भाग चले। उन योगि-दुर्लभ भगवान् को पकड़ने के लिये वह उनके पीछे भागा। कालयवन पग-पग पर यही समझता कि उसने उन्हें अब पकड़ा। इस प्रकार भागते-भागते भगवान् श्रीकृष्ण उसे बहुत दूर एक पहाड़ की गुफा में ले गये। कालयवन पुकार रहा था कि परम-यशस्वी यादव-नरेश तुम्हारा इस प्रकार युद्धभूमि को छोड़कर भागना उचित नहीं। वह भगवान् को पकड़ने में असमर्थ हो रहा था। उसके आक्षेप करते रहने पर भी श्रीकृष्ण पर्वत की एक गुफा में प्रवेश कर गये। उनके पीछे-पीछे कालयवन भी गया। वहाँ उसने एक मनुष्य को पीताम्बर ओढ़े सोते देखा। कालयवन ने सोचा कि उसे चकमा देकर श्रीकृष्ण अब यहाँ सो गया है। यह सोचकर उस मूढ़ ने उन्हें जोर से एक लात मारी। जो पुरुष वहाँ बहुत समय से सो रहा था, वह पैर की ठोर से उठा तथा उसने धीरे-धीरे अपनी आँखें खोलीं और कालयवन को अपने सामने खड़ा पाया। इस प्रकार निद्रा से अकस्मात् जागने पर वह पुरुष बहुत रुष्ट हुआ। उसकी क्रोध-दृष्टि पड़ते ही कालयवन के शरीर में आग लग गई तथा वह क्षण भर में जलकर भस्म हो गया।

ये महापुरुष इक्ष्वाकुवंशी महाराज मान्धाता के पुत्र राजा मुचुकुन्द थे। वे ब्राह्मणों के परमभक्त, सत्यप्रतिज्ञ, संग्रामविजयी थे। एक बार देवराज इन्द्र तथा असुरों के बीच युद्ध में उन्होंने देवताओं की सहायता की थी। इसके पश्चात् देवताओं को सेनापति के रूप में स्वामि कार्तिकेय मिल गये। तब देवराज इन्द्र ने राजा मुचुकुन्द से कहा, राजन्! आपने हमारी रक्षा के लिये बहुत श्रम तथा कष्ट उठाया है। अब आप विश्राम कीजिए।

आपने हमारी रक्षा के लिये अपना राज्य तथा परिवार भी त्याग दिया। इतना समय (देव गणना के अनुसार) बीत जाने पर, आपके पुत्र, रानियाँ, बन्धुबान्धव तथा अमात्य-मन्त्री आदि कोई भी नहीं रहे। काल समस्त बलवानों से बलवान् है। वह स्वयं परम समर्थ अविनाशी श्रीभगवान् की शक्ति है! राजा आपका कल्याण हो। आपकी जो इच्छा हो माँग लो। हम केवल मोक्ष के अतिरिक्त आपको सब कुछ दे सकते हैं। मोक्ष देने की सामर्थ्य तो केवल अविनाशी भगवान् विष्णु में ही है।

परम यशस्वी राजा मुचुकुन्द ने देवताओं के इस प्रकार कहने पर उनकी वन्दना की तथा थके होने के कारण उनसे दीर्घ निद्रा का ही वर माँगा। उनसे यह वर प्राप्त कर वे पर्वत की गुफा में जाकर सो गये। वर देते समय देवताओं ने कहा था, राजन्! सोते समय यदि आपको कोई बीच में जगा देगा तो वह आपकी दृष्टि पड़ते, उसी क्षण भस्म हो जायेगा। यदि चाहते तो भगवान् श्रीकृष्ण स्वयं कालयवन का वध कर सकते थे, परन्तु उनके हाथों उसकी मृत्यु होने से उसे मोक्ष मिल जाना था, जिसके योग्य वह नहीं था। इसी कारण कदाचित् उन्होंने कालयवन को राजा मुचुकुन्द की क्रोधाग्नि से भस्म करा दिया।

जब कालयवन भस्म हो गया तो यदुशिरोमणि भगवान् श्रीकृष्ण ने परम बुद्धिमान् राजा मुचुकुन्द को अपना दर्शन दिया। (गुफा में प्रवेश करते समय भगवान् श्रीकृष्ण ने अपना पीला दुपट्टा राजा मुचुकुन्द पर डाल दिया था जिससे कालयवन ने सोचा कि वे स्वयं कृष्ण सो रहे हैं) भगवान् श्रीकृष्ण का विग्रह वर्षा-कालीन मेघ के समान साँवला था। वे रेशमी पीताम्बर धारण किये थे। वक्षःस्थल पर श्रीवत्स तथा गले में कौस्तुभमणि अपनी दिव्यज्योति फैला रही थी। उनकी इस समय चार भुजाएँ थीं। वैजयन्ती माला घुटनों तक लटक रही थी। मुखकमल अत्यन्त सुन्दर, जिस पर मन्द-मन्द मुस्कान थी। उनके नेत्रों से अनुराग की वर्षा हो रही थी। कानों में स्वर्ण कुण्डल सुशोभित हो रहे थे। भगवद्-स्वरूप को देखकर राजा मुचुकुन्द स्तभित हो गये। दीनभाव से राजा मुचुकुन्द ने पूछा, आप कौन है? इस काँटों से भरे स्थान पर आप

इन कोमल-चरणों द्वारा क्यों विचरण कर रहे हैं? आपका यहाँ पधारने का क्या प्रयोजन है? क्या आप समस्त तेजस्वियों के मूर्तिमान्-तेज, भगवान् अग्निदेव तो नहीं? क्या आप सूर्य, चन्द्रमा, देवराज इन्द्र अथवा कोई अन्य लोकपाल तो नहीं? मैं तो समझता हूँ कि आप देवताओं के आराध्यदेव ब्रह्मा, विष्णु तथा शंकर—इन तीनों में से पुरुषोत्तम भगवान् नारायण हैं। पुरुषोत्तम यदि आप मेरे विषय में जानना चाहते हैं, तो मैं इक्ष्वाकुवंशी क्षत्रिय राजा मुचुकुन्द हूँ। मैं युवनाश्व-नन्दन महाराज मान्धाता का पुत्र हूँ। बहुत दिनों तक (देवताओं के दिन) जागते रहने के कारण मैं थक गया था। निन्द्रा ने मेरी समस्त इन्द्रियों की शक्ति को क्षीण कर दिया था। अतः मैं इस निर्जन स्थान पर निर्द्वन्द्व सो रहा था। अभी-अभी किसी ने मुझे जगा दिया था। अवश्य ही उसके पापों ने उसे जलाकर भस्म कर दिया। तदनन्तर शत्रुओं का नाश करने वाले, परमसुन्दर आपने मुझे दर्शन दिये। महाभाग! आप समस्त प्राणियों के माननीय हैं। आपके परमदिव्य तेज से मेरी आँखें चुन्धिया रही हैं। मैं आपको देख भी नहीं सकता। जब राजा मुचुकुन्द ने इस प्रकार कहा तो समस्त प्राणियों के जीवनदाता, भगवान् श्रीकृष्ण ने हँसते हुए ये वचन कहे—

राजा मुचुकुन्द! मेरे सहस्त्रों जन्म, कर्म तथा नाम हैं। वे अनन्त हैं। उनकी गणना नहीं हो सकती। सनक-सनन्दन आदि ब्रह्मर्षि मेरे त्रिकाल-सिद्ध जन्म तथा कर्मों का वर्णन करते रहते हैं। फिर भी तुम मुझसे सुनो। ब्रह्माजी ने मुझसे धर्म की रक्षी तथा पृथ्वी से असुरों का संहार कर, उनसे बने हुए भार को उतारने के लिये, प्रार्थना की थी। ब्रह्माजी की प्रार्थना स्वीकार कर मैंने यदुवंश में वसुदेवजी के घर अवतार ग्रहण किया। वसुदेवजी का पुत्र होने से मुझे सब वासुदेव कहते हैं। अब तक मैं कालनेमि असुर का, जो कंस के रूप में पैदा हुआ था तथा अन्य कई असुरों का संहार कर चुका हूँ। यह जो तुम्हारी दृष्टि से भस्म हुआ है, वह कालयवन था। मेरी ही प्रेरणा से तुम्हारी तीक्ष्ण दृष्टि द्वारा यह भस्म हुआ। तुमने पहले मेरी बड़ी आराधना की थी। उसी के लिये मैं तुम पर कृपा करने के लिये इस गुफा में आया हूँ। अतः हे राजर्षे! तुम्हारी जो

अभिलाषा हो, मुझ से माँग लो। जो पुरुष मेरी शरण में आ जाता है, उसके लिये कोई भी वस्तु दुर्लभ नहीं रहती।

भगवान् श्रीकृष्ण के इस प्रकार कहने पर राजा मुचुकुन्द को वृद्ध गर्गाचार्य का वह कथन याद आ गया कि यदुवंश में भगवान् अवतीर्ण होंगे। वे स्वयं भगवान् नारायण ही हैं। आनन्द विभोर होकर राजा मुचुकुन्द ने भगवान् के चरणों में प्रणाम किया।

राजा मुचुकुन्द ने कहा–जगत् के सभी प्राणी आपकी माया से मोहित हैं। यह भूमि अत्यन्त पवित्र कर्मभूमि है। यहाँ मनुष्य का जन्म होना ही बड़े भाग्य की बात है। मनुष्य जीवन इतनापूर्ण है कि उसमें भजन के लिये कोई असुविधा नहीं। यहाँ जो श्रीभगवान् के चरणकमलों की उपासना नहीं करता, वह उस पशु के समान है जो तुच्छ तृण के लोभ में अँधेरे कुँए में गिर जाता है। भगवन्! मै राजा था। राज्यलक्ष्मी के मद में मैं आपको पहचान नहीं पाया। मैं इस शरीर को ही आत्मा मान बैठा था। गृहस्थमोह तथा राज्यलोभ के कारण मैंने अपना जीवन व्यर्थ ही व्यतीत किया। रथ, हाथी, घोड़े तथा पैदल–चतुरंगिणी सेना से सदा घिरा रहने के कारण मेरी मन–बुद्धि में अभिमान घर कर गया था। मैं भूल गया था कि जो सोने के रथों पर अथवा श्रेष्ठ गजराजों पर सवार होता है तथा नरदेव कहलाता है, वही शरीर एक दिन आपके अमोघ काल का ग्रास बन जाता हैं। भगवन्! मैं तो समझता हूँ कि आपने मेरे ऊपर अनुग्रह की वर्षा की है। साधुस्वभाव के चक्रवर्ती राजा तो अपना राज्य त्याग कर एकान्त में भजन–साधन करने के उद्देश्य से वन गमन करते हैं तथा आपकी उपासना करते हैं। अन्तर्यामी प्रभो! आपसे क्या छिपा है? मैं आपके चरणों की सेवा के अतिरिक्त और कोई वर नहीं माँगता। क्योंकि जिनके पास किसी प्रकार का संग्रह–परिग्रह नहीं है तथा जो अभिमान् से रहित हैं, वे केवल आपकी ही प्रार्थना करते हैं। मोक्ष देने वाले! आपकी आराधना कर कौन श्रेष्ठ पुरुष सांसारिक विषय–भोग का वर माँगेगा।

अतः प्रभो! मैं सत्त्वगुण, रजोगुण तथा तमोगुण सम्बन्धित कामनाओं को त्यागकर, माया के बन्धन से रहित होकर, आप अद्वीतीय, चित्स्वरूप

पुरुषोत्तम की शरण ग्रहण करता हूँ। भगवन्! मैं चिरकाल से (अनादिकाल से) अपने कर्मफल भोगता-भोगता अत्यन्त आर्त हो गया था। उनकी दुःखद ज्वाला हर समय मुझे पीड़ा पहुँचाती थी। मेरा मन अशान्त तथा इन्द्रियाँ विषयवासना-युक्त थीं। अब मैं आपके भय, मृत्यु तथा शोक को दूर करने वाले चरणकमलों की शरण में आया हूँ। आप मुझ शरणागत की रक्षा कीजिए।

भगवान् श्रीकृष्ण ने कहा, सार्वभौम महाराज! तुम्हारी मति, तुम्हारा निश्चय बड़ा पवित्र है। मेरे पुनः-पुनः वर देने के प्रलोभन से भी तुम्हारी बुद्धि कामनाओं के अधीन नहीं हुई। तुम अपने मन तथा समस्त मनोभावों को मुझमें समर्पित कर दो। अपने मन को मुझमें लगा दो तथा स्वच्छन्द रूप से पृथ्वी पर विचरण करो। मुझमें तुम्हारी विषयशून्य निर्मल वृत्ति सदा बनी रहेगी। तुमने क्षत्रिय धर्म का आचरण करते समय, आखेट के समय बहुत से पशुओं का वध किया है। अब एकाग्रचित् से तप कर उस पाप को धो डालो। अगले जन्म में तुम ब्राह्मण बनोगे तथा समस्त प्राणियों के हितैषी, परम सुहृद् होगे तथा मुझ विशुद्ध परमात्मा को प्राप्त करोगे।

अध्याय 3

बलराम-श्रीकृष्ण द्वारकाप्रवेश

भगवान् श्रीकृष्ण के वचन सुन राजा मुचुकुन्द ने भगवान् की परिक्रमा कर नमस्कार किया तथा वह गुफा से बाहर निकला। उसने बाहर आकर देखा कि मनुष्य, पशु, लता तथा वृक्ष-वनस्पति पहले की अपेक्षा अब बड़े छोटे आकार के हो गये हैं। यह जानकर कि अब थोड़े ही समय में कलियुग आ जायेगा, राजा मुचुकुन्द उत्तर दिशा में चला गया। वह तपस्या, श्रद्धा तथा धैर्ययुक्त था। अनासक्त तथा सन्देहमुक्त,

वह अपना चित्त भगवान् में लगाकर, गन्धमादन पर्वत पर चला गया। भगवान् नर-नारायण के नित्यनिवास स्थान बदरिका आश्रम में जाकर वह बड़े शान्त भाव से गर्मी-सर्दी आदि द्वन्द्व सहते हुए, तपस्या द्वारा भगवान् की आराधना करने लगा।

तदनन्तर भगवान् श्रीकृष्ण मथुरापुरी लौट आये। कालयवन की सेना ने मथुरा को घेर रखा था। अब उन्होंने म्लेच्छ सेना का संहार किया तथा उसका धन छीनकर द्वारका ले चले। जिस समय श्रीकृष्ण की आज्ञानुसार छकड़ों तथा बैलों पर धन जा रहा था, उसी समय जरासन्ध ने तेईस अक्षौहिणी सेना के साथ अठारहवीं बार आक्रमण कर दिया। जरासन्ध के इस अकस्मात् आक्रमण को देखकर भगवान् श्रीकृष्ण ने वह धन आदि वहीं छोड़ दिया तथा मनुष्यों का सा नाटक करते भागने लगे। यह भी उनकी एक लीला थी। जरासन्ध उनका पीछा कर रहा था। उसे भगवान् श्रीकृष्ण तथा बलरामजी के ऐश्वर्य तथा प्रभाव का ज्ञान नहीं था। भागते-भागते वे ऊँचे पर्वत प्रवर्षण पर चढ़ गये। उस पर्वत का यह नाम इसलिये था कि वहाँ सदा मेघ वर्षा करते रहते थे। जब बहुत ढूँढने पर भी जरासन्ध उन दोनों को पकड़ न पाया तो उसने उस ईंधन से भरे पर्वत के चारों ओर आग लगा दी। जब भगवान् ने देखा कि पर्वत के चारों ओर आग लगी है तो वे पर्वत से कूद कर भूमि पर आ गये। उन्हें जरासन्ध तथा उसके सैनिक देख न पाये। यहाँ से बलराम-श्रीकृष्ण समुद्र से घिरी द्वारकापुरी में चले गये। यह सोच कर कि अग्नि ने उन दोनों भ्राताओं को नष्ट कर दिया है, जरासन्ध अपनी सेना लेकर वापस मगधदेश चला गया तथा शान्त हो गया। उसको शान्त करने के लिये ही श्रीभगवान् ने यह लीला की थी। यदि वे ऐसा न करते तो यह युद्ध श्रृंखला निरन्तर चलती रहती, क्योंकि भगवान् श्रीकृष्ण जरासन्ध का वध अपने हाथों से नहीं चाहते थे। बार-बार युद्ध से मथुरावासी भी परेशान थे। कालयवन की तरह कदाचित् श्रीभगवान् ने जरासन्ध को मारने के लिये किसी और को चुन रखा था।

श्रीकृष्ण तथा बलरामजी के विवाह के विषय में बताते हुए श्री

शुकदेवजी राजा परीक्षित् से कहते हैं–आनर्तदेश के राजा रैवतजी ने ब्रह्माजी के आदेश से अपनी कन्या रेवती का विवाह बलरामजी से कर दिया। इसी प्रकार भगवान् श्रीकृष्ण स्वयंवर में–जहाँ शिशुपाल तथा उसके पक्षपाती नरेश शाल्व आदि आये थे–उनके मध्य से ही रुक्मिणी जी को ऐसे हर कर ले आये जैसे गरुड़ ने सुधा का हरण किया था। रुक्मिणीजी राजा भीष्मक की कन्या तथा स्वयं भगवती लक्ष्मीजी का अवतार थीं।

महाराज भीष्मक विदर्भ देश के अधिपति थे। उनके पाँच पुत्र तथा एक कन्या थी। सबसे बड़े बेटे का नाम था रुक्मी तथा शेष चारों के नाम थे रुक्मरथ, रुक्मबाहु, रुक्मकेश तथा रुक्ममाली। कन्या का नाम था सती रुक्मिणी। जब उसने भगवान् श्रीकृष्ण के सौन्दर्य, पराक्रम, गुण, ऐश्वर्य की प्रशंसा सुनी तब उसने यह निश्चय किया कि भगवान् श्रीकृष्ण ही उसके अनुरूप पति हैं। भगवान् श्रीकृष्ण तो जानते ही थे कि रुक्मिणी भगवती लक्ष्मी का अवतार है तथा रूप, गुण-सम्पन्न है। रुक्मिणी के बन्धु-बान्धव भी चाहते थे कि उसका विवाह श्रीकृष्ण से हो। परन्तु रुक्मी, शिशुपाल आदि का मित्र होने के कारण, इस विवाह के विरुध था। वह शिशुपाल को रुक्मिणी के योग्य वर समझता था।

जब रुक्मिणी को यह विदित हुआ कि उसका भ्राता रुक्मी उसका विवाह शिशुपाल से करना चाहता है तो वह बहुत उदास हो गई। उसने एक विश्वासपात्र ब्राह्मण को द्वारकापुरी भेजा। जब वह द्वारकापुरी पहुँचा तो द्वारपाल उसे भीतर महल में ले गये। ब्राह्मण-देवता ने देखा कि आदिपुरुष भगवान् श्रीकृष्ण सोने के सिंहासन पर विराजमान हैं। ब्राह्मण-देवता को देखकर, उसके आदर के लिये, भगवान् श्रीकृष्ण अपने आसन से उतर कर नीचे आये तथा ब्राह्मण को आदर से आसन प्रदान किया तथा उसकी पूजा की। आदर-सत्कार तथा कुशल आदि पूछने के पश्चात् ब्राह्मण-देवता को विश्राम करने दिया। तदनन्तर भगवान् श्रीकृष्ण ने उसके आने का प्रयोजन जानना चाहा।

भगवान् श्रीकृष्ण ने कहा, ब्राह्मण शिरोमणि! आपका चित्त तो सन्तुष्ट है? अपने धर्म पालन में आपको कोई कठिनाई तो नहीं? जो कुछ मिल

जाये उसी में सन्तुष्ट रहे, धर्म का पालन करे–ऐसा आचरण ही ब्राह्मण की सारी कामनाएँ पूर्ण कर देता है। इन्द्र के पद से भी अधिक सुख उसे है जिसके पास तनिक भी संग्रह-विग्रह नहीं, परन्तु सन्तुष्टि है। ब्राह्मण देवता! राजा की ओर से तो आप लोगों को प्रत्येक सुविधा है न? आप कहाँ से तथा किस प्रयोजन से इतना कठिन मार्ग तय कर यहाँ आये हो (बिना कुछ बताये भगवान् श्रीकृष्ण ने सोचा कि कदाचित् ब्राह्मण-देवता को उनके राज्य अथवा अन्य किसी राज्य में कोई असुविधा आन पड़ी है) यदि कोई विशेष गोपनीय बात हो तो आप हम से कहिए। श्रीभगवान् की इस मनुष्य जैसी लीला को देखकर ब्राह्मण-देवता ने अपने आने का प्रयोजन तथा रुक्मिणीजी का सन्देश उन्हें सुना दिया।

रुक्मिणीजी ने कहा है, त्रिभुवन सुन्दर! आपके गुणों को सुनने से जन्म-जन्म का ताप शान्त हो जाता है। आपका सौन्दर्य-रूप समस्त जीवों के नेत्रों के लिये धर्म, अर्थ, काम, मोक्ष को प्रदान करने वाला है। मेरा चित्त लज्जा, संकोच–सब छोड़ कर आपमें ही बसा है। प्रेमस्वरूप श्यामसुन्दर! कुल, शील-स्वभाव, सुन्दरता, विद्या, अवस्था, धन-धाम–सभी में आप अद्वितीय हैं। पुरुष-भूषण! ऐसी कौन सी कुलवती, महागुणवती तथा धैर्यवती कन्या होगी जो विवाह के योग्य समय आने पर पति के रूप में आपको वरण नहीं करना चाहेगी? अतः मैं आपको आत्मसमर्पण कर चुकी हूँ। आप अन्तर्यामी हैं। मेरे हृदय की बात जानते हैं। यहाँ पधारकर मुझे अपनी पत्नी के रूप में स्वीकार कीजिए। अब जैसे सिंह का भाग सियार न छू पाये उसी प्रकार कहीं शिशुपाल मुझे स्पर्श न कर पाये। जन्म-जन्म में मैंने जो दान, नियम, व्रत तथा पूजा आदि की है, उसके फलस्वरूप परमेश्वर मुझ पर प्रसन्न हों तथा भगवान् श्रीकृष्ण आकर मेरा पाणिग्रहण करें। प्रभो! आप अजित हैं। जिस दिन मेरा विवाह होने वाला हो, उसके एक दिन पहले आप हमारी राजधानी में आ जाइये तथा बड़े-बड़े सेनापतियों सहित शिशुपाल तथा जरासन्ध की सेनाओं को ध्वंसकर दीजिए तथा बलपूर्वक मेरा पाणिग्रहण कीजिए। मुझे अपने भाई-बन्धुओं के बीच से ले जाने का उपाय भी सुन लीजिए। हमारे कुल

का नियम है कि विवाह के पहले दिन (एक दिन पहले) कुलदेवी का दर्शन करने के लिये एक बड़ी शोभा-यात्रा होती है। इसमें विवाही जाने वाली कन्या को नगर के बाहर गिरिजा देवी के मन्दिर में जाना पड़ता है। कमलनयन! उमापति भगवान् शंकर भी आपकी वन्दना करते हैं। यदि मैं आपके चरणकमलों की धूलि-प्रसाद प्राप्त न कर सकी तो व्रत द्वारा शरीर को सुखाकर प्राण त्याग दूँगी। चाहे मुझे सहस्त्र जन्म भी लेने पड़ें, मैं आपके चरणकमलों की धूलीरूप प्रसाद पाकर ही रहूँगी।

अध्याय 4

रुक्मिणी-हरण

इसके पश्चात् ब्राह्मण-देवता ने कहा, यदुशिरोमणि! यही रुक्मिणीजी का अत्यन्त गोपनीय सन्देश है। आप कृपया तुरन्त इसे कार्यान्वित कीजिए।

रुक्मिणीजी के सन्देश-वाहक को आश्वासन दिलाते हुए भगवान् श्रीकृष्ण ने कहा, ब्राह्मण देवता! जैसे विदर्भ राजकुमारी मुझे चाहती है, वैसे ही मैं भी उसे चाहता हूँ। मैं जानता हूँ कि द्वेषवश रुक्मी हमारे विवाह में बाधा डाल रहा है। परन्तु आप देखियेगा कि मैं किस प्रकार क्षत्रिय कुल-कलंक नरपतियों को युद्ध में पराजित कर परमसुन्दरी राजकुमारी को हर कर लाता हूँ।

ब्राह्मण-देवता से रुक्मिणीजी की इच्छा जान कर मधुसूदन श्रीकृष्ण ने सारथि को आज्ञा दी, सारथि! तुरन्त रथ ले आओ। शैव्य, सुग्रीव, मेघपुष्प तथा बलाहक–चार अश्वों को जोड़कर–सारथि रथ ले आया तथा भगवान् श्रीकृष्ण को रथ पर सवार करा, उन शीघ्रगामी घोड़ों द्वारा, कुछ ही समय में विदर्भ देश पहुँच गया।

कुण्डिन-नरेश महाराज भीष्मक अपने बड़े लड़के रुक्मी के स्नेहवश

होकर, अपनी कन्या रुक्मिणी का विवाह शिशुपाल के साथ करने की तैयारी कर रहे थे। नगर के राजपथ, चौराहे, गली-कूचे साफ कर, उन पर छिड़काव कर, रंग बिरंगी झंडियों तथा पताकाओं से सजाये गये थे। नगरवासी हाथ में पुष्पमाला, हार, चन्दन तथा इत्र लिये अपने-अपने घरों के छजों पर विराजमान थे (बारात के स्वागत के लिये) राजा भीष्मक ने पितर तथा देवताओं का विधिपूर्वक पूजन कर, ब्राह्मणों को भोजन कराया तथा स्वस्तिवाचन किया। विधिवत् स्नान पश्चात् परम सुन्दरी राजकुमारी रुक्मिणीजी को दिव्य वस्त्रों तथा आभूषणों से विभूषित किया गया। श्रेष्ठ ब्राह्मणों ने साम, ऋक्, तथा यजुर्वेद के मन्त्रों द्वारा उसकी रक्षा की प्रार्थना की। अथर्ववेद के पण्डित-पुरोहित ने ग्रह शान्त के लिये हवन किया।

इसी प्रकार चेदिनरेश राजा दमघोष ने भी अपने पुत्र शिशुपाल के लिये विवाह-सम्बन्धी मंगलकृत्य करवाये। तदनन्तर वे हाथियों, सोने की मालाओं से सजाये रथों पर कुण्डिनपुर पहुँचे। प्रथा अनुसार, विदर्भ राजा भीष्मक ने आगे आकर उनका स्वागत-सत्कार तथा पूजा-अर्चा की। इसके पश्चात् उन्हें निश्चित किये हुए जनवास में, सभी सुविधाओं साहित ठहरा दिया। उस बारात में शाल्व, जरासन्ध, दन्तवक्त्र, विदूरथ तथा पौण्ड्रक आदि शिशुपाल के मित्र नरपति आये थे। वे सभी बलराम-श्रीकृष्ण के विरोधी थे। उन्होंने पहले से ही निश्चय किया था कि यदि श्रीकृष्ण-बलराम, यदुवंशियों के साथ आकर रुक्मिणी को हरने की चेष्टा करेंगे तो वे सभी मिलकर उनसे लड़ेंगे।

विपक्षी राजाओं की इस प्रकार की योजना का बलरामजी को पता चल गया। जब उन्होंने सुना कि भैया श्रीकृष्ण अकेले ही राजकुमारी का हरण करने के लिये गये हैं, तो वे चतुरंगिणी सेना सहित कुण्डिनपुर चल पड़े, यद्यपि उन्हें श्रीकृष्ण के बल-वीर्य पर पूर्ण विश्वास था।

रुक्मिणीजी भगवान् श्रीकृष्ण की प्रतीक्षा कर रही थी। अभी तक ब्राह्मण-देवता भी उनका समाचार लेकर वापस नहीं आया था। वह बड़ी चिन्ता में पड़ गई। विवाह में केवल एक रात्रि की देरी रह गई थी। उसे चिन्ता होने लगी कि कदाचित् भगवान् श्रीकृष्ण को कोई अस्वीकृति तो

नहीं। मुझे तो विधाता तथा भगवान् शंकर भी मेरे अनुकूल नहीं प्रतीत होते। कहीं रुद्रपत्नी गिरिजा देवी, पार्वतीजी मुझसे रुष्ट तो नहीं? इस प्रकार व्याकुल होकर रुक्मिणीजी ने नेत्र बन्द कर लिये। उनकी बाईं भुजा तथा नेत्र फड़कने लगे जो किसी अप्रिय का संकेत कर रहे थे। उसी समय ब्राह्मण-देवता वापस आ गये। उन्होंने अन्तःपुर में आकर देखा कि राजकुमारी कुछ ध्यानमग्न लग रही है। ब्राह्मण-देवता को प्रसन्नचित्त आये देखकर रुक्मिणीजी समझ गईं कि श्रीकृष्ण आरहे हैं। फिर भी उत्सुकता से उसने ब्राह्मण-देवता से अपने सन्देश के विषय में पूछा। तब ब्राह्मण-देवता ने बताया कि भगवान् श्रीकृष्ण पहुँच गये हैं तथा यह भी कहा कि उन्होंने रुक्मिणीजी को ले जाने की सत्यप्रतिज्ञा की है। श्रीभगवान् का शुभागमन सुनकर रुक्मिणीजी का हृदय प्रफुल्लित हो गया। उसने इस शुभ समाचार देने पर ब्राह्मण-देवता को नमस्कार किया। इसके हेतु ब्राह्मण-देवता को मनवाञ्छित धन-पदार्थ मिल गये, क्योंकि रुक्मिणीजी तो स्वयं लक्ष्मीजी का अवतार थीं।

राजा भीष्मक ने सुना कि भगवान् श्रीकृष्ण तथा बलरामजी मेरी कन्या का विवाह देखने के लिये उत्सुकतापूर्वक यहाँ पधारे हैं। तब तुरन्त ही बाजे आदि से उन्होंने दोनों भ्राताओं की विधिवत् पूजा की तथा सम्मान-सत्कार किया। राजा भीष्मक बड़े बुद्धिमान् थे। भगवान् श्रीकृष्ण के प्रति उनकी पूर्ण भक्ति थी। राजा ने उन्हें, उनकी सेना सहित एक समस्त-सामग्री-सम्पन्न स्थान पर ठहराया। विदर्भ राजा ने–भगवान् श्रीकृष्ण के जो अनुयायी राजा आये थे–उनके बल, ऐश्वर्य तथा पराक्रम के अनुसार उनको यथायोग्य भेंट आर्पित कीं। भगवान् श्रीकृष्ण को मिलने, विदर्भनिवासी उनके निवास स्थान पर गये। वे उनके दर्शनों से अपने-आपको कृतार्थ करना चाहते थे। वे आपस में वार्तालाप कर रहे थे कि वास्तव में रुक्मिणीजी उनकी अर्द्धांगिनी होने योग्य हैं। यदि हमने अपने पूर्वजन्म या इस जन्म में कोई शुभ कर्म किये हैं तो विधाता हम पर प्रसन्न हों तथा ऐसी कृपा करें कि श्यामसुन्दर श्रीकृष्ण ही विदर्भ कुमारी रुक्मिणीजी का पाणिग्रहण करें।

प्रथानुसार रुक्मिणीजी अन्तःपुर से निकल कर देवी मन्दिर के लिये चलीं। उनके साथ उनकी रक्षा के लिये सैनिक थे। प्रेममूर्ति भगवान् श्रीकृष्ण के चरणकमलों का चिन्तन करती हुई, वे भगवती माँ के दर्शनों के लिये पैदल ही चलीं। माता सहित, उसकी सखियाँ उसे सब ओर से घेरे हुए थीं। साथ-साथ मृदंग, शंख, ढोल तथा बाजे बज रहे थे।

बहुत सी ब्राह्मण पत्नियाँ भी पुष्पमाला, चन्दन आदि द्रव्य पदार्थ लेकर साथ जा रही थीं। सूत तथा मागध मंगलगान कर रहे थे। मन्दिर से बाहर, हाथ पैर धोकर तथा आचमन कर, रुक्मिणीजी ने अम्बिकादेवी मन्दिर में प्रवेश किया तथा माँ भवानी तथा शंकरजी को प्रणाम किया। उन्होंने माँ भगवती से प्रार्थना की, अम्बिका माता! आपकी गोद में बैठे आपके प्रिय पुत्र गणेशजी को तथा आपको मैं बारम्बार प्रणाम करती हूँ। आप ऐसा आशीर्वाद दीजिए कि मेरी आशा पूर्ण हो। तदनन्तर उन्होंने साथ में लाई हुई भेंट आदि से माँ भवानी की पूजा की। उसके पश्चात् सुहागिन ब्राह्मण पत्नियों ने पूजा की। ब्राह्मणियों ने रुक्मिणीजी को आशीर्वाद दिया। पूजा-अर्चा की विधि समाप्त होने पर वे गिरिजा-मन्दिर से बाहर आईं तथा अपना मौनव्रत तोड़ा।

रुक्मिणीजी का रूप धीर-वीरों को मोहित करने वाला था। मुखमण्डल पर कुण्डल शोभा दे रहे थे। वे किशोर तथा तरुणावस्था में स्थित थीं। उनके होठों पर मधुर मुस्कान थी। उनके पाँवों की पायल चमक रहीं थीं तथा उनमें लगे छोटे-छोटे घुँघरु रुनझुन-रुनझुन बज रहे थे। अपने कोमल चरणों से वे पैदल ही चल रही थीं। इस प्रकार शोभायात्रा के रूप में रुक्मिणीजी अपना राशि-राशि सौन्दर्य भगवान् श्रीकृष्ण पर न्योछावर कर रही थीं। भगवान् श्रीकृष्ण की प्रतीक्षा करती हुई, रुक्मिणीजी धीरे-धीरे अपने पग आगे बढ़ा रहीं थीं। उन्होनें अपने हाथ से अपनी लटकती हुई अलकें समेंटी। इसी समय उन्हें श्यामसुन्दर भगवान् श्रीकृष्ण के दर्शन हुए। राजकुमारी वापस अन्तःपुर जाने के लिए रथ पर चढ़ने ही वाली थीं कि भगवान् श्रीकृष्ण ने समस्त शत्रुओं के देखते-देखते उनकी भीड़ से रुक्मिणीजी को उठा कर उन्हें अपने रथ पर बैठा लिया,

जिसकी ध्वजा पर गरुड़ का चिह्न था। जैसे सिंह, सियारों के बीच से अपना भाग उठा कर ले जाता है, वैसे ही भगवान् श्रीकृष्ण, बलरामजी तथा यदुवशिंयो के साथ वहाँ से चल पड़े। उस समय जरासन्ध के हितैषी अभिमानी राजाओं को वह तिरस्कार सहन न हुआ। वे सभी एकत्रित हो, अपने अस्त्र-शस्त्रों को तथा अपने को धिक्कारते हुए वहाँ खड़े यह दृश्य देखते रहे (प्रत्येक नरपति अपनी रक्षा के लिए एक छोटी चतुरंगिनी सेना की टुकड़ी लेकर आया था।)

अध्याय 5

शिशुपाल मानमर्दन, श्रीकृष्ण-रुक्मिणी विवाह

अपनी मानहानि देखते हुए, सभी नरपति, अपने-अपने शस्त्र सम्भाल कर, अपने सैनिको सहित, अपने-अपने वाहनों पर सवार होकर, भगवान् श्रीकृष्ण के पीछे दौड़े। इन नरपतियों की सेना को देखकर यदुवंशियों ने अपने अस्त्र-शस्त्र सम्भाल लिये तथा घूमकर उनके सामने डट गये। जरासन्ध के सैनिकों ने यदुवंशियों पर बाण-वर्षा करनी शुरू की। इस स्थिति को देखकर रुक्मिणीजी ने चिन्तातुर होकर भगवान् श्रीकृष्ण की ओर लज्जा की दृष्टि से देखा। श्रीभगवान् ने हँस कर कहा सुन्दरी! भय मत करो। तुम्हारी सेना (यदुवंशियों की सेना अब रुक्मिणीजी की हो गई थी) अभी तुम्हारे शत्रुओं की सेना को नष्ट कर देगी। अब बलरामजी, यदुवंशियों सहित, शत्रु सेना पर भीषण बाण-वर्षा करने लगे तथा उनके हाथी-घोड़ों का संहार करने लगे। उनके बाणों से विपक्षी सैनिकों के सिर भुजाएँ, जाँघे कट-कट कर गिरने लगीं। लगभग सारी मिली-जुली सेना नष्ट हो गई तथा सभी नरपति, जरासन्ध सहित भाग गये।

शिशुपाल अपनी भावी-पत्नी के छिन जाने से मरणासन्न हो गया। न उसमें उत्साह रहा, न उसके मुख पर कान्ति। जरासन्ध उसके पास

जाकर कहने लगा, शिशुपाल! आप तो एक श्रेष्ठ पुरुष हो। यह उदासी क्यों? सब बातें, सर्वदा अपने मन के अनुकूल नहीं होतीं। विधि के विधान को मानते हुए, दुःख को छोड़कर, यथाशक्ति चेष्टा करनी चाहिए। विधाता के समक्ष हम तो एक कठपुतली के समान हैं। देखो! श्रीकृष्ण ने मुझे तेईस अक्षौहिणी सेनाओं के सहित सत्रह बार हराया, परन्तु मैंने केवल एक बार–अपनी चेष्टा न छोड़ कर–विजय प्राप्त की। मैंने अपनी असफलता पर कभी शोक नहीं किया, क्योंकि मैं जानता था कि प्रारब्ध के अनुसार काल भगवान् ही अपनी काल-शक्ति से इस चराचर जगत् को चला रहे हैं। इसमें सन्देह नहीं कि हम बड़े-बड़े वीर सेनापतियों के नायक हैं, फिर भी श्रीकृष्ण की थोड़ी सी सेना ने हमें परास्त कर दिया। जब काल हमारे अनुकूल होगा तो हम उन्हें जीत लेंगे। जब मित्र-राजाओं ने इस प्रकार समझाया तो येदिराज शिशुपाल अपने अनुयायियों सहित अपनी राजधानी लौट गया तथा उसके मित्र-नरपति भी अपने-अपने देशों को लौट गये।

रुक्मिणीजी का बड़ा भ्राता रुक्मी भगवान् श्रीकृष्ण से द्वेष करता था। उसे उनके द्वारा अपनी बहिन का हरण सहन न हुआ। उसने एक अक्षौहिणी सेना लेकर उनका पीछा किया। उसने शपथ ली कि यदि वह रुक्मिणी को वापस न ला सका तो अपनी राजधानी में प्रवेश नहीं करेगा। वह शीघ्र-गामी रथ पर सवार हो भगवान् श्रीकृष्ण का पीछा कर रहा था। श्रीकृष्ण के पास पहुँच कर वह उन्हें ललकारने लगा तथा उसने अपने धनुष पर बाण चढ़ा कर उन पर छोड़े। क्रोधवश जो भी उसके मुँह में आया, वह बकने लगा। रुक्मी के तीखे वचन सुनकर भगवान् श्रीकृष्ण मुस्कराने लगे। वास्तव में वह अब उनका साला लगता था। उन्होंने उसके ऊपर छः बाण छोड़े तथा उसका धनुष काट दिया। फिर उन्होंने आठ बाण छोड़े, जिससे रुक्मी का रथ, सारथि तथा घोड़ों सहित नष्ट हो गया। तब रुक्मी ने दूसरा धनुष उठाकर श्रीकृष्ण पर बाण छोड़े। उन्होंने उसका वह धनुष भी काट दिया। तत्पश्चात् उसने एक और धनुष उठाया। श्रीकृष्ण ने उसे भी काट दिया। तदनन्तर रुक्मी ने हर प्रकार के शस्त्र उठा-उठा कर श्रीकृष्ण पर प्रहार करने का प्रयत्न किया, परन्तु

एक-एक कर उन्होंने उसके सारे अस्त्र-शस्त्र काट दिये। अब हाथ में तलवार लेकर वह उन पर लपका। तब उन्होंने अपने बाणों से उसकी तलवार तथा डाल भी काट दिये। जब रुक्मिणीजी ने देखा कि अब श्रीकृष्ण रुक्मी को मार ही देना चाहते हैं, तो वह उनके चरणों में गिर पड़ी तथा विनतीपूर्वक उनसे अपने भ्राता के प्राणों की याचना करने लगी तथा उसने दीन स्वर में कहा, देवताओं के भी आराध्यदेव! जगत् पिते! आप योगेश्वर हैं। आपके स्वरूप तथा इच्छाओं को कोई नहीं जान सकता। आप परम बलवान् हैं, परन्तु कल्याण स्वरूप भी हैं। प्रभु! मेरे भ्राता का आपके हाथों मरना उचित नहीं।

भय के कारण रुक्मिणी जी का अंग-अंग काँप रहा था। शोक की प्रबलता से उसका मुख सूख रहा था। उसने भगवान् के चरण पकड़े हुए थे। परमदयालु भगवान्, रुक्मिणीजी की इस भयतुर स्थिति को देखकर, द्रवित हो गये। उन्होंने रुक्मी को मार डालने का विचार छोड़ दिया। वह फिर भी उनके अनिष्ट की चेष्टा से विमुख नहीं हुआ।

तब श्रीभगवान् ने उसके गले में पड़े दुपट्टे से उसे बान्ध दिया तथा उसका सिर मूँड दिया, जिससे उसे अपने इस कार्य से लज्जा हो। उसकी सेना को यदुवंशियों ने नष्ट कर दिया। फिर वे लौट कर श्रीकृष्ण के पास आये तथा रुक्मी को इस शोचनीय दशा में पाया। उसे इस स्थिति में देखकर श्री बलरामजी को उस पर बड़ी दया आई तथा उन्होंने उसे बन्धनमुक्त कर दिया। फिर उन्होंने रुक्मिणीजी से कहा, साध्वी! तुम्हारे भाई का रूप विकृत किया गया है। यह सोचकर बुरा मत मानना, क्योंकि यह उसके कर्मों का फल है। श्रीकृष्ण से उन्होंने कहा, कृष्ण! यदि अपना सगा-सम्बन्धि वध करने योग्य भी हो तो भी उसका अपने सम्बन्धियों द्वारा मारा जाना उचित नहीं। उसे छोड़ ही देना चाहिए। अपने अपराध के कारण उसका जीवन तो आगे ही मृत्युतुल्य हो जाता है। कभी-कभी क्षत्रियधर्म मनुष्य को ऐसा बना देता है, परन्तु इससे अनर्थ हो जाता है।

श्री बलरामजी ने पुनः रुक्मिणीजी को सम्बोधन किया, साध्वी! तुम्हारे भाई-बन्धु समस्त प्राणियों के प्रति दुर्भाव रखते हैं। उनके मंगल के लिये ही यह दण्ड-विधान किया गया है। समस्त देहधारियों की

आत्मा एक है। नामों के कारण भिन्नता का प्रादुर्भाव होता है। नेत्र और रूप–दोनों ही सूर्य द्वारा प्रकाशित होते हैं। सूर्य ही उनका कारण है। इसी प्रकार समस्त संसार की सत्ता, आत्मसत्ता के कारण जान पड़ती है। समस्त संसार का प्रकाशक आत्मा है। जन्म लेना, रहना, बढ़ना, परिवर्तित होना, घटना (क्षीण होना), अन्ततः नष्ट होना–शरीर के विकार हैं। आत्मा उनसे अतीत है। अतः इस घटना को भुलाकर तुम अपने स्वरूप में स्थित हो जाओ।

श्री बलरामजी के इस प्रकार समझाने से रुक्मिणीजी के मन का विकार, क्षोभ तथा दुःख जाता रहा। अब रुक्मी की सेना नष्ट हो चुकी थी तथा उसका तेज क्षीण पड़ गया था। उसके मन की अभिलाषायें तथा आकांक्षाये समाप्त हो गईं थीं। उसे अपमानित कर छोड़ दिया गया था। उसे अपने विरूप किये जाने की क्रिया विस्मृत नहीं हो रही थी। क्योंकि उसने पराजित होकर राजधानी में वापस न लौटने की शपथ खाई थी, अतः उसने अपने अगले जीवन के लिये एक अलग से नगरी बसाई तथा कुण्डिनपुर में प्रवेश नहीं किया।

इस प्रकार सभी राजाओं पर विजय प्राप्त कर, श्रीकृष्ण विदर्भ-राजकुमारी को द्वारका ले आये तथा वहाँ पर रुक्मिणीजी से विधिपूर्वक विवाह किया। सारी द्वारकापुरी में यह विवाह-उत्सव मनाया गया। वरिष्ठ यदुवंशियों ने दुल्हन को भेंट की सामग्रियाँ अर्पण कीं। द्वारका की शोभा अपूर्व थी। दीपावली और भी इसकी शोभा बढ़ा रही थी। श्रीकृष्ण के निकट सम्बन्धी कुरु, सृंजय, कैकय, विदर्भ, यदु, कुन्ति आदि वंशो के लोग परस्पर आनन्द मना रहे थे। घर-घर में रुक्मिणीजी के इस प्रकार लाये जाने की गाथा गाई जा रही थी। भगवती लक्ष्मीजी को रुक्मिणी के रूप में साक्षात् लक्ष्मीपति भगवान् श्रीकृष्ण के साथ देखकर द्वारकावासी नर-नारियों को परम आनन्द हुआ।

अध्याय 6

प्रद्युम्न जन्म, शम्बरासुर वध

कामदेव भगवान् श्रीकृष्ण का ही अंश हैं। वे भगवान् शंकर की क्रोधाग्नि से भस्म हो गये थे। अब पुनः शरीर पाने के लिये वे भगवान् श्रीकृष्ण की शरण में आये। उन्होंने प्रद्युम्न के रूप में रुक्मिणीजी के गर्भ से जन्म लिया। उनमें परोक्ष रूप से भगवान् श्रीकृष्ण के सारे गुण थे–उन्हीं की तरह सुन्दर, बलवान्, सौशील्य। प्रद्युम्न अभी दस दिन के ही थे कि प्रसूतिगृह से शम्बरासुर वेष बदलकर उन्हें उठा ले गया तथा जाते समय आकाश मार्ग से उसे सागर में फेंक दिया (एक भविष्यवाणी के अनुसार शम्बरासुर को पता चल गया था कि यह बालक बड़ा होकर उसका वध करेगा) सागर में एक मगरमच्छ बालक को निगल गया। उसी समय मच्छवारों ने सागर में मच्छलियाँ पकड़ने के लिये जाल डाले हुए थे। वह मगरमच्छ, मच्छलियों सहित उनके जाल में फँस गया। मच्छवारों ने उस मगरमच्छ को शम्बरासुर को भेंट के रूप में दे दिया। जब शम्बरासुर के रसोईयों ने उसे काटा तो उसके पेट में प्रद्युम्नजी को एक शिशु के रूप में पाया। उसे उन्होंने शम्बरासुर की दासी मायावती को दे दिया। उसी समय नारदजी ने आकर उस दासी को प्रद्युम्नजी के विषय में पूर्ण विवरण दे दिया। कामदेव की पत्नी रति ने ही मायावती के रूप में जन्म लिया था। यह सब भगवान् शंकर जी के क्रोध के कारण ही हुआ था। जब से कामदेव भस्म हुए थे, उनकी यशस्विनी पत्नी उनके दोबारा शरीर ग्रहण करने की प्रतीक्षा में थी। नारदजी के इस प्रकार कामदेव के पुनः शरीर ग्रहण के रहस्योद्घाटन से रति बालक प्रद्युम्न से प्रेम करने करने लगी। विधि के विधान के अनुसार प्रद्युम्नजी ने थोड़े ही दिनों में युवावस्था को प्राप्त कर लिया। उनका रूप-लावण्य अद्वितीय था। वे वास्तव में कामदेव ही थे।

कमलदल के समान विशाल नेत्र, घुटनों तक लम्बी भुजाएँ तथा सुदृढ़ सुन्दर शरीर। रति, पत्नीभाव से उनकी सेवा में लगी रहती। उसके

स्वभाव में परिवर्तन देखकर प्रद्युम्नजी ने कहा, देवि! आप तो मेरी माता के समान हैं, परन्तु आप मुझसे प्रेम एक कामिनी की भाँति करती हैं।

रति ने कहा, प्रभो! आप स्वयं भगवान् नारायण के पुत्र हैं। शम्बरासुर आपको सूतिकागृह से चुरा कर लाया था। आप मेरे पति स्वयं कामदेव हैं तथा मैं आपकी सदा की धर्मपत्नी रति हूँ। स्वामी! जब आप केवल दस दिन के थे, शम्बरासुर ने आपको हर कर समुद्र में डाल दिया था। वहाँ आपको मगरमच्छ निगल गया तथा मगरमच्छ को मारकर मुझे आपकी प्राप्ति हुई है। यह शम्बरासुर बहुत मायावी है। आप इस शत्रु को मोहन आदि माया से नष्ट कर दीजिए। आपकी माता रुक्मिणीजी आपके हरे जाने से बहुत व्याकुल हैं। वे रात-दिन आपकी चिन्ता करती रहती है। इस प्रकार कहकर, मायावती (रति) ने प्रद्युम्नजी को महामाया विद्या सिखाई। यह विद्या सभी प्रकार की मायाओं का नाश कर देती है। वे मायावी-विद्या में निपुण होकर शम्बरासुर के पास गये तथा उसे कटुवचन कहकर उसे लड़ने के लिये उकसाया।

प्रद्युम्नजी के कटुवचन सुनकर शम्बरासुर क्रोध में आ गया तथा वह हाथ में गदा लेकर उनसे युद्ध करने के लिये आ गया। जब प्रद्युम्नजी ने देखा कि उसकी फेंकी हुई गदा उनकी ओर बड़े वेग से आ रही है तब उन्होंने अपनी गदा के प्रहार से उसे भेद दिया। तदनन्तर शम्बरासुर माया से आकाश में चला गया तथा वहाँ से प्रद्युम्नजी पर अस्त्र-शस्त्रों की वर्षा करने लगा। उन्होंने तब महामाया का प्रयोग किया तथा शम्बरासुर की माया का नाश कर दिया। शम्बरासुर ने पुनः सभी प्रकार की माया का प्रयोग किया। परन्तु प्रद्युम्नजी ने उसकी सारी मायाओं को नष्ट कर दिया। तत्पश्चात् उन्होंने अपनी तलवार से शम्बरासुर का सिर काट दिया। इस पर देवताओं ने आकाश से प्रद्युम्नजी पर पुष्प-वर्षा की। शम्बरासुर के मरने पर मायावती (रति), प्रद्युम्नजी को आकाश मार्ग से द्वारकापुरी ले गई।

आकाश मार्ग से जाते हुए प्रद्युम्नजी तथा रति का जोड़ा इस प्रकार लग रहा था, जैसे बिजली और मेघ। कुछ ही समय पश्चात् उन्होंने

द्वारकापुरी में प्रवेश किया। प्रद्युम्नजी पीताम्बर धारण किये थे। उनके मुख पर घुँघराली अलकें शोभायमान हो रही थीं। वे भगवान् श्रीकृष्ण का ही रूप लग रहे थे। पुरवासी लगभग उन्हें श्रीकृष्ण ही समझ रहे थे। उसी समय रुक्मिणीजी अपने अन्तःपुर से बाहर आ गईं। उन्हें देखकर, रुक्मिणीजी को अपने खोये हुए बच्चे की याद आ गई तथा उनका पुत्र-स्नेह उमड़ आया। प्रद्युम्नजी तथा रति को देखकर रुक्मिणीजी कुछ सोच में पड़ गईं कि यह किसका पुत्र हो सकता है तथा यह सौभाग्यवति कौन है? मेरा एक नन्हा सा शिशु खो गया था। न जाने कौन उसे सूतिकागृह से उठा कर ले गया। यदि वह जीवित है तो उसकी आयु लगभग इसी युवक के समान होनी चाहिए। परन्तु आश्चर्य यह है कि इसका स्वरूप भगवान् श्रीकृष्ण के समान है। कहीं यह मेरा खोया हुआ पुत्र ही तो नहीं? उसे देखकर मेरा मातृ-स्नेह उमड़ आया है तथा बायें अंग भी फड़क रहे हैं।

रुक्मिणीजी इस प्रकार सोच ही रही थीं कि भगवान् श्रीकृष्ण अपनी माता देवकीजी के साथ पधारे। वे तो सर्वज्ञाता है। उन्हें सब कुछ विदित था। परन्तु वे कुछ बोले नहीं। वे चुपचाप खड़े देखते रहे। उसी समय नारदजी प्रकट हुए। उन्होंने शम्बरासुर का प्रद्युम्नजी को हरण करना तथा उसे सागर में गिराना आदि की पूर्ण घटना का विवरण किया। नारदजी के मुख से यह अद्भुत घटना सुनकर अन्तःपुर की सभी स्त्रियाँ बड़ी चकित हुईं। वे सब प्रद्युम्नजी का अभिनन्दन करने लगीं। देवकीजी, वसुदेवजी, भगवान् श्रीकृष्ण-बलरामजी तथा रुक्मिणीजी ने उन्हें गले लगाया। अन्तःपुर में एक आनन्द का वातावरण छा गया। जब इस घटना का द्वारकावासियों को ज्ञान हुआ तो वे आनन्दविभोर हो गये। श्रीनिकेतन भगवान् के प्रतिबिम्बस्वरूप कामावतार भगवान् प्रद्युम्नजी को देखकर कभी-कभी अन्तःपुर की स्त्रियाँ उन्हें श्रीकृष्ण समझ कर, लज्जावश वहाँ से हट जाती थीं।

अध्याय 7

जाम्बवती तथा सत्यभामा से विवाह

सत्राजित् की कथा सुनाते हुए श्री शुकदेवजी ने राजा परीक्षित् से कहा, परीक्षित्! सत्राजित् भगवान् सूर्य का परम-भक्त था। उसकी भक्ति से प्रसन्न होकर सूर्य भगवान् ने उसे स्यमन्तक मणि दी। इस मणि को सत्राजित् ने अपने गले में पहन लिया जिससे स्वर्णमयि आभा निकलती थी। इसको पहन कर सत्राजित् बड़ा तेजस्वी प्रतीत होने लगा। इसको पहन कर जब सत्राजित् द्वारका आया तो सभी पुरवासी उसे देखने लगे। इस बात की सूचना भगवान् श्रीकृष्ण को मिली। उस समय वे चौसर खेल रहे थे। उन्हें सूचित करते समय दरबारी ने कहा, शंख-चक्रधारी भगवान् नारायण! कदाचित् सूर्य भगवान् आपके दर्शनों के लिये पधार रहे हैं।

भगवान् श्रीकृष्ण ने हँसते हुए कहा—ये सूर्यदेव नहीं, अपितु यह तो सत्राजित् है जो मणि के कारण इतना तेजस्वी प्रतीत हो रहा है। जब सत्राजित् अपने घर आया तो उसके सम्बन्धियों ने उसका स्वागत किया। यह मणि प्रतिदिन आठ भार सोना दिया करती थी। सत्राजित् ने ब्राह्मणों के द्वारा स्यमन्तकमणि को एक देवमन्दिर में स्थापित करा दिया। (भार का परिमाण इस प्रकार है—चार व्रीही (धान) = एक गुञ्जा, पाँच गुञ्जा = एक पण, आठ पण = एक धरण, आठ धरण = एक कर्ष, चार कर्ष = एक पल, सौ पल = एक तुला, बीस तुला = एक भार) जहाँ वह पूजित होती है, वहाँ दूर्भिक्ष, महामारी, ग्रहपीड़ा, सर्पभय, मानसिक और शारीरिक व्यथा तथा मायावियों का उपद्रव आदि कोई भी अशुभ नहीं होता। एक बार श्रीकृष्ण ने कहा—सत्राजित् तुम अपनी मणि राजा उग्रसेन को दे दो। परन्तु वह इतना अर्थलोलुप था कि उसने श्रीभगवान् की इस आज्ञा की अवहेलना की।

एक दिन सत्राजित् का भ्राता प्रसेन इस मणि को धारण कर, अश्वारूढ़ होकर आखेट के लिये वन गया। वहाँ एक सिंह ने उसको घोड़े सहित मार डाला तथा उसकी मणि छीन कर ले गया। वह मणि को

लेकर जब गुफा में प्रवेश कर रहा था तो ऋक्षराज जाम्बवान् ने उसे मार डाला तथा उससे मणि छीन कर अपने बच्चों को खेलने के लिये दे दी। अपने भ्राता को लौट कर न आया देखकर सत्राजित् को बहुत दुःख हुआ। वह कहने लगा कि सम्भव है कि मणि लेने के लिये श्रीकृष्ण ने मेरे भाई प्रसेन का वध कर दिया।

जब भगवान् श्रीकृष्ण ने इस कलंक की बात सुनी तो वे नगर के कुछ सभ्य पुरुषों को साथ लेकर प्रसेन को ढूँढने के लिये वन में गये। घोर वन में ढूँढते-ढूँढते उन्होंने पाया कि प्रसेन तथा उसके घोड़े को सिंह ने मार दिया है। सिंह के पैरों के चिह्नों को देखते-देखते जब वे आगे बढ़े तो उन्होंने देखा कि सिंह को भी किसी ने मार दिया है। वहाँ उन्होंने किसी रीछ के पैरों के चिह्न पाये।

पुरवासियों को वहीं छोड़, भगवान् श्रीकृष्ण ने अन्धकार से भरी ऋक्षराज की गुफा में प्रवेश किया। वहाँ जाकर उन्होंने देखा कि ऋक्षराज के बच्चे स्यमन्तक मणि से खेल रहे हैं। श्रीकृष्ण को आया देख (किसी अपरिचित को देखकर) वे चिल्ला उठे। उनकी इस प्रकार की चिल्लाहट को सुन कर ऋक्षराज जाम्बवान् क्रोधित होकर वहाँ आ गया। क्रोध में वह भगवान् श्रीकृष्ण पर झपटा। इस प्रकार भगवान् श्रीकृष्ण तथा जाम्बवान् में युद्ध होने लगा। अस्त्र-शस्त्रों के प्रहार के उपरान्त अब मल्ल-युद्ध होने लगा। भगवान् श्रीकृष्ण के प्रहार तो वज्र के समान थे। थोड़े ही समय में जाम्बवान् का शरीर पसीने से तर हो गया तथा वह क्षीण पड़ने लगा। भगवान् श्रीकृष्ण की इस युद्धकला से वह विस्मित हो गया तथा उसने कहा, प्रभो! मैं जान गया हूँ। आप ही समस्त प्राणियों के स्वामी, रक्षक, पुराणपुरुष भगवान् विष्णु हैं। आप तो सभी के प्राण, इन्द्रियबल, मनोबल तथा शरीरबल हैं। आप विश्व के रचयिता ब्रह्मा के भी उद्गम हैं। प्रभो! मुझे स्मरण है कि आपकी भृकुटी तनी देखकर समुद्र मूर्तिमान् होकर काँपने लगा था। तब आपने उस पर सेतु बान्ध कर, सुन्दर यश को प्राप्त कर, लँका का विध्वंस किया था। आपके बाणों से कट-कट कर राक्षस युद्ध भूमि में गिरे थे। अवश्य ही आप

हमारे रामजी हैं। श्रीकृष्ण ने अपने शीतल करकमलों को जाम्बवान् के शरीर पर फेरा तथा अहैतुकी कृपा और प्रेम से कहा, ऋक्षराज! हम इस मणि के लिये तुम्हारी गुफा में आये हैं। इस मणि द्वारा हम अपने ऊपर लगे झूठे कलंक को मिटाना चाहते हैं। भगवान् के ऐसा कहने पर जाम्बवान् ने बड़े प्रेम तथा आनन्द से अपनी कन्या, कुमारी जाम्बवती को, मणि सहित उनके चरणों में समर्पित किया।

जो सभ्यजन श्रीभगवान् के साथ आये थे, वे गुफा के बाहर उनकी प्रतीक्षा कर रहे थे। उन्हें बाहर आया देखकर सभीजनों को बहुत प्रसन्नता हुई। जब तक श्रीभगवान् गुफा के भीतर रहे, सभी नगरवासी बड़े चिन्तित रहे। श्रीकृष्ण की पत्नी के रूप में जाम्बवती को साथ देखकर, सभी नगरवासी बहुत प्रसन्न हुए। श्रीकृष्ण स्यमन्तकमणि अपने गले में धारण किये हुए थे।

तत्पश्चात् भगवान् श्रीकृष्ण ने राज-सभा में सत्राजित् को महाराज उग्रसेन के समक्ष बुलवाया। उसे सारी कथा सुना कर मणि उसे सौंप दी। सत्राजित् इस घटना से बड़ा लज्जित हुआ। उसने मणि तो लेली, परन्तु लज्जा से उसका शीश झुक गया।

जब सत्राजित् घर आया तो बार-बार उसे अपना अपराध याद आने लगा। अब वह यही सोचने लगा कि मैं अपने अपराध का मार्जन किस प्रकार करूँ तथा उस पर भगवान् श्रीकृष्ण कैसे प्रसन्न हों? धन के लोभ में मैंने बड़ी मूर्खता का काम कर दिया। इस प्रकार सोचकर तथा अपनी लज्जा निवारण करने के लिये उसने अपनी रत्न समान कन्या सत्यभामा तथा स्यमन्तकमणि दोनों को ले जाकर भगवान् श्रीकृष्ण को समर्पित कर दिया। सत्यभामा शीलस्वभाव, सुन्दर, उदार तथा सर्वगुण सम्पन्न थी। भगवान् श्रीकृष्ण ने विधिपूर्वक उसका पाणिग्रहण किया तथा उन्होंने सत्राजित् से कहा–हम स्यमन्तकमणि नहीं लेंगे। आप सूर्य भगवान् के भक्त हैं। अतः मणि आपके ही पास रहेगी। हम राजा के रूप में केवल उसके फल के अधिकारी हैं। आप वही हमें दे दिया करें।

अध्याय 8

स्यमन्तक-हरण

पाण्डवों के विषय में बताते हुए श्री शुकदेवजी राजा परीक्षित् से कहते हैं—श्रीकृष्ण जानते थे कि दुर्योधन द्वारा लाक्षागृह को लगाई अग्नि से पाण्डव बच गये हैं, तथापि लोक-मर्यादा को रखते हुए वे हस्तिनापुर गये। वहाँ जाकर, इस घटना पर, उन्होंने भीष्म-पितामह, विदुर, द्रोणाचार्य, कृपाचार्य आदि से सहानुभूति प्रकट की।

भगवान् श्रीकृष्ण के हस्तिनापुर चले जाने पर, अक्रूर तथा कृतवर्मा आदि ने शतधन्वा से कहा कि सत्राजित् से मणि छीन लेनी चाहिए। सत्राजित् की कन्या सत्यभामा का विवाह श्रीकृष्ण के साथ करने को वह अपना अपमान समझते थे। शतधन्वा पापी था। अक्रूर तथा कृतवर्मा के कहने पर उसने लोभवश सत्राजित् का वध कर दिया तथा उसकी मणि लेकर भाग गया।

पिता की इस प्रकार मृत्यु होने पर सत्यभामा को बहुत दुःख हुआ। पिता के शव को तेल में रख कर वह हस्तिनापुर गयी। वहाँ जाकर उसने यह दुःखभरा वृत्तान्त श्रीकृष्ण को सुनाया। श्रीकृष्ण-बलरामजी ने इस घटना पर शोक प्रकट किया। तदनन्तर वे सत्यभामाजी सहित, बलरामजी के साथ द्वारका लौट आये।

शतधन्वा को पता चला कि श्रीकृष्ण अब उसका वध कर देंगे। अतः उसने कृतवर्मा से सहायता माँगी। इस पर कृतवर्मा ने कहा—भगवान् श्रीकृष्ण तथा बलरामजी सर्वशक्तिमान् ईश्वर हैं। मैं उनका सामना नहीं कर सकता। कौन है जो उनका विरोध कर इस लोक अथवा परलोक में सकुशल रह सके? कंस की मृत्यु के विषय में तो तुम जानते ही हो। जरासन्ध जैसे वीर भी बार-बार उनसे युद्ध में परास्त हुए है। कृतवर्मा की असमर्थता को देखकर अब शतधन्वा ने अक्रूरजी से सहायता माँगी। उन्होंने भी उसी प्रकार कहा—ऐसा कौन है जो सर्वशक्तिमान् भगवान्

श्रीकृष्ण का विरोध करे? वे तो सम्पूर्ण विश्व के रचयिता हैं। ब्रह्माजी भी उनकी माया से मोहित हैं। उनकी लीलाओं को कौन नहीं जानता? मेरा उनको बार-बार नमस्कार है। अक्रूरजी के इस प्रकार कहने पर शतधन्वा ने स्यमन्तकमणि उन्हीं के पास रख दी तथा स्वयं चार सौ कोस निरन्तर चलने वाले अश्व पर सवार हो कर वहाँ से भाग गया।

उसका पीछा करने के लिये भगवान् श्रीकृष्ण-बलरामजी अपने वेगगति वाले घोड़ों से जुते रथ पर आरूढ़ हुए। मिथिलापुरी के निकट एक उपवन में शतधन्वा का घोड़ा गिर पड़ा। इसे छोड़ वह पैदल ही भागा। अब भगवान् श्रीकृष्ण ने सुदर्शन चक्र द्वारा शतधन्वा का सिर काट दिया। परन्तु मणि उसके पास से नहीं मिली। बलरामजी ने कहा–हो सकता है कि शतधन्वा ने स्यमन्तकमणि किसी के पास रख दी हो। अब हम यहाँ आये हैं, तो मैं विदेहराज से मिलना चाहूँगा। क्योंकि वे मेरे प्रियमित्र हैं। यह कहकर बलरामजी मिथिला नगरी चले गये। बलरामजी को आया देखकर मिथिला नरेश का हृदय आनन्द से भर गया। बलरामजी का पूर्ण सत्कार तथा पूजा कर उन्हें आसन पर बिठाया। बलरामजी काफी समय तक मिथिलापुरी में ही रहे। यहाँ पर आया जानकर दुर्योधन (धृतराष्ट्र-पुत्र) ने बलरामजी से गदा-युद्ध की शिक्षा ली। उधर श्रीकृष्ण ने द्वारका लौट कर अपने श्वशुर का विधिपूर्वक अन्तिम संस्कार किया।

अक्रूर तथा कृतवर्मा के उकसाने से शतधन्वा ने सत्राजित् का वध किया था। शतधन्वा के मारे जाने पर अक्रूर तथा कृतवर्मा श्रीकृष्ण से भयभीत होकर भाग गये। भगवान् श्रीकृष्ण ने दूत भेजकर अक्रूरजी को ढूँढा तथा उनके आने पर उनका स्वागत किया तथा मुस्कराते हुए उनसे कहा, चाचाजी! आप दान-धर्म के पालक हैं। हमें विदित है कि शतधन्वा आपके पास स्यमन्तकमणि छोड़ गया था। यह बड़ी ही प्रकाशमान तथा धन देने वाली है। सत्राजित् के कोई पुत्र नहीं, अतः उसकी लड़की के पुत्र ही उसका पिण्डदान करेंगे तथा उसका ऋण चुकायेंगे। जो कुछ बच जायेगा, वे ही उसके उत्तराधिकारी होंगे। इस शास्त्रीय विधान के अनुसार

वह मणि हमें मिलनी चाहिए, अर्थात् हमारे पुत्रों को मिलनी चाहिए। आप व्रतनिष्ठ तथा पवित्र आत्मा है। इस मणि के विषय में लोग विश्वास नहीं करते, स्वयं बलरामजी भी नहीं। अतः आप मणि दिखा कर बलरामजी, सत्यभामा तथा जाम्बवती का सन्देह दूर कर दें। मणि के प्रताप से आप यज्ञ करते हैं जिसमें सोने की वेदियाँ बनती हैं।

भगवान् श्रीकृष्ण के इस प्रकार कहने पर अक्रूरजी ने वस्त्र में लपेटी मणि निकालकर भगवान् श्रीकृष्ण को दे दी। इस मणि को दिखाकर भगवान् श्रीकृष्ण ने अपने ऊपर लगे कलंक को दूर किया तथा इस मणि को अपने पास रखने के लिये समर्थ होने पर भी उसे पुनः अक्रूरजी को दे दिया। वास्तव में भगवान् श्रीकृष्ण तो स्वयं समस्त ऐश्वर्य तथा सिद्धियों के दाता हैं। उन्हें किसी वस्तु की आवश्यकता नहीं। यह सारी लीला उन्होंने लोगों की शंका मिटाने के लिये की।

अध्याय 9

भगवान् श्रीकृष्ण–विवाह लीला

पाण्डव लाक्षागृह की अग्नि से बच गये थे। अतः उन्हें मिलने के लिये भगवान् श्रीकृष्ण कुछ यदुवंशियों सहित इन्द्रप्रस्थ गये। श्रीकृष्ण को आया देख कर मानो पाण्डवों में जीवन संचार हो गया। सभी ने उठ कर भगवान् का स्वागत किया तथा उनका आलिंगन किया। श्रीकृष्ण ने युधिष्ठिर तथा भीम को नमस्कार कर अर्जुन को गले से लगाया। नकुल तथा सहदेव ने उनकी चरण–वन्दना की। जब वे एक सुन्दर आसन पर विराजमान हो गये तो परम–सुन्दरी श्यामवर्ण द्रौपदी ने आकर उनको प्रणाम किया। पाण्डवों ने श्रीकृष्ण के साथ आये सात्यकि तथा अन्य युदवंशियों का भी यथायोग्य सत्कार किया तथा उन्हें आसन प्रदान किये।

तत्पश्चात् श्रीकृष्ण बूआ कुन्ती के पास गये तथा उन्हें प्रणाम किया। अत्यन्त स्नेहवश कुन्ती ने उन्हें हृदय से लगाया तथा अपने भाई-बन्धुओं की कुशल पूछी तथा कहा–

जिस समय तुमने हमारा कुशल-मंगल पूछने के लिये अक्रूरजी को भेजा था, उसी समय हमारा कल्याण हो गया। मैं जानती हूँ तुम सम्पूर्ण जगत् के परमहितैषी सुहृद् हो। तुम्हारा अपना-पराया न होने पर भी जो तुम्हें सदा स्मरण करता है, उसका दुःख-ताप सदा के लिये मिट जाता है।

युधिष्ठिर ने कहा, सर्वेश्वर श्रीकृष्ण! हम नहीं जानते कि हमने पूर्व-जन्म में कौन से पुण्य किये हैं जो हमें घर बैठे आपके दर्शन हो गये। युधिष्ठिर की प्रार्थना पर भगवान् श्रीकृष्ण कुछ दिन इन्द्रप्रस्थ में ही रहे। इस कारण वहाँ के नर-नारियों को उनके दर्शनों का लाभ हुआ। एक दिन श्रीकृष्ण, अर्जुन सहित वन में आखेट पर गये। जब आखेट से अर्जुन थक गये तो श्रीकृष्ण तथा अर्जुन ने यमुना नदी पर आकर विश्राम हेतु अपने मुँह धोये तथा यमुनाजी का निर्मल जल पिया। उसी समय भगवान् श्रीकृष्ण ने देखा कि एक श्रेष्ठ सुन्दरी यमुनाजी के तट पर तपस्या कर रही है। श्रीकृष्ण के भेजने पर अर्जुन ने उसके पास जाकर पूछा, देवी तुम कौन हो? किसकी पुत्री हो तथा कहाँ से आई हो?

उस श्रेष्ठ सुन्दरी ने कहा–मैं भगवान् सूर्य की पुत्री हूँ। मैं सर्वश्रेष्ठ वरदानी भगवान् विष्णु को पति के रूप में पाना चाहती हूँ। इसलिए मैं कठोर तपस्या कर रही हूँ। वीर अर्जुन! मैं लक्ष्मी के परम-आश्रय भगवान् विष्णु के सिवा किसी और को अपना पति नहीं चुन सकती। अनाथों के नाथ भगवान् श्रीकृष्ण मुझ पर प्रसन्न हों! मेरा नाम कालिन्दी है। मेरे पिता सूर्य ने यमुनाजी में रहने के लिये मेरे लिये एक भवन बना दिया है। जब तक भगवान् के दर्शन नहीं होंगे मैं यहीं रहूँगी। भगवान् श्रीकृष्ण तो यह पहले से ही जानते थे। कालिन्दी का यह कथन सुन कर अर्जुन उसे रथ पर बैठा कर अपनी राजधानी ले आये–उसे श्रीकृष्ण के दर्शन कराने के लिये।

पाण्डवों की प्रार्थना पर भगवान् श्रीकृष्ण ने विश्वकर्मा द्वारा पाण्डवों के लिये एक विचित्र भवन तथा नगर बनवा दिया। इसी बीच अग्निदेव को खाण्डव-वन दिलाने के लिये वे अर्जुन के सारथि बने। खाण्डव वन का भोजन प्राप्त कर अग्नि-देव बहुत प्रसन्न हुए। उन्होंने अर्जुन को गाण्डीव धनुष, चार श्वेत घोड़े, एक रथ, दो अटूट बाणों वाले तरकस तथा एक अभेद कवच दिया। खाण्डव-दाह के समय अर्जुन ने मय दानव को अग्नि से बचा लिया। उसने प्रसन्न होकर पाण्डवों के लिये एक अद्भुत सभा बना दी जहाँ जल, स्थल तथा स्थल, जल सा दिखता था।

कुछ दिनों पश्चात् श्रीकृष्ण, पाण्डवों तथा अन्य सम्बन्धियों से अनुमति प्राप्त कर, सात्यकि तथा अन्य यदुवंशियों सहित द्वारका लौट आये। वहाँ आकर उन्होंने शुभ लगन में कालिन्दीजी का पाणिग्रहण किया।

अवन्ती (उज्जैन) देश के राजा थे विन्द तथा अनुविन्द। वे दुर्योधन के मित्र थे। स्वयंवर में उनकी बहिन मित्रविन्दा ने भगवान् श्रीकृष्ण को अपना पति चुनना चाहा, परन्तु विन्द तथा अनुविन्द ने उसे ऐसा करने से रोका। मित्रविन्दा श्रीकृष्ण की फूआ, राजाधिदेवी की कन्या थी। भगवान् श्रीकृष्ण ने भरी सभा में मित्रविन्दा का हरण किया तथा स्वयंवर में आये राजा तथा राजकुमार–कोई भी उन्हें रोक न सका।

नग्नजित् कोसलदेश के राजा थे। वे बड़े धार्मिक थे। उनकी परम सुन्दरी कन्या का नाम था सत्या। राजा की प्रतिज्ञा के अनुसार सात दुर्दान्त बैलों पर एक साथ विजय प्राप्त न कर सकने के कारण, उससे कोई भी राजा विवाह न कर सका। जब श्रीकृष्ण ने यह समाचार सुना तो वे बैलों को जीतने के लिए कोसलदेश पधारे। कोसलनरेश ने श्रीभगवान् का आदर-सत्कार कर उनकी पूजा की। राजकुमारी सत्या ने मन ही मन अभिलाषा की, कि यदि उसने व्रत-नियम का पालन किया है तो पति के रूप में उसे श्रीकृष्ण प्राप्त हों। वह मन ही मन सोचने लगी–भगवती लक्ष्मी, ब्रह्मा, शंकर तथा बड़े-बड़े लोकपाल जिनके पद-पंकज की पराग को शिरोधार्य करते हैं तथा जो अपनी ही बनाई हुई

मर्यादा को स्थापन करने के लिये समय-समय पर लीलावतार ग्रहण करते हैं, वे प्रभु मुझ पर प्रसन्न हों। राजा नग्नजित् ने कहा, भगवन्! आप जगत् के एकमात्र स्वामी हैं। आप अपने स्वरूपभूत आनन्द से परिपूर्ण हैं। मैं तो एक तुच्छ मनुष्य हूँ। मैं आपकी क्या सेवा करूँ?

भगवान् श्रीकृष्ण ने कहा, राजन्! जो क्षत्रिय अपने धर्म में स्थित है, उससे कुछ भी माँगना उचित नहीं। फिर भी मैं आपसे सौहार्द का, प्रेम का सम्बन्ध करने के लिये, आपकी कन्या चाहता हूँ।

राजा ने कहा, प्रभो! आप समस्त गुणों के धाम हैं, एकमात्र आश्रय हैं। आपके वक्षःस्थल पर सदा लक्ष्मीजी निवास करती हैं। आप से बढ़कर मेरी कन्या के लिये अभीष्ट वर और कौन हो सकता है? परन्तु मैंने इस विषय में एक प्रण कर रखा है। वीरश्रेष्ठ श्रीकृष्ण! हमारे ये सातों बैल बिना सधाए हुए हैं। यदि इन्हें आप नथ लें, अपने वश में कर लें–तो आप हमारी कन्या के लिये अभीष्ट वर होंगे।

भगवान् श्रीकृष्ण ने राजा के इस प्रण को सुनकर अपने सात रूप बना कर बैलों को खेल-खेल में नथ लिया। अब वे इन बैलों को रस्सी से बाँध कर इस प्रकार खींचने लगे जैसे कोई बालक सात बछड़ों को खींच रहा हो। राजा को प्रसन्नता तथा विस्मय, दोनों हुए। उन्होंने अपनी कन्या का दान श्रीकृष्ण को किया तथा भगवान् श्रीकृष्ण ने विधिपूर्वक सत्या का पाणिग्रहण किया। इस पर सारे परिवार को बड़ी प्रसन्नता हुई। राजा नग्नजित् ने भेंट में सहस्रों गाएँ, स्वर्ण आभूषण, सुन्दर वस्तुएँ तथा सत्या की सेवा के लिये दासियाँ दीं। इसके साथ ही रथ, हाथी तथा घोड़े भेंट में दिये। कोसलनरेश ने भगवान् श्रीकृष्ण तथा सत्या को एक सुन्दर रथ पर आरूढ़ कर विदा किया।

कोसलनरेश की कन्या सत्या से विवाह के लिये कई राजा उत्सुक थे, परन्तु वे राजा की शर्त पूरी न कर सके। अब श्रीकृष्ण को सत्या का पाणिग्रहण करने पर वे सभी बड़े क्रोधित हुए तथा उन्होंने मार्ग में श्रीकृष्ण को घेर लिया। इस समय पाण्डव-वीर अर्जुन ने गाण्डीव धनुष धारण कर उन सब को पछाड़ दिया, जैसे एक सिंह सियारों को भगाता

है। इस प्रकार भगवान् श्रीकृष्ण सत्या सहित द्वारका आये।

भगवान् श्रीकृष्ण की फूआ श्रुतकीर्ति केकय देश में ब्याही गई थीं। उनकी कन्या का नाम था भद्रा। उसके भ्राता सन्तर्दन ने उसे स्वयं भगवान् श्रीकृष्ण को समर्पित कर दिया तथा इस प्रकार उसका विवाह भी भगवान् श्रीकृष्ण से हुआ।

मद्रप्रदेश के राजा की एक कन्या थी लक्ष्मणा। वह अत्यन्त सुलक्षणा थी। उसको भी भगवान् श्रीकृष्ण ने स्वयंवर से अकेले ही हरण किया।

श्री शुकदेवजी ने इस प्रकार भगवान् श्रीकृष्ण की अन्य रानियों के विषय में बताते हुए राजा परीक्षित् से कहा कि ये विवाह औपचारिक रूप से थे। व्यवहारिक रूप से तथा क्षत्रिय-प्रथा से एक राजा मित्रता बढ़ाने के लिये उसके अनुरोध पर उसकी कन्या से विवाह कर लेता था। दूसरे, जिन-जिन सति कन्याओं ने भगवान् श्रीकृष्ण को वर के रूप में पाने के लिये घोर तपस्या की थी, उनकी अभिलाषा पूर्ण करने के लिये भी भगवान् श्रीकृष्ण ने उनका पाणिग्रहण किया। (वास्तव में तो उनकी एक ही पत्नी थी—वह थी भगवती लक्ष्मीरूपा रुक्मिणीजी।)

अध्याय 10

भौमासुर वध

भौमासुर के विषय में सुनाते हुए श्री शुकदेवजी राजा परीक्षित् से कहते हैं, परीक्षित्! भौमासुर वर प्राप्ति के पश्चात् इतना बलवान् हो गया था कि उसने वरुण का छत्र, माता अदिति के कुण्डल तथा मेरु पर्वत पर स्थित देवताओं का मणिपर्वत छीन लिया था। इस पर देवराज इन्द्र द्वारका आये तथा भगवान् श्रीकृष्ण को देवताओं की विपदा के विषय में सुनाया तथा उनके उद्धार के लिये प्रार्थना की। देवताओं की प्रार्थना सुन भगवान् श्रीकृष्ण सत्यभामा सहित, गरुड पर सवार होकर, भौमासुर की

राजधानी प्राग्ज्योतिषपुर गये। इस राजधानी की किलाबंदी इस प्रकार थी कि इसमें प्रवेश करना ही बड़ा कठिन था, अर्थात् नगर के चारों ओर पानी की खाई, फिर ऊँची दीवार पर किलाबंदी तथा जगह-जगह विषैले गैसों के भण्डार (शत्रु पर छोड़ने के लिये) तथा भिन्न-भिन्न प्रकार के फंदे (जाल में फँसाने के यन्त्र), सबके बाद दैत्यों का पहरा। भगवान् श्रीकृष्ण ने अपनी गदा से इस किलाबंदी को छिन्न-भिन्न कर दिया तथा सुदर्शन चक्र द्वारा सब प्रकार के फंदे-यन्त्र काट डाले।

भगवान् श्रीकृष्ण के पाञ्चजन्य शंख के नाद से मुर दैत्य (भौमासुर का मायावी दैत्य) हड़बड़ा कर उठा। उसके पाँच सिर थे तथा वह जल के भीतर सो रहा था। श्रीकृष्ण को आया देखकर वह उन पर अग्नि के समान टूट पड़ा। उसने अपने अस्त्र-शस्त्र से उन पर आक्रमण किया। परन्तु भगवान् श्रीकृष्ण ने देखते ही देखते उसके सारे अस्त्र-शस्त्र काट दिये तथा सुदर्शन चक्र से उसके पाँचों सिर काट दिये। मुर दैत्य के सात पुत्र थे—ताम्र, अन्तरिक्ष, श्रवण, विभावसु, वुस, नभस्वान् तथा अरुण। पिता की मृत्यु के प्रतिशोध के लिये तथा भौमासुर के आदेश से वे सभी भगवान् श्रीकृष्ण से युद्ध करने के लिये आ गये। उन्होंने प्रत्येक प्रकार के अस्त्र-शस्त्रों का प्रयोग किया, परन्तु भगवान् श्रीकृष्ण के सम्मुख उनका सारा कौशल विफल रहा। भगवान् की शक्ति अनन्त तथा अमोध है। उन्होंने इन सब का वध कर दिया।

इस प्रकार मुर दैत्य तथा उसके पुत्रों और वरिष्ठ सेनापतियों के मरने पर भौमासुर, जिसका दूसरा नाम नरकासुर था, अत्यन्त क्रोधित हुआ। भौमासुर पृथ्वी-देवी का पुत्र था तथा अपने समय के दैत्य, दानवों, राक्षसों तथा देवताओं में सबसे शक्तिशाली माना जाता था। अपने सारे प्रमुख वीरों के मारे जाने पर वह एक विशाल चतुरंगिनी सेना लेकर नगर के बाहर निकला। अब स्वयं उसका युद्ध भगवान् श्रीकृष्णजी के साथ था। भगवान् श्रीकृष्ण अपने वाहन गरुड़ पर आसन्न थे। अन्य अस्त्र-शस्त्रों के पश्चात् भौमासुर ने भगवान् श्रीकृष्ण पर शतघ्नी नामक शक्ति चलाई। उसके सैनिक भी उन पर बाण चलाने लगे। श्रीभगवान् ने विचित्र पंखों

वाले बाण छोड़ कर सब को शान्त कर दिया। सैनिकों की भुजाएँ, सिर, धड़ कट-कट कर गिरने लगे। भौमासुर के सभी अस्त्रों को उन्होंने काट दिया। सारे सैनिक, घोड़े तथा हाथी भागने लगे तथा भौमासुर युद्धभूमि में अकेला ही रह गया। उसकी चलाई हुई शक्ति भी विफल हुई। अन्त में भौमासुर ने श्रीकृष्ण पर वार करने के लिये एक त्रिशूल उठाया। देखते ही देखते भगवान् के चलाये सुदर्शन चक्र ने उस त्रिशूल को उसके हाथ सहित काटकर, भौमासुर का सिर भी काट दिया। भौमासुर के पृथ्वी पर गिरते ही युद्ध शान्त हो गया। ऋषियों ने साधु-साधु शब्द उच्चारण किये तथा देवताओं ने हर्षोल्लास से श्रीकृष्ण पर पुष्प-वर्षा की।

भौमासुर की मृत्यु पर पृथ्वी ने कहा, शंखचक्रधारी देवदेवेश्वर! मैं आपको नमस्कार करती हूँ। परमात्मा! आप अपने भक्तों की इच्छा पूर्ण करते हैं। आपकी नाभि से कमलप्रकट हुआ जिसपर ब्रह्मा विराजमान हैं। आपके नेत्र, कमलों जैसे खिले हुए, भक्तों के हृदय में शीतलता प्रदान करने वाले हैं। आपको मैं बार-बार नमस्कार करती हूँ। आप समग्र ऐश्वर्य, धर्म, यश, सम्पत्ति, ज्ञान तथा वैराग्य के आश्रय हैं। आप सर्वव्यापक होने पर भी स्वयं वसुदेव-नन्दन के रूप में प्रकट हुए हैं। मैं आपको नमस्कार करती हूँ। आप ही पुराणपुरुष, जन्म-रहित तथा सम्पूर्ण जगत् के जन्मदाता हैं। आप ज्ञानस्वरूप हैं, मैं आपको नमस्कार करती हूँ।

प्रभो! जब आप जगत् की रचना करना चाहते हैं, तब रजोगुण को, जब इसका प्रलय करना चाहते हैं, तो तमोगुण को तथा जब इसका पालन करना चाहते हैं, सत्त्वगुण को स्वीकार करते हैं, परन्तु आप सभी गुणों से अतीत हैं। मैं पृथ्वी, जल, अग्नि, वायु तथा आकाश, पँच तन्मात्राएँ, मन, इन्द्रिय तथा इनके अधिष्ठान देवता, अहंकार तथा महत्तत्व—यह सम्पूर्ण जगत् वास्तव में सब कुछ आप ही का स्वरूप है, आप से कुछ भी पृथक् नहीं। शरणागत, भयभञ्जन प्रभो! मेरे पुत्र भौमासुर का पुत्र भगदत्त अति भयभीत है। मैं उसे आपके चरणकमलों में ले आई हूँ। आप इसकी रक्षा कीजिए तथा अपना कृपामय करकमल इसके शीश पर रख दीजिए, जो समस्त पाप-ताप को नष्ट करने वाला है।

जब पृथ्वी ने इस प्रकार अनुनय-विनय की तो भगवान् श्रीकृष्ण ने भगदत्त को अभयदान दिया तथा उसे भौमासुर की समस्त सम्पत्तियाँ प्रदान कर दीं। भौमासुर ने बलपूर्वक राजाओं की लगभग सौलह हजार राजकुमारियों को लाकर अपने यहाँ वंदी बना रखा था। श्रीभगवान् ने उन्हें बन्धन-मुक्त किया। परन्तु ये राजकुमारियाँ पुनः अपनी राजधानियों को लौटने के लिये न मानीं। भगवान् श्रीकृष्ण को देखकर उन्होंने उन्हीं को अपना पति स्वीकार किया। श्रीभगवान् ने उन्हें सुन्दर वस्त्र-आभूषणों से सुसज्जित कर, पालकियों में बिठा कर, बहुत सी धन-सम्पत्ति, रथ, घोड़ों तथा सैनिकों की सुरक्षा में उन्हें द्वारका भेज दिया। उनके साथ ही ऐरावत के वंश में उत्पन्न हुए श्वेत वर्ण के चौंसठ हाथी भी भेजे।

तदनन्तर भगवान् श्रीकृष्ण सत्यभामा सहित अमरावती में देवराज इन्द्र के पास गये। देवराज इन्द्र तथा उनकी पत्नी ने भगवान् श्रीकृष्ण तथा सत्यभामा का हार्दिक स्वागत किया तथा विधिवत् उनकी पूजा की। श्रीभगवान् ने अदिति के कुण्डल देवराज को दे दिये। वापस आते समय सत्यभामा के अनुरोध पर भगवान् श्रीकृष्ण स्वर्ग से कल्प वृक्ष ले आये तथा द्वारका आकर उसे सत्यभामा के आँगन में लगा दिया।

द्वारका आकर भगवान् श्रीकृष्ण ने एक ही मुहूर्त में, पृथक्-पृथक् भवनों में, अलग-अलग रूप धारण कर, एक साथ सब राजकुमारियों का शास्त्रोक्त विधि से पाणिग्रहण किया। हर भवन में वह दिव्य-सामग्री थी जो देवताओं को भी उपलब्ध नहीं। एक प्रकार से वे सभी राजकुमारियाँ अब लक्ष्मी-अंश-रूपा हो गईं। भगवान् की इस लीला को देख सभी विस्मित हो गये तथा उनके भेद को न जान सके। अब रानियों तथा पटरानियों को श्रीभगवान् पृथक्‌रूप से हर समय प्राप्त थे (अपनी शंका समाधान के लिये तथा भगवान् की रासलीला का भेद पाने के लिये नारदजी द्वारका पधारे। केवल द्वारका ही ऐसी जगह थी जहाँ नारदजी विश्राम कर सकते थे। द्वारका में प्रजापति दक्ष के शाप का कोई प्रभाव न था।)।

अध्याय 11

श्रीकृष्ण-रुक्मिणी संवाद

एक दिन समस्त जगत् के परम पिता श्रीकृष्ण रुक्मिणीजी के पास बैठे हुए थे। वे भगवान् श्रीकृष्ण की, अपनी सखियों सहित सेवा कर रही थी। जो सर्वशक्तिमान् भगवान् श्रीकृष्ण सम्पूर्ण ब्रह्माण्ड के रचयिता, पालनहार तथा संहार करने वाले हैं, वे धर्म-मर्यादा की रक्षा करने के लिये यदुवंश में अवतीर्ण हुए हैं। रुक्मिणीजी का महल बहुत सुन्दर तथा ऐश्वर्य की प्रत्येक सामग्री से पूर्ण था। उस महल के उद्यानमें पारिजात के वृक्षों से मन्द-मन्द पवन के साथ धीमी-धीमी सुगन्ध फैल रही थी। रुक्मिणीजी ने अपनी सखी के हाथ से रत्नजड़ित चँवर ले लिया तथा स्वयं श्रीभगवान् की सेवा करने लगीं। उनके कंगन तथा अन्य आभूषण रुनझुन-रुनझुन कर रहे थे। पाँव में पायजेब बज रही थीं। रुक्मिणीजी तो स्वयं लक्ष्मी जी का अवतार थीं, अतः उनका सौन्दर्य तथा रूप अद्वितीय था। रुक्मिणीजी को इस प्रकार सेवा करते देख भगवान् श्रीकृष्ण ने कहा, राजकुमारी! बड़े-बड़े नरपति, जिनके पास रूप, सम्पत्ति तथा ऐश्वर्य प्राप्त था, वे आप से विवाह करना चाहते थे। शिशुपाल को तो लगभग आपके पति के रूप में आपके भाई-बन्धुओं ने चुन ही लिया था। फिर भी तुमने मुझे अपना पति स्वीकार किया। ऐसा क्यों? हम तो मथुरा छोड़ कर यहाँ आन बसे थे। हमारे पास तो कोई बड़ा राज्य भी नहीं है। हमारे पास तो प्रेम के सिवा और कुछ है भी नहीं। जिनका धन, कुल, ऐश्वर्य, सौन्दर्य तथा आय अपने समान हो, मित्रता तथा विवाह तो वहीं किया जाता है। विदर्भकुमारी! तुमने अपनी अदूरदर्शिता के कारण इस पर विचार नहीं किया। आपने कदाचित् मेरी झूठी प्रशंसा सुन कर ही मुझे वरण कर लिया। रुक्मी, तुम्हारा भ्राता, अब भी मुझसे द्वेष करता है। शिशुपाल, शाल्व, जरासन्ध, दन्तवक्त्र आदि नरपति मुझसे विरोध करते हैं। उन दुष्टों का मान-मर्दन करने के लिये ही मैंने तुम्हारा हरण किया

था। निश्चय ही हम उदासीन हैं। हम स्त्री, धन, सन्तान के भी इच्छुक नहीं। हम अपने आत्मा के साक्षात्कार से ही पूर्णकाम हैं, कृतकृत्य हैं। अतः तुम अब भी अपने विवाह के निर्णय को परिवर्तन करने के लिये मुक्त हो।

श्री शुकदेवजी कहते हैं, परीक्षित्! भगवान् श्रीकृष्ण के क्षणभर के लिये भी रुक्मिणीजी से अलग न होने के कारण रुक्मिणीजी को यह अभिमान हो गया था कि वे उनकी सबसे अधिक प्रिय हैं। इस गर्व को शान्त करने के लिये भगवान् श्रीकृष्ण इतना कहकर चुप हो गये।

अपने प्रियतम भगवान् श्रीकृष्ण की यह वाणी सुनकर रुक्मिणीजी अत्यन्त भयभीत तथा व्याकुल हो गईं। उनके चक्षुओं से अवरिल अश्रु-धारा बहने लगी। उनकी वाणी गले में ही अटक गयी। शोकातुर होने के कारण उनकी विचार शक्ति भी क्षीण पड़ने लगी। उनके हाथ से चँवर गिर पड़ा तथा वे अचेत सी हो गईं। वे धरती पर गिर पड़ीं। अब भगवान् श्रीकृष्ण ने देखा कि रुक्मिणीजी ने उनके हास्य-विनोद को गम्भीरता से ले लिया। उनका हृदय करुणा से भर गया। भगवान् ने उसी समय उठकर रुक्मिणीजी को उठा लिया। अपने करकमलों से उसके चक्षु पोंछे तथा उसे अपने गले से लगा लिया।

श्रीकृष्ण ने रुक्मिणीजी को समझाते हुए कहा, विदर्भ-नन्दिनी! कदाचित् तुम बुरा मान गईं। मुझसे रूठो मत! तुम एकमात्र मेरे ही परायण हो। मेरी प्रिय-सहचरी हो। मैं तो तुमसे हँसी कर रहा था। इस हास्य-भाव से मैं तुम्हारे भाव देखना चाहता था। मैं देखना चाहता था कि तुम्हें क्रोध किस प्रकार आता है और तुम्हारे अश्रुपूर्ण नेत्रों की स्थिति कैसी होती है तथा तुम्हारी भृकुटी कैसे तनती है। श्रीभगवान् के इस प्रकार समझाने पर रुक्मिणीजी को तनिक ढाढस बन्धा। भगवान् के इस हास्य-परिहास से वे लज्जा गईं तथा उनके मुखारविन्द को निहारती हुई बोलीं-

कमलनयन! कदाचित् आपका यह कहना सत्य है कि मैं आपके ऐश्वर्य, समस्त गुणों से युक्त तथा परिपूर्ण सौन्दर्य-स्वरूप के लिये

उपयुक्त नहीं हूँ। कहाँ तो अपनी अखण्ड महिमा में स्थित, तीनों गुणों के स्वामी तथा ब्रह्मा आदि देवताओं से सेवित आप भगवान् और कहाँ तीनो गुणों के अनुसार स्वभाव रखने वाली गुणमयी प्रकृति मैं, जिसकी सेवा, कामनाओं के पीछे भटकने वाले अज्ञानी लोग ही करते हैं। मैं आपके समान कैसे हो सकती हूँ? आपने कहा कि राजाओं के भय के कारण आपने अपनी राजधानी समुद्र में बना ली, परन्तु राजा शब्द का अर्थ है रजोगुण। आपने कहा राजा लोग आप से बैर रखते हैं, वास्तव में आपके कहने का अर्थ है कि तीनों गुण आपसे भयभीत रहते हैं, जब तक आप उन्हें स्वीकार कर सृष्टि-रचना, पालन करने, तथा संहार करने के लिये स्वीकार नहीं करते। आपने कहा कि आपके पास सिंहासन नहीं, फिर भी आपके चरणों की सेवा करना सभी राजा अपना श्रेय समझते हैं। आप कहते हैं कि आपका मार्ग स्पष्ट नहीं तथा आप उदासीन हैं, यह भी ठीक है, क्योंकि आपके भाव को तो स्वयं ब्रह्मा भी नहीं जान सकते। उदासीन होना भी सही है, क्योंकि कोई भी वस्तु ऐसी नहीं जो आपको प्राप्त न हो। आप समस्त प्रवृत्तियों, साधनों, सिद्धियों और साध्यों के फलस्वरूप हैं। जो लोग गृहस्थ-सुख के ही वशीभूत हैं वे कदापि आपका सम्बन्ध प्राप्त करने योग्य नहीं। आपने कहा भिक्षु लोगों ने ही आपकी प्रशंसा की ही–कौन से भिक्षु–जो महामुनि हैं, जो संन्यासी हैं, जो योगी हैं, जो महर्षि जिन्होंने केवल आपकी प्राप्ति के लिये सब कुछ त्याग दिया है। मैंने कोई अदूरदार्शिता नहीं की है। मैंने पूर्णरूप समझ कर आपको वरण किया है, क्योंकि आप सम्पूर्ण जगत् के आत्मा है तथा अपने प्रेमियों को आत्मदान करते हैं। मैंने जान बूझकर देवताओं का भी परित्याग किया (शिशुपाल आदि की तो बात ही क्या), क्योंकि आपकी भौहों के संकेत से तो काल अपने वेग से उनकी आशा-अभिलाषा को उलट कर रख देता है।

सर्वेश्वर आर्यपुत्र! आपने द्वारका में अपनी राजधानी बनाई, मुझे इसका भेद नहीं मालूम। मैं तो केवल इतना जानती हूँ कि मेरे हरण के समय सभी आये हुए राजा आपसे परास्त हुए थे। आपका अनुसरण करने

पर कभी कोई कष्ट पा ही नहीं सकता। प्राचीन काल में, राजेश्वर अंग, पृथु, भरत, ययाति तथा गय आदि केवल आपको पाने की आभिलाषा से अपना राज्य छोड़ कर तपस्या के लिये वन में चले गये। आपने कहा मैं किसी और राजकुमार का वरण कर लूँ, भगवन्! आप समस्त गुणों के एकमात्र आश्रय हैं। बड़े-बड़े ऋषि-मुनि आपके चरणकमलों का वखान करते रहते हैं। उनकी धूली-मात्र से संसार के पाप-ताप नष्ट हो जाते हैं। लक्ष्मी सदा उन्हीं में निवास करती है। आप समस्त जगत् के एकमात्र स्वामी हैं। आप ही समस्त आशाओं को पूर्ण करने वाले हैं—इस लोक तथा परलोक में। मैंने आपको अपने अनुरूप समझ कर, अर्थात् अपना आश्रय समझ कर ही वरण किया है। मैंने सदा चाहा है कि मैं आपके चरणकमलों की शरण में रहूँ। कमलनयन! आप आत्माराम हैं। मैं सुन्दरी हूँ अथवा गुणवती हूँ, इन बातों पर आपकी दृष्टि नहीं जाती। क्योंकि उदासीन आपका स्वभाव है। तथापि मेरा आपके चरणकमलों में दृढ़ अनुराग है। यही मेरी अभिलाषा है। आप मेरी ओर एक बार देख लेते हैं—यह आपका अनुग्रह है।

भगवान् श्रीकृष्ण ने कहा, साध्वी! यही बातें सुनने के लिये मैंने तुमसे परिहास किया था। तुमने जो मेरे वचनों का अर्थ निकाला है वह अक्षरशः सत्य है। तुम मेरी अनन्य प्रेयसी हो। तुम मुझसे जो भी अभिलाषा करती हो, वह तुम्हें सदा प्राप्त है। मुझसे की हुई अभिलाषा बन्धनकारी भी नहीं होती। मैं तो तुम्हारे पतिव्रत्य की परीक्षा ले रहा था। प्रिय! मैं मोक्ष का स्वामी हूँ तथा मुक्ति-प्रदान करने वाला हूँ। मुझ परमात्मा को प्राप्त कर भी जो विषय सुख-साधन, सम्पत्ति की अभिलाषा करते हैं, वे मन्दभागी हैं। मेरी पराभक्ति ही वास्तविक सुख है। तुमने निरन्तर संसार से मुक्त करने वाली मेरी सेवा की है। यह बड़े आनन्द की बात है। तुम्हारे हरण के समय तुम्हारे भ्राता रुक्मी का विरोध तथा उसका मेरे द्वारा विरूप किया जाना, यह तुमने सहन किया कि कहीं तुम्हारा मुझ से वियोग न हो जाये। मेरे पहुँचने की देरी में कदाचित् तुम ने अपना शरीर-त्याग करने का निश्चय कर लिया था। तुम्हारा यह प्रेम

सराहनीय है। हम इस से उऋण नहीं हो सकते। हम तुम्हारे इस प्रेमभाव का अभिनन्दन करते हैं।

अध्याय 12

अनिरुद्ध विवाह (1)

श्री शुकदेवजी भगवान् श्रीकृष्ण की सन्तति का वर्णन करते हुए कहते हैं, परीक्षित्! भगवान् श्रीकृष्ण ने पारिवारिक मर्यादा निभाते हुए, अपनी लीला से प्रत्येक पत्नी को सन्तान दी। वास्तव में तो उनके अंशस्वरूप-प्रद्युम्नजी ही थे। उनकी हर पत्नी उनकी लीला के कारण यही समझती थी कि वे उसी से सबसे अधिक प्यार करते हैं तथा सदा उसी के साथ उसके महल में रहते हैं।

परीक्षित्! देवता तो क्या, जगत् पिता ब्रह्माजी भी भगवान् के वास्तविक स्वरूप तथा लीलाओं से अपरिचित हैं। वे हर पत्नी के पास एक ही समय में उपस्थित हैं तथा सहस्त्रों दासियाँ उनकी सेवा में संलग्न हैं। उनकी पत्नियाँ नित्य-निरन्तर उनकी सेवा में लगी हैं। यह सब एक आश्चर्य था। उनकी लीला के अनुसार, उनकी प्रधान पत्नियों–रुक्मिणी, सत्यभामा, जाम्बवती, नाग्नजिती (सत्या), कालिन्दी, मद्रदेश की राजकुमारी लक्ष्मणा, मित्रविन्दा, भद्रा के एक से अधिक पुत्र हुए। परन्तु पुत्र रूप में, उनके अंश के रूप में, केवल प्रद्युम्नजी ही जाने गये।

रुक्मिणी-नन्दन प्रद्युम्न का विवाह मायावती (रति) के अतिरिक्त, भोजकट-नगरनिवासी रुक्मी की पुत्री रुक्मवती से भी हुआ। उसी के गर्भ से परम बलशाली अनिरुद्ध का जन्म हुआ।

राजा परीक्षित् के प्रश्न करने पर कि श्रीकृष्ण से द्वेष करने वाला रुक्मी अपनी बेटी का विवाह प्रद्युम्नजी से करने के लिये कैसे मान गया, श्री शुकदेवजी कहते हैं, परीक्षित्! प्रद्युम्नजी मूर्तिमान् कामदेव थे। उनके

सौन्दर्य तथा गुणों पर रीझकर रुक्मवती ने स्वयंवर में उन्हीं को वरमाला पहना दी। प्रद्युम्नजी ने रुक्मवती का हरण किया।

रुक्मी का भगवान् श्रीकृष्ण से वैर था, फिर भी उसने अपनी बहिन रुक्मिणी की प्रसन्नता के लिये अपनी पौत्री रोचना का विवाह अनिरुद्ध से कर दिया। अनिरुद्ध के विवाहोत्सव पर भगवान् श्रीकृष्ण तथा बलरामजी, द्वारकावासी यदुवंशी साम्ब तथा प्रद्युम्नजी भोजकट नगर गये। जब विवाह उत्सव निर्विघ्न समाप्त हो गया तब रुक्मी की ओर से मदान्ध राजाओं ने रुक्मी को उकसाया, कि तुम बलरामजी को पासों के खेल में जीत लो। बलरामजी को पासे डालने नहीं आते थे। परन्तु रुक्मी के आमन्त्रित करने पर वे रुक्मी के साथ पासों का खेल खेलने लगे। प्रथम तो सौ मुहरें, फिर एक सहस्त्र मुहरें तथा पुनः दस हज़ार मुहरें लगा कर पासे फैंके। हर बार रुक्मी ने बारी जीत ली। रुक्मी की जीत होने पर कलिङ्ग-नरेश ने बलरामजी की हँसी उड़ाई। बलरामजी इसे सहन न कर पाये। तत्पश्चात् रुक्मी ने एक लाख मुहरें दाँव पर लगाईं। इस बारी को बलरामजी ने जीत लिया। परन्तु धूर्त रुक्मी कहने लगा–'मैंने जीता है', इस पर बलरामजी को पूर्णिमा के ज्वारभाटे की तरह क्रोध आ गया। अब उन्होंने दस करोड़ मुहरें दाँव पर लगाईं। इस बार भी द्यूत नियमानुसार बलरामजी की जीत हुई। परन्तु रुक्मी ने पुनः धूर्तता भरे शब्दों में कहा–'जीत मेरी हुई है। इस विषय पर कलिंग-नरेश निर्णय कर दें।'

उसी समय आकाशवाणी हुई कि यह खेल धर्मानुसार बलरामजी ने जीता है। रुक्मी ने अपने हितैषी राजाओं के बहकावे में आकर आकाशवाणी पर कोई ध्यान नहीं दिया तथा बलरामजी की हँसी उड़ाने लगा–आप पासा खेलना क्या जानो? पासों का खेल तो राजालोग ही खेलते हैं, आप जैसे वन-वन भटकने वाले ग्वाले नहीं। इस पर बलरामजी ने क्रोध में आकर अपना मुद्गर उठाया तथा उसी सभा में रुक्मी को मार डाला। तत्पश्चात् कलिङ्ग-नरेश को पकड़ कर उसके दाँत तोड़ दिये। उनके मुद्गर की चोट से अन्य राजाओं के भी हाथ पैर,

सिर टूट गये तथा वे भयभीत होकर वहाँ से भाग गये। रंग-सभा, एक शोक-सभा में परिणत हो गई। रुक्मिणीजी की स्थिति को देखते हुए श्रीकृष्ण ने बलरामजी के इस कार्य का समर्थन नहीं किया।

इस प्रकार अनिरुद्धजी का विवाह, और शत्रु-वध हो जाने पर, श्रीकृष्ण-बलरामजी तथा अन्य यदुवंशी, नवविवाहिता रोचना को एक श्रेष्ठ रथ पर बिठा कर द्वारकापुरी ले आये।

अध्याय 13

अनिरुद्ध विवाह (2)

अनिरुद्ध-ऊषा विवाह के विषय में बताते हुए श्री शुकदेवजी कहते हैं, परीक्षित्! राजा बलि के सौ पुत्र थे। उनमें सबसे बड़ा था बाणासुर। वह सदा भगवान् शिव की भक्ति में अनुरक्त रहता था। उसकी उदारता तथा बुद्धी प्रशंसनीय थी। इन दिनों वह शोणितपुर में राज्य करता था। (दैत्यों तथा राक्षसों की आयु भी देवताओं के समान होती है) भगवान् शंकरजी की कृपा से उसकी एक सहस्त्र भुजाएँ थीं। देवता भी उससे भयभीत रहते थे। एक बार जब भगवान् शंकर ताण्डव नृत्य कर रहे थे तो उसने अपने सहस्त्र हाथों से अनेक प्रकार के साज बजाए। समस्त भूतों के एकमात्र स्वामी भगवान् शंकर ने बाणासुर पर प्रसन्न होकर उसे वर माँगने को कहा। बाणासुर ने कहा—भगवन्, आप मेरे नगर की रक्षा का दायित्व ले लीजिए।

इसी प्रकार एक दिन बाणासुर ने भगवान् शंकर के चरणकमलों को, अपने मुकट सहित, सिर से छू कर प्रणाम किया तथा कहा—देवाधिदेव आप समस्त चराचर जगत् के गुरु तथा ईश्वर हैं। मैं आपको नमस्कार करता हूँ। आप सभी के मनोरथ पूर्ण करने वाले कल्पवृक्ष हैं। आपकी

दी हुई ये एक सहस्त्र भुजाएँ अब मुझे बोझ लगने लगी हैं। मुझे अपनी बराबरी का कोई भी वीर योद्धा नहीं मिलता। मेरा मन लड़ने को कह रहा है। मैं जब चलता हूँ तो अपनी भुजाओं से पर्वत तक को तोड़ देता हूँ। उसके इस अभिमान तथा मदान्ध को देखकर भगवान् श्रीशिव ने क्रोधित होकर कहा, रे मूढ़! जिस दिन तेरी ध्वजा टूट कर गिर जायेगी, उस समय मेरे ही समान योद्धा से तेरा युद्ध होगा तथा उस युद्ध में तेरा घमंड चूर-चूर हो जायेगा।

बाणासुर की एक कन्या थी। उसका नाम था ऊषा। एक रात सपने में उसने परम-सुन्दर अनिरुद्धजी को देखा तथा यह भी देखा कि स्वप्न में उसका अनिरुद्धजी से समागम हो रहा है। परोक्ष रूप से न तो ऊषा ने अनिरुद्धजी को देखा था न उनके विषय में सुना था। बाणासुर का एक मन्त्री था कुम्भाण्ड। उसकी एक कन्या थी जिसका नाम था चित्रलेखा। चित्रलेखा ऊषा की एक विश्वासपात्र सखी थी। राजकुमारी की इस स्थिति को देखकर उसने पूछा कि तुम पति के रूप में किसे ढूँढ़ रही हो?

ऊषा ने कहा, सखी! मैंने स्वप्न में एक बहुत सुन्दर नवयुवक को देखा है। उसके शरीर का रंग साँवला तथा नेत्र कमल-दल के समान थे। वह शरीर पर पीताम्बर पहने था। उसकी लम्बी-लम्बी भुजाएँ तथा स्वरूप चित्त-चोर सा था। वह मुझ से मिल कर न जाने कहाँ खो गया। मैं उसी प्राणवल्लभ को ढूँढ़ रही हूँ।

चित्रलेखा ने कहा—यदि तुम्हारा, चित्तचोर त्रिलोकी में होगा, मैं उसे ढूँढ़ निकालूँगी। मैं चित्र बनाती हूँ। तुम पहचान कर बताना कि क्या यह वही है। चित्रलेखा ने अपनी सोच के बल पर मनुष्यों के चित्र बनाये। मनुष्यों में उसने यदुवंशी भगवान् श्रीकृष्ण-बलरामजी तथा अन्य शूर वीरों के चित्र भी बनाये। जब ऊषा ने प्रद्युम्नजी का चित्र देखा तो वह लज्जित सी हो गई। जब उसने अनिरुद्धजी का चित्र देखा तो वह मन्द-मन्द मुस्कराते हुए बोली—मेरा प्राणबल्लभ यही है।

चित्रलेखा योगिनी थी। वह जान गई कि ये भगवान् श्रीकृष्ण के पौत्र

हैं। वह आकाश मार्ग से रात्रि में द्वारकापुरी पहुँच गई। वहाँ अनिरुद्धजी एक सुन्दर पलँग पर सो रहे थे। चित्रलेखा अपनी योग-सिद्धि के प्रभाव से अनिरुद्धजी को उठा कर शोणितपुर ले आई तथा अपनी सखी ऊषा को उनके दर्शन करा दिये। उनको देखकर ऊषा आनन्द प्रफुल्लित हो गई तथा उनके साथ अपने महल में विहार करने लगी। ऊषा का अन्त:पुर इतना सुरक्षित था कि वहाँ उसकी आज्ञा के बिना कोई नहीं आ सकता था। अनिरुद्धजी के प्रति ऊषा का प्रेम दिन-प्रति-दिन बढ़ता जा रहा था। उसके अन्त:पुर में भोग और भोज्य की प्रत्येक सामग्री उपलब्ध थी। उसके अन्त:पुर में देवताओं की सभी उपयोगी वस्तुएँ प्राप्त थीं। ऊषा के अन्त:पुर में रहते-रहते अनिरुद्धजी अपने बाह्य सांसार को भूल सा गये। उन्हें पता ही नहीं चला कि कब से वे यहाँ रह रहे हैं।

अनिरुद्धजी का ऊषा के समीप रहना एक पति-पत्नी के रूप में परिवर्तित हो गया। ऊषा का मानो काया-कल्प हो गया। वह बहुत प्रसन्न रहने लगी। उसके वस्त्र-आभूषणों तथा व्यवहार से लगता था कि उसे कोई मनवाञ्छित वस्तु मिल गई हो। इसकी भिनक अन्त:पुर के बाहर भी जाने लगी।

अन्त:पुर के बाहर तथा महल के बाहर लोग अब तरह-तरह की बातें करने लगे। यहाँ तक कि राजकुमारी अन्त:पुर में रहती हुई भी कलंकित कैसे हो गई?

इस जनचर्चा का समाचार बाणासुर को भी मिला। वह एकाएक ऊषा के महल में जा धमका। वहाँ उसने अनिरुद्ध को उसके भवन में पाया। अनिरुद्धजी तो स्वयं कामावतार प्रद्युम्नजी के पुत्र थे, अत: उनका अति सुन्दर होना स्वाभाविक ही था। वे पीताम्बर पहने थे। उस समय वे अपनी प्रियतमा ऊषा के साथ खिलवाड़ कर रहे थे। जब अनिरुद्धजी ने देखा कि बाणासुर सैनिकों सहित वहाँ आकर उन पर प्रहार करने वाला है तो वे एक लोहे के भयंकर परिघ को लेकर उठ खड़े हुए तथा कालस्वरूप दीखने लगे। बाणासुर के एक-एक सैनिक तथा अंगरक्षक को उन्होंने मार गिराया। जब बाणासुर ने देखा कि अनिरुद्ध ने तो उसके

सभी सैनिकों का संहार कर दिया तब उसने नाग-पाश डाल कर उन्हें बान्ध लिया। इस दृश्य को देखकर ऊषा शोक से विह्वल हो उठी तथा रोने लगी।

अध्याय 14

भगवान् श्रीकृष्ण-बाणासुर युद्ध

अनिरुद्धजी को द्वारका से आये चार मास व्यतीत हो गये थे। इस बीच किसी को पता नहीं चला कि वे कहाँ चले गये हैं। उनके सम्बन्धी उनकी अनुपस्थिति में बड़े शोकातुर थे। अनिरुद्धजी के द्वारका से शोणितपुर जाने का समाचार नारदजी ने आकर दिया। उन्होंने अनिरुद्धजी का बाणासुर द्वारा नाग-पाश में बान्धने का समाचार भी दिया। (सब कुछ जानते हुए भी) अब नारदजी के समाचार देने पर श्रीकृष्णजी ने यदुवंशियों की सेना लेकर शोणितपुर पर आक्रमण कर दिया। श्रीकृष्णजी के साथ बलरामजी, प्रद्युम्न, सात्यकि, गद, साम्ब, सारण, नन्द तथा उपनन्द आदि महारथी भी थे। उनके साथ उनकी बारह अक्षौहिणी सेना थी। एक व्यूह बनाकर सेना ने शोणितपुर को चारों ओर से घेर लिया। जब बाणासुर ने देखा कि यदुसेना सारे नगर के परकोटों, बुर्जों, सिंह-द्वारों को तोड़ रही है तो वह भी अपनी सेना लेकर बाहर आ गया। बाणासुर को दिये वचन के अनुसार भगवान् शंकर रक्षा के लिये आ पहुँचे। इस प्रकार बाणासुर के साथ-साथ भगवान् श्रीकृष्ण-बलरामजी का भगवान् शंकरजी से भी युद्ध होने लगा। यह युद्ध अति भयानक तथा अद्वितीय था। भगवान् श्रीकृष्ण का शंकरजी तथा प्रद्युम्नजी का स्वामि कार्तिकेयजी से युद्ध होने लगा। बलरामजी का कुम्भाण्ड तथा बाणासुर के पुत्र तथा स्वयं उसका युद्ध सात्यकि तथा साम्ब से हुआ। ब्रह्माजी तथा सभी देवता इस संग्राम को देख रहे थे।

भगवान् श्रीकृष्ण ने अपने दिव्य अस्त्रों से भगवान् शंकर के अनुचरों–भूत-प्रेत, प्रमथ, गुह्यक, डाकिनी, कूष्माण्ड, यातुधान, वेताल, विनायक, प्रेतगण, मातृगण, पिशाच तथा ब्रह्म-राक्षसों को खदेड़ दिया। भगवान् शंकर ने भी नाना प्रकार के अस्त्र-शस्त्र भगवान् श्रीकृष्ण पर छोड़े, पर उन्होंने उन सब शस्त्रों को शान्त कर दिया। भगवान् श्रीकृष्ण ने ब्रह्मास्त्र को ब्रह्मास्त्र से, वायव्यास्त्र को पार्वतास्त्र से, आग्नेयास्त्र को पर्जन्यास्त्र से, पाशुपतास्त्र को नारायणास्त्र से शान्त कर दिया। तत्पश्चात् भगवान् श्रीकृष्ण ने जृम्भणास्त्र (जिससे जँभाई-पर-जँभाई आने लगती है) से भगवान् शंकर को मोहित कर दिया। इस प्रकार शंकरजी से अलग होकर भगवान् श्रीकृष्ण बाणासुर की सेना का संहार करने लगे। प्रद्युम्नजी के बाणों की चोट से स्वामि कार्तिक घायल हो गये तथा वे युद्धभूमि छोड़ कर अपने वाहन मयूर पर आरूढ़ होकर चले गये। बलरामजी के मूसल की चोट से कुम्भाण्ड घायल होकर भूमि पर गिर पड़ा। सेनापति के गिरते ही उसकी सारी सेना भागने लगी।

जिस समय भगवान् श्रीकृष्ण बाणासुर की सेना का संहार कर रहे थे तथा उसकी सेना इधर-उधर भागने लगी, वह सात्यकि को छोड़कर भगवान् श्रीकृष्ण से युद्ध करने के लिये आ गया। उसने एक सहस्त्र भुजाओं से, पाँच सौ धनुष-सम्भाल कर, बाण-वर्षा करनी प्रारम्भ की। भगवान् श्रीकृष्ण ने एक साथ उसके सारे धनुष काट दिये तथा उसके सारथि, रथ तथा घोड़ों को भी धराशायी कर दिया तथा शंखनाद किया। बाणासुर की धर्म-माता कोटरा नाम की एक देवी थी। अब वह बाणासुर की रक्षा के लिये भगवान् श्रीकृष्ण के सम्मुख आ गई। उस देवी के वस्त्रहीन होने के कारण भगवान् ने अपना मुख दूसरी ओर कर लिया। इस प्रकार समय पाकर बाणासुर रथहीन तथा शस्त्रहीन हो जाने के कारण नगर में चला गया।

जब भगवान् शंकर के भूतगण तितर-बितर हो रहे थे तो उनका छोड़ा हुआ ज्वर, तीन-शीश, तीन-पैरों वाला चारों दिशाओं को तपाता हुआ भगवान् श्रीकृष्ण की और दौड़ा। उसे रोकने के लिए उन्होंने

वैष्णव-ज्वर छोड़ा। अब वैष्णव-ज्वर तथा माहेश्वर-ज्वर परस्पर लड़ने लगे। अन्त में माहेश्वर-ज्वर पीड़ित होकर अपनी रक्षा के लिए भगवान् श्रीकृष्ण की शरण में आ गया।

माहेश्वर ज्वर ने प्रार्थना करते हुए कहा, प्रभो! आपकी शक्ति अनन्त है। आप ब्रह्मादि के भी ईश्वर, परम महेश्वर हैं। आप सबके आत्मा तथा सर्वस्वरूप हैं। संसार की उत्पत्ति, स्थिति तथा संहार के कारण आप ही हैं। मैं आपको नमस्कार करता हूँ। काल, देव, कर्म जीव, स्वभाव, सूक्ष्मभूत, शरीर, सूत्रात्मा, प्राण, अहंकार, एकादश इन्द्रियाँ तथा पँचभूत–यह सब आपकी माया है। आप माया के निषेध की परम अवधि हैं। मैं आपकी शरण ग्रहण करता हूँ। आपका यह अवतार पृथ्वी का भार उतारने के लिए ही हुआ है। मैं आपके शान्त, उग्र तथा दुस्सह तेज ज्वर से अति सन्तप्त हो रहा हूँ। मुझ पर कृपा कीजिए।

भगवान् श्रीकृष्ण ने कहा, त्रिशिरा! मैं तुम पर प्रसन्न हूँ तथा मैं तुम्हें अपने ज्वर से निर्भय करता हूँ। भगवान् श्रीकृष्ण के इस प्रकार कहने पर, त्रिशिरा उन्हें प्रणाम कर चला गया।

अब बाणासुर पुनः भगवान् श्रीकृष्ण से युद्ध करने के लिए आ गया तथा उन पर बाण-वर्षा करने लगा। तब भगवान् श्रीकृष्ण ने सुदर्शन चक्र द्वारा बाणासुर की भुजाएँ काटनी प्रारम्भ कीं। बाणासुर की भुजाएँ कटती देखकर भक्तवत्सल भगवान् शंकर, चक्रधारी भगवान् श्रीकृष्ण के समीप आये तथा उनकी स्तुति करते हुए बोले–

प्रभो! आप परम-ज्योतिस्वरूप परब्रह्म हैं। महात्मागण आपके सर्वव्यापक तथा निर्विकार स्वरूप का साक्षात्कार करते हैं। आकाश आपकी नाभि है, अग्नि मुख, स्वर्ग शीश, दिशायें कान तथा पृथ्वी चरण है। चन्द्रमा मन, सूर्य नेत्र तथा शिव आपका अहंकार है। सागर आपका उदर तथा इन्द्र भुजाएँ हैं। ब्रह्मा आपकी बुद्धि तथा प्रजापति जननेन्द्रिय है। अखण्ड ज्योतिस्वरूप परमात्मन्! आपका यह अवतार धर्म की रक्षा तथा संसार के अभ्युदय के लिये हुआ है। हम सब भी आपके प्रभाव से प्रभावान्वित होकर सातों भुवनों का पालन करते हैं। मायाकृत जाग्रत्, स्वप्न तथा

सुषुप्ति—इन तीनों अवस्थाओं में अनुगत तथा उनसे अतीत आप ही हैं। आप सबके कारण, परन्तु आपका कोई कारण नहीं है। आप तीनों गुणों की विभिन्न विषमताओं को प्रकाशित करने के लिये अपनी माया से देवता, मनुष्य, पशु-पक्षी आदि शरीरों के अनुसार भिन्न-भिन्न रूपों में प्रतीत होते हैं।

भगवन्! आपकी माया से मोहित होकर जीव विषय-भोगों में आसक्त हो जाता है। संसार में यह मनुष्य शरीर आपने अति कृपा से दिया है। जो इस शरीर को भी पाकर अपनी इन्द्रियों को वश में नहीं करता तथा अपने मन को आपके चरणकमलों में नहीं लगाता, उसका जीवन व्यर्थ है, शोचनीय है। मैं, ब्रह्मा, सारे देवता तथा विशुद्ध-हृदय ऋषि-मुनि सब प्रकार से और सर्वात्मभाव से आपके शरणागत हैं तथा आप ही हमारे आत्मा, प्रियतम तथा ईश्वर हैं। आप जगत् की उत्पत्ति, स्थिति तथा प्रलय के कारण हैं। आप सबमें सम, परमशान्त, सबके सुहृद् तथा इष्टदेव हैं। आप अद्वितीय तथा जगत् के आधार तथा अधिष्ठान हैं। संसार से मुक्ति के लिये हम सब आपका भजन करते हैं। देव! बाणासुर मेरा परमप्रिय, कृपापात्र तथा सेवक है। मैंने इसे अभयदान दिया है। इसके परदादा दैत्यराज प्रह्लाद पर आपका कृपाप्रसाद है। वैसा ही कृपाप्रसाद आप इस पर भी करें।

भगवान् श्रीकृष्ण ने कहा, भगवन्! आपके अनुग्रह पर मैं इसे अभय प्रदान करता हूँ। आपने जैसा निश्चय किया था, मैंने उसका अनुमोदन कर इसकी भुजाएँ काट दी हैं। क्योंकि बाणासुर दैत्यराज बलि का पुत्र है, अतः मैं इसका वध नहीं करता। मैंने प्रह्लाद को वचन दिया है कि मैं उसके वंश में जन्म लेने वाले किसी भी दैत्य का वध नहीं करूँगा। इसकी बहुत बड़ी सेना पृथ्वी के लिये भार थी, अतः मैंने उसका संहार कर दिया। अब इसकी चार भुजाएँ बच गई हैं। ये अजर-अमर बनी रहेंगी। यह बाणासुर आपके पार्षदों में मुख्य होगा। अतः इसे किसी से भय नहीं है।

भगवान् श्रीकृष्ण के इस प्रकार अभयदान देने पर, बाणासुर अपनी

पुत्री ऊषा, तथा अनिरुद्ध को रथ पर बिठाकर ले आया। तदनन्तर भगवान् श्रीकृष्ण ने महादेवजी की सम्मति से वस्त्र-अलंकार-विभूषित ऊषा तथा अनिरुद्ध को एक अक्षौहिणी सेना सहित द्वारका भेज दिया। भगवान् श्रीकृष्ण के शुभागमन के समाचार पर द्वारकावासियों ने सारी द्वारका को झंडियों तथा पुष्प-मालाओं से सजा दिया। चौराहों तथा सड़कों को चन्दन-मिश्रित जल से छिड़का। नगरवासियों, बन्धु-बान्धवों तथा ब्राह्मणों ने भगवान् श्रीकृष्ण का स्वागत किया। शंख, नगारे, ढोल-बाजे सब ओर बज उठे। इस प्रकार भगवान् श्रीकृष्ण ने अपनी राजधानी में प्रवेश किया।

अध्याय 15

राजा नृग कथा

राजा नृग की कथा सुनाते हुए श्री शुकदेवजी राजा परीक्षित् से कहते हैं, परीक्षित्! एक दिन साम्ब, प्रद्युम्न, चारुभानु तथा गद आदि राजकुमार घूमने के लिये उपवन में गये। चलते-चलते उन्हें प्यास लगी तथा वे जल की खोज करने लगे। उन्होंने एक कूआँ देखा, परन्तु उसमें जल नहीं था, अपितु उसमें एक विचित्र जीव पड़ा था। उस पर दया कर वे उसे कूएँ से बाहर निकालने लगे। परन्तु सभी राजकुमार उसे बाहर निकालने में असमर्थ रहे। महल में आकर उन्होंने इस अद्भुत घटना का वृत्तान्त भगवान् श्रीकृष्ण को सुनाया। जगत् के जीवनदाता ने अपने बायें हाथ से, बड़ी सरलता से उसे कूएँ से निकाल दिया। श्रीभगवान् के करकमलों के स्पर्श से उस जीव का गिरगिट रूप लुप्त हो गया तथा वह एक स्वर्गीय देवता में परिवर्तित हो गया। उसके शरीर पर सुन्दर वस्त्र तथा आभूषण शोभायमान हो रहे थे। यद्यपि श्रीभगवान् को उसकी गिरगिट योनि प्राप्त होने का पता था, फिर भी जन-साधारण की भाँति

उन्होंने उस दिव्य पुरुष से पूछा, महाभाग! तुम कौन हो? देखने में तो तुम कोई श्रेष्ठ देवता प्रतीत होते हो। कल्याण मूर्ते! किस कर्म के कारण तुम्हें यह योनि प्राप्त हुई थी।

भगवान् श्रीकृष्ण के इस प्रकार पूछने पर उस देव पुरुष ने कहा, प्रभो! मैं महाराज इक्ष्वाकु का पुत्र राजा नृग हूँ। कदाचित् मेरा नाम भी दानियों में गिना जाता है। प्रभो! आप समस्त प्राणियों की एक-एक वृत्ति के साक्षी हैं। आप से क्या छिपा है? फिर भी मैं बताता हूँ, क्योंकि आपने पूछा है। मैंने अनगिनत गौएँ दान की हैं–सुन्दर, सुलक्षणा तथा कपिला। उन सबके साथ बछड़े थे। जो सद्गुणी, शीलसम्पन्न, कष्ट में पड़े कुटुम्ब वाले, तपस्वी, वेदपाठी ब्राह्मण थे–उनको मैं वस्त्र-आभूषणों से अलंकृत करता था तथा उन्हें गौएँ दान देता था। इसी प्रकार मैंने अनेकों यज्ञ किये। कूएँ, बावली आदि बनवाये।

एक दिन किसी दान न लेने वाले (अप्रतिग्रही) तपस्वी ब्राह्मण की गाए संयोगवश बिछुड़ कर मेरी गौओं में आ मिली। मुझे इस का तनिक भी ज्ञान न था। अत: मैंने अनजाने में उस गाय को, अन्य गौओं के साथ ब्राह्मणों को दान में दे दिया। जब ब्राह्मण दान में प्राप्त गौओं को ले जा रहे थे, उस तपस्वी ब्राह्मण ने कहा–यह गाय तो मेरी है। परन्तु दूसरा ब्राह्मण कहने लगा कि यह गाय उसकी है, जो उसने राजा नृग से दान में प्राप्त की है। इस प्रकार उन दोनों ब्राह्मणों में झगड़ा होने लगा। यह समाचार मुझे भी मिला। भगवन्! उन दोनों ब्राह्मणों की बात सुनकर मुझे भी कुछ भ्रम होने लगा। इस धर्म-संकट में पड़कर मैंने पहले वाले तपस्वी ब्राह्मण को कहा कि मैं उस गाय के बदले में जितनी चाहें, उसे गौएँ देने को उद्यत हूँ। "राजन्! मैं इसके बदले में कुछ नहीं लूँगा"–ऐसा कहकर वह ब्राह्मण चला गया। देवाधिदेव जगदीश्वर! मेरी आयु समाप्त होने पर यमराज के दूत मुझे यमपुरी ले गये।

यमपुरी में यमराज ने पूछा, राजन्! तुम पहले पाप का फल भोगना चाहते हो अथवा पुण्य का? तुम्हारे दान तथा धर्म के फलस्वरूप तुम्हें ऐसा तेजस्वी रूप और लोक प्राप्त होने वाला है जिसकी कोई सीमा नहीं। भगवन्! तब मैंने पहले अपने पाप का फल स्वीकार किया तथा

उसी क्षण मैं योनि-भ्रष्ट होकर गिरगिट की योनि में पड़ गया। प्रभो! मैं ब्राह्मणों का सेवक, उदार, दानी तथा आपका भक्त था। मेरी बड़ी अभिलाषा थी कि किसी प्रकार आपके दर्शन हो जायें। आपकी कृपा से मेरे पूर्व जन्म की स्मृति नष्ट नहीं हुई। आप परमात्मा हैं। इन्द्रियातीत परमात्मन्! मुझे कृतार्थ करने के लिये साक्षात् आप मेरे सामने आ गये। आपका दर्शन तो तब होता है जब मनुष्य को भवसागर से—इस संसार के बन्धनों से मुक्ति होती हो। देवताओं के भी आराध्यदेव। पुरुषोत्तम! गोविन्द! अविनाशी! अच्युत! आपकी कीर्ति पवित्र है। अन्तर्यामी नारायण! आप ही समस्त वृत्तियों तथा इन्द्रियों के स्वामी हैं। प्रभो! अब मैं देवलोक में जा रहा हूँ। आप मुझे आज्ञा दीजिए। आप ऐसी कृपा कीजिए कि मेरा चित्त सदा आपके चरणकमलों में ही लगा रहे। सच्चिदानन्दस्वरूप, सर्वान्तर्यामी वासुदेव श्रीकृष्ण! आप समस्त योगों के स्वामी योगेश्वर हैं। मैं आपको बार-बार नमस्कार करता हूँ।

इस प्रकार कहकर राजा नृग ने भगवान् श्रीकृष्ण की परिक्रमा की, अपने मुकुट सहित उनके चरणों का स्पर्श किया तथा उनसे आज्ञा लेकर विमान पर सवार होकर देवलोक चला गया।

राजा नृग के चले जाने पर भगवान् श्रीकृष्ण ने, शिक्षा-हेतु सभी उपस्थित अपने कुटुम्बियों से कहा—जो लोग अग्नि के समान तेजस्वी हैं, वे भी ब्राह्मण की सम्पत्ति अथवा उसका धन नहीं हथिया सकते—चाहे राजा हों अथवा कोई अधिकारी या बलवान् हों। ब्राह्मणों का धन पचाने के लिये संसार में न तो कोई उपाय है न औषध है। यह अपराध, ऐसा करने वाले के कुल तक का नाश कर देता है। ब्राह्मण की सम्पत्ति तो उसकी पूर्ण सहमति पर भी नहीं लेनी चाहिए, क्योंकि ऐसा करने वाले की तीनों पीड़ियाँ नष्ट हो जाती हैं। जो मनुष्य अपनी या दूसरों द्वारा दी गई ब्राह्मणों की वृत्ति अथवा उनके जीविका के साधन छीन लेते हैं, वे भी घोर पाप के भागी बनते हैं। ब्राह्मण के तो कटु-वचन अथवा शाप को भी सहन कर लेना चाहिए।

अध्याय 16

श्री बलराम व्रजगमन

बलरामजी के मन में नन्दबाबा तथा स्वजनों से मिलने की इच्छा हुई, अतः वे रथ पर सवार हो द्वारका से व्रज में आये। व्रजवासी गोप तथा गोपियाँ भी उनसे मिलने के लिए उत्कण्ठित थीं। बलरामजी को सभी ने गले से लगाया। बलरामजी ने माता यशोदा तथा नन्दबाबा को प्रणाम किया। उन्होंने प्यार से उन्हें हृदय से लगाया। उनकी आँखों से अश्रु-धारा बहने लगी। ग्वालबाल जो अब बड़े हो गये थे, उनसे उसी प्रकार मिले। जब बलरामजी पुरवासियों से मिलकर आराम से बैठ गये तो उनके पुराने सखा उनकी चारों ओर बैठ गये। इन ग्वालों ने श्रीकृष्ण के लिये समस्त भोग, यहाँ तक कि स्वर्ग और मोक्ष की इच्छा भी त्याग दी थी। बलरामजी ने उनसे उनके परिवार तथा सम्बन्धियों के प्रति पूछा।

भगवान् बलरामजी के दर्शन से गोपियाँ कृतार्थ हो गईं। उन्होंने पूछा, क्यों बलरामजी! नगर-नारियों के प्राणवल्लभ श्रीकृष्ण सकुशल तो हैं न? क्या कभी उन्हें हमारी तथा अपने भाई-बन्धुओं की भी याद आती है? क्या वे अपनी माता के दर्शनों के लिये एक बार भी यहाँ आ सकेंगे? (इसमें वास्तव में उनका अपना भी स्वार्थ था कि इसी बहाने उनके दर्शन हो सकेंगे) वे एक ही क्षण में हमारे सौहार्द तथा प्रेम का बन्धन काटकर हमसे नाता तोड़ कर चले गये। हम चाहती तो उन्हें रोक लेतीं। परन्तु जब उन्होंने कहा–"हम तुम्हारे ऋणि हैं। तुम्हारे उपकार का बदला कभी नहीं चुका सकते।" फिर कौन उनकी मीठी बातों पर विश्वास न करता? एक और गोपी ने कहा सखी! श्रीकृष्ण बातें बनाने में तो एक ही (चतुर) हैं। तीसरी गोपी ने कहा–हमें उनकी बातों से क्या प्रयोजन? यदि उस निष्ठुर का समय हमारे बिना बीत जाता है तो हम भी किसी प्रकार समय काट लेंगी। वास्तव में ऐसा कहने पर भी, भगवान् श्रीकृष्ण की चारु-चितवन, अनूठी-चाल, मधुर-मुस्कान तथा उनकी प्रेम भरी बातें–मूर्तिमान् हो उनके सामने आ गईं।

श्री बलरामजी भी नाना प्रकार के अनुनय-विनय करने में बड़े निपुण थे। उन्होंने भगवान् श्रीकृष्ण के हृदय-स्पर्शी तथा आकर्षित करने वाले सन्देश सुना-सुना कर गोपियों को सान्त्वना दी। इस प्रकार बलरामजी दो मास (चैत्र तथा वैशाख) वहीं व्रज में रहे। व्रजवासियों तथा गोप-गोपियों का भी मन लगा रहा।

इस समय लगभग वसन्त का मौसम था। कुमुदिनी की सुगन्ध लेकर मन्द-मन्द पवन यमुना तट को सुगन्धित करती थी। पूर्णिमा की रात्रि को यहाँ भ्रमण करते, बलरामजी को पुनः अपना बचपन याद आ रहा था। बलरामजी के आगमन पर वरुणदेवजी ने अपनी पुत्री वारुणी देवी को भेज दिया। उसने अपनी सुगन्ध से सारे वन को सुगन्धित कर दिया। उसकी महक से (उपहार के रूप में) आकृष्ट होकर बलरामजी गोपियों सहित वहाँ पहुँचे। गोपियाँ बलरामजी का तथा भगवान् श्रीकृष्ण के चरित्र का गान करने लगीं। वह दृश्य वही था जो श्रीकृष्ण के बचपन के समय का। सभी का हृदय आनन्दमय हो गया। मानो बलरामजी श्रीकृष्ण के रूप में गोपियों की पीड़ा हरण के लिये आये हैं। सर्वशक्तिमान् बलरामजी के संकेत पर यमुनाजी ने वही रूप धारण कर लिया। बलरामजी ने वहाँ जल-विहार किया। बलरामजी ने उसी प्रकार नीलवर्ण के वस्त्र पहने थे तथा आभूषण के रूप में एक सुन्दर स्वर्ण-हार। अपने गौरवर्ण तथा नीलाम्बर से बलरामजी शोभायमान थे। इस प्रकार गोपियों को श्रीकृष्ण के साथ व्यतीत की हुई वह शरद्-रात्रि पुनः स्मरण हो गई तथा उनकी विरह की पीड़ा कुछ शान्त हुई।

अध्याय 17

पौण्ड्रक, काशिराज उद्धार

जब बलरामजी व्रज में थे, उस समय करूष देश के राजा पौण्ड्रक

ने भगवान् श्रीकृष्ण के पास एक दूत भेजा, यह कहने के लिये कि पौण्ड्रक भगवान् वासुदेव है। वह अपनी मूर्खता के कारण लोगों के बहकावे में आ गया था तथा मानने लगा था कि जगत् के उद्धार के लिये वह पृथ्वी पर अवतीर्ण हुआ है। भगवान् श्रीकृष्ण को उसका सन्देश इस प्रकार था–

"एकमात्र मैं ही वासुदेव हूँ, दूसरा कोई नहीं। प्राणियों पर कृपा करने के लिये मैंने अवतार ग्रहण किया है। तुमने झूठ से अपना नाम वासुदेव रख लिया है। तुमने अज्ञानतावश मेरे चिह्न धारण किये हैं। अब या तो उन चिह्नों को छोड़ कर मेरी शरण में आ जाओ अथवा मुझ से युद्ध करो।"

जब सभा में पौण्ड्रक का यह सन्देश सुनाया गया तो सभी उसकी मूर्खता पर हँसने लगे। भगवान् श्रीकृष्ण ने दूत से कहा–तुम जाकर अपने राजा से कह दो कि यह चक्र आदि चिह्न मैं उस पर तथा उसको बहकाने वाले मूर्खों पर छोड़ूँगा। पौण्ड्रक का दूत भगवान् श्रीकृष्ण का यह सन्देश ले कर चला गया। इसी बीच भगवान् श्रीकृष्ण ने काशीराज पर चढ़ाई कर दी, क्योंकि राजा–पौण्ड्रक उन दिनों अपने मित्र काशीराज के पास था।

भगवान् श्रीकृष्ण के आक्रमण का समाचार पाकर राजा पौण्ड्रक दो अक्षौहिणी सेना लेकर नगर के बाहर युद्ध के लिये आ गया। उसकी सहायता के लिये काशीराज भी तीन अक्षौहिणी सेना लेकर युद्धभूमि में आ गया। पौण्ड्रक ने भगवान् श्रीकृष्ण की तरह शंख, चक्र, गदा आदि आयुध धारण कर रखे थे। उसके वक्षःस्थल पर एक झूठी कौस्तुभमणि तथा वनमाला लटक रही थी। वैसे तो उसके दो हाथ थे। दो हाथ उसने कृत्रिम लगा रखे थे। भगवान् श्रीकृष्ण की ही तरह उसने पीताम्बर धारण कर रखा था। रथ की ध्वजा पर भी गरुड़ चिह्न बना रखा था। वह शीश पर एक बहुमूल्य मुकुट पहने था तथा कानों में स्वर्ण कुण्डल। उसकी वेशभूषा को देखकर भगवान् श्रीकृष्ण मुस्कराये तथा उस पर अपने आयुध से प्रहार किया। इन आयुधों से, प्रलय के समान निकली अग्नि ने, पौण्ड्रक तथा काशीराज के हाथी, घोड़े, रथ तथा पैदल चतुरगिंनी सेना

का संहार कर दिया।

भगवान् श्रीकृष्ण ने पौण्ड्रक से कहा–अभी तो मैंने अपने अस्त्र तुम्हारी सेना पर छोड़े हैं, परन्तु अब मैं तुम्हें तुम्हारे झूठे नामों से वंचित करूँगा। पहले भगवान् के बाणों ने पौण्ड्रक के रथ को तोड़ा। तदनन्तर उन्होंने उसका सिर काट दिया। इसी प्रकार पौण्ड्रक तथा काशिराज का अन्त कर भगवान् श्रीकृष्ण द्वारका लौट आये। सिद्धगणों ने भगवान् की स्तुति की। क्योंकि पौण्ड्रक भगवान् के रूप का सदा चिन्तन करता रहता था, चाहे वह किसी भी भाव से हो, उसके सारे भव-बन्धन कट गये तथा वह भगवान् श्रीकृष्ण के सारूप्य को प्राप्त हो गया।

काशीराज का सिर कटकर उसके राजमहल के द्वार पर गिरा। इस पर उसकी रानियाँ तथा नगरवासी शोकमग्न हो गये। काशीनरेश का पुत्र था सुदक्षिण।उसने अपने पिता का अन्तिम संस्कार कर प्रतिज्ञा की, कि वह इसका प्रतिशोध अवश्य लेगा। अत: अपने कुल-पुरोहित तथा आचार्यों सहित वह भगवान् शंकर की आराधना करने लगा। भगवान् शंकर को प्रसन्न कर उसने वर माँगा कि वे उसे अपने पितृघाती के वध का उपाय बतायें। भगवान् शंकर ने कहा–तुम ब्राह्मणों सहित, यज्ञ-देव ऋत्विग्भूत दक्षिणाग्नि की अभिचारविधि से आराधना करो। इससे वह अग्नि प्रमथगणों सहित प्रकट होकर यदि ब्राह्मणों के अभक्त पर प्रयोग करोगे तो वह तुम्हारा संकल्प पूरा करेगा।

भगवान् शंकरजी के कहेनुसार सुदक्षिण ने यज्ञ का अनुष्ठान किया। यज्ञ समाप्ति होने पर यज्ञकुण्ड से अति भीष्ण अग्नि मूर्तिमान् होकर प्रकट हुआ। उसका शरीर ताँबे की तरह चमक रहा था तथा उसके हाथ में त्रिशूल था। यह अनुष्ठान के अनुसार द्वारका जा पहुँचा। इस अग्नि को देखकर द्वारकावासी भयभीत हो गये तथा उन्होंने भगवान् श्रीकृष्ण से इसका वध करने के लिये प्रार्थना की।

भगवान् श्रीकृष्ण से क्या छिपा था। वे जानते थे कि यह काशिनरेश द्वारा काशी से चली हुई माहेश्वरी कृत्या है। भगवान् श्रीकृष्ण ने उसके प्रतिकार करने के लिये अपने सुदर्शन चक्र को आज्ञा दी। उसके तेज से

आकाश तथा चारों दिशायें अग्नि के समान प्रज्वलित हो उठीं। सुदर्शन चक्र के तेज से कृत्या का रूप कुण्ठित हो गया तथा वह वहाँ से लौट कर वापस काशी चली गई तथा वहाँ जाकर उसने ऋत्विज् आचार्यों सहित सुदक्षिण को जला कर भस्म कर दिया। कृत्या के पीछे-पीछे ही सुदर्शन चक्र काशी पहुँचा तथा उसने सारे नगर को जला कर भस्म कर दिया और पुनः भगवान् श्रीकृष्ण के पास आ गया।

अध्याय 18

द्विविद का उद्धार

द्विविद नाम का एक वानर था। वह भौमासुर का मित्र, सुग्रीव का मन्त्री तथा मैन्द का शक्तिशाली भ्राता था। जब उसने सुना कि भौमासुर को श्रीकृष्ण ने मार दिया है, तो वह मित्रता के ऋण से उऋण होने के लिये नगरों, गाँवो तथा अहीर की बस्तियों को जलाने लगा। यह उत्पात वह काठियावाड़ देश में कर रहा था, क्योंकि श्रीकृष्ण इसी देश में रहते थे। उस द्विविद वानर में सहस्त्रों हाथियों का बल था। (वह भी एक प्रकार से असुर ही था तथा असुरों की आयु भी देवताओं के समान होती है।) वह स्त्री-पुरुषों को उठा कर ले जाता तथा उन्हें गुफाओं में बन्द कर देता। एक दिन वह मधुर संगीत सुनकर रैवतक पर्वत पर आया जहाँ बलरामजी विहार कर रहे थे। वहाँ का दृश्य अति सुन्दर था। बलरामजी के सुन्दर वक्षःस्थल पर कमलों की माला लटक रही थी। जहाँ संगीत हो रहा था वहाँ वातावरण अति रमणीय था।

उस वानर ने वहाँ पहुँच कर इस संगीत सभा को भंग करना चाहा। बलरामजी ने क्रोधित होकर उस पर एक बड़ा सा पत्थर फेंका। परन्तु उसने उससे अपना बचाव कर लिया। उसकी उदण्डता देखकर बलरामजी

ने अपना हल-मूसल उठाया। वानर ने एक वृक्ष बलरामजी की ओर फेंका। इसे अपने हाथ से रोक कर उन्होंने मूसल से वानर के सिर पर चोट की जिससे उसका मस्तक फट गया तथा रुधिर धारा बहने लगी। उस वानर ने फिर एक वृक्ष उठा कर फेंका। इस वृक्ष को भी थाम कर, बलरामजी ने पुनः वानर पर प्रहार किया। वानर बार-बार वृक्ष उखाड़ कर बलरामजी पर फेंक रहा था जिन्हें वे अपने मूसल से चूर-चूर कर रहे थे। तदनन्तर वह उन पर चट्टान के टुकड़े फेंकने लगा। बलरामजी ने इन्हें भी नष्ट कर दिया। अब वह बलरामजी पर मल्लयुद्ध के लिये झपटा। बलरामजी ने भी मूसल को अलग से रख कर उस पर अपने वज्र जैसे हाथों से प्रहार किया। इसके साथ ही वह वानर मुख से रुधिर उगलता हुआ धरती पर गिर पड़ा। आकाश में देवताओं तथा ऋषियों ने साधु-साधु कहकर बलरामजी पर पुष्प-वर्षा की।

अध्याय 19

कौरवों पर श्री बलराम जी का प्रकोप

जाम्बवती-नन्दन साम्ब बहुत वीर थे। वह स्वयंवर में दुर्योधन की कन्या लक्ष्मणा को हर कर ले आये। इससे कौरव बहुत कुपित हुए। यदुवंशियों की उपेक्षा करते हुए कर्ण, शल, भूरिश्रवा, यज्ञकेतु तथा दुर्योधन ने कुरुवंश के वृद्धों की अनुमति लेकर साम्ब को वंदी बनाने की योजना बनाई।

साम्ब ने देखा कि धृतराष्ट्र के पुत्र उसका पीछा कर रहे हैं। अतः सिंह के समान वह अकेले ही उन से युद्ध करने के लिये ठहर गया। कर्ण, कौरवों की अगवाई कर रहा था। यदुनन्दन-साम्ब भगवान् श्रीकृष्ण के पुत्र थे। अतः उसने अपने धनुष पर छः-छः बाण चढ़ाकर कौरवों के

छः महारथियों पर छोड़े–चार बाण घोंड़ों के लिये, एक-एक बाण सारथि तथा महान् धनुषधारी रथी पर। अब छहों महारथियों ने मिलकर साम्ब को रथहीन कर दिया। इस प्रकार रथहीन कर,उन्होंने मिलकर, साम्ब को पकड़ लिया तथा लक्ष्मणा सहित उसे वंदी बना कर हस्तिनापुर ले आये।

नारदजी से यह समाचार सुनकर यदुवंशियों को बड़ा क्रोध आया। महाराज उग्रसेन की आज्ञा से वे कौरवों से युद्ध की तैयारी करने लगे। बलरामजी बिना युद्ध के इस समस्या को सुलझाना चाहते थे। उन्होंने यदुवंशियों को शान्त किया तथा स्वयं रथ पर सवार होकर हस्तिनापुर के लिये चले। हस्तिनापुर पहुँच कर बलरामजी नगर के बाहर एक उपवन में ठहर गये तथा अपना सन्देश देकर उद्धवजी को धृतराष्ट्र के पास भेजा।

उद्धवजी ने कौरवों की सभा में जाकर धृतराष्ट्र, भीष्म-पितामह, द्रोणाचार्य तथा दुर्योधन आदि को अभिनन्दन कर कहा कि बलरामजी पधारे हैं। अपने परम हितैषी तथा प्रियतम बलरामजी के आगमन पर सब को बड़ी प्रसन्नता हुई। कौरवों ने उद्धवजी का विधिपूर्वक सत्कार कर, हाथों में माङ्गलिक सामग्री लेकर बलरामजी का स्वागत करने के लिये चले। वे बलरामजी से मिले तथा उनके सत्कार के लिये उन्हें गौ अर्पण की तथा अर्घ्य-प्रदान किया। बलरामजी का प्रभाव जानने वालों ने उन्हें शीश झुकाकर प्रणाम किया। तदनन्तर उन्होंने बलरामजी से अपने मित्रों के सकुशल के विषय में पूछा।

बलरामजी ने कहा–महाराज उग्रसेन ने तुम्हारे लिये एक आज्ञा दी है। अधर्म से तुम लोगों ने मिलकर साम्ब को हरा दिया है तथा उसे वंदी बना लिया है। सम्बन्धियों में परस्पर फूट न पड़े, अतः तुम साम्ब को उसकी नव-वधु सहित हमारे पास भेज दो।

बलरामजी की गम्भीरतापूर्ण वाणी सुनकर कुरुवंशी तिलमिला उठे। वे कहने लगे–इन यदुवंशियों के साथ हमने जो विवाह सम्बन्ध स्थापित कर लिये हैं, उससे ये अपने को हमारे बराबर समझने लगे हैं। ये स्वयं ही राजा बन बैठे हैं। इनके पास तो राजचिह्न होने ही नहीं चाहिए। ये अब

हम पर भी प्रभाव डालने लगे हैं तथा हमें 'आज्ञा' जैसे शब्द कहने लगे हैं। हम भीष्म, द्रोण, अर्जुन आदि से तो देवता भी भय खाते हैं।

कुरुवंशी अपनी कुलीनता तथा अपने पराक्रमी भीष्म आदि योद्धाओं के कारण मदान्ध हो गये थे। शिष्टाचार की सीमा लाँघ, इस प्रकार धृष्टता दिखा कर वे हस्तिनापुर लौट आये।

कौरवों की कुटिलता को देखकर बलरामजी को भी क्रोध आ गया। वे सोचने लगे कि मैं तो श्रीकृष्ण तथा यदुवंशियों को शान्त कर एक शान्ति का प्रस्ताव लेकर आया था। परन्तु इन कौरवों की उदण्डता तो देखो। लगता है कि इन्हें शान्ति प्यारी नहीं, अपितु कलह प्यारी है। इनकी मुर्खता तो देखो–जो देवताओं के वृक्ष–पारिजात को उखाड़ कर ला सकते हैं तथा उसका उपभोग करते हैं, क्या वे भगवान् श्रीकृष्ण राजसिंहासन के अधिकारी नहीं? सारे जगत् की स्वामिनी भगवती–लक्ष्मी स्वयं जिनके चरणकमलों की उपासना करती हैं, वे लक्ष्मीपति भगवान् श्रीकृष्ण, क्या छत्र, चँवर आदि राजोचित सामग्रियाँ नहीं रख सकते? जिनके चरणकमलों की धूल संत पुरुषों द्वारा सेवित, गंगा से भी पवित्र है तथा जिसे लोकपाल तथा प्रजापति अपने मुकुटों पर भी धारण करते हैं–ब्रह्मा, शंकर, मैं तथा लक्ष्मीजी जिनकी कला की भी कला हैं, उन भगवान् श्रीकृष्ण के लिये भला राजसिंहासन क्या वस्तु है? कौरवों ने हमें जूती तथा अपने को शीश की उपमा दी है। ये लोग ऐश्वर्यों से उन्मत्त, घमण्डी तथा पागल हो गये हैं। मैं जो इन पर शासन कर सकता हूँ, इनकी ऐसी उपेक्षाभरी बातें कैसे सहन कर सकता हूँ? अब मैं सारी पृथ्वी को कौरवहीन कर दूँगा। मानो वे त्रिलोकी को भस्म कर देंगे–इतने क्रोध में आकर वे अपना हल लेकर खड़े हो गये। उन्होंने उसकी नोक से बार–बार चोट कर हस्तिनापुर को उखाड़ लिया तथा उसे डुबोने के लिये गंगाजी की ओर खींचने लगे।

हल से खींचने पर हस्तिनापुर ऐसे काँपने लगा जैसे पानी में एक नाव डूब रही हो। जब कौरवों ने देखा कि उनका नगर हस्तिनापुर, गंगाजी में डूबने जा रहा है, तो वे अति व्याकुल हो उठे। लक्ष्मणा तथा साम्ब को साथ लेकर, वे अपने कुटुम्ब तथा नगर की रक्षा के लिये, हाथ

जोड़ कर, सर्वशक्तिमान् बलरामजी की शरण में गये तथा बोले, लोकाभिराम बलरामजी! आप सारे जगत् के आधार शेषजी हैं। (ऐसा कौरवों के वृद्धों ने कहा जो बलरामजी की शक्ति को जानते थे) हम आपके प्रभाव से अनभिज्ञ थे। हम मूढ़ हो गये थे। आप हमारा अपराध क्षमा करें। आप जगत् की स्थिति, उत्पत्ति तथा प्रलय के एकमात्र कारण हैं तथा स्वयं निराधार स्थित हैं। अनन्त! आपके सहस्त्र शीश हैं तथा आप इस भूमण्डल को अपने शीश पर सरसों के दाने की तरह रखे हुए हैं। जब प्रलय का समय आता है तो आप सारे जगत् को अपने में लीन कर लेते हैं। आपका यह क्रोध-द्वेष आपके स्वभाव के विरुद्ध है। कदाचित् समस्त प्राणियों को शिक्षा देने के लिये ही आपने यह रूप धारण किया है। समस्त शक्तियों को धारण करने वाले सर्वशक्तिमान्! हम आपको नमस्कार करते हैं। समस्त विश्व के रचयिता देव! हम आपको बार-बार नमस्कार करते हैं।

जब कौरव इस प्रकार बलरामजी की शरण में आये तथा उनकी स्तुति करने लगे तो उन्होंने कौरवों को अभय प्रदान की। दुर्योधन अपनी पुत्री को बड़ा प्यार करता था। उसने दहेज में सहस्त्रों हाथी, घोड़े, रथ तथा दासियाँ प्रदान कीं। इस प्रकार साम्ब तथा लक्ष्मणा को साथ लेकर बलरामजी द्वारका पहुँचे। उनके आगमन पर नगरवासी अति प्रसन्न हुए। हस्तिनापुर आज भी दक्षिण की ओर से ऊँचा और गंगाजी की ओर झुका हुआ है।

अध्याय 20

देवर्षि नारदजी द्वारकागमन

भौमासुर को मारकर भगवान् श्रीकृष्ण ने उन सभी राजकुमारियों का पाणिग्रहण किया जिनको भौमासुर ने वंदी बना रखा था। श्रीभगवान् इतनी

रानियों के सहित कैसे रहते हैं, यह देखने के लिये नारदजी द्वारका पधारे। एक ही शरीर से सोलह हज़ार-एक-सौ राजरानियों के साथ रहना तथा अपनी पटरानियों के पास भी विशेषता से रहना, इस सबको विचार कर नारदजी को आश्चर्य हो रहा था। यह भगवान् की कैसी लीला है? बस यही रहस्य जानने के लिये नारदजी पधारे।

द्वारका नगरी इन्द्रपुरी से भी सुन्दर थी। इसे स्वयं विश्वकर्मा ने आयोजित किया था। भगवान् श्रीकृष्ण के महलों में हर पत्नी के लिये पूरी भोग-सामग्री थी। स्वच्छ जलाशय, हरे-भरे उद्यान तथा उनमें भाँति-भाँति के पुष्प, लतायें तथा फलों के वृक्ष। जलाशय में कमल खिले थे। पक्षी वहाँ कलरव कर रहे थे। भगवान् श्रीकृष्ण का अन्तःपुर बहुत सुन्दर था। भगवान् विश्वकर्मा ने अपना सारा कला-कौशल इसे स्थापन करने में लगा दिया था। यहाँ मूँगे के स्तम्भ, वैदूर्य के उत्तम छज्जे तथा इन्द्रनील-मणि की दीवारें जगमग-जगमग कर रही थीं। हाथी दाँत से बने आसन तथा पलँग थे। हर रानी की सेवा के लिये दासियाँ उपलब्ध थीं। रत्न, मणियाँ प्रकाश में और भी उज्ज्वलित हो रही थीं। देवर्षि नारदजी ने देखा कि भगवान् श्रीकृष्ण उस महल की स्वामिनी रुक्मिणीजी के साथ बैठे हुए थे तथा वे अपने हाथों से भगवान् को सोने की डन्डी वाली चँवर से हवा कर रही थीं।

नारदजी के आगमन पर भगवान् श्रीकृष्ण पलँग से उठ खड़े हुए। उन्होंने नारदजी को प्रणाम किया तथा उन्हें आसन पर बिठाया। यहाँ भगवान्, भक्त का सत्कार कर रहे थे। वैसे भी ब्रह्मा-पुत्र नारदजी सदा, सभी जगह पूजनीय हैं। भगवान् श्रीकृष्ण चराचर जगत् के परमगुरु तथा एकमात्र स्वामी हैं, फिर भी वे परम-भक्तवत्सल तथा संतों के आदर्श तथा उनके स्वामी हैं। उनका एक असाधारण नाम ब्रह्मण्यदेव भी है। उन्होंने नारदजी के चरण धोये तथा चरणामृत को शिरोधार्य किया तथा कहा, प्रभो! आप तो स्वयं समग्र ज्ञान, वैराग्य, धर्म, बल तथा ऐश्वर्य से पूर्ण हैं, फिर भी हम आपकी क्या सेवा करें?

देवर्षि नारदजी ने कहा, भगवन्! आप समस्त लोकों के एकमात्र

स्वामी हैं। आप अपने भक्तों से प्रेम करते हैं तथा दुष्टों को दण्ड देते हैं। जगत् की स्थिति तथा रक्षा के लिये, समस्त जीवों का कल्याण करने के लिये, आप स्वेच्छा से अवतार ग्रहण करते हैं। बड़े सौभाग्य की बात है कि आज मुझे आपके चरणकमलों के दर्शन हुए हैं। आपके चरणकमल सम्पूर्ण जगत् को परम साम्य, मोक्ष देने वाले हैं। जिनके ज्ञान की कोई सीमा नहीं, वे ब्रह्मा-शिवशंकर सदा अपने हृदय में आपके चरणकमलों का चिन्तन करते हैं। आप ऐसी कृपा कीजिए कि मुझे इन चरणकमलों की स्मृति सदा बनी रहे—मैं चाहे जहाँ भी होऊँ तथा जिस ध्यान में भी रहूँ।

तत्पश्चात् योगेश्वर भगवान् श्रीकृष्ण का रहस्य जानने के लिये नारदजी उनकी दूसरी पत्नी के महल में गये। उन्होंने देखा कि भगवान् श्रीकृष्ण वहाँ अपनी पत्नी तथा उद्धवजी के साथ चौसर खेल रहे हैं। भगवान् ने खड़े होकर नारदजी का स्वागत किया तथा आसन पर बिठाया तथा विविध सामग्रियों द्वारा उनकी पूजा-अर्चा की। तदनन्तर भगवान् श्रीकृष्ण ने नारदजी से अनजान की भाँति पूछा कि वे कब पधारे हैं तथा वह उनकी क्या सेवा करें? भगवान् के इस अनजान प्रश्न पर नारदजी चकित हो गये। वे चुपचाप वहाँ से उठकर उनके दूसरे महल में चले गये। वहाँ भी नारदजी ने देखा कि भगवान् अपने नन्हें शिशु से प्यार कर रहे हैं। फिर एक अन्य महल में जाकर देखा तो भगवान् स्नान के लिये जारहे हैं। इस प्रकार न जाने और कितने महलों में भी नारदजी गये। उन्होंने हर महल में भगवान् श्रीकृष्ण को किसी न किसी कार्य में व्यस्त पाया। कहीं वे यज्ञ कर रहे हैं, कहीं ब्राह्मणों को दान दे रहे हैं, कहीं ब्राह्मणों को स्वयं भोजन करा रहे हैं तथा कहीं यज्ञ का अवशेष स्वयं भोजन कर रहे हैं तो कहीं सभा में बैठे अपने मन्त्रीगणों से विचार-विमर्श। इसी प्रकार कहीं वह अपनी पत्नी के पास बैठे इतिहास-पुराणों का श्रवण कर रहे हैं, तो कहीं राजनीति तथा राजकोश में धन-वृद्धि की योजना बना रहे हैं। कहीं एकान्त में बैठे अपने ध्यान में मग्न हैं। कहीं राजनीति में किसी के साथ युद्ध की बात कर रहे हैं तो किसी के साथ

सन्धि की।

इस प्रकार मनुष्य की-सी-लीला करते हुए हृषिकेश भगवान् श्रीकृष्ण की योगमाया का वैभव देखकर देवर्षि नारदजी ने मुस्कराते हुए उनसे कहा, योगेश्वर! आत्मदेव! आपकी योगमाया तो ब्रह्माजी आदि बड़े-बड़े मायावियों के लिये भी अगम्य है। परन्तु मैं आपकी योगमाया का रहस्य जानता हूँ, क्योंकि आपके चरणकमलों की सेवा करने से वह स्वयं ही मेरे सामने प्रकट हो रही है। देवताओं के भी आराध्यदेव भगवन्! चौदहों भुवन आपके सुयश से परिपूर्ण हो रहे हैं। अब मुझे आज्ञा दीजिए जिससे कि मैं आपकी त्रिभुवन-पावनी लीलाका गान करता हुआ तीनों लोकों में विचरण करूँ।

भगवान् श्रीकृष्ण ने कहा, देवर्षि नारद! मैं ही धर्म का उपदेशक, पालन करने वाला, उसका अनुष्ठान करने वालों का अनुमोदनकर्ता हूँ। अत: संसार को धर्म-शिक्षा देने के लिये मैं इस प्रकार धर्म का आचरण करता हूँ।

इस प्रकार नारदजी ने भगवान् श्रीकृष्ण को एक होते हुए भी अपनी हर पत्नी के महल में देखा—यह उनकी योगमाया है।

भगवान् श्रीकृष्ण की शक्ति अनन्त हैं। उनकी योगमाया का परम-ऐश्वर्य देखकर नारदजी की विस्मय तथा कौतूहल की सीमा न रही। अति प्रसन्न होकर, भगवान् का स्मरण करते हुए वे वहाँ से विदा हुए।

अध्याय 21

भगवान् श्रीकृष्ण की नित्यचर्या

भगवान् श्रीकृष्ण की नित्यचर्या के विषय में बताते हुए श्री शुकदेवजी राजा परीक्षित् से कहते हैं—ऊषाकाल होते ही श्रीभगवान् के महलों के

आँगन में पक्षी मधुर स्वर में कलरव करने लगते। पारिजात की सुगन्ध से भरपूर भीनी-भीनी पवन चलने लगती। इसी प्रकार भौंरों की जलाशयों पर मधुर ध्वनि होने लगती। भगवान् श्रीकृष्ण ब्राह्ममुहूर्त में उठ जाते तथा स्वयं ही अपने आत्मस्वरूप में निमग्न हो जाते। भगवान् का वह आत्मस्वरूप सजातीय, विजातीय तथा स्वगत भेद से रहित एक, अखण्ड है। उसमें किसी प्रकार की उपाधि अथवा उपाधि के कारण होने वाली अन्य वस्तु का अस्तित्व नहीं है। जिस प्रकार चन्द्रमा-सूर्य आदि नेत्र-इन्द्रियों के द्वारा तथा नेत्र-इन्द्रिय चन्द्रमा-सूर्य द्वारा प्रकाशित होती है, वैसे ही वह आत्मस्वरूप किसी अन्य द्वारा प्रकाशित नहीं, अपितु स्वयंप्रकाश है। जगत् की उत्पत्ति, स्थिति तथा नाश की कारणभूता ब्रह्मशक्ति, विष्णुशक्ति तथा रुद्रशक्ति के द्वारा केवल इस बात का अनुमान हो सकता है कि वह स्वरूप एकरस सत्तारूप आनन्दस्वरूप है। भगवान् श्रीकृष्ण अपने उसी आत्मस्वरूप का प्रतिदिन ध्यान करते। तदनन्तर विधिपूर्वक स्नान कर, धोती पहन कर, दुपट्टा ओढ़ कर, नित्यकर्म सन्ध्या-वन्दना करते तथा हवन करते। सूर्योदय होने के समय सूर्योपस्थान करते तथा अपने कलास्वरूप देवता, ऋषि तथा पितरों का तर्पण करते। फिर कुल के वृद्धों तथा ब्राह्मणों की पूजा करते। तत्पश्चात् दूध देने वाली गौओं का बछड़ों सहित दान करते। यद्यपि भगवान् के शरीर का सौन्दर्य समस्त मनुष्य-लोकों का अलंकार है, फिर भी वे अपना पीताम्बर (दिव्य-वस्त्र), कौस्तुभमणि, भिन्न-भिन्न आभूषण तथा पुष्पमालाओं को धारण करते। फिर अन्त:पुर में रहने वालों तथा पुरवासियों को दर्शन देकर सब किसी की अभिलाषाएँ पूर्ण करते। जब इस प्रकार वे अपने नित्यकर्मों से निवृत्त हो जाते तो उनका सारथि दारुक, उनका सुग्रीव आदि घोड़ों से जुता हुआ अत्यन्त सुन्दर तथा दिव्य रथ ले आता। इस प्रकार अपनें सारथि का हाथ पकड़ भगवान् श्रीकृष्ण उस दिव्य रथ पर सवार होकर नगर निरीक्षण तथा प्रजा से मिलने निकलते तथा प्रमुख यदुवंशियों सहित सुधर्मा नाम की सभा में प्रवेश करते। यह एक ऐसी दैवी-सभा स्थापित की गई थी जिसमें बैठे सभासदों

को भूख-प्यास, शोक-मोह तथा जरा-मृत्यु—यह छः व्याधियाँ नहीं सतातीं। श्रीभगवान् के सिंहासन पर बैठते ही उनके तेज से चहुँदिशाएँ प्रकाशित हो जातीं। सभा में आने पर मृदंग, वीणा, पखावज, बाँसुरी आदि का वादन होता तथा सूत, मागध तथा वंदिजन भगवान् की स्तुति करते। व्याख्याकुशल ब्राह्मण वहाँ बैठकर वेदमन्त्रों की व्याख्या करते तथा पवित्रकीर्ति नरपतियों के चरित्र कहकर सुनाते।

एक दिन द्वारकापुरी राजसभा में एक अपरिचित व्यक्ति आया। भगवान् श्रीकृष्ण को इसकी सूचना देकर, द्वारपाल ने आगुन्तक को राजसभा में उपस्थित किया। उसने हाथ जोड़ कर नमस्कार किया तथा निवेदन किया—जिन राजाओं ने जरासन्ध की दिग्विजय के समय उसका प्रभुत्व स्वीकार नहीं किया था, उसने उन राजाओं को वंदी बना लिया है। उन वंदी राजाओं ने भगवान् श्रीकृष्ण से विनती की है—सच्चिदानन्दस्वरूप श्रीकृष्ण! आप मन तथा वाणी के अगोचर हैं। जो आपकी शरण ग्रहण करता है, आप उसके सब ताप हर लेते हैं। हम आपकी शरण में आये हैं। जो अहंकारी, मदान्ध तथा आप से विमुख हो गये हैं, आप कालरूप से, सदा-सर्वदा, उनकी आशालता, उच्छृंखलता का समूल नाश कर देते हैं। हम आपके उस कालस्वरूप को नमस्कार करते हैं। आप स्वयं जगदीश्वर हैं तथा आपने जगत् में अपने ज्ञान-बल आदि विभूतियों से युक्त इसलिए अवतार ग्रहण किया है कि आप दुष्टों का नाश तथा साधुजनों की रक्षा करें। प्रभो! जरासन्ध अथवा कोई अन्य आपकी इच्छा तथा आज्ञा के विपरीत हमें कैसे कष्ट दे सकता है? अतः आप कृपा करके हमारा यह कष्ट निवारण कीजिए। भगवन्! आपके चरणकमल शरणागत पुरुषों के समस्त शोक तथा मोह नष्ट करने वाले हैं। अतः आप हमें जरासन्ध के बन्धन से मुक्त करायें। यह जरासन्ध सहस्त्रों हाथियों का बल रखता है, अतः इसने बलपूर्वक हमें वंदी बना रखा है, जैसे सिंह ने भेड़ों को घेर रखा हो। आपने सत्रह बार इसे युद्ध में जीता है। अठारहवीं बार आपकी क्या लीला थी, हम नहीं जानते (कि आप रणभूमि छोड़ कर द्वारका क्यों चले आये) आपकी शक्ति, आपका

बल-पौरुष अनन्त है। आप जनसाधारण को मोह में डालने के लिये कभी-कभी मनुष्यों का सा आचरण करते हैं। इसी कारण वह और भी घमण्डी हो गया है। अजित! यह जानकर कि हम आपके भक्त है, वह हमें बहुत सताता है।

जिस समय जरासन्ध के वंदीगृह में पड़े राजाओं का सन्देश, उनका दूत सुना रहा था, उसी समय नारदजी का आगमन हुआ। ब्रह्मा आदि समस्त लोकपालों के एकमात्र स्वामी श्रीकृष्ण, नारदजी को आया देखकर प्रसन्न हुए तथा सिंहासन से उठ कर उनका सत्कार किया। जब देवर्षि नारदजी बैठ गये तो विधिवत् उनकी पूजा की तथा भगवान् श्रीकृष्ण ने मधुर वाणी में कहा, देवर्षे! इस समय तीनों लोको में कुशल-मंगल तो है? आप तीनों लोकों में विचरण करते हैं। इससे हमें उन सबका समाचार घर बैठे ही मिल जाता है। ईश्वर के रचे हुए इन लोकों की ऐसी कोई बात नहीं जो आप न जानते हों। अत: हम आप से जानना चाहेंगे कि युधिष्ठिर आदि पाण्डव इस समय क्या करना चाहते हैं?

देवर्षि नारदजी ने कहा, सर्वव्यापक अनन्त! आप विश्व के निर्माता हैं। ब्रह्मा-पितामह भी आपकी माया को नहीं जानते। आप घट-घट में अपनी अचिन्त्य शक्ति से व्याप्त हैं। मैंने एक बार नहीं, अनेक बार आपकी माया देखी है। आप जो अनजान बनकर पाण्डवों के विषय में पूछ रहे हैं, उससे मुझे कोई आश्चर्य नहीं हुआ। सब कुछ जानते हुए भी अनजान बनते हैं—यह तो आपकी महिमा है। आप अपनी माया से ही इस संसार की रचना तथा संहार करते हैं तथा माया के कारण ही यह सब कुछ सत्य प्रतीत हो रहा है। आप कब क्या करना चाहते हैं, यह कौन जानता है। आपका स्वरूप सर्वथा अचिन्तनीय है। मैं आपको बार-बार नमस्कार करता हूँ। प्राणियों के हित के लिये आप नाना प्रकार के लीलावतार ग्रहण करते हैं। आप स्वयं परब्रह्म हैं, तथापि मनुष्यों की सी लीला का नाटक करते हुए आप मुझसे पूछ रहे हैं कि पाण्डव, अर्थात् आपके फुफेरे भ्राता तथा आपके प्रेमी भक्त राजा युधिष्ठिर क्या करना चाहते हैं। फिर भी (आपके अनुरोध पर) मैं आपको बताता

हूँ–इसमें सन्देह नहीं कि राजा युधिष्ठिर को सभी भोग प्राप्त हैं तथा उन्हें किसी वस्तु की कामना नहीं, फिर भी वे एक श्रेष्ठ राजसूय-यज्ञ द्वारा आपकी प्राप्ति के लिये, आपकी आराधना करना चाहते हैं। आप कृपा कर उनकी इस अभिलाषा का अनुमोदन कीजिए। उस श्रेष्ठ यज्ञ में आपके दर्शन करने के लिये बड़े-बड़े देवता तथा यशस्वी नरपतिगण एकत्रित होंगे। प्रभो! आप स्वयं विज्ञान-निधि ब्रह्म हैं। आपके नाम-श्रवण, कीर्तन तथा ध्यान से अन्तःकरण भी पवित्र हो जाते हैं। त्रिभुवन-मंगल! आपकी निर्मल कीर्ति समस्त दिशाओं में फैल रही है तथा तीनों लोकों में व्याप्त हो रही है, ठीक उसी प्रकार जैसे आपकी चरणामृतधारा स्वर्ग में मन्दाकिनी, पाताल में भोगवती तथा मर्त्यलोक में गंगा के नाम से प्रवाहित होकर सारे विश्व को पवित्र कर रही है।

सभा में उपस्थित यदुवंशी यह चाहते थे कि पहले जरासन्ध पर चढ़ाई कर उसे जीत लिया जाये। उनकी उत्सुकता को जानकर भगवान् श्रीकृष्ण ने मुस्कराते हुए कहा, उद्धव! तुम मेरे हितैषी सुहृद् हो। शुभ सम्पति देने वाले तथा कार्य के तत्त्व को भली-भाँति समझने वाले हो। अतः हम तुम्हें अपना उत्तम सलाहकार मानते हैं। तुम बताओ कि इस विषय में हमें क्या चाहिए? तुम्हारे परामर्श के अनुसार हम कार्य करेंगे। भगवान् श्रीकृष्ण के सर्वज्ञ होने पर भी, उनके अनजान बनकर पूछने पर, उनकी आज्ञा शिरोधार्य कर उद्धवजी बोले।

अध्याय 22

भगवान् श्रीकृष्ण इन्द्रप्रस्थ-गमन

उद्धवजी ने कहा, भगवन्! नारदजी ने आपको परामर्श दिया है कि राजसूय-यज्ञ में सम्मिलित होकर आपको अपने फुफेरे-भ्राता पाण्डवों की सहायता करनी चाहिए। उनका यह कथन सत्य है। प्रभो! राजसूय-यज्ञ

वही कर सकता है जो दसों दिशाओं पर विजय प्राप्त कर ले। अतः बिना किसी दुविधा के पाण्डवों के यज्ञ तथा शरणागतों की रक्षा के लिये जरासन्ध को जीतना आवश्यक है। प्रभो! केवल जरासन्ध को जीत लेने से हमारा महान् उद्देश्य पूर्ण हो जायेगा। इसके साथ ही वंदी राजाओं की मुक्ति होगी तथा आपको सुयश की प्राप्ति होगी। उसे आमने-सामने के युद्ध में (द्वन्द्व-युद्ध) यदि एक वीर जीत ले तो ठीक होगा। इसके विपरीत यदि वह सौ-अक्षौहिणी सेना लेकर युद्धभूमि में आ जाता है तो उसे जीतना सहज नहीं होगा। (सुना है) यदि ब्राह्मण उससे किसी बात की याचना करता है तो वह उसे कभी निराश नहीं करता। अतः भीमसेन ब्राह्मण के वेष में वहाँ जायें और उससे युद्ध की भिक्षा माँगें। यदि भीमसेन तथा जरासन्ध का द्वन्द्व-युद्ध होगा तो भीमसेन आपकी कृपा से उसे मार डालेंगे। प्रभो! आप सर्वशक्तिमान्, रूपरहित कालस्वरूप हैं। विश्व की सृष्टि तथा प्रलय आपकी ही शक्ति से होता है। ब्रह्मा तथा शंकरजी तो उसमें निमित्तमात्र हैं। वे आपका ही स्वरूप हैं। जरासन्ध के मरने पर उसके वंदीगृह में पड़े राजा तथा उनकी रानियाँ मुक्त होकर आपके यश का गान करेंगे। अतः जरासन्ध का वध बहुत से प्रयोजन सिद्ध कर देगा। फिर आप भी तो इस समय राजसूय-यज्ञ में होना पसन्द करेंगे।

उद्धवजी का यह परामर्श सब प्रकार से हितकारी तथा निर्दोष था। देवर्षि नारद तथा वृद्ध-यदुवंशियों और भगवान् श्रीकृष्ण ने उनके इस परामर्श का अनुमोदन किया। तत्पश्चात् भगवान् श्रीकृष्ण ने वसुदेव जी तथा गुरुजनों से अनुमति लेकर दारुक, जैत्र आदि सेवकों को इन्द्रप्रस्थ जाने के लिये तैयार होने को कहा। जाते समय उन्होंने यदुराज उग्रसेन से आज्ञा लेकर, बलरामजी को द्वारका में छोड़ कर, अपनी पटरानियों सहित इन्द्रप्रस्थ की ओर प्रस्थान किया। उनके साथ ही चली—रथ, हाथी, घुड़सवार तथा पैदल सेना की एक बड़ी टुकड़ी। मृदंग, ढोल, नगारे तथा शंख आदि ऊँचे स्वर में ध्वनि कर रहे थे। श्रीभगवान् की पटरानियों की सेवा के लिये उनकी दासियाँ उनके संग थीं। साजो-सामान घोड़ों तथा छकड़ों पर लदा था। इस प्रकार यह एक बड़ी बारात सी चल रही थी।

देवर्षि नारद भगवान् श्रीकृष्ण के इस निर्णय से अति प्रसन्न हुए तथा भगवान् के मंगल-दर्शन कर विदा हुए। जाते समय भगवान् श्रीकृष्ण ने जरासन्ध के वंदी राजाओं के दूत को आश्वासन देते हुए कहा–तुम अपने राजाओं से जाकर कहना कि वे भय मत करें।

मार्ग में पर्वत, नगर, बस्तिया, गाँव तथा सरस्वती नदी पार कर, पाँचाल तथा मत्स्य देशों से होते हुए भगवान् श्रीकृष्ण इन्द्रप्रस्थ पहुँचे। भगवान् श्रीकृष्ण का दर्शन अति दुर्लभ है। जब अजातशत्रु राजा युधिष्ठिर को भगवान् श्रीकृष्ण के आने का समाचार मिला तो वे आनन्द से खिल उठे। अपने आचार्यों, स्वजन-सम्बन्धियों को साथ लेकर वे भगवान् के सत्कार के लिये नगर से बाहर आये। मंगल-गीत गाये जाने लगे। ब्राह्मणजन मिलकर ऊँचे स्वर में वेद-मन्त्रों का उच्चारण कर रहे थे। भगवान् श्रीकृष्ण को देखकर युधिष्ठिर का हृदय गद्गद् हो गया। बहुत समय पश्चात् उनके दर्शनों का सौभाग्य प्राप्त हुआ था। वे बार-बार उन्हें अपने हृदय से लगा रहे थे। भगवान् श्रीकृष्ण का श्रीविग्रह भगवती-लक्ष्मीजी का एकमात्र पवित्र स्थान है। राजा युधिष्ठिर उसका आलिंगन कर समस्त पापों से मुक्त हो गये। नेत्रों में हर्षोल्लास से आँसू टपक रहे थे। तदनन्तर भीम ने उन्हें आलिंगन किया।

भीम के पश्चात् अर्जुन ने अपने प्रियतम सखा तथा हितैषी भगवान् श्रीकृष्ण का आलिंगन किया। नकुल तथा सहदेव ने उनका अभिवादन किया। कुरु, सृञ्जय तथा केकय देश के नरपतियों ने भगवान् का यथोचित सत्कार किया। ब्राह्मण, भगवान् श्रीकृष्ण की स्तुति करने लगे तथा गन्धर्व, नट, विदूषक आदि उनके सम्मान में गान तथा साज बजाने लगे। इस प्रकार भगवान् श्रीकृष्ण ने इन्द्रप्रस्थ में प्रवेश किया।

इन्द्रप्रस्थ को, भगवान् श्रीकृष्ण के आगमन पर, रंगविरंगी झंडियों से सजाया गया। सड़कों तथा चौराहों पर छिड़काव किया गया। रात को नगर में दीपावली की गई। स्त्रियाँ अटारियों पर बैठ कर उनके आने की प्रतीक्षा करने लगीं। श्रीकृष्ण को उनकी पत्नियों सहित देखकर सभी को बड़ा आनन्द हुआ। रास्ते में स्थान-स्थान पर धनी-मानी लोगों ने उनको नाना प्रकार की भेंट अर्पित की।

अन्तःपुर की स्त्रियाँ भगवान् श्रीकृष्ण तथा उनकी पत्नियों को देखकर प्रेममुग्ध हो गईं। उन्होंने भगवान् श्रीकृष्ण का यथायोग्य सत्कार किया।

जब कुन्ती ने अपने त्रिभुवनपति भतीजे श्रीकृष्ण को देखा तो उनका हृदय प्यार से द्रवित हो उठा। पलँग से उठकर, अपनी पुत्र-वधु द्रौपदी के संग वे आगे आईं तथा श्रीकृष्ण को गले से लगाया। भगवान् श्रीकृष्ण ने अपनी फूआ तथा गुरुजनों की पत्नियों का अभिवादन किया। उनकी बहिन सुभद्रा ने उन्हें नमस्कार किया। अपनी सास की प्रेरणा से द्रौपदी ने वस्त्र-आभूषण, माला आदि द्वारा रुक्मिणी, सत्यभामा, भद्रा, जाम्बवती, कालिन्दी, मित्रविन्दा, लक्ष्मणा तथा परम साध्वी सत्या तथा अन्य रानियों का यथोयोग्य स्वागत किया। धर्मराज युधिष्ठिर ने भगवान् श्रीकृष्ण का, उनकी सेना, सेवक, मन्त्री तथा पत्नियों के साथ ठहरने का ऐसा प्रबन्ध किया जहाँ सुख-सुविधा की सम्पूर्ण सामग्रियाँ उपलब्ध थीं।

भगवान् श्रीकृष्ण ने अर्जुन के साथ जाकर खाण्डव-वन का दाह कर अग्नि देवता को तृप्त किया तथा मयासुर को बचाया। उसी मयासुर ने भगवान् की आज्ञा से धर्मराज युधिष्ठिर के लिये एक अद्वितीय राजसभा तैयार की। भगवान् श्रीकृष्ण युधिष्ठिर को आनन्दित करने के लिये कई मास इन्द्रप्रस्थ में रहे।

अध्याय 23

जरासन्ध वध, पाण्डव राजसूय-यज्ञ

भगवान् श्रीकृष्ण के इन्द्रप्रस्थ पधारने पर, एक दिन सभा में बैठे महाराज युधिष्ठिर ने श्रीभगवान् को सम्बोधित करते हुए कहा, गोविन्द! मैं सर्वश्रेष्ठ राजसूय-यज्ञ करना चाहता हूँ तथा आपके परम-पावन विभूतिरूप देवताओं का पूजन करना चाहता हूँ। प्रभो! कृपया आप मेरा संकल्प पूरा कीजिए। कमलनाभ आपके चरणकमलों की पादुकाएँ

समस्त अंमगलों का नाश करने वाली हैं। आपके चरणकमलों की शरण से मोक्ष अथवा ऐश्वर्य–सभी कुछ प्राप्त हो जाता है। देवताओं के आराध्यदेव! मैं चाहता हूँ कि संसार आपके चरणकमलों का प्रभाव देखे। कुरुवंशी तथा सृञ्जयवंशियों में जो आपका भजन करते हैं तथा जो आपका भजन नहीं करते, उनका अन्तर मैं जन साधारण को दिखाना चाहता हूँ, अर्थात् आपकी अपने भक्तों पर कैसी कृपा है। यद्यपि आप समदर्शी हैं तथा स्वयं ब्रह्म हैं, परन्तु जो आपकी सेवा करते हैं, उन्हें उनके भावानुसार फल मिलता है, जैसे कल्पवृक्ष की सेवा करने वालों को।

भगवान् श्रीकृष्ण ने कहा, शत्रु-विजयी धर्मराज! आपका निश्चय बड़ा उत्तम है। राजसूय-यज्ञ समस्त लोकों में आपकी मंगलमय कीर्ति करेगा। आपका यह महायज्ञ, ऋषियों, पितरों, देवताओं तथा आपके सम्बन्धियों–सभी को अभीष्ट है। अतः पृथ्वी के समस्त नरपतियों पर विजय प्राप्त कर तथा यथोचित सामग्री एकत्रित कर, इस यज्ञ का अनुष्ठान कीजिए। आपके चारों भ्राता–वायु, इन्द्र, सूर्यदेव के अंश हैं। आप स्वयं भी मनस्वी तथा संयमी हैं। आप मेरे भक्त भी हैं। संसार में कोई भी देवता (अथवा यशस्वी) अपने तेज, यश, ऐश्वर्य, अथवा सौन्दर्य से मेरे भक्त का निरादर नहीं कर सकता, फिर कोई राजा कैसे कर सकता है?

भगवान् श्रीकृष्ण की यह बात सुनकर महाराज युधिष्ठिर का हृदय रोमांचित हो उठा। अब उन्होंने अपने भ्राताओं को दिग्विजय का आदेश दिया।

भगवान् श्रीकृष्ण ने पाण्डवों को अपनी शक्ति प्रदान कर और भी प्रभावशाली बना दिया। धर्मराज-युधिष्ठिर ने सृञ्जयवंशी वीरों सहित सहदेव को दक्षिण में, नकुल को मत्स्यदेशीय वीरों सहित पश्चिम में, अर्जुन को केकयदेशीय वीरों सहित उत्तर में तथा भीम को मद्रदेशीय वीरों के साथ पूर्व दिशा में भेजा। पाण्डव-भ्राताओं ने अपने अपूर्व बल-पौरुष से सब दिशाओं में नरपतियों को जीत लिया तथा यज्ञ के

लिये बहुत सा धन एकत्रित कर, भेंट के रूप में ले आये। परन्तु अभी तक जरासन्ध पर विजय प्राप्त नहीं हुई थी। इस कारण महाराज युधिष्ठिर चिन्तित थे। उस समय भगवान् श्रीकृष्ण ने, जो जरासन्ध को परास्त करने का उपाय उद्धवजी ने बताया था, कह सुनाया। इस सुझाव के अनुसार भीमसेन, अर्जुन तथा भगवान् श्रीकृष्ण–ब्रह्माणों का वेष धारण कर जरासन्ध की राजधानी गये। राजा जरासन्ध ब्राह्मण भक्त था तथा गृहस्थोचित धर्मों का पालन करने वाला था। जरासन्ध के पास पहुँच कर इन तीनों ब्राह्मण–वेष धारियों ने कहा, राजन्! आपका कल्याण हो। हम तीनों आपके अतिथि हैं। हम यहाँ किसी विशेष प्रयोजन से आये हैं। अवश्य आप हमारी माँग पूरी करेंगे। तितिक्षु पुरुष क्या नहीं सह सकते? उदार पुरुष क्या नहीं दे सकते? दुष्ट पुरुष बुरे से बुरा क्या नहीं कर सकते तथा समदर्शीय के लिये कौन पराया है? जो पुरुष स्वयं समर्थ होकर भी इस नाशवान् शरीर से इस प्रकार यश संग्रह नहीं करता–जिसका सत्पुरुष भी गान करते हैं–ऐसा पुरुष अज्ञानी है। राजन्! आप जानते हैं–राजा हरिश्चन्द्र, रन्तिदेव, केवल अन्न के दाने बीन–चुनकर निर्वाह करने वाले महात्मा मुद्गल, शिवि, बलि आदि बहुत से व्यक्ति–जिन्होंने अतिथि को अपना सर्वस्व देकर इस नाशवान् शरीर के द्वारा अविनाशी पद को प्राप्त किया। अतः आप हमें निराश नहीं करेंगे।

जरासन्ध ने इनकी आवाज, तेजस्वी–रूप, कलाइयों पर पड़े हुए धनुष की प्रत्यञ्चा चढ़ाने के चिह्न आदि से पहचान लिया कि ये ब्राह्मण नहीं, अपितु क्षत्रिय हैं।

उसे यह भी लगा कि जैसे उसने उन्हें पहले कभी देखा भी है। परन्तु यदि ये ब्राह्मण का वेष धारण कर भिक्षा माँग रहे हैं तो मैं अवश्य इन्हें भिक्षा दूँगा। याचना पर तो अपना प्रिय शरीर भी देने में कोई शंका नहीं होनी चाहिए। विष्णु भगवान् ने ब्राह्मण का वेष धारण कर राजा बलि का सब कुछ ले लिया था, परन्तु इससे बलि की पवित्र कीर्ति चहुँ ओर फैल गई। यद्यपि दैत्यराज–बलि को गुरु शुक्राचार्य द्वारा यह बात विदित हो गई थी कि माँगने वाले स्वयं विष्णु भगवान् हैं तो भी उसने उन्हें

भिक्षा देने से न नहीं की। यह शरीर तो नाशवान् है। इससे जो भी पुण्य अथवा यश कमाया जा सकता है, वह श्रेष्ठ है। जो क्षत्रिय, ब्राह्मण के लिये त्याग नहीं करता, उसका जीना व्यर्थ है।

इस प्रकार विचार कर जरासन्ध ने ब्राह्मण वेषधारी श्रीकृष्ण, अर्जुन तथा भीमसेन से कहा–ब्राह्मणवर आप जो चाहें माँग लें। मैं आपको अपना शीश भी दे सकता हूँ।

भगवान् श्रीकृष्ण ने कहा, राजन्! हम लोग अन्न के इच्छुक नहीं। हम आपके पास युद्ध के लिये आये हैं। यदि आपकी इच्छा हो तो हमें द्वन्द्व–युद्ध की भिक्षा दीजिए। ये पाण्डु–पुत्र भीमसेन है तथा यह इनका भ्राता अर्जुन तथा मैं इनका ममेरा भ्राता, आपका पुराना शत्रु कृष्ण हूँ। भगवान् के इस प्रकार परिचय देने पर जरासन्ध हँसा। उसने कहा–मैं तुम्हारी प्रार्थना स्वीकार करता हूँ। परन्तु कृष्ण! तुम तो युद्ध में भाग गये थे। यहाँ तक कि तुमने अपनी नगरी मथुरा भी छोड़ दी। अतः मैं तुम्हारे साथ नहीं लड़ूँगा। यह अर्जुन भी कोई योद्धा नहीं तथा यह अवस्था में मुझसे छोटा है। यह मेरे बराबरी का योद्धा नहीं। अतः मैं उसके साथ भी युद्ध नहीं करूँगा। वास्तव में भीमसेन मेरे समान बलवान् है। यह मेरी बराबरी का है। इतना कहकर जरासन्ध ने भीम को गदा पकड़ा दी तथा स्वयं भी गदा लेकर नगर के बाहर आ गया। द्वन्द्व–युद्ध होने लगा। दोनों पैंतरे बदलने लगे। जब दोनों गदाएँ परस्पर टकरातीं तो ऐसा मालूम पड़ता कि दो हाथी आपस में भिड़ रहे हों। उनके घर्षण से अग्नि उत्पन्न होने लगी।

ऐसा प्रतीत हो रहा था कि मानो दो हाथी आपस में भिड़ रहे हों। वे एक–दूसरे पर गदा के प्रहार कर रहे थे। परस्पर टकरा–टकरा कर गदाएँ टूट गईं। अब वे मल्ल–युद्ध करने लगे तथा सभी प्रकार से शारीरिक प्रहार करने लगे, अर्थात् हाथों से, लातों से, घूसों से। वे दोनों इस युद्ध में भी समान रूप से कुशल थे। दोनों की शक्ति तनिक भी क्षीण होती नहीं दिख रही थी। हार–जीत का भी कोई निर्णय नहीं हो रहा था। सन्ध्या होते ही यह युद्ध बन्द हो जाता तथा दूसरे दिन पुनः आरम्भ

हो जाता। इस प्रकार यह युद्ध दिन-प्रतिदिन चलता जा रहा था।

युद्ध की इस स्थिति को देखकर (अट्ठाईसवें दिन) भगवान् श्रीकृष्ण ने जरासन्ध को मारने का निश्चय लिया। वे जानते थे कि जरा साक्षसी ने जरासन्ध के शरीर के दो भागों को जोड़कर इसे जीवन दान दिया था। इस प्रकार जरासन्ध के शरीर के दो भाग थे—एक हाथ, एक जाँघ, एक पाँव तथा आधा सिर। इसी प्रकार दूसरे शरीर के भाग के अंग थे। इस अवस्था को देखकर इसकी माता ने इसका त्याग कर दिया तथा जंगल में डाल दिया। वहाँ जरा नाम की राक्षसी ने दोनों शरीर के टुकड़ों को जोड़कर अपनी मायावी शक्ति से उसमें प्राण डाल दिये। तभी से इसका नाम जरासन्ध हुआ। उसी राक्षसी ने इसका पालन-पोषण किया तथा इसमें एक दैत्य की तरह बल तथा शक्ति की वृद्धि की। भगवान् श्रीकृष्ण ने भीमसेन को अपनी शक्ति का अंश प्रदान कर, संकेत की दृष्टि से, एक वृक्ष की डाल को तोड़ कर उसके बीच से उसके दो फाड़ कर दिये। भीमसेन उनके संकेत को समझ गया। उसने जरासन्ध को भूमि पर पटक कर उसके दोनों पैरों को पकड़ कर, उसके शरीर को चीरकर, दोनों टुकड़ों को एक-एक दिशा में फैंका। वे पुनः आकर जुड़ गये। तब भगवान् श्रीकृष्ण ने पुनः संकेत दिया कि उन टुकड़ों को उलट दिशाओं में फेंको, कि यदि ये शरीर के टुकड़े पुनः जुड़ने के लिये आयें, तो उलट दिशा में पड़े होने के कारण जुड़ न सकें। इस प्रकार भगवान् श्रीकृष्ण के उपाय तथा उनकी शक्ति से भीमसेन ने जरासन्ध का वध कर दिया।

मगधराज जरासन्ध की मृत्यु से उसकी प्रजा तथा सेना असहाय हो गई। भगवान् श्रीकृष्ण तथा अर्जुन ने भीमसेन का आलिंगन किया। भगवान् श्रीकृष्ण ने जरासन्ध के सिंहासन पर उसके पुत्र सहदेव को अधिकृत कर उसका राज्याभिषेक किया तथा जिन राजाओं को जरासन्ध ने वंदी बना रखा था, उन्हें कारागार से मुक्त कर दिया।

अध्याय 24

जरासन्ध द्वारा वंदी राजाओं की मुक्ति

जरासन्ध ने सहस्त्रों राजाओं को वंदी बना रखा था, वे राजा जिन्होंने उसका प्रभुत्व स्वीकार नहीं किया था (बीस हजार आठ सौ)। इन राजाओं को जीतकर उसने एक किले में बन्द कर रखा था। उसके यहाँ इनके खाने-पीने का भी ठीक से प्रबन्ध नहीं था। जब राजा इस वंदीगृह से बाहर आये तो उन्होंने भगवान् श्रीकृष्ण के दर्शन किये। भगवान् श्रीकृष्ण स्वयं उन्हें लेने आये थे। वर्षाकालीन-मेघ के समान उनका साँवला सलोना शरीर तथा उस पर वे पीताम्बर धारण किये थे। उन्होंने अपने चतुर्भुज रूप में उन्हें दर्शन दिये। वहाँ उनके चारों हाथों में उनके आयुध तथा वक्षःस्थल पर सुनहली रेखा–श्रीवत्स चिह्न तथा कमल के भीतरी भाग के समान कोमल रतनारे नेत्र। उनके सारे अंग दिव्य आभूषणों से शोभायमान हो रहे थे। उनके इस प्रकार दर्शन कर वंदी-मुक्त राजा कृतार्थ हो गये। कदाचित् श्रीभगवान् का उन पर यह विशेष अनुग्रह था, क्योंकि उन्होंने राजा जरासन्ध के कारण बड़ी यातना सही थी।

राजाओं ने कहा, शरणागतों के सर्व दुःख-हर्ता देवेश्वर! सच्चिदानन्दस्वरूप अविनाशी श्रीकृष्ण! आपने हमें जरासन्ध के कारागार से तो मुक्त कर दिया। अब हमें इस संसार-बन्धन से भी मुक्त कर दीजिए। हमारा अब इस देह-गेह में कोई लगाव नहीं। हम आपकी शरण में आये हैं। अब आप हमारी रक्षा कीजिए। प्रभु! जरासन्ध द्वारा, हम राजा कहलाने वाले, राज-लक्ष्मी से तो पहले ही वञ्चित कर दिये गये हैं। पहले हमें अपनी धन-सम्पत्ति का बड़ा मान था तथा एक-दूसरे से ऊपर उठने की होड़ में लगे थे। सच्चिदानन्द श्रीकृष्ण! काल की गति बड़ी गहन है। वह किसी के टाले नहीं टलती। वह अहंकार अब समाप्त हो गया है। अब हम आपके चरणकमलों का ही स्मरण करते हैं। ये शरीर भी वंदीगृह में रहने के कारण क्षीण हो गये हैं। अब हमें इस शरीर से भोग

भोगने की भी कोई इच्छा नहीं रही। अब हमें आप वह उपाय बताइये कि जिससे आपके चरणकमलों की कभी विस्मृति न हो–चाहे हमें संसार की किसी भी योनि में जन्म लेना पड़े। शरणागतवत्सल श्रीकृष्ण! वासुदेव! परमात्मा! हरि! गोविन्द! हमारा आपको बार-बार नमस्कार है।

राजाओं की करुणामयी वाणी को सुन कर भगवान् श्रीकृष्ण ने कहा, नरपतियों! आपने जैसी इच्छा प्रकट की है, आज से उसी के अनुसार तुम्हारी मुझमें दृढ़ भक्ति होगी। तुम्हारा सम्पत्ति तथा ऐश्वर्य का मद दूर हो गया है। इसी मद के कारण राजा हैहय, नहुष, वेन, रावण, नरकासुर आदि देवता, दैत्य और नरपति अपने स्थान से च्युत हो गये थे। अब सावधानी से, मन-इन्द्रियों को वश में कर मेरा भजन करो तथा प्रजा-पालन करो। अपनी वंशपरम्परा के लिये सन्तान उत्पन्न करो। जो कुछ भी प्राप्त हो, उसको मेरा प्रसाद समझकर स्वीकार करो। अपना चित्त मुझमें लगाओ। देह तथा देह से सम्बन्धित वस्तुओं में आसक्त न होकर उदासीन रहो। अपने आपमें ही आत्मस्मरण करो तथा आश्रम के व्रतों का पालन करो। इस प्रकार निरन्तर अपने मन को मुझमें लगा कर तुम अन्त में मुझे ही प्राप्त होगे।

जरासन्ध के पुत्र सहदेव ने राजाओं को राजोचित वस्त्र, आभूषण आदि अर्पित किये। जब राजा स्नान आदि से निवृत्त हो गये तथा अपनी राजसी वेषभूषा में पुनः आ गये तो राजा सहदेव ने उन्हें उत्तम भोजन कराया तथा उन्हें सम्मानित किया। तदनन्तर भगवान् श्रीकृष्ण ने उनके लिये सुन्दर रथों का प्रबन्ध कर उन्हें अपने-अपने देशों को विदा किया। अपने-अपने देश में पहुँचकर इन राजाओं ने भगवान् श्रीकृष्ण की शिक्षा अनुसार अपना शेष जीवन व्यतीत किया।

इस प्रकार भगवान् श्रीकृष्ण ने भीमसेन द्वारा जरासन्ध का वध करा, भीमसेन तथा अर्जुन सहित, जरासन्ध-नन्दन सहदेव से सम्मानित होकर, इन्द्रप्रस्थ की ओर प्रस्थान किया। शंख, ढोल, नगारे तथा अन्य साज बजा कर उनकी विदाई हुई। जरासन्ध के मरने से महाराज युधिष्ठिर का

राजसूय-यज्ञ का संकल्प एक प्रकार से पूरा हो गया। भगवान् श्रीकृष्ण द्वारा जरासन्ध की मृत्यु का समाचार पाने पर युधिष्ठिर का मन उनके लिये प्रेम से भर गया तथा उनके नेत्रों से हर्ष के अश्रु बहने लगे और उनकी वाणी गद्‌गद् होकर लगभग गले में ही अटक गई।

अध्याय 25

भगवान् श्रीकृष्ण-अग्रपूजा, शिशुपाल उद्धार

भगवान् श्रीकृष्ण से जरासन्ध का समाचार सुनकर युधिष्ठिर ने कहा, सच्चिदानन्दस्वरूप श्रीकृष्ण! त्रिलोकी के स्वामी ब्रह्मा, शंकर तथा इन्द्र आदि लोकपाल सब आपकी आज्ञा की प्रतीक्षा करते हैं तथा उसको शिरोधार्य करते हैं। हम तो अत्यन्त दीन हैं, फिर भी अपने को नरपति तथा भूपति कहते हैं। इस प्रकार कहकर धर्मराज युधिष्ठिर ने भगवान् श्रीकृष्ण की अनुमति से यज्ञ के योग्य समय आने पर, कर्मकाण्ड में निपुण वेदवादी ब्राह्मणों को–ऋत्विज्, आचार्य आदि के रूप में वरण किया।

उनके नाम इस प्रकार थे–कृष्णद्वैपायन (व्यासदेव), भरद्वाज, सुमन्तु, गौतम, असित वसिष्ठ, च्यवन, कण्व, मैत्रेय, कवष, त्रित, विश्वामित्र, वामदेव, सुमति, जैमिनि, क्रतु, पैल, पराशर, गर्ग, वैशम्पायन, अथर्वा, कश्यप, धौम्य, परशुराम, शुक्राचार्य, आसुरि, वीतिहोत्र, मधुच्छन्दा, वीरसेन तथा अकृतव्रण।

इनके अतिरिक्त धर्मराज युधिष्ठिर ने द्रोणाचार्य, भीष्म-पितामह, कृपाचार्य, धृतराष्ट्र तथा उनके पुत्र दुर्योधन आदि तथा महामति विदुरजी को भी बुलाया। राजसूय-यज्ञ में सम्मिलित होने के लिये देश के सभी राजा तथा उनके मन्त्रीगण भी वहाँ पधारे।

तदनन्तर ऋत्विज् ब्राह्मणों ने सोने के हल से यज्ञभूमि को जुतवाकर

राजा युधिष्ठिर को शास्त्रानुसार यज्ञ की दीक्षा दी। यज्ञ के सभी पात्र स्वर्ण के बने हुए थे। पाण्डुनन्दन महाराज युधिष्ठिर का निमन्त्रण पाकर ब्रह्माजी, शंकरजी तथा इन्द्रदेव आदि लोकपाल भी अपने-अपने गणों सहित पधारे। इसके साथ ही सिद्ध, गन्धर्व, विद्याधर, नाग, मुनि, यक्ष, राक्षस, किन्नर, चारण आदि भी आये (वास्तव में ये सभी भगवान् श्रीकृष्ण के दर्शनों के अभिलाषी थे तथा उनकी लीला देखने को उत्कण्ठित थे। जहाँ देवाधिदेव भगवान् श्रीकृष्ण उपस्थित हों, वहाँ ब्रह्माजी, शंकरजी तथा उनके अन्य अधिकारी देवताओं का आना अनिवार्य था)।

इस प्रकार देवताओं के समान तेजस्वी याजकों ने धर्मराज युधिष्ठिर से विधिपूर्वक राजसूय-यज्ञ करवाया, जैसे पूर्वकाल में देवताओं ने वरुण से करवाया था। महाराज युधिष्ठिर भी तो धर्मराज के ही अवतार थे। सोम-लता से रस निकालने के दिन महाराज युधिष्ठिर ने अपने परम भाग्यवान् याजकों तथा यज्ञकर्म की त्रुटि आदि का निरीक्षण करने वाले सदसस्पतियों का बड़ी सावधानी से, विधिपूर्वक पूजन किया।

अब यह विचार होने लगा कि अग्रपूजा किसकी होनी चाहिए। जब सर्वसहमति होने में आपत्ति आ रही थी तो सहदेव ने कहा—यदुवंश-शिरोमणि भक्तवत्सल भगवान् श्रीकृष्ण ही सर्वश्रेष्ठ तथा अग्रपूजा के पात्र हैं। वे ही समस्त देवताओं, देश, काल तथा वस्तुओं के रूप में हैं। समस्त यज्ञ भी उन्हीं को अर्पित हैं। यह सारा विश्व उन्हीं का रूप है। भगवान् श्रीकृष्ण ही अग्नि, आहुति तथा मन्त्रों के रूप में हैं। भगवान् श्रीकृष्ण ही एकरस अद्वितीय ब्रह्म हैं। वे ही अपने संकल्प से जगत् की सृष्टि, पालन तथा संहार करते हैं। अतः सबसे महान् भगवान् श्रीकृष्ण की ही अग्रपूजा होनी चाहिए। उनकी पूजा से ही समस्त देवताओं की पूजा हो जाती है। सहदेव भगवान् श्रीकृष्ण की महिमा तथा प्रभाव को जानते थे। इतना कहकर वे चुप हो गये।

इस समय धर्मराज युधिष्ठिर की यज्ञ सभा में जितने सत्पुरुष उपस्थित थे, उन्होंने एक मत से सहदेव के परामर्श का अनुमोदन तथा

समर्थन किया। महाराज युधिष्ठिर भी स्वयं इस सम्मति से आनन्दमय हो गये। उन्होंने भगवान् श्रीकृष्ण के चरणों को धोकर उनका चरणामृत शिरोधार्य किया। उन्होंने भगवान् को पीताम्बर तथा आभूषण अर्पित किये। उस समय उनके नेत्र प्रेम तथा आनन्द के आसुओं से भरपूर हो गये। यज्ञसभा के सभी सदस्य भगवान् श्रीकृष्ण के इस प्रकार पूजित होने पर, हाथ जोड़े हुए, 'नमो नमः', जय-जय, कहकर उन्हें नमस्कार करने लगे। देवताओं ने आकाश से पुष्प-वर्षा की।

इसी समय अपने आसन पर बैठा शिशुपाल इसे सहन न कर पाया। वह उठकर खड़ा हो गया तथा हाथ ऊपर उठा कर भगवान् श्रीकृष्ण को अपशब्द कहने लगा। काल भगवान् का रूप है। जिस समय किसी दुष्ट का काल आता है तो उसकी बुद्धि और भी भ्रष्ट हो जाती है।

शिशुपाल ने कहा—आप बालक सहदेव की बात को ठीक न माने कि कृष्ण ही अग्रपूजा के योग्य है। यहाँ बड़े-बड़े तपस्वी, विद्वान्, व्रतधारी, ज्ञानी, परमज्ञानी, परमर्षि, ब्रह्मनिष्ठ उपस्थित हैं, जिनकी पूजा लोकापाल भी करते हैं। क्या कौआ कभी यज्ञ के पुरोडाश का अधिकारी हो सकता है? इस प्रकार कहकर, शिशुपाल ने भगवान् श्रीकृष्ण के विरुद्ध जो भी अपशब्द बोल सकता था, कहे। परन्तु भगवान् श्रीकृष्ण ने उसके अपराधों, गलतियों पर कोई ध्यान नहीं दिया, जैसे सिंह सियार की 'हुआँ-हुआँ' पर ध्यान नहीं देता। परन्तु सभासद भगवान् श्रीकृष्ण की निन्दा न सुन सके। अतः वे सभा से उठकर बाहर चले गये। शास्त्रों में ऐसा कहा है कि जो भगवान् की अथवा भगवत्परायण भक्तों की निन्दा सुनकर वहाँ से हट नहीं जाता, वह अपने शुभ कर्मों से च्युत हो जाता है।

क्रोधित होकर पाण्डव, मत्स्य, केकय तथा सृञ्जयवंशी नरपति, हाथों में शस्त्र लेकर शिशुपाल को मारने के लिये उठ खड़े हुए। परन्तु वह फिर भी विचलित नहीं हुआ तथा स्वयं भी अपनी गदा लेकर उनसे भिड़ने को उद्यत हो गया। अब भगवान् श्रीकृष्ण ने उठ कर अपने पक्षपाती राजाओं को शान्त किया। जब शिशुपाल बोलते-बोलते सौवें

अपराध पर पहुँच गया तब भगवान् श्रीकृष्ण ने अपने सुदर्शनचक्र से शिशुपाल का सिर काट दिया (यहाँ तक उसे न मारने के लिये वे शिशुपाल की माता से वचन-बध थे)। जिस प्रकार आकाश से गिरा लूक धरती में समा जाता है, उसी प्रकार, सभी के देखते-देखते, शिशुपाल के शरीर से एक ज्योति निकल कर भगवान् श्रीकृष्ण के शरीर में समा गई। शिशुपाल भगवान् का शापग्रस्त पार्षद था। उसके अन्तःकरण में तीन जन्मों से बैरभाव की वृद्धि हो रही थी। वह अवरिल बैरभाव से ही भगवान् श्रीकृष्ण का हर समय ध्यान करते-करते उन्हीं में तन्मय रहता था। अब भगवान् के हाथों मारे जाने से उसकी मुक्ति हो गई तथा वह शापमुक्त हो पुनः उनका पार्षद बन गया।

इस प्रकार योगेश्वर भगवान् श्रीकृष्ण ने महाराज युधिष्ठिर का राजसूय-यज्ञ पूर्ण कर, कुछ समय वहाँ और रहकर, स्वजनों तथा मित्रों से अनुमति लेकर, वे द्वारकापुरी लौटे।

अध्याय 26

राजसूय-यज्ञ पूर्ति

राजसूय-यज्ञ के समय भीमसेन ने भोजनालय की देख-रेख की, दुर्योधन ने कोषाध्यक्ष के रूप में अपनी भूमिका निभाई। सहदेव आगुन्तकों के सत्कार में नियुक्त हुए तथा नकुल ने विविध प्रकार की सामग्री एकत्रित करने का कार्य किया। अर्जुन को गुरुजनों की सेवा में नियुक्त किया तथा भगवान् श्रीकृष्ण स्वयं, आये हुए अतिथियों के पाँव पखारने के काम में लगे। देवी द्रौपदी ने भोजन परोसने का काम किया तथा उदार कर्ण को दान देने का कार्य सौंपा। इसी प्रकार सात्यकि, विकर्ण, हार्दिक्य, विदुर, भूरिश्रवा आदि को विभिन्न कार्य सौंपे गये।

जब ऋत्विज्, सदस्य तथा बाहर से आये पुरुषों, स्वजनों और मित्रों का भली प्रकार से, विविध प्रकार की भेंट-सामग्री तथा दक्षिणा आदि से सत्कार हो चुका तथा शिशुपाल भगवान् श्रीकृष्ण के चरणों में समा गये, तब धर्मराज युधिष्ठिर ने गंगाजी में यज्ञान्त-स्नान किया। इस समय वे एक शोभायात्रा के रूप में गये। ढोल, मृदंग, शंख, नगारे आदि बाजे बज रहे थे तथा यज्ञ के सदस्य, ऋत्विज् तथा श्रेष्ठ ब्राह्मण वेदमन्त्रों का उच्चारण कर रहे थे। भगवान् श्रीकृष्ण अपने सखाओं पर रंगादि डाल रहे थे। सभी ओर एक आनन्द की लहर दौड़ गई। सारे नगर में हर्षोल्लास तथा होली जैसा वातावरण हो गया। इस दृश्य को देखने के लिये आकाश में देवता लोग उपस्थित हुए।

चक्रवर्ती महाराज युधिष्ठिर द्रौपदी आदि रानियों सहित सुन्दर घोड़ों से युक्त सोने के हारों से सुसज्जित रथ पर सवार होकर शोभायमान हो रहे थे। ऋत्विजों ने पत्नी-संयाज यज्ञकर्म तथा यज्ञान्त-स्नान सम्बन्धी कर्म करवा कर द्रौपदी के साथ सम्राट् युधिष्ठिर को आचमन कराया तथा इसके बाद गंगा-स्नान। महाराज युधिष्ठिर के स्नान के पश्चात् सभी ने गंगाजी में स्नान किया। तदनन्तर धर्मराज युधिष्ठिर ने रेशमी धोती तथा दुपट्टा धारण किया तथा विविध प्रकार के आभूषणों से सुसज्जित हुए। इसके बाद ऋत्विज्, ब्राह्मण आदि को वस्त्राभूषण देकर उनकी पूजा की।

स्नान पश्चात् महाराज युधिष्ठिर ने परमशील ऋत्विज्, ब्रह्मवादी सदस्य, ब्राह्मण, देवता, ऋषि-मुनि, पितर — इन सबकी पूजा की तथा उन्होंने धर्मराज युधिष्ठिर से जाने की अनुमति ली। भगवान् श्रीकृष्ण की विदाई पर महाराज युधिष्ठिर तनिक विचलित हो गये। उनके आग्रह पर भगवान् श्रीकृष्ण कुछ दिन और इन्द्रप्रस्थ में रह गये।

महाराज युधिष्ठिर के इस महान् यज्ञ को देखकर कदाचित् दुर्योधन को कुछ इर्ष्या होने लगी। उनके अन्तःपुर की सुन्दरता उससे सहन न हो सकी। इस सभा तथा महल को मय-दानव ने बनाया था। यहाँ सभी प्रकार की सुविधायें तथा ऐश्वर्य उपलब्ध थे। एक दिन महाराज युधिष्ठिर अपने भ्राताओं, सम्बन्धियों तथा परम हितैषी भगवान् श्रीकृष्ण सहित मय

दानव की बनाई हुई सभा में स्वर्ण सिंहासन पर बैठे थे। वंदिजन स्तुति कर रहे थे। उसी समय घमण्डी दुर्योधन अपने भ्राताओं सहित वहाँ आया। उस सभा में मय दानव ने ऐसे मायारचित जलाशय बनाये थे कि दुर्योधन भ्रमवश स्थल को जल समझ कर अपने वस्त्र समेट लेता तथा जल को स्थल समझ कर उस में गिर पड़ा। उसको गिरते देखकर भीमसेन तथा रानियाँ हँसने लगीं। यद्यपि युधिष्ठिर ने भगवान् श्रीकृष्ण का संकेत पाकर उन्हें रोका भी। रानियों की हँसी से दुर्योधन क्रोधित हो उठा तथा सभा से निकलकर हस्तिनापुर चला गया। इससे धर्मराज युधिष्ठिर का मन उदास हो गया। दुर्योधन का इस प्रकार कुपित होकर सभा से चला जाना उन्हें अच्छा न लगा। भगवान् श्रीकृष्ण ने इस पर कोई प्रतिक्रिया नहीं की। कदाचित् यह भी एक कारण महाभारत युद्ध के लिये बनना था, जिससे भगवान् श्रीकृष्ण ने दुष्टों का नाश कर पृथ्वी का बोझ हल्का करना था।

अध्याय 27

शाल्व-यादव युद्ध

सौभनामक विमान का अधिपति शाल्व शिशुपाल का मित्र था तथा रुक्मिणीजी के विवाह के समय वह शिशुपाल की ओर से आया था। रुक्मिणी-हरण के समय यादवों ने जरासन्ध सहित शाल्व पर भी विजय प्राप्त कर ली थी। उस समय शाल्व ने यह प्रतिज्ञा की थी कि वह यदुवंशियों को मिटाकर ही रहेगा। इस प्रकार प्रतिज्ञा कर शाल्व ने देवाधिदेव भगवान् पशुपतिजी की आराधना प्रारम्भ कर दी। शाल्व की एक वर्ष की घोर तपस्या से प्रसन्न होकर भगवान् पशुपति ने शाल्व को वर माँगने के लिये कहा। उस समय शाल्व ने यह वर माँगा था कि वे

उसे एक ऐसा विमान दें जो देवता, असुर, मनुष्य, गन्धर्व, नाग तथा राक्षसों से तोड़ा न जा सके तथा जहाँ इच्छा हो, वहीं चला जाये। भगवान् शंकर ने कहा–तथास्तु। भगवान् की आज्ञा से मय दानव ने लोहे का सौभनामक विमान बनाया तथा उसे शाल्व को दे दिया। यह विमान एक नगर के समान था। उसका रंग ऐसा था कि उसे देखना अथवा पकड़ना अत्यन्त कठिन था। चलाने वाला अपनी इच्छा से जहाँ चाहे उसे ले जा सकता था। इस विमान को प्राप्त कर शाल्व ने द्वारका पर आक्रमण कर दिया तथा नगर के द्वारों, अटारियों, दीवारों तथा रमणीय स्थानों को नष्ट करने लगा। इससे द्वारकावासी अति पीड़ित होने लगे। जब परम-यशस्वी वीर प्रद्युम्न ने प्रजा को पीड़ित देखा तो उन्हें धैर्य रखने को कहा तथा कहा कि वे डरें मत। उनके पीछे-पीछे सात्यकि, चारुदेष्ण, साम्ब तथा अक्रूर, कृतवर्मा, भानुविन्द, गद, शुक, सारण आदि वीर अपने शस्त्रों सहित निकले। उनके साथ थी चतुरगिंणी सेना। जिस प्रकार प्राचीन काल में देवताओं तथा असुरों का घमासान युद्ध हुआ था, वही स्थिति आज भी थी। शाल्व तथा यदुवंशियों की सेना में घोर युद्ध होने लगा। प्रद्युम्नजीने अपने दिव्य अस्त्रों से सौभपति शाल्व की सारी माया नष्ट कर दी। उन्होंने अपने बाणों से शाल्व के सेनापति को घायल कर दिया। इसी प्रकार उन्होंने शाल्व पर एक सौ बाण छोड़े तथा अन्य बाणों से सारथियों तथा सैनिकों को घायल कर दिया। उनके इस अद्भुत शौर्य को देखकर सभी उनकी सराहना करने लगे। मयदानव का बनाया हुआ शाल्व का विमान अत्यन्त मायावी था। कभी वह एक दिखता तो कभी कई रूपों में तथा कभी बिल्कुल न दीखता। अतः शाल्व का कोई अता-पता न चलता। यह विमान एक क्षण के लिये भी न ठहरता था। जब भी वह दिखाई देता था तो यादव वीर उस पर बाणों की वर्षा करते। यदुवंशियों के आक्रमण से शाल्व मूर्छित हो गया परन्तु उसका विमान पकड़ में न आ रहा था। शाल्व के सेनापति भी यदुसेना पर बाण-वर्षा कर रहे थे।

शाल्व के मन्त्री का नाम था द्युमान्। वह प्रद्युम्नजी से युद्ध कर रहा था। उसने प्रद्युम्नजी पर गदा से वार किया, जिसकी मार से प्रद्युम्नजी

घायल हो गये। प्रद्युम्नजी का सारथि, दारुक-पुत्र, प्रद्युम्नजी को युद्ध स्थान से हटा ले गया। जब प्रद्युम्नजी थोड़ा ठीक हुए तो उन्होंने सारथि से कहा कि उसने उनका रथ युद्धभूमि से हटा कर ठीक नहीं किया। इस स्थिति का निरूपण अब वे अपने ताऊ बलरामजी तथा अपने पिता श्रीकृष्ण से किस प्रकार करेंगे?

सारथि ने कहा, आयुष्मन्! मैंने जो भी किया वह सारथि का धर्म समझ कर किया। युद्ध का यही नियम है कि यदि रथि घायल हो तो सारथि उसे युद्धभूमि से, उसकी रक्षा के लिये वहाँ से हटा ले। क्योंकि आप लगभग मूर्छित से हो गये थे, अतः मैंने ऐसा किया।

अध्याय 28

शाल्व वध

अब पुनः तैयार होकर प्रद्युम्नजी ने सारथि से कहा कि वह उन्हें युद्धभूमि में ले चले। इस समय द्युमान् यादवों पर भारी पड़ रहा था तथा उन्हें बहुत क्षति पहुँचा रहा था। प्रद्युम्नजी ने युद्धभूमि में जा कर उसे परास्त कर दिया तथा उस पर आठ बाण छोड़े। इससे उसका रथ, घोड़े तथा सारथि सहित, नष्ट हो गया। यादवों में भी पुनः जीवन-संचार हो गया। युद्ध सत्ताईस दिन तक चलता रहा।

इस समय भगवान् श्रीकृष्ण, धर्मराज युधिष्ठिर के राजसूय-यज्ञ को पूर्ण कराने के लिये इन्द्रप्रस्थ गये हुए थे। उन्हें इस युद्ध का ज्ञान था। अतः यज्ञ पूर्ण होने पर, कुछ दिन और इन्द्रप्रस्थ में रहकर (महाराज युधिष्ठिर के आग्रह करने पर), वे पुनः द्वारका लौटे। वहाँ पहुँच कर उन्होंने देखा कि वास्तव में द्वारका पर आपत्ति आई हुई थी, शाल्व के आक्रमण के कारण। तब उन्होंने नगर की रक्षा के लिये सारथि से कहा–शीघ्र मेरे रथ को शाल्व के पास ले चलो। वह बड़ा मायावी है,

परन्तु तुम निर्भय रहो। भगवान् श्रीकृष्ण के युद्धभूमि में पहुँचते ही यादव सैनिकों का उत्साह बढ़ गया। इतने समय में प्रद्युम्नजी द्वारा शाल्व की लगभग सारी सेना नष्ट हो चुकी थी। भगवान् श्रीकृष्ण को देखते ही शाल्व ने उनके सारथि पर एक बड़ी शक्ति चलाई। भगवान् श्रीकृष्ण ने उसे अपने पास आते देख, उसे अपने बाणों से टुकड़े-टुकड़े कर दिया। तदनन्तर उन्होंने अपने बाणों से शाल्व के विमान को क्षतिग्रस्त कर दिया। शाल्व ने भगवान् श्रीकृष्ण पर बाण छोड़े तथा उन्हें क्षति पहुँचाने का भरसक प्रयत्न किया तथा तनिक सफल भी हुआ। उसने कहा–तुमने हमारे मित्र शिशुपाल की होने वाली पत्नी का हरण किया था। अब भरी सभा में तुमने शिशुपाल का वध भी कर दिया। आज मैं उसका प्रतिशोध लूँगा।

भगवान् श्रीकृष्ण ने कहा, अरे मन्द-बुद्धि! तुम व्यर्थ ही बहक रहे हो। तुम्हारे सिर पर मृत्यु सवार है। इतना कहकर भगवान् श्रीकृष्ण ने अपनी वेगवती तथा भयंकर गदा से शाल्व पर प्रहार किया। गदा शाल्व की हँसली पर पड़ी तथा उसके मुख से रुधिर निकलने लगा। भगवान् श्रीकृष्ण की गदा उनके पास लौट आई। अब शाल्व ने माया खेली। उसी समय एक पुरुष भगवान् श्रीकृष्ण के पास आया तथा उसने सिर झुका कर उन्हें प्रणाम कर कहा–मुझे आपकी माता देवकी ने भेजा है। शाल्व आपके पिता को बान्धकर ले गया है। भगवान् श्रीकृष्ण एक साधारण पुरुष की भाँति कहने लगे कि उनके भ्राता बलरामजी के होते यह कैसे हो गया? उनको तो देवता अथवा असुर, कोई भी जीत नहीं सकता। ऐसी बातें हो ही रही थीं कि शाल्व वसुदेवजी को बान्धकर भगवान् श्रीकृष्ण के समक्ष ले आया तथा पुनः अपने विमान पर सवार हो गया। भगवान् श्रीकृष्ण ने भी साधारण पुरुष की तरह इस घटना पर शोक प्रकट किया। शाल्व विमान पर चढ़कर हर्षोल्लास से युद्ध करने लगा। इसके साथ ही वह भगवान् श्रीकृष्ण पर बाणों की वर्षा करने लगा।

अमोध शक्ति भगवान् श्रीकृष्ण ने अपने बाणों से शाल्व को घायल कर दिया तथा उसके कवच, धनुष आदि को भी जर्जित कर दिया।

उनकी गदा के प्रहार से विमान भी सागर में गिर पड़ा। इससे पहले ही शाल्व हाथ में गदा लेकर विमान से धरती पर कूद पड़ा। उसको आक्रमण करते देख भगवान् श्रीकृष्ण ने भाले से उसका हाथ काट दिया। तदनन्तर उसे मारने के लिये उन्होंने प्रलयकालीन सूर्य के समान तेजस्वी सुदर्शन-चक्र को धारण किया। उसी समय चहुँ ओर प्रकाश फैल गया। भगवान् श्रीकृष्ण ने सुदर्शन चक्र द्वारा शाल्व का सिर, कुण्डल किरीट सहित, धड़ से अलग कर दिया। शाल्व के सैनिक इस घटना से भयभीत होकर तितर-बितर होने लगे। शाल्व की मृत्यु पर देवता अति प्रसन्न हुए तथा आकाश से भगवान् श्रीकृष्ण पर पुष्प-वर्षा करने लगे। इसी समय शाल्व का मित्र दन्तवक्त्र अपने मित्रों की मृत्यु का प्रतिशोध लेने के लिये युद्धभूमि में आ गया।

अध्याय 29

दन्तवक्त्र तथा विदूरथ उद्धार

शिशुपाल, शाल्व तथा पौण्ड्रक का मित्र था दन्तवक्त्र। शाल्व की मृत्यु होने पर, उसका तथा अपने अन्य दो मित्रों की मित्रता का ऋण चुकाने के लिये वह अकेला ही युद्धभूमि में आ गया। शस्त्र के नाम पर उसके हाथ में केवल एक गदामात्र ही थी। भगवान् श्रीकृष्ण ने भी हाथ में गदा लेली। भगवान् श्रीकृष्ण ने कहा–कितने आनन्द की बात है कि आज तुम स्वयं ही मेरे सामने खड़े हो।

दन्तवक्त्र ने कहा, कृष्ण! तुम मेरे मामा के लड़के हो। अतः मैं तुम्हें मारना उचित नहीं समझता। परन्तु तुमने मेरे मित्रों को मारा है, अतः अब मैं तुम्हें मारूँगा। इससे मैं मित्रों की मित्रता से उऋण हो जाऊँगा। इतना कहकर उसने श्रीकृष्ण पर गदा से वार किया। भगवान् श्रीकृष्ण ने भी

अपनी कौमोदकी गदा से उसके वक्षःस्थल पर प्रहार किया। गदा की चोट से दन्तवक्त्र का कलेजा फट गया तथा उसके मुख से रुधिर बहने लगा। उसके बाल बिखर गये तथा वह भूमि पर गिर पड़ा। जिस प्रकार शिशुपाल की मृत्यु के समय हुआ था, वैसे ही एक सूक्ष्म ज्योति दन्तवक्त्र के शरीर से निकली तथा भगवान् श्रीकृष्ण के शरीर में समा गई। वास्तव में दन्तवक्त्र भी ब्रह्म-ऋषि शापित भगवान् का पार्षद था।

दन्तवक्त्र का भ्राता था विदूरथ। अपने भ्राता की मृत्यु पर उसे अत्यन्त दुःख हुआ। वह भी भ्राता की मृत्यु का प्रतिशोध लेने के लिये युद्धभूमि में आ गया। जब उसने भगवान् श्रीकृष्ण पर प्रहार करना चाहा तो भगवान् श्रीकृष्ण ने सुदर्शन चक्र से उसका सिर, किरीट तथा कुण्डल सहित धड़ से अलग कर दिया। इस प्रकार भगवान् श्रीकृष्ण ने शाल्व, दन्तवक्त्र तथा विदूरथ को मारकर तथा सौभ नामक विमान को नष्ट कर, द्वारका में प्रवेश किया। उस समय देवता भगवान् श्रीकृष्ण की स्तुति कर रहे थे तथा उन पर आकाश से पुष्प-वर्षा कर रहे थे।

योगेश्वर भगवान् श्रीकृष्ण के आगमन पर द्वारकापुरी सजा दी गई। उनके पीछे-पीछे चल रहे थे यादव वीर।

बलरामजी ने कुछ समय पश्चात् सुना कि दुर्योधन आदि कौरव, पाण्डवों से युद्ध करने की तैयारी कर रहे हैं। बिना किसी का पक्ष लिये वे इस युद्ध से हटना चाहते थे। अतः वे तीर्थ-स्नान के बहाने द्वारका से चल पड़े। प्रथम उन्होंने प्रभास क्षेत्र में स्नान किया तथा तर्पण कर देवता, ऋषि तथा पितरों को प्रसन्न किया। तदनन्तर वे क्रमशः पृथूदक, बिन्दुसर, त्रितकूप, सुदर्शन-तीर्थ, विशाल-तीर्थ, ब्रह्म-तीर्थ, चक्र-तीर्थ तथा पूर्ववाहिनी सरस्वती आदि तीर्थों पर गये। तत्पश्चात् यमुना तट, गंगा तट के प्रधान-प्रधान तीर्थों में होते हुए नैमिषारण्य क्षेत्र में गये। इन दिनों हर क्षेत्र में बड़े-बड़े ऋषि, सत्संगरूप महान् सत्र कर रहे थे। दीर्घकाल तक सत्संगसत्र का नियम लेकर बैठे हुए ऋषियों ने बलरामजी के आने पर उनका उठ कर स्वागत किया तथा प्रणाम कर उनकी पूजा की। कलावतार व्यास के शिष्य रोमहर्षण व्यासगद्दी पर बैठे हुए थे। सूत-जाति

में उत्पन्न होने पर भी वे (रोमहर्षण) इन श्रेष्ठ ब्राह्मणों तथा ऋषियों से ऊँचे आसन पर बैठे थे। बलरामजी के आने पर न तो वे अपने आसन से उठे, न ही उन्होंने बलरामजी का स्वागत किया तथा न ही उन्हें प्रणाम किया। इस पर बलरामजी को क्रोध आ गया। गुरु व्यासजी का शिष्य होने पर, इसने इतिहास, पुराण, धर्मशास्त्र आदि बहुत से ग्रन्थों का अध्ययन किया है, परन्तु न इसने मन का संयम किया तथा न ही अपना अभिमान त्यागा (वास्तव में यह ज्ञान का अभिमान था)।

जो लोग धर्म का चिह्न धारण करते हैं, परन्तु धर्म का पालन नहीं करते, वे अधिक अपराधी हैं। भगवान् बलरामजी ने तीर्थ-यात्रा के समय, यद्यपि दुष्टों के वध से भी संकोच किया था, फिर भी उन्होंने अपने हाथ में पकड़ी एक कुश की नोक से रोमहर्षण पर प्रहार किया। इससे रोमहर्षण की मृत्यु हो गई। इस घटना से, सभी एकत्रित ऋषि-मुनियों का मन खिन्न हो गया। उन्होंने देवाधिदेव बलरामजी से कहा, प्रभो! सूतजी को हम ने ही ब्राह्मणोचित आसन पर बिठाया था तथा जब तक हमारा यह सत्र समाप्त न हो जाये, तब तक के लिए हमने उन्हें शारीरिक कष्ट से रहित आयु प्रदान की थी। आपने अनजाने में ऐसा काम कर दिया। यह ब्रह्महत्या के समान है। हम जानते हैं कि आप योगेश्वर हैं तथा वेदों से ऊपर हैं, फिर भी आपसे यह प्रार्थना है कि आपका यह अवतार लोगों को पवित्र करने के लिये हुआ है। यदि आप किसी की प्रेरणा के बिना, स्वयं अपनी इच्छा से ही इस ब्रह्महत्या का प्रायश्चित्त कर लेंगे तो इससे सभी को शिक्षा मिलेगी।

भगवान् बलरामजी ने कहा—मैं लोगों की शिक्षा के लिये तथा उन पर अनुग्रह करने के लिये इस ब्रह्महत्या का प्रायश्चित्त करूँगा। अत: जो भी प्रथम श्रेणी का प्रायश्चित्त है, वह बताइये। यदि आप सूतजी को दीर्घ आयु, बल, इन्द्रिय-शक्ति देना चाहते हैं, तो वह भी मैं दे सकता हूँ।

ऋषियों ने कहा, बलरामजी! आप कोई ऐसा उपाय कीजिए जिससे आपका शस्त्र, पराक्रम तथा इनकी मृत्यु भी व्यर्थ न हो तथा इन्हें दिया हमारा वरदान भी सत्य हो जाय।

भगवान् बलरामजी ने कहा, ऋषियो! वेदों का कहना है कि आत्मा ही पुत्र के रूप में जन्म लेता है। अतः रोमहर्षण के स्थान पर उनका पुत्र आप लोगों को पुराणों की कथा सुनायेगा। उसे मैं दीर्घायु, इन्द्रिय-शक्ति तथा बल प्रदान करता हूँ। इसके अतिरिक्त आप लोग और भी जो कुछ चाहते हैं, मुझे कहिए, मैं आप लोगों की इच्छा पूर्ण करूँगा।

ऋषियों ने कहा, बलरामजी! इल्वल का पुत्र बल्वल एक बलशाली दानव है। वह दुष्ट प्रत्येक पर्व पर आ कर हमारे इस सत्र को दूषित कर जाता है। आप उस पापी का वध कर दें। तदनन्तर आप तीर्थों में स्नान करते हुए बारह मास तक भारत वर्ष की परिक्रमा करते हुए विचरण कीजिए। इससे आपकी शुद्धि हो जायेगी। (अर्थात् ब्रह्महत्या का प्रायश्चित्त हो जायेगा।)

अध्याय 30

बल्वल उद्धार

ऋषि-सत्संग-रूप सत्र की समाप्ति, अर्थात् पर्व के दिन आकाश में धूल तथा वर्षा का वातावरण हो गया। धूल तथा वर्षा के सहित दुर्गन्धयुक्त वस्तुओं की भी वर्षा होने लगी। यह दुष्ट कार्य बल्वल दानव कर रहा था। उसने यज्ञशाला को अपवित्र तथा भ्रष्ट कर दिया। तत्पश्चात् वह हाथ में त्रिशूल लिये दिखाई दिया। बड़ी-बड़ी दाढ़ों तथा भौहों के कारण उसका मुख बड़ा भयानक दीख रहा था। उसे देखकर बलरामजी ने शत्रु-सेना को नष्ट करने वाले मूसल तथा दैत्यों का नाश करने वाले हल का स्मरण किया। उनके स्मरण करने से वे दोनों वहाँ प्रस्तुत हो गये।

भगवान् बलरामजी ने आकाश में विचरने वाले बल्वल दैत्य को अपने हल की नोक से खींचकर उसके सिर पर अपने मूसल से वार

किया। इससे उसका माथा फट गया तथा मुख से रुधिर उगलता हुआ वह धरती पर गिर पड़ा। नैमिषारण्यवासी महाभाग्यवान् ऋषि-मुनियों ने भगवान् बलरामजी की स्तुति की तथा उन्हें आशीर्वाद दिया। तदनन्तर उन्होंने बलरामजी का देवराज इन्द्र की तरह अभिषेक किया तथा उन्हें दिव्य आभूषण तथा वस्त्र प्रदान किये। कभी न मुरझाने वाली पुष्प (कमल) माला भी प्रदान की।

इस प्रकार मुनियों से आज्ञा लेकर बलरामजी ब्राह्मणों सहित कौशिकी नदी-तट पर आये। वहाँ से स्नान कर वे उस सरोवर पर गये जहाँ से सरयू नदी निकास लेती है। सरयू नदी के तट पर होते हुए वे प्रयाग आये। यहाँ स्नान कर उन्होंने देवता, पितर, ऋषि के लिये तर्पण किया। तदनन्तर गया में जाकर, वसुदेवजी की आज्ञानुसार पितरों का पूजन-यजन किया। तीर्थ कार्यों से निवृत्त होकर वे महेन्द्र पर्वत पर गये। वहाँ परशुरामजी का दर्शन कर उनका अभिवादन किया। इसके पश्चात् सप्तगोदावरी, वेणा, पम्पा तथा भीमरथी आदि में स्नान कर, स्वामिकार्तिकजी के दर्शन किये तथा वहाँ से महादेवजी के निवास-स्थान श्रीशैल पर पहुँचे। तदनन्तर बलरामजी ने द्रविड़ देश के परम पुण्यमय स्थान वेंकटाचल (बालाजी) का दर्शन किया तथा वहाँ से कामाक्षी–शिवकाञ्ची, विष्णुकाञ्ची होते हुए कावेरी नदी में स्नान कर, पुण्यमय श्रीरंगक्षेत्र में पहुँचे। श्रीरंगक्षेत्र में भगवान् विष्णु सदा विराजमान रहते हैं। इसके पश्चात् उन्होंने विष्णु भगवान् के क्षेत्र ऋषभ-पर्वत, दक्षिण-मथुरा तथा पापों का नाश करने वाले सेतुबन्ध की यात्रा की।

सेतुबन्ध का तीर्थ कर बलरामजी ने ब्राह्मणों को गौएँ दान कीं। वहाँ से कृतमाला तथा ताम्रपर्णी नदियों में स्नान करते हुए वे मलय-पर्वत पर आये। यहाँ विराजमान अगस्त्य मुनि का अभिवादन किया तथा उनसे आशीर्वाद प्राप्त किया। तत्पश्चात् बलरामजी ने दक्षिण-सागर की यात्रा की। वहाँ उन्होंने माँ दुर्गा का कन्याकुमारी के रूप में दर्शन किया। इसके बाद वे फाल्गुन तीर्थ–अनन्तशयन क्षेत्र में गये तथा वहाँ पञ्चाप्सर तीर्थ में स्नान किया। यहाँ सर्वदा विष्णु भगवान् का सान्निध्य रहता हैं। यहाँ भी उन्होंने गौएँ दान कीं।

तदनन्तर भगवान् बलरामजी केरल तथा त्रिगर्त प्रदेशों से होकर भगवान् शंकरजी के क्षेत्र गोकर्ण तीर्थ में गये। यहाँ सर्वदा भगवान् शंकरजी का वास है। यहाँ से जल से घिरे द्वीप में निवास करने वाली आर्यादेवी का दर्शन कर उन्होंने शूर्पारक-क्षेत्र की यात्रा की। तदनन्तर तापी, पयोष्णी तथा निर्विन्ध्या नदियों में स्नान कर वे दण्डकारण्य में गये। इसके पश्चात् नर्मदा नदी के तट पर गये। इस पवित्र नदी के तट पर माहिष्मतीपुरी है। वहाँ मनुतीर्थ में स्नान कर वे पुनः प्रभास-क्षेत्र चले गये। यहाँ आकर उन्होंने सुना कि कौरव-पाण्डव युद्ध में अधिकांश क्षत्रियों का संहार हो गया है। उन्होंने अनुभव किया कि अब पृथ्वी का अधिकांश भार उतर गया है। जिस दिन भीमसेन तथा दुर्योधन गदा-युद्ध कर रहे थे, उसी दिन इस युद्ध को रोकने के लिये बलरामजी कुरुक्षेत्र पहुँचे।

महाराज युधिष्ठिर, नकुल, सहदेव, अर्जुन तथा भगवान् श्रीकृष्ण ने उन्हें प्रणाम किया। इस समय भीमसेन तथा दुर्योधन गदा-युद्ध कर रहे थे। उन्हें देखकर बलरामजी ने कहा, राजा दुर्योधन और भीमसेन! तुम दोनों वीर हो। तुम दोनों में बल-पौरुष भी समान है। परन्तु मैं समझता हूँ कि भीमसेन में बल अधिक है और दुर्योधन ने गदा-युद्ध में अधिक शिक्षा प्राप्त की है। अतः इस युद्ध में किसी एक की जय अथवा पराजय होती दिखाई नहीं देती। इसलिए अब इस युद्ध को बन्द कर दो। यद्यपि बलरामजी का निर्देश दोनों के लिये हितकारी था, परन्तु दोनों (भीमसेन तथा दुर्योधन) में वैरभाव इतना था, कि उन्होंने बलरामजी की बात नहीं मानी। बलरामजी उनकी इस मनोकामना को देखकर वहाँ से द्वारका लौट आये।

द्वारका में उग्रसेन तथा गुरुजनों ने और अन्य सम्बन्धियों ने बलरामजी का स्वागत किया। वहाँ से वे पुनः नैमिषारण्य क्षेत्र में गये। यहाँ ऋषियों ने उनसे यज्ञ कराये। वास्तव में तो यज्ञ भगवान् बलरामजी के ही अंग हैं, परन्तु उनका यह अनुष्ठान लोकसंग्रह तथा लोक-शिक्षा के लिये ही था। वहाँ भगवान् बलरामजी ने ऋषियों को विशुद्ध तत्त्वज्ञान का उपदेश

दिया। तदनन्तर बलरामजी ने अपनी पत्नी रेवती सहित यज्ञान्त-स्नान किया। भगवान् बलरामजी स्वयं अनन्त हैं। उनका स्वरूप मन-वाणी से परे हैं।

अध्याय 31

श्री सुदामा-द्वारकागमन

जो वाणी भगवान् के गुणों का गान करती है, वही वाणी सच्ची है। जो हाथ भगवान् की सेवा करते हैं वही हाथ सार्थक हैं। मन वही श्रेष्ठ है जो चराचर प्राणियों में निवास करने वाले भगवान् का स्मरण करता है। कान वही योग्य हैं जो भगवान् की पुण्पमयी कथाओं का श्रवण करते हैं। वह शीश सफल है जो चराचर जगत् को भगवान् की चल-अचल प्रतिमा मानकर नमस्कार करता है। जो चराचर प्राणियों में श्रीभगवान् का दर्शन करते हैं, नेत्र वही धन्य हैं। शरीर के जो-जो अंग भगवान् के चरणोदक का सेवन करते हैं, वे ही वास्तव में सफल हैं।

श्री सुदामाजी की कथा सुनाते हुए श्री शुकदेवजी कहते हैं, परीक्षित्! एक ब्राह्मण भगवान् श्रीकृष्ण के परम मित्र थे। वे ब्रह्मज्ञानी तथा विषयों से अनासक्त थे। वे शान्त चित्त तथा जितेन्द्रिय थे। किसी प्रकार का संग्रह-परिग्रह न रखकर, जो कुछ प्रारब्ध से मिल जाता था उसी में सन्तुष्ट रहते थे। उनकी पत्नी भी वैसी ही थी। उन्हें शरीर निर्वाह के लिये पर्याप्त अन्न न मिलने के कारण वे दोनों दुर्बल हो गये थे। एक दिन दरिद्रता की मूर्ति पतिव्रता पत्नी उनके पास भूख से काँपती हुई आई। (वास्तव में वह बच्चों की भूख देख कर अति व्याकुल हो गई थी।) तथा बोली—साक्षात् लक्ष्मीपति भगवान् श्रीकृष्ण आपके सखा हैं। वे भक्तवत्सल, शरणागतवत्सल, कल्पतरु तथा ब्राह्मणों के परमभक्त हैं। वे

साधु-संतों के, सत्पुरुषों के एकमात्र आश्रय हैं। आप उनके पास जाइये। जब वे जानेंगे कि आप गृहस्थी तथा कुटुम्बी हैं तथा अन्न के बिना दु:खी हो रहे हैं, तो वे आपकी धन से सहायता करेंगे। आजकल वे भोज, वृष्णि तथा अन्धकवंशी यादवों के स्वामी के रूप में द्वारका में निवास कर रहे हैं। वे बहुत उदार हैं। जो उनके चरणकमलों का स्मरण करते हैं, उन प्रेमी-भक्तों का वे कष्ट निवारण करते हैं। वे जगद्गुरु यदि अपने भक्तों की सहायता करते हैं तो इसमें आश्चर्य की क्या बात है? पत्नी के इस प्रकार कहने पर सुदामाजी ने सोचा कि धन की तो कोई बात नहीं, परन्तु इस बहाने भगवान् श्रीकृष्ण के दर्शन हो जायेंगे। यही जीवन का सबसे बड़ा लाभ होगा। ऐसा विचार कर उन्होंने द्वारका जाने का निश्चय किया। उन्होंने अपनी पत्नी से कहा, कल्याणी! घर में जो कुछ भेंट देने योग्य वस्तु हो देदो। तब उनकी पत्नी ने पड़ोस के ब्राह्मण-घर से चार मुट्ठी चिउड़े माँग कर एक पोटली में बान्धकर, श्रीभगवान् की भेंट हेतु, सुदामाजी को दे दिये। तदनन्तर ब्राह्मण देवता इन चिउड़ों को लेकर द्वारका के लिये चल पड़े। मार्ग में यह सोचते जाते थे कि भगवान् श्रीकृष्ण के दर्शन कैसे होंगे?

द्वारका पहुँच कर वे अन्य ब्राह्मणों के साथ, द्वारपालों तथा सैनिकों द्वारा रक्षित, तीन डयोड़ियाँ पार कर भगवान् श्रीकृष्ण के महलों में पहुँचे तथा वहाँ उन्होंने भगवान् श्रीकृष्ण के मुख्य-महल में प्रवेश किया।

इस समय भगवान् श्रीकृष्ण रुक्मिणीजी के पलँग पर बैठे हुए थे। ब्राह्मण-देवता (सुदामाजी) को दूर से ही देख कर वे पलँग से उठ खड़े हुए तथा उनके पास आकर आनन्द से उन्हें अपने बाहुपाश में ले लिया। अपने प्यारे सखा का आलिंगन कर भगवान् अति प्रसन्न हुए। उनके कमल समान नेत्रों से अश्रुधारा बहने लगी। सुदामाजी को उन्होंने अपने पलँग पर बिठाया तथा पूजन की सामग्री से उनकी पूजा की। तदनन्तर उन्होंने अपने हाथों से सुदामाजी के चरण धोये तथा उनके चरणोदक को अपने शीश पर धारण किया तथा उनकी आरती उतारी। इस प्रकार स्वागत कर भगवान् श्रीकृष्ण ने कहा—आपका आगमन बड़ा आनन्ददायक

है। ब्राह्मण-देवता के कपड़े जीर्ण दशा में थे तथा वे बड़े दुर्बल भी लग रहे थे। अन्तःपुर की स्त्रियाँ यह देखकर अत्यन्त आश्चर्य में थीं कि पवित्र-कीर्ति भगवान् श्रीकृष्ण अतिशय प्रेम से इस ब्राह्मण से मिल रहे हैं। इस दरिद्र ब्राह्मण-देवता ने ऐसा कौन सा पुण्य किया है कि जिससे त्रिलोकीपति श्रीकृष्ण स्वयं इसका आदर-सत्कार कर रहे हैं।

भगवान् श्रीकृष्ण ने कहा, धर्म के मर्मज्ञ ब्राह्मण-देवता! गुरुदक्षिणा देकर जब आप गुरुकल से लौट आये थे तब आपने अपने-अनुरूप एक साधवी नारी से विवाह कर लिया था। मैं जानता हूँ कि आपका चित्त गृहस्थ के भोगों में आसक्त नहीं है तथा मुझे यह भी मालूम है कि तुम्हें धन आदि की भी आवश्यकता नहीं (क्योंकि तुम जो कुछ भी प्रारब्ध से प्राप्त होता है, उसमें सन्तुष्ट हो) ब्राह्मण शिरोमणि! क्या आपको उस समय की याद है जब हम दोनों गुरुकुल में निवास करते थे? गुरुकुल में ही द्विजातियों को अपने ज्ञातव्य वस्तु का ज्ञान होता है। इस संसार में शरीर का कारण—जन्मदाता पिता, प्रथम गुरु है। तत्पश्चात् उपनयन-संस्कार करके सत्कर्मों की शिक्षा देने वाला, दूसरा गुरु है। वह मेरे ही समान पूज्य है। तदनन्तर ज्ञानोपदेश देकर परमात्मा को प्राप्त कराने वाला गुरु भी मेरा स्वरूप है। वर्णाश्रमियों के ये तीन गुरु होते हैं।

ब्राह्मण! क्या तुम्हें उस दिन की भी याद है जब हम दोनों एक दिन गुरुपत्नी की आज्ञा से ईंधन लेने के लिये वन में गये थे। उस समय हम घोर वन में थे तथा अनायास ही बिना ऋतु के एक भयंकर आँधी के पश्चात् मूसलाधार वर्षा होने लगी थी। आकाश में बिजली कड़क रही थी। साँयकाल ढल चुका था। चारों ओर अँधेरा छा गया था। धरती पर इतना पानी हो गया था कि जल-स्थल का कोई ज्ञान न होता था। इस स्थिति में दिशा-ज्ञान भी न हो रहा था। हम घबरा कर, एक-दूसरे का हाथ पकड़ इधर-उधर भटक रहे थे। जब हमारे गुरुदेव सान्दीपनि मुनि को इस बात का ज्ञान हुआ तो प्रातः होते ही वे अन्य शिष्यों सहित हमें ढूँढने वन में निकले तथा हमें अत्यन्त आतुर दशा में पाया (वृक्ष पर बैठे हुए। यह भी भगवान् श्रीकृष्ण की एक बाललीला थी (अन्यथा

वर्षा-आँधी अथवा ऋतु का कोई भी प्रकोप उन्हें क्या हानि पहुँचा सकता था? ये तो सभी उनकी अपनी शक्तियाँ हैं तथा वे जगदीश्वर हैं)

वहाँ पहुँच कर गुरुदेव कहने लगे—तुम दोनों ने हमारे लिये बड़ा कष्ट उठाया तथा बिना संकोच हमारी सेवा में संलग्न रहे। गुरुऋण से मुक्त होने के लिये सच्चे शिष्यों का वास्तव में यही कर्तव्य है। मैं तुम दोनों से अति प्रसन्न हूँ। तुम्हारे सारे मनोरथ पूर्ण हों तथा तुम्हारी सारी अभिलाषाएँ पूर्ण हों। तुम्हारा वेदाध्ययन सदा तुम्हें कण्ठस्थ रहे।

ब्राह्मण-देवता ने कहा—देवताओं के आराध्यदेव जगत्-गुरु श्रीकृष्ण! अब हमें क्या करना बाकी है? आपके साथ-साथ—जो आप सत्यसंकल्प परमात्मा हैं—हमें गुरुकुल में रहने का सौभाग्य प्राप्त हुआ। प्रभो! आप छन्दोमय वेद, धर्म, अर्थ, काम, मोक्ष तथा चतुर्विध पुरुषार्थ के स्रोत हैं तथा वे आपके ही शरीर हैं। फिर भी यदि वेदाध्ययन के लिये आप गुरुकुल में निवास करें—यह आपकी लीला नहीं तो क्या है?

अध्याय 32

श्री सुदामा पर भगवान् श्रीकृष्ण की कृपा

भगवान् श्रीकृष्ण तो सबके मन की बात जानते हैं। वे ब्राह्मणों के परमप्रिय तथा उनके क्लेशों को दूर करने वाले तथा संतों के एकमात्र आश्रय हैं। उन्होंने कहा, ब्रह्मण्! आप मेरे लिये क्या उपहार लाये हैं? प्रेम से अर्पित तो फल-फूल भी मैं सहर्ष स्वीकार करता हूँ तथा उसे भोग लगाता हूँ। भगवान् श्रीकृष्ण के ऐसा कहने पर ब्राह्मण-देवता ने लज्जावश जो चार मुट्ठी चिउड़े उनकी पत्नी ने दिये थे—उन्हें भगवान् श्रीकृष्ण को अर्पित कर दिये तथा अपना मुख संकोच से नीचे कर लिया। भगवान् श्रीकृष्ण समस्त प्राणियों के हृदय के एक-एक संकल्प

को जानने वाले हैं। वे जानते थे कि उनके इस प्यारे सखा ने धन प्राप्त करने के लिये कभी भक्ति नहीं की। वह तो अपनी पत्नी के आग्रह पर मेरे पास आया है। अत: अब मैं उसे वह सम्पत्ति दूँगा जो देवताओं को भी वाञ्छनीय है। इस प्रकार भगवान् श्रीकृष्ण ने ब्राह्मण-देवता के जीर्ण वस्त्रों से बन्धा हुआ चिउड़ा निकाल लिया, अथवा छीन ही लिया तथा कहने लगे, प्रिय मित्र! यह तो तुम मेरे लिये अत्यन्त प्रिय भेंट लाये हो। ये चिउड़े तो सारे संसार को तृप्त कर देंगे। ऐसा कहकर वे एक मुट्ठी चिउड़े खा गये। जब उन्होंने दूसरी मुट्ठी खाने के लिये भरी तो रुक्मिणी के रूप में स्वयं भगवती लक्ष्मीजी ने उनका हाथ पकड़ लिया, क्योंकि वे अपने भगवान् को छोड़ कर कहीं जा नहीं सकती थीं। रुक्मिणीजी ने कहा, विश्वात्मा! बस, बस। मनुष्य को इस लोक में तथा मरणोपरान्त परलोक में भी, समस्त सम्पत्तियों की समृद्धि प्राप्त करने के लिये, यह एक मुट्ठी चिउड़ा ही बहुत है।

ब्राह्मण-देवता उस रात भगवान् श्रीकृष्ण के महल में रहे। उन्होंने ऐसा अनुभव किया कि मानो वह बैकुण्ठधाम में हों। श्रीकृष्ण से ब्राह्मण-देवता को प्रत्यक्षरूप में कुछ नहीं मिला, क्योंकि उन्होंने भगवान् से संकोचवश कुछ माँगा ही नहीं। इस प्रकार भगवान् श्रीकृष्ण के दर्शनों से ही तृप्त होकर वे अगले दिन अपने घर जाने के लिये चल पड़े। परोक्षरूप में भगवान् ने भी अपने मित्र का आत्मसम्मान रखने के लिये उसे कुछ नहीं दिया। वास्तव में कोई भी ब्राह्मण उनके यहाँ से यथोचित दक्षिणा पाये बिना नहीं जाता था।

सुदामाजी घर जाते समय सोच रहे थे कि वे कितने धन्य हैं कि आज उन्हें भगवान् श्रीकृष्ण के दर्शन हो गये तथा उन्होंने उनकी ब्राह्मण-भक्ति स्वयं अपनी आँखों से देख ली। जिनके वक्ष:स्थल पर स्वयं लक्ष्मीजी विराजमान रहती हैं, उन्होंने मुझे अपने गले से लगाया। कहाँ मैं दरिद्र-मूर्ति और कहाँ वे लक्ष्मीपति भगवान् श्रीकृष्ण। उन्होंने मित्र नहीं, अपितु एक भ्राता की तरह मुझ से प्यार किया। स्वर्ग, मोक्ष, पृथ्वी तथा रसातल की सम्पत्ति तथा समस्त योगसिद्धियों की प्राप्ति का

मूल उनके चरणों की सेवा है। कदाचित् यही सोचकर उन्होंने मुझे थोड़ा धन भी नहीं दिया कि कहीं मैं धन प्राप्त कर अपने ध्येय से (भगवान् के दर्शन न कर पाऊँ) गिर न जाऊँ।

इस प्रकार सोचते-सोचते ब्राह्मण-देवता अपने घर के पास पहुँचे। परन्तु वहाँ पहुँच कर उन्होंने देखा कि वह स्थान तो रत्ननिर्मित महलों से घिरा हुआ है। चारों ओर सुन्दर उपवन तथा उद्यान हैं। सरोवरों में कुमुदिनी और श्वेत, नील तथा सौगन्धिक कमल खिले हुए हैं। इस स्थान को देखकर वे विस्मित से हो गये तथा सोचने लगे कि क्या यह वही स्थान है जहाँ वे रहते थे? (क्या मेरा छोटा सा घर भी गया?) उसी समय वंदिगण मंगलगीत गाते हुए उनकी अगवानी करने के लिये आये। पति का आगमन सुनकर, उनकी पत्नी (ब्राह्मणी), हड़बड़ाकर शीघ्रता से घर से बाहर आई। वह अति सुन्दर-वस्त्र पहने हुऐ थी तथा कोई देवाङ्गना लग रही थी। पति को देखते ही उसकी आँखों से आँसू बहने लगे तथा उसने अपने पति को नमस्कार कर उनका अभिवादन किया। उनकी पत्नी के साथ कई दासियाँ भी थीं तथा वे एक देवपत्नी के समान शोभायमान हो रही थी। ब्राह्मण-देवता ने (आश्चर्यजनक मुद्रा में) अपने महल में प्रवेश किया। वह इस सब को अभी तक समझ न पा रहो थे। उनका महल क्या था, मानो देवराज-इन्द्र का निवास-स्थान हो। यहाँ भोग-ऐश्वर्य की सभी सामग्रियाँ उपलब्ध थीं। सोने का सिंहासन, सोने के खंभे (स्तम्भ), रत्नजड़ित दीवारें।

इस प्रकार समस्त सम्पत्तियों तथा वैभव को देखकर, तथा इसका कारण न जानते हुए ब्राह्मण-देवता ने अपनी पत्नी से पूछा तथा स्वयं भी सोचने लगे कि इस समस्त समृद्धि का क्या कारण है। अवश्य ही परमऐश्वर्यशाली भगवान् श्रीकृष्ण की कृपा के अतिरिक्त और कोई कारण नहीं। वे याचक भक्त को—उसके मन का भाव जानकर—जो कुछ वह चाहे, उसे दे देते हैं। मेरे यदुवंश-शिरोमणि सखा श्यामसुन्दर सचमुच मेघ से भी बढ़कर उदार हैं, जो सागर भरने की शक्ति रखता है। किसान के सामने न बरसकर, रात को वर्षा कर उसके खेत तथा खलिहान भर देता है। मैंने केवल एक मुट्ठी चिउड़ा उन्हें भेंट किया और उन्होंने

उसके उपलक्ष्य में मुझे धन-धान्य से भरपूर कर दिया तथा प्रेम से मेरी भेंट भी स्वीकार कर ली। वास्तव में मुझे सम्पत्ति की आवश्यकता नहीं। सदा-सर्वदा मेरा भगवान् श्रीकृष्ण के चरणकमलों में अनुराग बढ़ता रहे। श्रीभगवान्, सम्पत्ति आदि को दोष मानते हैं। इससे मनुष्य का पतन भी हो सकता है। फिर भी श्रीभगवान् की उदारता को स्वीकार कर, अनासक्त भाव से वे अपनी पत्नी सहित इस सम्पत्ति को भोगने लगे।

इस प्रकार भगवान् श्रीकृष्ण के प्यारे सखा उस ब्राह्मण-देवता ने देखा कि यद्यपि भगवान् अजित हैं, किसी के अधीन नहीं, फिर भी वे अपने भक्तों के अधीन हो जाते हैं। इस प्रकार अब वह उन्हीं श्रीभगवान् के ध्यान में तन्मय हो गये।

अध्याय 33

बलराम-श्रीकृष्ण-गोप, गोपियाँ मिलन

एक बार सर्वग्रास सूर्यग्रहण लगा। यह लगभग इस प्रकार का था जैसा कि प्रलय के समय होता है। अपने कल्याणहेतु लोग पुण्य आदि उपार्जन करने के लिये समन्तपञ्चक तीर्थ कुरुक्षेत्र गये जहाँ परशुरामजी ने पृथ्वी को क्षत्रियहीन कर उन राजाओं के रुधिर से पाँच कुण्ड बना दिये थे। जैसे कोई साधारण मनुष्य अपने पाप की निवृत्ति के लिये प्रायश्चित्त करता है, वैसे ही भगवान् परशुरामजी ने लोक मर्यादा को रखते हुए वहाँ यज्ञ किया। (इसी कारण इस का नाम समन्तपञ्चक तीर्थ पड़ा।)

इस महान् अवसर पर (सूर्य ग्रहण पर) लगभग सभी प्रान्तों से लोग कुरुक्षेत्र आये। इसी प्रकार अक्रूरजी, वसुदेवजी, उग्रसेनजी तथा अन्य प्रमुख यदुवंशी—प्रद्युम्न, साम्ब आदि सहित कुरुक्षेत्र आये। प्रद्युम्न-नन्दन अनिरुद्ध तथा सेनापति कृतवर्मा—सुचन्द्र, शुक, सारण आदि सहित नगर

की रक्षा के लिये द्वारका में ही रहे। यदुवंशी पालकियों पर अपनी पत्नियों के साथ, रथों तथा सामान के छकड़ों सहित, एक शोभायात्रा के रूप में वहाँ पहुँचे। वहाँ पहुँच कर उन्होंने विधिवत् उपवास किया तथा स्नान के पश्चात् ब्राह्मणों को दान-दक्षिणा दी तथा उन्हें स्वादिष्ट पकवानों का भोजन कराया। उन्होंने यह भी संकल्प लिया कि उनकी भगवान् श्रीकृष्ण के चरणों में भक्ति बनी रहे। तदनन्तर ठण्डी छायावाले वृक्षों तले वे डेरा डाल कर ठहर गये। विश्राम के पश्चात् उन्होंने अपने सम्बन्धियों तथा मित्र-राजाओं से मिलना आरम्भ किया। वहाँ इस अवसर पर, मत्स्य, उशीनर, कोसल, विदर्भ, कुरु, सृञ्जय, काम्बोज, कैकय, मद्र, कुन्ति, आनर्त, केरल तथा अन्य प्रदेशों के नरपति भी आये हुए थे। इनके अतिरिक्त यदुवंशियों के परम-हितैषी-बन्धु, नन्द आदि गोप तथा भगवान् श्रीकृष्ण के दर्शनों के लिये चिरकाल से उतकण्ठित गोपियाँ भी वहाँ आईं थीं। परस्पर-मिलन तथा वार्तालाप से सभी के मन अति प्रसन्न हुए।

पुरुषों की भाँति स्त्रियाँ भी एक-दूसरे से मिलकर आनन्द-विभोर हो गईं। वे अत्यन्त सौहार्द, मन्द-मन्द मुस्कान से परस्पर मिलने लगीं तथा एक-दूसरे को भेंट देने लगीं।

सारा वातावरण बड़ा आनन्दमय था। वे एक-दूसरे के गले मिलीं। अवस्था में छोटों ने बड़े-बूढ़ों का अभिवादन किया।

कुन्ती, वसुदेव आदि अपने भ्राताओं, बहिनों, उनके पुत्रों, माता-पिता, भाभियों तथा भगवान् श्रीकृष्ण को देखकर बहुत प्रसन्न हुई तथा अपना सारा ताप भूल गई।

कुन्ती ने वसुदेवजी से कहा, भैया! मैं बहुत अभागिन हूँ। मेरी एक भी बात पूरी नहीं हुई। आप जैसे साधु-स्वभाव भ्राता भी यदि विपद में मेरी सुध न ले सके तो इससे बढ़कर दुःख की और क्या बात हो सकती है? ठीक कहा है कि भाग्य जब किसी के विरुद्ध होता है तो उसे उसके स्वजन-समुदाय भी भूल जाते हैं।

वसुदेवजी ने कहा, बहिन! ऐसा मत कहो। वास्तव में सभी प्रकृति

के अधीन हैं तथा विवश हैं। हम लोग कंस के सताये हुए तथा उसके मित्र राजाओं के सताये हुए इधर-उधर भटकते रहे तथा अब कहीं जाकर पुनः अपना स्थान ग्रहण कर पाये हैं।

इस सूर्यग्रहण पर्व पर भीष्म-पितामह, द्रोणाचार्य, धृतराष्ट्र गान्धारी, दुर्योधन आदि अपने पुत्रों सहित तथा उनकी पत्नियों सहित आये थे। इसी प्रकार युधिष्ठिर आदि पाण्डव, माता कुन्ती, सृञ्जय, विदुर, कृपाचार्य, कुन्तिभोज, विराट, भीष्मक, महाराज नग्नजित्, पुरुजित्, द्रुपद शल्य, धृष्टकेतु, काशीनरेश, युधामन्यु, सुशर्मा आदि अपने पुत्रों सहित। युधिष्ठिर के मित्र नरपति, भगवान् श्रीकृष्ण के परम-सुन्दर विग्रह तथा उनकी पटरानियों को देखकर अत्यन्त प्रसन्न हुए। बलरामजी तथा श्रीकृष्ण से सम्मान प्राप्त कर ये नरपति यदुवंशियों तथा स्वजनों से मिलने लगे। उन्होंने महाराज उग्रसेन को सम्बोधित करते हुए कहा, भोजराज उग्रसेनजी! इस जगत् में आप लोगों का जीवन सफल है तथा आप धन्य हैं जिन्हें भगवान् श्रीकृष्ण का सामीप्य तथा दर्शन सदा प्राप्त हैं। ऐसी उपलब्धि तो बड़े-बड़े ऋषि मुनियों तथा योगियों को भी प्राप्त नही होती। वेदों ने बड़े आदर के साथ भगवान् श्रीकृष्ण की कीर्ति का गान किया है। उनके चरण-धोवन का गंगा-जल, उनकी वाणी-शास्त्र तथा उनकी कीर्ति इस जगत् को सदा पवित्र कर रही है। (यह दृश्य महाभारत युद्ध से पहले का है)

जिस पृथ्वी का सारा सौभाग्य नष्ट हो चुका था, आज भगवान् श्रीकृष्ण के चरणकमलों के स्पर्श से उसे वह पुनः प्राप्त हो गया है। आप लोगों का तो श्रीकृष्ण के साथ वैवाहिक तथा गोत्रसम्बन्ध है तथा आपको उनके दर्शन हर समय प्राप्त हैं। आपके पास तो सर्वव्यापक विष्णु भगवान् मूर्तिमान्-रूप से सदा निवास करते हैं, जिनके दर्शनों से स्वर्ग तथा मोक्ष तक की अभिलाषा भी मिट जाती है।

जब नन्दबाबा को विदित हुआ कि श्रीकृष्ण तथा अन्य यदुवंशी कुरुक्षेत्र में आये हैं तो वे भी गोपों सहित गाड़ियों पर अपनी यात्रा की सामग्री लाद कर अपने प्रियपुत्र श्रीकृष्ण तथा बलरामजी को मिलने के

लिये कुरुक्षेत्र गये। उन्हें देखकर सभी यदुवंशी अति प्रसन्न हुए। वे आपस में मिलने के लिये न जाने कितने समय से आतुर थे। वसुदेवजी ने आनन्द-विभोर होकर नन्दबाबा को गले से लगाया। पुराना समय फिर से उनकी आँखों के सामने उभरकर आ गया। भगवान् श्रीकृष्ण तथा बलरामजी ने माता यशोदा तथा पिता नन्दबाबा के गले लगकर उन्हें प्रणाम किया। प्रेम से सबके गले भर आये तथा बोलने के शब्दों की अपेक्षा आँखों से अश्रुधारा बहने लगी। महाभाग्यवती यशोदा तथा नन्दबाबा ने श्रीकृष्ण-बलरामजी को अपनी गोद में बिठाया। रोहिणी तथा देवकीजी ने व्रजेश्वरी यशोदा को अपने आलिंगन में ले लिया तथा कहा, यशोदा रानी! आपने तथा व्रजेश्वर नन्दबाबा ने जो हम पर उपकार किये हैं, कौन कृतघ्न आपके उन उपकारों को भूल सकता है? आपने हमारे बच्चों की इस प्रकार रक्षा की जैसे पलकें पुतलियों की रक्षा करती हैं। वास्तव में इनके माता-पिता तो आप ही हैं।

गोपियों के परम-प्रियतम, जीवन-सर्वस्व श्रीकृष्ण थे। जब उनके दर्शन के समय नेत्रों की पलकें बन्द होतीं तो वे पलकों को कोसतीं कि एक क्षण के लिये भी उनके दर्शन बन्द न हों। उन प्रेममूर्ति गोपियों को बहुत समय बाद आज भगवान् श्रीकृष्ण के दर्शन हुए। उनके मन में कितनी लालसा थी, इसका अनुमान नहीं लगाया जा सकता।

गोपियों ने भगवान् श्रीकृष्ण को अपने नेत्रों द्वारा अपने हृदय में उतारा तथा मन ही मन उनका आलिंगन किया। ऐसा प्रेम तो बड़े-बड़े योगियों को भी प्राप्त नहीं होता। भगवान् श्रीकृष्ण ने भी गोपियों से कुशल-मंगल पूछा तथा बोले—सखियो हम लोग अपने स्वजन-समुदाय तथा सम्बन्धियों के कार्य के लिये व्रज से बाहर चले गये थे। अपने ग्वालबालों तथा प्रेयसि गोपियों को छोड़कर हम शत्रुओं के विनाश कार्य में उलझ गये थे। बहुत समय बीत गया। क्या तुम ने हमें कभी स्मरण भी किया? तुम्हारे मन में कहीं यह शंका तो नहीं हो गई कि मैं अकृतज्ञ हूँ? यह तो केवल विधि का विधान है। जैसे वायु बादलों को एक स्थान से दूसरे स्थान पर ले जाती है, जैसे वह धूलि तथा अन्य वनस्पति के कणों को एक स्थान से ले जाकर उन्हें दूसरे कणों से मिला देती है, वैसे ही सभी

प्राणी मिलते-बिछुड़ते रहते हैं तथा समस्त पदार्थों के निर्माता भगवान् ही सबका सयोंग-वियोग अपनी इच्छानुसार करते हैं।

सखियो! बड़े सौभाग्य की बात है कि तुम्हें मेरा वह प्रेम प्राप्त हो चुका है, जो वास्तव में मेरी प्राप्ति कराने वाला है। मेरे प्रति प्रेम-भक्ति ही प्राणियों को अमृत्व प्रदान करने में समर्थ है। प्यारी गोपियो! जैसे घट, पट आदि जितने भी भौतिक पदार्थ हैं, उनके आदि अन्त तथा बाहर-भीतर, उनके मूल कारण पृथ्वी, जल, वायु, अग्नि तथा आकाश ही ओतप्रोत हो रहे हैं, वैसे ही उनके पहले, पीछे, बीच में तथा बाहर-भीतर केवल मैं ही हूँ। मैं ही सभी प्राणियों के शरीर में पाँच भूतों के रूप में स्थित तथा आत्मा रूप में भोगता स्थित हूँ। फिर भी इन दोनों से परे, मैं, अविनाशी सत्य हूँ। ये दोनों मेरे ही अन्दर प्रतीत हो रहे हैं—तुम ऐसा समझो।

भगवान् श्रीकृष्ण के इस उपदेश से गोपियों का अपने शरीर से मोह-आसक्ति तथा नाता प्रायः नष्ट हो गया। वे इस लिंग-शरीर से उभरकर सर्वदा के लिये भगवान् श्रीकृष्ण को प्राप्त हो गईं।

गोपियों ने कहा, हे कमलनाभ! अगाधबोधसम्पन्न! बड़े-बड़े योगेश्वर अपने हृदयेश में आपके चरणकमलों का चिन्तन करते रहते हैं। आपके चरणकमल ही भवसागर से तारने के लिये एकमात्र सहारा हैं। आप ऐसी कृपा करें कि आपके चरणकमल—घर-गृहस्थ के काम करते हुए भी—सदा हमारे हृदय में विराजमान रहें।

अध्याय 34

श्रीकृष्ण पटरानियाँ-द्रौपदी संवाद

गोपियों को उपदेश देने के पश्चात् भगवान् श्रीकृष्ण ने धर्मराज युधिष्ठिर से कुशल-मंगल पूछा। भगवान् के इस प्रकार सत्कार तथा अनुग्रह करने पर, आनन्द-विभोर होकर धर्मराज युधिष्ठिर ने कहा,

भगवन्! बड़े-बड़े महापुरुष मन ही मन आपके चरणारविन्द मकरन्दरस पान करते हैं। प्रभु! वह इतना दिव्य रस है कि यदि कोई भी प्राणी उसे ग्रहण कर ले तो वह जन्म-मृत्यु चक्कर से छुटकारा पा लेता है। भगवन्! आप एकरस ज्ञानस्वरूप, अखण्ड-आनन्द के सागर हैं। आप परमहंसों की एकमात्र गति हैं। समय बीतने पर, वेदों की रक्षा के लिये, आपने अपनी योगमाया से मुनष्य का शरीर ग्रहण किया है। हम आपके चरणों में बार-बार नमस्कार करते हैं।

इसी प्रकार कुल की स्त्रियाँ एकत्रित होकर परस्पर भगवान् श्रीकृष्ण की त्रिभुवन-विख्यात लीलाओं का वर्णन कर रही थीं। उस समय द्रौपदी ने कहा–हे रुक्मिणी, भद्रे, हे जाम्बवती, सत्ये, हे सत्यभामा, कालिन्दी, शैव्ये, लक्ष्मणे! आप लोग हमें यह बतायें कि स्वयं भगवान् श्रीकृष्ण ने अपनी माया से, लोगों का अनुकरण करते हुए, आप लोगों का किस प्रकार पाणिग्रहण किया?

रुक्मिणीजी ने कहा, द्रौपदीजी! जरासन्ध आदि सभी राजा चाहते थे कि मेरा विवाह शिशुपाल से हो। सभी इस बात के लिये अपने अस्त्र-शस्त्र सहित कटिबध थे, परन्तु भगवान् श्रीकृष्ण मुझे वैसे ही हर कर ले आये, जैसे सिंह बकरी तथा भेड़ों के झुँड से अपना भाग छीन लाता है। मेरी तो यही अभिलाषा है कि भगवान् के वे समस्त सम्पत्ति, सौन्दर्य तथा ऐश्वर्य के आश्रय चरणकमल, जन्म-जन्म मुझे आराधना करने के लिये प्राप्त रहें।

सत्यभामा ने कहा, द्रौपदीजी! मेरे पिता अपने भ्राता प्रसेन की मृत्यु से बहुत दुःखित थे। उन्होंने उसके वध का कलंक भगवान् श्रीकृष्ण पर लगाया। उस कलंक को मिटाने के लिए भगवान् श्रीकृष्ण ने ऋक्षराज जाम्बवान् पर विजय प्राप्त कर, वह मणि लाकर मेरे पिता को दी, जिसके कारण मेरे पिता ने भगवान् पर लाञ्छन लगाया था। मिथ्या कलंक लगाने के कारण वे भगवान् से भयभीत हो गये थे। यद्यपि वे मेरा किसी दूसरे के लिये वाग्दान कर चुके थे, फिर भी उन्होंने मुझे स्यमन्तकमणि सहित भगवान् के चरणों में समर्पित कर दिया।

जाम्बवती ने कहा–मेरे पिता ऋक्षराज को यह पता न था कि भगवान् श्रीकृष्ण ही उनके स्वामी भगवान् सीतापति राम हैं। अत: वे मणि के कारण श्रीकृष्ण से कई दिनों तक लड़ते रहे (सत्ताईस दिन)। जब उनकी परीक्षा पूरी हुई तो उन्होंने जाना कि ये ही भगवान् राम हैं तथा तब उन्होंने इनके चरणकमल पकड़ कर स्यमन्तकमणि इन्हें समर्पित कर दी तथा भेंट के रूप में मुझे भी इन्हें समर्पित कर दिया। मैं अब यही चाहती हूँ कि जन्म-जन्म, मैं इनकी ही दासी बनी रहूँ।

कालिन्दी ने कहा–जब भगवान् श्रीकृष्ण को यह मालूम हुआ (वे तो जानते ही थे) कि मैं उनके चरणों का स्पर्श करने की अभिलाषा से तपस्या कर रही हूँ, तब वे अपने सखा अर्जुन सहित यमुना तट पर आये तथा मुझे स्वीकार कर लिया।

मित्रविन्दा ने कहा–मेरा स्वयंवर हो रहा था। वहाँ पहुँच कर भगवान् श्रीकृष्ण ने सब राजाओं को पराजित कर मुझे हरण कर द्वारकापुरी ले आये। मैं चाहती हूँ कि मुझे जन्म-जन्म इनके चरण पखारने का सौभाग्य प्राप्त होता रहे।

सत्या ने कहा–मेरे पिता ने स्वयंवर में आये हुए नरपतियों के लिये यह शर्त रखी थी कि जो भी उनके तीखे सीगों वाले सात बैलों को अपने पौरुष-पराक्रम से वश में कर लेगा, वह मेरा पाणिग्रहण करेगा। स्वयंवर में सभी नरेश इस कार्य में असफल रहे। वहाँ आकर भगवान् श्रीकृष्ण ने उन बैलों को बछड़ों की तरह अपने वश में कर लिया तथा मेरे पिताजी की शर्त को पूरा करते हुए, मेरा पाणिग्रहण किया। अब मेरी यही इच्छा है कि मुझे इनकी सेवा का अवसर सदा उपलब्ध रहे।

भद्रा ने कहा–भगवान् श्रीकृष्ण मेरे मामा के पुत्र हैं। मेरा चित्त इन्हीं के चरणकमलों में अनुरक्त हो गया था। जब मेरे पिताजी को इस बात का ज्ञान हुआ तो उन्होंने स्वयं भगवान् श्रीकृष्ण को बुलाकर एक अक्षौहिणी सेना तथा बहुत सी दासियों सहित मुझे इन्हें समर्पित कर दिया। अब मेरी यही अभिलाषा है कि जहाँ-जहाँ भी मुझे जन्म लेना पड़े, मुझे इनके चरणकमलों का स्पर्श प्राप्त होता रहे।

लक्ष्मणा ने कहा, रानीजी! देवर्षि नारदजी बार-बार भगवान् के अवतार तथा लीलाओं का जाप करते तथा वर्णन करते थे। उसे सुनकर तथा यह जानकर कि लक्ष्मीजी ने समस्त लोक-पालों को त्याग कर भगवान् श्रीकृष्ण का ही वरण किया है, मेरा चित्त भी भगवान् के चरणकमलों में अनुरक्त हो गया। महारानी! जिस प्रकार पाण्डव-वीर अर्जुन की प्राप्ति के लिये, आपके पिता ने स्वयंवर में मत्स्य-वेध का आयोजन किया था, उसी प्रकार मेरे पिता ने भी मेरा स्वयंवर रचा तथा मत्स्य-वेध का आयोजन किया। इस स्वयंवर में मुझे प्राप्त करने के लिए बड़े-बड़े नरेश–शिशुपाल, भीमसेन, जरासन्ध, दुर्योधन तथा कर्ण आदि आये थे, परन्तु कोई भी मत्स्य-वेध में सफल न हो सका। भगवान् श्रीकृष्ण ने तो खेल-खेल में ही मत्स्य-वेध कर दिया तथा इस प्रकार मुझे उनकी प्राप्ति हुई। उस समय ठीक दोपहर हो रही थी तथा सर्वार्थसाधक 'अभिजित्' नामक मुहूर्त बीत रहा था। इस लक्ष्यवेध से चहुँ ओर जयघोष होने लगा तथा आकाश से देवता पुष्प-वर्षा करने लगे। मैंने एक बार अपना मुख उठाकर, चन्द्रमा की किरणों के समान सुशीतल हास्यरेखा तथा तिरछी चितवन से चारों ओर बैठे राजाओं की ओर देखा तथा फिर धीरे से वरमाला भगवान् श्रीकृष्ण के गले में डाल दी। उसी समय चारों ओर मृदंग, पखावज, शंख, ढोल, नगारे आदि साज बजने लगे तथा नट-नर्तकियाँ नाचने लगीं।

इस प्रकार हरण कर तथा सोने के रथ पर बिठाकर तथा स्वयंवर में राजाओं को मात देकर, भगवान् श्रीकृष्ण मुझे द्वारका ले आये और अपने निवासस्थान, स्वर्ग तथा पृथ्वी में सर्वत्र प्रशंसित, द्वारका नगरी में प्रवेश किया। द्वारका नगरी उस दिन विशेष रूप से सजाई गई थी। मेरी अभिलाषा पूर्ण हो जाने से मेरे पिताजी को बहुत सन्तोष हुआ। उन्होंने अपने सम्बन्धियों, हितैषी मित्रों तथा सुहृदों को यथायोग्य भेंट-सामग्री देकर सम्मानित किया। मेरे विवाह के उपलक्ष्य में भी मुझे सब प्रकार की सम्पत्तियाँ, हाथी, घोड़े, रथ तथा बहुमूल्य उपहार देकर भगवान् श्रीकृष्ण को सम्मानित किया। लगता है कि मेरी पूर्व-जन्म की आसक्ति-रहित

तपस्या के कारण ही मुझे भगवान् श्रीकृष्ण इस जन्म में पति रूप में प्राप्त हुए हैं।

अन्य पत्नियों की ओर से रोहिणीजी (बलरामजी की माता का नाम भी रोहिणी था) ने कहा–भौमासुर ने दिग्विजय के समय सहस्त्रों राजाओं की कन्याओं को अपने किले में वंदी बना रखा था। सर्वज्ञाता भगवान् श्रीकृष्ण ने भौमासुर तथा उसकी सेना का संहार कर इन राजकन्याओं को भौमासुर के वंदीगृह से मुक्त कराया। ये कन्याएँ अब और कहीं जाने को उद्यत न थीं तथा न ही अपने-अपने राज्यों को जाना चाहती थीं। वे भगवान् श्रीकृष्ण को ही अपना स्वामी मान बैठी थीं। अतः भगवान् श्रीकृष्ण ने उनकी रक्षा हेतु उनका पाणिग्रहण किया। वे सदा भगवान् श्रीकृष्ण के चरणकमलों का चिन्तन करती हैं। वे भोग, ऐश्वर्य, मोक्ष अथवा सालोक्य, सारूप्य आदि सिद्धियाँ भी नहीं चाहतीं। वे तो केवल इतना चाहती हैं कि उन्हें अपने प्रियतम प्रभु के सुकोमल चरणकमलों की वह श्रीरज प्राप्त हो जिसे स्वयं लक्ष्मीजी धारण करती हैं।

अध्याय 35

वसुदेवजी का यज्ञोत्सव

भगवान् श्रीकृष्ण का अपनी पत्नियों के प्रति अलौकिक प्यार को देखकर द्रौपदी, कुन्ती, गान्धारी तथा गोपियों को अति आश्चर्य हुआ। इसी समय भगवान् श्रीकृष्ण तथा बलरामजी के दर्शनों के लिये व्यासदेवजी, देवर्षि नारदजी, च्यवन, देवल, असित, विश्वामित्र, शतानन्द, भरद्वाज, गौतम, अपने शिष्यों सहित परशुरामजी, वसिष्ठ, गालव, भृगु, पुलस्त्य, कश्यप, अत्रि, मार्कण्डेय, बृहस्पति, द्वित, त्रित, एकत, सनक, सनन्दन, सनातन, सनत्कुमार, अंगिरा, अगस्त्य, याज्ञवल्क्य तथा वामदेव पधारे।

ऋषियों को देखकर भगवान् श्रीकृष्ण तथा बलरामजी पाण्डवों सहित उठ खड़े हुए तथा उनका स्वागत किया। तदनन्तर भगवान् श्रीकृष्ण तथा बलरामजी ने स्वयं पूजा की सामग्री से इन ऋषि-मुनियों की विधिपूर्वक पूजा की। जब सबने आसन ग्रहण कर लिये तो धर्मरक्षा के लिये अवतीर्ण हुए भगवान् श्रीकृष्ण ने उनसे कहा--

धन्य है! हमारा जीवन सफल हो गया। आज हमें जन्म लेने का पूरा फल प्राप्त हो गया। जिन योगेश्वरों का दर्शन बड़े-बड़े देवताओं के लिये भी अति दुर्लभ है, उन्हीं का दर्शन आज हमें प्राप्त हुआ है। आप लोगों के दर्शन, स्पर्श, कुशल-प्रश्न, प्रणाम तथा पादपूजन आदि का शुभावसर भला कब प्राप्त होता है?

केवल जलमय तीर्थ ही तीर्थ नहीं कहलाते। संत पुरुष ही वास्तव में तीर्थ हैं, देवता हैं। उनके दर्शनमात्र ही सब पापों को धो डालते हैं। अग्नि, सूर्य, चन्द्रमा, तारे, पृथ्वी, जल, आकाश, वायु, वाणी तथा मन के अधिष्ठातृ देवताओं की पूजा से इतना फल नहीं मिलता, जितना कि संत महात्माओं की सेवा से मिलता है।

श्री शुकदेवजी कहते हैं, राजा परीक्षित्! भगवान् श्रीकृष्ण अखण्ड ज्ञानस्वरूप हैं। उनका यह गूढ़ प्रवचन सुनकर सबके-सब ऋषि मुनि चुप हो गये। उनकी बुद्धि चक्कर में पड़ गई। वे समझ न पा रहे थे कि भगवान् यह क्या और किस उद्देश्य से कह रहे हैं। उन्होंने बड़ी देर तक विचार किया कि भगवान् सर्वेश्वर होने पर भी इस प्रकार कर्म-परतन्त्र जीव की भाँति व्यवहार क्यों कर रहे हैं? क्या केवल लोक मर्यादा के लिये?

मुनियों ने कहा, भगवन्! आपकी माया से प्रजापतियों के अधीश्वर मरीचि आदि भी तथा बड़े-बड़े तत्त्वज्ञानी, हम लोग भी मोहित हो रहे हैं। आप स्वयं ईश्वर होते हुए भी अपने को छिपाये रखने की इच्छा से मनुष्य जैसा आचरण कर रहे हैं। आप चेष्टाहीन होने पर भी अनेक रूप धारण कर लेते हैं। आप अपने आप से ही इस जगत् की रचना, रक्षा, तथा संहार करते है, परन्तु इन कर्मों से लिप्त नहीं होते। जो सजातीय,

विजातीय तथा स्वगत भेदशून्य एकरस अनन्त है, उसका इस प्रकार व्यवहार करना, लीला-मात्र नहीं तो और क्या है? आपकी यह लीला भी धन्य है।

भगवन्! आप प्रकृति से परे, स्वयं परब्रह्म परमात्मा हैं। समय-समय पर भक्तजनों की रक्षा हेतु तथा दुष्टों का नाश करने के लिये, आप अपना विशुद्ध सत्त्वमय विग्रह प्रकट करते हैं तथा अपनी लीला के द्वारा सनातन वैदिक मार्ग की रक्षा करते हैं। प्रभो! वेद आपका विशुद्ध हृदय है। तपस्या, स्वाध्याय, धारणा, ध्यान, समाधि द्वारा आपके साकार-निराकार रूप तथा दोनों के अधिष्ठान-स्वरूप परब्रह्म परमात्मा का साक्षात्कार होता है। आप सर्वविध कल्याण-साधनों की चरमसीमा हैं तथा संत पुरुषों की एकमात्र गति हैं। आप से मिलकर आज हमारे जन्म, विद्या तथा तप सफल हो गये।

प्रभो! आपका ज्ञान अनन्त है। आप स्वयं सच्चिदानन्द परब्रह्म, परमात्मा, भगवान् हैं। आपने अपनी अचिन्त्य शक्ति योगमाया के द्वारा अपनी महिमा छिपा रखी है। हम आपको नमस्कार करते हैं। ये सभा में बैठे हुए राजालोग अथवा दूसरों की तो बात ही क्या, स्वयं आपके साथ आहार-विहार करने वाले यदुवंशी भी आपको वास्तव में नहीं जानते, क्योंकि आपने अपने स्वरूप–जो सबका आत्मा, जगत् का आदिकारण तथा निर्माता है–उसे अपनी माया से छुपा रखा है। बड़े-बड़े ऋषि-मुनि अत्यन्त परिपक्व साधना के द्वारा आपके चरणकमलों को हृदय में धारण करते हैं जो समस्त पाप-राशि को नष्ट करने वाले गंगाजल के भी आश्रय स्थान हैं। प्रभो! हम आपके भक्त हैं। आप हम पर अनुग्रह कीजिए, क्योंकि आपके परमपद की प्राप्ति उन्हीं को होती है जिनका नाता इस लिंग-शरीर से आपकी भक्ति द्वारा समाप्त हो गया है।

इस प्रकार भगवान् श्रीकृष्ण की स्तुति कर ऋषि-मुनियों ने धृतराष्ट्र तथा धर्मराज-युधिष्ठिर से जाने की अनुमति माँगी। उसी समय वसुदेवजी ने आकर उनके चरणों में प्रणाम कर निवेदन किया है–

ऋषियो! आप सर्वश्रेष्ठ देवस्वरूप हैं। मेरी प्रार्थना है कि आप हमें

कर्मों का अनुष्ठान बताइये जिससे की वासनाओं का नाश हो जाये तथा मोक्ष की प्राप्ति हो।

नारदजी ने कहा–इसमें कोई आश्चर्य नहीं कि वसुदेवजी श्रीकृष्ण को अपना बालक समझ कर, शुद्ध जिज्ञासा भाव से हमसे यह प्रार्थना कर रहे हैं। कदाचित् श्रीकृष्ण के समीप में होने से वे इनके स्वरूप से अनभिज्ञ होकर ऐसा आचरण कर रहे हैं, जैसे कोई गंगातट पर रहने वाला, गंगाजल को छोड़ कर, अपनी शुद्धि के लिये किसी अन्य तीर्थ पर जा रहा हो।

तत्पश्चात् ऋषियों ने भगवान् श्रीकृष्ण-बलरामजी तथा अन्य राजाओं के सम्मुख वसुदेवजी को सम्बोधन करते हुए कहा–कर्मों के द्वारा, कर्म-वासनाओं तथा कर्मफलों का नाश करने का सबसे सरल उपाय यह है, कि यज्ञ आदि द्वारा समस्त यज्ञों के अधिपति भगवान् विष्णु की श्रद्धापूर्वक आराधना करे।

त्रिकालदर्शी ज्ञानियों ने शास्त्र-दृष्टि से यही चित्त की शान्ति का उपाय, सुगम मोक्ष-साधन तथा चित्त में आनन्द का उल्लास करने वाला बताया है। अपने न्यायार्जित धन से श्रद्धापूर्वक पुरुषोत्तम भगवान् की आराधना-हेतु यज्ञ करना ही परमकल्याण का मार्ग बताया है। वसुदेवजी! विचारवान् पुरुष को चाहिए कि यज्ञ, दान आदि के द्वारा, सांसारिक भोगों की इच्छा न करते हुए भगवान् का यजन करें। इस प्रकार धीर पुरुष घर-गृहस्थ में रहकर भी तीनों प्रकार की वासनाओं का–इच्छाओं का परित्याग कर तपोवन का रास्ता अपनाते हैं। ब्राह्मण, क्षत्रिय और वैश्य– देवता, ऋषि तथा पितरों का ऋण लेकर ही पैदा होते हैं। यज्ञ, स्वाध्याय तथा सन्तानोत्पत्ति–इन से तीनों ऋणों की मुक्ति होती है। आप अब तक ऋषि तथा पितरों के ऋण से मुक्त हो चुके हैं। अब यज्ञों के द्वारा देवताओं का ऋण चुका दीजिए। तत्पश्चात् गृहत्याग कर भगवान् की शरण लीजिए। वसुदेवजी! आपने अवश्य ही परमभक्ति से जगदीश्वर भगवान् की आराधना की है जिससे भगवान् श्रीकृष्ण तथा बलरामजी को पुत्रों के रूप में प्राप्त किया है।

इस प्रकार परम मनस्वी वसुदेव ने ऋषियों की बात सुनकर उनके चरणों में शीश रखकर प्रणाम किया तथा यज्ञ के लिये ऋत्विजों के रूप में इन्हीं को वरण कर लिया। इस प्रकार वसुदेवजी ने, पुण्यक्षेत्र कुरुक्षेत्र में, उत्तमोत्तम सामग्री से युक्त यज्ञ, ऋषियों द्वारा (ऋत्विजों के रूप में) करवाये। यज्ञ की दीक्षा लेकर वसुदेवजी ने अपनी अठारह पत्नियों सहित यज्ञ में भाग लिया। ऋत्विजों ने उनका, उनकी पत्नियों सहित अभिषेक कराया, जिस प्रकार प्राचीन काल में नक्षत्रों द्वारा चन्द्रमा का अभिषेक हुआ था। उस समय भगवान् श्रीकृष्ण तथा बलरामजी अपने सम्बन्धियों सहित इस प्रकार शोभायमान हुए जैसे वे अपने स्वरूप में समस्त जीवों के ईश्वर स्वयं भगवान् समष्टि जीवों के अभिमानी श्री संकर्षण तथा अपने विशुद्ध नारायणस्वरूप में होते हैं।

वसुदेवजी ने प्रत्येक यज्ञ में ज्योतिष्टोम, दर्श, पूर्णमास आदि प्राकृत यज्ञों, सौरसत्र वैकृत यज्ञों तथा अग्निहोत्र आदि अन्यान्य यज्ञों के द्वारा द्रव्य, क्रिया तथा उनके ज्ञान के मन्त्रों के स्वामी विष्णु भगवान् की अराधाना की। तदनन्तर ऋत्विजों को वस्त्रालंकारों से सुसज्जित किया तथा शास्त्रों के अनुसार बहुत सी दक्षिणा तथा गौएँ दान में दीं। तत्पश्चात् महर्षियों ने पत्नीसंयाज नामक यज्ञांग तथा अवभृथस्नान, अर्थात् यज्ञान्त-स्नान सम्बन्धी अवशेष कर्म कर, वसुदेवजी को आगे करके, परशुरामजी के बनाये-रामह्रद में स्नान किया। स्नान पश्चात् वसुदेवजी ने अपने भाई-बन्धुओं, मित्रों तथा मित्र-राजाओं को यथायोग्य भेंट देकर उनका सम्मान किया। यज्ञ पश्चात्, यज्ञ में आये हुए लोग, लक्ष्मीपति भगवान् श्रीकृष्ण से अनुमति लेकर अपने-अपने स्थान को लौट आये। विदाई समय पाण्डवों ने भगवान् श्रीकृष्ण की विरह-व्यथा को अत्यन्त अनुभव किया। भगवान् श्रीकृष्ण-बलरामजी, उग्रसेन आदि ने, नन्दबाबा तथा अन्य गोपों की बड़ी-बड़ी सामग्री से पूजा-अर्चा की। विदा के समय वसुदेवजी ने नन्दबाबा का हाथ पकड़ कर कहा–

श्रीभगवान् ने एक ऐसा बन्धन बनाया है, जिसका नाम है स्नेहपाश, प्रेमपाश। बड़े-बड़े योगी भी इस बन्धन से मुक्त होने में असमर्थ है। आपने हम अकृतज्ञों के प्रति अनुपम मित्रता का व्यवहार किया। परन्तु

हम उसका बदला न दे सके। प्रथम तो वंदीगृह में होने के कारण हम आपके हितों को न चुका सके। अब हम सगे सम्बन्धियों से घिरे तथा राज्यलाभ के कारण आपको भूल से बैठे। वास्तव में जो कल्याणकामी है, उसे राज्यलक्ष्मी नहीं मिलनी चाहिए। इससे वह कर्तव्यच्युत हो जाता है तथा अपने भाई-बन्धुओं के हितों को भूल जाता है।

इस प्रकार कहते-कहते वसुदेवजी का हृदय प्रेम से गद्गद् हो गया। उन्हें नन्दबाबा की मित्रता तथा उनके उपकार स्मरण हो आये। उनके नेत्रों में प्रेम-अश्रु उमड़ आये। नन्दबाबा अपने सखा वसुदेवजी को प्रसन्न करने के लिये तथा भगवान् श्रीकृष्ण तथा बलरामजी के प्रेमपाश में बन्धकर तीन मास तक कुरुक्षेत्र में ही ठहरे। यदुवंशियों ने जी भर कर उनका सम्मान किया तथा सभी व्रजवासियों को उत्तमोत्तम सामाग्रियाँ, आभूषण, वस्त्र आदि भेंट में दिये। वसुदेवजी, उग्रसेन, श्रीकृष्ण तथा बलरामजी ने सभी व्रजवासियों को अलग-अलग से भेंट दीं। नन्दबाबा, गोप तथा गोपियों का चित्त भगवान् श्रीकृष्ण के चरणकमलों में इस प्रकार लग गया कि वे प्रयत्न करने पर भी वहाँ से लौट न सकते थे। बड़ा प्रयत्न कर, अपने-आप पर काबू पाक उन्होंने मथुरा की यात्रा की।

अध्याय 36

भगवान् श्रीकृष्ण का वसुदेवजी को ब्रह्मज्ञान उपदेश

जब सभी बन्धु-बान्धव अपने-अपने स्थानों को लौट गये तब यदुवंशियों ने भी वर्षा-ऋतु के आगमन के कारण द्वारका के लिये प्रस्थान किया।

एक दिन जब भगवान् श्रीकृष्ण तथा बलरामजी प्रातःकाल अपने

माता-पिता को प्रणाम करने गये तो उन्होंने अपने बच्चों का अभिनन्दन करते हुए कहा, सच्चिदानन्दस्वरूप श्रीकृष्ण! महायोगेश्वर संकर्षण! (अब वसुदेवजी को ऋषियों से अपने पुत्रों के ऐश्वर्यपूर्ण चरित्र को सुनकर विश्वास हो गया था कि ये स्वयं ही भगवान् विष्णु तथा संकर्षण भगवान् शेषजी हैं) तुम दोनों सनातन हो। तुम ही सारे जगत् के साक्षात् कारणस्वरूप, परा तथा अपरा प्रकृति के भी नियामक परमेश्वर हो। इस जगत् के आधार, निर्माता तथा निर्माणसामग्री (प्रकृति) भी तुम ही हो। इस जगत् के स्वामी–तुम दोनों इन्द्रियातीत! जन्म, अस्तित्व आदि भावविकारों से रहित परमात्मन्! इस चित्र-विचित्र जगत् का तुम्हीं ने निर्माण किया है। प्रभो! चन्द्रमा की कान्ति, अग्नि का तेज, सूर्य की आभा, नक्षत्र तथा दामिनी आदि की प्रक्रिया-सत्ता, पृथ्वी की शक्तिरूप वृत्ति तथा गन्धरूप गुण–ये सब तुम्हीं हो। चौबीस तत्त्वों से परिपूर्ण प्रकृति भी तुम हो तथा सबकी आत्मा भी तुम हो। इन्द्रियाँ, उनकी विषयप्रकाशिनी शक्ति तथा अधिष्ठातृ-देवता तुम्हीं हो। भूतों में उनका कारण तामस अहंकार, इन्द्रियों में उनका कारण तैजस अहंकार तथा इन्द्रियों के अधिष्ठातृ-देवताओं में उनका कारण सात्त्विक अहंकार और जीवों में आवागमन का कारण 'माया' भी तुम्हीं हो। विश्व में जितने भी पदार्थ हैं, उनमें कारणरूप से अविनाशी तत्त्व तुम्हीं हो।

प्रभो! सत्त्व, रज, तम–ये तीनों गुण तथा उनकी वृत्तियाँ–महत्तत्त्व परब्रह्म परमात्मा में, तुम में योगमाया द्वारा कल्पित हैं। कल्पना की निवृत्ति हो जाने पर निर्विकल्प परमार्थस्वरूप तुम्हीं रह जाते हो। परमेश्वर! मुझे शुद्ध प्रारब्ध अनुसार इन्द्रियादि की सामर्थ्य से युक्त अत्यन्त दुर्लभ मनुष्य शरीर प्राप्त हुआ है। परन्तु तुम्हारी माया के वश में होकर, मैं अपने स्वार्थ-परमार्थ से असावधान हो गया था तथा मेरी लगभग सारी आयु भी बीत गई। अब मैं जानता हूँ कि तुम दोनों मेरे पुत्र नहीं हो, अपितु सम्पूर्ण प्रकृति तथा जीवों के स्वामी हो। पृथ्वी को दुष्ट राजाओं से भार-मुक्त करने के लिये तुमने जन्म लिया है। अतः शरणागतवत्सल! मैं अब तुम्हारे चरणकमलों की शरण में हूँ। प्रभो! तुमने

प्रसव-गृह में ही हम से कहा था–"यद्यपि मैं अजन्मा हूँ, फिर भी मैं अपनी ही बनाई हुई धर्म-मर्यादा की रक्षा के लिये प्रत्येक युग में तुम दोनों के यहाँ अवतार ग्रहण करता रहा हूँ"। वास्तव में तुम अनन्त, एकरस सत्ता हो। तुम्हारी आश्चर्यमयी शक्ति योगमाया का रहस्य भला कौन जान सकता है?

भगवान् श्रीकृष्ण ने कहा, पिताजी! हम तो आपके पुत्र हैं। लगता है कि हमें लक्ष्य मान कर आपने यह ब्रह्मज्ञान का उपदेश दिया है। भगवान् अब भी अपने को छुपाये रखना चाहते थे। भैया, आपलोग, मैं, सारे द्वारकावासी, सम्पूर्ण चराचर जगत्–सबके सब जैसा आपने कहा, सबको ब्रह्मरूप समझना चाहिए। आत्मा तो एक ही है (सबमें एकरूप से समान है) परन्तु वह अपने में ही गुणों की सृष्टिकर लेता है अथवा उनके बन्धन में आ जाता है तथा भिन्न-भिन्न शरीरों में भिन्नता से प्रतीत होने लगता है–जिस प्रकार ये पँचभूत–आकाश, वायु, अग्नि, जल तथा पृथ्वी अपने कार्य घट, कुण्डल आदि में प्रकट-अप्रकट, बड़े-छोटे, अधिक-थोड़े, एक-अनेक से प्रतीत होते हैं, परन्तु वास्तव में वे एक ही हैं। अतः जो मैं हूँ, वही सब हैं–इस प्रकार आपका कहना ठीक ही है।

भगवान् श्रीकृष्ण के इन वचनों को सुनकर, वसुदेवजी ने नानात्वबुद्धि छोड़ दी। वे आनन्दमग्न होकर, मौन तथा मन से निस्संकल्प हो गये। इस समय देवकी माता भी वहीं बैठी थीं। उन्होंने सुन रखा था कि श्रीकृष्ण-बलरामजी ने अपने गुरु के मरे हुए पुत्र को वापस लाकर उन्हें दे दिया था। अतः अब उन्हें भी अपने मरे हुए पुत्रों की याद आ गई तथा आतुरहृदय से उनकी आँखें अश्रुपूर्ण हो गईं। बलराम-श्रीकृष्ण को सम्बोधित करते हुए उन्होंने कहा–

लोकाभिराम राम! तुम्हारी शक्ति मन तथा वाणी से परे है। श्रीकृष्ण! तुम योगश्वरों के भी ईश्वर हो। तुम दोनों प्रजापतियों के भी ईश्वर, आदिपुरुष नारायण हो। दुष्टों का नाश करने के लिये ही तुम दोनों मेरे गर्भ से अवतीर्ण हुए हो।

विश्वात्मन्! तुम्हारे पुरुषरूप अंश से उत्पन्न हुई माया से गुणों की

उत्पत्ति होती है तथा उनके सम्मिश्रण से जगत् की उत्पत्ति, विकास तथा प्रलय होता है। मैंने सुना है कि तुम्हारे गुरु सान्दीपनि के पुत्र को मरे हुए बहुत समय हो गया था। उनकी गुरुदक्षिणा के रूप में आपने उनके पुत्र को यमपुरी से वापस लाकर दिया था। अत: आज मेरी भी यह अभिलाषा पूरी करो तथा मेरे उन पुत्रों को, जिनको कंस ने मार दिया था, उन्हें वापस ला दो, जिससे कि मैं उन्हें एक बार आँख भर कर देख तो लूँ।

माता देवकीजी का यह आशय देखकर भगवान् श्रीकृष्ण तथा बलरामजी ने अपनी योगमाया द्वारा सुतल लोक में प्रवेश किया। वहाँ के अधिकारी दैत्यराज बलि ने जब देखा कि जगत् के आत्मा तथा उनके इष्टदेव वहाँ पधारे हैं, तब उनका हृदय श्रीभगवान् के दर्शनों से आनन्दमय हो गया। अपना आसन छोड़ कर उन्होंने भगवान् के चरणों में प्रणाम किया। भगवान् श्रीकृष्ण तथा बलरामजी को श्रेष्ठ आसंन पर बिठाकर, उनके चरण धोये तथा अपने परिवार सहित उस धोवन को अपने शीश पर धारण किया। तदनन्तर राजा बलि ने विधिपूर्वक नाना प्रकार की सामग्री से भगवान् श्रीकृष्ण तथा बलरामजी की पूजा की तथा अपने आप को, समस्त परिवार को तथा अपनी समस्त सम्पत्ति को उनके चरणो में अर्पित कर दिया।

दैत्यराज बलि ने कहा, बलरामजी! आप अनन्त हैं। आप इतने महान् हैं कि शेष आदि सभी विग्रह आपके अन्तर्भूत हैं। सच्चिदानन्दस्वरूप श्रीकृष्ण! आप सकल जगत् के निर्माता हैं। आप स्वयं ही परब्रह्म परमात्मा हैं। हम सब, आप दोनों को बार-बार नमस्कार करते हैं। आपका दर्शन यदि दुर्लभ है, तथापि आपकी कृपा से वह सुलभ हो जाता है। आपका श्रीविग्रह साक्षात् वेदमय तथा विशुद्ध सत्त्वस्वरूप है। आपका सबमें समभाव है। हम दैत्यों में, कुछ ने, आपकी विशुद्ध भक्ति से वह पद प्राप्त किया है जो देवता भी प्राप्त नहीं कर सकते। आप अपनी कृपा बनाये रखें, जिससे कि मेरी चित्तवृत्ति सदा आपके चरणकमलों में लगी रहे। मैं आपसे उन चरणकमलों की, जो सारे जगत् के एकमात्र आश्रय हैं, शरण प्राप्त कर शान्त हो जाऊँ तथा अकेला ही विचरण करूँ। यदि

किसी का संग करना ही पड़े तो वह संतजनों का। आप हमें आज्ञा देकर निष्पाप कीजिए। जो आपकी आज्ञा का श्रद्धा से पालन करता है, वह विधि-निषेध के बन्धन से मुक्त हो जाता है।

भगवान् श्रीकृष्ण ने कहा, दैत्यराज! स्वायम्भुव मन्वन्तर में प्रजापति मरीचि की पत्नी ऊर्णा के गर्भ से छः पुत्र उत्पन्न हुए थे। वे सभी देवता थे। वे ब्रह्माजी द्वारा शापित होकर असुरयोनि में हिरण्यकशिपु के पुत्रों के रूप में उत्पन्न हुए। अब योगमाया ने उन्हें देवकी के गर्भ से जन्म दिया, जिनको उत्पन्न होते ही कंस ने मार डाला। दैत्यंराज! माता देवकीजी अपने उन पुत्रों को देखने के लिये अत्यन्त आतुर हैं। अतः हम माता का शोक दूर करने के लिये उन्हें यहाँ से ले जायेंगे। इनके नाम हैं–स्मर, उद्गीथ, परिष्वंग, पतंग, क्षुद्रभृत् तथा घृणि। मेरी कृपा से इन्हें पुनः सद्गति प्राप्त होगी।

दैत्यराज बलि ने भगवान् श्रीकृष्ण तथा बलरामजी की पूजा की। तदनन्तर श्रीकृष्ण-बलरामजी इन बालकों को लेकर द्वारका आ गये। बालकों को देखकर माता देवकी का हृदय वात्सल्य-स्नेह की बाढ़ से भर गया। पुत्रों के स्पर्श से उनके आनन्द की सीमा न रही। उन्होंने इन बालकों को बार-बार अपने हृदय से लगाया। वे श्री विष्णु भगवान् की उस माया से मोहित हो रही थीं, जिससे यह सारी सृष्टि का चक्र चलता है। माता देवकीने अपने इन छः बालकों को स्तन-पान कराया। इसी अमृत को भगवान् श्रीकृष्ण ने भी पिया था। भगवान् श्रीकृष्ण के स्पर्श से माता देवकी को आत्मसाक्षात्कार हो गया था। तत्पश्चात् बालकों ने माता देवकी तथा पिता वसुदेव को नमस्कार किया और फिर भगवान् श्रीकृष्ण तथा बलरामजी को प्रणाम कर वे देवलोक को चले गये। माता देवकी को अपने बालकों के पुनः चले जाने पर दुःख हुआ, परन्तु उन्होंने धैर्य किया कि यह भगवान् श्रीकृष्ण की ही लीला है।

अध्याय 37

सुभद्रा-हरण

एक बार संयोगवश तीर्थ-यात्रा करते हुए पाण्डव-पुत्र अर्जुन प्रभास-क्षेत्र पहुँचे। वहाँ उन्होंने सुना कि बलरामजी अपनी बहिन सुभद्रा का विवाह दुर्योधन से करना चाहते हैं, परन्तु भगवान् श्रीकृष्ण इससे सहमत नहीं। वास्तव में अर्जुन भी सुभद्रा से विवाह करना चाहता था। अतः उसने त्रिदण्डी वैष्णव का वेष धारण कर द्वारका में प्रवेश किया। सुभद्रा को प्राप्त करने के लिये, वर्षा-ऋतु के चार मास, वह वहीं रहा। बलरामजी ने उसका सत्कार किया। उन्हें पता न चला कि यह अर्जुन है।

एक दिन बलरामजी ने आतिथ्य के लिए अर्जुन को अपने महल में आमन्त्रित किया तथा उसे बड़े आदर-मान से भोजन कराया। अर्जुन ने वहीं सुभद्रा को देखा। वह बड़ी सुन्दर थी। उसका सौन्दर्य बड़े-बड़े वीरों का मन हरने वाला था। अर्जुन भी एक सुन्दर तथा सुदृढ़ पुरुष था। सुभद्रा का मन भी उसकी ओर आकर्षित हो गया। अब अर्जुन उस अवसर की प्रतीक्षा करने लगा कि कब वह सुभद्रा को हर कर ले जाये।

एक दिन सुभद्राजी देवदर्शन के लिये रथ पर सवार होकर द्वारका दुर्ग से बाहर आईं। उसी समय महारथी अर्जुन ने भगवान् श्रीकृष्ण की अनुमति से सुभद्रा का हरण कर लिया तथा सुभद्राजी के अंग-रक्षक सैनिकों को भगा दिया। जब यह समाचार बलरामजी को मिला तो वे बहुत कुपित हुए, परन्तु भगवान् श्रीकृष्ण के समझाने पर तथा अन्य सुहृद् सम्बन्धियों का उनके पैर पकड़ कर समझाने पर वे शान्त हो गये। तत्पश्चात् प्रसन्न होकर बलरामजी ने वर-वधू के लिये बहुत सा धन, सामग्री, हाथी, रथ तथा घोड़े भेंट के रूप में भेजे।

भगवान् श्रीकृष्ण के मिथिला आगमन का वृत्तान्त सुनाते हुए श्री शुकदेवजी राजा परीक्षित् से कहते हैं, परीक्षित्! विदेह की राजधानी मिथिला में एक गृहस्थी ब्राह्मण रहता था। वह भगवान् श्रीकृष्ण का परम

भक्त था। वह एकमात्र भगवद्‌भक्ति में ही अनुरक्त, परमशान्त, ज्ञानी तथा, विरक्त था। वह गृहस्थ आश्रम में रहते हुए भी, वास्तव में संन्यासी था क्योंकि उसे किसी प्रकार की कोई कामना नहीं थी। जो कुछ मिल जाता, वह उसी से सन्तुष्ट था। प्रारब्धवश उसे जीवन निर्वाह के लिये जो सामग्री मिल जाती थी, वह उसी से प्रसन्न था।

उस देश का राजा भी उस ब्राह्मण के समान ही भक्तिमान् था। उसका नाम था बहुलाश्व। उसमें अहंकार तो लेशमात्र नहीं था। श्रुतदेव (ब्राह्मण) तथा बहुलाश्व, दोनों भगवान् श्रीकृष्ण के प्रिय भक्त थे। इन दोनों को प्रसन्न करने के लिये भगवान् श्रीकृष्ण ने विदेह-प्रदेश का प्रस्थान किया। श्रीभगवान् के साथ नारदजी, परशुरामजी, वामदेव, अत्रि, वेदव्यास, कण्व, मैत्रेय, च्यवन आदि ऋषि भी गये। जहाँ-जहाँ ये पहुँचते, वहाँ के नागरिक पूजा की सामग्री लेकर इनकी पूजा के लिये उपस्थित होते। ऋषियों सहित भगवान् श्रीकृष्ण ऐसे प्रतीत हो रहे थे मानो ग्रहों के साथ सूर्य-नारायण जा रहे हैं। वास्तव में जन-साधारण को अपने दर्शनों तथा ऋषियों के दर्शनों से कृतार्थ करने के लिये भगवान् श्रीकृष्ण ने यह यात्रा की। इस यात्रा में भगवान् श्रीकृष्ण तथा ऋषिवर–आनर्त, धन्व, कुरुजांगल, कंक, मत्स्य, पाञ्चाल, कुन्ति, मधु, केकय, कोसल आदि राज्यों से होते हुए गये। सभी नागरिकों तथा ग्रामवासियों ने भगवान् श्रीकृष्ण के दर्शन किये। उनके उन्मुक्त हास्य, प्रेमभरी चितवन से युक्त मुखारविन्द के मकरन्द-रस का सभी ने पान किया। त्रिलोकगुरु भगवान् श्रीकृष्ण के दर्शनों से उन लोगों की मोहमाया, अज्ञान-दृष्टि नष्ट हो गई। इस प्रकार श्रीकृष्ण धीरे-धीरे विदेह देश पहुँचे।

भगवान् श्रीकृष्ण का आगमन सुनकर विदेह नागरिकों के आनन्द की सीमा न रही। वे अपने हाथों में पूजा सामग्री लेकर उनकी अगवानी करने लगे। भगवान् श्रीकृष्ण का दर्शन कर उनके हृदय आनन्द-विभोर हो गये। नगरवासियों तथा ग्रामवासियों ने सभी को प्रणाम किया, जिनका उन्होंने नाम तो सुन रखा था परन्तु उनके दर्शन कभी नहीं किये थे। मिथिला-नरेश तथा श्रुतदेव ने जब भगवान् श्रीकृष्ण के आने का समाचार सुना तो यह

समझ कर कि भगवान् श्रीकृष्ण ने उन पर अनुग्रह करने के लिये ही यहाँ प्रस्थान किया है, आगे आकर उनके चरणों पर गिरकर प्रणाम किया। बहुलाश्व तथा श्रुतदेव, दोनों ने ही भगवान् श्रीकृष्ण को हाथ जोड़ कर आतिथ्य ग्रहण करने के लिए आमन्त्रित किया।

भगवान् श्रीकृष्ण ने दोनों की प्रार्थना स्वीकार कर–एक ही समय पर पृथक्-पृथक् रूप से–वे दोनों के घर पधारे। दोनों को ऐसा प्रतीत हुआ कि वे केवल उनके घर ही पधारे हैं। विदेहराज बहुलाश्व मनस्वी थे। उन्होंने भगवान् श्रीकृष्ण तथा ऋषि-मुनियों को सुन्दर-सुन्दर आसनों पर विराजमान किया। प्रेम-भक्ति से उनका हृदय द्रवित हो उठा। उन्होंने अपने पूज्य अतिथि के चरण धोये तथा अपने कुटुम्ब सहित उनका चरणामृत अपने शिर पर धारण किया। तदनन्तर भगवत्स्वरूप ऋषियों को गन्ध, माला, वस्त्र, अलंकार, धूप-दीप, अर्घ्य, गौ आदि समर्पित कर उनकी पूजा की। जब सब लोग भोजन कर चुके तब राजा बहुलाश्व भगवान् श्रीकृष्ण के चरण अपनी गोद में लेकर, बड़े आनन्द से उन्हें धीरे-धीरे सहलाने लगे।

राजा बहुलाश्व ने कहा, प्रभो! आप समस्त प्राणियों के आत्मा, साक्षी तथा स्वयंप्रकाश हैं। हम सदा आपके चरणकमलों का स्मरण करते रहते हैं। इसी से आपने हमें कृतार्थ करने के लिये दर्शन दिये हैं। भगवन्! आप ही के वचन हैं कि आपको अपना अनन्य प्रेमी भक्त सबसे प्रिय है। प्रभो! आप अचिन्त्य, अनन्त ऐश्वर्य तथा माधुर्य की निधि हैं। आप सच्चिदानन्दस्वरूप हैं। परम-शान्ति का विस्तार करने के लिये ही आप नर-नारायण ऋषि के रूप में तपस्या कर रहे हैं। मैं आपको नमस्कार करता हूँ। एकरस अनन्त! आप कुछ दिनों तक मुनि-मण्डली सहित हमारे यहाँ निवास कीजिए तथा अपनी चरणधूलि से निमिवंश को पवित्र कीजिए। राजा बहुलाश्व की यह प्रार्थना स्वीकार कर भगवान् श्रीकृष्ण विदेह-राज्य, मिथिलापुरी में कुछ दिनों तक ठहरे।

राजा बहुलाश्व, भगवान् श्रीकृष्ण तथा मुनि-मण्डली के ठहरने से अति प्रसन्न हुए। इसी प्रकार ब्राह्मण श्रुतदेव भी भगवान् श्रीकृष्ण तथा

मुनियों को अपने घर आया देख आनन्द-विभोर हो गया। वह उन्हें नमस्कार कर, अपने वस्त्र उछाल-उछाल कर नाचने लगा।

श्रुतदेव के पास जो भी आसन थे–अर्थात् चटाई, पीढ़े, कुशासन आदि–इन को बिछा कर उसने भगवान् श्रीकृष्ण तथा मुनियों को बिठाया। अपनी पत्नी सहित सभी का अभिनन्दन कर उनके पाँव धोये तथा उस धोवन को अपने शीश पर धारण किया तथा अपने सारे घर को उससे सींचा। उसे लगा मानो उसके सारे मनोरथ पूर्ण हो गये। वह हर्ष से उल्लसित हो रहा था। जो भी उसके पास पूजा-सामग्री थी, उससे उसने भगवान् श्रीकृष्ण तथा ऋषियों की पूजा की। वह बड़ी सोच में था कि जिन चरणों की धूल देवताओं को भी प्राप्त नहीं होती, अनायास आज उसे वह चरण-धूली तथा ऋषिगणों का आशीर्वाद किस प्रकार प्राप्त हो गया?

श्रुतदेव ने कहा, प्रभो! आप व्यक्त-अव्यक्त रूप प्रकृति से परे पुरुषोत्तम हैं। आपने मुझे आज ही दर्शन दिया है, ऐसी बात नहीं। आप तो सभी प्राणियों के साथ तब से हैं, जब से आपने इस संसार की रचना कर, आत्मरूप में इनमें प्रवेश किया है। जो लोग सर्वदा आपकी लीला-कथाओं का श्रवण तथा कीर्तन करते हैं, उनका हृदय शुद्ध हो जाता है तथा आप उसमें प्रकाशित हो जाते हैं। प्रभो! जो आत्मतत्त्व को जानने वाले हैं, उनके लिये आप आत्मा के रूप में सदा दर्शनीय हैं। आप महत्तत्त्व आदि कार्यद्रव्य तथा प्रकृतिरूप कारण के नियामक हैं। आप अपनी माया से जनसाधारण के लिये अप्रकट हैं। आपको मैं नमस्कार करता हूँ। स्वयंप्रकाश प्रभो! हम आपके सेवक हैं। हमें आप आज्ञा दीजिए कि हम आपकी क्या सेवा करें? नेत्रों के द्वारा आपका दर्शन होने तक ही जीवों को क्लेश रहते हैं, परन्तु आपके दर्शन होने से सब क्लेश मिट जाते हैं।

शरणागतवत्सल भगवान् श्रीकृष्ण ने श्रुतदेव के भक्तिभाव को सुनकर उसका हाथ पकड़ कर मुस्कराते हुए कहा–

प्रिय श्रुतदेव! ये बड़े-बड़े ऋषि-मुनि तुम पर अनुग्रह करने के लिये

ही यहाँ पधारे हैं। ये अपने चरणकमलों की धूलि से लोगों तथा लोकों को पवित्र करते हुए मेरे साथ विचरण कर रहे हैं। देवता, पुण्यक्षेत्र, तीर्थ तो दर्शन, स्पर्श, अर्चना आदि से धीरे-धीरे पवित्र करते हैं, परन्तु संत पुरुष अपनी दृष्टि से सब को तुरन्त पवित्र कर देते हैं।

ब्राह्मण (ब्रह्मज्ञानी) सर्ववेदमय है तथा मैं सर्वदेवमय हूँ। ब्राह्मण मेरा साक्षात्कार कर अपने चित्त में निश्चय कर लेता है कि यह चराचर जगत्, इससे सम्बन्धित सारी भावनायें तथा इसके कारण प्रकृति, महत्तत्वादि सबके सब आत्मस्वरूप भगवान् के ही रूप हैं। अतः श्रुतदेव तुम इन ब्रह्मर्षियों को मेरा स्वरूप समझकर, पूरी श्रद्धा से उनकी पूजा करो। इस प्रकार तुम साक्षात् मेरा ही पूजन करोगे, अन्यथा बड़ी-बड़ी बहुमूल्य सामाग्रियों से भी मेरी पूजा नहीं हो सकती।

भगवान् श्रीकृष्ण के वचन सुन कर श्रुतदेव ने भगवान् श्रीकृष्ण तथा ब्रह्मर्षियों की एकाग्रता से आराधना की तथा उनकी कृपा से वह भगवत्स्वरूप को प्राप्त हो गया। इस प्रकार भगवान् अपने भक्तों पर अनुग्रह करने के लिये कुछ दिनों तक मिथिलापुरी रहे तथा उन्हें साधु-पुरुषों के मार्ग का उपदेश कर द्वारका लौट आये।

अध्याय 38

वेद स्तुति

वेदों की चर्चा करते हुए श्री शुकदवेजी राजा परीक्षित् से कहते हैं, परीक्षित्! भगवान् सर्वशक्तिमान् तथा गुणों के निधान हैं। भगवान् ने जीवों के लिये बुद्धि, इन्द्रिय, मन तथा प्राणों की सृष्टि की है। इनके द्वारा वे स्वेच्छा से अर्थ, धर्म, काम अथवा मोक्ष का अर्जन करते हैं। ब्रह्म का प्रतिपादन करने वाली उपनिषद् का यही स्वरूप है। इसे पूर्वजों के भी

पूर्वज सनकादी ऋषियों ने आत्मनिश्चय द्वारा धारण किया। जो मनुष्य इसे श्रद्धा पूर्वक धारण करता है, वह बन्धनकारी, समस्त उपाधियों–अनात्मभाव से मुक्त होकर परम कल्याण स्वरूप परमात्मा को प्राप्त होता है।

एक कथा के अनुसार, देवर्षि नारदजी विभिन्न लोकों में विचरण करते हुए सनातन-ऋषि भगवान् नारायण का दर्शन करने के लिये बदरिकाश्रम गये। भगवान् नारायण मनुष्यों के अभ्युदय तथा परम निःश्रेयस अर्थात् मोक्ष प्राप्ति के लिये इस भारतवर्ष में कल्प के प्रारम्भ से ही धर्म, ज्ञान तथा संयम के साथ महान् तपस्या कर रहे हैं। एक दिन वे कलापग्रामवासी सिद्ध ऋषियों के बीच बैठे थे। उस समय नारदजी ने उन्हें प्रणाम कर बड़ी नम्रता से पूछा–समस्त श्रुतियों का विषय क्या है? ऐसी स्थिति में श्रुतियाँ निर्गुण-ब्रह्म का प्रतिपादन किस प्रकार करती हैं? क्योंकि निर्गुण वस्तु का स्वरूप तो उनकी पहुँच के परे है।

भगवान् नारायण ने कहा, नारदजी! प्राचीन काल की बात है कि एक बार जनलोक में रहने वाले ब्रह्म के मानस पुत्र नैष्ठिक ब्रह्मचारी सनक, सनन्दन, सनातन तथा सनत्कुमार का ब्रह्मसत्र (ब्रह्म विषय पर प्रवचन) हुआ था। उस समय तुम मेरी श्वेतद्वीपाधिपति अनिरुद्ध-मुर्ति का दर्शन करने के लिए श्वेतद्वीप गये थे। उस ब्रह्मसत्र में भी यह प्रश्न किया गया। सनक, सनन्दन, सनातन तथा सनत्कुमार–ये चारों भ्राता शास्त्रीय ज्ञान, तपस्या, शील-स्वभाव में समान हैं। उनकी दृष्टि में शत्रु, मित्र एक समान हैं तथा वे किसी भी उपाधि के लिये उदासीन हैं। फिर भी उन्होंने इस विषय के लिये सनन्दन को वक्ता बना दिया, तथा शेष भ्राता सुनने लगे।

सनन्दनजी ने कहा–प्रलय काल में परमात्मा अपने बनाये हुए सम्पूर्ण जगत् को अपने में लीन करके अपनी शक्तियों सहित सुप्त अवस्था में हो जाते हैं (विश्राम मुद्रा) प्रलय के अन्त में श्रुतियाँ उनका प्रतिपादन करते हुए इस प्रकार कहती हैं। (श्रीभगवान् को जाग्रत् अवस्था में आने के लिये प्रार्थना करती हैं।)

श्रुतियाँ कहती है, अजित! आप ही सर्वश्रेष्ठ हैं। आप अजय हैं। आपकी जय हो जय हो। प्रभो! आप स्वभाव से ही सम्पूर्ण ऐश्वर्यों से पूर्ण हो। अतः अब आप चराचर प्राणियों को मोहित करने वाली (आवरण से ढकने वाली) माया का निवारण कीजिए। इस गुणमयी माया ने जीवों के आनन्दमय सहज स्वरूप का आच्छादन कर उन्हें बन्धन में डालने के लिये सत्त्वादि गुणों को ग्रहण किया है। जगत् में जितनी भी साधना, ज्ञान, क्रिया, आदि शक्तियाँ हैं, उन सबको जाग्रत् करने वाले आप ही हैं। अतः आपके मिटाये बिना यह माया हट नहीं सकती। यद्यपि हम आपका स्वरूपतः वर्णन करने में असमर्थ हैं, परन्तु जब कभी आप माया के द्वारा जगत् की सृष्टि कर सगुणरूप हो जाते हैं, अथवा उसको निषेध कर स्वरूपस्थिति की लीला करते हैं, या सच्चिदानन्दस्वरूप श्रीविग्रह प्रकट करते हैं, तभी हम आपका यत्किञ्चित् वर्णन करने में समर्थ होती हैं।

इसमें सन्देह नहीं कि हमारे द्वारा इन्द्र, वरुण आदि देवताओं का भी वर्णन किया जाता है, परन्तु हमारे सारे मन्त्र अथवा मन्त्रद्रष्टा ऋषि (मन्त्र रचयिता ऋषि) प्रतीत होने वाले इस सम्पूर्ण जगत् को ब्रह्मस्वरूप ही अनुभव करते हैं। क्योंकि जिस समय यह सारा जगत् नहीं रहता, उस समय केवल आप ही होते हैं, अर्थात् सब कुछ आपमें लीन हो जाता है। आप एकरस–निर्विकार हैं। इसी से तो यह सब जगत् आपमें उत्पन्न नहीं, प्रतीत है। जिस प्रकार घट, मिट्टी का प्याला, मिट्टी का कोई और बर्तन, मिट्टी से उत्पन्न हो, अन्त में टूट कर उसी में लीन हो जाता है, वैसे ही प्रलय के समय सारा जगत् आपमें लीन हो जाता है। इस युक्ति से इन्द्र, वरुण आदि देवताओं की पूजा का वर्णन भी आपका ही वर्णन है।

भगवन्! सत्त्व, रज, तम–लोग इन तीनों गुणों की माया से बने हुए अच्छे, मिश्रित तथा बुरे भावों के प्रभाव से लिप्त हैं, उनमें उलझे हुए हैं। परन्तु आप तो उस माया-नटी के स्वामी हैं। अतः विचारशील पुरुष आपकी लीला-कथा के अमृतसागर में ही विहार करते हैं, क्योंकि

आपकी लीला-कथा ही जीवों को माया से उबारने वाली है। महत्तत्त्व, अहंकार आदि ने, आपके अनुग्रह से, आपके उन में प्रवेश करने पर ही इस ब्रह्माण्ड की सृष्टि की है। अन्नमय, प्राणमय, मनोमय, विज्ञानमय तथा आनन्दमय–इन पाँचों कोशों में पुरुषरूप से रहने वाले, उनमें मैं-मैं की स्फूर्ति (अनुभूति) करने वाले भी आप ही हैं। आपके ही अस्तित्व से उन कोशों के अस्तित्व का अनुभव होता है। उनके न रहने पर भी, अन्तिमरूप से आप विराजमान रहते हैं। इस प्रकार सबमें अन्वित तथा सबकि अवधि होने पर भी आप असंग हैं। जो कुछ वृत्तियों द्वारा अस्ति अथवा नास्ति रूप में अनुभव होता है, उन समस्त कार्य-कारणों से आप परे हैं। 'नेति-नेति' के द्वारा इन सबका निषेध हो जाने पर भी आप ही शेष रहते हैं, क्योंकि आप उस निषेध के भी साक्षी हैं। वास्तव में एकमात्र आप ही सत्य हैं।

ऋषियों ने आपकी प्राप्ति के लिए अनेक मार्ग माने हैं। उनमें जो स्थूल दृष्टिवाले हैं, वे मणिपूरक चक्र में अग्निरूप से आपकी उपासना करते हैं। अरुणवंश के ऋषि हृदय में आपके परम-सूक्ष्मरूप दहर ब्रह्म की उपासना करते हैं। प्रभो! हृदय से ही आपको प्राप्त करने वाला श्रेष्ठ मार्ग सुषुम्ना नाड़ी ब्रह्मरन्ध्र तक गई है। जो पुरुष उस ज्योतिर्मय मार्ग को प्राप्त कर लेता है तथा उससे ऊपर की ओर बढ़ता है, भगवन्! वह फिर जन्म-मृत्यु चक्कर में नहीं पड़ता। आपने ही देवता, मनुष्य तथा पशु-पक्षी आदि योनियाँ बनाई हैं। सदा-सर्वत्र सब रूपों में आप ही हैं। अतः कारणरूप से प्रवेश न करने पर भी आप ऐसे जान पड़ते हैं, मानो उस में प्रविष्ट हुए हों। जैसे अग्नि छोटी-बड़ी लकड़ियों में प्रचुर अथवा अल्प परिमाण में प्रतीत होती है, वैसे ही आप विभिन्न आकृतियों का अनुकरण कर कहीं अधिक, तो कहीं कम, तो कहीं उत्तम अथवा कहीं निम्न अवस्था में प्रतीत होते हैं।

प्रभो! जीव जिन शरीरों में रहता है, वह उसके कर्मों द्वारा निर्मित होते हैं। वास्तव में वह उन शरीरों के कार्य-कारणरूप आवरणों से रहित रहने वाले, आपका ही स्वरूप है। स्वरूप होने के कारण, अंश न होने

पर भी उसे अंश कहते हैं तथा निर्मित न होने पर भी निर्मित कहते हैं। अतः बुद्धिमान् पुरुष इस वास्तविकता को जानकर केवल आपके ही चरणकमलों की उपासना करते हैं। भगवन्! परमात्मतत्त्व का ज्ञान प्राप्त होना कठिन है। उसी का ज्ञान कराने के लिये आप विविध रूपों में अवतार ग्रहण करते हैं।

प्रभो! जब यह शरीर आपकी सेवा का साधन होकर आपके पथ का अनुरागी हो जाता है तब आत्मा, हितैषी, सुहृद् तथा प्रिय व्यक्ति के समान आचरण करता है। आप जीवों के सच्चे हितैषी, प्रियतम तथा आत्मा हैं, तथा सदा सर्वदा जीवों को अपनाने के स्वभाव में रहते हैं। आपको पाने का इससे सुगम उपाय और क्या हो सकता है? प्रभो! बड़े-बड़े विचारशील योगी-यति अपने प्राण, मन तथा इन्द्रियों को वश में कर, दृढ़ योगाभ्यास द्वारा हृदय में आपकी उपासना करते हैं। एक आश्चर्य की बात यह भी है, कि उसी परम-पद की प्राप्ति–जिसे योगीजन प्राप्त करते हैं–उनको भी प्राप्त हो जाती है, जो सदा आपसे बैरभाव रखते हैं, क्योंकि सदा आपको स्मरण तो वे भी करते ही हैं। इसी प्रकार जो स्त्रियाँ आपको अपने पति के रूप में उपासती हैं, उन्हें भी उसी पद की प्राप्ति होती है–जो हम श्रुतियों को प्राप्त हुआ है, यद्यपि हम आपको सदा-सर्वदा एकरस अनुभव करती हैं। क्यों न हो, आप समदर्शी हैं। आपकी दृष्टि में उपासक के परिच्छिन्न अथवा अपरिच्छिन्न भाव में कोई अन्तर नहीं है।

प्रभो! आप अनादि और अनन्त हैं। स्वयं ब्रह्माजी, निवृत्ति-परायण सनकादि तथा प्रवृत्ति परायण मरीचि आदि भी आप से ही उत्पन्न हुए हैं। जिस समय आप विश्राम-मुद्रा में होते हैं, प्रलय के समय, उस समय न तो आकाश आदि स्थूल-जगत् रहता है और न ही यह महत्तत्त्व आदि सूक्ष्म-जगत्। इन दोनों से बने हुए शरीर तथा उनके निमित्त क्षण-मुहूर्त आदि काल के अंग भी नहीं रहते। यहाँ तक की शास्त्र भी आपमें समा जाते हैं।

यह त्रिगुणात्मक जगत् मन की कल्पनामात्र है। यह है, यह नहीं भी

है—यह भगवान् की माया है, जिसका पार पाना अति कठिन है। परमात्मा तथा जगत् से पृथक् होने वाला पुरुष भी कल्पनामात्र है। (वास्तव में तो आत्मा परमात्मा का ही अंश है) इस प्रकार असत् होने पर भी अपने सत्य अधिष्टान (इसका अधिष्ठान तो सत्य है) आपकी सत्ता के कारण यह सत्य-सा प्रतीत होता है। अतः भोक्ता, भोग्य तथा दोनों के सम्बन्ध को सिद्ध करने वाली इन्द्रियाँ आदि जितना भी जगत् है, सब आत्मा में कल्पित, आत्मा से ही व्याप्त है—अतः ज्ञानी पुरुष इसे आत्मरूप ही मानते हैं। जो लोग यह मानकर—कि आप समस्त प्राणियों तथा पदार्थों के अधिष्टान, सबके आधार हैं—इस सर्वात्मभाव से आपका भजन-सेवन करते हैं, वे जन्म-मृत्यु रूप चक्कर से निकल जाते हैं; परन्तु जो आपसे विमुख हैं, वे चाहे जितने भी विद्वान् हों, उन्हें आपने कर्मों का प्रतिपादन करने वाली श्रुतियों से बान्ध रखा है।

प्रभो! आप मन, बुद्धि तथा इन्द्रिय आदि करणों से सर्वथा रहित है, तथापि आप समस्त अन्तःकरण तथा बाह्य करणों की शक्तियों से सदा-सर्वदा सम्पन्न हैं। आप स्वतः सिद्ध ज्ञानवान्, स्वयंप्रकाश हैं तथा आपको कोई भी कार्य करने के लिये इन्द्रियों की आवश्यकता नहीं है। जैसे छोटे-छोटे राजा अपनी प्रजा से कर लेकर अपने सम्राट् को देते हैं, वैसे ही मनुष्यों के पूज्य देवता तथा देवताओं के पूज्य ब्रह्मा आदि भी अपने अधिकृत प्राणियों से पूजा स्वीकार करते हैं तथा अन्ततः आपकी पूजा करते हैं। नित्यमुक्त! आप मायातीत हैं, परन्तु फिर भी जब आप संकल्पमात्र से माया के साथ क्रीड़ा करते हैं, तब आपका संकेत पाकर जीवों के सूक्ष्म शरीर तथा उनके सुप्तकर्म-संस्कार जाग्रत् हो जाते हैं, तथा चराचर प्राणियों की उत्पत्ति होती है। प्रभो! आप परमदयालु हैं तथा सबमें समभाव रखते हैं। आपमें कार्य-कारणरूप प्रपञ्च का अभाव होने से बाह्य दृष्टि से आप शून्य के समान ही जान पड़ते हैं (कार्य-कारण से रहित, पूर्ण रूप से सभी क्रियाओं में उदासीन प्रतीत होते है।), परन्तु उस दृष्टि के भी अधिष्ठान होने के कारण आप परम सत्य हैं।

भगवन्! आप नित्य एकरस हैं। यदि जीव नित्य एवं सर्वव्यापक हों,

तब तो वे आपके समान हो जायेंगे। इस स्थिति में वे शासित हैं तथा आप शासक–यह कैसे संभव होगा? उनका नियन्त्रण तो तभी होगा, यदि वे आपसे उत्पन्न तथा आपकी अपेक्षा न्यून हों। इसमें सन्देह नहीं कि सबके सब जीव तथा इनकी एकता अथवा विभिन्नता आपसे ही उत्पन्न हुई है। अतः आप उनमें कारणरूप से रहते हुए भी उनके नियामक हैं। आप उनमें समरूप से स्थित हैं, परन्तु आपका वह स्वरूप जाना नहीं जा सकता, कि वह कैसा है। जो लोग कहते हैं िक उन्होंने जान लिया है, उन्होंने वास्तव में आपको नहीं जाना, उन्होंने तो केवल अपनी बुद्धि के विषय को जाना है। वास्तव में आप बुद्धि के विषय से परे हैं। मति के द्वारा जितनी भी वस्तुएँ ज़ानी जाती हैं, वे मतियों की भिन्नता के कारण भिन्न-भिन्न होती हैं। आपका स्वरूप तो समस्त मतों के परे है।

स्वामिन्! जीव आप से उत्पन्न होता है। ऐसा कहने का अर्थ यह नहीं है कि आप परिणाम के द्वारा जीव बनते हैं। वास्तविकता तो यह है कि प्रकृति तथा पुरुष (जीव) दोनों ही अजन्मा हैं। अर्थात् उनका वास्तविक स्वरूप–जो आप हैं–कभी वृत्तियों के भीतर उतरता नहीं, जन्म नहीं लेता। प्रकृति में पुरुष तथा पुरुष में प्रकृति का अध्यास (एक में दूसरे की कल्पना) हो जाने के कारण ही जीवों के विविध नाम पड़ जाते हैं। अन्त में जैसे समुद्र में नदियाँ समा जाती हैं, वैसे ही वे सब-के-सब उपाधिरहित आपमें समा जाते हैं।

भगवन्! सभी जीव आपकी माया से भ्रमित होकर भटक रहे हैं। बुद्धिमान् इस भ्रम को समझ लेते हैं तथा अनन्य भक्तिभाव से आपकी शरण ग्रहण करते हैं। जिन योगियों ने अपनी इन्द्रियों तथा प्राणों को तो वश में कर लिया है, परन्तु आपके चरणों की शरण नहीं ली, वे मन की उच्छृंखलता के कारण अपने साधनों में सफल नहीं होते।

भगवन्! आप अखण्ड आनन्दस्वरूप तथा शरणागतों के कर्णधार हैं। ज्ञानीजन सांसारिक वस्तुओं में आसक्त न होकर आपकी शरण ग्रहण करते हैं। जो ऐश्वर्य, धन, सम्पत्ति, विद्या, जाति, तपस्या आदि के अहंकार से रहित हैं, वे सन्तुष्ट पुरुष इस पृथ्वी-तल पर परम-पवित्र

तथा सबकों पवित्र करने वाले पुण्यमय तीर्थ स्थान हैं।

भगवन्! जैसे मिट्टी से बना हुआ घड़ा मिट्टी रूप है, वैसे सत् से उत्पन्न हुआ जगत् भी सत् है—यह बात युक्तिसंगत होते हुए भी सत्य नहीं। पिता और पुत्र में, दण्ड और घटनाश में कार्य-कारण-भाव होने पर भी वे एक-दूसरे से भिन्न हैं। यदि यह कहा जाय कि (रस्सी सर्प प्रतीत होनेवाली अथवा सर्प रस्सी प्रतीत होने वाला), प्रतीत होने वाले सर्प का उपादान कारण केवल रस्सी नहीं, अपितु उसके साथ अविद्या-भ्रम का भी मिश्रण है, तो यह युक्तिसंगत होगा। जगत् तथा उसको देखने-अनुभव करने में अविद्या का मिश्रण, अर्थात् सत् वस्तु के संयोग से ही इस जगत् की उत्पत्ति हुई है, यह जगत् भ्रमवश हमें ऐसा दीख रहा है। वास्तव में यह एक स्वप्न की तरह मिथ्या है। कर्म-फल को सत्य बतलाने वाली श्रुतियाँ केवल उन्हीं को भ्रम में डालती हैं, जो कर्म से जुड़े हैं—कर्मकाण्डी हैं—सकाम कर्मों में आसक्त हैं—कर्मयोगी नहीं। श्रुतियों का तात्पर्य कर्म फल की नित्यता बतलाने में नही, अपितु उनकी प्रशंसा कर, उन कर्मों में लगाने में हैं।

भगवन्! वास्तव में यह जगत् उत्पत्ति के पहले नहीं था तथा प्रलय के बाद भी नहीं रहेगा। यह बीच में एकरस परमात्मा में मिथ्या ही प्रतीत हो रहा है। अतः हम श्रुतियाँ इस जगत् का वर्णन—मिट्टी में घड़ा, लोहे में शस्त्र, सोने में कुण्डल आदि उदाहरणों से करती हैं।

भगवन्! जब जीव माया से मोहित होकर अविद्या को अपना लेता है, उस समय उसके स्वरूपभूत आनन्द आदि गुण ढक जाते हैं। वह गुणजन्य वृत्तियों, इन्द्रियों तथा देहों में उलझ जाता है, बन्ध जाता है। माया और अविद्या आपको छू तक नहीं सकती, क्योंकि आप मायातीत तथा ज्ञानस्वरूप हैं। इसी कारण आपके सम्पूर्ण ऐश्वर्य सदा-सर्वदा आपके साथ रहते हैं। अणिमा आदि अष्ट सिद्धियों से युक्त परमऐश्वर्य में आपकी स्थिति है।

भगवन्! आपके वास्तविक स्वरूप को जानने वाला पुरुष, पुण्य और पाप कर्मों के फल, सुख-दुःख से ऊपर उठ जाता है। तथा भोगता-भोग्य

स्थिति से भी। उस समय विधि-निषेध के प्रतिपादक शास्त्र भी उस पर अंकुश नहीं रहते, क्योंकि वे देहाभिमानियों के लिये हैं। उनकी ओर उसका ध्यान नहीं जाता। जो ज्ञानी नहीं भी है, वह प्रतिदिन आपकी प्रत्येक युग में की हुई लीलाओं, गुणों का गान सुनकर, उनके द्वारा आपको अपने हृदय में बैठा लेता है, धारण कर लेता है। अनन्त, अचिन्त्य, दिव्यगुणों के निवास-स्थान प्रभो! आपका वह प्रेमी भक्त भी पाप-पुण्य के फल, सुख-दुःख तथा विधि-निषेध से अतीत हो जाता है, ऊपर उठ जाता है।

भगवन्! स्वर्गादि लोकों के अधिपति इन्द्र, पितामह ब्रह्मा भी आपका पार नहीं पा सके, क्योंकि जब अन्त है ही नहीं (आप अनन्त हैं) तब कोई जानेगा कैसे? जैसे आकाश में वायु से धूलि के नन्हें-नन्हें कण उड़ते रहते हैं, वैसे ही आपमें काल के वेग से, अपने से उत्तरोत्तर, दस-गुने सात आवरणों सहित असंख्य ब्रह्माण्ड एक साथ ही घूमते रहते हैं। तब भला, आपकी सीमा कैसे मिले? हम श्रुतियाँ भी आपके स्वरूप का साक्षात् वर्णन नहीं कर सकतीं। आपके अतिरिक्त वस्तुओं का निषेध करते-करते, अन्त में अपना भी निषेध कर देती हैं तथा आपमें ही अपनी सत्ता खोकर सफल हो जाती हैं। (आप ही में समा जाती हैं)

भगवान् नारायणजी ने कहा, देवर्षि! इस प्रकार सनकादि ऋषियों ने आत्मा और ब्रह्म की एकता बतलाने वाले उपदेश सुनकर, आत्मस्वरूप को जाना तथा नित्यसिद्ध होने पर भी इस उपदेश से कृतकृत्य होकर उन लोगों ने सनन्दन की पूजा की। नारद! सनकादि ऋषि सृष्टि के आरम्भ में उत्पन्न हुए थे, अतः वे सबके पूर्वज हैं। उन आकाशगामी महात्माओं ने इस प्रकार समस्त वेद, पुराण तथा उपनिषदों का सार कहा—यह सार ही सर्वस्व है। देवर्षि! तुम भी उन्हीं के समान ब्रह्मा के मानस-पुत्र हो—उनकी ज्ञान-सम्पत्ति के उत्तराधिकारी हो। तुम भी श्रद्धा से इस विद्या को धारण करो तथा स्वेच्छाभाव से पृथ्वी में भ्रमण करो। यह विद्या समस्त वासनाओं को भस्म करने वाली है।

जब भगवान् नारायण ने नारदजी को इस प्रकार उपदेश दिया तो

नारदजी ने उसे बड़ी श्रद्धा से धारण किया तथा कहा–

भगवन्! आप सच्चिदानन्दस्वरूप श्रीकृष्ण हैं। आपकी कीर्ति परम पवित्र है। आप समस्त प्राणियों के परमकल्याण–मोक्ष के लिये कमनीय कलावतार धारण किया करते हैं। मैं आपको नमस्कार करता हूँ।

इस प्रकार देवर्षि नारद आदि ऋषि भगवान् नारायण को तथा उनके शिष्यों को नमस्कार कर स्वयं श्रीकृष्णद्वैपायन (वेदव्यासजी) के आश्रम पर गये। वेदव्यासजी ने उनका यथोचित सत्कार किया। जब नारदजी आसन स्वीकार कर बैठ गये तो उन्होंने जो कुछ भगवान् नारायण के मुखारविन्द से सुना था, वह सब कुछ वेदव्यासजी को कह दिया।

श्रीभगवान् ही इस विश्व का संकल्प करते हैं तथा उसके आदि, मध्य तथा अन्त में स्थित रहते हैं। वे प्रकृति तथा जीव, दोनों के स्वामी हैं। उन्होंने ही इसकी सृष्टि कर, जीव के साथ इस में प्रवेश किया तथा शरीरों का निर्माण कर, वे ही उनका नियन्त्रण करते हैं। जैसे सुषुप्ति में मग्न पुरुष अपने शरीर का अनुसन्धान छोड़ देता है, वैसे ही भगवान् को पाकर यह जीव माया से मुक्त हो जाता है–इस प्रकार श्री शुकदेवजी ने राजा परीक्षित् को कहा।

अध्याय 39

शिवजी का संकटमोचन

राजा परीक्षित् के इस प्रश्न पर कि भगवान् शंकर ने स्वयं तो भोगों का त्याग कर रखा है, परन्तु उनके उपासक देवता, असुर अथवा मनुष्य प्रायः धनी तथा भोग सम्पन्न हो जाते हैं और दूसरी ओर भगवान् विष्णुजी जो स्वयं तो सभी ऐश्वर्यों से परिपूर्ण है, परन्तु उनके भक्त प्रायः निर्धन ही होते हैं, श्री शुकदेवजी ने कहा–

परीक्षित्! शिवजी सदा अपनी शक्ति से युक्त रहते हैं। वे सत्त्व आदि गुणों से युक्त तथा अहंकार के अधिष्ठाता हैं। अहंकार के तीन भेद हैं–वैकारिक, तैजस तथा तामस। त्रिविध अहंकार से सोलह विकार हुए–दस इन्द्रियाँ, पाँच महाभूत तथा एक मन। इन सबके अधिष्ठातृ-देवताओं में से किसी एक की भी उपासना करने से ऐश्वर्यों की प्राप्ति हो जाती है, परन्तु भगवान् श्रीहरि प्रकृति से परे हैं। स्वयं पुरुषोत्तम, प्राकृत-गुणरहित हैं। वे सर्वज्ञ तथा सबके अन्तःकरणों के साक्षी हैं। जो उनका भजन करता है वह भी गुणातीत हो जाता है। भगवान् श्रीकृष्ण सर्वशक्तिामन् परमेश्वर हैं। मनुष्यों के कल्याण के लिये ही उन्होंने यदुवंश में अवतार धारण किया। महाराज युधिष्ठिर के भी इसी प्रकार प्रश्न करने पर उन्होंने उसका उत्तर इस प्रकार दिया था।

भगवान् श्रीकृष्ण ने कहा, राजन्! जिस पर (परम-भक्त) मैं कृपा करता हूँ, उसका सब धन धीरे-धीरे छीन लेता हूँ। जब वह निर्धन हो जाता है, तब उसके सम्बन्धी उसके दुःखित चित्त की चिन्ता किये बिना उसे छोड़ देते हैं। फिर वह भी धन के लिये उद्योग (प्रयत्न) करने लगता है। मैं उसका वह प्रयत्न भी निष्फल कर देता हूँ। इस प्रयत्न के बार-बार निष्फल होने पर उसकी धन में विरक्ती हो जाती है। उसे दुःख का कारण समझ कर वह उसकी ओर से उदासीन हो जाता है, तथा उसका झुकाव मेरी प्रगाढ़ भक्ति की ओर तथा उसका संग मेरे भक्तों के साथ हो जाता है। उस समय मैं उस पर अपनी अहैतुक कृपा की वर्षा करता हूँ। मेरी कृपा से उसे अनन्त-सच्चिदानन्दस्वरूप परब्रह्म की प्राप्ति हो जाती है। इस प्रकार मुझे प्रसन्न करना तथा मेरी आराधना करना बड़ा कठिन है। इसी कारण जनसाधारण मुझे छोड़ कर अन्यान्य देवताओं की उपासना करते हैं।

दूसरे देवता आशुतोष हैं। वे झटपट पसीज जाते हैं तथा अपने भक्तों को साम्राज्य-लक्ष्मी दे देते हैं। उसे पाकर वे उच्छृखंल, प्रमादी तथा उन्मत्त होकर अपने वरदाता देवताओं को भी भूल जाते हैं तथा कर्तव्यच्युत हो जाते हैं और मरणोपरान्त अधम गति को प्राप्त होते हैं।

श्री शुकदेवजी पुनः कहते हैं, परीक्षित्! ब्रह्मा, विष्णु तथा महादेव भगवान् शंकर–तीनों ही शाप देने तथा वरदान देने में समर्थ हैं, परन्तु महादेव तथा ब्रह्माजी शीघ्र ही प्रसन्न या रुष्ट होकर वरदान अथवा शाप दे देते हैं। परन्तु विष्णु भगवान् ऐसे नहीं हैं। एक प्राचीन इतिहास के अनुसार भगवान् शंकर एक बार वृकासुर को वर देकर संकट में पड़ गये थे। वृकासुर शकुनि का पुत्र था। एक दिन उसने नारदजी को विचरण करते समय देख लिया तथा उनसे पूछा कि तीनो देवताओं में शीघ्र प्रसन्न होने वाले कौन हैं? देवर्षि नारदजी ने कहा–तुम भगवान् शंकरजी की आराधना करो। इससे तुम्हारा मनोरथ शीघ्र पूर्ण हो जायेगा। रावण तथा बाणासुर ने केवल वंदिजनों के समान भगवान् शंकरजी की कुछ स्तुतियाँ की थीं। इसी से वे उन पर प्रसन्न हो गये तथा उन्हें अतुलनीय ऐश्वर्य प्रदान कर दिया। परन्तु इसके पश्चात् रावण की उदण्डता ने–जब उसने कैलास पर्वत को उठाने का प्रयास किया तथा बाणासुर ने अपने नगर की रक्षा का दायित्व उन्हें दिया–उन्हें संकट में डाल दिया था।

नारदजी का उपदेश सुनकर वृकासुर केदारक्षेत्र में गया तथा अग्नि को भगवान् शंकर का मुख मान कर उसमें अपने शरीर का मांस डाल कर हवन करने लगा। इस प्रकार छः दिन तक उपवास कर तथा अपने शरीर को हवन की आहूति के रूप में प्रयोग करने पर जब भगवान् शंकर प्रसन्न नहीं हुए, तो सातवें दिन केदार तीर्थ में स्नान कर उसने अपने शीश को काट कर हवन कुण्ड में डालना चाहा। भगवान् शंकर को वृकासुर पर करुणा आ गई। वे परम दयालु हैं। अग्नि कुण्ड में प्रकट होकर उन्होंने वृकासुर के दोनों हाथ पकड़ लिये तथा उसे अपना शीश काटने से रोक दिया। उनके स्पर्श से वृकासुर के अन्य अंग भी ज्यों-के-त्यों पूर्ण हो गये।

भगवान् शंकर ने कहा, प्रिय वृकासुर! अब बस करो। मैं तुम्हें वर देना चाहता हूँ। तुम वर माँगो। मैं तो अपने शरणागत भक्तों पर–उनका मुझ पर जल चढ़ाने से ही–प्रसन्न हो जाता हूँ। फिर तुम अपने शरीर को इतना कष्ट क्यों दे रहे हो? भगवान् शंकरजी के कहने पर वृकासुर ने यह वर माँगा कि मैं जिसके सिर पर हाथ रखूँ, वह वहीं भस्म हो जाये।

भगवान् शंकरजी पहले तो कुछ दुविधा में पड़े, फिर उन्होंने हंसकर कह दिया–ऐसा ही हो।

वृकासुर स्वभाव से ही दुष्ट था। इस वरदान ने तो उसकी मति ही फेर दी। उसके दुष्ट मन में भगवती-पार्वतीजी को हरण करने की इच्छा उत्पन्न हो गई। भगवान् शंकरजी के वर की परीक्षा लेने के लिये वह अपना हाथ उन्हीं के शीश पर रखने का प्रयत्न करने लगा। अब भगवान् शंकरजी संकट में पड़ गये। भगवान् शंकरजी आगे-आगे तथा वृकासुर उनका पीछा करने लगा। उससे ओझल होने के लिये भगवान् शंकर तीनो लोकों में गये। परन्तु वह धूर्त भी उनके पीछे-पीछे। बड़े-बड़े देवता भी इस संकट का उपाय न सोच सके। अन्त में भगवान् शंकर, प्राकृतिक अन्धकार से परे, परम-प्रकाशमय वैकुण्ठलोक में गये। बैकुण्ठ में स्वयं भगवान् नारायण निवास करते हैं जो सारे जगत् को अभय दान देने वाले हैं। भक्तभयहारी भगवान् ने देखा कि शंकरजी तो बड़े संकट में हैं। तब वे अपनी योगमाया से ब्रह्मचारी रूप धारण कर वृकासुर की ओर गये। ब्रह्मचारी रूप में भी श्रीहरि का शरीर ज्योतिर्मय था। उन्होंने रुद्राक्ष की माला धारण कर, हाथ में दण्ड तथा शरीर पर काला मृगचर्म धारण किया था।

ब्रह्मचारी भगवान् श्रीहरि ने कहा, शकुनि-नन्दन वृकासुर! आप बहुत थके हुए हैं। क्या आप कहीं दूर से आ रहे हैं? तनिक विश्राम कर लीजिए। यह शरीर सारे सुखों को भोगने का साधन है। इसी से सारी कामनाएँ पूर्ण होती हैं। इसे अधिक कष्ट नहीं देना चाहिए। आप तो सब प्रकार से समर्थ है। इस समय आप क्या करना चाहते हैं? यदि मेरे सुनने योग्य कोई बात हो तो बतलाइये। क्योंकि ऐसा देखा गया है कि सहायता से बहुत से काम बन जाते हैं।

भगवान् श्रीहरि का एक-एक शब्द अमृत के समान था। उनके इस प्रकार पूछने पर, वृकासुर ने पहले तो तनिक अपनी थकावट दूर की तथा फिर क्रमशः अपनी तपस्या, वरदान-प्राप्ति तथा भगवान् शंकरजी के पीछे दौड़ने, अर्थात् उन्हीं का वरदान उन्हीं पर प्रयोग करने की बात कही।

श्रीभगवान् ने कहा–अच्छा, ऐसी बात है। परन्तु हम इस पर विश्वास नहीं करते। क्या आप नहीं जानते कि दक्ष–प्रजापति के शाप से वे पिशाचभाव को प्राप्त हो गये हैं। वे तो केवल प्रेतों तथा पिशाचों के सम्राट् हैं। आप इतने बड़े होकर (ज्ञानी होकर) ऐसी छोटी बातों पर विश्वास कर लेते हैं। यदि अब भी आप उन्हें जगत्–गुरु मानते हैं तथा उनकी बात पर विश्वास करते हैं तो शीघ्र ही अपना हाथ अपने सिर पर रख कर इस बात की परीक्षा कर लीजिए। दानव शिरोमणि! यदि किसी प्रकार भी शंकरजी की बात असत्य निकले तो आप उनसे प्रतिशोध लीजिए।

श्रीभगवान् की ऐसी मोहित करने वाली, अद्भुत तथा मीठी बातों से वृकासुर की बुद्धि भ्रमित हो गई। उस दुर्बुद्धि ने भूलकर अपने ही सिर पर अपना हाथ रख लिया। उसी क्षण उसका सिर फट गया तथा वह वहीं धरती पर गिर पड़ा। उस समय आकाश में देवताओं द्वारा जयघोष होने लगा तथा भगवान् श्रीहरि पर पुष्प–वर्षा होने लगी और ऋषि, पितर, गन्धर्व आदि उनकी स्तुति करने लगे। अब भगवान् पुरुषोत्तम ने शंकरजी से कहा, देवाधिदेव! बड़े हर्ष की बात है कि इस दुष्ट को इसी के पाप ने नष्ट कर दिया। परमेश्वर! यहाँ ऐसा कौन सा प्राणी है जो महापुरुषों का अपराध कर के कुशल से रह सके? फिर स्वयं जगद्गुरु विश्वेश्वर! आपका अपराध करके तो कोई सकुशल रह ही कैसे सकता है?

अध्याय 40

भृगुजी–त्रिदेव महिमा

एक बार सरस्वती नदी के पावन तट पर यज्ञ करने के लिए बड़े–बड़े ऋषि मुनि एकत्रित हुए। इन ऋषियों में इस विषय पर विवाद

हो गया कि ब्रह्मा, शिव तथा विष्णु में कौन बड़ा है। इसका निश्चय करने के लिये उन्होंने ब्रह्मा, विष्णु तथा शिवजी की परीक्षा लेने के अभिप्राय से ब्रह्माजी के पुत्र भृगु-ऋषि को, उन तीनो के पास भेजा। प्रथम भृगु-ऋषि ब्रह्माजी की सभा में गये। वहाँ उन्होंने ब्रह्माजी के धैर्य आदि की परीक्षा लेने के लिये, न तो उन्हें नमस्कार किया तथा न ही उनकी स्तुति की। इस पर ब्रह्माजी अपने तेज तथा क्रोध के कारण सूर्य के समान तपने लगे। परन्तु फिर ब्रह्माजी ने देखा कि यह तो मेरा ही पुत्र है। अतः उन्होंने अपने क्रोध को शान्त कर लिया।

वहाँ से भृगु-ऋषि कैलास पर्वत पर गये। देवाधिदेव भगवान् शंकरजी ने देखा कि उनके भ्राता भृगुजी आये हैं। तब उन्होंने बड़े आनन्द से उनका आलिंगन करने के लिये अपनी भुजायें फैला दीं। परन्तु महर्षि-भृगु ने उनका आलिंगन स्वीकार नहीं किया तथा कहा–तुम लोक-मर्यादा का उलंघन करते हो, अतः मैं तुमसे गले नहीं मिलता। भृगुजी की ऐसी बात सुनकर भगवान् शंकरजी को क्रोध आ गया तथा उन्होंने त्रिशूल उठा कर भृगु-ऋषि को मारना चाहा, परन्तु उसी समय भगवती-सती ने उनके चरणों पर गिरकर विनीतभाव से उनके क्रोध को शान्त किया। तत्पश्चात् भृगुजी भगवान् विष्णुजी के निवास-स्थान बैकुण्ठ में गये। उस समय विष्णुजी विश्राम कर रहे थे। भृगुजी ने जाकर उनके वक्षःस्थल पर अपना पैर मारा (लात मारी)। भक्तवत्सल भगवान् विष्णुजी लक्ष्मीजी सहित उठ खड़े हुए तथा अपनी शय्या से नीचे उतर कर उन्होंने भृगुजी को शीश झुका कर प्रणाम किया। भगवान् ने कहा, ब्राह्मण! आपका स्वागत है। इस आसन पर बैठ कर कुछ क्षण विश्राम कीजिए। मुझे आपके शुभागमन का पता न था (जबकि वे सब कुछ जानते थे)। इसी से मैं आपकी अगवानी न कर सका। मेरा अपराध क्षमा कीजिए। महामुनि! आपके चरणकमल अत्यन्त कोमल हैं। इतना कहकर वे भृगुजी के चरणों को अपने हाथों से सहलाने लगे। महर्षे! आपके चरणों का जल तो तीर्थों को भी पवित्र करने वाला है। आप हमारे बैकुण्ठधाम को पवित्र कीजिए। आपके चरणकमलों के स्पर्श से मैं पवित्र

हो गया। अब आपके चरणों से चिह्नित मेरे वक्षःस्थल पर लक्ष्मी सदा निवास करेंगी।

जब श्रीभगवान् ने अत्यन्त गम्भीर वाणी से इस प्रकार कहा तब भृगुजी परम सुखी हुए। भक्ति के कारण उनका गला भर आया तथा उनकी आँखें अश्रुपूर्ण हो गईं तथा वे चुप ही रहे।

भृगुजी ने वहाँ से लौट कर ब्रह्मवादी मुनियों को, अपने अनुभव का–जो उन्हें ब्रह्माजी, भगवान् शंकरजी तथा श्री विष्णुजी के पास जाकर हुआ–कह सुनाया। इसे जानकर सभी ऋषियों को बड़ा आश्चर्य हुआ। उनका सन्देह दूर हो गया तथा तब से वे भगवान् विष्णु को ही सर्वश्रेष्ठ मानने लगे। भगवान् विष्णुजी से ही साक्षत् धर्म, ज्ञान, वैराग्य, आठ प्रकार के ऐश्वर्य तथा चित्त को शुद्ध करने वाला यश प्राप्त होता है। वे शान्त, अकिञ्चन तथा सब को अभय प्रदान करने वाले, साधु-मुनियों के एकमात्र आश्रय तथा परम गति हैं। ऐसा सारे शास्त्र कहते हैं।

श्री शुकदेवजी राजा परीक्षित् से कहते हैं, परीक्षित्! सरस्वती तट पर ऋषियों ने समागम कर, अपने लिये नहीं अपितु मनुष्यों के संशय को मिटाने के लिये यह युक्ति अपनाई थी। पुरुषोत्तम भगवान् विष्णु के चरणकमलों की सेवा करके उन्होंने परम पद प्राप्त किया।

एक अन्य इतिहास सुनाते हुए श्री शुकदेवजी राजा परीक्षित् से कहते हैं, परीक्षित्! एक दिन द्वारकापुरी के एक ब्राह्मण के घर पुत्र उत्पन्न हुआ, परन्तु वह पृथ्वी का स्पर्श करते ही मर गया। ब्राह्मण अपने बालक का मृत शरीर लेकर राजमहल के द्वार पर आया तथा बड़े आतुर स्वर में दुःखी हुआ विलाप करने लगा। वह कह रहा था कि राजा के कर्मदोष से ही उसके बालक की मृत्यु हुई है। जो राजा हिंसापरायण, दुःशील अथवा अजितेन्द्रिय होता है, उसकी प्रजा दरिद्र होकर दुःख भोगती है तथा उन पर संकट आते हैं। इस प्रकार दूसरे तथा तीसरे बालक के जन्म लेने पर, तथा उनके इसी प्रकार मृत्यु को प्राप्त होने पर, वह ब्राह्मण अपने बच्चे का शव लाकर राजमहल के द्वार पर छोड़ गया तथा वही क्रोध भरे शब्द बोल कर चला गया। उस ब्राह्मण के नवें बालक के मरने

पर, जब वह उस बालक के शव को भी राजमहल के द्वार पर लाया तो स्वयं भगवान् श्रीकृष्ण, अर्जुन के साथ वहाँ बैठे हुए थे। अर्जुन ने ब्राह्मण की व्यथा सुन कर उससे कहा, ब्राह्मण! आपके निवास-स्थान द्वारका में, क्या कोई धनुषधारी क्षत्रिय नहीं है? लगता है कि ये युदवंशी ब्राह्मण हैं तथा प्रजापालन छोड़ कर किसी यज्ञ में बैठे हुए हैं। जिनके राज्य में धन, स्त्री अथवा पुत्रों से वियुक्त होकर ब्राह्मण दुःखी होते हैं, वे क्षत्रिय नहीं। आप अपने पुत्रों की मृत्यु से दुःखी हो रहे हैं। मैं आपकी सन्तान की रक्षा करूँगा। यदि मैं अपनी प्रतिज्ञा पूर्ण न कर सका तो अपना अग्नि दाह कर दूँगा। (यह सारी बातें भगवान् श्रीकृष्ण ने अपना वास्तविक रूप छुपा कर सुनीं)

ब्राह्मण ने कहा, क्षत्रिय! यहाँ बलरामजी, भगवान् श्रीकृष्ण, धनुर्धरशिरोमणि प्रद्युम्न, अद्वितीय योद्धा अनिरुद्ध भी यदि मेरे बालकों की रक्षा करने में असमर्थ हैं, तो तुम ऐसा कैसे कर सकते हो? मुझे तुम पर विश्वास नहीं।

अर्जुन ने कहा, ब्राह्मण! मैं अर्जुन हूँ, जिसका गाण्डीव धनुष विश्वविख्यात है। आप मेरे बल-पौरुष का तिरस्कार मत कीजिए। मैं तो अपने पराक्रम से भगवान् शंकरजी को सन्तुष्ट कर चुका हूँ। मैं युद्ध में साक्षात् मृत्यु पर भी विजय प्राप्त कर, आपकी सन्तान की रक्षा करूँगा।

जब अर्जुन ने ब्राह्मण को इस प्रकार विश्वास दिलाया तो वह अर्जुन के बल-पौरुष की प्रशंसा करते हुए अपने घर लौट गया। प्रसव का समय निकट आने पर ब्राह्मण अर्जुन के पास आया तथा उसने कहा—इस बार तुम मेरे बच्चे को मृत्यु से बचा लो। यह सुनकर अर्जुन ने जल से आचमन कर, भगवान् शंकरजी को प्रणाम किया तथा दिव्यअस्त्रों का स्मरण कर, हाथ में गाण्डीव धनुष ले लिया।

अर्जुन ने बाणों को अनेक प्रकार के अस्त्र-मन्त्रों से अभिमन्त्रित कर प्रसव-गृह को चारों ओर से ढक कर सुरक्षित कर दिया। अब पुनः ब्राह्मणी के गर्भ से एक शिशु ने जन्म लिया। परन्तु वह देखते ही देखते सशरीर आकाश में अन्तर्धान हो गया। अब वह ब्राह्मण क्रोधित होकर भगवान् श्रीकृष्ण के सम्मुख अर्जुन की निन्दा करने लगा। वह कहने

लगा–मेरी मूर्खता तो देखो जो मैंने इस नपुंसक की बातों पर विश्वास किया। जिसे प्रद्युम्न, अनिरुद्ध, यहाँ तक कि स्वयं बलरामजी तथा भगवान् श्रीकृष्ण भी न बचा सके, उसकी रक्षा करने में कौन समर्थ हो सकता है?

जब ब्राह्मण अर्जुन को इस प्रकार धिक्कार रहा था तब अर्जुन योगबल से तत्काल यमपुरी गये, जहाँ भगवान् यमराज निवास करते हैं। वहाँ उन्हें ब्राह्मण का बालक नहीं मिला। तदनन्तर वे शस्त्र लेकर क्रमशः इन्द्र, अग्नि, निर्ऋति, सोम, वायु तथा वरुण आदि की पुरियों में गये। इसके अतिरिक्त वे अतलादि नीचे के लोकों में तथा स्वर्ग से ऊपर महर्लोकादि में भी गये। परन्तु उनकी प्रतिज्ञा पूर्ण न हो सकी। अब द्वारकापुरी लौट कर अर्जुन ने अग्नि में प्रवेश करने का निश्चय किया। परन्तु भगवान् श्रीकृष्ण ने उसे रोकते हुए कहा–तुम अपने आप अपना तिरस्कार मत करो। मैं तुम्हें ब्राह्मण के सभी बालक अभी दिखा देता हूँ। आज जो लोग तुम्हारी निन्दा कर रहे हैं, वे तुम्हारी निर्मल कीर्ति को कहेंगे।

इस प्रकार कहकर भगवान् श्रीकृष्ण अर्जुन सहित अपने दिव्य रथ पर सवार होकर दक्षिण दिशा में गये। उन्होंने सात-सात पर्वतों वाले सात द्वीप, सात समुन्द्र तथा लोकालोक पर्वत को लाँघकर घोर अन्धकार में प्रवेश किया।

यह अन्धकार इतना घोर था कि भगवान् श्रीकृष्ण के रथ के घोड़े शैब्य, सुग्रीव, मेघपुष्प तथा बलाहक भी भटकने से लगे। उनको मार्ग प्रतीत न हो रहा था। इस दशा को देखकर भगवान् श्रीकृष्ण ने अपने सहस्त्र सूर्यों के समान तेज वाले सुदर्शन चक्र को आगे कर दिया। उस घनघोर अन्धकार को चीरता हुआ भगवान् श्रीकृष्ण का सुदर्शन चक्र आगे-आगे चलने लगा। इस प्रकार सुदर्शन चक्र के प्रकाश में रथ अन्धकार की सीमा पार कर गया। उस अन्धकार के पार सर्वश्रेष्ठ पारावाररहित व्यापक परमज्योति जगमगा रही थी।

यह प्रकाश इतना अधिक था कि अर्जुन ने अपनी आँखें बन्द कर

लीं। तदनन्तर श्रीभगवान् के रथ ने दिव्य जलराशि में प्रवेश किया। पवन के तीव्र वेग से जल में बड़ी-बड़ी तरँगे उठ रही थीं। इसी जल राशि में एक सुन्दर महल था। उसमें मणियों के सहस्रों स्तम्भ जगमगा रहे थे। महल के चारों ओर उज्ज्वल ज्योति फैल रही थी। इस महल में भगवान् शेषजी विराजमान थे। उनके सहस्र शिर थे। प्रत्येक फण पर मणियाँ सुशोभित हो रही थीं। शेषजी का सम्पूर्ण शरीर कैलास पर्वत के समान श्वेत वर्ण का था। अर्जुन ने देखा कि शेष भगवान् की सुखमयी शय्या पर सर्वव्यापक परम पुरुषोत्तम भगवान् विराजमान हैं। उनके शरीर की कान्ति वर्षाकालीन मेघ के समान श्यामल है। वे अत्यन्त सुन्दर पीत-वर्ण वस्त्र धारण किये हुए हैं। मुखपर मधुर हास्य। वे अमूल्य मणियों जड़ित मुकुट धारण किये हुए हैं। घुँघराली काली लटें उनके मुख पर लहरा रही हैं तथा शोभायमान हो रही हैं। वे अष्टभुजधारी हैं तथा उनके गले में कौस्तुभमणि शोभा पा रही है। उनके वक्षःस्थल पर श्रीवत्स का चिह्न है तथा घुटनों तक वनमाला लटक रही है। उनके नन्द-सुनन्द आदि पार्षद, सुदर्शन चक्र तथा मूर्तिमान् आयुध उनकी सेवा में प्रस्तुत हैं। पुष्टि, श्री, कीर्ति, तथा अजा-ये चारों शक्तियाँ एवं सम्पूर्ण ऋद्धिया--ब्रह्माजी लोकपालों के अधीश्वर भगवान् की सेवा कर रही थीं। भगवान् श्रीकृष्ण ने अपने ही स्वरूप श्री अनन्त भगवान् को प्रणाम किया। अर्जुन कुछ भयभीत से लग रहे थे। उन्होंने भी दोनों हाथ जोड़कर भगवान् अनन्त को प्रणाम किया। अब ब्रह्मादि लोकपालों के स्वामी भगवान् भूमा-पुरुष ने मुस्कराते हुए, गम्भीर वाणी से कहा-श्रीकृष्ण! अर्जुन! मैंने तुम दोनों को देखने के लिये ही ब्राह्मण के बालको को अपने पास मँगा लिया था। तुम दोनों ने धर्म की रक्षा के लिये मेरी कलाओं के साथ पृथ्वी पर अवतार ग्रहण किया है। पृथ्वी के भाररूप दैत्यों का संहार कर तुम शीघ्र मेरे पास लोट आओ। तुम दोनों ऋषिवर नर और नारायण हो। यद्यपि तुम पूर्णाकाम तथा सर्वश्रेष्ठ हो, फिर भी जगत् की स्थिति तथा लोक संग्रह के लिये धर्म का आचरण करो। (कदाचित् यह भी भगवान् श्रीकृष्ण की एक लीला थी-अर्जुन को

स्वधाम दिखाने की अथवा उसे भ्रम से निकालने की)

जब भगवान् भूमा-पुरुष ने श्रीकृष्ण तथा अर्जुन को इस प्रकार कहा—तब उन्होंने उसे स्वीकार कर तथा प्रणाम कर, बड़े आनन्द के साथ ब्राह्मण बालकों को साथ लेकर द्वारका लौट आये। ब्राह्मण के बालक अपनी आयु के अनुसार बड़े हो गये थे परन्तु उनका रूप तथा आकृति अपने बचपन जैसी थी। भगवान् श्रीकृष्ण ने उन्हें ब्राह्मण को सौंप दिया।

भगवान् विष्णु के उस परमधाम को देखकर अर्जुन के आश्चर्य की सीमा न रही। अब उसने अनुभव किया, कि उसका सारा बल-पौरुष भगवान् श्रीकृष्ण के कारण ही है। भगवान् श्रीकृष्ण ने आदर्श महापुरुषों का सा आचरण करते हुए, समस्त प्रजावर्ग के, सारे मनोरथ पूर्ण किये। उन्होंने बहुत से अधर्मी राजाओं को स्वयं मार डाला तथा बहुतों को अर्जुन आदि से मरवा कर पृथ्वी का भार दूर किया। इस प्रकार धर्मराज युधिष्ठिर आदि धर्मात्मा राजाओं ने भगवान् श्रीकृष्ण की प्रेरणा से सारी पृथ्वी पर धर्ममर्यादा की स्थापना की।

अध्याय 41

भगवान् श्रीकृष्ण लीला-विहार

श्री शुकदेवजी भगवान् श्रीकृष्ण के लीला-विहार का वर्णन करते हुए, राजा परीक्षित् से कहते हैं, परीक्षित्! द्वारका नगरी की छटा अलौकिक थी। बड़े-बड़े राजपथ तथा चौराहे। फूलों तथा फलों से लदे वृक्ष तथा उपवन। वृक्षों पर कलरव करते भाँति-भाँति के पक्षी। सारे नगरवासी तथा नर-नारी सुन्दर वस्त्रों से सुसज्जित। नगर में सब प्रकार की सुविधायें उपलब्ध थीं तथा यदुवंशियों को सभी भोग की सामग्री प्राप्त थी।

स्वर्ग से भी उत्तम इसी द्वारकापुरी में भगवान् श्रीकृष्ण अपनी पटरानियों तथा रानियों सहित विराजमान थे–अपने भव्य-महलों में। वे अपनी पत्नियों के एकमात्र प्राण-बल्लभ थे। प्रत्येक महल में उद्यान, जल-सरोवर तथा उनमें हंस तथा पक्षी मधुर ध्वनि में चहचहाते थे। आकाश से देवता भी भगवान् की इस लीला का अवलोकन करते तथा गन्धर्व उनकी स्तुति करते थे।

भगवान् श्रीकृष्ण समान रूप से अपनी सभी पत्नियों से प्रेम करते थे। उनकी इस अद्‌भुत लीला को नारदजी भी आकर देख गये थे, परन्तु समझ न पाये। वे इस प्रकार विहार करते थे कि हर पत्नी यही समझती थी कि वे उसे सबसे अधिक प्यार करते हैं। रानियों के सर्वस्व, उनके एकमात्र हृदयेश्वर, भगवान् श्रीकृष्ण ही थे। वे कमलनयन श्यामसुन्दर के चिन्तन में इस प्रकार मग्न हो जातीं कि प्रायः सब कुछ भूल जातीं।

प्रेम से उन्मुक्त हुई रानियाँ इस प्रकार कहतीं–अरी कुररी! अब तो बड़ी रात हो गई है। संसार में सब ओर सन्नाटा है। देख इस समय स्वयं भगवान् श्रीकृष्ण अपना अखण्ड बोध छिपा कर किस प्रकार सो रहे हैं। क्या तुझे नींद नहीं आती? क्या तू रात भर इसी प्रकार उनके मोह में जागती रहेगी?

फिर चकवी को सम्बोधित करते हुए कहतीं–अरी चकवी तूने रात के समय नेत्र क्यों बन्द कर लिये? क्या तेरे पति देव कहीं विदेश गये हैं जो तू इस प्रकार करुणस्वर में पुकार रही है।

अहो समुद्र! तुम सदा गरजते ही रहते हो। क्या तुम्हें नींद नहीं आती? अब हम समझ गईं। हमारे प्यारे श्यामसुन्दर ने तुम्हारे धैर्य, गाम्भीर्य आदि स्वाभाविक गुण तुमसे छीन लिये हैं।

चन्द्रदेव! लगता है तुम्हें गम्भीर राजयक्ष्मा रोग हो गया है। तुम बड़े क्षीण हो गये हो। अब तो तुम अपनी किरणों से अन्धकार भी नहीं मिटा सकते।

मलयानिल! हम ने तुम्हारा क्या बिगाड़ा है जो तुम हमारे हृदय में प्रेम का संचार कर रहे हो, हमें उन्मुक्त बना रहे हो।

श्रीमन् मेघ! तुम्हारे शरीर का सौन्दर्य तो हमारे प्रियतम जैसा है।

अवश्य ही तुम हमारे प्रियतम को परम प्रिय हो। तुम भी हमारी तरह ही उनके लिये अत्यन्त उत्कण्ठित हो। री कोयल! तेरा गला बड़े सुर में है। तुम भी हमारे प्राण प्यारे श्रीकृष्ण के समान मधुर स्वर में बोलती हो। तू ही बता इस समय हम तेरा क्या प्रिय करें?

प्रिय पर्वत! तुम बड़े उदारचित्त हो। तुमने पृथ्वी को धारण किया है। तुम अति स्थिर हो। लगता है तुम भी किसी चिन्ता में हो। कदाचित् तुम चाहते हो कि तुम्हारे शिखरों पर श्रीभगवान् के पदचिह्नों की छाप हो।

नदियो! यह ग्रीष्म ऋतु है। तुम भी क्षीण पड़ गई हो। लगता है जैसे हम अपने प्रियतम श्यामसुन्दर की प्रेम-भरी चितवन न पाकर अपना हृदय खो बैठी हैं तथा दुवली दीख रही हैं, वैसे ही तुम भी मेघों के द्वारा अपने प्रियतम समुद्र का जल न पाकर क्षीण हो गई हो।

हंस! आओ, आओ! लो दूध पियो। प्रिय हंस! हमारे श्यामसुन्दर की कोई बात तो सुनाओ। तुम उनके दूत हो। उनकी मित्रता बड़ी अस्थिर है। वे हमारी चिन्ता नहीं करते। तुम उन्हें बुलाकर हमारे पास ले आना। क्या अब वे लक्ष्मीजी को छोड़कर हमारे पास आना नहीं चाहते? क्या स्त्रियों में लक्ष्मीजी ही एक हैं, जिनका भगवान् से अनन्य प्रेम है? क्या हममें से कोई भी एक वैसी नहीं?

श्री शुकदेवजी राजा परीक्षित् से कहते हैं कि भगवान् श्रीकृष्ण की पत्नियाँ, भगवान् श्रीकृष्ण से ऐसा अनन्य प्रेमभाव रखती थीं जिसके कारण उन्होंने परमपद को प्राप्त किया। जिन महाभागिनों ने जगद्‌गुरु भगवान् श्रीकृष्ण को अपना पति मान कर उनके चरणकमलों को सहलाया, उनकी धोवन अपने सिरों पर धारण की, उनकी तपस्या का वर्णन कैसे किया जा सकता है।

भगवान् श्रीकृष्ण सत्पुरुषों के एकमात्र आश्रय हैं। भगवान् श्रीकृष्ण की रानियों में पटरानी रूप से रुक्मिणी आदि आठ थीं। भगवान् श्रीकृष्ण के, उनकी लीला के अनुसार, अठारह पुत्र-पौत्र महारथी थे। उनके नाम इस प्रकार हैं—प्रद्युम्न, अनिरुद्ध, दीप्तिमान्, भानु, साम्ब, मधु, बृहद्भानु, चित्रभानु, वृक, अरुण, पुष्कर, वेदबाहु, श्रुतदेव, सुनन्दन, चित्रबाहु, विरूप, कवि तथा

न्यग्रोध। इन पुत्रों में भी सबसे श्रेष्ठ रुक्मिणी-नन्दन प्रद्युम्नजी का विवाह रुक्मी की कन्या से हुआ था। उससे उनके अनिरुद्धजी हुए। रुक्मी के दौहित्र अनिरुद्धजी ने अपने नाना की पोती से विवाह किया। उसके गर्भ से वज्र का जन्म हुआ। ब्राह्मणों के शाप से यदुवंश का नाश होने पर, केवल एकमात्र वज्र ही बचे थे। वज्र के पुत्र हुए प्रतिबाहु, प्रतिबाहु के सुबाहु, सुबाहु के शान्तसेन तथा शान्तसेन से हुए शतसेन।

प्राचीन काल में देवासुर संग्राम में बहुत से असुर मारे गये। वे ही मनुष्य योनि में जन्म लेकर प्रज़ा को सताने लगे। उनका दमन करने के लिये श्रीभगवान् की आज्ञा से देवताओं ने ही यदुवंश में अवतार लिया था। इनके कुलों की संख्या एक सौ एक थी। वे सब भगवान् श्रीकृष्ण को ही अपना स्वामी मानते थे।

भगवान् श्रीकृष्ण का चरणधोवन 'गंगाजी' समस्त तीर्थों में परम पवित्र है। भगवान् के स्वरूप की यह कितनी बड़ी महिमा है कि उनसे प्रेम करने वाले भक्त तथा उनसे द्वेष करने वाले शत्रु-दोनों ही उनके स्वरूप को प्राप्त हो जाते हैं। स्वयं साक्षात् लक्ष्मीजी उनकी चरणसेवा में अनुरक्त रहती हैं। भगवान् के एक बार नाम लेने अथवा सुनने से सारे अमंगल नष्ट हो जाते हैं।

भगवान् श्रीकृष्ण ही समस्त जीवों के आश्रयस्थल हैं। यदुवंशी-वीर पार्षदों की भाँति उनकी सेवा करते हैं। भगवान् स्वभाव से ही चराचर जगत् का दु:ख मिटाते हैं।

प्रकृति से अतीत परमात्मा ने अपने द्वारा स्थापित धर्म-मर्यादा की रक्षा के लिये दिव्य लीला-शरीर ग्रहण किया। उनका एक-एक कर्म स्मरण करने वालों के कर्मबन्धन स्वयं कट जाते हैं। जब मनुष्य प्रतिक्षण भगवान् श्रीकृष्ण की मनोहारिणी लीला-कथाओं का अधिकाधिक श्रवण, कीर्तन, चिन्तन करने लगता है, तब उसकी यही भक्ति उसे भगवान् के परमधाम को प्राप्त करा देती है। ऐसा श्री शुकदेवजी कहते हैं-उनके धाम में काल भी उनकी सेवा में मूर्तिमान् रहता है। हाथ बान्धकर खड़ा रहता है।

एकादश स्कन्ध

अध्याय 1

यदुवंश को ऋषियों का शाप

यदुवंश पर ऋषियों के शाप का वर्णन करते हुए, श्री शुकदेवजी राजा परीक्षित् से कहते हैं, परीक्षित्! भगवान् श्रीकृष्ण तथा बलरामजी ने अपने अवतार को सार्थक करते हुए मुख्य-मुख्य दैत्यों का संहार किया। इसी प्रकार महाभारत युद्ध में पाण्डवों के पक्ष में होकर, कौरवों-सहित अधर्मी राजाओं का वध किया। इस प्रकार पृथ्वी पर अधर्मी राजाओं का भार प्रायः हलका हो गया। महाभारत युद्ध में धर्म की जीत हुई तथा सभी ओर एक धर्ममय वातावरण छा गया। इसी बीच यदुवंशी भगवान् श्रीकृष्ण की सुरक्षा में बहुत बलवान् हो गये। अब उनमें भी वही अवगुण दीखने लगे जो घमण्डी राजाओं में होते हैं। भगवान् श्रीकृष्ण के आश्रय में होने से देवता भी यदुवंशियों पर विजय प्राप्त नहीं कर सकते थे। भगवान् श्रीकृष्ण ने सोचा कि यदुवंश मेरे आश्रित है तथा यह हाथी-घोड़े, जनबल, धनबल तथा विशाल वैभव के कारण उच्छृंखल हो रहा है। किसी देवता से भी इसकी पराजय नहीं हो सकती। अतः उन्होंने इस यदुवंश को समाप्त करने का निश्चय किया। भगवान् सर्वशक्तिमान् तथा सत्यसंकल्प हैं। इस प्रकार निश्चय कर उन्होंने ब्राह्मणों के शाप से स्वयं ही अपने वंश का संहार कर दिया तथा सब को समेट कर अपने धाम ले गये। ये यदुवंशी (महात्मागण) वास्तव में उनकी लीला में सम्मिलित होने को आये थे, जैसे अन्य देवता भगवान् की आज्ञानुसार अपनी शक्तियों सहित उनके साथ अवतरित हुए थे।

राजा परीक्षित् के पूछने पर कि यह सब कैसे हुआ, श्री शुकदेवजी ने कहा–श्रीहरि ने अपने कुल के संहार की इच्छा की, क्योंकि अब पृथ्वी का भार समाप्त होने में केवल इतना ही कार्य शेष था। अब

भगवान् श्रीकृष्ण, महाराज उग्रसेन की राजधानी द्वारकापुरी में, वसुदेवजी के पुत्र के रूप में, केवल यादवों का संहार करने के लिये, कालरूप से निवास कर रहे थे। उस समय उनके विदा कर देने पर (जो कि उनके अन्तिम दर्शनों के लिये आये थे) विश्वामित्र, असित, कण्व, दुर्वासा, भृगु, अंगिरा, कश्यप, वामदेव, अत्रि, वसिष्ठ तथा नारद आदि बड़े-बड़े ऋषि–द्वारका के पास ही पिण्डारक-क्षेत्र में जाकर निवास करने लगे थे।

एक दिन यदुवंश के कुछ उच्छृंखल कुमार खेलते-खेलते पिण्डारक-क्षेत्र में जा निकले। वहाँ पहुँच कर उन्होंने ऋषियों के चरणों में प्रणाम किया। वे जाम्बवती नन्दन साम्ब को स्त्रीवेश में सजाकर ले गये तथा कहने लगे, ब्राह्मणो! यह सुन्दरी गर्भवती हैं। यह आपसे एक बात पूछना चाहती है। आप तो अमोघ-ज्ञानी तथा सर्वज्ञ हैं। इसका प्रसव निकट आ गया है। आप कृपया बतलाइये कि इसे पुत्र होगा अथवा कन्या। कुमारों की इस उदण्डता पर ब्रह्म-ऋषि कुपित हो गये तथा उन्होंने कहा, मुर्खो! यह एक ऐसा मूसल उत्पन्न करेगी जो तुम्हारे कुल का सर्वनाश करने वाला होगा। मुनियों की यह बात सुनकर कुमार डर गये। उन्होंने जब साम्ब के झूठमूठ के पेट को खोला तो सचमुच उन्हें उसमें से एक मूसल मिला। साम्ब का पेट फुलाने के लिये उन्होंने एक लोहे का तसला उसके पेट पर रख कर, उसपर कपड़ा डाल दिया था। अब सभी कुमार सोचने लगे कि उन्होंने यह क्या अनर्थ कर दिया। वे मूसल लेकर अपने निवास-स्थान पर गये तथा भरी सभा में वह मूसल उन्होंने रख दिया तथा राजा उग्रसेन से सारी कथा कह सुनाई। ब्राह्मणों के शाप की बात सुन तथा उसके फलस्वरूप उस मूसल को देखकर सभी द्वारकावासी चिन्तित हो गये। ब्राह्मणों का शाप कभी झूठा नहीं होता। महाराज उग्रसेन ने उस मूसल का चूरा-चूरा कर दिया तथा लोहे के बचे हुए टुकड़े को चूरे सहित समुद्र में डाल दिया।

लोहे के टुकड़े को एक मछली निगल गई तथा चूरा पानी की तरंगो से समुद्र तट पर आ गया। थोड़े ही दिनों में वह चूरा एक बिना गाँठ की घास में परिणत हो गया। मछेरे मछलियों सहित उस मछली को भी

पकड़ कर ले गये जिसके पेट में लोहे का टुकड़ा था। उस टुकड़े को जरा नामक व्याध ने अपने बाण की नोंक में लगा लिया।

भगवान् श्रीकृष्ण सब कुछ जानते थे। वे इस शाप को उलट भी सकते थे (समाप्त कर सकते थे), परन्तु उन्होंने ऐसा नहीं किया। काल-रूपधारी प्रभु ने ब्राह्मणों के शाप का अनुमोदन ही किया।

अध्याय 2

राजा जनक तथा नौ योगीश्वरों का संवाद

देवर्षि नारद के मन में भगवान् श्रीकृष्ण की सन्निधि में रहने की बड़ी लालसा थी। अतः वे द्वारकापुरी में–जहाँ दक्ष प्रजापति के शाप का कोई प्रभाव न था–विदा कर देने पर भी पुनः आकर, प्रायः श्रीकृष्ण के सामीप्य में रहा करते थे। एक दिन जब वे वसुदेवजी के यहाँ पधारे तो वसुदेवजी ने उनका अभिनन्दन किया तथा विधिवत् उनकी पूजा सत्कार कर उनसे पूछा–

हे नारदजी! पूर्व जन्म में मैंने मुक्ति देने वाले श्रीभगवान् की आराधना तो की थी, परन्तु मुक्ति के लिये नहीं, अपितु मैंने उनकी लीलाओं से मुग्ध होकर, उन्हें अपने पुत्ररूप में प्राप्त करने की इच्छा की थी। अतः अब आप मुझे ऐसा उपदेश दीजिए कि जिससे मैं इस जन्म-मृत्युरूप भवसागर से तर जाऊँ।

वसुदेवजी के प्रश्न का उत्तर देते हुए नारदजी ने कहा, यदुवंश शिरोमणि! आपका आशय बड़ा ही सुन्दर है। भागवत धर्म तो ऐसा है कि इसके सुनने से, वाणी से उच्चारण करने से, स्मरण करने से, हृदय में स्वीकार करने तथा पालन करने से, मनुष्य उसी क्षण पवित्र हो जाता है। जिनके गुण, लीला, नाम के श्रवण तथा कीर्तन से पतितों का भी

कल्याण हो जाता है, उन्हीं परम कल्याणस्वरूप मेरे आराध्यदेव भगवान् नारायण का आपने आज कथन करने को कहा है। इस विषय में पुरातन महात्माओं ने एक इतिहास कहा है। यह इतिहास ऋषभ के पुत्र, नौ योगीश्वरों तथा महात्मा विदेह के संवाद के रूप में है।

स्वायम्भुव मनु के एक पुत्र थे प्रियव्रत। प्रियव्रत के पुत्र हुए आग्नीध्र। आग्नीध्र के पुत्र हुए नाभि और नाभि के पुत्र हुए ऋषभ। ऋषम को शास्त्रों में भगवान् वासुदेव का अंश अवतार कहा गया है। मोक्षधर्म का उपदेश करने के लिए भगवान् वासुदेव का यह अंश-अवतार हुआ था।

ऋषभ के सौ पुत्र हुए जो सबके-सब वेदों के पारदर्शी विद्वान थे। उनमें सबसे बड़े थे राजर्षि भरत। वे भगवान् नारायण के परम भक्त थे। उन्हीं के नाम से यह भूखण्ड, जो पहले 'अजनाभवर्ष' कहलाता था, 'भारतवर्ष' कहलाया। राजा भरत कुछ समय सारी पृथ्वी का राज्यभोग कर, फिर इसे छोड़ कर वन में चले गये। ऋषभदेव के शेष पुत्रों में से, बड़े नौ पुत्र, इस भारतवर्ष के सब ओर स्थित नौ द्वीपों के अधिपति हुए तथा शेष इक्यासी पुत्र कर्मकाण्ड के रचयिता ब्राह्मण हो गये और बाकी शेष नौ संन्यासी हो गये। उन्होंने आत्मविद्या के सम्पादन में बड़ा परिश्रम किया। उनके नाम थे कवि, हरि, अन्तरिक्ष, प्रबुद्ध, पिप्पलायन, आविर्होत्र, द्रुमिल, चमस तथा करभाजन! वे इस कार्य-कारण और व्यक्त-अव्यक्त भगवद्रूप जगत् को अपने आत्मा से अभिन्न अनुभव करते हुए पृथ्वी पर स्वच्छन्द विचरण करते थे। वे किसी भी लोक में जाने के लिये समर्थ थे।

एक बार विदेहराज महात्मा निमि बड़े-बड़े ऋषियों द्वारा एक महान् यज्ञ करा रहे थे। ऊपर कहे नौ योगीश्वर स्वच्छन्द विचरण करते हुए यज्ञ में आ पहुँचे। उन्हें देखकर राजा निमि तथा आहवनीय मूर्तिमान् अग्नि तथा ऋत्विज् आदि ब्राह्मण सभी खड़े हो गये। राजा निमि ने उन्हें श्रीभगवान् के परम-भक्त जानकर, उन्हें यथायोग्य आसन पर बिठा कर उनकी विधिपूर्वक पूजा की। राजा निमि ने विनय-युक्त, बड़े प्रेम से

उनसे प्रश्न किया–मैं समझता हूँ कि आपलोग मधुसूदन भगवान् के पार्षद ही हैं, क्योंकि भगवान् के पार्षद जगत् हित विचरण करते हैं। जीवों के लिये मनुष्य शरीर प्राप्त करना दुर्लभ है। इसके प्राप्त होने पर भी मृत्यु का भय बना रहता है। इस क्षणभंगुर जीवन में श्रीभगवान् के प्रिय तथा उन्हें प्यार करने वाले भक्तजन संतों के दर्शन तो और भी दुर्लभ हैं। कृपया बताइए कि परम-कल्याणस्वरूप क्या है? इसका साधन क्या है? योगीश्वरो! यदि हम सुनने के अधिकारी हैं तो आप कृपा करके भागवत-धर्मों का उपदेश दीजिए, क्योंकि उनसे जन्मादि विकास से रहित, एकरस भगवान् श्रीकृष्ण प्रसन्न होते हैं। उन धर्मों का पालन करने वाले शरणागत भक्तो को वे अपना सामीप्य प्रदान करते हैं।

देवर्षि नारदजी कहते हैं, वसुदेवजी! राजा निमि के इस प्रश्न को सुनकर तथा उसका सम्मान करते हुए–सदस्य तथा ऋत्विजों सहित बैठे राजा निमि से–मुनीश्वर इस प्रकार बोले। पहले योगीश्वर कवि ने कहा, राजन्! भक्तजनों के हृदय से कभी दूर न होने वाले अच्युत भगवान् के चरणों की नित्य-निरन्तर उपासना ही इस संसार में परम कल्याणकारी और भय-मुक्त करने वाली है। देह, गेह आदि तुच्छ पदार्थों में आसक्ति हो जाने के कारण जिन लोगों की चित्तवृत्ति उद्विग्न हो रही है, उनका भय भी इस उपासना का अनुष्ठान करने से निवृत्त हो जाता है। श्रीभगवान् ने भोलेभाले साधारण पुरुषों को भी सुगमता से अपनी साक्षात् प्राप्ति के लिय जो उपाय–स्वयं अपने मुखारविन्द से कहे हैं–उन्हें ही भागवत धर्म समझो। इन भागवत धर्मों का अवलम्बन कर मनुष्य कभी विघ्नों से पीड़ित नहीं होता तथा विधि विधान में त्रुटि रह जाने पर भी वह मार्गच्युत नहीं होता, न पतित ही होता है, अर्थात् फल से वञ्चित नहीं होता। भागवतधर्म का पालन करने वाले के लिये कोई विशेष नियम (बन्धन) अथवा विशेष प्रकार के कर्म का विधान नहीं है। वह शरीर से, वाणी से, मन से, इन्द्रियों से, बुद्धि से, अनेक जन्मों में अथवा एक जन्म में स्वभाववश जो भी करे, वह भगवान् नारायण के लिये ही करे। इस भाव से उन्हें सर्वकर्म समर्पण कर दे।

ईश्वर से विमुख मनुष्य को उनकी माया से अपने स्वरूप की विस्मृति हो जाती है तथा इस विस्मृति से–'मैं मनुष्य हूँ', 'मैं देवता हूँ'–इस प्रकार का भ्रम हो जाता है। इस देह में आसक्ति होने के कारण ही वृद्धावस्था, मृत्यु, रोग आदि का भय (भ्रान्ति) होता है। वास्तव में–भगवान् के अतिरिक्त, आत्मा के अतिरिक्त–किसी वस्तु का अस्तित्व नहीं है। स्वप्नावस्था की कल्पना से अथवा जाग्रत् अवस्था में–नाना प्रकार के मनोरथों से–एक बड़ी विलक्षण (मोहमयी) सृष्टि दिखती है। विचारवान् पुरुष को चाहिए कि सांसारिक कर्मों के सम्बन्ध में संकल्प-विकल्प करने वाले मन को रोक दे (संयम में कर ले)। ऐसा करने से उसे अभय-पद परमात्मा की प्राप्ति होती है। श्रीभगवान् के जन्म की तथा लीला की अनेक कथाएँ हैं। उनका श्रवण करे। लाज-संकोच छोड़ कर उनका श्रवण-गान करना चाहिए।

किसी भी व्यक्ति, वस्तु अथवा स्थान में आसक्ति-रहित होकर विचरण करना चाहिए। इस प्रकार उसके हृदय में स्वयं परम-प्रियतम प्रभु के नाम-कीर्तन से, अनुराग-प्रेम का अँकुर प्रफुल्लित हो जाता है। वह साधारण लोगों की स्थिति से ऊपर उठ जाता है। वह द्रवित-चित्त-अनुराग से श्रीभगवान् में संलग्न रहता है। वह श्रीभगवान् के प्रेम में ही मतवाला सा हो जाता है। जब कभी वह अपने नेत्रों के सम्मुख श्रीभगवान् को अनुभव करता है तो उन्हें रिझाने के लिए नृत्य भी करने लगता है।

राजन्! यह आकाश, वायु, अग्नि, जल, पृथ्वी, ग्रह-नक्षत्र, प्राणी, दिशाएँ, वृक्ष-वनस्पति, नदी-सागर–सब भगवान् के शरीर हैं (शरीर के अंश हैं)। सभी रूपों में स्वयं भगवान् प्रकट हैं। अत: जो कोई भी उसके सम्मुख आ जाता है, वह उसे भगवान् का ही रूप समझ प्रणाम करता है। जैसे भोजन करते समय, प्रत्येक ग्रास के साथ–तुष्टि (तृप्ति), पुष्टि (पोषण) तथा क्षुधा निवृत्ति एक साथ होते हैं–वैसे ही श्रीभगवान् की शरण लेकर उनका भजन करने से प्रत्येक क्षण भगवान् के प्रति प्रेम, अपने प्रेमास्पद प्रभु के स्वरूप का अनुभव तथा उनके अतिरिक्त अन्य वस्तुओं में वैराग्य, ये एक साथ होते हैं। इस स्थिति में वह भागवत हो

जाता है तथा परमशान्ति को प्राप्त करता है।

राजा निमि द्वारा प्रश्न करने पर की भगवद्भक्त के क्या लक्षण हैं, दूसरे योगीश्वर हरि बोले, राजन्! आत्मस्वरूप भगवान् समस्त प्राणियों में आत्मारूप से–नियन्तारूप से स्थित हैं। जो सर्वत्र परिपूर्ण भगवत्सत्ता को ही देखता है तथा समस्त प्राणि तथा समस्त पदार्थ आत्मस्वरूप भगवान् में ही आधेयरूप से अथवा अध्यस्त रूप से स्थित देखता है, वह वास्तव में भगवत्स्वरूप ही है। जो श्रीभगवान् में प्रेम, उनके भक्तों से मित्रता, दुःखी और अज्ञानियों पर दया तथा भगवान् से द्वेष करने वालों की उपेक्षा करता है, वह मध्यम श्रेणी का भागवत है। जो भगवान् के अर्चा-विग्रह तो श्रद्धा से करता है, परन्तु भगवान् के भक्तों तथा अन्य लोगों की विशेष सेवा नहीं करता, वह साधारण श्रेणी का भगवद्भक्त है।

जो इन्द्रियों द्वारा विषयों को ग्रहण तो करता है, परन्तु इच्छानुकूल-प्रतिकूल विषयों के मिलने पर न उनकी आकांक्षा (हर्षित), न उनसे द्वेष करता है (प्रतिकूल मिलने पर उद्विग्न नहीं होता)–उसकी यह दृष्टि बनी रहती है कि यह श्रीभगवान् की माया है–वह पुरुष उत्तम भागवत है। संसार के धर्म–जन्म-मृत्यु, भूख-प्यास, श्रम-कष्ट, भय और तृष्णा–ये क्रमशः शरीर, प्राण, इन्द्रिय, मन और बुद्धि को प्राप्त होते हैं। जो भगवान् की स्मृति में तन्मय, इनके प्राप्त होने अथवा जाने से मोहित नहीं होता–वह उत्तम भागवत है। जिसके मन में विषय भोगों की लालसा, कर्म प्रवृत्ति तथा उनके बीज वासनाओं का उदय नहीं होता तथा जो एकमात्र श्रीवासुदेव में ही निवास करता है–वह उत्तम भागवत है। जिसका इस शरीर का सत्कुल में जन्म, तपस्यादि कर्म से, वर्ण-आश्रम अथवा जाति से घमंड नहीं होता, वह निश्चय ही भागवत है।

जो अपने-पराये में भेद न रखते हुए, सभी में समरूप परमात्मा को देखता है (सबमें समभाव है) तथा किसी भी घटना अथवा संकल्प से विक्षिप्त नहीं होता–वह भगवान् का उत्तम भक्त है। जो भगवान् के चरणकमलों से एकक्षण के लिये भी नहीं हटता (निरन्तर संलग्न रहता है) तथा त्रिभुवन की सम्पदा भी जिसे मोहित–पदच्युत नहीं कर

सकती–वह सबमें श्रेष्ठ भागवत है। विवशता से नामोच्चारण करने पर भी सम्पूर्ण अघ-राशि को नष्ट कर देने वाले स्वयं भगवान् श्रीहरि जिसके हृदय में निवास करते हैं (क्षण भर के लिये भी उसे नहीं विसराते, उसके प्रेमबन्धन के कारण), वास्तव में ऐसा पुरुष भगवान् के भक्तों में प्रधान है।

अध्याय 3

माया तथा ब्रह्म निरूपण

राजा निमि के पूछने पर कि, "सर्वशक्तिमान् परम-कारण विष्णु भगवान् की माया बड़े-बड़े मायावियों को भी मोहित कर देती है", वह उसे जानना चाहता है–तब तीसरे योगीश्वर अन्तरिक्ष ने कहा, राजन्! आदिपुरुष परमात्मा जिस शक्ति से सम्पूर्ण भूतों का कारण बनते हैं तथा उनके विषय-भोग तथा सिद्धि के लिये अथवा अपने उपासकों की उत्कृष्ट सिद्धि के लिये स्वनिर्मित पँचभूतों के द्वारा नाना प्रकार के देव, मनुष्य आदि शरीरो की सृष्टि करते हैं, उसी को माया कहते हैं।

इस प्रकार पँचभूतों के द्वारा बने हुए प्राणियों के शरीरों में उन्होंने अन्तर्यामी रूप से प्रवेश किया। अपने ही को–पहले एक मन के रूप में तथा फिर पाँच ज्ञान-इन्द्रिय तथा पाँच कर्म-इन्द्रिय–इन दस रूपों में विभक्त कर दिया तथा उन्हीं के द्वारा विषयों का भोग कराने लगे। वह देहाभिमानी जीव अर्न्तयामी के द्वारा प्रकाशित इन्द्रियों द्वारा विषयों का भोग करता है तथा इन पँचभूतों के द्वारा निर्मित शरीर को आत्मा मान कर उसमें आसक्त हो जाता है। कर्म इन्द्रियों द्वारा सकाम कर्म करने पर शुभ कर्म का फल सुख तथा अशुभ कर्म का फल दुःख के रूप में मिलता है। इसभाँति आत्मा शरीरधारी होकर जन्म-मृत्यु के चक्कर में

पड़ जाता है। जब पँचभूतों के प्रलय का समय आता है तब अनादि तथा अनन्त काल, स्थल और सूक्ष्म द्रव्य, एवं गुणरूप इस समस्त व्यक्त सृष्टि को अव्यक्त की ओर, उसके मूल कारण की ओर खींचता है। यह भगवान् की माया है।

उस समय पृथ्वी पर बिना रुके एक सौ वर्ष तक भयंकर सूखा पड़ता है, वर्षा नहीं होती। प्रलय-काल की शक्ति से सूर्य की उष्णता और भी बढ़ जाती है तथा वह तीनों लोकों को तपाने लगता है—यह भगवान् की माया है। संकर्षण भगवान् के मुख से अग्नि की प्रचण्ड ज्वालाएँ निकलने लगती हैं। वे पाताल लोक से जलाना प्रारम्भ करती हैं तथा ऊँची-ऊँची होकर सब ओर फैल जाती हैं—यह भगवान् की माया है। तदनन्तर प्रलयकालीन सांवर्तक मेघ सौ वर्ष तक, मोटी-मोटी धाराओं में पानी की वर्षा करते हैं। उससे यह विराट् ब्रह्माण्ड जल में डूब जाता है—यह भगवान् की माया है।

राजन्! उस समय जैसे बिना ईंधन के अग्नि शान्त हो जाती है, वैसे ही विराट् पुरुष ब्रह्मा अपने ब्रह्माण्ड-शरीर को छोड़कर सूक्ष्मरूप अव्यक्त में लीन हो जाते हैं—यह भगवान् की माया है। वायु पृथ्वी की गन्ध खींच लेती है जिससे वह जल के रूप में हो जाती है तथा जब वायु जल के रस को खींच लेती है तब वह जल अपना कारण अग्नि बन जाता है—यह भगवान् की माया है। जब अन्धकार अग्नि का रूप छीन लेता है, तब वह अग्नि वायु में लीन हो जाती है तथा जब अवकाशरूप आकाश वायु की स्पर्श-शक्ति छीन लेता है तब वह आकाश में लीन हो जाती है—यह भगवान् की माया है। राजन्! तत्पश्चात् कालरूप ईश्वर आकाश के शब्द गुण का हरण कर लेता है जिससे वह तामस अहंकार में लीन हो जाता है। इन्द्रियाँ तथा बुद्धि राजस अहंकार में लीन होती हैं। मन सात्त्विक अहंकार से उत्पन्न देवताओं के साथ सात्त्विक अहंकार में प्रवेश कर जाता है तथा अपने तीन प्रकार के कार्यों के साथ अहंकार महत्तत्त्व में लीन हो जाता है। महत्तत्त्व प्रकृति में तथा प्रकृति ब्रह्म में लीन हो जाती है। फिर इसी के उलटे क्रम से सृष्टि होती

है। यह भगवान् की माया है। यह–सृष्टि, स्थिति तथा संहार करने वाली–त्रिगुणमयी माया है।

अब राजा निमि ने पूछा–महर्षि! भगवान् की इस माया को पार करना बहुत कठिन है। आप कृपया बताइये कि जो लोग शरीर आदि में आत्म-बुद्धि रखते हैं तथा जिनकी बुद्धि क्षीण है, वे भी अनायास ही इसे कैसे पार कर सकते हैं?

इस प्रश्न के उत्तर में चौथे योगीश्वर प्रबुद्ध बोले, राजन्! मनुष्य सुख की प्राप्ति तथा दुःख की निवृत्ति के लिये बड़ा प्रयत्न करता है–बड़े कार्य करता है, परन्तु फिर भी सुख के बदले दुःख ही मिलता है। धन को ही लीजिए–इससे दिन-प्रतिदिन दुःख बढ़ता है। पहले तो इसे पाना ही कठिन है, और यदि अत्यन्त प्रयत्न करने पर यह मिल भी जाये तो यह आत्मा के लिये एक बन्धन का कारण बन जाता है। वह इसको और बढ़ाने के चक्कर में तथा इसकी क्षति होने पर और दुःख को प्राप्त करता है तथा इसे किसी प्रकार पुनः पाने के चक्कर में पड़ जाता है। इसी उलझन में वह अपने आपको भूल जाता है। इसी प्रकार घर, पुत्र, स्वजन-सम्बन्धी आदि भी अनित्य तथा नाशवान् हैं (सदा साथ रहने वाले नहीं)। यदि माया को पार करना हो, तो यह भी जान लेना चाहिए कि लोक-परलोक भी नाशवान् (आदि अन्त वाले) हैं, अर्थात् उनमें जाना-आना भी आदि-अन्तवाला है। इन लोकों में भी वही दोष पनपते हैं जो भूःलोक में है, अर्थात् ईर्ष्या, द्वेष, घृणा। अतः नाश का भय वहाँ भी नहीं छूट पाता। इसलिए अपने कल्याण के लिये (तत्त्वज्ञान को प्राप्त करने तथा माया से छूटने के लिये) ऐसे गुरु की शरण लेनी चाहिए जो शब्द-ब्रह्म-वेदों के पारदर्शी विद्वान् हों, जिससे कि वे ठीक शिक्षा दे सकें, तथा वे स्वयं परब्रह्म में परिनिष्ठित तत्त्वज्ञानी भी हों, जिससे कि वे अपने अनुभव के द्वारा प्राप्त हुई रहस्य की बातों को बता सकें। उनका अपना चित्त शान्त हो तथा व्यवहार के प्रपञ्च में उनकी वृत्ति न हो।

साधना में अभ्यास करने वाले पुरुष को चाहिए कि प्रथम–शरीर,

सन्तान आदि में मन की अनासक्ति सीखे। फिर भगवान् के भक्तों से प्रेम कैसे करना चाहिए, यह सीखे। तदनन्तर प्राणियों के प्रति दया, मैत्री तथा विनय की निष्कपट भाव से शिक्षा ग्रहण करे। मिट्टी, जल आदि से बाह्य शरीर की पवित्रता, छल-कपट आदि के त्याग तथा सरलता से भीतर की पवित्रता–अपने धर्म का अनुष्ठान, सहनशक्ति, मौन, स्वाध्याय, ब्रह्मचर्य, अहिंसा–शीत-उष्ण, सुख-दुःख आदि द्वन्द्वों में हर्ष-विशाद से रहित होना सीखे। समस्त देश-काल तथा वस्तुओं में चेतन रूप से आत्मा तथा नियन्ता रूप से ईश्वर को देखे। एकान्त सेवन (रहने के स्थान में अपनेपन का त्याग) तथा प्रारब्ध के अनुसार जो कुछ भी मिल जाये उसी में सन्तोष करना सीखे। मौन के द्वारा वाणी तथा वासना-हीनता के द्वारा कर्मों का संयम सीखे। मन का संयम करना सीखे तथा सत्य-आचरण में स्थित होना सीखे। श्रवण-इन्द्रिय को भगवान् की अद्भुत लीलाओं तथा उनके कीर्तन के श्रवण में लगाना सीखे। यज्ञ, दान, तप में आरूढ़ होना सीखे।

राजन्! श्रीकृष्ण राशि-राशि पापों को एक क्षण में भस्म कर देते हैं। अतः उन्हीं का स्मरण करे तथा औरों से करावे। इस प्रकार साधन-भक्ति का अनुष्ठान करते-करते, प्रेम-भक्ति का उदय हो जाता है तथा इस प्रकार भगवद्-भक्ति को पाकर वह अपने आपको श्रीभगवान् के चरणों में समर्पित कर दे तथा उन्हीं की शरण ग्रहण कर ले।

अब राजा निमि ने पूछा–महर्षियों! आप परमात्मा के वास्तविक स्वरूप को जानने वालों में श्रेष्ठ हैं। अतः आप बताइये कि जिस परब्रह्म का 'नारायण' नाम से वर्णन किया जाता है, उसका स्वरूप क्या है?

इस पर पाँचवे योगीश्वर पिप्पलायन ने कहा–जो इस संसार की उत्पत्ति स्थिति तथा प्रलय का निमित्त-कारण तथा उपादान-कारण, दोनों ही है, अर्थात् बनाने वाला भी और बनने वाला भी, परन्तु स्वयं कारणरहित है–जो स्वप्न, जाग्रत् तथा सुषुप्ति अवस्थाओं में उनके साक्षी के रूप में विद्यमान रहता है तथा जिसकी सत्ता से ही सत्तावान् होकर शरीर, इन्द्रिय, प्राण, अन्तःकरण अपना-अपना कार्य करने में समर्थ होते

हैं, उसी परम-सत्य को 'नारायण' समझें। जैसे चिन्गारियाँ न तो अग्नि को ही प्रकाशित कर सकती हैं और न उसे जला सकती हैं, वैसे ही उस परमतत्त्व में–आत्मस्वरूप में न तो मन की गति है तथा न वाणी की; नेत्र उसे देख नहीं सकते और बुद्धि उसे सोच नहीं सकती; प्राण तथा इन्द्रियाँ तो उसके पास तक नहीं जा सकते। 'नेति-नेति'–श्रुतियों के शब्द भी, वह यह है–इस रूप में उसका वर्णन नहीं करते, अपितु उसको बोध कराने वाले जितने भी साधन हैं, उनका निषेध करके तात्पर्यरूप से अपना मूल-निषेध का मूल लक्षित करा देते हैं, क्योंकि यदि निषेध के आधार की, आत्मा की सत्ता न हो तो निषेध कौन कर रहा है, निषेध की वृत्ति किसमें है–इन प्रश्नों का कोई उत्तर ही न रहे, निषेध ही सिद्ध न हो। जब सृष्टि नहीं थी, तब केवल एक वही था। सृष्टि का निरूपण करने के लिये उसी को त्रिगुण (सत्त्व, रज, तम) मयी प्रकृति कहकर वर्णन किया गया। फिर उसी को ज्ञान-प्रधान होने से महत्तत्त्व, क्रिया-प्रधान होने से सूत्रात्मा तथा जीव की उपाधि होने से अहंकार के रूप में वर्णन किया गया। वास्तव में जितनी भी शक्तियाँ हैं–चाहे वे इन्द्रियों के अधिष्टातृ-देवताओं के रूप में हो, चाहे इन्द्रियों के, उनके विषयों के अथवा विषियों के प्रकाश के रूप में हों–सब-का-सब, यह ब्रह्म ही है, क्योंकि ब्रह्म की शक्ति अनन्त है। जो कुछ दृश्य-अदृश्य, कार्य-कारण, सत्य और असत्य है–सब कुछ ब्रह्म है। इनसे परे जो कुछ है, वह भी ब्रह्म है। वह ब्रह्मस्वरूप आत्मा न तो जन्म लेता है तथा न मरता है। वह न बढ़ता है, न घटता है। जितने भी परिवर्तनशील पदार्थ हैं–क्रिया, संकल्प–वह सबके भूत, भविष्य तथा वर्तमान् का साक्षी है। वह देश, काल तथा वस्तु से अपरिच्छिन्न है, अविनाशी है। वह उपलब्धि कराने वाला अथवा उपलब्धि का विषय नहीं। वह केवल उपलब्धि स्वरूप-ज्ञानस्वरूप है। जिस प्रकार प्राण तो एक ही है, परन्तु स्थान भेद से इसके अनेक नाम हो जाते हैं–उसी प्रकार ज्ञान एक होने पर भी इन्द्रियों के सहयोग से उसमें अनेकता की कल्पना हो जाती है। इस जगत् में चार प्रकार के जीव हैं–अण्डज् अर्थात् पक्षी, साँप आदि; नाल

में बन्धे पैदा होने वाले–पशु-मनुष्य; धरती से निकलने वाले–वृक्ष-वनस्पति तथा स्वेदज् अर्थात् पसीने से होने वाले खटमल आदि। शरीरों के भिन्न-भिन्न होने पर भी इनमें प्राण (शक्ति) एक ही रहता है। सुषुप्ति अवस्था में जब इन्द्रियाँ निश्चेष्ट हो जाती हैं, अर्थात् अहंकार भी शान्त होता है, उस समय यदि कूटस्थ आत्मा भी न हो तो इस बात की स्मृति कैसे हो कि मैं गहरी निद्रा में सुख से सोया था। उस समय की स्मृति ही आत्मा के अस्तित्व को प्रमाणित करती है। जब भगवान् कमलनाभ के चरणकमलों को प्राप्त करने की इच्छा से प्रगाढ़ भक्ति की जाती है, तब वह भक्ति अग्नि की भाँति, गुण तथा कर्मों से उत्पन्न हुए सारे मलों को भस्म कर देती है। जिस समय चित्त शुद्ध हो जाता है, तब आत्मा का साक्षात्कार हो जाता है, जैसे निर्विकार नेत्रों से सूर्य-प्रकाश की अनुभूति होने लगती है।

इतना सुनने के पश्चात् राजा निमि ने पूछा–योगीश्वरो! अब आप मुझे कर्मयोग का उपदेश दीजिए जिससे मनुष्य शुद्ध होकर शीघ्र ही परम नैष्कर्म्य, अर्थात् कर्तृत्व, कर्म तथा कर्म-फल की निवृत्ति को प्राप्त करता है। एक बार यही प्रश्न मैंने ब्रह्माजी के मानस पुत्र सनकादि ऋषियों से पूछा था, परन्तु उन्होंने मेरे इस प्रश्न का उत्तर नहीं दिया था। इसका क्या कारण था?

राजा के प्रश्न का उत्तर देते हुए छटे योगीश्वर आविर्होत्र ने कहा, राजन्! कर्म (शास्त्रविहित), अकर्म (निषिद्ध कर्म) तथा विकर्म (विहित का उल्लंघन)–ये तीनों एकमात्र वेद के द्वारा जाने जाते हैं (मनमाने ढंग से या अपनी सुविधा के अनुसार नहीं)। वेद अपौरुषेय हैं–ईश्वर रूप हैं। उनके तात्पर्य का निश्चय करना बहुत कठिन है। इसी कारण बड़े-बड़े विद्वान् भी उनके तात्पर्य, अभिप्राय का निर्णय करने में भूल कर जाते हैं। अतः तुम्हारे अल्पज्ञान को देखकर (बचपन) अथवा तुम्हें अनाधिकारी समझकर ऋषियों ने तुम्हारे प्रश्न का उत्तर नहीं दिया। वेद परोक्षवादात्मक हैं (जिसमें शब्दार्थ कुछ और है, परन्तु तात्पर्य कुछ और)। ये कर्मों की निवृत्ति के लिये कर्म का विधान करते हैं। जैसे बालक को औषध देने

के लिये उसे मिठाई का प्रलोभन दिया जाता है, वैसे ही वेद अनभिज्ञों (अल्प-ज्ञान वाले) को स्वर्ग आदि का प्रलोभन देकर श्रेष्ठ कर्मों में प्रवृत्त करते हैं। जिसका अज्ञान निवृत्त नहीं हुआ, जिसकी इन्द्रियाँ वश में नहीं हैं, वह यदि मनमाने ढंग से वेदोक्त कर्मों का त्याग कर दे, तो वह विहित कर्मों का आचरण न करने के कारण विकर्म-रूप अधर्म करता है। अतः फल की अभिलाषा छोड़कर तथा विश्वात्मा भगवान् को समर्पित हो कर, जो वेदोक्त कर्म का अनुष्ठान करता है, उसे कर्मों की निवृत्ति से प्राप्त होने वाली ज्ञानरूप सिद्धि मिल जाती है। जो वेदों में स्वर्गादिरूप फल का वर्णन है, उसका तात्पर्य फल की सत्यता में नहीं है। वह तो कर्मों में रुचि उत्पन्न कराने के लिये है। राजन्! जो शब्दब्रह्म-वेदों का पारदर्शी विद्वान् हो, ऐसे गुरु की दीक्षा प्राप्त कर, उसके द्वारा अनुष्ठान की विधि सीख कर, अपने को, भगवान् की जो मूर्ति प्रिय लगे, अभीष्ट जान पड़े, उसी के द्वारा पुरुषोत्तम भगवान् की पूजा करे।

प्रथम स्नानादि से शरीर को शुद्ध तथा मन के संयम से अन्तःकरण को शुद्ध करे। तदनन्तर भगवान् की मूर्ति के सामने बैठकर उसे नमस्कार करे। भगवान् की मूर्ति को पहले की पूजा से लगे हुए पदार्थों आदि को साफ कर अथवा स्नान करा उसे आसन पर विराजमान करे। फिर पुष्पों को शुद्ध जल से धोकर उन्हें मूर्ति को अर्पित करे। धूप-अग्रवत्ति आदि जला कर तथा अन्य पूजा सामग्री रखकर, एकाग्रचित्त होकर, हृदय में भगवान् का ध्यान कर, फिर उसे सामने रखी श्रीमूर्ति में चिन्तन करे। तत्पश्चात् हृदय, शीश, शिखा (हृदयाय नमः) इत्यादि मन्त्रों से न्यास करे तथा अपने इष्टदेव के मूल-मन्त्र के द्वारा देश, काल आदि के अनुकूल प्राप्त पूजा-सामग्री से प्रतिमा तथा हृदय में भगवान् की पूजा करे। अपने उपास्यदेव के विग्रह की हृदयादि अंग, आयुधादि उपांग तथा पार्षदों सहित उसके मूल-मन्त्र द्वारा पाद्य, अर्घ्य, आचमन, मधुपर्क, स्नान, वस्त्र, आभूषण, गन्ध, पुष्प, दधि-अक्षत के तिलक, माला, धूप, दीप तथा नैवेद्य आदि से विधिवत् पूजा करे तथा स्तोत्रों द्वारा पूजा कर

सपरिवार, भगवान् श्रीहरि को नमस्कार करे। अपने-आपको भगवन्मय ध्यान करते हुए ही भगवान् की मूर्ति का पूजन करना चाहिए। इस प्रकार जो पुरुष अग्नि, सूर्य, जल, अतिथि तथा अपने हृदय में आत्मरूप श्रीहरि की पूजा करता है, वह शीघ्र ही मुक्त हो जाता है।

अब राजा निमि ने पूछा—योगीश्वरो! भगवान् स्वतन्त्रता से जनकल्याण हेतु अनेकों अवतार ग्रहण करते हैं तथा दिव्य लीलाएँ करते हैं। कृपया आप उनके विषय में बताइये।

अध्याय 4

भगवान् के अवतारों का विवरण

सातवें योगीश्वर द्रुमिल ने कहा, राजन्! भगवान् अनन्त हैं तथा उनके गुण भी अनन्त हैं। भगवान् ने ही पृथ्वी, जल, अग्नि, वायु, आकाश—इन पाँच भूतों की अपने-आपसे, अपने-आपमें सृष्टि की है। जब वे इनके द्वारा विराट् शरीर, ब्रह्माण्ड का निर्माण कर, उसमें अपनी लीला से, अपने अंश अन्तर्यामीरूप से प्रवेश करते हैं, तब उन आदिदेव नारायण को 'पुरुष' नाम से कहते हैं। यह उनका पहला अवतार है। उन्हीं के इस विराट् ब्रह्माण्ड शरीर में तीनों लोक स्थित हैं। उन्हीं की इन्द्रियों से समस्त देहधारियों की ज्ञानेन्द्रियाँ तथा कर्मेन्द्रियाँ बनी हैं। उनके श्वास-प्रश्वास से सब शरीरों में बल (प्राण) आता है तथा इन्द्रियों में ओज और कर्म करने की शक्ति आती है। उन्हीं के सत्त्व आदि गुणों से संसार की स्थिति, उत्पत्ति तथा प्रलय होते हैं। इस विराट् शरीर के जो शरीरी हैं, वे ही आदिकर्ता नारायण हैं। प्रथमतः जगत् की उत्पत्ति के लिये उनके रजोगुण के अंश से ब्रह्मा उत्पन्न हुए। पुनः वे आदिपुरुष ही संसार की स्थिति के लिये अपने सत्त्वांश से धर्म तथा ब्राह्मणों (ब्रह्मवादी)

के रक्षक यज्ञपति विष्णु बन गये। फिर वे ही अपने तमोगुण के अंश से जगत् के संहार के लिये रुद्र बने। इस प्रकार उन्हीं से परिवर्तनशील प्रजा की उत्पत्ति, स्थिति तथा संहार होते हैं।

दक्ष प्रजापति की एक कन्या मूर्ति–धर्म की पत्नी हुई। उसके गर्भ से भगवान् ने ऋषिश्रेष्ठ शान्तात्मा 'नर' और 'नारायण' के रूप में अवतार लिया। उन्होंने आत्मतत्त्व का साक्षात्कार कराने वाले उस भगवद्–आराधनारूप कर्म का उपदेश दिया जो कर्म बन्धन से छुड़ाने वाला है। उन्होंने स्वयं भी वैसे ही कर्म का अनुष्ठान किया। बड़े–बड़े ऋषिमुनि उनके चरणकमलों की सेवा करते हैं। वे आज भी बदरिकाश्रम में उसी कर्म का आचरण करते हुए विराजमान हैं। श्रीभगवान् के इस रूप से अनभिज्ञ, इन्द्र ने उनकी तपस्या में विघ्न डालने के लिये कामदेव को भेजा, क्योंकि इन्द्र को भय था कि कदाचित् उनका घोर तप इन्द्रपद प्राप्त करने के लिये है। कामदेव ने बदरिकाश्रम में रमणीय वातावरण उत्पन्न कर तथा अप्सरा आदि से उनकी भक्ति को भंग करना चाहा। आदिदेव नर–नारायण ने इन्द्र की इस उदण्डता के लिये कामदेव को अभयदान देते हुए कहा–तुम डरो मत। हमारा आतिथ्य स्वीकार करो। भगवान् के इन वचनों को सुनकर कामदेव आदि के शीश लज्जावश झुक गये। उन्होंने दयावान् नर–नारायण से कहा, प्रभो! आपके लिये यह कोई आश्चर्य की बात नहीं। आप माया से परे तथा निर्विकार हैं। आपके भक्त, आपकी भक्ति के प्रभाव से देवताओं की राजधानी अमरावती को भी स्वीकार न कर, आपके परमपद को प्राप्त करते हैं। बड़े–बड़े ऋषि मुनि आपके चरणकमलों को प्रणाम करते हैं।

जब कामदेव, वसन्त आदि देवताओं ने भगवान् की इस प्रकार स्तुति की तो उन्होंने अपने योगबल से उनके सामने बहुत सी ऐसी रमणियाँ प्रकट की, जो सौन्दर्य तथा वस्त्र–आभूषणों से देवाङ्गनाओं से भी बढ़ कर प्रतीत हो रही थीं तथा जो श्रीभगवान् की सेवा में लगी थी। इस दृश्य को देखकर देवताओं ने लज्जावश अपने शीश झुका दिये तथा श्रीभगवान् के कहने पर उन स्त्रियों में से सर्वश्रेष्ठ अप्सरा उर्वशी को

लेकर स्वर्ग चले गये। वहाँ पहुँच कर, इन्द्र की सभा में, कामदेव आदि देवताओं ने भगवान् नर-नारायण के बल तथा प्रभाव का वृत्तान्त कह सुनाया। इसे सुन देवराज इन्द्र अत्यन्त भयभीत तथा चकित हुए।

भगवान् विष्णु ने अपने स्वरूप में एकरस स्थित रहते हुए सम्पूर्ण जगत् के कल्याणहेतु बहुत से कलावतार ग्रहण किये। विदेहराज! हंस, दत्तात्रेय, सनक-सनन्दन-सनातन-सनत्कुमार तथा हमारे पिता ऋषभ के रूप में अवतीर्ण होकर उन्होंने आत्मसाक्षात्कार के साधानों का उपदेश दिया। उन्होंने ही हयग्रीव का अवतार लेकर मधु-कैटभ नामक असुरों का संहार किया। प्रलय के समय मत्स्यावतार ग्रहण कर उन्होंने भावी मनु सत्यव्रत, पृथ्वी और ओषधियों–धान्यादि की रक्षा की तथा वराहावतार ग्रहण कर पृथ्वी का रसातल से उद्धार करते हुए हिरण्याक्ष का संहार किया। कूर्मावतार ग्रहण कर उन्होंने अमृत-मन्थन का कार्य सम्पन्न करने के लिये अपनी पीठ पर मन्दराचल को धारण किया तथा उन्हीं भगवान् विष्णु ने अपने शरणागत एवं आर्त भक्त गजेन्द्र को ग्राह से छुड़ाया।

एक बार वालखिल्य-ऋषि तपस्या करते-करते अति दुर्बल हो गये। वे जब कश्यप ऋषि के लिये समिधा ला रहे थे, तो थकान के कारण एक छोटे से गड्ढे में पाँव पड़ने पर गिर पड़े। वे इतने क्षीण थे कि स्वयं उठ न पा रहे थे। अतः उन्होंने श्रीभगवान् की सहायता के लिये स्तुति की। श्रीभगवान् ने अवतीर्ण होकर उनका उद्धार किया। वृत्रासुर को मारने के कारण जब इन्द्र को ब्रह्महत्या लगी तथा वे भयभीत होकर श्रीभगवान् विष्णु के पास गये, तब उन्होंने इन्द्र की उस ब्रह्महत्या से रक्षा की। इसी प्रकार जब असुरों ने देवाङ्गनाओं को वंदी बना लिया था, तो श्रीभगवान् ने उनको असुरों से मुक्त कराया। जब हिरण्यकशिपु, प्रह्लाद आदि विष्णु-भक्तों को कष्ट पहुँचाने लगा तो श्रीभगवान् ने हिरण्यकशिपु का वध कर संतजनों को भय-मुक्त किया। इसी प्रकार देवताओं की रक्षा के लिये देवासुर-संग्राम में भगवान् विष्णु ने अवतार ग्रहण कर दैत्यपतियों का वध किया तथा भिन्न-भिन्न मन्वन्तरों में अपनी शक्ति से अनेकों कलावतार धारण कर त्रिभुवन की रक्षा की। तत्पश्चात् वामन अवतार

ग्रहण कर, उन्होंने याचना की लीला कर, दैत्यराज बलि से इस पृथ्वी को छीन कर, उसे देवताओं के आधिपत्य में दे दिया। परशुराम अवतार ग्रहण कर भगवान् विष्णु ने पृथ्वी को इक्कीस बार दुष्ट आचरण वाले क्षत्रियों से, क्षत्रियहीन किया। तदनन्तर भगवान् विष्णु ने रामावतार ग्रहण कर समुद्र पर पुल बान्धा तथा लंकापति रावण का वध किया।

राजन्! अजन्मा होने पर भी, पृथ्वी का भार उतारने के लिये, भगवान् यदुवंश में जन्म लेंगे तथा ऐसी-ऐसी लीलाएँ करेंगे जिसे देखकर देवता भी चकित रह जायेंगे। आगे चलकर भगवान् बुद्ध के रूप में प्रकट होंगे तथा यज्ञ के अनाधिकारियों को यज्ञ करते देखकर, अनेक प्रकार के तर्क-वितर्कों से मोहित कर लेंगे। कलियुग के अन्त में वे कल्कि अवतार लेंगे।

अध्याय 5

अभक्तों की गति

इसके पश्चात् राजा निमि ने पूछा—योगीश्वरो! कृपा करके यह बताइये कि जिनकी कामनाएँ शान्त नहीं हुईं तथा भेगों की लालसा भी नष्ट नहीं हुई, जिनका मन भी अंकुश में नहीं तथा जो भगवान् का भजन भी नहीं करते, उनकी क्या गति होती है?

आठवें योगीश्वर चमस ने कहा, राजन्! विराट् पुरुष के मुख से सत्त्व-प्रधान ब्राह्मण (ब्रह्मवादी), भुजाओं से सत्त्व-रज-प्रधान क्षत्रिय, जाँघों से रज-तमो-प्रधान वैश्य तथा चरणों से तमःप्रधान शूद्र (तामसिक वृत्तिवाले) उत्पन्न हुए। उन्हीं की जाँघों से गृहस्थ आश्रम, हृदय से ब्रह्मचर्य, वक्षःस्थल से वानप्रस्थ तथा मस्तक से संन्यास—ये चार आश्रम प्रकट हुए। वही विराट् पुरुष इनके स्वामी, नियन्ता तथा आत्मा भी हैं।

इन वर्णों में तथा आश्रमों में रहने वाले जो भगवान् का भजन नहीं करते, वे अपने कर्तव्य से गिरे हुए हैं तथा उनका मनुष्य योनि से अध:पतन हो जाता है। वर्ण तो वास्तव में कर्म के अनुसार हैं। इनमें न मिटने वाली कोई रेखायें नहीं खिंची।

ब्राह्मण, क्षत्रिय तथा वैश्य जन्म से वेदाध्ययन तथा यज्ञोपवीत आदि संस्कारों को अपनाते हैं। परन्तु जो वेदों का वास्तविक तात्पर्य न समझकर, अर्थवाद में पड़कर, मोहित हो जाते हैं तथा कर्म का रहस्य न जानकर भी अपने आपको पण्डित मानते हैं–उनका भी अध:पतन हो जाता है। रजोगुण की अधिकता के कारण वे दीर्घ-संकल्पों में पड़ जाते हैं (रजोगुणी अभिलाषाओं को पूर्ण करने का यत्न) कामनाओं के पूर्ण न होने पर वे क्रोध के अधीन हो जाते हैं। क्रोध से घमण्ड आता है तथा बुद्धि भ्रष्ट हो जाती है। वे यज्ञकर्मों के विधि-विधान का भी उलंघन करना प्रारम्भ कर देते हैं। धन-वैभव, कुलीनता, विद्या, दान, सौन्दर्य, बल, कर्म आदि के अभिमान से वे अन्धे हो जाते हैं तथा अपने वास्तविक ध्येय से गिरते हैं।

राजन्! वेदों ने बार-बार कहा है, दोहराया है, कि भगवान् आकाश के समान नित्य-निरन्तर समस्त शरीर-धारियों (प्राणियों) में एक रूप से स्थित हैं। वे ही अपने आत्मा तथा प्रियतम हैं। मूर्खलोग इस वेदवाक्य को या तो सुनते ही नहीं अथवा उस पर अमल नहीं करते, इसे अपनाते नहीं। शास्त्रों में मनुष्य की तृष्णा को शान्त करने के लिये कई विधानों का वर्णन है, परन्तु उनका वास्तविक अर्थ न समझकर, मनुष्य उनमें फँस जाता है। उदाहरणतया सौत्रामणि यज्ञ में सुरा को सूँघने का ही विधान है, पीने का नहीं। यज्ञ में पशु का आलभन (स्पर्शमात्र) ही विहित है, हिंसा नहीं। इसी प्रकार पत्नी से सहवास सन्तान की उत्पत्ति के लिये है, विषय-वासना अथवा काम की वासना को पूर्ण करने के लिये नहीं। वास्तव में यह आज्ञा, धार्मिक-परम्परा की रक्षा के निमित्त, सन्तान उत्पन्न करने के लिये दी गई है, विषयों की पूर्ति के लिये नहीं। जो मनुष्य शास्त्रों के इस विधान को सत्यता में नहीं जानते अथवा

अपनाते, उनका अध:पतन होता है।

राजन्! जो लोग अन्तर्यामी भगवान् श्रीकृष्ण से विमुख हैं, वे अत्यन्त परिश्रम करके गृह, पुत्र, मित्र तथा धन-सम्पत्ति एकत्रित करते हैं, परन्तु अन्त में (मृत्यु समय) सब कुछ छोड़ना पड़ता है तथा वे घोर नरक में गिरते हैं।

अब राजा निमि ने पूछा–योगीश्वरो! कृपया बतलाइये कि श्रीभगवान् किस समय, किस वर्ण का, कौन सा आकार स्वीकार करते हैं तथा उनकी किन-किन नामों से तथा किस विधि से उपासना-पूजा की जाये?

नवें योगीश्वर करभाजन ने कहा, राजन्! युग चार हैं–सत्य, त्रेता, द्वापर तथा कलि। इन युगो में भगवान् के अनेक वर्ण, नाम तथा आकृतियाँ होती हैं और विभिन्न विधियों से उनकी पूजा की जाती है। सत्ययुग में भगवन् के श्रीविग्रह का वर्ण (रंग) होता है श्वेत। उनकी चार भुजाएँ तथा शीश पर जटा होती है तथा वे वल्कल का ही वस्त्र पहनते हैं। काले मृग का चर्म, यज्ञोपवीत, रुद्राक्ष की माला, दण्ड तथा कमण्डलु धारण करते हैं। सत्ययुग में मनुष्य बड़े शान्त तथा समदर्शी होते हैं। वे मन-इन्द्रियों का संयम कर तप-तपस्या द्वारा, सर्वप्रकाशक-प्रकाशमय परमात्मा की आराधना करते हैं। वे हंस, सुपर्ण, वैकुण्ठ, धर्म, योगेश्वर, अमल, ईश्वर, पुरुष, अव्यक्त तथा परमात्मा आदि नामों के द्वारा भगवान् के गुण, लीला आदि का गान करते हैं।

त्रेतायुग में भगवान् के श्रीविग्रह का वर्ण लाल होता है। उनकी चार भुजाएँ होती हैं तथा कटिभाग में वे तीन मेखला धारण करते हैं। उनके केश सुनहले होते हैं तथा वे वेदप्रतिपादित यज्ञ के रूप में रहकर, स्रुक्, स्रुवा आदि यज्ञ-पात्रों को धारण किया करते हैं। इस युग के मनुष्य धर्म में बड़ी निष्ठा रखने वाले तथा वेदों के अध्ययन में निपुण होते हैं। वे ऋग्वेद, यजुर्वेद, सामवेदरूप वेदत्रयी के द्वारा सर्वदेवस्वरूप देवाधिदेव श्रीहरि की आराधना करते हैं। त्रेतायुग में अधिकांश लोग विष्णु, यज्ञ, पृष्निगर्भ, सर्वदेव, उरुक्रम, वृषाकपि, जयन्त तथा उरुगाय आदि नामों से उनके गुण-लीला आदि का कीर्तन करते हैं।

द्वापरयुग में भगवान् के श्रीविग्रह का वर्ण साँवला होता है। वे पीताम्बर तथा शंख, चक्र, गदा, पद्मधारण करते हैं। वक्षःस्थल पर श्रीवत्स का चिह्न, भृगुलता, कौस्तुभमणि आदि लक्षणें द्वारा वे पहचाने जाते हैं। इस समय जिज्ञासु मनुष्य, महाराजाओं के चिह्न, छत्र, चँवर आदि से युक्त परमपुरुष भगवान् की वैदिक तथा तान्त्रिक विधि से आराधना करते हैं। उनकी स्तुति इस प्रकार है–

हे ज्ञानस्वरूप भगवान् वासुदेव एवं क्रियाशक्तिरूप संकर्षण! हम आपको बार-बार नमस्कार करते हैं। भगवान् प्रद्युम्न तथा अनिरुद्ध के रूप में हम आपको नमस्कार करते हैं। ऋषि नारायण, महात्मा नर, विश्वेश्वर, विश्वरूप तथा सर्वभूतात्मा भगवान् को हम नमस्कार करते हैं।

कलियुग में भगवान् का श्रीविग्रह होता है कृष्ण-वर्ण। जैसे नीलम मणि से उज्ज्वल कान्तिधारा निकलती है, वैसे ही उनके अंग की छटा भी उज्ज्वल होती है। वे हृदय आदि अंग, कौस्तुभ आदि उपांग, सुदर्शन आदि अस्त्र तथा सुनन्द-प्रभृति पार्षदों से संयुक्त रहते हैं। कलियुग में श्रेष्ठ बुद्धि-सम्पन्न पुरुष ऐसे यज्ञों द्वारा उनकी आराधना करते हैं जिनमें नाम-गुण, लीला के कीर्तन की प्रधानता रहती है। वे श्रीभगवान् की इस प्रकार स्तुति करते हैं–

प्रभो! आप शरणागत रक्षक हैं। आपके चरणारविन्द सदा-सर्वदा ध्यानयोग्य तथा समस्त अभीष्ट वस्तुओं को देने वाले हैं। वे तीर्थों के भी तीर्थ-स्थान, स्वयं तीर्थस्वरूप हैं। शिव, ब्रह्मा भी उन्हें नमस्कार करते हैं। वे शरणागतों तथा सेवकों की समस्त आर्त-पीड़ा, विपत्ति हरने वाले हैं। वे भवसागर से पार उतारने वाले हैं। मैं आपके उन्हीं चरणों की वन्दता करता हूँ। त्रेतायुग में आपने अपने पिता दशरथजी के वचनों का मान रखते हुए तथा देवताओं की प्रार्थना पर, राक्षसों का नाश करने के लिये, अपने कोमल चरणों द्वारा वन-प्रस्थान किया था। सीताजी के कहने पर, उन्हीं कोमल चरणकमलों द्वारा आपने स्वर्ण मृग का पीछा किया था।

राजन्! धर्म, अर्थ, काम, तथा मोक्ष–सभी पुरुषार्थों के एकमात्र स्वामी

श्रीहरि ही हैं। कलियुग में केवल संकीर्तन से ही सारे स्वार्थ तथा परमार्थ पूर्ण हो जाते हैं। अतः इस युग का यह गुण जानने वाले सारग्राही श्रेष्ठ पुरुष कलियुग की बड़ी प्रशंसा करते हैं। भगवान् के नाम, लीला, गुणों के कीर्तन से बढ़ कर कुछ भी नहीं। यहाँ तक कि सत्ययुग, त्रेतायुग तथा द्वापर की प्रजा चाहती है कि उनका जन्म कलियुग में हो। कलियुग में, कहीं-कहीं, भगवान् नारायण के शरणागत, उन्हीं के आश्रय में रहने वाले, बहुत से भक्त उत्पन्न होंगे। महाराज विदेह! कलियुग में, द्रविड़ देश में अधिक भक्त पाये जायेंगे, जहाँ ताम्रपर्णी, कृतमाला, पयस्विनी, परम पवित्र कावेरी, महानदी तथा प्रतीची नदियाँ बहती हैं। इन नदियों के जल पीने से अन्तःकरण शुद्ध हो जाता है तथा वे भगवान् वासुदेव के भक्त हो जाते हैं।

राजन्! जो मनुष्य अपने निरर्थक संकल्पों को त्याग कर, सर्वात्मभाव से शरणागतवत्सल, प्रेम के वरदानी भगवान्-मुकुन्द की शरण में आ जाता है, वह देवताओं, ऋषियों, पितरों, कुटुम्बियों तथा अतिथियों के ऋण से मुक्त हो जाता है। वह किसी का सेवक, किसी के अधीन, किसी के बन्धन में नहीं रहता।

इस प्रकार नौ योगीश्वरों की कथा सुनाकर नारदजी, वसुदेवजी से कहते हैं—राजा निमि, नौ योगीश्वरों से इस प्रकार भागवत धर्म का वर्णन सुन कर बहुत आनन्दित हुए। उन्होंने अपने ऋत्विज् तथा आचार्यों सहित योगीश्वरों की पूजा की। तदनन्तर वे योगीश्वर अन्तर्धान हो गये।

वसुदेवीजी! तुम्हारे तथा देवकी के यश से सारा जगत् भरपूर हो रहा है, क्योंकि सर्वशक्तिमान् भगवान् श्रीकृष्ण तुम्हारे पुत्र के रूप में अवतीर्ण हुए हैं। तुमने भगवान् के दर्शन, उनका प्यार, उनका आलिंगन तथा सामीप्य प्राप्त कर तथा उनको बालक के रूप में माता-पिता का स्नेह, लाड़-प्यार तथा उन्हें खिलाने, बैठाने, सुलाने आदि का कार्य करके, अपना हृदय शुद्ध कर लिया है। यही नहीं, शिशुपाल, पौण्ड्रक तथा शाल्व आदि राजाओं ने तो वैरभाव से ही परमगति प्राप्त कर ली। अतः जो प्रेमभाव तथा अनुराग से श्रीकृष्ण का चिन्तन करते हैं, उन्हें श्रीकृष्ण

की प्राप्ति में कोई सन्देह नहीं।

वसुदेवजी! तुम श्रीकृष्ण को केवल अपना पुत्र ही मत समझो। वे सर्वात्मा, सर्वेश्वर, कारणातीत तथा अविनाशी हैं। उन्होंने लीला के लिये, मनुष्य रूप प्रकट कर, अपना ऐश्वर्य छिपा रखा है। वे पृथ्वी के भारभूत राजवेषधारी असुरों का नाश तथा संतजनों की रक्षा हेतु तथा जीवों को परम शान्ति तथा मुक्ति देने के लिये अवतीर्ण हुए हैं।

श्री शुकदेवजी कहते हैं—नारदजी के इस संवाद को सुनकर परम भाग्यवान् वसुदेवजी तथा परम भाग्यवती देवकीजी को बड़ा विस्मय हुआ। उन्होंने अपनी मोहमाया का जो अंश अवशेष था, वह भी त्याग दिया।

अध्याय 6

देवताओं की भगवान् श्रीकृष्ण से स्वधामगमन-प्रार्थना

श्री शुकदेवजी कहते हैं, राजा परीक्षित्! जब देवर्षि नारदजी वसुदेवजी को उपदेश देकर चले गये, तो ब्रह्माजी—अपने पुत्रों-सनकादि, देवताओं, प्रजापतियों तथा सर्वेश्वर महादेवजी सहित, मरुद्गणों तथा देवराज इन्द्र सहित द्वारका नगरी में आये। इनके साथ ही थे सभी आदित्यगण, आठों वसु, अश्विनीकुमार, अंगिरा के वंशज-ऋषि, ग्यारह रुद्र, विश्वेदेव, साध्यगण, गन्धर्व, अपसराएँ, नाग, सिद्ध, चारण, गुह्यक, ऋषि, पितर, विद्याधर तथा किन्नर।

उनका प्रथम उद्देश्य था, श्यामसुन्दर विग्रह वाले भगवान् श्रीकृष्ण का दर्शन। इस समय द्वारकापुरी सब प्रकार की सम्पत्ति तथा ऐश्वर्यों से समृद्ध तथा अलौकिक दीप्ति से देदीप्यमान हो रही थी। श्रीभगवान् की

रूप माधुरी का निरन्तर पान करने पर भी नेत्र अतृप्त रहते हैं, अर्थात् उन्हें देखने की अभिलाषा बनी रहती है। सभी देवताओं ने स्वर्ग के उद्यान नन्दन-वन, चैत्ररथ आदि के दिव्य पुष्पों से जगदीश्वर भगवान् श्रीकृष्ण का अभिनन्दन किया तथा अलौकिक पदों द्वारा उनकी स्तुति की-

स्वामी! कर्म-बन्धन से मुक्त होने के लिये मुमुक्षुजन, भक्तिभाव से जिन चरणकमलों का अपने हृदय में ध्यान करते हैं, आपके उन्हीं चरणों को हम अपनी बुद्धि, इन्द्रिय, प्राण, मन तथा वाणी से नमस्कार करते हैं। अजित् आप मायिक रज आदि गुणों में स्थित होकर इस अचिन्त्य नाम-रूपात्मक प्रपञ्च की त्रिगुणमयी माया के द्वारा अपने-आपमें ही रचना करते हैं, पालन करते हैं, संहार करते हैं। परमात्मन्! मननशील मुमुक्षुजन मोक्ष-प्राप्ति के लिये तथा पाञ्चरात्र विधि से उपासना करने वाले भक्तजन ऐश्वर्य प्राप्ति के लिये वासुदेव, संकर्षण, प्रद्युम्न तथा अनिरुद्ध-इस चतुर्व्यूह रूप में जिनका पूजन करते हैं, तथा जितेन्द्रिय धीरपुरुष स्वर्गलोक की इच्छा न करते हुए, भगवद्धाम की प्राप्ति के लिये तीनों समय जिनकी पूजा करते हैं, याज्ञिक लोग तीनों वेदों द्वारा वर्णित विधि से अपने संयत हाथों में हविष्य लेकर यज्ञकुण्ड में आहुति देते हैं तथा उन्हीं का चिन्तन करते हैं-आपके वही चरणकमल हमारी समस्त अशुभ वासनाओं, कामनाओं को भस्म करने के लिए अग्निस्वरूप हों। वे ही अग्नि के समान हमारे पाप-ताप को नष्ट कर दें।

प्रभो! ब्रह्माजी द्वारा रचित सभी शरीरधारी, सत्त्व-रज-तम, इन तीनों गुणों से प्रेरित, जन्म-मृत्यु-रूप चक्कर में पड़े रहते हैं। आप उनके लिये कालस्वरूप हैं। उनके जीवन का आदि, मध्य तथा अन्त आपके ही अधीन है। आप प्रकृति-पुरुष से परे पुरुषोत्तम हैं। आपके चरणकमल हमारा कल्याण करें। आप इस जगत् की उत्पत्ति, स्थिति तथा प्रलय के परम कारण हैं। आपकी गति अबाध तथा गम्भीर है। आप स्वयं पुरुषोत्तम हैं। यह पुरुष (विराट् पुरुष) आपसे शक्ति प्राप्त कर अमोघवीर्य हो जाता है तथा माया से संयुक्त होकर (प्रकृति द्वारा) विश्व के महत्तत्त्व-रूप

गर्भ का स्थापन करता है। तदनन्तर वह महत्तत्त्व त्रिगुणमयी माया का अनुसरण कर पृथ्वी, जल, तेज, वायु, आकाश, अहंकार तथा मनरूप–सात आवरणों वाले इस सुवर्ण-वर्ण ब्रह्माण्ड की रचना करता है। अत: हे हृषिकेश! आप समस्त चराचर जगत् के अधीश्वर हैं। त्रिलोकी के पाप-हरण के लिये आपने दो प्रकार की पवित्र नदियाँ बहा रखी हैं। एक तो आपकी अमृतमयी लीला से भरपूर कथा-नदी तथा दूसरी आपके पाद-प्रक्षालन के जल से भरी गंगाजी।

समस्त देवताओं तथा भगवान् शंकरजी सहित ब्रह्माजी ने भगवान् श्रीकृष्ण की इस प्रकार स्तुति की–

सर्वात्मन् प्रभो! प्रथम हम ने ही आपसे, अवतार लेकर, पृथ्वी से दैत्य-भार उतारने की प्रार्थना की थी। आपने हमारी प्रार्थना को स्वीकार कर इसे यथोचित पूरा कर दिया। आपने सत्यपरायण साधुपुरुषों के कल्याण हेतु धर्म की स्थापना कर दी। आपकी कीर्ति दसों दिशाओं में फैल गई है (आठ दिशाएँ–दायें, बायें तथा दो दिशाएँ ऊपर नीचे)। आपने यह सर्वोतम रूप धारण कर यदुवंश में अवतार लिया तथा जगत् के हित के लिये अनेकों लीलाएँ कीं। प्रभो! कलियुग में जो साधुस्वभाव मनुष्य इन लीलाओं का श्रवण कीर्तन करेंगे वे सुगमता से इस अज्ञानरूपी अन्धकार को पार कर जायेंगे। पुरुषोत्तम सर्वशक्तिमान् प्रभो! आपको यदुवंश में अवतार ग्रहण किये 125 वर्ष हो गये हैं। सर्वाधार! अब हमारा ऐसा कोई कार्य नहीं है जिसे पूर्ण करने के लिये आपको यहाँ रहना पड़े। ब्राह्मणों के शाप के कारण आपका यह कुल भी (आपकी इच्छानुसार) एक प्रकार से नष्ट हो चुका है। अत: वैकुण्ठनाथ! यदि आप उचित समझें तो अपने परमधाम में पधारिये तथा अपने सेवक हम लोकपालों का तथा हमारे लोकों का पालन-पोषण कीजिए।

भगवान् श्रीकृष्ण ने कहा, ब्रह्माजी! आप जैसा कहते हैं, मैं पहले से ही वैसा निश्चय कर चुका हूँ। यद्यपि पृथ्वी का भार मैंने उतार दिया है, फिर भी अभी एक कार्य बाकी है। यदुवंशी बल, वीरता, धन-सम्पत्ति से उन्मत्त हो रहे हैं। वे सारी पृथ्वी को ग्रस लेने की होड़ में हैं। मैंने

उन्हें ऐसे रोक रखा है, जैसे समुद्र को उसकी तट-भूमि ने। यदि मैं इन उच्छृंखल तथा घमण्डी यदुवंशियों का नाश किये बिना चला जाऊँ तो ये सारे लोकों का संहार कर देंगे। (अर्थात् उनके लिये भयका कारण बन जायेंगे) इनका अन्त हो जाने पर मैं अपने धाम चला जाऊँगा।

श्रीभगवान् की इस वाणी को सुनकर ब्रह्माजी ने उन्हें प्रणाम किया तथा सभी देवताओं सहित अपने धाम चले गये। उनके जाते ही द्वारकापुरी में उत्पात, अपशकुन होने लगे। इससे विचलित हो, यदुवंश के वृद्ध, भगवान् श्रीकृष्ण के पास आये।

भगवान् श्रीकृष्ण ने कहा, गुरुजनो! आजकल द्वारका में उत्पात तथा बड़े अपशकुन हो रहे हैं। आप जानते हैं कि ब्राह्मणों ने हमारे वंश को ऐसा शाप दिया है जिसे टालना कठिन है। मेरे विचार में अब हमें यहाँ नहीं रहना चाहिए। बिना विलम्ब किये हम आज ही परम-पवित्र प्रभास-क्षेत्र के लिये प्रस्थान करते हैं। प्रभास-क्षेत्र की महिमा प्रसिद्ध है। जिस समय दक्ष प्रजापति के शाप से चन्द्रमा को राजयक्ष्मा रोग ने ग्रस लिया था, तब उन्होंने प्रभास-क्षेत्र में जाकर-स्नान किया था। वे उसी क्षण उस पापजन्य रोग से मुक्त हो गये थे। इसके साथ ही उन्हें कलाओं की अभिवृद्धि भी प्राप्त हो गई थी। हम भी प्रभास-क्षेत्र में जाकर स्नान करेंगे तथा देवता एवं पितरों का तर्पण करेंगे। इसी के साथ ब्राह्मणों को भव्य भोज करायेंगे तथा दक्षिणा देंगे। इस कार्य से हम बड़े-बड़े संकटो को पार कर जायेंगे।

श्रीभगवान् के इस प्रकार कहने पर यदुवंशियों ने एक-मत से प्रभास क्षेत्र जाने का निश्चय किया तथा अपने रथ सजा कर जाने की तैयारी करने लगे। इस दृश्य को देखकर भगवान् श्रीकृष्ण के प्रेमी सेवक उद्धवजी, भगवान् के पास आये, तथा हाथ जोड़ कर उनसे प्रार्थना करने लगे।

उद्धवजी ने कहा, योगेश्वर! आप देवाधिदेव के भी अधीश्वर हैं। आपकी लीलाओं के श्रवण-कीर्तन से जीवन पवित्र हो जाता है। आप सर्वशक्तिमान् परमेश्वर हैं। परन्तु आपने ऐसा नहीं किया (आपने ब्राह्मणों

के शाप को नहीं टाला)। इसे मैं समझ नहीं पा रहा हूँ। लगता है कि अब आप यदुवंश का संहार कर, इसे समेटकर, अवश्य ही इस लोक का परित्याग कर देंगे।

घुँघराली अलकों वाले श्यामसुन्दर! मैं तो क्षण के लिये भी आपके चरणकमलों का त्याग नहीं कर सकता। मेरे जीवनस्वरूप स्वामी! आप मुझे भी अपने धाम ले चलिये। आपकी एक-एक लीला मंगलमयी तथा कानों के लिए अमृतस्वरूप है। हम सदा आपके साथ रहे हैं। आप हमें कैसे छोड़ सकते हैं? आप तो हमारे प्रियतम हैं। हम आपके हर खेल-कूद, बचपन की लीलाओं में, उठते-बैठते, आपके संग रहे हैं। इस कारण हम तो आपकी माया पर अवश्य ही विजय पा लेंगे। जिस प्रकार बड़े-बड़े ऋषि-मुनि दिगम्बर रहकर तथा आजीवन नैष्ठिक ब्रह्मचर्य का पालन कर, कठिन साधना से आपको पाने का प्रयत्न करते है, वैसे ही संन्यासी, शुद्ध हृदय से, कठिन साधना से, अपनी वृत्तियों को शान्त कर आपके धाम को प्राप्त होते हैं। परन्तु हम तो बचपन से लेकर आजतक, आपसे एक क्षण भी दूर नहीं हुए। आप हमें अपने धाम ले जाइए।

अध्याय 7

सांख्योपाख्यान (1)

जब उद्धवजी ने देवकी-नन्दन भगवान् से प्रार्थना की, कि वे अपने धाम जाते समय उन्हें भी साथ ले जाएँ, तब भगवान् श्रीकृष्ण ने अपने सखा तथा सेवक उद्धवजी से इस प्रकार कहा–

महाभाग्यवान् उद्धव! ब्रह्मा, शंकर तथा इन्द्रादि लोकगण अब यही चाहते हैं कि मैं उनके लोकों में होकर अपने धाम को जाऊँ। पृथ्वी पर देवताओं का जितना कार्य था, वह मैंने पूरा कर दिया। ब्रह्माजी की प्रार्थना

पर, इसी कार्य के लिए, मैं बलराम के साथ अवतीर्ण हुआ था। अब यह यदुवंश जो ब्राह्मणों द्वारा शापित हो चुका है, परस्पर द्वेष के कारण, फूट और युद्ध से नष्ट हो जाएगा। आज से सातवें दिन, सागर इस द्वारकापुरी को अपने में समेट लेगा (डुबो देगा)। जिस समय मैं मर्त्यलोक का त्याग करूँगा, उसी क्षण इसके सारे मंगल नष्ट हो जायेंगे तथा कुछ ही समय में पृथ्वी पर कलियुग आ जाएगा। जब मैं इस पृथ्वी का त्याग करूँगा, तब तुम भी इस पृथ्वी (इस प्रदेश में) पर मत रहना, क्योंकि कलियुग में अधिकांश लोगों की रुचि अधर्म में ही होगी। तुम अपने आत्मीय स्वजन तथा बन्धुओं का स्नेह छोड़कर, अपने को अनन्य प्रेम से मुझमें लगा, समदृष्टि से पृथ्वी पर स्वच्छन्द रूप से भ्रमण करना। इस जगत् में जो धन से मिल जाता है, वाणी से कहा जाता है, नेत्रों से देखा जाता है, और श्रवणादि इन्द्रियों से अनुभव किया जाता है, वह सब नाशवान् है। जिसकी बुद्धि गुण-दोष में भ्रमित है, उसी के लिये कर्म, अकर्म तथा विकर्म रूप भेद प्रतिपादित है। अतः अपनी इन्द्रियों का संयम कर इस प्रकार अनुभव करो कि यह सारा जगत् अपने आत्मा में ही विस्तृत है तथा आत्मा मुझ सर्वात्मा इन्द्रियातीत ब्रह्म से एक है, अभिन्न है। इस स्थिति में तुम अपने आत्मत्व में ही आनन्द मग्न रहोगे तथा सम्पूर्ण शरीरधारियों के आत्मा हो जाओगे। तब कोई भी विघ्न तुम्हें विचलित नहीं करेगा। क्योंकि उन विघ्नों और विघ्नकारों की आत्मा भी तुम ही होगे। जो पुरुष गुण और दोष-बुद्धि से अतीत हो जाता है, वह निषिद्ध कर्म से निवृत्त हो जाता है, परन्तु दोष-बुद्धि से नहीं। वह विहित कर्म का अनुष्ठान भी करता है, परन्तु गुणबुद्धि से नहीं। जिसने श्रुतियों के तात्पर्य का यथार्थ ज्ञान तथा उनका साक्षात्कार कर लिया है, वह समस्त प्राणियों का हितैषी, सुहृद् होता है तथा उसकी वृत्तियाँ सर्वथा शान्त रहती हैं। वह समस्त प्रतीयमान विश्व को मेरा ही स्वरूप देखता हुआ, फिर कभी जन्म-मृत्यु के चक्कर में नहीं पड़ता।

श्रीभगवान् के वचनों को सुनकर उद्धवजी ने कहा, हे भगवन्! आप ही योगेश्वर तथा समस्त योगों के आधार और योगस्वरूप हैं। आपने मेरे

कल्याण के लिये संन्यास-योग का उपदेश दिया। जो लोग विषय-भोग मे आसक्त हैं, उनके लिये संन्यास अथवा त्याग सर्वथा असम्भव ही है। अतः आप संन्यास का तत्त्व मुझे इस प्रकार समझाइये कि मैं सुगमतापूर्वक उसका साधन कर सकूँ। आत्मतत्त्व का उपदेश करने वाला आपके अतिरिक्त देवताओं में भी कोई नहीं। यहाँ तक कि ब्रह्माजी भी शरीरधारी होने के (शरीर अभिमानी होने के) कारण आपकी माया से मोहित हो जाते हैं। आप निर्दोष, देश-काल से अपरिच्छिन्न, सर्वज्ञ, सर्वशक्तिमान्, अविनाशी, वैकुण्ठधाम में रहने वाले, नर के नित्य सखा नारायण हैं।

उद्धव की प्रार्थना सुनकर भगवान् श्रीकृष्ण ने कहा, उद्धव! समस्त प्राणियों का, विशेषकर मनुष्य की 'आत्मा' अपने हित तथा अनुमान और अहित का उपदेशक गुरु है। यह अपने प्रत्यक्ष अनुभव से अपने हित-अहित का निर्णय करने में पूर्णतः समर्थ है। मैंने एक पैर वाले, दो पैर वाले, तीन पैर वाले, चार पैर वाले, चार से अधिक पैर वाले और बिना पैर वाले—इत्यादि अनेक प्रकार के शरीरों का निर्माण किया है। इनमें मुझे सबसे अधिक प्रिय मनुष्य का ही शरीर है। इस मनुष्य शरीर में एकाग्रचित्त तीक्ष्ण बुद्धि मनुष्य, सर्वप्रवर्तक ईश्वर को साक्षात् अनुभव करते हैं। यह इतिहास, परम तेजस्वी अवधूत दत्तात्रेय और राजा यदु के संवाद रूप में है।

एक बार धर्म के मर्मज्ञ राजा यदु ने एक त्रिकालदर्शी तरुण अवधूत ब्राह्मण से यह प्रश्न किया—आप कर्म तो करते नहीं, फिर यह अत्यन्त निपुण बुद्धि आपको कैसे प्राप्त हुई? मनुष्य प्रायः आयु, यश, सौन्दर्य, सम्पत्ति आदि की अभिलाषा से ही धर्म, अर्थ, काम अथवा तत्त्व जिज्ञासा में प्रवृत्त होते हैं। आप कर्म करने में समर्थ, विद्वान् तथा निपुण हैं। आपका भाग्य तथा सौन्दर्य भी प्रशंसनीय है। आपकी वाणी में मिठास है। फिर भी आप जड़, उन्मत्त, स्वच्छन्द रूप से रहते हैं, न कुछ करते, न चाहते हुए। आप सदा-सर्वदा, केवल अपने स्वरूप में ही स्थित रहते हैं। कृपया बताइये कि आपको अपने आत्मा में ही अनिर्वचनीय आनन्द की अनुभूति कैसे होती है?

महाराज यदु के प्रश्न का उत्तर देते हुए, परमभाग्यवान् दत्तात्रेय ने इस प्रकार कहा–राजन्! मैंने अपनी बुद्धि द्वारा बहुत से गुरुओं का आश्रय लिया है तथा उनसे शिक्षा ग्रहण कर, इस स्वच्छन्द अवस्था में भ्रमण कर रहा हूँ। मेरे गुरुओं के नाम हैं–पृथ्वी, वायु, आकाश, जल, अग्नि, चन्द्रमा, सूर्य, कबूतर, अजगर, सागर, पतंग, भौंरा अथवा मधुमक्खी, हाथी, शहद निकालने वाला, हरिन, मछली, पिंगला वेश्या, कुरर पक्षी, बालक, कुँआरी कन्या, बाण बनाने वाला, सर्प, मकड़ी तथा भृंगी कीट।

मैंने पृथ्वी से–धैर्य और क्षमा की–शिक्षा ली है। लोग पृथ्वी पर कितना आघात करते हैं, परन्तु वह न तो किसी से बदला लेती है तथा न कोई ताप करती है। इस संसार में सभी प्राणी अपने-अपने प्रारब्धानुसार चेष्टा कर रहे हैं। वे समय-समय पर, जाने या अनजाने में कटुता कर बैठते हैं। धीर पुरुष को चाहिए, उनकी विवशता को ध्यानमें रखते हुए, न तो अपना धीरज खोये, न उन पर क्रोधित हो। अपने सन्मार्ग में आरूढ़ रहकर, पृथ्वी से ही उत्पन्न पर्वत अथवा पृथ्वी तथा इसके पर्वत रूप से मैंने यह शिक्षा ग्रहण की है, कि जैसे उनकी सारी चेष्टाएँ सदा-सर्वदा दूसरों के सुख तथा कल्याण के लिये होती हैं–साधु पुरुष को चाहिए कि उनकी शिष्यता में, उनके उदाहरणरूप, परोपकारी शिक्षा ग्रहण करे।

शरीर में रहने वाले वायु–प्राणवायु से मैंने यह शिक्षा ग्रहण की है कि जैसे वह आहारमात्र की इच्छा रखता है और उसकी प्राप्ति से ही सन्तुष्ट हो जाता है, वैसे ही साधु को चाहिए कि जितने से जीवन-निर्वाह हो जाये, उतना भोजन कर ले। इन्द्रियों को तृप्त करने के लिये बहुत से व्यञ्जनों की इच्छा न करे। वस्तुतः उतने ही विषयों का उपभोग करे जिनसे बुद्धि विकृत न हो, मन चंचल न हो तथा वाणी व्यर्थ की बातें न करे। शरीर के बाहर जाने वाली वायु (अपान) से सीखा कि जैसे वायु को अनेक स्थानों में जाना पड़ता है, परन्तु वह कहीं भी आसक्त नहीं होता तथा किसी भी गुण-दोष को नहीं अपनाता, वैसे ही सार्थक पुरुष आवश्यकतानुसार विभिन्न प्रकार के धर्म-कर्मां में प्रवृत्त हो तथा स्वभावानुसार विषयों में भी रुचि ले, परन्तु अपने लक्ष्य से न गिरे। किसी के गुण

अथवा दोष की ओर झुकाव न रखे, किसी से आसक्ति या द्वेष न करे। गन्ध वायु की अपेक्षा पृथ्वी का गुण है, परन्तु फिर भी वायु को गन्ध का वहन करना पड़ता है। ऐसा होने पर भी वायु गन्धरहित (शुद्ध) ही रहता है। इसी प्रकार साधक का जब तक इस देह (शरीर) से सम्बन्ध है, तब तक उसे इसकी व्याधि-पीड़ा तथा भूख-प्यास आदि का भी वहन करना पड़ता है। परन्तु अपने को आत्मा रूप में देखने वाला साधक शरीर और गुणों का संग होने पर भी उनसे निर्लेप रहता है।

हे राजन्! आकाश भिन्न-भिन्न पदार्थों (जलाशयों) में भिन्न-भिन्न प्रतीत होता हुआ भी अखण्ड है। इसी प्रकार, 'चर-अचर, सूक्ष्म-स्थूल', शरीरों में आत्मारूप से सर्वत्र स्थित होने के कारण 'ब्रह्म' सभी में है। साधक को चाहिए कि सूत की मनियों में व्याप्त सूत के समान, आत्मा को अखण्ड तथा असंगरूप से देखे। आत्मा आकाश से भी अधिक विस्तृत है, परन्तु तुलना के लिये कुछ-कुछ इसे आकाश के विस्तृत रूप में उदाहरण देते हैं। अतः साधक को आत्मा की आकाश-रूपता की भावना करनी चाहिए। आग लगती है, पानी बरसता है, अन्न पैदा होते हैं—नष्ट होते हैं—वायु की प्रेरणा से मेघ आते-जाते हैं—ऐसा होने पर भी आकाश अछूता रहता है। इसी प्रकार साधक को चाहिए कि भूत, वर्तमान तथा भविष्य के चक्कर में—न जाने किन-किन नानारूपों की सृष्टि तथा प्रलय होते हैं—न पड़ कर, आत्मा को उनसे अछूता माने, क्योंकि आत्मा के साथ उनका कोई स्पर्श नहीं है। आत्मा अनादि और शाश्वत है।

जिस प्रकार जल अपने स्वभाव से ही स्वच्छ (निर्मल), चिकना, मधुर (शीतल) तथा पवित्र करने वाला है, वैसे ही साधक को भी स्वभाव से शुद्ध, स्निग्ध, मधुरभाषी तथा लोकपावन होना चाहिए—यह शिक्षा हे राजन्! मैंने जल से ली।

हे राजन्! मैंने अग्नि से यह शिक्षा ली कि जैसे वह तेजस्वी तथा ज्योतिर्मय होती है; जैसे उसके पास संग्रह-परिग्रह के लिये कोई पात्र नहीं—सब कुछ अपने पेट में रख लेती है; जैसे सब वस्तुओं को भस्म कर उनसे लिप्त नहीं होती—वैसे ही साधक तेजस्वी, तपस्या से देदीप्यमान,

इन्द्रियों से अपराभूत, भोजन आदि के लिये संग्रह-परिग्रह न करता हुआ, यथायोग्य सभी विषयों का उपभोग करता हुआ, अपनी इन्द्रियों तथा मन को वश में रखे तथा किसी वस्तु के गुण अथवा दोषों से अपने को अकिञ्चन रखे। जैसे अग्नि लकड़ी आदि में अप्रकट रहती है, वैसे ही साधक भी कहीं गुप्त रहे, कहीं प्रकट हो जाये। वह कहीं-कहीं ऐसे रूप में भी प्रकट होता है जिससे लोगों को उसमें आस्था हो जाये। वह अग्नि के समान ही हवन करने वालों के अतीत तथा भावी अशुभ को भस्म कर देता है। जिस प्रकार अग्नि लकड़ी की आकृति के अनुसार रूप धारण करते हुए भी वास्तव में एक ही रूप में है, वैसे ही साधक को चाहिए कि सर्वव्यापक आत्मा को माया से रचे हुए कार्य-कारण-रूप जगत् में व्याप्त होने के कारण वस्तुओं के नाम-रूप से कोई सम्बन्ध न रखते हुए, आत्मा को उनमें समरूप से देखे।

मैंने चन्द्रमा से यह शिक्षा ग्रहण की है कि यद्यपि जिसकी गति नहीं जानी जा सकती, उस काल के प्रभाव से चन्द्रमा की कलाएँ घटती-बढ़ती रहती हैं, तथापि चन्द्रमा तो चन्द्रमा ही, वह न घटता है, न बढ़ता है—वैसे ही जन्म से लेकर मृत्यु-पर्यन्त जितनी भी अवस्थाएँ हैं, वे शरीर की हैं, आत्मा की नहीं तथा आत्मा का उनसे कोई सम्बन्ध नहीं। जैसे दीपक की ज्योति, दीपशिखा के क्षण-क्षण में क्षीण होने पर नष्ट होती लगती है तथा उसका यह क्रम चलता रहता है—वैसे ही जल प्रवाह के समान-क्रियाशील काल के द्वारा क्षण-क्षण में प्राणियों के शरीर उत्पन्न और विनाश होते रहते हैं—परन्तु अज्ञानवश यह कालचक्र दिखाई नहीं देता।

राजन्! मैंने सूर्य से यह शिक्षा ग्रहण की, कि जैसे वह अपनी किरणों से पृथ्वी का जल खींचकर, फिर उसे समय पर बरसा देता है, वैसे ही साधक इन्द्रियों द्वारा विषयों का ग्रहण करे, परन्तु समय आने पर विषयों से निवृत्त होकर किसी भी विषय में आसक्ति न रखे। अज्ञानवश, जल के विभिन्न पात्रों में प्रतिबिम्बित हुआ सूर्य, उन्हीं में प्रविष्ट-सा होकर भिन्न-भिन्न दिखाई पड़ता है, परन्तु इससे स्वरूपतः सूर्य अनेक नहीं हो

जाता। इसी प्रकार चल-अचल उपाधियों के भेद से ऐसा जान पड़ता है कि प्रत्येक प्राणी में आत्मा पृथक्-पृथक् से है, परन्तु यह तो स्थूल बुद्धि का ही भ्रम है। वास्तव में आत्मा सूर्य के समान एक ही है।

हे राजन्! किसी के साथ अत्याधिक स्नेह तथा आसक्ति नहीं करनी चाहिए, अन्यथा कबूतर की तरह उसे भी अत्यन्त क्लेश सहना पड़ेगा। यह कथा उस कबूतर की है जिसने जंगल में एक वृक्ष पर अपना घोंसला बना रखा था। अपनी मादा कबूतरी के साथ वह वर्षों से वहीं रह रहा था। उनमें परस्पर स्नेह, समय के साथ बढ़ता गया। वे गृहस्थ में इतने आसक्त हो गये कि मन, बुद्धि और प्राण से एक हो गये। वे निःशंक एक साथ रहते, घूमते, बैठते तथा सोते थे। वह कबूतरी के लिये हर कष्ट सहन करने को उद्यत रहता था। समय आने पर कबूतरी ने पहली बार अण्डे दिये। समय के साथ ही उन अण्डों से बच्चे निकले। कबूतरी का ध्यान तथा प्यार अब बच्चों पर केन्द्रित हो गया। अब कबूतर-कबूतरी का समय अपने बच्चों का पालन करने में व्यतीत होने लगा। वे बच्चों की सुकुमार चेष्टाओं तथा उनके स्पर्श से प्रसन्न होते। वे अपने बच्चों के लालन-पालन में इतने व्यस्त हो गये कि अपने आस-पास के वातावरण से लगभग बेखबर हो गये। एक दिन कबूतर तथा कबूतरी दोनों जंगल में, अपने बच्चों के लिये दाना लेने के लिये काफी समय तक विचरते रहे। इसी समय एक बहेलिया घूमता-घूमता संयोगवश उनके घोंसले की ओर आ निकला। उसने कबूतर के बच्चों को घोंसले के आस-पास फुदकते देखा। उसने जाल डालकर उन्हें पकड़ लिया। जब कबूतर-कबूतरी चारा लेकर घोंसले के पास आये तो उन्होंने अपने हृदय के टुकड़े-बच्चों को जाल में फँसा पाया। कबूतरी इस स्थिति को सहन न कर पायी। वह भी उड़ कर बच्चों के पास चली गई। बच्चों के स्नेहपाश में आसक्त उसे अपने शरीर की भी सुधबुध न रही तथा वह भी जाल में फँस गई। कबूतरी तथा बच्चों की यह दशा देखकर कबूतर भी अत्यन्त दुःखी हो गया। वह विलाप करने लगा कि वह कितना अभागा है। अभी तो उसका गृहस्थ विस्तृत होने लगा था,

और वह एक क्षण में ही नष्ट हुआ जा रहा है। पत्नी और बच्चों के मृत्यु को प्राप्त होने पर उसका जीवन क्या रहेगा? जाल में फँसी कबूतरी तथा बच्चों के समीप मौत मँडरा रही थी, यह जानते हुए भी, वह भी जाल में कूद गया।

हे राजन्! वह बहेलिया बड़ा क्रूर था तथा वह उन सबको ले गया। इससे यह शिक्षा मिलती है कि जो कुटुम्बी है तथा विषयों तथा गृहस्थ से जकड़ा हुआ है तथा कुटुम्ब के भरण-पोषण में ही सारी सुधबुध लगाये हुए है, उसे कभी शान्ति-नहीं मिल सकती। वह उसी कबूतर की तरह अपने कुटुम्ब के साथ कष्ट पाता है।

अध्याय 8

सांख्योपाख्यान (2)

अवधूत दत्तात्रेय ने फिर कहा–राजन्! प्राणियों को जैसे बिना इच्छा, बिना किसी प्रयत्न के, रोकने की चेष्टा करने पर भी, पूर्वकर्मानुसार दुःख प्राप्त होते हैं, वैसे ही स्वर्ग में अथवा नरक में, कहीं भी रहें, उन्हें इन्द्रिय सम्बन्धी सुख भी प्राप्त होते हैं। अतः सुख-दुःख की गरिमा को जानने के लिये, बुद्धिमान् मनुष्य को चाहिए कि इनके लिये इच्छा अथवा किसी प्रकार का प्रयत्न न करे। बिना माँगे, बिना इच्छा–स्वयं ही जो मिल जाये–उसे मधुर और स्वादिष्ट मानकर स्वीकार करना चाहिए। जैसे अजगर उदासीन भाव से, जो भी उसे मिल जाये, उसी में सन्तुष्ट रहता है। यदि कभी भोजन न भी मिले तो इसे अपना प्रारब्ध मानकर, केवल अजगर के समान प्रारब्ध के अनुसार जो मिल जाये उसी में सन्तुष्ट रहे। मनोबल, इन्द्रियबल तथा देहबल होते हुए भी वह निश्चेष्ट रहे। कर्मेन्द्रियों को संयम में रखे तथा कोई कलह प्रतीत न करे।

सागर से मैंने यह सीखा कि साधक को सदा प्रसन्न तथा गम्भीर रहना चाहिए। उसका भाव अथाह, अपार तथा असीम होना चाहिए। किसी भी निमित्त से उसे क्षोभ नहीं होना चाहिए। जैसे ज्वार-भाटे तथा तरंग के उठने पर भी, सागर वास्तव में शान्त ही रहता है, वही स्थिति साधक के मन और इन्द्रियों की होनी चाहिए। सागर नदियों का पानी आने से बढ़ता नहीं तथा ग्रीष्म ऋतु में उसके पानी से बादल बनने पर घटता नहीं, इसी प्रकार साधक को न तो सांसारिक पदार्थों की प्राप्ति होने पर हर्ष होना चाहिए तथा न ही उनके घटने अथवा न होने पर उसे उदासीन होना चाहिए।

राजन्! मैंने पतिंगे से यह शिक्षा ग्रहण की है, कि जैसे रूप पर मोहित होकर वह अग्नि में कूद पड़ता है तथा नष्ट हो जाता है, वैसे जिसका इन्द्रियों पर संयम नहीं होता, वह रूपवती स्त्री पर मोहित होकर, अपने अध:पतन का कारण बन जाता है। स्त्रीरूप, एक वह माया है, जो जीव के भगवद् प्राप्ति अथवा मोक्ष प्राप्ति में भी बाधक बन जाती है।

राजन्! संन्यासी को चाहिए कि गृहस्थों को किसी प्रकार का कष्ट न देकर, भौंरे की तरह अपना जीवन निर्वाह करे। वह एक ही गृहस्थी पर निर्भर न रहकर, कई घरों से एक-एक टुकड़ा माँगे तथा उस पर अपना निर्वाह करे। एक घर के स्वादिष्ट भोजन का अभिलाषी न बने, जैसे भौंरा रात्रि होने पर कमल के पाश में फँस जाता है। भौंरे के उस स्वभाव को अपनाये, जिससे वह भिन्न-भिन्न पुष्पों से मधु इकट्ठा (एकत्रित) करता है—इसी प्रकार वह भी भिन्न-भिन्न शास्त्रों से उनका सार इकट्ठा करे।

राजन्! मैंने मधुमक्खी से यह शिक्षा ग्रहण की, कि वह दूसरे दिन के लिये भिक्षान्न का संग्रह न करे—उसके पास भिक्षा पाने के लिये कोई पात्र न हो तो केवल हाथ, रखने के लिये कोई पात्र न हो तो उदर। यदि मधुमक्खी की तरह संग्रह वृत्ति अपनायेगा, तो संन्यासी अपने जीवन को दूभर बना लेगा। यही नहीं अपना जीवन भी गँवा लेगा।

राजन्! मैंने हाथी से यह सीखा कि संन्यासी को काठ की बनी हुई

स्त्री की ओर भी आकृष्ट नहीं होना चाहिए। यदि वह ऐसा करेगा तो हाथी की तरह कठिनाई में फँस जायेगा। शिकारी हाथी को पकड़ने के लिये एक गड्ढा खोद कर, उस पर बारीक बाँसों का जाल बिछाकर, उस पर मिट्टी डाल कर ढक देते हैं तथा उसके ऊपर एक लकड़ी की हथिनी स्थापित कर देते हैं। हाथी उस लकड़ी की हथिनी से आकृष्ट होकर उस गड्ढे में गिर जाता है तथा शिकारियों द्वारा बान्ध लिया जाता है।

मैंने मधु निकालने वाले से यह सीखा है कि संसार के लोभी पुरुष बड़ी कठिनाई से धन का संचय करते हैं तथा वह संचित धन न तो किसी को दान देते हैं तथा न स्वयं ही उसका उपभोग करते हैं। यही दशा उन मधुमक्खियों की है, जो मधु का संचय तो स्वयं कठिनाई से करती हैं, परन्तु उनका संचित मधु कोई और ही उनके छत्ते से निकाल कर ले जाता है। अतः अपने संचित मधु को वे स्वयं उपभोग नहीं कर पातीं।

राजन्! मैंने हरिन से यह शिक्षा ग्रहण की, कि संन्यासी को विषय सम्बन्धी गीत नहीं सुनना चाहिए। हरिन व्याध के मोहित गीत से उसके जाल में फँस जाता है। ऋष्यशृङ्ग मुनि (जिन्हें हरिनी के गर्भ से जन्मा माना जाता है), स्त्रियों के संगीत तथा नृत्य से पथभ्रष्ट हो गये थे।

राजन्! जिस प्रकार मछली काँटे में लगे मांस के टुकड़े के लोभ में अपने प्राण खो देती है, उसी प्रकार रसना-इन्द्रिय के अधीन लोभी पुरुष, जिह्वा के वश में हुआ अपने को संकट में डाल देता है। विवेकी पुरुष भोजन बंद कर, दूसरी इन्द्रियों पर तो संयम कर लेता है, परन्तु उसकी रसना इन्द्रिय वश में नहीं होती। वह भोजन बंद कर देने से और भी प्रबल हो जाती है, क्योंकि उसकी खाने के पदार्थों में तृष्णा बनी रहती है।

नृपनन्दन! विदेह नगरी मिथिला में एक वेश्या रहती थी, जिसका नाम था पिङ्गला। वह स्वेच्छाचारिणी तथा रूपवती थी। एक रात वह वस्त्राभूषणों से सजकर अपने घर के द्वार पर बैठी, धन की कामना से, धनी पुरुष की प्रतीक्षा कर रही थी। वह बड़ी अधीरता से ऐसे किसी व्यक्ति की प्रतीक्षा में थी। ज्यों-ज्यों समय बीत रहा था, उसके चित्त की

दुर्दशा बढ़ती जा रही थी, यहाँ तक कि उसका मुख सूखने लगा तथा चित्त व्याकुल होने लगा। इस स्थिति से उसमें वैराग्य उत्पन्न हो गया। मानो कि वह वैराग्य, कामना पूर्ति न होने से हुआ, परन्तु था तो सुखदाई। इसी वैराग्य से उसने एक गीत गाना प्रारम्भ किया जिसका भाव इस प्रकार था–

मैं इन्द्रियों के अधीन होकर, उन दुष्ट पुरुषों से, जिनका कोई अस्तित्व नहीं है–विषय-सुख की अभिलाषा करती हूँ। कितने दुःख की बात है। मेरे समीप, मेरे हृदय में भगवान् श्रीकृष्ण विराजमान हैं। वे वास्तविक प्रेम, सुख तथा धन (ऐश्वर्य) के देने वाले हैं। मैं मूर्ख, उनको छोड़ कर तुच्छ मनुष्यों की कामना कर रही हूँ। मैंने कितनी निन्दनीय वेश्यावृत्ति का आश्रय लिया। मुझ पर धिक्कार है।

यह शरीर तो एक हड्डियों का घर है जिस पर मांस और रोएँ आदि बाहरी आवरण के रूप में हैं। संन्यासीलोग इसी नगरी का आश्रय लेकर मुक्ति पथ पर आरूढ़ हो जाते हैं, परन्तु मैं मूर्ख–अविनाशी परमात्मा को छोड़कर दूसरे पुरुष की लालसा करती हूँ। मेरे हृदय में विराजमान प्रभु समस्त प्राणियों के हितैषी, सुहृद्, प्रियतम, स्वामी तथा सबके आराध्य हैं। अब मैं अपने आपको देकर उन्हें खरीद लूँगी।

जब देवता तक भी भोगों से अपनी पत्नियों को सन्तुष्ट नहीं कर सके तो मनुष्यों का तो कहना ही क्या। अवश्य ही मेरे किसी शुभकर्म से विष्णु भगवान् मुझ पर प्रसन्न हैं, जो मुझे इस प्रकार वैराग्य हुआ है। अवश्य ही यह मेरा वैराग्य सुख देने वाला है। अब मैं श्रीभगवान् का यह उपकार आदरपूर्वक शीश नवाकर स्वीकार करती हूँ। अब मुझे जो भी प्रारब्ध से प्राप्त होगा, उसी में निर्वाह करके सन्तुष्ट रहूँगी। जिस समय जीव समस्त विषयों से विरक्त हो जाता है, उस समय वह स्वयं ही अपनी रक्षा कर लेता है। इस प्रकार शान्त भाव से जाकर वह अपनी सेज पर सो गई।

इससे मैंने यह शिक्षा ग्रहण की, कि आशा ही सबसे बड़ा दुःख है और निराशा (वैरागय) ही सबसे बड़ा सुख है।

अध्याय 9

सांख्योपाख्यान (3)

अवधूत दत्तात्रेय ने कहा—हे राजन्! मनुष्य को जो वस्तुएँ प्रिय होती हैं, उनका संग्रह करना ही उसके दुःख का हेतु बन जाता है। जो बुद्धिमान् इस सत्य को स्वीकार कर, अकिञ्चन भाव से रहता है तथा मन से भी किसी वस्तु के संग्रह की इच्छा नहीं रखता, उसे अनन्त सुखस्वरूप परमात्मा की प्राप्ति होती है। उदाहरणतया, एक कुरर पक्षी अपनी चोंच में एक मांस का टुकड़ा लिये हुए था। उस समय वे पक्षी जिनके पास यह नहीं था, उसे घेर कर चोंच मारने लगे। जब कुरर ने उस मांस के टुकड़े को फेंक दिया तो उसकी यह विपत्ति टल गई।

मैंने बालक से यह शिक्षा ग्रहण की, कि मैं मान-अपमान में उदासीन, घर-परिवार की चिन्ता से मुक्त, अपनी आत्मा में रमण करता हूँ तथा अपने साथ ही क्रीड़ा करता हूँ। बालक भी इसी प्रकार अपनी मौज में रहता है। इस जगत् में दो ही प्रकार के व्यक्ति निश्चिन्त तथा परमानन्द मग्न हैं—एक तो भोला-भाला निश्चेष्ट बालक तथा दूसरा वह जो आसक्तिरहित, गुणातीत है।

अतिथियों के भोजन के लिए, एक बार, एक कन्या घर के भीतर, एकान्त में धान कूट रही थी। उस दिन घर के लोग कहीं बाहर गये हुए थे तथा अतिथि उस कन्या के वरण के लिये आये थे। धान कूटते समय कन्या की कलाई में पड़ी चूड़ियाँ छनकने लगीं। इस शब्द को निन्दित तथा लज्जाजनक समझ कर उसने शब्द को कम करने के लिये, एक-एक कर सब चूड़ियाँ उतार दीं, केवल दो-दो रहने दीं। परन्तु अब भी दो-दो चूड़ियों से कुछ शब्द तो होने ही लगा। अतः कन्या ने एक-एक चूड़ी और उतार दी। अब उसकी कलाई में एक-एक चूड़ी रह गई जो किसी प्रकार का शब्द नहीं कर रही थी। उस समय भ्रमण करता-करता मैं भी वहाँ पहुँच गया। इस स्थिति को परख कर मुझे यह

शिक्षा मिली कि जब बहुत से लोग एक साथ रहते हैं, तो कलह होती है–जब दो व्यक्ति एक साथ रहते हैं, तो बोलचाल होती है–अतः शान्ति के लिये एकान्त में रहना तथा अकेले ही विचरण करना चाहिए।

राजन्! मैंने बाण बनाने वाले से यह शिक्षा ग्रहण की, कि आसन और श्वास को जीतकर वैराग्य तथा अभ्यास के द्वारा अपने मन को वश में कर ले तथा फिर बड़ी सावधानी से उसे एक लक्ष्य में लगा दे। जब मन, परमानन्द-स्वरूप परमात्मा में स्थित हो जाता है, तो धीरे-धीरे वह कर्मवासनाओं से उदासीन हो जाता है। सत्त्वगुण की वृद्धि से, रजोगुण तथा तमोगुण को त्याग कर वह ऐसे शान्त हो जाता है, जैसे ईंधन के बिना अग्नि। इस प्रकार जब चित्त अपनी आत्मा में स्थिर हो जाता है, तब बाहर-भीतर किसी पदार्थ का भान नहीं होता। इसी प्रकार बाण बनाने वाला, बाण बनाते समय, इस कार्य में इतना तन्मय हो जाता है, कि यदि राजा भी अपने दलबल सहित वहाँ से जाये तो उसे उसकी सवारी का भान तक नहीं होता।

राजन्! मैंने साँप से यह शिक्षा ग्रहण की, कि संन्यासी को सर्प की भाँति अकेले ही विचरण करना चाहिए। उसे मण्डली अथवा मठ की स्थापना नहीं करनी चाहिए। वह एक स्थान में न रहे तथा अपने बाहरी आचार-विचार से पहचाना न जाये। वह कम बोले तथा किसी से सहायता न ले। इस अनित्य शरीर के लिये वह चिन्तित न हो। साँप दूसरों की बनाई हुए बिल में रहकर अपना समय व्यतीत करता है।

मैंने मकड़ी से यह शिक्षा ली, कि सबके प्रकाशक तथा अन्तर्यामी, सर्वशक्तिमान् भगवान् ने पूर्व कल्प में, बिना किसी अन्य सहायक के अपनी ही माया से रचित जगत् को, कल्प के अन्त में, कालशक्ति द्वारा उसे नष्ट कर दिया। अर्थात् उसे अपने में लीन कर लिया। वे सबके अधिष्ठान, सबके आश्रय तथा स्वयं अपने आश्रय हैं। वे अपने ही आधार से रहते हैं–उनका कोई दूसरा आधार नहीं। प्रकृति और पुरुष–दोनों के नियामक–कार्य और कारणात्मक जगत् के आदिकारण परमात्मा अपनी शक्ति काल के प्रभाव से सत्त्व, रज आदि समस्त शक्तियों को

साम्यावस्था में पहुँचा देते हैं और स्वयं कैवल्यरूप से एक अद्वितीय रूप से विराजमान रहते हैं। वे केवल अनुभवस्वरूप तथा निःसन्देह आनन्द-धन हैं। वे उपाधिरहित हैं।

वे ही प्रभु, केवल अपनी शक्ति काल के द्वारा अपनी त्रिगुणमयी माया को क्षुब्ध करते हैं, और उससे, पहले क्रियाशक्ति-प्रधान सूत्र-महत्तत्त्व-की रचना करते हैं। यह महत्तत्त्व ही तीनों गुणों की पहली अभिव्यक्ति है तथा सब प्रकार की सृष्टि का मूल कारण है। उसी से यह सारा विश्व सूत में ताने-बाने की तरह ओतप्रोत है और इसी के कारण से जीव को जन्म-मृत्यु के चक्कर में पड़ना पड़ता है। जैसे मकड़ी अपने हृदय से मुँह के द्वारा जाला विस्तृत करती है, उसी में विहार करती है तथा फिर उसी को अपने अन्दर समेट लेती है (निगल लेती है), वैसे ही परमेश्वर भी इस जगत् को अपने में से उत्पन्न करते हैं, उसमें जीव रूप से विहार करते हैं तथा फिर उसे अपने में लीन कर लेते हैं।

राजन्! मैंने भृङ्गी कीट से यह शिक्षा ग्रहण की, कि यदि प्राणी स्नेह से, द्वेष से अथवा भय से भी एकाग्र रूप से अपना मन किसी में लगा दे तो उसे उस वस्तु का स्वरूप प्राप्त हो जाता है। भृङ्गी एक कीड़े को ले जाकर, दीवार पर बने अपने मिट्टी के घर में बन्द कर देता है तथा वह कीड़ा भय से उसका चिन्तन करता-करता अपने पहले शरीर को त्यागे बिना ही उसी शरीर से भृङ्गी-तद्रूप हो जाता है।

राजन्! इस प्रकार मैंने इतने गुरुओं से ये शिक्षाएँ ग्रहण कीं। जो मैंने अपने शरीर से सीखा, वह भी बताता हूँ। यह शरीर भी मेरा एक गुरु है, क्योंकि यह मुझे विवेक और वैराग्य की शिक्षा देता है। मरना-जीना इसकी एक निश्चित क्रिया है। इस शरीर का संग ही सुख-दुःख का कारण है। यद्यपि इससे तत्त्व-विचार करने में सहायता मिलती है, मैं इसे कभी अपना नहीं समझता। अतः इससे असंग होकर मैं विचरता हूँ। बड़ी-बड़ी कठिनाइयाँ सहकर मनुष्य धन संग्रह करता है, परन्तु आयु पूरी होने पर नष्ट हो जाता है तथा वृक्ष के समान दूसरे शरीर के लिये

बीज बोकर (उत्पन्न कर), उसके लिये भी दुःख की व्यवस्था कर जाता है।

मनुष्य शरीर एक ऐसी बुद्धि से युक्त है, जो ब्रह्म का साक्षात्कार कर सकती है। यद्यपि यह शरीर भी नाशवान् हैं, तथापि इससे परम-पुरुषार्थ की प्राप्ति हो सकती है। अतः बहुत से जन्मों के पश्चात्, इस मनुष्य शरीर को प्राप्त कर, बुद्धिमान् मनुष्य को चाहिए कि शीघ्रातिशीघ्र, मृत्यु से पहले ही मोक्ष प्राप्ति का यत्न कर ले। इस जीवन का मुख्य उद्देश्य मोक्ष ही है। विषय-भोग सभी योनियों में प्राप्त हैं, अतः उनका संग्रह न करे। ऐसा विचार कर मुझे इस जगत् से वैराग्य हो गया। मेरे हृदय में ज्ञानज्योति प्रदीप्त है। न तो मेरी कहीं आसक्ति है, न अहंकार। मैं स्वच्छन्द रूप से पृथ्वी पर भ्रमण करता हूँ। राजन्! अकेले गुरु से ही यथेष्ट और सुदृढ़ बोध नहीं होता। उसके लिये अपनी बुद्धि से भी सोचने-समझने की आवश्यकता है।

भगवान् श्रीकृष्ण ने इस प्रकार गुरुओं की कथा सुनाकर उद्धव से कहा—प्यारे उद्धव! गम्भीर बुद्धि अवधूत दत्तात्रेय ने राजा यदु को इस प्रकार उपदेश देकर उनसे विदा ली। राजा यदु ने उनकी पूजा और वन्दना की।

अध्याय 10

क्षणभंगुर लौकिक तथा पारलौकिक भोग

महाराज यदु (यदुवंश के पूर्वज) तथा मुनि दत्तात्रेय का संवाद सुनाने के पश्चात् भगवान् श्रीकृष्ण उद्धवजी से कहते हैं, प्यारे उद्धव! साधक को चाहिए कि सब प्रकार से मेरी शरण में रहकर, मेरे द्वारा उपदिष्ट अपने धर्म का सावधानी से पालन करे। इसके साथ ही, जहाँ तक उनसे विरोध न हो, निष्काम से अपने वर्ण, आश्रम तथा कुल के अनुसार,

सदाचार का भी अनुष्ठान करे। जगत् के विषय-भोग में आसक्त प्राणी शब्द, स्पर्श, रूप आदि विषयों की प्राप्ति के लिये यत्न करते हैं, सुख प्राप्त करने के लिये, परन्तु ऐसा होता नहीं। क्योंकि परिणाम स्वरूप दु:ख ही मिलता है–इस तथ्य को समझकर मनुष्य को निष्कामभाव से ही कर्म करने चाहिए।

मनुष्य स्वप्न-अवस्था में, अथवा जाग्रत् अवस्था में, मन ही मन, जिन विषयों का अनुभव करता है, उसकी वह सारी कल्पना वस्तुशून्य होने के कारण व्यर्थ है। (वास्तव में दृश्यमात्र कुछ भी नहीं है) जो पुरुष मेरी शरण में है, उसे अन्तर्मुख करने वाले निष्काम अथवा नित्यकर्म ही करने चाहिए। उन कर्मों को जो बहिर्मुखी बनाने वाले अथवा सकाम हों, उन्हें त्याग देना चाहिए।

उद्धव! जैसे जलाने वाली लकड़ी से उसे जलाने तथा प्रकाशित करने वाली अग्नि सर्वथा भिन्न है, उसी प्रकार पँचभूतों का बना स्थूल-शरीर तथा मन-बुद्धि आदि सत्रह तत्त्वों का बना सूक्ष्म-शरीर, दोनों ही दृश्य तथा जड़ हैं। जब अग्नि लकड़ी में प्रज्वलित होती है, तब वह लकड़ी की उत्पत्ति-विनाश, बड़ाई-घटाई तथा अनेकता–सभी गुण स्वयं ग्रहण कर लेती है। वास्तव में लकड़ी के उन गुणों से अग्नि का कोई सम्बन्ध नहीं है। इसी प्रकार जब आत्मा अपने को शरीर मान लेता है, तब वह देह की जड़ता, अनित्यता, स्थूलता, अनेकता आदि गुणों से सर्वथा रहित होने पर भी उनसे युक्त जान पड़ता है।

ईश्वर द्वारा नियन्त्रित माया के गुणों ने ही सूक्ष्म तथा स्थूल शरीर का निर्माण किया है। जीव को शरीर तथा शरीर को जीव समझ लेने के कारण ही स्थूल शरीर के जन्म-मरण तथा सूक्ष्म शरीर के आवागमन का आत्मा पर आरोप किया जाता है। जीव को जन्म-मृत्यु रूप संसार, इसी भ्रम के कारण प्रतीत होता है। आत्मा के स्वरूप का ज्ञान होने पर वह कर्मों में अनासक्त अथवा कर्म-बन्धन से छूट जाता है (जब कर्म ही कट गये तो कर्मफल क्यों? अत: पुनर्जन्म किस कारण?) इसलिए अपने वास्तविक स्वरूप, आत्मा को जानने का यत्न करना चाहिए, इच्छा

करनी चाहिए। यह वास्तविक स्वरूप प्राकृत जगत् से अतीत, द्वैतभाव से रहित तथा अपने आपमें ही स्थित है। उसे जानकर धीरे-धीरे स्थूल-शरीर, सूक्ष्म-शरीर आदि में जो सत्यबुद्धि हो रही है, उसे त्याग देना चाहिए। विद्यारूप अग्नि को उत्पन्न करने के लिये आचार्य तथा शिष्य–नीचे ऊपर की अरणियाँ हैं तथा उपदेश मन्थन–काष्ठ है। इनसे जो ज्ञान–अग्नि उत्पन्न होती है, वह सुखकारी है। इस प्रकार शिष्य, जो गुरु से अत्यन्त विशुद्ध ज्ञान प्राप्त करता है, वह गुणों से प्रवृद्ध हुई विषयों की माया को भस्म कर देता है। तत्पश्चात् उन गुणों से भी मुक्ति मिल जाती है। जब आत्मा के अतिरिक्त और कुछ शेष नहीं रहता, तब वह ज्ञानाग्नि भी ठीक वैसे ही शान्त हो जाती है, जेसे समिधा न रहने पर अग्नि बुझ जाती है।

प्यारे उद्धव! तुम कदाचित् कर्मों के कर्ता तथा सुख-दुःख के भोक्ता जीवों को अनेक तथा जगत्, काल, वेद तथा आत्माओं को नित्य मानते हो तथा यथार्थ स्वीकार करते हो और यह समझते हो कि घट-पट आदि बाह्य आकृतियों के भेद से उनके अनुसार ज्ञान ही उत्पन्न होता तथा बदलता रहता है–यह ठीक नही। यदि इसे ऐसा माना जाये तो देह तथा संवत्सरादि कालावयवों के सम्बन्ध से होने वाली जीवों की जन्म-मरण आदि अवस्थायें भी नित्य होने के कारण दूर न हो सकेंगी, क्योंकि तुम देहादि पदार्थ तथा काल की नित्यता स्वीकार करते हो। इसके अतिरिक्त, यहाँ भी कर्मों का कर्ता तथा सुख-दुःख का भोक्ता जीव परतन्त्र ही दिखाई देता है, क्योंकि यदि वह स्वतन्त्र हो तो दुःख का फल क्यों भोगे। अतः इस मत के अनुसार जीव को कभी मुक्ति अथवा स्वतन्त्रता प्राप्त न हो सकेगी।

कभी-कभी ऐसा भी होता है (देखने में ऐसा आया है), कि बड़े-बड़े कर्मकुशल विद्वानों को सुख नहीं मिलता तथा मूढ़ उसके विपरीत दुःख से बचे रहते हैं। अतः जो अपनी बुद्धि अथवा कर्म से सुख पाने का घमण्ड करता है, उसका अभिमान व्यर्थ है (प्रारब्ध बड़ा बलवान् है)। यदि सुखी पुरुष को देखकर यह मान लिया जाये कि वह

सुख को प्राप्त करने का उपाय तथा दुःख को दूर करने का उपाय जानता है, यह भी ठीक न होगा, क्योंकि वह भी मृत्यु (महान् दुःख) के अधीन है। मृत्यु के भय से सब सुख, जो प्राप्त हैं, वे भी दुःख में बदल जाते हैं। भला जिस मनुष्य को फाँसी पर लटकाने के लिये ले जाया जा रहा है, क्या उसे उस समय स्त्री, भोग की सामग्री अथवा कोई अन्य पदार्थ सुखी कर सकता है।

प्यारे उद्धव! लौकिक सुख के समान, पारलौकिक सुख भी दोषयुक्त हैं, क्योंकि वहाँ भी द्वेष, ईर्ष्या तथा बैरभाव के कारण मन दुःखी रहता है। प्रतिदिन पुण्य-क्षीण होने के साथ वहाँ भी सुख का समय बीतता जाता है तथा क्षय का समय निकट आता जाता है। वहाँ भी कामना पूर्ण होने में यजमान, ऋत्विज् तथा कर्म आदि की त्रुटियों के कारण बड़े-बड़े विघ्नों की सम्भावना बनी रहती है। जैसे हरि-भरी खेती भी अति वृष्टि के कारण नष्ट हो जाती है, वैसे ही स्वर्ग प्राप्त होते-होते, विघ्नों के कारण, मिल नहीं पाता।

यज्ञ करने वाला, यज्ञों द्वारा देवताओं की आराधना करके, स्वर्ग में जाता है तथा वहाँ पुण्य कर्मों द्वारा प्राप्त दिव्य भोगों को देवताओं के समान भोगता है। उसे विहार करने के लिये एक विमान मिलता है। उस विमान पर वह जहाँ चाहे जा सकता है। वह भोगों में इतना व्यस्त हो जाता है कि उसे ज्ञान ही नहीं रहता कि उसके पुण्य कब क्षीण अथवा समाप्त हो जायेंगे तथा वह स्वर्ग से गिरा दिया जायेगा। (स्वर्गच्युत हो जायेगा) पुण्य-क्षीण होने पर, इच्छा न होते हुए भी, उसे नीचे आना पड़ता है।

यदि कोई मनुष्य अधर्मपरायण हो जाये तथा कर्मकाण्ड तथा शास्त्रविहित कर्मों को त्याग कर मनमानी करने लगे तो उसका अधःपतन निश्चित है। जितने भी सकाम तथा बहिर्मुखी कर्म हैं, उनका फल दुःख ही है तथा मनुष्य जन्म-मृत्यु को प्राप्त होता रहता है।

सारे लोक तथा लोकपालों की आयु एक कल्प है, अतः वे मुझसे भयभीत रहते हैं, स्वयं ब्रह्मा भी, क्योंकि उनकी आयु भी काल से

सीमित–दो परार्ध है। सत्त्व, रज, तम–गुण इन्द्रियों को उनके कर्मों में प्रेरित करते हैं तथा इन्द्रियाँ कर्म करती हैं। जीव अज्ञानवश सत्त्व, रज आदि गुणों तथा इन्द्रियों को अपना स्वरूप मान लेता है तथा उनके द्वारा किये हुए कर्मों का फल, सुख-दुःख भोगने लगता है। जब तक गुणों की विषमता है–शरीर में 'मैं' तथा मेरेपन का अभिमान है–तब तक आत्मा के एकत्व की अनुभूति नहीं होती तथा तब तक उन्हें काल अथवा कर्म के अधीन रहना पड़ता है। जब माया के गुणों में क्षोभ होता है, तब मुझ आत्मा को ही काल, जीव, वेद, लोक, स्वभाव, तथा धर्म आदि अनेक नामों से निरूपण करने लगते हैं।

उद्धवजी ने पूछा–भगवन्! यह जीव देह आदि रूप गुणों में ही रह रहा है। ऐसा होने पर यह देह से होने वाले कर्मों अथवा सुख-दुःख आदि फलों से कैसे न बन्धे (कैसे निर्लेप रह सकता है)? अथवा यह आत्मा (यदि यह आत्मा) गुणों से निर्लिप्त है तथा देह आदि के सम्पर्क से सर्वथा रहित है, फिर इसे बन्धन की प्राप्ति कैसे होती है? (कैसे बन्धन में बन्धता है) बद्ध अथवा मुक्त पुरुष कैसे विहार करता है तथा किन लक्षणों से पहचाना जाता है?

अध्याय 11

बद्ध, मुक्त तथा भक्तजन

बद्ध, मुक्त तथा भक्तजनों के लक्षण बताते हुए भगवान् श्रीकृष्ण ने कहा, प्यारे उद्धव! जैसे स्वप्न बुद्धि का विवर्त है–मिथ्या है, वैसे ही शोक-मोह, सुख-दुःख, शरीर की उत्पत्ति-मृत्यु–यह माया (अविद्या) के कारण सत्य प्रतीत होने पर भी वास्तव में नहीं है। शरीरधारियों को मुक्ति का अनुभव कराने वाली 'आत्मविद्या' और बन्धन का अनुभव कराने वाली 'अविद्या', ये दोनों ही मेरी अनादि शक्तियाँ हैं। मेरी माया से

इनकी रचना हुई है। उनका कोई वास्तविक अस्तित्व नहीं है। जीव तो एक है। वह व्यवहार के लिये ही मेरे अंश के रूप में कल्पित हुआ है, वस्तुतः मेरा स्वरूप है। आत्मज्ञान से सम्पन्न होने पर उसे मुक्त कहते हैं तथा आत्मज्ञान न होने से बद्ध। यह अज्ञान (माया) आनादि होने से–बन्धन भी अनादि कहलाता है। जीव तथा ईश्वर, बद्ध तथा मुक्त के भेद से, भिन्न-भिन्न होने पर भी एक ही शरीर में नियन्ता तथा नियन्त्रित के रूप में स्थित हैं। उदाहरण के रूप में शरीर एक वृक्ष है। इसमें घोंसला बना कर जीव तथा ईश्वर नाम के दो पक्षी रहते हैं। वे दोनों चेतन होने के कारण समान हैं तथा सदा साथ रहने के कारण सखा हैं। इनके निवास करने का कारण एक लीला है। समानता होने पर भी जीव तो शरीर रूपी वृक्ष के फल, सुख-दुःख आदि भोगता है (खाता है), परन्तु ईश्वर उन्हें न भोग कर, कर्मफल, सुख-दुःख आदि से अलग, उनका साक्षीमात्र रहता है। अभोक्ता होने पर भी ईश्वर की यह विलक्षणता है कि वह ज्ञान, ऐश्वर्य, आनन्द तथा सामर्थ्य आदि में जीव से बढ़कर (श्रेष्ठतर) है। इसके अतिरिक्त एक यह भी विलक्षणता है कि अभोक्ता ईश्वर तो अपने वास्तविक स्वरूप तथा इसके सिवा जगत् को भी जानता है, परन्तु भोक्ता जीव, न तो अपने वास्तविक रूप को जानता है, न अपने से अतिरिक्त को। इन दोनों में, जीव तो अविद्या से युक्त होने के कारण नित्य-बद्ध है तथा ईश्वर, विद्यास्वरूप होने के कारण, नित्य मुक्त है। प्यारे उद्धव! ज्ञान-सम्पन्न पुरुष भी मुक्त है–जैसे स्वप्न टूट जाने पर जाग्रत् हुआ पुरुष स्वप्न के स्मर्यमाण शरीर से कोई सम्बन्ध नहीं रखता, वैसे ही ज्ञानी पुरुष सूक्ष्म तथा स्थूल-शरीर में रहने पर भी उनसे किसी प्रकार का सम्बन्ध नहीं रखता।

इन्द्रियाँ, शब्द-स्पर्शदि विषयों को ग्रहण करती हैं, क्योंकि गुण ही गुणों को ग्रहण करते हैं, आत्मा नहीं। अतः जिसे अपने निर्विकार आत्मस्वरूप का बोध हो गया है, वह विषयों को ग्रहण अथवा त्याग में किसी प्रकार का अभिमान नहीं करता। यह शरीर प्रारब्ध के अधीन है। इससे शारीरिक अथवा मानसिक जितने भी कर्म होते हैं, सब गुणों की प्रेरणा से होते हैं। अज्ञानी पुरुष अपने को कर्ता मान बैठता है। इसलिये

वह बन्धता है।

प्रिय उद्धव! इस प्रकार विचार कर विवेकी पुरुष समस्त विषयों से विरक्त रहता है। गुण ही सभी कर्मों के कर्ता-भोक्ता हैं—ऐसा जानकर ज्ञानी पुरुष कर्मवासना तथा फलों से नहीं बन्धता। वह प्रकृति में रहते हुए भी इस प्रकार असंग रहता है—जैसे स्पर्श आदि से आकाश, जल की आर्द्रता आदि से सूर्य तथा गन्ध आदि से वायु। जैसे कोई स्वप्न से जाग उठा हो, उसी प्रकार वह इस भेद-बुद्धि के भ्रम से मुक्त हो जाता है। जिसके प्राण, इन्द्रिय, मन तथा बुद्धि की समस्त चेष्टाएँ बिना संकल्प के होती हैं, वह देह में स्थित रहकर भी उसके गुणों से मुक्त है।

तत्त्वज्ञानी, शारीरिक पीड़ा से दुःखी नहीं होता तथा दैववश किसी प्रकार का मान प्राप्त कर उसमें सुखी, अभिमानी नहीं होता। समदर्शी-महात्मा, गुण तथा भेद-दृष्टि से ऊपर उठ जाते हैं। वे न तो अच्छे काम करने वाले की स्तुति करते हैं, न बुरे काम करने वाले की निन्दा। ये ज्ञानी कर्मबन्धन से ऊपर उठ कर, किसी को भला-बुरा नहीं कहते। समानवृत्ति रखते हुए वे आत्मानन्द में ही मग्न रहते हैं।

प्रिय उद्धव! जो पुरुष वेदों का तो पारगामी विद्वान् है, परन्तु परब्रह्म के ज्ञान से शून्य है, उसका परिश्रम व्यर्थ है। जिस वाणी में जगत् की उत्पत्ति, स्थिति तथा प्रलय रूप मेरी लोक-पावन लीलाओं का वर्णन न हो, वह वाणी व्यर्थ है।

प्रिय उद्धव! इस प्रकार आत्मजिज्ञासा तथा विचार कर, मनुष्य, आत्मा में जो अनेकता का भ्रम है, उसे दूर कर दे तथा मुझ सर्वव्यापी परमात्मा में अपना निर्मल मन लगा दे तथा सांसारिक व्यवहार-वासनाओं से मुक्त हो उपराम हो जाये। मेरी कथाएँ लोकों को पवित्र करने वाली हैं। उन्हें श्रद्धा के साथ श्रवण करना चाहिए। यदि तुम अपने मन को परब्रह्म में स्थिर न कर सको तो सारे कर्म निरपेक्ष होकर मेरे लिये ही करो। जो ऐसा करता है, उसे मुझ अविनाशी परमात्मा के प्रति अनन्य प्रेममयी भक्ति प्राप्त हो जाती है। भक्ति की प्राप्ति सत्संग से होती है। भक्त मेरी उपासना करता है तथा मेरे सान्निध्य का अनुभव करता है। इस प्रकार जब उसका चित्त शुद्ध हो जाता है, तो मेरे परमपद

को—वास्तविक स्वरूप को सहज ही प्राप्त हो जाता है।

भगवान् श्रीकृष्ण के ये प्रवचन सुन कर उद्धवजी ने कहा, भगवन्! बड़े-बड़े संत आपकी कीर्ति का गान करते हैं। कृपया बतलाइये कि संत पुरुषों का क्या लक्षण है? आप ब्रह्मा, सत्यादि-लोक तथा चराचर के स्वामी हैं। मैं आपका विनीत प्रेमी तथा शरणागत भक्त हूँ। आप मुझे भक्ति तथा भक्त का रहस्य बताइये।

भगवान् श्रीकृष्ण ने कहा, प्रिय उद्धव! मेरा भक्त कृपा की मूर्ति होता है। वह किसी भी प्राणि से वैरभाव नहीं रखता है। उसके जीवन का सार है सत्य। वह किसी प्रकार की भी पाप-भावना से मुक्त होता है। समदर्शी होने से सबका हित करने वाला होता है। वह संयमी, मधुर-स्वभाव तथा शुद्ध-हृदय होता है। संग्रह-परिग्रह से सदा अकिञ्चन रहता है। किसी भी वस्तु (सांसारिक भोग-सामग्री) के लिये प्रयत्न नहीं करता (जो कुछ प्रारब्धवश मिल जाये उसी में सन्तुष्ट रहता है)। परिमित भोजन करता है तथा शान्त रहता है। उसकी बुद्धि स्थिर होती है। मेरे आश्रित, वह आत्मतत्त्व के चिन्तन में संलग्न रहता है। वह प्रमादरहित, गम्भीरभाव तथा धैर्यवान् होता है। भूख-प्यास, शोक-मोह तथा जन्म-मृत्यु, इन छः भावों के वश में नहीं होता, अर्थात् ये उसका संतुलन नहीं बिगाड़ सकते। वह स्वयं किसी प्रकार के सम्मान की इच्छा बिना, दूसरों का सम्मान करता है। भगवद् विषय को समझने-समझाने में वह निपुण होता है। उसका हृदय करुणामय होता है।

प्रिय उद्धव! जो वेद-शास्त्रों के कर्मकाण्ड से भी ऊपर उठ जाता है तथा केवल मेरे ही भजन में लगा रहता है, वह परम संत है।

प्रिय उद्धव! मेरी मूर्ति का दर्शन, स्पर्श, पूजा, सेवा, स्तुति तथा मेरे गुण तथा लीलाओं का कीर्तन करे। मेरी कथा में श्रद्धा तथा निरन्तर मेरा ध्यान करे। जो कुछ प्राप्त हो वह मुझे अर्पित कर दे तथा दास्य-भाव से मुझे आत्मनिवेदन करे। मेरी दिव्य लीलाओं की चर्चा करे। मेरे व्रतों का पालन करे। संसार में जो वस्तुएँ, अपने को सबसे प्रिय, सबसे श्रेष्ठ जान पड़े, वह मुझे समर्पित करे।

प्रिय! सूर्य, अग्नि, ब्राह्मण (ब्रह्मवादि), गौ, वैष्णव (भगवद्-भक्त) आकाश, वायु, जल, पृथ्वी, आत्मा तथा समस्त प्राणी–ये सब मेरी पूजा के स्थान हैं। ऋग्वेद, यजुर्वेद तथा सामवेद के मन्त्रों द्वारा मेरी पूजा करे। हवन के द्वारा अग्नि में, आतिथ्य द्वारा श्रेष्ठ ब्राह्मणों की तथा हरी-हरी घास द्वारा गौ में पूजा करे।

प्रिय उद्धव! भाई-बन्धु के समान सत्कार द्वारा वैष्णव में, निरन्तर भगवद्-ध्यान से हृदयाकाश में, मुख्यप्राण-नियन्त्रण से वायु में तथा जल-पुष्प आदि द्वारा जल में मेरी आराधना की जाती है। मन्त्रों द्वारा न्यास कर मिट्टी की वेदी में, उपयुक्त भोगों द्वारा आत्मा में तथा समदृष्टि द्वारा सम्पूर्ण प्राणियों में मेरी आराधना होती है। इन सभी स्थानों में, शंख, चक्र, गदा तथा पद्म धारण किये, चार भुजाओं वाले शान्तमूर्ति श्रीभगवान् विराजमान हैं–ऐसा ध्यान कर मेरी आराधना करनी चाहिए। संत-पुरुषों की सेवा करने से मेरे स्वरूप का ज्ञान हो जाता है। कुआँ-बावली आदि बनवाना–प्राणीमात्र के हित लिये–मेरी भक्ति को प्राप्त कराता है। सत्संग तथा भक्तियोग–इन दोनों साधनों का एक साथ ही अनुष्ठान करते रहना चाहिए। ये दोनों ही साधन सुगम है, भव-सागर को पार करने के उपाय हैं–प्रायः दोनों के अतिरिक्त और कोई नहीं–क्योंकि संत-पुरुष मुझे अपना आश्रय मानते हैं तथा मैं सदा-सर्वदा उनके पास बना रहता हूँ।

अध्याय 12

सत्संग महिमा

सत्संग की महिमा, कर्म तथा कर्म-संन्यास की व्याख्या करते हुए श्रीकृष्ण उद्धवजी से कहते हैं–जगत् में जितनी आसक्तियाँ हैं, उन्हें

सत्संग नष्ट कर देता है। सत्संग–(अर्थात् साधुजन, ऋषिगण, संत-महात्माओं का संग) धर्मपालन, स्वाध्याय, तप, दान, व्रत, यज्ञ, वेद, तीर्थ, यम-नियम आदि भी सत्संग के समान मुझे वश में करने में समर्थ नहीं। यह युग-परम्परा है। सत्संग द्वारा दैत्य-राक्षस, पशु-पक्षी, गन्धर्व-अप्सरा, नाग-सिद्ध, चारण-गुह्यक तथा विद्याधरों को मेरी प्राप्ति हुई है। वृत्रासुर, प्रह्लाद, वृषपर्वा, बलि, बाणासुर, मयदानव, विभीषण, सुग्रीव, हनुमान्, जाम्बवान्, गजेन्द्र, जटायु, तुलाधार वैश्य, धर्मव्याध, कुब्जा, व्रज की गोपियाँ, यज्ञपत्नियाँ तथा अन्य लोग भी सत्संग के प्रभाव से मुझे प्राप्त कर सके। इन लोगों ने न तो वेदों का अध्ययन किया था न विधिवत् उपासना ही की थी। गोपियाँ, गायें, यमलार्जुन आदि वृक्ष, व्रज के हरिन आदि पशु, कालिय आदि नाग–ये तो साधन-साध्य के विषय में अनभिज्ञ ही थे, जिन्होंने केवल प्रेमपूर्ण-भाव से ही मेरी प्राप्ति कर ली। बड़े-बड़े प्रयत्नशील साधक, योग, सांख्य, दान, व्रत, तपस्या, यज्ञ, श्रुतियों की व्याख्या, स्वाध्याय तथा संन्यास आदि द्वारा मुझे प्राप्त न कर सके, परन्तु सत्संग के द्वारा तो मैं अत्यन्त सुलभ हो जाता हूँ। (सत्संग वास्तव में भक्तियोग का सरल उपाय है तथा भक्तियोग सर्वोपरी है और सभी योगों का अन्तिम चरण है)

उद्धव! जिस समय अक्रूरजी मुझे बलरामजी सहित व्रज से मथुरा ले गये थे, उस समय गोपियों का हृदय प्रगाढ़ प्रेम से मुझमें अनुरक्त था। वे मेरे वियोग के कारण अति व्याकुल हो रही थीं। मेरे साथ बिताया समय, रास-महारास का सामीप्य तो मानो एक क्षण में बीत गया, परन्तु यह वियोग उनके लिये असह्य था। अब रात्रियाँ उनके लिये एक कल्प के समान थीं (उन रात्रियों की तुलना में)। जैसे बड़े-बड़े ऋषि-मुनि समाधि में स्थित होकर, गंगा आदि बड़ी-बड़ी नदियाँ समुद्र में मिलकर, अपना नाम खो देती हैं, उसी प्रकार गोपियाँ परम-प्रेम के कारण मुझमें इतनी तन्मय हो गई थीं कि वे लोक-परलोक, अपने शरीर तथा पति-पुत्रादि सगे सम्बन्धियों को भी भूल गई थीं। उनमें बहुत सी तो मेरे वास्तविक स्वरूप को न जान कर, केवल मुझे प्रियतम के रूप में ही

मानती थीं। उन साधनहीन अवलाओं ने केवल संग के प्रभाव से ही मुझ परब्रह्म परमात्मा को प्राप्त कर लिया। अतः हे उद्धव! तुम श्रुति-स्मृति, विधि-निषेध, प्रवृत्ति-निवृत्ति तथा सुनने योग्य अथवा सुने हुए, समस्त प्राणियों के आत्मस्वरूप, मुझ एक ही की शरण, सम्पूर्णरूप से ग्रहण करो। मेरी शरण में आकर तुम सर्वथा निर्भय हो जाओगे।

उद्धव ने कहा, सनकादि योगेश्वरों के भी परमेश्वर प्रभो! मैंने आपका उपदेश सुना। मेरा सन्देह फिर भी नहीं मिटा। क्या मुझे स्वधर्म पालन करना चाहिए अथवा सब कुछ छोड़ कर आपकी शरण ग्रहण करनी चाहिए?

भगवान् श्रीकृष्ण ने कहा, प्रिय उद्धव! जिस परमात्मा का परोक्षरूप से वर्णन किया जाता है, वह साक्षात् अपरोक्ष-प्रत्यक्ष ही है, क्योंकि वह ही समस्त वस्तुओं को सत्ता-स्फूर्ति, जीवन-दान, करने वाला है। वह परमात्मा ही प्रथम अनाहत नादस्वरूप परा वाणी नामक प्राण के साथ मूलाधार चक्र में प्रवेश करता है। तत्पश्चात् मणिपूरक-चक्र (नाभिस्थान) में आकर पश्यन्ती वाणी का मनोरम सूक्ष्मरूप धारण करता है। तदनन्तर कण्ठदेश में स्थित विशुद्ध नामक चक्र में जाता है तथा वहाँ मध्यमा वाणी के रूप में व्यक्त होता है। फिर क्रमशः मुख में आकर ह्रस्व-दीर्घादि मात्रा, उदात्त-अनुदात्त आदि स्वर तथा ककारादि वर्णरूप स्थूल-वैखरी वाणी का रूप ग्रहण कर लेता है। अग्नि आकाश में उष्मा अथवा विद्युत् के रूप से अव्यक्तरूप में स्थित है। जब बलपूर्वक काष्ठमन्थन किया जाता है, तब वायु की सहायता से वह पहले अत्यन्त सूक्ष्म चिनगारी के रूप में प्रकट होती है तथा फिर आहुति देने पर प्रचण्ड रूप धारण कर लेती है, वैसे ही मैं भी शब्दब्रह्मस्वरूप से क्रमशः परा, पश्यन्ती, मध्यमा तथा वैखरी वाणी के रूप में प्रकट होता हूँ। इसी प्रकार सभी इन्द्रियों की क्रियाएँ, मन से संकल्प-विकल्प करना, बुद्धि से समझना, अहंकार द्वारा अभिमान करना, महत्तत्त्व के रूप में सबका ताना-बाना; सत्त्वगुण, रजोगुण तथा तमोगुण के सारे विकार, अर्थात् समस्त कर्ता, करण तथा कर्म, मेरी ही अभिव्यक्तियाँ हैं। सब को जीवित करने वाला परमेश्वर

ही इस त्रिगुणमय ब्रह्माण्ड-कमल का कारण है। यह आदिपुरुष पहले एक तथा अव्यक्त था। कालगति से माया का आश्रय लेकर, शक्ति-विभाजन के द्वारा परमेश्वर ही अनेक रूपों में प्रतीत होने लगता है। जैसे वस्त्र में धागा–इसी प्रकार यह सारा विश्व परमात्मा में ओतप्रोत है। इस जगत् के न रहने पर भी परमात्मा रहता है। यह जगत् परमात्म-स्वरूप ही है। यह संसार-वृक्ष अनादि तथा प्रवाहरूप से नित्य है। इस वृक्ष का स्वरूप है–कर्म की परम्परा — मोक्ष और भोग इस वृक्ष के फल-फूल हैं।

इस संसार के दो बीज हैं–पाप तथा पुण्य। असंख्य वासनाएँ इसकी जड़ें तथा तीन गुण तने हैं; पाँच भूत इस की मोटी-मोटी प्रधान शाखाएँ हैं। शब्दादि पाँच विषय रस हैं। ग्यारह इन्द्रियाँ शाखाएँ हैं तथा जीव और ईश्वर–दो पक्षी इसमें घोंसला बनाकर निवास करते हैं। इस वृक्ष में तीन प्रकार के शारीरिक रोग, तीन तरह की छाल हैं। इसमें दो प्रकार के फल लगते हैं–सुख और दुःख। यह विशाल वृक्ष सूर्य-मण्डल तक विस्तृत है। 'गृहस्थी', विषय वासनाओं से घिरे, इस वृक्ष का दुःख रूप फल भोगते हैं, क्योंकि बन्धनकारी कार्यों का फल दुःख ही होता है। जो अरण्यवासी परमहंस विषयों से विरक्त हैं, अन्त में वे इस वृक्ष पर राजहंस के समान होने से सुख रूप फल भोगते हैं।

प्रिय उद्धव! वास्तव में मैं एक हूँ। यह जो मेरा अनेकों प्रकार का रूप है, वह तो केवल मायामय है। यही समस्त वेदों का रहस्य है। अतः श्रेष्ठ गुरु की शिक्षा द्वारा तथा अनन्य-भक्ति की खड्ग द्वारा, धैर्य एवं सावधानी से, इस मोहजाल का छेदन कर। तदनन्तर परमात्मस्वरूप होकर, उस वृत्तिरूप अस्त्रों को भी छोड़ दो तथा अपने अखण्डस्वरूप में स्थित हो जाओ।

अध्याय 13

सनकादि को हंसरूप भगवान् श्रीकृष्ण का उपदेश

उद्धवजी को उपदेश देते हुए भगवान् श्रीकृष्ण, हंस रूप से सनकादि को दिये हुए उपदेश का वर्णन करते हुए कहते हैं, प्रिय उद्धव! सत्त्व, रज तथा तम–ये तीनों प्रकृति के गुण हैं। सत्त्व के द्वारा रज तथा तमोगुण को दबाना चाहिए (उन पर विजय प्राप्त करनी चाहिए)। सत्त्वगुण की वृद्धि पर जीवों को मेरी भक्तिरूप स्वधर्म की प्राप्ति होती है। जिस धर्म के पालन से सत्त्वगुण की वृद्धि हो, वही श्रेष्ठ है। शास्त्र, जल, प्रजाजन, देश, समय, कर्म, जन्म, ध्यान, मन्त्र तथा संस्कार–यदि ये दस सत्त्विकी हों, तो सत्त्वगुण की वृद्धि होती। इनके राजसी होने पर रजोगुण की तथा इनके तामसी होने पर तमोगुण की वृद्धि होती है।

जब तक अपने आत्मा का साक्षात्कार तथा स्थूल-सूक्ष्म शरीर और उनके कारण तीनों गुणों की निवृत्ति न हो, तब तक सात्त्विक गुण की वृद्धि के लिये प्रयत्न करते रहना चाहिए। यह शरीर गुणों के वैषम्य से उत्पन्न हुआ है। विचार द्वारा मन्थन करने से इसमें ज्ञानाग्नि उत्पन्न होती है तथा वह सारे गुणों को भस्म कर, स्वयं शान्त हो जाती है।

उद्धवजी ने पूछा–भगवन्! यह जानते हुए भी कि विषय विपत्तियों को देने वाले हैं, फिर भी मनुष्य उन्हें भोगने में लगा रहता है। इसका क्या कारण है?

भगवान् श्रीकृष्ण ने कहा, प्रिय उद्धव! जब जीव अज्ञानवश अपने स्वरूप को भूलकर, सूक्ष्म-स्थूलादि शरीरों में अहंबुद्धि कर लेता है, तब उसका सत्त्व-प्रधान मन घोर रजोगुण की ओर झुक जाता है। वह विषयों का चिन्तन करने लगता है तथा उनमें उलझ जाता है। यद्यपि विवेकी पुरुष का चित्त भी कभी-कभी रजोगुण और तमोगुण के वेग से विक्षिप्त होता है, तथापि उसकी विषयों में दोष-दृष्टि बनी रहती है तथा वह पुनः अपने चित्त को एकाग्र करने की चेष्टा करता है। मन को विषयों से

हटाने का यत्न करता है। अतः मनुष्य को चाहिए कि सावधानी से, शनैः-शनैः अपना मन मुझमें लगावे। तनिक असफलता होने पर उत्साह न छोड़े तथा पुनः अभ्यास करे। मेरे शिष्य सनकादि परमर्षियों ने भी योग का यही स्वरूप बताया है कि साधक अपने मन को सब ओर से खींच कर, साक्षात् मुझमें ही पूर्णरूप से लगा दे।

भगवान् श्रीकृष्ण ने कहा, प्रिय उद्धव! सनकादि परमर्षि ब्रह्माजी के मानस पुत्र हैं। उन्होंने एक बार ब्रह्माजी से योग की सूक्ष्म-अन्तिम सीमा के विषय में पूछा—पिताजी! चित्त गुणों तथा विषयों से घिरा रहता है तथा गुण चित्त की एक-एक वृत्ति में प्रविष्ट रहते हैं। ऐसी स्थिति में जो पुरुष इस भव-सागर से पार होकर, मुक्ति-पद प्राप्त करना चाहता है, वह चित्त को गुणों से अलग कैसे कर सकता है? यद्यपि ब्रह्माजी सब देवताओं के शिरोमणि, स्वयम्भू तथा प्राणियों के जन्मदाता हैं, फिर भी वे इस प्रश्न का मूल कारण समझ न सके, क्योंकि उनकी बुद्धि कर्म प्रवीण थी। उस समय ब्रह्माजी ने इस प्रश्न का उत्तर देने के लिये भक्तिभाव से मेरा चिन्तन किया। उस समय मैं हंस का रूप धारण कर उनके सामने प्रकट हुआ। मुझे देखकर सनकादि, ब्रह्माजी को आगे कर, मेरे पास आये तथा उन्होंने मेरे चरणों की वन्दना कर पूछा कि आप कौन हैं?

प्रिय उद्धव! सनकादि परमार्थतत्त्व के जिज्ञासु थे। अतः मैंने उनसे जो कुछ कहा, वह तुम मुझ से सुनो। ब्राह्मणो! यदि परमार्थरूप वस्तु नानात्व से सर्वथा रहित है, तब आत्मा के सम्बन्ध में आपका ऐसा प्रश्न कैसे युक्ति-संगत हो सकता है? अथवा उत्तर देने के लिये यदि मैं बोलूँ भी तो किस जाति, गुण, क्रिया तथा सम्बन्ध के आश्रय से उत्तर दूँ?

देवता, मनुष्य, पशु, पक्षी आदि सभी शरीर पँचभूतात्मक होने के कारण अभिन्न ही हैं। तथा परमार्थरूप से भी अभिन्न हैं। ऐसी स्थिति में, 'आप कौन हैं'? आपका यह प्रश्न ही केवल वाणी का व्यवहार है। विचारपूर्वक नहीं है, अतः निरर्थक है। मन से, वाणी से, दृष्टि से—सब **'मैं'** ही हूँ। मुझसे भिन्न कुछ भी नहीं है। इस सिद्धान्त को आप तत्त्व

द्वारा समझ लीजिए।

पुत्रो! यह चित्त चिन्तन करते-करते विषयकार हो जाता है और विषय चित्त में प्रविष्ट हो जाते हैं। विषय और चित्त–ये दोनों ही मेरे स्वरूपभूत जीव के देह हैं–उपाधि हैं। अर्थात् आत्मा का चित्त तथा विषय के साथ कोई सम्बन्ध ही नहीं है। अतः बार-बार विषयों का सेवन करते रहने से जो चित्त विषयों में आसक्त हो गया है तथा विषय भी चित्त में प्रविष्ट हो गये हैं–इन दोनों को अपने वास्तविक से अभिन्न, मुझ परमात्मा का साक्षात्कार कर, त्याग देना चाहिए। जाग्रत्, स्वप्न, सुषुप्ति–ये तीनों अवस्थाएँ सत्त्वादि गुणों के अनुसार होती हैं तथा ये बुद्धि की वृत्तियाँ हैं, सच्चिदानन्द का स्वभाव नहीं। इन वृत्तियों का साक्षी होने से जीव उनसे विलक्षण है। यह सिद्धान्त श्रुति, युक्ति तथा अनुभूति से युक्त है। बुद्धि-वृत्तियों के द्वारा होने वाला यह बन्धन ही आत्मा में त्रिगुणमयी वृत्तियों का दान करता है। अतः तीनो अवस्थाओं से विलक्षण तथा उनमें अनुगत मुझ तुरीय तत्त्व में स्थित होकर इस बुद्धि के बन्धन का परित्याग कर दे। तब विषय तथा चित्त, दोनों का युगपत् त्याग हो जाता है। यह बन्धन अहंकार की ही रचना है तथा यही आत्मा के परिपूर्णतम सत्य, अखण्डज्ञान तथा परमानन्दस्वरूप को छिपा देता है। इस प्रकार जान कर विरक्त हो जाये तथा अपनी तीन अवस्थाओं में अनुगत तुरीयस्वरूप में होकर संसार की चिन्ता छोड़ दे। जब तक सत्यत्वबुद्धि, अहंबुद्धि तथा ममबुद्धि–युक्तियों द्वारा निवृत्त नहीं हो जाती–तब तक वह अज्ञानी यद्यपि जागता है, तथापि सोता हुआ सा रहता है। आत्मा से अन्य देह आदि प्रतीयमान नामरूपात्मक प्रपञ्च का कुछ भी अस्तित्व नहीं है। अतः उनके कारण होने वाले वर्णाश्रमादि भेद, स्वर्गादिफल तथा उनके कारणभूत कर्म–ये सब-के-सब इस आत्मा के लिये वैसे ही मिथ्या हैं, जैसे स्वप्नदर्शी मनुष्य द्वारा देखे गये स्वप्न के सब पदार्थ।

जो जाग्रत्-अवस्था में, समस्त इन्द्रियों द्वारा, बाह्य सम्पूर्ण क्षणभंगुर पदार्थों का अनुभव करता है तथा स्वप्नावस्था में हृदय में ही जाग्रत्-अवस्था

में देखे पदार्थों का अनुभव करता है तथा सुषुप्ति अवस्था में उन सब विषयों को समेट कर उनके लय होने को भी अनुभव करता है, वह एक ही है। जाग्रत्-अवस्था के इन्द्रिय, स्वप्नावस्था के मन तथा सुषुप्ति की संस्कारवती बुद्धि का भी वही स्वामी है, क्योंकि वह त्रिगुणमयी तीनों अवस्थाओं का साक्षी है। जिस 'मैं' ने स्वप्न देखा, जो 'मैं' सोया वही 'मैं' जाग रहा हूँ–इन तीनों अवस्थाओं की स्मृति के कारण, एक आत्मा का ही समस्त अवस्थाओं में होना सिद्ध होता है। ये तीनों अवस्थाएँ गुणों के द्वारा मेरी माया से मेरे अंशरूप जीव में कल्पित की गई हैं तथा आत्मा में ये नितान्त असत्य हैं। ऐसा निश्चय कर, सकल संशयों के आधार अहंकार का छेदन कर, आप लोग, हृदय में स्थित मुझ परमात्मा का भजन करें।

यह जगत् मन का विलास है, दृश्य होने पर भी नष्ट-प्रायः है, भ्रममात्र है। ज्ञाता तथा ज्ञेय के भेद से रहित, एक ज्ञानस्वरूप आत्मा ही अनेक-सा प्रतीत हो रहा है। यह स्थूल शरीर इन्द्रिय तथा अन्तःकरणरूप तीन प्रकार का विकल्प गुणों के परिणाम की रचना है। अतः ऐसा विचार कर, सभी ओर से निरीह होकर, आत्मानन्द के अनुभव में मग्न हो जाये। देहपातपर्यन्त–पिछले शरीर की–केवल संस्कार-मात्र उसकी प्रतीति होती है। जिसने अपने स्वरूप का साक्षात्कार किया है, वह नश्वर शरीर सम्बन्धी बातों पर दृष्टि नहीं डालता। शारीरिक क्रियाओं से अभिन्न अथवा उदासीन रहता है।

प्राण तथा इन्द्रियों सहित यह शरीर भी प्रारब्ध के अधीन है। अतः अपने आरम्भक कर्म जबतक हैं, तब तक उनकी प्रतीक्षा करता रहता है। परन्तु आत्मवस्तु का साक्षात्कार करने वाला तथा योग में आरूढ़ पुरुष, पुनः उस शरीर को स्वीकार नहीं करता।

सनकादि ऋणियो! मैंने तुम से जो कुछ कहा है–वह सांख्य तथा योग, दोनों का गोपनीय रहस्य है। मैं स्वयं भगवान् हूँ। विप्रवरो! मैं योग, सांख्य, सत्य, ऋत, तेज, श्री, कीर्ति तथा दम–इन सब का परम अधिष्ठान हूँ। मैं समस्त गुणों से रहित हूँ तथा किसी की अपेक्षा नहीं

रखता। फिर भी साम्य, असंगता आदि सभी गुण मुझमें ही प्रतिष्ठित हैं, क्योंकि मैं सबका हितैषी, सुहृद्, प्रियतम तथा आत्मा हूँ।

इस प्रकार हे उद्धव! सनकादि मुनियों के संशय-निवारण होने पर, उन्होंने परम-भक्ति से मेरी पूजा तथा स्तुति की और मैं ब्रह्माजी के समक्ष ही, वहाँ से अन्तर्धान हो गया।

अध्याय 14

भक्तियोग तथा ध्यानयोग विधि

भगवान् श्रीकृष्ण तथा ब्रह्मर्षि सनकादि का संवाद सुनने के पश्चात् उद्धवजी ने कहा–ब्रह्मवादी महात्मा आत्मकल्याण के अनेकों साधन बताते हैं। अपनी-अपनी दृष्टि से सभी श्रेष्ठ हैं, परन्तु आपने तो भक्तियोग को ही निरपेक्ष एवं स्वतन्त्र साधन बताया है, क्योंकि इसी से मन, आसक्ति छोड़कर, आपमें लग जाता है।

भगवान् श्रीकृष्ण ने कहा, प्रिय उद्धव! वेदवाणी प्रलय के अवसर पर लुप्त हो गई थी। जब सृष्टि का पुनः समय आया तो मैंने अपने संकल्प से ही इसे ब्रह्मा को कहा, अतः इसमें मेरे भागवतधर्म का ही वर्णन है। ब्रह्मा ने अपने ज्येष्ठ पुत्र स्वायम्भुव को इसका उपदेश दिया तथा उससे भृगु, अंगिरा, मरीचि, पुलह, अत्रि, पुलस्त्य तथा क्रतु–सात प्रजापति-महर्षिगणों ने ग्रहण किया। तत्पश्चात् इन ब्रह्मऋषियों की सन्तान देवता, दानव, गुह्यक, मनुष्य, सिद्ध, गन्धर्व, विद्याधर, चारण, किन्देव, किन्नर, नाग, राक्षस तथा किम्पुरुष आदि ने (किन्नर, किम्पुरुष–मनुष्य के समान प्रतीत होने वाले प्राणी)। सत्त्व, रज तथा तमोगुण के कारण सबकी बुद्धि-वृत्तियाँ, भिन्न-भिन्न होती हैं। अतः वे अपनी प्रकृति के अनुसार उस वेदवाणी का भिन्न-भिन्न अर्थ ग्रहण करते हैं। इसी प्रकार स्वभाव में भी भिन्नता आ जाती है। सभी की बुद्धि

मेरी माया से मोहित हो रही है। इसी से वे अपने-अपने कर्म-संस्कार तथा अपनी-अपनी रुचि के अनुसार आत्मकल्याण के साधन भी, एक नहीं, अनेक बतलाते हैं। पूर्वमीमांसक धर्मको, साहित्याचार्य यशको, कामशास्त्री कामको, योगवेता सत्य को तथा शमदमादि को, दण्डनीतिकार ऐश्वर्य को, त्यागी त्याग को तथा लोकायतिक भोग को ही मनुष्य-जीवन का स्वार्थ–परमलाभ बतलाते हैं। कर्मयोगी–यज्ञ, तप, दान, व्रत तथा यम-नियम आदि को पुरुषार्थ बतलाते हैं। परन्तु ये सभी कर्म हैं। इनके फलस्वरूप जो लोक मिलते हैं, वे उत्पत्ति तथा नाश वाले हैं (जन्म-मृत्यु वाले हैं)। कर्मों का फल समाप्त हो जाने पर उनसे दुःख ही मिलता है। उनसे जो सुख मिलता हैं, वह तुच्छ है। वे भोगों के समय भी शोक युक्त हैं।

प्रिय उद्धव! जो सब ओर से निरपेक्ष (उदासीन) हो गया है, किसी भी कर्म अथवा फल की इच्छा नहीं रखता तथा अपने अन्तःकरण को सब प्रकार से मुझमें ही समर्पित कर चुका है–परमानन्दस्वरूप 'मैं' उसकी आत्मा के रूप में स्फुरित होने लगता हूँ। उस समय वह जिस सुख का अनुभव करता है, वह विषयलोलुप प्राणियों को किसी भी प्रकार नहीं मिल सकता। जो सब प्रकार के संग्रह–परिग्रह से रहित–अकिञ्चन है, जो अपनी इन्द्रियों पर संयम प्राप्त कर चुका है तथा शान्त और समदर्शी हो गया है, जो मेरी प्राप्ति से ही मेरे सान्निध्य का अनुभव कर पूर्ण सन्तोष का अनुभव करता है, वह परिपूर्ण है। उसे किसी वस्तु की आवश्यकता नहीं। जिसने अपने आपको मुझे समर्पित तक कर दिया है, वह न तो ब्रह्मा का पद चाहता है, न देवराज इन्द्र का अथवा सार्वभौम सम्राट् बनने की इच्छा रखता है। वह योग की बड़ी-बड़ी सिद्धियों तथा मोक्ष तक की अभिलाषा नहीं रखता।

प्रिय उद्धव! मुझे तुम्हारे जैसे प्रेमी-भक्त जितने प्रिय हैं, उतने प्रिय मेरे पुत्र ब्रह्मा, आत्मा शंकर, बलरामजी (संकर्षण) तथा स्वयं लक्ष्मीजी भी नहीं (अर्थात् भगवान् श्रीकृष्ण को उनके भक्त सर्वोपरि हैं)। जिसे किसी की अपेक्षा नहीं, जो जगत् के चिन्तन से सर्वथा उपरत होकर मेरे

ही चिन्तन-मनन में तल्लीन रहता है तथा राग-द्वेष रहित, सबके प्रति समान-दृष्टि रखता है, वह महात्मा है तथा उसकी पदधूलि भी पवित्र है। उदारता के कारण वह सभी प्राणियों के प्रति दयाभाव रखता है। उस कामना रहित को मेरे जिस परमानन्दस्वरूप का अनुभव होता है, उसे और कोई जान नहीं सकता।

प्रिय उद्धव! जो मेरा भक्त अभी जितेन्द्रिय नहीं हुआ तथा संसार के विषय जिसे बार-बार बाधा में डालते हैं, वह भी क्षण-क्षण में बढ़ने वाली मेरी प्रगाढ़ भक्ति के प्रभाव से विषयों के वश में नहीं होता।

प्रचण्ड-अग्नि के समान मेरी भक्ति, समस्त पापराशियों को पूर्णतया भस्म कर देती है। उद्धव! योग-साधन, ज्ञान-विज्ञान, धर्मानुष्ठान, जप-तप-त्याग-मुझे प्राप्त कराने में उतने समर्थ नहीं जितनी दिन-प्रतिदिन बढ़ने वाली मेरी अनन्य-भक्ति। मैं संतों का प्रियतम आत्मा हूँ। अनन्य-श्रद्धा तथा अनन्य-भक्ति से प्राप्त हो जाता है। मेरी भक्ति उन्हें भी पवित्र कर देती है-जाति दोष से मुक्त कर देती है-जो जन्म से ही चाण्डाल हैं। भक्ति से वञ्चित को तो दया, धर्म, तप, विद्या भी भलीभाँति पवित्र करने में असमर्थ हैं। जिसकी वाणी प्रेम से गद्गद् है (भगवद् प्रेम से), चित्त अनुराग पूर्ण है तथा जो लोक-लज्जा से ऊपर उठ कर, भगवद् प्रेममय होकर नाचने तथा गाने लगता है,वह भक्त तो औरों को भी पवित्र कर देता है। भक्तियोग के द्वारा, आत्मा कर्म-वासनाओं से मुक्त होकर, मुझ को प्राप्त हो जाता है।

जो पुरुष विषयों का चिन्तन करता है, वह विषयों में उलझ जाता है तथा जो मेरा स्मरण करता है, उसका चित्त मुझमें लग जाता है। वास्तव में मेरे अतिरिक्त कुछ है भी नहीं। जो कुछ जान पड़ता है, वह ठीक वैसा ही है, जैसे स्वप्न अथवा कल्पनाओं का राज्य। अतः तुम पूर्णरूप से अपना चित्त मुझमें लगा दो।

मुमुक्षु-पुरुष तथा ध्यान की विधि बताते हुए भगवान् श्रीकृष्ण कहते हैं, प्रिय उद्धव! जो न तो अति ऊँचा हो, न बहुत नीचा-ऐसे आसन पर बैठकर, शरीर को सीधा रख, हाथों को अपनी गोद में रखकर, दृष्टि को

अपनी नासिका के अग्रभाग पर स्थिर करे। तत्पश्चात् पूरक, कुम्भक और रेचक तथा रेचक, कुम्भक और पूरक–इन प्राणायाम-साधनों द्वारा नाड़ियों का शोधन करे। हृदय में कमलनालगत पतले सूत के समान ॐकार का चिन्तन करे–प्राण के द्वारा उसे ऊपर ले जाये तथा उसमें घण्टानाद के समान स्वर स्थिर करे। इस प्रकार प्रतिदिन तीनों समय, दस-दस बार, ॐकार सहित प्राणायाम का अभ्यास करे। ऐसा करने से एक मास में ही प्राणवायु वश में हो जाता है।

इसके पश्चात् ऐसे चिन्तन करे कि हृदय एक कमल है। वह शरीर के भीतर स्थित है, मानो उसकी डंडी तो ऊपर की ओर है तथा मुख नीचे की ओर। अब ध्यान करना चाहिए कि उसका मुख ऊपर की ओर होकर खिल गया है तथा उसकी आठ पँखुड़ियाँ हैं तथा उनके बीच पीली-पीली सुकुमार कर्णिका है। कर्णिका पर क्रमशः सूर्य, चन्द्रमा तथा अग्नि का न्यास करना चाहिए। तदनन्तर अग्नि के भीतर मेरे इस रूप का स्मरण करना चाहिए। मेरा यह स्वरूप ध्यान के लिये अति मंगलमय है।

मेरे अंगों की गठन सुन्दर तथा सुडौल है। सारे शरीर से तेज और शान्ति द्रवित हो रही है। मुख मण्डल अत्यन्त प्रफुल्लित तथा सुन्दर है। घुटनों तक लम्बी चार भुजाएँ। मुखमण्डल पर मन्द-मन्द मुस्कान। कानों में मकराकृत कुण्डल। वर्षा कालीन मेघ के समान श्यामल शरीर पर पीताम्बर, श्रीवत्स तथा लक्ष्मीजी का चिह्नरूप, वक्षःस्थल पर दायें-बायें विराजमान है। हाथों में शंख, चक्र, गदा तथा पद्म गले में वनमाला। चरणो में नूपुर शोभा दे रहे हैं। गले में कौस्तुभमणि। इसी प्रकार हर अंग में दिव्य आभूषण धारण किये हैं। सुन्दर मुख पर प्यारभरी चितवन, कृपा-प्रसाद की वर्षा कर रही है।

प्रिय उद्धव! बुद्धिमान् मनुष्य को चाहिए कि मन द्वारा इन्द्रियों का संयम कर, मन को बुद्धि के अंकुश में रख, मुझमें संलग्न कर देना चाहिए। जब मेरे सारे शरीर का ध्यान होने लगे, तब अपने चित्त को स्थिर कर, केवल मन्द-मन्द मुस्कान से युक्त मेरे मुख का ध्यान करे।

जब चित्त वहाँ स्थिर हो जाये, तो वहाँ से हटाकर आकाश में स्थिर करे। तदनन्तर आकाश का चिन्तन भी त्याग कर मेरे स्वरूप में आरूढ़ हो जाये (निराकार भाव)। जब इस प्रकार चित्त समाहित हो जाता है, तब जैसे एक ज्योति दूसरी में लीन हो जाती है, वैसे ही अपने में मुझे तथा मुझ सर्वात्मा में अपने को अनुभव करने लगेगा। इस प्रकार चित्त से वस्तु की अनेकता तत्सम्बन्धी ज्ञान तथा उनकी प्राप्ति के लिये होने वाले कर्मों का भ्रम शीघ्र ही शान्त हो जाता है।

अध्याय 15

भिन्न-भिन्न सिद्धियाँ

भिन्न-भिन्न सिद्धियों का वर्णन करते हुए भगवान् श्रीकृष्ण उद्धवजी से कहते हैं, प्रिय उद्धव! धारणायोग के पारगामी योगियों ने अठारह प्रकार की सिद्धियाँ बताई हैं। उनमें आठ सिद्धियाँ तो प्रधानरूप से मुझमें ही रहती हैं तथा दूसरों में न्यून। बाकी दस सिद्धियाँ सत्त्व-गुण के विकास से भी मिल जाती हैं। उनमें तीन सिद्धिया–'अणिमा', 'महिमा' तथा लघिमा–शरीर की हैं। इन्द्रियों की एक सिद्धि है–'प्राप्ति'। लौकिक तथा पारलौकिक पदार्थों का इच्छानुसार अनुभव करने वाली सिद्धि 'प्राकाम्य' है। माया तथा उसके कार्यों का इच्छानुसार संचालित करना 'ईशिता' नाम की सिद्धि है। विषयों में रहकर भी उनमें आसक्त न होना 'वशिता' है। जिस-जिस सुख की कामना करे, उसकी सीमा तक पहुँच जाना 'कामावसायिता' आठवीं सिद्धि है। ये आठों सिद्धियाँ मुझमें स्वभाव से ही रहती हैं। तथा जिन्हें मैं देता हूँ, उन्हीं को अंशतः प्राप्त होती हैं।

इनके अतिरिक्त और दस सिद्धियाँ इस प्रकार हैं–शरीर में भूख-प्यास आदि के वेग का न होना, बहुत दूर की वस्तु देख लेना, बहुत दूर की

बात सुन लेना, मन के साथ ही शरीर का उस स्थान पर पहुँच जाना, जो इच्छा हो वही रूप धारण कर लेना, दूसरे शरीर में प्रवेश करना, जब इच्छा हो तभी शरीर छोड़ना, अप्ससराओं के साथ होने वाली देवक्रीड़ा का दर्शन, संकल्प की सिद्धि, सब जगह सबके द्वारा बिना ननुनचके (न किये बिना) आज्ञापालन–ये दस सिद्धियाँ – सत्त्वगुण के विशेष विकास से होती हैं।

भूत, भविष्य तथा वर्तमान की बात जान लेना; शीत–उष्ण, सुख–दुःख, राग–द्वेष आदि द्वन्द्वों के वश में न होना; दूसरे के मन की बात जान लेना; अग्नि, सूर्य, जल, विष आदि की शक्ति को स्तम्भित कर देना तथा किसी से भी पराजित न होना। ये पाँच सिद्धियाँ भी योगियों को प्रांप्त होती हैं। अब मैं उन्हें प्राप्त करने की विधि बताता हूँ, अर्थात् कौन सी सिद्धि, किस योगधारणा से अथवा कैसे प्राप्त होती है।

प्रिय उद्धव! पँचभूतों की सूक्ष्मतम मात्राएँ मेरा ही शरीर है। जो साधक अपने मन को, मेरे उसी शरीर की उपासना में लगा देता है, अर्थात् मेरे तन्मात्रात्मक शरीर के अतिरिक्त किसी और वस्तु का चिन्तन नहीं करता, उसे 'अणिमा' सिद्धि–पत्थर की चट्टान आदि में प्रवेश करने की शक्ति-अणुता प्राप्त हो जाती है। महत्तत्त्व के रूप में भी मैं ही प्रकाशित हो रहा हूँ तथा उस रूप में समस्त व्यावहारिक ज्ञानों का केन्द्र हूँ। जो मेरे उस रूप में अपने मन को एकाग्र कर देता है, उसे 'महिमा' सिद्धि की प्राप्ति होती है। आकाश आदि पँचभूत, जो मेरे ही शरीर हैं, इनमें अलग–अलग मन लगाने से उनकी महत्ता प्राप्त हो जाती है–यह भी 'महिमा' सिद्धि के अन्तर्गत है। जो योगी वायु आदि चार भूतों के परमाणुओं को मेरा ही रूप समझकर चित्त को उन में लगा देता है, उसे 'लघिमा' सिद्धि प्राप्त हो जाती है, अर्थात् उसे परमाणुरूप काल के समान सूक्ष्म वस्तु बनने का सामर्थ्य प्राप्त हो जाता है। जो सात्त्विक अहंकार को मेरा स्वरूप समझकर, मेरे उसी रूप में चित्त की धारणा करता है, वह समस्त इन्द्रियों का अधिष्ठाता हो जाता है। यह 'प्राप्ति' सिद्धि है। जो मनुष्य मुझ महत्तत्त्वाभिमानी सूत्रात्मा में अपना चित्त लगा

लेता है, उसे मुझ अव्यक्तजन्मा (सूत्रात्मा) की 'प्राकाम्य' सिद्धि प्राप्त होती है–इससे इच्छित सभी भोग प्राप्त होते हैं। जो त्रिगुणमयी माया के स्वामी मेरे कालस्वरूप विश्वरूप की धारणा करता है, वह शरीरों तथा जीवों को अपनी इच्छानुसार प्रेरित करने की सामर्थ्य प्राप्त कर लेता है। यह सिद्धि 'ईशित्व' है। जो योगी मेरे नारायण-स्वरूप में–जिसे तुरीय और भगवान् भी कहते हैं–मन को लगा लेता है, मेरे स्वाभाविक गुण उसमें प्रकट होने लगते हैं। यह सिद्धि 'वशिता' कही जाती है। निर्गुण ब्रह्मस्वरूप भी मैं ही हूँ। जो अपना निर्मल मन मेरे इस स्वरूप में स्थित कर लेता है, उसे परमानन्द-स्वरूपिणी 'कामावसायिता' सिद्धि प्राप्त होती है। इसके मिलने पर उसकी सारी कामनाएँ पूर्ण हो जाती हैं।

प्रिय उद्धव! मेरा वह रूप, जो श्वेत-द्वीप का स्वामी है, अत्यन्त शुद्ध और धर्ममय है–जो उसकी धारणा करता है, वह भूख-प्यास, जन्म-मृत्यु तथा शोक-मोह–इन छः कष्टों से मुक्त हो जाता है तथा उसे शुद्धस्वरूप की प्राप्ति होती है। मैं ही समष्टि-प्राणरूप आकाशात्मा हूँ। जो मेरे इस स्वरूप में मन को लगाकर, अनाहत नाद का चिन्तन करता है, वह 'दूरश्रवण' नामक सिद्धि प्राप्त करता है तथा आकाश में उपलब्ध होने वाली विविध प्राणियों की बोली, सुन-समझ सकता है। जो योगी नेत्रों को सूर्य में तथा सूर्य को नेत्रों में संयुक्त कर देता है, वह 'दूरदर्शन' सिद्धि को प्राप्त करता है तथा सारे संसार को देख सकता है। मन तथा शरीर को प्राणवायु सहित मेरे साथ संयुक्त कर, मेरा ध्यान करने से, 'मनोजव' सिद्धि प्राप्त होती है। इसके प्रभाव से योगी जहाँ भी जाने का संकल्प करे, उसका शरीर वहीं पहुँच जाता है। जिस समय योगी मन को उपादान-कारण बनाकर किसी देवता आदि का रूप धारण करना चाहता है तो वह अपने मन के अनुकूल, वैसा ही रूप धारण कर लेता है। इसका कारण यह है कि उसने अपने चित्त को मेरे साथ जोड़ दिया है। जो योगी दूसरे शरीर में प्रवेश करना चाहे, वह ऐसी भावना करे कि मैं उसी शरीर में हूँ। ऐसा करने से उसका प्राण वायुरूप धारण कर लेता है तथा वह अपना शरीर छोड़ कर दूसरे शरीर में प्रवेश कर जाता है।

योगी को यदि शरीर त्यागना हो तो एड़ी से गुदाद्वार को दबाकर प्राणवायु को क्रमशः हृदय, वक्षःस्थल, कण्ठ तथा मस्तक में ले जाये। फिर ब्रह्मरन्ध्र के द्वारा उसे ब्रह्म में लीन कर शरीर का परित्याग कर दे। यदि योगी को देवताओं के विहारस्थल में क्रीड़ा करने की इच्छा हो, तो मेरे शुद्ध सत्त्वमय स्वरूप की भावना करे। ऐसा करने से सत्त्वगुण की अंशरूपा सुर-सुन्दरियाँ विमान पर चढ़ कर उसके पास पहुँच जाती हैं।

जिस योगी ने मेरे सत्यसंकल्पस्वरूप में अपना चित्त लगा दिया है, उसी में संलग्न है, वह अपने मन में जैसा संकल्प करता है, उसी समय उसका वह संकल्प सिद्ध हो जाता है। मैं 'ईशित्व' तथा 'वशित्व'–इन दोनों सिद्धियों का स्वामी हूँ, अतः कभी कोई मेरी आज्ञा टाल नहीं सकता (उसका उल्लंघन नहीं कर सकता)–जो मेरे उस स्वरूप का चिन्तन कर, उसी भाव से युक्त हो जाता है–मेरे समान, उसकी आज्ञा को भी कोई नहीं टाल सकता। जिस योगी का चित्त मेरी धारणा तथा भक्ति से शुद्ध हो गया है, वह जन्म-मृत्यु आदि अदृष्ट विषयों को भी जान लेता है तथा भूत, वर्तमान, भविष्य को भी जान लेता है। जिस योगी ने अपने चित्त को मुझमें लगाकर शिथिल कर दिया है, उसके योगमय शरीर को अग्नि, जल आदि कोई भी पदार्थ नष्ट नहीं कर सकते। जो योगी मेरे श्रवत्स आदि चिह्न, शंख-गदा-चक्र-पद्म आदि आयुधों से सम्पन्न, मेरे अवतारों का ध्यान करता है, वह अजेय हो जाता है।

प्रिय उद्धव! जिसने अपने प्राण, मन तथा इन्द्रियों पर विजय प्राप्त कर ली है, जो संयमी है तथा मेरे ही स्वरूप की धारणा करता है, उसके लिये ऐसी कोई भी सिद्धि नहीं जो दुर्लभ हो। जो भक्तियोग अथवा ज्ञानयोग आदि उत्तम योगों का अभ्यास कर रहे हैं तथा जो मुझ से एक हो रहे हैं (प्रभुमय हो रहे हैं), उनके लिये इन सिद्धियों का प्राप्त होना तो वास्तव में एक विघ्न जैसा है, अर्थात् वे इन सिद्धियों की भी इच्छा नहीं करते। जगत् में जन्म, ओषधि, तपस्या तथा मन्त्रादि के द्वारा जितनी सिद्धियाँ प्राप्त होती हैं, वे सभी योग के द्वारा मिल जाती हैं, परन्तु योग की अन्तिम सीमा–मेरे सारूप्य, सालोक्य आदि की प्राप्ति, बिना मुझ में

चित्त लगाये, किसी भी साधन से प्राप्त नहीं हो सकती। ब्रह्मवादियों ने साधन के रूप में—योग, सांख्य तथा धर्म आदि साधन बताये हैं। उन समस्त सिद्धियों का एकमात्र स्वामी तथा प्रभु मैं हूँ। जैसे स्थूल पँचभूतों में बाहर-भीतर—सर्वत्र सूक्ष्म पँच-महाभूत ही हैं, सूक्ष्म भूतों के अतिरिक्त स्थूल भूतों की कोई सत्ता नहीं है, वैसे ही मैं समस्त प्राणियों के भीतर द्रष्टारूप से तथा बाहर दृश्यरूप से स्थित हूँ। मुझमें बाहर-भीतर का भेद भी नहीं, क्योंकि मैं निरावरण, एक—अद्वितीय आत्मा हूँ।

अध्याय 16

भगवद्-विभूति वर्णन

श्रीभगवान् की विभूतियों के विषय में पूछते हुए उद्धवजी, भगवान् श्रीकृष्ण से कहते हैं—भगवन्! आप स्वयं परब्रह्म हैं। आपका न आदि है न अन्त है। आप आवरणरहित, अद्वितीय तत्त्व हैं। समस्त प्राणियों तथा पदार्थों की उत्पत्ति, स्थिति, रक्षा और प्रलय के कारण भी आप ही हैं। आप (आत्मारूप) से सभी प्राणियों में स्थित हैं। बड़े-बड़े ऋषि-मुनि आपके जिन रूपों तथा विभूतियों की परम-भक्ति के साथ उपासना कर सिद्धि को प्राप्त करते हैं, वे आप मुझे कहिए। मैं आपके उन चरणकमलों की वन्दना करता हूँ जो समस्त तीर्थों के भी तीर्थ हैं।

भगवान् श्रीकृष्ण के कहा, प्रिय उद्धव! जैसे मैंने अर्जुन को कुरुक्षेत्र भूमि पर अपनी विभूतियों का वर्णन करते हुए कहा था—मैं समस्त प्राणियों का आत्मा, हितैषी, सुहृद् तथा ईश्वर हूँ। मैं ही इन समस्त प्राणियों तथा पदार्थों के रूप में हूँ। गतिशील पदार्थों में, मैं उनकी गति हूँ। गुणयुक्त वस्तुओं में क्रिया-शक्तिप्रधान प्रथम कार्य सूत्रात्मा हूँ तथा महानों में ज्ञान-शक्तिप्रधान प्रथम कार्य महत्तत्त्व हूँ। सूक्ष्म वस्तुओं में, मैं,

जीव हूँ तथा इन्द्रियों में मन। मैं वेदों का अभिव्यक्ति-स्थान हिरण्यगर्भ हूँ तथा मन्त्रों में ॐ हूँ। मैं अक्षरों में आकार तथा छन्दों में त्रिपदा गायत्री हूँ। समस्त देवताओं में इन्द्र, आठ वसुओं में अग्नि, द्वादश आदित्यों में विष्णु तथा एकादश रुद्रो में नीललोहित रुद्र हूँ। मैं ब्रह्मऋषियों में भृगु, राजर्षियों में मनु, देवर्षियों में नारद तथा गौओं में कामधेनु हूँ। मैं सिद्धेश्वरों में कपिल, पक्षियों में गरुड़, प्रजापतियों में दक्ष प्रजापति तथा पितरो में अर्यमा हूँ। मैं दैत्यो में प्रह्लाद, नक्षत्रों में चन्द्रमा, ओषधियों में सोमरस तथा यक्ष-राक्षसों में कुबेर हूँ। मैं गजराजों में ऐरावत, जल-निवासियों में उनका प्रभु वरुण, ज्योतिषयों में सूर्य तथा मनुष्यों में राजा हूँ। मैं घोड़ों में उच्चैःश्रवा, धातुओं में स्वर्ण, दण्ड-धारियों में यम तथा सर्पों में वासुकी हूँ। मैं नागराजों में शेषनाग, वन पशुओं में उनका राजा सिंह तथा आश्रमों में संन्यास तथा वर्णों में ब्राह्मण (ब्रह्मवादी) हूँ। मैं तीर्थ और नदियों में गंगा, जलाशयों में समुद्र, अस्त्र-शस्त्रों में धनुष तथा धनुर्धरों में त्रिपुरारी शंकर हूँ।

मैं रहने के स्थानों में सुमेरु पर्वत, कठिन स्थानों में हिमालय तथा वनस्पतियों में पीपल का वृक्ष हूँ। मैं पुरोहितों में वसिष्ठ, वेदवेत्ताओं में बृहस्पति, समस्त सेनापतियों में स्वामिकार्तिक तथा सन्मार्ग-प्रर्वतकों में भगवान् ब्रह्मा हूँ। पँच महायज्ञों में ब्रह्मयज्ञ, व्रतों में अहिंसा-व्रत तथा शुद्ध करने वालों में नित्य-शुद्ध वायु, अग्नि, सूर्य, जल, वाणी एवं आत्मा हूँ। आठ प्रकार के योगों में, मैं मनोनिरोधरूप समाधि हूँ। विजय होने वालों में नीति-बल हूँ।

ख्यातिवादियों में विकल्प हूँ। स्त्रियों में, मनु-पत्नी शतरूपा, पुरुषों में स्वायम्भुव मनु, मुनीश्वरों में नारायण तथा ब्रह्मचारियों में सनत्कुमार हूँ। धर्मों में कर्मसंन्यास। प्रथम स्त्री-पुरुष के जोड़ों में, मैं प्रजापति हूँ-जिनके शरीर के दो भागों से पुरुष तथा स्त्री का प्रथम जोड़ा उत्पन्न हुआ। सदा सावधान रहकर जागने वालों में संवत्सररूप काल हूँ। ऋतुओं में वसन्त-ऋतु तथा महीनों में मार्गशीर्ष तथा नक्षत्रों में अभिजित हूँ। युगों में सत्युग, विवेकियों में महर्षि देवल तथा असित, व्यासों में कृष्णद्वैपायन

व्यास तथा कवियों में मनस्वी शुक्राचार्य हूँ। सृष्टि की उत्पत्ति, प्रलय, प्राणियों के जन्म-मृत्यु तथा विद्या-अविद्या के जानने वाले भगवानों में, मैं वासुदेव हूँ। मेरे भक्तों में तुम (उद्धव), किम्पुरुषों में हनुमान् तथा विद्याधरों में सुदर्शन हूँ। रत्नों में पद्मराग (लाल), सुन्दर वस्तुओं में कमल की कली, तृणों में कुशा तथा हविष्यों में गो-घृत मैं हूँ। मैं धनवानों की लक्ष्मी, छल-कपट करने में द्यूतक्रीड़ा, तितिक्षुओं की तितिक्षा तथा सात्त्विक पुरुषों का सत्त्वगुण हूँ। बलवत्तों का उत्साह तथा पराक्रम, भगवद्भक्तों में भक्तियुक्त निष्काम-कर्म। वैष्णवों के पूज्य वासुदेव, संकर्षण, प्रद्युम्न, अनिरुद्ध, नारायण, हयग्रीव, वराह, नृसिंह तथा ब्रह्मा—इन नौ मूर्तियों में प्रथम एवं श्रेष्ठ वासुदेव हूँ। गन्धर्वों में विश्वावसु तथा अप्सराओं में ब्रह्माजी के दरबार की अप्सरा पूर्वचित्ति हूँ। पर्वतों में स्थिरता तथा पृथ्वी में शुद्ध अविकारी गन्ध हूँ। मैं जल में रस, तेजस्वियों में तेजस्वी अग्नि; सूर्य, चन्द्र तथा तारों में प्रभा और आकाश में उसका एकमात्र गुण शब्द हूँ।

प्रिय उद्धव! मैं ब्राह्मण-भक्तों में बलि हूँ, वीरों में अर्जुन तथा प्राणियों में उनकी उत्पत्ति, स्थिति तथा प्रलय हूँ। मैं ही सारी इन्द्रियों की अपनी-अपनी शक्ति हूँ, अर्थात् समस्त इन्द्रियों की इन्द्रिय-शक्ति मैं हूँ। पृथ्वी, वायु, आकाश, जल, तेज, अहंकार, महत्तत्त्व, पँचमहाभूत, जीव, अव्यक्त, प्रकृति (व्यक्त), सत्त्व, रज, तम तथा उनसे ऊपर ब्रह्म-ये सब मैं ही हूँ। मैं ही ईश्वर हूँ, मैं ही जीव हूँ। मैं ही गुण हूँ तथा मैं ही गुणी हूँ। मैं ही सबका आत्मा तथा मैं ही सब कुछ हूँ।

जब मेरे रचे हुए कोटि-कोटि ब्रह्माण्डों की गणना नहीं हो सकती, तो उसी प्रकार मेरी विभूतियों की गणना कैसे हो सकती है? ऐसा समझो कि जिसमें भी तेज, श्री, कीर्ति, ऐश्वर्य, लज्जा, त्याग, सौन्दर्य, सौभाग्य, पराक्रम, तितिक्षा (सहनशीलता) तथा विज्ञान आदि श्रेष्ठ गुण हैं, वह मेरा की अंश है।

प्रिय उद्धव! तुम वाणी को स्वच्छन्द-भाषण से रोको, अर्थात् बहुत कम बोलो। मन के संकल्प-विकल्प बन्द करो। प्राणों को वश में कर,

इन्द्रियों का संयम करो। सात्त्विक बुद्धि द्वारा प्रपँचाभिमुख बुद्धि को शान्त करो। ऐसा करने से तुम जन्म-मृत्यु रूप चक्कर से निकल जाओगे (मोक्ष को प्राप्त कर लोगे)। अतः मेरे प्रेमी भक्त को चाहिए कि मेरे परायण होकर, भक्तियुक्त बुद्धि से, वाणी, मन तथा प्राणों का संयम करे। ऐसा कर लेने से, कुछ करना शेष नहीं रहता। वह कृतकृत्य हो जाता है।

अध्याय 17

वर्णाश्रम-धर्म वर्णन

श्री उद्धवजी की जिज्ञासा पर, भगवान् श्रीकृष्ण वर्णाश्रम-धर्म निरूपण करते हुए कहते हैं–प्रिय उद्धव! जिस समय इस कल्प का प्रारम्भ हुआ था तथा पहला सत्ययुग हुआ, उस सत्ययुग में सभी मनुष्यों का 'हंस' नाम से एक ही वर्ण था। इस युग में मनुष्य, जन्म से ही कृतकृत्य थे, अतः इस युग को कृतयुग भी कहा गया है। इस समय केवल प्रणव ही वेद था तथा तपस्या, शौच, दया एवं सत्य–चार चरणों से युक्त मैं ही वृषभरूपधारी धर्म था। उस समय के निष्पाप, परमतपस्वी भक्तजन मुझ हंसस्वरूप शुद्ध परमात्मा की उपासना करते थे। सत्ययुग के पश्चात् त्रेतायुग के आरम्भ होने पर मेरे हृदय से श्वास-प्रश्वास द्वारा ऋग्वेद, सामवेद तथा यजुर्वेद, त्रयीविद्या प्रकट हुई। उसी त्रयीविद्या से होता, अध्वर्यु तथा उद्गाता कर्मरूप, तीन भेदों वाले यज्ञ के रूप में 'मैं' प्रकट हुआ। विराट् पुरुष के मुख से ब्राह्मण, भुजाओं से क्षत्रिय, जँधा से वैश्य तथा चरणों से शूद्रों की उत्पत्ति हुई। विराट् पुरुष भी मैं ही हूँ, अतः मेरे उरुस्थल से गृहस्थाश्रम, हृदय से ब्रह्मचर्याश्रम, वक्षःस्थल से वानप्रस्थ तथा मस्तक से संन्यासाश्रम की उत्पत्ति हुई।

वर्ण और आश्रमों के पुरुषों के स्वभाव भी इनके जन्मस्थानों के

समान उत्तम, मध्यम तथा अधम हो गये। शम, दम, तप, पवित्रता, सन्तोष, क्षमाशीलता, सरलता, भक्ति, दया तथा सत्य–ये ब्राह्मण-वर्ण के स्वभाव हुए। तेज, बल, धैर्य, वीरता, सहनशीलता, उदारता, उद्योगशीलता, स्थिरता, ब्राह्मणों की सेवा तथा ऐश्वर्य–क्षत्रिय-वर्ण के स्वभाव हैं। आस्तिकता, दानशीलता, दम्भहीनता, ब्राह्मणों की सेवा तथा धन-संचय से सन्तुष्ट न होना–ये वैश्य-वर्ण के स्वभाव हैं। ब्राह्मण, गौ, तथा देवताओं की निष्कपट भाव से सेवा करना तथा उसी से जो कुछ मिल जाये, उसमें सन्तुष्ट रहना–ये शूद्र-वर्ण के स्वभाव हैं। प्रिय उद्धव! चारों वर्ण तथा चारों आश्रम–इनके लिये धर्म यह है, कि मन, वाणी, तथा शरीर से किसी की भी हिंसा न करना; सत्य पर दृढ़ रहना; चोरी न करना; काम-क्रोध पर संयम तथा समस्त प्राणियों के हित में कार्य करना।

ब्राह्मण, क्षत्रिय तथा वैश्य, गर्भाधान आदि संस्कारों के क्रम से यज्ञोपवीत संस्काररूप द्वितीय जन्म प्राप्त कर, गुरुकुल में रहे तथा ब्रह्मचर्य का पालन करते हुए विद्या ग्रहण करे। इसके साथ ही एकाग्रचित्त होकर अग्नि, सूर्य, आचार्य, गौ, ब्राह्मण, गुरु, वृद्धजन तथा देवताओं की उपासना करनी चाहिए। आचार्य को मेरा ही स्वरूप समझ कर, उन का सत्कार करे। गुरु सर्वदेवमय होता है। सायंकाल तथा प्रातःकाल–दो समय भिक्षा माँग कर लाये तथा उसे गुरु को समर्पित कर दे। आचार्य की यथोचित सेवा करे। जब तक विद्याध्ययन समाप्त न हो जाये, तब तक गुरुकुल में निवास कर, ब्रह्मचर्य के व्रत में आरूढ़ रहे।

यदि ब्रह्मचारी की इच्छा हो कि वह मूर्तिमान् वेदों के निवास-स्थान ब्रह्मलोक को प्राप्त करे, तो उसे आजीवन नैष्ठिक ब्रह्मचर्य-व्रत ग्रहण करना चाहिए तथा वेदाध्ययन के लिये अपना सारा जीवन आचार्य की सेवा में अर्पित कर देना चाहिए। ऐसा ब्रह्मचारी ब्रह्मतेज से युक्त हो जाता है तथा उसके सारे पाप नष्ट हो जाते हैं। प्रिय उद्धव! शौच, आचमन, स्नान, सन्ध्योपासन, सरलता, तीर्थ-सेवन, जप, समस्त प्राणियों में मुझे ही देखना–मन, वाणी तथा शरीर का संयम–ये सब ब्रह्मचारी, गृहस्थ, वानप्रस्थ तथा संन्यासी–सभी के लिये एक समान व्रत अथवा नियम हैं।

नैष्ठिक ब्रह्मचारी इन नियमों का पालन करने से अग्नि के समान तेजस्वी हो जाता है। कठोर तप से उसके समस्त कर्म-संस्कार भस्म हो जाते हैं तथा अन्तःकरण शुद्ध हो जाता है। भक्त होकर वह मुझे ही प्राप्त करता है।

गृहस्थ आश्रम में प्रवेश करने के लिये, विधिपूर्वक वेदाध्ययन समाप्त कर, आचार्य को दक्षिणा देकर, उनकी अनुमति से, समावर्तन-संस्कार कराये तथा ब्रह्मचर्य आश्रम छोड़ दे। अपने अनुरूप, शास्त्रोक्त लक्षणों से सम्पन्न, कुलीन कन्या से विवाह करे। कन्या अपने वर्ण की हो अथवा अपने से निम्न वर्ण की हो। यज्ञ-यागादि, अध्ययन, दान देना--ये अधिकार ब्राह्मण, क्षत्रिय तथा वैश्यों के समान रूप से हैं। दान लेने से तप, तेज तथा यश का नाश होता है। अतः ब्राह्मण को चाहिए कि विद्या-दान, अर्थात् पढ़ाने का कार्य तथा यज्ञ कराये। विद्या-दान, अर्थात् पढ़ाने का कार्य तथा यज्ञ कराने से जो कुछ मिलता है, उस पर अपना जीवन निर्वाह करे अथवा अन्न काटने के पश्चात्, खेतों में पड़े हुए दाने वीनकर ही उनसे अपना जीवन निर्वाह करे।

जो ब्राह्मण घर में रहकर अपने धर्म का निष्काम-भाव से पालन करता है तथा जो कुछ मिल जाता है उसी से सन्तुष्ट रहता है और जिसने अपना शरीर, प्राण, अन्तःकरण तथा आत्मा मुझे समर्पित कर दिया है और कहीं भी, किसी वस्तु में आसक्ति नहीं रखता, वह बिना संन्यास लिये ही, परम-शान्तिस्वरूप युक्त परम-पद को प्राप्त कर लेता है।

राजा, पिता के समान सारी प्रजा का कष्ट से उद्धार करे, जैसे गजराज अन्य गजों की रक्षा करता है। जो राजा इस प्रकार प्रजा-पालन करता है, वह सारे पापों से मुक्त होकर, अन्त-समय, सूर्य के समान देदीप्यमान विमान पर चढ़ कर स्वर्ग को जाता है।

यदि ब्राह्मण अध्यापन अथवा यज्ञादि से अपनी जीविका न चला सके तो वैश्य वृत्ति का आश्रय ले ले, जब तक उसका संकट दूर नहीं होता। यदि किसी बड़ी आपत्ति का सामना करना पड़े, तो ब्राह्मण क्षत्रिय

के समान खड्ग भी उठा सकता है। इसी प्रकार यदि क्षत्रिय पर कोई संकट आये तो वह वैश्य वृत्ति अपना सकता है।

गृहस्थ-पुरुष को चाहिए कि वेदाध्ययनरूप ब्रह्मयज्ञ, तर्पणरूप पितृयज्ञ, हवनरूप देवयज्ञ, काकबलि आदि भूतयज्ञ तथा अन्नदानरूप अतिथियज्ञ के द्वारा मेरे स्वरूपभूत ऋषि, देवता, पितर, मनुष्य तथा अन्य समस्त प्राणियों की यथायोग्य पूजा करता रहे। यह जो स्त्री, पुत्र, भाई-बन्धु तथा अन्य सम्बन्धियों से नाता अथवा मिलन है, वह ऐसे है जैसे किसी प्याऊ पर कुछ बटोही इकट्ठे होकर, पुनः अलग-अलग हो कर अपने-अपने पथ पर चले जाते हैं। जो शरीरादि में अहंकार नहीं करता, घर आदि में ममता नहीं रखता, वह गृहस्थ बन्धनों से मुक्त रहता है। भक्तिमान् पुरुष गृहस्थोचित शास्त्रोक्त कर्मों द्वारा मेरी आराधना करता हुआ घर में रहे। यदि पुत्रवान् हो तो वानप्रस्थ आश्रम ग्रहण कर या संन्यास आश्रम स्वीकार करे। अपनी, अपने बच्चों की, उनके बच्चों की अथवा परिवार की चिन्ता छोड़ दे। विषय-भोगों से मनुष्य कभी तृप्त नहीं हो सकता, अतः उन्हें त्याग दे।

अध्याय 18

वानप्रस्थ तथा संन्यास धर्म

वानप्रस्थ तथा संन्यास के विषय में बताते हुए भगवान् श्रीकृष्ण उद्धव जी से कहते हैं—प्रिय उद्धव! यदि गृहस्थ-मनुष्य वानप्रस्थ आश्रम में प्रवेश करना चाहे तो अपनी पत्नी को पुत्रों के संरक्षण में देकर अथवा उसे अपने साथ लेकर, अपनी आयु का तीसरा भाग वन में रहकर (एकान्त में रहकर) व्यतीत करे। वन के कन्द-मूल से ही अपना निर्वाह करे तथा वन में कुटिया बना कर रहे। जल में त्रिकाल-स्नान करे तथा

भूमि पर ही शयन करे। ऋतुओं की गर्मी, सर्दी, वर्षा सहन करने की क्षमता प्राप्त करे तथा घोर तपोमय जीवन व्यतीत करे। वेदवेत्ताओं ने वानप्रस्थी के लिये अग्निहोत्र, दर्श, पौर्णमास तथा चातुर्मास्य आदि का वैसा ही विधान किया है जैसा गृहस्थ के लिये। वानप्रस्थी को तपस्या का अनुष्ठान निष्कामभाव से करना चाहिए, अर्थात् स्वर्ग आदि के भोगों के लिये नहीं।

प्रिय उद्धव! वानप्रस्थी जब अपने आश्रमोचित नियमों का पालन करने में असमर्थ हो जाये, अथवा वृद्धावस्था के कारण उसका शरीर क्षीण पड़ जाये, तब यज्ञाग्नियों को भावना के द्वारा अपने अन्तःकरण में आरोपित कर ले तथा अपना मन मुझमें लीन कर, अग्नि में प्रवेश कर जाये। यदि मन में लोक-परलोक से पूरा वैराग्य हो जाये, तो विधिपूर्वक यज्ञाग्नियों का परित्याग कर संन्यास ले ले। संन्यासी बनने के लिये, प्रथम वेद-विधिनुसार आठों प्रकार के श्राद्ध तथा प्राजापत्य यज्ञ से मेरा यजन करे। तदनन्तर अपना सर्वस्व ऋत्विज् को दे दे। यज्ञाग्नियों को अपने प्राणों में लीन कर ले तथा फिर किसी भी स्थान, वस्तु तथा व्यक्तियों की अपेक्षा न रखकर स्वच्छन्द विचरण करे। जब ब्राह्मण संन्यास लेने लगता है, तो देवतालोग, स्त्री-पुत्रादि सगे-सम्बन्धियों का रूप धारण कर, उसके संन्यास ग्रहण करने में विघ्न डालते हैं कि वह कहीं उन्हें लांघकर परमात्मा को न प्राप्त कर ले।

वस्त्रों के रूप में संन्यासी एक लंगोटी लगा ले तथा उसको ढकने के लिये उसके ऊपर का एक छोटा-सा वस्त्र धारण कर ले। आश्रमोचित दण्ड तथा कमण्डलु के अतिरिक्त और कोई वस्तु अपने पास न रखे। यह नियम आपत्तिकाल को छोड़कर, सदा के लिये है। उसके मुख से प्रत्येक बात सत्यपूर्ण हो। वाणी के लिये मौन, शरीर के लिये निश्चेष्ट स्थिति तथा मन के लिये प्राणायाम दण्ड हैं। केवल बाँस के दण्ड धारण करने से कोई दण्डी-स्वामी नहीं बन जाता। संन्यासी को चाहिए कि जातिच्युत तथा गोघाती आदि पतितयों को छोड़कर, चारों वर्णों की भिक्षा ग्रहण करे। केवल अनिश्चित सात घरों से जितना मिल जाये, उतने में

ही सन्तोष करे। भिक्षा लेकर बस्ती के बाहर जलाशय पर जाये। वहाँ हाथ-पैर धोकर, जल के द्वारा भिक्षा को पवित्र कर ले तथा शास्त्रोक्त पद्धति से, जिन्हें भिक्षा का भाग देना चाहिए, उन्हें देकर, जो कुछ शेष बचे, उसे मौन होकर खा ले। दूसरे समय के लिये बचाकर न रखे, न अधिक माँग कर लाये। संन्यासी को अकेले ही पृथ्वी पर विचरण करना चाहिए। उसकी कहीं भी कोई आसक्ति नहीं होनी चाहिए तथा इन्द्रियाँ संयम में होनी चाहिए। वह अपने में ही मस्त रहे; आत्म-प्रेम में तन्मय रहे; प्रतिकूल-से-प्रतिकूल स्थित में भी धैर्य रखे तथा सर्वत्र समानरूप से स्थित, परमात्मा में तल्लीन रहे, उसका अनुभव करे। संन्यासी को निर्जन, निर्भय होकर एकान्त स्थान में रहना चाहिए। उसका हृदय निरन्तर मुझमें लगा रहना चाहिए। वह अपने आपको मुझसे अभिन्न तथा अद्वितीय, अखण्ड के रूप में चिन्तन करे। केवल भिक्षा के लिये ही नगर, गाँव, अहीरों की बस्ती अथवा यात्रियों की टोली में जाये।

विचारवान् संन्यासी सारे जगत् को एक दृश्यमात्र समझे, क्योंकि यह जो प्रत्यक्ष है, सर्वथा नाशवान् है। इस संसार से पूर्णरूप से विरक्त हो जाये। आत्मा में जो मन, वाणी तथा प्राणों का संघातरूप यह जगत् है–एक माया है। इस प्रकार सोच कर, संन्यासी अपने स्वरूप में स्थित हो जाये। वास्तव में ज्ञाननिष्ठ, विरक्त यदि चाहे तो आश्रमों और उनके चिह्नों को छोड़कर, वेद-शास्त्रों की विधि-निषेधों को लांघकर, स्वच्छन्द विचरण करे। बुद्धिमान् होकर भी बालक के समान वर्ताव करे। निपुण होकर भी सरल रहे। वेदों के कर्मकाण्ड की व्याख्या में न लगे। पाखण्ड न करे, तर्क-वितर्क से दूर रहे तथा वाद-विवाद में किसी का पक्ष न ले। वह इतना धैर्यवान् हो कि उसे किसी भी प्राणी से उद्वेग न हो तथा न वह स्वयं किसी को उद्विग्न करे। वह किसी से द्वेष न करे। जैसे एक ही चन्द्रमा, जल से भरे विभिन्न-पात्रों में पृथक्-पृथक् दिखाई देता है, वैसे ही परमात्मा, समस्त प्राणियों तथा अपने में भी स्थित है। पँचभूतों के बने शरीर भी सबके एक हैं। (अर्थात् इन में पँचभूतों के गुण हैं)

संन्यासी भोजन के विषय में भी कोई चिन्ता न करे, अर्थात् समय

पर मिल जाये तो भी ठीक है, अथवा न मिले, तो भी दु:खी न हो। सब प्रकार के द्वन्द्वों से ऊपर उठ जाये। भिक्षा अवश्य माँगनी चाहिए, क्योंकि इसी से प्राणों की रक्षा होती है। प्राण रहने से तत्त्व का विचार हो सकता है तथा तत्त्व विचार से तत्त्वज्ञानी होकर, मुक्ति को प्राप्त कर सकता है। प्रारब्ध के अनुसार जो कुछ भी भिक्षा में मिल जाये, उसी से सन्तुष्ट रहे।

प्रिय उद्धव! जितेन्द्रिय पुरुष, यह जान कर कि सांसारिक भोगों से केवल दु:ख ही मिलता है—विरक्त हो जाये तथा भगवद्-चिन्तन में तन्मय हो जाये। जिसने अपनी इन्द्रियों पर संयम नहीं किया तथा बुद्धि पर अँकुश नहीं लगाया, वह यदि त्रिदण्डी-संन्यासी का वेश धारण भी कर ले तो व्यर्थ है। संन्यासी का मुख्य धर्म है—शान्ति तथा अहिंसा। वानप्रस्थी का मुख्य धर्म है—तपस्या तथा भगवद्भाव। गृहस्थ का मुख्य धर्म है—प्राणियों की रक्षा तथा यज्ञ-याग और ब्रह्मचारी का मुख्य धर्म है—आचार्य की सेवा। मेरी उपासना तो सभी को करनी चाहिए। जो पुरुष इस प्रकार अनन्यभाव से अपने वर्णाश्रमधर्म के द्वारा मेरी सेवा में लगा रहता है तथा समस्त प्राणियों में मेरी भावना रखता है, उसे मेरी दृढ़-भक्ति प्राप्त हो जाती है।

प्रिय उद्धव! मैं सम्पूर्ण लोकों का एकमात्र स्वामी, सबकी उत्पत्ति, प्रलय का परमकारण, ब्रह्म हूँ। नित्य-निरन्तर, अचल, अखण्ड-भक्ति के द्वारा मुझे प्राप्त किया जाता है।

अध्याय 19

यम-नियम

भक्ति, ज्ञान तथा यम-नियम आदि का वर्णन करते हुए श्रीकृष्ण उद्धवजी से कहते हैं—प्रिय उद्धव! ज्ञान का स्रोत है—वेद-उपनिषद् शास्त्रों

का अध्ययन, श्रवण, मनन। सम्पूर्ण द्वैतप्रपञ्च तथा इसकी निवृत्ति के साधन रूप ज्ञान के द्वारा जिसने आत्मसाक्षात्कार कर लिया है, उस ज्ञानी का अभीष्ट पदार्थ मैं ही हूँ। उसके साधन-साध्य, स्वर्ग तथा उपवर्ग भी मैं ही हूँ। मेरे अतिरिक्त वह किसी से प्यार नहीं करता। जो ज्ञान-विज्ञान से सम्पन्न सिद्ध पुरुष हैं, वे ही मेरे वास्तविक रूप को जानते हैं। अतः ज्ञानी मुझे सबसे प्रिय है। तत्त्वज्ञान के उदय होने से जो सिद्धि प्राप्त होती है, वह तपस्या, तीर्थ, जप, दान आदि साधनों से पूर्णतया नहीं हो सकती।

प्रिय उद्धव! तुम ज्ञान से अपने आत्मस्वरूप को जान लो। तदनन्तर ज्ञान-विज्ञान से सम्पन्न होकर, भक्तिभाव से मेरा भजन करो। आध्यात्मिक, आधिदैविक तथा आधिभौतिक—इन तीनों विकारों की समष्टि ही शरीर है तथा वह सर्वथा तुम्हारे आश्रित है। यह पहले नहीं था तथा बाद में भी नहीं रहेगा। केवल बीच में ही दृश्यमात्र है। इसके जन्मने, रहने, बढ़ने, परिवर्तन होने, घटने तथा नष्ट होने से—तुम्हारा (जीव) का कोई सम्बन्ध नहीं है। वास्तव में ये विकार उसके भी (शरीर के) नहीं, क्योंकि वह स्वयं असत् है।

श्रीभगवान् के इन वचनों को सुन कर उद्धवजी ने कहा, विश्वरूप परमात्मन्! आप विश्व के स्वामी हैं। आपका यह वैराग्य तथा ज्ञानयुक्त सनातन तथा विशुद्ध ज्ञान जिस प्रकार सुदृढ़ हो जाये (समझ में आ जाये), उसी प्रकार मुझे स्पष्टता से कहिए। मनुष्य को तीनों तापों से मुक्ति कैसे मिले—कृपया यह बताइये।

भगवान् श्रीकृष्ण ने कहा, प्रिय उद्धव! यही प्रश्न धर्मराज युधिष्ठिर ने धर्म शिरोमणि भीष्म-पितामह से किया था, जिस समय महाभारत का युद्ध समाप्त हो गया था तथा युधिष्ठिर अपने स्वजन-सम्बन्धियों के संहार से शोक-विह्वल था। उस समय भीष्म-पितामह ने मोक्षधर्म के विषय में इस प्रकार कहा था—जिस ज्ञान से प्रकृति, पुरुष (जीव), महत्तत्त्व, अहंकार तथा पँचतन्मात्रा—इसके साथ ही पाँच ज्ञान-इन्द्रिय, पाँच कर्म-इन्द्रिय तथा एक मन और पाँच महाभूत तथा तीन गुण—ये अट्ठाईस तत्त्वों को, ब्रह्मा से लेकर तृण तक सम्पूर्ण कार्यों में देखा जाता

है, इनमें भी एक परमात्मतत्त्व को अनुगत रूप से देखा जाता है–वह परोक्ष ज्ञान है–ऐसा मेरा निश्चय है। जब जिस एक तत्त्व से अनुगत एकात्मक तत्त्वों को पहले देखता था, उनको पहले के समान न देखे, किन्तु एक परम कारण ब्रह्म को ही देखे, तब यही निश्चित विज्ञान (अपरोक्षज्ञान) कहा जाता है। जो तत्त्ववस्तु सृष्टि के प्रारम्भ तथा अन्त में कारणरूप से स्थित रहती है, वही मध्य में भी रहती है और वही प्रतीयमान कार्य से प्रतीयमान कार्यान्तर में अनुगत भी होती है। तदनन्तर उन कार्यों का प्रलय अथवा बाध होने पर उसके साक्षी तथा अनुष्ठान रूप से शेष रह जाती है। वही सत्य परमार्थ वस्तु है। श्रुति, प्रत्यक्ष, ऐतिह्य (महापुरुषों में प्रसिद्ध अथवा उन द्वारा कथित) तथा अनुमान–प्रमाणों में ये चार मुख्य हैं। विवेकी पुरुष को चाहिए कि वह स्वर्गादि फल देने वाले यज्ञादि कर्मों के परिणाम–ब्रह्मलोक-पर्यन्त स्वर्ग आदि सुख नश्वर होने के कारण–अदृष्ट को भी इस प्रत्यक्ष विषय-सुख के समान ही अमंगल तथा दुःखदायी और नाशवान् समझे।

प्रिय उद्धव! अब मैं तुम्हें भक्ति प्राप्त करने का श्रेष्ठ साधन बताता हूँ। मेरी भक्ति प्राप्ति के लिये मेरी अमृतमयी कथा में श्रद्धा रखे; मेरी लीला, मेरे गुण तथा नामों का संकीर्तन करे। मेरी पूजा–सेवा में प्रेम रखे तथा साष्टांग प्रणाम करे और मेरे भक्तों की पूजा करे तथा समस्त प्राणियों में मुझ को देखे। मन को मुझमें अर्पित कर, सारी कामनाएँ त्याग दे। यज्ञ, दान, हवन, जप, व्रत तथा तप–वह सब मेरे लिये ही करे। इस प्रकार व्रत धारण करने से हृदय में मेरी भक्ति का उदय होता है। तदनन्तर उसे किसी और वस्तु को प्राप्त करना शेष नहीं रहता।

इस प्रकार सत्त्वगुण की वृद्धि होने पर, मनुष्य शान्त होकर आत्मा में अनुगत हो जाता है। उस साधक को धर्म, ज्ञान, वैराग्य तथा ऐश्वर्य स्वयं ही प्राप्त हो जाते हैं। प्रिय उद्धव! जिससे मेरी भक्ति हो, वही धर्म है; जिससे ब्रह्म तथा आत्मा की एकता का साक्षात्कार हो, वही ज्ञान है; विषयों से असंग, निर्लेप रहना ही वैराग्य है तथा अणिमादि सिद्धियाँ ही ऐश्वर्य हैं।

यम और नियम आदि के विषय में पूछने पर भगवान् श्रीकृष्ण ने कहा, प्रिय उद्धव! 'यम' बारह हैं–अहिंसा, सत्य, अस्तेय (चोरी न करना), असंगता, लज्जा, असंचय (आवश्यकता से अधिक धन न जोड़ना), आस्तिकता, ब्रह्मचर्य, मौन, स्थिरता, क्षमा तथा अभय। नियमो की संख्या भी बारह है–शौच (बाहरी तथा भीतरी पवित्रता), जप, तप, हवन, श्रद्धा, अतिथिसेवा, मेरी पूजा, तीर्थयात्रा, परोपकार, सन्तोष तथा गुरुसेवा। ये सकाम तथा निष्काम–दोनों साधकों के लिये लाभकारी हैं। बुद्धिका मुझमें लगाना 'शम' है। इन्द्रियों के संयम का नाम 'दम' है। न्याय से प्राप्त दुःख को सहने का नाम 'तितिक्षा' है। जिह्वा तथा जननेन्द्रिय पर संयम 'धैर्य' है। किसी से द्रोह न करना तथा सब को अभय दान देना 'दान' है। कामनाओं का त्याग 'तप' है। अपनी वासनाओं पर विजय प्राप्त करना 'शूरता' है। सर्वत्र समस्वरूप, सत्यस्वरूप परमात्मा का दर्शन 'सत्य' है। सत्य तथा मधुर भाषण को 'ऋत' कहा गया है। कर्मों में आसक्त न होना 'शौच' है। कामनाओं का त्याग 'संन्यास' है। धर्म ही मनुष्य का अभीष्ट 'धन' है। मैं परमेश्वर ही 'यज्ञ' हूँ। ज्ञान का उपदेश देना, 'दक्षिणा' है। प्राणायाम ही श्रेष्ठ 'बल' है। मेरा ऐश्वर्य 'भग' है। मेरी श्रेष्ठ भक्ति ही उत्तम 'लाभ' है। विद्या वही है जिससे ब्रह्म तथा आत्मा का भेद मिट जाता है। पाप से घृणा होना 'लज्जा' है। निरपेक्षता आदि गुण शरीर का सौन्दर्य है, 'श्री' है। दुःख-सुख-दोनों की भावना का मिट जाना, वास्तव में सुख है। विषय-भोगों की कामना दुःख है। जो बन्धन तथा मोक्ष का तत्त्व जानता है, वही पण्डित है। जिसका शरीर आदि में अहंकार है, वह मूर्ख है। जो मार्ग संसार से निवृत्त कराकर मुझे प्राप्त कराता है, वह सुमार्ग है। चित्त की बहिर्मुखता 'कुमार्ग' है। सत्त्वगुण की वृद्धि 'स्वर्ग' है। तमोगुण की वृद्धि 'नरक' है। गुरु ही सच्चा बन्धु है तथा वह गुरु मैं हूँ। यह मनुष्य शरीर 'घर' है। धनी वह है जो गुणों से सम्पन्न है। जिसके चित्त में असन्तोष है, वह 'निर्धन' है। जो जितेन्द्रिय नहीं वह 'कृपण' है। समर्थ, स्वतन्त्र तथा 'ईश्वर' वह है, जो अनासक्त है। विषयों में आसक्त, सर्वथा

'असमर्थ' है।

सारांश यह है कि गुणों तथा दोषों पर दृष्टि जाना ही सबसे बड़ा दोष है तथा गुण-दोषों पर दृष्टि न जाकर, अपने शान्त निःसंकल्प स्वरूप में स्थित रहना-सबसे बड़ा गुण है।

अध्याय 20

ज्ञानयोग, कर्मयोग, भक्तियोग

उद्धवजी के पूछने पर-ज्ञानयोग, कर्मयोग तथा भक्तियोग के विषय में बताते हुए भगवान् श्रीकृष्ण कहते हैं-प्रिय उद्धव! मैंने ही वेदों में तथा अन्यत्र भी मनुष्यों के कल्याणहेतु, अधिकारी भेद से तीन प्रकार के योगों का उपदेश दिया है। ये हैं-ज्ञानयोग, कर्मयोग तथा भक्तियोग। जो लोग कर्म तथा उनके फलों से विरक्त हो गये हैं तथा उनका त्याग कर चुके हैं, वे ज्ञानयोग के अधिकारी हैं। जिनका कर्मों तथा उनके फलों में वैराग्य नहीं हुआ, वे सकाम-व्यक्ति, कर्मयोग के अधिकारी हैं। जो पुरुष न तो अत्यन्त विरक्त हैं तथा न ही अति आसक्त हैं, परन्तु पूर्व-संस्कारों के कारण उनकी मेरी लीला-कथाओं में रुचि है तथा श्रद्धा है, वे भक्तियोग के अधिकारी हैं।

कर्म के विषय में जितने भी विधि-निषेध हैं, उनके अनुसार तभी तक कर्म करना चाहिए, जब तक कर्ममय जगत् तथा उसे प्राप्त होने वाले स्वर्गादि सुख से वैराग्य न हो जाये अथवा जब तक मेरी लीला-कथाओं के श्रवण-कीर्तन आदि में श्रदा न हो जाये। अतः अपने वर्ण तथा आश्रम के अनुसार धर्म में स्थित रहकर, केवल विहित कर्मों का ही आचरण करे। धर्म में निष्ठा रखने वाला पुरुष इस शरीर में रहते-रहते ही निषिद्ध कर्म के परित्याग से, 'मुक्त' हो जाता है। इससे उसे आत्म-साक्षात्काररूप विशुद्ध तत्त्वज्ञान तथा मेरी भक्ति प्राप्त होती

है। यह मनुष्य शरीर बड़ा दुर्लभ है। स्वर्ग तथा नरक में रहने वाले जीव–दोनों ही इसे प्राप्त करने की अभिलाषा करते हैं। (स्वर्ग तथा नरक कर्मफल भोगने के लिये हैं, अन्य कर्म करने के लिये नहीं)। इसी शरीर में अन्तःकरण की शुद्धि होने से मेरी भक्ति की प्राप्ति होती है, क्योंकि स्वर्ग अथवा नरक का भोग-प्रधान शरीर किसी भी साधन के लिये उपयुक्त नहीं है। यद्यपि यह मनुष्य-शरीर है तो मृत्युग्रस्त, परन्तु इसके द्वारा परमार्थ की (सत्य वस्तु की) प्राप्ति हो सकती है। अतः मृत्यु होने से पहले ही, बुद्धिमान् पुरुष को चाहिए कि सावधान होकर ऐसी साधना करे जिससे वह जन्म-मृत्यु के चक्कर से मुक्त हो जाये।

यह शरीर एक वृक्ष है जिसमें जीवरूप पक्षी घोंसला बना कर निवास करता है। यमराज के दूत इसे प्रतिक्षण काट रहे हैं (अथवा काल उसे प्रति क्षण काट रहा है) जैसे कटते हुए वृक्ष को छोड़कर पक्षी उड़ जाते हैं, वैसे ही अनासक्त जीव भी इस शरीर को छोड़ कर मोक्ष को प्राप्त कर लेता है। परन्तु आसक्त जीव इस शरीर में रहकर दुःख भोगता रहता है। यह मनुष्य शरीर समस्त शुभ फलों की प्राप्ति का मूल है तथा अति दुर्लभ होने पर भी अनायास सुलभ हो जाता है (पूर्व अच्छे कर्मों तथा संस्कारों के फलस्वरूप)। भवसागर को पार करने के लिये यह एक नौका है। श्रेष्ठ गुरु एक केवट के समान है तथा मेरा स्मरणमात्र ही अनुकूल वायु की भाँति इस नौका को लक्ष्य की ओर ले जाता है।

प्रिय उद्धव! जब पुरुष दोषदर्शन के कारण कर्मों से उद्विग्न तथा विरक्त हो जाये, तब जितेन्द्रिय होकर योग में स्थित हो जाये तथा अभ्यास द्वारा अपना मन मुझ परमात्मा में अचल रूप से स्थापन कर दे। इन्द्रियों तथा प्राणों का संयम रखे। सांख्य-शास्त्र में प्रकृति से लेकर शरीरपर्यन्त सृष्टि का जो क्रम बतलाया गया है, उसके अनुसार सृष्टि-चिन्तन करना चाहिए (अर्थात् तत्त्व से जाने कि सृष्टि का सृजन किस प्रकार होता है तथा जिस क्रम से शरीर आदि प्रकृति में लय होता है–उस प्रकार लय-चिन्तन करना चाहिए)। ऐसा तब तक करना चाहिए जब तक मन शान्त, स्थिर न हो जाये। जो मनुष्य संसार से विरक्त हो गया है, जिसकी सांसारिक पदार्थों में दुःख-बुद्धि हो गई है, अर्थात् वह

सांसारिक पदार्थों को दुःखमय समझता है, वह अपने स्वरूप का ही चिन्तन कर, आत्ममय हो जाये। इस प्रकार यम, नियम, आसन, प्राणायाम, प्रत्याहार, धारणा, ध्यान, समाधि आदि योग मार्गों से, वस्तुतत्त्व का निरीक्षण-परीक्षण करने वाली आत्मविद्या से तथा मेरी प्रतिमा की उपासना से—वह परमात्मा का चिन्तन करने लगता है।

प्रिय उद्धव! व्यावहारिक दृष्टि से योगी कभी कोई निन्दित कर्म नहीं करता। परन्तु यदि प्रमादवश कभी ऐसा हो जाये, तो योग के द्वारा उसे भस्म कर दे। अपने-अपने अधिकार में जो निष्ठा है, वही गुण कहा गया है। इस गुण-दोष तथा विधि-निषेध के विधान से यही निष्कर्ष निकलता है कि किसी भी प्रकार विषयासक्ति का परित्याग हो जाये, क्योंकि कर्म तो जन्म से ही अशुद्ध (बन्धनकारी) है। शास्त्र का उद्देश्य, उनका नियन्त्रण, नियम ही है। इनमें प्रवृत्ति का संकोच ही करना चाहिए।

कभी-कभी साधक कर्मों से विरक्त होकर तथा उन्हें दुःखस्वरूप समझता हुआ भी, कर्मों का त्याग नहीं कर सकता। ऐसी स्थिति में कर्मों के प्रति उदासीन होकर, वह उन्हें करता रहे तथा उनसे मुक्त होने के लिये यत्न करता रहे और मेरा भजन करता रहे। इस प्रकार भक्तियोग द्वारा, मेरा निरन्तर भजन करने से, मैं उसके हृदय में विराजमान, उसकी सारी वासनाओं तथा संस्कारों (कर्म में निष्ठा) को नष्ट कर देता हूँ। जब उसे मुझ सर्वात्मा का साक्षात्कार हो जाता है तो उसके सारे संशय नष्ट हो जाते हैं तथा वासनाएँ सर्वथा क्षीण पड़ जाती हैं। अतः जो योगी मेरे चिन्तन में मग्न रहता है, उसके लिये ज्ञान अथवा वैराग्य की आवश्यकता नहीं होती। उसका कल्याण मेरी भक्ति द्वारा ही हो जाता है। कर्म, तपस्या, ज्ञान, वैराग्य, योगाभ्यास, दान, धर्म तथा अन्य साधनों से जो कुछ स्वर्ग, अपवर्ग अथवा और कोई भी वस्तु प्राप्त होती है, वह सब मेरे भक्त को मेरी भक्ति द्वारा प्राप्त हो जाता है। मेरे अनन्यप्रेमी तथा धैर्यवान् साधु-भक्त वास्तव में स्वयं कुछ भी नहीं चाहते। वे तो मोक्ष तक को नहीं चाहते। केवल मुझे ही प्राप्त करना चाहते हैं। सबसे श्रेष्ठ तथा महान् तो निरपेक्षता का भाव है। अतः जो निष्काम तथा निरपेक्ष होता है, उसे

मेरी भक्ति सहज ही प्राप्त हो जाती है। मेरे अनन्यप्रेमी भक्तों का तथा उन समदर्शी महात्माओं का–जो बुद्धि से अतीत परमतत्त्व को प्राप्त हो चुके हैं–इन विधि-निषेध से होने वाले पाप-पुण्यों से कोई सम्बन्ध नहीं होता। इस प्रकार जो ज्ञान, भक्ति तथा कर्मयोग का आश्रय लेते हैं, वह मेरे परमधाम को प्राप्त होते हैं।

अध्याय 21

गुण-दोष व्यवस्था

गुण-दोष व्यवस्था का स्वरूप बताते हुए, भगवान् श्रीकृष्ण उद्धवजी से कहते हैं–प्रिय उद्धव! मेरी प्राप्ति के तीन मार्ग हैं–भक्तियोग, ज्ञानयोग तथा कर्मयोग। अपने-अपने अधिकार के अनुसार, धर्म में दृढ़ निष्ठा रखना ही, गुण कहा गया है तथा इसके विपरीत अनाधिकार चेष्टा करना दोष है। वस्तुओं के समान होने पर भी शुद्ध-अशुद्ध, गुण-दोष तथा शुभ-अशुभ आदि का जो विधान किया जाता है, उसका उद्देश्य है कि पदार्थ का ठीक-ठीक निरीक्षण-परीक्षण हो सके। पृथ्वी, जल, तेज, वायु तथा आकाश–ये पँचमहाभूत ब्रह्मा से लेकर पर्वत-वृक्षपर्यन्त, सभी प्राणियों के शरीरों के मूलकारण हैं। अतः वे सब शरीर की दृष्टि से समान हैं तथा सबका आत्मा भी एक है। यद्यपि सबके शरीरों के पँचभूत समान हैं, फिर भी वेदों ने इनके वर्णाश्रम आदि पृथक्-पृथक् नाम और रूप इस कारण बना दिये हैं कि ये अपनी वासना-मूलक प्रवृत्तियों को संकुचित करके–धर्म, अर्थ, काम, मोक्ष–चारों पदार्थों को सिद्ध कर सकें। साधुश्रेष्ठ! देश, काल, फल, निमित्त, अधिकारी तथा धान्य आदि वस्तुओं के गुण-दोष का विधान भी (वर्णाश्रमों की तरह) मेरे द्वारा इस कारण किया गया है कि कर्मों में लोगों की उच्छृंखल प्रवृत्ति न हो; मर्यादा का भंग न हो। देशों में वह देश अपवित्र है जिसमें कृष्णसार मृग न हो तथा

जिसके निवासी ब्राह्मण-भक्त न हों। समय वही पवित्र है जिसमें कर्म करने योग्य सामग्री मिल सके तथा कर्म भी हो सके। पदार्थों की शुद्धि-अशुद्धि-द्रव्य, वचन, संस्कार, काल महत्त्व अथवा अल्पत्व से होती है। पुष्प आदि जल छिड़कने से शुद्ध तथा सूँघने से अशुद्ध माने जाते हैं। बड़े सरोवर तथा नदी का जल शुद्ध तथा छोटे गड्ढों का अशुद्ध माना जाता है। अनाज, लकड़ी, हाथी दाँत, सूत, मधु, नमक, तेल, घी आदि रस पदार्थ तथा सोना-पारा आदि तैजस पदार्थ, घड़ा आदि मिट्टी के पदार्थ-समय पर अपने आप हवा लगने से, आग में जलाने से अथवा जल में धोने से (वस्तुओं के अनुसार) शुद्ध हो जाते हैं। स्नान, दान, तप, वय, सामर्थ्य, संस्कार, कर्म तथा मेरे स्मरण से चित्त की शुद्धि होती है। गुरु-मुख से सुनकर तथा भलीभाँति हृदय में धारण कर लेने से मन्त्र की तथा मुझे समर्पित कर देने से कर्म की शुद्धि होती है (अपने विहित कर्मों को श्रीभगवान् के अर्पण कर देने से)। इस प्रकार देश, काल, पदार्थ, कर्ता, मन्त्र तथा कर्म-इनके शुद्ध होने से धर्म तथा अशुद्ध होने से अधर्म होता है।

एक ही वस्तु के विषय में किसी के लिये गुण तथा किसी के लिये दोष का विधान-गुण और दोष की वास्तविकता का खण्डन कर देता है। अतः गुण-दोष का यह भेद कल्पित है। जो लोग पतित हैं, वे पतितों सा आचरण करते हैं, तो भी उन्हें पाप नहीं लगता-क्योंकि यह उनके लिये स्वाभाविक है, परन्तु श्रेष्ठ पुरुषों के लिये यह आचरण सर्वथा त्याज्य है। जो पहले से ही पतित है, वह और कहाँ नीचे गिरेगा। मनुष्यों के लिये निवृत्ति रूप धर्म ही परम कल्याण का साधन है, क्योंकि यह शोक-मोह के भय को मिटाने वाला है।

प्रिय उद्धव! विषयों में गुणों का सम्बन्ध होने से उस वस्तु के प्रति आसक्ति हो जाती है तथा आसक्ति से उसे पास रखने की इच्छा होती है और इस कामना की पूर्ति में विघ्न पड़ने पर कलह होने लगता है। कलह से क्रोध उत्पन्न होता है तथा क्रोध से बुद्धि भ्रमित हो जाती है। इस प्रकार मनुष्य की अज्ञान के कारण, कार्य-निर्णय करने वाली क्षमता या चेतना शक्ति लुप्त हो जाती है। चेतना शक्ति, अर्थात् स्मृति के लुप्त

हो जाने पर मनुष्य अपने स्तर से गिर जाता है। इस स्थिति में न तो उसका स्वार्थ बनता है न परमार्थ।

प्रिय उद्धव! यह स्वर्गादिरूप फल का वर्णन करने वाली श्रुति मनुष्यों के लिये उन-उन लोकों को परम पुरुषार्थ नहीं बताती, परन्तु बहिर्मुखी पुरुषों के लिये अन्तःकरण शुद्धि के द्वारा परम कल्याणमय मोक्ष की विवक्षा से ही कर्मों में रुचि उत्पन्न करने के लिये वैसा वर्णन करती है। दुर्बुद्धि लोग वेदों का यह अभिप्राय न समझ कर कर्मासक्तिवश, स्वर्गादि लोकों का पुष्पों के समान वर्णन देखते हैं तथा उन्हीं को परम फल मानकर भटक जाते हैं। परन्तु वेदवेत्ता श्रुतियों का ऐसा तात्पर्य नहीं बताते।

वैदिक कर्मकाण्ड, यज्ञादि से देवलोक, पितृलोक आदि की प्राप्ति तो हो जाती है, परन्तु वे अपने निजधाम तथा आत्मपद से भटक जाते हैं। उनकी साधना है कर्म की तथा उसका कोई फल है तो इन्द्रियों की तृप्ति। वे ये नहीं जानते कि जिससे इस जगत् की उत्पत्ति हुई है, जो स्वयं इस जगत् के रूप में है, वह परमात्मा, मैं, उनके हृदय में ही हूँ। अपनी इन्द्रियों की तृप्ति के लिये वध किये हुए पशुओं के मांस से यज्ञ करके देवता, पितर तथा भूतपतियों का यजन एक ढोंग है।

प्रिय उद्धव! स्वर्गादि परलोक भी स्वप्न के दृश्य के समान हैं, वास्तव में वे असत् हैं। सकाम पुरुष उन लोकों के भोगों के लिये मन-ही-मन अनेकों संकल्प कर लेते हैं। सकाम यज्ञों द्वारा वे राजोगुणी, सत्त्वगुणी अथवा तमोगुणी इन्द्रादि देवताओं की उपासना करते हैं। वे उन्हीं सामग्रियों से, उतने परिश्रम से मेरी पूजा नहीं करते।

प्रिय उद्धव! वेदों में तीन काण्ड हैं-कर्म, उपासना तथा ज्ञान। इन तीनों काण्डों के द्वारा प्रतिपादित विषय है ब्रह्म तथा आत्मा की एकता। सभी मन्त्र तथा मन्त्रद्रष्टा ऋषि इस विषय को परोक्षरूप से नहीं बताते। वेदों का नाम हैं शब्दब्रह्म। वे मेरी मूर्ति हैं। वह शब्दब्रह्म परा, पश्यन्ती तथा मध्यमा वाणी के रूप में प्राण, मन तथा इन्द्रियमय है। वह समुद्र के समान सीमारहित तथा गहरा है। प्रिय उद्धव! मैं अनन्त शक्ति-सम्पन्न

तथा स्वयं अनन्त ब्रह्म हूँ। मैंने ही वेदवाणी का विस्तार किया है। वह वेदवाणी प्राणियों के अन्तःकरण में अनाहतनाद के रूप में प्रकट होती है। भगवान् हिरण्यगर्भ स्वयं वेदमूर्ति तथा अमृतमय हैं। उनकी उपाधि है प्राण तथा स्वयं अनाहत शब्द के द्वारा ही उनकी अभिव्यक्ति हुई है। वह वाणी हृद्गत सूक्ष्म ओंकार के द्वारा अभिव्यक्त स्पर्श (क से लेकर, म तक), स्वर (अ से औ तक), ऊष्मा (श, स, ष, ह) तथा अन्तःस्थ (य, र, ल, व)–इन वर्णों से विभूषित है। उसमें ऐसे छन्द हैं, जिनमें उत्तरोत्तर चार-चार वर्ण बढ़ते जाते हैं तथा उनके द्वारा यह विचित्र भाषा के रूप में विस्तृत हुई है। वह वेदवाणी कर्मकाण्ड में क्या विधान करती है, उपासनाकाण्ड में किन-किन देवताओं का वर्णन करती है तथा ज्ञानकाण्ड में किन-किन प्रतीतियों का अनुवाद करके उनमें अनेकों प्रकार के विकल्प करती है–इन बातों को इस सम्बन्ध में श्रुति के रहस्य को मेरे अतिरिक्त और कोई नहीं जानता। सभी श्रुतियाँ कर्मकाण्ड में मेरा ही विधान करती हैं। उपासनाकाण्ड में उपास्य देवताओं के रूप में वे मेरा ही वर्णन करती हैं तथा ज्ञानकाण्ड में आकाश आदि रूप से मुझमें ही अन्य वस्तुओं का आरोप करके, उनका निषेध कर देती है। सम्पूर्ण श्रुतियों का बस इतना ही तात्पर्य है कि वे मेरा आश्रय लेकर मुझमें भेद का आरोप करती हैं, मायामात्र कहकर उसका अनुवाद करती हैं तथा अन्त में सबका निषेध कर मुझमें ही शान्त हो जाती हैं। अधिष्ठान रूप से केवल 'मैं' ही शेष रह जाता हूँ।

अध्याय 22

तत्त्व, पुरुष, प्रकृति विवेचन

तत्त्वों की संख्या तथा पुरुष-प्रकृति की व्याख्या करते हुए भगवान् श्रीकृष्ण उद्धवजी से कहते हैं–प्रिय उद्धव! तत्त्वों का एक-दूसरे में

अनुप्रवेश है। अतः वक्ता तत्त्वों की जितनी संख्या बताना चाहता है, उसके अनुसार कारण को कार्य में अथवा कार्य को कारण में मिला कर अपनी इच्छा से संख्या सिद्ध कर लेता है। जिन लोगों ने तत्त्वों की संख्या छब्बीस स्वीकार की है, वे कहते हैं कि जीव अनादि काल से अविद्या से ग्रस्त हो रहा है। वह स्वयं अपने-आपको जान नहीं सकता। उसे आत्मज्ञान कराने के लिये किसी अन्य सर्वज्ञ की आवश्यकता है। अतः प्रकृति के कार्य-कारण रूप चौबीस तत्त्व, पच्चीसवाँ पुरुष (जीव) तथा छब्बीसवाँ ईश्वर है। पच्चीस तत्त्व मानने वाले कहते हैं कि इस शरीर में जीव तथा ईश्वर का अणुमात्र भी भेद नहीं, अतः ईश्वर तथा जीव को एक मान कर, तत्त्वों की संख्या पच्चीस हो जाती है। इस कारण सत्त्व, रज, तम गुण आत्मा के नहीं, अपितु प्रकृति के हैं। इन्हीं के द्वारा जगत् की स्थिति, उत्पत्ति तथा प्रलय हुआ करते हैं। अतः ज्ञान आत्मा का गुण नहीं, अपितु प्रकृति का ही गुण सिद्ध होता है। सत्त्वगुण ही ज्ञान है, रजोगुण ही कर्म है तथा तमोगुण ही अज्ञान कहा गया है। गुणों में क्षोभ उत्पन्न करने वाला ईश्वर ही काल है तथा सूत्र अर्थात् महत्तत्त्व ही स्वभाव है।

प्रिय उद्धव! पुरुष, प्रकृति, महत्तत्त्व, अहंकार, आकाश, वायु, तेज, जल तथा पृथ्वी—ये नौ। श्रोत्र, त्वचा, चक्षु, घ्राण (नासिका) तथा रसना—ये पाँच ज्ञान-इन्द्रियाँ; वाक्, पाणि, पाद, पायु तथा उपस्थ—ये पाँच कर्म-इन्द्रियाँ तथा मन—जो कर्मेन्द्रिय तथा ज्ञानेन्द्रिय दोनों ही है। इस प्रकार ग्यारह इन्द्रियाँ तथा शब्द, स्पर्श, रूप, रस तथा गन्ध—ये ज्ञान इन्द्रियों के पाँच विषय तथा तीन गुण। इस प्रकार मिला कर कुल अट्ठाईस तत्त्व होते हैं। सृष्टि के आरम्भ में कार्य (ग्यारह इन्द्रियाँ तथा पँचभूत) और कारण (महत्तत्त्व आदि) के रूप में प्रकृति ही रहती है। वही सत्त्वगुण, रजोगुण तथा तमोगुण की सहायता से जगत् की स्थिति, उत्पत्ति तथा संहार की अवस्थाएँ धारण करती है। अव्यक्त पुरुष तो प्रकृति तथा उसकी अवस्थाओं का केवल साक्षीमात्र बना रहता है। महत्तत्त्व आदि कारण धातुएँ विकार को प्राप्त होते हुए पुरुष (विराट्

पुरुष) के ईक्षण से शक्ति प्राप्त कर परस्पर मिल जाते हैं तथा प्रकृति का आश्रय लेकर उसी के बल से ब्रह्माण्ड की सृष्टि करते हैं।

प्रिय उद्धव! जो तत्त्वों की संख्या सात स्वीकार करते हैं, उनके विचार से आकाश, वायु, तेज, जल तथा पृथ्वी–ये पाँच भूत तथा छटा जीव और सातवाँ परमात्मा–जो साक्षी जीव तथा साक्ष्य जगत् दोनों का अधिष्ठान है–ये ही तत्त्व हैं। (इन्द्रिय तथा प्राणादि की उत्पत्ति पाँच भूतों से मान कर, वे उन्हें पृथक् नहीं मानते) जो केवल छः तत्त्व मानते हैं, वे कहते हैं कि पाँच महाभूत तथा छटा परमपुरुष परमात्मा है। वह परमात्मा अपने बनाये हुए पँचभूतों से युक्त होकर, देहादि की सृष्टि करता है तथा उनमें जीव रूप से प्रवेश करता है। (इस मत के अनुसार जीव का परमात्मा में तथा शरीर आदि का पँचभूतों में समावेश हो जाता है।) जो लोग कारण के रूप में केवल चार तत्त्व मानते है।, उनके अनुसार आत्मा से तेज, जल तथा पृथ्वी की उत्पत्ति हुई है तथा जगत् के सभी पदार्थ उन्हीं से उत्पन्न हुए हैं। इसी प्रकार जो तत्त्वों की संख्या सत्रह बताते हैं, वे कहते हैं–पाँच भूत, पाँच तन्मात्राएँ, पाँच ज्ञानेन्द्रिय, एक मन तथा एक आत्मा। जो तत्त्वों की संख्या सोलह मानते हैं, वे आत्मा में मन का समावेश ले लेते हैं। जो तत्त्वों की संख्या तेरह मानते हैं, उनके अनुसार आकाश आदि पाँच भूत, श्रोत्रादि पाँच ज्ञान इन्द्रिय, एक मन तथा आत्मा और परमात्मा ही गिनती में आते हैं। ग्यारह संख्या मानने वाले गिनते हैं–पाँच भूत, पाँच ज्ञान-इन्द्रिय तथा एक आत्मा। जो तत्त्वों की संख्या नौ मानते हैं, उनकी गणना है–पाँच भूत, मन, बुद्धि, अहंकार तथा पुरुष (जीवात्मा)। इस प्रकार की तत्त्वों की गणना–किसी न किसी प्रकार से युक्ति संगत है।

उद्धवजी ने कहा, श्यामसुन्दर! यद्यपि स्वरूपतः प्रकृति तथा पुरुष दोनों एक-दूसरे से भिन्न हैं, परन्तु उनकी घनिष्ठता होने के कारण उनमें कोई भेद नहीं प्रतीत होता। कृपया इसे स्पष्ट कीजिए।

भगवान् श्रीकृष्ण ने कहा, प्रिय उद्धव! प्रकृति तथा पुरुष, शरीर तथा आत्मा–इन दोनों में तीव्र अन्तर है। मेरी माया त्रिगुणात्मक है। यही अपने

सत्त्व, रज, तम गुणों से अनेक प्रकार की भेदवृत्ति उत्पन्न करती है। यद्यपि इसका विस्तार असीम है, तथापि इस विकारात्मक सृष्टि को तीन भागों में बाँट सकते हैं–अध्यात्म, अधिदैव तथा अधिभूत। उदाहरणतया–नेत्रेन्द्रिय अध्यात्म है, परन्तु उसका विषय 'रूप' अधिभूत है और नेत्र-गोलक में स्थित सूर्यदेव का अंश अधिदैव है। ये तीनों परस्पर एक-दूसरे के आश्रय से सिद्ध होते हैं। जिस प्रकार आकाश में स्थित सूर्य, इन तीनों की अपेक्षा से मुक्त है (क्योंकि वह स्वतः सिद्ध है), उसी प्रकार आत्मा भी उपर्युक्त तीनों भेदों का मूलकारण, उनका साक्षी तथा उनसे परे है। वह अपने स्वयंसिद्ध प्रकाश से समस्त सिद्ध पदार्थों की मूलसिद्धि है।

प्रकृति से महत्तत्त्व बनता है तथा महत्तत्त्व से अहंकार। इस प्रकार यह अहंकार गुणों के क्षोभ से उत्पन्न हुआ प्रकृति का ही एक विकार है। अहंकार के तीन भेद हैं–सात्त्विक, राजस तथा तामस। यह अहंकार ही अज्ञान और सृष्टि की विविधता का मूल कारण है।

आत्मा ज्ञानस्वरूप है। उसका इन पदार्थों से कोई सम्बन्ध नहीं। अस्ति-नास्ति (है-नहीं), सगुण-निर्गुण, भाव-अभाव, सत्य-मिथ्या आदि–जितने भी वाद विवाद हैं–सबका मूल कारण भेददृष्टि है।

मनुष्य का मन कर्म-संस्कारों का पुँज है। कर्म-संस्कारों के अनुसार भोग भोगने के लिये मन की संगिनी इन्द्रियाँ है। इसी को लिंग-शरीर कहते हैं। कर्मों के अनुसार, यह एक शरीर से दूसरे शरीर तथा एक लोक से दूसरे लोक में जाता है। आत्मा इस लिंग-शरीर से सर्वथा पृथक् है। जब आत्मा अपने को लिंग-शरीर मानना प्रारम्भ कर देता है, तो उसे अपना आना-जाना तथा शरीर परिवर्तन प्रतीत होने लगता है। मन से कर्मों का उद्गम होता है। प्रथम तो मन में, देखे और सुने हुए, विषयों का चिन्तन होता है। तदनन्तर उसकी उन विषयों में आसक्ति हो जाती है और विषयों को प्राप्त करने के लिये कर्म-श्रृंखला आरम्भ हो जाती है।

नये शरीर तथा कर्मों में तल्लीन होने से, धीरे-धीरे पूर्व-स्मृति, पूर्वापर का अनुसन्धान भी नष्ट हो जाता है। यहाँ तक कि जीव को पुराने

शरीर का स्मरण भी नहीं रहता। जब यह जीव किसी भी शरीर को अभेद-भाव से, मैं, के रूप में स्वीकार कर लेता है, तब उसे ही जन्म कहते हैं। वर्तमान शरीर में स्थित, जिस प्रकार, यह जीव पूर्व-देह का स्मरण नहीं करता, वैसे ही स्वप्न अथवा मनोरथ में स्थित जीव, पहले के स्वप्न तथा मनोरथ को स्मरण नहीं करता। काल की गति सूक्ष्म है। उसी से समस्त प्राणियों के शरीरों की आयु, अवस्था आदि परिवर्तन होते रहते हैं। काल से ही शरीरों की मृत्यु तथा पुनः उत्पत्ति होती है।

प्रिय उद्धव! गर्भाधान, गर्भ-वृद्धि, जन्म, बाल्यावस्था, कुमारावस्था, युवावस्था, अधेड़-अवस्था, वृद्धावस्था तथा मृत्यु—ये नौ अवस्थाएँ शरीर की ही हैं। जीव शरीर से भिन्न है तथा अज्ञानवश इन अवस्थाओं को अपने में मानने लगता है। जन्म-मृत्यु से युक्त देहों का द्रष्टा (जीव), जन्म-मृत्यु युक्त शरीर नहीं है। आत्मा वास्तव में शरीर की अवस्थाओं का साक्षी है, शरीर नहीं। अज्ञानवश, जीव, अपने कर्मों के अनुसार जन्म-मृत्यु चक्कर में पड़ जाता है। सात्त्विक कर्मों की आसक्ति से मनुष्य ऋषिलोक तथा देवलोक में, राजसिक कर्मों की आसक्ति से मनुष्य तथा तामसिक कर्मों की आसक्ति से भूत-प्रेत तथा पशु-पक्षी योनियों में जाता है। वास्तव में आत्मा का विषय-अनुभव-रूप संसार सर्वथा असत्य है। आत्मा तो नित्य शुद्ध-बुद्ध-मुक्त स्वभाव ही है। विषयों के सत्य न होने पर भी जो जीव विषयों का ही चिन्तन करता रहता है, वह इस जन्म-मृत्यु, रूप बन्धन से कभी मुक्त नहीं होता।

प्रिय उद्धव! इस प्रकार जान कर, इन्द्रियों से विषयों को मत भोगों (उन से अनासक्त रहो)। जो अपने कल्याण का इच्छुक है, उसे सांसारिक कठिनाइयों से विचलित नहीं होना चाहिए। वस्तुतः आत्मदृष्टि ही समस्त विपत्तियों से बचने का एकमात्र साधन है।

अध्याय 23

एक तितिक्षु ब्राह्मण का इतिहास

मन की चंचलता को देखते हुए कि वह कठिनाइयों के आने पर विचलित न हो तथा किसी के कटुवचनों पर भी उद्विग्न न हो, उद्धवजी ने भगवान् श्रीकृष्ण से अपनी शंका प्रकट करते हुए प्रश्न किया कि मन की सहनशीलता, हर स्थिति में कैसे सम्भव है? इस प्रश्न के उत्तर में, एक तितिक्षु ब्राह्मण का इतिहास सुनाते हुए, भगवान् श्रीकृष्ण ने कहा–देवगुरु बृहस्पति-शिष्य उद्धव! प्राचीन समय में, उज्जैन नगरी में एक ब्राह्मण रहता था। उसने वैश्यवृत्ति से बहुत सी धन-सम्पत्ति संग्रह कर ली। वह अति कृपण, कामी तथा लोभी था। बात-बात पर क्रोध तो उसे उसी क्षण आ जाता था।

वह अपने भाई-बन्धुओं से भी प्रसन्न न था तथा न ही अतिथि सत्कार की मर्यादा का पालन करता था। वह तो स्वयं भी अपनी सम्पत्ति का उपभोग न कर, दुःखी रहता था। उसकी पत्नी, सन्तान तथा बन्धु-बान्धव उसके कृपण होने से उससे दुःखी थे तथा उसका अनिष्ट ही चाहते थे। ब्राह्मण, यक्षों की भाँति अपने धन की रक्षा करता था तथा उसका उपयोग भी नहीं करता था। उसकी इस वृत्ति से पँचमहायज्ञ के भागी देवता भी उस पर कुपित हो गये। पँचमहायज्ञ के भागियों के तिरस्कार से, उसके पूर्व-पुण्यों द्वारा प्राप्त धन-सम्पत्ति, जाती रही। उस नीच ब्राह्मण का कुछ धन तो उसके कुटुम्बी उससे छीन कर ले गये, कुछ चोर तथा उसकी कुछ सम्पत्ति अग्नि आदि के प्रकोप से नष्ट हो गई। इस प्रकार न तो उसने किसी धर्म कार्य में ही अपनी सम्पत्ति लगाई तथा न स्वयं ही उस का भोग किया। सम्पत्ति के चले जाने से उसका मन खेद से भर गया तथा आँखे अश्रुपूर्ण हो गईं। इस प्रकार चिन्ता करते-करते उसे संसार के प्रति उदासीनता सी हो गई तथा इस प्रकार उसके मन में वैराग्य उदय हो गया।

अब ब्राह्मण सोचने लगा कि उसने इतने समय तक अपने को व्यर्थ ही सताया। जिस प्रकार थोड़ा सा कुष्ठरोग सर्वांग सुन्दर शरीर को कुरूप कर देता है, वैसे ही तनिक सा भी लोभ यशस्वियों के शुद्ध-यश को हर लेता है। धन कमाने के लिये, उसे प्राप्त कर लेने पर, उसे और अधिक बढ़ाने के लिये, उसकी रक्षा करने के लिये तथा व्यय करने में तथा उसके नाश होने में–निरन्तर परिश्रम, भय, चिन्ता, तथा भ्रम का ही सामना करना पड़ता है। धन के कारण मनुष्यों में पन्द्रह अनर्थ माने गये हैं–ये हैं चोरी, हिंसा, झूठ बोलना, दम्भ, काम, क्रोध, गर्व, अहंकार, भेदबुद्धि, वैर, अविश्वास, स्पर्द्धा, लम्पटता, द्यूत तथा मदिरा-पान। धन के कारण मित्र शत्रु बन जाता है तथा भाई-बन्धु विरोधी हो जाते हैं। यह मनुष्य-शरीर मोक्ष तथा स्वर्ग का द्वार है। इसे पाकर भी कौन बुद्धिमान् है जो अनर्थ के 'कारण', धन संग्रह में लगा रहे। जो मनुष्य–देवता, ऋषि, पितर, प्राणी, जाति-भाई, कुटुम्बी तथा धन के भागीदारों को उनका भाग देकर सन्तुष्ट नहीं रखता तथा न स्वयं ही उसका उपभोग करता है–वह यक्ष के समान धन की रखवाली करने वाला कृपण अधोगति को प्राप्त होता है।

इस प्रकार सोचकर वह ब्राह्मण इस निष्कर्ष पर पहुँचा–इसमें सन्देह नहीं कि सर्वदेवस्वरूप भगवान् मुझ पर प्रसन्न हैं। तभी तो उन्होंने मुझे इस दशा में पहुँचाया है और मुझे संसार के प्रति दुःख-बुद्धि (अर्थात् संसार के भोग दुःखदाई हैं) तथा वैराग्य प्रदान किया है। वास्तव में वैराग्य, अनासक्त-भाव ही इस भव-सागर से तारने वाली एक नौका है। अतः अब मैं शेष आयु आत्मलाभ में ही सन्तुष्ट रहकर अपने परमार्थ के सम्बन्ध में सावधान हो जाऊँगा तथा शेष आयु तप करूँगा। तीनों लोकों के देवगण मेरे इस संकल्प का अनुमोदन करें। निराश होने की कोई बात नहीं, क्योंकि राजा खट्वांग ने केवल दो घड़ी में ही भगवद्-धाम की प्राप्ति कर ली थी। तत्पश्चात् वह ब्राह्मण शान्त होकर मौनी संन्यासी हो गया तथा संसार की सभी वस्तुओं में अनासक्त हो गया। वह पृथ्वी पर स्वच्छन्द रूप से विचरण करने लगा। वह भिक्षा के

लिये नगर अथवा गाँव में इस प्रकार जाता कि उसे कोई पहचान न पाये। समय बीतने पर वह ब्राह्मण-भिक्षुक-अवधूत अति वृद्ध हो गया। यदि कोई उसका तिरस्कार भी करता अथवा उसे कष्ट देने का प्रयास करता तो वह उसे भी धैर्य से सहन कर लेता। वह किसी के कटुवचन पर अथवा उसे शारीरिक कष्ट पहुँचाने पर भी शान्त रहता तथा उसका किञ्चित भी विरोध नहीं करता। उसे कभी ज्वर आदि के कारण शारीरिक पीड़ा सहनी पड़ती, तो कभी सर्दी-गर्मी के कारण दैवी कष्ट उठाना पड़ता। कभी दुर्जन लोग उसका अपमान कर उसे भौतिक पीड़ा देते, परन्तु उसके मन में कोई विकार अथवा प्रतिशोध की भावना न उठती। वह समझता था कि यह सब उसके पूर्वजन्मों के कर्मों का फल है तथा उसे इस को अवश्य भोगना चाहिए। वह दृढ़ता से अपने धर्म में स्थिर था।

ब्राह्मण कहता—मेरे सुख-दुख का कारण न तो मनुष्य हैं, न देवता, न शरीर, न ग्रह, कर्म अथवा काल आदि ही हैं। श्रुतियाँ तथा महात्माजन, मन को ही इसका परम कारण बताते हैं। इस मन ने ही विषयों, उनके गुणों तथा उनसे सम्बन्धित वृत्तियों की रचना की है। इन वृत्तियों के अनुसार ही जीव की विविध गतियाँ होती हैं। मन ही समस्त चेष्टायें करता है। आत्मा तो वास्तव में निष्क्रिय है। वह ज्ञानशक्ति-प्रधान जीव का सनातन सखा है। जब वह मन को स्वीकार कर उसके द्वारा विषयों का भोक्ता बन जाता है, तब कर्मों के साथ आसक्ति होने के कारण वह उनसे बन्ध जाता है।

दान, धर्म, नियम, यम, वेदाध्ययन, सत्कर्म तथा ब्रह्मचर्यादि व्रतों का अन्तिम फल यही है कि मन श्रीभगवान् में एकाग्र हो जाये। यही परम योग है। जिसका मन शान्त तथा समाहित है, उसे सब व्रतों का फल प्राप्त हो गया है। सभी इन्द्रियाँ मन के वश में हैं। मन के संयम में आ जाने से इन्द्रियाँ भी वश में आ जाती हैं।

यदि मान लें कि मनुष्य ही (मनुष्य का शरीर ही) सुख-दुःख का कारण है, तो भी आत्मा का उससे क्या सम्बन्ध हुआ? यदि ऐसा माना

जाये कि देवता ही दुःख देते हैं, तो भी इस दुःख से आत्मा को क्या क्षति हो सकती है, केवल शरीर पर ही कष्ट आयेगा। यदि दुःख के कारण देवता हैं, तो इन्द्रियाभिमानी देवताओं के रूप में उनके भोक्ता (इन्द्रियाँ) भी वही हैं। देवता सभी के शरीरों में एक हैं, तो कौन किसका अनिष्ट करता है?

हमारा शत्रु अथवा हमें कष्ट पहुँचाने वाला कौन हो सकता है? यदि आत्मा को सुख-दुःख का कारण माना जाये तो वह तो अपना आप ही है, कोई दूसरा नहीं, क्योंकि आत्मा से भिन्न कुछ है ही नहीं। आत्मा सबमें एक है। फिर दुःख के लिए क्रोध किस पर किया जाये? यदि ग्रहों को दुःख का कारण माना जाये तो भी अजन्मा आत्मा की क्या हानि हो सकती है? ग्रहों की पीड़ा तो उनका प्रभाव ग्रहण करने वाले शरीरों को होती है। आत्मा शरीर से सर्वथा पृथक् है। यदि कर्मों को सुख-दुःख का कारण माना जाये, तो भी उनका आत्मा से क्या सम्बन्ध? अतः क्रोध किस पर करें? यदि काल को ही सुख-दुःख का कारण मान लें तो आत्मा पर उसका क्या प्रभाव? काल तो आत्मस्वरूप ही है। जैसे अग्नि, अग्नि को नहीं जला सकती, बर्फ, बर्फ को नही गला सकती, वैसे ही आत्मस्वरूप-काल अपने आत्मा को सुख-दुःख नहीं पहुँचा सकता। आत्मा शीत-उष्ण, सुख-दुःख आदि द्वन्द्वों से सर्वथा अतीत है। उसे कभी भी किसी के द्वारा किसी भी प्रकार से द्वन्द्वों का स्पर्श नहीं होता (किसी से कोई क्लेश नहीं होता) यह तो जन्म-मृत्यु के चक्र में फंसे अहंकार को होता है। जो ऐसा जान लेता है, वह फिर किसी भी भय के कारण भयभीत नहीं होता। बड़े-बड़े ऋषि-मुनियों ने इसी (भावना का) परमात्म-निष्ठा का आश्रय ग्रहण किया है। अतः मैं भी, अब इसी का आश्रय ग्रहण करूँगा तथा मुक्ति तथा प्रेम के दाता भगवान् के चरणकमलों की सेवा द्वारा इस भव-सागर से तर जाऊँगा।

यह इतिहास सुनाकर भगवान् श्रीकृष्ण उद्धव से कहते हैं—प्रिय उद्धव! उस ब्राह्मण के धन नष्ट होने से उसके सारे क्लेश मिट गये। वह संसार से विरक्त हो गया। इस संसार में मनुष्य को कोई दूसरा सुख

अथवा दुःख नहीं देता। सह केवल चित्त का भ्रममात्र है। यह संसार तथा इसके भीतर मित्र-शत्रु के भेद, आज्ञान कल्पित हैं। अतः तुम अपनी वृत्तियों को मेरे में तन्मय कर दो। अपनी पूर्ण शक्ति से मन को वश में कर लो। तदनन्तर तुम मुझमें ही नित्य-युक्त होकर, स्थित हो जाओ। समग्र योग-साधन का बस यही सार-संग्रह है।

अध्याय 24

सांख्ययोग

सांख्ययोग का निर्णय बताते हुए, भगवान् उद्धव जी से कहते हैं—प्रिय उद्धव! प्रलय-काल में, आदिसत्ययुग में अथवा जब भी मनुष्य विवेकनिपुण होते हैं—यह सम्पूर्ण दृश्य तथा द्रष्टा जगत् और जीव विकल्पशून्य किसी भी भेदभाव से रहित, केवल ब्रह्म ही होते हैं। ब्रह्म में किसी प्रकार का विकल्प नहीं है। वह अद्वितीय सत्य है। मन तथा वाणी की उसमें गति नहीं है। वह ब्रह्म ही माया है तथा उसमें प्रतिबिम्बित जीव के रूप में—दृश्य तथा द्रष्टा के रूप में—दो भागों में विभक्त सा हो गया। उनमें से एक को प्रकृति कहते हैं। इसी प्रकृति ने जगत् में कार्य तथा कारण का रूप धारण किया है। ज्ञानस्वरूप दूसरे भाग को पुरुष करते हैं। प्रिय उद्धव! मैंने ही जीवों के शुभ-अशुभ कर्मों के अनुसार प्रकृति को क्षुब्ध किया। उससे सत्त्व, रज तथा तम—तीनों गुण प्रकट हुए। उनसे क्रिया-शक्तिप्रधान सूत्र तथा ज्ञान-शक्तिप्रधान महत्तत्त्व प्रकट हुए। ये दोनों परस्पर मिले हुए ही हैं। महत्तत्त्व में विकार होने पर अहंकार प्रकट हुआ। यह अहंकार जीवों को मोह में डालने वाला है। यह तीन प्रकार है—सात्त्विक, राजस तथा तामस। अहंकार, पँचतन्मात्रा तथा इन्द्रियों और मन का कारण है। अतः वह जड़-चेतन—उभयात्मक है। तामस अहंकार से पँचतन्मात्राएँ तथा उनसे पाँच भूतों की उत्पत्ति हुई।

राजस अहंकार से इन्द्रियाँ तथा सात्त्विक अहंकार से इन्द्रियों के अधिष्ठाता ग्यारह देवता प्रकट हुए। मेरी प्रेरणा से ये सभी तत्त्व मिल गये तथा उन्होंने यह ब्रह्माण्डरूप अण्ड उत्पन्न किया। यह अण्ड मेरा उत्तम निवास स्थान है। जब यह अण्ड जल में स्थित हो गया, तब मैं नारयणरूप से इसमें विराजमान हो गया। मेरी नाभि से विश्वकमल की उत्पत्ति हुई। उसी पर ब्रह्मा का आविर्भाव हुआ। विश्वसमष्टि के अन्तःकरण ब्रह्मा ने घोर तपस्या की। तत्पश्चात् मेरा कृपा प्रसाद प्राप्त कर ब्रह्माजी ने रजोगुण के द्वारा भूः, भुवः, स्वः (पृथ्वी, अन्तररिक्ष, स्वर्ग)–इन तीनों लोकों की तथा इनके लोकपालों की रचना की। देवताओं के निवास के लिये स्वर्लोक, भूत-प्रेतों के लिये भुवर्लोक तथा मनुष्य आदि के लिये भूर्लोक का निश्चय किया। इन लोकों से ऊपर महर्लोक, तपलोक आदि सिद्धों के निवास-स्थान बने। सृष्टिकार्य में समर्थ ब्रह्माजी ने असुर और नागों के लिये पृथ्वी के नीचे अतल, वितल, सुतल आदि सात पाताल बनाये। इन्हीं तीनों लोकों में (भूः, भुवः, स्वः) त्रिगुणात्मक कर्मों के अनुसार विविध गतियाँ प्राप्त होती हैं। योग, तपस्या तथा संन्यास के द्वारा महर्लोक, जनलोक, तपलोक तथा सत्यलोकरूप–उत्तम गति प्राप्त होती है तथा भक्तियोग से मेरा परम-धाम प्राप्त होता है। यह सारा जगत् कर्म तथा उनके संस्कारों से युक्त है। मैं ही कालरूप से कर्मों के अनुसार उनके फल का विधान करता हूँ।

जिसके आदि तथा अन्त में जो है, वही बीच में भी है तथा वही सत्य है। इस प्रपञ्च का उपादान कारण प्रकृति है, अधिष्ठान परमात्मा है तथा इसको प्रकट करने वाला 'काल' है। व्यवहार-काल की यह त्रिविधता वस्तुतः ब्रह्मस्वरूप है तथा वही शुद्ध ब्रह्म, मैं हूँ। जब तक परमात्मा की ईक्षणशक्ति अपना कार्य करती रहती है तथा जब तक उनकी पालन-प्रवृत्ति बनी रहती है, तब तक जीवों के कर्मभोग के लिये कारण-कार्यरूप से अथवा पिता-पुत्रादि के रूप से यह सृष्टिचक्र निरन्तर चलता रहता है।

यह विराट् (विराट् पुरुष) ही विविध लोकों की सृष्टि, स्थिति तथा

संहार की लीलाभूमि है। जब 'मैं' काल रूप से इसमें व्याप्त होता हूँ, प्रलय का संकल्प करता हूँ, तब वह भुवनों के साथ विनाशरूप विभाग के योग्य हो जाता है। प्राणियों के शरीर अन्न में, अन्न बीज में, बीज भूमि में और भूमि गन्ध-तन्मात्र में लीन हो जाती है। गन्ध जल में, जल अपने गुण रस में, रस तेज में तथा तेज रूप में लीन हो जाता है। रूप वायु में, वायु स्पर्श में, स्पर्श आकाश में तथा आकाश शब्दतन्मात्र में लीन हो जाता है। इन्द्रियाँ अपने कारण देवताओं में तथा अन्ततः राजस अहंकार में समा जाती हैं। राजस अहंकार अपने नियन्ता सात्त्विक अहंकाररूप मन में, शब्द-तन्मात्रा पँचभूतों के कारण तामस अहंकार में तथा समस्त संसार को मोहित करने में समर्थ त्रिविध अहंकार महत्तत्त्व में लीन हो जाता है। ज्ञान-शक्ति तथा क्रियाप्रधान महत्तत्त्व अपने कारण गुणों में लीन हो जाता है। गुण अव्यक्त प्रकृति में तथा प्रकृति अपने प्रेरक अविनाशी काल में लीन हो जाती है। काल मायामय जीव में और जीव मुझ अजन्मा आत्मा में लीन हो जाता है। आत्मा किसी में लीन नहीं होता। वह उपाधिरहित अपने स्वरूप में ही स्थित रहता है। वह जगत् की सृष्टि तथा लय का अधिष्ठान तथा अवधि है।

अध्याय 25

त्रिगुण विवेचन

तीनों गुणों की वृत्तियों के विषय में बताते हुए, भगवान् श्रीकृष्ण उद्धवजी से कहते हैं—पुरुषप्रवर! प्रत्येक मनुष्य में पृथक्-पृथक् गुणों का प्रकाश होता है। इसके कारण इनके स्वभाव में भी भेद होता है। सत्त्वगुण की वृत्तियाँ हैं—शम, दम, तितिक्षा, विवेक, तप, सत्य, दया, स्मृति, सन्तोष, त्याग, विषयों में अनासक्ति, श्रद्धा, लज्जा, आत्मरति, दान,

विनय तथा सरलता। रजोगुण की वृत्तियाँ हैं–इच्छा, प्रयत्न, घमंड, तृष्णा, अभिमान, देवताओं से धनादि की याचना, भेदबुद्धि, विषयभोग में अनुराग, युद्धादि में मदजनित उत्साह, अपने यश की उतकण्ठा, हास्य, पराक्रम तथा कठिन परिश्रम (भोगों को प्राप्त करने के लिये)। तमोगुण की वृत्तियाँ हैं–क्रोध, लोभ, मिथ्याभाषण, हिंसा, याचना, पाखण्ड, श्रम, कलह, शोक, मोह, विषाद, दीनता, निद्रा, आशा, भय तथा अकर्मण्यता (आलस्य, अर्थात् कर्मों में अरुचि, आलस्य–दीर्घसूत्री होने के कारण)।

प्रिय उद्धव! अब इन तीनों के परस्पर मिश्रण को सुनो। मैं हूँ अथवा यह मेरा है–यह वृत्ति तीनों गुण का मिश्रण है। जब मनुष्य धर्म, अर्थ तथा काम में संलग्न रहता है, तब उसे सत्त्वगुण से श्रद्धा, रजोगुण से रति तथा तमोगुण से धन की प्राप्ति होती है–यह तीनों गुणों का मिश्रण है। जिस समय सकाम कर्म, गृहस्थाश्रम तथा स्वधर्माचरण में अधिक प्रीति होती है, उस समय भी तीनों गुणों का ही मेल होता है।

पुरुष हो अथवा स्त्री–जब वह निष्काम होकर अपने नित्यनैमित्तिक कर्मों द्वारा मेरी आराधना करे, तब उसे सत्त्वगुणी जानना चाहिए। सकाम भाव से मेरी पूजा-भजन करना, राजेगुणी वृत्ति है। जो अपने शत्रु की मृत्यु आदि के लिये मेरी पूजा करता है, वह वृत्ति तामसिक है। सत्त्व, रज तथा तम–इन तीनों गुणों का कारण (स्थान) है जीव का चित्त।

सत्त्वगुण प्रकाशक, निर्मल तथा शान्त है। जिस समय वह रजोगुण तथा तमोगुण को दबाकर बढ़ता है, उस समय धर्म-ज्ञान आदि का उदय होता है, जो की सुखकारी हैं। रजोगुण भेदबुद्धि का कारण है। इसका स्वभाव है आसक्ति और प्रवृत्ति। जब सत्त्वगुण तथा तमोगुण को दबाकर रजोगुण बढ़ता है, उस समय मनुष्य सुख, कर्म, यश, तथा धन की वृद्धि के लिये यत्न करता है। तमोगुणी का स्वरूप है–अज्ञान। जब इसकी वृद्धि होती है, तब मनुष्य आशाओं से घिर जाता है तथा मोहजाल में फँस जाता है। उसका स्वभाव हिंसक होता है। वह निद्रा तथा आलस्य के वशीभूत रहता है। प्रसन्न-चित्त, शान्त इन्द्रियाँ, निर्भय-वृत्ति, मन में आसक्ति का न होना–ये सत्त्वगुण की वृद्धि के लक्षण हैं। सत्त्वगुण मेरी

प्राप्ति का साधन है। जिस समय मनुष्य की बुद्धि अति आसक्ति से कर्मों में लगी हो, मन चंचल तथा बुद्धि चंचल हो, इन्द्रियाँ असन्तुष्ट तथा कर्मेन्द्रियाँ विकारयुक्त तथा मन भ्रान्त हो—तो समझना चाहिए कि राजेगुण प्रधानता में है।

जब चित्त ज्ञानेन्द्रियों के द्वारा शब्दादि विषयों को ठीक-ठीक समझने में असमर्थ हो तथा अज्ञान और विषाद की वृद्धि हो, उस समय तमोगुण की वृद्धि का होना समझना चाहिए।

प्रिय उद्धव! सत्त्वगुण के बढ़ने पर देवताओं का, रजोगुण के बढ़ने पर असुरों का तथा तमोगुण के बढ़ने पर राक्षसों का बल बढ़ता है। सत्त्वगुण से जाग्रत्-अवस्था, रजोगुण से स्वप्नावस्था तथा तमोगुण से सुषुप्ति-अवस्था होती है। तुरीय इन तीनों अवस्थाओं में एक-सा व्याप्त रहता है। वही शुद्ध-एकरस आत्मा है। वेदों के अभ्यास में तत्पर, सत्त्वगुण द्वारा, उत्तरोत्तर ऊपर के लोकों में जाते हैं। रजोगुण से मनुष्य-शरीर मिलता है तथा तमोगुण से पशु-पक्षी तथा उससे भी निम्न स्तर पर, वृक्ष-वनस्पति की योनि मिलती है। सत्त्वगुण की वृद्धि के समय यदि मृत्यु हो तो स्वर्ग मिलता है, रजोगुण की वृद्धि के समय मृत्यु होने पर मनुष्य लोक तथा तमोगुण की वृद्धि के समय मृत्यु होने पर नरक की प्राप्ति होती है। परन्तु जो त्रिगुणातीत, जीवन्मुक्त (गुणों के बन्धनों को काट चुके हैं), उन्हें मेरी प्राप्ति होती है। जब अपने धर्म का आचरण, मुझे समर्पित कर अथवा निष्कामभाव से किया जाता है, वह धर्माचरण सात्त्विक है। फल की कामना से किया गया राजस तथा पाखण्ड अथवा किसी दूसरे के अनिष्ट के लिये किया गया आचरण, तामसिक है। शुद्ध आत्मज्ञान सात्त्विक है।

आत्मा को कर्ता-भोक्ता समझना राजस ज्ञान है तथा उसे शरीर ही समझना तामसिक भाव है। इन तीनों से विलक्षण मेरे स्वरूप का वास्तविक ज्ञान, निर्गुण-ज्ञान है। इसी प्रकार वन में रहना सात्त्विक निवास है, गाँव में रहना राजस तथा ऐसे स्थानों में रहना जहाँ निकृष्ट कर्म किये जाते हैं—तामसिक है। इन सबसे श्रेष्ठ, मन्दिर में निवास है। अनासक्त-भाव

से कर्म करना सात्त्विक, आसक्त-भाव से कर्म करना राजस तथा पूर्वापर विचार किये बिना कर्म करना तामसिक है। जो मेरी शरण होकर, बिना किसी अहंकार के कर्म करता है, वह निर्गुण कर्ता (कर्मों से न बन्धने वाला) है। इसी प्रकार आत्मज्ञान विषयक श्रद्धा सात्त्विक, कर्मविषयक श्रद्धा राजस तथा अधर्म में प्रवृत्ति तामसिक श्रद्धा कही जाती है। जो केवल मुझमें आस्था है, वह श्रद्धा निर्गुण है।

आरोग्यता-प्रदान करने वाला पवित्र भोजन सात्त्विक है। रसनेन्द्रिय को तृप्ति, स्वाद की दृष्टि से तीखा भोजन राजस तथा बासी और अपवित्र भोजन तामसिक है। इसी प्रकार आत्म-चिन्तन से प्राप्त होने वाला सुख सात्त्विक, विषयों से प्राप्त होने वाला राजस तथा अज्ञानवश आलस्य तथा निद्रा से प्राप्त होने वाला सुख तामस है। जो सुख मेरे चिन्तन से मिलता है, वह गुणातीत है।

पुरुष-प्रकृति के आश्रित जितने भी भाव हैं, वे सभी गुणमय हैं। जीवों को जितनी भी गतियाँ प्राप्त होती हैं, वे उन्हें गुणों के संग तथा कर्मों के अनुसार ही होती हैं। जो मनुष्य गुणातीत (गुणों पर विजय प्राप्त कर लेना) हो जाता है तथा भक्तियोग के द्वारा मुझमें ही परिनिष्ठित हो ज़ाता है, वह मोक्ष को प्राप्त कर लेता है। अतः इस दुर्लभ मनुष्य शरीर को प्राप्त कर, बुद्धिमान् पुरुष को चाहिए कि सत्त्वगुण प्रधान होकर, रजोगुण तथा तमोगुणों को जीतकर और इन्द्रियों का संयम कर, मन को मेरे भजन में लगा दे। ऐसा करने से जीव लिंग-शरीर-रूप अपनी उपाधि जीवत्व से तथा अन्तःकरण में उदय होने वाली सत्त्वगुण की वृत्ति से युक्त होकर मुझ ब्रह्म की अनुभूति से एकत्व-दर्शन से पूर्ण हो जाता है। तदनन्तर वह बाह्य अथवा आन्तरिक-किसी भी विषय में नहीं लगता।

अध्याय 26

पुरूरवा वैराग्योक्ति

भगवान् श्रीकृष्ण कहते हैं–प्रिय उद्धव! यह मनुष्य शरीर, मुझे प्राप्त करने का मुख्य साधन है। इस शरीर को पाकर जो शुद्ध हृदय से मेरी भक्ति करता है, वह अन्तःकरण में स्थित, मुझ आनन्दस्वरूप परमात्मा को प्राप्त हो जाता है। जीवों की सभी योनियाँ, गतियाँ त्रिगुणमयी हैं। जीव ज्ञाननिष्ठा के द्वारा उनसे सदा के लिये मुक्त हो जाता है। ज्ञान हो जाने पर मनुष्य गुणों से बन्धता नहीं।

भगवान् श्रीकृष्ण राजा पुरूरवा का इतिहास सुनाते हुए कहते हैं–जब उर्वशी, अपने वचन-बध (शर्त अनुसार), राजा पुरूरवा को छोड़ कर चली गई, तो राजा पुरूरवा पागलों की भाँति उसके पीछे भागा।

सम्राट् इलानन्दन पुरूरवा ने कहा–मेरी मूढ़ता तो देखो, काम वासना ने मेरे चित्त को उर्वशी-विरह से कितना कलुषित कर दिया था। उर्वशी के साथ सहवास में न जाने मैंने कितने वर्ष आयु के व्यर्थ गवाँ दिये। मेरे मन में उर्वशी के प्रति मोह इतना बढ़ गया था कि उसने नरदेव-शिरोमणि चक्रवर्ती सम्राट् मुझ पुरूरवा को स्त्री के हाथ में एक खिलौना बना दिया था। मैं तो प्रजा को मर्यादा में रखने वाला सम्राट् हूँ। मेरा ऐसा प्रदर्शन शोकनीय है। स्त्री ने जिसका मन भ्रान्त कर दिया हो, उसका विद्याज्ञान व्यर्थ हो जाता है। उसे तपस्या, त्याग तथा शास्त्राभ्यास से भी कोई लाभ नहीं होता। वर्षों उर्वशी के सहवास में रहने पर भी मेरी कामवासना पूरी नहीं हुई। उर्वशी ने मुझे वैदिक-सूक्त के वचनों द्वारा समझाया भी था, परन्तु मेरी बुद्धि ऐसी भ्रष्ट हुई कि मैं उसका मोह मिटा नहीं सका। जो रस्सी के स्वरूप को न समझकर उसमें सर्प की कल्पना कर रहा हो, उसमें रस्सी का क्या दोष? यह शरीर तो नश्वर है। कामवासना, कभी न तृप्त होने वाली अग्नि के समान है। विषयों और इन्द्रियों के संयोग से ही मन में विकार उत्पन्न होता है। अतः मन, वाणी, श्रवण से–स्त्री-मोह से दूर रहे। मेरी तो बात ही क्या, बड़े-बड़े

ऋषि-मुनियों के लिये भी इन्द्रियाँ तथा मन विश्वासनीय नहीं हैं।

भगवान् श्रीकृष्ण कहते हैं–प्रिय उद्धव! राजराजेश्वर पुरूरवा के मन में जब इस प्रकार के उद्‌गार उत्पन्न हुए तो उसने उर्वशी विहारस्थली का परित्याग कर दिया। ज्ञानोदय होने के कारण उसका मोह नष्ट हो गया तथा उसने अपने हृदय में आत्मस्वरूप से मेरा साक्षात्कार कर लिया तथा शान्तभाव में स्थित हो गया। अतः बुद्धिमान् पुरुष को चाहिए कि पुरूरवा की भाँति कुसंग का त्याग कर, उससे विरक्त हो जाय तथा सत्पुरुषों का संग करे। संत पुरुषों के हृदय में शान्ति का अगाध समुद्र होता है तथा वे सर्वदा, सबमें स्थित, भगवान् का ही दर्शन करते हैं। उनमें अहंकार नहीं होता तथा न ही मोह तथा वे सर्दी-गर्मी, सुख-दुःख द्वन्द्वों में सदा समान रहते हैं। वे सदा मेरी लीला-कथाओं में मग्न रहते हैं। जो लोग आदर तथा श्रद्धा से मेरी लीला-कथाओं का श्रवण-गान तथा अनुमोदन करते हैं, वे मेरे परायण हुए, मेरी अनन्य भक्ति को प्राप्त करते हैं। मैं अनन्त, अचिन्त्य कल्याणमय गुणों का आश्रय हूँ। मेरा स्वरूप है–केवल आनन्द, केवल अनुभव, विशुद्ध आत्मा। मैं साक्षात् परब्रह्म हूँ।

मेरे परायण संतजन, सूर्य की तरह, अपने को तथा भगवान् को देखने के लिये, अन्तर्दृष्टि प्रदान करते हैं। इस प्रकार आत्म-साक्षात्कार होते ही इलानन्दन पुरूरवा को उर्वशी के लोक की स्पृहा नहीं रही। उसकी सारी आसक्तियाँ मिट गईं तथा वह आत्मसन्तुष्ट होकर स्वच्छन्द रूप से पृथ्वी पर विचरण करने लगा।

अध्याय 27

क्रियायोग

सम्राट् पुरूरवा का इतिहास सुनने के पश्चात् उद्धवजी ने भगवान् श्रीकृष्ण से कहा, भक्तवत्सल श्रीकृष्ण! जिस क्रियायोग का आश्रय

लेकर, जो भक्तजन, जिस प्रकार से, जिस उद्देश्य से आपकी पूजा-अर्चा करते हैं, आप उस आराधना-रूप का वर्णन कीजिए। यह क्रियायोग सर्वप्रथम आपके ही मुखारविन्द से प्रकट हुआ था। आप से ही ग्रहण कर इसे ब्रह्माजी ने अपने पुत्र, भृगु आदि महर्षियों को तथा भगवान् शंकरजी ने अपनी पत्नी भगवती-पार्वतीजी को उपदेश किया था।

भगवान् श्रीकृष्ण ने कहा, प्रिय उद्धव! कर्मकाण्ड का इतना विस्तार है कि उसकी कोई सीमा नहीं। मेरी पूजा की तीन विधियाँ हैं—वैदिक, तान्त्रिक तथा मिश्रित। इसमें जो भी अनुकूल जान पड़े, मेरे भक्त उसी के अनुसार मेरी पूजा करते हैं। प्रथमतः अपने अधिकारानुसार शास्त्रोक्त विधि से यज्ञोपवीत-संस्कार द्वारा संस्कारयुक्त होकर, द्विजत्व को प्राप्त करे। तदनन्तर भक्तिपूर्वक निष्कपटभाव से अपने पिता तथा गुरु रूप मुझ परमात्मा का, पूजा की सामग्रियों द्वारा मूर्ति में, वेदी में, अग्नि में, सूर्य में, जल में, हृदय में अथवा ब्राह्मण में आराधना करे।

बाह्यरूप से शुद्ध होकर (शारीरिक शुद्धि) वेदोक्त सन्ध्या-वन्दनादि नित्यकर्म करने चाहिए। तदनन्तर मेरी आराधना का सुदृढ़ संकल्प कर, वैदिक तथा तान्त्रिक (हठयोग) विधियों से, कर्मबन्धन से मुक्त करने वाली, मेरी पूजा करनी चाहिए। मेरी मूर्ति आठ प्रकार की होती है—पत्थर की, लकड़ी की, धातु की, मिट्टी तथा चन्दन आदि की, चित्रमयी, बालुकामयी, मनोमयी तथा मणिमयी। चल तथा अचल भेद से दो प्रकार की प्रतिमा ही मुझ भगवान् का मन्दिर है। अचल प्रतिमा के पूजन में प्रतिदिन आवाहन तथा विसर्जन नहीं करना चाहिए। चल प्रतिमा के विषय में विकल्प हैं, अर्थात् चाहे विसर्जन करे अथवा न करे। परन्तु बालुकामयी प्रतिमा में आवाहन तथा विसर्जन प्रतिदिन करना चाहिए। मिट्टी तथा चन्दन और चित्रमयी प्रतिमा को स्नान न करावे, केवल मार्जन कर दे। और सब प्रतिमाओं को स्नान कराना चाहिए।

प्रसिद्ध पदार्थों से प्रतिमा में मेरी पूजा की जाती है, परन्तु जो निष्काम भक्त है, वह अनायास (जो सरलता से अथवा अपने आप प्राप्त हो जाये) प्राप्त पदार्थों से तथा भावनामात्र से ही हृदय में मेरी पूजा कर ले।

स्नान, वस्त्र, आभूषण आदि तो पाषाण तथा धातुप्रतिमा के पूजन में

ही उपयोगी हैं। बालुकामयी अथवा मिट्टी की प्रतिमा में मन्त्रों के द्वारा अंग तथा उसके प्रधान देवताओं की पूजा करनी चाहिए। यदि अग्नि में पूजा करनी हो तो, घृत-मिश्रित हवन-सामग्रियों से उसमें आहुति देनी चाहिए। सूर्य को प्रतीक मानकर पूजा में, अर्घ्यदान तथा उपस्थान ही प्रिय है। जल में तर्पण आदि से भी मेरी पूजा की जाती है। जब कोई भक्त हार्दिक श्रद्धा से जल चढ़ाता है, तो मैं उसे स्वीकार करता हूँ। मैं तो श्रद्धापूर्वक अर्पण किये जल से ही प्रसन्न हो जाता हूँ, फिर क्या कहना गन्ध, पुष्प, धूप, दीप तथा नैवेद्य आदि का।

प्रथम, उपासक पूजा की सामग्री एकत्रित कर ले। तदनन्तर कुशा का आसन इस प्रकार बिछाये कि उसका अगला भाग पूर्व की ओर हो। फिर पूर्व अथवा उत्तर की ओर मुँह कर, कुशा आसन पर बैठ जाये। यदि मूर्ति अचल हो, तो उसके सामने ही बैठना चाहिए। अब विधिपूर्वक अंगन्यास तथा करन्यास कर ले। तत्पश्चात् मूर्ति में मन्त्रन्यास करे। मूर्ति पर पूर्व समर्पित सामग्री हटा दे तथा मूर्ति को साफ कर दे। इसके पश्चात् जल से भरे कलश तथा प्रोक्षणपात्र की गन्ध तथा पुष्प से पूजा करे। प्रोक्षणपात्र के जल से पूजासामग्री और अपने शरीर का प्रोक्षण करे। तदनन्तर पाद्य, अर्घ्य तथा आचमन के लिये तीन पात्रों में, कलश में से जल भर कर रख ले और उनमें पूजा-पद्धति के अनुसार सामग्री डाले। फिर तीनों पात्रों को क्रमशः हृदयमन्त्र, शिरोमन्त्र तथा शिखामन्त्र से अभिमन्त्रित कर, अन्त में गायत्री मन्त्र से तीनों को अभिमन्त्रित करे। तत्पश्चात् प्राणायाम के द्वारा प्राणवायु तथा भावनाओं द्वारा शरीरस्थ अग्नि के शुद्ध हो जाने पर हृदयकमल में परम सूक्ष्म और श्रेष्ठ दीपशिखा के समान मेरी जीव-कला का ध्यान करे। बड़े-बड़े ऋषि-मुनि ॐकार के अकार, उकार, मकार, बिन्दु तथा नाद इन-पाँच कलाओं के अन्त में उसी जीवकला का ध्यान करते हैं। वह जीवकला आत्म-स्वरूपिणी है। जब उसके तेज से सारा अन्तःकरण तथा शरीर पूर्ण प्रकाशित हो जाये, तब मानसिक उपचारों से मन-ही-मन उसकी पूजा करनी चाहिए। फिर तन्मय होकर मेरा आवाहन करे तथा प्रतिमा आदि में स्थापना करे। उसके पश्चात् मन्त्रों द्वारा अंगन्यास करके उसमें मेरी पूजा करे।

प्रिय उद्धव! मेरे आसन में धर्म आदि गुणों तथा विमला आदि शक्तियों की भावना करे। अर्थात् आसन के चारों कोनों में धर्म, ज्ञान, वैराग्य तथा ऐश्वर्यरूप चार पाये हैं; अधर्म, अज्ञान, अवैराग्य तथा अनैश्वर्य–ये चार दिशाओं में डंडे हैं; सत्त्व-रज-तम रूप तीन पटरियों की बनी हुई पीठ है; उस पर विमला, उत्कर्षिणी, ज्ञाना, क्रिया, योगा, प्रह्वी, सत्या, ईशाना तथा अनुग्रहा–ये नौ शक्तियाँ विराजमान हैं। उस आसन पर एक अष्टदल कमल है। उसकी कर्णिका अत्यन्त प्रकाशमान है। पीले-पीले केसरों की छटा निराली है। आसन के सम्बन्ध में ऐसी भावना करके पाद्य, आचमीनय तथा अर्घ्य आदि उपचार प्रस्तुत करे। तदनन्तर भोग तथा मोक्ष की सिद्धि के लिये वैदिक तथा तान्त्रिक विधि से मेरी पूजा करे।

सुदर्शनचक्र, पाँचजन्य शंख, कौमोदकी गदा, खड्ग, बाण, धनुष, मूसल, हल–इन आठ आयुधों की पूजा, आठ दिशाओं में करे तथा कौस्तुभमणि, वैजयन्तीमाला तथा श्रीवत्स-चिह्न की वक्षःस्थल पर यथास्थान पूजा करे। नन्द, सुनन्द, प्रचण्ड, चण्ड, महाबल, बल, कुमुद तथा कुमुदेक्षण–इन आठ पार्षदों की आठ दिशाओं में; गरुड़ की सामने; दुर्गा, विनायक, व्यास तथा विष्वक्सेन की चारों कोनों में स्थापना कर पूजा करे। बायीं ओर गुरु की तथा यथाक्रम पूर्वादि दिशाओं में इन्द्रादि आठ लोकपालों की स्थापना करके प्रोक्षण, अर्घ्यदान आदि क्रम से उनकी पूजा करे।

प्रिय उद्धव! यदि सामर्थ्य हो तो प्रतिदिन चन्दन, खस, कपूर, केसर तथा अरगजा आदि सुगन्धित वस्तुओं द्वारा सुवासित जले से मुझे स्नान कराये तथा उस समय '***सुवर्ण धर्म***' इत्यादि स्वर्णधर्मानुवाक, '***जितं ते पुण्डरीकाक्ष***' आदि महापुरुषविद्या, 'सहस्त्रशीर्षा पुरुषः', आदि पुरुषसूक्त तथा '***इन्द्रं नरो नेमाधिता हवन्त***' आदि मन्त्रोक्त राजनादि सामगायन का पाठ करे। मेरा भक्त वस्त्र, यज्ञोपवीत, आभूषण, पत्र, माला, गन्ध, तथा चन्दन आदि से प्रेमपूर्वक मेरा श्रृङ्गार करे तथा श्रद्धा के साथ मुझे पाद्य, आचमन, चन्दन, पुष्प, अक्षत, धूप आदि समाग्रियाँ अर्पित करे। हो सके

तो गुड़, खीर, घृत, पूड़ी, पूए, लड्डू, हलुआ, दही, दाल-भात आदि का भोग लगाये। भगवान् के विग्रह को यथावत उबटन लगाये, चन्दन आदि का लेप कर पञ्चामृत स्नान कराये, दर्पण दिखाये तथा प्रतिदिन उन्हें भोग लगाये।

प्रिय उद्धव! इस प्रकार पूजा के बाद, शास्त्रोक्त विधि से बने हुए कुण्ड में अग्नि की स्थापना करे। वेदी के चारों ओर कुशकण्डिका करके (अर्थात् चारों ओर बीस-बीस कुश बिछाकर मन्त्र पढ़ता हुआ) उन पर जल छिड़के। तदन्तर विधिपूर्वक समिधाओं का आधानरूप अन्वाधान कर्म कर अग्नि के उत्तर में होमोपयोगी सामग्री रखे तथा प्रोक्षणी पात्र के जल से प्रोक्षण करे। इसके पश्चात् अग्नि में मेरा ध्यान करे-मेरे विष्णुरूप, सभी आयुधों तथा आभूषणों से युक्त और कौस्तुभमणि और वनमाला सहित, तथा मेरे सभी चिह्नो सहित। फिर अपने इष्टमन्त्र से अथवा '***ॐ नमो नारायणाय***' तथा पुरुषसूक्त के सोलह मन्त्रों से हवन करे। इसी प्रकार धर्मादि देवताओं के लिए भी विधिपूर्वक मन्त्रों से हवन करे तथा स्विष्टकृत् आहुति भी दे।

इस प्रकार अग्नि में अन्तर्यामीरूप से स्थित भगवान् की पूजा करे, उन्हें नमस्कार करे तथा नन्द-सुनन्द आदि आठ पार्षदों को आठों दिशाओं में हवन-कर्माङ्ग बलि हे। फिर प्रतिमा के सम्मुख बैठ कर भगवान् नारायण का स्मरण करे और उनके मूल मन्त्र '***ॐ नमो नारायणाय***' का जाप करे। तदनन्तर भगवान् को आचमन करावे। उनका प्रसाद विष्वक्सेन को निवेदन करे। फिर दण्डवत् प्रणाम करे। मेरी स्तुति के उपरान्त मुझे समर्पित की हुई माला को अपने शीश पर रखे। यदि विसर्जन करना हो तो ऐसी भावना करे कि प्रतिमा से एक दिव्य ज्योति निकली है तथा वह मेरे हृदय में लीन हो गई है।

यदि सामर्थ्य हो तो भक्त मन्दिर बना कर उसमें मेरी प्रतिमा की स्थापना करे। इस प्रकार पूजा करने से सकामी-भक्त को मन वाञ्छित भोगों की प्राप्ति होती है तथा निष्काम-भक्त को मोक्ष प्राप्त होता है।

अध्याय 28

परमार्थ निरूपण

परमार्थ का निरूपण करते हुए भगवान् श्रीकृष्ण उद्धव जी से कहते हैं- प्रिय उद्धव! व्यवहार रूप से प्रकृति तथा पुरुष-दृश्य तथा द्रष्टा के भेद से दो प्रकार का जगत् जान पड़ता है, परन्तु परमार्थ-दृष्टि से यह सब एक अधिष्ठान-स्वरूप ही है। अतः किसी की स्तुति अथवा निन्दा न करते हुए, अद्वैत-दृष्टि रखनी चाहिए। सभी इन्द्रियाँ राजस अहंकार के कार्य हैं। जब वे निन्द्रावस्था में होती हैं, तब शरीर का अभिमानी जीव चेतनाशून्य हो जाता है तथा उसे बाह्य शरीर की स्मृति नहीं रहती। उस समय मन स्वतन्त्र अवस्था में मिथ्या दृश्य देखने लगता है। केवल सुषुप्ति अवस्था में मन भी शान्त हो जाता है तथा आत्मा (जीव) साक्षी के रूप में रहता है। जब द्वैत विचार नहीं, तो कौन सी वस्तु भली है, कौन सी बुरी है—यह प्रश्न ही समाप्त हो जाता है। देहादि सभी वस्तुएँ मिथ्या हैं (एक दृश्यमात्र)। परन्तु यह सत्यता केवल ज्ञान के उदय होने पर होती है।

जो कुछ प्रत्यक्ष अथवा परोक्ष वस्तु है, वह आत्मा ही है। वह सर्वशक्तिमान् भी है। इस जगत् का निमित्त कारण तथा उपादान-कारण वही है। वही विश्व बनता है और वही विश्व बनाता है। वही रक्षक है तथा वही रक्षित। सर्वात्मा भगवान् ही उसका संहार करते हैं तथा जिसका संहार होता है, वह भी वही हैं। प्रतीती से, आत्मा जगत् से भिन्न है, परन्तु आत्मदृष्टि से इसके अतिरिक्त और कुछ है ही नहीं। आत्मा में सृष्टि-स्थिति-संहार अथवा अध्यात्म, अधिदैव तथा अधिभूत—ये तीन-तीन प्रकार की प्रतीतियाँ सर्वथा निर्मूल ही हैं। यह सत्त्व, रज तथा तम के कारण प्रतीत होने वाली द्रष्टा, दर्शन दृश्य आदि की विविधता केवल माया का खेल है। अतः इस स्थिति को जानने वाला ज्ञानी इस जगत् में सूर्य के समान समभाव से विचरण करता है, अर्थात् न किसी की निन्दा, न स्तुति।

उद्धवजी ने पूछा, भगवन्! आत्मा द्रष्टा है तथा देह दृश्य है। आत्मा स्वयंप्रकाश है तथा देह जड़ है। ऐसी स्थिति में जन्म-मृत्युरूप संसार न शरीर को हो सकता है, न आत्मा को। परन्तु इसका होना भी उपलब्ध है। फिर यह होता किसे है? आत्मा स्वयंप्रकाश, अविनाशी तथा शरीर विनाशी, गुणों से घिरा हुआ है। आत्मा यदि अग्नि के समान प्रकाशमान है, तो यह शरीर काठ के समान अचेतन। इस अवस्था में जन्म-मृत्यु संसार है किसे?

भगवान् श्रीकृष्ण ने कहा, प्रिय उद्धव! यद्यपि संसार का अस्तित्व नहीं है, फिर भी जब तक देह, इन्द्रिय तथा प्राणों के साथ आत्मा की सम्बन्ध-भ्रान्ति है, यह सत्य प्रतीत होता है। अहंकार ही शोक, हर्ष, भय, क्रोध, लोभ, मोह, स्पृहा तथा जन्म-मृत्यु का बोधक है (उससे इन सब की भ्रान्ति होती है)। जब देह, इन्द्रिय, प्राण तथा मन में स्थित आत्मा, उन्हें अपना स्वरूप मान लेता है, तब उसका नाम 'जीव' हो जाता है। उस सूक्ष्म से भी सूक्ष्म आत्मा की मूर्ति है—गुण तथा कर्मों का बना हुआ लिंग-शरीर। उसे ही कहीं सूत्रात्मा कहा जाता है, तो कहीं महतत्त्व। वही कालरूप परमेश्वर के अधीन होकर, जन्म-मृत्युरूप संसार में भटकने लगता है। वास्तव में मन, वाणी, प्राण तथा शरीर, अहंकार के ही कार्य हैं। आत्मा तथा अनात्मा के स्वरूप को पृथक्-पृथक् समझना ही ज्ञान है।

प्रिय उद्धव! सोने से कंगन, कुण्डल आदि आभूषण बनते हैं, परन्तु जब आभूषण न हों तो उनका मूल आधार सोना ही रहता है। इसी प्रकार जगत् का आदि-अन्त-मध्य, मैं ही हूँ। मैं ही केवल सत्य हूँ। मन की तीनों अवस्थाओं के कारण, तीन गुण ही हैं। जगत् के भी तीन भेद हैं—अध्यात्म, अधिभूत तथा अधिदैव। इन तीनों से परे तथा इनमें अनुगत, चौथा ब्रह्मतत्त्व है—तथा वह ही सत्य है। जो उपत्ति से पहले नहीं था, प्रलय के पश्चात् भी नहीं रहेगा—वह बीच में भी नहीं है (ऐसा समझना चाहिए)। यह जो विकारमयी राजस सृष्टि है, यह न होने पर भी दिखाई दे रही है। वास्तव में यह सब ब्रह्म ही है। सृष्टि, जो चौबीस तत्त्वों का निरूपण है, वह भी ब्रह्म ही है। अतः सब कुछ ब्रह्म ही है। वह ही सत्य

है। निषेध करने की प्रक्रिया इस प्रकार है–पृथ्वी का विकार होने के कारण, शरीर आत्मा नहीं है। इन्द्रिय, उनके अधिष्ठातृ देवता, प्राण, वायु, जल, अग्नि तथा मन भी आत्मा नहीं हैं, क्योंकि इनका धारण-पोषण शरीर के समान ही अन्न के द्वारा होता है। बुद्धि, चित्त, अहंकार, आकाश, पृथ्वी, शब्द-आदि विषय तथा गुणों की साम्यावस्था प्रकृति भी आत्मा नहीं है, क्योंकि ये सबके-सब दृश्य तथा जड़ हैं।

प्रिय उद्धव! जिसे मेरे स्वरूप का ज्ञान हो गया है, उसकी वृत्तियाँ तथा इन्द्रियाँ शान्त रहती हैं (संयम में रहती हैं)। वास्तव में वह इन्द्रिय तथा वृत्तियों के वश में नहीं रहता। जिस प्रकार वायु आकाश को सुखा नहीं सकती, जल गीला नहीं कर सकता, आग जला नहीं सकती, धूल उसे मैला नहीं कर सकती–इसी प्रकार सत्त्वगुण, रजोगुण तथा तमोगुण की वृत्तियाँ तथ कर्म–अविनाशी आत्मा का स्पर्श नहीं कर सकते। जैसे भलीभाँति चिकित्सा न करने से रोग पुनः उभर आता है, इसी प्रकार जिसके मन की वासनायें नष्ट नहीं हुईं तथा कर्मों के संस्कार मिटे नहीं, वह बार-बार योगभ्रष्ट हो जाता है। अधूरा योगी यदि मार्गच्युत हो जाये तो वह पूर्व संस्कारों के कारण पुनः योगाभ्यास में लग जाता हैं। जीव संस्कारवश, जन्म से मृत्यु तक (शरीर के जन्म से मृत्यु तक) कर्म में ही व्यस्त रहता है तथा इस प्रकार इष्ट-अनिष्ट, हर्ष-विषाद आदि विकारों को प्राप्त होता रहता है। परन्तु जिसने तत्त्व का साक्षात्कार कर लिया है, वह प्रकृति में स्थित रहने पर भी संस्कारानुसार कर्म करने पर भी बुद्धि की इष्ट-अनिष्ट कल्पना से हर्ष-विषाद आदि विकारों को प्राप्त नहीं होता।

जो अपने स्वरूप में स्थित हो गया है, वह निश्चेष्ट सा हो जाता है। वह सभी कर्मों को प्रकृति (गुणों) द्वारा हुआ मानता है। उसकी वृत्ति आत्मरूप में स्थित रहती है। प्रथमतः गुण तथा कर्मों से युक्त देह, इन्द्रिय आदि पदार्थ अज्ञानवश आत्मा से अभिन्न मान लिये गये थे, यह विवेक नहीं था, परन्तु आत्मदृष्टि होने से अज्ञान तथा उसके कार्यों की निवृत्ति हो जाती है। अतः अज्ञान की निवृत्ति ही अभीष्ट है। वृत्तियों द्वारा न तो

आत्मा का ग्रहण हो सकता है, न त्याग। आत्मा नित्य अपरोक्ष है, उसकी प्राप्ति नहीं करनी पड़ती। वह स्वयंप्रकाश है। उसमें किसी प्रकार का विकार नहीं। वह जन्मरहित है। आत्मा में देश, काल तथा वस्तुकृत परिच्छेद न होने के कारण अस्तित्व, वृद्धि, परिवर्तन, ह्रास तथा विनाश उसका स्पर्श नहीं कर सकते। जब मन तथा वाणी आत्मा को अपना अविषय समझकर निवृत्त हो जाते हैं तब वही सजातीय, विजातीय तथा स्वगत भेद से शून्य, एक अद्वितीय रह जाता है।

प्रिय उद्धव! अद्वितीय आत्मतत्त्व में अर्थहीन नामों के द्वारा विविधता मान लेना ही भ्रम है, अज्ञान है। जो साधक मेरा आश्रय लेकर, मेरे द्वारा कही हुई योगसाधना में संलग्न रहता है, उसे कभी कोई भी विघ्न-बाधा गिरा नहीं सकती। उसकी सारी कामनाएँ नष्ट हो जाती हैं तथा वह आत्मानन्द की अनुभूति में मग्न हो जाता है।

अध्याय 29

भागवत-धर्म निरूपण

भागवत धर्म के विषय में जिज्ञासा प्रकट करते हुए उद्धवजी भगवान् श्रीकृष्ण से कहते हैं, हे अच्युत! जो अपना मन वश में करने में असमर्थ है, उसके लिये आपकी बताई हुई योग-साधना बड़ी कठिन है। अतः आप कोई ऐसा सरल उपाय बताइये जिससे साधारण मनुष्य भी आपके परम-पद को प्राप्त कर सके। आपके ही द्वारा सारे संसार का नियन्त्रण होता है। अतः योगी आपके आनन्दवर्षी चरणकमलों की शरण लेते हैं तथा अनायास ही भवसागर से तर जाते हैं। ब्रह्मा आदि लोकेश्वर भी अपने दिव्य किरीटों को आपके चरणकमलों में रखने के लिये सदा उद्यत रहते हैं। आप सबके प्रियतम, स्वामी तथा आत्मा हैं। भगवन्! आप

समस्त प्राणियों के अन्तःकरण में अन्तर्यामी रूप से तथा बाहर गुरु रूप में स्थित हैं।

भगवान् श्रीकृष्ण ने कहा, प्रिय उद्धव! अब मैं तुम्हें अपने मंगलमय भागवत धर्मों का उपदेश करता हूँ। मेरे भक्त को चाहिए कि वह अपने सारे कर्म मेरे लिये ही करे तथा कर्म करते समय मेरे स्मरण का अभ्यास करे। इस प्रकार कुछ ही समय में उसका मन तथा आत्मा मेरे ही धर्मों में लग जायेंगे। मेरे भक्त-साधुजन जिन पवित्र स्थानों पर निवास करते हैं—उन्हीं में रहे तथा देवता, मनुष्य, असुर, जो मेरे अनन्य भक्त हों—उनके आचरण का अनुसरण करे। शुद्ध अन्तःकरण पुरुष आकाश के समान बाहर-भीतर परिपूर्ण तथा आवरणशून्य मुझ परमात्मा को समस्त प्राणियों में तथा अपने हृदय में स्थित देखे। ऐसा समदर्शी पुरुष ही वास्तव में ज्ञानी है। जब निरन्तर, सभी नर-नारियों (प्राणियों) में मेरी ही भावना की जाती है, तब कुछ ही समय में साधक के चित्त से स्पर्द्धा, ईर्ष्या, तिरस्कार तथा अहंकार आदि दोष समाप्त हो जाते हैं।

प्रिय उद्धव! जब इस प्रकार सर्वत्र आत्मबुद्धि का अभ्यास किया जाता है, तब थोड़े ही समय में उस भक्त को ज्ञान हो जाता है, तथा उसे सब कुछ ब्रह्म ही दीखने लगता है। ऐसी दृष्टि हो जाने पर सारे संशय-सन्देह मिट जाते हैं तथा वह सब जगह मेरा साक्षात्कार कर संसारदृष्टि से उपराम हो जाता है। मेरी प्राप्ति के जितने भी साधन हैं, उनमें सबसे श्रेष्ठ साधन यही है। यही मेरा भागवत धर्म है। इसका पालन करने से, किसी विघ्न आने से भी इसमें कोई अन्तर नहीं पड़ता, क्योंकि यह धर्म निष्काम है तथा मैंने ही इसे निर्गुण होने के कारण सर्वोत्तम निश्चय किया है।

प्रिय उद्धव! इस प्रकार सम्पूर्ण ब्रह्मविद्या का रहस्य मैंने संक्षेप में तुम्हें सुनाया है। इसके रहस्य को समझना देवताओं के लिये भी कठिन है। यह मेरा-तुम्हारा संवाद परम-पवित्र है। जो प्रतिदिन इसका पाठ करेगा अथवा दूसरों को सुनायेगा तथा जो इसे श्रद्धापूर्वक सुनेगा—उसे मेरी पराभक्ति प्राप्त होगी। क्या तुम ने भलीभाँति ब्रह्म का स्वरूप समझ

लिया? क्या तुम्हारे चित्त का मोह तथा शोक दूर हो गया है? जिस समय मनुष्य समस्त कर्मों का परित्याग कर, मुझे आत्मसमर्पण कर देता है, उस समय वह मेरा विशेष माननीय हो जाता है तथा मैं उसको जीवत्व से छुड़ाकर अमृतस्वरूप मोक्ष की प्राप्ति करा देता हूँ तथा वह मुझमें मिलकर मेरा स्वरूप हो जाता है।

भगवान् श्रीकृष्ण तथा उद्धवजी का संवाद सुना कर, श्री शुकदेवजी राजा परीक्षित् से कहते हैं–परीक्षित्! अब उद्धवजी योगमार्ग का पूर्ण रूप से उपदेश प्राप्त कर चुके थे। भगवान् श्रीकृष्ण की बात सुनकर उनकी आँखें अश्रुपूर्ण हो गईं। उनका गला प्रेम की बाढ़ से रुँध गया। उन्होंने चुपचाप हाथ जोड़े तथा वाणी से कुछ नहीं बोले। उनका चित्त प्रेमवश विह्वल हो गया था। उन्होंने धैर्यपूर्वक अपने को सम्भाला। अपने को अत्यन्त सौभाग्यशाली मानते हुए उन्होंने शिर से यदुवंश शिरोमणि भगवान् श्रीकृष्ण के चरणों का स्पर्श किया तथा हाथ जोड़कर उनसे प्रार्थना की।

उद्धवजी ने कहा, प्रभो! आप माया तथा ब्रह्मा आदि के भी मूल-कारण हैं। मैं मोह के महान् अन्धकार में भटक रहा था। आपके सत्संग से वह सदा के लिये दूर हो गया। भगवन्! आपकी मोहिनी माया ने मेरा ज्ञान-दीप क्षीण कर दिया था, परन्तु आपकी कृपा से वह पुनः प्रदीप्त हो गया। आपने अपनी माया से सृष्टि-वृद्धि के लिये दाशार्ह, वृष्णि, अन्धक तथा सात्वतवंशी यादवों के साथ मुझे दृढ़ स्नेहपाश से बान्ध दिया था। आज आपने मुझे आत्मबोध करा उससे मुक्त कर दिया। महायोगश्वर! मेरा आपको नमस्कार है। अब आप मुझे आज्ञा दीजिए, जिससे आपके चरणकमलों में मेरी अनन्य-भक्ति बनी रहे।

भगवान् श्रीकृष्ण ने कहा, प्रिय उद्धव! अब तुम बदरीवन में चले जाओ। वह मेरा ही आश्रम है। वहाँ मेरे चरणधोवन गंगाजल का स्नान कर तुम पवित्र हो जाओगे। अलकनन्दा के दर्शनमात्र से तुम्हारे सारे पाप-ताप नष्ट हो जायेंगे। वहाँ तुम संन्यासियों की भाँति रहना। अपनी वाणी तथा चित्त मुझमें लगाये रखना तथा मेरे कहे हुए भागवत धर्म में

प्रेमपूर्वक रम जाना। इस प्रकार तुम त्रिगुण तथा उनसे सम्बन्ध रखने वाली गतियों को पार कर मेरे परमार्थ-स्वरूप में मिल जाओगे।

भगवान् श्रीकृष्ण की आज्ञा पाकर, उद्धवजी ने उनकी परिक्रमा की तथा उनके चरणकमलों पर अपना शीश रख दिया। यद्यपि श्रीभगवान् के उपदेश से उद्धवजी निर्द्वन्द्व हो चुके थे, तथापि वहाँ से चलते हुए उनकी आँखें अश्रुपूर्ण थीं। उनके अश्रुओं ने भगवान् श्रीकृष्ण के चरणकमल भिगो दिये। श्रीभगवान् के वियोग की कल्पनामात्र से ही उद्धवजी विचलित हो गये थे। वे उनको छोड़ने में असमर्थ थे। उन्होंने भगवान् श्रीकृष्ण की चरणपादुकायें अपने शीश पर रख लीं तथा बार-बार भगवान् श्रीकृष्ण को प्रणाम कर वहाँ से प्रस्थान किया। भगवान् की सुन्दर छवि को हृदय में बसाये वे बदरिकाश्रम पहुँचे तथा वहाँ उन्होंने तपोमय जीवन व्यतीत कर, जगत् के एकमात्र हितैषी भगवान् श्रीकृष्ण के उपदेशानुसार उनकी स्वरूपभूत परमगति प्राप्त की।

भगवान् शंकर आदि योगेश्वर भी सच्चिदानन्दस्वरूप भगवान् श्रीकृष्ण के चरणकमलों की सेवा करते हैं। भगवान् श्रीकृष्ण ने स्वयं अपने मुखारविन्द से अपने परम प्रेमी भक्त उद्धव के लिये इस ज्ञानामृत का वितरण किया। श्री शुकदेवजी कहते हैं कि भगवान् श्रीकृष्ण ने भक्तों को संसार से मुक्त करने के लिये यह ज्ञान-विज्ञान, वेदों का सार, प्रकट किया है।

अध्याय 30

यदुकुल संहार

राजा परीक्षित् के पूछने पर कि यदुवंश शिरोमणि भगवान् श्रीकृष्ण ने अपने कुल के ब्रह्मशाप-ग्रस्त होने पर, अपने दिव्य श्रीविग्रह की लीला का संवरण कैसे किया, तो श्री शुकदेवजी कहते हैं—परीक्षित्! जब

भगवान् श्रीकृष्ण ने देखा कि आकाश, पृथ्वी तथा अन्तरिक्ष में बड़े उत्पात हो रहे हैं, तब उन्होंने सुधर्मा-सभा में उपस्थित सभी यदुवंशियों से ये वचन कहे—श्रेष्ठ यदुवंशियो! द्वारका में भयंकर उत्पात होने लगे हैं। ये अपशकुन के संकेत हैं तथा अनिष्ट के सूचक हैं। अतः अब हमें यहाँ नहीं रहना चाहिए। स्त्रियाँ, बच्चे तथा वृद्ध यहाँ से शंखोद्धारक्षेत्र में चले जायें तथा हमलोग प्रभासक्षेत्र में चले जाते हैं वहाँ सरस्वती नदी पश्चिम की ओर बहकर सागर में जा मिलती है। हम वहाँ स्नान कर पवित्र होंगे तथा चन्दन आदि सामग्रियों से देवताओं की पूजा करेंगे। स्वस्तिवाचन के पश्चात् हम गौ, भूमि, वस्त्र, सोना, हाथी, घोड़े, रथ तथा रहने के भवन आदि ब्राह्मणों को दान देंगें। यह विधि सब प्रकार के अमंगल का नाश करने वाली, परम मंगलमयी है।

सभी वरिष्ठ यदुवंशियों ने भगवान् श्रीकृष्ण के इस सुझाव का अनुमोदन किया तथा शीघ्र ही नौकाओं द्वारा समुद्र पार करके, रथों द्वारा प्रभासक्षेत्र की यात्रा की। वहाँ पहुँचकर भगवान् श्रीकृष्ण की आज्ञानुसार उन्होंने बड़ी श्रद्धा से शान्तिपाठ आदि तथा सब प्रकार के मंगलकृत्य किये। परन्तु दैव ने उनकी बुद्धि भ्रमित कर दी थी। इस कारण वे मैरेयक नामक मदिरा का पान करने लगे। इससे उनकी बुद्धि भ्रष्ट हो गई। उस तीव्र मदिरा पान से सबके सब उन्मत्त हो गये तथा घमंडवश एक-दूसरे से लड़ने लगे। यहाँ तक कि देखते ही देखते, परस्पर की लड़ाई ने, एक युद्ध का रूप ले लिया। सभी ने अपने-अपने शस्त्र निकाल लिये, अर्थात् धनुष-बाण, खड्ग, भाले, गदा, तोमर आदि। अपने-अपने रथों, घोड़ों तथा हाथियों का भी प्रयोग होने लगा। समुद्र तट एक युद्धभूमि बन गया। प्रद्युम्न साम्ब से, अक्रूर भोज से, अनिरुद्ध सात्यकि से, सुभद्र संग्रामजित् से, भगवान् श्रीकृष्ण के भ्राता गद उसी नाम के उनके पुत्र से तथा सुमित्र सुरथ से युद्ध करने लगे। इसी प्रकार निशठ, उल्मुक, सहस्त्रजित्, शतजित् तथा भानु आदि यादव भी परस्पर युद्ध करने लगे। मदिरा के नशे में, सौहार्द तथा प्रेम को भूलकर—दाशार्ह, वृष्णि, अन्धक, भोज, सात्वत, मधु, अर्बुद, माथुर, शूरसेन, विसर्जन, कुकुर तथा कुन्ति आदि वंशों के लोग शत्रुओं की भाँति एक-दूसरे को

मारने लगे। कदाचित् वे भगवान् श्रीकृष्ण की माया से मोहित होकर ही यह सब कर रहे थे। अपने धाम जाने के पूर्व भगवान् श्रीकृष्ण, अपनी माया समेटना चाहते थे, कि पराक्रमी यदुवंशी कहीं मदान्ध होकर स्वयं ही पृथ्वी का भार न बन जायें।

युद्ध करते-करते जब सबके अस्त्र-शस्त्र नष्ट हो गये, तब वे समुद्र तट पर लगी हुई एरका नाम की घास–जो कि ऋषि-शाप के कारण लोहमय मूसल के चूर्ण से उगी थी, कठोर वज्र में परिणत हो गई थी। अब वे उसे उखाड़ कर, उसी से युद्ध करने लगे। जिस प्रकार बाँसों की रगड़ से उत्पन्न दावानल सम्पूर्ण वन को जला कर भस्म कर देता है, वैसे ही ब्राह्मण शाप-ग्रस्त तथा भगवान् श्रीकृष्ण की माया से मोहित यदुवंशियों ने एक-दूसरे का संहार कर, यदुवंश को नष्ट कर दिया।

तत्पश्चात् बलरामजी ने समुद्रतट पर बैठकर एकाग्रचित्त से, परमात्माचित्त होकर, अपने आत्मा को आत्मस्वरूप में स्थिर कर मनुष्य शरीर को त्याग दिया। बलरामजी के शरीर त्यागने पर, भगवान् श्रीकृष्ण एक पीपल के पेड़ के नीचे, धरती पर ही बैठ गये तथा अपनी पीठ वृक्ष के तने से टेक दी। इस समय उन्होंने अपनी अंगकान्ति से देदीप्यमान चतुर्भुज रूप धारण कर लिया तथा उनके प्रकाश से चारो दिशाएँ प्रकाशमान हो गईं। वे अपने सभी चिह्नों सहित, पीताम्बर वस्त्रों में सुशोभित थे। उस समय भगवान् अपनी दाहिनी जाँघ पर बायाँ चरण रखकर लेटने की मुद्रा में थे। उनके चरणकमल का तलवा, रक्तवर्ण कमल के समान चमक रहा था।

उसी वन में जरा नाम का एक बहेलिया रहता था। उसने मूसल के बचे हुए लोह-अंश से अपने बाण की नोक बना ली थी। दूर से उसे भगवान् श्रीकृष्ण का ज्योतिर्मय चरण, हरिन के मुख के समान लगा। उसे हरिन समझ कर, उसने उसी बाण से भगवान् के चरण को बींध दिया।

जब वह उनके समीप आया तो उसने भगवान् श्रीकृष्ण को चतुर्भुज रूप में देखा। उन्हें देखकर वह काँपने लगा तथा उनके चरणों में गिर पड़ा। उसने कहा, हे मधुसूदन! मैंने अनजाने में यह पाप किया है। आप यशस्वी तथा निर्विकार हैं। कृपया आप मेरा यह अपराध क्षमा करें। हे

सर्वव्यापक सर्वशक्तिमान् प्रभो! ऋषि लोग कहते हैं कि आपके तो स्मरणमात्र से ही सारे पाप धुल जाते हैं। मैं निरपराध हरिनों को मारने वाला पापी हूँ। आप मुझे अभी मार डालिये। बड़े-बड़े ज्ञानियों की भी बुद्धि आपकी माया से भ्रमित हो जाती है। फिर हम तो अधम तथा पापयोनि के मनुष्य हैं।

भगवान् श्रीकृष्ण ने कहा, हे जरे! तू डर मत। यह कर्म तो तुमने मेरी ही इच्छा से किया है, अर्थात् मेरे ही कार्य को पूरा किया है। अतः तू अब स्वर्ग में निवास करेगा।

श्री शुकदेवजी कहते हैं—परीक्षित्! भगवान् श्रीकृष्ण तो अपनी इच्छा से शरीर धारण करते हैं। जब उन्होंने जरा व्याध को यह आदेश दिया तो उसने उनकी तीन बार परिक्रमा की तथा देवताओं के भेजे हुए विमान पर बैठ कर स्वर्ग चला गया।

भगवान् श्रीकृष्ण का सारथि दारुक भी उनको खोजता हुआ उनके पास आ गया। उसने देखा भगवान् श्रीकृष्ण पीपल के वृक्ष के नीचे विराजमान हैं। असह्य तेज वाले आयुध मूर्तिमान् होकर उनकी सेवा में संलग्न हैं। उन्हें देखकर दारुक ही आँखों से अश्रुधारा बहने लगी तथा वह रथ से कूदकर उनके चरणों पर गिर पड़ा। उसने कहा, हो प्रभो! रात्रि के समय चलने वाले पथिक की, चन्द्रमा के अस्त होने पर जैसी दशा होती है, वैसी ही दशा प्रभो मेरी आपके चरणकमलों से दूर होने पर थी। अब न तो मुझे दिशाओं का ज्ञान है तथा न ही मेरे हृदय में शान्ति है। देखते ही देखते भगवान् के दिव्य-आयुध तथा रथ भी चले गये। इस दृश्य को देखकर दारुक स्तब्ध सा रह गया। तब भगवान् ने कहा—दारुक तुम द्वारका चले जाओ तथा वहाँ जाकर यदुवंशियों के पारस्परिक संहार तथा भैया बलरामजी की परमगति और मेरे स्वधाम-गमन का वखान करो। अब आप सबको द्वारंका नहीं रहना चाहिए। मेरे न रहने पर, सागर द्वारकानगरी को अपनी गोद में ले लेगा। अतः सब लोक अपनी-अपनी धन-सम्पत्ति तथा परिवार के सदस्यों को लेकर, अर्जुन के संरक्षण में, इन्द्रप्रस्थ चले जाओ।

दारुक! तुम मेरे द्वारा उपदिष्ट भागवतधर्म का आश्रय लो तथा ज्ञाननिष्ठ होकर, सब कुछ त्याग दो। इस दृश्य को मेरी माया की रचना समझ कर शान्त हो जाओ।

श्रीभगवान् का यह आदेश पाकर तथा उनकी परिक्रमा कर, दारुक बड़े उदास मन से, द्वारका चला गया।

अध्याय 31

भगवान् श्रीकृष्ण–स्वधामगमन

श्री शुकदेवजी कहते हैं–परीक्षित्! दारुक के चले जाने के पश्चात् ब्रह्माजी, शिव–पार्वतीजी, इन्द्रादि लोकपाल, मरीचि आदि प्रजापति, बड़े–बड़े ऋषि–मुनि, पितर, किन्नर, सिद्धगण, गन्धर्व, विद्याधर, अप्सराएँ, गरुड़लोक के विभिन्न पक्षीराज तथा मैत्रेय आदि ब्राह्मण, भगवान् श्रीकृष्ण के परमधाम–प्रस्थान को देखने के लिये बड़ी उत्सुकता से वहाँ आये। उनके विमानों से सारा आकाश भर गया तथा वे इनकी लीलाओं का गान करते हुए उन पर पुष्प–वर्षा कर रहे थे।

सर्वव्यापक भगवान् श्रीकृष्ण ने ब्रह्माजी तथा अपने विभूतिरूप देवताओं को देखकर, अपने आपको अपने स्वरूप में स्थित कर, अपने कमल के समान नेत्र बन्द कर लिये।

भगवान् का श्रीविग्रह उपासकों के ध्यान तथा धारणा का मंगलमय आधार है तथा समस्त लोकों के लिये परम रमणीय आश्रय है। वे सशरीर अपने धाम चले गये। उस समय स्वर्ग में नगारे बजने लगे तथा आकाश से पुष्प–वर्षा होने लगी। भगवान् श्रीकृष्ण के पीछे–पीछे सत्य, धर्म, धैर्य, कीर्ति तथा श्रीदेवी मूर्तिरूप में चली गईं।

भगवान् श्रीकृष्ण की गति मन तथा वाणी से परे है। जब वे अपने धाम में प्रवेश करने लगे, तब ब्रह्मादि देवता भी उन्हें देख न सके तथा

न ही उनकी गति के सम्बन्ध में कुछ जान सके। ब्रह्माजी तथा भगवान् शंकर आदि देवता, भगवान् की यह परमयोगमयी गति देखकर बड़े विस्मित हुए तथा उनकी सराहना करते हुए अपने-अपने लोक को चले गये।

परीक्षित्! भगवान् का मनुष्य के समान जन्म लेना, लीला करना तथा फिर उसे सवंरण कर लेना–उनकी मायामात्र है। वे स्वयं ही इस जगत् की सृष्टि कर, इसमें प्रवेश कर, विहार करते हैं तथा अन्त में इस सृष्टि का संहार कर, अपने अनन्त महिमामय स्वरूप में स्थित हो जाते हैं।

भगवान् श्रीकृष्ण के आदेशानुसार उनका सारथि दारुक द्वारका आया तथा अश्रुपूर्ण नेत्रों से वसुदेवजी तथा उग्रसेनजी के चरणों में गिर पड़ा। उसने अपने ऊपर संयम रखते हुए, यदुवंशियों के विनाश का पूरा वृत्तान्त उन्हें सुना दिया। इसे सुनकर वसुदेवजी तथा उग्रसेनजी अत्यन्त दुःखी हुए तथा द्वारकावासी तो प्रायः मूर्छित ही हो गये।

देवकी तथा रोहिणीजी अपने पुत्रों को न पाकर शोकपीड़ा से वेसुध हो गईं। अपने पुत्रों के विरह को न सहन कर, उन्होंने अपने प्राण त्याग दिये। बलरामजी तथा श्रीकृष्णजी की पत्नियों तथा उनकी पट्टरानियों, रुक्मिणी आदि ने, अपने को उनके ध्यान में लगाकर, अग्नि में प्रवेश कर लिया।

अर्जुन अपने प्रियतम सखा भगवान् श्रीकृष्ण का वियोग सहने में असमर्थ था, परन्तु श्रीभगवान् का आदेश स्मरण कर उसने मृत यदुवंशियों का विधिपूर्वक श्राद्ध तथा पिण्डदान कराया। भगवान् श्रीकृष्ण का निवास स्थान छोड़ कर, सागर ने सारी द्वारका नगरी को अपने जल में डुबो दिया। भगवान् श्रीकृष्ण का वह निवास स्थान पूजनीय है। उनका सामीप्य अभी भी वहाँ उपलब्ध है, क्योंकि उनका वहाँ सदा निवास है।

बचे हुए वृद्ध, बालक तथा स्त्रियों को लेकर अर्जुन इन्द्रप्रस्थ आ गये। वहाँ इन लोगों को बसा कर, उन्होंने अनिरुद्ध के पुत्र वज्र का राज्याभिषेक किया।

यदुवंशियों के इस संहार से युधिष्ठिर अति व्याकुल हुए। अब

भगवान् श्रीकृष्ण अपने धाम को चले गये थे। अतः महाराज युधिष्ठिर ने **भी** अपना राज्यपद त्याग कर, अपने वंशधर परीक्षित् का राज्याभिषेक कर, हिमालय की यात्रा की।

द्वादश स्कन्ध

अध्याय 1

कलियुग के राजवंशों का वर्णन

कलियुग के राजवंशों का वर्णन करते हुए, श्री शुकदेवजी राजा परीक्षित् से कहते हैं–परीक्षित्! जरासन्ध के पिता बृहद्रथ के वंश में अन्तिम राजा होगा पुरञ्जय। उसका मन्त्री शुनक उसे मार देगा तथा अपने पुत्र प्रद्योत को राजसिंहासन पर अभिषिक्त करेगा। प्रद्योत का पुत्र होगा पालक, पालक का विशाखयूप, उसका राजक तथा राजक का पुत्र होगा नन्दिवर्द्धन। प्रद्योतवंश में यही पाँच राजा होंगे। यह वंश 138 वर्ष राज्य करेगा।

इसके पश्चात् शिशुनाग नाम का राजा होगा। शिशुनाग का पुत्र काकवर्ण तथा उसका क्षेमधर्मा तथा क्षेमधर्मा का पुत्र होगा क्षेत्रज्ञ तथा उसका विधिसार, उसका अजातशत्रु, फिर दर्भक और दर्भक का पुत्र होगा अजय। अजय का नन्दिवर्द्धन तथा उसका महानन्दि पुत्र होगा। शिशुनाग वंश में ये दस राजा होंगे। यह वंश 360 वर्ष राज्य करेगा।

महानन्दि की शूद्रा पत्नी के गर्भ से होगा नन्द। यह बड़ा बलवान् होगा। महानन्दि 'महापद्म' नामक निधि का अधिपति होगा। अतः लोग इसे महापद्म भी कहेंगे।

महापद्म पृथ्वी का एक–छत्र राजा होगा। उसके सुमाल्य आदि आठ पुत्र होंगे। वे सभी राजा होंगे (राज्य के भिन्न–भिन्न भागों के) तथा 100 वर्ष तक राज्य–भोग करेंगे। कौटिल्य, वात्स्यायन तथा चाणक्य नाम से प्रसिद्ध एक ब्राह्मण, नन्द तथा उनके सुमाल्य आदि आठ पुत्रों का नाश करेगा। उनका नाश होने पर कलियुग में मौर्यवंशी नरपति राज्य करेंगे। चाणक्य ही पहले राजा चन्द्रगुप्त मौर्य का राज्याभिषेक करेगा। चन्द्रगुप्त का पुत्र होगा वारिसार तथा उसका अशोकवर्द्धन। अशोकवर्द्धन का पुत्र

होगा सुयश। उसका संगत, संगत का शालिशूक तथा शालिशूक का पुत्र होगा सोमशर्मा। सोमशर्मा का शतधन्वा तथा शतधन्वा का पुत्र होगा बृहद्रथ। ये राजा (मौर्यवंश के) 137 वर्ष तक राज्य करेंगे।

बृहद्रथ का सेनापति होगा पुष्पमित्र शुंग। वह अपने स्वामी को मारकर स्वयं राजा बन जायेगा। पुष्पमित्र का पुत्र होगा अग्निमित्र तथा अग्निमित्र का पुत्र होगा सुज्येष्ठ। सुज्येष्ठ का पुत्र होगा वसुमित्र, उसका भद्रक तथा भद्रक का पुलिन्द। उसका घोष तथा घोष का पुत्र होगा वज्रमित्र। उसका पुत्र होगा भागवत तथा उसका देवभूति। इस वंश के ये दस नरपति 112 वर्ष तक राज्य करेंगे।

शुंगवंशी राजाओं के पश्चात् राज्य कण्ववंशी नरपतियों के पास चला जायेगा। शुंगवश के अन्तिम राजा देवभूति का वध कर उसका मन्त्री कण्ववंशी वसुदेव राज्य करेगा। वसुदेव का पुत्र होगा भूमित्र, भूमित्र का नारायण तथा नारायण का सुशर्मा। कण्ववंश के ये चार नरपति 345 वर्ष राज्य करेंगे।

कण्ववंशी सुशर्मा को उसका एक शूद्र सेवक मार देगा तथा कुछ समय तक वह राज्य करेगा। तदनन्तर उसका भ्राता कृष्ण राजा होगा। कृष्ण का पुत्र होगा श्रीशान्तकर्ण तथा उसका पौर्णमास। पौर्णमास का पुत्र होगा लम्बोदर तथा लम्बोदर का पुत्र होगा चिबिलक। चिबिलक का मेघस्वाति, मेघस्वाति का अटमान, उसका अनिष्टकर्मा, अनिष्टकर्मा का पुत्र होगा हालेय, उसका तलक, तलक का पुत्र पुरीषभीरु और उसका पुत्र होगा सुनन्दन तथा उसका चकोर। चकोर के आठ पुत्र होंगे तथा वे 'बहु' कहलायेंगे। इन सबमें वीर होगा शिवस्वाति, सबसे छोटा तथा शत्रुओं को दमन कर वह राज्य करेगा। शिवस्वाति का पुत्र होगा गोमतीपुत्र तथा उसका पुरीमान्। पुरीमान् का पुत्र होगा मेद:शिरा उसका शिवस्कन्द तथा उसका यज्ञश्री और यज्ञश्री का पुत्र होगा विजय। विजय के दो पुत्र होंगे–चन्द्रविज्ञ तथा लोमधि। ये तीस राजा, 456 वर्ष तक राज्य करेंगे।

इसके पश्चात् अवभृति-नगरी के सात आभीर, दस गर्दभी तथा सोलह कंक पृथ्वी का राज्य करेंगे। इसके बाद आठ यवन तथा चौदह तुर्क राज्य करेंगे। तदनन्तर दस गुरुण्ड तथा ग्यारह मौन नरपति होंगे।

मौनों के अतिरिक्त (जो कि 300 वर्ष तक राज्य करेंगे), अन्य सभी 1099 वर्ष तक राज्य करेंगे। इन सबके पश्चात् किलिकिला नाम की नगरी में भूतनन्द नाम का राजा होगा। भूतनन्द का वंगिरि, वंगिरि के भ्राता शिशुनन्दि तथा यशोनन्दि और प्रवीरक–ये 106 वर्श तक राज्य करेंगे।

इनके तेरह पुत्र होंगे तथा वे बाह्लिक कहलायेंगे। इनके पश्चात् पुष्पमित्र क्षत्रिय तथा उसके पुत्र दुर्मित्र का राज्य होगा। बाह्लिकवंशी एक साथ ही विभिन्न प्रदेशों में राज्य करेंगे। इनमें से सात अन्ध्रदेश के तथा शेष कोसलदेश के शासक होंगे, कुछ विदूर-भूमि तथा कुछ निषधदेश के शासक होंगे। तत्पश्चात् मगधदेश का राजा होगा विश्वस्फूर्जि। यह द्वितीय पुरञ्जय कहलायेगा। इसकी बुद्धि इतनी भ्रष्ट होगी कि यह ब्राह्मण, वैश्य तथा क्षत्रियों का नाश कर शूद्र-वृत्ति को बढ़ावा देगा। पद्मवती पुरी को यह अपनी राजधानी बनायेगा तथा इसका राज्य होगा, हरिद्वार से प्रयाग तक। ज्यों-ज्यों कलियुग आता जायेगा, त्यों-त्यों सौराष्ट्र, अवन्ती आभीर, शूर, अर्बुद तथा मालव देश के ब्राह्मण संस्कारशून्य हो जायेंगे तथा राजा शूद्रवृत्ति हो जायेंगे। सिन्धुतट, चन्द्रभागा का तटवर्ती प्रदेश, कौन्तीपुरी तथा काश्मीर-मण्डल पर प्रायः शूद्रों का तथा संस्कार और तेजहीन द्विजों और म्लेच्छों का राज्य होगा। ये सबके-सब राजा आचार-विचार से म्लेच्छ प्रायः होंगे। इनके शासन में प्रजा की वृत्ति तथा संस्कार भी वैसे ही हो जायेंगे। अन्ततः ये सब राजा नष्ट हो जायेंगे।

अध्याय 2

कलियुग-धर्म

कलियुग के धर्म के विषय में बताते हुए श्री शुकदेवजी कहते हैं–परीक्षित्! ज्यों-ज्यों कलियुग आता जायेगा, धर्म, सत्य, पवित्रता, क्षमा,

दया, आयु, बल तथा सद्-बुद्धि **का** लोप होता जायेगा। इस युग में जिसके पास धन होगा, लोग उसी को कुलीन, सदाचारी तथा सद्गुणी मानेंगे। शक्तिवान्, धर्म तथा न्याय की व्यवस्था अपने अनुकूल करा सकेगा। विवाह सम्बन्ध में कुल-शील तथा योग्यता आदि को मान्यता न देकर, युवक-युवती केवल पारस्परिक रुचि से ही विवाह-सम्बन्ध करेंगे। निपुणता, सत्यता तथा निष्कपटता की अपेक्षा, छल-कपट को व्यवहारकुशलता समझा जायेगा। ब्राह्मण की पहचान उसके ज्ञान तथा गुण-स्वभाव की अपेक्षा उसके यज्ञोपवीत-पहरावे से होगी। इसी प्रकार संन्यासी की पहचान भी केवल उसके चिह्न, वस्त्र, दण्ड-कमण्डलु आदि से होगी। असहाय तथा निर्धन को न्याय नहीं मिलेगा। निर्धन को ही असाधु तथा दोषी माना जायेगा। बाह्य-शुद्धि, स्नान आदि की अपेक्षा केवल पहने हुए वस्त्रों को ही महत्त्व दिया जायेगा।

लोग दूर के जलाशय को तीर्थ मानेंगे तथा अपने समीप गंगा, गोमती, माता-पिता का निरादर करेंगे। योग्यता-चतुराई का सबसे बड़ा लक्षण होगा, कि मनुष्य ठीक अथवा गलत उपायों से, अपना और अपने कुटम्ब पालन, में समर्थ हो। धर्माचरण केवल दिखावे के लिये किया जायेगा। देवता भी मनुष्यों के आचरण से कुपित हो जायेंगे। इस कारण न समय पर वर्षा होगी तथा न बाकी वस्तुएँ समय के अनुकूल होंगी। कभी तो सोखा पड़ने से खेती मर जायेगी तथा कभी पानी इतना बरसेगा कि सब कुछ बह जायेगा।

कलिकाल के दोष से प्राणियों का स्वास्थ्य ठीक नहीं होगा। रोग अधिक बढ़ेंगे तथा शरीरधारियों की आयु कम हो जायेगी। धर्म में पाखण्ड की प्रधानता होगी। मनुष्य चोरी, हेराफेरी, झूठ, निरपराध हिंसा तथा नाना प्रकार के कुकर्मों से जीविका चलायेंगे। गौएँ दूध देना कम कर देंगी। वानप्रस्थी, संन्यासी तथा विरक्त-आश्रम वाले भी, घर-गृहस्थी जुटाकर, गृहस्थों का सा व्यवहार करने लगेंगे। जिनसे वैवाहिक सम्बन्ध है, उन्हें ही सम्बन्धी माना जायेगा।

घोर कलियुग आने पर धान, जौ, गेहूँ आदि के पौधे छोटे होने लगेंगे।

वृक्ष भी छोटे तथा कँटीले ही रह जायेंगे। गृहस्थों के घर, अतिथि-सत्कार तथा वेद-ध्वनि से रहित हो जायेंगे। कलियुग के अन्त होते-होते मनुष्यों का स्वभाव पशुओं जैसा हो जायेगा। लोग विषयी तथा गृहस्थी का भार ढोने वाले पशुओं के समान हो जायेंगे। ऐसी स्थिति में धर्म की रक्षा करने के लिये, सत्त्वगुण स्वीकार कर, भगवान् अवतार ग्रहण करेंगे।

प्रिय परीक्षित्! सर्वव्यापक भगवान् विष्णु सर्वशक्तिमान् हैं। साधु तथा सज्जन पुरुषों की रक्षा के लिये वे अवतार ग्रहण करते हैं। उनके अवतार के समय (कलियुग के अन्त में), शम्भल-ग्राम में विष्णुयश नाम के एक श्रेष्ठ ब्राह्मण होंगे। वे भगवद्भक्त होंगे। उन्हीं के घर कल्कि भगवान् अवतार ग्रहण करेंगे। वे देवदत्त नामक शीघ्रगामी घोड़े पर सवार होकर दुष्टों का तलवार से नाश करेंगे। उनके श्रीविग्रह से तेज की किरणें निकलती होंगी।

इस प्रकार जब दुष्टों तथा डाकुओं का नाश हो जायेगा, तब देश की प्रजा को सुख-चैन का अनुभव होगा। श्रीभगवान् के शरीर के स्पर्श से वायु भी सुगन्धित हो जायेगी। जनसाधारण के हृदय में भगवद्भक्ति का उदय जो जायेगा तथा उनकी सन्तान पहले की भाँति हृष्ट-पुष्ट तथा संस्कारी हो जायेगी और समस्त प्रजा भगवान् की कृपा से सत्त्वगुणमयी हो जायेगी। जिस समय चन्द्रमा, सूर्य तथा बृहस्पति, एक ही समय, एक ही साथ, पुष्य नक्षत्र के प्रथम पल में प्रवेश करते हैं, एक राशि पर आते हैं, उसी समय सत्ययुग का प्रारम्भ होता है।

परीक्षित्! चन्द्रवंश तथा सूर्यवंश में जितने राजा हो गये हैं, अथवा होगें, उनके विषय में मैंने तुम्हें बता दिया। तुम्हारे जन्म से लेकर राजा नन्द के अभिषेक तक 1115 वर्ष का समय लगेगा। जिस समय आकाश में सप्तऋषियों का उदय होता है, तो प्रथम उनमें से दो ही तारे दिखाई देते हैं। उनके बीच में दक्षिणोत्तर रेखा पर समभाग में अश्विनी आदि नक्षत्रों में से एक नक्षत्र दिखाई पड़ता है। उस नक्षत्र के साथ सप्तर्षिगण मनुष्यों की गणना से 100 वर्ष तक रहते हैं। वे इस समय मघा नक्षत्र पर स्थित हैं।

परीक्षित्! स्वयं सर्वव्यापक सर्वशक्तिमान् भगवान् ही शुद्ध सत्त्वमय

विग्रह के साथ, श्रीकृष्ण-रूप में प्रकट हुए थे। जिस समय अपनी लीला संवरण करके वे अपने परमधाम को पधारे, उसी समय कलियुग ने संसार में प्रवेश किया था। जब तक लक्ष्मीपति भगवान् श्रीकृष्ण के चरणकमल इस पृथ्वी पर स्पर्श करते रहे, कलियुग दूर खड़ा उनके स्वधामगमन की प्रतीक्षा करता रहा। जिस समय सप्तऋषि मघा नक्षत्र पर विचरण करते हैं, उसी समय कलियुग का प्रारम्भ होता है। कलियुग की आयु देवताओं के 1200 वर्ष की तथा मनुष्यों के 4 लाख 32 हजार वर्ष की है। जिस समय सप्तर्षि मघा से चलकर पूर्वाषाढ़ा नक्षत्र में प्रवेश कर चुकेंगे, उस समय राजा नन्द का राज्य रहेगा तथा कलियुग की तभी से वृद्धि शुरू होगी। जिस समय कलियुग के 1000 दिव्य वर्ष (देवताओं के) बीत चुके होंगे तब कलियुग के अन्तिम समय में कल्कि भगवान् की कृपा से मनुष्यों के मन में सात्त्विकता का संचार होगा तथा अन्य 200 दिव्य वर्ष बीतने पर सत्ययुग का प्रारम्भ होगा।

परीक्षित्! भीष्म-पितामह के पिता राजा शन्तनु के भ्राता देवापि तथा इक्ष्वाकु-वंशी मरु इस समय कलाप-ग्राम में स्थित हैं। वे बहुत बड़े योगबल से युक्त हैं। कलियुग के अन्त में कल्कि भगवान् की आज्ञा से वे पुनः यहाँ आयेंगे तथा पहले की भाँति पुनः वर्णाश्रम-धर्म का विस्तार करेंगे जो कि कलियुग में प्रायः नष्ट हो जाता है। सत्ययुग, त्रेतायुग, द्वापरयुग तथा कलियुग–ये चार ही युग हैं जो क्रमानुसार अपने-अपने समय में पृथ्वी के प्राणियों पर अपना प्रभाव डालते हैं।

अध्याय 3

कलियुग में सुखद आचरण–नामसंकीर्तन

कलियुग में भी अपना अधःपतन न होने देना, इसके विषय में बताते हुए श्री शुकदेवजी कहते हैं–राजा परीक्षित्! कितने आश्चर्य की बात है

कि राजाओं की आकांक्षा—कि मेरे अधीन और पृथ्वी का भाग आ जाये—कभी मिटती नहीं, जब कि उन्हें यह भी ज्ञात नहीं कि कदाचित् अगले ही पल उन्हें मृत्यु अथवा काल अपना ग्रास बना ले। इसी होड़ में उनकी एक-दूसरे के प्रति इर्ष्या जन्म लेती है तथा वे एक-दूसरे के विरोधी ही नहीं, अपितु जान तक लेने में भी संकुचाते नहीं।

भगवान् श्रीकृष्ण का गुणानुवाद समस्त अमंगलों का नाश करने वाला है। सिद्ध, ऋषि-गण उन्हीं की लीलाओं का गान करते हैं। अतः उन्हीं के चरणों में अपने चित्त को लगाये रखना चाहिए।

सत्ययुग में धर्म के चार चरण होते हैं—सत्य, दया, तप, तथा दान। इस युग में लोग पूरी निष्ठा सहित अपने-अपने धर्म का पालन करते हैं। धर्म स्वयं श्रीभगवान् का ही स्वरूप है। लोगों में मन तथा इन्द्रियों का संयम स्वाभाविक होता है। धर्म की भाँति, अधर्म के भी चार चरण है—असत्य, हिंसा, असन्तोष तथा कलह। त्रेतायुग में धर्म का चतुर्थांश क्षीण हो जाता है। द्वापरयुग में हिंसा, असन्तोष, असत्य तथा द्वेष की वृद्धि हो जाती है। तप, सत्य, दया और दान—धर्म के चार चरण क्षीण पड़ जाते हैं। कलियुग में धर्म के प्रायः चारों चरण लुप्त हो जाते हैं तथा अधर्म के चारों चरण प्रधानता में आ जाते हैं।

सभी प्राणियों में तीन गुण होते हैं—सत्त्व, रज तथा तम। काल की प्रेरणा से समय-समय पर शरीर, प्राण तथा मन में उनका ह्रास तथा विकास होता है। जिस समय मन-इन्द्रियाँ तथा बुद्धि सत्त्वगुण में स्थित होती हैं, उस समय सत्ययुग का संकेत है। सत्त्वगुण की प्रधानता के समय मनुष्य ज्ञान तथा तप में निष्ठा रखता है। जिस समय शरीर, मन, तथा बुद्धि रजोगुण में स्थित होते हैं, उस समय त्रेतायुग समझना चाहिए। जिस समय लोभ, असन्तोष तथा अभिमान, दम्भ आदि की वृद्धि हो, उस समय द्वापरयुग समझना चाहिए। जिस समय रजोगुण तथा तमोगुण की मिश्रित प्रधानता होती है, वह द्वापरयुग के लक्षण हैं। जिस समय केवल झूठ, कपट, तन्द्रा-निद्रा, हिंसा, विषाद, शोक, मोह, भय तथा कृपणता की प्रधानता हो, उस समय कलियुग समझना चाहिए। इस युग में तमोगुण की प्रधानता रहती है। सारे देश में लूटने वालों का बोलबाला

होता है। पाखण्डी लोग अपने नये-नये मत बनाकर, अपने-अपने ढंग से, अपनी-अपनी सुविधा के अनुसार, वेदों का तात्पर्य तथा अर्थ निकालते हैं। किसी भी आश्रम के लोग उसके बन्धनों का पालन नहीं करते। वर्णाश्रम प्रथा प्रायः भंग सी हो जाती है। लोग अपनी सुविधा के अनुसार व्यवसाय को अपनाते हैं। उदाहरणतया-गृहस्थ, दूसरों को भिक्षा देने की बजाये स्वयं ही भिक्षकों जैसा आचरण करता है। वानप्रस्थी गाँव में रहने लगते हैं। संन्यासी धन के लोभी हो जाते हैं।

स्वामी चाहे सर्वश्रेष्ठ ही क्यों न हो, परन्तु धन न रहने पर उसके सेवक उसे छोड़ जाते हैं। सेवक कितना भी पुराना क्यों न हो, परन्तु जब उस पर कोई विपत्ति आती है तो उसका स्वामी उसे छोड़ देता है। जब गौएँ दूध देना बन्द कर देती हैं तो लोग उन्हें त्याग देते हैं-ये कलियुग के ही धर्म हैं।

मनुष्य अपनी कामवासना को तृप्त करने के लिये हीन से हीन चरित्र अपना लेते हैं। पाखण्डी तपस्वियों का वेश बना कर अपना निर्वाह करने लगते हैं। ज्ञानहीन, ऊँचे सिंहासन पर बैठ कर धर्म का उपदेश करने लगते हैं। सूखा, कभी जल की बाढ़ तो कभी दुर्भिक्ष तथा भूकम्प-ये प्राकृतिक विपत्तियाँ बढ़ जाती हैं। मनुष्यों की आकृति-प्रकृति तथा चेष्टाएँ दानवों जैसी हो जाती हैं। लोगों में मैत्रिकभाव क्षीण तथा विरोध बढ़ जाता है। स्वार्थ बढ़ जाता है। माता-पिता का निरादर होने लगता है। उनकी सेवा तो क्या करनी, उनको घर-गृहस्थि से अलग-सा कर दिया जाता है-यह कलियुग है।

परीक्षित्! श्रीभगवान् ही चराचर जगत् के परमपिता तथा परमगुरु हैं। ब्रह्मा तथा इन्द्र आदि स्वर्गपति भी उनके चरणकमलों का चिन्तन करते हैं। श्रीभगवान् का ऐश्वर्य अनन्त है। वे एकरस अपने स्वरूप में स्थित रहते हैं। कलियुग में पाखण्डियों के कारण लोगों का चित्त इतना भटक जाता है, कि वे भगवान् की पूजा से भी विमुख हो जाते हैं।

परीक्षित्! कलियुग में अनेकों दोष हैं, परन्तु दोषों का मूल स्त्रोत तो अन्तःकरण है। जब पुरुषोत्तम भगवान् हृदय में स्थित, अपनी कृपा प्रदान

करते हैं, तो उनकी सन्निधिमात्र से सबके-सब दोष नष्ट हो जाते हैं। श्रीभगवान् के रूप, गुण, लीला, नाम-श्रवण, संकीर्तन, ध्यान, पूजन से जन्म-जन्मान्तर के पाप धुल जाते हैं। श्रीभगवान् के हृदय में विराजमान होने से सभी तीर्थों, ज्ञान, तप, जप आदि का फल एक साथ ही प्राप्त हो जाता है।

परीक्षित्! यद्यपि कलियुग में बड़े दोष हैं, परन्तु इस युग में एक बहुत बड़ा गुण भी है। कलियुग में केवल भगवान् श्रीकृष्ण का संकीर्तन करने मात्र से ही सारी आसक्तियाँ छूट जाती हैं तथा परम-गति की प्राप्ति हो जाती है। सत्ययुग में भगवान् का ध्यान करने से, त्रेतायुग में बड़े-बड़े यज्ञ करने से, द्वापरयुग में विधिपूर्वक भगवान् की पूजा-सेवा करने से जो फल प्राप्त होता है, वही फल कलियुग में केवल भगवद् नाम का कीर्तन करने से प्राप्त हो जाता है।

अध्याय 4

चार प्रकार के प्रलय

चार प्रकार के प्रलय के विषय में बताते हुए श्री शुकदेवजी कहते हैं—परीक्षित्! एक सहस्र चतुर्युग-प्रयन्त ब्रह्माजी का एक दिन होता है तथा इतनी ही बड़ी उनकी रात्रि। ब्रह्माजी के एक दिन को कल्प कहते हैं तथा उसका समय ब्रह्माजी की रात्रि के बराबर, एक-कल्प, का ही होता है। प्रलय के समय, अर्थात् ब्रह्माजी की रात्रि के समय में, तीनों लोक लीन हो जाते हैं, उनका प्रलय हो जाता है। इन तीनों लोकों को समेट कर ब्रह्माजी तथा तत्पश्चात् शेषशायी भगवान् नारायण शयन कर जाते हैं। इस प्रकार जब ब्रह्माजी के अपने परिमाण से 100 वर्ष व्यतीत हो जाते हैं, तब महत्तत्त्व, अहंकार तथा पँचतन्मात्रा—ये सातों प्रकृतियाँ

अपने कारण मूल-प्रकृति में लीन हो जाती हैं। इसी का नाम प्राकृतिक प्रलय है।

इस प्रलय में, प्रलय आने पर, पँचभूतों के मिश्रण से बना हुआ ब्रह्माण्ड अपना स्थूलरूप त्याग कर कारणरूप में स्थित हो जाता है। प्रलय का समय आने पर, मेघ पृथ्वी पर 100 वर्ष तक वर्षा नहीं करते। इस कारण सूखा पड़ने से अन्न तथा वनस्पतियाँ नष्ट हो जाती हैं तथा प्राणी भूख-प्यास से मृत्यु-ग्रस्त हो जाते हैं। प्रचण्ड सूर्य की किरणें पृथ्वी का सारा रस खींच लेती हैं। उस समय संकर्षण भगवान् के मुख से प्रलय-कालीन संवर्तक अग्नि प्रकट होती है। वह तल-अतल आदि, नीचे के सातों लोकों को भस्म कर देती है। तत्पश्चात् असंख्य रंग-विरंगे बादल सौ वर्षों तक वर्षा करते रहते हैं। उस समय ब्रह्माण्ड के भीतर का सारा संसार जल मग्न हो जाता है।

इस समय जल पृथ्वी के विशेष गुण गन्ध को अपने में लीन कर लेता है। पृथ्वी का गुण, गन्ध के चले जाने पर पृथ्वी जल रूप बन जाती है। तत्पश्चात् जल के गुण को तेजस्तत्त्व ग्रस लेता है (तथा जल तेज में समा जाता है)। तदनन्तर तेज वायु में समा जाता है तथा वायु आकाश में। इसके बाद तामस अहंकार आकाश के गुण शब्द को ग्रस लेता है तथा आकाश शब्द-हीन होकर तामस अहंकार में समा जाता है। इसी प्रकार तैजस अहंकार इन्द्रियों को तथा सात्त्विक अहंकार इन्द्रियाधिष्ठातृ-देवता और इन्द्रियवृत्तियों को अपने में लीन कर लेता है। तत्पश्चात् महत्तत्त्व अहंकार को और सत्त्व आदि गुण, महत्तत्त्व को ग्रस लेते हैं। उसके बाद अव्यक्त प्रकृति गुणों को ग्रस लेती है, तब केवल प्रकृति-ही-प्रकृति शेष रह जाती है। यह प्रकृति ही चराचर जगत् का मूल कारण है। वह अव्यक्त, अनादि, अनन्त, नित्य तथा अविनाशी है। प्रलय के समय वह अपने कार्यों को लीन कर, साम्यावस्था को प्राप्त हो जाती है। उस समय सब कुछ सोये हुए के समान शून्य सा हो जाता है। उस अवस्था का अनुमान करना भी असम्भव है। उस अव्यक्त को ही जगत् का मूलभूत तत्त्व कहते हैं। इस अवस्था का नाम '**प्राकृत-प्रलय**' है।

परीक्षित्! बुद्धि, इन्द्रिय तथा उनके विषयों के रूप में उनका अधिष्ठान, ज्ञानस्वरूप वस्तु ही भासित हो रही है। उन सब का तो आदि भी है तथा अन्त भी। वे दृश्य हैं तथा अपने अधिष्ठान से भिन्न उनकी सता भी नहीं है। जिस प्रकार दीपक, नेत्र तथा रूप–तीनों तेज से भिन्न नहीं हैं, वैसे ही बुद्धि, इन्द्रिय तथा इनके विषय तन्मात्राएँ भी अपने अधिष्ठान-स्वरूप ब्रह्म से भिन्न नहीं हैं, यद्यपि वह इनसे सर्वथा भिन्न है।

परीक्षित्! जाग्रत्, स्वप्न तथा सुषुप्ति–ये तीनों अवस्थायें बुद्धि की ही हैं। इनके कारण अन्तरात्मा में जो विश्व, तैजस तथा प्राज्ञरूप नानात्व की प्रतीति होती है, वह केवल मायामात्र है। यह विश्व उत्पत्ति तथा प्रलय से ग्रस्त है। यह कभी ब्रह्मा में होता है तो कभी नहीं होता, जैसे आकाश में कभी मेघ होते हैं तथा कभी नहीं होते। जगत् के व्यवहार में जितने भी अवयंवी पदार्थ हैं, उनके न होने पर भी उनके भिन्न-भिन्न अवयव सत्य माने जाते हैं, क्योंकि वे उनके कारण हैं। परन्तु ब्रह्म में यह कार्य-कारणभाव भी वास्तविक नहीं है। यह प्रपञ्चरूप विकार स्वाप्निक विकार के समान ही प्रतीत हो रहा है, तो भी वह अपने अधिष्ठान ब्रह्मस्वरूप आत्मा से भिन्न नहीं है। यह सत्य है कि जिस प्रकार एक ही स्वर्ण, भिन्न-भिन्न आभूषणों में भिन्न-भिन्न सा प्रतीत होता है, इसी प्रकार व्यवहार में निपुण विद्वान् लौकिक तथा वैदिक वाणी के द्वारा इन्द्रियातीत आत्मस्वरूप भगवान् का भी अनेकों रूपों में वर्णन करते हैं। जिस प्रकार मेघ सूर्य से उत्पन्न होता है, उसी से प्रकाशित होता है तथा उसी के देखने में बाधक बन जाता है, उसी प्रकार अहंकार भी ब्रह्म से उत्पन्न होकर, ब्रह्म से प्रकाशित होकर, ब्रह्म के अंश जीव के लिये ब्रह्मस्वरूप साक्षात्कार में बाधक बन जाता है। जब जीव के हृदय में जिज्ञासा जाग्रत् होती है, तब आत्मा की उपाधि अहंकार नष्ट हो जाता है। अहंकार के नष्ट होने से जीव अपने एकरस आत्मस्वरूप के साक्षात्कार में स्थित हो जाता है। आत्मा की यह मायामुक्त वास्तविक स्थिति ही 'आत्यन्तिक प्रलय' कही जाती है।

हे परीक्षित्! ब्रह्मा से लेकर छोटे से छोटे प्राणी–सभी हर समय उत्पन्न होते रहते हैं तथा मृत्यु को प्राप्त होते रहते हैं। अर्थात् नित्यरूप से उत्पत्ति तथा प्रलय होता रहता है। जिस प्रकार आकाश में तारागण, जो हर समय चलते रहते हैं, परन्तु जिनकी यह गति स्पष्टता से दिखाई नहीं देती, उसी प्रकार भगवान् के स्वरूपभूत अनादि-अनन्त काल के कारण प्राणियों की प्रतिक्षण होने वाली उत्पत्ति तथा प्रलय का भी भास नहीं होता। यह 'नित्य-प्रलय' कही जाती है। इस प्रकार प्रलय, चार प्रकार की हुई–नैमित्तिक प्रलय, प्राकृतिक प्रलय, आत्यन्तिक प्रलय तथा नित्य प्रलय।

हे कुरुश्रेष्ठ विश्व-विधाता भगवान् नारायण ही समस्त प्राणियों तथा शक्तियों के आश्रय हैं। यह सब उन्हीं की लीला-कथा है। श्रीभगवान् की लीला-कथाओं का वर्णन तो स्वयं ब्रह्माजी भी नहीं कर सकते।

परीक्षित्! इस भव-सागर को पार करने का केवल एक ही साधन है–वह है पुरुषोत्तम भगवान् की लीला-कथा-रूप रस का सेवन। अब तक जो कुछ मैंने तुम्हें सुनाया, यही श्रीमद्भागवत पुराण है। इसे सनातन ऋषि नर-नारायण ने सर्व प्रथम देवर्षि नारद को सुनाया था। उन्होंने मेरे पिता महर्षि कृष्णद्वैपायन को सुनाया। उन्हीं बदरीवनविहारी मेरे पिता कृष्णद्वैपायन ने प्रसन्न होकर मुझे इस वेदतुल्य श्रीभागवतसंहिता का उपदेश दिया। आगे जब शौनकादि ऋषि नैमिषारण्य क्षेत्र में बहुत बड़ा सत्र करेंगे, तब उनके प्रश्न करने पर पौराणिक वक्ता श्री सूतजी उन लोगों को इस संहिता का श्रवण करायेंगे।

अध्याय 5

श्री शुकदेवजी का अन्तिम उपदेश

श्री शुकदेवजी राजा परीक्षित् को अपना अन्तिम उपदेश देते हुए कहते हैं–राजा परीक्षित्! इस श्रीमद्भागवतपुराण में बार-बार सर्वत्र

विश्वात्मा भगवान् श्रीहरि का ही संकीर्तन हुआ है। ब्रह्मा तथा रुद्र भी श्रीहरि से प्रथक् नहीं हैं। जिस प्रकार बीज से अंकुर तथा अंकुर से बीज की उत्पत्ति होती है, उसी प्रकार जीव का देह परिवर्तन होता है, अतः मृत्यु तथा जन्म के विषय में चिन्तित नहीं होना चाहिए। जैसे अग्नि लकड़ी से सर्वथा पृथक् है—अर्थात् लकड़ी की उत्पत्ति तथा उसके विनाश से वह सर्वथा पृथक् है, इसी प्रकार आत्मा शरीर से भिन्न है, पृथक् है। जिस प्रकार स्वप्न की घटनाओं की कोई वास्तविकता नहीं, उसी प्रकार शरीर की नाना-विधि क्रियाओं से आत्मा का कोई सम्बन्ध नहीं, अर्थात् वह शरीर की अवस्थाओं से परे है। जैसे जल का पात्र (घड़ा) टूट जाने से, आकाश पर, उसकी अखण्डता पर, कोई प्रभाव नहीं पड़ता, उसी प्रकार शरीर नष्ट हो जाने पर (मृत्यु हो जाने पर), आत्मा की नित्यता पर कोई प्रभाव नहीं पड़ता। वास्तव में जीव (आत्मा) तो ब्रह्म ही है (ब्रह्मांश)। उसकी अब्रह्मता तो प्रतिति मात्र है। मन ही, आत्मा के लिये शरीर, विषय तथा कर्मों की कल्पना कर लेता है। इसका कारण है अविद्या (माया)। माया ही जीव के संसार-चक्र में पड़ने का कारण है। जब तक आत्मा का कर्म, मन, शरीर तथा इनमें रहने वाले चैतन्याध्यास के साथ सम्बन्ध रहता है तभी तक वह जन्म-मृत्यु के चक्कर में फँसा रहता है। रजोगुण, सत्त्वगुण तथा तमोगुण की वृत्तियों से उसे उत्पन्न, स्थित तथा नष्ट होना पड़ता है, अर्थात् एक शरीर से दूसरे शरीर में जाना पड़ता है (आत्मा के एक शरीर के नष्ट होने पर, कर्मवश दूसरे शरीर को ग्रहण करना)। परन्तु जिस प्रकार दीपक के बुझ जाने पर भी तत्त्वरूप तेज का विनाश नहीं होता, उसी प्रकार संसार के नाश होने पर भी स्वयंप्रकाश आत्मा का नाश नहीं होता। वास्तव में तो आत्मा कार्य, कारण, व्यक्त-अव्यक्त—सबसे पर है।

हे राजन्! तुम अपनी विशुद्ध तथा विवेक-बुद्धि को परमात्मा के चिन्तन में लगा लो तथा अपने अन्तर में स्थित परमात्मा का साक्षात्कार करो। आत्मा ब्रह्मांश है, अर्थात् तुम स्वयं ईश्वर हो। ब्राह्मण के शाप से प्रेरित तक्षक तुम्हें भस्म नहीं कर सकेगा। तुम इस प्रकार चिन्तन करो—मैं

ही सर्वाधिष्ठान ब्रह्म हूँ। इस प्रकार तुम अपने आपको वास्तविक एकरस अनन्त अखण्ड स्वरूप में स्थित कर लो।

जिस समय तक्षक आकर अपने विषपूर्ण मुख से तुम्हें काट ले, उस समय अडग रहना (स्थिर रहना)। अपने आत्मस्वरूप में स्थित, तुम सारे विश्व को आत्मस्वरूप ही देखोगे (फिर क्या तक्षक, क्या तुम्हारा शरीर तथा किसकी मृत्यु?))।

अध्याय 6

परीक्षित्–परमधाम प्राप्ति

श्री शुकदेवजी का अन्तिम उपदेश सुन कर, परीक्षित् उनके चरणों के समीप आकर, शीश झुकाकर और हाथ जोड़ कर, उनसे प्रार्थना करने लगे–भगवन्! आप करुणाके मूर्तिमान् स्वरूप हैं। परम कृपा कर आपने मुझे अनादि-अनन्त, एकरस, सत्य भगवान् श्रीहरि के स्वरूप तथा उनकी लीलाओं का वर्णन किया। मैं आपकी कृपा से परम अनुगृहीत तथा कृतकृत्य हो गया हूँ। मैंने तथा यहाँ एकत्रित ऋषि-मुनियों ने आपके मुखारविन्द से इस श्रीमद्भागवत महापुराण का श्रवण किया। इस पुराण में पद-पद पर भगवान् श्रीहरि की उन लीलाओं का वर्णन हुआ है, जिसे ऋषिगण तथा श्रीभगवान् में संलग्न आत्माराम पुरुष गान करते हैं।

भगवन्! आपने मुझे अभयपद का, ब्रह्म तथा आत्मा की एकता का साक्षात्कार करा दिया। अब मैं परम शान्तिरूप ब्रह्म में स्थित हूँ। अब मुझे तक्षक अथवा मृत्यु से कोई भय नहीं है। अब आप मुझे आज्ञा दीजिए कि मैं मौन होकर, कामनाओं तथा संस्कारों से रहित चित्त को इन्द्रयातीत परमात्मा में विलीन कर अपने प्राण त्याग दूँ।

श्रीमद्भागवत महापुराण की कथा सुनने के लिये एकत्रित हुए

ऋषियों को सम्बोधित करते हुए श्रीसूतजी कहते हैं—शौनकादि ऋषियो! इस प्रकार कहकर राजा परीक्षित् ने भगवान् श्री शुकदेवजी की पूजा की। तत्पश्चात् श्री शुकदेवजी, परीक्षित् से विदा लेकर, महात्माओं तथा भिक्षुओं सहित वहाँ से चले गये। श्री शुकदेवजी के जाने के पश्चात् राजर्षि परीक्षित् अपने आत्मा को परमात्मा के चिन्तन में लगाकर ध्यानमग्न हो गये। उस समय उनका श्वास-प्रश्वास भी प्रायः बन्द था। वे गंगाजी के तट पर कुशासन पर बैठे हुए थे। कुशासन का अग्र भाग पूर्व की ओर तथा उनका अपना मुख उत्तर की ओर था। उनकी आसक्ति तथा संशय तो पहले ही मिट गये थे। अब वे ब्रह्म तथा आत्मा की एकता रूप महायोग में स्थित होकर, ब्रह्मस्वरूप हो गये। मुनिकुमार शृंगी के शाप के अनुसार तक्षक राजा परीक्षित् के पास गया तथा उन्हें डस लिया। परन्तु तक्षक के डसने से पहले ही राजा तो अपने प्राण त्याग चुके थे। तक्षक के विष से, राजा का मृत शरीर, विषरूपी अग्नि से भस्म हो गया।

जब राजा परीक्षित् के पुत्र ने सुना कि उसके पिता को तक्षक ने डस लिया है, तो वह अति क्रोधित हुआ। वह ब्राह्मणों द्वारा, विधिपूर्वक, सर्पों का अग्निकुण्ड में हवन करने लगा। जब तक्षक ने देखा कि जनमेजय के यज्ञ के कारण बड़े-बड़े महासर्प अग्निकुण्ड में भस्म होते जा रहे हैं, तब भयभीत होकर वह देवराज इन्द्र की शरण में गया। जब बहुत समय तक तक्षक अग्निकुण्ड में भस्म होने के लिये नहीं आया, तो जनमेजय ने ब्राह्मणों से पूछा कि इसका क्या कारण है? ब्राह्मणों ने कहा, राजेन्द्र! इस समय तक्षक देवराज इन्द्र की शरण में चला गया है तथा देवराज उसकी रक्षा कर रहे हैं। परीक्षित्-पुत्र जनमेजय ने कहा, ब्राह्मणो! आप इन्द्र के साथ तक्षक को अग्निकुण्ड में भस्म क्यों नहीं कर देते? जनमेजय के इस प्रकार कहने से ब्राह्मणों ने यज्ञ में इन्द्र के साथ तक्षक का आवाहन किया। ऐसा करने से देवराज इन्द्र विचलित हो गये। वह स्वर्गलोग से तक्षक के साथ अग्नि कुण्ड की ओर आकर्षित होने लगे तथा उनका विमान भी तक्षक के साथ अग्नि कुण्ड का चक्कर काटने

लगा। जब देवताओं के गुरु बृहस्पति ने इस स्थिति को देखा, तब उन्होंने राजा जनमेजय से कहा, नरेन्द्र! सर्पराज तक्षक को मारना आपके योग्य नहीं। यह अमृत पी चुका है। अत: यह अमर है।

राजन्! जगत् के प्राणी अपने-अपने कर्मानुसार ही जीवन, मृत्यु तथा मरणोपरान्त गति को प्राप्त करते हैं। तुमने बहुत से निरपराध सर्पों को जला दिया। इस अभिचार-यज्ञ का फल केवल प्राणियों की हिंसा ही है। अत: इस यज्ञ को बन्द करो। सभी प्राणी अपने प्रारब्धवश, अपने कर्मों को भोग रहे हैं। तुम इस प्रकार उनके प्रारब्ध में विघ्न डालने वाले क्यों बनते हो?

देवगुरु बृहस्पति की आज्ञा को शिरोधार्य कर राजा जनमेजय ने यज्ञ बन्द कर दिया तथा उनकी विधिपूर्वक पूजा की।

शौनक आदि ऋषियों को यह इतिहास सुनाते हुए सूतजी ने कहा—ऋषि-पुत्र का परीक्षित् को शाप देना, तक्षक का राजा परीक्षित् को डस लेना तथा जनमेजय का यह अभिचार-यज्ञ कर निरपराध सर्पों को जलाना—यह सब भगवान् की ही माया है। सर्वात्मा परमात्मा न तो कभी किसी के द्वारा बाधित होता है तथा न ही किसी का विरोधी ही है। जो विचारशील-मुमुक्षु पुरुष परमपद के अतिरिक्त वस्तु का त्याग करते हुए 'नेति-नेति' के द्वारा उसका निषेध कर ऐसी वस्तु प्राप्त करते हैं, जिसका कभी निषेध नहीं हो सकता, वही विष्णु भगवान् का परमपद है। भगवान् श्रीकृष्ण का ज्ञान अनन्त है। उन्हीं के चरणकमलों के ध्यान से मैंने इस श्रीमद्भागवत महापुराण का अध्ययन किया है।

सूतजी ने कहा, ब्रह्मण्! जिस समय परमेष्ठी ब्रह्माजी पूर्वसृष्टि का ज्ञान प्राप्त करने के लिये एकाग्रचित्त हुए, उस समय उनके हृदयाकाश से, कण्ठ-तालु आदि स्थानों के संघर्ष से रहित एक विलक्षण अनाहत नाद प्रकट हुआ। जब जीव अपनी मनोवृत्तियों को रोक लेता है, तब उसे भी उस अनाहत नाद का अनुभव होता है। बड़े-बड़े योगी उसी अनाहत नाद की उपासना करते हैं। उसी अनाहत नाद से 'अ' कार, 'उ' कार तथा 'म' कार रूप तीन मात्राओं से युक्त 'ॐकार' प्रकट हुआ। इस 'ॐकार' की शक्ति से ही प्रकृति अव्यक्त से व्यक्त रूप में परिणत हो

जाती है। 'ॐकार' स्वयं भी अव्यक्त तथा अनादि है तथा परमात्मस्वरूप होने से स्वंप्रकाश भी है। जिसे भगवान् ब्रह्म अथवा परमात्मा के नाम से कहा जाता है, उसके स्वरूप का बोध भी 'ॐकार' के द्वारा होता है। 'ॐकार' अपने आश्रय परमात्मा परब्रह्म का साक्षात् वाचक है। 'ॐकार' ही सम्पूर्ण मन्त्र, उपनिषद् तथा वेदों का सनातन बीज है।

'ॐकार' के तीन वर्ण–'अ', 'उ', तथा 'म'–सत्त्व, रज, तम–ऋक्, यजुः, साम–भूः, भुवः, स्वः–जाग्रत्, स्वप्न, सुषुप्ति–इन तीनों वृत्तियों के रूप में, तीन-तीन की संख्या वाले भावों को धारण करते हैं। तत्पश्चात् ब्रह्माजी ने 'ॐकार' से ही अन्तःस्थ (य, र, ल, व) ऊष्म (श, ष, स, ह), स्वर (अ से औ तक) तथा स्पर्श (क से म तक) तथा ह्रस्व और दीर्घ आदि लक्षणों से युक्त वर्णमाला की रचना की। उसी वर्णमाला द्वारा उन्होंने अपने चार मुखों से होता, अध्वर्यु, उद्गाता तथा ब्रह्मा–चार ऋत्विजों के कर्म निर्धारित किये। इसी वर्णमाला से उन्होंने अपने चार मुखों से वेद प्रकट किये तथा अपने पुत्र ब्रह्मर्षि मरीचि आदि को वेदों की शिक्षा दी (वेदों का ज्ञान कराया)। द्वापर के अन्त में महर्षियों ने वेदों का विभाजन किया।

सूतजी पुनः एकाग्रचित्त ऋषियों को सम्बोधित करते हुए कहते हैं–शौनकजी! इस वैवस्वत मन्वन्तर में ब्रह्मा-शंकर आदि लोकपालों की प्रार्थना से अखिल विश्व के जीवनदाता भगवान् ने धर्म की रक्षा के लिये महर्षि पराशर द्वारा, सत्यवती के गर्भ से अपने अंशांश-कलास्वरूप व्यास के रूप में अवतार ग्रहण किया। उन्होंने ही वर्तमान युग में वेदों के चार विभाग किये है।–ऋक्, यजुः, साम तथा अथर्व। तदनन्तर उन्होंने अपने चार शिष्यों को बुलाकर, प्रत्येक को एक-एक संहिता (वेद) की शिक्षा दी। ऋग्वेद की पैल को, यजुः की वैशम्पायन को, साम की जैमिनि को तथा अथर्व की सुमन्तु को दी। तदनन्तर इन ऋषियों ने पुनः अपनी-अपनी संहिता के भाग कर, अपने-अपने शिष्यों को, एक-एक भाग की शिक्षा दी।

वैशम्पायन के एक शिष्य थे याज्ञवल्क्य मुनि। उन्होंने अपने गुरु से भी अधिक ज्ञान प्राप्त करने के लिये सूर्य भगवान् की पूजा की। उनकी आराधना से प्रसन्न होकर सूर्यदेव ने उन्हें यजुर्वेद के उन मन्त्रों का

उपदेश दिया, जो अब तक किसी को प्राप्त न थे। तत्पश्चात् याज्ञवल्क्य मुनि ने यजुर्वेद के असंख्य मन्त्रों से उसकी पन्द्रह शाखाओं की रचना की। वे वाजसनेय शाखा के नाम से प्रसिद्ध हुईं। उन्हें कण्व, माध्यन्दिन आदि ऋषियों ने ग्रहण किया।

इसी प्रकार जैमिनि-मुनि ने अपने पुत्र तथा पौत्र को सामवेद की एक-एक संहिता की शिक्षा दी। जैमिनि के एक शिष्य थे सुकर्मा। उन्होंने सामवेद की अनेक शाखायें बना दीं, जिन्हें उनके शिष्यों ने ग्रहण किया। इन शिष्यों में कुछ उत्तर दिशा के निवासी थे। वे औदीच्य सामवेदी कहलाये। उन्होंने सामवेद की एक-एक संहिता का अध्ययन किया। इस प्रकार सामवेद का विस्तार हुआ।

अध्याय 7

अथर्व वेद तथा पुराण-लक्षण

अपने प्रवचन को चलित रखते हुए सूतजी कहते हैं—शौनकादि ऋषियो! जैसे मैंने कहा, अथर्व के ज्ञाता हुए सुमन्तु मुनि। उन्होंने यह संहिता अपने शिष्य कबन्ध को पढ़ाई। कबन्ध ने इसके दो भाग कर, इनका अध्ययन पथ्य तथा वेददर्श को कराया। गुरु परम्परा के अनुसार इनका अध्ययन, पथ्य तथा वेददर्श के शिष्यों में प्रचलित हुआ।

शौनकजी! पुराणों के छः आचार्य प्रसिद्ध हैं—त्रय्यारुणि, कश्यप, सावर्णि, अकृतव्रण, वैशम्पायन तथा हारीत। इन ऋषियों ने मेरे पिता से एक-एक पुराण संहिता का अध्ययन किया था तथा मेरे पिताजी ने व्यासजी से इनका अध्ययन किया था। उन छः संहिताओं के अतिरिक्त चार और भी मूल संहितायें हैं। उन्हें भी मैंने अपने पिता श्री रोमहर्षणजी से पढ़ा।

महर्षियो! वेद तथा शास्त्रों के अनुसार पुराणों के दस लक्षण

हैं–विश्वसर्ग, विसर्ग, वृत्ति, रक्षा, मन्वन्तर, वंश, वंशानुचरित, संस्था (प्रलय), हेतु (ऊति) तथा अपाश्रय।

जब मूल प्रकृति में लीन गुण क्षुब्ध होते हैं, तब महत्तत्त्व की उत्पत्ति होती है। महत्तत्त्व से तामस, राजस, तथा सात्त्विक (वैकारिक)–ये तीन अहंकार बनते हैं। त्रिविध अहंकार से पँचतन्मात्रा, इन्द्रिय तथा विषयों की उत्पत्ति होती है। इसी उत्पत्ति का नाम है 'सर्ग'।

परमेश्वर के अनुग्रह से सृष्टि का सामर्थ्य (रचना करने की सामर्थ्य) प्राप्त कर, महत्तत्त्व आदि पूर्वकर्मों के अनुसार, अच्छी तथा बुरी वासनाओं की प्रधानता से जो यह चराचर शरीरात्मक जीव की उपाधि की सृष्टि करते हैं–एक बीज से दूसरे बीज के समान–इसको विसर्ग कहते हैं। चर प्राणियों की अचर-पदार्थ 'वृत्ति' अर्थात् जीवन-निर्वाह की सामग्री है।

भगवान् युग-युग में देवता, मनुष्य, ऋषि, पशु-पक्षी आदि के रूप में अवतार ग्रहण कर अनेकों लीलाएँ करते हैं। इन अवतारों में वे वेदधर्म के विरोधियों का संहार भी करते हैं। उनकी यह अवतार-लीला विश्व की रक्षा के लिये ही होती है, अतः इसका नाम 'रक्षा' है।

मनु, देवता, मनुपुत्र, इन्द्र, सप्तर्षि तथा भगवान् के अंशावतार–इन छः बातों की विशेषता से युक्त समय को 'मन्वन्तर' कहते हैं। ब्रह्मजी से जितने राजाओं की सृष्टि हुई है, उनकी भूत, वर्तमान तथा भविष्य की सन्तान को 'वंश' कहते हैं। उन राजाओं तथा उनके वंशधरों के चरित्र का नाम 'वंशानुचरित' है। इस विश्वब्रह्माण्ड का क्षय होना 'प्रलय' है। इसके चार प्रकार हैं–नैमित्तिक, प्राकृतिक, नित्य तथा आत्यन्तिक। तत्त्व ज्ञाताओं ने इन्हीं को 'संस्था' कहा है। पुराणों के लक्षण में 'हेतु' जीव को कहा गया है, क्योंकि वही सर्ग-विसर्ग आदि का हेतु है तथा मायावश कर्म बन्धन में उलझा हुआ है। जीव की तीन वृत्तियाँ हैं–जाग्रत्, स्वप्न तथा सुषुप्ति। जो इन अवस्थाओं से परे तुरीय तत्त्व के रूप में लक्षित होता है, वही 'ब्रह्म' है। उसी को 'अपाश्रय' शब्द से कहा गया है। शरीर तथा विश्वब्रह्माण्ड की उत्पत्ति से लेकर, क्षय तक और महाप्रलय-प्रयन्त, जितनी भी विशेष अवस्थायें हैं, उनके रूप में परम सत्यस्वरूप ब्रह्म ही

प्रतीत हो रहा है तथा वह उन से सर्वथा पृथक् भी है। इसी भेद से अधिष्ठान तथा साक्षी के रूप में ब्रह्म भी पुराणोक्त आश्रय तत्त्व है।

शौनकादि ऋषियो! पुरातत्त्ववेत्ताओं ने इन्हीं लक्षणों के द्वारा पुराणों की यह पहचान बताई है। ऐसे लक्षणों से युक्त, छोटे-बड़े अठारह पुराण हैं—ब्रह्मपुराण, पद्मपुराण, विष्णुपुराण, शिवपुराण, लिङ्गपुराण, गरुड़पुराण, नारदपुराण, भागवतपुराण, अग्निपुराण, स्कन्दपुराण, भविष्यपुराण, ब्रह्मवैवर्तपुराण, मार्कण्डेयपुराण, वामनपुराण, वराहपुराण, मत्स्यपुराण, कूर्मपुराण तथा ब्रह्माण्डपुराण।

अध्याय 8

मार्कण्डेय ऋषि–चरित्र

मार्कण्डेयजी की तपस्या के विषय में पूछते हुए शौनकजी ने कहा, साधुशिरोमणि सूतजी! आप आयुष्मान् हों। कहते हैं कि मृकण्ड ऋषि के पुत्र मार्कण्डेय ऋषि चिर-आयु हैं तथा जिस समय प्रलय हुई थी, उस समय भी वे जीवित रहे थे। परन्तु वे तो इसी कल्प में, हमारे ही वंश में उत्पन्न हुए एक श्रेष्ठ भृगु-वंशी हैं। इस कल्प में अभी तक तो कोई प्रलय नहीं हुई, फिर ऐसा कहा गया, सत्य कैसे हुआ?

सूतजी ने कहा—मृकण्ड ऋषि ने अपने पुत्र मार्कण्डेय के सभी संस्कार समय-समय पर किये। मार्कण्डेय ने भी वेदों का अध्ययन किया तथा जप-तप में निपुण हो गये। उन्होंने आजीवन ब्रह्मचर्य-व्रत लिया तथा संन्यासियों के चिह्नों को धारण किया। वे विधिनुसार भगवान् की आराधना करते थे। इस स्थिति में रहकर मार्कण्डेय ने करोड़ों वर्ष तक भगवान् की आराधना की तथा मृत्यु पर भी विजय प्राप्त कर ली। मार्कण्डेय के इस चरित्र को देखकर सभी लोकपाल तथा प्रजापति अति विस्मित हुए। इस प्रकार तपस्या करते-करते छः मन्वन्तर व्यतीत हो गये।

सातवें मन्वन्तर में उनकी तपस्या से भयभीत होकर, देवराज इन्द्र ने उनकी तपस्या में विघ्न डालना आरम्भ किया। मार्कण्डेय ऋषि की तपस्या को भंग करने के लिये, देवराज इन्द्र ने, उनके आश्रम पर गन्धर्व, अप्सराएँ, काम, वसन्त, मलयानिल, लोभ तथा मद को भेजा। मार्कण्डेय ऋषि का आश्रम हिमालय के उत्तर की ओर है। वहाँ पुष्पभद्रा नदी बहती है। उसी के पास चित्रा नाम की एक शिला है। उनका आश्रम वनस्पतियों तथा पक्षियों से रमणीय रहता है। जलाशयों के जल, सभी ऋतुओं में, एक समान निर्मल रहते हैं।

इन्द्र द्वारा भेजे हुए देवगणों ने आश्रम को और भी सुगन्धित तथा रमणीय बना दिया। पवन धीरे-धीरे बहने लगी तथा उसने वहाँ एक काम-भाव को उत्तेजित करने वाला वातावरण बना दिया। वसन्त का साम्राज्य देख कर कामदेव ने भी वहाँ प्रवेश किया तथा देव अप्साराओं ने भी वहाँ अपना प्रभाव फैला दिया।

इस समय मार्कण्डेय मुनि अग्निहोत्र कर भगवान् की उपासना कर रहे थे। उनके मुखमण्डल से तेज झलक रहा था। इन्द्र के भेजे हुए देवगणों ने मार्कण्डेय ऋषि के आश्रम में अपना-अपना प्रभाव स्थापित कर दिया तथा वातावरण को अति कामोत्तेजित कर दिया। अब कामदेव ने अपने पुष्प निर्मित धनुष पर पँचमुख बाण चढ़ाया। इस बाण के पाँच मुख होते हैं—शोषण, दीपन, सम्मोहन, तापन तथा उन्मादन। इसी समय अन्य देवगण भी क्रियाशील थे। पुञ्जिकस्थली देव-अप्सरा अपने हाव-भाव से मुनि के मन को विचलित करने का प्रयत्न कर रही थी। कामदेव का उद्योग निष्फल रहा। मार्कण्डेय तो अपरिमित तेजस्वी थे। उनकी तपस्या में विघ्न डालने वाले देवगण, उनके तेज से तपने लगे। इस स्थिति को देखकर, अर्थात् कामदेव आदि को निस्तेज होता देखकर, देवराज इन्द्र को बड़ा आश्चर्य हुआ।

मार्कण्डेय ऋषि की तपस्या से प्रसन्न होकर तथा उन पर कृपाप्रसाद की वर्षा करने के लिये, मुनिजन-नयन-मनोहारी नरोत्तम नर और भगवान् नारायण प्रकट हुए। उनमें एक का शरीर गौरवर्ण था तथा दूसरे का श्यामवर्ण। दोनों की चार-चार भुजाएँ थीं। एक मृगचर्म पहने थे तथा दूसरे

वृक्ष की छाल। उनके हाथों में कुश तथा गले में तीन-तीन सूत के यज्ञोपवीत शोभायमान थे। ब्रह्मा, इन्द्र के भी पूज्य, भगवान् नर-नारायण कुछ ऊँचे कद के थे तथा वेद धारण किये हुए थे। उनके शरीर से कान्ति छिटक रही थी। जब मार्कण्डेय ऋषि ने साक्षात् भगवान् नर-नारायण को देखा, तो वे आदरभाव से उठ खड़े हुए तथा उन्होंने धरती पर दण्डवत् लेटकर साष्टांग प्रणाम किया। भगवान् के दिव्य दर्शन से उनका अंग-अंग रोमाँचित हो उठा। नेत्रों में अश्रु उमड़ आये तथा वाणी से इतना ही कह सके–नमस्कार, नमस्कार। तदनन्तर उन्होंने भगवान् नर-नारयण को आसन पर बिठा कर, उनके चरण धोकर, उनकी पूजा की तथा स्तुति की।

मार्कण्डेय मुनि ने कहा, भगवन् मैं अल्पज्ञ जीव आपकी अनन्त महिमा का कैसे वर्णन करूँ? आपने विश्व की रक्षा के लिये मत्स्य, कूर्म आदि अनेकों अवतार ग्रहण किये हैं। उसी प्रकार आपने ये दोनों रूप भी त्रिलोकी के कल्याण, उसकी दुःख निवृत्ति तथा विश्व के प्राणियों की मृत्यु पर विजय प्राप्त कराने के लिए ग्रहण किये हैं। आप चराचर का पालन तथा नियन्त्रण करने वाले हैं। मैं आपके चरणकमलों में प्रणाम करता हूँ। वेदों के मर्मज्ञ, आपकी प्राप्ति के लिये, निरन्तर आपके चरणकमलों का ध्यान, वन्दना तथा पूजा करते हैं। आपके 'काल' से तो स्वयं ब्रह्माजी भी बन्धे हुए हैं। क्योंकि उनकी भी केवल दो परार्ध की ही आयु है। आप समस्त जीवों के परम-गुरु, सबसे श्रेष्ठ तथा सत्य-ज्ञानस्वरूप हैं। अतः मैं आपके ही चरणकमलों की शरण ग्रहण करता हूँ।

जीवों के परम सुहृद् प्रभो! यद्यपि सत्त्व, रज तथा तम गुण–आपकी ही मूर्ति हैं तथा इन्हीं के द्वारा आप जगत् की उत्पत्ति, स्थिति, लय आदि लीलाएँ करते हैं–तथापि आपकी सत्त्वगुणमयी मूर्ति ही जीवों को शान्ति प्रदान करती है। इसी कारण ज्ञानीजन, आपकी तथा आपके भक्तों की परमप्रिय मूर्ति, नर-नारायण की ही उपासना करते हैं। पाञ्चरात्र-सिद्धान्त का अनुसरण करने वाले विशुद्ध सत्त्व को ही आपका श्रीविग्रह मानते हैं। उसी की उपासना से आपके नित्यधाम वैकुण्ठ की प्राप्ति होती है।

भगवन्! आप अन्तर्यामी, सर्वव्यापक, सर्वस्वरूप, जगद्गुरु, परमाराध्य तथा शुद्धस्वरूप हैं। आप ही वेद-मार्ग के प्रवर्तक हैं। मैं आपके इस युगलस्वरूप नरोत्तम नर और नारायण को नमस्कार करता हूँ। यद्यपि आप सभी प्राणियों के हृदय में विद्यमान हैं, तो भी आपकी माया से सभी जीव भ्रमित हो रहे हैं तथा मोहजाल में फँसे हुए हैं। वेदों में आपका साक्षात्कार कराने वाला ज्ञान विद्यमान है, फिर भी आपकी माया के वशीभूत जीव आपको जान नहीं पाता। भक्तलोग जैसे भी आपके विषय में सोचते हैं, आप वैसा ही शीलस्वरूप धारण कर उन्हें दर्शन देते हैं। आप देह आदि समस्त उपाधियों में छिपे विशुद्ध ज्ञानस्वरूप हैं। हे पुरुषोत्तम! मैं आपको नमस्कार करता हूँ।

अध्याय 9

मार्कण्डेय ऋषि–माया दर्शन

मार्कण्डेय ऋषि का माया-दर्शन–इस विषय में बताते हुए श्री सूतजी कहते हैं–मार्कण्डेय ऋषि की तपस्या तथा स्तुति से प्रसन्न होकर भगवान् नारायण ने कहा, ब्रह्मऋषि शिरोमणि! तुम मेरी तपस्या तथा भक्ति से सिद्ध हो गये हो। तुम्हारा कल्याण हो। मैं समस्त वर देने वालों का स्वामी हूँ। अतः तुम अपना वर माँगो।

मार्कण्डेय मुनि ने कहा, देवेश! शरणागत भयहारी अच्युत! आपकी जय हो। मुझ पर कृपा कर आपने मुझे अपना दर्शन कराया। ब्रह्मा, शंकर आदि लोकपाल भी आपके सुन्दर श्री चरणकमलों का दर्शन प्राप्त करने की सदा इच्छा रखते हैं। पवित्र-कीर्ति, महानुभावों के शिरोमणि कमलनयन! मैं आपकी आज्ञानुसार आपसे वर माँगता हूँ। मैं आपकी वह माया देखना चाहता हूँ जिससे मोहित होकर सभी लोक तथा लोकपाल अद्वितीय ब्रह्म में अनेकों प्रकार के भेद-विभेद देखने लगते हैं।

मार्कण्डेय मुनि को–ठीक है, ऐसा ही होगा–कहकर नर-नारायण अपने आश्रम बदरीवन चले गये। मार्कण्डेय मुनि अपने आश्रम में रहकर निरन्तर इस बात का चिन्तन करने लगे कि मुझे श्री नारायण की माया का कब दर्शन होगा। इस चिन्तन में वे अपनी दिनचर्या को भी प्रायः भूल से गये। बस उनकी आँखों के सामने तथा उनके हृदय में, नर-नारायण की ही मूर्ति बसी थी।

एक दिन, सन्ध्या समय, मार्कण्डेय मुनि श्रीभगवान् की उपासना में निमग्न थे। उसी समय एकाएक बड़े वेग से आँधी चलने लगी तथा आकाश में घनघोर मेघ छा गये। बीच-बीच में बिजली भी कड़कने लगी। इसके अनन्तर घोर वर्षा होने लगी। आकाश से जल की मोटी-मोटी धाराएँ पृथ्वी पर गिरने लगीं। ऐसा प्रतीत होने लगा कि कदाचित् समुद्र पृथ्वी को अपनी गोद में समेट रहा है। यहाँ तक कि उन्हें तीनों लोक जल में डूबते प्रतीत होने लगे। अब तो उनके भय के अनुरूप पृथ्वी वास्तव में ही जल में डूबने लगी। उन्होंने देखा कि चारों प्रकार के प्राणी (उद्भिज्ज, स्वेदज, अण्डज तथा जरायुज) अत्यन्त व्याकुल तथा भयभीत हो रहे हैं। उनके देखते ही देखते समुद्र में प्रलय-कालीन बादलों की वर्षा से भयंकर लहरें उठने लगीं। देखते ही देखते प्रलय-कालीन समुद्र में तीनों लोक डूब गये। केवल एकमात्र महामुनि मार्कण्डेय ही बचे थे। वे भी पागलों की भाँति भाग-भाग कर अपने प्राण बचाने का प्रयत्न कर रहे थे। समुद्र में भयानक मगरमच्छ भी उन्हें पकड़ने के लिये उनके पीछे भाग रहे थे। इस स्थिति से व्याकुल, वे घायल होकर, अपार अज्ञानान्धकार में पड़ गये तथा अचेत हो गये। उन्हें अब दिशाओं की प्रतीति भी नहीं रही। कभी चेत आती तो कभी चेत चली जाती। वे शोकग्रस्त तथा मोहग्रस्त होकर इधर-उधर भटक रहे थे। उनकी बुद्धि भी भ्रमित हो चुकी थी। व्याकुल, भयभीत, वे अपने प्राण-रक्षा के लिये भरसक प्रयत्न कर रहे थे।

शौनकजी! मार्कण्डेय मुनि को इस प्रलयकारी जल में, भटकते-भटकते, एक टीले पर एक बरगद का वृक्ष दिखाई दिया। इस भयंकर स्थिति में

भी एक हरा-भरा वृक्ष होना, केवल भगवान् की ही लीला थी। उस वृक्ष पर हरे-हरे पत्ते थे तथा लाल-लाल फल शोभायमान हो रहे थे। बरगद के इस वृक्ष में ईशानकोण पर एक डाल थी। उस डाल पर एक पत्तों का दोना बना था। उस पर एक बड़ा ही सुन्दर नन्हा सा शिशु लेटा हुआ था। उसके शरीर की उज्ज्वल आभा से आस-पास अन्धेरा न था। वह शिशु मरकत मणि के समान साँवला था। सुन्दर मुखमण्डल तथा शंख के समान गरदन। काली-काली घुँघराली अलके उसके कपोलों पर खेल रही थीं। कानों में लाल-लाल फूल शोभायमान थे। उसके सुन्दर अधरों पर एक शिशु-मुस्कान थी। नन्हें-नन्हें हाथ तथा नन्हें-नन्हें पाँव बहुत ही सुन्दर थे। वह अपने एक चरणकमल के अँगूठे को चूस रहा था। इस दृश्य को देखकर मार्कण्डेय-मुनि अति विस्मित हुए तथा साथ ही उनके मन को असीम शान्ति प्राप्त हुई। उनकी सारी थकान तथा व्याकुलता दूर हो गई। इस नन्हें, सुन्दर शिशु को देखकर उनका हृदय प्रफुल्लित हो गया। प्रलयकारी वातावरण का सारा भय जाता रहा। उनके मन में भिन्न-भिन्न प्रकार के भाव प्रकट होने लगे। आखिर यह बालक कौन है—इस प्रलयकारी जल में—पूर्ण शान्त। मार्कण्डेय मुनि उस शिशु को सामने से निहारने के लिये उसके पास गये। वहाँ पहुँचते ही शिशु के श्वास के साथ ही वह उसके पेट में चले गये। वहाँ भीतर जाकर उन्होंने वही सृष्टि देखी जो प्रलय के पहले थी। इस दृश्य को देखकर वह और भी चकित हो गये।

उस शिशु के पेट में जाकर, मार्कण्डेय मुनि ने देखा—आकाश, अन्तरिक्ष, ज्योतिर्मण्डल, पर्वत, समुद्र, द्वीप, वर्ष, दिशाएँ, देवता, दैत्य, वन, देश, नदियाँ, नगर, गाँव, बस्तियाँ, आश्रम और पँचभूत तथा पँचभूतों से बने हुए प्राणियों के शरीर। वास्तव में यह सारा विश्व ही उस शिशु के उदर में था। यहाँ तक कि उन्होंने वहाँ अपना आश्रम तथा सहवासी ऋषियों को भी देखा। इस प्रकार सम्पूर्ण विश्व को देखते-देखते वे शिशु के श्वास द्वारा ही बाहर आ गये तथा पुनः प्रलय-कालीन समुद्र में गिर पड़े। समुद्र के बीच फिर उन्होंने उसी बरगद के वृक्ष को देखा तथा पत्तों

के दोने में उस सुन्दर शिशु को, जो अब सोया हुआ था। उसके अधरों पर अब भी मधुर मुस्कान थी। मार्कण्डेय मुनि पुनः उस शिशु को निहारने के लिये बड़ी कठिनाई से आगे बढ़े।

शौनकजी! भगवान् केवल योगियों के ही नहीं, अपितु स्वयं योग के भी स्वामी हैं। इसीलिये उन्हें योगेश्वर कहते हैं। मार्कण्डेय मुनि शिशु के समीप पहुँच भी न पाये थे कि वह अन्तर्धान हो गया। उस शिशु के अन्तर्धान होते ही वह प्रलय-कालीन समुद्र भी शान्त हो गया तथा मार्कण्डेय मुनि ने पुनः अपने को अपने आश्रम में वैसे ही बैठा हुआ पाया।

अध्याय 10

मार्कण्डेय ऋषि को भगवान् शंकर जी का वरदान

भगवान् नारायण की योगमाया का वैभव निहार कर, अब मार्कण्डेय मुनि ने अपने आपको भगवान् की शरण में अर्पित कर दिया। उन्होंने अपने मन ही मन सोचा कि श्रीभगवान् की माया वास्तव में प्रतीतिमात्र होने पर भी सत्य-ज्ञान के समान प्रकाशित होती है। मायामुक्ति के लिये मायापति भगवान् की शरण ही एकमात्र उपाय है।

इसी समय भगवान् शंकर, भगवती पार्वतीजी सहित, नन्दी पर सवार, आकाश मार्ग से विचरण करते हुए, मार्कण्डेय मुनि के आश्रम की ओर आ निकले। भगवान् शंकर ने मार्कण्डेय मुनि को श्रीहरि के चरणकमलों में तन्मय पाया। भगवती पार्वतीजी ने भी, मुनि को इस अवस्था में देखकर, अपना मातरीय-स्नेह प्रकट करते हुए कहा, भगवन्! तनिक इस ब्राह्मण की ओर तो देखिये। मानो किसी भ्रमर के पश्चात् जैसे समुद्र शान्त हो गया हो, वैसे ही इस ब्राह्मण का शरीर तथा इन्द्रियाँ शान्त हो गई हैं। समस्त सिद्धियों के दाता आप हैं। अतः आप इस ब्राह्मण

की तपस्या का फल प्रदान करें।

भगवान् शंकरजी ने कहा, देवि! ये ब्रह्म-ऋषि, लोक अथवा परलोक की कोई वस्तु नहीं चाहते। इनके मन में तो मोक्ष की आकांक्षा भी नहीं। इसका कारण यह है कि इन्हें अविनाशी श्रीभगवान् के चरणकमलों की परमभक्ति प्राप्त हो चुकी है।

सूतजी कहते हैं–शौनकजी! भगवान् शंकर समस्त विद्याओं के प्रवर्तक तथा समस्त प्राणियों के हृदय में विराजमान अन्तर्यामी प्रभु हैं (अर्थात् वे प्रत्येक प्राणी के हृदय की बात जानते हैं)। इस प्रकार कहकर भगवान् शंकरजी मार्कण्डेय मुनि के समीप आये। मार्कण्डेय मुनि भगवान् श्रीहरि के चरणों में तन्मय, बाह्य संसार से पूर्णरूप से अनासक्त तथा बाह्य स्थिति से अनभिज्ञ थे। इसी अवस्था में उन्हें अपने हृदय में भगवान् शंकरजी के दर्शन हुए। इस समय भगवान् की स्वर्ण जैसी जटायें तथा उनकी दसों भुजाओं में भिन्न-भिन्न आयुध थे। वे अपने शरीर पर बाघम्बर धारण किये हुए थे। भगवान् के दर्शन पाते ही मुनि ने अपनी समाधि खोल दी। जब उन्होंने अपनी आँखें खोलीं तो सचमुच, तीनों लोकों के एकमात्र गुरु भगवान् शंकरजी को तथा भगवती पार्वतीजी को अपने आश्रम में आया हुआ पाया। उन्होंने उठकर उनके चरणों में माथा टेक कर प्रणाम किया। तदनन्तर उन्होंने विधिवत् भगवान् शंकरजी तथा भगवती पार्वतीजी की पूजा की। पूजा के अनन्तर मार्कण्डेय मुनि ने कहा, सर्वव्यापक सर्वशक्तिमान् प्रभो! आप अपनी आत्मानुभूति तथा महिमा से पूर्णकाम हैं। मैं आपके त्रिगुणातीत सदाशिव स्वरूप तथा सत्त्वगुण से युक्त शान्तस्वरूप तथा रजोगुणयुक्त सर्वप्रवर्तक स्वरूप तथा तमोगुणयुक्त अघोर स्वरूप को नमस्कार करता हूँ।

मार्कण्डेय मुनि की स्तुति तथा भक्ति से प्रसन्न होकर भगवान् शंकर ने कहा, मुनीश्वर ब्रह्मा, विष्णु तथा मैं–हम तीनों वरदाताओं के स्वामी हैं। तुम्हारी जो इच्छा हो माँगो। ब्राह्मण स्वभाव से ही परोपकारी तथा समदर्शी होते हैं। वे किसी के साथ वैरभाव नहीं रखते। ऐसे शान्त स्वभाव पुरुष, मुझमें, भगवान् विष्णु में तथा ब्रह्माजी में कोई भेद नहीं मानते। ऐसे संत वास्तव में तीर्थ हैं। उनका प्रयत्न तो सदा दूसरों के कष्ट निवारण के

लिये होता है।

भगवान् शंकर की अमृत-वाणी को सुनकर मार्कण्डेय मुनि के सारे कष्ट दूर हो गये। प्रलय-कालीन थकान भी जाती रही तथा उनके मन को अति शान्ति प्राप्त हुई। उन्होंने भगवान् शंकर से कहा—सर्वशक्तिमान् भगवान् की यह लीला समझ से परे है। आपने मेरी प्रशंसा कर केवल अपना बढ़प्पन दिखाया है। सारे जगत् के स्वामी होते हुए भी आपने मेरे जैसे तुच्छ जीव की सराहना की है।

भगवन्! आप त्रिगुणस्वरूप होने पर भी जीवों के हृदय में आत्मा के रूप में स्थित हैं। आप ही समस्त ज्ञान के मूल, अद्वितीय ब्रह्मस्वरूप हैं। मैं आपको नमस्कार करता हूँ। हे अनन्त! जीव आपके दर्शन से ही कृतार्थ तथा पूर्णकाम हो जाता है। फिर भी आपकी आज्ञा अनुसार, आपका दर्शन पा लेने पर भी, एक वर माँगता हूँ। वह यह—भगवान् में, उनके शरणागत भक्तों में तथा आपमें मेरी अचल भक्ति बनी रहे।

मार्कण्डेय मुनि की प्रार्थना सुन कर, भगवान् शंकर ने, भगवती पार्वती की प्रसाद प्रेरणा से, इस प्रकार कहा—महर्षि! तुम्हारी सारी कामनाएँ पूर्ण हों। इन्द्रियातीत परमात्मा में तुम्हारी अनन्य भक्ति सदा-सर्वदा बनी रहे। कल्प-पर्यन्त तुम्हारा यश फैले तथा तुम अजर-अमर हो जाओ। तुम्हारा ब्रह्मतेज सर्वदा अक्षुण्ण रहेगा। तुम्हें भूत, भविष्य तथा वर्तमान् के समस्त ज्ञानों का एक अधिष्ठानरूप ज्ञान तथा वैराग्ययुक्त स्वरूप स्थिति की प्राप्ति हो। तुम्हें पुराण का आचार्यत्व भी प्राप्त हो।

सूतजी ऋषिओं से कहते हैं—इस प्रकार त्रिलोचन भगवान् शंकर मार्कण्डेय मुनि को वर देकर, भगवती पार्वती जी सहित वहाँ से चले गये। भृगुवंशी-मार्कण्डेय मुनि को उनके महायोग का परम फल प्राप्त हुआ। वे भगवान् के अनन्य प्रेमी हो गये। अब भी वे भक्तिभावभरित हृदय से पृथ्वी पर विचरण किया करते हैं।

अध्याय 11

भगवान् के अंग, उपांग तथा आयुधों का विवेचन

एकत्रित ऋषियों ने सूतजी से क्रियायोग की यथार्थ सिद्धि के विषय में प्रश्न किया तथा इसके सहित ही श्रीभगवान् के अंग, उपांग तथा आयुधों के विषय में जानने की जिज्ञासा प्रकट की। उनकी जिज्ञासा को देखते हुए श्री सूतजी ने कहा–भगवान् के जिस चेतनाधिष्ठित विराट् रूप में यह त्रिलोकी दिखाई देती है, वह प्रकृति, सूत्रात्मा, महत्तत्त्व, अहंकार तथा पँचतन्मात्रा–नौ तत्त्व, ग्यारह इन्द्रियाँ तथा पँचभूत–इन्हीं का प्रकाट्य है। यह भगवान् का पुरुषरूप है। पृथ्वी इसके चरण हैं। सूर्य नेत्र हैं, वायु नासिका तथा दिशाएँ कान हैं। स्वर्ग मस्तक है, अन्तरिक्ष नाभि है।

इस विराट् रूप में प्रजापति उनकी जननेन्द्रिय है, मृत्यु गुदा है, लोकपालगण भुजाएँ हैं, चन्द्रमा मन है तथा यमराज भौहें हैं। लज्जा ऊपर का होंठ, लोभ नीचे का होंठ, चन्द्रमा की चाँदनी दन्तावली, भ्रम मुस्कान है, वृक्ष रोम हैं, मेघ उनके केश हैं। इस प्रकार सृष्टि की उनके शरीर में कल्पना की जाती है।

स्वयं भगवान् अजन्मा हैं। वे कौस्तुभमणि के रूप में जीव-चैतन्यरूप आत्मज्योति को धारण करते हैं। उनकी सर्वव्यापक प्रभा ही वक्षःस्थल पर श्रीवत्सरूप से है। सत्त्व, रज, तम–गुणमयी-माया उनके गले में वनमाला के रूप में है। छन्द पीताम्बर के रूप में तथा अ, उ, म्–इन तीन मात्रावाले प्रणव को वे यज्ञोपवीत के रूप में धारण किये हैं। सांख्य तथा योगरूप उनके मकराकृत कुण्डल हैं। सब लोकों को अभय प्रदान करने वाले ब्रह्मलोक को वे मुकुट के रूप में धारण किये हुए हैं। मूल-प्रकृति उनकी शेषशय्या है। धर्म-ज्ञानादि से युक्त सत्त्वगुण ही उनके नाभिकमल के रूप में है। मन, इन्द्रिय तथा शरीर सम्बन्धी शक्तियों का प्रतीक उनकी कौमोदकी गदा है। जलतत्त्वरूप उनका पाञ्चजन्य शंख, तेजस्तत्त्वरूप उनका सुदर्शन चक्र है। निर्मल आकाश को उनका खड्ग, तमोमय अज्ञानरूप उनका ढाल, कालरूप उनका शार्ङ्गधनुष, कर्मरूप

उनका तरकस है। इन्द्रियाँ उनके बाणों के रूप में हैं। क्रियाशक्ति युक्त मन को उनका रथ कहा गया है। तन्मात्राएँ रथ के बाहरी भाग हैं। वर-अभय आदि की मुद्राओं से उनकी वरदान, अभयदान आदि के रूप में उनकी क्रियाशीलता प्रकट होती है। सूर्यमण्डल तथा अग्निमण्डल भगवान् की पूजा के स्थान हैं। अन्तःकरण की शुद्धि ही मन्त्रदीक्षा है तथा अपने समस्त पापों को नष्ट कर देना ही उनकी (भगवान् की) पूजा है।

ब्राह्मणो! समग्र ऐश्वर्य, धर्म, यश, लक्ष्मी, ज्ञान तथा वैराग्य—यह भगवान् का लीला-कमल है, जिसे वे अपने करकमल में धारण किये हैं। धर्म तथा यश की चँवर तथा व्यजन (पंखे) के रूप में तथा निर्भय वैकुण्ठधाम को वे छत्र के रूप में धारण किये हुए हैं। तीनों वेदों का नाम गरुड़ है। वे अन्तर्यामी परमात्मा के वाहन के रूप में हैं। श्रीभगवान् से कभी भी अलग न होने वाली आत्मशक्ति ही लक्ष्मीजी हैं। भगवान् के पार्षदों के नायक विश्वविश्रुत विष्वक्सेन पाँचरात्रं आदि आगमरूप हैं (अधिपति हैं)। श्रीभगवान् के स्वाभाविक गुण अणिमा, महिमा आदि अष्टसिद्धियाँ को ही, नन्द-सुनन्द आदि आठ द्वारपाल कहते हैं। स्वयं भगवान् ही वासुदेव, संकर्षण, प्रद्युम्न तथा अनिरुद्ध—इन चार रूपों में अवस्थित हैं; अतः उन्हें चतुर्व्यूह के नाम से कहा जाता है। वे ही जाग्रत्-अवस्था के अभिमानी 'विश्व', स्वप्नावस्था के अभिमानी 'तैजस' तथा सुषुप्ति अवस्था के अभिमानी 'प्राज्ञ' हैं। वही सबके साक्षी 'तुरीय' हैं। इस प्रकार अंग (चरण आदि), उपांग (गरुड़ आदि), आयुध (सुदर्शनचक्रादि) तथा कौस्तुभमणि (आभूषणों) से युक्त तथा चतुर्व्यूह के रूप में प्रकट सर्वशक्तिमान् भगवान् श्रीहरि ही क्रमशः विश्व, तैजस, प्राज्ञ तथा तुरीय रूप से प्रकाशित होते हैं। (यह ऋषियों की एक कल्पना है)

शौनकजी! सर्वस्वरूप भगवान् वेदों के मूलकारण तथा स्वयंप्रकाश और अपनी महिमा से परिपूर्ण है। वे अपनी माया से ब्रह्मा, विष्णु, महेश आदि रूपों में विश्व की सृष्टि, स्थिति तथा संहार सम्पन्न करते हैं।

सच्चिदानन्दस्वरूप श्रीकृष्ण! आप अर्जुन के सखा हैं। आपने यदुवंश शिरोमणि के रूप में अवतार ग्रहण करके पृथ्वी के द्रोही राजाओं को

नष्ट कर दिया है। आपका पराक्रम सदा एकरस रहता है। व्रज गोपि बालाएँ तथा आपके परम भक्त नारदजी आपके पवित्र यश का गान करते रहते हैं। गोविन्द! आपके नाम, गुण तथा लीला का श्रवण करने मात्र से ही जीवन मंगलमय हो जाता है। हम सब आपके सेवक हैं। आप कृपा करके हमारी रक्षा कीजिए।

विभिन्न सूर्यगणों का वर्णन करते हए श्री सुतजी कहते हैं–समस्त प्राणियों के आत्मा भगवान् विष्णु हैं। उनके द्वारा ही व्यवहार-प्रवर्तक प्राकृत सूर्यमण्डल का निर्माण हुआ है। भगवान् ही माया के द्वारा काल, देश, यज्ञादि क्रिया, कर्ता, स्त्रुवा आदि करण, यागादि कर्म, वेदमन्त्र, शाकल्य आदि द्रव्य फलरूप से नौ प्रकार के कहे जाते हैं। काल रूपधारी भगवान् सूर्य, तीनों लोकों को प्राकश तथा ताप प्रदान करने के लिये बारह महीनों में अपने भिन्न-भिन्न बारह गणों के साथ चक्कर लगाते हैं।

शौनकजी! धाता नामक सूर्य, कृतस्थली अप्सरा, हेति राक्षस, वासुकि सर्प, रथकृत् यक्ष, पुलस्त्य ऋषि तथा तुम्बुरु गन्धर्व–ये चैत्र मास में अपना-अपना कार्य करते हैं। अर्यमा सूर्य, पुलह ऋषि, अथौजा यक्ष, प्रहेति राक्षस, पुञ्जिकस्थला अप्सरा, नारद गन्धर्व तथा कच्छनीर सर्प–ये वैशाख के महीन में। मित्र सूर्य, अत्रि ऋषि, पौरुषेय राक्षस, तक्षक सर्प, मेनका अप्सरा, हाहा गन्धर्व तथा रथस्वन यक्ष–ये ज्येष्ठ मास के कार्य निर्वाहक हैं। वरुण सूर्य, वसिष्ठ ऋषि, रम्भा अप्सरा, सहजन्य यक्ष, हूहू गन्धर्व, शुक्र नाग तथा चित्रस्वन राक्षस आषाढ़ मास में। इन्द्र नामक सूर्य, विश्वावसु गन्धर्व, श्रोता यक्ष, एलापत्र नाग, अंगिरा ऋषि, प्रम्लोचा अप्सरा तथा वर्य नामक राक्षस श्रावण मास में। विवस्वान् सूर्य, उग्रसेन गन्धर्व, व्याघ्र राक्षस, आसारण यक्ष, भृगु ऋषि, अनुम्लोचा अप्सरा तथा शंखपाल नाग भाद्रपद मास में। पूषा नाम के सूर्य, धनञ्जय नाग, वात राक्षस, सुषेण गन्धर्व, सुरुचि यक्ष, घृताची अप्सरा तथा गौतम ऋषि माघ मास में। पर्जन्य नाम के सूर्य, क्रतु यक्ष, वर्चा राक्षस, भरद्वाज ऋषि, सेनजित् अप्सरा, विश्व गन्धर्व तथा ऐरावत सर्प फाल्गुन मास में। अंशु नाम के सूर्य, कश्यप ऋषि, तार्क्ष्य यक्ष, ऋतसेन गन्धर्व, उर्वशी अप्सरा,

विद्युच्छत्रु राक्षस तथा महाशंख नाग मार्गशीर्ष मास में। भग नामक सूर्य, स्फूर्ज राक्षस, अरिष्टनेमि गन्धर्व, ऊर्ण यक्ष, आयु ऋषि, पूर्वचित्ति अप्सरा तथा कर्कोटक नाग पौष मास में। त्वष्टा नामक सूर्य, जमदग्नि ऋषि, कम्बल नाग, तिलोत्तमा अप्सरा, ब्रह्मापेत राक्षस, शतजित् यक्ष तथा धृतराष्ट्र गन्धर्व आश्विन मास में। विष्णु नामक सूर्य, अश्वतर नाग, रम्भा अप्सरा, सूर्यवर्चा गन्धर्व, सत्यजित् यक्ष, विश्वामित्र ऋषि तथा मखापेत राक्षस कार्तिक मास में अपना-अपना कार्य सम्पन्न करते हैं।

सूर्य भगवान् के गणों में ऋषि लोग तो सूर्य सम्बन्धी ऋग्वेद, यजुर्वेद तथा सामवेद के मन्त्रों द्वारा उनकी स्तुति करते हैं। गन्धर्व उनके सुयश का गान करते हैं तथा अप्सराएँ आगे-आगे नृत्य करती चलती हैं। नागगण उनके रथ को कसे रहते हैं। यक्षगण रथ का साज सजाते हैं तथा बलवान् राक्षस उनके रथ को पीछे से धकेलते हैं। इसके अतिरिक्त वालखिल्य नाम के (साठ हजार) निर्मलस्वभाव ब्रह्मऋषि सूर्य की ओर मुँह कर के उनके आगे स्तुति पाठ करते चलते हैं। इस प्रकार अनादि, अनन्त, अजन्मा भगवान् श्रीहरि ही कल्प-कल्प में अपने स्वरूप का विभाग कर (अपने अंशो से) लोकों का पालन-पोषण करते हैं।

अध्याय 12

श्रीमद्भागवत–विषय सूची

श्रीमद्भागवत महापुराण की विषय-सूची के विषय में बताते हुए श्री सूतजी कहते हैं—इस महापुराण के प्रथम स्कन्ध में भक्तियोग का भली भाँति निरूपण है तथा उसको स्थिर रखने वाले वैराग्य का। परीक्षित् की कथा तथा व्यास-नारद संवाद प्रसंग से इसे नारद-चरित्र भी कहते हैं।

योगधारणा द्वारा शरीर-त्याग की विधि, ब्रह्मा तथा नारदजी का संवाद, अवतारों की संक्षिप्त चर्चा तथा महत्तत्त्व आदि के क्रम से प्राकृतिक

सृष्टि की उत्पत्ति आदि विषय द्वितीय स्कन्ध में वर्णित हैं।

तीसरे स्कन्ध में सर्वप्रथम विदुरजी तथा उद्धवजी, तदनन्तर विदुर तथा मैत्रेयजी का समागम तथा संवाद है। तत्पश्चात् पुराणसंहिता के विषय में प्रश्न तथा प्रलय-काल में परमात्मा किस प्रकार विराजमान रहते हैं। गुणों के क्षोभ से प्राकृतिक सृष्टि तथा महत्तत्त्व आदि सात प्रकृति-विकृतियों द्वारा कार्य-सृष्टि का उद्भव–इसका वर्णन है। तदनन्तर ब्राह्माण्ड की उत्पत्ति तथा विराट् पुरुष ही व्याख्या है। उसके पश्चात् वराह भगवान् द्वारा हिरण्याक्ष का वध तथा देवता, पशु-पक्षी तथा मनुष्यों की सृष्टि तथा रुद्रों की उत्पत्ति का वर्णन है। तदनन्तर वर्णन है–स्वायम्भुव मनु, कर्दम प्रजापति का चरित्र, मुनि-पत्नियों का जन्म, भगवान् कपिल का अवतार तथा उनका अपनी माता देवहूति को उपदेश का प्रसंग है।

चौथे स्कन्ध में मरीचि आदि नौ प्रजापतियों की उत्पत्ति, दक्ष-प्रजापति के यज्ञ का विध्वंस, राजर्षि ध्रुव तथा पृथु का चरित्र। इसके पश्चात् प्राचीनबर्हि तथा नारदजी का संवाद है।

पाँचवे स्कन्ध में प्रियव्रत का उपाख्यान, तत्पश्चात् नाभि, ऋषभ तथा भरत के चरित्र; द्वीप, वर्ष, समुद्र, पर्वत तथा नदियों का वर्णन; ज्योतिश्चक्र का विस्तार तथा पाताल और नरकों का वर्णन है।

छठे स्कन्ध में प्रचेताओं से दक्ष की उत्पत्ति; दक्ष-पुत्रियों की सन्तान देवता, असुर; मनुष्य, पशु तथा पक्षियों का जन्म-कर्म; वृत्रासुर की उत्पत्ति तथा उसकी परम गति के विषय में वर्णन है।

सातवें स्कन्ध में मुख्यतः दैत्यराज हिरण्यकशिपु तथा हिरण्याक्ष के जन्म-कर्म तथा दैत्य शिरोमणि प्रह्लाद के चरित्र का वर्णन है।

आठवें स्कन्ध में मन्वन्तरों का वर्णन तथा उनकी समय सूची, गजेन्द्र-मोक्ष कथा, विभिन्न मन्वन्तरों में होने वाले जगदीश्वर भगवान् विष्णु के अवतारों का वर्णन, समुद्र-मन्थन तथा देवासुर-संग्राम का वर्णन है।

नवें स्कन्ध में मुख्यतः राजवंशों का वर्णन है–अर्थात् सूर्यवंश का वर्णन, शशाद और नृग आदि राजाओं का वर्णन, सुकन्या का चरित्र, शर्याति, खट्वांग, मान्धाता, सौभरि, सगर, ककुत्स्थ तथा भगवान् राम के सर्वपापहारी चरित्र का वर्णन है। तत्पश्चात् राजा निमि का देहत्याग तथा

जनकों की उत्पत्ति। तदनन्तर भृगुवंश-शिरोमणि परशुरामजी का क्षत्रिय संहार, चन्द्रवंशी नरपति पूरूरवा, ययाति, नहुष, दुष्यन्त-नन्दन भरत, शन्तनु तथा उनके पुत्र भीष्म के चरित्रों का वर्णन है। सबके अन्त में ययाति के बड़े पुत्र यदु का वंश विस्तार कहा गया है।

दशम स्कन्ध मुख्यतः जगत्पति भगवान् श्रीकृष्ण की लीलाओं का वर्णन करता है। उन्होंने यदुवंश में अवतार ग्रहण कर भूमि को असुरों के भार से मुक्त किया, अर्थात् साधुजनों की रक्षा के लिये असुर-राजाओं का संहार किया। उनकी बचपन की व्रजलीलाओं में--मुख्यतः पूतना राक्षसी का वध, तृणावर्त तथा बकासुर राक्षसों का वध, धेनुकासुर तथा प्रलम्बासुर का वध, दावानल से घिरे गोपों की रक्षा, कालियनाग का दमन, गोपियों पर अपने दिव्य-प्यार की अमृत-वर्षा, अर्थात् रास-महारास, गोवर्धन-धारण कर देवराज इन्द्र का मान-भंग, दुष्ट शंखचूड, अरिष्ट तथा केशी असुरों का वध। बाल्यावस्था में ही मथुरा जाकर, मुष्टिक चाणूर जैसे अति बलशालियों के साथ मल्ल-युद्ध कर उनका संहार करना तथा मथुरा नरेश दुष्ट कंस का वध। मथुरा में रहकर ही कालयवन का मुचुकुन्द से वध कराना तथा जरासन्ध को सत्रह बार युद्ध में परास्त कर उसकी सेना का ध्वंस करना। बाणासुर की सहस्त्र भुजाओं को काटना तथा शिशुपाल का मान-भंग कर रुक्मिणीजी का हरण। तत्पश्चात् भौमासुर को मार कर उसके कारागार में पड़े राजाओं तथा उनकी कन्याओं को मुक्त करना; शिशुपाल, पौण्ड्रक, शाल्व, दन्तवक्त्र, शम्बरासुर, द्विविद, पीठ, मुर तथा पञ्चजन आदि राजाओं तथा दैत्यों का वध-ये सब वर्णित हैं। इसी स्कन्ध में पाण्डवों द्वारा महाभारत युद्ध में श्रीकृष्ण की छत्रछाया में अधर्मी राजाओं अथवा अधर्म का साथ देने वाले राजाओं का सामूहिक रूप से ध्वंस भी वर्णित है।

ग्यारहवें स्कन्ध में ब्राह्मणों के शाप को निमित्त रख, भगवान् श्रीकृष्ण द्वारा अपनी माया को समेटना, अर्थात् यदुवंश का संहार वर्णित है। इसी स्कन्ध में भगवान् श्रीकृष्ण का उद्धवजी को उपदेश है, जैसे उन्होंने महाभारत युद्ध प्रारम्भ होने से पहले अर्जुन को दिया था। इस संवाद को

उद्धव-गीता के रूप में भी माना जाता है। इसी स्कन्ध के अन्त में भगवान् श्रीकृष्ण का अपने धाम को सशरीर जाना भी वर्णित है।

बारहवें स्कन्ध में वर्णित है, विभिन्न युगों के लक्षण तथा कलियुग में मनुष्यों की गति। इसी स्कन्ध में वर्णन है–चार प्रकार की प्रलय का तथा राजा परीक्षित् की देहत्याग का। तदनन्तर वर्णित है–वेदों की शाखा-विभाजन, मार्कण्डेय मुनि का चरित्र तथा विश्वात्मा श्रीभगवान् के अंग-उपांग तथा आयुधों का और भगवान् सूर्य के गणों का।

शौनिकजी! जो मनुष्य, जिस भी अवस्था में, पूरे विश्वास से 'हरये नमः' कहता है, वह सब पापों से मुक्त हो जाता है। यदि देश, काल तथा वस्तु से अपरिच्छिन्न भगवान् श्रीकृष्ण के नाम, लीला, गुणों का संकीर्तन किया जाय अथवा श्रवण किया जाय तो वे स्वय ही हृदय में आ विराजते हैं तथा भक्तजनों के सभी दुखों का निवारण कर देते हैं। जो वाणी तथा वचन भगवान् के गुणों से परिपूर्ण होते हैं, वे ही परम-पावन तथा मंगलमय हैं। भगवान् के गुण, लीला, नाम का श्रवण, कीर्तन उनके श्री चरणकमलों की अविचल स्मृति प्रदान करता है। भगवान् श्रीकृष्ण के चरणकमलों की स्मृति सारे पाप-ताप तथा अमंगलों को नष्ट कर देती है और सर्व अशुभ संस्कारों को धो डालती है। श्रीमद्भागवत महापुराण में प्रत्येक कथा-प्रसंग में पद-पद पर सर्वस्वरूप भगवान् का ही वर्णन है।

सूतजी कहते हैं–जिन्होंने अपने स्वरूप में ही प्रकृति आदि नौ शक्तियों का संकल्प कर इस चराचर जगत् की सृष्टि की है तथा जो इसके अधिष्ठानरूप से स्थित हैं और जिनका परम-पद केवल अनुभूतिस्वरूप है, उन्हीं देवताओं के आराध्य-देव सनातन भगवान् के चरणों में मैं नमस्कार करता हूँ।

अध्याय 13

विभिन्न पुराण समीक्षा, श्रीमद्भागवत माहात्म्य

विभिन्न पुराणों की श्लोक-संख्या बताते हुए श्री सूतजी कहते हैं–ब्रह्मा, रुद्र तथा अन्य देवता और प्रजापति दिव्य स्तुतियों द्वारा जिनके गुणों का भजन करते हैं; सामवेद तथा ऋषिगण, उपनिषदों सहित, वेदों द्वारा जिनका गान करते हैं; योगीजन निश्चल मन द्वारा जिनका भावमय दर्शन प्राप्त करते हैं; उन स्वयंप्रकाश परमात्मा को मैं नमस्कार करता हूँ।

शौनकजी! ब्रह्मपुराण में दस सहस्त्र श्लोक हैं, पद्मपुराण में पचपन हजार, श्री विष्णुपुराण में तेईस हजार तथा शिवपुराण में चौबीस हजार श्लोक हैं। इसी प्रकार श्रीमद्भागवतपुराण में अठारह हजार, नारदपुराण में पच्चीस हजार, मार्कण्डेयपुराण में नौ हजार तथा अग्निपुराण में पन्द्रह हजार चार सौ श्लोक हैं। भविष्यपुराण की श्लोक संख्या चौदह हजार पाँच सौ, ब्रह्मवैवर्तपुराण की अठारह हजार तथा लिंगपुराण में ग्यारह हजार श्लोक हैं। इसी प्रकार वराहपुराण में चौबीस हजार, स्कन्धपुराण में इक्यासी हजार एक सौ, वामनपुराण में दस हजार, कूर्मपुराण में सत्रह हजार तथा मत्स्यपुराण में चौदह हजार, गरुड़पुराण में उन्नीस हजार और ब्रह्माण्डपुराण में बारह हजार श्लोक हैं। सब पुराणों को मिला कर उनकी श्लोक संख्या चार लाख होती है।

शौनकजी! सर्व प्रथम भगवान् विष्णु ने अपने नाभिकमल पर स्थित ब्रह्माजी पर परम-करुणा कर, इस पुराण को प्रकट किया। समस्त उपनिषदों का सार है ब्रह्म तथा आत्मा का एकत्वरूप–यही श्रीमद्भागवत का प्रतिपाद्य विषय है। इसका एकमात्र प्रयोजन है–मोक्ष। यह महापुराण समस्त उपनिषदों का सार है। जैसे देवताओं में विष्णु, वैष्णवों में शंकरजी सर्वश्रेष्ठ हैं, वैसे ही पुराणों में श्रीमद्भागवत है। इसमें वर्णित कर्मों की आत्यन्तिक निवृत्ति भी ज्ञान-वैराग्य तथा भक्ति से युक्त है। जो इसका श्रवण, पठन तथा मनन करता है, उसे भगवान् की भक्ति प्राप्त हो जाती है तथा वह मोक्ष को प्राप्त करता है। इसकी तुलना में कोई भी पुराण

नहीं, क्योंकि इसे सर्वप्रथम, स्वयं भगवान् नारायण ने ब्रह्माजी के लिये प्रकट किया था। फिर उन्होंने ही ब्रह्माजी के रूप में देवर्षि नारद को उपदेश दिया। नारदजी के रूप से कृष्णद्वैपायन (भगवान् के कलावतार) व्यासजी को। तदनन्तर व्यासजी ने इसका उपदेश अपने पुत्र योगीन्द्र श्री शुकदेवजी को दिया। श्री शुकदेवजी ने समस्त ब्रह्मऋषियों की उपस्थिति में इसका उपदेश राजा परीक्षित् को दिया। हम सब उन सर्वसाक्षी भगवान् वासुदेव को नमस्कार करते हैं, जिन्होंने ब्रह्माजी को इस श्रीमद्भागवत महापुराण का उपदेश दिया। हम श्री शुकदेवजी को भी नमस्कार करते हैं, जिन्होंने श्रीमद्भागवत पुराण सुनाकर सारे जगत् को अनुगृहीत किया। देवताओं के आराध्यदेव सर्वेश्वर! आप हमारे एकमात्र स्वामी तथा सर्वस्व हैं। आप ऐसी कृपा कीजिए कि बार-बार जन्म होते रहने पर भी हमारी आपके चरणकमलों में अविचल भक्ति बनी रहे।

जिन भगवान् के नामों का संकीर्तन समस्त पापों को नष्ट करने वाला है; जिन भगवान् के चरणों में आत्म-समर्पण, समस्त दुःखों से मुक्ति प्राप्त करा देता है; उन्हीं परमतत्त्वस्वरूप श्रीहरि को मैं नमस्कार करता हूँ।

अब यह ग्रन्थ सम्पूर्ण हुआ।